盐城年鉴

2018

YANCHENG NIANJIAN

盐城市人民政府 主办
盐城市地方志办公室 编纂

方志出版社
Publishing House of Local Records

图书在版编目（CIP）数据

盐城年鉴. 2018 / 盐城市人民政府办公室，盐城市地方志办公室编. —北京：方志出版社，2018. 9

ISBN 978-7-5144-3309-8

Ⅰ. ①盐… Ⅱ. ①盐… ②盐… Ⅲ. ①盐城—2018—年鉴 Ⅳ. ①Z525.33

中国版本图书馆CIP数据核字（2018）第224326号

盐城年鉴（2018）

编　　者：盐城市人民政府办公室　盐城市地方志办公室

责任编辑：张　颢

出 版 人：冀祥德

出 版 者：方 志 出 版 社

地址　北京市朝阳区潘家园东里9号（国家方志馆4层）

邮编　100021

网址　http://www.fzph.org

发　　行：方志出版社发行中心

电话（010）67110500

经　　销：各地新华书店

印　　刷：南京顺和印刷有限责任公司

开　　本：889×1194　　1/16

印　　张：30.5

字　　数：1284千字

版　　次：2018年9月第1版　2018年9月第1次印刷

印　　数：0001～1500册

ISBN 978-7-5144-3309-8　　定价：320.00元

盐城年鉴（2018）编辑委员会

编 辑 部　地　址　盐城市行政中心大楼2325室
邮　编　224005
电　话　0515-86662325 / 88192325
传　真　0515-86662323
电　邮　ycnj2325@126.com

历年盐城年鉴　　　　盐城年鉴（手机版）

盐城年鉴（2018）审稿人员

（按姓氏笔画为序）

丁　洪	丁俊根	于广华	王　峰	王　谅	王　琦	王　辉
王东升	王加林	王光文	王旭东	王甫同	王连春	王海燕
王绪林	韦凯昌	尹同阳	石　峰	石　磊	叶茂楼	史学健
冯一飞	达明山	朱志和	朱胜东	朱照伟	乔　静	任连璋
庄号召	刘　青	刘　强	刘井良	刘古佐	刘永轩	刘毓航
刘耀庭	羊维元	汤中文	许世刚	孙乃涛	孙大明	孙红青
孙秀丽	孙秀春	孙德林	苏正芳	李一平	李从洋	李庆芳
李健松	李爱进	李新昌	杨　军	杨君明	吴　刚	吴本辉
吴启飞	吴泉芳	沈卫民	沈为民	宋　勇	宋建新	张　强
张永辉	张亚钊	张宏春	张国山	张国锋	张国瑞	张建军
张琍琍	张曙光	陆　帅	陈　群	陈夫岩	陈玉林	陈向东
陈汝进	陈苏宁	陈勇斌	范建江	林　毅	季　放	季卫军
季德荣	金骏培	周　俊	周正雄	单　纯	单玉梅	单永红
单坤刚	单锦宏	单衡明	赵　明	赵宏贵	俞　翔	施保华
姜朋明	姜学儒	姜菊萍	胥江华	胥晨霞	姚　刚	姚盛锋
骆海豹	秦爱军	袁志亚	夏思军	顾　明	顾亚平	顾克中
顾强生	钱　勇	徐　宁	徐华明	徐翠华	殷学农	高　定
高清华	高曙红	郭玉生	唐　敬	唐海峰	陶继勇	黄　实
黄　海	黄益成	曹有成	曹晋杰	崔文军	寇准海	彭　凌
彭松志	葛　龙	葛世伦	葛汉勤	童加舟	蔡晓钧	薛　松
薛为民	薛杰堂	薛盛堂	戴　军	戴为洋	戴同彬	戴红光
戴斌荣	鞠烨平					

盐城年鉴（2018）撰稿人员

（按姓氏笔画为序）

丁　璐	丁介玉	丁德富	于　浩	万　凯	王　义	王　岚	王　俊
王　卿	王　盛	王　敏	王　淼	王　静	王　瑶	王　慧	王　蕙
王　鑫	王冬梅	王劲松	王建怀	王春明	王常江	王道洲	王誉名
韦丽萍	邓　晔	邓君亭	石　惠	卢云岭	叶子林	冯　刚	吉　鸿
成　慧	吕　霏	吕景林	朱　政	朱栋才	乔　联	华　娟	刘　菊
刘青霞	刘春琳	刘彧辰	刘海峰	闫　超	祁　勇	祁瑶震	许菁菁
许寅生	孙　波	孙小勇	孙元耀	孙成刚	孙庆勇	孙宏军	花　露
严士祖	严国英	杜　彦	杨　芳	杨　越	杨如辉	杨林森	杨金辉
肖立春	吴　昊	吴少春	吴汇文	吴晓雪	吴碧玉	余　佳	邹湘彬
沈　可	沈　平	沈　琦	沈亚军	宋　坤	张　成	张　弛	张　涛
张　骢	张永涛	张亚君	陆　舰	陆　益	陆　颖	陈　可	陈　伟
陈　军	陈　红	陈　怡	陈　锋	陈　鑫	陈卫中	陈旭东	陈远远
陈李金	陈昌帅	陈法金	陈富裕	茅飞虎	林　辉	郁怀峰	罗发富
季　明	季　鹏	季立军	季荣蓉	周　洋	周　峰	周本东	周立菲
周庆干	周鸿铭	郑乾坤	郑朝兵	宗　耀	赵　丽	赵　嘉	赵少杰
赵树海	荣海勇	胡中耕	柏瑜华	咸国庆	侯立冰	祝春燕	费如星
袁　悦	贾成松	夏泽穷	夏景涛	夏燕萍	钱　成	倪　侃	皋古平
徐　钊	徐开伟	徐华昌	殷开丰	殷德佩	高　峥	高兰会	高旭芹
郭人杰	唐友伟	唐修祥	唐监怀	陶振华	姬祖伟	黄　骏	黄传标
曹　溪	曹志康	曹征雷	戚龙坤	崔　伟	惠恒松	智通海	嵇　港
程国瑛	程晓丽	蔡中源	蔡志芳	臧滨城	熊　玮	潘永和	潘其锐
潘建良	薛文星	戴　政	戴书伟	戴鼎霖	戴舒婷		

一千里湿地风光　两千年海盐古韵

中国海盐历史文化名城

中国 盐城

ZHONGGUO YANCHENG

城市坐标

城市位置：江苏沿海中部　长江三角洲北翼

城市性质：沿海新兴中心城市　现代工商贸易城市　湿地生态旅游城市

城市文化：海盐文化　铁军文化　湿地文化　海洋文化　淮剧杂技文化

城市历史：2137年建置史　1607年建城史

市树市花：女贞和银杏　紫薇和牡丹

行政区划：东台市　建湖县　射阳县　阜宁县　滨海县
响水县　大丰区　盐都区　亭湖区

一类口岸：盐城港大丰港区　盐城港滨海港区　盐城南洋机场

城市荣誉

中国优秀旅游城市
中国投资环境百佳城市
全国双拥模范城
全国科教兴市先进市
全国粮食生产先进市
全国无偿献血先进城市
全国绿化模范城市
国家园林城市
国家卫生城市
国家创新试点城市
全国科技进步先进市
国家知识产权试点城市
国家可持续发展试验区
国家生态文明先行示范区
国家新能源示范城市
国家新能源汽车推广城市
国家智慧城市试点城市
全国社会治安综合治理优秀市

城市数字（2017）

土地面积：16931平方千米（江苏省第一）
区域人口：826.15万人（全省第二）
海 岸 线：582千米
（占全省海岸线总长度的61%）
滩涂面积：4553平方千米
（占全省海涂总面积的67%）
海域面积：18897平方千米

地区生产总值：5082.69亿元
人均GDP：10400美元
全社会固定资产投资额：4278.49亿元
一般公共预算收入：360.02亿元
社会消费品零售总额：1806.20亿元
城市居民人均可支配收入：33115元
农民人均纯收入：18711元

城市风物

国家级自然保护区：江苏盐城国家级珍禽自然保护区
江苏省大丰麋鹿国家级自然保护区
国家级AAAAA级旅游景区：中华麋鹿园
国家AAAA级景区：江苏盐城国家级珍禽自然保护区
盐城大纵湖旅游景区
新四军纪念馆
阜宁金沙湖旅游景区
东台西溪旅游文化景区
大丰上海知青纪念馆
射阳息心寺
大丰港海洋世界
大丰荷兰花海
江苏黄海海滨国家森林公园
大丰梅花湾景区
盐城海盐历史文化风景区
全国重点文物保护单位：新四军重建军部旧址泰山庙
东台海春轩塔
国家级非物质文化遗产：盐城淮剧　建湖杂技
董永与七仙女的传说

改革开放40周年暨盐城建市35周年

1983年1月18日，国务院批准撤销盐城地区和盐城县，改设盐城市（省直辖市），实行市管县体制。3月1日，经国务院批准，撤销盐城地区行政公署，成立盐城市，辖东台、大丰、建湖、射阳、阜宁、滨海、响水7县和城区、郊区2区。3月3日，江苏省委决定：撤销中共盐城地委，成立中共盐城市委。1987年12月，东台撤县设市。1996年7月，市郊区改设盐都区；8月，大丰撤县设市。2003年，市城区更名亭湖区，盐都县改设盐都区。2015年8月，大丰撤市设区。至2017年，全市辖东台1个县级市和建湖、射阳、阜宁、滨海、响水5个县，以及亭湖、盐都、大丰3个区。 刘光典/摄

1978年 · 1983年 · 1984年

1978年

1978年12月18—22日，中国共产党第十一届中央委员会第三次全体会议在北京召开，开启了改革开放和社会主义现代化建设的新时期。

归来的麋鹿

1984年

1984年9月23—27日，中国共产党盐城市第一次代表大会在盐城召开。 刘光典/摄

1986年8月14日，在国内外多方努力下，39头珍稀动物"四不像"（麋鹿）从伦敦运抵大丰麋鹿自然保护区。至此，麋鹿结束了大半个世纪的海外漂泊生涯，重返故乡。

麋鹿保护区/供　杨国美/摄

1987年12月，盐城江淮动力机厂生产的"江动S195型"柴油机，获国家计划经济委员会颁发的银质奖。

刘光典/摄

1986年

1986年2月1日，经国务院批准，盐城市成为全国新增的244个对外开放地区之一。

1986年10月，盐城新四军纪念馆建成并对外开放。　王　伟/供

1987年

1987年12月，盐城市无线电厂生产的"燕舞"牌1541型收录机，在全国第三届质量评比中获一等奖。图为收录机生产流水线；"燕舞"收录机北京展销会上顾客抢购场面。　刘光典/摄

1990年10月，第十一届亚运会火炬由南京传递到盐城。盐城市在新四军纪念馆广场举行火炬接递仪式。 刘光典/摄

1988年12月6—9日，盐城市首届国际经济合作洽谈会在深圳举行。洽谈会实现贸易成交额3489万美元，签订合资项目38个，合同利用外资额4836万美元。 刘光典/摄

1991年8月19日，经国家对外经济贸易部批准，盐城市正式享有对外进出口经营权。

1988年 1990年 1991年

1991年5月27日，苏北首家集生产、流通、金融、旅游、开发、科研等为一体的跨地区、跨部门、跨行业的大型综合性股份制企业集团——盐城悦达实业集团成立。 悦达集团/供

1993年5月，盐城市首家中德合资企业——盐城国际妇女时装有限公司举行签字仪式。 刘光典/摄

1996年5月14日，经国家教委批准，盐城工业专科学校与盐城职业大学等学校合并成立盐城工学院。此为盐城市第一所本科院校。 孙华金/摄

1992年 1993年 1996年

1992年10月，经国务院批准，江苏省盐城地区省级沿海滩涂珍禽自然保护区晋升为国家级自然保护区，并更名为江苏盐城国家级珍禽自然保护区。

珍禽自然保护区/供

1996年4月，盐城汽车总厂生产的“望海”牌汽车在盐城问世。 刘光典/摄

1998年 **1999年**

1998年12月24日，第一套浓缩盐城境内古今历史的地方百科全书《盐城市志》（上中下三册）和第一部反映全市经济与社会发展各个门类年度综合情况的政府公报性文献《盐城年鉴（1998）》公开出版。

市地方志办/供

1999年6月22日，新长铁路铺轨进入盐城市境内。新长铁路自江苏新沂至浙江长兴，途经市境阜宁、建湖、亭湖、大丰、东台等地。2002年，全线建成。2005年7月，淮安至南通间开行客运。2007年，并入中国路网。新长铁路盐城段铺通，结束了盐城“地无寸铁”的历史。

市交通运输局/供

2002年8月28日，东风悦达起亚合资合营项目获国家对外经济贸易合作部批准。经国家工商行政管理总局核准注册登记的东风悦达起亚汽车有限公司在盐城举行揭牌仪式。11月18日，东风悦达起亚汽车有限公司生产的第一辆“千里马”轿车下线。

悦达集团/供

2002年

2007年7月4日，国务院批复同意盐城航空口岸对外国籍飞机开放，盐城航空口岸成为国家一类航空开放口岸。2008年12月14日，盐城机场口岸对外开放通过国家口岸办组织的验收，正式具备对外开放条件。

市交通运输局/供

2007年

2007年9月20日，大丰港国家一类开放口岸正式开放通航。至此，盐城市率先成为江苏省同时拥有海、空港两个国家一类开放口岸的城市。

盐阜大众报社/供

淮剧《小镇》获得第十五届中国文化艺术政府奖“文华大奖”。

杂技剧《小桥 流水 人家》获第三届江苏省文华奖优秀剧目奖。

2008年 **2009年**

2008年6月14日，国务院正式公布第二批国家级非物质文化遗产名录，淮剧、建湖杂技进入国家级非物质文化遗产名录。

市文广新局/供

2009年6月10日，国务院常务会议审议并通过《江苏沿海地区发展规划》，江苏省沿海开发正式上升为国家战略。盐城市作为江苏沿海地区的中心城市之一，被列入《江苏沿海地区发展规划》。 陈其龙/摄

2012年8月5日，盐城籍击剑运动员骆晓娟与队友在2012年伦敦奥运会重剑团体决赛中，以39：25的成绩战胜韩国队，为盐城赢得首枚奥运金牌。 盐阜大众报社/供

2014年1月14日，盐城市被住房和城乡建设部授予“国家园林城市”称号。 盐阜大众报社/供

2010年 2012年 2014年

2010年5月1日，全省第二条、苏北首条快速公交线（BRT）在盐城市区正式开通。
盐阜大众报社/供

2014年9月30日，盐城市举行第一个烈士纪念日活动。
市民政局/供

人民日报
RENMIN RIBAO
人民网网址：http://www.people.com.cn

2016年6月 24 星期五 丙申年五月二十 人民日报社出版 国内统一连续出版物号 CN 11-0065 代号1-1 第24821期 今日24版

习近平对江苏盐城龙卷风冰雹特别重大灾害作出重要指示
要求全力组织抢救受伤人员 最大限度减少人员伤亡
李克强就抢险救灾和灾害防范工作作出批示

新华社北京6月23日电 6月23日14时许，江苏盐城市阜宁县、射阳县部分地区突发龙卷风冰雹严重灾害，多个乡镇受灾，造成大量民房、厂房、学校教室倒塌，部分道路交通受阻。截至23日21时30分，已造成78人死亡、约500人受伤。

灾害发生后，党中央、国务院高度重视。正在乌兹别克斯坦访问并出席上海合作组织峰会的中共中央总书记、国家主席、中央军委主席习近平立即作出重要指示，要求国务院派工作组前往指导抢险救灾，代表党中央、国务院慰问受灾群众。要求全力组织抢救受伤人员，最大限度减少人员伤亡，并做好遇难人员善后和受灾群众安置工作。要求有关地方和部门强化气象监测预报和地质灾害评估等工作，做好重特大自然灾害防范和处置工作，切实保障人民群众生命财产安全。

中共中央政治局常委、国务院总理李克强作出批示，要求全力做好人员搜寻和伤员救治，抓紧核实受灾情况，尽快帮助受灾群众恢复正常生产生活。民政部要牵头成立国务院工作组，立即赶赴现场指导救灾。有关方面要针对主汛期各类自然灾害多发情况，指导和督促地方切实做好极端天气等灾害防范应对工作，最大程度减少因灾损失。

根据习近平指示和李克强要求，民政部等部门已组织工作组赶赴现场指导救灾。灾害发生后，江苏省委和省政府主要负责同志紧急赶赴现场组织开展救灾工作。盐城市已启动自然灾害救助应急Ⅰ级响应机制和抢险救灾预案。目前，各项抢险救灾工作正在紧张有序进行。

2015年6月1日，中韩自贸协定签署，盐城市被确定为中韩产业园地方合作城市之一。 开发区/供

2016年6月23日14时30分左右，盐城市阜宁县和射阳县部分地区遭遇龙卷风冰雹特别重大灾害。中共中央总书记、国家主席、中央军委主席习近平立即作出重要指示，要求全力组织抢救受伤人员，最大限度减少人员伤亡。中共中央政治局常委、国务院总理李克强作出批示，要求全力做好人员搜寻和伤员救治，抓紧核实受灾情况，尽快帮助受灾群众恢复正常生产生活。 市委党史办/供

2015年

2016年

2015年，是中国人民抗日战争暨世界反法西斯战争胜利70周年。8月10日，国内首部展示新四军在盐城重建军部历史的大型文献纪录片《新四军1941》，在中央电视台和江苏卫视同日播出。 市文广新局/供

灾害发生后，在党中央、国务院高度重视和亲切关怀下，在省委、省政府坚强领导下，市县两级党委政府迅即行动、科学应对，全市上下协力同心、众志成城，社会各界紧急驰援、倾力相助，灾区党员干部奋起自救、顽强拼搏，灾区群众直面灾难、自救互助，取得抢险救灾和灾后重建全面胜利。 吴朝斌/摄

"6·23"抗击特大龙卷风纪实

“强富美高”新盐城

——战略新篇章

2017年

2017年，盐城市学习贯彻中国共产党第十九次全国代表大会精神，开启加快建设“强富美高”新盐城的战略新篇章。 市委党校/供

2017年4月14日，2017盐城（上海）跨国公司投资合作说明会在上海举行。 王亚洲/摄

2017年10月27—31日，中国盐城·第七届沿海发展人才峰会“1+6”系列活动在上海举行。　孙海鹏/摄

2017年5月4日，省发改委公布江苏省首批特色小镇创建名单，盐城智尚汽车小镇入选。图为盐城智尚汽车小镇全景图。

开发区/供

2017年8月28日，东风悦达起亚15周年庆典——未来战略发布暨新车上市会在盐城举行。 悦达集团/供

东风悦达起亚汽车有限公司第二工厂。 孙海鹏/摄

东风悦达起亚汽车有限公司新能源汽车生产车间。

孙海鹏/ 摄

江苏奥新新能源汽车有限公司生产车间。 孙海鹏/ 摄

长三角新能源汽车研究院。 国投集团/ 供

2017年6月28日，全国首家主题展示馆江苏汽车智慧产业园展示馆开馆，集中展示了盐城汽车产业发展的新阶段、新理念、新成果。江苏汽车智慧产业园是盐城重点打造的汽车服务业集聚区，建筑总面积约3万平方米，拥有主题展示馆及创新工场、盐城人才金港及达内IT培训中心、新韩银行、自助餐厅、咖啡厅、便利店等配套设施。

开发区/供

江苏先云云计算中心。 盐阜大众报社/供

江苏般若电子工业有限公司无尘车间。 盐阜大众报社/供

滨海县正红镇的分布式光伏发电项目。　陈其龙/摄

2017年7月12日，东山精密电子项目在盐城高新技术产业开发区智能终端产业园开工。　刘　阳/摄

盐都大纵湖大闸蟹出口基地。　　市海洋与渔业局/供

滨海县随耕生态农业园。

东台三仓现代农业产业园展示中心。　　东台市委党史办/供

陈其龙/摄

卡迪欢乐世界。

大丰港海洋世界。

大丰港大熊猫乐园。　　盐阜大众报社/供

盐城水街。　　赵林耕/摄

2017年，全市完成成片造林面积8266.67公顷，改造提升面积1.06万公顷，新增城镇绿地面积3650公顷，栽植乔、灌木

622.92万株，地被面积926.3公顷。

盐阜大众报社/供

2017年12月14日，在黄(渤)海湿地可持续发展与世界自然遗产2017盐城国际研讨会上，盐城海滨湿地研究院正式揭牌成立。

王亚洲/摄

2017年，盐城市区PM2.5平均浓度为每立方米43微克，超出国家二级标准0.26倍；盐城市空气质量综合指数4.64，全年优良空

2017年9月19日，盐城市举行河北塞罕坝机械林场先进事迹报告会，号召全市上下大力弘扬塞罕坝精神，坚持绿色发展理念，加快“一片林”工程建设。 王亚洲/摄

9天，连续四年位居全省第一。图为江苏黄海海滨国家森林公园。 盐阜大众报社/供

盐城大洋湾生态旅游景区。 大洋湾风景区/供

2017年，江苏省大丰麋鹿国家级自然保护区新生仔鹿786头，麋鹿种群数量达4101头，其中野外种群增至846头。

陆　军/摄

建美"一座城"

盐城市体育馆夜景。

盐阜大众报社/供

构筑“一张网”

2017年12月19日，经国务院和公安部批复同意，盐城南洋机场外国人口岸签证业务正式开通。

市区内环高架潘黄枢纽。

王亚洲/摄

晓云/摄

2017年5月25日，连盐铁路响水至盐城北段区间铺轨实现双线贯通。图为连盐铁路灌河特大桥。 孙海鹏/摄

2017年11月25日，徐盐铁路全线重点控制性工程新洋港斜拉桥1031号主塔左塔柱完成封顶。 盐阜大众报社/供

2017年2月28日，盐城新水源地及跨区域引水工程全线开工誓师动员大会在盐龙湖增压泵站工地现场召开。盐城新水源地及跨区域引水工程供水范围包括盐城市中心城区、大丰区、建湖县、射阳县，总受益面积约8936平方公里，总受益人口近500万人。项目建设内容包括京杭运河取水口及自流管、取水泵站、原水管线（含市中心城区主线和建湖、射阳、大丰支线）、主线中途增压泵站、盐龙湖增压泵站、射阳增压泵站、大丰调节水库等，工程主支线合计213千米，建设工期18个月。上图为开工现场图，下图为宝应汜水泵站施工现场。

王亚洲/摄

盐龙湖水厂。 市城乡建设局/供

大运河边上的取水口。 宋从勇/摄

纪念新四军成立
周年
新四军

江苏省盐城中学建校90周年庆祝大会
2017.10.29
1927-2017

1	2
3	

1 2017年10月12日，盐城市在新四军纪念馆举行新四军成立80周年纪念活动。新四军老战士代表储渭发言并现场向新四军少年军校少先队员代表赠送新四军军装。 孙海鹏/摄

2 2017年6月10日，盐城市第一小学六年级学生毕业。 王仰林/摄

3 2017年10月29日，江苏省盐城中学建校90周年庆祝大会在盐城中学鹿鸣路校区举行。 王亚洲/摄

2017年，全市有医疗卫生机构3214个，其中医院163个，乡镇（中心）卫生院161个，门诊部（所）445个，卫生防疫监督机构20个，妇幼保健机构11个，村卫生室（社区卫生服务站）2310个，其他机构104个。图为盐城市第一人民医院（南区）。

市卫生计生委/供

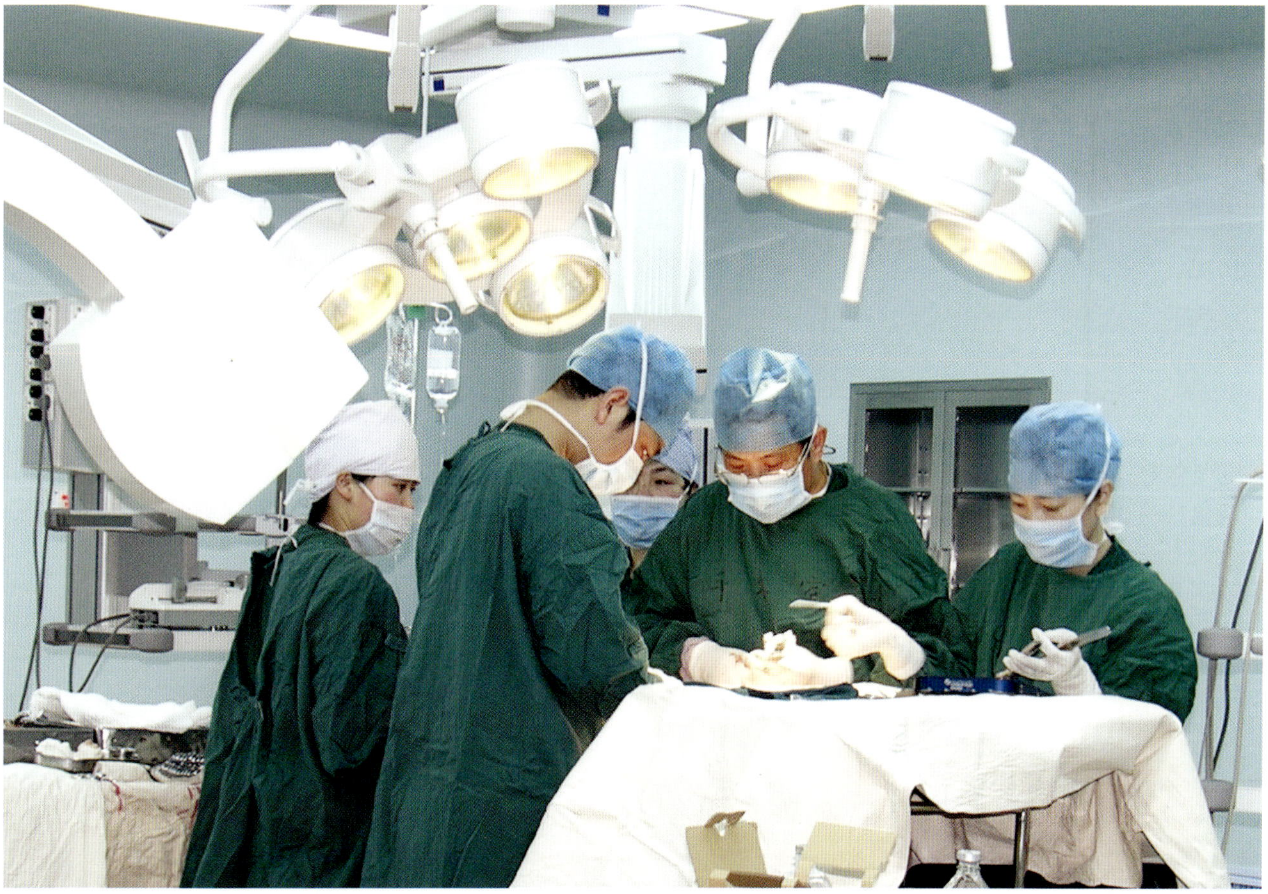

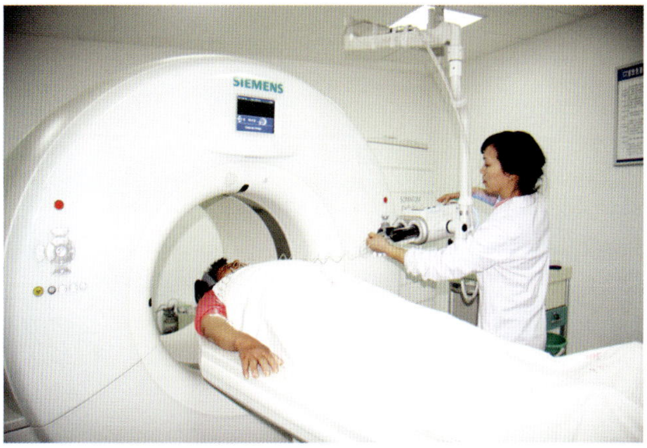

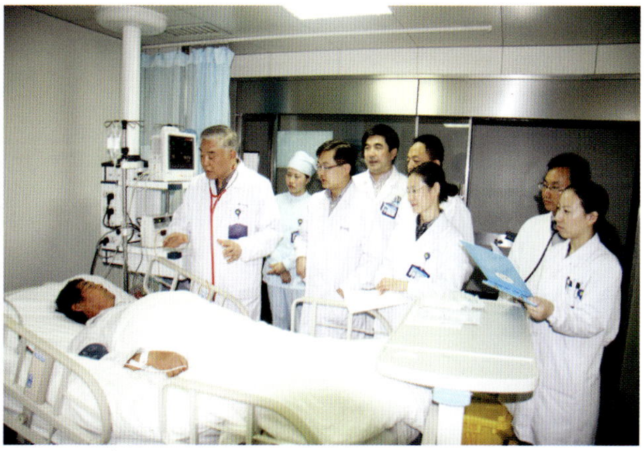

图为盐城市第一人民医院医疗救治场景。　　陶　林　李自强／摄

2017年，盐城市继续实施基层医疗卫生机构基础设施标准化建设三年（2015—2017）行动计划，累计完成投资额12.48亿元，实施标准化建设项目1762个。至年底，全市建成全国百佳乡镇卫生院1个，全国群众满意的乡镇卫生院43个，省示范乡镇卫生院74个，省示范村卫生室352个。

市卫生计生委/供

2017年3月10日，由国家卫生计生委宣传司指导，中国健康促进与教育协会主办，江苏省健康教育与促进协会、盐城市卫生计生委、盐阜大众报报业集团联合主办的“健康中国行·健康促进一带一路行·健康巡讲革命老区行”在盐城启动。

李泓儒/摄

2017年3月20日，王学浩院士工作站揭牌暨外科著名专家学术沙龙在盐城举行。

李自强/摄

2017 年 11 月 21 日，盐城群众文化专场节目亮相央视《群英汇》舞台。 市文广新局 / 供

2017 年 10 月，淮剧《菜籽花开》获第三届江苏省文华大奖。　市文广新局 / 供

2017 年 10 月 30—31 日，淮剧《送你过江》晋京献礼中共十九大。　市文广新局 / 供

文艺下乡活动。 张友余／摄

射阳县合德镇淮海农家书屋。 卢云岭／摄

上图为盐城水浒文化博物馆，下图为盐城市博物馆。 刘钟越/摄

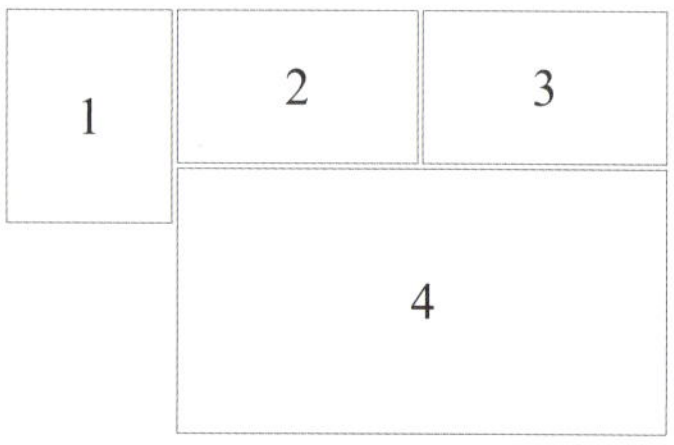

1 2017 年 5 月 20 日，2017 金融城 · 盐城半程马拉松赛在盐城花样年华城市花园举行。　王仰林 / 摄

2 2017 年 8 月 26 日，中国 · 盐城首届户外节暨第四届户外帐篷节在大丰区荷兰花海举行。　王仰林 / 摄

3 “绿色、环保、低碳、健康”志愿骑行活动。　孙海鹏 / 摄

4 2017 年 10 月 1 日，盐城市城南新区欧风花街开街。　朱广忠 / 供

户外
帐篷
荷兰花海
荷兰花海
盐城市户外运动网
用品股份有限公司
健走俱乐部
新起点户外俱乐部
风语者俱乐部
运动俱乐部
盐城网

编辑说明

一、《盐城年鉴》是由盐城市人民政府主办、盐城市地方志办公室组织编纂的市级地方综合年鉴。1998年创刊，本卷为第21卷。

二、《盐城年鉴（2018）》以马克思列宁主义、毛泽东思想、邓小平理论、“三个代表”重要思想、科学发展观和习近平新时代中国特色社会主义思想为指导，旨在全面系统地记述盐城市2017年度自然、政治、经济、文化、社会、生态建设等方面的情况，客观真实地反映全市各行各业所取得的新成就、新经验以及需要解决的新矛盾和新问题，为社会各界了解盐城、研究盐城提供资料信息，为各级领导科学决策提供参考依据，为编修地方史志积累地情史料，记述内容注重资料性、思想性和科学性的统一。

三、本卷年鉴以章节体辅以条目体的体例形式架构编目。章节为宏观结构，条目是微观形式，由此构建成综合性的资料体系。框架设置，总体按照国民经济行业分类标准，结合地方实际，力求门类完备、不缺要项、分类合理、归属得当，体现科学性；层次构架，力求结构严谨、层次分明、逻辑严密、遵循规律，体现规范性；记述内容，力求立意得当、要素齐全、重点突出、特色鲜明，体现专业性。

四、本卷年鉴以图版、特载开卷，附录殿后，全书由卷首、卷末和主体内容三大版块构成。卷首图版以图说盐城为栏目，设城市名片、特别报道和年度要闻三个大类，其中后两类分别以改革开放40周年暨盐城建市35周年和产业强市、生态立市、富民兴市为主题，通过25版98张图片，辅以二维码链接影像音频，直观展示改革开放以来盐城全面发展、加大开放所取得的成就，全面展示2017年盐城城市风貌、城市特色、城市品位及年度重大活动、重点工程；特载以《宣传贯彻中共十九大精神》《新水源地及跨区域引水工程建设回眸》《中国首位环保烈士徐秀娟牺牲30周年》为专题，展现年度要事、特事。卷末附录，以文献选编、文件目录、综合考评、荣誉榜、出版书目、媒体报道六个部分，附录年度综合资料。年鉴主体内容，以编章节三个基本层次，设盐城概况、沿海战略、城市功能、生态环境、产业结构、政治生态、文化强市、社会民生、区域发展、人物共10编50章242节549目，章下设综述，宏观介绍各行业年度情况，不同章节下相近或相同内容，以条目参见法处理。人物编，主要收录2017年新任和职务变动的市领导、省部级以上荣誉获得者、年度新闻和年度综合先进人物。条目标题，以同号黑体字并空一字距方式接排正文。全书设计各类示意图12幅、表格91份。

五、本卷年鉴文稿，主体部分由市直相关单位和各县（市、区）政府办公室，按盐办发电〔2017〕206号文件要求指定专人撰写，并经单位主要负责人审定签章；编辑部另组织力量采编或补写部分特色专题和相关稿件。入鉴数据以市统计局公布的统计数字为准，力求全书统一，但一次文献中的数据和计量单位保持原貌。入鉴图照，由编辑部向各专业部门和有关摄影家专题征集；随文插图除部分署名外，均由相关单位提供。

六、本卷年鉴卷首设有总目、目录和图表目录，卷末附主题索引和地图。全书统一页眉，读者可依据上述检索系统迅速查阅相关内容资料。2008年起，《盐城年鉴》随赠数据光盘。2013年起，《盐城年鉴》入载盐城史志网。2017年起，通过二维码链接历年《盐城年鉴》全文。2018年起，与时俱进地开辟《盐城年鉴》手机版。

总 目

目 录

生态环境　编

第13章　绿色生态

第14章　环境监管

产业结构　编

第15章　工业经济

第16章　农业及新农村建设

政治生态　编

第21章　中共盐城市委员会

第22章　盐城市人民代表大会

第23章　盐城市人民政府

第24章　政协盐城市委员会

第25章　纪检监察

第26章　民主党派

第27章　人民团体

第28章　法治盐城

第34章　档案史志

社会民生　编

第35章　医疗卫生

第36章　体育事业

第37章　社会保障

第38章　社会事务

第45章　响 水 县

第46章　大 丰 区

第47章　盐 都 区

第48章　亭 湖 区

人　物　编

第49章　人物简介

第50章　人物名录

附　录

索　引

地　图

图表目录

特载

- □ 宣传贯彻中共十九大精神
- □ 新水源地及跨区域引水工程建设回眸
- □ 中国首位环保烈士徐秀娟牺牲30周年

特　载

责任编辑　赵　丽　许寅生

宣传贯彻中共十九大精神

2017年10月18日至10月24日，中国共产党第十九次全国代表大会在北京召开。中共十九大是在中国全面建成小康社会、中国特色社会主义进入新时代的关键时期召开的一次十分重要的大会，在党和国家发展史、中华民族复兴史上具有划时代的里程碑意义。大会确立习近平新时代中国特色社会主义思想的历史地位，开启全面建设社会主义现代化国家的新征程，进一步指明党和国家事业的前进方向。盐城将学习宣传贯彻中共十九大精神作为首要政治任务，迅速组织传达学习，以鲜明政治态度和强烈政治责任加强组织领导，做到认识有新高度、学习有新境界、组织实施有新气象，实现干部培训全覆盖、宣讲活动全覆盖、社会宣传全覆盖。

加强组织领导，实现干部培训全面覆盖

突出领导干部带头学。坚持领导干部，特别是市级领导带头学，明确政治站位要更高，眼界要更宽，在学习贯彻中共十九大精神上走在前面、作出表率。2017年10月26日，市委召开领导干部大会，迅速传达学习中共十九大精神。10月31日，市委召开专题常委会，成立由市委主要领导任组长的领导小组，研究部署中共十九大精神学习宣传工作。11月2日，市委中心组召开学习会，围绕“五个聚焦”要求，结合工作实际深入交流探讨学习中共十九大精神体会。11月27日，市委召开学习贯彻中共十九大精神专题调研成果交流会，22位市领导结合职责分工，分别就如何将中共十九大精神贯彻落实到具体实践中进行交流。此后，市委还通过全会、常委会、学习扩大会、专题研讨会等形式对中共十九大精神学习宣传贯彻工作进行多次部署。通过市委带头学习推动，切实把中共十九大精神作为武装头脑、指导实践、推动工作的力量和源泉。

突出党员干部全面学。各层各级高度重视，成立专门组织，主要负责人作为第一责任人，亲自抓学习、抓宣传、抓落实，在全市形成自上而下、责任明确，无遗漏、全覆盖的学习宣传组织架构。强化集中轮训。根据中央和省委部署，从2017年12月25日至2018年3月17日，市委组织全市1298名在职市管干部、乡镇（街道）党政正职，分三批次集中轮训，把铁军红色资源转化为教育资源把改革发展现场开辟为实践课堂。市委组织引导全市2.6万个党组织、46万名党员干部全面系统深入学习中共十九大精神，力求学深学透、融会贯通，推动全体党员干部在思想上、政治上、行动上自觉同以习近平同志为核心的党中央保持高度一致。同时，市委组织部指导各地各部门按照干部管理权限，分层分级举办轮训班，将全市科级干部、村（社区）“两委”［村（社区）党支部和村居（社区）居委会］主要负责人普遍轮训一遍。开展专题辅导。结合中心组学习、周一大讲堂、星期六党校、基层党组织统一活动日等载体，市委组织部开展中共十九大精神专题辅导，先后邀请中央党校、国家行政学院、中国浦东干部学院、中国纪检监察干部学院等一批国家级培训院校的知名专家教授在盐城授课，帮助广大干部深刻领会中共十九大精神，准确把握思想精髓、核心要义和实践要求。

突出督查指导推动学。市干部教育培训领导小组办公室专门印发《关于开展习近平新时代中国特色社会主义思想和中共十九大精神学习培训工作督查的通知》，要求各地组织自查，摸清学习培训的真实情况，及时总结经验。市委组织部结合基层党组织统一活动日检查和重点工作督查，对各地各单位学习宣传贯彻中共十九大精神情况进行督查指导，总结好的做法、指出存在问题，确保不走过场、取得实效。全面推广市级机关“周一大讲堂”“基层党组织统一活动日”、基层党员冬训、党员电化教育、市民学校等平台载体，采取报告会、研讨会、座谈会、演讲比赛、征文比赛等形式，开展好特色学习教育活动。

全面组织宣讲，强调深入浅出入脑入心

领导干部带头宣讲。市委成立由市委常委、各县（市、区）委书记和市直相关部门主要负责人共48名成员组成的学习贯彻中共十九大精神宣讲团，在全市各个层面开展宣讲100多场次，市委主要领导带头在市委党校主体班进行宣讲。各县（市、区）委相应成立本地宣讲团，全市各层各

级先后开展宣讲8000余场,受众累计120万人次,推动中共十九大精神进企业、进农村、进机关、进校园、进社区、进军营、进网络,实现中共十九大精神宣讲全覆盖。

整合力量推进宣讲。用好基层“百姓名嘴”。建立总数达136人的“百姓名嘴”宣讲人才库,发挥其语言接地气、宣讲有人气的独特优势,结合党员冬训,在基层开展中共十九大精神宣讲1000余场次。用好市县下访干部。联手500多名市县机关下访干部,成立驻村宣讲小分队,紧密联系基层群众所需所想,深入村组、田间地头开展面对面的“互动式”宣讲,用群众听得懂、听得进的“大白话”宣讲中共十九大精神。用好高校宣讲资源。邀请上海市委党校、北京师范大学等多名专家学者为各层各级领导干部进行解读;组织在盐城高校大学生宣讲志愿者,围绕“三农”“精准扶贫”“土地承包”等热点话题,通过理论政策集中宣讲、群众座谈、入户访谈等形式,将中共十九大精神传递到基层干群心中。

11月1日,中共十九大精神宣讲报告会在盐城工学院举行。　王亚洲/摄

用活形式有效宣讲。丰富宣讲形式,用好用活各类宣讲手段,让宣讲既“有意义”,又“有意思”。开展定制宣讲。采取“订单”集中宣讲和“点单”专题宣讲相结合的新模式,精心编制宣讲题目,发放到基层一线,让干部群众参照“宣讲菜单”点题选讲、点师授课,确保实现“讲、学”对接,“送、需”匹配。开展文艺宣讲。发挥盐城地方戏曲特色优势,发动农村文艺人才,用淮剧的形式搞演唱宣传,将习近平新时代中国特色社会主义思想和中共十九大精神编成乡土小戏和歌舞节目,安排广场演出,全市上下累计开展文艺宣讲1200余场次。开展流动宣讲。为解决流动党员学习难的问题,全市组织20余支流动送学队,到无锡、苏州、上海、南京等地盐城农民工务工比较集中的地方开展流动宣讲,为2万名驻外党员送学上门、送教上门,解决好理论宣讲的“盲点”。

推进全域宣传,营造学习氛围成效显著

新闻宣传浓墨重彩。市各新闻媒体在重要版面、重要时段、重要新媒体平台开设专题专栏,深入学习宣传中共十九大精神。《盐阜大众报》开设《认真学习宣传贯彻中共十九大精神》专栏,共策划专题10多个,刊发各类报道100多篇。市广电总台开设“贯彻落实十九大精神,建设强富美高新盐城”“学习贯彻十九大精神,擦亮盐城五大名片”及“学习贯彻中共十九大精神,全力做好五篇大文章”等专题,重点报道全市学习贯彻中共十九大精神的新动态、新做法、新经验,先后发布新闻报道100余篇。利用融媒体宣传,先后推出“新时代新气象新作为”“领航新征程”“新时代新梦想”等专题,先后发布信息近千条。

社会宣传立体多样。综合运用电子大屏、楼宇电视、户外大牌、建筑围挡、交通隔离栏等载体,着力营造学习宣传中共十九大精神的浓厚社会氛围。在市区主要路段增设学习宣传标语和画面46块,主要道路交通隔离栏新增画面40余幅,主要道路两侧新增道旗498杆,方便广大市民随时随地了解掌握中共十九大精神内涵。市区84块户外大屏和楼宇电视、车载移动电视、出租车跑马屏,高密度、高频次宣传中共十九大精神。全市共发放宣传挂图1200多份,市区所有小区宣传栏实现中共十九大宣传内容全覆盖。

网络宣传有声有色。创新网络宣传思路方法,加强网上内容建设,充分发挥网络在学习宣传中共十九大精神中的作用。利用新媒体传播平台加强网上宣传推送,特别是向《人民日报》、新华社、澎湃新闻等重点新闻客户端和新浪、腾讯等重点商业网站平台集中推送盐城学习宣传贯彻中共十九大精神的相关信息。完成“砥砺奋进的五年”“十九大时光”“不忘初心、继续前进”等重大主题的网上稿件推送100余篇。

强调从严治党,营造良好政治生态

坚持红色党性教育。注重运用盐城独特的红色资源优势,加强政治建设和思想建设,弘扬“铁军精神”,开展“入党初衷大家谈”活动,教育引导全市党员干部挺起共产党人的精神脊梁,自觉在政治立场、政治方向、政治原则、政治道路上同以习近平同志为核心的党中央保持高度一致。打造精品课程。召开全市党性教育基地建设现场推进会,加大红色资源开发力度,完善“铁军精神”教学功能,挖掘革命老区振兴崛起、绿色发展、厚德盐城等方面内容,推出一系列教学专题,着力打造富有时代特征和地方特色、务实管用的精品课程体系,不断提升党性教育的质量和成效。突出现场教学。市县联动、共创共建,依托新四军纪念馆、新四军干部学院和各类红色文化遗址,完善教学点、设计精品线,推进党性教育示范点建设,开展现场教学、情景教学、案例教学、网络教学,打造一流的党性教育现场实境课

堂，增强党性教育的震撼力、感染力。挖掘时代内涵。组织专家学者、骨干教师，切实加强铁军历史、铁军精神理论研究，挖掘铁军精神时代内涵，把铁军传统教育融入党员干部轮训、专题培训、反腐倡廉教育之中，切实加强政治纪律、组织纪律、廉洁纪律等教育，引导广大党员干部坚定理想信念、加强党性修养。

全面提升党建质量。突出全面从严主基调，充分发挥市委总揽全局、协调各方的作用，支持人大、政府和政协放手开展工作，人大、政府、政协自觉坚持中国共产党的领导，协力同心、忠诚履职、共谋发展。成立全国首家新四军干部学院，开展“弘扬铁军精神”党性主题教育；依托新四军纪念馆，市委常委会带头，引导基层党组织开展主题党日活动；建成盐城抗击“6·23”特大龙卷风纪念馆，20多万人次受到教育。全面落实意识形态工作责任制，强调精神文明建设，全年新创作各类剧本39部，获国家文华大奖的淮剧《小镇》巡演143场，《抗击“6·23”特大龙卷风纪实》专题片全网浏览量超1800万人次；累计61人（组）当选“中国好人”。坚持正确选人用人导向，稳妥实施轮岗交流，加大“三项机制”探索实践，并形成常态化制度化安排，58个市级机关部门239名干部交流岗位；制定容错纠错实施意见，调整18名不作为、慢作为干部；实施退役士兵“村（社区）干部培养选聘千人计划”，优选近700人补充到基层干部队伍。压紧压实“两个责任”（党委主体责任、纪委监督责任），在全省率先推行市管干部主体责任履责记实手册制度。制定落实中央八项规定具体实施意见，开展“510”警示教育、廉政文化进国民教育、“讲政治、守纪律、树形象”主题公开承诺等活动。在全省设区市中率先成立监察委员会，组织市县联动巡察，实现对乡镇巡察全覆盖。

落实党管干部原则。打造“高素质专业化”好干部，以高质量的选拔，选拔高质量的干部，以专业化的管理，锻造专业化的干部队伍。激发队伍活力。根据省委部署，市委制定《盐城市青年干部培养选拔实施办法》等制度文件，分层分类建立优秀后备干部库，打破隐形台阶，选拔使用“80后”县处级干部。推动58个市级机关单位239名中层干部轮岗交流，并作出常态化制度化安排。实施退役士兵“村（社区）干部培养选聘千人计划”，完成两批次选聘工作，共选聘1594人，实现盘活退役士兵人才资源、建强基层带头人队伍、促进基层和谐稳定的多赢效应。强化监督管理。健全干部选任制度体系，不断提高选人用人的规范性和公信度。对换届后县（市、区）、重点园区、国有企业领导班子和乡镇党政正职队伍，进行专题调研，系统梳理市直部门职责清单，精准研判每个班子的现状特点、结构功能，摸清摸透每个干部的现实表现、工作实绩，客观分析存在问题、群众评价，掌握活情况、新变化，不断优化改进。抽查核实领导干部个人有关事项报告，对填写不规范的拟提拔重用人选进行提醒谈话，实现报告、核查、问责等全过程的具体化、规范化，做到治小病、防未病。全面建立“三项机制”（鼓励激励机制、容错纠错机制、能上能下机制）。市委办先后制定盐城市委办《盐城市党政干部鼓励激励实施办法》《盐城市党员干部和公职人员容错纠错实施办法》《盐城市推进党政干部能上能下实施办法》等文件，形成“三项机制”，重抓落实推进和案例引领，坚持严管与厚爱结合、激励与约束并重，将制度规定外化为实践文化，为担当者担当、为负责者负责，提振各级干部精气神，推动全市上下形成敢于担当、比学赶超、奋发有为的浓厚氛围。

（陈　伟　严士祖）

新水源地及跨区域引水工程建设回眸

新水源地及跨区域引水工程建设路线。　盐阜大众报社/供

盐城素有“水韵盐城”“百河之城”之美誉，但一直是典型的水质型缺水城市，由于地处长江水系最下游、苏北里下河腹部地区，上游客水水质较差且难以控制，盐城市区及建湖、射阳、大丰等县（区）水源地水质长期不能稳定达标。面对人民群众日益增长的美好生活需要，为从根本上解决广大市民饮用水安全问题，市委、市政府决定启动新水源地及跨区域引水工程建设，下定决心跳出里下河地区，利用国家南水北调清水走廊，从京杭大运河新辟水源地，将源头活水东引至盐城，真正让广大市民喝上优质水、放心水。

盐城新水源地及跨区域引水工程是省政府2016年重大民生保障项目和市委、市政府2016年头号为民办实事项目，供水范围包括盐城市中心城区、大丰区、建湖县、射阳县，总受益面积8936平方千米，总受益人口近500万人。总引水规模为每天115万立方米，其中盐城市中心城区饮水规模为每天60万立方米、大丰区饮水规模为每天25万立方米、建湖县饮水规模为每天15万立方米、射阳县饮水规模为每天15万立方米。工程总投资估算为62.03亿元。项目建设内容包括京杭运河取水口及自流管、取水泵站、原水管线（含主线、建湖支线、射阳支线、大丰支线）、主线中途增压泵站、盐龙湖增压泵站、射阳增压泵站、大丰调节水库等，工程主线长83千米，连同支线合计213千米，建设工期18个月。该项工程建成后，长江之水经江都水利枢纽提水至京杭运河，通过宝应金汜水段取水头部将原水引入取水泵站，原水在取水泵站内经过预沉、充氧活水等水质保障措施后加压，通过两根直径2.4米的大口径管道输送46千米，进入建湖县恒济增压泵站，在泵站内进行二次调节、复氧后，通过两根直径2.2米的大口径管道输送37千米，进入新水源输配枢纽盐城市区盐龙湖增压泵站，分别向盐城中心城区城东水厂、盐龙湖水厂和大丰区、射阳县输送优质原水。

大运河上的第一个加压站——宝应汜水加压站。　宋从勇/摄

2014年12月，盐城新水源地及跨区域引水工程正式启动，市城乡建设局按照市委、市政府要求，联合专业机构就盐城新水源地方案开展深入研究。详细比选论证长江、京杭运河（南水北调东线一期工程）、苏北灌溉总渠等盐城周边大型水体作为盐城新水源地的优势和不足，择优选择盐城市新水源地。

2015年5月25日，市政府在南京组织召开《盐城市新水源地比选论证报告》评审会，与会专家和代表一致认为建设里下河平原腹部河网之外的，水质优良、安全可靠的新水源地与现有水源地互补是十分必要且迫切的，原则同意京杭运河宝应段为盐城新水源地。7月15日，市委召开第八十七次常务会议，会议决定在京杭运河宝应段新辟水源地，通过管道引入水质优良、水量充沛的原水。9月23日，省发展改革委批复同意《盐城市新水源地及引水工程项目建议书》。9月30日，市委主要领导率队赴扬州市宝应县，与扬州市共同商定取水口选址方案、管线设计走向、工程建设配套等重大事项，双方决定成立联合工作组，携手合力推进盐城新水源地工程建设。11月17日，盐城成立新水源地建设领导小组，并专门派设驻宝应工作组。

2016年2月26日，省发展改革委对《盐城新水源地及引水工程项目可行性研究报告》进行批复。3月3日，盐城新水源地建设驻宝应工作组正式进驻，宝应县境内工程沿线房屋搬迁工作全面铺开。工作组全体近50名工作人员日夜奋战，与当地干部群众一道，迅速完成房屋搬迁、杆线迁移和迁坟工作，确保主线工程如期开工。跨区域引水工程得到扬州市委、市政府的重视和支持，宝应汜水等沿途乡镇心系盐城人民饮水安全，无私帮助、同心协力，盐扬两地在携手打造“连心工程”过程中结下深厚情谊。4月5日，新水源地建设廉政警示教育会议在市党风廉政教育中心召开，市委、市纪委相关领导出席会议。会上，市城乡建设局负责同志代表全体工程建设者作廉洁自律表态发言，项目四个工作组负责同志现场签订递交了新水源地建设廉洁自律承诺书。5月17日，盐城新水源地及跨区域引水工程建湖先导段开工。6月14日，盐城境内房屋搬迁工作启动。

2017年2月28日，市委、市政府在盐龙湖增压泵站工地现场召开盐城新水源地及跨区域引水工程项目全线开工誓师动员大会，绵延数百千米的建设工地上，一场声势浩大的头号民生工程战役全面打响。从市领导到一线工人，从工程师到焊接工，从施工人员到质量监理，1000多名工程建设者发扬“自力更生、艰苦创业、团结协作、无私奉献”的“红旗渠”精神，日夜奋战在工程建设第一线。

2018年6月11日10点18分，新水源地及引水工程宝应取水泵站开闸放水，工程主线试通水。6月30日，盐城新水源地及引水工程主线正式建成通水。8月31日，建湖支线正式建成通水，建湖成为新水源地及引水工程三条支线工程中首家通水的县。9月28日，大丰支线竣工通水。

历时近四年，西水东引的汩汩清泉，从扬州直达盐城，流入千家万户。这个盐城历史上最大的跨区域引水工程、最大的饮用水提档升级工程、最大的饮用水安全保障工程，彻底改变水源地单一水系的格局，真正形成从“水源头”到“水龙头”的安全供水体系，从根本上解决广大市民群众心头的饮水安全大患，为盐城的繁荣发展再添新的活力，为盐城在高质量发展上走在苏北苏中前列提供更加强有力的支撑。　（严志鉴）

呵护。 吉洪俊/摄

中国首位环保烈士徐秀娟牺牲30周年

“走过那条小河，你可曾听说，有一位女孩，她曾经来过……”

歌曲《一个真实的故事》，讲述了中国首位环保烈士徐秀娟的事迹。30年前，一位女大学生、一位护鹤天使、一位来自东北的满族姑娘，用自己如花的年华、奋斗的青春、无私的奉献和短暂的生命在茫茫的黄海滩涂上演绎了一段真实而又感人的故事。

1964年10月，徐秀娟出生于黑龙江省齐齐哈尔市的一个养鹤世家，父亲徐铁林是黑龙江扎龙自然保护区的第一位养鹤专家。1981年，17岁的她随父亲到扎龙自然保护区从事养鹤、驯鹤工作，很快就掌握了丹顶鹤、白枕鹤、衰羽鹤等珍禽饲养、放牧、繁殖、孵化、育雏的全套技术，她所饲养的雏鹤成活率达到100%，扎龙自然保护区的孵鹤、养鹤、驯鹤技术也因此很快蜚声国内外。1986年，刚从东北林业大学完成进修的徐秀娟受到当时正在筹建中的盐城珍禽自然保护区邀请，不远万里从家乡齐齐哈尔来到了盐城，克服种种困难，带领一群与她同样年轻的姑娘和小伙子们，在芦苇荡里引流辟道、垦荒立灶，建起了中国南方第一个珍禽驯养场。徐秀娟还从家乡带来了三枚孵化期中的丹顶鹤蛋，在她的精心培育下，这三枚鹤蛋孕育的新生命最终在盐城破壳而出并且全部存活下来，实现了丹顶鹤在低纬度越冬区成功孵化并存活的奇迹。由此，盐城珍禽自然保护区开启了在野外繁殖驯养丹顶鹤的艰难历程。不久，内蒙古自治区呼伦贝尔盟馈赠给盐城珍禽自然保护区两只白天鹅，徐秀娟承担了驯养任务。1987年9月16日，为了寻找其中一只飞失的白天鹅，两天两夜没休息的徐秀娟由于疲劳过度，在游泳过复堆河时不幸溺水身亡，牺牲在盐城丹顶鹤保护区的茫茫滩涂上，成为中国环境保护战线第一位因公殉职的烈士，年仅23岁。

2017年9月16日，值徐秀娟牺牲30周年纪念日，北京、齐齐哈尔、盐城三地同时举办系列活动，追忆中国首位环保烈士。16日上午，“追忆徐秀娟暨徐秀娟纪念园揭幕仪式”在盐城市亭湖区福禄园公墓举行，徐秀娟纪念园正式揭幕、徐秀娟纪念陈列馆也同步开放，数千名市民自发前往，在园内徐秀娟雕塑前献花悼念，缅怀这位为环境保护事业献出青春和生命的英雄女孩。在纪念仪式上，盐城歌手真情献唱《一个真实的故事》，两名小学生代表现场朗诵徐秀娟散文作品《灰椋鸟》（该篇曾入选苏教版小学五年级下册语文课本）。活动最后，在纪念园内的草坪上千人齐跳《一个真实的故事》广场舞，通过这种最通俗亲民的形式追忆烈士。

30年过去了，如今，在盐城国家级珍禽自然保护区广袤的滩涂上，每年都有800只左右丹顶鹤飞来这里越冬，占世界野生迁徙种群的一半以上。30年前，徐秀娟从东北带来的三枚丹顶鹤蛋，最终在盐城破壳而出，就是对丹顶鹤在越冬地开展人工驯养繁殖设想的突破。在盐城珍禽自然保护区的短短一年多时间里，徐秀娟完成了在低纬度越冬地孵化、驯化丹顶鹤幼雏的工作，而她“丹顶鹤在越冬地半散养条件下的人工繁殖研究”课题才进行到一半，便不幸牺牲在了岗位上。徐秀娟去世后，保护区的同事们接过了她未竟的事业。1992年，保护区成功完成了丹顶鹤的人工繁殖，填补了国内研究空白。后来，保护区还陆续建立起一套系统的越冬地丹顶鹤人工驯养育雏技术规范。2017年5月，保护区还首次记录到丹顶鹤在盐城越冬地自然条件下的两个繁殖巢。至2017年底，保护区内共记录到鸟类405种，其中国家一级重点保护鸟类11种、国家二级重点保护鸟类69种。在列入《中国濒危物种红皮书》的鸟类中，保护区内有稀有种15种，濒危种7种，易危种11种，不确定种3种。

虽然徐秀娟已经离开30年了，但烈士精神永远值得铭记和传承。30年前，徐秀娟烈士用青春和生命创办了珍禽驯养场，今天，盐城市正大力弘扬烈士精神，致力于优化整体生态保护格局，引导周边建立绿色产业体系，打造重要的区域性生态屏障，进而建设生态优先发展的先行区和实验区、创建国家重点生态功能区、创建国家级的生态休闲度假基地、建设国家珍禽保护及研究基地、国际湿地科研合作基地和国际鸟类湿地学术会议的永久会址，最终创建国家生态文明建设示范基地。（严志鉴）

盐城概况

□市情概览

□年度综述

□组织机构

第01章　市情概览

责任编辑　赵　丽　许寅生

综　述

盐城位于江苏沿海中部，地处北纬32°　34′　~34°　28′，东经119°　27′　~120°　54′之间。东临黄海，南与南通市、泰州市接壤，西与淮安市、扬州市毗邻，北隔灌河与连云港市相望。盐城有着得天独厚的土地、海洋、滩涂资源，是江苏省土地面积最大、海岸线最长的地级市。全市土地总面积16931平方千米，其中沿海滩涂面积4553平方千米，占全省沿海滩涂面积的67%；海岸线长582千米，占全省海岸线总长度的61%。射阳河口以南沿海地段还以每年10多平方千米的速度向大海延伸，被称之为“黄金海岸”，是江苏最大、最具潜力的土地后备资源。盐城海陆空交通便捷，基本形成高速公路、铁路、航空、海运、内河航运五位一体的立体化交通运输网络。城市快速公交（BRT）运行，盐城成为全省第二个、江北首个拥有快速公交系统的城市。盐城南洋机场和盐城大丰港区、滨海港区是国家一类开放口岸，盐城市是同时拥有空港、海港两个国家一类开放口岸的地级市，盐城空港开通国际、国内航线30条。新长铁路盐城站开通全国客货运。盐靖、盐通、盐连、徐淮盐高速公路四通八达，实现“县县通高速”目标。

盐城是沪、宁、徐三大区域中心城市300千米辐射半径的交会点，是江苏沿海中心城市，长三角新兴的工商业城市，湿地生态旅游城市，是江苏省委、省政府确定的“重点发展沿江、大力发展沿海、发展东陇海线”的三沿战略及“海上苏东”发展战略实施的核心地区，是“京沪东线”的重要节点，是国家沿海发展和长三角一体化两大战略的交汇点，盐城在区域经济格局中具有独特的区域优势。

2017年，全市土地总面积16931平方千米，年末户籍总人口826.15万人，常住人口724.22万人（城镇化率62.9%），是江苏面积第一、人口第二的大市。全市地区生产总值达到5082.69亿元，固定资产投资达到4278.49亿元，全年地方一般预算收入360.02亿元。盐城先后被评为中国优秀旅游城市、全国科教兴市先进市、全国双拥模范城、全国无偿献血先进城市、中国投资环境百佳城市、国家创新试点城市、国家知识产权试点城市、全国粮食生产先进市、国家园林城市、国家卫生城市、全国绿化模范城市、全国社会治安综合治理优秀市等，盐城对外来投资的吸引力进一步增强，经济社会实现又好又快发展。

（严志鉴）

第一节　政区环境

一、建置区划

建置沿革　西周前为“淮夷”地。汉武帝元狩四年（前119年）始建盐渎县。东晋安帝义熙七年（411年），因“环城皆盐场”更名盐城。南北朝先设射阳郡，后改盐城郡。隋大业末年（618年），韦彻据盐城称王立射州，分射阳、新安、安乐3县。唐武德七年（624年），废射州复盐城县，属楚州；乾元元年（758年），置盐城监以管楚州盐务。南唐升元元年（937年），划属泰州并设海陵监驻东台场，以监管南北盐场，东台名始见史书。宋代属楚州。元代隶扬州路、淮安路（后改扬州府、淮安府）。明清时分属扬州、淮安2府。其间，阜宁于清雍正九年（1731年）建县，东台于乾隆三十三年（1768年）建县。民国年间先属淮扬道，后废道隶省，先后设江苏省行政第十督察区、盐城行政督察区、第六行政督察区，治所均设盐城。1941年9月，盐阜区行政公署成立，盐城分为盐城、盐东、建阳3县，阜宁分为阜宁、阜东2县，盐阜行政区辖盐城、盐东、建阳、阜宁、阜东、淮安、涟水7县和涟灌阜边区办事处；东台县属苏中二分区。1942年4月，析射阳河以南、串场河以东、黄沙港以北建射阳县，同时将涟灌阜边区改为潮南县（后改滨海县）；5月，析东台北部建台北县，均属苏中二分区；11月，东台、泰东2县并为东台县。1944年10月，台北县并入东台县，因二分区撤销改隶苏中四分区。1945年10月，盐阜行政区改为盐阜分区；11月，东台县析出小海、滨海和堤东区，与9月成立的大中集垦区特区合并为台北县；12月，盐阜分区改为苏皖边区五分区，辖盐城、盐东、建阳、阜宁、阜东、射阳、滨海、淮安、涟东9县；原苏中三、四分区合并为苏皖边区一分区，东台、台北二县均隶一分区。1947年2月，以通榆公路为界改五分区为新的五分区和十一分区，路西的盐城、建阳、阜宁、涟东、淮安5县为五分区，路东的盐东、射阳、阜东、滨海4县为十一分区；9月，五分区和十一分区又合为五分区，仍辖9县。1949年5月，苏皖边区一、五分区改为泰州行政区和盐城行政区，盐城行政区辖盐城、盐东、建阳、阜宁、阜东、射阳、滨海、淮安、涟东9县，东台、台北属泰州行政区；11月，盐东、阜东分别并入射阳、滨海。1950年1月起，东台、台北划属盐城行政区；6月，涟东县划属淮阴行政区。1951年7月，台北县更名大丰县，建阳县更名建湖县。1953年1月，江苏省人民政府成立，盐城专区辖盐城、东台、大丰、建湖、射阳、阜宁、滨海和淮安8县。1954年10月，淮安县划归淮阴专区。1966年3月，析滨海县中山河以北建响水县。1968年3月，盐城专区革命委员会成立，各县相继成立县革委会。1971年5月，盐城专区改称盐城地区，仍辖8县。1978年10月，撤销盐城地区革命委员会，成立盐城地区行政公署。1983年3月，实行市管县新体制，撤销盐城地区和盐城县，建省辖市盐城市，同时将原盐城县盐城镇范围设置为市城区，原盐城县农村范围设置为市郊区，全市辖东台、大丰、建湖、射阳、阜宁、滨海、响水7个县和城区、郊区2个区。1987年12月，东台撤县改市。1996年7月，市郊区改设盐都县；8月，大丰撤县改市。2003年，市城区更名亭湖区，同时撤销盐都县设立盐都区。2015年8月，经国务院批准，撤销县级大丰市，设立盐城市大丰区。

行政区划　2017年，盐城市下辖东台1个县级市和建湖、射阳、阜宁、滨海、响水5个县，以及盐都、亭湖、大丰3个区，设有盐城经济技术开发区和城南新区。共有26个街道、96个镇，2432个村（居、社区）。

（严志鉴）

二、环境资源

成陆演变　盐城是沿海成陆较早的地区之一。市境海陆几经变迁，经历了桑田沧海、沧海桑田的演变过程。距今2万年左右，现市境均为陆地。距今7000年左右，气候普遍转暖，一次大规模海浸，今盐城辖境均为大海，成为浅海湾的一部分。距今7000年至5000年的新石器时期，海面基本稳定。长江、淮河搬运入海的大量泥沙在浅海湾底部逐步堆积，形成了呈西北—东南走向的岸外沙堤，海岸线长期稳定在阜宁、盐城一线，即被称之为西冈的今羊寨、龙冈、大冈、安丰一线。秦汉前，距今约3900年至3300年，西冈以东开始形成新的内堤，即被称之为东冈的今施庄、上冈、盐城、草埝、东台一线。南宋建炎二年（1128年）黄河夺淮，历700余年，带来巨量泥沙入海与长江口入海北移的泥沙会合，使盐城海岸线迅速向东淤长，海涂渐成陆地。

地貌特征　盐城市全境为平原地貌，西北部和东南部高，中部和东北部低洼，大部分地区海拔不足5米，最大相对高度不足8米。全境分为3个平原区：黄淮平原区、里下河平原区和滨海平原区。黄淮平原区位于苏北灌溉总渠以北，其地势大致以废黄河为中轴，向东北、东南逐步低落。废黄河海拔最高处达8.5米，东南侧的射阳河沿岸最低处仅1米左右。里下河平原区位于苏北灌溉总渠以南，串场河以西，属里下河平原的一部分，总面积4000多平方千米，该平原区四周高、中间低，海拔最低处仅0.7米。滨海平原区位于灌溉总渠以南，串场河以东，总面积为7000多平方千米，约占全市总面积的一半，该平原区大致从东南向西北缓缓倾斜。东台境内地势较高，一般海拔为4米~5米间，向北逐渐低落，到射阳河处为1米~1.5米。

气候特征　盐城地处北亚热带向暖温带气候过渡地带，一般以苏北灌溉总渠为界，渠南属北亚热带气候，渠北属南暖温带气候，具有过渡性特征。气候受海洋影响较大，与同纬度的江苏省西部地区相比，春季气温低且回升迟；秋季气温下降缓慢且高于春温；年降水量也比本省西部明显偏多。季风气候明显，冬季受欧亚大陆冷气团影响，盛行偏北风且多寒冷天气；夏季受太平洋副热带高压影响，盛行偏南风且多炎热天气，空气温暖而湿润，雨水丰沛。

2017年，全市年平均气温偏高，降水量总体正常，时间分布不均，日照时数正常。冬季（2016年12月至2017年2月）平均气温偏高，降水量偏多，日照除响水显著偏少外，其余各站基本正常；春季（3—5月）平均气温偏高，降水偏少，日照正常；夏季（6—8月）平均气温偏高，降水前期偏少，后期部分地区偏多，日照正常；秋季（9—11月）平均气温正常，降水中前期偏多，后期部分地区偏少，日照正常。全市极端最高气温39℃，7月23日，出现在盐都；极端最低气温-7.4℃，12月17日早晨出现在建湖。

2017年，入梅略偏晚，出梅正常，梅期略偏短。全市6月23日入梅，较常年相比略偏晚（常年6月18日）；7月11日出梅，出梅正常（常年7月10—12日）。梅期长19天，梅期略偏短（常年23~24天）。降水总量淮河以南偏少，北部正常。年内，灾害性天气频发，雾、霾、暴雨、大风、强对流和寒潮等对人民生产生活有较为严重的影响。

气温。全市年平均气温为15.2℃（响水）~16.1℃（建湖、盐都和东台），与常年相比，响水、滨海和射阳正常略偏高0.9℃~1.0℃，其余各站偏高1.2℃~1.4℃。冬季（2016年12月至2017年2月）平均气温为3.6℃~5.1℃，与常年相比，响水偏高1.3℃，建湖异常偏高2℃，其余各站显著略高1.5℃~1.9℃，其中除响水和东台为历史第二高值、滨海为历史第四高值之外，其余各站均为1961—2017年冬季第一高值；春季（3—5月）平均气温为14.4℃~16.0℃，其中射阳比常年同期偏高1.3℃，阜宁、建湖和射阳比常年同期异常偏高2.0℃~2.3℃，其他地区比常年同期显著偏高1.6℃~1.9℃；夏季（6—8月）平均气温为26.0℃~26.8℃，盐都比常年同期偏高1.1℃，其他各站均比常年正常略偏高0.6℃~1.0℃；秋季（9—11月）平均气温为15.9℃~17.0℃，与常年同期相比，滨海正常略偏低0.2℃，其余各站正常略偏高0.1~0.5℃。其中，1月、4月、5月和7月平均气温比常年同期异常偏高2.0℃~2.9℃，2月、8月平均气温比常年同期偏高1.1℃~1.2℃，3月、6月、9月、11月和12月平均气温比常年正常略偏高0.2℃~0.9℃，10月平均气温与常年相比正常略偏低0.4℃。全市极端最高气温39℃，7月23日出现在盐都；极端最低气温-7.4℃，12月17日早晨出现在建湖。

降水量。全年全市年降水总量为815.6毫米（射阳）~1065.7（阜宁）毫米，时间分布明显不均。各站与常年相比均在正常范围内，其中阜宁比常年正常略偏多一成左右，滨海与常年基本持平，其余各站正常略偏少一成至二成。冬季（2016年12月至2017年2月）降水量为111.4毫米~134.9毫米，其中东台与常年相比正常略偏多一成左右，滨海和阜宁显著偏多六成左右，响水异常偏多九成左右，其他地区均比常年偏多三成至四成；春季（3—5月）总降水量为70.3毫米~116.8毫米，与常年相比，响水正常偏少近二成，滨海和射阳比常年偏少四成多，其他地区均比常年显著偏少五成至六成；夏季（6—8月）总降水量为345.5毫米~603.1毫米，阜宁比常年正常略偏多近一成，滨海和东台比常年正常略偏少一成左右，其余各站比常年同期偏少二成至三成；秋季（9—11月）总降水量为249.6毫米~328.5毫米，与常年同期相比，射阳、盐都和大丰偏多三成至五成，其余各站显著偏多五成至八成。其中，8月降水正常略偏多一成至二成，2月、4月、5月和7月偏少二成至五成，3月、6月和11月显著偏少五成至七成，12月异常偏少八成以上，1月和9月显著偏多六成至八成，10月异常偏多一倍以上，全年总雨日85~106天。

日照。全年全市总日照时数为1711.9小时（响水）~2444.3小时（射阳），与常年相比，响水偏少二成多，其余各站均在正常范围内，其中滨海、射阳正常略多，其他站正常略少。冬季（2016年12月至2017年2月）245.5小时~453.7小时，与常年相比，响水显著偏少五成多，大丰偏少二成左右，盐都和建湖正常偏少一成至二成，其余各站与常年基本持平；春季（3—5月）总日照时数为513.7小时~752.4小时，与常年相比，响水正常偏少近二成，大丰正常略偏少，建湖与常年基本持平，射阳偏多二成以上，其他地区正常略偏多一成左右；夏季（6—8月）总日照时数为445.7小时~654.4小时，与常年相比，各站均属于正常范畴，其中滨海、射阳和东台正常略偏多一成左右，其余各站正常略偏少；秋季（9—11月）总日照时数为414.2小时~539.7小时，与常年同期相比，滨海、建湖和大丰偏少二成多，其余各站均属于正常范畴，其中射阳与常年持平，其余各站正常略偏少一成至二成。其中，10月平均日照时数比常年同期显著偏少二成至三成，其余月份日照时数均在正常范围内。

自然资源 盐城市自然资源十分丰富，拥有海洋和滩涂资源、岸线港口资源、石油天然气资源、生态旅游资源等自然资源。

土地资源。盐城市国土面积16931平方千米，其中农用地面积10935平方千米、建设用地面积2820平方千米、未利用地面积3177平方千米，分别占全市国土面积的64.58%、16.66%、18.76%。

海洋和滩涂资源。全市海岸线长582千米，占全省海岸线总长度的61%；全市海域面积1.89万平方千米，占全省48%。全市滩涂总面积4553平方千米，占全省67%，其中潮上带面积2080平方千米，潮间带面积1139平方千米，辐射沙洲面积1334平方千米。

岸线港口资源。盐城沿海岸线总长582千米，约占全省海岸线总长的61%，已规划港口岸线128.24千米，其中深水岸线64.9千米，已利用24.67千米。海域面积1.89万平方千米，其中内水面积1.21万平方千米，领海面积6753平方千米，沿海海域是中国唯一无赤潮的内海水域。盐城港下辖大丰、射阳、滨海、响水4个港区。大丰港区北距青岛港210海里、距连云港港120海里，东距日本长崎港460海里、距韩国釜山港465海里，南距中国台湾基隆港620海里、距上海港280海里，是国家一类开放口岸。滨海港区地处江苏沿海中部、连云港与长江口之内，与日本、韩国隔海相望，-10米等深线离岸最近处为1.22海里，深水直通大海，可建5万吨至10万吨级码头泊位，是江苏沿海水深条件最好的岸段之一、国家一类开放口岸。射阳港区拥有建成生产性码头泊位23个（万吨级以上泊位2个），泊位年综合通过能力436万吨，2017年获批国家一类临时开放口岸。响水港区距连云港港27海里，距日照港59海里，集、疏、运条件比较优越，国家一类临时开放口岸。至2017年底，盐城港建成国家一类开放口岸2个，临时开放口岸2个，生产性码头泊位91个，其中万吨级以上泊位19个，泊位年综合通过能力9659万吨，集装箱年通过能力10.7万标箱；拥有国内外航线28条。盐城港全年货物吞吐量完成9016.63万吨，集装

盐城湿地。 孙华金/摄

箱20.8万标箱，其中外贸吞吐量完成2459.33万吨。

生态旅游资源。市域东部拥有太平洋西海岸、亚洲大陆边缘最大的海岸型湿地，被列入世界重点湿地保护区，湿地保护区内建有世界上第一个野生麋鹿保护区和国家级珍禽自然保护区，为联合国人与自然生物圈成员。市域西部地处里下河地区腹地，大纵湖、九龙口、马家荡等湖泊水域面积近百平方千米，为典型的潟湖型湖荡湿地，原始生态环境保存较好，被誉为"金滩银荡"。2017年，全市有景点94个，其中国家级自然保护区2个，国家AAAAA级旅游景区1个，国家AAAA级旅游景区（点）12个。

（严志鉴）

第二节 城市文脉

一、人文历史

历史述略 盐城历史悠久，是中国东部沿海开发利用较早的地区之一。20世纪70年代以后，阜宁县施庄镇东园遗址、东台市溱东镇开庄遗址、阜宁县板湖镇陆庄遗址等发现的为数众多的古人类活动遗存证明，在五六千年前的新石器时代，黄海之滨，淮河两岸，射阳湖畔，已有盐阜人民的先民在这块狭长的土地上劳动、生息、繁衍，孕育了盐城的远古文明。战国时期，先民们利用近海之利"煮海为盐"。秦汉时代，境内"煮海兴利、穿渠通运"，盐铁业相当发达，当时这里人口较多，使用铁制农具和牛耕技术比较普遍。汉武帝元狩四年（前119年），朝廷将古射阳县东部靠黄海的一部分划出来单独设县，因这里遍地皆为煮盐亭场，到处是运盐的盐河，故称盐渎县。其时有县无治，由射阳丞（今扬州市宝应县）代管。东汉时，富春人（今浙江省杭州市富阳区）孙坚，因讨平许昌、许韶父子农民起义军有功，出任盐渎丞，他是见之于史书的最早的盐渎县丞。他的次子孙权，后来当了吴王。三国时，曹操令江淮民西迁，废盐渎县。300多年后，西晋复县。东晋安帝义熙七年（411年），盐渎因"环城皆盐场"而更名为盐城，盐城成为名副其实的产盐之城。盐城因"盐"置县，因"盐"兴城，在之后漫长的时间里，盐城的海盐生产无论是技术，还是产量、质量，在海盐生产历史上都独领风骚。盐城以海盐文化著称于世，海盐文化是这座城市文明的根基和灵魂。北齐时于盐城设射阳郡，陈时改为盐城郡。隋大业末年（618年），江淮农民起义军领袖韦彻据盐城称王立射州，分为射阳、新安、安乐3县。唐初，废射州（直至清末，境内未设过州、郡），复置盐城县。唐朝时期，盐城曾是长安与海外交往的要津之一。日本僧人粟田真人、日本遣唐使阿倍仲麻吕（即晁衡）、新罗国太子金士信等，均由射阳河口登陆，西去长安。宋代，盐城属楚州，岳飞和韩世忠、梁红玉夫妇在盐城一带抗金。六朝属河南省。元末张士诚率盐民起义，建立大周政权，前后坚持了14年，是震撼和瓦解元朝腐朽统治的一支重要力量，最后在平江（今苏州市）称吴王。明初，盐城属应天府，朱元璋"洪武赶散"（古称"红巾赶散"），苏州、松江、嘉兴、湖州、杭州等地4000余名无田农户迁往江北，一部分落户盐城。清初，先属江南省，后划归江苏省。南通人张謇废灶兴垦，又迁来一部分启海棉农。清雍正九年（1731年）建阜宁县。乾隆三十三年（1768年）建东台县。民国期间（1912—1949年），境内先后设江苏省盐城第十行政督察区、盐城行政督察区、第六行政督察区。盐城区辖盐城、东台、阜宁、兴化4县。1940年10月，东进北上的新四军与南下的八路军在白驹狮子口会师，成立了华中总指挥部。皖南事变后，新四军在盐城重建军部，陈毅为代军长，刘少奇为政治委员。从此，盐城成为苏北抗日根据地的心脏。华中党校、抗大五分校、鲁艺华中分院，在盐城为党培养了大批抗日干部和艺术人才。刘少奇、陈毅等老一辈革命家在此留下了战斗足迹。1941年9月，成立盐阜区行政公署。1947年10月底，盐城获得解放。1948年上半年，全盐阜区回到人民怀抱，成为解放战争的大后方，为淮海战役、渡江战役的胜利，为解放全中国做出了贡献。

文化名人 盐城文化底蕴丰厚，历代人文荟萃。汉末"建安七子"之一的陈琳文雄海内，蜚声华夏。宋代晏殊、吕夷简、范仲淹先后在西溪任盐官，后相继入朝为相，人称"西溪三杰"，被传为千古佳话。晏殊的《浣溪沙》："无可奈何花落去，似曾相识燕归来"、吕夷简《咏牡丹》："异香浓艳压群葩，何事栽培近海涯？开向东风应有恨，凭谁移入王侯家"、范仲淹《至西溪感赋》："谁道西溪小，西溪出大才。参知两丞相，曾向此间来"都写在西溪任上。"先天

瓢城古都。 杨光池/摄

下之忧而忧，后天下之乐而乐”的范仲淹，在任西溪盐仓监时倡修的捍海堰，屏蔽盐灶，泽被后世，世人传颂为“范公堤”。南宋左丞相陆秀夫以身殉国，成为流芳百世的抗元民族英雄。元末盐民张士诚揭竿起义，建立大周政权，在平江（今苏州）自称吴王。元末明初，文学巨匠施耐庵与弟子罗贯中曾隐居白驹场，撰写中国古典小说《水浒传》《三国演义》。明代哲学家王艮创立的“泰州学派”名闻全国。书法家宋曹的作品漂洋过海，饮誉扶桑。明末清初著名评话艺术大师柳敬亭，以其精湛的技艺名闻天下。清初布衣诗人吴嘉纪，在中国文学史上与历代群贤共放异彩，被称为“清初三大家”之一。孔尚任、李汝珍用盐城的水墨润就了不朽名篇《桃花扇》《镜花缘》。晚清武状元徐开业镇守潼关，以身殉国。水利专家冯道立治水有方，著就《淮扬治水论》《测海蠡言》等名篇40余部。爱国志士臧在新、伏龙等追随孙中山先生反帝反封建，为国捐躯，被国民政府追授为中将衔。“五卅”反帝爱国先驱顾正红，新闻史研究的开拓者戈公振，左联作家孙石灵，爱国科学家喻兆琦等著名人物，在中国近现代史上尽显风采。1941年“皖南事变”后，新四军在盐城重建军部，这里一度成为华中抗日根据地的指挥中心。在刘少奇、陈毅、黄克诚、粟裕等老一辈无产阶级革命家的领导下，盐城人民前仆后继，浴血奋战，涌现出许多可歌可泣的英雄人物和革命烈士。当代更是人才辈出。佛教居士高鹤年，书法家高二适，教育家陈中凡，杰出外交家乔冠华，马克思理论家、被誉为中共“党内一支笔”的胡乔木等等，难以一一列举。为了纪念历代名人，缅怀他们的业绩，1986年建成新四军纪念馆，2000年在迎宾公园内兴建了盐城历史文化名人长廊，各县（市、区）修复了一批名人故居，以供后人瞻仰、凭吊。（严志鉴）

民族宗教 盐城市境内原为汉民族聚居区。大约在元末明初，陕西、河南一带回民因饥荒陆续迁居境内，至此，境内始有少数民族居住。后因饥荒或战乱，其他如满族、苗族、蒙古族等人口亦相继迁居境内。1949年中华人民共和国成立后，因工作调动、婚姻嫁娶等原因，境内少数民族逐渐增多，特别是在1978年实行改革开放政策以后，西部的少数民族妇女大量婚进境内，最多的年份有数百人之多。盐城市境内民众信仰的宗教主要有佛教、道教、伊斯兰教、天主教和基督教。

民族。境内1953年第一次全国人口普查有8个少数民族952人；1964年第二次全国人口普查有14个少数民族1559人；1982年第三次全国人口普查有20个少数民族2537人；1990年第四次全国人口普查有28个少数民族3447人；2000年第五次全国人口普查有47个少数民族13609人，占全市当时近800万人口的0.17%。2017年，境内有47个少数民族、常住少数民族人口2.47万人、流动人口约9200人；有民族村5个、民族组2个、民族小学4所、新疆内地高中班承办学校1所、在校少数民族大学生1200多人；市区、东台、射阳、滨海、响水各有1处回民墓地。

宗教。境内佛教、道教传入最早，起于汉唐，盛于明清，其影响甚广。清末，东台县有大小寺庙、宫观800余座，出家僧尼3000多人，古台城有“九寺十三庙七十二庵”之说；盐城县有寺刹400多座，城内永宁寺为诸寺之首。清末民初，美国牧师白秀生夫妇和法国司铎晁德礼、蓬士禄等人先后带领传教士在境内建堂、办学、布道，遂将基督教和天主教传入境内。境内宗教的分布具有一定的区域性：佛教、道教主要分布在东台、大丰、盐城、建湖；伊斯兰教主要分布在回民聚居的盐城市区和响水、滨海；天主教主要分布在东台、大丰；基督教主要分布在响水、滨海、阜宁、射阳。2017年，全市佛教、道教、伊斯兰教、天主教、基督教五大宗教齐全，宗教活动场所748处，认定备案的宗教教职人员1200多人，信教群众60多万人。

民情风俗 盐城地僻海边，先民们一直以渔、盐、耕种等业为主。落后的经济文化、艰辛的渔耕生活，养成勤俭、简朴的美俗，民风古朴、淳厚，旧志云“士淳礼让之风，民乐鱼盐之利”，表现出明显的沿海地域特征和水乡自身特色。随着时代变迁，境内民俗风貌纷繁复杂。主要体现在岁时节庆、礼仪习俗、生活习俗、生产习俗、娱乐习俗，也存在杂俗陋习。

盐城方言 盐城方言的历史可以追溯到秦汉时期。汉初，这里已“煮海利兴，穿渠通运”，有不少居民居住于此，操吴扬江淮语。三国魏晋之际，战乱频繁，中原居民南迁，有一部分留居于此，当地语言与中原语言融合。经过漫长的时期，形成了盐城方言的基本面貌。从秦汉到南宋，盐城方言的范围还只限于今通榆河以西地区，在宋高宗建炎二年（1128年）黄河夺淮入海以前，盐城县城距海仅500米，海岸线长期维持在今上冈、盐城、草堰、东台一线。由于黄河夺淮入海，大量泥沙不断沉积，海岸线不断东移，至清咸丰年间（1851—1861年），大体形成了今盐城市的地理格局，盐城方言也随之东扩。盐城方言属于江淮官话区，具有江淮官话的典型特征，如有入声等，同时还具备一些自身混合性的语言特征。盐城方言可以粗略地分为东南片、中片、西北片三片。东南片以步凤为代表，中片以市区为代表，西北片以龙冈为代表。西北片基本保留了江淮官话洪巢片的特点，中片开始对混合性的语言特征有所反映，如部分古全浊声母仄声字今读塞音、塞擦音声母时送气，而东南片表现尤为明显。（严志鉴）

二、城市文明

城市性质 1985年9月，江苏省人民政府批准盐城市的城市性质为：新四军抗日革命根据地，以发展食品、轻纺、机械工业为主的工商城市，市域中心。1990年12月，经江苏省人民政府批准，盐城市的城市性质调整为：苏北沿海中心城市之一，以发展轻纺、食品、机电工业为主的工商城市，新四军抗日革命根据地。1995年1月，《盐城市城市总体规划修编纲要》通过专家论证，明确盐城市的城市性质为：江苏省沿海中心城市，滩涂、海洋工程开发基地，新四军抗日革命胜利纪念地。2003年9月，《盐城市总体规划纲要（2003—2020）》通过专家论证，明确盐城市城市性质为：江苏沿海中心城市，新兴工业城市，海洋经济服务基地。2006年8月，中共盐城市委第五次党代会明确盐城市城市性质为：江苏沿海中心城市，长江三角洲新兴的工商业城市，湿地生态旅游城市。2009年，国务院通过《江苏沿海地区发展规划》，根据省委、省政府关于贯彻落实《江苏沿海地区发展规划》实施意见的精神，将盐城定位为：中国沿海新兴临港工商业城市、长三角产业北拓承接基地、西太平洋国际湿地旅游城市、200万人口特大中心城市。2010年，国家发改委印发《长江三角洲地区区域规划》将盐城定位为先进制造业基地、能源基地和现代农业示范区、重要生态湿地旅游目的地，沿海地区现代工商城市。2012年，《江苏城镇体系规划（2012—2030）》中盐城定位为：东北亚特色物流转运基地、长三角新兴工商业城市、沿海湿地生态旅游城市。2013年，《盐城市城市总体规划（2013—2030）》确定盐城的城市性质为：沿海新兴中心城市，现代工商贸易城市，湿地生态旅游城市。

铁军精神　听党指挥、服务人民、维护团结、执纪严明、艰苦奋斗、不怕牺牲。

市树市花　2005年7月，经市人大常委会批准，决定将市树由“合欢、水杉”调整为“女贞、银杏”，市花由“紫薇、石榴”调整为“紫薇、牡丹”。　　（严志鉴）

第三节　风物揽胜

一、风景名胜

2017年，全市有景区（点）94家。其中，国家级自然保护区2个，国家AAAAA级旅游景区1个，国家AAAA级旅游景区12个，国家AAA级旅游景区17个、国家AA级旅游景区20个，全国农业旅游示范点5个，国家水利风景区2个，全国重点文物保护单位2个，省五星级乡村旅游区3个，省四星级乡村旅游区21个，省三星级乡村旅游区12个，省二星级乡村旅游区8个，省级重点文物保护单位15个，省级风景名胜区1个，省级旅游度假区5个，省级工业旅游示范点5个。

江苏省大丰麋鹿国家级自然保护区　国家级自然保护区，其中中华麋鹿园景区为国家AAAAA级旅游景区。保护区创办于1985年10月，1997年12月晋升为国家级自然保护区，2002年被联合国列入国际重要湿地名录，并作为永久性保护地。保护区核心区面积2700公顷，是迄今世界上第一个也是最大的重返大自然野生麋鹿自然保护区。2017年，麋鹿种群增加到4101头，其野生种群总量846头，繁殖率和存活率均居世界首位。这里同时生存着1800多种野生动植物，构成了一个原始古朴、奇异斑斓的湿地景观。在保护区中华麋鹿园内，不但可以看到百鹿奔腾的壮观场面，还能观赏到丹顶鹤、天鹅、大雁、白尾海雕、大白鹭等30多种国家一、二级保护动物。保护区先后被中国科学院、南京大学等高校和科研院所定为科研、教学、实验基地。2008年，被国际休闲产业协会、国际生态安全合作组织、中国管理科学研究名牌与市场专家委员会联合推荐为“中国十佳湿地旅游目的地”。2009年，中华麋鹿园新建“世界麋鹿分布图”“麋鹿奔腾”群雕等项目，创建成为江苏自驾游基地试点单位。2010年，保护区获评国家环保科普教育基地、全国湿地科普教育示范区、全国科普教育基地、长江湿地保护与管理先进集体和中国低碳旅游示范区，并成功建立博士后科研工作站。2011年，景区完成麋鹿文化园二期工程建设，鹿神亭、鹿神铭、神鹿雕塑、麋鹿岩画、麋鹿还家纪念碑等景点对外开放，获“江苏最美的地方”“中国生物多样性保护与绿色发展示范基地”称号。2015年10月8日，中华麋鹿园获批为国家AAAAA级旅游景区。2016年，保护区举办麋鹿回归30周年大型庆典活动，其中30头麋鹿野放南黄海湿地，央视、《新华日报》等百家媒体予以报道。

江苏盐城国家级珍禽自然保护区　保护区成立于1983年，1992年经国务院批准晋升为国家级自然保护区，并先后加入联合国教科文组织人与生物圈保护区网络、东亚—澳大利西亚迁徙涉禽保护区网络、国际重要湿地3个国际公约组织，是中国最大的滨海湿地类型保护区，是全球最大的野生丹顶鹤种群保护地，是国际重要生物多样性富集的热点地区，享有东部沿海“国家重要湿地基因库”之称，其主要保护对象为珍稀野生动物及其赖以生存的北亚热带边缘的典型淤泥质海涂湿地生态系统。位于江苏盐城国家级珍禽自然保护区的中实验区内，距离市区50千米。占地面积约为442.7公顷。保护区栖息着中国品种最多的珍稀鸟类。区内记录到鸟类405种，其中国家一级重点保护鸟类11种、国家二级重点保护鸟类69种。在列入《中国濒危物种红皮书》的鸟类中，保护区内有稀有种15种，濒危种7种，易危种11种，不确定种3种。先后创建成为盐城市科普教育基地、江苏省科普教育基地、省级生态旅游示范区、省级价格诚信单位、国家AAAA级旅游景区。

新四军纪念馆　国家AAAA级旅游景区，全国100个红色旅游经典景区和30条红色旅游经典线路之一。位于盐城市区建军东路159号，是国内全面系统地反映新四军抗日斗争史的综合性纪念馆。全馆由主馆区、建军广场（铜马广场）、新四军重建军部旧址3个部分组成，占地面积8公顷。主馆区有东进雕塑、新四军重建军部纪念碑、新四军军史陈列馆和新四军人物馆、碑林、抗日纪念苑、兵器苑、游客服务中心等设施；建军广场在市中心，以新四军骑兵铜像为主体的新四军重建军部纪念塔，是盐城的地标性建筑；新四军重建军部旧址——泰山庙位于盐城市建军西路118号，有刘少奇、陈毅等领导人的旧居，陈列着文物、史料、图片等，为国家级重点文物保护单位。纪念馆主馆区广场正中立有一座11.75米高的“国民革命军新编第四军重建军部纪念碑”，碑的正面为李先念的题字，背面刻有黄克诚写的《盐城会师记》碑文。展厅展出新四军在华中坚持敌后抗战八年的近千余幅照片、大批文物史料及发绣、铁画、木雕、油画等艺术作品。其中，人物馆展示刘少奇、陈毅、李先念等近千名新四军代表人物的光辉人生和叶挺、项英、彭雪枫等先烈的英雄业绩。2014年，纪念馆被列入国务院公布的80处国家级抗战纪念设施、遗址名录。

盐城海盐历史文化风景区 国家AAAA级旅游景区，由中国海盐博物馆、盐镇水街、盐渎公园、串场河景观带以及东进路文化休闲美食一条街5个部分组成，总占地面积约106公顷，总投资13亿元。中国海盐博物馆是经国务院批准的全国唯一一座全面反映中国海盐历史文明的专题博物馆，全面展现中国古代海盐生产与盐民生活的多层次文化场景，系统地反映海盐发展史。盐镇水街是海盐历史文化风貌区的重要组成部分，是展示传统民俗风情的大型临水建筑群。景区内建有水城门、烟雨桥、水云阁、漂舟戏苑、翰墨阁、八卦盐田、永兴寺等特色景点，展现盐城的水乡风情和海盐历史文化风貌。盐镇水街又是市民每年元宵灯会的集中活动场所。盐渎公园是市区内第二大综合性水绿湿地生态公园，园区内以大面积湖泊、绿地、树林为主体，是大型的水文化主题公园。串场河是贯穿盐城市区的母亲河。最初的串场河是为了运盐而修凿，而今天的串场河，是一条流动的历史文脉和水绿交汇、生态宜人的城市景观轴。2016年，串场河水上游线开通。

大纵湖旅游景区 国家AAAA级旅游景区、省级旅游度假区，位于盐城市区西南端，面积30平方千米，是苏北里下河地区最大最深的湖泊。湖水清冽甘甜、水草丰茂、野鸟翔集、水产品极为丰富，"大纵湖清水大闸蟹"闻名四海，"盐城八大碗""纵湖十鲜湖鲜宴"誉满江淮，八方食客慕名而来。湖区内有各种植物120种，野生动物50余种。这里不仅物华天宝，更具人杰地灵，"建安七子"之陈琳、明末清初的大书法家宋曹、"扬州八怪"之一郑板桥均在此留下墨宝。这里有"二十四孝"之"王祥卧冰求鲤""宗保救母"的美丽传说、近400年历史的水上古刹——龙兴寺、高达25米的苏北水乡第一佛——湖中观音、吉尼斯世界之最——芦荡迷宫等。景区形成以"赏美景、游迷宫、品湖鲜、找野趣"为主打的旅游产品。景区东侧新建的"东晋古城"，占地65公顷，由综合服务区、历史人文主镇区、旅游商品餐饮购物区、特色会所集中区、酒店休闲娱乐区等组成。环湖景观大道围绕在景区的东侧，沿路有亲水平台、水晶花苑、滨湖公园，建成后成为大纵湖又一道靓丽的风景。景区西侧的悦达大纵湖影视城，占地6.67公顷，一期工程建成并对游客开放，电视剧《我的绝密生涯》在此拍摄，电视剧《热血》完成前期拍摄工作。2009年，景区被评为国家AAAA级旅游景区，获"国家水利风景区""江苏省自驾游基地""江苏省房车露营地"称号。2015年6月，获省政府批复为省级旅游度假区。2017年，大纵湖绿露营基地获评"江苏省房车旅游标准化示范营地"和"长三角房车旅游标准化示范营地"。

阜宁金沙湖旅游景区 国家AAAA级旅游景区、省级旅游度假区、省生态旅游示范区，位于阜宁县城南端，总面积22.61平方千米，其中核心区8.09平方千米。2010年开发建设，2011年11月，在海南举行的2011年中国体育旅游博览会暨第九届中国（海口）国际旅游商品交易会上，该景区被组委会评为中国体育旅游精品推荐项目。2012年，景区创建成为省级旅游度假区；2013年，创建成为国家AAAA级旅游景区；2014年，被评为江苏十大旅游避暑胜地；2015年，被评为江苏省生态旅游示范景区。

射阳息心寺 国家AAAA级旅游景区。位于射阳县射阳岛上，占地约6.67公顷。原名镇龙庙、息心庵，始建于明万历年间（1573—1620年），明清时期位列盐阜三阁九庙四观七十二庵；民国18年（1929年），民国四大法师之一、净土宗13代祖师——印光法师住持寺院，盛极一时，后毁于战火。1993年复建，礼请时任中国佛教协会副会长的茗山长老为住持。景区建有大雄宝殿、五百罗汉堂、万佛塔、钟楼、息心素斋馆等设施，寺院建筑恢宏，僧侣有序，银杏苍翠，百鸟翔集，成为一个集旅游观光、礼佛修心、文化交流于一体的佛教文化圣地，享有"黄海福地""江淮第一佛寺""国家和谐寺院"诸多美誉。寺院每年的新春祈福法会、正月初五财神法会、万佛文化艺术节、观音圣诞庙会等佛教活动，都会吸引苏、沪、浙、鲁、豫、港、澳、台地区和新加坡等国家的香客居士、政商人员、观光游客参佛体验。2010年，射阳息心寺被国家宗教局评为首届全国创建和谐寺观教堂"先进集体"。

盐镇水街之水云阁。 市旅游局/供

大丰上海知青纪念馆 国家AAAA级旅游景区。2008年，由大丰市人民政府和上海市海丰农场联合建设，占地5.87公顷，建成上海知青馆、海丰少年馆、知青文史院、北上海历史展陈馆、中国知青主题馆5个特色展馆。馆藏当年知青生活、生产实物及资料4万余件。建成知青影视创作院，知青礼堂，知青宿舍。初步形成独具特色的"知青文化"。2010年，景区开始建设大丰知青影视拍摄基地并开拍知青题材电视剧《北上海1950》三部曲，2014年完成电视剧《两个女人的战争》的拍摄。2014年，景区创建成为国家AAAA级旅游景区。

东台西溪旅游文化景区 国家AAAA级旅游景区，位于东台市区西郊古运盐河畔，是东台历史文化的发祥地，两淮海盐文化的起源地，国家级非物质文化遗产"董永传说"的源头地，素有"东台之根"的雅称。景区主要景点包括董永七仙女文化园、西溪古城、海春塔苑、犁木街等，并与北面的西溪乐园、西溪植物园形成互动串联。其中，董永七仙女文化园是以生态景观风貌为基地，以孝贤文化和爱情传说为特色的休闲文化主题公园；西溪古城和犁木街是以宋朝三宰相、海盐文化、民俗展示、市井体验等为主体的古镇文化商业集聚城；海春塔苑是以唐塔宋寺为核心，以传统礼佛、素食养生、佛学展示为主体的佛教文化体验园。西溪乐园以活泼、欢乐、探险、奇幻为主题，建有摩天轮、海盗船、丛林飞鼠、激战鲨鱼岛、海啸冲浪等近30种娱乐项目；西溪植物园以40公顷人工湖为中心，集农业生产、科研培训、试验示范、展示展销和生态旅游等功能于一体，是东台的"绿色之肺""天然氧吧"。景区文化底蕴深厚、主题特色鲜明，是一个集文化休闲、古镇游览、佛学体验于一体的综合性文化旅游景区。2014年景区创建成为国家AAAA级旅游景区，2015年被评为盐城市首批风景名胜区。2017年，获评"江苏品牌"。

大丰港海洋世界 国家AAAA级景区，是集科普、体验、互动、探秘、观光于一体，以海洋为主题的情景剧式互动体验馆。景区占地面积53.33公顷，由海洋科技馆、热带植物馆、海洋乐园、海洋剧场、海洋时尚美食坊、海洋风情街、海滨市集等组成。其中，海洋科技馆共分为三层：一层为海洋迪士尼与海洋好莱坞；二层为产业展示区、咖啡厅及商务会议中心；负一层为海洋科普厅、海洋水族馆等。景区于2012年10月1日对外营业，先后被评为全国休闲农业与乡村旅游四星级示范企业、国家级科普教育基地、江苏省科普场馆协会水族馆专业委员会主任委员单位、盐城市首批对外文化交流示范基地、盐城市旅游工作先进集体等。2015年1月，景区创建成为国家AAAA级旅游景区。

大丰荷兰花海 国家AAAA级旅游景区、省级四星级乡村旅游点。1919年，张謇聘请世界上围海造田经验最丰富、技术最先进的荷兰水利专家到新丰规划农田水利工程，建立了区、匡、排、条四级排灌水系，新丰因此获得了"中华民国村镇规划第一镇"的美誉。荷兰花海项目，就是深度挖掘中华民国村镇规划第一镇的历史底蕴，依据原有地形，在不变动原有地貌的基础上加以修整，以"田园、河网、木质建筑、风车、花海"为设计元素，以荷兰名花郁金香为特色，打造集观光、娱乐、餐饮、种植于一体的颇具荷兰风情的花海，成为新丰文化旅游的一张靓丽名片。2013年荷兰花海创建成为省级四星级乡村旅游点，2015年10月创建成为国家AAAA级旅游景区。2017年被省政府列为全省旅游风情小镇创建培育单位。

盐城市科技馆 国家AAA级旅游景区。科技馆坐落于市行政中心东南侧，2009年5月18日建成开放，占地面积约5公顷，建筑面积近2.8万平方米。整体建筑地上四层，分为6个功能区域，分别为常设展区、临时展区、培训区、备用展区、青少年活动中心和特种影视区。其中，常设展区8210平方米，位于主体楼二、三层，是科技展品集中展示区，也是科技馆基本功能区。由"科学与发现""技术与创新"和"科技与社会"3个主题展区及"儿童科技乐园""湿地与海洋"2个特色专题展区构成，概括了盐城地方区域特色和科普特点，是盐城市爱国主义教育基地、江苏省科普教育基地、全国科普教育基地。

盐城市护国永宁禅寺 国家AAA级旅游景区，始建于唐武德六年（623年），古有"淮东首刹，江北名蓝"之称，为当时三十六名刹之一，1938年毁于战乱，1993年恢复建设。永宁禅寺历史上高僧辈出，雪松法师、茗山法师和盐城佛教奠基人乘愿法师都曾任寺院住持，现任住持为仁风法师。景区有山门、天王殿、钟鼓楼、大雄宝殿、念佛堂、藏经阁等设施。2011年，景区创建成为国家AAA级旅游景区。

江苏黄海海滨国家森林公园 原东台黄海森林公园，国家AAAA级旅游景区，是华东平原最大的生态林园，总面积2800公顷，森林覆盖率86%，是人与自然和谐共处的"天然氧吧"。园内各类植物600多种，鸟类等动物近百种。广袤的人工成片林为建设森林公园提供了森林景观，林相整齐，空气清新，环境宜人，景观优美。2014年景区创建成为国家AAA级旅游景区，2015年12月31日经国家林业局批准，东台黄海森林公园升格为国家级森林公园，正式更名为江苏黄海海滨国家森林公园。2016年创建为国家AAAA级旅游景区。2017年，景区风景道创建为省旅游风景道。

东台永丰林农业生态园 国家AAA级旅游景区、全国农业旅游示范点和省四星级乡村旅游区。核心区占地面积400余公顷，首期投资1.5亿元，是一个以生态农业为基础，集旅游观光、商务会议、拓展培训、休闲度假、科普及环境教育于一体的苏北最大的生态旅游度假区。区内建有7个无公害种养基地，生态循环经济初具雏形，是观赏、体验、休闲度假有机集合的生态农业示范区。内部设有婚纱摄影基地、水上高尔夫球场、网球场、垂钓中心、生态科普馆、生态酒坊、豆腐坊、中华鲟观赏区、跑马场、烧烤区、风车水车群、渔村人家农具展览馆等30多个项目及由长堤木屋村、水上茶吧、会务度假中心别墅、宾馆组成的商务会议区。三星级酒店永丰林会务度假中心可同时容纳500人开会、食宿。园区同时开发出生态草鸡蛋、灰天鹅蛋、生态美酒、蜂蜜、水飞蓟油、醉蟹以及螺旋藻、淮山药、灵芝、百合、何首乌系列营养保健品等特色旅游商品。园区先后获得“全国农业旅游示范点”“国家AAA级旅游景区”“全国乡村旅游行业百强”“江苏省科普教育基地”“江苏省环境教育基地”“江苏省首批农业观光园”等称号。2010年，生态园建成拓展训练基地、近千亩的生态果林区和百鸟园等，新增儿童游乐设施，创建成为江苏精品乡村旅游景区（点）和省四星级乡村旅游点。

东台甘港旅游景区 国家AAA级旅游景区，位于五烈镇甘港村境内，以中国第一座村史馆、百坊园、百草园、百果园“一馆三园”为核心，体现自然生态特色，洋溢浓厚水乡风情。村史馆以农村改革发展历程为主线，全方位、广角度展示各个历史时期农村变迁和基层组织发展的情况。百坊园汇聚了戏坊、豆腐坊、酒坊、手工坊、老街坊等民间作坊，百草园里悠闲小憩，百果园里体验农耕文化。2015年景区创建成为国家AAA级旅游景区。2017年，创建为省五星级乡村旅游区。

东台安丰古街 国家AAA级旅游景区，位于苏北首家中国历史文化名镇安丰镇。历史上安丰七里长街拥有九坝十三巷七十二庙堂千家店铺，安丰古街是“七里长街”南段保留较为完好的一部分，全长约500米。2012年起，安丰镇突出保护性修缮，遵从“修旧如旧”的原则，整治改造古街区周边环境，使古街表现出特有的历史沧桑感。重修大悲庵寺庙、古戏台及广场，再现显卿古井等景点，有鲍氏大院、吴氏家祠、戈湘岚故居、盐课司4个公益展馆，以及中华壶文化博物馆、稠州钱庄、观珍古瓷馆、毛泽东像章珍藏馆和华夏烟标馆、刘用明麦秸画展示馆、吉宝轩7个私家珍藏馆，有安丰特产、老字号何氏理发店、海产品专卖、特色鱼汤面、虎头鞋手工坊等40多家店铺商户在景区经营。

东台安丰古街。 东台政府办/供

建湖九龙口风景区 省级旅游度假区、省级风景名胜区、国家AAA级旅游景区。因有9条河呈辐射状汇聚一小岛——龙珠岛，故称“九龙口”。九龙口资源丰富，有64种野生动物，75种野生植物，62种树木，36种水产品，2500公顷荡滩，被誉为天然的“聚宝盆”“金滩银荡”“里下河明珠”。阳春三月，芦芽出水，柳垂倒影，紫燕掠天；炎炎烈日，露珠滴翠，绿叶摇曳，荷花映日，为避暑之佳地；金秋季节，风吹荻草声瑟瑟，多见芦花少见人；严冬季节，渔村临水风来阔，海国无山落日迟。“龙楼倒影”“晨雾轻纱”“荷港观鱼”“绿波泛舟”等11处自然景观令人心旷神怡。龙珠岛上的五谷树因其结的果实形似五谷杂粮而得名。中央电视台、江苏教育电视台先后将“九龙口”美景拍摄成专题片分别在《九州神韵》《经济万象》栏目中播放。2010年景区创建成为国家AAA级旅游景区，2015年5月获省政府批复为省级旅游度假区。

建湖西塘河景区 国家AAA级旅游景区，位于建湖县城南新区，总投资3.8亿元，紧依建湖的母亲河——西塘河，全长9.3千米，绿地总面积100公顷。景区按照打造城市慢生活的理念，布设彩色沥青自行车道，铺装人行道，与新区慢行系统相连接，园林、绿化、铺装、亮化、驳岸等项目精心设计，龙舟码头、樱花水池、雾森景观、曲水流觞、西塘彩虹、城市初阳台、松香咖啡屋等景点精彩纷呈。2015年，景区创建成为国家AAA级旅游景区。

盐城世纪公园 国家AAA级旅游景区，位于盐都新区，占地18.67公顷，由中心活动区、民族风情区、科技文化区、儿童活动区、密林烧烤区五大功能区组成，设有下沉月亮广场、旱喷太阳广场、瀑布、水中森林、沙滩、绿岛、湿地、日晷雕塑、浮雕景墙、科普长廊、竹篱茅舍、亭台楼阁等20多个景点，集科普、休闲娱乐、健身、集会、购物、旅游于一体，是一个多功能绿色生态园林式市民广场。

大丰东方湿地公园·东方1号创意产业园 国家AAA级旅游景区、省旅游商品研发基地。总投资1.2亿元，占地面积1.5万平方米。产业园背枕东方湿地公园，前临新村路，采用“大色块、大板块、大写意”的表现手法，精心构筑“现代时尚、特色鲜明、创意无限、国内一流”的产业园区，展品是国内乃至世界工业领域和生活领域新、奇、特的高端产品前沿，产业园内布局以时尚展览和现代办公为主。一楼为展馆，包括蓝馆（工业创意设计展品）、红馆（生活创意设计展品）和综合馆；二楼为国内外知名设计公司办公区和多功能会议厅；三楼为产学研交流中心、创意设计院服务中心和大丰创意产业办公区。2011年3月，创意产业园创建成为国家AAA级旅游景区。

大丰丹顶鹤珍禽园 国家AAA级旅游景区，大丰丹顶鹤珍禽园是江苏唯一一家鸟类生态旅游景区，占地约7万平方米。珍禽园依日月湖西岸滨水而建，设有标本展示、放飞平台、丹顶鹤舍等10个景点。园内还汇集国内及世界各地的珍稀鸟类60多个品种，其中世界珍稀鸟类20多种，国家珍稀鸟类30多种，是国内鸟类品种最全、数量最多、鸟艺表演最丰富的珍禽园之一。2013年，景区创建成为国家AAA级旅游景区。

大丰中华水浒园 国家AAA级旅游景区，位于大丰区白驹镇北街花家垛。清流环抱，渔舟缓唱，一派水乡风光。施耐庵纪念馆占地1.87公顷，主要场馆有施氏宗祠、施耐庵书院、施耐庵碑林。施氏宗祠最早为乾隆年间（1736—1795年）施耐庵的后裔第十二世孙与第十三世孙发起建祠堂，由施耐庵古宅改建而成，以供奉始祖施公耐庵先生，1938年被日本侵略军烧毁，1981年修复，内部陈设着《水浒传》研究和施耐庵家谱、出土文物等重要资料。施耐庵书院建筑面积980平方米，主要介绍书院与施耐庵，两者之间相互渗透融合，书院以讲学、藏书、会友、祭祀，突出“投师罗贯中、会友刘伯温、兵起张士诚”等方面的内容。每个环境都渗透思想、故事、历史元素，更加注重彰显古典文化。施耐庵碑林占地面积为0.67公顷，由108米碑廊和远观榭、长啸亭、莲池组成，游览性强，成为全市主要文化旅游景点。2015年12月，景区创建成为国家AAA级旅游景区。

阜宁县铁军纪念馆 国家AAA级旅游景区，2008年10月1日，阜宁将1995年5月建成的原阜宁人民革命史陈列馆拆移，在烈士陵园东南方位新建铁军纪念馆。铁军纪念馆为四合院式的古典园林型建筑，建筑面积1000平方米，布馆面积603平方米，总投资450万元。内设红色丰碑、铁军风采、英烈永生、精彩阜宁5个展厅，声、光、电并用，雕塑、图片、实物、绘画兼备，全方位、多角度地展示阜宁人民革命斗争史。2014年，景区创建成为国家AAA级旅游景区。

射阳后羿文化园 国家AAA级景区，位于合德镇锦阳桥西北侧，占地近40公顷，总投资5000多万元。2004年初公园动工建设，2005年5月10日开园接纳游客。公园根据“射阳”县名的来历及“后羿射日”的文化传说而设立，包括“后羿射日”的文化景观以及垂钓中心、水上游船、游览车、儿童广场、清雅茶室、文化岛等休闲娱乐项目。2014年，景区创建成国家AAA级旅游景区。

盐都郝氏故里旅游景区 国家AAA旅游景区，省四星级乡村旅游区，地处里下河合陇圩的郝荣村，距离盐城市区20千米，为台湾前“行政院长”郝柏村先生的故里。主要包括里下河水乡——郝荣村、郑板桥读书处——净土庵、台胞会所、钓鱼岛、郝柏村先生故居、郝氏宗祠、郝墓及根系两岸第一树——百年银杏等景点。2011年，被省旅游局评定为江苏省四星级乡村旅游区。2016年，景区创建成为国家AAA旅游景区。

盐都龙冈桃花园 原华都森林公园，省四星级乡村旅游区、江苏省自驾游基地、全国农业旅游示范点。年内，景区围绕“一园、八区、两节”加快推进一期改造工程建设，将龙冈桃花园打造成以观花、采摘为主要特色活动，集健身、休闲、娱乐、度假为一体的郊野公园。核心区建有南北入口广场、桃红柳绿线、健身赏景线、寿星广场、宗教文化区、民俗动态展示区、林地烧烤区、空中栈道、赏花阁、青少年军事教育基地等。

东台仙湖现代农业示范园 省四星级乡村旅游区，位于新204国道旁，台城西入口北海西路南侧。园区核心区总面积133.33公顷，以40公顷人工湖“仙湖”为中心，分为现代农业展示区、高效园艺示范区和农业观光旅游区三大功能区。园区中央40公顷仙湖碧波荡漾、鹭飞鱼跃，镶嵌以曾任过东台盐官的宋代宰相晏殊、吕夷简、范仲淹命名的三座宝岛。整洁的环湖大道绵长蜿蜒，两侧高大的银杏和香樟青翠欲滴。全园绿化覆盖率75%，花团锦簇四季飘香，6336平方米智能温室在国内堪称一流，13.33公顷连栋和钢架大棚整齐壮观。

大丰丰收大地现代农业示范区 省四星级乡村旅游区，是省政府首批认定的江苏省现代农业产业园区，也是省科技厅唯一以盐土农业认定的第二批江苏省现代农业科技园。总体规划面积3.33万公顷，总投资9.6亿元，其中核心区面积1333.33公顷，包括现代农业展示区、农产品加工集中区、现代农业物流园区等。2017年，列入省五星级乡村旅游区创建单位。

大丰希望的田野现代农业示范园 省四星级乡村旅游区，地处大丰区草庙镇，总规划面积666.67公顷，主要以生态旅游、观光农业为卖点，以麋鹿文化、采摘体验、垂钓休闲为特色，集农业旅游、休闲、娱乐项目为一园。园区面积宽广，旅游产品丰富多彩，可分为观赏性、互动性、科教性三大类。观赏性旅游，主要以园区各植物园为特色，以红叶石楠园为代表，园内花果树木四季盛开，同时配有集生产与展览花卉为一体的温室大棚；互动性旅游，以采摘体验区、垂钓中心、QQ农场、庄稼乐园等为主，包括采摘观光、垂钓休闲、农事体验等诸多互动式项目；科教性旅游，以珍禽养殖园等为主，可向游客科普孔雀、牙獐等动物的外形特征、生活习性等知识。园区内旅游要素齐全，设施高档，游客可参与、观赏，游玩内容形式多样，内涵丰富。2014年12月，创建成为省四星级乡村旅游区。

大丰东方桃花洲 省四星级乡村旅游区，地处大丰区大桥镇新镇区东侧，规划面积666.67公顷，核心区200公顷，启动区133.33公顷。景区坚持规划引领、多元发展、科技创新，围绕农业观光旅游、果品采摘、文化旅游商品品牌运营等三大功能定位，将现代农业发展和农业休闲观光结合打造。2015年12月，被省旅游局评定为省四星级乡村旅游区。

盐都仰徐乡村乐园 省四星级乡村旅游区，江苏省乡村旅游创客基地。位于盐城西郊，盐徐高速和盐靖高速交会处，全村总面积10平方千米，2010年获"全国文明村"称号。村内设有游客接待中心、千米景观长廊、节庆广场、乡村少年宫、秀城生态园、洪圣休闲山庄、污水生态处理参观、农博园——膜立方以及社会主义新农村建设成果展示厅等景点。2011年，被省旅游局评定为省四星级乡村旅游区。

江苏杨侍农业生态园 省四星级乡村旅游区，位于盐城市区西部，市区快速公交K6直达，中国最美休闲乡村，总投资1.5亿元，占地10公顷，主要由商务服务区、体验互动区、休闲娱乐区、旅游观光区、科技示范区5个部分组成。2012年10月1日景区对外开放；2012年被省旅游局评定为江苏省四星级乡村旅游区。2017年，列入省五星级乡村旅游区创建单位。

盐城市台湾农民创业园 省四星级乡村旅游区，位于盐城市盐都区西南侧，涵盖三湾、郝荣等12个村居，面积50平方千米。作为盐城推进与台湾农业交流合作的国家级平台，盐都台湾农民创业园开启盐台农业合作的先河。园区形成"一个中心，五大功能区"的布局结构，即台创园研发孵化服务中心、台资农产品加工区、花卉苗木产业区、设施果蔬生产区、循环农业示范区、郝氏故里农业休旅区。

盐都三官农庄 省五星级乡村旅游区，三官农庄突出生态、休闲、民生、文化主题，占地32.07公顷、8.5万平方米的明清古村落风貌建筑群，集休闲娱乐、农家美食、民居下榻、婚庆文化于一体。三官农庄分为入口服务、农家乐园、生活配套、村民居住、景观游览、果蔬采摘、特色游乐等功能区。以婚庆文化展示馆、民俗婚宴中心、婚庆特色街、灵麝阁、爱情岛、喜船游湖等系列项目，主打里下河民俗水乡文化；以龙文化展示馆、龙舞、荡湖船、担花篮等表演展示中国龙舞之乡特色；以鱼鹰捕鱼、扳罾、果蔬采摘、农家生活等参与性项目演绎里下河渔耕文化底蕴；以真人CS、骑马、滑草、射箭、自驾游等猎奇项目增加游乐情趣；以乡村大米、五谷杂粮、鱼虾螃蟹、家畜良禽、水果蔬菜等美食显示生态养生之道。

大丰恒北村梨园风光 省五星级乡村旅游区，位于大丰区大中镇恒北村，建设形成"两轴一心三片区"的功能布局。两轴为：恒北北中心路和恒泰中心路景观轴线；一心为：以村部、宾馆餐饮为主的休闲娱乐中心；三片区为：东部生态观光区、中间生活聚居区、西部休闲娱乐区。

射阳友爱生态农业观光园 省四星级乡村旅游区、省级农业示范园，位于射阳县合德镇友爱村境内。园内核心区占地200公顷，是一处集园区服务、生态农业、休闲娱乐、果蔬采摘、扳罾垂钓、花卉观赏和农业科技展示为一体的综合性旅游景区。建有休闲木屋群、生态餐饮农庄、果蔬采摘园、花卉游览园、马术俱乐部、葡萄长廊、水上乐园、景观鱼池、鲜切花基地、开心农场等众多休闲游乐设施，初步形成了尝农家果、吃农家饭、住农家屋、干农家活、享农家乐的特色乡村旅游局面。游客在感受苏北乡村自然风光的同时，可亲手体验采摘水果蔬菜，体验扳罾、捕鱼和骑马的乡村生活乐趣。

盐都泾口湿地风情园 省四星级乡村旅游区。位于盐城市最美乡村——秦南镇泾口村东部。风情园占地30余公顷，总投资7000万元，内设游览景观及游乐设施50余项，集湿地观光、滨水休闲、民俗体验、农家美食、亲子游乐、采摘垂钓、企业文化展示、狮舞为一体，再现里下河地区湖荡湿地生态特色，显现乡村休闲度假旅游独有风格。

建湖登达生态园 省四星级乡村旅游区。位于建湖县芦沟镇芦北村，紧邻231省道，距建湖县城10千米。规划面积133.33公顷，总投资2.5亿元，2013年2月开工新建。园区坚持"生态立园、景观造园、休闲养园、科技兴园、产业富园"的发展理念，构建返璞归真、风格各异的建筑群，打造加州长廊、农耕体验区、度假木屋、生态农庄、垂钓文化长廊、湖景休闲区、荷塘月色、高效农业区、芦沟禅寺、生态猪场、樱花岛、桃花岛、桂花岛、自驾游基地等生态景观。

建湖现代农业示范园 2007年投资兴建，总占地面积666.67公顷。是以花卉苗木、果蔬、优质粮新品种展示、无公害水产品养殖为主，以农耕文化、科普教学、生态休闲和旅游观光为辅的综合型园区。景区建成植物博览园、果蔬采摘园、花卉盆景园、特种水产品和保健蔬菜生态混合种养区、生态餐饮服务区等功能区和60多个景点及游览、体验项目。2011年，创建成为省三星级乡村旅游区。

盐都朱升文化生态园 省三星级乡村旅游区，位于盐都区北龙港街道，朱升文化园是为纪念元末明初政治家、文学家朱升而设立，占地12万平方米，建筑面积3000平方米，拥有朱升墓、正德庵、东岳禅寺、五谷神树、桃花岛等景点，2010年10月5日经改造对外开放。2013年，被省旅游局评定为省三星级乡村旅游区。

大丰七彩花田 省四星级乡村旅游区，位于盐城市大丰区草堰镇三元村。规划面积666.67公顷。核心区66.67公顷，以玫瑰为主题，打造核心观光旅游花卉主题公园、玫瑰种植园、科普研发区、生态加工区、专业市场区"一园四区”的总体布局，建成接待中心、玫瑰剧场、儿童乐园、萌宠园、农具展示馆、月季园、玫瑰园、梦田花园、花田里、垂钓中心、采摘园、红枫林等。2015年12月，被省旅游局评定为省三星级乡村旅游区（点）。

射阳黄沙港生态园　省三星级乡村旅游区，位于黄沙港镇海星路，总体规划面积18.67公顷，其中核心区面积10公顷。园区东临临海高等级公路（228国道）进出口及黄沙港国家中心渔港。园区以农业旅游休闲观光及体验为主，各景点将现代旅游业与现代农业融为一体，富有参与性，是集休闲、娱乐、疗养、健身、垂钓、采摘观光、家禽养殖园、饮食服务为一体的生态农庄，农庄内旅游要素齐全。建有垂钓中心、生态农场、果品采摘园、观光游步道、篮球场、健身房等项目。

大丰七彩花田。　　市农委/供

阜宁羊寨黄河故道乡村游　位于阜宁县羊寨镇329省道南侧，景区规划面积333.33公顷，地势高亢，田园秀美，春有花，夏有荫，秋有果，冬有景，是游客踏青采摘、野趣美食、乡野观光、乡村度假、乡俗体验的梦中乐园。建有苹果自摘园、紫金葡萄庄园、木子美桃园等核心采摘区，游客服务中心、生态停车场等设施配套完善。

阜宁晓光村乡村旅游景区　省三星级乡村旅游区，位于阜宁县罗桥镇境内，占地面积100公顷，建有竹海听涛、东塘观月、农事展览、垂钓中心等景点，农家院落错落有致，田园风光恬静秀美，充满乡野乡趣。

阜宁花木大世界　省三星级乡村旅游区，位于阜宁县204国道沟墩段条岗村，项目占地面积40公顷。是集农业旅游观光、花卉苗木生产、盆景苗木交易为一体综合景区。园内设有花卉观赏交易区、花器工艺品交易区、鱼鸟观赏交易区、绿化布置样板区、苗木生产区、儿童游乐区、水果采摘区、旅游接待区、露天烧烤区、垂钓区等。2015年12月，获批省三星级乡村旅游区。

东台富安茧丝绸旅游景区　全国农业旅游示范点，景区以蚕家乐、茧丝绸历史文化为特色，有茧丝绸文化馆、采桑问茶园、染整园、茧都花园、丝腺园、丝绸园、科技园、富安大厦8个景点。其中，茧丝绸文化馆于2006年建成并对外开放，建筑面积2300平方米，是一个系统介绍茧丝绸历史、文化知识和富安茧丝绸产业化发展历程，展示古、今丝绸实物、制品的大观园；采桑问茶园建有简易蚕房，游客可以看到蚕宝宝4个龄期不同的发育生长以及上蔟结茧的全过程，真正领悟“春蚕到死丝方尽”的内涵；染整园有世界最先进的丝绸织造染整生产工艺设备；茧都花园展示茧都新农村、新文化、新生活的新民居文化；丝腺园内游客可以亲身体验缫丝工艺；丝绸园展示茧丝绸从半成品到成品的过程；科技园内集中展示先进的育蚕技术和独特的“富安模式”。

射阳鹤乡菊海现代农业产业园　全国农业旅游示范点，位于“中国药材之乡”射阳县洋马镇境内。洋马镇中药材种植历史悠久，药材种植面积6666.67公顷，其中菊花种植面积2666.67公顷，是华东地区最大的中药材种植基地。每年11月菊花盛开时节，绵延数十里的菊花竞相开放，黄白相间，景色蔚为壮观。每当此时，射阳都会举办“菊花节”，以花为媒，以花会友，广邀国内外游客前来赏菊、品菊，尽享大自然的风光。2017年12月，创建为省四星级乡村旅游区。

宋曹故居　位于市区儒学街。宋曹（1620—1701年），字臣，号射陵，明朝崇祯时官至中书，后辞官隐居。宋曹居山林隐逸，博学鸿词，屡招不就；性好游，善书法，工诗文，有真草书石刻、书法约言、会秋堂诗集等作于世，是古盐城唯见史册的著名书法家。宋曹故居庭院奇石抱水拥竹，屋宇亭廊古朴典雅，更有书碑墨迹之古今大观，是别具明清风貌的人文景观。

陆公祠　省级文物保护单位。位于市区儒学街陆公祠巷内，是为纪念南宋末丞相、爱国民族英雄陆秀夫而设的祠堂，建于明代嘉靖十年（1531年）。陆公祠占地1500平方米，建筑面积554平方米，为“三进两厢”式，整个建筑和面饰充分体现了明、清古建筑的风格和特点，庄严素雅，古朴大方。一进为门厅，正中保留了原“宋丞相陆公祠”碑刻；二进为仰止堂；三进为浩然堂。浩然堂内主匾“海嶽忠贞”系原国务委员兼国防部部长张爱萍题写。祠内还有许多古今碑刻、历代古井陈列、名人楹联和有关陆秀夫的史料、研究资料等。陆公祠总占地面积约6750平方米，修复、扩建面积2680平方米，其中祠堂等占地3375平方米，文化街区占地2250平方米，总投资3000多万元。2009年11月24日，经过修扩建后的陆公祠在陆秀夫诞辰771周年纪念日开馆。

大丰梅花湾景区 国家AAAA级旅游景区，位于大丰区西郊，是一座集生态园林、旅游观光、健身休闲为一体的综合性旅游景区，占地总面积200公顷。景区依托老斗龙港河的生态水景和沿线自然风光，利用斗龙港裁弯进行生态修复并利用开挖的土方堆坡造型，种植香樟、桂花、广玉兰等苗木和梅花、樱花、海棠等不同花季的花灌木，建有梅文化馆、三十二舫、咏梅阁、颂梅阁、假日酒店等景观，体现人与自然的融合。景区有梅花、仿古建筑、水系和夜景四大特色，是全国最大的赏梅胜地。2017年12月，创建为国家AAAA级旅游景区。

亭湖东城一罾生态园 省四星级乡村旅游区，位于亭湖区黄尖镇境内，占地26.67公顷，有“基尼斯纪录”渔罾1.49万平方米。生态园先后被评为全国休闲农业示范园区、江苏省四星级乡村旅游点、江苏省巾帼农家乐示范基地、盐城市最具魅力休闲农业景点，是国家旅游局“金牌农家乐项目”、CCTV《美丽中国乡村行〈味道〉》栏目合作伙伴。2017年12月，创建为省四星级乡村旅游区。

“七彩阜宁”农业公园 省四星级乡村旅游区，位于阜宁县城南郊，231省道、329省道和建阜高速从公园边缘穿过，占地面积303公顷，东濒AAAA级景区金沙湖，西临苏北地区最大的自然河流射阳河，北连喻口古镇。拥有河流、湖泊、湿地、岛屿、古村落等多种生态形式，底蕴深厚。2017年12月，创建为省四星级乡村旅游区。

滨海随耕生态园 省四星级乡村旅游区，位于滨海县现代农业产业园套稍村，占地面积66.67公顷，建有苏北农耕文化展示园、天然氧吧、花卉展示厅、采摘区、真人CS、水上餐厅、动物观赏区、少儿农耕体验区等。2017年1月，创建为省四星级乡村旅游区。

建湖铁丝湾生态园 省四星级乡村旅游区，位于建湖县上冈镇冈西村，紧邻204国道上冈路段西侧，占地20公顷。生态园以“铁丝湾”旧址为龙头，依托串场河良好的生态环境与上冈古镇的千年古韵，建成游客服务中心、垂钓中心、临水木屋、孔雀园、扳罾捕鱼、瓜果漂流、农家小灶、田间拾趣、丛林迷宫等配套景点。2017年12月，创建为省四星级乡村旅游区。

东台生态苗木示范园 省四星级乡村旅游区，位于东台市新街镇，核心区面积200公顷，有公共服务功能区、现代农业示范区、农业观光旅游区三大功能区，建有游客服务中心、垦殖文化馆、生态养殖观光中心、亲水平台、特色作坊、林家客栈等配套景点，举办过金秋柿子采摘节、民俗文化展演、广场舞展演等活动，吸引广大游客。2017年接待游客7万人次。2017年1月，创建为省四星级乡村旅游区。

2017年全市主要旅游景区（点）

表01-01

景区（点）名称	景区（点）级别	地　址
江苏省大丰麋鹿国家级自然保护区（中华麋鹿园）	国家级自然保护区（国家AAAAA级旅游景区）、省自驾游基地、省级生态旅游示范区、省级旅游度假区	大丰区草庙镇
盐城国家级珍禽自然保护区（盐城市丹顶鹤湿地生态旅游区）	国家级自然保护区（国家AAAA级旅游景区）、省级生态旅游示范区	亭湖区黄尖镇
盐城大纵湖旅游景区	国家AAAA级旅游景区、国家水利风景区、省自驾游基地、省级旅游度假区、省级房车旅游标准化示范营地、长三角房车旅游标准化示范营地	盐都区大纵湖镇
新四军纪念馆	国家AAAA级旅游景区	盐城市建军东路159号
阜宁金沙湖旅游景区	国家AAAA级旅游景区、省级旅游度假区、省级生态旅游示范区	阜宁县城南新区
东台西溪旅游文化景区	国家AAAA级旅游景区	东台市西溪景区
大丰上海知青纪念馆	国家AAAA级旅游景区	大丰区海丰农场

续表01-01

景区（点）名称	景区（点）级别	地　　址
射阳息心寺	国家AAAA级旅游景区	射阳县海通镇射阳岛
大丰港海洋世界	国家AAAA级旅游景区	大丰区盐土大地海洋生物产业科技园内
大丰荷兰花海	国家AAAA级旅游景区、省级旅游风景小镇创建培育单位	大丰区新丰镇健康路1号
江苏黄海海滨国家森林公园	国家AAAA级旅游景区、省级旅游风景道	东台市弶港镇新曹社区
大丰梅花湾景区	国家AAAA级旅游景区	大丰区通港大道33号
盐城海盐历史文化风景区	国家AAAA级旅游景区	盐城市东进中路9号
新四军重建军部旧址——泰山庙	全国重点文物保护单位	盐城市建军西路118号
盐城科技馆	国家AAA级旅游景区	盐城市城南新区
护国永宁禅寺	国家AAA级旅游景区	盐城市永宁路11号
盐城世纪公园	国家AAA级旅游景区	盐都新区
江苏永丰林农业生态园	国家AAA级旅游景区、全国农业旅游示范点、省四星级乡村旅游区	东台市新曹镇
大丰东方湿地公园	国家AAA级旅游景区	大丰区新丰路
大丰丹顶鹤珍禽园	国家AAA级旅游景区	大丰港经济区青岛港路6号
射阳后羿文化园	国家AAA级旅游景区	射阳县城新客运站对面
阜宁庙湾古城景区	国家AAA级旅游景区	阜宁县射河外滩
建湖九龙口风景区	国家AAA级旅游景区、省级旅游度假区	建湖县九龙口镇
阜宁铁军纪念馆	国家AAA级旅游景区	阜宁县城河路47号
东台甘港旅游景区	国家AAA级旅游景区、省五星级乡村旅游区	东台市五烈镇甘港村
东台安丰古街	国家AAA级旅游景区	东台市安丰镇
建湖西塘河景区	国家AAA级旅游景区	建湖县城南新区
大丰中华水浒园	国家AAA级旅游景区	大丰区白驹镇
盐都郝氏故里旅游景区	国家AAA级旅游景区、省四星级乡村旅游区	盐都区葛武社区党群服务中心
亭湖千鹤湾温泉风情小镇	国家AAA级旅游景区、省级旅游风情小镇创建培育单位	亭湖区盐东镇
阜宁盘龙古寺	国家AAA级旅游景区	阜宁县合利社区大街北首
滨海通榆河枢纽国家水利风景区	国家AA级旅游景区、国家水利风景区	滨海县现代农业产业园套坎路北侧
亭湖便仓枯枝牡丹园	国家AA级旅游景区	亭湖区便仓镇
东台黄逸峰故居	国家AA级旅游景区	东台市区
大丰施耐庵公园	国家AA级旅游景区	东台市弶港镇港龙广场
东台新街九莲寺	国家AA级旅游景区	东台市新街镇
建湖陆秀夫纪念馆	国家AA级旅游景区	建湖县建阳镇
射阳华中工委纪念馆	国家AA级旅游景区	射阳县后羿公园西侧
建湖延寿寺	国家AA级旅游景区	建湖县颜单镇兴颜路西首
东台市龙王古寺	国家AA级旅游景区	东台市弶港镇
阜宁桃花源生态农庄	国家AA级旅游景区	阜宁县羊寨镇黄河堆堤
大丰银杏湖公园	国家AA级旅游景区	大丰区常新路和益民路交汇处

续表01–01

景区（点）名称	景区（点）级别	地　　址
大丰姜尚公园	国家AA级旅游景区	大丰区草庙镇
东台通海湖公园	国家AA级旅游景区	东台市弶港镇通海大道
东台弶港文化展示馆	国家AA级旅游景区	东台市弶港镇港龙广场
盐都鞍湖三胡陈列馆	国家AA级旅游景区	盐都区鞍湖街道
射阳农建四师暨淮海农场陈列馆	国家AA级旅游景区	射阳县淮海农场
大丰刘庄净土院	国家AA级旅游景区	大丰区刘庄镇
盐都大云山寺	国家AA级旅游景区	盐都区大冈镇新冈南路
滨海南湖公园	国家AA级旅游景区	滨海县人民南路191号
阜宁马家荡旅游景区	国家AA级旅游景区	阜宁县马家荡居委会
盐都三官农庄	省五星级乡村旅游区	盐都区大纵湖镇三官农家乐
大丰恒北村	省五星级乡村旅游区	大丰区恒北村
盐都龙冈桃花园	省四星级乡村旅游区、省级生态旅游示范区、全国农业旅游示范点、省级森林公园、省自驾游基地	盐都区龙冈镇
盐都区潘黄街道仰徐村	省四星级乡村旅游区	盐都区潘黄街道仰徐村
江苏杨侍农业生态园	省四星级乡村旅游区、省五星级乡村旅游区创建单位	盐都区郭猛镇杨侍村
盐城现代农业示范园	省四星级乡村旅游区	盐都区农村经济开发区
东台仙湖现代农业示范园	省四星级乡村旅游区	东台市西环路与东五公路交界西北侧
射阳友爱生态观光园	省四星级乡村旅游区	射阳县合德镇友爱村境内
大丰丰收大地现代农业示范区	省四星级乡村旅游区、省五星级乡村旅游区创建单位	大丰区通港大道
大丰多彩荷兰村	省四星级乡村旅游区	大丰区新丰镇健康路1号
盐都泾口村	省四星级乡村旅游区	盐都区泾口村
大丰希望的田野现代农业示范园	省四星级乡村旅游区	大丰区草庙镇
建湖登达生态园	省四星级乡村旅游区	建湖县芦沟镇芦北村
大丰东方桃花洲	省四星级乡村旅游区	大丰区大桥镇
大丰七彩花田	省四星级乡村旅游区	大丰区草堰镇
东台生态苗木示范园	省四星级乡村旅游区	东台市新街镇方东村
滨海随耕生态园	省四星级乡村旅游区	滨海县327省道
亭湖东城一瞥生态园	省四星级乡村旅游区	亭湖区黄尖镇黄尖居委会七组
“七彩阜宁”农业公园	省四星级乡村旅游区	阜宁县金沙湖街道营港村四组
射阳鹤乡菊海现代农业产业园	省四星级乡村旅游区	射阳县洋马镇贺东村八组
建湖铁丝湾生态园	省四星级乡村旅游区	建湖县204国道上冈大桥南侧
盐都朱升文化生态园	省三星级乡村旅游区	盐都区北龙港街道
建湖现代农业生态园	省三星级乡村旅游区	建湖县九龙口镇梅苏村金梅路1号
阜宁黄河故道乡村旅游景区	省三星级乡村旅游区	阜宁县羊寨镇果园村
阜宁晓光村乡村旅游景区	省三星级乡村旅游区	阜宁县晓光村

续表01-01

景区（点）名称	景区（点）级别	地　　址
射阳黄沙港生态园	省三星级乡村旅游区	射阳县黄沙港镇
阜宁花木大世界	省三星级乡村旅游区	阜宁县沟墩镇
盐都番茄公园	省三星级乡村旅游区	盐都区尚庄镇
亭湖黄尖牡丹园	省三星级乡村旅游区	亭湖区黄尖镇
响水泓益生态园	省三星级乡村旅游区	响水县326省道
大丰九州田园	省三星级乡村旅游区	大丰区大中镇
东台三仓现代农业生态园	省三星级乡村旅游区	东台市三仓镇
亭湖鹿苑生态园	省三星级乡村旅游区	亭湖区新兴镇
亭湖鹤鸣轩生态园	省二星级乡村旅游区	亭湖区盐东镇（亭湖高效农业示范园
亭湖曙阳农业生态园	省二星级乡村旅游区	亭湖区盐东镇曙阳村二组
滨海黄河故道生态大观园	省二星级乡村旅游区	滨海县现代农业产业园
建湖绿岛生态园	省二星级乡村旅游区	建湖县芦沟镇淳化村
响水东林生态园	省二星级乡村旅游区	响水县响城路18号路碑
射阳浦港渔村	省二星级乡村旅游区	射阳县合德镇浦港村境内（射阳河边）
射阳万寿墩景区	省二星级乡村旅游区	射阳县特庸镇大码头村
射阳景隆生态园	省二星级乡村旅游区	射阳县盘湾镇
射阳洋马菊香园	全国农业旅游示范点	射阳县洋马镇境内
东台富安蚕丝绸园区	全国农业旅游示范点	东台市富安镇南街105号
陆公祠	省级文物保护单位	盐城市儒学街
东风悦达起亚汽车有限公司	省级工业旅游示范点	盐城市希望大道东风悦达起亚汽车三厂
盐城环保产业园	省级工业旅游示范点	盐城市区东部，新洋港以南，紧邻沿海高速公路
丰海新能源淡化海水发展有限公司	省级工业旅游示范点	盐城大丰港区
大丰区和顺电子有限公司	省级工业旅游示范点	盐城大丰港区
辉山乳业发展（江苏）有限公司	省级工业旅游示范点	盐城射阳港经济区
盐城沿海湿地旅游度假区	省级旅游度假区	亭湖区黄尖镇人民路17号

二、花木禽兽

盐城是“东方湿地之都”，生态独特，生物多样性特征显著，有着众多的奇花名木和珍禽异兽。拥有江苏盐城国家级珍禽自然保护区和江苏省大丰麋鹿国家级自然保护区2个国家级自然保护区。其中，珍禽自然保护区是中国最大的滨海湿地类型保护区，是全球最大的野生丹顶鹤种群保护地，是国际重要生物多样性富集的热点地区，享有东部沿海“国家重要湿地基因库”之称，其主要保护对象为珍稀野生动物及其赖以生存的北亚热带边缘的典型淤泥质海涂湿地生态系统。珍禽保护区内有动植物2500多种，其中鸟类405种（约占全国鸟类总数的三分之一）、有浮游生物89种、腔肠动物8种、环节动物63种、甲壳动物83种、棘皮动物10种、昆虫508种、鱼类284种、爬行类26种、两栖类8种、兽类31种、种子植物539种、固着性海藻83种、浮游植物190种等。其中，属于国家一级重点保护鸟类11种，国家二级重点保护鸟类69种。

奇特的枯枝牡丹　便仓枯枝牡丹坐落于盐城市亭湖区便仓镇，距盐城市区正南12千米处。便仓枯枝牡丹以奇、特、怪、灵而饮誉古今，驰名天下，与琼花、并蒂莲一道被誉为江苏三绝、花中奇葩。其一枝枯而不朽。每逢花盛时节，便仓牡丹园中的鲜花恰似胭脂凝成，美艳润泽，芬芳馥郁；繁密厚实的叶片，也青翠欲滴。其枝梗，却如摇曳在寒风中的枯枝，憔悴欲朽，若折取一枝，放入火内，如干柴一般，顿时即可燃着。其实，枯枝牡丹枝梗，只是貌似枯朽而实非枯朽，它的枝梗内不仅有营养丰富的水分，而且含有特殊的因子，它能不断地输送养料给花苞和叶片，又易于燃烧。其二是闰月花为单瓣。正常年份，每朵花通常为12个花瓣，而到了农历闰年，花瓣就会奇妙地增加到13个花瓣。其三是放花时节性较强。每年都是谷雨前后三日开始放花，花信儿准确无误。然而这花似乎能感应世事时势，颇有灵性，有时还会在深秋和初冬时节两度开放，枝干无叶却有花，蔚为奇观。尤其神奇的是：中华人民共和国成立的那一年，枯枝牡丹盛开在举行开国大典之日；国庆10周年时，枯枝牡丹曾两度开花；1972年，联合国恢复中国的合法席位时，枯枝牡丹又在隆冬时开放；1987年，中共十三大之后，园内和园外散植的单瓣红白牡丹，再次开放若干无叶之花。对此，报纸和电视都有过报道。这虽然是自然界生态变化与政治事件的偶然巧合，但却给枯枝牡丹染上了更加迷人的色彩。人们借此以抒怀，赞其为“神花”。殊不知，枯枝牡丹偶尔于秋冬开花的这一现象，与便仓一带的自然环境有着密切关系，这里正好有着北亚热带向南暖温带过渡的温和湿润、四季分明、冷暖适度的气候条件，以及排水性能良好的酸性土壤，再加上护爱管理得当，枯枝牡丹便能一年两度开花。1990年7月，市政府将枯枝牡丹列入文物植物加以保护；2006年，便仓枯枝牡丹园被评定为国家AA级旅游景点；2009年，枯枝牡丹被列为江苏省非物质文化遗产。至2017年底，园中牡丹有400多株，70多个品种，每年谷雨前后，这里繁花似锦，游人如织。

神奇的五谷树　盐城有300年以上一级古树名木10株，其中建湖县九龙口镇谭赵村就有一株。该树苍劲古老，树高7米左右，有合抱之粗，春天开花，夏天结果，无核，所结果实年年形状各异，有时像小麦，有时像水稻，有时像高粱，有时像黍子，有时像荞麦，由此人们称其为“五谷树”。所结果实只可观赏不能食用，每年长什么，没有定律，结稻谷的年份最多，有些年份结出的果实，还有像鱼虾的。更为奇特的是，五谷树还有预报当地收成丰欠的功能，当年果实形似水稻，则水作物丰收，形似高粱，则旱作物丰收，1991年结的果实似小鱼，夏季就遭了水灾。人们认为五谷树能预测来年的五谷丰收，将其视为神树。五谷树，结五谷，预天灾，兆丰年，令人叫绝。五谷树来自何处？传说不一。据九龙口镇老人介绍，相传此树乃明代郑和下西洋携回的“海外来客”，共两株，这是其中的一株，原种在南京古庙内，后被收成庄渔民移植在此。这棵奇树虽已有了几百年，但依然枝繁叶茂，树干的侧枝由于岁月的消磨都赤条条地伸向半空，显得古老而苍劲，新生的枝叶葱葱郁郁。当地人民十分爱惜这棵树，建湖县将其列为县级保护文物，砌了围栏，吸引了海内外众多人士前来观赏。五谷树，在盐阜大地上其实还不止一株。近年来，学者研究发现，在建湖县近湖镇蔡徐村、盐都区北龙港镇正德庵院墙东、东台市安丰镇大港村也均发现有五谷树。有学者通过资料研究得知，“五谷树”的学名原来叫“雪柳”。《辞海》中对“雪柳”给出的注释中，注明“雪柳”亦称“五谷树”，另外还有一个名字叫“过街柳”。五谷树究竟原产哪个国家？功用有哪些？专家们还未作出定论，仍有许多未解之谜。

“湿地之神”丹顶鹤　丹顶鹤，属于国家一级保护动物。它身披洁白羽毛，喉、颊和颈为暗褐色，长而弯曲的黑色飞羽呈弓状，覆盖在白色尾羽上。特别是裸露的朱红色头顶，好像一顶小红帽，因此得名丹顶鹤。丹顶鹤素以喙、颈、腿“三长”著称，直立时可达一米多高，它丰姿秀逸，性情幽娴，矜持华贵。在中国、朝鲜和日本，人们常把高雅洒脱的鹤和挺拔苍劲的松画在一起，在中国古代神话和民间传说中被誉为“仙鹤”，成为高雅、长寿的象征，在诗词和中国画中，常被文学家、艺术家作为主题而称颂。丹顶鹤多栖息于开阔的芦苇丛或多草的沼泽地带，主要以鱼、虾、贝类和植物根茎为食，常被人冠以“湿地之神”的美称。是典型的候鸟，每年随季节气候的变化，有规律地南来北往迁徙。盐城东部沿海具有较高自然性和完整性滩涂湿地生态系统，属于典型的亚热带向北温带过渡的海岸带湿地，既是丹顶鹤的典型越冬栖息地，也是大量水禽迁飞栖息点。1983年，经省政府批准，建立江苏盐城国家级珍禽自然保护区；1992年10月，经国务院批准为“国家级自然保护区”，成为联合国教科文组织盐城生物圈保护区，并被纳入世界生物圈保护区网络；1996年，被纳入东北亚鹤类保护区网络；2002年，被列入国际重要湿地名录。保护区是丹顶鹤的主要越冬地，每年到这里越冬的丹顶鹤占世界野生种群的60%以上。

鹿王争霸。　　孙华金/摄

“四不像”动物麋鹿　麋鹿是中国特有的珍稀动物，可与国宝大熊猫相媲美，相传是姜太公的坐骑，因其“角似鹿，脸似马，尾似驴，蹄似牛”，俗称“四不像”（亦有人称其“角似鹿，颈似驼，蹄似牛，尾似驴”）。麋鹿是一种非常特殊的大型鹿类，它体长约2米，肩高可达1.3米。雄鹿较大，体重可达250千克，雌鹿较小；雌鹿无角，雄鹿有角。麋鹿的尾巴比其他鹿类长得多，可达65厘米，是鹿科动物中最长的，末端生有丛毛。麋鹿作为世界珍稀动物，曾经仅产于中国。早在五六千年前，盐城沿海湿地就成了麋鹿的生活栖息地。1865年，法国博物学家兼传教士大卫在北京南郊进行动植物考察，无意中在南海子皇家猎苑中发现了这种奇特的动物，这是世人第一次从学术角度知道麋鹿。此后的几十年间，西方驻清朝公使及教会人士通过明索暗购等手段，从北京南海子猎苑弄走几十头麋鹿，饲养在各国动物园中。1900年，八国联军攻入北京，南海子麋鹿被西方列强洗劫一空。至此，麋鹿在中国故土绝迹，长期漂泊海外。20世纪80年代，经专家考证，中国确定并划出土地近300公顷，建立大丰麋鹿自然保护区。1986年8月14日，39头漂泊异乡的麋鹿，从远隔重洋的英国返回故土，重新回到了野生祖先最后栖息的沿海滩涂。为了拯救濒危物种，恢复其野生种群，1998年开始进行野生放养实验，当年挑选8头放归大自然。2002年又挑选6头放归大自然。它们分别于1999年、2000年、2001年、2003年在野外顺利地各产下一仔，开创了1000多年以来世界上没有野生麋鹿的历史先河。2003年开始实施大规模野生放养实验，又一次将18头麋鹿放归大自然，次年又产下5头幼仔。2006年又有21头麋鹿奔向大自然。至2017年底，麋鹿种群已增殖到4101头。盐城麋鹿在总量、繁殖率和存活率方面均居世界首位，中国麋鹿已走出《国际濒危动物名录——红皮书》，盐城为人类拯救濒危野生动物物种做出了杰出的贡献。（严志鉴）

三、名特风味

四鳃鲈鱼 产于响水县灌河中下游，嘴大、鳞细、体侧扁，鱼身呈青灰色，两侧和背鳍上有黑色斑点，因鳃盖上有一条较深的折皱，外观好像是四个鳃而得名。常见每条1.5千克~2.5千克左右，大者可达数十斤。每年“芒种”前后，为鲈鱼最肥美季节。四鳃鲈鱼肉质洁白肥嫩，烹调后肉似蒜瓣，汤汁呈乳白色，色、香、味俱佳，可与“松江鲈鱼”媲美。

何首乌 药食两用的滋补品。何首乌、灵芝、人参、冬虫夏草历来被称为祖国中草药中的四大仙草。据李时珍《本草纲目》记载：首乌止心痛、益血气、乌须发、悦颜色，久服令人长筋骨、益精髓、延年益寿。相传清咸丰年间滨海就有种植。滨海沿海地区古为黄河故道，由黄河夹带的黄土高原沙土冲积而成，海岸又为侵蚀性地域，海洋性气候昼夜温差很大，生长首乌得天独厚。滨海县形成1300多公顷何首乌种植基地，年产量为2万吨左右，占全国产量90%以上。是全国著名的何首乌生产大县，被誉为中国的首乌之乡。首乌片、首乌粉等系列产品畅销国内外。

盐城大米 盐城地处北亚热带向暖温带过度地带，兼具南北气候特征。全境为平原地貌，土壤中蕴含丰富的碘、钠、硒、钾等微量元素，非常适宜大米种植。“盐城大米”从选种、种植均选择临海地域，形成了盐城大米的地域性独特品质，米粒椭圆饱满，外观晶莹透亮，口感松软粘香，富含钙、碘、镁、磷、钾、钠、锌等多种人体必须的微量元素，淀粉值达90%，食之不厌，品质极佳。2017年，为宣传推广盐城有机米、生态米、弱碱米，打响“盐城大米”品牌，市粮食局先后举办盐城（福建）粮食产销合作推介会、“生态粮仓·盐城好大米”南京专场推介会，并开通“盐城好大米”网站及微信公众号，成立“盐城好大米”产业联盟，全面扩大“盐城大米”品牌影响力。

东台鱼汤面 东台鱼汤面源于清乾隆三十三年（公元1758年），至今有200多年历史。“东台鱼汤面”独特品质决定于主要原料东台本地优质中筋小麦扬麦系列小麦麦粉和该地特定水质。东台市地处江苏沿海，地跨里下河和沿海区域，地理位置和自然条件优越，特有的淡水资源优质，气候水土非常适宜优质中筋小麦生长，小麦理化加工品质好，面团强度适中，耐揉性强，弹性和延展性协调，特有的面粉和水资源为“东台鱼汤面”面条的制作提供了优质原料，面条细软爽滑，鲜美不腻，口感极佳。

建湖藕粉圆子 已有百年历史。以上等藕粉为原料，用白糖、枣泥、芝麻粉拌以荤素油脂及桂花为馅丸，在开水中多次汆制而成。形如弹丸，呈淡紫色，娇嫩肥泽，柔软丰满，甜而不腻，桂香满口，享誉中外。

大纵湖醉蟹 大纵湖蟹个大黄多。洗净后，配以盐城曲酒、米酒、淮盐、花椒等原料醉制。该品具有外观似活、肉质细嫩、味醇浓郁、醉气惹人、佐酒品鲜、营养丰富、不需烹调、携带方便八大特色，为宴席、旅游、馈赠的佳品。

生炝条虾 条虾是盐城沿海地区的特产。制法独特：将生虾先加盐、曲酒杀菌去腥后，再加入腐乳汁、白酱油、白糖等辅料，即可食用。此菜尤以清明前食用最佳。

白炖鲻鱼 鲻鱼是盐城名特海产，肉肥味美，配以猪油丁、火腿片、香菇片、笋片等，上笼以旺火蒸熟。炖熟的鲻鱼肉呈蒜瓣状，汤清味浓，色泽美观，鲜嫩可口。

伍佑糖麻花 又名油绳，相传已有2000多年历史，被载入《中国风味特产指南》。特点是：香、甜、酥、脆，油而不腻，美味可口。

杨五香肠 生产历史悠久，最早为东台台城杨五熏烧店制作经营，故名。杨五香肠色泽鲜艳，味道鲜美，被列入《中国名食指南》。

阜宁大糕 已有2000多年历史，糕片白如雪，柔如云，上口香甜、滋润。以糯米粉为主要原料精制而成。

伍佑醉螺 又名糖泥螺，始于清乾隆年间（1736—1795年）。其特点是：香、甜、脆、嫩，为助餐佐酒的佳肴。

龙冈茌梨 产于盐都区龙冈镇北的沙岗地带，该梨形似纺锤，味似嫩菱，平均单果重0.2千克，最大达0.8千克，果肉厚，含糖量在15%以上，在省有关评比会上曾三次夺魁。

葛武嫩姜片 盐都区葛武酱制品厂生产，特点是鲜甜脆嫩、形如薄纸、美味可口。制法是精选寒露前三天采收的鲜嫩生姜，经过13道工序制作而成。 （严志鉴）

四、旅游节庆

中国盐城丹顶鹤国际湿地生态旅游节暨海盐文化节 始于2007年，每年5月18日举办，成为展示盐城城市形象、旅游风采的城市名片。2017中国盐城丹顶鹤国际湿地生态旅游节暨海盐文化节旅游系列活动包括“畅游盐城，打开心扉”韩国驻华机构代表看盐城、中韩旅行商盐城生态旅游精品线路采风行和“5·19”中国旅游日旅游惠民等活动。旅游节期间，邀请韩国驻沪总领事馆、韩国各道（省）驻沪代表处、华东地区韩商会等10多名韩国驻华机构代表和韩国第二大旅游集团——模德旅游集团、韩国AMTOUR、京城、大韩等负责人参观考察中华麋鹿园、盐城国家级珍禽自然保护区、江苏黄海海滨国家森林公园、荷兰花海等旅游景区和中韩产业园规划展示馆、韩资工业园邻里中心、东风悦达汽车三工厂及聚龙湖公园等，展示盐城旅游魅力和盐城作为中韩产业合作城市发展优势。旅游节期间，中华麋鹿园、盐城国家级珍禽自然保护区、大丰港海洋世界、大丰知青农场景区、大纵湖旅游景区、金沙湖旅游度假区等景区推出五折优惠，市区地接旅行社推出一、二、三日游特价线路等优惠政策，实惠利民。

春季乡村旅游节 始于2010年，每年3月为繁荣全市春季乡村旅游市场而举办。2017年，市旅游局联手9个县（市、区）旅游局及重点景区策划“畅游大美湿地、感受水韵盐城”2017盐城春季乡村旅游系列活动。活动主要包括2017年中国盐城丹顶鹤国际湿地生态旅游节暨中国海盐文化节、盐城大洋湾樱花节、东台董永七仙女文化节、大丰麋鹿文化旅游季、建湖登达欢乐乡村旅游节、阜宁金沙湖踏春节、黄尖牡丹节等，并在4月11日联合市文明办和滨海县人民政府举办2017年盐城春季乡村旅游季活动启动仪式。

2017中国·大丰第二届梅花文化节 始于2016年，每年2—3月在大丰举办。2017中国·大丰第二届梅花文化节主要活动包括：第二届梅花文化节开幕式、“五梅”主题活动、回眸一笑百梅生摄影大赛、匠心梅情文创大赛、天下名梅聚梅湾、梅花彩绘亮笑颜、民俗大戏唱响梅花湾、国学经典品茶听曲、梅膳食苑嗨翻天、心花怒放花道体验、VR直播震撼来袭等活动。

2017中国·大丰麋鹿文化旅游季暨第四节荷兰花海郁金香文化月 始于2010年，每年4—6月在大丰举办，成为展示大丰社会经济对外开放和发展业绩，丰富旅游资源的节庆品牌活动。2017中国·大丰麋鹿文化旅游季暨第四节荷兰花海郁金香文化月主要活动包括：2017中国·大丰麋鹿文化旅游季暨第四节荷兰花海郁金香文化月开幕式、中央电视台《四季剧场——春季音乐会》、世界外交官一带一路中国行走进荷兰花海、荷兰花海第二届郁金香音乐节及大学生音乐节、荷兰花海小镇客厅开工仪式、中荷商旅文合作媒体见面会、春之鹿园、知青农场“回到小时候”活动、舞动海洋奏响青春、又见梨花开·2017年中国梨花文化节、游盐韵古镇·品农家小菜、“风从东方来 映像桃花洲”2017第二届中国大丰·大桥油桃文化季等活动。

“花开盐都 春游水乡” 始于2017年，4—6月在盐都举办，成为展示盐都丰富旅游资源的节庆品牌活动。“花开盐都 春游水乡”活动主要活动包括：2017盐城·龙冈第五届桃花文化旅游节、仰徐第五届草莓采摘节、江苏·杨侍第二届草莓观光采摘节、2017年三官农庄美食文化节、大纵湖2017诗词童趣春游节等。活动期间，接待游客突破100万人次。

第三届畅游盐都金秋行 始于2015年，8—10月在盐都举办。以“多彩盐都、欢乐水乡”为旅游品牌，拉动旅游市场发展，全力打造成长三角有影响力的生态旅游目的地。第三届活动主要包括：2017畅游盐都金秋行暨第三届盐城大纵湖湿地生态旅游节、仰徐乡村乐园第三届葡萄节、泾口垂钓英雄会、草房子朗读周、龙冈第五届金秋采摘节、杨侍第二届美食节、台创园第三届台海菊花节、三官第五届民俗婚庆节、尚庄番茄风情节。活动期间，接待游客200多万人，实现旅游总收入22亿元。

龙冈“春之美”桃花节 始于2013年，龙冈桃花园以都市旅游休闲目的地为定位，以第五届桃花文化旅游节、第五届金秋采摘节两大节活动为载体让游客情醉龙冈。2017年活动期间，30多万名游客到桃花园踏青赏景、自由采摘。

仰徐草莓采摘节 始于2012年。2017年仰徐第六届草莓采摘节为期一个月，5.5万名游客在饱览仰徐美景的同时，尽情采摘、购买仰徐的新鲜草莓。

亭湖枯枝牡丹节 始于1998年，每年谷雨（4月20日前后）在亭湖区便仓镇举行，连续举办21届，形成集旅游观光、节庆活动和经贸洽谈相结合的大型旅游经济文化宣传活动，吸引大批游客赏花、农家乐游，使亭湖牡丹文化深入人心。

中国·东台董永七仙女文化旅游节 始于2009年，董永七仙女是江苏最具影响力的七大传说之一，作为传说发源地，东台市以节为媒、旅游搭台。2017年5月，围绕“品东台西瓜、享生态之美”主题，举办森林休闲节、半程马拉松赛、梦幻灯光美食节、全国公益相声专场巡演、地方民俗民乐表演、吴桥杂技、情系老家“放飞心情”风筝节、三仓西瓜节等活动。旅游节期间，接待游客77.5万人，其中接待自驾游约20万车次，游客约55万人次。

中国·东台西溪景区大型迎春灯会　始于2016年正月，设婚俗表演、七仙女巡游等专场文艺演出，水幕电影以极具震撼力的视觉促进灯会人气不断高涨。2017年春节灯会期间，入园游客48.23万人次，实现门票收入82万元。

“相约西溪，奔跑东台”半程马拉松赛　始于2016年。2017年4月30日，“相约西溪，奔跑东台”第二届半程马拉松赛在东台举办。活动设半程马拉松、欢乐跑2个项目，分设男子组和女子组。起点设在市民广场，终点设在西溪景区。通过比赛倡导绿色出行、低碳消费，体现生态可持续的发展理念。

东台西溪七夕文化艺术节　始于2016年8月。通过文艺晚会的形式，传承古老节日蕴含的美好爱情元素，弘扬景区爱情文化。2107年节庆期间，邀请实力派演艺明星助阵献唱，吸引大批游客。

黄海森林休闲节　始于2016年，为“缤纷五月·畅游东台”旅游季系列活动之一。2017年5月，黄海森林公园举行2017年东台“瓜儿熟了”旅游季、“第二届森林休闲节”，开展欢乐彩虹跑、暴走西瓜君、野人出没、知青年代秀、共绘森林等趣味活动，接待游客近20万人次。

黄海森林音乐节　始于2016年10月。2017年10月，黄海森林公园与迷笛、网易合作举办2017黄海森林音乐节，以“低5度”为核心亮点，运用森林为音乐载体，引导人们开启“森呼吸，零距离”的音乐之旅。

金沙湖2017系列活动　始于2017年。活动主要包括：2017“鸡祥新阜宁，灯耀金沙湖”、中国·阜宁·金沙湖首届新春灯会、2017年元旦“全国冬泳日”系列活动（盐城站）暨“苏北联盟”新春联谊会、2017年金沙湖“庆五一”系列活动（百人太极秀、百人旗袍秀、少儿民族舞蹈大赛、朗诵者·金沙湖朗诵、风筝节）、2017年盐城电视台六一少儿文艺晚会暨“童星N计划”选拔赛、2017“金典相声·笑行天下”相声专场全国巡演阜宁·金沙湖站、2017中国龙舟公开赛江苏阜宁金沙湖站、2017金沙湖首届渔文化旅游节等活动，充分展示华东最大淡水湖金沙碧水的独特魅力，吸引省内外众多游客慕名前往。

九龙口生态湿地旅游节　始于2014年。2017年10月1—7日，九龙口第四届生态湿地旅游节举行。活动主要包括：亲子奇幻周、民俗文化节、百人相亲会、南京少儿春晚选拔赛、王者荣耀争霸赛、水乡传菜节、坐小飞机游九龙口等，吸引长三角地区游客2.8万人次。

中国·射阳首届菊花文化艺术节　2017年10月，中国·射阳首届菊花文化艺术节在洋马镇鹤乡菊海现代农业产业园举行。艺术节以“建设中国菊花之都，让人类更健康，让生活更美好”为主题，以洋马十里菊香观光赏菊为重点，组织国庆节、中秋节、重阳节、菊花节4个节点系列文化宣传活动。活动主要包括：十里菊香开园、菊香杯医药健康知识大赛等。

射阳丹顶鹤文化艺术节　始于2007年，每年11月初举办，以鹤为媒、以节招商。2017年第十一届丹顶鹤文化艺术节暨经贸洽谈会期间，通过举办经贸洽谈、文艺汇演、民间画展、开园观摩等活动，激发社会各界关注射阳、倾情鹤乡、合作共赢的正能量。

响水黄圩风筝节　黄圩镇是江苏风筝制作放飞的故乡，1992年江苏省政府命名“风筝之乡”。黄圩镇云梯关景区至今已成功举办24届风筝文化艺术节。艺术节期间，黄圩镇邀请县淮海剧团为游客们准备文艺节目，为打造古云梯关黄河故道生态旅游区鼓劲增色。　（王常江）

洋马十里菊香景区。　射阳县志办/供

第02章　年度综述

责任编辑　赵　丽　许寅生

2017年，盐城实现地区生产总值5082.69亿元，总量居全省第七位，按可比价计算,比上年增长6.8%。其中，第一产业实现增加值564.18亿元，比上年增长2.7%；第二产业实现增加值2256.72亿元，比上年增长4.8%；第三产业实现增加值2261.78亿元，比上年增长10.1%。产业结构持续优化，三次产业比重为11.1∶44.4∶44.5，第三产业比重首次超过第二产业，实现了从“二三一”到“三二一”的转变。人均地区生产总值首次超过1万美元，比上年增长6.7%。年内，市区居民消费价格总指数（CPI）同比上涨1.7%。其中，食品烟酒类上涨0.3%，衣着类上涨2.0%，居住类上涨2.2%，生活用品及服务类上涨3.8%，交通和通信类上涨2.2%，教育文化和娱乐类上涨1.5%，医疗保健类上涨2.9%，其他用品和服务类上涨2.8%。全市工业生产者出厂价格指数（PPI）同比上涨5.5%，工业生产者购进价格指数（IPI）同比上涨3.1%。

第一节　经济社会发展

一、经济建设

固定资产投资　2017年，全市完成固定资产投资4278.49亿元，比上年增长10.2%。其中，工业投资2441.1亿元，比上年增长6.5%。投资结构进一步优化，全市第一产业完成投资45.69亿元，比上年增长10.7%；第二产业完成投资2456.2亿元，比上年增长6.6%；第三产业完成投资1776.6亿元，比上年增长15.6%。全年全市完成民间投资3112.6亿元，比上年增长8.4%，低于投资增速1.8个百分点。

重点领域投资较快。年内，全市民生行业投资保持较快增长。全市卫生和社会工作业实现投资33.3亿元，比上年增长15.6%；水利、环境和公共设施管理业实现投资388亿元，比上年增长15.5%；教育实现投资43.8亿元，比上年增长20%；居民服务、修理和其他服务业实现投资16.1亿元，比上年增长39.6%。全市基础设施投资915.8亿元，比上年增长28%，比全市固定资产投资增速高17.8个百分点，占全市固定资产投资的比重为21.4%，比上年提高3个百分点，拉动全部投资增长5.2个百分点，对全部投资增长的贡献率达50.7%。

新开工项目稳定增长。年内，全市新开工项目5980个，比上年增加1198个；新开工项目计划总投资3407.2亿元，比上年增长18.2%。新开工亿元及以上项目375个，其中5亿元以上项目74个、10亿元以上项目34个。新开工项目多数集中在制造业行业，其中通用设备制造业、纺织业、专用设备制造业等行业，项目数均在200个以上。

房地产库存周期缩短。年内，全市房地产开发完成投资426.7亿元，比上年增长19%，增速同比回升21.5个百分点，其中住宅投资完成345.2亿元，比上年增长26.4%，增速同比回升26.9个百分点。商品房销售增势明显。全年，全市实现商品房销售面积974.8万平方米，比上年增长15.7%，其中住宅878.8万平方米，比上年增长17%；商品房销售额557.5亿元，比上年增长28.5%，其中住宅销售额476.2亿元，比上年增长33.8%。全市商品住房库存去化周期为7.7个月。

工业和建筑业　2017年，全市规模以上工业企业实现总产值8518亿元，比上年增长6.3%，实现增加值1792亿元，比上年增长3.6%。其中，轻工业比上年增长5.7%，重工业比上年下降1.4%。民营工业持续向好。2017年，全市民营企业实现增加值1363亿元，比上年增长9%，占规模以上工业比重76%。全市工业用电量190.2亿千瓦时，比上年下降5.6%。

支柱产业稳定发展。全年，全市工业企业实现全口径开票销售4759.6亿元，比上年增长4.4%，其中汽车、机械、纺织、化工四大传统支柱产业实现工业开票销售3189亿元，占工业总量的67%，其中汽车产业实现开票690.4亿元。东风悦达起亚汽车有限公司连续推出5款新车型，全年产销达37万辆，累计突破480万辆。非车产业实现开票销售4069亿元，比上年增长19.9%。

高新技术产业加快发展。2017年，全市规模以上高新技术产业企业870家，实现产值3239.8亿元,占全市规模以上工业产值的比重为38%。全市高新技术产业产值对全市规模以上工业增长贡献率达92.8%，比上年提高9个百分点。

建筑业稳步增长。全年全市完成建筑业总产值1673亿元，比上年增长17.6%，全市建筑企业房屋施工总面积1.17亿平方米，比上年下降8.5%；房屋建筑竣工面积5143.1万平方米，比上年增长3.8%，其中住宅竣工面积3446.5万平方米，比上年增长1%。

农林牧渔业 2017年，全市实现农林牧渔业总产值1139.2亿元，可比价增长2.2%。全市粮食总产量685.8万吨，比上年减少1.5万吨，比上年下降0.22%；粮食播种面积95.73万公顷，比上年减少2.43万公顷。粮食亩产477.6千克，比上年增加10.8千克。棉花播种面积3666.67公顷，比上年减少5666.67公顷，棉花总产量0.4万吨。全市油料作物播种面积7.37万公顷，比上年减少6266.67公顷，油料总产量22.4万吨。

农业机械化规模扩大。全年全市农机总动力689.1万千瓦。大中型拖拉机、联合收割机、水稻插秧机保有量分别达2.72万台、2.58万台和2.55万台。全市秸秆机械化还田面积66.71万公顷，还田率78.6%，较上年增加1.4个百分点。全年农机化作业收入50.3亿元。

农业现代化进程加快。全年全市累计新增设施农业1.05万公顷，总规模14.76万公顷，占全省设施农业总面积16.6%。全市拥有有效“三品”（无公害农产品、绿色食品、有机农产品）总数2640个，新增706个。农民专业合作组织1.11万个，新增662个。全市拥有家庭农场4585家，新增888家。

交通运输和邮电业 至2017年底，全市有公路总里程1.97万千米，其中国道993.6千米，省道1038.3千米。拥有等级公路1.94万千米，其中高速公路395.5千米、一级公路1403.7千米、二级公路2629.5千米、三级公路1467.6千米、四级公路1.35万千米，等外公路260千米。全年全社会客运量7241万人，比上年下降12.6 %，客运周转量73.9亿人千米，比上年下降9%；全社会货运量1.72亿吨，比上年增长7.8%，货运周转量455亿吨千米，比上年增长6%。全年保障航班1.31万架次，年旅客吞吐量130.31万人次，分别比上年增长5.8%、7.8%，货邮吞吐量5540吨，比上年增长8.2%。沿海港口货物吞吐量9016.63万吨，比上年增长13.2%，其中外贸2459.33万吨，比上年增长20.7%。

邮电业务平稳发展。全年全市完成邮电业务总量79.9亿元，比上年增长13.4%。邮政业务收入18.47元，比上年增长16.6%，其中规模以上快递企业业务量完成1.06亿件，比上年增长23.9%，实现业务收入9.37亿元，比上年增长28%。电信业务收入49.8亿元，比上年增长6.8%。

国内贸易 2017年，全市社会消费品零售总额完成1806.2亿元，比上年增长10.8%。分城乡看，乡村消费增速领先城镇，全年城乡分别实现社会消费品零售总额1708.3亿元和97.9亿元，比上年增长10.6%和14.3%。分行业看，批发、零售、住宿、餐饮业分别实现零售额217.4亿元、1405.1亿元、18.7亿元和165亿元，比上年分别增长9.3%、11%、10.1%和11%。分规模看，限额以上零售额814.8亿元，比上年增长7.2%；限额以下零售额991.4亿元，比上年增长13.9%。

消费升级步伐加快。在限额以上批发和零售业主要经营类别中，生活类消费平稳增长。粮油类消费22.1亿元，比上年增长6.3%，饮料类8.79亿元，比上年增长0.8%；服装、鞋帽、针纺织品类53.1亿元，比上年增长7.7%；日用品类28亿元，比上年增长9.6%。品质类消费增长较快。文化办公用品类商品销售有所提高，计算机及配套产品类实现零售额1.02亿元，比上年增长19.8%；奢侈品消费增长较快，化妆品和金银珠宝类分别实现零售额7.9亿元和15.3亿元，比上年增长11.2%和10.2%。

对外经济和旅游业 2017年，全市实现进出口总额86.5亿美元，比上年增长8.8%,其中出口58.4亿美元，比上年增长23.3%，进口28.1亿美元，比上年下降12.5%。新批利用外资项目157个，比上年增长4.7%，其中5000万美元以上项目27个，比上年增长28.6%。注册外资实际到账7.9亿美元，比上年增长11.6%。新设韩资服务业项目有17个，同比增长26.15%。新设总投资3000万美元以上的大项目产业结构层次明显提升，实体制造业项目由去年占比的46%提升到66%，其中智能终端、新能源、数据软件等战略性新兴产业比重占比增强。

旅游业蓬勃发展。全年全市接待海内外游客2926.8万人次，比上年增长13.7%，实现旅游总收入311.75亿元，比上年增长17.4%，两项指标增速连续三年位于全省第一，旅游总收入实现五年翻一番，旅游外汇收入8212.3万美元，比上年增长27.9%。景区建设进一步加快。荷兰花海和千鹤湾被省政府列为首批全省旅游风情小镇创建和培育单位，江苏黄海海滨国家森林公园风景道创建为2017年省旅游风景道，大丰梅花湾获评国家AAAA级旅游景区。乡村旅游集聚发展。大丰恒北、东台甘港、盐都三官等获评省首批五星级乡村旅游区，新增省四星级乡村旅游区4家。年内，盐城获评2017最美中国·国际知名旅游度假城市。

财政、金融和保险 2017年，全市实现一般公共预算收入360亿元，比上年下降3.4%，其中税收收入271.9亿元，比上年下降3.7%，税收占一般公共预算收入的比重为75.5%。主体税种保持稳定，实现国内增值税68.6亿元、改征增值税（含营业税）40.8亿元、企业所得税25.2亿元、个人所得税9.8亿元。财政惠民力度不断加大。全年全市用于民生保障支出578亿元，占一般公共预算支出的77%。

信贷规模持续扩大。全年全市有银行业金融机构40家，年内净增2家，分别为上海银行盐城分行和平安银行盐城分行。金融机构年末本外币存款余额6214.2亿元，比年初增长13.6%，其中储蓄存款2744亿元，比年初增长5.2%。金融机构年末本外币贷款余额4287.5亿元，比年初增长15.3%,其中中长期贷款2294.5亿元，比年初增长28.8%。

保险业健康发展。全年全市拥有各类保险机构74家，其中市级产险公司21家，寿险公司36家，保险专业中介一级法人机构12家，保险经纪分支机构3家，保险公估分支机构2家。保险分支机构及营销网点650个，保险从业人员4.64万人。全市实现保费收入179.1亿元，比上年增长36.4%，其中财产险39.38亿元，比上年增长9.8%；人身险139.8亿元，比上年增长36.9%。全市各项赔偿和给付54.4亿元，比上年增长21%。

二、社会发展

科学技术和教育事业　2017年，全市科技研发投入占地区生产总值的2.06%，科技进步贡献率55.1%，全市战略性新兴产业产值增长19%。智能终端产业产值突破200亿元，增长40%，智能终端整机出货量突破2000万台，大数据产业实现营业收入22.5亿元，增长26%。全市国家高新技术企业610家，净增78家。全年申请发明专利9137件，比上年增长62.5%；授权发明专利1390件，上年增长65.1%；有效发明专利量3992件，比上年增长53.4%，三个指标增幅居全省第一位。

教育事业协调发展。全年全市有普通高校6所，招生1.9万人，在校生6.24万人，毕业生1.73万人；普通中专10所，在校生2.86万人；职业高中10所，在校生2.38万人；普通中学278所，在校生28.18万人；小学336所，在校生45.36万人。全市初中毕业生升学率99.46%，在校生年巩固率99.58%；小学毕业生升学率98.34%，在校生年巩固率99.81%。学龄儿童入学率100%。幼儿园在园幼儿23.23万人，学前三年幼儿入园率为98.97%。全市有教职工数9万人，其中专任教师7.56万人。

文化、卫生和体育事业　2017年，全市新建基层综合性文化服务中心567个，建成县级图书馆分馆340个，文化馆分馆28个，提升农家书屋1000个。开展文化“三送”工程，全年完成送戏下乡1000场次、送书15万册、送电影2.2万场次。盐城获评江苏省首批“书香城市建设先进市”称号，全民阅读“天天悦读1+X”获国家公共文化服务体系示范项目创建资格，系苏北唯一。盐城群文代表团首次走进央视3套《群英汇》参加专场演出，淮剧《小镇》在央视11套《空中剧场》专栏播出。

卫生体系更加健全。全年全市拥有医疗卫生机构3214个，其中医院163个、乡镇（中心）卫生院161个，卫生防疫监督机构20个，妇幼保健机构11个。各类卫生机构拥有床位4万张，卫生技术人员4.09万人，其中执业（助理）医师1.82万人，注册护士1.58万人。

体育事业健康发展。成功承办第31届亚洲城市保龄球锦标赛等3项国际赛事，7项全国赛事和7项全省青少年赛事。开展全民健身活动和群众体育活动，组织参加全国性群众健身赛事获得6个一等奖。至年底，全市建成各类健身步道730千米，建成10个省级国民体质测定和运动健身指导站。继续加大社会体育指导员培训力度，全市有社会体育指导员2.68万人。成功创建3所全国青少年校园篮球特色学校。

人口、人民生活和社会保障　2017年末，全市户籍人口826.15万人，比上年末减少4.38万人，其中城镇人口489.19万人，乡村人口336.96万人。全年人口出生率为12.80‰，死亡率为12.67‰，自然增长率为0.13‰。年末常住人口724.22万人，城镇化率62.9%，比上年提高1.3个百分点。

生活水平不断提高。全体居民人均可支配收入26740元，比上年增长9.3%。城镇常住居民人均可支配收入33115元，比上年增长8.6%；人均消费支出18434元，比上年增长5.1%。农村常住居民人均可支配收入18711元，比上年增长9.0%；人均生活消费支出14153元，比上年增长7.7%。

城镇就业基本稳定。至年底，全市从业人员441.6万人，比上年减少4.4万人，其中第一产业从业人员101.6万人，第二产业从业人员162.6万人，第三产业从业人员177.4万人。新增城镇就业人员12.1万人。城镇登记失业率保持1.82%的较低水平。

社会保障日臻完善。全年全市保障城乡低保对象10.5万户、18.4万人，发放最低生活保障金6亿元，实施医疗救助100多万人次，累计支出医疗救助资金4.2亿元，对全市4.8万名困难群众实施托底救助，支出托底救助资金8187万元。自然灾害保险覆盖全民，重大疾病保险、“五保”（“三无”）老人护理险惠及全市71.8万名因病、因残、因灾、因祸、因学等导致支出型困难的低保及低保边缘群体。全市建有公办养老机构135家，民办养老机构62家，城乡居家养老服务中心2353家。每千名老人拥有养老床位数34.7张，农村敬老院改造全部达到省定标准。

城市建设和环境保护　2017年，全市交通基础设施建设完成投资161亿元，比上年增长11%。高铁高速高架全面推进。连盐铁路实现全线贯通，盐通铁路列入国家规划，设计时速提升至每小时350千米。规划新增的盐宁高速等5条高速公路列入新一轮高速公路网规划，新增里程约218千米。全面建成全长57千米的市区“一环五射”内环高架快速路网，内环高架三期工程如期开工建设。至年底，区域供水通达全市所有乡镇，建成城镇污水处理厂95座，城市（县城）污水处理率超89%，建制镇污水处理设施覆盖率98%，城乡垃圾无害化处理率达88%。

生态环境持续改善。始终坚持生态优先、绿色发展新理念，转型发展取得新成效。“一片林”工程加快推进，投资15亿元新造成片林8266.67公顷，改造提升1.06万公顷，新增城镇绿地面积3650公顷，造林总量保持全省第一，林木覆盖率26.7%。深入开展“263”专项行动，做好中央环保督察反馈问题整改，单位地区生产总值能耗降幅全省第二，主要污染物削减量完成省定减排任务，新能源新增装机108万千瓦，总量518.8万千瓦，占全省新能源装机容量30.4%，列全省第一位。绿色发展成效明显。全市空气质量持续保持全省第一、全国前列，优良率达80.3%，创江苏历史新高，PM2.5平均浓度每立方米43微克。

（卞永来）

2017年全市行政区划人口及土地面积

表02-02

指标名称	计量单位	全市	亭湖区	盐都区	大丰区	响水县	滨海县	阜宁县	射阳县	建湖县	东台市
镇	个	96	5	8	12	8	11	13	13	11	14
办事处	个	30	7	6	2	—	3	4	—	3	—
村民委员会	个	1821	91	170	208	100	261	247	152	198	363
居民委员会	个	614	84	80	55	52	35	94	85	47	42
行政区域土地面积	平方千米	16931	800	1015	3008	1474	1950	1439	2606	1157	3176
年末总户数	万户	269.61	23.85	23.76	27.06	16.82	34.17	35.48	31.15	28.97	38.57
年末总人口	万人	826.15	70.01	71.15	71.45	62.40	122.52	112.72	95.61	78.77	110.56
#男	万人	426.37	35.62	37.21	35.70	32.95	64.48	59.04	49.10	40.73	55.78
#女	万人	399.77	34.39	33.95	35.74	29.45	58.04	53.69	46.51	38.04	54.78
#农村人口	万人	336.96	14.21	23.45	25.96	29.54	57.80	57.21	48.91	32.88	42.29
#城镇人口	万人	489.19	55.81	47.70	45.48	32.86	64.72	55.52	46.70	45.89	68.27
年平均人口	万人	828.34	70.34	71.32	71.55	62.44	122.76	112.84	95.92	79.41	111.51
当年出生人口	人	106022	8309	8073	6953	10406	17355	16304	12652	9172	11121
出生率	‰	12.80	11.81	11.32	9.72	16.66	14.14	14.45	13.19	11.55	9.97
当年死亡人口	人	104929	8255	8767	6467	7117	14306	10647	12150	10415	23306
死亡率	‰	12.67	11.74	12.29	9.04	11.40	11.65	9.44	12.67	13.11	20.90
自然增长人数	人	1093	54	-694	486	3289	3049	5657	502	-1243	-12185
自然增长率	‰	0.13	0.08	-0.97	0.68	5.27	2.48	5.01	0.52	-1.57	-10.93
迁入人数	人	44160	5697	3150	1984	3227	3442	3921	2631	4427	10205
迁出人数	人	87396	5215	4437	4566	7435	11358	12256	9250	13823	16991

注：盐城经济技术开发区、城南新区非行政区划未列出，土地面积、人口数据在统计之中。

2017年全市国民经济主要指标

表02-03

指标名称	计量单位	全市	亭湖区	盐都区	大丰区	响水县	滨海县	阜宁县	射阳县	建湖县	东台市
一、地区生产总值（当年价格）	亿元	5082.69	444.50	500.23	647.48	319.91	442.53	447	500.02	523.10	812.82
第一产业	亿元	564.18	35.00	45.92	82.07	42.36	62.11	57.89	86.08	49.22	97.33
第二产业	亿元	2256.72	162.60	239.51	253.98	156.35	179.67	194.50	181.94	223.83	329.29
#工业	亿元	1941.13	110.91	203.82	221.18	141.41	151.66	144.07	165.96	191.81	289.07
第三产业	亿元	2261.78	246.90	214.80	311.43	121.20	200.75	194.61	232	250.05	386.20
二、规模以上工业主要指标											
工业总产值	亿元	8518.30	557.69	986.10	937.82	1004.72	783.80	764.60	748.91	753.84	1154.51
主营业务收入	亿元	8071.84	550.17	973.85	884.95	968.54	745.44	671.15	713.33	724.13	1082.38
利润总额	亿元	424.14	45.12	59.90	56.05	68.54	41	29.78	32.25	44.63	57.59
三、农业总产值及主要产品产量											

续表02-03

指标名称	计量单位	全市	亭湖区	盐都区	大丰区	响水县	滨海县	阜宁县	射阳县	建湖县	东台市
农林牧渔业总产值（当年价）	亿元	1139.23	59.93	94.59	173.23	77.05	114.98	114.43	187.67	95.59	210.89
粮食产量	万吨	685.82	21.13	61.54	78.51	53.51	94.17	93.53	108.31	73.34	96.07
棉花产量	万吨	0.43	—	—	0.23	—	0.02	0.01	0.09	0.01	0.04
油料产量	万吨	22.35	0.80	1.49	4.99	1.71	2.93	1.64	1.34	1.85	5.25
四、固定资产投资完成额	亿元	4278.49	435.87	395.71	494.64	320.73	423.07	358.09	335.62	400.35	647.05
五、社会消费品零售总额	亿元	1806.20	275.25	232.39	189.36	73.70	122.28	143.84	185.36	190.38	279.90
六、进出口总额	亿美元	86.53	8.14	7.71	20.18	6.69	5.07	3.14	4.43	3.33	8.74
七、注册外资实际到账	亿美元	7.89	0.51	0.82	1.14	0.50	0.55	0.24	0.60	0.41	0.82
八、一般公共预算收入	亿元	360.02	32.01	32.77	52.50	23.90	27.30	26.14	24.18	26.32	54.01
一般公共预算支出	亿元	748.28	36.02	60.96	84.66	52.54	75.86	76.66	75.18	74.52	95.75
九、年末金融机构各项存款余额（本外币）	亿元	6214.19	—	—	703.68	214.81	352.06	438.16	465.79	457.39	774.25
#居民储蓄存款(本外币）	亿元	2743.98	—	—	350.41	111.15	196.11	289.59	291.18	280.87	532.96
年末金融机构各项贷款余额（本外币）	亿元	4287.53	—	—	469.05	166.47	294.97	264.68	298.61	328.30	464.95
十、人民生活											
城镇常住居民人均可支配收入	元	33115	39130	35663	33717	27832	28867	27754	28816	32171	35380
农村常住居民人均可支配收入	元	18711	21160	20548	21202	15586	16280	16850	18064	18576	21431

2017年江苏省辖市国民经济主要指标

表02-04

指　　标	南京市	无锡市	徐州市	常州市	苏州市	南通市	连云港市	淮安市	盐城市	扬州市	镇江市	秦州市	宿迁市
年末总人口(万人)	680.67	493.05	1039.42	378.84	691.07	764.47	532.53	560.90	826.15	459.98	270.90	505.19	591.01
国内生产总值(当年价格)(亿元)	11715.10	10511.80	6605.95	6622.28	17319.51	7734.64	2640.31	3387.43	5082.69	5064.92	4105.36	4744.53	2610.94
第一产业增加值	263.01	135.18	600.54	157.10	221.98	382.69	313.42	339.44	564.18	262.06	142.42	264.08	292.14
第二产业增加值	4454.87	4964.44	2884	3081.19	8235.88	3639.81	1179.86	1412.39	2256.72	2475.86	2031.10	2238.13	1253.48
第三产业增加值	6997.22	5412.18	3121.41	3383.99	8861.65	3712.14	1147.03	1635.60	2261.78	2327	1931.84	2242.32	1065.32
规模以上工业主营业务收入(亿元)	11577.77	15753.74	13816.12	12983.58	32301.67	14751.14	5484.25	6337.55	8019.61	8876.94	7243.75	12184.29	2755.67
规模以上工业主营业务成本(亿元)	9422.80	13568.60	11639.80	11335.70	27724.20	12822.50	4463.40	5473.10	6932.40	7774.70	6290.30	10155.70	2262.30
规模以上工业利润总额(亿元)	861.33	1040.43	1049.28	761.07	2055.26	1128.81	440.48	377.60	424.63	507.25	467.98	883.95	325.37
工业用电量(亿千瓦小时)	318.14	524.68	245.35	351.21	1202.04	275.76	120.59	111.02	190.18	162.21	180.02	201.75	113.93
固定资产投资(亿元)	6215.20	4967.51	5277.03	3896.30	5629.59	4959.20	2603.63	2839.55	4278.49	3690.09	2694.36	3623.33	2194.23

续表02-04

指　　标	南京市	无锡市	徐州市	常州市	苏州市	南通市	连云港市	淮安市	盐城市	扬州市	镇江市	秦州市	宿迁市
社会消费品零售总额(亿元)	5604.66	3458.04	2977.20	2444.05	5442.82	2873.41	1038.31	1197.09	1806.20	1494.01	1366.03	1254.22	781.39
进出口总额(亿美元)	611.87	812.53	78.01	312.66	3160.79	348.20	82.11	46.36	86.53	107.99	105.36	129.48	29.48
#出口总额(亿美元)	344.15	495.19	63.34	229.39	1871.61	249.38	39.07	30.03	58.41	78.68	69.85	82.16	21.72
注册外资实际到账(亿美元)	36.73	36.65	16.60	22.16	44.83	24.23	6.78	11.78	7.89	10.87	13.53	16.18	3.64
一般公共预算收入(亿元)	1271.91	930.00	501.64	518.81	1908.10	590.60	214.85	230.61	360.02	320.18	284.34	335.52	200.58
金融机构存款余款(人民币)(亿元)	29944.86	14606.93	6396.38	9873.37	26467.59	11497.24	2917.49	3432.67	5980.74	5700.87	4877.50	5732.30	2514.96
#住户存款(人民币)	6019.70	5055.54	3349.45	3532.34	8166.44	5816.35	1279.49	1483.10	2892.30	2664.64	1982.67	2636.50	1209.50
金融机构贷款余额(人民币)(亿元)	24578.25	11098.51	4173.20	6679.20	23986.62	7833.49	2433.32	2789.29	4272.31	4007.76	3864.02	4173.85	2223.45
城镇常住居民人均可支配收入(元)	54538	52659	30987	49955	58806	42756	30293	32976	33115	38828	45386	40059	26118
农村常住居民人均可支配收入(元)	23133	28358	16697	25835	29977	20472	15273	15601	18711	19694	22724	19494	15268

第二节　年度大事

1月

2日　盐城市举行第二届城市坐标定向赛。

4日　盐城市江苏江淮动力股份有限公司、江苏辉丰农化股份有限公司被国家发改委、科技部、财政部等五部委联合认定为2016年国家企业技术中心。

5日　盐城市小淮剧《理财组长》《水为媒》，新民乐《湿地琴韵》，获得江苏省群众文艺政府最高奖"五星工程奖"。

7日　盐城高新技术产业开发区获批国家知识产权试点园区。

9日　盐城市江苏悦达集团有限公司、江苏江淮动力股份有限公司分别列"省自主工业品牌五十强"第三位和第七位。

13日　由市委组织部策划，建湖县委组织部负责摄制的党员教育微电影《欢迎你入党》作为中组部精品课程在共产党员网展播。

15日　盐城市建成互联网国际通信专用通道发布会暨盐城市人民政府与中国电信有限公司江苏分公司"互联网+"签约活动在盐城举行，标志苏北首条国际"信息高速公路"正式开通。

17日　全市第三届"中国因你而精彩·盐城杰出人士"颁奖仪式上，朱永新、陈义汉、顾大钊、卞毓方等11位盐城籍在外人士获奖。

20日　由省人民医院承担的省级重大科技示范项目——急性心肌梗死远程诊疗平台建设在市中医院举行启动仪式。

△　盐城经济技术开发区与北京师范大学在北京签署合作办学协议，联办北京师范大学盐城附属学校。

21日　盐城市与协鑫集团控股有限公司签订战略合作协议。

22日　盐城市首批审判业务专家及审判业务优秀人才颁证仪式在盐城举行。

24日　盐城市首本林权不动产权证颁出。

2月

4日　盐城市被国家旅游局授予"2016年全国厕所革命先进市"称号。

8日　盐城市与阿里云计算有限公司在南京签署战略合作协议，双方在"数梦小镇"建设、专业大数据平台、智能制造信息化平台、新能源管理平台、新型智慧城市建设等方面开展合作。

△　盐都区北宋水产品养殖专业合作社理事长宋传勇，被农业部授予2014—2016年度全国农牧渔业丰收奖。

13日　盐城港首条自有滚装船"大丰港和顺号"首航。该滚装船拥有3800个车位，是全国唯一由港口购进使用的滚装船，也是中国沿海最大的汽车滚装船。

21日　盐城市凌当誉、杨皓等4名学生被团中央学校部、全国学联秘书处、中国青年报社联合授予2016年度全国"最美中学生"称号。

22—24日　环境保护部华东督察中心主任高振宁率调研组在盐城调研生态环保工作，了解中央环保督察反馈意见整改落实、"两减六治三提升"专项行动开展情况。

24日 全市首家省级国民体质测定与运动健身指导中心通过省体育局验收，并正式对外运营。

27日　盐城市青年志愿者梁宝华被共青团江苏省委、江苏省志愿者协会授予省"十佳青年志愿者"称号。

28日　盐城新水源地及跨区域引水工程全线开工建设。

△ 盐城市与省海洋与渔业局在盐城签署盐城沿海百万亩现代渔业产业带建设战略合作协议。

3月

1日 盐城市阜宁、射阳等地受较强冷空气影响，突发雷雨大风天气，造成4人死亡（阜宁2人、射阳2人），20多人受伤，部分房屋、农业大棚和电力设施受损。

△ 市戏剧家协会主席、国家一级编剧陈明创作的大型现代戏曲《送你过江》在省文化厅举办的“2016江苏省戏剧文学剧本评选”活动中，获一等奖。

2日 阜宁“背着丈夫去打工”的王花被评为2月份“中国好人榜”之“孝老爱亲”好人。

5日 市公安局亭湖分局警务督察大队副大队长刘婵获省“岗位学雷锋标兵”称号。

6日 南京大学国家双创示范基地盐城基地暨南京大学射阳高新研究院揭牌仪式在盐城举行。

△ 盐城边防支队女警陈宁被省妇联、省边防总队联合表彰为2017年全省 “三八” 红旗手和 “十佳边防女警” 称号。

9日 东台通过国家知识产权试点城市验收。

△ 阜宁县首部反腐倡廉题材电影《这里没有硝烟》作为全国“两会”期间展播的主题电影，在CCTV6电影频道黄金档播出。

17—18日 大型现代淮剧《小镇》参加由文化部主办的全国舞台艺术优秀剧目展演。

18日 苏北首家心脏病学院士工作站在射阳成立。

20日 全省首家肝脏外科院士工作站在盐城成立。

△ 大丰区被国家知识产权局确定为新一批36个国家知识产权强县工程示范县（区）成员单位之一，是盐城市第一个入选县（区），示范时限自2017年3月至2020年3月。

21日 盐城市召开全市文联工作会议暨首届盐城市文学艺术终身成就奖颁奖大会。李有干、杨国美、徐新华、蒋婉求、臧科5人获“首届盐城市文学艺术终身成就奖”。

27—29日 日本技术士会专家团在盐城考察。市委书记、市人大常委会主任王荣平会见日本技术士会海外活动支援实行委员会委员长中村博昭一行。

31日 盐城籍作家曹文轩在清华大学举行的“世界因你而美丽2016—2017影响世界华人盛典”活动中，获得“影响世界华人大奖”。

4月

1日 盐城市被省全民阅读活动领导小组表彰为江苏省书香城市建设先进市。

5日 建湖“救火英雄”殷继伟、袁洲被评为3月份“中国好人榜”之“见义勇为”好人。

7日 盐城市淮剧演员梁锦忠在第27届上海白玉兰戏剧表演艺术奖颁奖晚会上，因淮剧《半车老师》中的“田半车”一角， 获得戏剧表演主角提名奖。

11—12日 全国人大环资委副主任委员王鸿举、王庆喜一行在盐城考察湿地法议案、自然地保护法议案办理情况。

13日 盐城市与华东师范大学在上海签订全面战略合作框架协议。

14日 市委、市政府在上海举行2017盐城（上海）跨国公司投资合作说明会，明尼苏达矿务及制造业公司、ABB（中国）有限公司、陶氏化学公司、美国普华永道会计师事务所、世邦魏理仕集团公司等110多家知名跨国公司和机构代表参加。

△ 市委书记、市人大常委会主任王荣平在上海会见丹麦驻沪总领事普励志，双方就风电产业等领域开展务实合作达成初步共识。市委常委、常务副市长庄兆林等参加会见。

△ 盐城首家保税物流中心——大丰港保税物流中心（B型）通过验收。

△ 省杂技团在全省对外文化交流工作会上受到省文化厅表彰，获评2016年度对外文化交流工作先进单位。

21日 “盐渎风”盐城市第五届读书节在盐城启动。

△ 盐城市第一人民医院与海军总医院签署合作协议，双方在医疗技术、人才培养、科研交流等方面开展全方位合作。

25日 微软技术实践中心暨大数据产业孵化平台在盐城大数据产业园启动。

26日 盐城市带领村民致富的董兆付，以及勇闯火海救人的袁洲和殷继伟入选3月份“江苏好人榜”。

27日 在中华全国总工会庆祝“五一”国际劳动节暨全国五一劳动奖和全国工人先锋号表彰大会上，江苏射阳港发电有限责任公司被授予“全国五一劳动奖状”，徐菊芬、刘秀丽获得“全国五一劳动奖章”，江苏正大丰海制药有限公司财务部、盐城地方税务局第一税务分局办税一科获“全国工人先锋号”。

5月

3日 盐城市举行纪念“五四运动”98周年暨建团95周年系列活动。

△ 盐城创建省级绿色建筑示范城市通过验收。

5日 盐城市与阿特斯阳光电力有限公司在盐城签署战略合作协议。

△ 盐城市数梦小镇、汽车小镇入选江苏省首批25家省级特色小镇创建名单。

5—8日 盐城市代表队在张家港举行的2017年全国健身秧歌、健身腰鼓及手拍鼓大赛暨江苏省健身秧歌及健身腰鼓大赛中，获得6个一等奖，获奖数居各参赛代表队首位。

6日 江苏悦达数梦技术有限公司成立。

7日 落户于阜宁县的中科建工集团有限公司举行股权重组签约仪式。江苏省盐阜建设集团有限公司与中科建设开发总公司合作重组，实现建筑业民企与央企的资源整合。

8日　盐城市荷兰花海风情小镇入选江苏省首批13家旅游风情小镇创建单位名单。

△　江苏盐城·台湾新北保龄球友谊赛在盐城举行。

12日　《江苏省沿江沿海港口布局规划（2015—2030年）》发布，明确盐城港包括大丰港区、射阳港区、滨海港区和响水港区，以服务临港产业为主，重点发展大丰港区。

17日　省海洋渔业指挥部在射阳近海海域组织开展海洋渔业资源增殖放流，12余万尾半滑舌鳎苗首次投放盐城海域。

18日　战略性新兴产业投资说明会暨第十届海盐文化节开幕。近400名国内外知名企业、高校院所的嘉宾和客商参会，现场签约一批合作项目。

△　盐城大数据产业投资合作说明会在城南新区创新大厦举行。

△　悦达集团与台北医学大学集智医院管理顾问公司在盐城签订项目合作协议。

△　中国盐城丹顶鹤国际湿地生态旅游节暨第十届海盐文化节科技创新资源对接会在盐城举行。

19日　中国—澳大利亚土壤污染防治和修复研究中心揭牌仪式在盐城环保科技城举行。

20日　东台在中国生态旅游投资与发展论坛上，被评为“2017全国百佳深呼吸小城”。

21日　盐城市举办“盐城知名人士故乡行”活动。

22日　市政府与北大方正集团有限公司在盐城签订“盐城北大资源产城融合项目战略合作框架协议”，围绕教育、科技产业发展及城市建设运营等展开全面合作。

24日　盐城市东台市汪雪琴家庭、阜宁县蔡必沛家庭、滨海县徐振理家庭被全国妇联授予2017年全国“最美家庭”称号。

31日　盐城市召开首届“全国科技工作者日”座谈会，并对2015—2016年度自然科学优秀学术成果一等奖获得者、第六届十佳科技标兵和第九届优秀科技工作者进行表彰。

6月

3—4日　2017年全国职业院校技能大赛中职组企想杯智能家居安装与维护大赛在盐城举行。

6日　中丹（盐城）海上风电港口暨物流圆桌会议在盐城举行。

7日　淮剧国家级非遗传承人裔小萍从艺60周年专场演出在市文化艺术中心大剧院举行。

9日　盐城市举行以“档案——我们共同的记忆”为主题的“国际档案日”宣传展示系列活动。

△　建湖高新技术产业开发区内的江苏先云云计算数据中心运营，是苏北最大的云计算数据中心。

12日　盐城市大丰区列入农业部公布的全国第一批畜牧业绿色发展示范县名单。

△　江苏黄海海滨国家森林公园被中国林业产业联合会列入第二批全国森林康养基地试点建设单位名单。

15日　市委书记、市人大常委会主任王荣平率队考察中车株洲电力机车有限公司和磁浮项目，双方就发挥资源技术互补优势、打造现代绿色智能轨道交通产业达成共识。

20日　《“6·23”特大龙卷风冰雹盐城抢险救灾暨灾后重建志》编纂工作启动会议在盐城召开。

21—22日　省委书记李强在盐城调研。其间，在阜宁看望慰问受灾群众，鼓励大家在重建的美好家园里，用勤劳的双手创造更加美好的生活。

23日　市委、市政府举行盐城“6·23”特大龙卷风冰雹灾害抢险救灾和灾后重建工作总结表彰大会，全面总结抢险救灾和灾后重建工作，表彰作出突出贡献的先进集体、先进个人。

28日　苏沪红十字救援联合演练在阜宁举行。

28—29日　市委书记、市人大常委会主任王荣平率队到上海、苏州等地参观考察上海临港经济发展集团有限公司、光明食品集团有限公司和协鑫集团控股有限公司，与企业主要负责人进行交流，谋求合作，洽谈项目。

30日　《盐城市志（1983—2005）》终审会议在盐城召开。

△　盐城市淮剧团大型现代淮剧《送你过江》获得国家艺术基金2017年度大型舞台剧和作品创作立项资助。

7月

1日　盐城市执行最新编制的《盐城市行政事业性收费项目政府性基金项目目录（截至2017年6月）》，收费项目缩减至55项。

2日　盐都区服务残疾人士的杨长春当选6月份“中国好人榜”之“助人为乐”好人。

3日　盐城市与江苏省产业技术研究院签署协议，在盐城合作共建新能源汽车技术研究所。

△　盐城南洋机场开通盐城至泰国曼谷直达航班。

6日　省委书记李强在盐城调研农业农村发展和农民增收工作。

12日　全国人大财经委主任委员李盛霖带队在盐城考察调研。

△　东山精密电子项目在盐城高新技术产业开发区开工。

18日　武警部队副司令员王兵在盐城考察指导武警部队全面停止有偿服务工作。

18—20日　盐城市举办“两岸及香港媒体盐阜行”联合采访活动，14家媒体参加。

19日　盐城市举行纪念建军90周年优秀红色影片展播月首映仪式。

20日　江苏科华医疗器械科技有限公司自主研发的产品“自吸式定量微量采血管”在美国获得发明专利授权，是东台首个在境外获得授权的发明专利。

20—21日　欧洲议会议员代表团在盐城访问。

26日　盐城经济技术开发区、苏州润阳光伏科技有限公司、江苏悦达集团有限公司2吉瓦高效电池项目签约仪式在盐城迎宾馆举行。

27日　建筑业大数据、数字化多图联审及交付技术应用交流会在盐城举行。

29日　《我画文人肖像》——罗雪村作品展在盐城市图书馆开幕。

8月

1日　盐城市召开“6·23”灾后重建指挥部总结表彰会。

2日　盐城南洋机场开通盐城—兰州—乌鲁木齐航班。

4日　市长戴源会见在盐考察的英国驻上海总领事吴侨文一行。

7—9日　新建盐城至南通铁路调整可行性研究报告评估会、行业评审会在盐城召开。

8日　江苏联盐资产管理有限公司揭牌成立，是盐城市首家地方不良金融资产处置公司。

16日　盐城环保科技城在清华大学环境学院举办2017第六届中国盐城·国际环保产业博览会暨2017首届“绿巢”环保创业大赛新闻发布会。

17日　盐城市首家产学研合作移动智能对接信息平台“技联阜宁”上线试运行。

17—26日　省人大常委会常务副主任、省风能与海水淡化产业推进协调小组组长史和平，市委书记、市人大常委会主任王荣平赴中东、东非等地访问，重点推介丰海新能源淡化海水装备。

18日　央视《新闻联播》以“立良法促善治，法治中国按下加速键”为题，综合报道滨海县人大普法宣传工作的做法和取得的成效。

△　盐城市现代物流园在2017年度全国优秀物流园区授牌仪式上，被评为“全国优秀物流园区”。

18—19日　中国工程院院士麦康森、林浩然率专家团在盐城调研，指导盐城沿海百万亩现代渔业产业带建设。

20日　江苏省第七届特殊奥林匹克运动会暨2017年江苏省残疾人田径锦标赛在射阳县开幕。全省13个市代表队参加。

28日　东风悦达起亚未来战略发布暨新车上市会在盐城举行，正式发布2025NTF战略，上市凯绅和KXCROSS 2款新车。

29日　市委、市政府召开全市农业结构调整现场推进会，贯彻落实中央关于推进农业供给侧结构性改革的要求，按照省委、市委全会部署，动员各地做好农业结构调整工作，推进沿海百万亩生态防护林工程建设。

30日　盐城市与中信银行南京分行签署总额500亿元的战略合作协议。

31日　盐城市江苏仁禾中衡咨询集团党委书记、董事长梁泽泉当选8月份“中国好人榜”之“诚实守信”好人。

9月

1日　盐城市启动以“大力提升质量，建设质量强市”为主题的2017年“质量月”活动。

4—6日　市委书记、市人大常委会主任王荣平率盐城市党政代表团到新疆维吾尔自治区察布查尔县，就进一步做好对口援疆工作进行考察。

5日　中国飞龙通用航空有限公司与建湖县签订总投资超2亿元的飞行员培训项目合作协议。

5—6日　江苏省戏曲现代戏研究会第五届年会暨“中国淮剧之乡”授牌仪式在建湖举行。

7日　国际新型农药试验示范研讨会在盐城举行。

△　铠胜盐城产业园项目签约落户亭湖。

△　盐城籍运动员潘高琴和其他3名运动员组成的苏鲁湘川队在第十三届全运会田径女子4×400米接力决赛中获得金牌。

8日　孔荡大爱村在阜宁举行落成典礼，海峡两岸慈善组织参加。

10日　在中国企业联合会、中国企业家协会发布的2017“中国企业500强”排行榜中，江苏悦达集团有限公司，位列第一百四十二位。

△　盐城南洋机场开通直飞郑州航线。

12日　盐城市劳动保障监察支队在2017年全国清理整顿人力资源市场秩序专项行动中成绩突出，受人力资源和社会保障部、国家工商总局联合通报表彰。

12~19日　“清风扬帆有爱鹤乡——江苏·射阳农民画精品展”在省文化馆举办，展出射阳廉政主题农民画精品新作100件。

13日　省“1+30+300”工程盐城专场对接活动在盐城举行。

14日　2017盐城市“十佳远教电商创富之星”颁奖大会在盐都文化艺术中心举行。

15日　2017中国东部沿海（盐城）国际汽车博览会在盐城国际会展中心开幕。

△　全省首张通过工商自助办照系统办理的营业执照在盐城市颁出。

△　阜宁大糕、滨海白首乌、东台西瓜获得“江苏十大人气地理标志”称号。

16日　盐城国家级珍禽自然保护区举行以“永远的纪念·永恒的精神”为主题的系列纪念活动，纪念中国第一位环保烈士徐秀娟牺牲30周年。

△　射阳县被2017中国新型旅游产业发展大会组委会授予“中国最美乡村休闲旅游名县”称号。

18日　盐城市2017年全国科普日主场活动暨全省科普场馆联办科学实验、科学表演巡演活动在市二小腾飞路校区启动。

△　盐城市助人为乐模范徐振理、见义勇为模范陈明矿、诚实守信模范郭夕祥和孝老爱亲模范崔卫香4人被评为第六届江苏省道德模范，阜宁县吴滩街道办立新居委会党总支书记陈红明获道德模范提名奖。

19日　盐城市与江苏民营投资控股有限公司、南京丰盛产业控股集团有限公司签署战略合作协议。

△　在北京召开的全国社会治安综合治理表彰大会

上，盐城市被中央综治委授予“全国社会治安综合治理优秀市”称号。

20日　2017年中国盐城政府和社会资本合作（PPP）项目推介会在盐城举行。

△　盐城市企业江苏丰信航空设备制造有限公司在北京举行的第二届中国航空创新创业大赛全国总决赛中获得一等奖。

21—28日　市长戴源率盐城市经贸代表团赴德国、意大利开展招商推介活动。

23日　盐城市大丰区大中镇、建湖县恒济镇、东台市安丰镇、滨海县正红镇和射阳县洋马镇入选第三批江苏省农村电子商务示范镇。

24日　华为云服务江苏数据中心在盐城上线，正式承接省内信息化业务和华东地区大数据处理业务。

△　2017第六届中国盐城·国际环保产业博览会暨新形势下环保产业创新发展大会开幕。

△　盐城市摄影家孙华金的摄影作品《江苏大丰麋鹿国家级自然保护区》（组照）在国家林业局与上海市政府共同主办的2017年中国森林旅游节系列活动“中国纸业生态杯”森林旅游风光摄影大赛中获金奖。

26日　沪苏大丰产业联动集聚区举行项目集中开工活动。

△　盐城市在上海举办2017盐城（上海）先进制造业投资说明会。

△　城南新区国家智慧城市试点工程通过国家验收。

29日　第四届西部优秀企业家江苏行暨创新发展特色发展峰会在盐城举行。

△　盐城市第十四届社科普及宣传周活动在盐渎公园启动。

29—30日　市委、市政府在盐城举行“聚焦区域功能新格局、实现沿海发展新跨越”战略研讨会。

10月

9日　印尼金光集团与盐城市在南京签署产业合作项目协议。

△　亭湖区在中国城市经济学会中小城市经济发展委员会、中小城市发展战略研究院等单位联合发布的2017年度中国中小城市科学发展指数研究报告中，首次列入“全国投资潜力百强区”榜单，在全国684个市辖区中亭湖区位列第六十八位。

10日　中央电视台《焦点访谈》节目介绍盐城培育“一片林”的事迹。

11日　盐城市仇爱清、韦斌、夏国平、刘立英、朱厚宽、牛丽珍6户家庭被省妇联授予省“最美家庭”称号，陈蓓蓓家庭的家训获得省“最美家规家训”称号。

12日　江苏省2017年全国安全用药月宣传活动在盐城启动。

△　第二届江苏省科协青年会员创新创业大赛工程与制造类决赛在盐城举行。盐城市“多相位凸轮高压恒流泵”项目获得一等奖。

△　盐城市举行纪念新四军成立80周年活动。

13日　由中国摄影报社、市委宣传部联合主办，盐阜大众报报业集团、市文联承办的“全国十大摄影名家盐城采风行”活动在盐城启动。

△　盐城港滨海港区获批国家一类开放口岸。

16日　省粮食局、省农委、省教育厅、省科技厅、省妇联和市政府在盐城共同启动江苏省“2017年世界粮食日暨全国爱粮节粮宣传周”活动。

△　建湖县“情暖夕阳”助老志愿服务项目在第二届江苏志愿服务展示交流会上获金奖，县广播电视台新闻主持人吴慧敏被评为江苏省优秀志愿者。

△　在第六届中国创新创业大赛新能源及节能环保行业总决赛中，亭湖区江苏兰丰环保科技有限公司获得成长企业组三等奖、江苏中海华核电材料科技有限公司获得“优秀企业”称号。

18—24日　市委书记、市人大常委会主任王荣平率盐城市全国人大代表出席在北京召开的中国共产党第十九次全国代表大会。

20日　盐城技师学院机电一体化专业学生董辉在第四十四届世界技能大赛上夺得电气装置项目比赛亚军。

21日　盐城工学院Omid Akbarzadeh pivehzhani、盐城师范学院Reid Mitchell、江苏森威精锻有限公司Jose Castro3名外国专家入选省人社厅第四批江苏“外专百人计划”。

23日　盐城智尚汽车小镇作为全省第一批特色小镇在盐城经济技术开发区开工建设。

24日　盐通铁路获国家发改委批准建设，设计速度目标值每小时350千米。

△　在第七届中国粮油榜公布获奖名单中，盐城市江苏盐粮控股集团有限公司、江苏佳丰粮油工业有限公司、盐城市禾丰粮油储备有限公司被授予“中国百佳粮油企业”称号；盐城市禾丰粮油储备有限公司被授予“中国十佳粮油标杆企业”称号；江苏佳丰粮油工业有限公司的“恒喜”品牌被授予“中国十佳粮油（食品）影响力品牌”称号；盐城新阳春面粉有限公司的“行红”品牌被授予“中国十佳粮油区域领导品牌”称号；江苏盐粮控股集团有限公司董事长宋传兆被授予“中国十佳粮油创业风云人物”称号。

27日　在2017年国家生态园林城市、国家园林城市、国家园林县城、国家园林城镇命名活动中，建湖县、阜宁县获得2017年国家园林县城命名。

27—31日　中国盐城第七届沿海发展人才峰会“1+6”系列活动在上海举行。

28日　盐城市在上海举办风投创投资本对接洽谈会，活动现场签约风投创投资本项目20个。

30日　省纪委组织省级机关纪检监察干部，在南京紫金大戏院观看盐城市大型现代淮剧《小镇》。

△　盐城市公安局巡特警支队一大队一中队中队长汪洋、盐城广播电视台广播电视网站主任朱卓等6位青年入选江苏好青年百人榜。

31日　盐城市摄影家孙华金的作品《鹿王争霸》在INPA国际自然摄影公益年赛（金江豚杯）中获得自然类铜奖。

10月31日至11月1日　水利部河湖专项执法检查组在盐城检查河湖保护专项执法工作。

11月

1—2日　中共十九大代表、市委书记、市人大常委会主任王荣平分别到盐城工学院和盐城师范学院宣讲中共十九大精神。

△　团市委联合市委组织部等单位在市青少年活动中心举办"江苏银行杯"2017盐城青年互联网创业大赛决赛。

2日　台湾和硕集团董事长童子贤在盐城考察，市委书记、市人大常委会主任王荣平会见。

6日　盐城市在南京举办台湾工商界领袖盐城合作发展恳谈会。

△　第31届亚洲城市保龄球锦标赛开幕式在盐城举行。

7日　江苏体彩公益行——送体育器材进养老机构资助仪式在盐城市社会福利院举行。

△　在江苏新闻界创新十九大报道研讨暨中国记者节庆祝表彰会上，《盐阜大众报》的《麋鹿回归大丰30年拥三项"世界之最"》获第二十届江苏新闻奖。

8日　中国·盐城首届城市交通治理论坛在盐城召开。

△　省政务办副主任胥家鸣率省督查组在盐城督查"放管服"改革推进情况。

9日　江苏新能源汽车研究院在盐城成立。

△　全市商标品牌战略工作推进会在盐城召开。

10日　国家电投滨海北H1#100MW海上风电项目在2016—2017年度国家优质工程奖评选活动中，获国家优质工程金质奖。

15日　盐城市与国网江苏省电力有限公司在盐城签署战略合作协议。

15—16日　新加坡江苏会会长、新加坡报业控股集团副总裁兼联合早报网首席运营官周兆呈率团在盐城考察。

16—17日　盐城市赴深圳开展招商推介活动，并举行盐城（深圳）海洋经济暨新兴产业投资说明会。

17日　盐城地税局、盐都区检察院在全国精神文明建设表彰大会中，被授予第五届"全国文明单位"称号。

19日　盐城市编排演出的话剧《为钱癫狂》在中国小剧场艺术荟萃比赛中获话剧类一甲一等奖。

19—20日　全省农村妇女创业就业增收行动推进会议在大丰区召开。

20日　盐城市现代淮剧《小镇》、电影《打开天窗说亮话》、舞剧《烽烟桃花飞》、电视纪录片《新四军1941》获江苏省第十届精神文明建设"五个一工程"奖。

22日　滨海新区总体规划专家论证会在盐城召开。

23日　中国报业十九大融合传播峰会暨百名社长总编沿海湿地（盐城）采风活动在盐城开幕。

△　东台市被农业部授予"全国休闲农业和乡村旅游示范市"称号。

26日　盐城北京高端人才对接会在清华大学举行。

29日　盐城市与广东粤海控股集团、中国政企合作投资基金管理有限责任公司在盐城举行新水源地及跨区域引水工程PPP合作协议签约。

30日　射阳县刘卫丰被评为11月份"中国好人榜"之"见义勇为"好人。

12月

4日　全国法制宣传日主题活动在迎宾公园法治广场举行。

5日　平安银行入驻盐城暨政银企合作签约仪式在盐城举行。

5—6日　市委书记、市人大常委会主任王荣平率盐城市党政代表团赴陕西省铜川市，考察盐铜扶贫协作进展情况。铜川市委书记郭大为陪同考察并出席两市工作交流会。

8日　市委举行法律顾问聘任仪式，聘任朱广东等律师为市委法律顾问，盐城市市委法律顾问制度正式建立。

8—10日　全省民政工作座谈会在盐城召开。

9日　中国电子盐城信息港项目签约落户盐城经济技术开发区。

11日　中韩（盐城）产业园获国务院批准设立。

12日　市委、市政府召开市区"三治三化"专项行动动员部署会议。

△　第二届"盐城工匠"颁奖活动在市广播电视总台演播厅举行。

12—14日　由盐城市政府和铜川市政府主办的铜川名特优产品（盐城）展销会在盐城举办。

13—14日　黄（渤）海湿地可持续发展与世界自然遗产2017盐城国际研讨会在盐城举行。

15日　盐城市举行第五届道德模范暨精神文明建设十佳新事、文明创建先进集体表彰活动。

16日　在新华网主办、中国环境科学学会协办的第四届中国绿色发展与生态建设峰会上，盐城市和东台市被授予"2017绿色发展与生态建设优秀城市"称号。

19日　盐城市与光明食品集团有限公司签订战略合作框架协议。

△　经国务院和公安部批复同意，盐城南洋机场外国人口岸签证业务正式开通。

20日　盐城综合保税区二期正式通过省政府联合验收。

27日　市区内环高架快速路网三期工程正式开工建设。

28日　中国共产党盐城市第七届委员会第五次全体会议在盐城举行。

29日　省国家安全领导小组办公室在盐城召开举报危害国家安全线索表彰大会。　（王　静　张永涛）

第03章　组织机构

责任编辑　赵　丽　许寅生

第一节　市级机构及负责人

中共盐城市委

书　记　王荣平
副书记　戴　源
　　　　戴元湖（—2017.09）
常　委　庄兆林（—2017.05）
　　　　张礼祥
　　　　陈红红（女）
　　　　潘道津
　　　　尹卫东
　　　　王　荣
　　　　王小红（女）
　　　　杨　军
　　　　吴晓丹（女）（2017.01—）
　　　　羊维达（2017.07—）
秘书长　羊维达（2017.07—）
副秘书长　肖　力（—2017.05）
　　　　　徐国均（—2017.01）
　　　　　卫永标
　　　　　戴红光（—2017.04）
　　　　　乐　超（2017.04—）
　　　　　蒋国良
　　　　　戴为洋（—2017.04）
　　　　　刘光球（2017.04—）
　　　　　黄　冬

盐城市人民代表大会常务委员会

主　任　王荣平（2017.02—）
书　记　周德祥（—2017.02）
　　　　王荣平（2017.02—）
副书记　丁　宇（—2017.02）
　　　　倪　峰
副主任　周德祥（—2017.02）
　　　　丁　宇（—2017.02）
　　　　谷家栋（—2017.02）
　　　　肖紫英（女）（—2017.02）
　　　　倪　峰（2017.02—）
　　　　尹金来（2017.02—）
　　　　邹毅实（2017.02—）
　　　　马俊健（2017.02—）
　　　　周键云（女）（2017.02—）
秘书长　倪崇彦（—2017.02）
　　　　徐国均（2017.02—）
副秘书长　曹为民（—2017.01）
　　　　　刘连才
　　　　　王克林（2017.01—）
　　　　　曹子洪（2017.06—）

盐城市人民政府

市　长　戴　源
副市长　庄兆林（—2017.05）
　　　　陈红红（2017.02—）
　　　　蒋　巍
　　　　吴晓丹（女）（—2017.01）
　　　　孙　轶（2017.09—）
　　　　崔　浩
　　　　葛启发
　　　　李逸浩
　　　　邹毅实（—2017.02）
　　　　王巧全
秘书长　徐龙波
副秘书长　姚学龙
　　　　　陈　锋
　　　　　王政权
　　　　　蒋红萍（女）（—2017.04）

张步胜
仇鼎文
顾亚军
唐　宏（2017.04—）
郝瑞耀（2017.04—）

中国人民政治协商会议盐城市委员会

主席、书记　李　驰
副书记　王锦胜（2017.04—）
副主席　马成志（—2017.02）
吕拔生
孙长春
王锦胜
尹金来（—2017.02）
沈洪清
顾云岭（2017.02—）
姜友新（女）（2017.02—）
唐伯平（2017.02—）
孙大明（2017.02—）
秘书长　张洪达（—2017.02）
殷　勇（2017.02—）
副秘书长　洪承志
赵　勃
李大林
李巧云（女）
童　骋（兼）（—2017.01）
彭光飙（兼）（—2017.01）
唐伯平（兼）（—2017.01）
王东升（兼）
王永和（兼）
孙秀丽（女）（兼）
姜菊萍（女）（兼）（2017.01—）
张永辉（兼）（2017.01—）
陈守年（兼）（2017.01—）

中共盐城市纪律检查委员会

书　记　王小红（女）
副书记　刘正秀（女）
刘向阳
孙红亮
常　委　张鹏程
张炜东
方仕德（—2017.12）
路竞竞（女）
张国锋
张永娣（女）（2017.12—）
派驻第一纪检组组长　王本成（2017.08—）
派驻第二纪检组组长　吴宏庆（2017.08—）
派驻第三纪检组组长　周为勇（2017.08—）
派驻第四纪检组组长　季志良（2017.08—）
派驻第五纪检组组长　孙仁宏（2017.08—）
派驻第六纪检组组长　余进成（2017.08—）
派驻第七纪检组组长　胡　铭（2017.08—）
派驻第八纪检组组长　郭九地（2017.08—）
派驻第九纪检组组长　许学荣（2017.08—）
派驻第十纪检组组长　皋古庆（2017.08—）
派驻第十一纪检组组长　曹　阳（2017.08—）
派驻第十二纪检组组长　潘卫东（2017.08—）
派驻第十三纪检组组长　苗春荣（2017.08—）
派驻第十四纪检组组长　孙　蒙（2017.08—）
派驻第十五纪检组组长　陈友根（2017.08—）
派驻第十六纪检组组长　王世法（2017.08—）
派驻第十七纪检组组长　吴进中（2017.08—）
派驻第十八纪检组组长　李士俊（2017.08—）
派驻第十九纪检组组长　刘　杰（2017.08—）
派驻第二十纪检组组长　刘亚东（2017.08—）
派驻第二十一纪检组组长　刘玉才（2017.08—）

盐城市中级人民法院

院长、书记　王世华
副书记、副院长　吴海龙
副院长　马生安
胡　勇
许建兵
纪检组组长　李士俊（—2017.08）
政治部主任　李　悦（女）
审判委员会专职委员　宋长琴（女）
潘华锋

盐城市人民检察院

检察长、书记　孙光永
副书记、副检察长　岳　岭（—2017.10）
副检察长　陈国华
刘必宁
姚　图
纪检组组长　刘　杰（—2017.08）
政治部主任　童加舟
反贪局局长　张永娣（女）（—2017.12）
反渎职侵权局局长　徐　定（—2017.12）
大中地区人民检察院检察长　征汉年
检察委员会专职委员　马　筠（女）
潘跃林

市委工作机构

市委办

主　任　刘光球（2017.04—）

戴红光（—2017.04）
副主任　周　卫
钱　勇
马志宏（2017.04—）

组织部

部　长　尹卫东
副部长　刘　海（—2017.05）
华林泰
顾汝华（2017.05—）
成　辉（2017.05—）
部　委　潘亚军（2017.06—）

宣传部

部　长　吴晓丹（女）（2017.01—）
陈红红（女）（—2017.01）
副部长　史学健
叶茂楼（—2017.04）
蒋东仁（2017.04—）
薛万昌
周柏青

统战部

部　长　尹卫东（—2017.06）
戴元湖（2017.06—2017.09）
副部长　季　放
黄　斌

农村工作办公室

主　任　乐　超（2017.04—）
徐国均（—2017.01）
副主任　周广展（—2017.04）
金骏培
赵寿华
栾　峰

政法委员会

书　记　张礼祥
副书记　高维华
蔡晓钧（2017.04—）
政治部主任　蔡晓钧

机关工委

书　记　朱传洲
副书记　刘古佐
陈铁军
纪工委书记　韦　明
工委主任　夏新瑞

台湾工作办公室（台湾事务办公室）

主　任　尹贵尧（2017.04—）
董小平（—2017.01）
副主任　刘开俊
黄益成
张　健

机构编制委员会办公室

主　任　张玉春
副主任　胥晨霞（女）
姜国华
刘　毅

市委部门管理机构

老干部局

局　长　顾汝华（2017.04—）
唐　宏（—2017.04）
副局长　陈　勇
赵光华

信访局

局　长　崔恒华
副局长　俞文全（—2017.06）
徐汉林
陈海峰（2017.06—）
唐海峰（2017.06—）
刘　军（2017.06—）
信访督查专员　陈海峰（—2017.06）
唐海峰（—2017.06）

保密委员会办公室

主　任　王　琦

机要局

局　长　陈　良

市委直属事业机构

党　校

校　长　戴元湖（—2017.09）
书记、副校长　叶茂楼（2017.04—）
蒋东仁（—2017.04）
副书记、副校长　郭　云（女）
副校长　李德新
纪委书记　刘汝华（—2017.08）
教育长　李建兵

盐阜大众报报业集团

社长、书记　朱志和

纪委书记　祁国良（—2017.04）
副社长　崔宇宙
　　　　颜廷亮
副总编　周　劲
　　　　季学根
　　　　孙凤志
　　　　陆应铸
　　　　陈志燕（女）

盐城广播电视台

台长、书记　戴为洋（2017.04—）
　　　　　　史学健（—2017.04）
副台长　陈晓光
　　　　胥爱华
　　　　王　康
　　　　唐卫华
纪委书记　葛明翔

档案馆（局）

馆（局）长　王加林
副馆（局）长　赵弘迈（女）
　　　　　　　王明友
　　　　　　　房　标

党史工作办公室
地方志办公室

主　任　茆贵鸣
副主任　王海燕（女）
　　　　吴建新
　　　　张守中

市委其他挂牌、合署机构

研究室

主　任　卫永标
副主任　张素东（—2017.06）

全面深化改革领导小组办公室

副主任　齐　华

督查室

主　任　赵国锋
　　　　优化办
副主任　王加林（—2017.01）

巡察工作领导小组办公室

（2017年6月更名为市委巡察工作办公室）
主　任　孙红亮
专职副主任　刘怀瑞

巡察组

（2017年6月成立）
专职组长　张鹏程（2017.08—）
　　　　　郑　琳（女）（2017.08—）
　　　　　顾文明（2017.08—）
　　　　　颜　彦（2017.08—）
　　　　　谢　伟（2017.08—）
专职副组长　曹干方（2017.08—）
　　　　　　刘汝华（2017.08—）
　　　　　　许岩峰（2017.08—）
　　　　　　祁玉华（2017.08—）
　　　　　　崔成江（2017.06—）
　　　　　　花鲁宁（2017.08—）
　　　　　　张　桐（2017.04—）
　　　　　　吴昊天（2017.08—）
　　　　　　徐文蕴（女）（2017.08—）

组织员办

主　任　刘　海（—2017.04）

企业工委

书　记　华林泰

非公有制企业和社会组织工作委员会

书　记　嵇红梅（女）（2017.04—）
　　　　刘　海（—2017.04）
副书记　沈卫民
　　　　黄　斌（兼）
　　　　鞠烨平（兼）
　　　　陈　政（兼）
　　　　许宝贵（兼）

市人才工作办公室

主　任　邓小锋（2017.04—）
　　　　成　辉（—2017.04）

市党员干部现代远程教育中心

主　任　王大为（2017.06—）

外宣办

主　任　史学健（2017.04—）
　　　　叶茂楼（—2017.04）
副主任　高爱军

文明办

主　任　周柏青
副主任　陈中才（—2017.06）
　　　　夏　斌（2017.06—）

综治办

主　任　高维华（2017.04—）

副主任　姚世健

　　　　封　潮

　　　　顾海文

事业单位登记管理局（事业单位监督管理局）

局　长　张玉春

副局长　姜国华

市人大机关

办公室

主　任　王克林（2017.01—）

　　　　曹为民（—2017.01）

副主任　如　滨（女）（—2017.01）

　　　　姚　刚

　　　　顾晓军（2017.01—）

研究室

主　任　刘连才

副主任　曹子洪（—2017.06）

　　　　严东升（2017.06—）

内务司法委员会

主　任　汪寿明（2017.01—）

　　　　王克林（—2017.01）

副主任　韩干荣（—2017.01）

预算工作委员会

主　任　王　琼

副主任　李　梅（女）

农村工作委员会

主　任　张永春

副主任　陈向前

教科文卫委员会

主　任　蔡浩然

副主任　陈益林

环境资源城乡建设委员会

主　任　杨　柳

副主任　蒋　春

人事代表联络委员会

主　任　杨　刚

副主任　金祖亚

民族宗教侨务外事委员会

主　任　顾云峰（2017.01—）

副主任　冯　佐

法制工作委员会

主　任　吴　敦

副主任　姚长俊

市政府工作机构

政府办

书　记　徐龙波

主任、副书记　姚学龙

副主任　李晓奇（—2017.04）

　　　　顾光明（2017.04—）

　　　　张　波

　　　　徐金珠

　　　　胡柏林

　　　　王　胜（2017.06—）

发展和改革委员会

主任、书记　苏　冬

副主任　陈守年（—2017.06）

　　　　于广华

　　　　张子生

　　　　朱如万

　　　　顾光明（—2017.04）

　　　　左文亮

　　　　杨劲松

　　　　袁永军（2017.06—）

　　　　高晨光（—2017.01）

纪检组组长　姜雄基（—2017.08）

经济和信息化委员会

主任、书记　陈　斌

副书记、副主任　汪寿明（—2017.01）

　　　　　　　　袁志亚（2017.06—）

副主任　陆达成

　　　　颜开建

　　　　沈影帆

　　　　薛友祥

　　　　陈　军（2017.06—）

纪检组组长　张腾瑶（—2017.08）

教育局

局长、书记　戴红光（2017.04—）

　　　　　　殷　勇（—2017.02）

副书记、副局长　郑英舜

副局长　江　楫

丁才林
教育工委副书记　邹必俊
纪检组组长　顾文明（—2017.08）
督导室主任　刘广平
工委主任　张　斌

科学技术局

局　长　崔文军
书　记　周晓棣
副局长　周　捷
倪晓峰
丁桂林
缪志伟
纪检组组长　郭九地（—2017.08）

公安局

局长、书记　王巧全
副书记、副局长　姜学儒
吴柏林
副局长　张满昌
朱晓明
王玉海（2017.08—）
王　炜（2017.01—）
纪委书记　王玉海（—2017.08）
政治部主任　孙玉东

监察局

（2017年12月机构撤销）
局　长　刘正秀（女）（—2017.12）
副局长　张炜东（—2017.12）
路竞竞（女）（—2017.12）
胡中兵（2017.04—2017.12）

民政局

局长、书记　谷红彬
副局长　姜冠军
鞠烨平
彭　涛
戴云峰
纪检组组长　杨从农（—2017.08）
双拥办专职副主任　戴云峰

司法局

局长、书记　李从洋
副书记、副局长　孙　亚
副局长　郭乃军
董清平
王永忠
朱维明
纪检组组长　王本成（—2017.08）

财政局

局　长　肖汝宏
书　记　吴翠娥（女）（—2017.04）
肖汝宏（2017.04—）
副书记、副局长　王乃凤
副局长　虞　水
张乃文（—2017.04）
俞全新（2017.04—）
吴启飞
纪检组组长　陈铁流（—2017.08）

人力资源和社会保障局

局长、书记　王　娟（女）
副书记　吴　刚
副局长　吴　刚（—2017.06）
汤习成
王道远（2017.08—）
顾正钧
顾红榜
孙　伟
纪检组组长　王道远（—2017.08）

国土资源局

局长、书记　徐增产
副局长　樊　荣
张中俊
铁小军
冯一飞
纪检组组长　王明华（—2017.08）

规划局

局长、书记　张亚钊（2017.04—）
孔逸忻（—2017.04）
副书记　杨义宽（2017.06—）
副局长　张亚钊（—2017.04）
杨义宽
纪检组组长　潘卫东（—2017.08）
总规划师　宋迎春

城乡建设局

局长、书记　管亚光（2017.04—）
吴中良（—2017.04）
副书记、副局长　顾慧春（女）（—2017.01）
副局长　李爱进
花　青

叶小强
朱　超（2017.06—）
纪检组组长　曹　阳（—2017.08）
工委主任　朱端倪
总工程师　魏　炜

城市管理局

局长、书记　夏思军（2017.04—）
副书记、副局长　王玉新
副局长　樊　玮
王建安
刘文明
吕　伟（2017.12—）
纪检组组长　许学荣（—2017.08）

住房保障和房产管理局

局长、书记　羊维元
副书记、副局长　张亚仿
刘　朗（—2017.04）
副局长　曹晓祥
张伯林（2017.06—）
纪检组组长　刘玉才（—2017.08）

交通运输局

局　长　管亚光（—2017.04）
书　记　管亚光
副局长　周　忠
薛　华
裴义婷（女）
崔　花（女）
陈日晓（—2017.06）
傅清贤（2017.12—）
纪检组组长　赵　明（—2017.08）
总工程师　陈惠民

港口管理局

局长、书记　戚太龙
副局长　赵　飞
高曙红
纪检组组长　王世法（—2017.08）

水利局

局长、书记　许德智（2017.04—）
局长、副书记　嵇红梅（女）（—2017.04）
书　记　陆道如（—2017.04）
副书记、副局长　单玉梅（女）（—2017.06）
许世刚（2017.06—）

副局长　何玉良
王国佐
刘智华
樊六亚（2017.12—）
纪检组组长　皋古庆（—2017.08）
工委主任　张建华
总工程师　仲　跃

农业委员会

主任、书记　施建霞（女）（2017.04—）
乐　超（—2017.04）
副主任　王旭东
计　宏
孙新建
王甫同
滕友仁
总农艺师　张玉林
纪检组组长　许岩峰（—2017.08）

海洋与渔业局

局长、书记　糜　海
副局长　陈培岭
朱其平
杨　满
王　辉
纪检组组长　马志军（—2017.08）

商务局

局长、书记　王　亚
副书记、副局长　贾子农
严　中
副局长　夏丁华
朱　晔（—2017.06）
程　颖（女）（2017.06—）
工委主任　陈国亮
纪检组组长　陈友根（—2017.08）

文化广电新闻出版局

局长、书记　季德荣
副书记、副局长　顾云峰（—2017.01）
副局长　王永和
孙国栋（—2017.01）
吴春杏
王胜利
唐文健（2017.06—）
朱　超（2017.06—）
纪检组组长　程霖霞（女）（—2017.08）

卫生和计划生育委员会

主任、书记　徐　杰
副书记、副主任　高　定（—2017.06）
　　　　　　　　张慧娟（女）（2017.06—）
副主任　张桂芹（女）
　　　　房安银
　　　　孙长春
工委主任　陈旭东

审计局

局长、书记　吴先国
副局长　陈献东
　　　　孙红青（女）
　　　　刘秋凤（女）
纪检组组长　郑　琳（女）（—2017.08）
总审计师　李树峰

环境保护局

局长、书记　周　俊
副书记　孔令逸（2017.06—）
副局长　孔令逸
　　　　王　海
纪检组组长　孙　霖（—2017.08）
总工程师　曹江林

旅游局

局长、书记　童　健
副局长　陈锦还
　　　　吴志宾
纪检组组长　刘亚东（—2017.08）

体育局

局　长　汤冬青（2017.04—）
　　　　杨玉成（—2017.04）
书　记　杨玉成（—2017.07）
　　　　方仕德（2017.12—）
副局长　杨君明
　　　　周继明
　　　　杜明东
纪检组组长　曹干方（—2017.08）

统计局

局长、书记　胥传广（2017.04—）
　　　　　　秦　军（—2017.04）
副书记、副局长　单坤刚
副局长　胥传广（—2017.04）
　　　　魏文华
　　　　李　刚（2017.06—）
　　　　瞿建权（2017.06—）
纪检组组长　何成效（—2017.08）
总统计师　朱　杰

安全生产监督局

局长、书记　刘　源（2017.04—）
　　　　　　洪家宁（—2017.04）
副书记、副局长　李新昌
副局长　仲汉鹏
　　　　陈爱宏
　　　　朱国华
　　　　许立设
总工程师　薛家玉
纪检组组长　周为勇（—2017.08）

工商行政管理局

局长、书记　刘永前
副书记、副局长　季鹏飞
副局长　刘连荣
　　　　葛　龙
　　　　陈德美
　　　　陈　政
纪检组组长　吴进中（—2017.08）

质量技术监督局

局长、书记　洪家宁（2017.04—）
　　　　　　尹贵尧（—2017.04）
副局长　王海南
　　　　孟令永
　　　　王东升
　　　　杨　樾
　　　　王德祥
纪检组组长　胡　铭（—2017.08）

食品药品监督管理局

局　长　高　定（2017.06—）
　　　　赵　宁（—2017.04）
书　记　高　定（2017.06—）
　　　　赵满生（—2017.04）
副书记、副局长　韩植林（2017.06—）
　　　　　　　　张慧娟（女）（—2017.06）
副局长　钱钦晖
　　　　李国光
　　　　曹　伟
纪检组组长　谭鑫春（—2017.08）

物价局

局长、书记　范建江

副局长　严文龙
姜桂阳
卞长春
纪检组组长　裴磊滨（—2017.01）

粮食局

局长、书记　崔成富
副局长　吴　超（—2017.04）
朱胜东
万　宏
袁明明（女）（2017.06—）
纪检组组长　李　虎（—2017.08）
工委主任　刘　兵

市级机关事务管理局

局长、书记　蔡群华
副书记、副局长　陈宝龙（—2017.08）
副局长　夏仲书
张芬萍（女）（2017.08—）
纪检组组长　张芬萍（女）（—2017.08）
工委主任　侍晓红（女）

民族宗教事务局

局　长　季　放
副局长　马登军
王启东
王尤东
吴风俊

民防局

局长、书记　孔逸忻（2017.04—）
刘新国（—2017.04）
副书记、副局长　黄　实
副局长　张永祥
滕春青
纪检组组长　苗春荣（—2017.08）

法制办公室

主任、书记　戴红春
副主任　骆海豹
雍庆丰

外事办公室

主任、书记　董玲玲（女）（2017.04—）
刘光球（—2017.04）
副主任　许世刚（—2017.06）
周晓晴（女）（2017.08—）
陆　帅

纪检组组长　周晓晴（女）（—2017.08）

国资委

主任、书记　张乃文（2017.04—）
顾汝华（—2017.04）
副主任　张成中（—2017.04）
王　健
何　忠
丁万林
纪委书记　余进成（—2017.08）
第一市属企业监事会主席　余进成（—2017.08）
第二市属企业监事会主席　张晓政
第三市属企业监事会主席　张晓鸣
第四市属企业监事会主席　蒋　斌

市委市政府派出机构

政务服务管理办公室

主任、书记　王绍前
副主任　薛杰堂
邢晓峰
张锡良
纪检组组长　孙仁宏（—2017.08）

驻沪联络处

主　任　顾向阳
副主任　陈新峰

驻宁办

主　任　韩　健（女）

驻京联络处

主　任　顾明东

驻深圳办

主　任　吴志鸿

苏州盐城沿海合作开发园区

书　记　蒋国良
主任、副书记　蒋林明（—2017.01）
副书记、纪工委书记　范品才
副书记、副主任　陈　豪（2017.01—）
副主任　韦向东
褚国栋
王　平

江苏盐城环保科技城

书　记　张利华
副主任　薛文忠（2017.08—）

陆文忠
阳平坚
朱杰成

沪苏大丰产业联动集聚区

书　记　宋　勇
副书记、主任　石根美（2017.06—）
　　　　　　　袁冬青（—2017.04）
副主任　张四福
　　　　李实业

市政府直属事业机构

接待办公室

副主任　韩植林（—2017.06）
　　　　张玉辉
　　　　臧海波（2017.08—）
纪检组组长　臧海波（—2017.08）

公积金管理中心

主任、书记　李正林
副主任　徐克新
　　　　唐仕洪
　　　　魏彧晖
纪检组组长　陈　刚（—2017.08）

地震局

局长、书记　唐耀华
副局长　韦凯昌

供销合作总社

主任、书记　蒋红萍（女）（2017.04—）
　　　　　　施建霞（女）（—2017.04）
副主任　周　鸣
　　　　李海宁
　　　　葛广东
纪委书记　赵金华（—2017.08）
工委主任　石　峰

黄海经济区建设指挥部办公室

主　任　顾亚军
副主任　杨亚成
　　　　龚春红（2017.06—）

农业科学研究院

院长、书记　葛汉勤
副院长　孙明法
纪委书记　王乃顶
副院长　葛兆建
　　　　吴　春
　　　　黄如鑫（—2017.04）

江苏盐城国家级珍禽自然保护区管理处

主　任　邹毅实
副主任　朱照伟（兼）
　　　　陈　浩
　　　　吕明光（2017.06—）

江苏省大丰麋鹿国家级自然保护区管理处

主　任　孙大明
书　记　宋　勇（兼）
副主任　沈　华

仲裁委秘书处

秘书长　戴红春（兼）

市政府其他挂牌、合署机构及部门下属单位

研究室

主　任　李晓奇
副主任　武正华

市委、市政府总值班室（应急管理办公室）

主　任　徐金珠

督查室

主　任　王　胜

口岸办

主　任　朱　杰

电子政务中心

主　任　邓　伟

金融办

主　任　朱金明
副主任　俞全新（—2017.06）
　　　　吴　江
　　　　孙秀春（2017.06—）

沿海办

副主任　韦向东

中小企业局

局　长　陈　斌（2017.01—）
　　　　汪寿明（—2017.01）

知识产权局

局　长　崔文军

维稳办

主　任　王巧全（兼）

副主任　陈玉龙

　　　　顾富昌

专门办

副主任　邱文广

　　　　杨连君

苏北农村人才市场管委会办公室

主　任　吴　刚（2017.06—）

副主任　陈吕生

　　　　还少丹

城市管理行政执法局

局　长　夏思军（2017.04—）

数字化城市管理监督指挥中心

主　任　陈　锋（兼）

副主任　王玉新（—2017.05）

　　　　夏思军（2017.04—）

　　　　吴　松

铁路建设办公室

主　任　管亚光

副主任　陈建斌

　　　　商　颖

　　　　杨　华

盐城港港口局

局　长　戚太龙

副局长　赵　飞

　　　　高曙红

林业局

局长、书记　符文华

副局长　俞全胜

　　　　汤中文

农业资源开发局

局长、书记　袁冬青（2017.04—）

　　　　　　许德智（—2017.04）

副局长　宋成荣

　　　　董庆余

　　　　刘井良

招商局

局　长　王　亚

贸促会

会　长　王　亚

副会长　王　卉（女）

文物局、版权局

局　长　季德荣

政府侨务办公室

政府港澳事务办公室

主　任　董玲玲（女）（2017.04—）

　　　　刘光球（—2017.04）

人民防空办公室

主　任　孔逸忻（2017.04—）

　　　　刘新国（—2017.04）

公安局指挥中心（办公室）

主　任　王　健

公安局国保支队

支队长　刘安民

政　委　梅继军

公安局治安支队

支队长　曹志祥

政　委　徐成文

公安局交通警察支队

支队长　陈卫平（2017.06—）

　　　　王　炜（—2017.01）

政　委　陈卫平（—2017.06）

公安局刑警支队

支队长　熊新民

政　委　王晓静

公安局经侦支队

支队长　孙志平

政　委　秦正龙

公安局巡特警支队

支队长　朱一洲（—2017.01）

政　委　崔开蕴

公安局技侦支队
支队长　朱长征（2017.06—）
政　委　朱长征（—2017.06）

公安局监所管理支队
政　委　葛玉龙

国库集中支付中心
主　任　唐　康

劳动监察支队
支队长　张益明

国土资源监察支队
支队长　李荣祥

规划管理监察支队
支队长　唐孝岗

园林管理局
局　长　许国兴

城市管理行政执法支队
支队长　潘建华

不动产登记中心（房产交易登记中心）
主　任　季　峰

渔政监督支队
支队长　陆为平
政　委　宋建联

文化行政综合执法支队
支队长　高庆云

环境监察局（环境监察支队）
局长（支队长）　王瑞涛

水源保护区环境监察支队
支队长　王　彬

安全生产监察支队
支队长　陈恒洪

国际交流中心
主　任　申　森

新四军纪念馆
馆　长　孙为祥
副馆长　铁春燕（女）

海盐博物馆
馆　长　颜世勋

公共资源交易中心
主　任　刘益彬

房屋征收办公室
主　任　阮绍荣

对外建筑管理处
主　任　倪圣江
书　记　严东鸣

公路管理处
主　任　杨　春

航道管理处
书　记　周　忠
主任、副书记　徐　军（2017.06—）

地方海事局
局　长　陈正华
书　记　单永平

交通运输管理处
主　任　薛　锋

水利工程管理处
主　任　潘明华

通榆河枢纽工程管理处
主　任　朱榛国

市区防洪工程管理处
主　任　张　勇

新洋农业试验站
站长、书记　洪立洲（2017.06—）
　　　　　　王乃顶（—2017.06）

一　院
院长、书记　李大林
副书记、副院长　查文章
副书记　朱向军（2017.01—）

副院长　朱向军
柏宏坚
嵇友林
李明祥
闻国华
纪委书记　卞学梅（女）

一院城南医院
院　长　李大林（兼）
书　记　李大林（兼）（—2017.01）
副书记　朱向军（兼）（—2017.01）
副院长　邓义军
李奇志（女）（2017.01—）
李　浒
李自强
纪委书记　李奇志（女）（—2017.01）

卫生监督所
所长、书记　严东明

疾病预防控制中心
主　任　沈进进

妇幼保健院
院长、书记　卞洪亮（2017.04—）
宋文亚（—2017.04）

中医院
院　长　崔国静（女）

二　院
院　长　王　正（2017.04—）

三　院
院　长　单际平（—2017.04）

劳动就业中心
主　任　丁保华

社会劳动保险中心
主　任　陈竹山

城南科教城管委会
书　记　周键云（女）
主任、副书记　郭庆生
副主任　施志彬
周志成
屠兆斌（2017.04—）
丁金海
谢　纬

大数据产业管理办公室
主　任　陆晓钢
副主任　刘必利

大丰麋鹿湿地旅游经济区管理委员会
副主任　仇　飞

东台沿海湿地旅游度假经济区
主　任　高　翔

盐城大纵湖湿地旅游度假经济区
主　任　唐小荣

市政协机关

办公室
主　任　赵　勃
副主任　徐翠华（女）
潘迎华

研究室
主　任　洪承志
副主任　商中兵

教文卫体委员会
主　任　孙国栋（2017.01—）
徐晓明（—2017.01）
副主任　孙福军

经济科技委员会
主　任　高晨光（2017.01—）
姚建平（—2017.01）
副主任　厉汝标（2017.06—）

港澳台侨委员会
主　任　董小平（2017.01—）
副主任　程　宁

提案委员会
主　任　戴晓春（2017.01—）
吴玉楷（—2017.01）
副主任　陆体兵

学习文史委员会
主　任　徐于斌（女）
副主任　周　耀

委员联络委员会
主　任　顾慧春（女）（2017.01—）
　　　　戴晓春（—2017.01）
副主任　孙良成

人口资源环境委员会
主　任　徐晓明（2017.01—）
　　　　吴雨晴（—2017.01）
副主任　祁玉华（—2017.08）

社会法制和民族宗教委员会
主　任　裴磊滨（2017.01—）
副主任　李立公

民主党派

民主同盟盐城市委员会
主　委　唐伯平
副主委　姜菊萍（女）
　　　　薛和平（女）（兼）
　　　　郭列平（兼）

民主建国会盐城市委员会
主　委　穆向明
副主委　陈　军（兼）
　　　　孙秀丽（女）
　　　　吴海燕（女）（兼）

民主促进会盐城市委员会
主　委　朱雪梅（女）
副主委　张永辉
　　　　张学军（兼）

农工民主党盐城市委员会
主　委　孙长春
副主委　陈守年（兼）
　　　　胥江华
　　　　邓义军（兼）

九三学社盐城市委员会
主　委　孙大明
副主委　刘秋凤（女）（兼）
　　　　王东升（兼）
　　　　陈苏宁（女）

群团机构

总工会
主　席　沈洪清
书　记　沈洪清（—2017.06）
书记、副主席　单玉梅（女）（2017.06—）
副主席　周新民
　　　　许宝贵
　　　　周彩枫
　　　　王　龙
纪检组组长　花鲁宁（—2017.08）

团市委
书　记　尹同阳（2017.04—）
副书记　许　刚（—2017.04）
　　　　夏　威
　　　　郝瑞耀（—2017.04）
　　　　徐　健（2017.12—）
　　　　周　昉（女）（2017.12—）

妇　联
主席、书记　盛　艳（女）
副主席　徐　丹（女）
　　　　董玲玲（女）（—2017.04）
　　　　高清华（女）
　　　　胡忠秀（女）（2017.06—）
妇儿工委办专职主任　胡忠秀（女）（—2017.06）
　　　　　　　　　　王　艳（女）（2017.06—）

科　协
主席、书记　徐瀚文
副主席　张琍琍（女）
　　　　高福华

侨　联
主　席　季卫军
副主席　李永红（女）
　　　　张中明

文　联
主　席　薛万昌（2017.06—）
　　　　嵇绍乾（—2017.04）
副主席　蒋婉求（女）（兼）（—2017.04）
　　　　张曙光

社科联
主　席　薛万昌（—2017.06）
副主席　陈玉林
　　　　胡晓军（2017.12—）

残　联
理事长、书记　刘桂湘（女）
副理事长　黄文玉

陈汝进
朱友余

工商联
主　席　吕拔生
书　记　黄金文
副主席　赵德生
　　　　李建松

红十字会
副会长　乔　静（女）
　　　　徐维林（2017.12—）

双重及垂直领导单位

盐城国税局
局长、书记　顾一兵
副局长　吴　刚
　　　　黄斌斌
　　　　张　军
　　　　孟宪春
纪检组组长　何国栋
总经济师　余　群
总会计师　吴泉芳

盐城地税局
局长、书记　苏延法
副局长　刘　进
　　　　陈洪军
　　　　嵇海林
纪检组组长　王云龙
总经济师　严汝青
总会计师　胥　峰

盐城气象局
局长、书记　吴一鸣
副局长　徐良谋（—2017.09）
　　　　冯还岭（2017.09—）
　　　　张志刚
纪检组组长　刘　青

盐城出入境检验检疫局
局长、书记　赵　建
副局长　单衡明
　　　　申于盐
　　　　曹　中

盐城海关
关长、书记　顾克中
副关长、缉私分局局长　王伟民（兼）
副关长　孙兆定
　　　　史国庆
纪检监察特派员　贺步强

盐城海事局
局长、书记　彭　凌
副局长　周海东
　　　　史德华

省统计局盐城调查局
局　长　侯海连
副局长　卞永来

国家统计局盐城调查队
队长、书记　陈锦龙
副队长　郭宗林
纪检组组长　徐正洪

盐城邮政管理局
局　长　单　纯（2017.07—）
　　　　芮晓峰（—2017.07）
副局长　周　军

盐城邮政分公司
总经理、书记　朱明华
副总经理、工会主席　刘艳梅（女）
副总经理、纪委书记　黄　海
副总经理　沈晓建

盐城电信分公司
总经理、书记　石　磊
副总经理、纪委书记　徐乐华
副总经理、工会主席　钱　进
副总经理　刘世伟
　　　　吴信和

盐城移动分公司
总经理、书记　徐　宁（女）
副总经理　叶　松
　　　　王　俊（女）
　　　　杭晓明

盐城联通分公司
总经理、书记　杨　军（2017.11—）
　　　　吴夕艳（女）（—2017.11）
纪委书记　杨　帆
副总经理　宋文豪

夷淑华
徐德徕（女）（—2017.11）

盐城铁塔分公司
总经理　沈　文
副总经理　梁茂华

盐城供电公司
总经理、副书记　张　强
书记、副总经理　张义奇（2017.12—）
蔡　钧（—2017.12）
副总经理　施　展
赵　阳
王国平
周　宇
纪委书记　岳志刚（2017.11—）
崔洪斌（—2017.11）

盐城发电有限公司
总经理、副书记　陈顺全
书　记　单锦宏
副总经理　刘忠德
王爱军
纪委书记、工会主席　沈　军

射阳港发电有限责任公司
总经理、副书记　陈顺全
书　记　刘晓龙
纪委书记、工会主席　肖文强
副总经理、总工程师　薛巨勇
副总经理　黄迎华

盐城市烟草专卖局（省烟草公司盐城市公司）
局长、经理、书记　张加成
副经理　薛抗抗（—2017.07）
丁　伟（—2017.07）
副局长　路圣兵（2017.07—）
纪检组组长　袁　炜

省盐业集团苏盐连锁有限公司盐城分公司（盐务管理局）
局长、总经理、副书记　王绪林
书记、副局长、副总经理　钱海涛
副局长、副总经理、纪委书记、工会主席　尚元富
副总经理　李兆生
孙召俊（2017.01—）

中石化江苏盐城石油分公司
经理、副书记　顾亚平（2017.04—）
毛忠泉（—2017.04）
书　记　徐立东
副书记、副经理　曾正西（—2017.12）
副经理　张　弘
孙　练（2017.12—）

中石油江苏盐城销售分公司
经理、副书记　陈大振（2017.11—）
姚长海（—2017.11）
书记、副经理　陆　敏
副经理　彭　伟（—2017.11）
于勤来
财务总监　周　军

省广电有线信息网络股份有限公司盐城分公司
总经理、书记　曹有成
副总经理　李庆龙
祝　星
郭　政
纪委书记　宦广华

金融、保险机构

人民银行盐城市中心支行
行长、书记　姚盛敏
副行长　荀　嵩
从　斌
吴从法
纪委书记　高　瞻
工会主席　李　文（2017.06—）
王远华（—2017.06）

盐城银监局
局长、书记　葛步明
副局长　陆安庆（—2017.08）
彭松志
韩树荣（女）

工商银行盐城市分行
行长、书记　陈向东（2017.05—）
陈爱民（—2017.05）
副行长　曾　理（女）
范立兵
纪委书记　徐　晓

农业银行盐城市分行
行长、书记　顾　明（2017.07—）
孙羊生（—2017.07）
副行长　钱月军

副行长、纪委书记　朱余明
副行长　陈必森
　　　　徐　铁

中国银行盐城分行

行长、书记　陈新宏（—2017.09）
代行长　陶继勇（2017.09—）
副行长　陈　俊（2017.10—）
　　　　张　宏
　　　　周一青（女）
　　　　薛　峰（—2017.09）
　　　　黄　健
纪委书记　朱国庆（2017.10—）
　　　　　陈　俊（—2017.10）

建设银行盐城分行

行长、书记　潘劲松
副行长　王锡权
　　　　朱洪娣（女）
纪委书记　秦　岭

交通银行盐城分行

行长、书记　杨玉琴（女）
副行长　赵　军
　　　　王　军

农业发展银行盐城市分行

行长、书记　姜加强
副行长、纪委书记　陈中华（—2017.03）
副行长、工委主任　肖葆华
副行长　刘从万

江苏银行盐城分行

行长、书记　张建军
纪委书记　陈　锋
副行长　吴建生
　　　　吴殿波
　　　　杨清春（2017.09—）

中国邮政储蓄银行盐城市分行

行长、书记　何道友
副行长　薛　冰
　　　　张中权（—2017.08）
　　　　何　敏
　　　　唐　静（女）

中信银行盐城分行

行长、书记　王　军（2017.12—）
　　　　　　曹亚明（—2017.12）
副行长　钱　俊
　　　　王　军（—2017.12）
　　　　储向梅（女）
纪委书记　王　旭（2017.12—）
行长助理　王　旭

华夏银行盐城分行

行　长　徐桂林
副行长　张正龙（—2017.08）
　　　　丁俊根
　　　　王　斌（—2017.12）
首席风险官　王　俊（2017.08—）

浦发银行盐城分行

行长、书记　李建宏（2017.06—）
　　　　　　严向春（—2017.06）
副行长、纪委书记　陈　煜（—2017.10）
副行长　张金权（2017.09—）
　　　　方正超（—2017.04）
　　　　孙　军

招商银行盐城分行

行　长　王　凯
副行长　曹洪义

江苏盐城农村商业银行股份有限公司

书记、董事长　李一平
行长、副书记　杭　辉
副行长　李成彬
　　　　陈　旭
　　　　费　翔
　　　　贾中军
　　　　杨书琴（女）（2017.04—）

人民财产保险公司盐城市分公司

总经理、书记　朱礼荣
副总经理　刘宏进
　　　　　匡加桂
　　　　　宋建新

人寿保险公司盐城市分公司

总经理、书记　姚盛锋
副总经理　柏根榕
　　　　　刘金扬

人寿财产保险公司盐城中心支公司

副书记、副总经理　李友军

太平洋财产保险公司盐城中心支公司
总经理、书记　孙学理
副总经理　王华生
　　　　　崔晓刚

太平洋人寿保险公司盐城中心支公司
总经理　周旭东（2017.02—）
总经理、书记　刘文军（—2017.02）
副总经理　王正华

江苏省信用再担保公司盐城分公司
副总经理　吴居海

紫金财产保险股份有限公司盐城分公司
总经理、书记　马吉良
副总经理　杨海峰
　　　　　杨　娟（女）

中储棉盐城直属库
主　任　王　洪（—2017.03）
书　记　王跃文（2017.11—）
副主任　张　军（2017.11—）
　　　　钱中亚（—2017.11）

各类学校

盐城工学院
书　记　葛世伦
院　长　叶美兰
副书记、副院长　方海林（女）（2017.06—）
　　　　　　　　张建祥（—2017.06）
副书记　薛　浩（2017.06—）
　　　　胡凤娥（女）（—2017.06）
副院长　宋长春（2017.06—）
　　　　王路明（2017.06—）
　　　　王资生（2017.06—）
　　　　董跃进（—2017.06）
　　　　薛　浩（—2017.06）
　　　　邵　荣（—2017.06）
纪委书记　陈春雷（2017.06—）

盐城师范学院
书　记　戴斌荣（2017.01—）
　　　　芮鸿岩（—2017.01）
院长、副书记　方　忠（2017.01—）
　　　　　　　戴斌荣（—2017.01）
副书记、副院长　黄志纯
副书记、纪委书记　刘必清
副院长　曹　健
　　　　陈昌远
　　　　崔　刚
　　　　陈爱蓓（女）（—2017.08）
　　　　张桂华

盐城开放大学
书　记　高　健（2017.11—）
　　　　吕　祥（—2017.11）
校　长　杨　军（2017.11—）
　　　　杨怀祥（—2017.11）
副校长　朱思亮（2017.11—）
　　　　陈海军（—2017.11）
　　　　周学高

盐城工业职业技术学院
书　记　姜朋明
院长、副书记　李仁和
副院长　张林龙
　　　　翟才新（—2017.03）
　　　　孙卫芳（女）
　　　　刘必千
纪委书记　徐伯静（2017.06—）

江苏医药职业学院
（2017年2月由盐城卫生职业技术学院更名）
书　记　王光文
院长、副书记　乔学斌
副书记、纪委书记　李玉华
副院长　陈国忠
　　　　王　辉
　　　　高璀乡（女）
　　　　侍杏华

江苏省盐城技师学院
书　记　顾强生
院长、副书记　瞿才新（2017.03—）
　　　　　　　吕成鹰（女）（—2017.03）
副院长　王东生
　　　　李成飞
　　　　陈远芝（2017.06—）
　　　　夏建友（2017.06—）
纪委书记　杨桂春（2017.06—）

盐城生物工程高等职业技术学校
校长、书记　陈乃军
副校长　成敦杰
　　　　朱余清
　　　　童朝亮

王　会
纪委书记　谷远钧

盐城中学
校长、书记　张瑞卿
副校长　朱　俊（女）
谢兆贵
陈俊江
李　生
纪委书记　树如同

盐城幼儿师范高等专科学校
书　记　刘毓航（女）
校　长　姜统华

盐城机电高等职业技术学校
校　长　马　松

盐城市经济管理学校
校　长　季万新

盐城市高级实验中学
校　长　李　生（兼）

盐城市初级中学
校　长　朱　斌

盐城市第一小学教育集团
校　长　瞿汉荣

第二节　县级机构及负责人

响水县

中共响水县委员会
书　记　崔爱国
副书记　单永红
邵礼青
吴红才
常　委　李运连
刘中连
孙庆树
徐　莉（女）
杨荣生
谢　伟（—2017.08）
陈　刚（2017.08—）
夏红霞（女）
顾建明

响水县人大常委会
主　任　杨毅坚
副主任　李　刚
张孝将
王建成（2017.01—）
顾祝生（2017.01—）

响水县人民政府
县　长　单永红
副县长　刘中连（2017.01—）
李运连（—2017.01）
张善荣
桑良举
张　瀚（—2017.01）
许丽萍（女）
薛风林（2017.01—）
王鲁文（2017.01—）

政协响水县委员会
主　席　裴彦贵
副主席　陈　骧
陆从华
于　娟（女）（—2017.01）
张　瀚（2017.01—）
周汝琴（女）

中共响水县纪律检查委员会
书　记　陈　刚（兼）（2017.08—）
谢　伟（兼）（—2017.08）

响水县人民法院
院　长　谭　斌

响水县人民检察院
检察长　陈宏成

滨海县

中共滨海县委员会
书　记　钱武华
副书记　刘永轩
张孝荣
常　委　周　岚（女）
沈卫东
李　杰
王海荣
徐　亚

李　军
许晓云
高明荣

滨海县人大常委会

主　任　宋滨东
副主任　韩立扩（2017.01—）
　　　　李运亮（—2017.01）
　　　　朱乃亮（—2017.01）
　　　　薛正红（女）
　　　　左其安（2017.01—）

滨海县人民政府

县　长　刘永轩
副县长　周　岚（女）
　　　　赵远新（2017.01—）
　　　　高明荣（—2017.01）
　　　　王成松
　　　　程　熙（女）
　　　　沈乃峰
　　　　于　宽（2017.01—）
　　　　田海波（2017.01—）

政协滨海县委员会

主　席　姚兆春（女）（2017.01—）
副主席　韩立扩（—2017.01）
　　　　赵远新（—2017.01）
　　　　郑成铨
　　　　王亚平（2017.01—）
　　　　姜浩然
　　　　侯德志

中共滨海县纪律检查委员会

书　记　李　杰（兼）

滨海县人民法院

院　长　丁　煌

滨海县人民检察院

检察长　王志道

阜宁县

中共阜宁县委员会

书　记　顾云岭
副书记　徐华明
　　　　林　进
常　委　吴启标
　　　　李　强
　　　　丁政万
　　　　朱　玲（女）
　　　　卜宪沛
　　　　倪一华
　　　　罗时荣
　　　　王　宁
　　　　周达虎（2017.04—）

阜宁县人大常委会

主　任　王　强
副主任　王　飞（2017.01—）
　　　　陈志国（2017.01—）
　　　　张桂军（—2017.01）
　　　　计　俊
　　　　戴卫东

阜宁县人民政府

县　长　徐华明
副县长　吴启标（2017.01—）
　　　　张桂军（2017.01—）
　　　　吴晓飞（—2017.01）
　　　　王　飞（—2017.01）
　　　　陈志国（—2017.01）
　　　　王　宁（—2017.01）
　　　　吴正年
　　　　沈恩山
　　　　郭碧玉（女）
　　　　徐　义（2017.01—）

政协阜宁县委员会

主　席　吴晓飞（2017.01—）
　　　　仇学善（—2017.01）
副主席　朱加国（—2017.01）
　　　　蔡如航
　　　　路宝亚
　　　　李德平
　　　　嵇　田

中共阜宁县纪律检查委员会

书　记　倪一华（兼）

阜宁县人民法院

院　长　黄旭东

阜宁县人民检察院

检察长　李　响

射阳县

中共射阳县委员会

书　记　戴荣江
副书记　唐　敬
　　　　吴冈玉（女）
常　委　周天石
　　　　徐年舫
　　　　董光威
　　　　田国举
　　　　徐　曼（女）
　　　　张哲峰
　　　　胡国良
　　　　戴　勇

射阳县人大常委会

主　任　季晓春
副主任　王占芬（女）
　　　　周明荣（2017.01—）
　　　　戴　淦（2017.01—）

射阳县人民政府

县　长　唐　敬
副县长　田国举
　　　　戴　勇（—2017.01）
　　　　戴翠芳（女）
　　　　崔晓荣
　　　　徐旭东（2017.01—）
　　　　戴　翔
　　　　徐向东（2017.01—）

政协射阳县委员会

主　席　邱德兵（2017.01—）
　　　　王　勇（—2017.01）
副主席　刘守明
　　　　陈以奎
　　　　刘锦和
　　　　刘　慧（女）
　　　　周明荣（—2017.01）
　　　　陈少祥（2017.01—）

中共射阳县纪律检查委员会

书　记　胡国良（兼）

射阳县人民法院

院　长　王如平

射阳县人民检察院

检察长　许正胜

建湖县

中共建湖县委员会

书　记　陈　平
副书记　薛盛堂
　　　　吴　云
常　委　须卫琴（女）
　　　　徐宁建
　　　　倪世勇
　　　　邓小锋（—2017.04）
　　　　施　伟
　　　　孙海山
　　　　陈巍亮
　　　　许　刚（2017.04—）
　　　　顾加广

建湖县人大常委会

主　任　张连国（2017.01—）
　　　　陈　平（兼）（—2017.01）
副主任　徐为祥
　　　　俞进虎（—2017.01）
　　　　唐广群（2017.01—）
　　　　刘登石（2017.01—）
　　　　唐　坤（2017.01—）

建湖县人民政府

县　长　薛盛堂
副县长　徐宁建
　　　　汤冬青（—2017.04）
　　　　何春明
　　　　金　明
　　　　刘兆云
　　　　申建春（女）
　　　　臧　冲

政协建湖县委员会

主　席　俞进虎（2017.01—）
　　　　张连国（—2017.01）
副主席　葛正光
　　　　陈秀花（女）
　　　　杨海滨（—2017.01）
　　　　曹征松
　　　　丁红兵（2017.01—）
　　　　徐守忠（2017.01—）

中共建湖县纪律检查委员会
书　记　须卫琴（女）（兼）

建湖县人民法院
院　长　杨越华（女）

建湖县人民检察院
检察长　胡立东

东台市

中共东台市委员会
书　记　陈卫红（女）
副书记　王旭东
　　　　许　峰
常　委　陆汉超
　　　　夏思军（—2017.04）
　　　　陈晓俊
　　　　邱海涛
　　　　陈玉龙
　　　　周爱东
　　　　金学宏
　　　　吴　琼
　　　　王爱军（2017.04—）

东台市人大常委会
主　任　崔　康
副主任　刘树斌
　　　　赵良钢
　　　　黄淑华（女）
　　　　李春桃

东台市人民政府
市　长　王旭东
副市长　陈晓俊
　　　　徐　越
　　　　吴晓东（—2017.12）
　　　　马正华
　　　　孙燕春（女）
　　　　杨云峰
　　　　孙高明

政协东台市委员会
主　席　鲍　宇
副主席　郑静波
　　　　陈志文
　　　　吴善宽（—2017.01）
　　　　冯　晨（女）（—2017.01）
　　　　焦小平
　　　　鲍家峰（2017.01—）

中共东台市纪律检查委员会
书　记　王爱军（兼）（2017.04—）
　　　　夏思军（兼）（—2017.04）

东台市人民法院
院　长　周　宏

东台市人民检察院
检察长　张扣华

大丰区

中共大丰区委员会
书　记　王　荣
副书记　宋　勇
　　　　陈湘珍（女）
常　委　陈允春
　　　　郭　超
　　　　蔡保生
　　　　石根美
　　　　罗　强
　　　　董　坤
　　　　周小进
　　　　韦应生
　　　　陈　豪

大丰区人大常委会
主　任　范大玉（2017.01—）
　　　　吴家祥（—2017.01）
副主任　江志坚
　　　　江　波（女）
　　　　朱国新（2017.01—）
　　　　赵晓庆

大丰区人民政府
区　长　宋　勇
副区长　郭　超（2017.01—）
　　　　韦　国（2017.01—）
　　　　赵玉霞（女）
　　　　邓既明（—2017.01）
　　　　董　毅
　　　　陈万华（—2017.01）
　　　　韦应生（—2017.01）
　　　　朱国新（—2017.01）
　　　　张林海（2017.01—）
　　　　沈　阳
　　　　陈高亚（2017.01—）

潘红山（2017.01—）

政协大丰区委员会

主　席　袁国萍（女）（2017.01—）
　　　　韦　新（—2017.01）
副主席　汤小山
　　　　韦　国（—2017.01）
　　　　韦稳元（—2017.01）
　　　　褚国栋（2017.01—）
　　　　钱　江（2017.01—）
　　　　李志阳

中共大丰区纪律检查委员会

书　记　陈允春（兼）

大丰区人民法院

院　长　朱　亮

大丰区人民检察院

检察长　张春山

盐都区

中共盐都区委员会

书　记　羊维达
副书记　吴本辉
　　　　冯明印
常　委　朱金南
　　　　陈志会
　　　　王铁根
　　　　葛建华
　　　　商建明
　　　　陈育群
　　　　沈潜辉
　　　　张云云（女）

盐都区人大常委会

主　任　顾其斌（2017.01—）
　　　　穆　芹（女）（—2017.01）
副主任　谭庚山（—2017.01）
　　　　徐学坤（—2017.01）
　　　　张建洋（—2017.01）
　　　　葛永良
　　　　方　平（2017.01—）
　　　　郝汉金（2017.01—）

盐都区人民政府

区　长　吴本辉
副区长　陈志会
　　　　肖乐农
　　　　刘　源（—2017.01）
　　　　彭向洪
　　　　陈　霞（女）
　　　　徐永生（2017.01—）
　　　　连大猛（2017.01—）

政协盐都区委员会

主　席　张建洋（2017.01—）
　　　　顾其斌（—2017.01）
副主席　徐守清（—2017.01）
　　　　单际平（—2017.01）
　　　　季　风
　　　　阮宜春
　　　　段学标
　　　　张荣鎏（女）

中共盐都区纪律检查委员会

书　记　朱金南（兼）

盐都区人民法院

院　长　韩　标

盐都区人民检察院

检察长　钱亚祥

亭湖区

中共亭湖区委员会

书　记　李东成
副书记　张宏春
　　　　张利华
常　委　颜　彦
　　　　祁新桐
　　　　沈　政
　　　　徐海宁
　　　　顾　硕
　　　　徐维林
　　　　连　倩（女）
　　　　周晓东

亭湖区人大常委会

主　任　吕　锦（2017.01—）
　　　　李东成（兼）（—2017.01）
副主任　张春秀（女）（2017.01—）
　　　　于正亚（—2017.01）
　　　　吕志平
　　　　陈云龙（2017.01—）
　　　　成月红（女）（2017.01—）

亭湖区人民政府

区　长　张宏春
副区长　祁新桐
　　　　周晓东（—2017.01）
　　　　尹同阳（—2017.04）
　　　　周质恂
　　　　李建荣
　　　　孙　红（女）
　　　　王　健
　　　　张素东（2017.06—）
　　　　张伟中（2017.01—）

政协亭湖区委员会

主　席　孙红艳（女）（2017.01—）
　　　　吕　锦（—2017.01）
副主席　王达军
　　　　张春秀（女）（—2017.01）
　　　　朱淑萍（女）
　　　　徐加宁（女）（—2017.01）
　　　　李洁莲（女）
　　　　张敬东（2017.01—）
　　　　邹永公（2017.01—）

中共亭湖区纪律检查委员会

书　记　连　倩（女）（兼）

亭湖区人民法院

院　长　詹荣安

亭湖区人民检察院

检察长　樊　杉

盐城经济技术开发区

中共江苏省盐城经济技术开发区工作委员会

书　记　郭玉生（2017.05—）
副书记　郭玉生（—2017.05）
　　　　祁从峰
　　　　黄丽亚（女）（—2017.04）
　　　　陈庆林（—2017.04）
　　　　郑荣文（2017.04—）
委　员　李新华
　　　　黄郁华
　　　　瞿　斌
　　　　孟　晶
　　　　林　彬
　　　　李东前
　　　　陈　鹏
　　　　周　翔
　　　　邓既明
　　　　尹红炎

江苏省盐城经济技术开发区管理委员会

主　任　郭玉生
副主任　祁从峰
　　　　陈庆林（—2017.04）
　　　　郑荣文（—2017.04）
　　　　黄郁华
　　　　瞿　斌（2017.06—）
　　　　孟　晶
　　　　林　彬
　　　　陈　鹏
　　　　胡立辉（—2017.04）
　　　　邓既明
　　　　尹红炎
纪工委书记　李新华（兼）

盐城经济技术开发区法院

院　长　刘海玉

盐城经济技术开发区检察院

院　长　李　勤（女）

城南新区

中共盐城市城南新区工作委员会

书　记　周键云（女）
副书记　杨雪峰
　　　　郭庆生
委　员　朱国成
　　　　唐高明
　　　　陆友江
　　　　崔成江
　　　　潘迎华（2017.01—）
　　　　王　岭
　　　　周志成（2017.04—）
　　　　屠兆彬（2017.04—）
　　　　王大为（2017.06—）
纪工委书记　崔成江（兼）

盐城市城南新区管理委员会

主　任　杨雪峰
副主任　朱国成
　　　　唐高明
　　　　潘迎华（2017.01—）
　　　　王　岭
　　　　周志成（2017.04—）
　　　　屠兆彬（2017.04—）

沿海战略

- 沿海开发
- 园区建设
- 开放合作
- 民营经济

第04章　沿海开发

责任编辑　高兰会

综　　述

2017年，盐城实施新一轮沿海开放开发行动计划，加快推进沿海绿色产业带、城镇带、风光带和港口群建设，打造黄金海岸经济带。全年全市沿海76个重点项目完成投资560亿元，沿海5家经济区（东台沿海经济区、大丰港经济开发区、滨海港经济开发区、响水工业经济区、射阳港经济开发区）完成开票销售1190亿元，实现税收82亿元。全年港口货物吞吐量9016.63万吨，滨海港区获批国家一类开放口岸，射阳港区获批国家一类临时开放口岸，大丰港区保税物流中心封关运营，响水港区保税物流园开工建设。全年新开工亿元以上临港产业项目78个，总投资250亿元。远景能源（江苏）有限公司（射阳分公司）、东台昆科科技有限公司、滨海县智能阀门制造有限公司等公司沿海项目投产达效，江苏德龙镍业有限公司实现销售301.6亿元。海洋新兴产业实现开票销售280亿元，完成税收15.6亿元。全年新签约中央企业项目8个，其中总投资100亿元的中国电子盐城信息港项目落户盐城经济技术开发区；全年竣工中央企业项目10个，其中国家电投协鑫滨海发电有限公司2×100兆瓦火电机组并网发电，亭湖中车绿色智能轨道交通产业基地正式投产。成功举办2017盐城（深圳）海洋经济暨新兴产业投资说明会，签约项目21个，总投资195.5亿元。完善港城功能，沿海5个港城（东台港城、大丰港城、滨海港城、响水港城、射阳港城）完成投资48亿元。其中，东台黄海森林公园温泉度假酒店主体完工；大丰港城网上丝绸之路江苏省运营中心建成；射阳港城韩风国际城千鹤湖公园建成，日月岛生态旅游区等综合配套工程加快推进；响水港城工业邻里中心、灌河风光带等项目初具规模。加强沿海资源管控，探索建立沿海滩涂岸线战略资源监管机制，在全省率先制定实施沿海滩涂岸线保护利用管控实施意见，资源集约使用水平和项目综合管理效益得到全面提升。

（杨林森）

第一节　港口建设

盐城沿海岸线总长582千米，约占全省海岸线总长的61%，已规划港口岸线128.24千米，其中深水岸线64.9千米，已利用24.67千米。盐城港下辖大丰、射阳、滨海、响水4个港区。至2017年底，盐城建成国家一类开放口岸2个，临时开放口岸2个，生产性码头泊位91个，其中万吨级以上泊位19个，泊位年综合通过能力9659万吨，集装箱年通过能力10.7万标箱；拥有国内外航线28条。

盐城港全年完成投资22.76亿元，新建成万吨级以上泊位4个，新增货物通过能力3500万吨。年内，大丰港区10万吨级深水航道一期工程完成交工验收；射阳港区3.5万吨级通用码头三期工程完工；滨海港区10万吨级国电投煤炭码头一期工程建成投产，北区10万吨级通用码头一期工程通过竣工验收并运营、二期主体工程基本建成；响水港区小莽牛作业区2×5万吨级公用码头4号、5号泊位主体工程完工。大丰港区10万吨级深水航道二期工程前期研究工作全面启动，滨海港区30万吨级深水航道可行性研究报告编制完成，射阳港区5万吨级航道工程工程可行性报告编制完成。

盐城港全年货物吞吐量完成9016.63万吨，集装箱20.8万标箱，其中外贸吞吐量完成2459.33万吨。3月2日，射阳港区获批国家一类临时开放口岸；9月7日，滨海港区获批国家一类开放口岸。大丰港区10条集装箱航线班轮密度每月56班，至上海港集装箱直达航线每周2班；与射阳港区达成集装箱战略合作；与东风悦达起亚汽车有限公司合作，共建共营大丰港汽车分拨中心；与江苏悦达物流有限公司合资购买并投入使用中国沿海最大的滚装船“和顺号”，实现滚装汽车海上运输自主经营。全年全市经港口进出口风电设备488台（套）。至年底，盐城港安全引航船舶1574艘次，实现引航费收入1314万元。

一、大丰港区

大丰港区是盐城港的主港区，国家一类开放口岸，省委、省政府确定重点建设的三大深水海港之一。先后开通至韩国仁川港、釜山港等集装箱班轮航线10条，被11家国际干线船公司纳入其全球集装箱运输网络，承担盐城市65%以上的进出口业务，腹地延伸至皖北、豫南等地。至2017年底，建成生产性码头泊位35个（万吨级以上泊位9个），泊位年综合通过能力3162万吨，集装箱年通过能力8.7万标箱。全年完成货物吞吐量5040.71万吨，集装箱20.5万标箱。年内，10万吨级深水航道一期工程一阶段疏浚完工；二期散货、杂货码头扩建工程完成交工验收；进口木材检验检疫除害处理堆场通过国家质量监督检验检疫总局验收并投入运营；粮食仓储二期8座筒仓、国际集装箱物流中心、兴农粮食保税仓、中南汇石化仓储罐区等项目快速推进；启动20万平方米防尘网建设，建成低压岸电系统7套，累计安装LED（发光二极管）节能灯176套，投入使用LNG（液化天然气）运输车75台和LNG装载机10台。自购“申丰之花”号集装箱货轮，与射阳港区达成集装箱战略合作，开辟商品汽车国内沿海运输航线；与江苏悦达物流发展有限公司合资购买滚装船“和顺号”，实现滚装汽车海上运输自主经营；全年出口风电成套设备487套，累计处理危险化学品作业申报160次。年内，江苏海融大丰港油品化工码头股份有限公司、江苏辉丰石化有限公司2家危险化学品企业通过省安全生产标准化二级达标考评。（吴　荣）

二、射阳港区

射阳港区是国家一类临时开放口岸。至2017年底，建成生产性码头泊位23个（万吨级以上泊位2个），泊位年综合通过能力436万吨，集装箱年通过能力2万标箱。全年完成货物吞吐量1299.13万吨。全年港区完成建设投资2亿元，3.5万吨级通用码头三期工程主体结构及港池疏浚完成交工验收，5万吨级航道工程列入国家交通“十三五”规划中期调整；完成码头垃圾分类收集容器安装，射阳电厂煤炭矿石码头堆场完成粉尘防治设施建设，建成低压岸电系统2套。与大丰港区达成协议，签订射阳港区、大丰港区至上海港集装箱战略合作协议，开通集装箱运输业务，完成集装箱2900标箱。全年港区组织开展港区安全生产大检查45次，委托第三方检查3次，查出安全隐患65个，整改率100%。

射阳港区获批国家一类临时开放口岸　3月2日，交通运输部批复同意国际航行船舶临时进靠江苏射阳锦程港口有限公司2个2万吨级通用码头，射阳港区获得国家一类临时开放口岸资质。7月28日，巴拿马籍东红航2号货轮抵港，是射阳港区首次靠泊外籍船舶。（许　莹）

三、滨海港区

滨海港区地处江苏东部沿海最凸出岸段，是国家一类开放口岸，江苏沿海开发国家发展战略重点支持的10万吨级以上港区，淮河流域出海枢纽港和淮河生态经济带出海门户。至2017年底，建成生产性码头泊位6个（万吨级以上泊位5个），泊位年综合通过能力3991万吨。全年完成货物吞吐量175.03万吨，其中煤炭及制品147.01万吨，矿建材料28.02万吨。4月，国家电投集团协鑫滨海发电有限公司储配煤中心10万吨级煤炭码头一期工程建成投产，新建高低压变频岸电系统1套，2台发电机组并网发电；北区10万吨级通用码头二期工程主体结构完工；南区5万吨级液体散货码头水工主体结构完成建设工程80%；1号、2号物流园基础设施工程进入后期倒滤层施工阶段；30万吨级深水航道工程工可阶段前期工作完成。全年港区联合海事等部门组织各类安全检查25次，召开安全例会7次，下发安全隐患整改通知单2份，全年安全生产零事故。

滨海港区获批国家一类开放口岸　9月7日，滨海港区获国务院批复成为国家一类开放口岸，国家电投煤炭接卸码头、北区通用码头、南区液体散货码头、LNG项目码头6个泊位全面对外开放。（刘维鑫）

四、响水港区

响水港区位于灌河南岸，是国家一类临时开放口岸，港区初步形成电力能源、金属冶炼、环保化工、再生造纸、船舶修造五大支柱产业。至2017年底，建成生产性码头泊位27个（万吨级以上泊位3个），泊位年综合通过能力2070万吨。全年完成货物吞吐量2501.76万吨，其中外贸吞吐量1121.64万吨。年内，灌河口5万吨级航道整治工程完成初步设计批复，项目资金补助申请上报交通运输部；小蟒牛作业区二期2×5万吨级公用码头4号、5号泊位水工结构完工，获评省级“平安工地”；大桥作业区4×1000吨级公用码头工程建成主体结构；小蟒牛作业区二期1~3号泊位、公用重件泊位等项目岸线申报工作全面开展。加强港区安全建设，全面摸排灌河沿线违建码头，邀请第三方开展安全检查，查出安全隐患19个，整改率100%。（孟薇薇）

五、港口管理

2017年，市港口管理局对《盐城港总体规划》中涉及射阳港区和响水港区部分规划进行局部调整，并于11月29日获得市政府批复同意；4月19日，发布《盐城港“十三五”发展规划》。年内，滨海港区30万吨级深水航道工程纳入国家淮河生态经济带建设规划初稿；射阳港区、响水港区5万吨级航道工程列入交通运输部“十三五”发展规划中期调整。开展专项整治行动，全年关停港口非法危险货物企业2家，安装码头泊位垃圾分类收集容器86套，全港区码头堆场粉尘防治率85%，新建散货码头粉尘防治率100%，港区绿化完成80%，建成高低压变频1套、低压港口岸电系统9套。组织开展安全生产大检查大整治大落实、“防坍塌防坠落”、电气火灾综合治理等专项行动，加强对工程建设全过程的质量安全监管，重点防范危险化学品安全事故，加强事故应急救援演练和应急物资储备建设，响水港区小蟒牛作业区二期码头4号、5号泊位工程成功创建省级“平安工地”。推进政务服务“一张网”建设工作，确定34项“不见面”行政审批事项。严格岸线使用申报、初审、核查等管理，向省港口局上报岸线使用申请4份，依法集约合理使用港口岸线资源。规范建设市场信用等级

海洋伏季休渔。 响水县志办/供

考评，严格执行项目建设基本程序，严把项目设计审查和竣工验收关，全年未出现"未批先建"违规建设行为。加强港口经营资质管理，健全市场准入和退出机制，核发港口经营许可证10件，吊销2件。

调整《盐城港总体规划》 年内，市港口管理局对《盐城港总体规划》进行局部调整。具体包括：射阳港区多用途泊位区下游段的311米岸线及后方相应区域调整并入通用泊位区，建设通用泊位1个；响水港区小莽牛作业区6号、7号泊位调整为2个2万吨级（水工结构按5万吨级船舶设计）通用泊位。11月29日，调整方案获得市政府批复同意。

《盐城港"十三五"发展规划》 4月19日，《盐城港"十三五"发展规划》发布。规划明确到"十三五"末，基本建成"结构优、集疏畅、功能强、环境美"的特色产业大港和区域物流强港的战略目标，完成港口基础设施建设投资180.4亿元，新增生产用泊位17个，新增货物通过能力4427万吨，新增集装箱通过能力60万标箱，到2020年，盐城港货物通过能力1.04亿吨、集装箱通过能力70.7万标箱，港口基础设施结构明显优化，港口集疏运衔接更加顺畅，综合服务功能明显增强，发展方式更加绿色平安智慧。

（王　鑫）

第二节　综合开发

2017年，盐城贯彻落实《江苏沿海地区发展规划》，将国家级沿海开发战略向纵深推进，加大沿海滩涂垦区配套开发力度。年内，启动实施东台新街镇垦区配套、大丰王港垦区现代农业示范区、大丰三龙镇洋桥村农业基础设施配套工程、射阳临海镇垦区配套、滨海新滩盐场高效水产养殖基地、响水三圩盐场垦区配套6个滩涂垦区配套项目，开发总面积2867公顷，完成省级财政投资4300万元。至年底，建成东台方南垦区种植基地、东台梁垛垦区水产养殖基地、大丰王港垦区现代农业示范区、射阳海通种植基地、滨海海港镇高效养殖基地、响水灌东盐场东阳高效淡水养殖基地、响水王圩盐场东源高效海水养殖基地7个沿海滩涂垦区配套项目，形成垦区特色产业基地。

至年底，东台市"百万亩滩涂匡围综合开发试验区"条子泥工程一期工程结束，二期手续办理之中。大丰区海王Ⅰ号拟实施建设用海面积986.67公顷，工程可行性报告通过专家初审，海洋环境测评、用海规划、海域使用论证根据国家海洋局规定要求完成调整，经省海洋与渔业局初审后上报国家海洋局；海王Ⅱ号面积1573.33公顷，匡围养殖用海获得省发改委立项批复，借助王港闸下移工程，形成海堤2830米，完成围垦1033.33公顷，南侧540公顷并入新王竹围垦同步推进；新王竹围垦拟实施农业用海面积2233.33公顷，因国家海洋局暂停农业用海审批处于暂停状态。射阳县七中沟以南、经一路以东、海堤公路以西666.67公顷，主要实施双导堤建设、航道疏浚、万吨码头建设、码头后方货场建设四大工程；射阳河口北、海堤路东，规划吹填333.33公顷作为射阳港口发展及物流园区建设用地，先后建成南导堤7.8千米、北导堤7.9千米；万吨级码头港池疏浚工程完成疏浚量120万立方米，水深-12.3米；建成2个3.5万吨级码头泊位，后方堆场完成总工作量75%；河海物流园粮食仓库、联检综合楼开工建设；海关监管区及生活办公楼完成改造建设。滨海县潮上带完成开发利用面积1.4万公顷，其中盐田1333.33公顷，水产养殖6933.33公顷，种植业966.67公顷，防护林113.33公顷，另外工业园区、港口等4666.67公顷；潮间带完成开发利用面积800公顷，其中开发养殖紫菜133.33公顷，贝类护养666.67公顷。响水县小东港区322.67公顷、新滩港区364公顷，取得可行性研究报告、可行性研究审查报告、环境测评报告、海域使用证，待省发改委批复实施。

（陆　益　杨林森）

第三节　海洋渔业

2017年，盐城市海洋捕捞作业区域主要在黄海海域，全年捕获海产品9.6万吨，其中各种鱼类4.68万吨，虾蟹类1.77万吨，其他3.15万吨。年内，市海洋与渔业局加大渔业安全管理工作力度，组织各类渔业安全生产检查组123个，查处各类渔业安全生产风险隐患249个，查处各类渔业安全生产违法违规行为92起；开展海洋渔船专项整治行动，全市海洋渔船船名标识钢质化改造率65%，25艘特种养殖船全部按要求整改到位；开展渔业从业人员安全教育培训，组织培训活动13次，培训各类渔业船员3520人，组织渔业安全生产应急演练7次。

海洋伏季休渔 5月1日至9月16日12时，盐城市辖海域实行海洋伏季休渔。全市伏休渔船2099艘，辅助渔船10艘，其中捕捞渔船1340艘、乡镇捕捞渔船759艘。伏季休渔期间，市县渔政机构组织海洋“护渔”执法行动311次，总航时3442小时，航程3.61万海里，登临检查各类渔船3540艘（对），处理各类违规案件613起。

海洋渔业资源增殖放流 5月4—5日，市海洋与渔业局投入资金50万元，在射阳海域放流海蜇苗种5000万只；5月5日、5月17日，省海洋渔业指挥部投入资金73.6万元，分2次在射阳海域放流海蜇苗种5000万只，半滑舌鳎10万尾。

打击海洋涉渔“三无”船舶 年内，市海洋与渔业局持续打击海洋涉渔“三无”（无船检证书、无船舶登记证书、无船舶捕捞证书）渔船，清理违规渔具232件，查处涉渔“三无”船43艘（含浮子筏），强制拆解浮子筏19艘，拆解“三无”渔船5艘。

响水县获评全国平安渔业示范县 年内，响水县落实渔业安全生产责任制，镇、村、船主的渔业安全生产责任书签订率100%；组织开展渔业安全生产大检查、伏季休渔护渔、百日安全生产大检查隐患大排查、清理取缔涉渔“三无”船舶等专项行动，渔业安全生产形势持续稳定；组织开展安全生产教育和技能业务培训，提高渔民安全生产能力。2018年1月30日，农业部国家安全监管总局发布《关于公布2016—2017年度全国平安渔业示范县名单的通知》，响水县成功创建2016—2017年度全国平安渔业示范县。

（陈卫中）

第四节 海洋管理

2017年，盐城市推进海洋生态文明建设、海域管理创新，提升海洋管理水平。全年全市获得项目用海批复15个，批准用海面积2335.42公顷。新增海域使用权抵押3宗，抵押融资5386.13万元。海洋新能源、海洋生物医药等战略性新兴产业规模不断壮大，海洋渔业等传统产业继续保持稳步增长，实现海洋生产总值1100亿元。全年市海洋与渔业局开展执法巡查350余次，检查用海项目397个次，立案38起。加强海洋环境监测管理，市海洋环境监测预报中心完成江河入海污染物总量监测、陆源入海排污口监测、海洋生态环境现状监测、海水入侵和盐渍化监测、垃圾监测、苏北生态监控区调查及监测任务。对沿海主要入海河口进行调查摸排，确定33条入海河流为主要监测对象，实现对盐城市主要入海河流水质状况监测全覆盖。确定31个海域海水水质监测点，对盐城市管控海域水质状况及沉积物状况进行监测，保证海域海洋环境基本情况清楚。全年编制《盐城市海洋环境质量情况简报》5期。

《盐城市“十三五”海洋经济发展规划》 3月31日，市政府发文颁布《盐城市“十三五”海洋经济发展规划》。规划提出到2020年全市海洋经济总量实现倍增，海洋产业规模达到1600亿元，海洋新兴产业增加值占主要海洋产业增加值比重达到20%左右，海洋研发经费支出占地区海洋生产总值比重提高到3%左右，海洋科技对海洋经济的贡献率达到65%以上，海洋生态环境指标全面达到2013年《国家生态文明建设试点示范区指标（试行）》标准；提出构建“双核、四区、多节点”的海洋产业空间布局，其中“双核”指大丰港城海洋产业功能核、滨海港城海洋产业功能核，“四区”指东台滩涂经济区、亭湖湿地经济区、射阳临港经济区、响水工业经济区；提出推动海洋渔业等海洋传统产业转型，着力培育海洋生物医药、海洋工程装备、海洋新能源、海水淡化等海洋新兴产业。

《2016年度盐城市海洋环境质量公报》发布 4月，市海洋与渔业局发布《2016年度盐城市海洋环境质量公报》。公报表明，盐城市管辖海域水质状况比上一年略有降低，近岸海域符合一类、二类海水水质占比为38.4%，主要污染物为无机氮和活性磷酸盐，陆源污染物排海是造成盐城近岸海域污染的主要原因；盐城市管辖海域功能区基本满足功能需求；盐城市监测的13条主要入海河流河口水质监测的结果均超过《地表水环境质量标准》第Ⅲ类水质标准；盐城市管辖海域浅滩生态系统总体处于亚健康状态。

海洋工程生态补偿与修复 年内，盐城继续推进海洋工程生态补偿与修复工作。省、市、县海洋主管部门和东台条子泥垦区（一期）高涂围垦养殖用海项目、大丰王港闸下移工程等8个项目的实施单位分别签订海洋生态补偿协议，汇集海洋工程生态补偿资金1.37亿元。其中，江苏省沿海开发（东台）有限公司、响水长江风力发电有限公司投入海洋工程生态补偿资金1046万元，在东台、响水海域放流各类渔业资源苗种近1.5亿条（只）。

海域动态监管能力建设 2015年4月至2017年12月，市县海域动态监管中心按照《江苏省海域动态监管能力建设项目实施方案》，组织实施海域动态监管能力建设项目。项目包括常规监测能力、应急监测能力、信息处理能力、基础数据体系、专线传输网络、视频会商系统、运行环境和机构队伍等内容。至2017年底，项目全部实施完毕，完成总投资1466万元，市及县级海监机构更新和完善网络设备、安全设备、机房监控设备和视频会议终端等硬件设施，东台、大丰、滨海、响水、射阳5个沿海县（市、区）配备专用监测车，提升海域动态管理能力。

风电项目用海检查 年内，市海洋与渔业局组织开展全市风电项目用海专项调查，至年底，全市海域范围内确权风电项目21个，风机1206台，确权面积4698.18公顷。

（陈卫中 吴 丹）

第五节 海事管理

一、海事执法

2017年，盐城海事局开展各类水上巡航执法活动483次，巡航时间581小时，巡航总里程1.18万海里，出动执法力量888人次。组织开展通航安全评估及施工方案审查，严把施工准入关，严格施工船舶船员检查，通过船检系统、动态2.0系统对每批次参与施工船舶及船员进行信息核查，并根据实际要求组织开展施工现场核查。至年底，完成水上水下活动许可审批30起；累计无差错发布航行通告78期、拟定航行警告12期；完成进出港船舶报告审批1.56万艘次（其中审批国际航行船舶946艘次），船舶货运总量3354.3万吨，集装箱进出港总量12.5万标箱；实施航运公司审核14家、船舶审核61艘次，累计安排审核员参加各类审核134人次，签发各类证书82份；对外籍船舶实施港口国监督检查33艘次、对中国籍海船安全检查95艘次、内河船安全检查23艘次。

二、船舶管理

2017年，盐城海事局办理各类船舶登记业务277艘次，签发船舶最低安全配员证书108艘次，审核船名89艘次，匹配审核船舶识别号申请29艘次；审批超大型船舶进出港168艘次、货物吞吐量899万吨；审批射阳海上电煤过驳55艘次、货物吞吐量251万吨。年内，有62艘船舶在盐城海事局登记加入盐城籍（其中新船44艘，二手船18艘），17艘船舶注销，至年底，登记在册船舶266艘（不含休眠船舶）。

海上船舶交通管理系统试运行 10月，盐城海上船舶交通管理系统投入试运行。系统由交通运输部投资建设，总投资4300万元，于2016年开工建设，先后建成盐城海上船舶交管中心（VTS）、大丰VTS雷达站、射阳VTS雷达站、滨海VTS雷达站，响水接入连云港灌云燕尾港雷达站信号。系统实现盐城港各港区和部分沿海水域的船舶交通实时监控和指挥，提升盐城市海上交通指挥和险情救援能力。

三、事故处理

2017年，盐城海域发生各类船舶间交通事故8起（其中一般等级水上交通事故4起，小事故等级事故4起），各类事故造成人员死亡失踪4人，沉船1艘，直接经济损失400万元。组织各类海上险情搜救41起，20艘船舶遇险、16艘获救，306名人员遇险、281名获救；出动海巡艇116艘次，搜救里程为1954海里，搜救时间165小时；协调公务船艇37艘次、社会力量67次、渔船94艘次、过往船舶19艘次、飞机6架次参与搜救。成功处置“1·20”“辽大中渔15126”沉没致13人死亡失踪、“7·14”滨海风电场升压站失火致1人死亡、“8·20”“BINHAIYU19868”翻沉致2人死亡、“9·27”“浙岱66510”轮自沉致2人死亡等事故。

处置“1·20”“辽大中渔15126”沉没事故 1月20日7：20，盐城海上搜救中心（盐城海事局）接连云港海上搜救中心转警，辽宁籍渔船“辽大中渔15126”在黄海南部33° 40′ N/122° 35′ E（距岸约100海里）处失联，船上遇险人员13人。接报后，中心立即启动应急预案，核实险情信息，先后协调海巡艇、渔政船、救助船、东海舰队、附近渔船、商船等12艘搜救船和东海舰队4架直升机参与搜救。现场搜救船在事发水域附近发现船板、毛毯、煤气罐等漂浮物。当日15：21，发现遇难者尸体1具。1月21—24日，现场搜救船舶、救助直升机均无新发现，于1月24日10：00终止搜救。

处置“7·14”滨海风电场升压站失火事故 7月14日6：30，滨海海事处接报：滨海北H2海上风电场升压站起火，18人获救、1人失踪，请求救助。盐城海上搜救中心立即启动应急预案，核实险情信息，开展搜救工作，先后投入各类搜寻船舶157余艘次，搜寻范围北至灌河口、南至扁担河口，累计搜寻面积1500余平方海里；同时，组织开展近岸搜寻、岸基搜寻和水下探摸。7月19日18：00，搜寻船只在120° 33′ 49.76″ E/34° 37′ 08.75″ 处（距离滨海港约22海里）发现疑似失踪者遗体1具，经现场施工单位确认，确认为失踪人员，搜救工作终止。

处置“8·20”“BINHAIYU19868”翻沉事故 8月20日2：00，渔船“BINHAIYU19868”在滨海海域翻沉。盐城海上搜救中心立即组织救援工作，先后组织海巡艇、渔政船以及附近商船、作业渔船共约50余艘次船舶对附近水域进行搜寻救助，累计搜寻面积180余平方海里，调集6艘滨海、大丰施工船舶对翻沉渔船进行固定，协调东海救助局6名潜水员进行潜水作业，救起遇险人员7人（其中1人经抢救无效死亡）。8月21日14：00时左右，现场搜救人员在沉船舱室附近搜寻到最后遇难者尸体1具，鉴于所有遇险人员均被找到，搜救工作终止。

处置“9·27”“浙岱66510”轮自沉事故 9月27日4：40，盐城海上搜救中心接连云港海上搜救中心转警，“浙岱66510”船体在滨海以东约30海里处遭遇大风浪沉没险情，船上遇险人员7人。盐城海上搜救中心立即组织搜救工作，先后组织海巡艇、救助船前往事发海域，并协调附近过往商船、附近渔船协助搜寻。当日7：30时，成功救起落水遇险人员5人。9月28—30日，继续组织搜寻工作，并通报协调市海洋与渔业局、赣榆区海洋与渔业局组织附近作业渔船协助搜寻。截至9月30日16：00，累计协调各类搜寻救助船舶20余艘次参与搜寻，协调附近作业渔船累计约80余艘次协助搜寻，累计搜寻时间83小时、搜寻面积400余平方海里，未发现落水失踪人员，搜救工作终止。（吴 昊）

第05章　园区建设

责任编辑　高兰会

综　述

2017年，全市经济技术园区完成进出口总额69.5亿美元，注册外资实际到账7.3亿美元，工业固定资产投资1566.8亿元，一般公共预算收入158.2亿元，规模以上工业开票销售收入3081.7亿元。至年底，盐城有国家级开发区1家、国家级高新区1家、省级开发区9家、省级开发区（筹）1家、省级高新区（筹）3家。年内，中韩（盐城）产业园获国务院批准设立，正式上升为国家层面合作园区。滨海港获批国家一类开放口岸；大丰港保税物流中心（B型）通过国家级验收，成为盐城首家保税物流中心；江苏射阳经济开发区获批南京大学“双创”示范基地；滨海沿海工业园获批盐城国家特种高分子材料高新技术产业化基地。全年全市新获批高新技术产业化基地、保税物流中心、知识产权试点园区等国家级载体品牌22项，新获批生物科技产业园、知识产权示范园区等省级载体品牌36项。

全年全市经济技术园区开展招商推介会124场，新签约总投资超亿元且注册资本2000万元以上重点工业项目234个，计划总投资1384.4亿元，计划注册资本171.5亿元。在建（含续建）重点工业项目437个，总投资1556.8亿元，注册资本305.2亿元，其中注册资本1亿元以上项目109个。在建（含续建）重点外资项目65个。高端装备、智能终端等新特产业建设速度加快，在建（含续建）项目152个，总投资535.3亿元，注册资本105亿元。全年新引进专门人才6007人，其中硕士生1141人、博士生176人；引进领军人才147人，创新创业人才512人。至年底，全市经济技术园区有专业招商人员466名，其中英语专业62人，韩语专业5人，其他语种专业4人；新设立招商机构37个，其中在国外设立招商机构13个。

做好全链审批赋权清单下放承接工作，盐城经济技术开发区和盐城高新技术产业开发区在全省率先推行“2330”快速审批模式（企业2个工作日内注册开业、3个工作日内获得不动产证、30个工作日内取得工业生产建设项目施工许可证），盐城高新技术产业开发区相对集中行政许可权改革、东台经济开发区企业投资项目信用承诺制不再审批等改革成为省级改革试点。在全省省级以上开发区综合考核中，11家省级以上开发区（含高新区）平均综合排名62.27位，比上年进0.55位；大丰经济开发区、东台经济开发区、建湖经济开发区在83家省级开发区中分别位列第8名、第12名和第22名；盐城经济技术开发区、大丰经济开发区、东台经济开发区、建湖经济开发区在40家苏北省级以上开发区中分别位列第4名、第6名、第7名和第11名；韩资工业园连续三年在全省148家省级特色园区考核中位列第1名；常州高新技术产业开发区大丰工业园连续八年在全省45家南北共建园区中考核中位列前5名。

（孙小勇）

2017年全市开发区主要经济指标

表05-05

开发园区	一般公共预算收入（亿元）		工业固定资产投资（亿元）		规上工业开票销售收入（亿元）		注册外资实际到账（万美元）		进出口总额（万美元）	
	实绩	同比（±%）	实绩	同比（±%）	实绩	同比（±%）	实绩	同比（±%）	实绩	同比（±%）
盐城经济技术开发区	21.02	-30.20%	149.10	2.30%	716.30	-35.60%	18498	27.10%	171238	-31.60%
盐城高新技术产业开发区	18.60	2.80%	157.30	29.90%	139.30	8.40%	8097	32.20%	64278	31.40%
盐城环保高新技术产业开发区	1.93	-38.70%	50.30	22.60%	44	43.90%	1031	13.80%	4906	72.10%

续表05-05

开发园区	一般公共预算收入（亿元）		工业固定资产投资（亿元）		规上工业开票销售收入（亿元）		注册外资实际到账（万美元）		进出口总额（万美元）	
	实绩	同比（±%）	实绩	同比（±%）	实绩	同比（±%）	实绩	同比（±%）	实绩	同比（±%）
亭湖经济开发区	5.57	15.40%	37.10	10.20%	45	19%	3085	23.80%	14037	22.80%
盐南高新技术产业开发区	21.16	-6.10%	13.80	1.90%	27.50	4.50%	4513	-23.50%	19619	12.10%
大丰经济开发区	10.12	-12.20%	71	21.20%	213.50	5.40%	4539	-17.60%	48658	19.10%
大丰港经济开发区	13.91	-40.10%	80.80	23%	392	16.70%	4196	-39.50%	132412	47.40%
东台经济开发区	15.26	-1.80%	150.60	25.50%	208.20	23.10%	5485	39.80%	46319	18.80%
东台沿海经济区	4.36	-2.90%	94.40	24.80%	69.30	52.10%	2541	27.90%	8603	0.10%
建湖经济开发区	7.65	-14.70%	131.50	23.10%	187.90	18.90%	2306	-28.20%	17665	11.20%
建湖高新技术产业开发区	4.75	15.40%	68.80	23.60%	56.20	11.70%	1232	-34.40%	9645	35.60%
射阳经济开发区	4.78	-6.40%	50.50	11.50%	98.10	17%	3445	48.80%	25350	84.30%
射阳港经济开发区	2.33	-6.40%	37.80	11.70%	97.70	16.60%	2037	58.50%	6665	39.60%
阜宁经济开发区	4.32	-35.80%	64	5.50%	94	67.40%	1560	78.70%	22218	8.50%
阜宁高新技术产业开发区	2.09	-33%	35	5.20%	61.30	17.10%	115	-58.90%	5235	18.60%
滨海经济开发区	2.59	-2.50%	73	16.50%	52.90	26.40%	2556	57.30%	8193	28.10%
滨海沿海工业园	7.42	6.10%	113	16.40%	183.10	27.10%	2951	15.30%	40387	34.50%
响水经济开发区	3.90	-13.90%	55.50	7.20%	41.60	10.50%	1720	19.20%	8515	38.90%
响水工业经济区	6.45	12%	133.20	29.80%	353.80	2.80%	3297	168.10%	41491	2.80%

第一节　盐城经济技术开发区

2017年，盐城经济技术开发区实现地区生产总值326亿元、规模以上工业增加值160亿元、规模以上工业开票销售716.3亿元、一般公共预算收入21.02亿元、进出口总额17.1亿美元、工业固定资产投资149.1亿元。东风悦达起亚汽车有限公司全年产销汽车36万台，实现开票销售306.2亿元。26家汽配企业拓展非东风悦达起亚汽车配套订单，占比35.1%。新签约项目171个，协议总投资1040亿元，其中1亿美元或10亿元以上重大项目19个；注册外资实际到账1.85亿美元。中国电子盐城信息港、华人运通技术有限公司新能源汽车等项目落户，苏州润阳光伏科技有限公司高效电池、台湾光耀科技股份有限公司高端智能摄像镜头等高端制造项目开工建设。新兴产业实现开票销售85亿元，新开工亿元以上项目24个，新竣工亿元以上项目21个。完成智尚汽车小镇规划编制，车立方汽车文化广场等3个项目正式签约。修编河东新城总体规划，推进功能配套项目建设总量超过160万平方米。全年在建重点项目47个，新增建设用地155.9公顷。未来科技城一期主体封顶，东方旌逸财富广场、创客城、碧桂园等项目开工建设，馥桂名居一期、京师花园一期基本售罄，卡迪VR主题公园对外开放、全年接待游客48万人次。设立风险补偿资金池5个，累计发放贷款5.1亿元；中韩（盐城）产业园发展基金、临港君和产业基金，累计为22个项目提供19亿元的资金支持，撬动社会资本投资近60亿元。全年开发区盘活存量土地158.67公顷，办结房产权证52万平方米；在上海购置优质资产6.72万平方米，出租率73%；实施10个股权投资项目，实现市场化营业收入11.2亿元、上缴国有资本收益6200万元；完成工程建设投入26亿元、在建体量100万平方米；实施汽车小镇建设、新都路改造等功能配套项目，投资上海申创基金、航天云网专项基金，市场化营业收入超13亿元，跨境电商公共服务中心正式投入运营，跨境单量列全省第1位。年内，江苏华生基因数据科技股份有限公司、智美达（江苏）数字技术有限公司获批省级博士后工作站，汉创企业（中国）有限公司获评中国安防图像显示最具影响力十大品牌。建立项目预审会审尽调制度，企业登记类业务实现全程电子化，审批时限平均缩短60%以上。推行投资建设项目数字化“多图联审”、启动“三测合一”改革试点，测绘及图审定额工日缩短50%以上，节约费用30%以上。全年新增一般纳税人261户、私营企业数536家，新增集体积累2100万元。

全年25项为民办实事项目完成投资13.8亿元。开工建设保障房476套，房屋征收525户，在市区率先完成危旧房改造任务。北京师范大学盐城附属学校加快建设，盐城经济技术开发区实验小学、盐城经济技术开发区中学综合楼主体竣工，盐城市步凤小学新校区全部建成。市妇幼保健院全面启动内装工程，开发区基本公共卫生服务通过国家考核。完成仁智河东圩区整治工程，实现全区防洪设施全覆盖。建设全区安全、环保、消防、特种设备、安保和交通一体化综合智能监管指挥中心，规模以上企业安全设施“三同时”（建设项目安全设施必须与主体工程同时设计、同时施工、同时投入生产和使用）完成率100%，安全隐患整改率100%。新增绿地面积240公顷，植树20万株，新增成片林面积260公顷，建成森林村庄6个。通榆河饮用水源地保护区截污工程通过验收，搬迁关闭畜禽养殖户近600户。完成32条道路、1.3万盏路灯改造升级。

盐城智尚汽车小镇获批全省首批特色小镇 5月4日，省发改委公布第一批江苏省省级特色小镇创建名单，盐城智尚汽车小镇入选。智尚汽车小镇位于盐城经济技术开发区，东至峨眉山路，西至希望大道、泰山路、嵩山路，北至松江路，南至新都路、长江路，规划面积3.91平方千米。小镇围绕打造百万辆汽车整车、零部件和服务业全产业链，建设沿海汽车名城和国家新能源汽车产业基地为目标，以“汽车智慧产业、汽车后服务业、汽车文化产业、汽车旅游产业”为重点，致力打造全国知名的汽车产业特色小镇、江苏汽车智慧产业发展集聚区和国家产城融合发展示范区。年内，智尚汽车小镇完成规划编制工作，房屋征收、景观设计、小镇客厅、生态涵养水库等前期工作加快推进，签约车立方汽车文化广场等项目3个。

获批省“不见面”审批改革试点 9月5日，经省编办批准，盐城经济技术开发区获批省“不见面审批”改革试点。试点全面推行“网上申请、网上审批、网端推送、快递送达”办理模式，集成共享资源信息，各审批窗口实现审批事项网上全程办理。年内，盐城经济技术开发区在区行政审批局设立“多图联审”服务窗口，建成数字化“多图联审”平台，配备专门窗口受理人员，完成与市联审平台对接电子盖章、电子签名等认证工作。 （茅飞虎）

第二节 城南新区

2017年，城南新区完成地区生产总值119亿元，完成固定资产投资195亿元，完成服务业增加值76亿元，社会消费品零售总额67亿元，注册外资实际到账4512万美元。全年完成新兴产业投资66亿元。规模以上企业增长面较上年增长10个百分点。加快发展大数据、楼宇经济、现代商贸等都市产业，阿里云、农信互联等产业项目成功落户，“数梦小镇”成为江苏首批省级特色小镇，软通大数据创新产业园投入使用，省级电子政务数据灾备中心落户。新招引楼宇企业678家，新增税收超亿元，其中创投中心税收突破4亿元。实施重点城建项目127个，竣工105个，完成投资63.8亿元。实施公共配套工程建设。年内，串场河小学竣工交付使用，康居路初级中学改造完成，“欧风花街”国庆黄金周开街，花样年华城市花园创成国家AAA级景区，盐塘河公园乡土植物科普园对外开放，城南新区体育公园建成，人民南路建成全市首个智慧立体停车楼，新都卫生服务中心改造工程竣工交付，新建裕新、耿伙、三星、构港4个卫生服务站并投入使用，建成标准化农贸市场10家，解放路农贸市场列入全省公益性农贸市场改革试点。推广绿色建筑和绿色施工，凤鸣缇香获得全国绿色建筑创新奖，盐城体育中心工程获中国建设工程鲁班奖。至年底，金鹰、宝龙、中南城等10个商业综合体实现营业收入超33亿元，其中聚龙湖商圈、宝龙商圈、中南商圈税收超亿元。加快智慧城南建设。启动城市管理云平台建设，整合市政、房建、管护等数据资源，完成防汛监测系统等应用平台、城南新区三维地理信息系统平台、新都综合管理平台等项目建设。智慧城南指挥中心、智慧城南体验中心、智慧新都邻里中心、智慧龙园社区服务中心4个项目被住房建设部评为智慧城市建设示范工程项目。投入2亿元实施高架、高速和串场河沿线512栋楼宇亮化工程，年内完成一期工程建设。加强水体、绿化与慢行系统衔接，构建城市绿色开放空间，高架沿线景观绿化、盐塘河公园等18个绿化项目竣工，累计完成投资3.5亿元，新增公共绿地180万平方米，全区绿化覆盖率、绿地率分别达到45%、40%以上，人均绿化面积达到国家园林城市标准的2倍。全年疏浚整治河道35条，治理黑臭河道11千米。11月，通榆河饮用水源保护区生活污水收集工程完成。全年实施为民办实事工程40项，完成投资18亿元。年内，建成新都、海德、龙园3个邻里之家，推进216座公交站台改造出新工程；完成聚龙湖公园、盐塘河公园提升改造；完成盐渎路、戴庄路等8个道路积水点和丁香园、阳光世纪城2个老旧小区整治，第九防洪区12座闸站整治到位；新建各类健身步道、亲水步道和自行车道约50千米，城市社区“10分钟体育健身圈”实现全覆盖。加强基层社区服务中心建设，黄海街道耿伙村劳动保障工作作为全省唯一一家现场点，接受省、市领导观摩。加快平安城市建设，在全市率先完成村村通工程，开展视频监控联网工程，实现基层技防建设全覆盖。推进“一社区一律师”工程，龙园社区、南苑社区法律顾问工作得到省市领导肯定。农村土地承包经营权确权登记颁证工作基本完成。实施文化惠民工程，累计送出文化演出126场，组织文化活动52场次，参与群众30万人次。全年销售普通商品房206万平方米，实现销售金额208亿元。

“数梦小镇”获批全省首批特色小镇 5月4日，省发改委公布第一批江苏省省级特色小镇创建名单，盐城市城南新区“数梦小镇”入选，成为江苏第一个以大数据产业为发展方向的省级特色小镇。“数梦小镇”是盐城市政府与阿里云计算有限公司共同合作打造的，集大数据主题会展、文化体验、休闲游乐、特色观光、科普教育等功能为一体的综合休闲旅游目的地。小镇位于盐城大数据产业园核心区内，北至海洋路、东至胜利路、南至南环路、西至西环路，总规划面积3.77平方千米，空间布局为“一核三区”。“一核”

城南新区体育公园。 城南新区/供

为核心产业区，位于小镇中心南区块，围绕“大数据+”产业生态，以大数据基础和应用产业为主导，建设集数据存储、数据处理、数据分析、数据交易、数据应用多种功能于一体的活力核心区。“三区”为创业孵化、智慧文化体验、生活配套三大功能分区，创业孵化区按照产业发展要求，与甲骨文、曙光集团、北大青鸟等专业培训机构合作，探索教育培训、就业的新模式，进行委托培养、定单式培养，建设专业人才培训、再教育基地建设；智慧文化体验区以提升发展大数据智慧体验中心，重点打造小镇会客厅，3年内形成集智慧旅游、商业休闲、生态健康、会展交易于一体的新型体验区；生活配套区重点在解放路沿线及解放路东侧规划建设高品质、现代化、智能化的住宅、幼儿园、小学及部分商业配套，为小镇提供优质生活配套。

南海未来城开工 12月26日，南海公园80公顷湖体开挖，标志着南海未来城正式开工建设。南海未来城规划范围东至串场河，西至西环路，南至徐淮盐高速，北至南环路，规划面积约16平方千米。规划紧扣“上海卫星城、新区升级版、教育重镇”定位，按照智慧、生态、人文和宜居、宜业、宜游、宜学、宜养“三特五宜”要求，围绕半月形湖区，聚集总部经济、文化办公功能，形成新城核心，通过南北向生活文化生态轴、东西向都市产业融合轴和贯穿康养小镇的休闲康养轴3条绿色滨水走廊进行延伸，重点打造新城森林居住、都市经济、教育服务和康养小镇4个复合功能片区，构建环湖未来城、绿色生态城、复合活力城、智能宜居城。年内，南海未来城完成概念规划、核心区城市设计和部分专项规划编制，确定设计、采购、施工总承包单位，核心区拆迁扫尾、杆线拆除、地面清表、临时水电实施到位，项目前期手续办理到位，实现当年规划、当年设计、当年开工。

城南新区体育公园建成 12月，城南新区体育公园建成投入使用。公园地处盐渎路小学西侧，占地约4公顷，7月开工建设，总投资6000万元。工程包括儿童游乐区、乐活休闲区、体育竞技区和街头锻炼区，主要设施有健身跑道1个、7人制笼式足球场1个、篮球场2个、网球场1个、羽毛球场2个以及乒乓球场等。

智能立体停车楼建成 12月，人民南路智能立体停车楼建成。项目位于城南新区人民南路与南港路交叉口东北角，用地面积1公顷，总建筑面积约1.5万平方米（商业面积3500平方米），总投资1亿元。停车楼由地下一层、地上三层组成，其中地下一层、地上二、三层均为智能停车库，地面一层为农贸市场，共布置停车位703个（室内机动车517个，室外机动车6个，非机动车180个），室内采用第四代机器人停车系统（PPY平面移动立体智能停车系统），通过出入口可实现自动存取车辆，是全市首座智能立体停车楼。

盐城大数据产业园 年内，盐城大数据产业园举办系列招商活动，成功落户阿里云、农信互联、滴滴地图、天眼查等产业项目77个，实现建成和在建各类载体100万平方米，引进阿里、华为、微软云等100个大数据产业链重点项目，实现各类投资100亿元，拥有各类企业300家，完成开票销售超16.7亿元，财政总收入1.25亿元。年内，“数梦小镇”获批成为全省首批省级特色小镇；华东大数据交易中心获批全市首家省级大数据工程实验室；微软技术实践中心项目正式运营，是微软在全国地级市的首个云孵化器项目，创成省级众创空间；华为云服务数据中心成功上线，成为华为云服务业务在江苏的唯一节点；软通大数据创新产业园投入使用；联合阿里云发布面向全球的“天池”大数据大赛，建成苏北首条直连上海的互联网国际通信专用通道；落户江苏省省级电子政务数据灾备中心。园区还获批全国首个国家制造业大数据高新技术产业化基地、中国产学研合作创新示范基地、省科技服务业特色基地等，在国家信息中心发布的《中国大数据产业报告》中，关注度位列全国第一。

（孙庆勇）

第三节 盐城综合保税区

2017年，盐城综合保税区新开工工业项目5个、服务业项目11个，协议利用外资2.7亿美元，注册外资实际到账3860万美元，一般公共预算收入7277万元，全口径工业开票销售40亿元，新增定报企业3家，实现外贸出口额10.5亿美元。年内，深圳英锐集团英锐晶圆流片工厂等项目相继落户，北方青鸟孵化园、晤曜跨境电商平台、江苏省汽车零部件进口交易中心、跨境电商集聚区等新载体、新业态逐步发展。总投资10亿元、占地14.4公顷、总建筑面积约16.37万平方米的国投自贸园二期工程加快建设。总面积2万平方米的跨境电商集聚区开始运营，江苏省第一家大批量通关平台盐城跨境电商公共服务中心建成使用，全年跨境单量列全省第一位。综合保税区二期封关区监管设施、基础设施和配套工程全部建成，12月20日，二期封关区通过省政府联合验收，为园区重大项目落户提供新的载体平台。（郑朝兵）

第四节　盐城高新技术产业开发区

盐城高新技术产业开发区成立于2006年，前身为江苏省盐都经济开发区，2012年被省政府命名为全市首家省级高新区，2015年2月经国务院批准，升格为国家高新区。总规划面积116平方千米，包括45平方千米高新产业区、46平方千米融合发展区、25平方千米生态涵养区。至2017年底，高新区招引落户亿元以上重大项目127个，其中上市公司投资项目17个，实际完成投入286亿元；盐龙街道智能终端、高端装备、新能源三大新兴产业初具规模，集聚各类项目70多个、投产达效40多个，新建多层厂房130多万平方米；盐渎街道乘用车销售占大市区65%以上，入驻电商快递企业125个，订单日处理量占大市区80%以上，创成省级电子商务示范基地；潘黄街道总投资60亿元的万达广场建成营业，总投资100亿元的北大科技园产城融合项目签约落户。加快基础设施建设，盐渎路跨宁靖盐高速大桥、东进路西延、盐渎路西延等主干道工程建成通车，BRT公交枢纽、南京师范大学盐城实验学校建成使用，科技广场、邻里中心、公共卫生服务中心抓紧建设，世纪大道绿化提升、小马沟绿廊、冈沟河景观带等绿色示范工程推进建设，成功入选全国首批、苏北唯一国家级产城融合示范区。年内，盐城高新技术产业开发区实现地区生产总值245.3亿元、一般公共预算收入18.6亿元、规模以上工业增加值159.6亿元、注册外资实际到账8097万美元、进出口总额6.43亿美元，综合发展水平在147家国家级高新区中位列第86名、较上年前移15名，在全省48家省级以上高新区中列第24名，在全市19个重点园区中列第2名。（张　弛）

第五节　省级经济开发区

一、江苏东台经济开发区

2017年，江苏东台经济开发区完成规模以上工业开票销售208.2亿元、外贸进出口总额4.63亿美元，综合实力上升到省级开发区第12名，土地集约利用评价位列省级开发区第8名。年内，新开工亿元以上项目20个，新竣工亿元以上项目11个，成功签约亿元以上项目16个，有开票销售超亿元企业22家、纳税超千万元企业8家。实施转型升级项目28个，竣工25个，4家企业完成合作重组。新创国家高新技术企业10家，省级以上研发机构2家，江苏生辉光电科技有限公司获省智能制造突出贡献奖；创成盐城市三星以上企业5家，领胜城科技（江苏）有限公司被评为盐城市五星企业；成功入选省“双创计划”人才3人、团队1个，盐城“515”领军人才9人。至年底，全区有投产企业217家，规模以上企业89家。领胜城科技（江苏）有限公司、科森科技东台有限公司等龙头企业快速集聚，拥有CNC（数控机床）加工中心近万台，可研发制造智能手机超半数关键零部件。加快园区建设，累计建成42千米城市道路、120千米供电线路、49千米污水管网及3座提升泵站、5座港池码头，同步配套天然气、集中供热主管道；先后建设安居工程79万平方米，绿化总面积218万平方米；成立人力资源市场，常态化开展融资、用工服务；推进内河港建设，打造区域性现代物流园；实施污水处理厂扩建工程，新增日处理污水能力1.25万吨。（黄　骏）

二、江苏大丰经济开发区

2017年，江苏大丰经济开发区完成一般公共预算收入10.12亿元，实现工业固定资产投资71亿元。新签约亿元以上项目22个，大丰阿特斯阳光电力科技有限公司3吉瓦光伏组件、江苏大丰权健生命科学产业园、江苏金风科技有限公司风电实验中心3个项目被评为大丰区2017年度十大突破项目。新开工亿元以上项目16个，新竣工亿元以上项目7个。年内，风电装备制造产业7家风电装备规模企业实现开票销售70亿元；电子信息产业打造以晶圆制造、封装测试、应用开发等为主的产业链，全年实现开票销售4.5亿元；汽车零部件产业发挥“国家火炬江苏大丰汽车零部件特色产业基地”品牌效应，发展发动机、电气设备、车身系统、汽车模具等汽车零部件中高端产品，全年汽车零部件企业实现开票销售40亿元。新培植定报企业11家，有纳税超亿元企业3家。推动企业科技创新。江苏丰东热技术股份有限公司是盐城唯一一家被工信部认定的国家技术创新示范企业，并建成江苏省服务型制造示范企业；6家企业成功申报国家高新技术企业，江苏中车电机有限公司、江苏正大丰海制药有限公司、江苏森威精锻有限公司3家企业被认定为国家知识产权优势企业；江苏金风科技有限公司获评省级技术创新示范企业。江苏丰泰流体机械科技有限公司“同步回转油气混泵及系统装置”项目获江苏省科学技术二等奖，是苏北地区唯一获奖项目；江苏中车电机有限公司“2.0兆瓦超低风速直驱永磁发电机”项目和江苏正大丰海制药有限公司“新一代肠外营养药物‘新海能’混合糖电解质注射液的研究及开发”项目获市科学技术一等奖。（杨金辉）

三、江苏大丰港经济开发区

2017年，江苏大丰港经济开发区完成一般公共预算收入13.91亿元，外资实际到账4196万美元，外贸进出口总额13亿美元。新开工亿元以上项目25个，竣工14个。推进港口建设，深水航道一期工程加快疏浚，二期散货、杂货码头扩建工程完成水工结构，大丰港集装箱物流中心获得省海洋与渔业局环境测评、用海批复，通用码头成为风电设备出口特色码头。健全港口功能配套，大丰港进口木材检疫处理区投入运营，B型保税物流中心封关运营，新长铁路大丰港支线预可行性研究报告通过铁路总公司审查，华丰进境活牛隔离场通过国家质量监督检验检疫总局验收，整车进口口岸、活牛进口口岸申报工作有序推进。全年大丰港区完成货物吞吐量5040.71万吨，集装箱20.5万标箱。发展临港产业。组织参加境内外招商活动15次，签约项目38个；新开工亿元以上项目25个，新竣工项目14个。有工业开票销售超亿元企业27家，其中江苏博汇集团、盐城市联鑫钢铁有限公司开票超百亿元；纳税超千万元企业20家，其中纳税超亿元企业5家；培植盐城市五星级企业5家，四星级企业2家，三星级6家。实施产业转型升级，知识产权试点园区通过省知识产权局验收，成功申报省知识产权示范园区，累计申请专利285件，新签订产学研合作项目11个，江苏大丰华丰种业股份有限公司挂牌院士工作站，招引大丰“616”双创领军人才11人，引进名校优生200多人，获批各类科技人才项目6个。推动港城发展。大丰港实验学校投入使用，公共租赁房一期、上海港路背景林绿化等工程竣工，日月湖大道北延、港城启动区给水管网、公共租赁房二期等工程加快推进，海鲜美食城等港城服务业项目建成运营。开展环保专项行动，完成辖区10蒸吨以下锅炉的拆除改造，推进畜禽养殖污染治理，全面落实河长制，推进河道水体整治工作。组织实施上海港路背景林、26.67公顷王大线海堤路和南排河防护林、木材产业园30万平方米绿化造景等工程，完成投资11亿元。

2017年中国量产车性能大赛（大丰站） 9月23—24日，由中国汽车技术研究中心和中国汽车摩托车运动联合会共同推出的国家A级赛事——昆仑润滑油杯·2017中国量产车性能大赛（CCPC）第二站在大丰开战。大丰站比赛在“亚洲第一汽车测试场”——中汽中心盐城汽车试验场举行，展现的是车辆在各种极限条件下最真实的性能。此站首次将长距离经济性测试项目和高环竞速赛同时在高速环道进行，高速环道总长7850米，其中第四车道可承受每小时300千米的高速试验，是亚洲地区第三方试验场中车速最快的高速环道。比赛还针对试验场的专业测试能力，特设考验车辆动力性能的0千米/小时~100千米/小时的直线加速赛，模仿雨水路面的80千米/小时~0千米/小时的淋水路面紧急制动赛、考验车辆操控稳定性能的测试和场地计时赛。

中国·大丰第三届汽摩旅游嘉年华 9月14—16日，由中国汽车工业协会摩托车分会、国家摩托车质量监督检验中心、江苏大丰港经济区管委会、江苏大丰海港控股集团有限公司共同主办，大丰区汽车摩托运动协会承办中国·大丰第三届汽摩旅游嘉年华在大丰港经济开发区举行。国内14家摩托车生产企业、国内外100余名摩托车赛车运动员和1000余名摩托车自驾爱好者参加活动。活动期间，举办2017中国摩托车年度车型评选及颁奖典礼、沿海滩涂摩托车场地越野赛、中国摩托车精英特技秀、千人同享大丰美食等活动。（杨金辉）

四、江苏建湖经济开发区

江苏建湖经济开发区为省级经济开发区，区域面积91.7平方千米，规划面积47.3平方千米，集聚工业企业476家，形成节能电光源、高端装备、电子信息和现代物流等产业集群，是全国首家“中国节能电光源制造基地”核心区，建成省级生态工业园区、省级知识产权示范园区、省级“两化”融合示范园区，拥有江苏省节能电光源产品质量监督检测中心、东南大学建湖电光源研究所等公共平台9个、共建产学研联合体23个、中国驰名商标8个、院士工作站2家、企业博士后科研工作站4家、国家级高新技术企业19家、国家级企业技术（工程）中心2家、国家创新示范企业1家。其中，高端装备产业形成自动化裁剪、海工装备、高性能数控机床、汽车零部件和农业机械五大板块，加快向“数字化、自动化、智能化”方向发展；电子信息产业实施台湾金永发薄膜太阳能模组项目、深圳康宝触控科技有限公司生产线项目等项目。2017年，开发区实现一般公共预算收入7.65亿元、规模以上工业开票销售187.9亿元，完成工业固定资产投资131.5亿元，注册外资实际到账2306万美元。（吕　霏）

五、江苏射阳经济开发区

2017年，江苏射阳经济开发区实现一般公共预算收入4.78亿元；完成规模以上工业开票销售98.1亿元；完成固定资产投资78.1亿元，其中工业投资50.5亿元。新签约亿元以上项目32个、新开工亿元以上项目25个、新竣工亿元以上项目18个、新达产亿元以上项目13个。完成注册外资到账3445万美元、外贸进出口总额2.54亿美元。实施载体建设工程82项，完成投资23.75亿元。年内，南京大学射阳高新技术研究院挂牌成立，射阳航空科技城、南京大学射阳科技园开园，研究所（中心）、实验检测平台和创新创业培训中心投运，纳米黑金海水淡化等5个科技成果转化项目签约入驻，15个专家团队入驻园区（其中国家青年千人计划专家4名），申创省级以上品牌28个。（朱　政）

六、江苏射阳港经济开发区

2017年，江苏射阳港经济开发区完成规模以上工业开票销售97.7亿元；完成公共财政一般预算收入2.33亿元、规模以上工业入库税收2亿元；完成固定资产投资47.2亿元，其中工业固定资产投资37.8亿元。签约总投资20亿元的中科建海洋生物科技项目、5亿元的摩根士丹利——海普润膜科技项目等项目26个，引进远景能源智慧风电产业园项目、智能风机控制技术与云计算相结合的远景云中心项目、美国卡博特再生炭技术的普鲁泰克项目，落户海普润膜科技项目、汉蓝生物科技项目。全年新开工项目18个，竣工项目17个。年内，开发区获批国家一类临时开放口岸以及省级创业型园区、省级生态工业园区、省级知识产权试点园区、省级科技创业和发展创新特色园区、省级科技孵化器、省级优秀管理示范单位；新增国家高新技术企业3家、省民营科技企业5家。（朱　政）

七、江苏阜宁经济开发区

江苏阜宁经济开发区创建于1998年8月，规划面积48.87平方千米；2002年4月，被省政府批准为省级经济开发区。园区形成风电装备、光电光伏等为主导，机械电气、轻工食品等为支撑的产业格局，进区企业300多家，拥有中粮集团有限公司、中国长江三峡集团公司、中国铝业股份有限公司等企业投资项目50多个，拥有国家级高新技术企业16家，建成市级以上研发、工程、技术中心18家。先后获评国家级可持续发展试验区示范基地、江苏省风电装备特色产业园、江苏（阜宁）电子信息产业园、江苏省特色产业集群等，获批国家级科技孵化器，筹建国家风电设备质量监督检验中心。2017年，完成一般公共预算收入4.32亿元，工业固定资产投资64亿元，规模以上工业开票销售94亿元，服务业增加值2.51亿元，注册外资实际到账1560万美元。新开工千万元以上项目20个，其中亿元以上项目8个；新竣工千万元以上项目15个，其中亿元以上项目6个。完善基础设施，完成苏州路东延绿化提升工程、新民公园绿化景观工程以及区河道堤堆、河堤、圩堤绿化工程等，绿化面积27.2万平方米。完成大道路灯改线工程，维护路灯1400多杆。完成黄河路，黄码路、泰山路等5条道路及黄码桥维修工程；完成串阳路雨水管道疏通和中心路雨水管道工程。年内，园区获批江苏省创业实践基地和江苏省知识产权试点园区，武进高新区阜宁工业园进入特色发展考核前十名，获省政府表彰。（曹征雷）

八、江苏滨海经济开发区

江苏滨海经济开发区成立于2001年8月，2006年被省政府批准为省级开发区。2017年，园区实现一般公共预算收入2.59亿元，规模以上工业开票销售52.9亿元，注册外资实际到账2556万美元，完成外贸进出口8193万美元。全年新签约上海吕巷汽车零部件有限公司后视镜项目、电子信息智慧园项目等13个项目，其中亿元以上项目8个；新开工舒马克电源科技（滨海）有限公司项目等10个项目，新竣工江苏省盐业集团有限公司高参数长输管线阀门项目等8个项目。新引进盐城市“515”领军人才、苏北人才计划9人。全年实施重大基础设施工程4项，总投资额1.06亿元，完成世纪大道、明达北路、幸福北路、瓯北路绿化提升工程，组织南区高产河、条港河疏浚工作，北区西坎排河、中心河、清坎河清杂工作，确保排灌通畅。（王　敏）

九、江苏响水经济开发区

2017年，江苏响水经济开发区在省级经济开发区考核排名上升9名，列第86名；在省级共建园区考核排名进2名，列第33名。全年完成注册外资实际到账1720万美元，实现外贸进出口8515万美元、工业固定资产投资55.5亿元、规模以上工业开票销售41.6亿元、一般公共预算收入3.9亿元，新增一般纳税人企业30家，规上企业增长面达75%。成功签约亿元以上项目18个，开工建设亿元以上项目11个，竣工投产亿元以上项目6个。推进园区建设，规划建设占地46.67公顷的科技产业园，江苏亚邦爱普森药业有限公司新投资3000万元的技术中心投入使用，江苏金天马纱业有限公司获得中国针织协会颁发的“用户信得过产品”称号、获得园区第一个“马德里国际商标注册”。年内，新增国家级（后备）高新技术企业4家、省民营科技企业4家、省级高新技术产品5项、发明专利3项、实业新型外观设计专利20余项。加快基础配套设施建设。热电厂、污水处理厂全面运营，工业污水管网规划和铺设到位，热电管网完成13千米供汽管道架设工作。银海路绿化亮化工程竣工、开源工业园中心路、北海路、响陈路改造提升工程完成；珠江路、灌江路东延、黄河路、清源路、开发路等骨干道路快速推进。现代家园安置工程、开源路安置楼工程、环南农民集中安置点、响中西地块开发等工程全面推进。（潘建良）

十、江苏亭湖经济开发区

江苏亭湖经济开发区2002年启动建设，2006年被认定为省级经济开发区，2010年挂牌成立新城街道。开发区规划面积35平方千米，建成区面积28平方千米。开发区下设江苏亭湖光电产业园、上海嘉定汽车产业园亭湖工业园、亭湖文化创意产业园3个专业园区，集聚工业企业近百家，其中定报工业企业44家；确立以光伏能源、电子信息、智能装备、文化创意等为主导的特色产业体系，自主建设电子信息产业园，一、二期已建成30万平方米厂房，集聚关联企业25家，三期12万平方米标准厂房主体封顶；先后被命名为国家级生态街道、江苏省“两化”融合示范区、江苏省知识产权试点园区等。2017年，实现一般公共预算收入5.57亿元，税收占比82%，注册到账外资3085万美元，新增定报企业8家，新获评省级以上高新技术企业4家，创成市级以上工程技术中心3家。年内，亭湖区文化艺术中心、解放路实验学校、区人民医院等一批公共服务项目配套使用，保利集团、碧桂园、恒大集团先后在开发区启动建设高档住宅小区，红星美凯龙、在水一方、锐轩财富广场等城市综合体快速推进，东亭湖公园、青年公园等公园绿地建成开放。（张　骢）

第六节　特色园区

一、东台市城东新区

东台市城东新区位于东台市区东部，成立于2010年6月，规划面积50平方千米。先后建成国家级科技企业孵化器、省级现代服务业集聚区、省级高端装备制造业基地和省级“两化”融合试验区。2017年，园区实现地区生产总值22.4亿元，一般公共预算收入4.7亿元，固定资产投资79.5亿元，实现规模以上工业增加值15亿元，服务业增加值13.8亿元，社会消费品零售总额18.1亿元。全年新开工总投资30亿元的江苏远海科技有限公司智能制造项目、总投资8亿元的江苏宝控智能装备科技有限公司工业自动化智能装备生产制造项目等亿元以上项目11个；新签约亿元以上项目15个，签约项目总投资额80亿元。全年实施技改转型项目4个、合作重组项目4个，新增规模以上工业企业4家，新增规模以上服务业、限上批零住餐企业8家。年内，云谷、智厦集中入驻机器人、无人机等科技型企业33家；上海电气风电设备东台有限公司创成盐城市五星企业，江苏美之好机器人有限公司机器人参展世界智能制造大会，江苏莱纳多智能装备有限公司产品获批省首台（套）重大装备。完善基础设施，获批建立省人力资源产业园，投资3000万元实施市政道路项目4个，新建供热管道6.6千米，新建改建10千伏以上供电线路8.8千米，铺装自来水主管道1.8千米，污水处理厂新增日处理能力1.25万吨，江苏海东物流有限公司成为上海期货交易所指定交割库。建设城区配套设施，九年一贯制学校投入运行，新区广场开放使用，投放公共自行车200辆，新建城区绿化1万平方米，新装路灯160盏，颐高e电园一期基本建成。

（黄　骏）

二、安丰镇电子信息产业园

安丰镇电子信息产业园创建于2016年3月，地处沈海高速出口处，规划总面积4.3平方千米，启动建设2平方千米，定位3C精密电子制造、高端机械装备产业，有东台立讯精密电子技术有限公司、和熙电子科技江苏有限公司、江苏科马特机械有限公司等精密电子制造关联企业30多家，规模以上企业27家，CNC（数控机床）加工中心突破2000台。年内，园区加快发展智能装备“高端化”。江苏感恩机械有限公司等企业把CNC智能加工中心、冲压装备与工业机器人结合，建成全自动生产线，打造“无人车间”。加快产业发展“链条化”。园区内部形成从原料到终端电子产品的横向产业链，以及生产设备从刀具、制具到组装的纵向产业链，具备紧密电子全产业链专业制造能力。推动核心技术“自主化”。园区企业与南京大学、东南大学等高校合作，建成国家高新技术企业2家、科技型中小企业7家，获批各类专利200多项。2017年，园区完成全口径开票销售18.5亿元，入库税收4500万元。（黄　骏）

三、江苏建湖高新技术产业开发区

江苏建湖高新技术产业开发区位于建湖县城南片区，2009年8月启动建设；2011年2月，经县委、县政府研究决定成立高新区管委会，7月高新区党工委成立，12月经市政府批准为市级园区；2012年，被列为全市重点经济园区之一；2015年11月，获批筹建省级高新技术产业开发区；2016年8月，经报市委、市政府批准，将建湖城南新区撤并入高新区，将塘河街道与高新区实行“区、街合一”办公。至2017年底，园区有进驻工业企业（项目）120多家，其中规模以上企业43家（区属10家）。园区先后被认定为省高端装备制造业基地和省“两化”融合试验区、省知识产权试点园区。2017年，实现财政总收入9.87亿元、一般公共预算收入4.75亿元、规模以上工业企业开票销售收入56.2亿元，完成工业固定资产投资68.8亿元，注册外资实际到账1232万美元。全年引进实施工业项目16个（其中超亿元项目8个）、服务业项目8个；在建工业项目23个，竣工超亿元工业项目9个。（吕　霏）

四、盐城市现代高端纺织产业区

2017年，盐城市现代高端纺织产业区完成全口径工业开票销售39.96亿元，规模以上工业入库税收8200万元，注册外资到账1019万美元，规模以上工业增加值15.24亿元，全社会固定资产投资37.1亿元。新签约项目27个，其中亿元以上项目24个。新开工项目18个，其中亿元以上项目15个。新竣工项目12个，其中亿元以上项目9个。新达产项目7个，其中亿元以上项目7个。推进项目建设，江苏欧斯曼纺织科技有限公司纺织项目、题桥高端纺织染整产业园项目等项目加快建设。年内，园区获批全国印染行业创新型示范园区、全国纺织产业转移试点园区，江苏省纺织印染产业创新示范基地。（朱　政）

五、阜宁县现代服务业园区

阜宁县现代服务业园区(原名为阜宁港物流园区)成立于2009年，位于阜宁县县城东侧，以射阳河两侧及通榆河西侧为主要发展区域，西起县开发区大道，东至通榆河，北起四通河，南至协鑫大道、丰收路，区域规划总面积10平方千米，由南至北划分为港口物流配载区、生活性服务区以及生产性服务区三大功能版块，主要从事物流仓储、电子商务、新材料研发、金融保险、商品贸易、仓储保值等。配套建成港口水陆服务物流中心、电商产业园、石材装饰材料市场、综合农贸市场、钢材五金陶瓷批发市场、汽配汽车城以及家居生活广场等集聚平台。港口物流配载区以阜宁港为主体。阜宁港位于射阳河与通榆河交汇处，处于连申线（连云港至上海）中轴上，东进、北上皆可出海，陆运四通八达，是苏北地区规模最大、功能最全的内河港口，拥有驳岸2000米，其中公用锚地1000米，散货泊位6个、件杂货泊位2个、千吨级以上重件泊位和集装箱泊位各2个，散杂货堆场2万平方米，重件、集装箱堆场6万平方米，停车场4万平方米，码头靠泊能力3000吨级以上。外贸方面可承接进出口货物报关、储存、集装箱装卸与水上运输；内贸方面可承接各种类型件货运输，特别是超长、超重件的装卸与运输，已开通阜宁港至连云港集装箱运输航线、阜宁港至湖北潜江以及淮安港、江阴港、张家港港等港口的散货运输航线。生活性服务区域以发展商品贸易、金融保险、健康养老服务等项目为主，建成并运营综合农贸市场、石材装饰材料市场、钢材五金陶瓷批发市场、汽配汽车城以及家居生活广场等。生产性服务区域以新上物流仓储、电子商务、新材料研发等产业项目为主，拥有各类企业40家、在建项目15个，并初步建成运营阜宁县电商产业园。其中，阜宁县电商产业园规划总面积36.67公顷，2016年被认定为盐城市创业孵化示范基地，2017年一期工程投入运营，入驻电商企业26家，涵盖办公文具、服装、工艺品、农产品、百度推广中心、阿里农村淘宝、支付宝工作站以及电商配套物流等。2017年，阜宁县现代服务业园区完成地区生产总值2.01亿元，财政收入1.1亿元，一般公共预算收入0.87亿元，全社会固定资产投资12.7亿元，服务业增加值1.88亿元。（曹征雷）

六、滨海港经济开发区

滨海港经济开发区是以滨海港为依托建设的沿海开发区，辖区面积139平方千米，规划建设面积72平方千米。2017年，滨海港经济开发区加快滨海港开发建设，总投资302亿元的清洁燃煤发电、储配煤中心、海上风电、陆上风电等产业项目建设之中。其中，总投资80亿元的2×1000兆瓦火电机组全部并网发电；总投资40亿元的5000万吨储配煤中心项目投入商业运行；总投资137亿元80万千瓦的3个海上风电项目，完成投资74.5亿元；总投资58亿元65万千瓦的4个陆上风电项目建成运营；总投资115亿元的中海油LNG（天然气）项目开工建设。推动港区建设，打造5平方千米月亮湾海滨风情小镇；实施沿海百里风光带等27个项目，总投资44亿元。至年底，开发区实现公共财政预算收入5041万元，规模以上开票销售6.16亿元，规模以上入库税收4628万元。（王　敏）

七、盐城市响水工业经济区

盐城市响水工业经济区前身为2006年成立的陈家港沿海经济开发区，2010年更名为江苏响水沿海经济开发区，2016年更名为盐城市响水工业经济区，规划区域面积220平方千米，一期启动区面积58平方千米，重点发展能源建材、造船修船、船舶配套、钢铁造纸、合金冶炼、机械电子、港口物流等产业。2017年，实现规模以上工业开票销售353.8亿元，规模以上工业增加值46亿元，工业固定资产投资133.2亿元，完成一般公共财政预算收入6.45亿元，新培植规模以上工业企业5家，新增市三星级以上企业4家，其中五星级企业2家。全年组织沿海重大产业项目专题招商推介会12次，新签约亿元以上重大项目19个，其中投资50亿元以上项目2个，投资10亿元以上项目4个。全年实施各类项目27个，其中新开工亿元以上项目17个，新竣工亿元以上项目7个。加快基础设施建设，实施灌河一路改造、观潮三路改造、生态绿地配套项目、港电大道路缘石、工业河伏堆河疏浚等基础设施项目8个，其中灌河一路、观潮三路改造等工程完工。新兴科技产业园一期2万平方米标准厂房完成招投标工作，二期20万平方米金属制品加工标准化厂房做前期准备，第二污水处理厂完成初步设计，园区天然气管网规划设计等功能配套项目启动实施。园区与冶金工业规划研究院、北京科技大学、山东大学、南京工业大学等院校合作，成立合金新材料产业研究院，新建成国家板带生产先进装备工程技术中心响水研发基地、省镍铁合金冶炼工程技术研究中心等技术创新平台6个。（潘建良）

八、大丰风电产业园

大丰风电产业园成立于2009年，是国家战略性新兴产业（海上风电）综合试点区、国家火炬计划产业基地、江苏省特色产业园。2017年，实现开票销售90亿元、入库税收4.25亿元。年内，双一科技盐城有限公司机舱罩及叶片模具等项目落户；江苏金风科技有限公司实验中心一期、叶片试制中心、培训中心3个项目开工建设，宝诚风电配件项目打桩，杰思比叶片套材、双瑞叶片、双一机舱罩及叶片模具3个项目厂房租赁改造。引导企业开发新产品、研发新技术、改进新工艺、上线新装备。“超大型海上风电机组设计技术研究”项目通过科技部专家组验收。新增省博士后创新实践基地1家、高新技术产品4个。成功申报省知识产权领军人才1人、盐城制造技术创新领军人才1人、大丰“双创”1人，招引“千人计划”专家1人、博士1人。（杨金辉）

九、盐城海洋生物产业园

盐城海洋生物产业园于2010年8月开工建设，规划面积10平方千米，由盐土大地海洋生物产业科技园、江苏海洋产业研究院组成，以培育海洋高新技术企业、提高海洋高新技术产业化规模和促进产业聚集为目标，着重培育“海洋生物、盐土农业、蓝色旅游”三大特色产业，主攻海洋生物医药、海洋生物食品、海洋生物新材料三大方向。先

4月2日，国家电投集团协鑫滨海发电有限公司首艘煤船试航。鲁一滨/摄

后被认定为国家科技兴海产业示范基地、国家农业科技园区、国家AAAA级旅游景区等。至2017年底，建成规划展示馆、3万平方米连栋大棚（耐盐特种蔬菜高效栽培）、3万平方米智能温室（耐盐苗木扩繁中心）、1.5万平方米科技服务中心、1.8万平方米海洋科技馆、1.2万平方米海洋生物产业孵化区、3.3万平方米黄海药谷海洋生物药研发中试基地等设施；青岛明月海藻集团投资13亿元的年产3万吨海洋活性物质产业化项目、赐百年集团股份有限公司投资1.2亿元的螺旋藻产业化项目、北京碧青园生物工程有限公司投资4亿元的年产3万吨海菊芋（一期）深加工项目、上海创诺制药有限公司投资6亿元的诚康海洋生物制药中试基地项目、江苏润华酒店管理有限责任公司投资1亿元的格林豪泰连锁酒店项目建成投产；浙江金壳药业有限公司投资3亿元的甲壳多糖项目，上海创诺制药有限公司投资13亿元的年产200亿片固体片剂项目及生物药研发项目，北京碧青园生物工程有限公司投资4亿元的年产6万吨海菊芋（二期）深加工项目，香港同信投资发展有限公司投资6000万美元的年产1.1万吨卡拉胶、琼脂项目等项目加快建设。（杨金辉）

十、盐城城西南现代物流园

盐城城西南现代物流园区位于盐城高新技术产业开发区盐渎街道，于2010年6月启动建设，规划占地面积284公顷、建筑面积270万平方米。至2017年底，园区建成面积215.69公顷、建筑面积150万平方米，先后引进、建设亿元以上项目28个，其中建成项目18个、在建项目6个，完成投资45亿元；有注册企业350家，汇集以江苏悦达摩比斯贸易有限公司、江苏悦达包装储运有限公司等为代表的汽车及汽车配件物流，以苏宁云商、松鑫、格力等为代表的家用电器物流，以江苏华晓医药物流有限公司、江苏省盐城万佳医药有限公司等为代表的医药物流，以神龙公路港、亚邦公路港等为代表的公路港专线、零担物流，以EMS、顺丰、韵达等为代表的快递物流，基本形成“汽车整车和零部件、家用电器、医药、公路港、快递”五大物流产业集群。全年实现主营业务收入65亿元，税收2.7亿元。

（张　弛）

十一、盐城环保科技城

2017年，盐城环保科技城完成一般公共预算收入1.93亿元，完成固定资产投资57.7亿元，规模以上工业企业开票销售44亿元，新增江苏远致达轨道交通发展有限公司、盐城清新环境技术有限公司、万邦达东丽膜技术（江苏）有限公司、江苏新汇烽塑胶有限公司、绿邦膜分离技术（江苏）有限公司、江苏阿贝罗智能家居有限公司、江苏绩优机电科技有限公司7家定报企业。新开工项目17个，其中总投资10亿元的清华产业园项目、总投资12亿元的清新环境大气治理研发及核心设备制造项目、总投资10亿元的中车轨道交通项目、总投资10亿元的中海华核电设备制造项目、总投资5.7亿元的中科核电配件制造5个项目被列为市重点项目。新竣工项目15个。加快基础设施配套建设，完成汇金路、生态大道、污水处理厂西侧约3000米道路建设；建成凤洋、新港、绍林、新民4个村卫生室；建成10千米村庄出行道路和环宝瓶湖健身步道；建成通车世纪大道东延环科城段；新增75路、203路、209路公交车辆线路；完成环保大道、沈海高速、生态大道等路段景观提升工程；建成由5幢单体建筑组成的众创中心投入使用。加快产学研合作。与清华大学联手建立的清华大学第一个校外国家级工程实验室投入运行，诞生国内首条中低温脱硝催化剂生产线。与中科院上海硅酸盐研究所——明尼苏达大学联手建立的盐城先进过滤研发中心投入运行，成功建成国内第二座除霾塔。推进中科院汞污染防治技术研发中心、中建材国家重点实验室节能减排技术中心等研发平台建设，参与亚洲首个环保大数据智能云平台建设、国家“十三五”蓝天工程行动计划研定，承担国

盐城环保产业会展交易中心。　　环保科技城/供

家大气产业园创新创业政策研究及应用课题研究、国家燃煤烟气脱硫设备行业管理标准制定、“国家水体污染控制与治理重大专项”和“国家灰霾、烟雾、酸雨追因与控制”战略性先导课题研究等工作。

举办第六届中国盐城·国际环保产业博览会 9月25—27日，由省环保厅、市政府共同主办的EPIF2017第六届中国盐城·国际环保产业博览会暨新形势下中国环保产业创新发展大会在盐城环保科技城召开。全球26个国家的环保商和知名人士近2000人参加，9家世界500强企业以及51家国际知名环保企业参会。博览会期间，中科院、中国工程院、清华大学、天津大学、北京理工大学以及美国工程院、美国环保局、世界银行等48家环保领域权威机构的院士专家参加环保论坛。环博会集中签约澳大利亚EFI环保集团、清华大学柔性太阳能材料以及中国科学院生态环境研究中心研发的“超导磁吸附分离土壤重金属清洗技术”、中国科学院研发的“工业废盐综合利用技术”等20个环保类战略合作项目，涵盖烟气治理、固废综合利用、水处理、新型材料等领域。

被列为全国产业集群区域品牌建设试点单位 11月23日，工信部公示第四批产业集群区域品牌建设试点单位，盐城环保科技城“大气治理产业及其他节能环保产业”入选，成为全国唯一的环保产业集群区域品牌建设试点单位。作为衡量区域特色产业在全国范围核心竞争力的一项核心指标，盐城环保科技城产业集群形成研发与制造、工程总包、运营服务等较为完整的全产业链，引进和培育118家环保企业，其中环境上市公司24家，初步形成装备先进、富有活力的产业体系，与中科院、清华大学、复旦大学、南京大学、同济大学、美国明尼苏达大学、澳大利亚墨尔本大学等国内外知名院校以及美国科杰、日本东丽等行业领军企业合作，推动环保产业从做产品迈向定标准的行业高端，实现区域特色产业的集群式发展。 （张　骢）

十二、盐城市现代物流园区

盐城市现代物流园区（与盐城市新洋经济区系二块牌子一套班子）成立于2007年1月，位于盐城城北核心区域，总规划面积31平方千米，其中物流核心区域4.34平方千米，是盐城市率先挂牌的市级重点物流园区，是盐城大市区唯一的综合物流基地，建有综合物流港、公铁水联运中心、电商物流中心、分销配送中心，已入驻包括大型物流企业和商户近千家，货物配载量占大市区配送总量60%以上。园区先后被命名为中国物流示范基地、中国物流实验基地、中国专业市场示范区、全国优秀物流园区、省重点物流基地、省级示范物流园区、省级生产性服务业集聚示范区。2017年，园区实现一般公共预算收入4.15亿元，完成规模以上工业增加值16亿元、固定资产投资48亿元、服务业增加值21.5亿元、社会消费品零售总额20.6亿元；盐城市悦诚新材料股份有限公司在“新三板”挂牌上市，3家企业获评国家级高新技术企业，6家企业通过省级高新技术产品认定，新发展私营企业1314户。新签约项目27个，其中10亿元以上项目5个，分别是中鹰国际装配式建筑科技产业园、爱琴海购物公园、红星美凯龙（苏北）家居建材博览中心、吉盛伟邦家居村、百河国际IP文创产业小镇。新开工完成5000万元以上产业项目15个，新竣工5000万元以上产业项目12个，其中新开工亿元以上项目13个、新竣工亿元以上项目9个。设立1000万元电商发展专项扶持资金，万众电商、明珠电商、百花电商等多家电商企业入驻园区，其中盐阜易佰作为盐城本地新零售电商平台，实现线上线下业务全覆盖，入驻商户536户，活跃粉丝4万人，注册会员31.3万人。加快基础配套设施建设，竣工通车新海路、新纳路、新百路、庆城路、喜城路等7条道路，实施兴城路B标、新圩路改造，启动荣城路、鹤城路等6条道路建设；完成21个地块杆线迁移、13个项目接送电、12个项目供水、4个项目水气热管道设计；新增绿化7万平方米、乔木3000多棵，安装路灯、景观灯583杆，改建公交候车亭16座。

科技孵化区开工 2月，总投资12.88亿元，占地面积17.87公顷，规划总建筑面积26.8万平方米的科技孵化区开工建设。科技孵化区建设包括ABCDE在内的5个地块。其中，A地块为众创服务中心、规划展示中心、商业服务中心；B地块为科技研发中心；C、D地块为科技孵化生产基地；E地块为人才公寓、职工宿舍等生活配套区。至年底，建成ABCD4个地块，建成面积23.6万平方米，入驻企业3个，分别是上海方豪光电科技有限公司、江苏邦洁新能源科技有限公司、盐城市创基电子科技有限公司。

中鹰国际装配式建筑科技产业园 1月，中鹰国际装配式建筑科技产业园项目落户盐城市现代物流园区。园区规划占地面积63.4公顷，分三期投资建设，其中一期征地30.07公顷，总投资25亿元。至年底，完成一期拆迁工作94.5%，完成一期土地使用证办理，园区总平面规划方案通过市规委会审核，完成3.2万平方米的移动工厂厂房基础设施建设。 （张　骢）

第06章 开放合作

责任编辑 高兰会

综 述

2017年，全市实现进出口总额86.5亿美元，其中出口58.4亿美元。全年新批外商投资项目157个，协议注册外资30.43亿美元，注册外资实际到账7.89亿美元。新批境外投资项目17个，中方协议投资额3.17亿美元。全市经济技术园区完成进出口总额69.5亿美元，注册外资实际到账7.3亿美元，工业固定资产投资1566.8亿元，一般公共预算收入158.2亿元，规模以上工业开票销售收入3081.7亿元。

（孙小勇）

第一节 招商引资

2017年，盐城开展市级重大招商活动7次，累计邀请韩国、新加坡、马来西亚等16批次110余名客商在盐城考察。累计洽谈外资项目271个，其中世界500强项目18个。先后举办2017江苏盐城（首尔）沿海发展暨中韩（盐城）产业园投资合作说明会、2017盐城（上海）跨国公司投资合作说明会、2017中国盐城（慕尼黑）经贸合作说明会等8场市级集中推介活动，吸引1100余名客商参加，活动期间签约重大外资项目82个，总投资72.26亿美元，协议利用外资23.2亿美元。

韩国经贸交流活动 3月6—10日，市经贸代表团赴韩国开展经贸交流、产业招商活动。市代表团先后考察走访现代汽车、现代建设、现代格罗唯视集团、威尔科龙集团、韩华集团、周星工程公司、罗普伺达公司等企业集团9家，开展会谈14次，在经贸、科技、医疗等领域达成合作共识。其间，举办2017江苏盐城（首尔）沿海发展暨中韩盐城产业园投资合作说明会。160多家机构和企业的200多名嘉宾出席。会上举行项目集中签约仪式，签约项目15个，总投资10.2亿美元，协议外资3.9亿美元，涉及汽车、机械、电子信息、新能源、节能环保、大数据、智能终端、高端装备与新材料等领域。

8月22—26日，市经贸代表团赴韩国开展经贸交流、产业招商活动。市代表团先后考察走访现代汽车总部、现代汽车南阳研究所、周星工程、SK海力士、大熊制药、海成集团、可隆集团、MG影视8家企业集团，开展会谈13次，在汽车、光电光伏、新材料、医疗器械、文化影视等领域达成合作共识。8月24日，举办2017中国盐城（首尔）产业发展投资合作说明会。120多家机构和企业的150多名嘉宾出席。会议现场签约项目13个，总投资27.6亿美元，协议利用外资7.24亿美元，涉及汽车、新能源、节能环保、新材料、大数据、医疗健康、现代服务等领域。其间，市政府与韩国新韩银行签订战略合作协议。

欧洲经贸交流活动 9月21—28日，市经贸代表团赴德国、意大利开展经贸交流活动。市代表团先后拜访意大利贝蒂尼陶瓷公司、速欧集团、牛力士公司、萨普公司、德国Sonnen能源公司、德纳（欧洲）控股公司、弗劳恩霍夫协会、巴斯夫化工集团等企业，与意大利斯特帕拉瓦集团、德国巴伐利亚商会、德国亚曼集团、中德环保公司、中鹰投资集团等公司、机构负责人进行会谈，考察德国MAN集团重型卡车生产线、奔驰汽车博物馆等，举办2017中国盐城（慕尼黑）经贸合作说明会和中国盐城（米兰）经贸合作餐叙会2场专题招商推介活动。其间，共洽谈项目37个，签约项目11个，总投资3.56亿美元，协议利用外资1.69亿美元。

新加坡、马来西亚经贸交流活动 6月25至7月2日，市经贸代表团赴新加坡、马来西亚开展招商推介活动。市代表团先后考察走访胜科工业、光汇海运、昇立国际、星展银行、丰益国际、天合光能、吉宝斯密特等15家企业，拜会8家政府机构和商会协会，开展会谈30次，在新能源开发、港口建设、现代服务业等领域达成合作共识。其间，举行2017盐城（新加坡）沿海发展产业投资合作说明会，70多家新加坡工商团体、企业界、金融界100多名嘉宾出席，现场签约合作项目6个，总投资3.9亿美元，协议外资8000万美元，涉及港口建设、新能源、现代物流、融资重组等领域；

举办2017盐城（马来西亚）合作餐叙会，20多名当地企业和商协会代表参加。

中韩（盐城）产业园获批设立 12月11日，国务院发文批准同意在江苏省盐城市设立中韩（盐城）产业园，标志着中韩（盐城）产业园正式上升为国家层面合作园区。2015年6月1日，中韩自贸协定正式签署明确盐城为中韩产业园地方合作城市。盐城市委、市政府立即成立中韩（盐城）产业园建设领导小组；省政府制定《关于支持中韩（盐城）产业园区发展的若干意见》，设立中韩（盐城）产业园区发展基金。按照国务院要求，中韩（盐城）产业园要充分发挥对韩合作综合优势，打造中韩地方经济合作和高端产业合作的新高地；要落实中韩自贸协定有关规定，加快复制推广上海等自贸试验区改革试点经验，把中韩（盐城）产业园建设成为深化供给侧结构性改革、加快建设创新型国家、推动形成全面开放新格局的示范区，中韩对接发展战略、共建“一带一路”、深化贸易和投资合作的先行区。年内，盐城新设韩资企业41个，协议注册韩资3.05亿美元，实际使用韩资6911万美元；宇信安全系统、启洋电机、日进汽车系统等一批总投资超3000万美元的项目落户中韩（盐城）产业园。至年底，全市累计设立韩资企业541个，总投资61.47亿美元，协议注册韩资24.48亿美元，实际使用韩资12.43亿美元。累计设立1000万美元以上韩资企业117个，其中设立3000万美元以上韩资企业35个。总投资超亿美元的企业有东风悦达起亚汽车有限公司、江苏摩比斯汽车零部件有限公司等。

战略性新兴产业投资说明会 5月18日，战略性新兴产业投资说明会暨第十届海盐文化节开幕，近400名国内外知名企业、高校院所的嘉宾和客商参会。文化节期间，共洽谈项目68个。其中，外资项目54个，总投资26.17亿美元，协议外资9.65亿美元；内资项目14个，协议利用资金133亿元。会上举行重大项目签约仪式，主要以先进制造业项目为主，同时也包含汽车产业、环保产业、医药产业以及智能设备制造产业项目。其中，外资项目11个，总投资8.7亿美元；内资项目5个，协议利用资金38亿元；政府合作协议1个。

2017盐城（上海）跨国公司投资合作经贸活动 4月12—14日，市政府在上海开展经贸交流、产业招商活动。代表团先后考察3M、甲骨文、李尔、东芝、益海嘉里、SKC、巴斯夫、三井化学、联化科技、晶科、上海电力、春秋集团、题桥纺织等跨国公司驻沪机构和企业，全面推介盐城投资环境。4月14日，举办2017盐城（上海）跨国公司投资合作说明会，3M、博世、陶氏化学、远景能源、三井、上海外商投资协会、大韩贸易投资振兴公社、普华永道、世邦魏理仕等110多家跨国公司和机构代表应邀参会。会场现场签约项目11个，总投资7.9亿美元，协议外资1.5亿美元，涉及新能源、节能环保、高端装备、农产品加工、汽车、纺织、电力等领域。

参加第十六次泛黄海中日韩经济技术交流会 11月28日至12月2日，由市环保局、市商务局、市开发区及部分企业组成的盐城市代表团赴日本参加第十六次泛黄海中日韩经济技术交流会及系列活动。活动期间，代表团先后拜访东丽株式会社水处理公司，与大谷洋常务董事就扩大在盐城投资万邦达东丽公司项目投入进行交流；拜访LAOX株式会社，推动该会社与市开发区利用网络平台，在电子商务领域开展合作；拜访东芝集团，推动该集团对落户市开发区的TMEIC项目扩大投资，并共同探索新的合作事业，拓宽合作领域；与东海日中贸易中心常务大野大介、国家电力投资集团日本代表处总代表刁旭会谈，探索在新能源汽车、环保污水处理、智能装备、海上风电、光伏光电等领域开展合作。11月30日，盐城在商务论坛上作“依托生态资源，打造康养特色小镇”的主旨发言，重点推介盐城的投资环境及健康养老产业。（孙小勇）

第二节 接轨上海

2017年，盐城以加快推进沪苏大丰产业联动集聚区建设为重点，深化与上海园区合作共建，开展社会交流。先后在上海举办2017盐城（上海）跨国公司投资合作说明会、2017盐城（上海）先进制造业专题推介会、2017盐城市政府产业投资引导基金政策发布暨基金管理人招募上海专场对接会等专题招商活动。10月27—31日，中国盐城第七届沿海发展人才峰会在上海举办，会上共向237个领军人才（团队）发放资助资金1.62亿元，签订教育、卫生、科技人才合作项目78个，揭牌成立在沪盐城籍高层次人才联合会和4个名医工作室。年内，市委、市政府组织参加在上海举办的第十九届国际工业博览会，新能源汽车、光伏等新兴产业年度展览大会，江苏·上海人才交流合作对接洽谈会，宣传盐城投资环境。开展全面接轨“大上海”研究，发挥盐城拥有上海307平方千米飞地农场优势，围绕打造上海飞地经济升级版开展研究，形成《关于盐城市打造上海“飞地经济”升级版的初步思考》调研报告，提出以沪苏大丰产业联动聚集区为龙头，全面提升盐沪合作共建层次，不断拓展“飞地经济”合作范围和领域，探索设立沪苏（盐城）特别合作区，打造“飞地经济”升级版，深度对接上海产业链、创新链、物流链、价值链，把盐城建成真正的北上海，打造国家“飞地经济”示范区。

沪苏大丰产业联动集聚区建设 年内，作为沪苏两地第一家省级层面共建园区，沪苏大丰产业联动集聚区以建设“北上海”临港生态智造城为目标，打造全国“飞地经济”示范区为抓手展开建设。集聚区总体规划和控制性详细规划编制完成并获得大丰区政府批准，园区给排水、电力、消防、通信、供热等专项规划编制之中。至年底，集聚区累计完成基础设施投入2亿多元，2平方千米启动区“两纵三横”（两纵：海丰路、大丰路2条南北向主干道；三横：贤丰路、凤阳路、登丰路3条东西向主干道）的发展框架成型，基本实现“七通一平”（“七通”：通道路、给水、排水、天然气、电力、电信、供热；“一平”：土地地貌自然平整），一期12平方千米区域的基础设施开工建设。项目建设方面，全年签约项目2个，总投资35亿元；开工实施项目8个；竣工投产项目1个。9月26日，集聚区举行重大项目集中开工仪式，包括总投资超10亿元的上海镁合金轮毂和奥为智能门窗项目在内的项目集中开工建设。

（杨林森）

第三节 南北挂钩

2017年，全市10家省批共建园区参加省考评全部合格，共获“以奖代补”和奖励资金5500万元。年内，10家省批共建园区投入基础设施建设资金21.6亿元，落户项目82个，总投资81亿元，实现开票销售收入561.2亿元，公共财政预算收入15.31亿元。其中，常州高新区大丰工业园、武进高新区阜宁工业园和武进经济开发区射阳工业园新落户项目39个，总投资17.7亿元，实现开票销售收入188亿元、公共财政预算收入4亿元。加快合作，盐城与常州签署2017年度挂钩合作计划，明确在加快共建园区建设、推进产业转移、发展农业经济、增进旅游合作、加强社会事业交流、开展县乡层面结对挂钩等方面加强合作。市农委组织市、县、镇农业科技干部赴常州参观培训，了解常州发展现代农业的成功经验，引进种养新技术和新成果，射阳大米、大纵湖螃蟹、洋马菊花，东台西瓜等盐城名特优农副产品畅销常州各大农副产品市场和超市；市旅游局组织市重点旅游景区、地接旅行社和市区四星级以上旅游饭店营销人员赴常州重点旅游联盟、旅行商、新闻媒体开展业务交流，组织小型推介会1次；市旅游局利用盐城、常州两地合作的新闻媒体旅游专栏开展互动宣传，协调两地城市的旅游咨询服务中心、旅游集散中心等场所，相互播放对方城市的旅游形象宣传片，摆放宣传产品，扩大两地旅游项目的知名度；江苏省常州高级中学和盐城市田家炳中学结成联盟校，常州刘国钧职教中心和盐城市机电高职校在专业建设、人才培养等方面进行交流。加快县区合作。滨海县收到溧阳市、新北区帮扶资金570万元；邮储银行常州分行与滨海县木港村开展“城乡结对、文明共建”活动，开展下村走访10余人次，提供帮扶资金10万元，至年底，溧阳市有近10名领导干部，20多名机关干部到滨海县进行访贫问苦，慰问低收入农户近60户；阜宁县与武进区加强现代农业技术与产业合作，阜宁县先后3次组织农技人员、村组负责人赴常州参加培训；射阳县和武进区教育部门共同制定“名师送培”实施方案，并开展交流活动1次，射阳县小学英语教师300人参加活动。

（杨林森）

2017年全市南北（盐沪）合作共建园区情况

表06-06

园区名称	共建单位	成立日期	注册资本	规划面积（平方千米）	启动区面积（平方千米）	产业定位	获省共建园区批准日期
常州高新区大丰工业园	常州高新区、大丰区人民政府	2006.11	1亿元（常州9000万元、大丰1000万元）	10	2.30	电子、机电、新材料和工程装备制造	2007.5
武进高新区阜宁工业园	武进高新区、阜宁经济开发区	2006.9	6000万元（常州3600万元、阜宁2400万元）	5	1	风电装备和机械制造	2007.6
上海西郊工业园区东台工业园	上海西郊经济技术开发区、江苏东台经济开发区	2009.11	5080万元（上海独资）	1.80	1.70	机械制造、电子电气、新材料和高科技	2010.11
上海嘉定工业区建湖科技工业园	上海嘉定工业区、江苏建湖经济开发区	2009.11	1亿元（上海6000万元、建湖4000万元）	4.16	1.30	绿色照明、机械制造	2011.3
上海南汇工业园区响水工业园	上海南汇工业园区、江苏响水经济开发区	2009.4	5000万元（上海3000万元，响水2000万元）	6	1	新材料、先进装备制造、机械电子、纺织服装	2011.4
上海漕河泾新兴技术开发区盐城工业园	上海漕河泾新兴技术开发区发展总公司、盐城经济技术开发区	2009.3	5200万元（上海3120万元、盐城2080万元）	9.50	9.50	新能源汽车及汽车零部件、新光源和新能源装备制造、生产性服务业和区域总部经济	2011.6
上海闵行（盐都）工业园	上海市莘庄工业区、盐城市高新技术产业区	2010.4	5000万元（上海3000万元、盐都2000万元）	16	0.27	风电装备、通信电子等主导产业	2011.11

续表 06-06

园区名称	共建单位	成立日期	注册资本	规划面积（平方千米）	启动区面积（平方千米）	产业定位	获省共建园区批准日期
上海市工业综合开发区滨海工业园	上海市工业综合开发区、江苏滨海经济开发区	2011.4	5000万元（上海3000万元，滨海2000万元）	9.80	2	泵阀机械、新材料、新能源	2011.11
武进经济开发区射阳工业园	武进经济开发区、射阳经济开发区	2011.11	5000万元（常州3000万元、阜宁2000万元）	3.93	0.53	精密机电、生物食品、新材料、高端纺织	2012.4
上海嘉定汽车产业园区亭湖工业园	上海嘉定汽车产业园区、江苏亭湖经济开发区	2011.9	5000万元（上海3000万元、亭湖2000万元）	10	4	光电产业	2012.4

第四节　利用外资及港澳台资

2017年，全市新设外商及港澳台商投资项目157个，协议注册外资及港澳台资30.43亿美元，实际使用外资及港澳台资7.89亿美元，其中新设（增资）总投资3000万美元以上项目44个。先进制造业、现代服务业、战略性新兴产业均实现快速增长。其中，新设（增资）先进制造业项目23个，协议注册外资及港澳台商8.24亿美元；新设（增资）现代服务业项目25个，协议注册外资及港澳台商5.5亿美元，实际使用外资及港澳台资1.7亿美元；新设（增资）战略性新兴产业项目76个，协议注册外资及港澳台资19.8亿美元。年内，列入市“两重一实”（重大项目、重点工程、民生实事）的12个外资及港澳台资项目全部开工，完成投资6亿美元；列入市重点外资项目的60个项目，46个项目开工建设，其中20个项目投产或运营。全年外商及港澳台商投资项目完成投资8.66亿美元，实际使用外资2.15亿美元。全年全市新批中外合资企业53家，协议注册外资11.1亿美元，实际使用外资2.66亿美元；中外合作企业2家，协议注册外资760万美元，实际使用外资78万美元；新批外商独资企业102家，协议注册外资19.26亿美元，注册外资实际到账5.22亿美元。至年底，全市外商及港澳台商投资企业缴纳涉外税收55.32亿元，列全省第十位，苏北第二位。外商及港澳台商投资企业进口额、出口额均居苏北第二位。

外商投资企业管理　4—7月，市商务局会同市财政局、国税局、地税局、统计局等部门对全市外商投资企业开展网上联合年报工作，参加年报的外商投资企业有1216家，出具回执的企业有1216家，通过率100%。

（孙小勇）

2017年全市外商及港澳台商直接投资情况

表06-07

地　区	实际使用外资及港澳台资（万美元）		协议注册外资及港澳台资（万美元）		新批外商及港澳台商投资企业数（个）			
	当年累计	同比（±%）	当年累计	同比（±%）	当年累计	同比（±%）	新批及净增资总投资3000万美元以上项目 当年累计	新批及净增资总投资3000万美元以上项目 上年同期
合　计	78862	11.59	304307	71.59	157	4.67	44	48
东台市	8179	32.75	29231	-0.32	15	-28.57	7	6
建湖县	4052	-26.14	3892	-31.86	8	14.29	1	3
射阳县	6007	34.93	27224	54.64	23	9.52	4	3
阜宁县	2404	93.25	4457	66.49	7	40	—	—
滨海县	5527	5.02	15220	80.57	12	9.09	1	3
响水县	5018	72.20	33125	380	8	33.33	3	2
市　区	47675	5.59	191158	79.16	84	6.33	28	32
其中：大丰区	11357	-21.44	37695	-20.43	20	-25.93	6	15

续表06-07

地区	实际使用外资及港澳台资（万美元）		协议注册外资及港澳台资（万美元）		新批外商及港澳台商投资企业数（个）			
							新批及净增资总投资3000万美元以上项目	
	当年累计	同比（±%）	当年累计	同比（±%）	当年累计	同比（±%）	当年累计	上年同期
盐都区	8202	20	43121	178.31	7	-36.36	5	4
亭湖区	5105	49.97	56496	520.43	12	50	6	3
开发区	18498	27.12	49276	68.25	37	60.87	11	9
城南新区	4513	-23.53	4570	-15.87	8	-20	—	1

2017年全市外商及港澳台商直接投资分国别（地区）情况

表06-08　　单位：万美元、个

国别（地区）	总计	韩国	中国香港	中国台湾	印度尼西亚	日本	澳门	美国	丹麦	英国	德国	意大利
项目数	157	41	50	11	2	5	1	5	1	3	—	—
合同投资	304307	30527	150962	9566	2200	725	1281	2165	175	1637	35	—
实际投资	78862	6911	51802	2989	600	207	263	59	175	111	50	20
国别（地区）	西班牙	文莱	巴基斯坦	新加坡	喀麦隆	埃及	毛里求斯	塞舌尔	南非	芬兰	印度	巴巴多斯
项目数	—	1	1	3	1	1	—	2	1	1	—	—
合同投资	—	6000	49	8105	150	178	3115	1553	51	118	—	78
实际投资	5	—	—	3980	—	—	600	—	—	—	10	78
国别（地区）	开曼群岛	英属维尔京群岛	加拿大	百慕大	澳大利亚	萨摩亚	创业投资公司投资	投资性公司投资				
项目数	—	—	—	—	4	2	7	15	—	—	—	—
合同投资	—	5811	—	780	6868	17038	31270	23870	—	—	—	—
实际投资	260	1251	88	960	60	2079	475	5829	—	—	—	—

注：盐城经济技术开发区的宇都新能源项目由中国香港和中国台湾共同投资。

第五节　对外及港澳台经济技术合作

2017年，全市新批外商及港澳台商投资企业17家，中方协议投资额3.17亿美元。新批外商及港澳台商投资项目17个。其中，中港建设集团有限公司莫桑比克德尔加督水泥厂生产入库水泥4.58万吨，销售3.93万吨；杰龙控股坦桑尼亚有限公司实现利润185.65万美元、税收43.32万美元；江苏德龙镍业有限公司印尼项目电厂镍铁合金生产线投入生产；江苏丰海新能源淡化海水发展有限公司丰海海水淡化项目与沙特、马尔代夫等地签署合作协议。全年全市有外派劳务795人，劳务人员实际收入1273万美元。外派劳务主要包括江苏华耀建设有限公司建筑装潢劳务、清华建筑工程劳务和盐城国际派往突尼斯、吉尔吉斯斯坦、阿尔及利亚和日本的劳务工人。其中，派往突尼斯劳务人员主要是承建突尼斯综合医院项目；派往吉尔吉斯斯坦劳务人员主要是承建使馆维修项目；输往日本劳务人员主要是护士，输出护士均在盐城卫生学校接受定点培训。

（孙小勇）

2017年全市对外及港澳台经济技术合作投资企业情况

表06-09　　单位：万美元

序号	地　区	境内主体企业名称	境外企业名称	总投资	盐城协议投资额	国别或地区	行业类别
1	响　水	江苏德龙镍业有限公司	德龙镍业有限公司	7500	7500	印度尼西亚	有色金属冶炼及压延加工业
2	射　阳	江苏裕华投资开发集团有限公司	裕恺鑫筑有限公司	10	10	中国香港	国际贸易
3	东　台	东台市投资发展有限公司	东台投资控股有限公司	1.28	1.28	中国香港	国际贸易
4	盐　都	盐城高新区投资集团有限公司	咏恒国际有限公司	643	643	中国香港	商务服务业
5	盐　都	江苏盐电阀门有限公司	国际管道采购集团巴西有限责任公司	958.40	458.40	美　国	批发业
6	盐　都	江苏中恒宠物用品股份有限公司	花园宠物集团	1300	1300	美　国	纺织服装、鞋、帽制造业
7	盐　都	江苏中恒宠物用品股份有限公司	阿波罗投资控股有限公司	400	400	美　国	纺织服装、鞋、帽制造业
8	盐　都	江苏中恒宠物用品股份有限公司	百万宝贝电子商务有限公司	300	300	比利时	纺织服装、鞋、帽制造业
9	盐　都	江苏斯瑞达新材料科技有限公司	斯瑞达材料技术公司	100	100	美　国	批发业
10	亭　湖	盐城通达公路有限公司	鸿欣创富有限公司	200	200	中国香港	国际贸易
11	大　丰	江苏辉丰农化股份有限公司	辉丰国际有限公司	1000	1000	中国香港	国际贸易
12	大　丰	世贸天阶制药（江苏）有限责任公司	世贸天阶医学生物研究所有限公司	22.50	22.50	加拿大	研究与试验发展
13	大　丰	江苏谷登工程机械装备有限公司	谷登机械（泰国）有限公司	500	500	泰　国	制造业
14	大　丰	大丰鸿鑫环保设备有限公司	韩国大建有色金属株式会社	766.67	230	韩　国	环保设备
15	城南新区	盐城市厚春贸易有限公司	贾台连私人有限公司	3000	3000	马来西亚	批发业
16	市　直	悦达资本股份有限公司	悦达资本（香港）有限公司	6000	6000	中国香港	国际贸易
17	市　直	悦达地产集团有限公司	悦达发展（香港）有限公司	9992.16	9992.16	中国香港	国际贸易

第六节　对外及对港澳台贸易

2017年，全市实现进出口贸易86.5亿美元，其中出口贸易58.4亿美元，进口贸易28.1亿美元，出口增幅列全省第一位。全市一般贸易进出口总额73.79亿美元，其中出口贸易49.9亿美元，进口贸易23.89亿美元。加工贸易进出口总额11.02亿美元，其中出口贸易8.24亿美元，进口贸易2.78亿美元。

全市主要出口商品有有机化学品、纺织纱线（织物）及制品、电话机、服装及衣着附件、汽车零配件、阀门、汽（柴）油机、灯具、照明装置及零件、床垫、寝具及类似品、玩具、塑料制品、玻璃制品等。全年全市高新技术产品出口11.6亿美元，其中占比超五成的计算机与通信技术产品出口成倍增长；机电产品出口24.3亿美元，其中手机出口4.06亿美元；化工产品出口12.52亿美元；纺织原料及制品出口8.16亿美元；农产品出口2.13亿美元。

全市出口商品销往172个国家和地区。其中，对欧洲出口贸易11.66亿美元，对亚洲出口贸易25.36亿美元，对北美洲出口贸易14.27亿美元。对欧盟、东盟出口增长态势平稳，分别出口贸易9.67亿美元和6.34亿美元；对“一带一路"沿线国家出口贸易14.77亿美元；对印度、俄罗斯、巴西和南非等"金砖国家"出口贸易5.7亿美元。

全年全市进出口、出口和进口有实绩的企业分别为1687家、1484家和627家，较上年增加196家、171家和65家，其中进出口、出口超千万美元企业分别较上年增加19家、22家。全市161家进出口超千万美元企业合计进出口贸易64.5亿美元。

参加展销洽谈会 年内，盐城先后组织企业参加广交会、华交会及境外各类出口展会160多个，接待客商1.3万人次，洽谈成交10.6亿美元。4月15日至5月5日，在第121届中国进出口商品交易会上，盐城市交易分团共有展位222个，其中品牌展位22个、特装展位120个，有参展企业95户，其中新参展企业4户，有参展正式代表650余名。展会期间，接洽客商7500多人次，签订出口合同及达成贸易意向2300多笔，洽谈成交3.19亿美元。10月15日至11月4日，在第122届中国进出口商品交易会上，盐城市交易分团共有展位223个，其中品牌展位22个、特装展位119个，参展企业95户，其中新参展企业4户，有参展正式代表660余名。展会期间，接洽客商7200多人次，签订出口合同及达成贸易意向2300多笔，洽谈成交3.22亿美元。

（孙小勇）

2017年全市进出口贸易完成情况

表06-10　　单位：万美元

地　区	进出口		出　口		进　口	
	当年累计	同比（±%）	当年累计	同比（±%）	当年累计	同比（±%）
东　台	87431	18.70	81162	14.80	6269	111.10
建　湖	33265	9.80	30361	4.10	2904	155.10
射　阳	44332	56.20	30576	56.90	13756	54.90
阜　宁	31416	13	29061	30.10	2355	-57
滨　海	50718	34.40	40036	30.10	10682	53.30
响　水	66934	37.60	62081	32.20	4853	191.60
大　丰	201830	24.40	110512	26.40	91318	22.20
盐　都	77127	22.70	56888	71.50	20239	-31.80
亭　湖	81367	45.90	58585	15.20	22782	362.70
市开发区	171238	-31.60	69957	0.20	101281	-43.90
城南新区	19619	12.10	14836	12.70	4783	10.40

2017年全市输出贸易主要国家（地区）

表06-11　　单位：万美元

国别（地区）	金额	比重（%）	同比（±%）	国别（地区）	金额	比重（%）	同比（±%）
美　国	134084	22.96	23.40	中国台湾	13865	2.37	33
中国香港	63871	10.94	57.90	泰　国	12684	2.17	54.50
韩　国	31306	5.36	21.20	澳大利亚	12214	2.09	36.50
印　度	23416	4.01	39.50	英　国	11891	2.04	8.30
日　本	22358	3.83	2	荷　兰	11524	1.97	37.60
德　国	20471	3.50	0.60	越　南	9420	1.61	0.90
印度尼西亚	18042	3.09	-33.50	西班牙	9074	1.55	-2.30
巴　西	15211	2.60	37.90	新加坡	8687	1.49	56
俄罗斯	15020	2.57	340	加拿大	8607	1.47	31.80
意大利	14610	2.50	25.50	墨西哥	8151	1.40	32.20

2017年全市出口贸易国际市场分布

表06-12 单位：万美元

地　区	出口额	比重（%）	同比（±%）	地　区	出口额	比重（%）	同比（±%）
合　计	584055	100	23.30	北美洲	142691	24.43	23.90
亚　洲	253622	43.42	24	大洋洲	13015	2.23	35.90
非　洲	17461	2.99	25.40	其中：东盟	63404	10.86	3.30
欧　洲	116574	19.96	18.50	欧盟	96700	16.56	16.30
拉丁美洲	40692	6.97	26.10				

注：2017年，全市出口商品销往172个国家和地区。

2017年全市出口1000万美元以上企业情况

表06-13 单位：万美元

位次	企业名称	出口额	属　地	位次	企业名称	出口额	属　地
1	江苏联化科技有限公司	17523.30	响水县	62	江苏天容集团股份有限公司	2053.50	响水县
2	江苏辉丰农化股份有限公司	17437.20	大丰区	63	领胜城科技（江苏）有限公司	2047.50	东台市
3	江苏海力化工有限公司	13715.40	大丰区	64	江苏生辉光电科技有限公司	2034.30	东台市
4	迪皮埃风电叶片大丰有限公司	12893.40	大丰区	65	滨海永太科技有限公司	2033.80	滨海县
5	响水县沪响供应链管理有限公司	11392.30	响水县	66	布雷维尼（盐城）行星减速机有限公司	2028.50	市开发区
6	盐城创捷供应链有限公司	9890.90	盐都区	67	盐城市圣泰阀门有限公司	2027.60	亭湖区
7	江苏斗天汽车配件有限公司	8790.60	市开发区	68	盐城天地国际贸易有限公司	1981	亭湖区
8	江苏中恒宠物用品股份有限公司	8751.10	盐都区	69	江苏华威机械制造有限公司	1822.60	建湖县
9	江苏江动集团进出口有限公司	7637.90	市开发区	70	大丰创意工艺品有限公司	1818.50	大丰区
10	盐城天合国能光伏科技有限公司	7288.30	市开发区	71	江苏盛泰克纺织印染有限公司	1809.40	射阳县
11	盐城福汇纺织有限公司	7123	市开发区	72	亚曼缝纫线（盐城）有限公司	1773.80	市开发区
12	江苏瀚隆家纺有限公司	7113.10	东台市	73	和顺骅扬供应链盐城大丰有限公司	1721.20	大丰区
13	东台市宝德电子科技有限公司	7096.60	东台市	74	盐城宝鼎电动工具有限公司	1669.60	盐都区
14	佛吉亚（盐城）汽车部件系统有限公司	6764.30	市开发区	75	盐城世嘉恒业进出口有限公司	1625.60	亭湖区
15	江苏荣威娱乐用品有限公司	6545.70	阜宁县	76	东台中玻特种玻璃有限公司	1560	东台市
16	盐城万沙供应链有限公司	6323.30	盐都区	77	盐城联合伟业化工有限公司	1535	滨海县
17	阜宁稀土新特材料有限公司	5960.90	阜宁县	78	江苏南纬悦达服装有限公司	1519.80	盐都区
18	盐城经纬纺织有限公司	5859.60	亭湖区	79	亚曼捻线（盐城）有限公司	1504.20	市开发区
19	盐城市对外贸易有限公司	5721.90	亭湖区	80	阜宁金诚家纺有限公司	1448.20	阜宁县
20	江苏大丰和顺电子有限公司	5355.50	大丰区	81	联化科技（盐城）有限公司	1418.20	响水县
21	江苏剑牌农药化工有限公司	5114.70	建湖县	82	大丰恒卫针织品有限公司	1416	大丰区
22	江苏兄弟维生素有限公司	4998.40	大丰区	83	江苏捷士通射频系统有限公司	1383.30	东台市
23	东台捷信通商贸有限公司	4942.10	东台市	84	江苏宝龙集团有限公司	1370.60	大丰区
24	江苏江淮动力有限公司	4859.60	市开发区	85	盐城市方天贸易有限公司	1359	盐都区
25	江苏华源手套有限公司	4701.80	东台市	86	江苏中泓铝业有限公司	1356.90	亭湖区
26	百通达科技（东台）有限公司	4692.60	东台市	87	江苏金丽达家纺有限公司	1342.50	东台市
27	响水昌隆贸易有限公司	4319.50	响水县	88	江苏隆基铝业有限公司	1333.50	市开发区

续表06-13

位次	企业名称	出口额	属　地	位次	企业名称	出口额	属　地
28	江苏摩比斯汽车零部件有限公司	4273	市开发区	89	盐城市苏普尔化学科技有限公司	1278.50	滨海县
29	东台智运进出口贸易有限公司	3843.50	东台市	90	阜宁金戈家纺有限公司	1276.30	阜宁县
30	耀崴光电（盐城）有限公司	3764.50	市开发区	91	盐城捷珈进出口有限公司	1274.20	城南新区
31	响水康阳贸易有限公司	3712.70	响水县	92	滨海乐雅轩进出口贸易有限公司	1271.60	滨海县
32	阜宁协鑫光伏科技有限公司	3691.70	阜宁县	93	盐城市东港药物化工发展有限公司	1270.50	滨海县
33	盐城捷康三氯蔗糖制造有限公司	3668.90	射阳县	94	江苏腾龙生物药业有限公司	1268.50	大丰区
34	江苏生辉进出口有限公司	3548	东台市	95	江苏鸿达福石油设备有限公司	1267.50	建湖县
35	盐城市物资集团有限公司	3541.20	亭湖区	96	江苏联晟毛毯有限公司	1247.80	亭湖区
36	江苏馨瑞香料有限公司	3404.60	滨海县	97	盐城海特液压机械有限公司	1247	建湖县
37	智美达（江苏）数字技术有限公司	3388.30	市开发区	98	滨海金海立医药化工有限公司	1235.10	滨海县
38	江苏中正生化有限公司	3378.80	滨海县	99	盐城威迪进出口有限公司	1234.50	亭湖区
39	江苏央科供应链管理有限公司	3367.30	盐都区	100	江苏汇达通进出口有限公司	1202.60	阜宁县
40	江苏丰山集团股份有限公司	3276.10	大丰区	101	江苏谷登工程机械装备有限公司	1186.60	大丰区
41	江苏宇翔化工有限公司	3246.80	滨海县	102	盐城市春竹香料有限公司	1163	射阳县
42	盐城市怡美食品有限公司	3191.70	射阳县	103	江苏威尔五金股份有限公司	1160.80	东台市
43	盐城恒盛国际贸易有限公司	3171.40	亭湖区	104	江苏大华化学工业有限公司	1133.50	滨海县
44	盐城市新胜达通讯器材有限公司	3067.40	亭湖区	105	响水棉帛纺织有限公司	1131.10	响水县
45	江苏万恒铸业有限公司	3055.70	滨海县	106	江苏峰峰钨钼制品股份有限公司	1126.40	东台市
46	江苏沙印集团盐城纺织品进出口有限公司	3005.60	射阳县	107	东台市华亿手套有限公司	1124	东台市
47	盐城联益肠衣制品有限公司	2952.50	盐都区	108	江苏邦迪斯顿服装织造有限公司	1114.80	响水县
48	盐城国际妇女时装有限公司	2940	城南新区	109	盐城大地食品有限公司	1114.40	亭湖区
49	盐城泰康供应链有限公司	2830.10	盐都区	110	江苏焕鑫高新材料科技有限公司	1097.10	大丰区
50	江苏里斯特通用机械制造有限公司	2649	亭湖区	111	大丰振华服饰有限责任公司	1086.60	大丰区
51	江苏央科科技有限公司	2287.10	盐都区	112	盐城市恒欣对外贸易有限公司	1078.30	亭湖区
52	江苏盐电阀门有限公司	2276.90	盐都区	113	江苏悦达家纺研发有限公司	1075.30	盐都区
53	大丰舒润床上用品有限公司	2267.70	大丰区	114	响水县聚亨纺织有限公司	1061.90	响水县
54	江苏爱利思达清泉化学有限公司	2244.40	滨海县	115	盐城合众联通信息技术有限公司	1057.90	亭湖区
55	江苏厚睦莱照明科技有限公司	2185.60	建湖县	116	纽曼（盐城）阀门制造有限公司	1057.10	城南新区
56	射阳易惠云实业有限公司	2131.60	射阳县	117	盐城安信达利进出口有限公司	1057.10	亭湖区
57	江苏万力生物科技有限公司	2130.70	东台市	118	盐城盛大肠衣食品有限公司	1055.20	城南新区
58	射阳科丝龙实业有限公司	2115	射阳县	119	东台市鸿达实业有限公司	1042	东台市
59	大丰海聆梦家纺有限公司	2112.60	大丰区	120	德纳化工滨海有限公司	1034.10	滨海县
60	东台松冈贸易有限公司	2073.20	东台市	121	阜宁澳洋科技有限责任公司	1025.90	阜宁县
61	射阳兴波祥实业有限公司	2066.70	射阳县	122	江苏君厚供应链管理有限公司	1016.80	盐都区

2017年全市输入贸易主要国家（地区）

表06-14　　　　单位：万美元

位次	国家（地区）	金额	比重（%）	同比（±%）	位次	国家（地区）	金额	比重（%）	同比（±%）
1	韩　国	111160	39.53	-43.20	11	芬　兰	3760	1.34	-2.20
2	巴　西	27443	9.76	72.30	12	加拿大	3644	1.30	-16.10
3	澳大利亚	24988	8.89	62	13	菲律宾	2875	1.02	406.20
4	中国台湾	22162	7.88	-12.20	14	泰　国	2731	0.97	23.80
5	日　本	19707	7.01	150.80	15	越　南	2538	0.90	130.70
6	美　国	17845	6.35	-11.80	16	葡萄牙	1669	0.59	13344.80
7	俄罗斯	9540	3.39	339.80	17	法　国	1538	0.55	10.80
8	印度尼西亚	4826	1.72	156	18	丹　麦	1481	0.53	49.20
9	印　度	4765	1.69	50.30	19	马来西亚	1016	0.36	-24.90
10	德　国	4537	1.61	-40.30					

2017年全市进口贸易国际市场分布

表06-15　　　　单位：万美元

地　区	进口额	比重（%）	同比（±%）	地　区	进口额	比重（%）	同比（±%）
合　计	281222	100	-12.50	北美洲	21489	7.64	-12.50
亚　洲	177557	63.14	-27.30	大洋洲	25274	8.99	61.60
非　洲	257	0.09	-37.70	其中：东盟	14665	5.21	98
欧　洲	28294	10.06	39.30	欧盟	18277	6.50	2.90
拉丁美洲	28351	10.08	75				

注：2017年，全市进口商品来自75个国家和地区。

2017年全市进口1000万美元以上企业情况

表06-16　　　　单位：万美元

位次	企业名称	出口额	属　地	位次	企业名称	出口额	属　地
1	大丰海融国际贸易有限公司	26566.20	大丰区	26	盐城国际妇女时装有限公司	2567.40	城南新区
2	盐城市物资集团有限公司	19375.70	亭湖区	27	盐城市苏普尔化学科技有限公司	2410	滨海县
3	江苏摩比斯汽车零部件有限公司	15962.60	市开发区	28	江苏德龙镍业有限公司	2281.80	响水县
4	东风悦达起亚汽车有限公司	15367.60	市开发区	29	江苏英锐半导体有限公司	2280	市开发区
5	盐城硕禾电子材料有限公司	13475.70	市开发区	30	江苏辉丰农化股份有限公司	1939.10	大丰区
6	江苏博汇纸业有限公司	9957.70	大丰区	31	江苏东熙汽车配件有限公司	1915.40	市开发区
7	江苏海力化工有限公司	8987.60	大丰区	32	耀崴光电（盐城）有限公司	1834.50	市开发区
8	晨泰物流大丰有限公司	7673.60	大丰区	33	江苏中正生化有限公司	1824.80	滨海县
9	江苏京信电子有限公司	7147.30	市开发区	34	江苏海兴化工有限公司	1656.50	大丰区
10	江苏斗天汽车配件有限公司	6484.80	市开发区	35	盐城东国汽车配件有限公司	1648.80	市开发区
11	大丰明进机械有限责任公司	6326.10	大丰区	36	江苏大圆亚细亚汽车弹簧有限公司	1630.80	市开发区
12	江苏省农垦麦芽有限公司	6321.80	射阳县	37	江苏韩一模塑有限公司	1545.90	市开发区
13	江苏金羚纸业有限公司	6121.80	大丰区	38	盐城联益肠衣制品有限公司	1523.80	盐都区

续表06-16

位次	企业名称	出口额	属 地	位次	企业名称	出口额	属 地
14	大丰华盛皮业有限公司	5586.30	大丰区	39	佛吉亚（盐城）汽车部件系统有限公司	1444.80	市开发区
15	依恩爱汽车部件（盐城）有限公司	5565	盐都区	40	盐城硕钴电子材料有限公司	1416.40	市开发区
16	盐城耀崴科技有限公司	3901.10	市开发区	41	盐城世明电子器件有限公司	1329.30	城南新区
17	迪皮埃风电叶片大丰有限公司	3656.40	大丰区	42	盐城福汇纺织有限公司	1203.70	市开发区
18	盐城海越麦芽有限公司	3214.30	射阳县	43	利富高（盐城）精密树脂制品有限公司	1155.60	市开发区
19	盐城大圆汽车配件有限公司	3182.70	盐都区	44	亚曼捻线（盐城）有限公司	1108.70	市开发区
20	江苏科利新材料有限公司	3141.90	滨海县	45	达伯埃（江苏）纸业有限公司	1081.90	大丰区
21	江苏大丰和顺电子有限公司	3126.70	大丰区	46	江苏富星纸业有限公司	1064.80	响水县
22	伟巴斯特东熙汽车配件（盐城）有限公司	2895.70	市开发区	47	江苏斗源汽车空调有限公司	1046.90	市开发区
23	星宇科技汽车部件（盐城）有限公司	2868.40	盐都区	48	盐城冲云光电科技有限公司	1031	亭湖区
24	益海（盐城）粮油工业有限公司	2759.70	射阳县	49	大丰新韩汽车配件有限公司	1023.60	大丰区
25	领胜城科技（江苏）有限公司	2611.30	东台市				

第七节 出入境检验检疫

2017年，盐城出入境检验检疫局受理出入境法检商品报检1.81万批次、货值28.52亿美元，检疫出入境人员9.82万人次，检疫出入境交通运输工具1513艘（架）次，检疫查验出入境集装箱1.93万标箱。加快推进区域一体化，对负面清单以外满足一体化通关要求的货物均实现一体化通关；推进无纸化报检通关，全年受理无纸化报检1.39万批，无纸化备案企业100家；利用原产地证书减免关税，全年签发中韩自贸区原产地证书3990份，为企业减免关税800万美元，为2家企业补发中韩产地证91份，直接为企业挽回关税损失200万元。加快检验检疫能力建设，国家级重点实验室检测能力项目数总计320项；国际旅行保健中心成为全省系统首家开展职业病体检的第三方合作机构，与中国检验认证集团盐城分公司合作开展职业病健康体检，年检3000多人次；综合检测中心被指定为盐城市科技公共服务平台，并承接市食药局、盐城经济技术开发区市场局等8个单位的食品抽检任务；全年实施科研项目7个，其中1个科研项目获省科技厅青年项目立项；有1人在第三届江苏省技能状元大赛上获得“食品检验工”三等奖。

12月8日，盐城出入境检验检疫局工作人员从进境美国木材中截获活体检疫性有害生物。 盐城出入境检验检疫局/供

检疫执法 年内，盐城出入境检验检疫局推进“固垒清蚁”专项行动，现场销毁一批与中国强制性产品认证免办证明不符的进口汽车玻璃。打击伪造、变造、买卖检验检疫证书违法行为，稽查出口商品企业14家。开展打击假冒伪劣和侵犯知识产权行动，出动执法人次150人，检查企业62家。开展“国门销禁”行动，6月，联合海关销

毁化妆品、食品、水果等物品货值17万美元。在9家企业推行一次审核ISO 22000等多体系的工作；有11家企业在国家认监委“同线同标同质”公共服务平台上线。开展国门安全风险隐患排查和专项整治，对国境卫生检疫、进出境动植物及其产品检验检疫等6个方面43项工作分别进行2次专项检查。

口岸服务 年内，盐城出入境检验检疫局帮助大丰港获批进口粮食减载口岸，成为江苏省第一家、华东地区第二家获批口岸；支持大丰港扩大开放，滨海港获批国家一类开放口岸，射阳港和响水港临时进靠国际航线船舶，成立东台和响水检验检疫业务工作点。大丰港2016年进口大麦、进口大豆、进口粮食的疫情疫病截获率分别位列全国进口粮食指定口岸中第一位、第八位和第四位；国家质量监督检验检疫总局发布的大丰港进口粮食中发现熏蒸剂超标是全省首次全国Ⅱ类风险警示通报。支持跨境电商发展，通过审核获得相应资质的企业3家，审核备案电商商品144个，查验直邮入境包裹1.28万件；进境奶牛隔离场通过国家质量监督检验检疫总局验收；支持江苏德龙镍业有限公司进口红土镍矿船舶直接靠舶码头，为企业节约运输成本超亿元；发放“检验检测认证抵用券”，为外贸企业减免费用21万元；配合国家去库存政策，支持企业完成援非大米检验检疫93批次46万吨；推动企业转型升级，新增加工产品肉松进入香港，焙烤乳猪进入新加坡，烤鳗进入日本和俄罗斯等市场。

“2+X”检验检疫模式 12月14日，盐城出入境检验检疫局与滨海县政府签署检地合作协议，在滨海县沿海工业园区探索试行的“2+X”检验检疫工作模式。该模式为每周固定2天派员进园，为辖区内进出口化工企业提供检验检疫、咨询、报检和签证服务，并按照急事急办、特事特办的原则帮助企业。

示范性全封闭式木材熏蒸除害处理项目 年内，盐城出入境检验检疫局帮扶大丰港建成国内首个示范性全封闭式木材熏蒸除害处理项目。项目有助于大丰特色产业港建设，带动临港产业发展，促进周边经济发展。全年大丰港熏蒸处理进口木材46.5万立方米，货值6400万美元。

（王 义）

第八节 海关监管

2017年，盐城海关实现入库税收32.35亿元，监管进出口货物1175.12万吨，监管进出境集装箱3.06万标箱，监管进出境国际航行船舶1058航次、进出境航班768架次，监管进出境人员10.32万人次。年内，盐城海关被省政府评为全省制造业“突出贡献奖先进单位”（江苏省内海关仅2家），连续八年获得盐城市“目标绩效考核综合先进奖”。

口岸监管 年内，盐城海关驻大丰港办事处实现入库税收16.94亿元，监管进出口货运955.91万吨，监管进出境国际航行船舶931航次，监管进出境集装箱2.52万标箱；驻机场办事处监管进出境客运航班768架次，监管进出境旅客7.92万人次，实现入库行邮税65.87万元、免税品销售出库429万元。帮助支持滨海港区申报国家一类港口口岸，支持步凤港、建湖港、阜宁港国家二类港口口岸建设，推进射阳港区、响水陈家港一类临时开放口岸各项建设，续延射阳港区、响水陈家港宏海码头临时进靠国际航行船舶期限。

海关服务 年内，盐城海关审批加工贸易合同备案321份，备案金额5.5亿美元；出具免税证明82份，审批货值0.45亿美元，减免税款0.38亿元；监管跨境电子商务直购进口1.34万单。加大进出口监测预警和统计分析力度，及时提供相关数据和工作建议，全年有6篇信息被海关总署综合信息呈报采用，2篇被海关总署领导批示，6篇被南京海关综合信息呈报采用，2篇被南京海关领导批示。

打击走私 全年盐城海关立案侦办刑事案件8起，案值0.67亿元，涉税0.21亿元，提请逮捕14人次，批捕8人次。立案调查走私、违规行政案件77起，其中一般案件23起，“两简”案件（简单案件和简易程序案件）54起；各类行政案件总案值3.79亿元，涉税1.31亿元。执行罚没入库257.58万元，打击走私综合绩效列全省第一位。

（陆宏宇 杨如辉）

第九节 边防检查

盐城机场边防检查站隶属江苏省公安边防总队，于2008年3月4日组建。2017年，盐城空港口岸新开通盐城—首尔、盐城—台北、盐城—曼谷3条航线。盐城机场边防检查站继续开展“爱民固边模范空港”创建活动，创新推出“旅客我爱您，边检520”服务品牌，创建工作被市政府纳入“政府争先创优十大实事”之一。先后多次为外国客商返程急救开辟绿色通道，为国际知名商业人士、政府招商引资团体提供便利通关，助推地方外向型经济建设发展。在辖区大型企业建立“驻企边检服务站”，为驻盐旅行社配备“边检法制员”，提供上门法律法规宣传、证件有效期、航班时间提醒及出境人员预申报服务，推行微笑迎旅客、服务惠旅客、祝福送旅客的“SSW”工作法，实现让旅客温暖在心中、满意在行中、回忆在途中的“WSM”目标。7月，盐城机场边防检查站“开辟绿色通道”救助外籍伤者事迹先后被中央电视台、江苏电视台、盐城电视台和《人民公安报》《江苏法制报》《现代快报》等媒体刊载。（林 辉）

第07章　民营经济

责任编辑　高兰会

综　述

2017年，全市规模以上工业民营经济完成工业总产值7686.3亿元，全市规模以上工业民营经济资产总额3120.3亿元。全市民营工业实现增加值1503.8亿元，全市规模以上民营工业对规模以上工业产值增长贡献率87.2%。全市规模以上工业民营经济实现主营业务收入7271.76亿元，实现利润总额378.2亿元。全市规模以上工业民营经济涉及34个工业行业大类，主要分布在纺织业、化学原料及化学制品制造业、通用设备制造业、专业设备制造业、非金属矿物制品业、电器机械和器材制造业。

（季　鹏）

2017年全市私营企业情况

表07-17

项　　目	新发展户数（户）	新增注册资本（万元）	按组成形式分类（户）					总注册资本（万元）
			独资企业	合伙企业	有限责任公司	股份有限公司	总数	
合　计	42551	19431048.83	41431	1095	108199	424	151149	74138036.05
农、林、牧、渔业	2424	372408.03	4314	28	2210	4	6556	1460960.01
采矿业	1	10000	4	—	4	1	9	33232
制造业	9461	4314096.95	16751	540	21087	97	38475	18629124.99
电力、热力、燃气及水生产和供应业	150	192303	62	6	362	—	430	478917.74
建筑业	3390	3225165.48	229	8	12435	11	12683	13827740.87
批发和零售业	16354	3733781.31	15416	116	35270	29	50831	12279754.70
交通运输、仓储和邮政业	938	271812.60	555	18	4429	4	5006	1538551.91
住宿和餐饮业	181	50604	203	13	724	3	943	329760.38
信息传输、软件和信息技术服务业	482	145490.60	711	20	1367	5	2103	683706.45
金融业	40	54806	2	21	330	174	527	1290894.14
房地产业	663	389972.40	47	2	3804	6	3859	3819008.26
租赁和商务服务业	2698	2076817.55	1043	219	11021	13	12296	6827972.50
科学研究和技术服务业	3963	4085640.60	176	43	11714	73	12006	11531795.04
水利、环境和公共设施管理业	63	64047	15	1	245	1	262	256741.69
居民服务、修理和其他服务业	1188	205670.51	1350	27	2014	2	3393	533321.31
教　育	87	22401	61	7	225	—	293	50902.60

续表07-17

项目	新发展户数（户）	新增注册资本（万元）	按组成形式分类（户）					总注册资本（万元）
			独资企业	合伙企业	有限责任公司	股份有限公司	总数	
卫生和社会工作	39	64386	18	2	59	1	80	141517.29
文化、体育和娱乐业	427	151630	471	24	898	—	1393	424068.37
其他	2	15.80	3	—	1	—	4	65.80

2017年全市个体工商户情况

表07-18

项目	新发展数（户）	新增注册资本（万元）	总数（户）	总注册资本（万元）
合计	75254	1045633.70	424089	4056151.23
农、林、牧、渔业	2810	102579.89	11187	426714.83
采矿业	—	—	6	73
制造业	3032	61662.10	22581	257048.11
电力、热力、燃气及水生产和供应业	11	223.80	54	798.70
建筑业	70	1459	672	8490.68
批发和零售业	48685	599878.41	293162	2437509.50
交通运输、仓储和邮政业	4495	67185.13	7706	110903.45
住宿和餐饮业	7503	103666.88	34763	384595.53
信息传输、软件和信息技术服务业	340	4373.50	1174	11395.65
金融业	1	3	10	168.80
房地产业	28	321	170	1352.10
租赁和商务服务业	2668	33005	9692	98765.09
科学研究和技术服务业	140	2155.40	1505	12361.27
水利、环境和公共设施管理业	10	84	36	432.50
居民服务、修理和其他服务业	4922	58176.19	37416	256573.67
教育	173	2264.40	585	6505.80
卫生和社会工作	51	887	214	1756.53
文化、体育和娱乐业	313	7595	3142	40529.72
其他	2	114	14	176.30

2017年全市私营个体经济情况

表07-19

地区	私营企业户数（户）		个体工商户户数（户）		注册资本（万元）	
	总数	新发展数	总数	新发展数	总数	新增注册资本
合计	151149	42551	424089	75254	78194187.28	20476682.53
市直	5228	357	—	—	5502376.32	1057064
城南	9962	2651	15886	2695	6036832.73	1576311.10
开发区	2179	406	3691	358	2644197.88	504825.96
亭湖	22328	4983	54670	5983	9698079.47	2717615.48

续表07-19

地区	私营企业户数（户）		个体工商户户数（户）		注册资本（万元）	
	总数	新发展数	总数	新发展数	总数	新增注册资本
盐都	12851	3413	34842	3521	7977739.09	1553927.44
响水	7792	2076	27539	3597	3997265.39	1187520.11
滨海	10937	2651	43290	9585	4795727.62	1130312.34
阜宁	16469	4828	46913	5579	8044727.24	1824390.62
射阳	13165	5558	45705	6441	4640274.41	1217117.76
建湖	13982	5638	45721	13461	7307851.54	1593130.13
大丰	14901	3445	48874	11169	8566279.60	2244703.02
东台	21355	6545	56958	12865	8982835.99	3869764.57

第一节 中小企业园

2017年，全市有中小企业园138家，实现全口径开票销售收入1906亿元；完成基础设施投入35亿元，新建高标准厂房250万平方米，新入驻企业950户。全市镇村“315”工程（3年在全市镇村实施1000项投资超500万元技改项目）实施500万元以上工业技改项目323个。年内，市经信委印发《盐城市小型微型企业创新创业示范基地认定办法》，推进创新创业示范基地建设工作。新创建国家级示范基地1个、累计2个；新创建省级示范基地1个、累计32个；新创建市级示范基地10个。加强对全市镇村工业园分类考核工作，首次采取分类考核办法，根据不同规模对138家园区进行考核。经考核，15家园区被评选为镇村一类工业园区，16家园区被评选为镇村二类工业园区。完成制定乡镇工业园区等级创建指标体系和等级创建评分细则，确定乡镇工业园区等级创建园区名单报市政府。深化园区管理服务，推进园区政务服务中心建设，构建全市中小企业公共服务平台网络体系及平台协同机制，围绕园区产业、企业发展需求，加快推进园区各类服务平台建设，定期收集园区内企业服务需求信息，联合市中小企业服务联盟开展园区服务月活动，确保提供精准服务。

（季　鹏）

第二节 中小企业

2017年，全市有中小工业企业5.19万户，其中中型企业285户。新发展私营企业4.25万户，新发展个体工商户7.53万户。至年底，全市私营个体经济注册户数57.52万户。全市规模以上中小工业企业3212户，规模以上中小工业实现总产值7325.3亿元，实现主营业务收入6938.3亿元，实现利润总额372.5亿元，出品产品交货值241.5亿元。新获批省级科技小巨人企业1家、累计9家，新获批省级“专精特新”产品4个、累计22个。

（季　鹏）

第三节 企业服务体系

2017年，全市有中小企业星级公共服务平台105家，其中国家级平台1家，省五星级平台2家，省四星级平台9家，省三星级平台31家，市二星级平台67家；有园区服务中心138个。市经信委加快企业服务体系建设，推动中小企业公共技术服务平台建设，打造为创新创业服务的“众创”平台，实施高校平台服务中小企业技术创新行动，推进依托产业的专业化“众创”空间建设。年内，南京大学盐城环保技术与工程研究院获批省级技术服务平台。组织开展2017年全国“双创”（创业创新）活动周“创响江苏”活动月盐城分会场暨主题日活动，联合市中小企业服务中心举办“创客盐城”主题沙龙活动。联合市中小企业促进会研究制定全市50家“金种子”企业金融服务工作，发挥政府财政资金池作用，联合市财政、市科技等部门做好“科技贷”“苏微贷”“成长贷”等贷款的发放工作，3类贷款累计向中小企业授信25亿元，贷款余额16.3亿元。利用中小企业经贸合作交流平台，组织中小微企业开拓国内外市场，组织企业参加省农业机械协作配套会、福冈中日友好交流会等合作交流会议。组织培训活动，联合盐城师范学院开展2017年中小企业管理者研修班培训；组织企业赴清华大学参加江苏省中小企业产业研修班盐城节能环保、智能制造、电子信息、食品加工等产业专题研修班培训；联合江苏领跑者企业管理咨询公司举办2017年江苏省中小企业转型升级专题培训班盐城班培训活动，组织市内优秀中小企业赴南通、无锡、苏州、扬州等地标杆企业学习，累计培训人员1000人次。

（季　鹏）

城市功能

□ 城市建设

□ 水利建设

□ 能源

□ 交通运输

□ 信息化

第08章 城市建设

责任编辑 冯 刚

第一节 城乡规划

一、规划编制

2017年，市规划局优化城市发展布局。做好城市用地边界、组团发展专题研究，谋划城市南延东扩、盐城大丰同城一体化等课题。启动城市发展战略规划、城市总体规划修编工作。坚持优化空间布局同城市微观治理相结合，依托“河、堤、湾、岛、港”等特色资源，将城市生态、生活和生产空间有机结合，开展南海未来城、范公堤综合交通枢纽组团、先锋岛生态组团、大洋湾生态组团、斗龙港生态组团“五大组团”规划设计，彰显“湿地之都”“百河之城”的水绿盐城特色。打造城市重点功能区。结合“两重一实”（重大项目、重点工程、为民办实事）项目、新兴战略产业功能布局，完善环保科技城、聚龙湖、海洋路组团、城南科教城等板块控制性详细规划，编制完成盐城河东片区空间发展规划。做好国家高新区核心区城市设计、汽车小镇、数梦小镇、智创小镇规划，优化聚龙湖、欧风街周边功能提升及综合档案馆、园博园等项目选址，提升功能配套、促进产业集聚，确保既符合上位规划要求，又突出区域功能特色。营造现代城市特色。做好市区城市色彩、城市功能提升及近期建设规划；加强体育设施、健身步道、地下空间利用专题研究；开展地下综合管线管廊、慢行交通、绿地系统等专项规划，强化城市服务功能、提升城市品质。编制市区城市路网整合规划，优化调整各类交通设施，服务城市内环高架、高速铁路、机场改造等重大项目建设。

南海未来城核心区城市设计。 市规划局/供

二、规划审批

2017年，市规划局加强服务创新，优化发展环境，开辟快速通道，实行“就近受理”，在原有8项审批权力下放至分局的基础上，将市规划局负责老城区范围内的规划审批权也下放至各分局，方便就近办理。推进“放管服”改革，梳理26项（行政许可4项、行政处罚17项、行政强制2项，其他权力3项）权力清单。研究制定“3550”（开办企业3个工作日内完成、不动产登记5个工作日内完成、工业建设项目施工许可50个工作日内完成）改革、数字化“多图联审”、工业企业零用地项目“不再审批有效监管”“三测合一”等制度，形成条目，录入“一张网”办理系统。升级改造规划管理信息系统，完成规管系统与政务服务“一张网”系统办件数据、网上受理平台、电子证照库、EMS物流平台、在线投资项目平台的对接，实现数据信息实时上传。推进“一张图管理”电子报批，定期在盐城规划网进行政务公开。全年行政审批网上运行系统受理各类行政审批项目3330件次，所有项目均在规定时限内办结。

三、规划监察

2017年，市规划局对627个新项

目、28个遗留项目进行批后管理，公示牌跟踪905张，灰线验线513起，基础验收385起，单体竣工核实442起，全面核实73起，现场跟踪督查616次。牵头违法建设专项治理，全年督促各区查处违建1766起，立案自查68起，大市区共拆除新增违建1004起6.54万平方米，存量违建391起3.85万平方米。违建处罚款250万元。强化公众参与监督，组织规划行政许可听证会11次，参加、列席听证会的群众达800多人次。依法组织行政复议、行政诉讼应诉和信息公开工作。全年办理诉讼案件31件，办理复议案件5起，共受理答复政务信息公开135件。规范信访工作接待流程，全年办结人民来信、来访案件30余起，接待信访群众300余人次，发信访答复16件。（钱　成）

第二节　城市工程建设与改造

一、城建重点项目

2017年，围绕市委市政府“一张网、一桶水、一片林、一部车、一座城”“五个一”战略工程，组织实施“五大组团”、饮用水安全、城市交通、城市生态环境、城市基础设施、公共及商业服务设施配套、保障性住房及棚户区改造、城市防洪、城市管理、规划编制等10类159项城建重点工程，其中立项142项，开工建设127项，竣工48项，未竣工的大多为结转下年实施的项目。项目计划总投资1142.86亿元，累计完成投资408.3亿元；年度计划投资364.75亿元，实际完成投资285.26亿元。年内，“五大组团”全部开工建设，康庄大道、南港路、新331省道盐城东段等道路工程建成通车，盐城路、迎宾北路改造完成；东亭置业财富广场、万达广场、中交美庐城城市综合体、出租车服务中心等公共及商业服务设施配套项目和城东新区供电配套供电线路工程、热电厂二期工程、世纪变电所等城市基础设施项目建成运营；新水源地建设完成工程主线及大丰支线取水永久围堰、沉箱结构、临时顶管等；盐龙湖水库优化提升工程，完成周边房屋拆迁、绿化提升项目。年内，新开工棚户区征收拆迁安置住房4608套（户），基本建成棚户区征收拆迁安置住房4212套（户），完成棚户区改造4606户。（王　盛　王道洲）

2017年市区城建重点项目

表08-20　　单位：万元

序号	类别	项目名称	累计完成投资	2017年度完成投资	项目进展情况
合计（159项）			4083027	2852607	
一、亭湖区政府（14项）			195500	107400	
1	公共及商业服务设施配套	城乡卫生服务设施提升工程	5080	1980	新兴卫生院工程扫尾；青墩卫生院静载试验；南洋卫生院完成招投标；毓龙社区卫生服务中心工程扫尾
2		亭湖开发区实验学校	2000	2000	竣工
3		先锋实验学校	6580	4580	完成桩基施工与检测
4		泰康国际大酒店	5200	200	土地出让红线和要点办结，开展地价会审
5		五星财富广场	10500	500	完成方案设计并通过规划部门初步审查
6		红星美凯龙	15000	10000	局部地上一层施工
7		东方商贸城	20000	10000	主体封顶，实施外装
8		东亭置业财富广场	50000	35000	装修基本结束，招商之中
9	城市生态环境	内环高架绿化及景观带	—	—	经对接，由市实施
10	保障性住房及棚户区改造	长坝城中村改造一期	9100	1100	招商之中
11		德惠尚书房	70000	40000	东地块竣工，西地块14幢楼全部主体封顶，实施外装
12	城市防洪	防洪工程	1640	1640	建设闸站18座，其中永西中心街闸站、童家沟东闸站、新界九组闸站等6座闸站完工，其余12座闸站开工建设
13	城市管理	城市综合管理提升	400	400	待竣工验收
14		大型专用公益广告设施建设10块	—	—	市城管局计划变更为2018年城建重点项目

续表08-20

序号	类别	项目名称	累计完成投资	2017年度完成投资	项目进展情况
二、盐都区政府（9项）			254232	119572	
15	城市交通	奋进路（纬三路地下管廊）	20000	20000	因“奋进路”暂停实施，替换为“纬三路地下管廊”，实施管廊东侧回填土、西侧廊体装配，开挖降水工程
16		开创路改造（康庄大道）	7000	7000	因“开创路改造”暂停实施，替换为“康庄大道”，年内竣工
17	城市交通	盐城高新区连接线（双新北路跨宝河大桥及接线工程）	11700	11700	桩基、主体承台、过渡墩承台施工
18	城市生态环境	小马沟体育公园及景观提升	12360	12360	小马沟体育公园项目待审批，4.33公顷河滨绿带项目施工
19	公共及商业服务设施配套	社会福利院二期	6500	6500	桩基施工
20		公共卫生服务中心	14800	7300	完成主体施工和外装，进入内部装潢环节
21		万达广场	177160	50000	竣工
22	城市防洪	防洪工程	4412	4412	竣工
23	城市管理	大型专用公益广告设施建设10块	300	300	桩基施工
三、大丰区政府（18项）			445432	342852	
24	斗龙港生态组团	斗龙港生态组团建设	115000	115000	完成斗龙港生态组团概念性规划方案设计，实施城市森林公园工程；初步完成斗龙港生态组团总体规划、控制性详规，福尔劳德湖、小镇客厅、梵高印象城、森林小镇大道、花海社区、巧克力坊、郁金香大道等项目施工
25	城市交通	常新路北延	16000	16000	施工
26		日月湖北大道	8600	8600	施工
27		城东新区道路工程	2450	2450	施工
28	城市生态环境	城北污水厂迁扩建一期工程	8000	8000	尾水泵房搭设排架和脚手架，回用水池顶板浇筑，南、北侧二沉池钢筋绑扎
29		工农路、建设路截污控源工程	3500	3500	竣工
30	城市基础设施	城东新区供电配套供电线路工程	2000	1000	竣工
31	公共及商业服务设施配套	博物馆	6800	800	竣工
32		江苏权健肿瘤医院	198000	128000	主体施工
33		城东新区社区卫生服务中心	1000	1000	桩基施工
34		城东便民菜场	500	500	完成征地，进入图审环节
35		中交美庐城城市综合体	34000	12000	竣工
36	保障性住房及棚户区改造	酒厂地块旧城改造	12000	12000	竣工
37		公共租赁房项目二期邻里中心	12000	9000	竣工
38	城市防洪	防洪工程	19552	19552	竣工
39	城市管理	城区亮化工程	3000	3000	竣工
40		垃圾填埋场	2200	2200	竣工

续表08-20

序号	类别	项目名称	累计完成投资	2017年度完成投资	项目进展情况
41	规划编制	控制性详细规划等编制	830	250	完成
四、市开发区管委会（14项）			203913	175763	
42	城市交通	新都路改造	8000	8000	完成快车道结构层混凝土浇筑，雨水管道完成95%，慢车道灰土完成60%
43		盐渎路改造	5000	5000	机动车道沥青面层完成，基本完成南侧非机动车道顶层灰土
44		巨德路及通榆河大桥	2530	2230	完成巨德路除矛盾路段外沥青砼、标牌、标线、围挡施工；通榆河大桥招标
45	城市生态环境	南环路通榆河桥头公园	500	500	道路施工，完成南侧苗木栽植
46	城市基础设施	内环高架绿化及景观带	3000	3000	竣工
47		天然气高压管道	—	—	做好召开选址意见认证会前期准备工作
48		热电厂二期工程	37000	32000	竣工
49	公共及商业服务设施配套	卡迪欢乐世界改造工程	3500	2000	竣工
50		实验小学和悦欣花园配套幼儿园	9150	8300	施工
51		未来科技城	50500	50000	一期工程一区1号楼二次结构施工，2、3号楼墙体砌筑；二区工程进行地下室施工；二期工程总包单位进场，搭设临时设施
52		上海旌逸东方财富广场	38000	18000	完成试桩和静载检测，工程桩施工
53	保障性住房及棚户区改造	悦欣花园（中舍三期）	40000	40000	施工
54	城市防洪	防洪工程	6433	6433	竣工
55	城市管理	大型专用公益广告设施建设5块	300	300	竣工
五、市城南新区管委会（21项）			366533	366033	
56	小新河以南新型复合功能组团	组团规划编制	7023	7023	完成核心区城市设计和南海公园方案设计；开展水质水系、地下空间等33个专项规划设计，完成18个；完成南海未来城商业策划
57		南海公园	110000	110000	完成招投标，施工单位进场施工；完成征地拆迁、便道施工、场地平整、杆线迁移等
58		组团配套建设	17000	17000	完成管道改建等配套设施建设
59		五星高中	40000	40000	施工，完成征地拆迁、清表等工作
60		城南新区区级医院	—	—	因规划调整暂不实施
61		新四军纪念馆新馆	—	—	因规划调整暂不实施
62		花样年华城市公园	10000	10000	竣工
63		教育小镇	—	—	报请市政府，取消实施该项目
64	饮用水安全	自来水管道建设	2000	1500	竣工
65	城市交通	新河道	—	—	报请市政府，拟取消实施该项目
66		盐城路改造	1500	1500	竣工
67		南港路	2000	2000	竣工

续表08-20

序号	类别	项目名称	累计完成投资	2017年度完成投资	项目进展情况
68	城市生态环境	铁路两侧绿化	14000	14000	竣工
69		雨污水管道改造等	3000	3000	竣工
70		内环高架绿化及景观带	5000	5000	竣工
71	公共及商业服务设施配套	体育中心三馆一园工程	60000	60000	完成征地拆迁和清表，桩基施工
72		亨威地块小学	1000	1000	施工
73	保障性住房及棚户区改造	棚户区及高铁回车场征地拆迁	68000	68000	完成棚户区改造633户；完成高铁综合枢纽项目拆迁签约126户
74	城市防洪	防洪工程	25000	25000	建成第九防洪区15座闸站，2座排涝站施工
75	城市管理	新建公共卫生间6座	460	460	竣工
76		大型专用公益广告设施建设10块	550	550	竣工
六、市城乡建设局（31项）			1034212	736212	
77	范公堤综合交通枢纽组团	东进路东延	15000	15000	基本完成房屋拆迁，道路施工
78	饮用水安全	新水源地建设	510000	310000	完成工程主线及大丰支线取水永久围堰、沉箱结构、临时顶管等
79		通榆河取水口原水预处理净化	41100	26100	完成预处理厂标段脱水机房、出库泵房、沉淀池、平衡池、取水泵房、吸水井、加药间、生物接触氧化池、废水回收池等主体结构
80		盐龙湖水库优化提升	22100	21100	完成盐龙湖周边房屋拆迁；盐龙湖水库生态净化工艺优化和运行调度优化项目施工，绿化提升项目基本完工，科研单位入场
81		市区二次供水设施改造提升	2800	1800	20个小区开工建设，8个小区完成改造
82		市区供水管网建设	9000	9000	完成东进路给水管道工程、黄海路给水管道工程、混水管线给水管道改造工程、张庄振兴路给水管道工程、开创路给水管道工程、城西水厂改建（一期）厂区外管网工程和6个老小区改造工程
83	城市交通	市区主干道快速化提升改造	—	—	完成方案设计
84		腾飞路建设	15000	15000	完成油坊沟至西环路段和油坊沟至解放南路段施工，解放路以东及西环路以西段启动房屋征收
85		迎宾北路改造	1000	1000	完成大部分路段改造，仍有3户居民未签房屋征收协议、1户未搬家让房
86		盐渎路通榆河大桥	3000	3000	城南新区和开发区启动征地征收工作
87		天辰路大桥	5000	5000	征地拆迁基本结束，完成施工图设计
88		道路桥梁大修、后街巷道改造和低洼易淹易涝片区整治	8000	8000	完成奋进路、育才路、新西门路、双元路、五星小区东门北侧人行道改造等整治工程，大庆路等5项工程开工建设；完成60条巷道整治，完成林业局易淹片区整治
89	城市生态环境	市区园林绿化建设	306427	236427	市区园林绿化建设完成施工108项，施工20项，招标8项，完成设计2项，设计中5项，前期准备17项，新增绿地面积1306.22公顷
90		内环高架绿化及景观带	5000	5000	竣工

续表08-20

序号	类别	项目名称	累计完成投资	2017年度完成投资	项目进展情况
91	城市生态环境	市区南片区污水处理厂及配套管网建设	—	—	编制可研报告，排污口论证报告报水利局审查
92		城市雕塑	—	—	设计方案的招标方案上报市政府
93	城市生态环境	城南污水处理一期提标改造	4000	4000	完成土建施工，安装设备
94		城南污水处理厂大气安全防护距离内征收拆迁及绿地建设	—	—	报请盐都区人大审批
95		黑臭水体整治	25000	25000	新墩河、窑南河、飞机河、莽龙河整治完成，盐马路东侧沟、公园沟和盐南第一沟进场施工
96		串场河整治	6000	6000	竣工
97		市区污水管网建设完善	12000	12000	竣工
98		市区污水管网检测维修	2200	2200	完成市区100千米污水主管网维修检测
99		市区雨污分流改造	7750	6750	施工，完成总工程量的75%
100	城市基础设施	市区公共停车场建设	25900	15900	亭湖富贵春停车楼、市交通控股集团主体停车楼、人民南路主体停车楼、开发区停车场等项目施工
101		应急避难场所建设	—	—	盐城师范学院通榆校区应急避难场所建设经费报批；新四军纪念馆应急避难场所建设主体报市政府调整
102		环城燃气高压管线	55	55	完成地形图测绘、地勘、物探及方案设计工作
103		L-CNG（液化天然气）西环路加气站	2180	2180	组织围墙施工
104	城市管理	市区路灯照明提升改造	4500	4500	完成市区解放路、建军路等主次干道路灯照明提升改造任务
105	规划编制	市政公用设施数据库建设及相关储备项目方案研究	1000	1000	委托中设设计集团、盐城市交通设计院等单位编制部分城市道路桥梁规划方案
106		智慧城建管理信息系统	—	—	立项，做好前期准备工作
107		市区污水处理信息系统等	200	200	进场探查，形成第一批探查成果
七、市交通运输局（8项）			333539	212239	
108	范公堤综合交通枢纽组团	市区综合客运枢纽	20000	20000	基本完成工可报告编制，继续开展场地内征地拆迁工作，签约67户
109	城市交通	T2航站楼建设	124300	60000	基本完成，待竣工验收
110		内环高架三期	28000	28000	推进房屋征收前期工作，12月28日开工建设
111		新331省道盐城东段	117239	82239	建成通车
112		125省道市区段	27000	5000	盐都段229省道至大纵湖风景区建成通车；城南新区段完成路基填筑25%，由于土地指标未落实，暂停施工
113		公交站台建设及改造	3000	3000	BRT样板站台主体工程建成
114		市区公交回车场站建设	10000	10000	办理市公交调度中心停车场二期扩建工程用地计划，市中心公交回车场场站项目综合楼竣工验收，城北停车场、人民路回车场由于土地权属关系未协调到位，暂缓施工

续表08-20

序号	类别	项目名称	累计完成投资	2017年度完成投资	项目进展情况
115	城市生态环境	内环高架绿化及景观带	4000	4000	竣工
八、市房产局（2项）			191043	191043	
116	保障性住房及棚户区改造	老旧小区整治	3043	3043	亭湖区江动宿舍区及周边完成整治并通过验收，亮月小区、盐南新村、惠民苑小区、轧花厂宿舍北区、悦达新村5个整治项目扫尾，通榆新村五期完成整治工程量的30%；完成盐都区前进西小区及周边老旧小区专项整治；基本完成城南新区新河新村一区整治任务
117		保障性安居工程	188000	188000	新开工棚户区征收拆迁安置住房4608套（户）（含货币补偿）；基本建成棚户区征收拆迁安置住房4212套（户）（含货币补偿）；完成棚户区改造4606户
九、市城管局（12项）			488341	251941	
118	城市管理	市区生活垃圾处理征收便民服务中心	500	—	项目取消
119		环卫科研信息中心	821	21	完成项目用地补偿评估，与环城村初步达成补偿意向
120		环卫装备采购	—	—	组织招标，顺延至2018年实施
121		环境卫生工作监管指挥系统	20	20	完成系统方案设计
122		串场河沿线建（构）筑物亮化建设	3000	2900	竣工
123		公共卫生间新建和改造升级	500	500	竣工
124		市直管范围部分路段容貌整治	1200	1200	竣工
125		静脉产业园	75000	40000	基本完成生活垃圾焚烧发电项目前期工作，餐厨垃圾处置项目开工建设；园内道路工程开始灰土基层施工，桥梁完成桩基施工
126		城市环境综合整治	305000	155000	竣工
127		内环高架快速路网沿线市容环境综合整治	100000	50000	完成环境整治任务，做好深化拓展工作
128		市区垃圾分类首批试点项目	1750	1750	竣工
129		大型专用公益广告设施建设10块	550	550	竣工
十、市水利局（2项）			41000	37000	
130	城市生态环境	市区非骨干河道整治	20000	20000	完成25条河道整治；基本完成亭湖区8条、盐都区10条、城南新区17条非骨干河道整治
131	城市防洪	市本级防洪工程	21000	17000	完成3个续建项目，完成串场河闸站双回路改造项目；5个新建工程底部结构施工
十一、市规划局（2项）			1040	810	
132	规划编制	规划管理信息系统二期工程	630	400	完成230平方千米现场实景照片采集和前期基础资料收集工作，完成130平方千米精细模型和100平方千米标准模型中期建设成果，进行质量抽检和修改完善工作；启动10平方千米城市微环境分析及规划三维成果展示和测评工作

续表08-20

序号	类别	项目名称	累计完成投资	2017年度完成投资	项目进展情况
133		控制性详规修编	410	410	完成通榆北村和火车站青年路南、北3个地段控规修编成果方案，完成五大组团方案设计
十二、市地震局（3项）			1750	950	
134	公共及商业服务设施配套	市防震减灾中心	1000	200	领取建设用地批准书，办理不动产权证
135		城市地震活断层探测与地震小区划	600	600	项目实施，活断层探测部分已现场勘测，地震小区划部分完成实施方案评审
136		地震应急灾情速报获取与预评估系统	150	150	项目实施，采集相关数据信息
十三、市公安局（2项）			3281	2881	
137	城市交通	交通管理科技信息化建设项目	3081	2881	完成国省道测速系统、沈海高速恶劣天气监测系统、执法记录仪扩容、高速公路应急车道抓拍、一体化警务通、缉查车控指挥平台以及设备维保等项目
138		市区智能交通系统建设	200	—	项目施工方案通过专家评审，编写完成招标文件
十四、市卫计委（1项）			25516	21216	
139	公共及商业服务设施配套	市中医院南扩	25516	21216	房屋征收一期176户，二期216户
十五、市体育局（1项）			13500	13500	
140	公共及商业服务设施配套	全民健身中心	13500	13500	立项并完成征地工作，优化设计方案
十六、市城投集团（7项）			354900	176900	
141	大洋湾生态组团	大洋湾生态旅游景区	187000	107000	施工
142	城市生态环境	串场河景观带	4000	3000	完成桥梁亮化建设
143	公共及商业服务设施配套	串场河文化集聚区建设	30000	—	因规划重新选址，项目暂停实施
144		市旅游集散中心	6000	3000	施工，房屋征收扫尾
145		中心金库	700	700	完成规划设计要点、规划红线和选址，预审土地价格
146		城投置业-凤凰汇紫园	75000	41000	高层住宅、花园洋房、别墅区二次结构墙体施工基本结束
147		城投中庚-香城世家	52200	22200	一期工程主体封顶；二期工程主体施工；三期工程桩基施工
十七、市国投集团（3项）			57545	29045	
148	先锋组团	先锋国际广场二期、三期	46000	29000	施工
149	公共及商业服务设施配套	报社北侧地块	5045	45	招标深化设计单位
150	保障性住房及棚户区改造	二农、兆泉地块保障性安居工程	6500	—	因土地性质改变，暂无进展
十八、市交通控股集团（6项）			56950	54450	
151	范公堤综合交通枢纽组团	客运枢纽组团	900	900	完成第二轮概念性方案设计，开展火车站地块房屋征收

续表08-20

序号	类别	项目名称	累计完成投资	2017年度完成投资	项目进展情况
152	公共及商业服务设施配套	出租车服务中心	6550	4050	竣工
153		旅游服务中心	10500	10500	黄尖、滨海服务区开工建设，331省道生态旅游项目招投标，建成旅游服务中心
154		交通局东侧地块	9000	9000	主体施工
155		劝业场地块	20000	20000	拆迁扫尾
156		南北林地块	10000	10000	主体施工
十九、国网盐城供电公司（3项）			14800	12800	
157	城市基础设施	世纪变电所	8000	6000	竣工
158		连盐铁路盐城北牵引站配套220kV供电工程	500	500	线路基础施工
159		充电设施建设	6300	6300	完成前三季度项目建设

新水源地及跨区域引水工程开工建设 2月26日，盐城新水源地及跨区域引水工程全线开工，誓师动员大会在盐龙湖增压泵站工地现场召开。工程主线全长83千米、连同支线合计220多千米，供水范围包括中心城区、大丰区、建湖县、射阳县，总受益面积约8936平方千米，总受益人口近500万人。工程总引水规模为每日115万立方米，其中中心城区每日60万立方米，大丰区每日25万立方米，建湖县每日15万立方米，射阳县每日15万立方米。项目总投资估算为62.03亿元。至2018年6月11日10点18分，新水源地及跨区域引水工程宝应取水泵站开闸放水，工程主线试通水。

“五大组团”建设 年内，南海未来城聘请国际顶级设计机构完成16平方千米区域概念性规划，启动南海公园湖体开挖工程；大洋湾生态组团完成13平方千米的概念性规划及城市设计，打造盐城湿地特色的休闲旅游中心，开工建设温泉酒店，提升樱花游园路线，开通水上游览线，累计完成投资 3.83亿元；先锋岛生态组团开工建设先锋国际广场二期台山寺项目，启动恒力机床厂地块开发，超高层酒店年底主体结构封顶，打造老城区滨水景观休闲组团；斗龙港生态组团完成21平方千米概念性规划、总体规划和控制性详细规划，开工建设森林公园、梵高印象城等20个项目，累计完成投资2.35亿元，打造郊野生态旅游休闲度假组团；范公堤综合交通枢纽组团完成6.6平方千米区域规划，规划建设市区综合客运枢纽、东进路东延及地下综合管廊工程，建设城市高铁配套设施、商务办公组团。

腾飞路、惠民支路建设 年内，市城乡建设局启动实施腾飞路、惠民支路建设，道路全长3.2千米，总投资3亿元。至年底，腾飞路（西环路—解放路段）竣工通车，解放路以东及西环路以西段房屋征收启动实施。

后街巷道改造及低洼易淹易涝片区整治 年内，市城乡建设局完成庆康路、双前路、新西六路等60条后街巷道改造；完成世纪大道、盐南新村等17个易淹易涝片区排水管网整治，整治面积3.6万平方米，配套改造排水管网8035米；新装路灯900余盏。提升城市排涝能力，使用CCTV管道机器人（管道闭路电视系统Closed Circuit Television Inspection）及手持式管道潜望镜对世纪大道、腾飞路、解放路、人民路、盐马路等道路共30千米主次干道排水管网检测，消除管道梗阻。

纬三路地下综合管廊项目 年内，市城乡建设局组织实施纬三路地下综合管廊项目，该项目是盐城市第一条地下综合管廊试点项目。全长1.3千米，设置2舱，其中给水、电力、信息为1舱，污水管道为1舱，施工工艺为预制拼装。项目于2016年12月16日开工建设，计划投资4.03亿元，2017年完成投资2亿元。

二、房屋征收

2017年，市城乡建设局补充修改《盐城市市区旧城区（棚户区）改建房屋征收及有关问题的处理意见》，进行征收补偿方案论证，调整完善征收项目考核体系。严格执行信息公开制度，规范设置公示栏，保障被征收人的知情权和参与权。年内，完成房屋征收搬迁77.42万平方米，涉及住宅4261户、非住宅155个。其中，国有土地征收项目完成11.31万平方米，涉及住宅964户、非住宅21个；结转拆迁项目完成581平方米，涉及住宅8户；协商搬迁完成66.05万平方米，涉及住宅3289户、非住宅134个。新作出征收决定11个，其中亭湖区9个、盐都区2个。

中医院南扩工程用地房屋征收 盐城市中医院南扩工程地块房屋征收涉及居民392户，分两期实施。一期房屋征收涉及居民176户，7月启动，至10月初完成签约140户。10月20日，市区城建重点项目办公室进驻项目现场协助推进房屋征收工作，完成一期剩余36户居民中30户居民的签约任务。11月12日，市重点办启动实施二期216户居民的房屋征收工作，继续做好一期剩余6户居民的房屋征收工作。

劝业场地块房屋征收 劝业场地块房屋征收涉及居民130户、单位6个。该地块房屋征收于12月23日启动，至2018年1月底，130户居民和6个单位全部签订房屋征收协议，并搬家让房，全面完成房屋征收工作。（王道洲）

第三节 市政公用设施建设

一、道路桥梁养护

2017年，市城乡建设局组织对解放路、大庆路、建军路、盐马路、人民路、北环路等市区主次干道进行大修，维修沥青路面2.58万平方米、砼路面2万平方米、人行道3.52万平方米、路牙沿1.07万米，改造维修、油漆车止柱796座。加强桥梁巡查维修，完成世纪大道通榆河大桥、迎宾桥、盐城大桥、建军东路立交桥等维修和市区32座主河道桥梁伸缩缝、泄水孔清理。开展市区（盐城中心城市高速围合圈内的范围）桥梁定期检测工作，完成170座桥梁的常规定期检测和世纪大道通榆河大桥等5座桥梁的结构定期检测。完善市区桥梁信息管理系统，收集录入63座桥梁设计图纸和监测数据等资料。完成迎宾北路西侧沙井头两侧人行道、剧场路周边人行道、人民北路后关路西北侧人行道、盐马路华兴广场、五星村村部周边等13处红线外广场及人行道改造项目，整治面积1.82万平方米。新增、改造各种灯饰8756盏，更换变压器19台，新增箱式变压器8台、开关箱7台、“三遥”（遥测、遥信、遥控功能）终端5台及电缆1.7万米。维修保养各种灯饰8.5万盏次，更换各类光源6.2万只、镇流器8920只，市区主干道路灯亮灯率始终保持在98%以上。

二、供　水

至2017年底，全市有水厂17座，供水能力每日182.5万吨，深度处理能力每日172.5万吨，其中盐龙湖、城东2座水厂，总供水能力每日60万吨，均采用深度处理工艺，全年日均供水量35万吨。全市投运饮用水源地22个，其中盐龙湖（蟒蛇河）和通榆河2处水源地，每处取水能力为每日30万吨。全年全市供水设施建设完成投资约6亿元，全市乡镇区域供水实现全覆盖。年内，完成开创路DN800、东进路DN800、黄海路DN800、城西水厂DN1000，以及盐龙湖至城西水厂DN1400管道浑改清等给水管道工程改造，打通盐龙湖水厂投运的供水难题。11月20日，市政府下发《市区二次供水管理办法》，规范二次供水设施建设、运行和维护管理，实施完成9个小区、8700多户二次供水设施。至年底，市区年供水量1.3亿吨；全市区域供水累计通达乡镇144个，通达率100%，受益人口610.72万人。

盐龙湖水库优化提升工程 年内，市城乡建设局组织实施盐龙湖水库优化提升工程。工程投资总额3.36亿元，建设内容包括拆除一级水源地保护区的建筑，增强水源预处理区的有机负荷污染及悬浮物去除效果，优化挺水植物区植物群落结构，改善水体流态，强化水体净化效果，改善沉水植物区植物生长态势，提高水体透明度，提高深度净化区富营养化防治与水质保障功能，以及新建或改建盐龙湖水工构筑物，做好盐龙湖与盐城长距离引水工程的衔接，增强盐龙湖整体水利调度功能提高应对突发水污染事故能力等。至年底，完成一级保护区内居民拆迁工作，完成生态净化工艺和运行调度优化工程。

三、污水处理

至2017年底，全市建成城镇污水处理厂95座，总设计处理能力每日100.6万吨，已投运规模处理能力每日83万吨，总投资约19.8亿元。其中，城市污水处理厂17座，总设计处理能力每日61.15万吨，全部投入使用，铺设各类污水主、支管道1680千米；建制镇污水处理厂77座，总设计处理能力为每日27.7万吨，部分新建的污水厂试运营或逐步投入运营，铺设各类污水主、支管道880千米。城市（县城）污水处理率超过85%，建制镇污水处理设施覆盖率超过95%。

市区建有城东、城南、开发区、城北4座污水处理厂，实际处理能力每日24.4万吨。其中，城东污水处理厂处理能力每日10万吨，全年处理污水2749万吨，日均处理污水7.5万吨；城南污水处理厂采取BOT方式(即建设—经营—转让，是私营企业参与基础设施建设，向社会提供公共服

城东水厂深度处理工程臭氧发生间。　王亚洲/摄

务的一种方式)，由北京建工环境发展有限公司负责投资建设运行，处理能力每日10万吨，全年处理污水2040万吨，日均处理污水5.6万吨；开发区污水处理厂由市经济技术开发区采取BOT方式建设运行，设计规模处理能力每日8万吨，建成一期工程，处理能力每日2万吨，全年处理污水509万吨，日均处理污水1.4万吨；城北污水处理厂由亭湖区采取BOT方式建设，总规模处理能力每日5万吨，建成一期工程，处理能力每日2.4万吨。市区城市污水处理厂服务范围内小区超过280个，其中采用雨污分流制的小区124个。年内，市区完成省下达的新墩河、飞机河等5条黑臭水体整治年度任务，新建、改造市本级污水收集管网50千米，完成100千米污水主管网结构检测，实施完成小洋河以东50公顷范围内的雨污分流试点，建成城东污水厂污泥焚烧项目并投运；初步建立排水许可管理体系，完成17个开发项目污水专项验收和收纳管理；继续实施建设环保产业园污水处理厂。 （王　盛　华茂根　孙宏伟）

第四节　镇村建设

一、小城镇（重点镇）建设

2017年，按照《盐城市镇区环境整治提升三年行动方案》，各县（市、区）在集镇道路、城镇绿化、镇区秩序、镇容环境、公共设施、单位庭院、长效管理7个方面开展整治提升工作，30个市级重点镇、22个西部沿边城镇全部达到“人居环境星级乡镇”四星级整治标准。全年全市各镇新建集镇公园110个，新建道路225条，新建、改建公厕712座，新建停车场489个，施划临时停车泊位1.31万个，整治店招店牌1.2万处。8月，盐都区大纵湖镇被住房建设部认定为全国第二批特色小镇；射阳县四明镇被列入省2017年重点及特色镇保护与发展项目建设引导资金项目；东台市弶港镇、射阳县洋马镇、亭湖区黄尖镇黄尖居委会、大丰区大中镇恒北村和东台市五烈镇甘港村入选省级特色景观旅游名镇名村。

二、村庄建设

2017年，全市完成农村C级危房改造5.46万户，竣工率100%。完成省级下达危房改造8764户，其中翻建新建2490户，修缮加固6274户。开展美丽宜居乡村和特色田园乡村创建示范工作，全市20个村庄入选江苏省美丽乡村建设示范项目建设，东台市三仓镇兰址村、联南村和官苴村入选江苏省第一批特色田园乡村建设试点，建湖县纳入江苏省村庄生活污水治理试点县建设，建湖县九龙口镇收成村收成庄、盐都区楼王镇丁马港村被列入江苏省传统村落保护名录。

2017年全市入选江苏省美丽乡村建设示范项目名单

表08-21

申报名称	县（市、区）	镇（区、街道）	村庄名称
江苏省美丽乡村建设示范项目	响水县	响水镇	五河居委会（五河居居民点）
		陈家港镇	六港村（六港村居民点）
	滨海县	东坎镇	广垛村（吴回庄）
		现代农业产业园区	岭山村（西坝）
	阜宁县	板湖镇	孔荡村
		陈良镇	新涂村（新涂家园）
		新沟镇	大楼村
		羊寨镇	单家港村（桃花源）
	射阳县	长荡镇	西厦居委会（西厦美丽乡村示范点）
		兴桥镇	万隆居委会（万隆美丽乡村示范村）
		合德镇	张林村（张林村美丽乡村示范点）
	建湖县	庆丰镇	董徐村（姜墩）
	东台市	时堰镇	沙杨村（沙杨村集中居住点）
		东台镇	团北居民委员会（团北居委会九组）
	大丰区	草庙镇	丁东村
		南阳镇	广丰村（广丰村村委会1号庄点）

续表08-21

申报名称	县（市、区）	镇（区、街道）	村庄名称
江苏省美丽乡村建设示范项目	亭湖区	黄尖镇	涵洞村（涵洞村居民点）
		新兴镇	镇南居委会（镇南居委会居民点）
	盐都区	潘黄街道	新民村(祁庵/东陈/李梅/徐韦居民点)
		秦南镇	灯塔村民委员会(车家庄)

第五节　园林绿化

2017年，全市组织实施城镇园林绿化建设工程582项，完成建设项目556项，实际完成绿化面积3651公顷、总投资25.04亿元，栽植乔、灌木622.9万株，地被926.3公顷。年内，市区完成城市园林绿化重点工程9类160项，总投资约13亿元，当年完成投资9.89亿元，新增绿地面积1370公顷。其中，建设完成城南体育公园、大洋湾生态风景区樱花园改扩建等城市生态公园工程；内环高架绿化及景观带、世纪大道、新都路等道路绿化改造提升工程建设；通榆河、盐龙湖取水口两侧各100米宽防护林带。

"三治三化"园林绿化建设三年行动　12月12日，市委、市政府召开市区"三治三化"专项行动动员部署会议，计划用三年时间，在市区实施水环境治理、棚户区（危旧房、城中村）治理、违法建设治理和城市绿化、亮化、美化专项行动。市城建局将对照"生态园林城市""森林城市""花园城市"创建标准，对城市绿化进行品质提升，建设完善沿高速、高铁、高架系统生态廊道，高标准建设道路绿化和河道绿化，推动公园绿地建设布局更加均衡，探索建设开放式的单位绿化和丰富的立体绿化，整体提升市区园林绿化水平。

2017年市区园林绿化建设重点项目

表08-22

类别	项目名称		地点及建设内容	2017年新增面积（公顷）	2017年完成投资（万元）	建设时间	项目进展情况
森林城市		小 计		512.73	23742.60		
	（一）	见缝插树工程		407.70	16588.60		
	1	大丰区见缝插树工程	城区内零星无绿化地块栽植绿化3公顷，南翔东路两侧部分地块建设苗圃4公顷，城区飞达路与常新路交界处西北角12公顷储绿工程，城区建设北路两侧地块储绿工程18公顷，市区部分河道整治2公顷，北兴路南侧驳岸及绿化(丰华路—鹿鸣路，总长度600米)1公顷，上海港路两侧河道绿化工程16公顷，中港路两侧各15米绿化4.3公顷，港区内零星无绿化地块栽植绿化7公顷；栽植树木规格：胸径5厘米以上，全冠栽植，定杆高度2米以上	67.30	1900	2017.3—12	完成
	2	盐都区见缝插树工程	海洋路南、204国道东侧26.68公顷，海洋路北、204国道东侧18.10公顷，良友路东、海阔路北侧12.67公顷，良友路东、海阔路南侧12.01公顷，盐塘河南、文明路西侧4.33公顷，盐渎路北、吴抬路西侧8.07公顷，盐塘河南、盐塘家园东9.01公顷，开创路东、海洋路北侧6.34公顷，神州路东、盐塘河南侧2.67公顷；栽植树木规格：胸径5厘米以上，全冠栽植，定杆高度2米以上	99.88	2994	2017.3—12	完成

续表08-22

类别	项目名称		地点及建设内容	2017年新增面积（公顷）	2017年完成投资（万元）	建设时间	项目进展情况
森林城市	3	亭湖区见缝插树工程	通榆河东侧苗圃（通榆河防护林东侧、在水一方小区西侧、黄海路至建军东路苗圃插树）22公顷，青墩接线西侧苗圃（青墩接线西侧、青年东路北侧）5公顷，建军路高架桥南侧6公顷，大星河西侧绿地12公顷，新青洋园区绿化30公顷，新洋经济区境内道路绿化（境内道路外侧、开放大道与盐青路、新洋路、新富路、新华路、234省道、新风路等道路交叉口，新盐路、绿城路道路外侧）20公顷，新洋经济区企事业单位围墙外绿化（水岸华庭小区—荣城路之间、盐城大桥两侧、奥华家居、北环路两侧、兴城路西侧、物流主题公园、盐城物流大厦、嘉业上郡小区）5公顷；栽植树木规格：胸径5厘米以上，全冠栽植，定杆高度2米以上	100	3000	2017.3—12	完成
	4	市开发区见缝插树工程	步凤光明路两侧（步凤路—合心河）、步凤前进路两侧（信音路—老伍佑港）、步凤蔡新路(新洼段)、十总河(步凤河—中心河)、伍龙河南侧(中心河至友谊生产河)、前进河两侧(步凤河—中心河)、四总河(兆新河—盐丰河)、步凤河(斗龙港—四总河)、仁智河(斗龙港—新洼为民河河东)、西环路提档升级(步湖路—斗龙港)、小广场(政府门口)、园区(信音路东新建厂区)、伍龙河两侧(步凤河—中心河)计32.52公顷，赣江路（五台山路—峨眉山路）3公顷，嫩江路（五台山路—嵩山路）3公顷，乌江路（嵩山路—九华山路）12公顷；栽植树木规格：胸径5厘米以上，全冠栽植，定杆高度2米以上	50.52	2694.60	2017.3—12	完成
	5	城南新区见缝插树工程	通榆河西岸（盐淮高速北，水源地生态保护防护林以外再增加）30公顷，南海组团道路河道绿化30公顷，盐淮高速沿线北侧30公顷；栽植树木规格：胸径5厘米以上，全冠栽植，定杆高度2米以上	90	3000	2017.3—12	完成
	6	老城区增绿补绿	实施老城区市本级绿化养护范围内道路绿化、公园绿地补绿植绿增景、裸土覆盖及后街巷道等增绿补绿	—	3000	2017.3—12	完成
	（二）	郊野公园		101	5000		
	7	西郊梅花湾公园	扩建30公顷，提升改造36公顷公园绿化	30	1000	2017.3—12	完成
	8	桃花园	栽种大乔木将龙冈桃花梨花园建成森林郊野公园	—	500	2017.3—12	完成
	9	盐东自驾游营地公园	331省道服务中心后侧，占地面积35公顷，建成景观森林郊野公园	35	1000	2017.3—12	完成
	10	南环路桥头公园	南环路通榆河桥头两侧生态公园	16	500	2017.3	施工之中

续表 08-22

类别	项目名称		地点及建设内容	2017年新增面积（公顷）	2017年完成投资（万元）	建设时间	项目进展情况
森林城市	11	花样年华城市公园	在城市郊区新建1处不少于20公顷的湿地、森林郊野公园	20	2000	2017.3—12	完成
	（三）	林荫式停车场		4.03	2154		
	12	大丰区林荫式停车场	东方城市公园东方路南北两侧，丰华国际大厦，朝阳路与健康路交叉口东北侧，康平路—大华路林荫式停车场建设	1.60	500	2017.3—9	完成
	13	盐都区林荫式停车场	新204国道与新都路交叉口西北角，高速口与世纪大道交叉口东南角，盐渎路北、新204国道西，青年路南、规划支路东，华锐路与鹿鸣路交界处林荫式停车场建设	—	750	2017.3—12	完成
	14	亭湖区林荫式停车场	东亭湖公园，新城街道卫生服务中心，新洋经济区院内，亭湖开发区管委会，府前路道路南侧停车场建设林荫式停车场	0.50	500	2017.3—12	完成
	15	市开发区管委会林荫式停车场	东方公园东侧，友谊公园东侧，松江路北侧，黄山路道路，华山路道路林荫式停车场建设	1.93	129	2017.3—12	完成
	16	城南新区管委会林荫式停车场	体育公园，大数据B1楼，宝龙大寨河停车场1、2，小新河建设林荫式停车场	—	275	2017.3—12	完成
公园绿地	小 计			134.30	12850		
	（一）	综合公园		32	900		
	17	大洋湾生态风景区	城市公园建设约700公顷，2017年建设300公顷（含樱花园改扩建）	30	500	2015.1—2019	完成
	18	东亭湖公园一期	工学院北门西侧至天山路，高架桥南侧公园绿地提升	2	400	2017.1—12	完成
	19	小新河以南新型复合功能组团	串场河西、小新河南绿地建设，新增绿地面积约200公顷，2017年完成规划设计，并新建50公顷绿地	—	—	2017—2019	计划调整
	（二）	专类公园		5	1000		
	20	动植物园	完成选址、环评等前期工作	—	—	2017—2019	完成
	21	小马沟体育公园	小马沟两侧，世纪大道以北，按规划建设集体育健身场地和生态园林为一体的主题公园。2017年建设朱庄、杨坝、何桥段	—	—	2016—2019	前期准备
	22	体育 公园	胜利路东、海潮路北、海阔路南、盐渎路学校西侧公园绿地建设，新增绿地面积约5公顷	5	1000	2017.5—10	完成
	（三）	带状公园（含河道绿化）		51	5960		
	23	串场河景观带	黄海路至青年路，沿串场河两侧裸露地块（约5公顷）对该地段绿化提升并完善设施；对青年园整体扩建改造，健全景观带管理设施	—	—	2017.3—2018	施工之中

续表08–22

类别	项目名称		地点及建设内容	2017年新增面积（公顷）	2017年完成投资（万元）	建设时间	项目进展情况
公园绿地	24	串场河景观带	世纪大道—南环路，两侧绿化景观建设，新增公园绿地面积约50公顷	—	—	2017.5—10	跨年实施
	25	小马沟河滨公园	东进路—青年路绿化景观建设	8.30	1500	2017.2—9	完成
	26		蓝海路南段绿化景观建设	3	500	2017.5—10	完成
	27	城南中心河东绿化	南环路—向阳河绿化景观建设	5	750	2017.3—9	完成
	28	125省道四期两侧绿化	盐渎街道，道路两侧各15米，绿化景观建设	24	1000	2017.3—6	完成
	29	小洋河绿带	大洋村境内，开放大道向东至通榆河，绿化景观建设	0.90	30	2017.1—6	完成
	30	大洋中心河绿带	大洋村城中村海悦大酒店至通榆河，绿化景观建设	0.80	30	2017.1—6	完成
	31	三河公园二期	实施胜利河、团结河河道清淤、生态驳岸、绿化、公园园路、亮化等绿化景观建设，全长约2200米	—	—	2016—2017	计划调整
	32	迎宾馆苗圃公园项目	市迎宾馆北侧、通榆河东侧，总占地18公顷，设有桂花园、梅花园、海棠园、玉兰园、腊梅园、樱花园六大特色园区和彩叶林、桃红柳绿林、背景林3个林带	9	2000	2016—2017	完成
	33	河西公园	世纪大道南侧，前进河西侧绿化改造完善	—	150	2017	完成
	（四）	街旁绿地		46.30	4990		
	34	街旁绿地	大华路与大中路交界处东北角节点游园建设	1.20	500	2017.3—6	完成
	35		纬八路与229省道节点南北两侧、南环路与204国道交叉口、冈沟河与纬五路桥交叉口四角、冈沟河与青年路交叉口四角、振兴路两侧（纬七路-盐渎路段）、前进河（消防大队段）、残联公园（赶海路、文汇路交汇处），物流园区、崇礼路、海阔路等29个道路节点街旁绿地建设	32	2315	2017	完成
	36		北环路休闲健身公园（北环路南侧，开放大道至荣城路段）、富城路西侧绿化带（富城路东侧，234省道至新洋西路段）、东环路东侧滨河（清溪路至甘泉路段）、航空三团周边、黄海路两侧（文港路至范公路段）街旁绿地建设	8.10	1175	2017	完成
	37	街旁绿地	胜利路东、海潮路北、海阔路南、盐渎路学校西侧公园绿地建设，新增绿地面积约5公顷	5	1000	2017.5—10	完成
市直珍贵用材示范单位		小计		—	—		
	38	悦达集团	按省定标准，创建市直珍贵用材示范单位	—	—	2017	完成
	39	盐城市公安局	按省定标准，创建市直珍贵用材示范单位	—	—	2017	完成
	40	盐城市中心血站	按省定标准，创建市直珍贵用材示范单位	—	—	2017	完成

续表 08-22

类别	项目名称		地点及建设内容	2017年新增面积（公顷）	2017年完成投资（万元）	建设时间	项目进展情况
市直珍贵用材示范单位	41	盐城市市政设施管理处	按省定标准，创建市直珍贵用材示范单位	—	—	2017	完成
	42	盐城市城东污水处理厂	按省定标准，创建市直珍贵用材示范单位	—	—	2017	完成
	43	盐城市交通局	按省定标准，创建市直珍贵用材示范单位	—	—	2017	完成
	44	新四军纪念馆	按省定标准，建设市直珍贵用材示范单位	—	—	2017	完成
	45	盐城市文化馆	按省定标准，建设市直珍贵用材示范单位	—	—	2017	完成
	46	盐城市工商局	按省定标准，建设市直珍贵用材示范单位	—	—	2017	完成
	47	盐城市教育局	按省定标准，建设市直珍贵用材示范单位	—	—	2017	完成
	48	江苏省盐城中学	按省定标准，建设市直珍贵用材示范单位	—	—	2017	完成
	49	盐城市实验学校	按省定标准，建设市直珍贵用材示范单位	—	—	2017	完成
	50	盐城师范学院（通榆校区）	按省定标准，建设市直珍贵用材示范单位	—	—	2017	完成
	51	盐城供电公司	按省定标准，建设市直珍贵用材示范单位	—	—	2017	完成
生产绿地		小 计		178.60	610		
	52	生产绿地	吴杨北港河以南、开创路东侧，何桥经一路东侧、腾飞路北侧，朱庄大庆路与204国道交界处，建设生产绿地	20	200	2017.4—6	完成
	53		伍康步湖路南侧，建设生产绿地	26.60	150	2017.3—4	完成
	54	亭湖开发区企业周边绿化	天宙研磨、恩里科技、正大机械等周边，建设生产绿地	1.40	60	2017.1—3	完成
	55	孵化区三期	19#、22#厂房周边，建设生产绿地	0.60	50	2017.1—3	完成
	56	河口地块苗圃	开发区河口地块苗圃，建设生产绿地	130.00	150	2017.4—10	完成
防护绿地		小 计		169.87	4009		
	57	水源地生态防护廊道	水源地生态保护防护林，通榆河、盐龙湖取水口各建设3千米长，两侧各100米宽防护林带	120.00	2000	2017—2018	完成
	58	通榆河东侧堤防	大洋街道黄海桥至新洋港通榆河东侧堤防防护绿地建设	8.00	24	2017.4	完成
	59	范家沟、凌庄河等整治绿化工程	沟河两侧绿化景观建设	0.70	35	2017.1—6	完成

续表08-22

类别	项目名称		地点及建设内容	2017年新增面积（公顷）	2017年完成投资（万元）	建设时间	项目进展情况
防护绿地	60	跃进河、跃东河绿化	大星村境内跃进河、跃东河河道绿化景观建设	1.67	50	2017.1—3	完成
	61	三星河两侧	经四路至新民河段长约1850米，河岸两侧各宽4米护坡绿化景观建设	1.50	100	2017.2—6	完成
	62	马中河绿化改造提升	盐渎路—青年路，两侧增加行道树，绿化景观建设	3	300	2017.2—6	完成
	63	西潮河河堤	西潮河河堤（东环路—峨嵋山路）提升绿化建设	5	500	2016.11—2017.11	完成
	64	城南新区铁路两侧绿化工程	南环路—蚌蜒河，铁路两侧防护绿地建设，新增绿地面积约30公顷	30	1000	2017.2—4	完成
	65	静脉产业园防护林	静脉产业园防护林建设，新增绿地面积约23公顷	—	—	2017—2019	跨年实施
附属绿地		小 计		374.69	54367		
	（一）	道路绿地（含提档改造道路）		250.57	33955		
	66	市区主次干道及重要节点绿化改造提升	亭湖区投资260万元，行道树缺株补植，补植香樟、栾树等；开发区投资500万元，希望大道、新都路、华山路等道路补植香樟等行道树；城南新区投资1000万元，道路两侧绿地提升、裸土补植；市城建局（园林局）投资2500万元，世纪大道（九华山路至通榆河桥）7.5千米、世纪大道（通榆河桥至高速西出口）10.5千米、世纪大道（高速西出口至凤凰路）4千米，统一行道树、渠化岛、分车带绿化栽植风格，对主要节点、两侧绿地提升改造	—	4260	2017	完成
	67	主要道路节点时令草花布置	对世纪大道及人民路等道路节点、分车带顶端，每年不少于6次时令花卉栽植布置	—	500	2017	完成
	68	内环高架绿化及景观带	西环路高架(蟒蛇河—南环路)，全长约10千米。将道路沿线两侧绿地纳入规划范围，统一整合设计，形成一条完整的、连接着城内外的绿色纽带。改造绿地10公顷，新建绿地面积10公顷	10	3000	2017	完成
			西环路高架（南环路—盐城南高速出入口），改造现有绿化，改造绿地面积12.5公顷	—	—	2017—2018	跨年实施
			青年路高架（204国道—范公路），全长约8千米，两侧宽约10至15米。将道路沿线两侧纳入规划范围，统一整合设计，形成一条完整的、连接着城内外的绿色纽带，改造绿地面积8.5公顷，新建绿地5公顷	5	2000	2017—2018	完成

续表 08–22

类别	项目名称		地点及建设内容	2017年新增面积（公顷）	2017年完成投资（万元）	建设时间	项目进展情况
附属绿地	68	内环高架绿化及景观带	南环路高架（西环路—通榆河），改造现状绿地，并增加园路、小品、座椅、照明、灌溉、卫生、指示标牌等设施，改造绿地面积50公顷	—	—	2017—2018	跨年
			南环路高架（通榆河—沈海高速开发区出入口），改造现状绿地，新建成片绿地，增加园路、小品、座椅、照明、灌溉、卫生、指示标牌等设施，南侧新建50米景观防护林，改造绿地面积20公顷，新建绿地面积50公顷	—	—	2017—2018	施工之中，跨年完成
			范公路高架（北环路—青年路），改造已建商业建筑前和已建小区前绿地，新建东侧30米、西侧10米绿地，并增加园路、小品、座椅、照明、灌溉、卫生、指示标牌等设施，改造绿地4.5公顷，新建绿地22公顷	—	—	2017—2019	实施主体调整，跨年实施
			范公路高架（青年路—南环路），新建东侧30米绿地、西侧10米绿地，并增加园路、小品、座椅、照明、灌溉、卫生、指示标牌等设施，新建绿地32公顷	—	—	2017—2018	实施主体调整，跨年实施
			市区内环高架道路红线内以及枢纽区绿化40公顷，清理所有绿化池建筑垃圾，破除硬质地面至原土层，现状淤泥土更换种植土，整理地形并按规范拌有机肥，高架桥下增加浇灌设施	70	4000	2017	完成
	69	秦川路	鹿鸣路—世纪大道道路绿化建设	2	120	2017.3—4	完成
	70	振兴路	世纪大道—青年路道路绿化建设	1.95	300	2017.4—5	完成
	71	纬五路	华锐路—振兴路道路绿化建设	0.98	150	2017.2—6	完成
	72	经四路	鹿鸣路—青年路道路绿化建设	1.52	200	2017.3—6	完成
	73	开创路	朱庄、何桥、吴杨段道路绿化建设	3	2400	2017.5—9	完成
	74	良友路	盐渎路—盐盘路道路绿化建设	2	130	2017.4—6	完成
	75	大兴路	建邺路—富康路道路绿化建设	2	130	2017.3—4	完成
	76	北环路	开放大道—人民北路段道路绿化建设	6	300	2017.1—3	完成
	77	天山北路	建军东路—黄海路段道路绿化建设	1.47	300	2017.1—3	完成
	78	亭湖开发区支路道路绿化工程	光谷大道南延、纬六路、纬一路、纬九路、纬九路北支路、经一路、经五路等总长5.5千米支路绿化建设	4	500	2017.1—6	完成
	79	光伏路南延及纬五路东延	新光路至331省道道路绿化建设	1	130	2017.1—6	完成

续表08-22

类别	项目名称		地点及建设内容	2017年新增面积（公顷）	2017年完成投资（万元）	建设时间	项目进展情况
附属绿地	80	纬六路	纬六路（经四路至经六路）道路绿化建设	0.50	50	2017.2—6	完成
	81	光伏路	建设光伏路（经一路至新民河）两侧绿化带，长约3300米，宽3.5米	2.30	230	2017.2—11	完成
	82	世纪大道	经一路—226省道，环保科技城园区内拆迁苗木移植至世纪大道两侧绿化带各50米，长约3600米，绿化建设	36	660	2017.2—11	完成
	83		世纪大道东延九华山路向东120米，两侧道路绿化建设	—	—	2017.3—2018.12	跨年实施
	84	德喜路	德喜路北侧及与希望大道绿化交叉口道路绿化建设	0.95	150	2017.1—6	完成
	85	钱塘江路	热电厂、万海物流围墙外道路绿化建设	2.50	400	2017.1—6	完成
	86	普陀山路	普陀山路与南环路交叉处绿化建设	0.50	200	2017.3—5	完成
	87	新建道路绿化	南港路等新建道路绿化建设	5	1500	2017.3—12	完成
	88	鹿鸣路、春柳路	鹿鸣路、春柳路道路绿化，建设两侧绿化背景林	3.90	550	2017.3—6	完成
	89	北兴路	北兴路（丰华路—鹿鸣路）南侧驳岸及道路绿化建设	—	—	2017.9—12	暂停
	90	纬一路、纬二路	纬一路、纬二路（大新段）道路绿化建设	—	—	2017.3—12	暂停
	91	东方路	东方路（五一河至春柳路）南侧驳岸及道路绿化建设	—	—	2017.9—12	暂停
	92	南环西路	南环西路(申丰路—长安小区）道路绿化建设	12	250	2017.4—10	完成
	93	昌平路	昌平路（大刘璐—南翔大道）道路绿化建设	21	420	2017.4—10	完成
	94	万众路	新建万众路（永为路—永跃路）道路绿化建设	11	225	2017.4—10	完成
	95	盐丰高速226连接线节点外侧绿化	盐丰高速226省道连接线节点外侧道路绿化建设	2	500	2016.11—2017.2	完成
	96	226省道两侧背景林	226省道（德丰大桥—大丰高速北出口）两侧背景林，全长4.6千米，两侧各约30米宽	27	3900	2017.3—4	完成
	97	上海港路背景林	上海港路两侧背景林绿化，面积约15万平方米	15	6500	2017	完成
	（二）	居住绿地		78.40	12109	2017	
	98	碧桂园	新都路南侧，按规划完成居住区庭院绿化建设	3	500	2017.3—9	完成
	99	西城华寓	开创路西侧，按规划完成居住区庭院绿化建设	2	800	2017.3—9	完成
	100	苏豪名邸	大庆路北侧，按规划完成居住区庭院绿化建设	2	600	2017.3—9	完成
	101	杨坝三期	大庆路南侧，按规划完成居住区庭院绿化建设	2	600	2017.3—7	完成

续表 08-22

类别	项目名称		地点及建设内容	2017年新增面积（公顷）	2017年完成投资（万元）	建设时间	项目进展情况
附属绿地	102	金域华府	西环路西侧，按规划完成居住区庭院绿化建设	3.80	120	2017.5—12	完成
	103	钱江绿州	开创路西侧，按规划完成居住区庭院绿化建设	1	160	2017.5—6	完成
	104	德惠二期	跃进河东，纬五路北，按规划完成居住区庭院绿化建设	3.10	231	2017.12	完成
	105	绿地8#地块	东亭湖东，按规划完成居住区庭院绿化建设	2.80	210	2017.8	完成
	106	东润华庭二期	东环路东，甘泉路南，按规划完成居住区庭院绿化建设	1.30	160	2017.10	完成
	107	华建颐苑一期	天山路东，小新河北，按规划完成居住区庭院绿化建设	5.10	420	2017.8	完成
	108	华建雅园二期	东亭路西，北林路北，按规划完成居住区庭院绿化建设	3.80	200	2017.10	完成
	109	景山名门二期	331省道南，中亭路东，按规划完成居住区庭院绿化建设	2.40	163	2017.11	完成
	110	在水一方5号、6号地块	迎宾大道北天山路东，按规划完成5#、6#地块居住区庭院绿化建设	6.50	600	2017.7—10	完成
	111	学府花园	生物工程学校南，按规划完成居住区庭院绿化建设	1.60	264	2017.2	完成
	112	申鑫名城	按规划完成居住区庭院绿化建设	4.00	400	2017.1—3	完成
	113	华兴水岸华庭	按规划完成居住区庭院绿化建设	3.90	278	2017.1—2	完成
	114	嘉业上郡一期	按规划完成居住区庭院绿化建设	2.00	520	2017.1—2	完成
	115	清华名居三期	双元路18号，按规划完成居住区庭院绿化建设	1.36	40	2017.3	完成
	116	城中壹号公馆别墅区	解放南路58号，按规划完成居住区庭院绿化建设	0.87	50	2017.2	完成
	117	港湾明珠二期	按规划完成居住区庭院绿化建设	0.60	150	2017.9—11	完成
	118	万泰时代城二期	按规划完成居住区二期庭院绿化建设	2.50	50	2017.9—11	完成
	119	天山水岸花园	天山路西侧，按规划完成居住区庭院绿化建设	4	800	2017.1—6	完成
	120	中南1A	解放路东、海阔路南、海潮路北、民富路西侧居住区庭院绿化建设	—	—	2017.3—2018.12	跨年实施
	121	中南4B	纳海路北、阅海路南、民富路东、胜利路西侧居住区庭院绿化建设	—	—	2017.3—12	跨年实施
	122	中南6A	戴庄路东、海洋路北、海潮路南、铁军路西侧居住区庭院绿化建设	2.50	1000	2017.3—12	完成
	123	圣华雍翠园	盐渎路、盐塘河公园北、人民路西、胜利路东侧居住区庭院绿化建设	2.20	800	2017.3—5	完成

续表08-22

类别	项目名称		地点及建设内容	2017年新增面积（公顷）	2017年完成投资（万元）	建设时间	项目进展情况
附属绿地	124	东方一号	按规划完成居住区庭院绿化建设	3	560	2017.3—12	完成
	125	香格里拉	按规划完成居住区庭院绿化建设	3.20	530	2017.3—12	完成
	126	香榭丽	按规划完成居住区庭院绿化建设	3.80	620	2017.3—12	完成
	127	幸福嘉园附属绿地	世纪大道南侧，西环路西侧，按规划完成居住区庭院绿化建设	1.67	783	2017	完成
	128	先锋岛三期住宅附属绿地	建军西路1号（先锋岛），按规划完成居住区庭院绿化建设	1.40	300	2017	完成
	129	先锋岛三期酒店附属绿地	建军西路1号（先锋岛），按规划完成绿化建设。包含绿化、铺装、园林小品以及儿童游戏区等	1	200	2017—2018	完成
	（三）	单位绿地		45.72	8303		
	130	盐龙湖周边景观绿化提升	沿盐龙湖外环路栽植杉类等高大乔木，对节点绿化提升，提升湖区景观效果，保护水源水体	—	200	2017	施工之中
	131	全民创业园	建邺路东侧、宁靖盐高速旁，按规划实施单位庭院绿化建设	3	400	2017.3—5	完成
	132	盐城万达广场	西环路东，按规划实施单位庭院绿化建设	1	600	2017.3—7	完成
	133	科技广场	世纪大道北，按规划实施单位庭院绿化建设	8	900	2017.4—6	完成
	134	智创园三期	纬八路北，按规划实施单位庭院绿化建设	3	600	2017.3—10	完成
	135	解放路小学	光谷大道东，大寨河南，按规划实施单位庭院绿化建设	1.30	160	2017.2	完成
	136	景山中学	中亭路东，按规划实施单位庭院绿化建设	0.50	40	2017.2	完成
	137	康复中心	公交回车场南，按规划实施单位庭院绿化建设	0.60	50	2017.6	完成
	138	清华园	清华园厂区，按规划实施单位庭院绿化建设	1	150	2017.2—11	完成
	139	现代特殊钢	按规划实施单位庭院绿化建设	1.02	150	2017.5—12	完成
	140	东莲医药	按规划实施单位庭院绿化建设	0.66	100	2017.5—12	完成
	141	东熙汽配	按规划实施单位庭院绿化建设	0.56	80	2017.5—12	完成
	142	瑞欣机械	按规划实施单位庭院绿化建设	0.52	80	2017.5—12	完成
	143	阳城汽配	按规划实施单位庭院绿化建设	0.53	80	2017.5—12	完成
	144	瑞一汽配	按规划实施单位庭院绿化建设	—	—	2017.5—12	暂停
	145	硕禾导电浆	岷江路南侧，厂区绿化建设	1.20	150	2017.3—12	完成
	146	天合光能	五台山路东侧，厂区绿化建设	0.80	100	2017.3—12	完成
	147	鸿佳电子	五台山路南侧，厂区绿化建设	1.30	150	2017.3—12	完成
	148	亨威地块	文港路东、盐渎路北侧地块景观绿化建设	6	1200	2017.3—5	完成
	149	串场河小学	串场河小学景观绿化建设	1.50	600	2017.3—5	完成
	150	亨威地块小学	亨威地块小学景观绿化建设	—	—	2017.10—12	暂停

续表08-22

类别	项目名称		地点及建设内容	2017年新增面积（公顷）	2017年完成投资（万元）	建设时间	项目进展情况
附属绿地	151	大数据二期附属绿化	大数据产业园，按规划实施单位庭院绿化建设	5	1000	2017.3—5	完成
	152	高新区人民医院	高新区人民医院景观绿化建设	2	500	2017.2—12	完成
	153	城东小学	城东小学景观绿化建设	4.40	590	2017.2—9	完成
	154	盐城市人民检察院职务犯罪侦查指挥办案中心	市经济技术开发区希望大道西侧、赣江路北侧，按规划实施单位庭院绿化建设	0.83	298	2017	完成
	155	奥新二工厂	珠江路与东环路交接处，按规划实施单位庭院绿化建设	1	125	2017	完成
其他绿地		小 计		—	3365		
	（一）	立体绿化		—	165		
	156	立体绿化	盐都区投资4.5万元，实施天澜湾小区东侧、南侧围墙；大丰区投资80万元，实施烟草局围墙立体绿化；按照森林城市标准，提高城区绿化覆盖率，沿路、沿河、沿围墙、沿桥梁等全面实施立体绿化；市城建局（园林局）重点实施串场河滨河路（黄海路至大庆路）沿路桥梁、两侧围墙等处，投资80万元	—	165	2017.3—10	完成
	（二）	绿地行动		—	200		
	157	绿化改造完善、裸土覆盖	盐都区投资100万元，实施盐岭路、珍时路两侧裸土覆盖；大丰区投资400万元，城区消灭裸土（树穴、空白地块等）	—	200	2017.3—12	完成
	（三）	绿道建设		—	3000		
	158	绿道建设	市区建设不少于50千米的绿道；重点结合河道整治，打造“亲水绿道”，设置指示牌、驿站等配套设施；市园林局负责制订建设标准，市本级重点结合串场河景观带与世纪大道（青墩接线至凤凰路）改造提升项目，设置指示牌、驿站等配套设施；市本级和各区各建设不少于10千米绿道	—	3000	2017	完成
管理系统	159	智慧园林系统建设（住建部试点）	市城建局（园林局）负责智慧园林系统研发及2个公园试点硬件设备等，2017年完成一期	—	—	2017—2018	完成
环境保护	160	园林绿化废弃物无害化处置	按照生态文明建设“二减六治三提升”总体要求，市城建局（园林局）对市本级管养范围园林绿化废弃物进行集中收集处置	—	—	2017—2018	前期准备
合 计				1370.19	98943.60		

“森林小镇”创建 年内，市城乡建设局组织开展“绿量充足、分布均衡、功能完善、景观优美、环境舒适、特色鲜明”的“森林小镇”创建活动，制定《盐城市森林小镇建设标准》，全市有23个镇申报创建森林小镇。市城乡建设局对镇区建成区范围的绿化状况进行调查摸底，对照指标找出差距，编排项目建设计划，形成绿化区域“一张图”、现状绿地“一本账”、项目计划“一张表”；通过土地流转、租赁、整合废地、利用闲置地块等方式，解决创建镇区绿化用

地不足问题。各创建镇区在抓好新建项目的同时，对老街区原有绿地进行提档升级，并动员居民群众让出家前屋后菜地建绿，想方设法扩增绿量、提升品质。至年底，各创建镇区累计竣工集镇园林绿化项目269项，建设绿化项目45项，新增绿地面积902公顷。（王　盛　张红晖）

第六节　城市管理

一、市容秩序管理

2017年，市城管局开展占道经营、停车秩序、户外广告专项整治，规范市容秩序。规范占道经营，对邮政报刊亭、放心早餐店、小修理点等便民服务点进行重新勘查定点管理，取消小修理点7个、放心早餐点3个、邮政便民服务亭18个，调整小修理点50个、放心早餐点80个、邮政便民服务亭6个，确认保留小修理点212个、放心早餐点250个、邮政便民服务亭50个。发放整治通告3000多份，动员整改1140多起，整治取缔流动摊点5000多个。规范停车秩序，在17条主干道、28条次干道施划非机动车停放标线标识1500多处约70千米。印发整治通告5000余份，开出机动车违停告知单1825张，清拖机动车399辆、非机动车134辆。规范户外广告，拆除大型违章广告牌20多块、违章店招50多块。以"疏、堵、清"方式强化大市区野广告综合治理，建立覆盖14个街道办事处、2个经济开发区、164个社区和349个物管小区的"野广告"共建共管平台，清理沿街"乱张贴"4万多处，启用"野广告"联动追呼系统，办理"野广告"案件128件。

二、环境卫生管理

2017年，全市有253个小区、348个单位（大市区189个小区、148个单位）开展了垃圾分类试点工作，创成省级垃圾分类示范小区20个，市区生活垃圾分类设施覆盖率达36.9%。市区新建和改造提升公共卫生间50座，收纳处置公厕粪便1.62万吨。新投入多功能扫路车12辆，主次干道全部实行扫洗、冲洗等低尘作业方式，完成229辆渣土运输车全密闭改造。市静脉产业园生活垃圾焚烧发电、餐厨垃圾处置项目开工建设，阜宁协鑫垃圾焚烧厂开工建设，滨海垃圾焚烧厂投产运行，城乡生活垃圾无害化处理率达88%，其中市本级全年处理生活垃圾44.26万吨（分流处置5.61万吨），无害化处理率96.8%。全市生活垃圾基本实现以"焚烧为主、填埋为辅"的目标。

城市环境综合整治　年内，全市176个"九整治"（集中整治城郊结合部、城中村、棚户区、老旧小区、背街小巷、城市河道环境、低洼易淹易涝片区、建设工地和农贸市场脏乱差）项目、637个"三规范"（规范占道经营、车辆停放、户外广告设置，）项目、3005个深化拓展项目按时完成。滨海、建湖、阜宁、响水4个县数字化城管系统通过省级考核验收，实现全市县（市、区）数字化城市管理全覆盖。

三、城市景观建设与管理

2017年，市城管局完成内环高架和串场河沿线1388幢楼宇、4处城市出入口、14座桥梁和聚龙湖公园、欧风花街等重要节点景观亮化建设工程。选聘东京光景照明设计有限会社、上海复旦规划建筑设计研究院有限公司、浙江城建园林设计有限公司3家设计单位承担方案设计，将盐城历史人文基因，通过对文字、图案、视频的更新变换，形成界面丰富的视觉感受，展现仙鹤神鹿等城市地域特色；建成国内领先的智能控制系统，对任一单体、区域、道路及全城亮化进行编辑控制，对楼宇亮化采取平时、节日和深夜3种模式控制，实现节能化运营与人性化调适相统一，灯光变化与城市生活相匹配。

四、城市管理创建

2017年，市城管局对照国家文明城市、国家卫生城市创建标准，组织实施市容环境提升工程，累计纠正乱堆放、乱晾晒7246处，清除占道亭棚136处，清拖占道"僵尸车"247辆，统一组织实施停车位标线标识和便民服务点定点标识施划工作；清洗路面污染、泼洒近900余次，清理主干道两侧卫生死角400余处，清除道路两侧杂物及零星建筑垃圾260余吨。完成落地围挡广告牌380块，显示屏14块，道德模范一条街、公益画廊89块，设置道旗2490余杆。创建期间，市执法支队215名一线执法（协管）人员与盐都、亭湖、开发区、城南新区城管工作人员联动开展工作，依靠属地管理实现大市区城管、街道、社区城市管理工作联动。严格督查考核，成立城市管理考核督查组5个，对大市区城市管理进行督查，印发考核通报4期，发放书面督办通知书108份。

五、市区城市道路综合巡查

2017年，盐城市市区城市道路综合巡查总队与公安、城管、城建等部门建立联动巡查和执法处置工作机制，实行全天候24小时巡查工作机制。对于巡查发现的问题，一般性问题由总队信息平台每天16:00集中派遣发送至各区和市各相关责任部门、单位，要求各责任主体限时结案，并将处置结果及时反馈至巡查总队核查，经核查无误后给予销号备案；对于影响道路交通安全、大面积路面污染等紧急重要的问题，第一时间通过总队信息平台将问题发送到各相关责任主体进行处置落实。建立领导带班巡查、重点问题现场督办、疑难问题及时会办以及问题处置落实情况督查通报等工作机制，提高发现与处置问题的质量和效果。全年巡查发现问题2.1万条，督办处置问题2.06万条，结案率97.8%，查处各种违法运输工程作业车辆312台次。建立道路巡查公示、通报制度，对所有发现问题、交办问题、处置问题的情况，定期进行汇总，每月在《盐阜大众报》上公示一次，向各区政府和市各有关部门、单位通报一次，并呈报市委、市政府有关领导，督促各责任主体加大问题处置力度，提高结案率。联合盐城电视台制作市区内环高架快速路网沿线环境整治专题片，平均每两个月制作一档电视节目，在《盐城新闻》等栏目中播放，营造良好的社会舆论氛围，推动道路巡查工作深入开展。

改装渣土车承料箱封闭装置 年内，盐城组织实施渣土车承料箱封闭装置改装工作，将原来只在承料箱的上口加装半封闭的钢板围挡改装成平箱口、全覆盖的折叠式帆布罩，从根本上解决渣土车超载超重、抛洒泄漏的难题。

严查建筑工地不洁施工 年内，市区城市道路综合巡查总队对市区内未经批准擅自进行土方开挖和运输、工地出入口没有进行路面硬化和配置冲洗设备、没有落实专人对工程作业车辆进出口及运输沿线路面及时进行洒水降尘和路面清洗的施工单位，一律叫停并责令整改。对没有在醒目位置张贴工程项目名称和车辆编号等标识、没有按照准运证上载明的时间和路线营运、没有按照限速每小时40千米行驶的工程作业车辆一律严查重罚。加强与各区和市各相关职能部门的联系，建立工作微信群，及时互通情况。开展道路联动巡查和执法处置，规范建筑工地施工行为。（王道洲）

9月7日，市城管局开展户外广告设施安全宣传。 市城管局/供

六、城管执法

2017年，市城管局制定《行政执法公示制度》和《行政执法全过程记录实施细则》，明确行政执法全过程记录的方式、工作流程、相关部门工作职责、保存期限、注意事项等。优化行政处罚简易程序和一般程序以及行政强制案件办理的内外部流程，全年办结行政处罚案件868件，全部做到程序规范、证据齐全、一件一档。联合18个市直部门，印发《盐城市市区城市管理领域失信联合惩戒办法（试行）》，将城市管理领域常见违法问题纳入社会信用体系，予以联合惩戒，住房城乡建设部将其作为范例予以推广，有关条文被吸纳到住房建设部起草的诚信体系文件中。开展强基础、转作风、树形象专项行动，联合市委党校，对全市城管系统220名执法骨干、科级干部进行集中培训，全面提升执法人员综合素质；组织全体执法人员专题学习住房建设部制定的《城市管理执法办法》，55人参加市级行政执法人员轮训，并通过国家机关工作人员年度学法用法考试，完成行政执法人员持证上岗注册和城管执法换装工作。

七、城管服务

2017年，市城管局全面推进“放管服”审批改革，将便民服务点的审批权限下放至各区，将户外广告设置审批等6个行政许可事项下放盐城经济技术开发区。对列入江苏政务服务“一张网”的17个事项，逐项拓展服务内容，将16个事项列入“不见面”服务清单。全面启用市区渣土车管理信息系统，实现服务对象网上申请、网上审核、客户端打印功能。强化源头管理，新建建筑店招标牌与广告位置预留纳入行政审批联合审查。优化常用服务表格，精简建筑垃圾处置核准事项，由4个工作日的承诺件改为即办件，提速30%以上。开展全年无假日服务和上门服务活动，对高架、高铁等政府重点工程、重大投资项目，主动上门服务，从速办理相关事项。全年办理行政许可事项1930件，其中即办件1914件，比例为99.1%，市城管局行政许可服务处多次被市政务办评为“红旗窗口”。组织征收信息普查家家到活动、企业商铺大走访等活动，在市区大型商业广场设点宣传，通过印发城市生活垃圾处理费征收宣传手册、向市民免费提供环保宣传袋、组织开展问卷调查等形式，提高市民对生活垃圾处理费征收政策的知晓率。通过上门催缴、发放相关法律文书、申请法院强制执行等手段，全年催缴到账生活垃圾处理费40.6万元。加强与地税、汇津水务等代征部门的沟通协调，做到应征尽征。通过直接免征、及时退费等方式减免市低保户、特困家庭等居民户生活垃圾处理费110万元。

发挥数字城管系统作用 年内，市城管局创建兼职督查信息员队伍和市区城市管理工作微信群，建立健全发现问题、快速响应处置机制和绩效考核督查机制，统筹市、区两级城管力量，完成全市重大经济社会活动保障及氛围营造任务40多次，市区城市管理“一盘棋”格局初步形成。市数字化城市管理平台全年派遣案件9.1万件，处置率99.73%，其中按时处置率为92.29%。（丁介玉）

第09章　水利建设

责任编辑　冯　刚

综　述

2017年，盐城市完成水利建设投资46.79亿元，其中9项省水利重点项目和8项市区城市防洪工程完成投资13.3亿元。完成农村水利投资19.9亿元，主要实施农村河道整治、小农水重点县工程、大型灌区续建配套与节水改造工程等项目。完成市区河道整治投资3.59亿元，整治市区非骨干河道64条（段）、84千米；完成农村河道整治投资4.72亿元，疏浚大沟90条、中沟768条、小沟1.22万条，完成土方6024万立方米。做好防汛抗旱工作，完善防汛抗旱指挥体系，市、县两级修订完善各类防汛应急预案84个，市、县、乡三级共储备编织袋770.61万只、木材1731.14立方米、土工布24.65万平方米、块石7.39万吨，建立防汛抢险抗旱服务队伍约13.24万人，全年共引境外来水126.42亿立方米，调剂境内水量3.2亿立方米，沿海“四大港”闸（射阳河闸、新洋港闸、黄沙港闸、新龙港闸）排水107.78亿立方米，成功应对入梅前干旱、梅雨期降雨和8、9月局部地区暴雨以及3次台风影响。加强水政执法，全年开展执法巡查4438次，出动巡查人员8241人次，查办各类水事违法案件102余件。

第一节　水利规划

2017年，盐城市政府印发《盐城市“十三五”水利发展规划》《盐城市城市防洪规划（2015—2030）》《盐城市水利基础设施建设三年行动方案》《市区“三治三化”治河活水工作方案和行动方案》，《盐城市水土保持规划（2015—2030）》通过市政府组织的专家审查。市水利局完成渠北地区水利治理规划编制工作；根据省水利厅工作安排，启动江苏省骨干河道名录修编工作，完成盐城市骨干河道名录修编工作；配合省水利厅开展全省治涝规划编制工作，完成规划编制初稿；配合省水利厅开展里下河地区、沂南地区水利治理规划等区域水利治理规划编制工作；配合省水利勘测设计研究院有限公司编制完成《里下河地区水利治理规划防洪除涝与供水工程布局研究报告》《里下河地区湖泊湖荡“中滞”研究专题报告》；配合省水利厅开展临海引江供水工程前期工作、海堤堤线外移规划、江苏省沿海“十三五”水利建设规划、江苏省入海河道河口治导线规划等规划编制工作。配合市发改委开展《盐城市新一轮基础设施建设行动计划方案》《市政府民生实事工程建设体系（2017—2020）》等编制工作。组织开展新洋港闸下移工程、2017年度城市防洪工程、黄河故道治理后续工程、大丰四卯西闸下移工程、斗龙港整治工程、川东港地区区域治理工程等14项项目前期工作。

《盐城市水利基础设施建设三年行动方案》 12月20日，市委、市政府印发《盐城市水利基础设施建设三年行动方案》。方案明确到“十三五”末，实现东西南北中水资源配置五向调节，调整完善盐城流域区域防洪工程体系，通过“点”“线”“面”（城市水生态和防洪工程建设，流域、区域治理工程和水资源有效供给的配置体系建设，农村水利工程建设）三者有机结合，全面改善水环境，提高水安全减灾水平，提升水资源保障能力，落实水富民增效减负的各项措施。行动方案重点推进城乡河道水生态整治工程；启动实施淮河入海水道二期工程，继续实施黄河故道、海堤建设等流域性工程，继续实施四港整治、洼地治理、中小河流治理等区域治理工程和市、县城市防洪保安工程；增辟临海引江供水通道，完善引江供水体系等水资源配置工程；建设饮水安全、灌区改造、高效节水等增效减负的水富民工程。

第二节　水利工程

2017年，盐城争取到省水利重点工程项目9个，其中新洋港整治、灌河治理、城市防洪等项目列入省、市重点项目。年内，9项省水利重点工程完成建设任务7.13亿元。

其中，全年全市水利系统完成建设投资46.79亿元。滨海县翻身河北圆头海堤水毁修复工程、射阳河治理增补工程、射阳县双洋闸北侧海堤防护工程全部完工，响水县灌河治理工程、响水县灌河堤防防汛道路工程除局部尾工外全部完成，响水县海堤河东阳河以下段整治工程完成82%，新洋港整治蟒蛇河段工程完工、城区段河道工程完成任务过半、盐都及亭湖沿线建筑物工程开工建设、射阳沿线建筑物工程完成过半，盐城市射阳河闸启闭机房处理工程启闭机更换完成三分之一。年内，市区城市防洪工程建设完成投资6.18亿元。其中，市级3个续建项目及年初开工的串场河闸站双回路改造项目全部完成，完成投资9600万元；5个新建工程完成征迁及基础、底部结构工程施工，完成投资7500万元；盐都、亭湖、城南新区、经济技术开发区均完成投资4412万元、8830万元、2.5亿元和6433万元。

2017年全市省重点水利建设项目

表09-23

单位：万元

序号	项目名称	总投资	至2016年底已完成投资	2017年实际完成投资
合　计		161069	36580	71270
一	流域性治理项目	45484	1580	9342
（一）	沿海水利建设	45484	1580	9342
1	盐城市射阳河闸启闭机房处理工程	2827	—	2000
2	射阳县双洋闸北侧（23+640-35+750）海堤防护	3466	—	3466
3	滨海县翻身河北圆头海堤水毁修复工程	1194	860	334
4	响水县灌河堤防防汛道路工程	1262	720	542
5	大丰区四卯酉闸	36735	—	3000
二	区域性治理项目	115585	35000	61928
（一）	中央补助项目	113262	35000	60328
1	江河支流治理	113262	35000	60328
（1）	响水县灌河治理	30528	25000	5528
（2）	新洋港治理	75934	10000	48000
（3）	射阳河治理增补工程	6800	—	6800
（二）	省补重点项目	2323	—	1600
1	重点区域治理	2323	—	1600
（1）	响水县海堤河东阳河以下段整治工程	2323	—	1600

2017年市区城市防洪工程建设

表09-24

单位:万元

序号	实施主体	所在防洪区	建设内容及规模	总投资	2017年完成投资
1	市级	Ⅰ、Ⅷ、Ⅸ、Ⅹ	续建串场河南闸、串场河北闸站工程和冈中河闸站工程；新建中岗河南闸站、永丰渠西闸站、六支河西闸站、串场河三英闸站、串场河新兴闸站；实施串场河闸站双回路改造及已建闸站工程自动化提档升级	41300	17100
2	盐都区	Ⅱ、Ⅲ、Ⅶ、Ⅸ、Ⅹ	新、拆建翻身河闸站、二纵沟等6座闸站，新建东界沟闸、西界沟闸等4座防洪闸，新建防洪墙1550米，加固圩堤740米，疏浚河道1370米	4412	4412
3	亭湖区	Ⅰ、Ⅱ、Ⅳ、Ⅴ	新建童家沟东闸站、大新河闸站等15座闸站，新建大洋中心河闸、新界九组闸，长征河排涝站	12210	8830
4	经济技术开发区	Ⅵ	实施仁智河配套工程，新建7座排涝站、30座闸，河道疏浚15.9千米，圩堤加固16.76千米；综合治理南安龙河、建新河等9条河道总长43.31千米	6433	6433

续表 09-24

序号	实施主体	所在防洪区	建设内容及规模	总投资	2017年完成投资
5	城南新区	Ⅸ	改拆建永严河闸站、益丰大干河闸站；新、改拆建圩口闸15座，其中新建4米电动门闸3座，改拆建4米电动门闸12座；圩堤修筑21千米，实施圩堤征建工程	30300	25000
合　计		Ⅰ、Ⅱ、Ⅳ、Ⅴ、Ⅵ、Ⅷ、Ⅸ、Ⅹ、Ⅺ	新建、拆建、改建闸站工程57座，整治河道10条、长44.7千米	94655	61775

第三节　河道整治

2017年，盐城市组织开展市区核心区非骨干河道整治工程，实施64条（段）84千米河道整治任务，完成投资3.59亿元；完成农村河道整治投资4.72亿元，整治大沟90条、中沟768条、小沟1.22万条，疏浚土方6024万立方米。加强河道水系连通、控源减排和长效管护等工作，完成投资10.03亿元，拆除坝埂、废桥涵闸站、违章搭建7829处，清除河面水草、垃圾1213万平方米，建设镇村污水处理厂51座，铺设污水管网447千米，农村改厕4.31万处，处理畜禽养殖厂粪便乱排3245处。持续开展通榆河河道水面漂浮物专项清除行动，清除通榆河上游及其主要支河各类漂浮物279.83万立方米。年内，大丰区西团镇被省水利厅评为江苏省水美乡镇，时堰镇沙场村、黄尖镇兴农村、双港镇腰庄等16个村被省水利厅评为江苏省水美村庄。

串场河疏浚。　　王仰林/摄

第四节　农村水利

2017年，全市农村水利完成投资29.9亿元（含社会投资10亿元），主要实施农村河道疏浚整治项目、小农水重点县项目、新增千亿斤粮食、大中型灌区等项目。全年新建灌溉站770座、圩口闸290座、防渗渠（含管道）910千米、农用桥1401座、小沟级建筑物1.38万座，疏浚土方6024万立方米。实施河堤生态防护林工程，投入资金3.25亿元，新建河堤生态防护林2913.3公顷，改造河堤生态防护林4433.4公顷。

农业水价综合改革　年内，盐城市开展农业水利综合改革工作。阜宁、东台、射阳、滨海等试点地区发放取水许可证；各县（市、区）均制定农业水价核定办法，并印发节水奖励和精准补贴办法。全年全市完成农业水价综合改革面积4万公顷，涉及46个镇、148个村，发展高效节水灌溉面积4846.7公顷，建立农民用水合作组织117个，管理灌溉面积46.79万公顷。

第五节　防汛抗旱

2017年，盐城优化完善防汛防旱指挥决策系统，组织实施通榆河沿线漂浮物视频监控一期工程后续项目建设，新建视频监控点9处，实时掌握上游地区进入盐城市水面漂浮物来量、通榆河沿线水面漂浮物情况以及水体流态、河道工程运行状况；按照废黄河高程基准，对全市26处水位站点进行水准测量、校核；实施“盐城市防汛掌上通”手机应用软件升级项目，新增水位站点64个、风情站点数据166个。响水县投入104.88万元实施防汛指挥系统建设项目，建设水位测报点16处、雨量测报点2处、视频监控点4处、大屏显示系统、会议音响系统和网络中心机房等。大丰区投入134万元升级改造防汛决策支持系统，搭建防汛微信平台，实现水雨情发布、天情分析、台风路径、视频监控、地理系统等多位一体。东台市在原有19个水雨情遥测采集站点的基础上，新增6个雨情遥测采集站点。阜宁县建成全县排涝、灌溉泵站电子监控系统，完成24座乡镇视频会商分站点，实现防汛省、市、县、乡镇四级联动，召开全县远程视频会议。全年市、县（市、区）两级修订完善各类防汛应急预案84个，市、县、乡三级共储备编织袋770.61

万只、木材1731.14立方米、土工布24.65万平方米、块石7.39万吨，建立防汛抢险抗旱服务队伍13.24万人，全年共引境外来水126.42亿立方米，调剂境内水量3.2亿立方米，沿海“四大港”闸（射阳河闸、新洋港闸、黄沙港闸、新龙港闸）排水107.78亿立方米。

一、备汛防汛

1月13日，市防汛防旱指挥部向全市发出开展水利工程汛前大检查的通知。各地、各单位组织成立汛前检查工作组，明确各类工程汛前检查行政责任人和技术责任人，对河湖堤防、涵闸、泵站、蓄滞洪区、城市防洪工程、涉水工程、在建工程、防汛防旱非工程设施等开展拉网式检查。3月6—9日，派出督查组4个，督查指导各地备汛工作。3月21日，市防汛防旱指挥部发出《关于清除河道管理范围内阻水障碍物的通知》，指导部署各地开展清障工作。4月7—10日，市防汛防旱指挥部办公室联合省防汛抢险训练中心，组织全市98名防汛抢险业务骨干在省训练基地开展抢护管涌、搭建钢木组合坝、构筑子堤等8个项目培训。5月17日，市防汛防旱指挥部办公室通报汛前重点工作督查情况，并督促各地防指、各单位整改落实。6月12日，市防汛防旱指挥部明确市、县、乡、村四级防汛责任人5074名，并在《盐阜大众报》上公布。6月13日，市防汛防旱指挥部对亭湖、盐都、开发区、城南新区发出《关于进一步细化分解市区易淹小区防汛责任的通知》，落实易淹小区防汛责任。6月27日20:00，市防汛防旱指挥部调度大套二站向废黄河补水。8月18日，市防汛防旱指挥部继续调度沿海“四大港”闸一天两潮抢排涝水，要求射阳、大丰沿海涵闸抢潮排水，降低内河水位。8月19日，盐城站出现短时强降雨，降水量达195.8毫米，市区部分小区和道路出现短时积水，市防汛防旱指挥部调度市区封闭第Ⅲ、Ⅳ防洪区外围口门，开启串场河闸站、小洋河东支闸站、大新河闸站等排除市区涝水，控制市区内河水位1.0米左右。国庆中秋假日期间，沿海“四大港”闸排水6.84亿立方米、大套一站排水254万立方米，调度封闭盐城市区第Ⅲ、Ⅳ防洪区，启用串场河闸站、南洋中心河泵站等工程排除涝水。全年“四大港”闸开闸1197潮次，累计排水107.78亿立方米。

防御台风 年内，第9号台风“纳沙”、第10号台风“海棠”、第18号台风“泰利”先后对盐城市造成风雨影响。在台风来临前，市防汛防旱指挥部及时向市防指成员单位以及各县（市、区）防汛防旱指挥部发出做好防御台风各项工作的通知，调度沿海涵闸开闸抢排，城市防洪工程关闭口门，做好降水工作。

射阳河闸。 市水利局/供

二、抗旱保水

5月至入梅前，盐城市处于干旱少雨状态，全市水稻栽插较往年同期提前5天左右，与上游地区基本同步，形成上下游争水情况。市防汛防旱指挥部办公室调度沿海涵闸关闸保水，加强用水管理。5月22日起调度大套一站开机向废黄河补水，5月31日起调度北坍站开机向总渠补水，6月27日起调度大套二站向废黄河补水，5—6月累计向总渠、废黄河灌区调剂水量1.72亿立方米。市防汛防旱指挥部办公室与省防汛防旱指挥部办公室沟通协调，增加总渠、废黄河上游供水量至每秒340立方米，里下河上游江都枢纽、引江河枢纽全力引江补水，供水量达每秒767立方米。6月，共调引境外来水14.69亿立方米。

保水活水运行 年内，市防汛防旱指挥部组织对市区核心区河道实施13轮、109天保水活水调度运行，改善市区河道水质。通过采取调水保水管水等措施，保障全市38.87万公顷水稻夏插用水，全市未因旱造成损失。

第六节 水利依法行政

2017年，市水利局推进水利立法普法工作，制定《盐城市涉水审批中介机构星级评定管理办法》《盐城市水利局招投标管理实施办法》等文件。开展《盐城市城市河道管理实施办法》立法后评估工作。开展规范性文件清理工作，其中继续有效4件，修订4件，拟修订5件，废止1件，并及时向社会公开清理结果。在第二十五届“世界水日”、第三十届“中国水周”“5·18”法制广场、“12·4”宪法日期间，投入宣传经费10多万元，通过科普画廊、政务微博、微信推送等多种载体开展政策法规专题宣传。组织开展“河长制，河长治，水利人治河、护河、赏河”“中国水周——水土保持专题宣传”“水周宣传进校园——大手拉小手”等系列活动。建立法律顾问制度，法律顾问工作范围实现水利涉法事务的全覆盖。贯彻落实《盐城市水利局合同合法性审查办法（试行）》，加强合同合法性审查统一管理，全年对局机关和局属各单位356份合同进行合法性审查，出具审查意见，有效避免隐患，增强依法行政意识。

一、水行政审批

2017年，市水利局强化“项目联审”“多评合一”制度实效，构建并联审批模式。主动服务盐城市“一桶水”战略工程，指导帮助沿线县（市、区）水利局尽快取得省水利厅及扬州市水利局的相关许可。启动涉水行政审批快速通道，按最短承诺时间办结盐通铁路涉水行政审批。全年受理行政许可事项53件，均按期办结，并第一时间对行政许可项目进行公示。制定《盐城市水利局行政审批事项事中事后行政监督管理实施方案》，推进工作重心从规范市场主体活动资格为主向规范市场主体行为为主转变、从事前审批向事中事后监管转变。年内，市水利局不见面审批（服务）事项达到83.3%。及时做好政务服务后台数据维护工作，梳理其他类政务服务事项办理条件、服务流程、办事指南等，召开相关事项进驻政务服务大厅工作推进会，做好水利窗口负责办理的10项其他政务服务事项。

二、水政执法

2017年，全市水利系统开展水政执法巡查4438次，出动执法人员8241人次，其中，市水政监察支队直接开展巡查52次，制止违法行为69起。全市共立案查处水事案件105起，现场处理水利违法行为为204起，罚款147.3万元，其中，市水政监察支队立案查处水事案件3起，现场查处2起，罚款43.5万元。年内，恒大地产集团盐城城南置业有限公司未依法编报水土保持方案，擅自开工建设恒大聚亨景园房地产项目案，被市法制办评为“全市优秀行政执法案卷”；江苏铁汉生态旅游有限公司非法开凿4眼深井案，被市法制宣传教育领导小组办公室评为“2016年度全市‘以案释法’优秀典型案例”。举办行政执法专题业务培训3次，培训近300人次；开展全市水行政执法案卷评查工作，评查各地执法卷宗15本，并公开点评。

水土保持专项执法行动　年内，市水利局对不依法编报水土保持方案报告的房地产开发项目，发出限期补办行政许可手续通知书和责令停止违法行为通知书26份。建立约谈催告机制，对碧桂园、绿地等8个在限期内不依法编报水土保持方案，擅自开工建设房地产项目的企业负责人，催告补办许可手续；对拒不补办水土保持手续的盐城港龙房地产开发有限公司港馨园住宅小区项目进行立案查处，处以罚款42万元。

河湖保护专项执法行动　4月，市水利局部署开展全市河湖保护专项执法行动。全市各级水政监察队伍按照“四个一”（一表、一图、一证、一照）要求，划区分片、整体联动，进行全面排查和现场检查，登记涉水违法建设、违法圈圩、破坏水资源、非法取土和其他影响河湖功能发挥的水事违法行为共5个大类、2107起涉水违法行为。开展督查4轮为期6个月的专项执法行动，立案查处102起，现场处理水利违法行为为204起，整改轻微水事违法行为617起，整治处理到位涉水违法点1093处，收回被占河湖堤坎水域108.7万平方米，清除鱼罾鱼簖808个、各类阻水障碍物332处，整治网箱7800只。年内，盐城市河湖保护专项执法行动接受水利部河湖执法检查组验收，受到水利部检查组、省水利厅肯定。

第七节　水利管理

一、水利建设管理

2017年，市水利局制定印发《2017年全市水利工程管理工作要点》《2017年全市水利工程管理工作目标任务》。加强水利工程安全运行管理督查，先后3次开展安全生产专项检查工作。8月下旬，组织对15个局属工管单位、基层闸所开展安全生产检查工作。全年，争取省以上工程管理方面项目经费6201.5万元。继续推进河湖和水利工程管理范围划界工作，全市12个实施单元完成管理范围划定外业勘测、埋桩7158千米。其中，东台市完成全部任务并通过验收，为全省首家划定工作试点县。年内，新创建省级水道管理单位5家，其中盐城市机械排灌处北坍翻水站通过省二级水管单位考核验收，射阳县明湖水库管理所、淮河入海水道滨海管理所、滨海县振东闸管理所、响水县中山河闸管理所4家水管单位通过省三级水管单位考核验收；淮河入海水道滨海管理所获评2017年淮河入海水道管理先进单位。盐城市射阳河闸入选全省最美水工程，盐城市大纵湖入选全省最美水景观，获评江苏最美水地标。阜宁县湖泊管理所被省水利厅评为2017年里下河湖泊湖荡管理先进集体。

二、水利科技管理

2017年，市水利局配合省水利厅完成全市水利系统研究课题评选工作，其中东台市“沿海河道低盐度自动化监测系统研究与应用”、阜宁县“微信技术在智慧水务建设中的应用研究”和盐城市水利局工管处“射阳河挡潮闸集中驱动减卷同轴启闭机研究与应用”3个课题列入省水利科技项目。市水利局组织3个研究课题项目承担单位与省水利厅完成合同签订工作，及时下达项目资金。年内，由盐城市通榆河枢纽工程管理处承担的“大型低扬程泵站水机电耦合系统稳定性研究与应用”“废黄河地涵控制运用对河道防淤减淤影响的研究及应用”2个课题项目通过省水利厅验收。（臧滨城　蔡志芳）

第10章　能　　源

责任编辑　冯　刚

第一节　电　　力

一、电力生产

2017年，全市电力总装机容量1064万千瓦，比上年增加322万千瓦。其中，火电装机容量545万千瓦，风电容量358万千瓦，光伏发电装机容量146.5万千瓦，生物质发电装机14.5万千瓦。

江苏盐城发电有限公司　年内，江苏盐城发电有限公司完成发电量19.58亿千瓦时，其中，自发电量10.28亿千瓦时，被替发电量9.30亿千瓦时；供热量48.36万吨，供电煤耗每千瓦时356.87克，综合厂用 电率8.89%。平均标煤含税单价每吨905.94元，较年初预算上涨每吨205.94元。全年未发生人身伤害事故、设备事故、误操作事故、火灾事故、交通事故、环境污染等事故，实现连续安全生产4902天。

国家电投集团协鑫滨海发电有限公司　年内，国家电投集团协鑫滨海发电有限公司机组实现“双投”目标，9月9日，1号机组完成168小时连续满负荷运行；11月15日，2号机组完成168小时连续满负荷运行。2台机组利用小时数为1537.6小时，平均负荷率为68.98%，累计完成电量22.39亿千瓦时，上网电量21.22亿千瓦时，综合厂用电率5.04%（含机组调试用电），发电煤耗每千瓦时275.66克，供电煤耗每千瓦时288.17克，利润7750.11万元，实现当年投产、当年盈利的目标，788天基建期内未发生一起人身伤亡事故。

江苏射阳港发电有限公司　年内，江苏射阳港发电有限公司完成发电量69.5亿千瓦时、营业收入22.28亿元、上缴税收1.66亿元，全年节约固定成本0.88亿元。签订直购电22.97亿千瓦时，签订2018年大用户直购电25.6亿千瓦时。增加优质低硫陕煤采购量，控制煤炭采购和物流成本；超前谋划供热工作，5月初，与射阳县海通镇政府签署工业园区集中供热项目合作意向书，科学编制项目可行性研究报告。全年对外供热16.9万吨；与公司直购电大用户东台磊达水泥有限公司等单位建立合作关系，拓宽粉煤灰市场，完成粉煤灰分选系统改造，细灰比例由20%上升至38.4%；开拓对外检修市场，全年开展10多次对外检修工服务，继续为国信射阳光伏电站提供运行维护。至年底，公司连续安全生产6395天。

二、电力供应

2017年，盐城全社会用电量287.26亿千瓦时，其中工业用电190.18亿千瓦时，居民用电50.31亿千瓦时。全市调度最高负荷562.2万千瓦，全市最高日供电量为11694万千瓦时。年内，各县（市、区）全社会用电量增速前三位为滨海、射阳、大丰，负增长前三位分别是阜宁、响水、建湖。工业用电量增速前三位分别是滨海、射阳、大丰，负增长前三位分别为阜宁、建湖、大市区。

全年完成电网建设投入60.2亿元，投产110千伏~500千伏线路557.92千米、变电容量359万千伏安。至年底，全市有500千伏变电所5座，变电容量1126.8万千伏安，线路长度1270.43千米；220千伏变电所38座，变电容量1158万千伏安，线路长度3427.5千米；110千伏变电所132座，变电容量1100.95万千伏安，线路长度3520.94千米；35千伏变电所96座，变电容量207.23万千伏安，线路长度2291.45千米。电网具备“南北分区”条件，最大供电能力达到650万千瓦。加快推进沿海大容量新能源并网通道建设，开辟“绿色通道”，确保大规模风、光发电全额并网消纳。至年底，盐城风电装机容量357.6万千瓦，其中新增并网新能源装机容量108.2万千瓦，全额消纳新能源89.4亿千瓦时。

500千伏滨响变电工程　6月，500千伏滨响变电工程竣工投产。项目总投资5.76亿元，新建滨响 500 千伏变电站，安装100万千伏安主变压器2组，建设500千伏出线间隔2个，至潘荡 500 千伏变电站。

签订建设坚强智能电网战略合作协议　11月15日，国网江苏省电力有限公司与盐城市政府签订“江苏省电力有

2017年全市各县(市、区)用电情况

表10-25

地　区	全社会用电量(亿千瓦时)	同比增长(%)	工业用电量(亿千瓦时)	同比增长(%)	居民用电量(亿千瓦时)	同比增长(%)
响　水	39.78	-5.46	33.33	-7.65	3.49	2.98
滨　海	28.32	7.86	18.64	8.27	5.74	3.83
阜　宁	24.52	-15.61	15.17	-26.50	5.66	8.15
射　阳	23.30	7.68	13.27	6.84	5.76	5.62
建　湖	21.03	-4.99	12.43	-13.22	4.97	8.66
大　丰	56.63	4.89	44.86	2.76	5.26	11.43
东　台	39.99	-2.69	27.80	-7.70	6.51	9.74
大市区	53.69	1.25	24.68	-8.27	12.93	11.75

限公司和盐城市人民政府共同建设坚强智能电网战略合作协议”。协议明确“十三五”期间，省电力公司结合盐城地区发展需求，投入295亿元，推进500千伏龙口等重点输变电工程建设，形成北、中、南三片分区供电格局，推广应用新一代智能变电站，提升供电能力、供电可靠性、智能化水平、安全水平。

盐城供电公司　年内，盐城供电公司电网建设投入60.2亿元；供电量280.85亿千瓦时，售电量270.62亿千瓦时；调度最高用电负荷562.2万千瓦，线损率3.64 %。深化南海未来城、盐都高新区等重点园区配电网单元制规划。竣工投运500千伏滨响变电等23项输变电工程。完成1.3万项配农网工程建设，配电网自动化覆盖率70%，农网架空线路绝缘化率66.4%。按期建设投产20个灾后安置区供电设施配套。年内，17项基建工程被命名为国网优质工程，支持并参建的国电投滨海海上风电项目获国家优质工程奖。落实强化本质安全工作实施细则，下发安全生产重点任务清单105项，开展安全检查专项行动，累计整改缺陷3328条。年内，盐城供电公司被评为全国电力行业“电力设施保护先进单位”。深化“互联网+”营销服务，高压用户掌上电力100%绑定。开展采集运维闭环管理试点，新建“多表合一”3.7万户。落实市政府《电能替代行动计划》文件要求，推广电能替代项目579个，替代电量9.83亿千瓦时。开展投诉压降专项行动，“95598”投诉工单压降43%。制定《电力用户信用管理办法》，健全用户信用评价体系。配合服务181户大用户完成直购交易电量43亿千瓦时，累计为客户节约电费支出约9000万元。执行电价结构调整，为工商业用户节约用电成本1.87亿元。开展电力体检活动，针对企业实际困难和需求提出发展建议975条，帮助客户节约用电成本4550万元。年内，盐城供电公司被江苏省委表彰为“抗灾抢险一等功单位”。　　（宗　耀）

11月15日，盐城市政府与国网江苏省电力有限公司“建设坚强智能电网战略合作协议”签约仪式举行。　王亚洲/摄

三、行业管理

2017年，盐城全面加强电力行业管理。5月，市电力保护领导小组召开专题联席会议，研究部署2017年盐城平安电力建设工作。6月，市经信委与9个部门单位联合印发《2017年度全市平安电力建设工作检查考核方案》，细化全市平安电力建设工作要求。利用“诚信体系”建设管理，建立“黑名单”制度，对施工队伍不服从管理，造成电力设施破坏的，建设部门将其纳入“黑名单”，三年内不得参与施工建设。利用电视、广播、报纸、手机短信等方式宣传安全用电、节约用电常识，开展施工隐患、树线矛盾专题宣传活动，提高全民参与电力设施保护意识。

有序用电管理 年初，市经信委会同盐城供电公司，对全市工业经济发展情况及2017年新增负荷情况进行摸排，编制《2017年盐城市有序用电方案》，并将商场、宾馆、居民等非工业空调负荷纳入有序用电方案之中。同时，市经信委对全市列入有序用电的企业进行走访，协助企业熟知避峰程序和操作步骤，帮助企业细化调整应急预案；召开有序用电工作会议、有序用电大客户座谈等会议，宣传电力供需形势，明确有序用电工作要求；明确高耗能企业等快速响应负荷清单，召开全市用电高耗能企业座谈会，明确在电网紧张时企业能按要求快速响应；开展有序用电演练，提高错峰限电的可操作性和应变能力。

电力需求侧管理 年内，市经信委加强电力需求侧管理，全力做好煤电油气运保供，推进直购电工作，为145户企业节约电费1.05亿元。48户工业企业和部分工商业用户在用电高峰时段主动错峰、避峰，实施需求响应，获得省需求响应补贴资金近500万元。（季 鹏）

电力行业监管 6月、11月，市经信委2次召开全市地方调度机组电网信息披露会，及时公布调度执行、电网运行和考核等相关情况，加强与电厂的信息沟通，提高电力调度透明度。加强可能危及电力设施安全事前防范工作，清除电力设施保护区危险源。市、县两级政府在行政审批工作中推行电力设施保护范围内建设项目规划和施工许可管理。

第二节 天然气

至2017年底，市区（盐城中心城市高速围合圈内的范围）有高、中、低压天然气管网1613.9千米，其中高压管网27.5千米，中压管网682.1千米，低压管网904.3千米；有天然气民用户32.2万户，商业户1890户，工业户125户，车用CNG（压缩天然气）加气车4500辆，冬季高峰用气量为87.3万立方米，夏季低谷用气量22.8万立方米。全年全市高中低压管网约3600千米，新增高中低压管线625千米，新增居民用户近10万户，城镇气化率提高到99.5%。市本级、大丰、东台、建湖、射阳、响水编制完成天然气管网规划。

第三节 煤 炭

盐城市煤炭生产企业主要是新光集团。2017年，新光集团原煤产量60.57万吨（不含金石），实现主营业务收入4.27亿元，实现利润2536万元。年内，公司全年投入安全费用1498.58万元，组织安全检查48次，安全奖励34.9万元，处理责任罚款2.11万元，处理违规行为489人次。实现第五个安全年，创历史安全生产最好年份和最长安全周期。（陈 洋）

第四节 石 油

2017年，中国石化盐城石油分公司实现成品油销售67.4万吨，实现天然气销售9902.7吨，实现非油品销售额5.14亿元，上缴税收6510.7万元。全年HSE（健康、安全、环境三位一体的管理体系）和数质量管理无重大责任事故，公司实现和谐稳定发展。严格调运与销售的平衡，全年实现进货78.86万吨，保障成品油市场平稳有序供应。加快网点新建及改造进度，新增2座加油（气）站；完成油气回收改造站10座；完成整体改造油站1座。推进成品油管道苏北盐城段及上冈配套库建设等，至年底管道全线贯通，并启动上冈油库建设。持续推行农机“双优”卡，开辟农机、特殊车辆专用通道，开展“送油下乡”“送油到田头”等活动。开拓非油新业务，先后与中国移动、托馥咖啡、盐城新华书店、中国青年旅行社、中国邮政、爱义行、正大快餐、高速ETC等达成合作意向，引进多个跨界项目，完善易捷门店综合服务体系。新增3个综合汽服业务，区域自助洗车点扩展至32座；省内首座易捷咖啡微店、易捷图书微店先后在盐城青年路便利店开业，累计开设“读书吧”3个。全年推进轻资产合作项目10个，累计20个。推行小站委托管理模式，71座油站实行委托管理。

（许菁菁 严国英）

第五节 新能源

2017年，全市新能源装机518.8万千瓦，占全市总装机的50.6%；资源综合利用装机7.25万千瓦，占全市总装机的0.71%。新能源装机中：风电装机容量357.66万千瓦，占全市电力总装机的34.9%，占全省风电装机的54.56%；光伏装机容量146.6万千瓦，占全市电力总装机的14.3%，占全省光伏装机的16.15%；生物质装机容量14.5万千瓦，占全市电力总装机的1.4%，占全省装机的10.06%。全年新能源发电89.44亿千瓦时，较上年增长29.92%，占全省新能源发电量的30.67%，其中，全市风力发电企业发电64.3亿千瓦时，较上年增长33.63%，占全省风力发电量的53.37%。光伏发电企业发电15.17亿千瓦时，较上年增长38.2%，占全省光伏发电量的18.8%。生物质发电企业发电9.97亿千瓦时，较上年增长2%，占全省生物质发电量的10.9%。新能源装机容量、发电量均列全省第一。

全年全市新能源产业开票销售300.8亿元，其中，新能源装备实现开票销售234.1亿元，实现发电开票销售66.7亿元；风电装备实现开票销售140.8亿元，光伏装备实现开票销售93.3亿元；风力发电实现开票销售47.1亿元，光伏发电实现开票销售12.1亿元，生物质发电实现开票销售7.5亿元。建成大丰、东台、阜宁、射阳、市经济技术开发区等新能源产业园区。（季 鹏）

第11章 交通运输

责任编辑 冯 刚

综 述

2017年，全市累计完成交通基础设施建设投资161亿元。公路建设：阜建高速全线建成，通过省级竣工验收；331省道盐城东段、351省道大丰先导段、344国道北绕城等一批国省干线公路建成通车；提档升级农村公路2880千米，改造桥梁1823座。铁路建设：盐徐高铁盐城段基本完成路基桥梁施工，并进行架梁施工；连盐快铁盐城段实现全线贯通；盐通铁路设计时速提升至每小时350千米；盐泰锡常宜城际铁路盐城至泰州段规划研究通过评审，并完善项目预行性可研究报告；大丰港铁路支线项目预可行性研究报告通过国家铁路局审查；综合客运枢纽规划方案通过国家铁路局审查，铁轨部分开工建设。机场建设：T2航站楼主体工程完工，机坪工程全部完成，航空配餐等辅助配套工程土建基本结束；新增、优化、加密航线航班，机场通航点达30个，主要航线每天1班以上，覆盖国内千万级大型枢纽机场。航道建设：滨海港疏港航道、射阳港疏港航道2个项目列入省新一轮干线航道网调整规划；盐宝线航道整治工程项目工程可行性研究报告通过省发改委审查。城市交通：全长近33千米的高架三期工程于12月27日开工建设，工程采用“4+1”方案（建设4条相连的青年路东延线、东环路、机场线、黄海路东延线和1条独立的世纪大道西延线），完善和加密已有快速路网，全线有1处隧道、4个枢纽（包括盐城西出口枢纽）、16对上下匝道、8个主线出入口，采用PPP公私合营模式建设模式，工程总投资57.8亿元，全市新辟公交线路9条，调整优化公交线路7条，新购城市公交车118辆，城市公交客运量突破1.25亿人次；全市新增25个乡镇开通镇村公交，累计有88个乡镇开通223条线路，开通率85.4%。

至年底，全市拥有公路总里程1.97万千米，拥有等级公路1.93万千米，公路密度为每百平方千米116千米。全市铁路总里程157千米，新长铁路盐城站开通客运列车22列次。全市内河航道总里程4346千米，其中三级航道（通榆河、灌河、泰东河）283千米，四级航道209千米，五级航道297千米、六级航道284千米、七级航道466千米、等级外航道2783千米。全年全市累计完成旅客运输量7371.31万人次（不含铁路），旅客运输周转量73.89亿人千米。其中：公路客运量7241万人次、周转量73.89亿人千米；民航客运量130.31万人次。全市累计完成货运量1.72亿吨（不含铁路），货运周转量454.98亿吨千米。其中：公路货运量5574万吨、货运周转量160.83亿吨千米；水路货运量1.16亿吨、货运周转量294.16亿吨千米。民航货邮吞吐量5540.55吨。全市沿海港口累计完成货物吞吐量9016.63万吨，集装箱完成20.8万标箱，外贸吞吐量完成2459.33万吨。其中，大丰港区完成货物吞吐5040.71万吨，集装箱完成20.5万标箱。城市公交总行驶里程6321.9万千米；客运总量1.25亿人次；公交出行分担率15.58%；万人拥有公交车辆标台数16.46标台。盐城南洋机场公司全年安全保障航班1.31万架次。全年完成铁路客运量170.48万人次，客运周转量1.52亿人千米；货运量108.4万吨，货运周转量2.77亿吨千米。

2017年全市重点交通工程项目

表11-26

序号	项目名称	建设规模	建设年限	总投资（万元）	2017年完成投资（万元）	项目进度
一	内环高架快速路网			1465000	39950	

续表11-26

序号	项目名称	建设规模	建设年限	总投资（万元）	2017年完成投资（万元）	项目进度
1	内环高架快速路网工程	建设一期、二期工程54.6千米，三期工程约33.2千米	2011—2019	1465000	39950	一、二期工程建成通车。三期工程全面开展启动征地拆迁工作，施工单位进场，12月27日正式开工建设
二	铁路项目			3987700	495997	
2	连盐铁路盐城段	新建105千米双线电气化铁路	2013—2018	1050000	106697	完成正线铺轨189.1千米，占97%；沿线响水站完成建设任务的80%，滨海站、阜宁东站、射阳站完成建设任务的82%；四电工程完成总产值的70%
3	徐宿淮盐铁路盐城段	盐城境内72千米	2015—2019	900000	336500	全线完成桥梁桩基1.86万根、承台2083个、墩身2061个、制梁1315孔、架梁1148孔
4	盐城至南通铁路	盐城境内94千米	2017—2019	1270000	50900	完成项目招投标工作，开展征地拆迁工作
5	盐泰锡常宜城际铁路	盐城境内约22千米	2018—2021	346000		完善修订预可行性研究报告，完成工程可行性研究报告编制
6	东风悦达起亚伍佑商品车装车基地	占地面积约6.67公顷	2016—2017	10000	1900	建成
7	大丰港铁路支线	全长68.64千米，单线时速每小时120千米	2017—2020	411700		项目预可行性研究报告通过中国铁路总公司审查
三	公路项目			2364153	876231	
（一）	高速公路及通道项目			550000		
8	盐城至南京高速公路	全长约200千米，其中盐城段20千米	2018—2021	150000		完成项目预可行性研究报告审批，开展工程可行性研究报告编制工作
9	阜兴泰高速建湖至兴化段	新建约73千米高速公路，其中盐城段35千米	2018—2021	400000		完成工程可行性研究报告初稿编制
（二）	国省干线公路			1278767	346780	
10	125省道盐城段	新建45.6千米一级公路	2012—2018	130564	4236	盐都段204国道至大纵湖风景区34.7千米建成通车；城南新区段完成路基填筑23%，由于土地指标未落实暂停施工
11	331省道盐城东段	新建27千米一级公路	2013—2018	117239	75589	亭湖段10.682千米通过交工验收，大丰段16.472千米全部建成
12	233省道射阳至建湖公路	新建69.4千米一级公路	2013—2018	202558	33040	建湖204国道至建宝线段19.6千米建成通车，234省道至331省道段建成主体工程，完成交通工程80%；204国道以东段完成土方开挖100%、路基回填98%、底基层91%、基层63%、桥梁66%；新长铁路段完成土方开挖40%、路基回填39%、涵洞81%、桥梁11%；射阳段完成基层100%、下面层80%
13	610省道东台段	新建40千米一级公路	2013—2018	165273	22060	204国道至229省道段25.96千米建成通车，344国道至204国道段完成土方开挖100%、路基回填95%、底基层4%、涵洞100%、桥梁工程72%
14	351省道大丰段	新改建44千米一级公路	2015—2018	136020	39899	一期工程228国道至草庙镇段12.9千米建成通车；二期工程草庙至沈海高速段完成基层100%、面层61%、桥涵工程100%；沈海高速以西段通榆河大桥完成25%

续表11-26

序号	项目名称	建设规模	建设年限	总投资（万元）	2017年完成投资（万元）	项目进度
15	344国道东台段	新改建69.4千米一级公路	2012—2018	230528	87703	沈海高速以西28.25千米建成通车；沈海高速以东段完成土方开挖100%、路基回填86%、涵洞99%、桥梁工程75%
16	229省道东台段	新建5.8千米一级公路	2017—2018	21489	8663	完成土方开挖74%、路基回填58%、涵洞100%、桥梁工程46%
17	348省道滨海段	新建33.8千米一级公路	2016—2019	95633	53282	完成土方开挖100%、路基回填97%、底基层97%、基层61%、面层16%、涵洞100%、桥梁97%
18	328省道滨海段	新建24.4千米一级公路，36.2千米二级公路	2017—2019	112154	22308	226省道至新天大道段已完成征地拆迁95%、土方开挖24%、路基回填6%、涵洞59%、桥梁工程42%
19	204国道响水绕城段	全长12.4千米，一级公路标准，其中新建8.6千米、拓宽3.8千米	2017—2019	56016		项目初步设计通过省发改委审查
20	326省道响水西段	新建4.27千米一级公路	2017—2019	11293		项目初步设计通过省发改委审查
（三）	路网连接公路			95186	46160	
21	阜宁火车站连接线	新建12.5千米一级公路	2014—2017	45942	11152	建成通车
22	建湖综合客运枢纽接331省道	新建15.6千米一级公路	2017—2018	20856	8120	完成土方回填70%、圆管涵100%、箱涵95%，桥梁工程50%
23	盐城南洋机场连接线	新建3千米一级公路	2017—2018	28388	26888	完成路基填筑97%、桥涵工程96%、底基层95%、基层85%、下面层50%
（四）	农村公路			440200	483291	
24	农村公路提档升级及桥梁改造工程	实施农村公路2848千米，改造桥梁1775座	2017	431122	481000	建成农村公路2880千米、桥梁1823座
25	撤渡建桥	市经济技术开发区通榆河袁坎大桥、射阳射盐线黄沙港大桥、滨海正红蒋渡人行桥、滨海通榆化肥厂人行桥、滨海港勾股人行桥、亭湖通榆河立新大桥	2013—2018	9078	2291	袁坎大桥完成桥梁下部结构100%，开展上部结构5号块挂篮施工；射阳射盐线黄沙港大桥完成桥梁及接线主体工程，接线附属工程施工；亭湖通榆河立新大桥方案设计、施工图通过审查；滨海正红蒋渡人行桥完成桩基工程100%、盖梁50%；化肥厂人行桥完成桩基工程100%、承台100%；勾股人行桥完成桩基工程80%
四	港口航道项目			118197	3951	
26	盐邵线航道改善工程	实施盐邵线航道护岸墙前土120万立方米疏浚工程	2017	1920	3451	完成航道护岸墙前土疏浚工程238万立方米
27	盐宝线航道整治工程	通榆河口至宝应界段50千米按干线航道标准整治	2018—2020	90000		项目工程可行性研究报告通过省发改委审查，开展土地预审、规划选址、稳评等相关环节审批工作
28	盐城港市区港区楼王作业区码头工程	4个500吨级装卸泊位，1个500吨级待泊泊位，岸线长度为289米	2017—2018	6277	500	施工单位进场，港池开挖之中
29	盐城港东台港区中心作业区码头工程	8个1000吨级散货泊位，4个1000吨级通用泊位，设计吞吐能力557万吨	2017—2019	20000	—	获得环评、洪评批复，项目岸线通过省港口局审查，报交通运输部审查，土地预审手续上报省国土厅
五	客运枢纽			455352	78326	

续表11-26

序号	项目名称	建设规模	建设年限	总投资（万元）	2017年完成投资（万元）	项目进度
30	T2航站楼建设	新建T2航站楼及配套建设停机坪和站前广场等设施	2015—2017	124300	59000	完成航站楼主体工程钢结构施工，基本完成内装、幕墙、屋面工程施工；地下车库主体结构通过验收；高架桥完成桥面铺装；机坪工程完成排水沟工程、土面区处理、禁区内机坪水泥混凝土道面、道面灌缝工作100%；同步完成机坪助航灯光工程、管道施工及井位施工，完成T2楼前路基处理、管道铺设、电力外网管道连接施工
31	盐城市区综合客运枢纽	公铁综合客运枢纽	2017—2019	296819	16000	基本完成工程可行性研究报告编制工作，启动地块内征地拆迁，完成67户
32	连盐铁路响水公铁综合枢纽	占地面积约8.07公顷	2016—2018	7838	100	完成招投标工作，开展施工前准备工作
33	连盐铁路射阳站综合客运枢纽	占地面积约8.8公顷	2016—2018	8998	100	完成招投标工作，开展施工前准备工作
34	连盐铁路阜宁东站综合客运枢纽	占地面积约11.47公顷	2016—2018	9597	3126	主体工程完成桩基工程100%、土建工程85%、安装工程28%；道路及广场完成铺装工程81%、电气工程27%、给水工程40%、排水工程48%，完成绿化及附属工程47%
35	连盐铁路滨海站综合客运枢纽	占地面积约6.67公顷	2016—2018	7800		由于地方规划调整，项目延后实施
六	运输服务			62200	20621	
36	市区公交回车场站建设	新建市公交调度中心停保场二期扩建工程、城北停车场、市中心公交回车场（盐都车站）、人民路回车场改造工程	2017—2018	13000	5985	市公交调度中心停保场二期扩建工程办理用地计划；市中心公交回车场改建场站项目主体工程竣工验收，附属工程完成；城北停车场、人民路回车场由于土地权属未协调到位，暂缓施工
37	干线公路服务区和市区内河搜救基地建设	新建临海高等级公路黄尖、滨海服务区，204国道建湖、响水服务区，新331省道亭湖、盐都服务区和市区内河搜救基地	2016—2018	33600	8242	228国道黄尖服务区、228国道滨海服务区开工建设；204国道响水服务区完成房建工程施工，开展道路工程施工；204国道建湖服务区办理土地手续，新331省道亭湖服务区协调土地指标；建成市区内河搜救基地
38	城乡公交一体化	新增10个乡镇开通镇村公交，新增更新公交车120辆，完善、改造部分公交站台，公交智能化改造升级	2017—2018	12600	6094	开通响水、大有、黄圩、千秋、盘湾、兴桥、长荡、大中、三龙、刘庄、新丰、近湖、芦沟、庆丰14个乡镇镇村公交；10辆新能源纯电动公交车投入营运；完成BRT站台2个样板站台主体工程施工，BRT样本站台智能化建设基本完成，公交调度系统建设确定可行性研究报告和方案编制单位，编制可行性研究报告
39	盐城市综合交通指挥中心	新建指挥中心大厅、交通应急指挥系统、综合决策分析系统、公众出行服务系统，初步完成交通系统数据和应用系统整合工作	2016—2017	3000	300	综合交通运行指挥中心建成投入试运行，软件工程暂缓实施

续表11–26

序号	项目名称	建设规模	建设年限	总投资（万元）	2017年完成投资（万元）	项目进度
40	绿色通道及公路养护工程	新建和完善公路景观通道344.1千米；229省道盐都段养护中修工程8.7千米，329省道射阳段养护中修工程14千米，332省道大丰段养护中修工程17.46千米	2017	57491	47362	绿色通道完成年度计划的79%，新331省道盐城西段由于新水源地施工，绿化工程暂缓施工；公路路面养护改善工程完成全部建设任务
41	货运场站建设	建设大丰港集装箱多式联运基地等10个货运场站项目	2013—2020	385095.4	47000	

第一节　空港建设

2017年，盐城南洋国际机场安全保障航班1.31万架次，旅客吞吐量130.31万人次，民航货邮吞吐量5540.55吨。南洋国际机场新增乌鲁木齐、兰州、石家庄、银川、郑州航线，恢复成都、杭州、海口、温州航线，加密北京、深圳、天津航线，通航点达到30个，主要航线每天1班以上，覆盖国内千万级大型枢纽机场，周航班量150班次。年内，南洋机场T2航站楼主体工程完工，建湖通用机场投入试运行，射阳通用机场实现首飞。

第二节　公路建设

2017年，全市干线公路完成投资30.45亿元，建成通车一级公路项目5个，总长84千米，351省道大丰先导段建成通车、331省道盐城东段（亭湖段、大丰段）建成通车。机场快速干线工程完成投资9640万元。全市农村公路“三年行动计划”道路完工2880千米，桥梁完工1823座；撤渡建桥项目完成投资1704万元；建成农村公路生命防护工程594千米。完成8个养护大中修工程94.63千米；组织公路水毁抢修保通，完成2批水毁抢修工程，完成23座桥梁支座更换及维修、30座桥梁伸缩缝维修工程。建成绿色通道330千米，完成管养干线公路的绿化补植增绿工程。开展交通干线沿线环境综合整治五项行动，228国道、226省道、233省道、329省道整治中拆除危旧房屋715户，出新房屋2016户。优化干线公路中分带开口208处，改善搭接道口151处。

351省道大丰先导段建成通车　5月27日，351省道大丰先导段建成通车。该段起自临海高等级公路交叉口处，沿江界河北侧向西北布设线位，至丰山集团处接草川公路旧路，沿旧路至万盈镇与草庙镇界。路线全长12.92千米，于2015年1月23日开工建设。

331省道盐城东段（亭湖段）建成通车　11月22日，331省道盐城东段（亭湖段）建成通车。该段起于226省道交叉口，向西途经新民村、民联村、绍林村，跨沈海高速公路，经亭湖新区、三星村，终于九华山路交叉处。路线全长5.61千米（不含跨沈海高速公路大桥），于2016年4月29日开工建设。

第三节　铁路建设

2017年，盐城境内铁路里程157.2千米，火车车站8个。全连盐铁路盐城段主体工程基本完成。徐宿淮盐铁路盐城段完成征地拆迁主要工作量，盐宁高铁联络线纳入徐宿淮盐铁路建设范围，将与徐宿淮盐铁路同步建成。盐泰锡常宜城际铁路预可行性研究全面展开。大丰港铁路支线可行性研究报告通过中国铁路总公司鉴定中心审查。开展滨海港、射阳港等沿海港口铁路支线线位方案研究工作。

连盐铁路盐城段　至年底，连盐铁路盐城段路基处理、桥梁桩基、架梁和铺轨等站前工程基本完成；响水、滨海、阜宁东、射阳站站房工程全部封顶，主体工程基本完成。施工单位当年完成投资10.1亿元；市铁路办当年下拨资金5697万元；项目累计完成投资77.45亿元。

徐宿淮盐铁路盐城段　至年底，徐宿淮盐铁路盐城段完成征地拆迁主要工作量，共拆迁1240户民房；搬迁企业22家；提供红线用地184.6公顷；临时用地72公顷；完成承台2083个；完成墩台身2061个；完成制梁1315孔；完成架梁1148孔。施工单位完成投资20.2亿元；市铁路办当年下拨征地补偿拆迁资金5.53亿元；项目累计完成投资64.89亿元。

盐通铁路盐城段　3月15—17日，中国铁路总公司在北京召开新建盐城至南通铁路修改可行性研究评审会。10月23日，盐通铁路可行性研究报告正式获国家发改委批复。10月30日，盐通铁路初步设计获中国铁路总公司、江苏省政府联合批复，同意该段铁路设计时速350千米。

第四节 航道建设

2017年，全市航道建设累计完成投资1.17亿元。盐宝线航道整治工程可行性报告通过省发改委审查，并办理跨河桥梁改建项目前期各项手续。连申线大套船闸至灌河段航道整治工程完成工程可行性研究报告编制，通过公开招标，确定土地预审咨询单位和环评咨询单位。淮河入海水道二期航道配套工程完成工程可行性研究报告初稿和三维漫滩水文分析。连申线滨海枢纽至东台泰东河口段航道整治工程完成项目建议书初审及上报交通运输部资料补充工作。盐邵线航道四、五期护岸墙前土疏浚工程全部完成，累计疏浚土方238万立方米。通榆河航道盐城市区取水口段及刘大线河口段护岸工程全面完成。连申线大丰段三座老桥安全拆除，日常养护项目和“卡脖子”航段整治任务基本完成，疏浚土方45.6万立方米，新建护岸3000余米，拆除碍航危桥2座，新改建桥梁2座。全年全市航道完成集装箱1.05万标箱。

第五节 城市公交

2017年，全市公交总行驶里程6321.9万千米，客运总量1.25亿人次，公交出行分担率15.58%，万人拥有公交车辆标台数16.46标台，营运收入6546.2万元。年内，新辟公交线路9条，分别为62路、K701线、K901线、203路、209路、机场巴士专线、B支7线、29路、31路；调整公交线路5条，分别为B支4线、88路、K9线、20路、28路；加密纹线路2条，分别为K401线、30路。全年投入资金1.07亿元，新增公交车118辆，其中油电混合动力公交车48辆，纯电动公交车50辆，超级电容动力公交车10辆，柴油动力BRT公交车10辆。

公交站场建设 年内，市区解放路（世纪大道两侧）2个BRT站台改造基建任务完成；城南公交调度中心二期工程建成修理工间，完成充电设施布局；普陀山公交回车场、青年路高架首末站、范公路高架（世纪大道路段）回车场、万达B支7回车场、北龙港回车场等公交场站，建成并投入使用；二墩停车场改造工程开工建设。

第六节 行业管理

全年市交通运输局实施行政处罚（处理）案件3.15万件，实施许可案件2.1万件，强制案件106件。梳理政务服务事项清单230项，对行政许可中介服务事项及收费项目进行两轮清理，保留中介服务事项4项；编制政务服务事项“不见面”清单共188项；完善并公布事中事后监管责任清单26项。制定《关于深化出租汽车行业改革的实施意见》《盐城市网络预约出租汽车经营服务管理实施细则（暂行）》，并于7月1日起施行。“网络预约出租汽车运输证”“网络预约出租汽车经营许可证”“网络预约出租汽车驾驶员从业资格证”申办规定全部明确并公开。举办全市交通运输系统执法人员《中华人民共和国行政处罚法》《中华人民共和国行政许可法》和《中华人民共和国行政强制法》等基础法律知识培训班，累计受训人数达300余人次。加强规范性文件管理，对以市交通运输局名义下发的9个规范性文件进行清理，继续保留5个规范性文件，废止4个规范性文件。对规范性文件、涉法的文件、合同、协议、制度、回复等进行合法性审查。落实重大行政执法决定法制审核和备案制度，市级备案情况向社会公开。年内，盐城市入选第二批江苏省公交优先示范创建城市。开展文明行业创建，刘飞荣获评2017年春运“情满旅途”活动成绩突出先进个人；BRT车队获评“省级青年文明号”；驾驶员周一浩获“江苏省交通技术能手”称号；公交总公司团委被授予“江苏省五四红旗团委”；市航道处获“全国交通运输文化建设卓越单位”称号；盐城南洋国际机场继续获“全国文明单位”称号；2017年12月，“飞燕班组”被中国民用航空局表彰为“全国民航示范班组”。

一、路政管理

2017年，路政案件立案235件，办理路政管理许可71件、超限许可14件。开展路警联合治超行动2次，与收费站联合开展治超行动4次。建成228国道灌河大桥、大丰超限检测站2处动态称重系统。抄告违法超限车辆信息51台次、驾驶人员51人次、运输企业8个，非现场执法结案23件，平均超限率控制在1.8%以内。全市累计征收车辆通行费9069.24万元。重大节假日免费放行七座以下小型客车40.27万辆，免征通行费402.7万元。免费放行运输鲜活农产品车辆8.13万辆次，免征170.1万元。

二、航道管理

2017年，盐城市地方海事局严格执行通航影响评价制度，组织航道通航条件影响评价26起；落实政务服务“一张网”建设，完成权力清单和办事指南等编制录入，试行“不见面审批”，办理临跨过河建筑物许可69件；落实巡航制度，全系统累计巡航11.41万千米，扫床2375千米，收取航道赔补偿费420万元；严格执行过闸费优惠政策，全年收取船舶过闸费1662万元。12月，盐城内河港市区港区楼王作业区码头工程开工建设。指导帮助东台中心作业区、大丰集聚区码头项目、滨海海河联运码头等港口企业完善岸线申请相关资料，做好跟踪协调工作。制定《盐城市地方海事系统水上交通安全生产黑名单管理实施办法》，将7种违反水上运输安全生产法律法规、规章和有关安全生产规定的生产经营单位纳入黑名单管理。

内河水上交通安全监管 年内，盐城市地方海事局加强全市内河水上交通安全监管，全面实施船舶进出港报告制，开展危险化学品运输船安全综合治理，推进水上交通安全风险等级管控和隐患治理双重防治体系建设。协调、推动地方政府撤销渡口17道；完成51艘营运渡船的维护保养着色。开展船舶配员专项检查、水上交通安全突出违法行为专项检查，阜宁、射阳、滨海等地方海事处加强乡镇渡船监管，大丰、亭湖、盐都、建湖等地方海事处加强水上游览船舶监管，东台、大丰、亭湖、响水等地方海事处加强危化品运输船舶监管，大丰、建湖、东台等地方海事处加强水上水下活动监管。完善夏季高温汛期台风、冬季低温寒潮风雪冰冻等各类应急预案，全年组织应急演练11次。全年全系统排除航道堵塞49次；执法检查9993次，检查各类船舶7.49万艘次，查处违章船舶2.89万艘次；救助运输船舶17艘次，救助船员11人，搜救成功率100%。辖区未发生因监管不善导致的水上交通责任事故和航道堵塞事件。

绿色船舶　年内，盐城市地方海事局加快“绿色船舶”建设，完成400总吨以上运输船舶生活污水处理装置改造任务，在全省率先对113艘小于400总吨的运输船舶实施生活污水防污改造，开辟船舶污染防治新途径。完成6艘LNG(液化天然气清洁能源)船舶整体动力改造任务；印发《防范船舶污染通榆河水环境风险实施意见》，在通榆河沿线设立危化品运输船舶报告管控点，严格实施危化品运输船舶申报检查制度；建立通榆河危化品运输船舶夜间禁航制度，定期组织夜间巡查；常态化开展到港危化品运输船舶专项检查，突出危化品运输船舶定位识别系统安装使用检查，会同第三方机构专家组深入重点油库、危化品码头实施督查；开展油船和散装液体化学品船舶专项整治活动，督促纠正安全缺陷369项；在全市干线航道设置8个检查点，开展固体废物违法运输专项整治，按规定处置船舶非法运输固体废物事件1例。全年全市未发生任何船舶污染水体事件。

智慧海事　年内，盐城市地方海事局推进智慧海事(装备信息化)建设。组织实施市内河搜救基地和市水上交通指挥中心信息化项目建设，完成一期工程建设任务，开展二期工程建设；在通榆河沿线新建点位30个、安装视频监控探头36个；完成VITS(船舶身份识别与轨迹传感器)终端安装764台；完成本籍112艘危化品船舶、6艘旅游船舶的VITS终端安装任务，各类应装船舶安装率100%；海事执法记录仪配备、使用、管理达到100%，执法记录仪视音频数据检查点击率达到总量的15%。

船检船务管理　年内，盐城市地方海事局规范运行船舶法定检验质量管理体系，加强营运船舶和新建船舶检验管理；严格加强内河船舶标准化管理，配合船型办(市交通运输局船型标准化领导小组办公室)拆解老旧船舶1847艘；完成船舶修造企业适检条件评估2家，全市有59家船厂通过评估；完成船舶建造检验143艘、营运检验8917艘、船用产品检验141台（套）、船舶及船用产品图纸审查201套，未发生因船舶检验质量问题而引发的船舶安全责任事故或船舶滞留，新建船舶未出现大船小证现象。运行船员管理质量管理体系，组织各类船员考试发证和船员信息采集工作；对全市147家航运公司的安全与防污染管理进行督查，责令航运公司限期整改问题；完成省交通运输科技转化项目《大型船舶操纵模拟器新技术在内河船员培训考试中的运用》，并通过验收；督导盐城城投游船有限公司建立安全管理规章制度，助力旅游业快速发展；推行船员违法行为记分工作，对5名违法船员实施记分。年内，组织各类考试21期，1214人次参加船员适任考试，未发生一起考试泄密事件；签发船员适任证书3240本。

“1+N”执法模式　年内，盐城市地方海事局印发《盐城市地方海事系统“1+N”执法模式改革工作实施方案》，推动落实“1+N”（建设“1”个市水上交通指挥中心、“N”个执法单元）模式，编制执法机制内部流程。至年底，9个基层海事处完成“1+N”执法模式改革架构方案和站点撤并方案，亭湖地方海事处“1+N”执法模式试运行，大丰、阜宁等地方海事处建立海事行政案件处理中心，实行案件集中处理。

海事行政服务　年内，盐城市地方海事局优化行政服务事项内部流程，编制“不见面”和“见一次面”事项清单，修订海事船检政务服务指南，实行海事行政权力网上公开透明运行和政府信息公开制度；编制海事局事中事后监管事项清单和事中事后监管细则，正常开展双随机抽查；印发《关于开展“信用海事宣传月”活动的实施意见》，开展信用体系政策法规宣传；开展规范行政执法行为专项活动，行政处罚全部采用一般程序；坚持行政许可、行政处罚等信用信息“双公示”工作常态化，通过不定期明察暗访、季度执法文书会审评查、执法记录仪抽查等形式，强化行政执法督查，及时发现、通报、整改问题；利用“互联网+”，简化办事程序，优化行政审批服务，节省船民成本。全年办理海事行政许可（审批）1.83万件，实现许可审查零失误、许可服务零投诉的目标，服务窗口每季度被评为“红旗窗口”或“红旗示范窗口”。（赵树海）

三、运输管理

2017年，市交通运输局加强运输管理，开展系列行政执法行动。年内，牵头组织路上、水上各类专项联合执法行动2次，组织4支督查组随机抽取联合执法点，对联合执法检查情况进行现场督查。超限治理路面检查出动执法人员1.77万人次，检查车辆792辆，查处违法车辆635辆，卸驳载4022.3吨。（杨　越）

第12章 信息化

责任编辑 冯 刚

综 述

2017年，盐城城区、所有县城城区、部分重点乡镇、部分高速道路和重要景点均实现4G网络全覆盖。信息技术在企业管理、经营、营销、生产、研发等方面得到广泛应用，信息化在改造传统行业、节能降耗、提高经济效益方面发挥较大作用，企业装备数字化、生产智能化水平不断提升。基本建成政府体系统一的电子政务内网，税务、金融、工商、公安、教育等重要业务和公共服务系统实现网络化应用，公共卫生信息服务体系初步形成，国家农村综合信息服务试点完成建设，实现“村村通电话、村村通有线电视、村村通宽带”。云计算、物联网、移动互联网、大数据、人工智能等新一代信息技术在各行业领域应用深化。全年全市信息产业增长速度在30%以上，智能终端、通信数据电缆、电子元器件、半导体照明等行业增长迅速，盐城国际软件园、城南大数据产业园、盐都电商物流园和大丰国际软件园等软件和信息服务产业园以及盐都凤凰科技园、城南新区文化创意园等软件产业载体加快建设。

第一节 基础设施

2017年，全市实现4G网络城区和乡镇全覆盖，城市市区实现千兆网络全覆盖。推进县（市、区）主要区域的无线Wi-Fi建设，建湖、射阳、大丰、东台等县（市、区）完成主要公共区域的无线Wi-Fi全覆盖。市经信委联合盐城电信、移动、联通公司开展“企企通”试点企业申报工作，累计新申报成功试点企业33个。推动四大电信运营商落实提速降费政策，居民用户平均带宽已从2016年底的45兆提升至80兆，取消国内长途和漫游费，省级开发区和重点园区均实现网络千兆（G级）接入能力，国际长途费和中小企业互联网专线接入费用大幅降低。

智慧盐城建设 年内，市政府信息资源中心一期工程、配套网络工程、安全保障平台等交付并投入使用，基本具备跨部门非涉密数据的共享交换能力，完成人口、法人等基础数据库开发，城市管理、精准扶贫、智能规划、智慧健康、征税等专题库对外提供服务，市信息资源中心平台接入电子政务外网，首批53个部门实现政务数据在线采集、在线交换、在线维护，各委办局上报需求的754项数据中，平台可提供423项。年内，在市级机关首批重点对接的53个部门（单位）数据中，有48个部门，共计1656张表、5亿条数据汇聚到市政府信息资源中心。其中，人口库汇聚9个部门1.1亿多条数据；法人库汇聚22个部门532万多条数据；另有13个部门的宏观经济数据和3个部门的空间地理数据。

跨部门协同应用 年内，盐城通过依托市级共享交换平台的跨部门智慧应用，推动各部门间业务协同。政务审批一张网投入运行，基本实现一站式审批，有序推进不见面网络审批；市民一卡通项目实现政务、医疗、交通、缴费、景区等多个领域服务功能；公积金综合服务平台、城市居民经济收入核对系统涉及公安、社保、信用、房产、不动产、地税、国税等多部门数据，基本实现业务协同。

盐城大数据产业园被认定为国家制造业大数据高新技术产业化基地 年内，盐城大数据产业园被科技部认定为国家制造业大数据高新技术产业化基地，成为全国大数据领域唯一一家园区；国家信息中心、南海大数据应用研究院联合发布《2017中国大数据发展报告》，盐城大数据产业园关注度达82.3%，在全国大数据产业园区关注度排名第一。5月，江苏省向上申报的国家级长三角大数据综合试验区，将盐城列为重要的核心节点城市之一。

“数梦小镇”建设 年内，盐城市与阿里巴巴合作建设的“数梦小镇”获批省首批特色小镇。“数梦小镇”位于盐城市大数据产业园，规划面积3.77平方千米，小镇围绕数据中心、数据运用、数据交易、数据服务和数字体验五大方向，用3~5年时间，培育引进大数据相关企业300家，实现投资50亿元，产值100亿元，带动相关产业规模500亿元，打造一个“主导产业特色化、创业服务社区化、创业环境生态化、产业氛围人文化”大数据创业创新培育为特色的生态小镇。年内，完成小镇规划编制。

第二节　信息技术

一、“两化”融合

2017年，盐城加快推进“两化”融合进程。承办工信部智能制造驱动转型升级百城巡讲首站活动，邀请信息化领域知名专家、行业领袖等到盐讲课交流，受众企业超千家。组织全市20多家龙头骨干企业负责人赴青岛、沈阳、深圳等地区实地考察，参观体验青岛酷特红领C2M大规模个性化定制平台、特锐德能源互联网、华为智能手机生产线、沈机I5智能机床、华晨宝马智能柔性生产线等。年内新增1家重点骨干企业“双创”示范平台项目、3家省互联网与工业融合创新示范工程、8家试点工程，其中东风悦达起亚公司列为省首批重点骨干企业“双创”示范平台。长虹汽车涂装3D快速设计平台、金风智慧风场运维平台、辉丰“农一网”电商平台、东久重工“能效诊断”平台等一批融合创新工程项目，显现产业转型示范带动作用。至年底，全市有28家企业启动实施“两化”融合贯标，其中9家企业通过贯标评定。加快推动企业云化转型，落实市政府与华为云、阿里云、天翼云战略合作协议，对接省“133”（“1”是指阿里云公司，第一个“3”是指30家“两化”融合服务机构，第二个“3”是指300家制造业企业）工程，推动阿里云、悦达集团联手发布“悦企云”，建成面向特色行业的“工业云”平台。举办省“133”工程首场专题对接会，有11家企业签订“上云”协议。

二、信息技术应用

2017年，盐城实施企业研发机构提档扩面行动，全年新增省级企业技术中心26家，新增数排名全省第二；修订完成《盐城市企业技术中心认定管理办法》，全年新认定市级企业技术中心51家，规上企业市级研发机构覆盖率达到29.3%。实施公共研发平台建设工程，启动市级制造业创新中心建设试点工作，江苏科行环保科技有限公司列入培育名单。实施创新示范引领行动，新评定1家国家级、3家省级和10家市级技术创新示范企业，其中江苏丰东热技术有限公司被工信部、财政部联合认定为“国家技术创新示范企业”。加快新产品开发与推广，全年有97个新产品通过省级技术鉴定，其中31个产品达到国内领先水平，26个新产品列入《江苏省重点推广应用新技术新产品目录》。推动国家、省首套重大装备综合保险，18家企业投保29个首台套产品，承担风险保额20.07亿元，享受财政补助资金296万元，带动新产品销售超亿元。推动工业质量品牌建设，盐城环保科技城创成国家产业集群区域品牌建设试点，实现盐城在该领域零突破。新增江苏辉丰生物农业股份有限公司、江苏悦达家纺股份有限公司2家企业入选省“自主工业品牌五十强”品牌榜单。（季　鹏）

第三节　无线电管理

2017年，市无线电管理处累计办理无线电台站执照136件，办理无线电频率指配事项6件，办理呼号审批1件（该类事项从6月30日起移交到交通部门）。至年底，全市无线电管理系统设有各类台站1.12万个，其中广播电台78个（声音13个、电视10个、差转台55个），甚高频、特高频电台中固定陆地电台34个、移动电台1228个，业余台站501个。加强和规范业余无线电台管理，5月、11月举办业余无线电台操作技术能力A类考试、B类考试各一次，累计参考人员102人次；开展全市旧版业余无线电操作证书换发工作，累计换发新证15件。根据无线电频占费管理要求，及时向市供电公司等用频单位征收无线电频率占用费36.6万元。加强无线电行政执法管理。全年开展执法检查8次，检查设台单位34家，纠正非法使用频点22个，出动监测车25余车（次），出动监测执法人员90余人（次），查获“黑广播”事件2起；查处干扰13起，查封设备22台，其中会同市公安局等部门开展非法安装干扰器执法4次，现场拆除非法干扰器16台。加强无线电信号监测。全年发现并查明不明信号5个。全年固定监测累计1.58万小时，移动监测462小时；受理干扰申诉查结6起。在盐城南洋机场等重要场所开展无线电安全检查和保障工作，完成高考、研究生考试、公务员考试等无线电保障21次，一级建造师考试中查获作弊使用的无线电发射设备2套，对2个用于作弊的无线电信号进行干扰压制。重点做好建湖、射阳通用机场地面通信系统、万达商业广场内部对讲系统和金风科技沿海风电场地面通信系统的频率指配工作，按时完成3起预指配频率电磁环境测试。（季　鹏）

生态环境

□ 绿色生态

□ 环境监管

第13章　绿色生态

责任编辑　潘其锐

综　述

2017年，盐城加强环境问题治理，推进生态市建市，实施“一片林”战略工程，落实节能降耗，推动生态资源保护。

逐步健全生态文明制度体系。在全省率先修编完成《盐城市生态文明建设规划》并通过国家评审，细化分解2017年度生态文明建设目标任务并印发考核评分标准。构建绿色发展考核评价指标体系，制定出台盐城市生态文明建设考核目标体系和考核实施办法，在全省地级市中率先开展绿色发展评估工作，推动地方政府向同级人大报告环境质量工作制度。推进环保垂管改革工作，进度处于全省前列。全面落实生态红线保护制度，配合做好国家生态保护红线划定工作，省级生态红线保护工作考核位列全省第二。加大生态创建力度，启动开展省级生态文明乡镇（街道）、村创建工作和覆盖拉网式农村环境综合整治，城乡综合环境明显改善。全面完成畜禽养殖禁养区划定工作，配合做好《盐城市畜禽养殖污染防治条例》等地方立法工作。推进召开国际湿地论坛、筹建湿地研究院、筹办湿地博物馆活动，推动实施生态保护特区、国家公园、世界自然遗产“三位一体”创建活动，生态特色品牌彰显。深化“放管服”改革工作，畅通环评审批“绿色通道”，为全市新水源地建设、悦达汽车、盐通高铁、滨海新区等重点项目和“五个一”战略工程提供优质高效的环保服务，助推滨海吉华、大丰丰山等企业在主板上市。支持环保产业发展，组织开展苏北首次主要污染物排污权交易活动，在全省率先完成15个行业排污许可证发放工作，成功举办首届“绿巢”环保创业大赛和第六届国际环保产业博览会。盐城市被新华网评为“全国绿色发展优秀城市”。

全面落实环境保护工作责任。市委常委会议、市政府常务会议先后10多次专题研究部署生态环境保护和突出问题整改工作，听取汇报、解决问题、提出要求。对饮用水源安全、化工园区整治、自然保护区问题整改等重大事项，市委、市政府主要领导深入一线、带头督查，分管领导定期会办、专题研究，市人大、市政协调研、督查、指导，市纪委监察局全程监督、约谈问责，市“两办”专门下发问题清单、交办督办，各地、各相关部门齐抓共管，合力攻坚。全面落实中央环保督察整改要求，对涉及盐城市的17项整改任务，逐一细化分解，制定方案，强化责任落实，推动历史遗留问题的解决。至年底，全市主办的8项具体问题整改工作基本完成。全面落实“263”专项行动，制定11项行动具体实施方案及2017年度工作计划，将任务分解到各地和市直37个部门，对每一项行动任务均明确责任主体、推进标准和时间要求。至年底，全市规上工业企业煤炭消费总量同比减少46万吨，超额完成省下达的15万吨年度目标；全市582个10蒸吨及以下的燃煤锅炉全部淘汰或实施清洁能源替代；累计关停化工生产企业32家，重组37家，均超额完成省下达任务，化工企业入园进区率居全省第一位；禁养区内279个畜禽养殖场和通榆河一级保护区内39个养殖场全部关闭搬迁，列入整治的359家重点工业企业挥发性有机物治理全部完成；全年播放专题节目87期，曝光突出环境问题400个。　（刘青霞）

第一节　森林城市建设

2017年，全市上下贯彻生态立市战略目标，将实施“一片林”战略工程和创建国家森林城市作为实现生态立市战略目标的重要手段，以推进沿海、沿河、沿路、沿城镇、沿园区大面积成片生态防护林建设为重点，建设绿色生态屏障。全年全市新造成片林8266.67公顷，改造提升1.06万公顷，新增城镇绿地面积3650公顷，造林总量继续保持全省第一；新拓和更新桑园463.67公顷，废黄河故道地区新增和更新533公顷经济林果；全市23个申请创建的森林小镇，竣工绿化建设项目221项；建成森林村庄105个；江苏黄海海滨国家森林公园入选第二批全国森林康养基地试点建设单位，9月入选中国最美林场。至年底，全市有林场10个，林地总面积1.34万公顷。其中，沿海五林场分别是：射阳县金海林场、滨海县古黄河林场、响水林场、大丰区沿海林场、东台市沿海新林场。

2017年全市林场基本情况

表13-27

序号	名　　称	区域面积（公顷）	林地总面积（公顷）	成立时间
1	盐城林场（原射阳林场）	2033.30	1741.70	1959.9（2012年4月更名）
2	大丰区林场	2466.70	2320	1959.10
3	东台市林场（江苏黄海海滨国家森林公园）	2847.80	2533.30	1965.11
4	建湖县林场	380	356	1972.1
5	射阳县黄沙港林场	587.80	533.30	1972.4
6	射阳县金海林场	933.30	853.30	2012.3
7	大丰区沿海林场	666.70	660	2014.5
8	响水县新奥沿海林场	900	733	2017.9
9	东台市沿海新林场	2177.33	533.33	2017.9
10	滨海县古黄河林场	1200	466.70	2017.11

滨海县古黄河林场　滨海县古黄河林场成立于2017年11月28日，位于滨海港经济开发区首乌、友谊、三洪等村境内，东临黄海，西接银杏岛，古黄河贯穿其中，总区域面积1200公顷，核心区面积440公顷，银杏岛面积266.67公顷，灵龙湖公园面积80公顷，古黄河水体413.33公顷，主要分为4个功能区，即生态森林、景观绿化、果园和耐盐植物园，以种植耐盐、防风、耐水树种为主，具体有银杏、女贞、栾树、白榆、樟树、中山松、落羽松等树种。林场为滨海县属国有企业，隶属滨海县海洋林业渔业局管理，投资主体为滨海县水务公司，有各类技术管理人员7人，临时管护人员5人。年内，主要实施沿海生态防护林、银杏岛森林公园等造林工程，主要栽植中山杉、银杏、池杉、垂丝海棠、樱花等27个品种苗木，实行乔、灌、草搭配种植。至年底，林场营造成片林面积约400公顷，植树30万株，苗木成活率在95%以上。

东台市沿海新林场　东台市沿海新林场成立于2017年9月20日，是整合东台市特种经济植物园、弶港镇、林场新东区、堤闸处梁垛河南干河水管区、三仓农场等6家单位的林业资源成立的新林场。林场位于江苏黄海海滨国家森林公园东南侧，东至228国道，南至沿海经济区昇沟，西至老海堤，北至梁垛河，总区域面积2173.33公顷，核心区面积533.33公顷。年内，投入2000多万元，新建桥梁7座，新修沥青路面5070米、水泥路1万米，铺设给水管道1.3万米，河道护坡2230米，改造和配套场部的电力线路、照明、晒场等基础设施。

射阳县金海林场　射阳县金海林场成立于2012年3月，位于射阳港城幸福大道南、新海堤西侧，总区域面积933.3公顷，林地面积853.3公顷，栽植红叶石楠、中山杉、东方杉、女贞、弗吉尼亚栎、榉树、榆树等耐盐树种32个、近100万株。年内，林场先后与南京林业大学、吉林大学等科研院所合作，采取完善进排水系、地膜覆盖、开沟起垄抬高地面等沿海造林技术，造林成活率、保存率均在85%以上，实现年内新增造林面积133.33公顷；规划建设生态景观林区、苗材两用林区、珍贵树种培育区、耐盐苗木繁育区、休闲观光与综合服务区5个功能区；打造国家级森林公园，成立“金海国家森林公园”创建指挥部，规划将日月岛环湖绿廊、以及日月岛以东幸福大道两侧，与金海林场连成一体，约2066.67公顷；进入碳汇交易市场，继续与北京环境研究院洽谈合作，利用林地进行碳汇交易，报国家发改委论证审批。

林场护卫——大丰区沿海林场护林队。　孙海鹏/摄

大丰区林场 大丰区林场成立于1959年10月，位于大丰区川东闸西首，区域总面积2466.7公顷，林地面积2320公顷，有省级生态公益林1640公顷，在编人员274人，常住人口780人，是从事公益管理二类事业单位（财政差额拨款），主要承担保护和培育森林资源、维护国土生态安全和提供生态公益服务职责。1993年，林场获评全国百强林场；2004年，经省林业局批准建立江苏大丰林海省级森林公园。2017年，林场完成新造林面积180公顷。至年底，林场有杨树800公顷，水杉200公顷，果园200公顷，苗圃266.67公顷，耐盐树种333.33公顷，活立木总蓄积量7万立方米，森林覆盖率65%。年内，林场加强与南京林业大学、省林科院、南京中山植物园等科研院所合作，开展沿海地区耐盐苗木的育繁和推广，规划建设333.33公顷耐盐苗木基地，繁育中山杉、白榆、榉树、黄山栾树、楝树、弗吉尼亚栎等耐盐苗木近30种，年可育耐盐苗木80万株，可供沿海地区成片造林666.67公顷。

大丰区沿海林场 大丰区沿海林场成立于2014年5月，隶属于江苏大丰沿海开发集团有限公司，位于大丰区老川东闸北侧、海堤公路内侧、东方绿洲农业园区西南片，规划面积666.67公顷。林场与南京大学、南京林业大学、国际竹藤中心、江苏省林业科学研究院等科研院校建立合作关系，先后建立南京大学滩涂生态化开发试验基地和林业新品种繁育与示范基地、南京林业大学大丰沿海林场教学科研基地、国际竹藤中心竹资源江苏培育基地等。至2017年底，栽植中山杉、榉树、金丝柳、白榆、薄壳山核桃、弗吉尼亚栎、银杏、水杉、刺槐等树种110余万株，新造林面积83.33公顷，累计造林面积675公顷。

响水县新奥沿海林场 响水县新奥沿海林场成立于2017年9月，隶属于响水县城市资产投资有限公司，负责沿海万亩生态林场的管理和运行。林场位于陈家港镇民生河两侧，规划总投资1.5亿元，规划区域面积900公顷，其中林地面积733公顷。至年底，林场完成投资8600多万元，实施造林林地面积347公顷，栽植主要树种为中山杉、白蜡、白榆、栾树、水杉、女贞、杨树等，造林地段位于326省道东侧、临海高等级公路南侧的陈家港金港村、化工园区王商村。（刘彧辰）

第二节　水资源保护

2017年，盐城市编制完成水生态文明试点城市建设期中评估报告并通过省级审查，全面完成试点建设任务；启动开展水生态文明城市试点建设验收准备工作。修订完善《盐城市市区集中式饮用水源地突发性水污染事件水利系统应急预案》，督促指导各县（市、区）水利部门做好水源地应急预案编制工作，规范日常监督管理。持续落实地下水水量、水位双控管理，推进地下水封井压采工作，全年完成封井295眼，全市地下水水位回升明显，超红线区域消失，得到省水利厅肯定。制定实施盐城市“十三五”水资源消耗总量和强度双控行动方案，根据省核定的用水总量及效率控制指标分解下达2020年、2030年全市各地年度控制指标，加强用水计划管理。推进节水型社会建设，阜宁县国家节水型社会达标县通过技术评估验收，射阳、阜宁县省级节水型社会示范区建设通过省级验收，东台市申报省级节水型社会示范区通过省初步审查。制定并印发节水型学校推荐评选办法，对16家省级节水型学校、21家市级节水型学校进行评估。组织申报省级水效领跑者，盐城工学院获评全省首批水效领跑者。强化取水许可监督管理，落实用水总量预警制度，对用水总量已达到或超过控制指标的地区，暂停审批其建设项目新增取水许可。年内，办理省级地表水取水许可申请项目5个，申请许可水量9981万立方米；办理深层地下水取水许可项目5个，申请地下水取水许可量21.51万立方米。组织对全市108个省级水功能区水质状况开展全面评价，联合市发改委、环保局下发不达标省级水功能区整治名录。根据水功能水质评价情况，将水功能区达标整治纳入盐城市“263”（两减六治三提升）专项行动，督促各县（市、区）编制完成省级水功能区达标整治方案，并通过市级初审。开展入河排污口专项检查行动，排查登记入河排污口148个，组织各县（市、区）开展入河排污口监测工作。年内，盐城市省级重点水功能区水质达标率完成省下达的考核目标。组织各县（市、区）开展农业水价综合改革工作，至年底，全市9个县（市、区）均制定农业水阶格核定管理办法。全年全市封井295眼，地下水开采量控制在省下达目标6300万立方米以内。

水生态文明城市建设 年内，盐城市编制完成水生态文明试点城市建设期中评估报告，6月25日通过省水利厅组织的专家审查。东台、建湖、阜宁三地开展省级水生态文明建设试点，9月1日通过省水利厅组织的专家审查。年底，盐城市完成《盐城市水生态文明城市建设试点实施方案》确定的工程及非工程措施项目70个，清水廊道、水环境综合治理等示范工程10项，完成建设投资139亿元，占试点计划总投资的103%。按照水利部部署要求，年内盐城市启动水生态文明城市试点建设验收准备工作。

全面推行河长制 5月，市委、市政府成立全面推行河长制工作领导小组，市委书记王荣平任第一组长，市长戴源任组长，市委、市政府分管领导任副组长，成员包括市河长制各成员单位主要负责人。建立“市、县、镇三级总河长，市、县、镇、村四级河长”的河长组织体系，设立“河长+警长”“双长”组织体系，其中21条（个）省骨干河湖的市级河长，由11位市级领导担任；全市129条省骨干河道、11个省管湖泊湖荡，393条县级河道、4798条镇级以及所有村级河道明确河长8038名，设立河道警长1154名。总河长、副总河长、11位市级河长完成二轮巡河，170位县级（总）河长完成二轮至三轮巡河，乡、村级河长常态化履职。市水利局定期开展河湖巡查检测，及时处理河湖问题，按时完成各类信息报送，印发《盐城市全面推行河长制工作动态》近30余期。设立省、市、县、乡、村五级河长公示牌2.23万块，公开监督电话，全方位进行河长制宣传。各地都建立河长制微信公众号，向社会推送地方河长制工作动态，接受群众举报、监督。6月底，9个县（市、区）、城南新区、盐城经济技术开发区、143个乡镇（街道、园区）党委、政府全部制定实施方案，推进河长制各项工作。至年底，9个县（市、区）、城南新区、盐城经济技术开发区全部通过市级验收，盐城市全面建立河长制工作通过省级验收。

第三节　土地资源保护

2017年，市国土局全面完成全域永久基本农田划定工作，形成《盐城市永久基本农田划定方案》和永久基本农田划定数据库，并通过省国土厅审查。全年全市实施耕地占补平衡项目新增耕地1833.33公顷，建设高标准农田4.57万公顷，获批省以上投资土地整治项目17个，总投资5亿元。全年全市通过宅基地有偿退出试点累计退出宅基地2.2万户，复垦新增耕地约986.67公顷；实施同一乡镇范围内村庄建设用地布局调整试点复垦新增耕地92.27公顷；实施工矿废弃地复垦项目新增耕地531.47公顷。通过省级平台交易耕地指标629.27公顷，交易金额24.7亿元。年内，盐城市，东台、阜宁、大丰、响水4个县（市、区），亭湖区黄尖镇等10个乡镇被省国土厅表彰为耕地保护激励单位；滨海县被国土资源部、农业部联合表彰为全国永久基本农田划定工作表现突出单位。

2017年全市土地利用现状

表13–28

分　类	面积（公顷）	占全市比重	二级地类	面积（公顷）
农用地	1093479.44	64.58%	耕地	836659.61
			园地	15618.52
			林地	12282.65
			草地	0.86
			其他农用地	228917.8
建设用地	281998.2	16.66%	居民点及独立工矿用地	226891.22
			交通运输用地	23404.55
			水利设施用地	31702.43
未利用地	317651.37	18.76%	未利用土地	57758.46
			其他土地	259892.91
合计	1693129.01	100%	—	

第四节　湿地保护

2017年，盐城市加强野生动物和森林湿地保护管理工作。开展生态恢复工程，结合水利河道疏浚工程，恢复河道的生态功能。新建湿地保护小区11个，新增受保护的自然湿地面积1.28万公顷，自然湿地保护率45.14%。开展“爱鸟周”“野生动物保护宣传月”活动，利用媒体宣传野生动物保护的相关的法律法规，倡导爱鸟护鸟，保护野生动物，维护生态平衡，增强保护野生动物的意识。

一、江苏盐城国家级珍禽自然保护区

2017年，江苏盐城国家级珍禽自然保护区推动保护区规范化管理向纵深发展。加大动物保护宣传力度，在越冬期间营造适合丹顶鹤等珍禽的芦苇栖息地133公顷，制作宣传横幅60条、禁入核心区宣传牌8块。加强珍禽管护。保障核心区资源安全，购置2艘执法快艇，定制2艘巡护船，建造配套巡护船码头，增设30块界牌，配置高功率对讲系统；开展核心区和潮间带资源偷盗的打击行动，开展夜间巡护及海上巡护，共收缴地笼800余条、小船2条。在2016年一期监控系统基础上实施高空监控系统二期工程，新增监控点位14个，基本实现保护区视频监控全覆盖。制订《江苏盐城湿地珍禽国家级自然保护区缓冲区生态修复规划（2018—2022年）》，并通过专家评审。开展野生动物保护工作，救护丹顶鹤1只、灰鹤2只、长耳鸮2只、东方白鹳2只、其他珍禽121只，并与市森林公安、边防部门配合开展非法猎捕野生珍禽的联合执法行动12次，收缴网具若干、媒鸭200余只。开展科研协作。与北京林业大学、南京师范大学、南京林业大学、厦门大学、国家疾控中心、国土部青岛地质研究所等科研院所联合开展生态环境监测、鸟类监测和动物源性疾病监测工作；与南京师范大学和北京林业大学共建研究生工作站，探索人才培养与产学研融合机制；编制保护区首份生态环境监测报告，绘制区内重要鸟类分布图；编印出版《盐城保护区综合考察报告》和《盐城保护区鸟类图谱》。开展生态特区建设与国家公园体制

研究、缓冲区生态修复研究、丹顶鹤人工及野外繁殖、亚行项目后期评估等课题，首次发现2对丹顶鹤在越冬地野外成功自然繁殖。年内，保护区发表论文4篇、专题调研报告2份。加大科普宣传。编制印发《丹顶鹤》内刊，文字总量14万余字，区内外赠阅2000多份。完成“世界湿地日”“生物多样性日”“世界环境日”“爱鸟周”等纪念日科普宣传活动。保护区网站、微信公众号全年发布通讯新闻稿100余篇；完成人民网等媒体宣传报道60余篇；配合央视等媒体组织报导丹顶鹤野外自然繁殖和人工繁殖情况、徐秀娟纪念活动、候鸟迁徙系列节目、生态保护等专题节目；配合央视完成《中国近海探密》在盐城珍禽保护区部分的拍摄计划；联合江苏电视台、盐城电视台拍摄反映保护区陈卫华为代表的一线工作人员平凡的工作、不平凡的事业专题栏目。发展生态旅游。年内，旅游区成功创建“省级价格诚信单位”和“盐城诚信示范景区”。开展生态观鸟、珍禽认养活动，并增设望鹤亭餐饮服务项目。完成景区主入口绿化、景区大循环绿化、徐秀娟墓地和故居改造、望鹤亭餐饮区改造等工程。完善繁殖孵化育雏工作方案和技术流程，育成丹顶鹤2只。举办中秋、国庆等5次重大节日主题旅游营销活动。全年接待科普旅游团体5000多人，接待游客11万人次，实现旅游收入578万元。

社区共管 年内，珍禽自然保护区印发有关保护区法律法规、方针政策和社区共管宣传材料，走访社区介绍自然保护的理念和做法，设立涉区资源开发举报电话，共接访128起，化解12起信访举报矛盾，并与地方政府联手依法查处多起不法行为，严厉打击恶意举报敲诈行为，批捕1人；监督亭湖新洋港和射阳黄沙港承诺的“老渔民”补助按时足额发放；优先考虑社区利益，雇佣当地社区用工达500人次以上，支持当地社区居委会垃圾清运费4万元。

亚行项目建设 亚行项目是江苏省、盐城市两级政府向亚洲开发银行申请贷款，用于珍禽自然保护区湿地保护项目。年内，该项目完成引水补湿和退渔还湿工程、瞭望塔、管护站点等建设；完成2个土建包的竣工验收和6个货物包的采购工作，共计支付工程款1640万元，先后移交工作用房13幢。

徐秀娟牺牲30周年纪念活动 9月16日，珍禽保护区组织开展纪念徐秀娟牺牲30周年系列活动。活动主题为“永远的纪念·永恒的精神”。纪念活动分为5个部分：举办一次烈士生平事迹展览；在保护区全体干部职工开展一次“活在我们心中”主题征文；出版一期以“回忆、汇报”为主线，以“回望、展望”为主题的纪念特刊；烈士雕像前举行由保护区全体工作人员、社区群众、市内相关大中小学校师生参加的纪念活动；邀请相关中国鸟类专家、省环保厅和盐城市领导、以及有关保护区代表参加丹顶鹤保护专题研讨会。活动通过《丹顶鹤》特刊，向公众形宣传徐秀娟精神；建设网络纪念堂，在政务网、旅游区网站、保护区微信平台、旅游区微信平台发布，使公众更为广泛地参与到纪念活动中。中央电视台、《新华日报》、江苏卫视、《现代快报》、盐城电视台、《盐城晚报》等媒体均进行报道，其中《现代快报》《盐城晚报》设有报道专栏。纪念仪式还在ZAKER平台进行网络直播，实时参与留言近3000人次。

（张　涛）

二、江苏省大丰麋鹿国家级自然保护区

2017年，江苏省大丰麋鹿国家级自然保护区新生仔鹿786头，麋鹿种群数量达4101头，其中野外种群增至846头。开展科研保护工作，申请的江苏省林业三星工程项目是全省保护区中唯一一个立项项目。拓展生态旅游，年游客量逾88万人次，旅游综合收入达3000万元。年内，麋鹿保护区入选中国湿地保护协会会员单位、世界自然遗产预备名单，被江苏省物价局评定为江苏省价格诚信区域单位。6月18日，麋鹿保护区与盐城电视台联合举办“鹿王争霸”融媒体现场直播，《新华日报》《扬子晚报》《现代快报》、新华网、人民网、今日头条、网易新闻、《盐阜大众报》等媒体同步直播。

麋鹿保护与研究 年内，麋鹿保护区发表科研论文8篇，完成技术课题11个，申请江苏省林业三星工程项目1个，获市级以上奖励6项。经国家林业局批准，保护区建成总建筑面积1021平方米的科研监测中心，进一步提高保护区科研监测能力。年内，总投资180万元的湿地保护项目启动，投入安装高清摄像探头80多个，实现保护区监控全覆盖。

首次尝试麋鹿人工驯养试验 年内，麋鹿保护区首次尝试麋鹿人工驯养新课题的研究试验。项目经国家林业局批准，对麋鹿基因学、遗传学、繁殖育种学、营养学、生理生化、疫病防控以及迁地保护等方面开展科学研究。4月，麋鹿保护区选择37头刚出生的小麋鹿，由饲养员抱回圈舍进行牛初乳和奶粉喂养，小麋鹿成长状况良好。

大丰麋鹿保护区入围世界遗产地名录预备名单 4月11日，联合国教科文组织官方网站发布世界遗产地名录的预备名单，中国渤海湾和黄海沿岸的14处湿地成功入选，大丰麋鹿国家级自然保护区位列其中。

《中国麋鹿（组照之一）》获第五届中华艺术金马奖 8月26日，2017第五届中华艺术金马奖颁奖盛典在蒙古国大草原成吉思汗营举行，由摄影家杨国美选送的《中国麋鹿（组照之一）》获得第五届中华艺术金马奖。

苏州麋鹿野放大丰麋鹿保护区 9月29日，经省林业局批准，苏州绿光开心农场的五头麋鹿（一公四母）被运至江苏大丰麋鹿自然保护区第三核心区进行野放。麋鹿野放有助于加强两地麋鹿基因交流，有效规避苏州绿光开心农场麋鹿群的近亲繁殖问题，也为大丰麋鹿自然保护区的麋鹿种群注入新鲜血液。（侯立水）

第五节　野生动植物保护

2017年，市林业局组织“爱鸟周”“野生动物保护宣传月”等宣传活动，增强群众保护野生动植物的意识。通过电视、报纸、户外屏幕等媒体，采取多种形式宣传野生动植物保护的相关法律法规和基本知识，全年发放《中华人民共和国野生动物保护法》《江苏省湿地保护条例》《野生动物保护法律法规文件选编》《中国常见鸟类小图册》《盐城滨海湿地常见鸟类》《探索盐城滨海湿地》《预防禽流感，保护你我它》等宣传手册近2.5万份，签署“保护鸟类倡议书”1500份。提高疫源疫病监测管理水平。重点监控野生动物驯养繁殖场所，加强野生动物疫源疫病监测和防控体系建设，防范候鸟禽流感等重大野生动物疫情，全市全年未发生禽流感等野生动物疫病疫情。开展野生动物救护工作。以盐城市野生动物救护中心为平台，坚持有求必救、有救必速、救而有效的原则，对发现病危、受伤、迷途或群众救送的野生动物全力救护，对恢复正常的动物，选择合适的生态环境进行放生。全年拯救受伤或病危的野生动物755只，其中国家二级保护野生动物2只，省重点及“三有”保护野生动物（国家保护的有重要生态、科学、社会价值的陆生野生动物）753只。

（刘彧辰）

第六节　资源节约

一、循环经济

2017年，市发改委组织编制《盐城市2017年循环经济推进计划》并印发实施。按照省、市城乡生活垃圾分类和治理专项行动实施方案要求，完成生活垃圾分类和治理、餐厨废弃物处理、建筑垃圾处理三项规划的文本编制工作。推动项目建设。年内，盐城市静脉产业园生活垃圾焚烧发电项目开工建设，计划2019年2月份投产试运行；9月20日，餐厨垃圾资源化利用项目开工建设，计划2018年底建成运行；12月8日，大丰备用填埋场及阜宁协鑫垃圾焚烧发电厂于年内开工建设，计划2018年下半年建成运行；滨海垃圾焚烧发电厂建成试运行。

二、低碳经济

2017年，市发改委召开全市温室气体清单编制工作会议，会同江苏省工程咨询中心编制盐城市温室气体清单，制定全市削减煤炭消费总量专项行动实施方案和年度工作计划，推进重点企业落实减煤目标任务，及时开展督查预警。全市398家规上耗煤企业共消费煤炭总量约1243万吨，比上年减少46万吨，完成分散燃煤锅炉整治593台，完成2017年度减煤15万吨的工作目标。与德国国际合作机构GIZ、中国化工节能技术协会共同举办能源综合利用管理培训，全市各工业园区职能部门负责人、重点耗能企业中高级管理人员、咨询研究机构的50多名专业人员参加专题培训。推进节能量交易试点工作，盐城市节能技术服务中心向江苏丰山集团股份有限公司签发盐城市第一张“江苏省节能量证书”，确认其实施的高浓度废水蒸发装置节能技改项目节能量为2209吨标煤。会同上海环境能源交易所举办2017第六届盐城环博会·碳交易市场专题研讨会，推动上海环境能源交易所盐城分所开展碳配额和CCER（通过实施项目削减温室气体而获得的减排凭证）交易，成为上海环交所碳市场能力培训中心基地之一。全年全市非化石能源占一次能源比例为16%，单位国内生产总值二氧化碳排放强度下降率完成省定目标任务。

三、节能降耗

2017年，盐城市以提升资源能源利用和降低污染物排放为重点，推动绿色产品、绿色工厂、绿色园区和绿色供应链创建，逐步构建高效、清洁、低碳、循环的绿色制造体系。分解落实省政府下达盐城市2017年度节能目标，并专门召开会议对节能工作进行部署，市政府与各县（市、区）政府签订目标责任状。加强节能降耗监管，市发改委牵头组织各相关单位完成省政府对盐城市2016年度能源消耗总量和强度双控目标责任的评价考核工作；对重点能耗企业进行检测，定期对各县（市、区）节能目标完成情况进行督查通报，确保完成省政府下达的年度目标任务。年内，全市单位国内生产总值能耗下降8.5%，下降幅度居全省第二位，完成省政府下达节能目标任务。严格项目节能量源头把控。市发改委制定下发《盐城市固定资产投资项目节能审查实施办法》，对部分企业的固定资产投资项目开展节能审查；启动盐城市节能量交易试点工作，对大和氯碱等14家企业进行节能审核。5月30日，盐城市第一张江苏省节能量证书颁发，成为苏北率先实现节能量交易试点后第一例完成节能量交易（置换）的建设项目。加强事中事后监管，市发改委组织对全市158家重点能耗企业开展节能监察，对部分新建项目能耗情况进行监察，组织重点能耗企业通过能耗监测系统按月填报数据，对企业能耗情况实时把控，对部分企业进行惩罚性电价处罚。提升企业绿色制造水平，市发改委邀请省、市专家就绿色制造、清洁生产等专题进行授课，加大政策法规宣传，推广使用各类先进的技术、工艺和装备，指导、鼓励企业开展自愿性清洁生产。年内，江苏磊达股份有限公司等26家企业通过能源管理体系认证和评价，盐城市中磊环保科技有限公司、东台中玻特种玻璃有限公司获批为国家绿色工厂，东台经济技术开发区获批为国家绿色园区。推动实施绿色制造重点工程，完善绿色制造重点项目库，全年全市组织实施50项绿色制造重点项目，完成投资45.1亿元。

（季　鹏）

第14章　环境监管

责任编辑　潘其锐

第一节　环境质量

一、空气环境质量

2017年，盐城市区及各县（市、区）二氧化硫和二氧化氮平均浓度均符合国家二级标准，PM10（空气动力学当量直径小于等于10微米的颗粒物）和PM2.5（空气动力学当量直径小于等于2.5微米的颗粒物）有不同程度超标。

盐城市区。年内，盐城市区环境空气中二氧化硫平均浓度为每立方米13微克，二氧化氮平均浓度为每立方米28微克，均符合国家二级标准要求；盐城市区PM10平均浓度为每立方米81微克，PM2.5平均浓度为每立方米43微克，分别超出国家二级标准0.16倍和0.26倍；一氧化碳24小时平均浓度在每立方米0.43毫克至2.2毫克之间，无超标现象；臭氧日最大8小时滑动平均浓度在每立方米34微克至232微克之间，超标率为7.2%。

盐城市空气质量综合指数4.64；全年优良空气289天，连续四年居全省第一位，优良天数比例79.2%。全年市区空气质量优64天，良225天，轻度污染59天，中度污染14天，重度污染3天，无严重污染天气。在超标天气中，臭氧、PM10和PM2.5作为首要污染物的比例分别为31%、1.4%和67.6%。

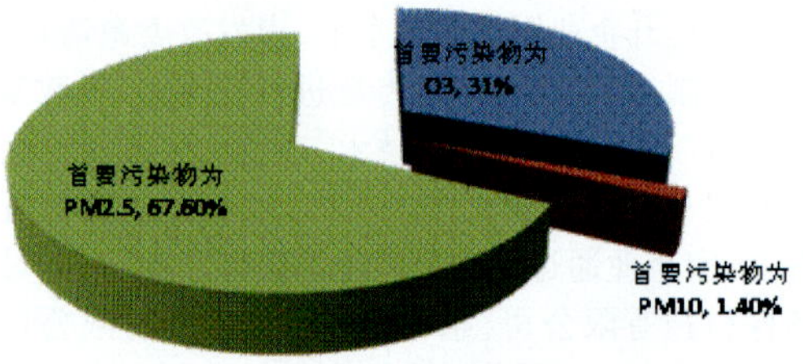

图14-01　2017年市区污染天气构成

全年市区环境空气质量按月呈现先上升后下降的波动趋势，空气质量较差的时段主要集中在年初和年末。1—2月，受春节烟花爆竹燃放及雾霾天气、春季北方沙尘南下等因素的影响，空气质量有所下降，市区出现2天重度污染

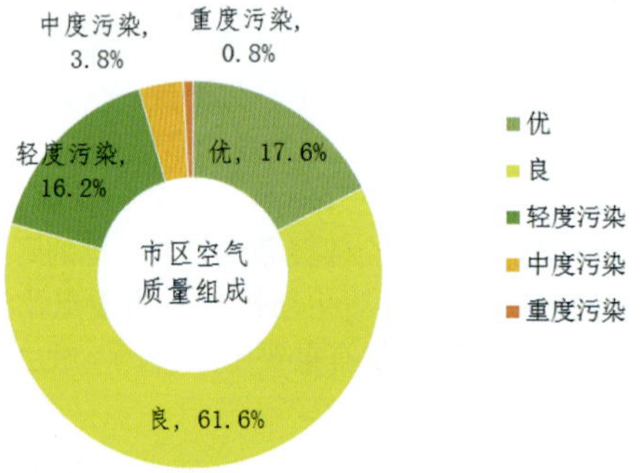

图14-02　2017年市区空气质量级别分布

天气；3—10月，受海洋季风气候的影响，空气流动性好，空气污染物的扩散效果明显，空气质量明显好转；11—12月，北方进入燃煤供暖时节，空气污染物随冷空气南下加上其他不利气候条件造成污染物聚集，空气质量再度下降。

各县（市、区）。年内，各县（市、区）环境空气中二氧化硫平均浓度介于每立方米11微克至21微克，平均值为每立方米15微克，均符合国家二级标准。与上年数据相比，二氧化硫平均浓度下降19.7%。

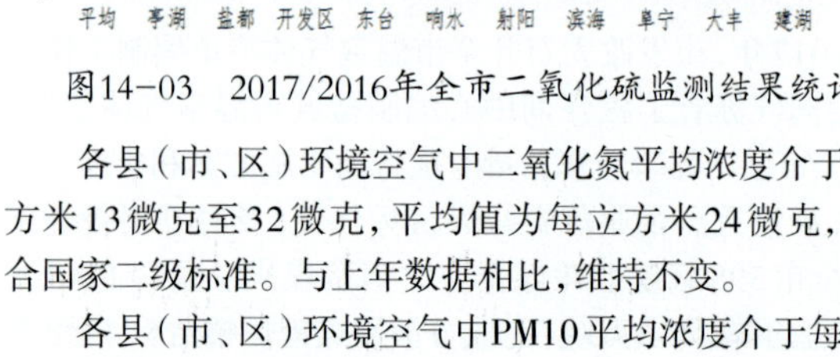

图14-03　2017/2016年全市二氧化硫监测结果统计

各县（市、区）环境空气中二氧化氮平均浓度介于每立方米13微克至32微克，平均值为每立方米24微克，均符合国家二级标准。与上年数据相比，维持不变。

各县（市、区）环境空气中PM10平均浓度介于每立方米64微克至92微克，平均值为每立方米76微克，除射阳和滨海外其他地区均超出国家二级标准，其中东台市平均

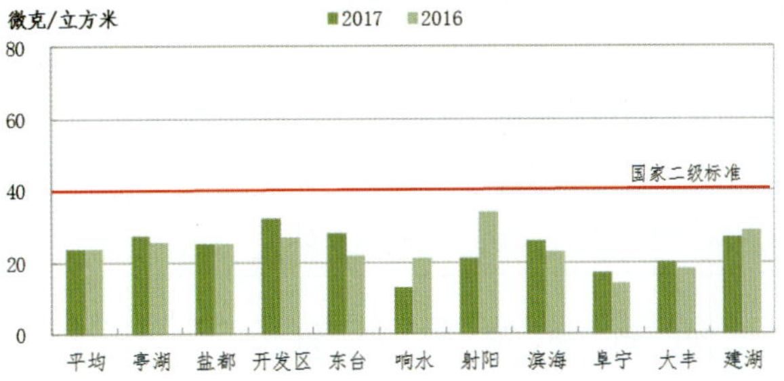

图14-04　2017/2016年全市二氧化氮监测结果统计

浓度最高，超出二级标准0.31倍。与上年数据相比，PM10平均浓度下降4.1%。

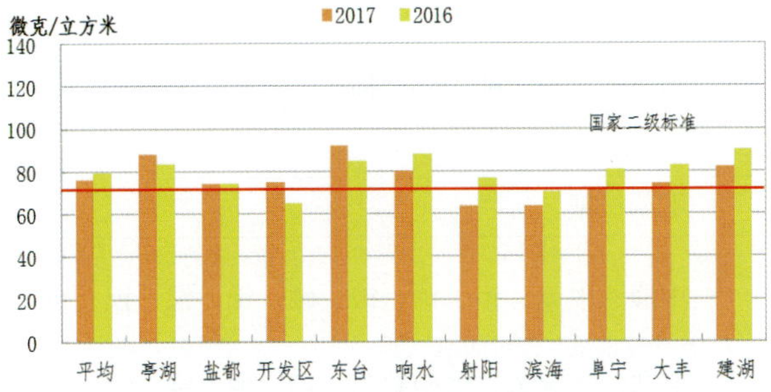

图14-05　2017/2016年全市PM10监测结果统计

各县（市、区）环境空中PM2.5平均浓度介于每立方米38微克至46微克，平均值为每立方米43微克，均超出国家二级标准，其中亭湖区平均浓度最高，超出二级标准0.32倍。与上年数据相比，PM2.5平均浓度下降3.9%。

图14-06　2017/2016年全市PM2.5监测结果统计

各县（市、区）一氧化碳日均值无超标现象，臭氧日最大8小时均值超标率在0.5%至6.2%之间。

各县（市、区）环境空气质量优良天数比例在73.7%至83.3%之间，亭湖区和盐都区最低，射阳县最高。

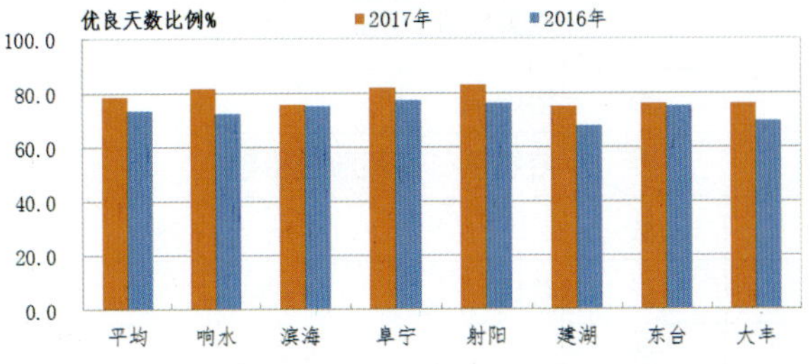

图14-07　2017/2016年全市环境空气优良天数统计

2017年全市环境空气主要污染物浓度及优良天数比例

表14-29　　单位：微克/立方米

地　区	二氧化硫	二氧化氮	PM10	PM2.5	优良天数比例
亭湖区	12.5	27.5	88	46.5	73.7%
盐都区	12	25	74	45	73.7%
开发区	12	32	75	39	83.0%
东台市	17	28	92	41	76.1%
响水县	21	13	80	42	81.9%
射阳县	19	21	64	41	83.3%
滨海县	20	26	64	45	75.9%
阜宁县	11	17	71	46	82.2%
大丰区	11	20	74	43	76.2%
建湖县	15	27	82	42	75.3%

二、水环境质量

2017年，全市地表水环境总体为轻度污染，市区两个饮用水源地水质不能稳定达标，县级饮用水源水质全部达标。地表水考核断面未达到国家、省市考核目标要求。

主要饮用水。年内，全市14个主要饮用水源地取水总量为3.15亿立方米，达标水量为2.26亿立方米，达标率为71.7%。按《地表水环境质量标准》（GB3838-2002）Ⅲ类水质标准以pH值（氢离子浓度指数）、溶解氧、高锰酸盐指数等26项指标评价，盐城市区城东水厂受溶解氧、高锰酸盐指数、氨氮、总磷和五日生化需氧量影响，城西水厂受溶解氧、高锰酸盐指数、五日生化需氧量和石油类影响，盐城市区达标率与上年数据相比，下降11.7%；其余县（市、区）各主要饮用水源地水质全部达标。

各县（市、区）对辖区内饮用水源地水质中特定项目进行监测，监测指标为《地表水环境质量标准》（GB3838-2002）中特定项目，共33项。监测结果表明，各地区均有部分项目检出，总体检出率为7.1%，检出浓度低于标准限值。但是有机污染呈现一定程度的反复，检出率

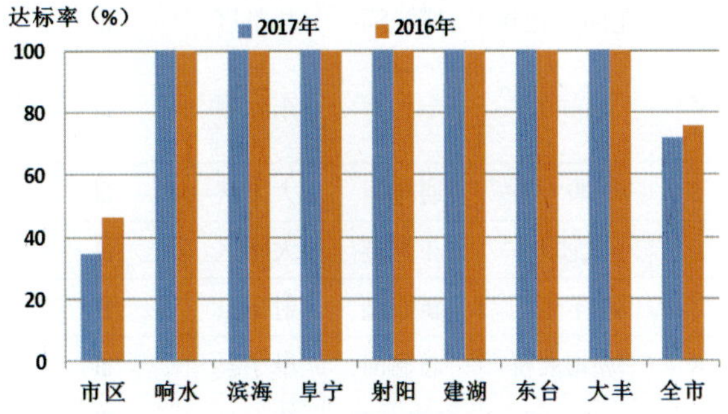

图14-08　2017/2016年全市饮用水源地达标情况

从2016年的0.5%上升到0.9%。总体上看，特定项目检出浓度没有超出标准限值，未对水源产生较大影响。

2017年全市集中式饮用水源地特定项目检出情况

表14-30

地　区	水　体	饮用水源地	检出率（%）	检出项目
市　区	蟒蛇河	城西水厂	8.80	钼、钴、硼、锑、镍、钡、钒
	通榆河	城东水厂	8.60	
响水县	通榆河	洪　圩	6.80	钼、铍、硼、锑、钡、钒
滨海县	通榆河	通榆大桥	0.50	锑、钡
	中山河	中山河水站	0.50	
阜宁县	射阳河	杨洼子	5.30	钼、钴、铍、硼、锑、钡
	苏北灌溉总渠	老管大桥	6.10	
	通榆河	城东水厂	7.10	
射阳县	射阳河	学尖渡口	4.30	甲苯、钡
建湖县	西塘河	塘　桥	7.60	甲醛、甲苯、钼、钴、铍、硼、锑、镍、钡、钒
	嘎粮河	新阳村	8.10	
东台市	泰东河	南苑水厂	10.10	氯苯、三氯苯、二硝基苯、钼、硼、锑、镍、钡
大丰区	通榆河	七灶闸	13.10	甲醛、钴、硼、锑、镍、钡
	新团河	新胜桥	13.60	
全　市			7.10	—

流域地表水。按照《地表水环境质量评价方法（试行）》，以《地表水环境质量标准》（GB3838-2002）21项基本项目（不包括水温、总氮、粪大肠菌群）对国考、省考、市考断面以及市界断面和入海河流进行评价。全市70个市考以上断面总体水质状况为轻度污染，达到或优于Ⅲ类水断面比例为52.9%，Ⅳ类水断面比例为41.4%，Ⅴ类和劣Ⅴ类水断面比例分别为1.4%和4.3%。总体水质情况与上年数据相比，维持稳定。

全市纳入国家考核体系的9个地表水面中，达到或优于Ⅲ类水断面有3个，占33.3%，Ⅳ类水断面有5个，占55.6%，劣Ⅴ类水断面1个，占11.1%。Ⅲ类水的比例远未达到国家2017年Ⅲ类水比例77.8%的考核目标要求。

2017年全市纳入国家考核体系地表水断面水质监测结果

表14-31

序号	断面名称	所在河流	所在地	2020年目标	2017年水质	是否达标	超标项目
1	灌河大桥	灌　河	响水县	Ⅲ	Ⅳ	是	—
2	大庆路桥	串场河	亭湖区	Ⅳ	劣Ⅴ	否	氨氮和总磷
3	龙冈凤凰桥	蟒蛇河	盐都区	Ⅲ	Ⅲ	是	—
4	富民桥	东台河	东台市	Ⅲ	Ⅳ	否	溶解氧、高锰酸盐指数、生化需氧量、化学需氧量、总磷
5	草堰大桥	通榆河	大丰区	Ⅲ	Ⅳ	否	溶解氧
6	大团侨	斗龙港	大丰区	Ⅲ	Ⅳ	否	溶解氧、高锰酸盐指数
7	新洋港闸	新洋港	射阳县	Ⅲ	Ⅲ	是	—
8	城北大桥	通榆河	阜宁县	Ⅲ	Ⅳ	否	总磷
9	六垛闸	灌溉总渠	滨海县	Ⅲ	Ⅲ	是	—

全市纳入省级考核体系的34个地表水断面中，达到或优于Ⅲ类水的断面有20个，占58.8%，属于Ⅳ类断面有12个，占35.3%，无Ⅴ类水断面，劣Ⅴ类水断面2个，占5.9%。达到或优于Ⅲ类水比例较2017年全市考核目标（73.5%）低14.7个百分点，较2020年全市考核目标（79.4%）低20.6个百分点。

全市纳入市考的36个断面中，达到或优于Ⅲ类水的断面有17个，占47.2%，Ⅳ类断面有17个，占47.2%，Ⅴ类和劣Ⅴ类水断面各1个，各占2.8%。达到或优于Ⅲ类水比例较2020年全市考核目标（69.4%）低22.2个百分点。

2017年全市纳入省级考核体系地表水断面水质监测结果

表14-32

序号	断面名称	所在河流	属　性	所在地	水质类别	水质目标	是否达标	超标项目
1	大庆路桥	串场河	省考	亭湖区	劣Ⅴ	Ⅳ	否	氨氮和总磷
2	黄海大桥	串场河	省考	亭湖区	劣Ⅴ	Ⅳ	否	氨氮、总磷
3	蟒南窑渡口	蟒蛇河	省考	盐都区	Ⅲ	Ⅲ	是	—
4	盐城大桥	新洋港	省考	亭湖区	Ⅳ	Ⅳ	是	—
5	*城东水厂	通榆河	省考	亭湖区、开发区、城南新区	Ⅳ	Ⅲ	否	化学需氧量
6	大纵湖出口	蟒蛇河	省考	盐都区	Ⅲ	Ⅲ	是	—
7	陈　港	灌　河	省考	响水县	Ⅳ	Ⅲ	是	—
8	堆　根	通榆河	省考	响水县	Ⅲ	Ⅲ	是	—
9	通榆大桥	通榆河	省考	滨海县	Ⅲ	Ⅲ	是	—
10	灌河大桥	灌　河	省考	响水县	Ⅳ	Ⅲ	是	—
11	长茂泵站	通榆河	省考	响水县	Ⅲ	Ⅲ	是	—
12	陈涛地龙（灌渠）	苏北灌溉总渠	省考	滨海县	Ⅲ	Ⅲ	是	—
13	六垛闸	灌溉总渠	省考	滨海县	Ⅲ	Ⅲ	是	—
14	城北大桥	通榆河	省考	阜宁县	Ⅳ	Ⅲ	否	总磷
15	严　庄	射阳河	省考	阜宁县	Ⅲ	Ⅲ	是	—
16	新阜宁大桥	射阳河	省考	阜宁县	Ⅲ	Ⅲ	是	—
17	射阳闸	射阳河	省考	射阳县	Ⅲ	Ⅲ	是	—
18	新洋港闸	新洋港	省考	射阳县	Ⅲ	Ⅲ	是	—
19	黄沙港闸	黄沙港	省考	射阳县	Ⅲ	Ⅲ	是	—
20	陈　堡	西塘河	省考	建湖县	Ⅳ	Ⅲ	否	溶解氧
21	新阳村	戛粮河	省考	建湖县	Ⅲ	Ⅲ	是	—
22	谭　洋	通榆河	省考	建湖县	Ⅳ	Ⅲ	否	溶解氧
23	龙冈凤凰桥	蟒蛇河	省考	盐都区	Ⅲ	Ⅲ	是	—
24	大纵湖湖心	大纵湖	省考	盐都区	Ⅲ	Ⅲ	是	—
25	海堤桥	梁垛河	省考	东台市	Ⅳ	Ⅳ	是	—
26	富民桥	东台河	省考	东台市	Ⅳ	Ⅲ	否	溶解氧、高锰酸盐指数、生化需氧量、化学需氧量、总磷
27	化肥厂南	通榆河	省考	东台市	Ⅲ	Ⅲ	是	—

续表14-32

序号	断面名称	所在河流	属　性	所在地	水质类别	水质目标	是否达标	超标项目
28	北海桥	通榆河	省考	东台市	Ⅲ	Ⅲ	是	—
29	蟒河渡口	通榆河	省考	东台市	Ⅲ	Ⅲ	是	—
30	大团桥	斗龙港	省考	大丰区	Ⅳ	Ⅲ	否	溶解氧、高锰酸盐指数
31	斗龙港闸	斗龙港	省考	大丰区	Ⅲ	Ⅳ	是	—
32	川东闸	川东港	省考	大丰区	Ⅳ	Ⅳ	是	—
33	草堰大桥	通榆河	省考	大丰区	Ⅳ	Ⅲ	否	溶解氧
34	民主村*	兴盐界河	省考	盐都区、大丰区	Ⅲ	Ⅳ	是	—

注：加*断面为上下游共同考核断面。

2017年全市纳入市级考核体系地表水断面水质监测结果

表14-33

序号	断面名称	所在河流	属　性	所在地	水质类别	水质目标	是否达标	超标项目
1	新兴公路桥	串场河	市考	亭湖区	Ⅳ	Ⅲ	否	溶解氧、氨氮
2	海纯桥	小洋河	市考	亭湖区	劣Ⅴ	Ⅳ	否	生化需氧量、氨氮、总磷
3	盐渎公园	公园内河	市考	城南新区	Ⅱ	Ⅲ	是	—
4	李　舍	串场河	市考	城南新区	Ⅳ	Ⅳ	是	—
5	西城湾	灌　河	市考	响水县	Ⅳ	Ⅲ	否	—
6	大　堰	灌　河	市考	响水县	Ⅳ	Ⅲ	否	—
7	二作区	灌　河	市考	响水县	Ⅳ	Ⅲ	否	—
8	陈涛地龙（排渠）	入海水道	市考	滨海县	Ⅲ	Ⅲ	是	—
9	果林桥	中山河	市考	滨海县	Ⅲ	Ⅲ	是	—
10	通榆桥	苏北灌溉总渠	市考	滨海县	Ⅲ	Ⅲ	是	—
11	大有桥	中山河	市考	滨海县	Ⅲ	Ⅲ	是	—
12	西坎闸	北八滩渠	市考	滨海县	Ⅲ	Ⅲ	是	—
13	夹河桥	响坎河	市考	滨海县	Ⅲ	Ⅲ	是	—
14	陈涛桥	张家河	市考	滨海县	Ⅳ	Ⅲ	否	化学需氧量
15	头罾闸	中山河	市考	滨海县	Ⅲ	Ⅳ	是	—
16	阜阳大桥	通榆河	市考	阜宁县	Ⅲ	Ⅲ	是	—
17	羊蒲致富大桥	苏北灌溉总渠	市考	阜宁县	Ⅲ	Ⅲ	是	—
18	沟墩大桥	串场河	市考	阜宁县	Ⅳ	Ⅳ	是	—
19	啤酒厂	串场河	市考	阜宁县	Ⅳ	Ⅳ	是	—
20	刘咀桥	海陵河	市考	阜宁县	Ⅲ	Ⅲ	是	—

续表14-33

序号	断面名称	所在河流	属　性	所在地	水质类别	水质目标	是否达标	超标项目
21	五讯渡口	射阳河	市考	射阳县	Ⅳ	Ⅲ	是	化学需氧量
22	中心粮店	小洋河	市考	射阳县	Ⅳ	Ⅳ	是	—
23	东朝阳桥	小洋河	市考	射阳县	Ⅳ	Ⅳ	是	—
24	林家渡口	黄沙港	市考	射阳县	Ⅲ	Ⅲ	是	—
25	董家桥	串场河	市考	建湖县	Ⅲ	Ⅲ	是	—
26	洪　桥	皮岔河	市考	盐都区	Ⅲ	Ⅲ	是	—
27	利民桥	利民河	市考	城南新区	Ⅲ	Ⅲ	是	—
28	富安梁一大桥	通榆河	市考	东台市	Ⅳ	Ⅳ	是	—
29	廉贻大桥	串场河	市考	东台市	Ⅲ	Ⅲ	是	—
30	新农大桥	三仓河	市考	东台市	Ⅳ	Ⅳ	是	—
31	川水港闸	东台河	市考	东台市	Ⅳ	Ⅳ	是	—
32	丰裕渡	二卯酉河	市考	大丰区	Ⅴ	Ⅲ	否	溶解氧、高锰酸盐指数、氨氮、化学需氧量、总磷
33	新胜桥	新团河	市考	大丰区	Ⅲ	Ⅲ	是	—
34	化工桥	二卯酉河	市考	大丰区	Ⅳ	Ⅲ	否	总磷
35	王港闸	王港河	市考	大丰区	Ⅳ	Ⅲ	否	高锰酸盐指数、化学需氧量、总磷
36	白驹镇北	串场河	市考	大丰区	Ⅳ	Ⅳ	是	—

市界断面水质。年内，全市5个主要跨市河流总体水质为轻度污染，超标断面主要超标项目为总磷、氨氮和化学需氧量。淮安市流入盐城市的入海水道排渠断面水质为劣Ⅴ类，超标项目为氨氮，超出Ⅳ类水质标准1.04倍。扬州市流入盐城市的黄土沟断面、淮安市流入盐城的灌渠断面和泰州市流入盐城的泰东大桥断面水质满足Ⅲ类水质标准。南通市流入盐城的通榆运河古贲大桥断面水质满足Ⅴ类水质标准。与上年数据相比，市界断面水质类别维持不变，主要污染物年均浓度有一定下降。全年全市5个主要跨市河流高锰酸盐指数、氨氮、化学需氧量和总磷入市通量分别为1.70万吨、0.36万吨、5.71万吨和657吨，与上年数据相比，均有所下降，下降幅度分别为32.5%、25.4%、37.6%和17%。

主要入海河流水质。"十三五"期间，盐城市有10条入海河流纳入国家考核。年内，入海河流水质符合地表水Ⅲ类标准和Ⅳ类标准的断面分别占60%和40%，无Ⅴ类和劣Ⅴ类水断面。与上年数据相比，入海河流水质维持稳定。全年全市10条入海河流高锰酸盐指数、氨氮、化学需氧量和总磷入市通量约分别为9.41万吨、1.17万吨、31.39万吨和2660万吨，与上年数据相比，均有所上升，上升幅度分别为8.3%、10.5%、9.2%和18%。

近岸海域水质。年内，盐城市近岸海域水质状况一般，全市近岸海域三个功能区中，沿岸盐业养殖区一个功能区达标，盐城自然保护中心区维持第二类水质不变，沿岸盐业养殖区水质由第一类下降为第二类，河口工业用水区水质由第二类下降为第三类。二类以上海水比例为50%，主要污染因子是无机氮。与上年数据相比，盐城市近岸海域10个测点中6个点水质有所下降。

三、声环境质量

2017年，全市声环境质量较好。区域环境噪声达到声环境质量二级标准，稳定在较好等级；道路交通环境噪声强度为一级，声环境质量为好，但部分监测路段监测噪声超过70分贝标准。

区域环境。年内，全市昼间平均等效声级为52.9分贝，总体水平为二级，区域声环境质量较好。全市城市昼间平均等效声级分布在50.8分贝至54.4分贝之间，均属二级，声环境质量状况较好。与上年数据相比，全市昼间区域环境噪声污染状况总体保持稳定。其中，盐城市区和东台区域声环境质量有所好转，滨海、阜宁、建湖和大丰4地区域声环境质量有所下降，其余县（市、区）域声环境质量无明显变化。

2017/2016年全市区域环境噪声监测结果对比

表14-34　　　　单位：分贝

地区	市区	响水	滨海	阜宁	射阳	建湖	东台	大丰	全市
2017年	52.40	51.50	54.40	54.20	52.70	54.20	50.80	53.20	52.90
2016年	57.50	50.90	53.40	51.90	51.90	51.60	54.20	51.90	52.90
增（+）减（-）	-5.10	0.60	1.00	2.20	0.80	2.60	-3.40	1.30	0

影响城市声环境质量的主要声源依然是社会生活噪声，比例为63.8%；其余依次是交通噪声、工业噪声、其他噪声和施工噪声，所占比例分别为22.7%、6.2%、5.8%和1.4%。与上年数据相比，全市区域声环境质量的声源结构和声源强度均无明显变化。

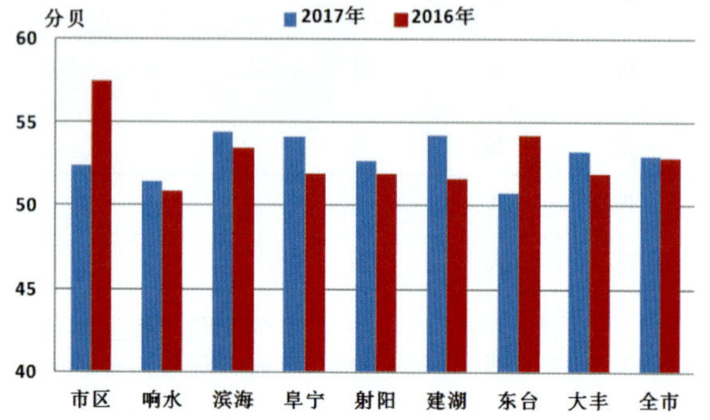

图14-09　2017/2016年全市区域环境噪声对比

道路交通噪声。年内，全市共监测城市道路交通噪声昼间点位208个，实际监测总路长321千米，平均等效声级为65分贝，处于强度等级昼间一级，声环境质量状况评价为好。全市城市平均等效声级范围为61.4分贝至69.3分贝之间，东台总体水平为二级，区域声环境质量状况为较好；其余城市均属一级，声环境质量状况好。监测路段中超过70分贝路段长度为32.5千米，占监测道路总长10.1%。与上年数据相比，全市道路交通声环境质量保持稳定，超标路段比例下降2.6个百分点。其中，市区和滨海2地道路交通噪声环境质量明显好转，东台和大丰两地有所下降，其余县（市、区）基本维持稳定。

2017/2016年全市各城市道路交通噪声监测结果对比

表14-35　　　　单位：分贝

项目	地区	市区	响水	滨海	阜宁	射阳	建湖	东台	大丰	全市均值
平均等效声级	2017年	63.80	64.40	61.40	66.50	67.30	66.80	69.30	64.60	65
	2016年	67.40	64.30	64.90	65.80	69.40	67	64.30	61.20	65.30
	增（+）减（-）	-3.60	0.10	-3.50	0.70	-2.10	-0.20	5	3.40	-0.30

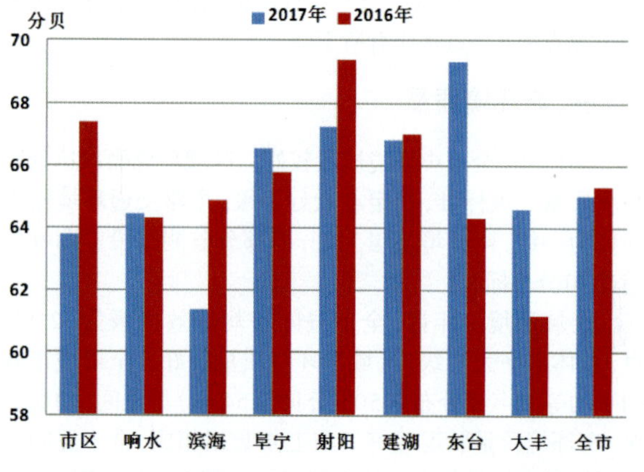

图14-10　2017/2016年全市交通环境噪声对比

第二节　环境监测

一、国控重点污染企业

2017年，根据环境保护部下发的国家重点监控企业名单，对全市42家国控企业（8家废水企业、7家废气企业、22家污水处理厂、5家危废企业）开展监督性监测2次。经检验，全市废水、废气、污水处理厂和危废企业平均排放达标率为100%、91.7%、98.5%和75%。

废水重点企业。年内，全市有国控、废水8家，其中4家废水企业参与评价（3家全年停产，1家废水不外排），平均排放达标率为100%。

废气重点企业。年内，全市7家国控废气企业参与

2017年全市国控废水企业监测情况

表14-36

序号	地　区	企业名称	达标率（%）	备　注
1	阜宁县	阜宁澳洋科技有限责任公司	100	
2	大丰区	江苏海华环保工程有限公司	100	
3	响水县	江苏华懋纸业有限公司	—	全年停产
4	大丰区	江苏金维卡纤维有限公司	100	
5	东台市	江苏久兴纸业有限公司	—	废水不外排，不参与评价
6	开发区	江苏南纬悦达纤维科技有限公司	—	全年停产
7	射阳县	胜达集团江苏双灯纸业有限公司	100	
8	盐都区	重庆啤酒集团盐城有限责任公司	—	全年停产

2017年全市国控废气企业排污情况

表14-37

序号	地　区	企业名称	达标率（%）	备　注
1	滨海县	江苏森达沿海热电有限公司	100	
2	东台市	江苏磊达股份有限公司	66.7	颗粒物(0.3倍)
3	东台市	东台中玻特种玻璃有限公司	100	
4	东台市	江苏安和焦化有限公司	100	
5	亭湖区	盐城发电有限公司	77.8	烟尘(0.2倍),氮氧化物(0.3倍),二氧化硫(0.5倍)
6	响水县	江苏国华陈家港发电有限公司	100	
7	射阳县	江苏射阳港发电有限责任公司	100	

注：括号内为超标倍数。

评价，平均排放达标率91.7%。其中，5家企业达标排放；江苏磊达股份有限公司达标率为66.7%，超标项目为颗粒物；盐城发电有限公司达标率为77.8%，超标项目为烟尘、氮氧化物和二氧化硫。

污水处理。年内，全市21家国控污水处理厂参与评价，平均排放达标率98.5%。其中，20家全部达标排放；大丰区联合环境水处理（大丰）有限公司达标率75%，超标项目为色度。

危废企业。年内，全市5家国控危废处置企业参与评价，盐城市沿海固体废料处置有限公司废水和废气均能达标排放，其余4家企业排放废水废气存在不同程度超标现象，部分企业超标严重。废水超标排放企业2家：江苏泛华

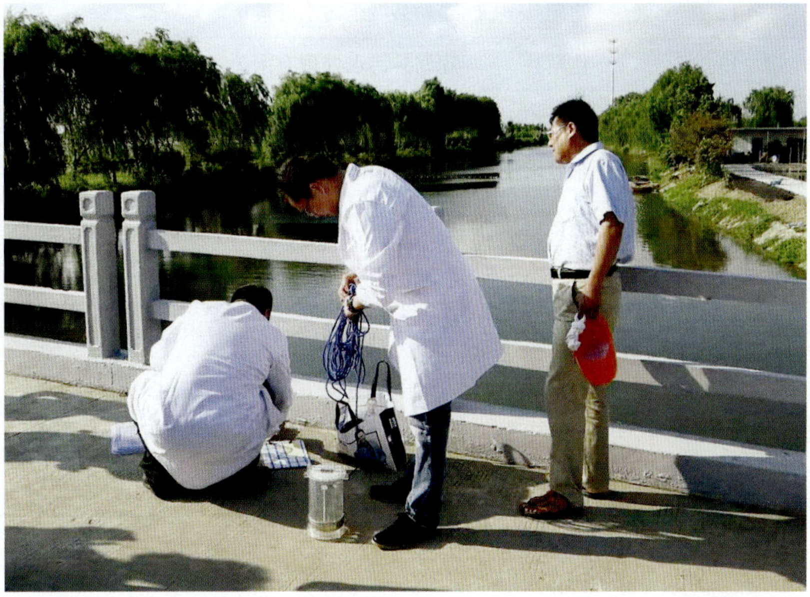

现场水质取样监测。　　市环保局/供

环境科技有限公司超标项目为pH和磷酸盐（以P计），pH最高浓度值为10.2（无量纲，标准限值为6~9），磷酸盐最高日均浓度值为每升2.34毫克、超标0.2倍（标准限值为每升2毫克）；盐城新宇辉丰环保科技有限公司超标项目为磷酸盐，日均浓度值为每升2.27毫克、超标0.1倍（标准限值为每升2毫克）。废气超标排放企业4家：江苏联化科技有限公司北厂排气筒烟尘超标，最高浓度213毫克/立方米，超标1.7倍（标准限值为80毫克/立方米）。南厂排气筒烟尘、二噁英类和砷镍及其化合物超标，烟尘最高浓度740.6毫克/立方米，超标8.3倍（标准限值80毫克/立方米），二噁英类最高浓度值为每立方米2.739纳克毒性当量、超标4.5倍（标准限值为每立方米0.5纳克毒性当量），砷镍及其化合物最高浓度值每立方米3.63毫克、超标2.6倍（标准限值为每立方米1毫克）；江苏裕廊化工有限公司铬锡锑铜锰及其化合物超标，最高浓度值每立方米11.9毫克、超标近2倍（标准限值为每立方米4毫克）；江苏泛华环境科技有限公司一氧化碳和二噁英类超标，一氧化碳最高浓度值每立方米216毫克、超标1.7倍（标准限值为每立方米80毫克），二噁英类最高浓度值每立方米1.017纳克毒性当量、超标1倍（标准限值为每立方米0.5纳克毒性当量）；盐城新宇辉丰环保科技有限公司烟尘超标，最高浓度值为每立方米81.9毫克、超标0.02倍（标准限值为每立方米80毫克）。

2017年全市污水处理厂排污情况

表14-38

序号	地　区	企业名称	达标率（%）	备　　注
1	亭湖区	江苏国泰盐城污水处理有限公司	100	
2	亭湖区	盐城市城东污水处理厂	100	
3	盐都区	盐城建宜环境水务有限公司	100	
4	开发区	盐城建工环境水务有限公司	100	
5	响水县	响水县城市污水处理厂	100	
6	响水县	响水县陈家港水处理有限公司	100	
7	滨海县	滨海县港城城市污水处理有限公司	100	
8	滨海县	滨海艾思伊环保有限公司	100	
9	阜宁县	阜宁县水处理发展有限公司	100	
10	射阳县	射阳县污水处理有限责任公司	100	
11	射阳县	射阳县中大污水处理有限公司	100	
12	建湖县	建湖县城东污水处理厂	100	
13	建湖县	建湖县污水处理有限公司	100	
14	东台市	东台沿海污水处理有限公司	100	
15	东台市	东台城东污水处理有限公司	100	
16	东台市	东台市城市污水处理厂	100	
17	东台市	东台市清源污水处理厂	100	
18	大丰区	江苏联丰环保产业发展有限公司	100	
19	大丰区	大丰区城市污水处理有限公司	100	
20	大丰区	大丰区城市污水处理有限公司（开发区）	100	
21	大丰区	联合环境水处理（大丰）有限公司	75	4季度色度超标

2017年全市国控危废企业监测情况

表14-39

<table>
<tr><th rowspan="2">序号</th><th rowspan="2">企业名称</th><th colspan="5">达标情况</th></tr>
<tr><th>废水</th><th>超标项目</th><th colspan="2">废气</th><th>超标项目</th></tr>
<tr><td>1</td><td>江苏裕廊化工有限公司</td><td>—</td><td>—</td><td colspan="2">超标</td><td>铬锡锑铜锰及其化合物（2倍）</td></tr>
<tr><td rowspan="2">2</td><td rowspan="2">江苏联化科技有限公司</td><td rowspan="2">达标</td><td rowspan="2">—</td><td>北厂</td><td>超标</td><td>烟尘（1.7倍）</td></tr>
<tr><td>南厂</td><td>超标</td><td>砷镍及其化合物（2.6倍），二噁英类（4.5倍），烟尘（8.3倍）</td></tr>
<tr><td>3</td><td>盐城市沿海固体废料处置有限公司</td><td>达标</td><td>—</td><td colspan="2">达标</td><td>—</td></tr>
<tr><td>4</td><td>江苏泛华环境科技有限公司</td><td>超标</td><td>pH，磷酸盐（0.2倍）</td><td colspan="2">超标</td><td>一氧化碳（1.7倍），二噁英类（1倍）</td></tr>
<tr><td>5</td><td>盐城新宇辉丰环保科技有限公司</td><td>超标</td><td>磷酸盐（0.1倍）</td><td colspan="2">超标</td><td>烟尘（0.02倍）</td></tr>
</table>

注：括号内为超标倍数。

二、市控重点污染企业

2017年，对全市6家市控重点污染企业（4家废水、1家废气和1家重金属）开展监督性监测，全年监测1次。经检验，全市市控企业综合排放达标率均为100%。

2017年全市省控废水企业监测情况

表14-40

序号	行政区	企业名称		达标率（%）
1	滨海县	江苏美灯纸业有限公司	废水	100
2	射阳县	射阳县广阳精制棉厂	废水	100
3	东台市	江苏华信亚麻纺织有限公司	废水	100
4	东台市	江苏金丽达印染有限公司	废水	100
5	盐都区	江苏申江能源有限公司	废气	100
6	滨海县	江苏超威电源有限公司	重金属	100

第三节　污染防治

2017年，盐城加强大气污染防治、水污染防治和土壤、危废等污染防治工作。

推进大气污染防治。打造空气质量提升工程加强版，开展大气污染物专项治理行动，落实秋冬季大气质量强化措施，建立健全市区大气污染防治“一分钟响应，一小时处置”联防联控机制，全面开展大气颗粒物源解析工作，全年组织实施835个大气污染防治重点工程项目。全年，盐城市空气质量综合指数4.66，全省最好；空气优良天数比例79.2%，优良天数289天，均排名全省第一位；PM2.5平均浓度为每立方米43微克；臭氧平均浓度跃升至全省前列。盐城市空气质量连续四年全省最优，成为全省唯一连续四年八个季度实现秸秆禁烧考核“零火点”的城市，连续四年被省政府表彰为“大气污染防治优秀城市”，继续被人民网等媒体列为“洗肺”城市。

强化水污染防治。强化责任落实，全面“扩容”断面长制，在蟒蛇河、通榆河、射阳河等主要河道34个省考以上断面和36个市考水质断面建立市、县两级断面长制，由市委、市政府14名领导分别担任市级断面长，各相关县级地方党政领导担任县级断面长，建立水污染防治联席会议制度和断面水质每月定期报告制度，优化水环境区域补偿机制。强化源头治理，全力推进新饮用水源地建设工程和水污染防治工程，推动完成市区饮用水源保护区陆域范围调整，开展长江经济带饮用水源地环保执法专项行动，督促完成投资9500万元、覆盖14平方千米的市区饮用水源二级保护区截污工程，每天常态化开展饮用水源地执法巡查和监测预警，确保第一时间发现问题，第一时间预警报告，2016年至2017年底，全市未发生突发性水质异常事件。

开展土壤、危废等污染防治。修编完善全市“十三五”重金属污染防治规划和盐城市辐射应急预案。研究制定盐城市土壤污染防治工作方案，做好土壤污染状况详查、土壤环境管理调查和土壤流转中心建设等工作。完成全市钢铁、水泥、农药等13个重点行业130多家企业排污许可证

2017年，盐城市空气质量综合指数4.64，全省最好。　盐阜大众报社/供

核发工作。组织开展全市危险废物规范化整治、危废“降库存、减风险”专项整治、打击固体废物非法转移处置专项行动以及进口废物单位整治等行动，整改环境问题170项，查处违法企业44家。推进危废处置基础设施建设，新建成大丰、阜宁共计4.2万吨焚烧和2万吨填埋场项目，全市危废处置能力从2013年的1.8万吨提升到13.4万吨，2017年削减积存量3.2万吨。（刘青霞）

第四节　环境管理

2017年，盐城加大环境管理力度。市委常委会议、市政府常务会议先后10多次专题研究部署生态环境保护和突出问题整改工作，听取汇报、解决问题、提出要求。对饮用水源安全、化工园区整治、自然保护区问题整改等重大事项，市委、市政府主要领导深入一线、带头督查，分管领导定期会办、专题研究，市人大、市政协调研督查，市纪委监察局全程监督、约谈问责，市“两办”专门下发问题清单、交办督办，各地、各相关部门齐抓共管。推动环境保护工作责任全面落实，每月突出一个重点环境问题，专题会商，推动解决。市环保局全年分季度开展“飞行检查、随机检查、交叉检查、跟踪检查”等专项执法行动，平均每天检查企业200多家，对屡查屡犯的，一律严查重处；对涉嫌污染犯罪的，一律移交公安部门；对典型案件，一律公开曝光。全年全市出动执法人员3万多人次，查处违法案件954件，处罚金额近7000万元，其中按日计罚7起，查封扣押189起，限产停产129起，移送公安48起。提升环境执法水平，市环保局组织开展环境执法大练兵活动，加强执法培训，规范执法行为，严肃执法纪律，连续两年被环境保护部表彰为市级表现突出单位。抽调全市环境执法业务骨干，参加环境保护部京津冀大气污染防治强化督查和特别行动，被环境保护部评为“每周一星”，督查工作情况被中央电视台《焦点访谈》播出报道。参加全省环境应急“三有”（有准备、有担当、有能力）大比武，盐城市获综合排名第一位，投资1000多万元，完成市生态环境监控中心建设、市监测站实验室改造和通榆河饮用水源水质自动监测站升级改造工作。市环境监测站成功入选全国土壤污染状况详查首批检测实验室，获得全项目检测资格，全省仅2家。国控污染源自动监控工作持续保持全省第一位。

突出环境问题整改　年内，盐城落实中央环保督察整改要求，对涉及盐城的17项整改任务，制定方案，逐一细化分解，强化责任落实，推动历史遗留问题的解决。至年底，盐城主办的8项具体问题整改工作基本完成。其中，中央环保督察反馈的通榆河一级保护区和市区饮用水源保护区环境问题全部整改到位；自然保护区重点环境问题整改有序推进，拆除违规企业13个；滨海、响水两地化工园区卫生防护距离内搬迁居民近2000户。

实施“263”专项行动　年内，市环保局制定11项行动具体实施方案及2017年度工作计划，将“263”专项行动任务分解到各地和市直37个部门，对每一项行动任务均明确责任主体、推进标准和时间要求。至年底，全市规上工业企业煤炭消费总量同比减少46万吨，超额完成省下达的15万吨年度目标；全市582个10蒸吨及以下的燃煤锅炉全部淘汰或实施清洁能源替代；累计关停化工生产企业32家，重组37家，均超额完成省下达任务，化工企业入园进区率居全省第一位；禁养区内279个畜禽养殖场和通榆河一级保护区内39个养殖场全部关闭搬迁，列入整治的359家重点工业企业治理全部完成。全年播放专题栏目《263在行动》87期，曝光突出环境问题400个。

产业结构

- 工业经济
- 农业及新农村建设
- 建筑和房地产业
- 现代服务业
- 金融业
- 经济事务管理

第15章　工业经济

责任编辑　高兰会

第一节　工业综述

一、经济运行

2017年，盐城完成全口径工业开票销售4759.6亿元，规模以上工业开票销售3882.2亿元，规模以上工业增加值1792.3亿元，工业投资2441.1亿元，工业用电量190.2亿千瓦时。

全年全市规模以上工业企业增长面63.2%，累计3234家。东台、射阳、滨海、响水、大丰、盐都、亭湖7个县（市、区）规模以上工业企业增长面超60%。全年全市规模以上工业利润同比增长12.1%。至年底，全市有开票销售超亿元企业691户，较上年新增108户，累计实现开票销售3224.1亿元。新增开票销售超百亿元企业1户，累计5户。其中，东风悦达起亚汽车有限公司、江苏德龙镍业有限公司实现年开票销售超300亿元，盐城市联鑫钢铁有限公司、江苏博汇集团、江苏摩比斯汽车零部件有限公司实现年开票销售超100亿元。全市百项工业重点新增长点累计新增开票销售355亿元，拉动全市工业增长7.7个百分点。其中，新增开票销售超亿元企业项目57个，较上年同期增加23个；江苏德龙镍业有限公司、盐城盈信通科技有限公司、领胜城科技（江苏）有限公司等14个企业项目新增销售超5亿元，较上年同期增加7个。

全年全市战略性新兴产业（新能源及装备、新能源汽车、节能环保、高端装备及新材料、大数据、电子信息等）实现开票销售1200亿元。智能终端产业实现开票销售近200亿元、出口交货值突破20亿元，手机整机出货量突破2000万台，全年生产零部件突破4亿只、年封装芯片20亿颗、各类高端印制线路板200万平方米、晶圆片75万片。新能源产业实现开票销售350亿元，其中新能源装备产业实现开票销售300亿元。全市新能源装机总容量518.8万千瓦，累计发电89.44亿千瓦时。节能环保产业主营业务收入超1200亿元，盐城环保科技城实现规模以上工业开票销售44亿元。全市重点监控的传统行业中，机械装备、化工、建材、食品、轻工、冶金等6个行业保持两位数增长，纺织行业个位数增长。

二、工业投资

2017年，全市完成工业投资2441.1亿元，其中完成工业技改投资1215.2亿元；全市完成固定资产抵扣税30.4亿元。全年全市在建亿元以上工业项目416项，计划总投资1248.8亿元，完成投资519.3亿元。其中，新开工亿元以上重点工业项目208项，计划总投资648.4亿元，完成投资257.6亿元。全年全市竣工亿元以上项目200项，累计完成投资494亿元。全市5亿元以上重大制造业在建项目32项，较上年同期增加14项，其中30亿元以上制造业项目2项。全年全市实施投资千万元以上“技改升级”工程项目522项，计划总投资434.3亿元，完成投资263.3亿元。其中，新开工千万元以上“技改升级”工程项目336项；竣工千万元以上“技改升级”工程项目项目402项。加快推进智能制造项目建设。全年全市实施智能制造项目98项，完成投资100.8亿元，其中竣工智能制造项目68项，有9个智能车间获评省示范智能车间。

三、项目建设

2017年，市委、市政府持续推进重点项目建设，加大政策扶持力度。发挥省、市技术改造综合奖补资金激励引导作用，有47户企业获得省技改综合奖补资金1673万元。做好2017年度市工业和信息化转型升级专项资金审核发放工作，81家企业获得奖补资金1.15亿元。市经信委组织企业申报2017年省示范智能车间，有27家企业申报项目，其中大市区17项，经过省经信委审核，接受专家组现场审核。省经信委对已获评省示范智能车间，但未获得省专项资金扶持的江苏摩比斯汽车零部件有限公司、江苏剑桥涂装工程股份有限公司、江苏丰海新能源淡化海水发展有限公司3家企业的3个项目分别给予奖补资金20万元。做好项目协调服务。市经信委组织市内企业参加省银企合作融资推进会，促成38个项目与各银行机构达成合作协议，涉及贷款金额90.8亿元。其中，1—3月，组织开展全市重点工业企业和项目银企对接活动，促成300多家工业企业和

28家银行机构达成合作授信协议，授信金额120亿元；6—9月，组织开展盐城市银企对接东台专场服务活动，33户企业和江苏银行东台支行达成合作意向，意向授信金额6.98亿元。做好重大项目跟踪服务，市经信委跟踪对接服务印尼金光集团产业转移造纸项目、瑞孚信江苏药业股份有限公司技改项目、江苏金圆新材科技有限公司新材料年产20万吨铜及配套硫酸项目、江苏正大丰海制药有限公司新建原料药生产基地等项目。

2017年全市亿元以上工业项目

表15-41　　单位：个、万元

地　区	新开工亿元以上工业项目		新竣工亿元以上工业项目	
	项目数	当年完成投资	项目数	累计完成投资
合　计	208	2576059	200	4940189
东　台	26	289800	21	758000
建　湖	22	208200	21	278000
射　阳	22	239100	21	536000
阜　宁	19	237589	19	340189
滨　海	19	371100	19	1055000
响　水	15	160670	19	652600
大　丰	25	303600	21	381600
盐　都	21	413000	19	380000
亭　湖	18	220700	19	280000
开发区	21	132300	21	278800

四、工业科技

2017年，盐城加快健全产业技术创新体系。实施企业研发机构提档扩面行动，新增省级企业技术中心26家，其中物流行业首次获批省级技术中心认定。市经信委修订完成《盐城市企业技术中心认定管理办法》，完善技术中心管理评价指标体系，新认定市级企业技术中心51家，规模以上企业市级研发机构覆盖率29.3%。实施公共研发平台建设工程，启动市级制造业创新中心建设试点工作，江苏科行环保科技有限公司列入培育名单。实施创新示范引领行动，新评定国家级技术创新示范企业1家、省级技术创新示范企业3家和市级技术创新示范企业10家，其中江苏丰东热技术有限公司被工信部、财政部联合认定为国家技术创新示范企业。加快新产品开发与推广。全年有97个新产品通过省级技术鉴定，其中有31个产品达到国内领先水平；有26个新产品列入江苏省重点推广应用新技术新产品目录。推动国家、省首台（套）重大装备综合保险工作，至年底，有18家企业投保29个首台（套）产品，承担风险保额20.07亿元，享受财政补助资金296万元，带动新产品销售超亿元。推动工业质量品牌建设。推动盐城环保科技城创成国家产业集群区域品牌建设试点；新增江苏辉丰生物农业股份有限公司、江苏悦达家纺股份有限公司2家企业入选省“自主工业品牌五十强”品牌榜单；有6个QC小组获评全国优秀质量管理小组奖。加强“两化”融合创新示范引领作用，新获批省首批重点骨干企业“双创（创新创业）”示范平台1个、省互联网与工业融合创新示范工程3个、省互联网与工业融合创新试点工程8个，其中东风悦达起亚汽车有限公司列入省首批重点骨干企业“双创”示范平台。至年底，全市有28家企业启动实施国家“两化”融合贯标，其中有9家企业通过国家“两化”融合贯标评定。加快推动企业云化转型。年内，盐城市政府与华为云、阿里云、天翼云实施战略合作，推动阿里云、悦达集团联手发布“悦企云”，建设面向特色行业的“工业云”平台。

承办工信部“智能制造驱动转型升级百城巡讲”活动

5月5日，市经信委、市科协等单位联合承办工信部人才交流中心组织的“智能制造驱动企业转型升级百城巡讲”活动。活动邀请6名信息化领域专家、行业领袖走进盐城高新技术产业开发区智能终端产业园，通过主旨报告、经验分享以及对话问答等方式，与盐城大企业集团、星级工业企业、科技型中小企业负责人等300多位嘉宾，分享智能制造推进企业转型升级方面的成功经验与做法，围绕新一代信息技术融合应用、促进企业智能化转型升级，交流融合创新与智能制造等方面的政策知识和成功案例。活动期间，工信部人才交流中心与市科协、市经信委、盐城高新技术产业开发区共同签订战略合作框架协议，四方将共同致力于培育发展盐城智能终端产业。根据协议约定，工信部人才交流中心将发挥平台优势、人才优势和资源优势，在招才引智、智库建设、创新创业、素质提升等方面提供服务支撑。市科协将以此为契机依托与省级学会合建的一批省科技服务站、首席工程师等服务平台，把省级以上学会和省内外高校、科研院所等单位的创新资源引入企业，加快推进科技成果转化；依托省科协“科创汇”等平台，为科技工作者和企业提供低成本、便利化、全要素、开放式的“众创服务”；建设一批学会服务站、“企会协作”示范基地等符合经济发展需求的科技创新创业服务载体，推动科技与各类资源要素有机结合，当好科技创新创业的“店小二”。

举办省“133”工程首场专题对接会 9月13日，市经信委、阿里云江苏公司联合举办省“133”（重点发展1个阿里云、30家阿里云合作服务机构、300项阿里云合作项目）工程首场专题对接会。会上进行政策解读、主题演讲、案例分享、“悦企云”发布、合作对接等活动，有11家企业现场签订“上云”（指企业通过便捷的利用网络资源，实现管理、业务等方面的数据化转型，重构企业核心竞争力，最大限度创造企业价值）协议，实现企业IT资源、管控软件或生产设备“上云”。

资料链接：12月13日，省经信委印发《加快推进“企业上云”三年行动计划的通知》，围绕工业云平台、星级“上云”企业、云服务体系、工业互联网标杆工厂、“互联网+先进制造”特色基地建设5个方面，全面推进“企业上云”。2018年1月23日，市经信委制定《关于印发盐城市“千企上云”专项行动（2018—2020年）实施方案的通知》。方案明确到2020年，全市新增5000家“上云”企业，规模以上工业企业“上云”覆盖率达到80%，创建省五星、四星、三星级“上云”企业10家、50家和300家，新接入5万台（套）生产设备到工业云平台；建成1~2个达到国内行业示范标杆的工业云平台，争创3~5个省级示范工业云平台，创建10个行业云应用平台、10个区域级云服务平台，形成30个“建云、上云、用云”的典型标杆案例；创建2~3个省级“互联网+先进制造”特色基地，打造6~8家省级工业互联网标杆工厂，实施30项“云+智能制造”的新模式新业态示范项目；引进5家国内一流的云平台服务商、15家国内知名的云应用服务商在盐城设立分支机构，培育3~5家盐城本地的省级企业互联网化优秀服务机构。 （季　鹏）

第二节　支柱产业

一、汽车产业

2017年，盐城汽车产业拥有整车企业5家，规模以上零部件企业137家，汽车服务业企业3000多家，形成较为完整的整车制造、零部件生产和服务保障体系。年内，盐城全面实施“一部车”战略工程，全市汽车产业实现开票销售690.4亿元，实现销售整车36.2万辆。其中，东风悦达起亚汽车有限公司推出KX7、KXCORSS、凯绅、焕驰、华骐300E、新e代福瑞迪6款新车型，累计销售突破490万辆。

加快汽车产业项目建设。全年实施亿元以上汽车产业项目50个，完成投资35.8亿元。其中，中国中车股份有限公司和江苏远致达轨道交通发展有限公司共同投资1.5亿元成立的江苏中车城市交通装备有限公司项目建成投产后，可形成1000台超级电容现代电车生产能力，实现年开票销售5亿元。年内，江苏韩森自动车股份有限公司获得国家专用车改装资质，第一款“云豆”碳纤维智能物流车在手订单700辆。奥新专用车年实现销售985辆。

加快发展汽车服务业。全年全市有汽车服务业企业3000多家，全面覆盖展示展销、维修保养、装饰美容、二手交易等传统领域，并向研发试验、金融保险、物流贸易、展会赛事、文化旅游等高端环节发展。至年底，盐城已连续六届举办中国东部沿海（盐城）国际汽车博览会；盐城国际汽车试验场成为亚洲地区最大的公共汽车试验场，有60多家汽车整车及零部件厂商研发中心和15家检验检测服务机构入驻。年内，东风悦达起亚汽车有限公司购买汽车专用运输船舶，实现地产汽车在大丰港船运；2月17日，东风悦达起亚汽车有限公司商品车铁路装车基地开通运营。

江苏汽车智慧产业园展示馆开馆 6月28日，江苏汽车智慧产业园展示馆开馆。展馆位于江苏汽车智慧产业园，是全国首家汽车智慧主题展示馆，集中展示盐城汽车产业发展新阶段、新理念、新成果。江苏汽车智慧产业园

中国沿海汽车城。　　孙海鹏/摄

是盐城重点打造的汽车服务业集聚区，建筑总面积约3万平方米，有江苏汽车智慧产业园展示馆及创新工场、盐城人才金港及达内IT培训中心、新韩银行、自助餐厅、咖啡厅、便利店等配套设施。2017年，园区围绕“五智”发展理念，在汽车智造、智行、智联、智服和智数上集聚重点，重点招引汽车“互联网+”、汽车电商（跨境电商）、汽车云计算及大数据、汽车智能电子、汽车改装及研发设计、汽车信息采集等汽车智慧产业企业，已入驻汽车服务业企业40家。

二、化工产业

2017年，全市化工产业实现开票销售625.87亿元。其中，石油加工、炼焦和核燃料加工业实现开票销售24.51亿元，化学原料和化学制品行业实现开票销售444.93亿元，医药制造行业实现开票销售90.41亿元，橡胶和塑料制品业实现开票销售66.02亿元。全年生产盐酸2.01万吨，烧碱94.9万吨，合成氨25.6万吨，化学农药8.99万吨，纯苯0.26吨，化学药品原药4.7万吨，塑料制品11.6万吨。

全年全市化工产业亿元以上在建项目有31个，计划总投资63.8亿元，完成投资23.9亿元。其中，重点项目包括江苏馨瑞香料有限公司年产4000吨香料生产线项目，江苏八巨药业有限公司年产15吨瑞格列奈、磷酸西他列汀和年产300吨左乙拉西坦项目，滨海恒冠医药化工有限公司年产10万吨D-对甲砜基苯丝氨酸乙酯医药项目，滨海康益医药化工有限公司年产2000吨高纯度酞菁铜技改项目，江苏辉丰农化股份有限公司年产5000吨草铵膦原药生产线项目，大丰海嘉诺药业有限公司年产1万吨维生素E油、2万吨维生素E粉项目，江苏劲力化肥有限责任公司年产60万吨高效环保生态肥项目，响水恒利达科技化工有限公司年产5万吨高档染料项目，江苏之江化工有限公司年产2万吨高档活性染料企业智能化改造项目。

响水生态化工园　年内，园区有化工企业57家。全年实现开票销售102.52亿元，税收4.95亿元。有开票销售5亿元以上企业5家，分别是：江苏联化科技有限公司实现开票销售14.76亿元、江苏之江化工有限公司实现开票销售7.85亿元、响水恒利达科技化工有限公司实现开票销售6.45亿元、江苏裕廊化工有限公司实现开票销售6.05亿元、江苏大和氯碱化工有限公司实现开票销售5.22亿元；有开票销售1亿元~5亿元（不含）企业20家；有开票销售5000万元~1亿元（不含）企业13家；有开票销售2000万元~5000万元（不含）企业11家；有开票销售2000万元以下企业3家。

滨海沿海化工园　年内，园区有工业生产企业124家，有上市公司22家、国家高新技术企业37家。全年实现规模以上工业企业开票销售179.2亿元，税收12.1亿元。有开票销售5亿元以上企业5家，分别是：江苏吉华化工有限公司实现开票销售15.36亿元、江苏普信制药有限公司实现开票销售7.45亿元、江苏八巨药业有限公司实现开票销售5.78亿元、江苏爱利思达清泉化学有限公司实现开票销售5.67亿元、江苏剑牌农化股份有限公司实现开票销售5.22亿元；有开票销售1亿元~5亿元（不含）企业50家；有开票销售5000万元~1亿元（不含）企业28家；有开票销售2000万元~5000万元（不含）企业20家；有开票销售2000万元以下企业8家。

阜宁高新技术产业园　年内，园区有化工企业40家。全年实现开票销售67.5亿元，税收1.67亿元。有开票销售1亿元~5亿元（不含）企业8家，其中江苏丽王科技股份有限公司实现开票销售3.44亿元；有开票销售5000万元~1亿元（不含）企业7家；有开票销售2000万元~5000万元（不含）企业14家；有开票销售2000万元以下企业11家。

大丰港石化新材料产业园　年内，园区有化工企业26家，全年实现开票销售141.9亿元。有开票销售5亿元以上企业5家，其中江苏海力化工有限公司实现开票销售50.37亿元；有开票销售1亿元~5亿元（不含）10家；有开票销售6000万元~1亿元（不含）企业4家。

化工产业转型升级　年内，盐城加快推进化工产业智能化绿色化转型升级。加强源头管理，提高化工项目准入门槛，市政府办制定《盐城市化工项目联合会审办法》，将企业原有项目通过自动化验收，新申报项目智能化建设方案，作为化工技改项目联合会审的前置条件。至年底，有10家化工企业通过联合会审。明确化工产业发展导向，市经信委制定印发《盐城市化工企业自动化升级改造工程验收评审细则》（2017版），细化验收方法、标准以及评分标准，明晰全市化工产业智能化发展的目标、标准、要求和途径。摸查全市化工企业自动化升级改造推进计划，有214户企业排出自动化升级改造推进计划，178户企业完成现场诊断，12户企业完成升级改造。组织化工企业自动化升级改造验收工作，市经信委对申报化工企业自动化升级改造竣工验收的项目，做到即报即审，对初审通过的项目及时组织专家至现场验收。至年底，有8家企业通过化工企业自动化升级改造验收。

三、机械装备制造业

2017年，全市机械装备制造业实现开票销售1379.19亿元。其中，金属制品业实现开票销售322.35亿元，通用设备制造业实现开票销售307.57亿元，专用设备制造业实现开票销售255.62亿元，铁路、船舶、航空航天和其他运输设备制造业实现开票销售15.72亿元，电气机械和器材制造业实现开票销售210.12亿元，计算机、通信和其他电子设备制造业实现开票销售53.31亿元，仪器仪表制造业实现开票销售3.42亿元，其他制造业实现开票销售162.84亿元，废弃资源综合利用业实现开票销售47.3亿元，金属制品、机械和设备修理业实现开票销售0.93亿元。

全年全市机械行业亿元以上在建项目87个，计划总投资132亿元，完成投资62亿元。其中，5亿元以上项目2个，分别是：沈阳机床上海优尼斯工业设备有限公司智能制造生态谷项目、江苏天能海洋重工有限公司年产15万吨的海上风电管桩和塔筒及海外出口大型钢结构模块。年内，上海星地科技有限公司年产800台（套）地源热泵空调系统项目，阜宁华尔特机械科技有限公司年产2万吨仪表管阀件项目，滨海大众阀门有限公司年产8000台高参数长输管线阀门项目，盐城同舟电气有限公司年产2000台（套）高频开关柜、EPS应急电源、UPS电源等产品项目，盐城理研精密锻造有限公司年产200万件径向闭塞净成形精锻成型项目等40个项目竣工投产。

全年全市机械装备行业有星级企业17家，其中五星级企业2家，四星级企业2家，三星级企业13家。重点企业运行态势良好。其中，江苏科行环保科技有限公司实现开票销售6.4亿元，盐城天合光能科技有限公司实现开票销售22.1亿元，江苏东九重工股份有限公司实现开票销售2.1亿元，江苏万恒铸业有限公司实现开票销售4.5亿元，盐城海特机械科技有限公司实现开票销售2.5亿元，江苏三菱磨料磨具有限公司实现开票销售8.8亿元。全年全市有21个装备被认定为江苏省首台（套）重大装备及关键部件，认定数位居全省第二；江苏东台经济开发区被评为省级高端装备制造业特色产业基地。

2017年全市获评省首台（套）重大装备及关键部件产品名单

表15-42

序号	申报企业名称	认定装备及关键部件名称
1	江苏中车电机有限公司	2MW超低风速直驱永磁风力发电机
2	盐城市天勤机械有限公司	EVP4320型高效节能真空装置
3	盐城市海通机械制造厂	HT-3000S型一站式多功能切割加工装置
4	江苏海特尔机械有限公司	HTL-ZZZA折叠与枕式智能包装机
5	江苏闳业机械股份有限公司	HY-PD1800Q平带式热塑复合生产线
6	盐城科奥机械有限公司	KA-XSDC-600型热成型多层箱式炉
7	江苏华盛电气股份有限公司	KBZSGZY-4000/10/2×1.905矿用隔爆型变流移动变电站
8	凯斯博电梯有限公司	KEP大高度无支撑自动扶梯（14.6米）
9	江苏万邦达环保科技有限公司	MBR污水处理一体化设备（WBD-MBR-300型）
10	盐城东科机械科技有限公司	MTM-E全自动覆膜机
11	江苏荣达利机械有限公司	RDL-150000型火焰切割烟气净化系统
12	江苏丰泰流体机械科技有限公司	RPP-12致密性油气田（含页岩油气田）井口同步回转增产装置
13	江苏荣泉科技发展有限公司	RQAC型智能化自动空气热交换节能空调机组（160型以上）
14	盐城市远大环保设备有限公司	TSJ-Y型自动化污泥脱水设备
15	盐城市协和机械有限公司	XH-1800型砂纸涂复印刷多用复合机
16	江苏远华轻化装备有限公司	YHYF-1700型高速双火口火焰复合生产线
17	盐城秦川华兴机床有限公司	YK7640数控摆线磨齿机
18	江苏圣泰阀门有限公司	Y形直流式压力密封截止止回阀
19	盐城爱菲尔菌菇装备科技股份有限公司	高效节能智控型菌菇生产设施装备
20	上海新闵（东台）重型锻造有限公司	小型核反应堆蒸汽发生器（套）锻件（核一级锻件）
21	江苏中天伯乐达变压器有限公司	海洋平台用变压器（型号：SCZ11-20000/35）

四、纺织工业

2017年，全市纺织工业拥有规模以上企业675家，实现开票销售504.62亿元。其中，棉纺织行业实现开票销售350.5亿元，纺织服装行业实现开票销售87.37亿元，化纤行业实现开票销售66.75亿元。全年全市纺织工业主要产品产量：纱产量68.96万吨，布9.30亿米，蚕丝5225.25吨，服装2.26亿件，化学纤维13.04万吨。

全年全市纺织工业亿元以上在建项目完成投资28.2亿元。江苏题桥纺织染整有限公司年产2.06万吨高档功能性面料、2750吨医用纱布、6000吨散纤维及1.76万吨筒纱染色项目完成投资8亿元，新增建筑面积20万平方米，购置各项设备1087台（套）。阜宁澳洋科技有限责任公司年产16万吨高白度、有色粘胶短纤项目完成投资3亿元，新增建筑面积18万平方米。江苏欧斯曼纺织科技有限公司印染项目完成投资2.5亿元，用地12公顷，新上国际先进的经编机50台，染缸60台，定型机生产线8条，建设年产8000万米高档面料与织造生产线。盐城恒佳纺织印染有限公司年产3000万米高档面料织造与印染项目完成投资2亿元，新增建筑面积2万平方米，购置经编机20台、染缸60台、定型生产线8条。

全年全市纺织工业部分重点骨干企业生产形势较好。阜宁澳洋科技有限责任公司实现开票销售23.02亿元，实现税收5428万元，被认定为盐城市四星级企业；江苏沙印集团射阳印染有限公司实现开票销售额8.05亿元，实现税收2252万元，被认定为盐城市三星级企业；大丰海聆梦家纺有限公司实现开票销售8.99亿元，实现税收5772万元，被认定为盐城市三星级企业；江苏茉织华服饰集团有限公司实现开票销售2.48亿元，实现税收2481万元，被认定为盐城市三星级企业；江苏悦达棉纺有限公司实现开票销售6.64亿元，实现税收4365万元，被认定为盐城市三星级企业；江苏宏泰纤维科技有限公司实现开票销售21.20亿元；江苏日升纺织有限公司实现开票销售额6.04亿元；江苏双山集团股份有限公司实现开票销售11.53亿元；盐城国际妇女时装有限公司、江苏瀚隆家纺有限公司被认定为2017年盐城市三星级企业。

加快淘汰纺织工业落后产能。年内，江苏省华宝纺织有限公司、江苏华圣纺织有限公司、江苏欧堡利亚华松实业集团三明纺织有限公司共淘汰纺纱产能9000吨；盐城福汇纺织有限公司淘汰染整产能6400吨。

参展江苏国际服装节 9月8—10日，由省政府主办，中国纺织工业联合会、中国国际贸易促进委员会纺织行业分会协办，省经信委、省纺织工业协会共同承办的第十九届江苏国际服装节在南京国际博览中心举办。市经信委组织盐城市斑竹袜业有限公司等6家企业及盐城市染整产业园参展，有展位26个、展位面积234平方米。在服装节期间，盐城市纺织染整产业园被省纺织工业协会评为江苏省纺织印染产业创新基地。

五、船舶工业

2017年，全市船舶工业有船舶修造企业（厂）59家，其中东台35家、盐城市辖区11家、大丰7家、阜宁3家、射阳2家、建湖2家、响水4家。盐城船舶修造企业（厂）主要建造30米以上80米以下的一般干货船，少数建造沿海工程船。全年盐城船舶修造企业（厂）造船143艘，实现造船完工量4.71万总吨，其中制造海船32艘，实现造船完工量1.04万总吨。至年底，全市有船舶配套企业30余家，其中规模船舶配套企业24家，配套产品主要有船用轴承列、舵机、阀门、救生设备、液压件、绳网等。东台远洋船用配件有限公司、盐城神力制绳有限公司等企业年销售超亿元。

六、建材行业

2017年，全市建材行业全口径完成开票销售172.73亿元。全市水泥产量1593万吨，人造板产量22.3万立方米。全年全市建材行业亿元以上在建项目13个，计划总投资34.5亿元，完成投资15.3亿元。主要在建项目有江苏立德绿色建筑系统集成有限公司年产绿色建筑产品30万平方米项目、江苏维德木业科技有限公司年产13万立方米人造板制造项目、江苏万华生态板业有限公司年产20万立方米秸秆生态板项目、江苏超渠实业有限公司年产600万樘门项目。主要竣工投产项目有江苏鸿毅石业有限公司年加工5万平方米石材项目、江苏金华发石业有限公司年加工6万平方米石材项目、响水润德矿产品加工有限公司年产60万吨新型石灰能力项目、江苏优墅新材料科技有限公司新型装配式建筑材料项目。

七、轻工（食品）工业

2017年，全市轻工（食品）工业拥有规模以上企业547家，实现开票销售839.75亿元。其中，轻工行业实现开票销售201.18亿元，食品行业实现开票销售638.57亿元。全年全市轻工（食品）工业主要产品产量：机制纸及纸板164.52万吨，人造板22.37万立方米，皮鞋1084万双，白酒4049.29千升，啤酒3.9万千升，精制食用植物油113.96万吨，原盐13.03万吨。

全年全市轻工（食品）工业完成500万元以上技术改造投资235.8亿元。全年实施亿元以上项目50项，竣工39项。其中，江苏枋健生命科技发展有限公司水果酵素及食品项目累计完成投资4.5亿元，中粮肉食（江苏）有限公司肉制品深加工项目累计完成投资3亿元，盐城顶益食品有限公司年产1万吨非氢化植脂奶油项目累计完成投资1亿元，江苏明达实业公司年产3.6万个塑料筐、2200万个包装箱项目累计完成投资1亿元。

全年全市轻工（食品）工业重点企业生产经营平稳。其中，江苏超威电源有限公司实现开票销售15.23亿元，实现税收1.15亿元，被认定为盐城市五星级企业；益海（盐城）粮油工业有限公司实现开票销售10.36亿元；胜达集团江苏双灯纸业有限公司实现开票销售9.86亿元，实现税收5038万元，被认定为盐城市四星级企业；江苏三菱磨料磨具有限公司实现开票销售8.87亿元，实现税收5474万元，被认定为盐城市四星级企业。年内，盐城顶益食品有限公司、江苏佳丰粮油工业有限公司等5家公司获评国家高新技术企业；盐城市艾斯特体育器材有限公司获评省消费品工业"三品"（增品种、提品质、创品牌）示范企业；东台市赐百年生物工程有限公司获省企业技术中心认定，江苏柚尊家居制造有限公司、盐城市佰瑞达体育用品有限公司等3家获市企业技术中心认定；辉山乳业发展（江苏）有限公司液态奶智能生产车间获批省示范智能车间。东台市、射阳县被省经信委认定为2015—2016年度江苏省食品工业十强县（市、区）。

推进轻工（食品）工业淘汰落后产能。年内，胜达集团江苏双灯纸业有限公司淘汰造纸产能1万吨，盐城市鑫鑫油脂有限公司淘汰油脂产能3万吨。

八、医药产业

2017年，全市医药产业涵盖药品制剂、化学原料药、中间体、中药、兽药、生物药品、药用辅料、包装材料、医疗器械等领域，有医药生产企业96家，实现开票销售114.1亿元。其中，成品药企业17家、实现开票销售24亿元，原料药企业22家、实现开票销售32.7亿元，中间体企业40家、实现开票销售51.8亿元，医疗用品与器械企业17家、实现开票销售5.6亿元。医药企业中有通过国内新版GMP（药品生产质量管理规范）认证企业31家；通过美国FDA（食品药品监督管理局）认证企业2家；通过欧盟EDQM（欧洲药品质量管理局）认证企业2家；通过世界卫生组织审计企业1家。全市医药产业有国家高新技术企业16家，省级企业研发机构27个，专业人才1100多人。

全年全市医药企业有医药产品批准文号784个，产品涉及抗艾滋病、抗肿瘤、抗心血管疾病、抗菌、抗病毒等10多个类别，另有医药中间体和少量医疗器械产品200多个。其中，江苏八巨药业有限公司消炎镇痛药D，L–奈普生、阿昔洛韦全球市场占有率第一；江苏兄弟维生素有限公司是全球维生素B1四大供应商之一；江苏普信药物发展有限公司是国内最大的抗艾滋病原料药供应商；江苏远大仙乐药业有限公司消炎药倍他米松；瑞孚信江苏药业股份有限公司抗菌药泮托拉唑、抗病毒药依非韦伦，三甬降压药咪唑醛、抗菌药氧氟沙星、替米沙坦在国内市场占有率第一。

全年全市新实施亿元以上医药产业重点项目32个。至年底，全市形成以滨海为龙头引领，沿海其他县区为重点支撑的医药产业发展布局。其中，滨海拥有医药生产企业41家，主要为原料药和中间体企业，全年完成开票销售60亿元；沿海其他地区拥有医药生产企业32家，主要为成品药、原料药企业，全年完成开票销售43.1亿元。年内，滨海医药产业园5平方千米的一期启动区实施基础设施配套工程8项，完成投资5亿元，投入使用标准厂房面积2.6万平方米，在建厂房面积3.5万平方米。（季　鹏）

7月3日，盐城市政府与江苏省产业技术研究院合作共建新能源汽车技术研究所签约仪式举行。王亚洲/摄

第三节　战略性新兴产业

一、新能源汽车产业

2017年，全市有新能源整车生产企业4家，全年生产各类新能源汽车1600余辆。其中，江苏奥新新能源汽车有限公司实现销售985辆。全年新能源汽车领域相关企业累计申报受理及授权专利227项，江苏奥新新能源汽车有限公司建成省级企业技术中心。

加快实施新能源产业项目。坚持整车、零部件项目同步推进，同步发展，健全配套体系，完善产业链条，降低发展风险。全年实施新能源汽车亿元以上重点产业项目8项，计划总投资79.7亿元，实际完成投资20.6亿元。其中，江苏奥新新能源汽车有限公司年产15万辆轻量化电动车项目完成投资10亿元，一工厂完成改造，二工厂主体厂房竣工；江苏悦达摩比斯汽车零部件有限公司年产11万台电池系统总成项目试生产；中国中车股份有限公司和江苏远致达轨道交通发展有限公司共同投资1.5亿元成立的江苏中车城市交通装备有限公司项目一期建成。10月24日，包括江苏国新新能源汽车有限公司碳纤维轻量化纯电动乘用车建设项目在内的3个盐城纯电动项目出现在国家发改委全国投资项目在线审批监管平台上。其中，江苏国新新能源汽车有限公司碳纤维轻量化纯电动乘用车建设项目通过国家发改委委托中咨公司组织的专家组评审。12月12日，东海岸基金与市政府正式在上海达成战略合作协议，华人运通控股有限公司与江苏悦达集团有限公司、盐城市国有资产投资集团有限公司合作成立的华人运通正式投入运营。

推动新能源汽车产业园建设。全年完成基础设施投资10亿元，实现开票销售38.64亿元，落户各类项目61个，初步形成整车、动力电池、电机、电控、三电总成全产业链发展格局。年内，盐城新能源汽车产业园创成省新能源汽车产业基地、省新型工业化示范基地、省特色产业园。

健全研发创新服务平台。推动长三角新能源汽车研究院按照国家级制造业创新中心建设标准，深化与相关院校及团队合作，打造具备国内领先水平的新能源汽车开放合作、技术集成和成果转化平台。发挥新能源汽车产业联盟作用，鼓励引导本地整车及零部件企业、高校及科研院所开展协同创新活动，加快研发成果产业化进程。

探索推广应用模式创新。以推广应用带动和促进产业发展，创新推广应用商业模式，探索分时租赁乘用车模式。全年推广各类新能源汽车1166辆，折合标准车3685辆，全市建桩771

个，其中拥有直流桩42个，交流桩729个。

江苏新能源汽车研究院成立 7月3日，市政府与江苏省产业技术研究院签署协议，合作共建新能源汽车技术研究所；11月9日，共建江苏新能源汽车研究院揭牌仪式在盐城举行。

长三角新能源汽车研究院 长三角新能源汽车研究院成立于2015年6月，由江苏奥新新能源汽车有限公司发起，清华大学、中国矿业大学等15家高等院校、12家科研院所和23家高新企业等共同打造。下设专业研究所（中心）10个，是集成新能源汽车整车和三电系统等关键零部件研发、试验、检测、认证及成果转化平台。3月，长三角新能源汽车研究院纳入江苏奥新新能源汽车有限公司旗下。6月，江苏奥新新能源汽车有限公司将长三角新能源汽车研究院有限公司让渡至全资子公司江苏国新新能源乘用车有限公司（简称"江苏国新"）旗下，成为后者全资子公司。同时，"碳纤维轻量化纯电动乘用车建设项目"也转移至江苏国新旗下。

新能源汽车产业联盟 至2017年底，新能源汽车产业联盟有各类成员单位32家。年内，联盟通过举办适时产业链配套协作、产业推介合作等活动，促成江苏奥新新能源汽车有限公司等本土新能源汽车企业开展战略合作。

悦达集团与阿里云达成战略合作协议 2月8日，江苏悦达集团有限公司与阿里云达成战略合作协议，双方将在云计算、人工智能等方面展开深入合作，以"互联网+"新技术支持江苏悦达集团有限公司实现信息化和工业化的"两化"深度融合，加快产业转型升级。（王劲松　季　鹏）

二、节能环保产业

2017年，全市节能环保产业实现主营业务收入1199.5亿元。从细分行业看，节能服务业、环保装备制造业、环保产品制造业、环保服务业、资源循环利用分别实现主营业务收入同比增长22%、7.8%、10.6%、28.5%和28.2%。从地区分布看，亭湖17家重点节能环保企业年实现开票销售18.9亿元；建湖节能电光源产业由传统的节能灯产品向半导体照明产品进行转型，年实现开票销售19.6亿元；阜宁环保滤料产业链条逐步从基础滤布向前道高性能纤维材料、基布生产及后道的环保装备设计、研发、生产发展，年实现开票销售15.18亿元。从重点企业看，全市有节能环保产业开票销售亿元以上企业25户，实现开票销售419.8亿元。环保装备企业江苏科行环保科技有限公司、江苏中科重工股份有限公司、江苏中建材环保研究院有限公司开票销售同比增长超过50%。节能电光源企业盐城豪迈照明科技有限公司、江苏亚明照明有限公司、江苏永超磁性材料有限公司等企业均实现开票销售超3亿元，其中江苏亚明照明有限公司、江苏永超磁性材料有限公司实现入库税金超千万元，建湖光达照明有限公司、建湖永达照明电器有限公司实现开票销售50%以上的增幅。环保滤料企业有43家规模企业，实现开票销售15.18亿元，同比增长50.4%，其中江苏东方滤袋有限公司实现开票销售同比增长89.4%，入库税金同比增长86%。

全年全市在建节能环保产业亿元项目19个，竣工项目7个，计划总投资36.6亿元，实际完成投资15.8亿元。其中，总投资26亿元的江苏般若电子工业有限公司LED封装项目一期新上1000条LED封装生产线，5月开工建设，12月投入生产，项目全部竣工投产后，年可新增销售40亿元，实现利税2亿元。

至年底，全市节能环保产业形成盐城环保科技城、建湖节能电光源产业园、阜宁环保滤料产业园"一城二园"发展格局。盐城环保科技城有企业129家，其中节能环保重点企业12家，全年实现规模以上工业开票销售44亿元。年内，园区创成国家产业集群区域品牌建设试点。阜宁环保滤料工业园有环保滤料企业152家，其中规模以上企业43家，全年实现开票销售13.63亿元。建湖节能电光源产业园有节能电光源及配套企业50多家，其中重点企业20家，形成以LED产品自产自销为主导，代工贴牌为辅的生产格局，全年实现开票销售19.6亿元。全市节能环保产业与中科院、清华大学、复旦大学、南京大学、同济大学、美国明尼苏达大学等院校合作的研发机构有22家，承担国家级研究课题30多项。年内，国家发改委批准的唯一的国家级大气污染治理和装备工程实验室，清华大学第一个校外国家级工程实验室投入运行；南京大学盐城环保技术与工程研究院获评国家中小企业公共服务示范平台。

三、信息产业

2017年，全市信息产业一直保持着30%以上的增长速度。智能终端、通信数据电缆、电子元器件、半导体照明等行业增长迅速。以盐城国际软件园、城南大数据产业园、盐都电商物流园和大丰国际软件园等软件和信息服务产业园为核心，盐都凤凰科技园、城南新区文化创意园等为代表的软件产业载体建设力度加大。信息技术在企业管理、经营、营销、生产、研发等方面得到应用，信息化在改造传统行业、节能降耗、提高经济效益方面发挥作用，企业装备数字化、生产智能化水平得到提升。

全年全市软件业务实现收入22.25亿元。年内，大数据、嵌入式软件、应用软件和系统集成等行业发展迅速，大数据产业体系初步形成，引进产业项目100多个，总投资超百亿元。至年底，全市有省市共建互联网产业园2个、省级软件园2个，园区建设面积超过100万平方米。全市有"双软认定"（软件企业的认定和软件产品的认定）企业45家，其中年主营收入亿元以上企业1家、5000万元~1亿元（不含）企业3家，1000万元~5000万元（不含）企业17家。

全年全市有电子信息制造企业211家，较上年增加51家。其中，超10亿元企业7家，超5亿元企业13家，超亿元企业55家。全市规模以上电子信息制造业企业完成开票销售326.7亿元，实现主营业务收入480亿元。全市电子信息制造业8个细分行业中，5个行业实现正增长，3个行业负增长。按照电子信息制造业行业分类目录，62个产品门类中，盐城有49个，较上年增加11个，新增产品涉及集成电路制造与封装、手机背光板、光通信设备、荧光材料等领域。全年全市电子信息制造业在建项目64个，计划总投资251亿元，年内完成投资105.5亿元。

智能终端产业 全年全市智能终端产业实现开票销售274.82亿元，手机整机出货量突破2000万台。其中，智能终端整机制造实现开票销售24.47亿元、智能终端零部件制造实现开票销售88.88亿元、电子信息原材料制造实现开票销售79.39亿元、电子器件制造（半导体、集成电路）实现开票销售63.43亿元、电子元件制造（印制电路板、电容、电阻）实现开票销售14.94亿元、通信设备制造实现开票销售3.71亿元。全年全市亿元以上在建智能终端项目20个，总投资54.6亿元。

智能终端产业园 智能终端产业园总规划面积6平方千米，总投资300亿元。至年底，建成和在建厂房面积80多万平方米，签约入驻智能终端项目62个，投产运营项目34个，有10多个企业成为华为、中兴、小米等一线品牌供应商，初步构建起从核心部件到品牌整机、从硬件生产到软件研发的全产业链条。年内，盐城高新技术产业开发区与吉林大学、深圳手机行业协会合作共建智能终端产业研究院，为入驻企业提供研发设计、检验检测、人才培训、技术推广、项目孵化等配套服务。

东台市智能终端产业园 东台市智能终端产业园规划面积10平方千米，重点发展计算机、通信和消费类电子等3C产品智能制造产业，形成精密电子制造、智能系统集成和高端产品开发三大板块。至2017年底，建成国家级科技企业孵化器、金属材料检验检测中心和省级企业院士工作站、工程技术研究中心等平台。

大丰电子信息制造业园 大丰电子信息制造业园规划面积4.5平方千米，是省环保厅批准的专业印制电路板产业园区，以印制电路板为基础，引进SMT、芯片封装等电子产品制造项目，是华东地区规模较大的印制电路板生产基地。

东山精密电子项目开工 7月12日，由苏州东山精密制造股份有限公司投资，新上柔性线路板、LED封装、LCM液晶模组等电子项目开工建设。项目一期总投资130亿元，其中设备投资85亿元。至年底，60.8万平方米的厂房完成主体封顶工程。

四、高端装备产业

2017年，全市高端装备行业实现开票销售375亿元，同比增长13.98%。全年全市智能终端整机制造实现开票销售24.47亿元，智能终端零部件制造实现开票销售88.88亿元，手机整机出货量突破2000万台。全市企业自动化、智能化改造进程加快，大中型企业应用工业机器人5000多台，引进CNC加工中心近万台。加快能源装备产业发展。盐城先后引进江苏金风科技有限公司、上海电气风电设备东台有限公司、江苏中车电机有限公司等风电企业和盐城阿特斯协鑫阳光电力科技有限公司、盐城天合国能光伏科技有限公司等光伏企业，形成较为完善的风电产业链条和较强的光伏企业集群。全年全市新能源装备制造业实现开票销售234.1亿元，江苏金风科技有限公司、迪皮埃风电叶片大丰有限公司实现开票销售33.5亿元、13.1亿元。盐城天合光能科技有限公司、盐城阿特斯协鑫阳光电力科技有限公司实现开票销售22.1亿元、14.4亿元。推动环保装备发展。节能环保产业形成以环保装备、节能电光源和环保滤料为主的产业格局，大气治理继续处于国内行业龙头领军地位。盐城环保科技城实现规模以上工业开票销售44亿元，其中科行环保、中科重工、万邦达等企业增幅均超过70%。节能电光源行业实现开票销售19.62亿元。

五、航空产业

2017年，全市航空产业园有规模以上企业6家，分别为江苏天一机场专用设备有限公司、艾雷奥特（江苏）飞机工业有限公司、江苏源达线缆科技有限公司、江苏海鑫电气设备有限公司、阿尔卑斯航空精密刀具公司、江苏星华机场设施有限公司，主要产品为机场特种车辆、通用飞机、航空线缆、机场电器设备、航空刀具、机场导航隔离变压器。全年实现开票销售2.13亿元，入库税金997.62万元。全年全市航空产业亿元以上在建项目3个：江苏天一机场专用设备有限公司年产500辆航空特种车辆项目，江苏宇鹏新材料科技发展有限公司新材料及飞机消声器项目，富翔航空设备制造有限公司年产轻航机50架、军警无人机600架项目。

建湖航空产业园 建湖航空产业园位于建湖高新技术产业开发区内，南至盐徐高速、北至唐桥路、西至233省道、东至建宝路，总规划面积8.15平方千米，于2010年启动建设。启动区面积5.3平方千米，总投资50亿元，重点发展通航整机制造、设备制造、研发培训、商业服务和通航运营保障五大板块。

射阳航空科技城 射阳航空科技城位于射阳县经济开发区内，总规划面积20平方千米，依托射阳通用机场的建设，构建产业链完整、配套齐全的通用航空产业基地，打造苏北低空监管、飞行检测中心及华东地区航空器交易中心，建成江苏省内重要的飞行培训基地，规划建设“一核、一镇、四片区”。其中，一核，建设全国首个仪表导航通用机场，机场跑道现长800米、预留长度至1200米，宽为30米，净空区东西为10千米、南北为20千米；一镇，航空小镇，集航空设备检测、航空监管试验、飞行员培训、飞行器交易、旅游商贸、居住生活等为一体；四片区，以航空装备产业为支撑，设立整机组装区、产业配套区、航空体验区、航空物流区。

六、新材料产业

2017年，全市新材料产业实现开票销售763亿元。有新材料企业183家，主要产品集中在特种金属材料、新型纤维、节能环保材料、化工新材料、高分子新材料等领域。其中，江苏宏泰纤维科技有限公司实现开票销售21.2亿元，领胜城科技（江苏）有限公司实现开票销售20.2亿元，江苏吉华化工有限公司实现开票销售15.5亿元，江苏德赛化纤有限公司实现开票销售8.4亿元。年内，江苏中色锐毕利实业有限公司研发的高强度ZR6001材料，填补国内空白，成为国内高强度铝合金材料关键核心部件的唯一锻造供应商；江苏神鹤科技发展有限公司生产的超高分子量聚乙烯纤维材料，是已经实现工业化生产的强度最高的纤维，打破国外在该领域的垄断和技术封锁，填补国内空白。至年底，全市新材料产业有各类公共服务平台21个，其中国家级1个、省级7个、市级13个。

全年全市新材料产业在建亿元以上项目18个，计划总投资32.5亿元，年内完成投资17.8亿元。重点项目主要有江苏金川新材料有限公司年产10万吨再生铝项目、江苏泛海统联新材料有限公司年产4000万套注射成型电子产品零部件项目、上纬（江苏）新材料有限公司年产23万吨各类树脂项目、江苏宇鹏新材料科技发展有限公司新材料及飞机消声器项目。（季　鹏）

第四节　规模企业

2017年，全市100户工业大企业（集团）累计实现开票销售1920.8亿元。100户工业大企业（集团）增长面65%。其中，增长率达到20%以上的企业39户，达到50%以上的企业15户，达到100%以上的企业6户。年内，阜宁阿特斯协鑫光伏科技有限公司开票销售14.4亿元，同比增长994%；苏美达东台发电有限公司开票销售29.2亿元，同比增长190.2%；江苏正昀新能源技术股份有限公司实现开票销售3.2亿元，同比增长189.8%；上纬（江苏）新材料有限公司实现开票销售2.6亿元，同比增长123.3%；东台科森有限公司实现开票销售7.3亿元，同比增长121.6%。

全年全市有开票销售超百亿元企业（集团）5户，与上年相比增加1户，开票销售合计979.3亿元，占100户工业大企业（集团）的50.9%。年内，江苏悦达集团有限公司实现营业收入831.9亿元、江苏德龙镍业有限公司实现开票销售301.6亿元、江苏摩比斯汽车零部件有限公司实现开票销售119.2亿元、江苏博汇集团实现开票销售125.8亿元、盐城市联鑫钢铁有限公司实现开票销售125.8亿元。

一、江苏悦达集团有限公司

2017年，江苏悦达集团有员工4万名、资产总额600多亿元，控股悦达投资（600805）、悦达矿业（HK0629）、台湾南纬实业（1467）3家上市公司，跻身"2017中国企业500强"第一百四十二位，列2017中国500最具价值品牌第一百五十五位，列江苏四强、苏北首强。全年实现综合营业收入831.9亿元，上缴税收56.5亿元。

汽车主产。做强汽车整车。全年实现销售汽车36.2万台，上市KX7尊跑、KX CROSS、凯绅、焕驰、纯电动车华骐300E、以及"互联网轿车"新e代福瑞迪6款新车，构筑覆盖轿车、SUV、新能源汽车和互联网汽车的商品阵营。新车品质调查结果（IQS）上升到第二名，销售满意度（SSI）和售后满意度（CSI）分别取得行业第三名和第二名，K2、KX3、KX7获得中国质量协会细分市场第一名。成功举办东风悦达企业15周年庆典系列活动，正式发布DYK 2025NTF战略，力争到2025年跻身行业第一梯队、成长为中国领先车企。加快新能源汽车发展。K5插电式混合动力汽车、华骐纯电动汽车等新能源汽车上市，与百度合作打造的国内合资品牌首款互联网汽车——新e代福瑞迪上市。做优汽车服务业。新型汽车销售服务终端加快布局，成立江苏悦达汽车销售服务有限公司，收购并运营管理4S店12家。汽车金融公司申报列入国家银监会计划，汽车融资租赁业务量全年超4.3万台，投放金额27.56亿元。构建汽车公铁水联运体系，铁运、海运分别具备40万台、30万台运载能力。参股中汽中心盐城汽车试验场，实现当年参股、当年盈利，成功举办中国量产车性能大赛盐城（大丰）站比赛。与EVCARD环球车享合作合资成立的环球车享悦达盐城汽车租赁有限公司在盐城成功运营，建成网点151个，投入车辆400台，在盐城发展会员2.3万人。做大汽车零部件。江苏悦达新能源电池有限公司电池总成项目实现当年签约、当年建成、当年投产。与捷威动力工业江苏有限公司新能源汽车动力电池电芯项目签约，一期总投资15亿元、2吉瓦时动力电池电芯项目推进之中。加快汽车产业转型升级。与省产业研究院共建江苏省新能源汽车研究院成功挂牌。

"黄海金马"拖拉机。　　王亚洲/摄

收购国内最大的民营汽车设计院——阿尔特汽车技术股份有限公司部分股权，成为第一大股东。

转型升级。收购印度马恒达集团海外投资有限公司持有的马恒达悦达（盐城）拖拉机有限公司51%股权，公司更名为江苏悦达智能农业装备有限公司。年内，公司“黄海金马”拖拉机获评第八届精耕杯“拖拉机十佳”、在全国市场占有率20%，公司获评全国质量诚信标杆典型企业；“悦达”牌纱线获评中国名牌产品，“悦达家纺”品牌入选首批江苏省“双百品牌”，江苏省自主工业品牌50强，江苏悦达家纺有限公司成为工信部品牌培育试点企业。推进资本运营，降低成本，盘活存量资产，推进资产证券化，集团面上盈利能力增强。上海悦达新实业集团有限公司经营指标逐年攀升，参股的黄陵二号煤矿实现分红5.7亿元。悦达资本股份有限公司获评江苏省生产性服务业领军企业，是盐城市唯一一家获评企业。悦达地产集团有限公司连续两年跻身江苏省房地产开发行业综合实力前四强。江苏悦达集团财务有限公司作为全市首家、苏北第二家集团财务公司，全年实现营业收入1.45亿元，拨备前利润0.97亿元。京沪高速、西铜高速、汾平高速3条高速公路累计盈利15.98亿元。集团各产业平台及直属企业全年增盈减亏15亿元。

项目建设。加快智能制造和“互联网+”项目建设。2月8日，悦达集团与阿里云达成战略合作，双方将在云计算、人工智能等方面展开深入合作，以“互联网+”新技术支持悦达实现信息化和工业化的两化深度融合，加快产业转型升级。与阿里巴巴合资成立、由悦达控股的悦达数梦信息科技公司成功运行，在汽车新零售、两化融合、工业云平台等领域开展经营。投资建设“悦企云”平台，推动企业管理创新域、营销服务域、供应链域、生产制造域实现数据驱动的云端变革。与德国威马弗格兰科技有限公司在盐城成立合资公司，由悦达控股，布局智能化高端装备制造和机床再制造业务，推动悦达智能制造产业发展壮大。控股深圳市寒武纪智能科技有限公司，推进教育机器人、商用机器人研发。4月，集团互联网招标平台上线，完成各类招标项目299项，中标价11亿元。推动新能源产业项目建设，江苏润阳悦达光伏科技有限公司高效2吉瓦光伏电池项目投产运营；江苏悦达东方智慧能源有限公司的台玻屋顶光伏发电项目并网发电；江苏悦达东方智慧能源有限公司取得售电公司资质并正式运营，成为江苏省第二批、盐城市首家售电公司；完成韩城能源发展投资有限责任公司2×35万千瓦坑口电厂项目参股工作。实施大健康项目。盐城悦达瑞康医院筹备工作推进之中，阜宁金骆驼血透中心运营良好。

技术创新。至年底，集团有国家高新技术企业15家，省级企业技术中心10家，市级企业技术中心3家。全年申报专利178项，其中发明专利31项。东风悦达起亚汽车有限公司第三工厂获评江苏省智能制造示范企业。江苏悦达纺织集团有限公司的“火山岩缎纹面料”“涡流纺色织竹纤维盖毯面料”“色织剪花大提花家纺面料”“微循环保健针织面料”4种新产品填补国内空白，获中国纺织行业产品开发贡献奖。江苏悦达家纺有限公司获第六届全国纺织行业管理创新成果大奖，成为家纺行业唯一获奖企业；“恒YUE”和“盛世年华”2个家纺产品在张謇杯中国国际家用纺织品设计大赛上，获产品设计金奖和品牌文化概念奖。江苏悦达智能农业装备有限公司的智能园艺拖拉机项目列入科技部重点项目。（周本东）

二、东风悦达起亚汽车有限公司

2017年，东风悦达起亚汽车有限公司累计完成销售汽车36.2万台。新推出KX7尊跑、KX CROSS、凯绅、焕驰、纯电动车华骐300E、以及“互联网轿车”新e代福瑞迪6款新车，在满足中国消费者多元化购车需求同时，完善企业商品矩阵。公司销售满意度（SSI）和售后满意度（CSI）分别取得行业第三名和第二名，新车品质调查结果（IQS）上升到第二名，K2、KX3、KX7获得中国质量协会细分市场第一名。企业社会责任指数位居中国汽车企业第十位。

举办15周年庆典 8月28日，东风悦达起亚15周年庆典——未来战略发布暨新车上市会在盐城国际会展中心举行。其间，正式发布2025NTF战略，上市凯绅和KXCROSS两款新车，近600人出席活动。2025NTF战略核心内容为“New technology Leader”新技术引领战略、“Top quality Brand”高品质品牌战略、“First priority partner”合作共赢发展战略，将以高端技术提升拉动企业发展，向2025年跃进行业第一梯队、成长为中国领先车企的目标迈进。2002年8月28日，东风悦达起亚汽车有限公司在盐城挂牌成立。成立之初，公司年产整车能力5万辆，2010年第二工厂建成投产，2014年第三工厂建成投产，形成年产整车能力90万辆产能规模；从首款车型千里马上市，到推出赛拉图、福瑞迪、K2、K3、K4、K5、狮跑、智跑、KX3、KX5、KX7等数十款实力车型，打造覆盖轿车、SUV商品阵营；产量实现突破，2010年6月突破首个百万产量，2012年10月实现第二个百万目标，2014年7月实现第三个百万目标。公司从中国车市的“后来者”，到成长为中国主流汽车品牌，赢得480万车主信赖。

首款纯电动车华骐300E上市 10月18日，东风悦达起亚汽车有限公司旗下合资自主品牌华骐首款纯电动车华骐300E上市，官方指导价为19.88万元，其中国家补贴每台4.4万元，地方补贴最高每台2.2万元，厂家补贴每台2.3万元，补贴后终端零售价最低每台10.98万元。华骐300E续航里程超265千米，搭载最大功率为81.4千瓦，最大扭矩为285牛米的永磁同步电机1台，以及容量为35.6千瓦的三元离子电池组，车辆最高时速每小时140千米；实现快速直流充电30分钟即可将车辆电池充到80%，交流充电最快5个小时电池充满。华骐300E一次充电续航里程为265千米，在每小时60千米等速工况法下，续航里程310千米。

“东风悦达起亚家园”2017再出征 7月，东风悦达起亚汽车有限公司在阜宁县进行“东风悦达起亚家园”房屋援建活动，帮助2016年遭受“6·23”特大龙卷风冰雹双重灾害的家庭建筑新家，帮助当地小学改善校园环境和设施，并在当地开展文艺汇演、文化交流活动。至年底，“东风悦达起亚家园”累计举办14期，共组织中韩大学生志愿者1905名，先后在四川、广东、浙江、江苏、广西援建房屋143所，并为2所小学改善校园环境和设施。年内，公司获得2017年中国社会责任公益慈善奖。（华　娟）

三、江苏德龙镍业有限公司

江苏德龙镍业有限公司位于响水陈家港沿海经济开发区内，成立于2010年8月，占地466.67公顷。公司拥有5万吨级的散货船国际标准一级口岸码头及占地33.33公顷码头物流仓储区，港区配有门座式起重机6台，起重量40吨、14立方米专用镍矿抓斗6台等大型机械设备，年装卸能力600万吨；建成20条RKEF（干燥窑+回转窑+矿热炉）镍铁生产线，年产不锈钢产品112万吨，产品供应国内宝钢、张浦、青浦、宝新、宏旺等厂家；有员工6100人，其中生产人员5500人、管理人员140人、技术人员460人。公司于2016完成对江苏成钢集团有限公司的全额收购；2017年6月，省经信委下发《关于江苏德龙镍业有限公司不锈钢冶炼项目产能转换方案的公告》，经报省政府同意，将位于徐州的江苏成钢集团有限公司年产140万吨钢铁产能，按照1∶1.25减量转换至企业，形成年产112万吨不锈钢连铸板坯的生产规模。加快新项目建设。3月，投资30亿元的1450热轧项目投产；4月，在印度尼西亚东南苏拉威西南省肯达里市投资兴建的镍铁合金冶炼一期项目试生产；9月，不锈钢薄板酸洗固溶项目投产；加快实施矿热电炉烟气处理技术改造项目，在镍铁冶炼生产采用超低排放废气治理装置，所产生的废气经“四电场静电除尘”处理后，进入“石灰石石膏法脱硫装置+湿式电除尘装置+脱硝装置”处理，设计脱硫效率95%以上，实现超低排放要求。全年公司实现开票销售301.6亿元，纳税4亿多元，位列江苏省营业收入超百亿工业企业第四十四位。

四、江苏博汇集团

2017年，江苏博汇集团加大项目投入。造纸板块总投资100亿元，建设2条年产150万吨白卡纸生产线，分为造纸二期和三期项目，其中造纸二期项目年内开工建设；化工板块总投资50亿元，建设年产30万吨己内酰胺、30万吨合成氨、60万吨双氧水、30万吨环己酮等项目；热电板块总投资50亿元，建设700兆瓦天然气热电联产项目，项目建成后，在满足自身造纸板块和化工板块项目配套供汽的同时，可向区域内其他企业供应蒸汽；码头配套板块总投资20亿元，建设3个5万吨级海港码头，主要满足集团公司进出口物流的需要，码头部分工程年内开工。加快智能制造发展，造纸二期项目设备从德国福伊特公司整机引进，生产工艺国际领先，纸幅宽度10.4米，车速每分钟1500米，在国际造纸行业属于单品种纸幅最宽、车速最快。注重与造纸、化工设计研究院合作，强化工艺研究，淘汰落后设备，提高产能，降低能耗。年内，投资1亿元与中国天辰设计院共同组建科技研发团队，建设ABS中式装置。全年集团实现开票销售125.8亿元，入库税金2.5亿元。

五、江苏摩比斯汽车零部件有限公司

江苏摩比斯汽车零部件有限公司属于韩国现代摩比斯（株）投资设立的外商独资企业，于2002年5月成立，注册资本8500万美元。公司有模块工厂3个，年产能为89万台（套），主要的组装品有发动机模块、驾驶舱模块、底盘模块等，专门为东风悦达起亚汽车有限公司提供配套服务，与东风悦达起亚汽车有限公司实现零时差同步生产；有车灯工厂2个，前大灯年产能154万台，后尾灯年产能172万台，生产的车灯主要为东风悦达起亚，北京现代，长沙菲亚特，美国克莱斯勒，俄罗斯现代提供配套服务；电装工厂电装AUDIO（音响设备）生产能力44万台，HEV（混合动力汽车）生产能力0.4万台。全年完成设备投资及技改投入4500万元，实现开票销售119.2亿元，税收2.25亿元，位列盐城市经济技术开发区企业第二名，被盐城市政府评为2017年度盐城市五星企业。

六、盐城市联鑫钢铁有限公司

盐城市联鑫钢铁有限公司位于大丰区大丰港，成立于2000年6月，注册资本4.8亿元。有职工4000余人、占地面积220公顷，企业总资产超30亿元。公司主要产品有：钢筋混凝土用热轧钢筋（含钢坯）普通热轧钢筋HRB400、HRB400E、HRB500、HRB500E 6毫米~10毫米（盘卷）、HRB500E 10毫米~40毫米（直条）热轧光圆钢筋HPB300 6.5毫米~10毫米（盘卷）。2017年，公司主产品钢铁产量达到330万吨以上，比上年提高16%，实现开票销售125.8亿元，税收2.66亿元。年内，开发的新产品耐火钢筋标准列入国家修订标准。（季　鹏）

第16章　农业及新农村建设

责任编辑　高兰会

第一节　农业综述

2017年，盐城调减低效粮油面积4.91万公顷，新增设施农业面积1.05万公顷，总面积14.76万公顷，高效设施农业比重17%，增量、总量首次同获全省"双第一"。新增立体农业复合经营面积2.09万公顷，创建省稻田综合种养试点县3个，数量全省第一位。生猪大中型规模养殖比重76.4%，创成农业部畜禽标准化示范场5个，省级生态健康养殖示范场41个。全年新办规模农业龙头企业（项目）64个，当年完成投资29.15亿元。其中，响水县的浅水藕一二三产业融合发展项目、滨海县的草柳编一二三产业融合发展项目获批2017年中央现代农业生产发展（农村一二三产业融合发展试点）项目。全年新增休闲观光农业景点39个、总数521个，直接收入32.6亿元，综合收入71亿元。东台市获评全国休闲农业与乡村旅游示范县。全年新增农民专业合作社662家、总数1.11万家；新培育家庭农场888家、总数4585家，其中省级示范家庭农场113家，市级示范家庭农场255家。全市农村常住居民人均可支配收入18711元。全市建档立卡低收入人口实现脱贫7.8万人，累计脱贫率43.92%，36个省定经济薄弱村集体经营性收入18万元以上。至年底，全市基本完成土地确权登记颁证工作，发证村（居）1933个、发证农户146.6万户。全市农村产权交易实现市场建设、实质交易和交易品种全覆盖。全年全市交易项目3654宗，交易金额18.25亿元，溢价7467万元。加快新农村建设。统筹城乡重点项目加快推进，亭湖331省道、盐都双新大道、大丰通港大道3条示范带实施项目29个，完成投资34亿元；30个新型农村示范社区实施项目169个，完成投资15亿元。农民负担监管有力，"一事一议"筹资和以资代劳总额分别比上年下降7.5%和5.0%，全年实施"一事一议"财政奖补项目2429个。　　（周庆干）

一、农业结构调整

2017年，全市粮食作物和经济作物比由7∶3调整到6.7∶3.3，调减低效粮食种植面积4.91万公顷，新增立体复合经营面积2.09万公顷，盐都、建湖、东台创成省稻田综合

东台市三仓镇兰址村连栋大棚。　　市农委/供

种养示范县，新发展蔬菜园艺特经5.01万公顷，新增设施农业面积1.05万公顷，总规模超14.67万公顷。全市建成农业特色镇47个、专业村193个。全市生猪大中型规模养殖比重76.4%。

创意休闲农业。全年全市新增休闲观光农业景点39个、总数521个，累计接待游客1480万人次，直接收入32.6亿元，综合收入71亿元。东台获评全国休闲农业与乡村旅游示范县；大丰、盐都跻身全国休闲农业与乡村旅游综合发展实力50强；“七彩阜宁”农业公园、盐土大地现代农业科技园创成全国休闲农业与乡村旅游五星级园区；培育“五烈美丽田园小镇”等省级农业特色小镇15个，数量居全省第一位；“大纵湖芦荡迷宫”等9个主题创意农园入选省级主题创意农园。

“互联网+”农业。年内，市政府制定并实施《“互联网+”现代农业三年行动计划》，加强互联网和现代信息技术在农业服务、生产、流通、管理各领域的应用。全市农业信息化覆盖率66.3%，同比增加3个百分点。中农网购（建湖）电子商务有限公司被评为全国农业农村信息化示范基地。全市24家单位被评为江苏省农业信息化示范基地，其中建湖县被评为江苏省农业电子商务示范县，阜宁县被评为江苏省智能农业示范县。全年新建各类农业电商平台4600多个，触网农产品（农资）6700多种；新创建省农村电子商务示范村9家、总数31家，数量全省第二位。全年全市农业电子商务销售额128.7亿元。

开放型农业。推进农产品境外促销，对参加境外促销的企业落实5万元补助。全年全市农产品进出口总额6.7亿美元，其中进口4.57亿美元，出口2.13亿美元。全市有6家企业通过省级出口农产品示范企业认定。

生态循环农业。年内，农业化肥农药实现减量化，全市高效低毒低残留农药使用占比85%以上，化学氮肥利用率37.8%，亭湖建成国家耕地质量提升与化肥减量增效示范县，东台建成国家茶果蔬有机肥替代化肥示范县。启动开展生态循环农业示范创建工作，新建生态循环农业示范点9个，全市农作物秸秆综合利用率93.97%，大中型规模畜禽场畜禽粪便无害化处理与资源化利用率93.75%。亭湖、滨海分别入选国家级生态循环农业试点县和国家级秸秆综合利用试点县，阜宁入选省级现代生态循环农业试点县。

（花　露）

二、资源开发

2017年，全市争取2016年度农业综合开发项目82个，开发总面积3.17万公顷，总投资6.97亿元，其中财政投资6.25亿元。年内，市农业资源开发局推广应用“一体化智能泵站技术”和“低压管道灌溉技术”，提升农业资源综合开发科技水平；运用农业资源开发项目建设管理平台，对项目开展实时监管，提高项目管理水平。

国家农业综合开发土地治理项目　年内，盐城实施国家农业综合开发土地治理项目57个，总面积2.57万公顷，总投资5.79亿元，其中财政投资5.22亿元。项目修筑农村道路731.69千米、输水管道49.2千米、衬砌渠道260.18千米、农用桥1085座、涵洞5599个、电灌站500座、农田林网674公顷，项目区年新增大宗农产品生产能力粮食3909.06万千克、油料26.7万千克、蔬菜2605万千克、其他农产品29万千克，新增种植业总产值1.02亿元，帮助项目区农民增收9424万元。

国家农业综合开发产业化发展项目　年内，盐城实施国家农业综合开发产业化发展项目20个，扶持农业龙头企业15个、家庭农场4个、专业大户1个。其中，财政补助项目5个，总投资490万元，财政补助资金235万元；财政贴息项目15个，争取中央财政贴息资金928万元，银行贷款5.5亿元。

黄河故道农业综合开发项目　年内，盐城实施黄河故道农业综合开发项目9个，总面积3067公顷，总投资4840万元，其中省级财政投资4800万元。项目修筑硬质路63.61千米，输电线路10.34千米，开挖疏浚排水河道14.22万立方米，衬砌渠道55.75千米，建设灌排站38座，埋设管道9.12千米，修建各类渠系建筑物2835座，种植防护林2.66万株。

沿海滩涂垦区配套项目　年内，盐城实施沿海滩涂垦区配套项目6个，总面积2867公顷，总投资5515万元，其中省级财政投资4300万元。项目修筑硬质路52.53千米，砂石路3.5千米，输电线路13.8千米，衬砌渠道0.82千米，建设灌排站27座，埋设管道11.67千米，修建各类渠系建筑物727座。

建湖县高标准农田整县推进试点项目　2015年，建湖县成为全省3个高标准农田整县推进试点之一，计划2015—2017年建设高标准农田2.73万公顷，实现县域内高标准农田全覆盖。2017年，建湖县继续实施高标准农田建设项目8667公顷，逐步形成路相通、桥相连、闸站配套、田平整、树成行、林成网的农田新面貌。至年底，建湖县高标准农田占耕地面积比重83%，提前完成2020年高标准农田比重60%的农业现代化指标。（陆　益）

三、基地建设

“菜篮子”工程蔬菜基地　2013年，盐城规划建设“菜篮子”工程永久性蔬菜生产基地16个，规划建设面积1.35万公顷。至2017年底，16个“菜篮子”工程永久性蔬菜生产基地全面建成，建设总面积1.42万公顷，基地亩均纯效益7000元以上。基地内沟、渠、路、闸、涵等基础设施全部配套到位，设施比重70%，高效农业机械普及率70%以上，建立种苗中心18个，基本实现集中供苗全覆盖。

现代农业园区　年内，全市农业部门全面深化“一镇一园区”建设，开展现代农业园区“等级创建”活动，全市有20个重点农业园区参与等级创建活动。全年新认定市级现代农（渔）业园区23个，累计建成各类现代农业园区173个，其中国家级4个，省级13个，市级129个，建成面积11.07万公顷，各类园区招引入园项目188个，投资总额24亿元，示范推广新品种415个、实用技术261项，培训农民6.8万人次。年内，东台、建湖入选全国农业现代化基本实现阶段示范区；东台市现代农业产业示范园、建湖县现代农业产业示范园入选省级现代农业产业示范园。

优质稻米产业化示范基地 年内，全市以水稻绿色高产高效创建项目为载体，发展优质稻米和功能性稻米，强化优质品牌稻米产业化示范基地建设。至年底，全市建成集粮食生产、收储、加工、销售为一体的优质稻米产业化示范基地32个，总规模2.46万公顷，其中市级粮食产业园区6个，规模6066.67公顷。

稻田综合种养基地 年内，全市推广发展种养结合、农牧循环、立体套种等立体复合经营模式，组织开展稻田复合经营示范创建工作。全市累计建设稻田综合种养示范基地29个，规模面积933.33公顷，辐射带动面上稻田综合种养面积1.45万公顷、较上年增加面积5866.67公顷。其中，盐都、建湖、东台作为全省稻田综合种养试点县（市），创建稻田综合种养项目示范基地13个，涉及稻鱼、稻鸭、稻虾等共作模式，种养规模308.87公顷。盐都区七星农场、建湖县颜单镇和高作镇的稻田综合种养基地获得有机米论证，并注册稻米商标。

农产品出口示范基地 年内，全市鼓励引导企业自建出口产品原料生产基地，组织有条件的企业开展省级出口农产品示范基地和示范企业申报和认定工作。盐城海瑞食品有限公司、盐城普瑞福食品有限公司、盐城恒鼎土产有限公司、盐城南翔食品有限公司、盐城亚欧海产有限公司5家企业生产基地被认定为省级出口农产品示范基地。至年底，全市累计建成省级农产品出口示范基地25个。

智能农业示范基地 年内，盐城推进实施智能农业提质增效工程，推动物联网技术和产品在农业生产、管理、服务等方面的融合发展。全市新建提升畜禽养殖、设施园艺、水产养殖、大田作物等方面的智能农业示范点99个，累计建成188个。响水、盐都建成江苏省首批“智慧动监”系统示范应用基地；东台新建专家会诊、抗灾应急、园区与休闲农业展示三大“智慧农业”服务平台；建湖新建县级智慧农业公共服务平台和蜻蜓农业数据云图平台。

农业科技综合示范基地 年内，盐城在全省率先组织开展市级现代农业科技综合示范基地创建，将市级基地建设纳入市政府《聚力创新十条政策意见》奖补范围。全年全市新建市级现代农业科技综合示范基地10个，新创成省级农业科技综合示范基地2个、总数5个。（花　露）

四、农业产业化经营

2017年，全市农产品加工业产值突破2600亿元，农产品加工业产值与农业总产值之比为2.3∶1。开展“百家农业龙头企业提升行动”，遴选108家农业产业化龙头企业参与提升行动，从销售收入、出口额、技改投入、品牌创建和带动农户5个方面指标按季动态督查，推动农业龙头企业在产业融合发展和产业扶贫等方面发挥引领作用。加强农产品加工集中区建设，全年全市县级农产品加工集中区新增进区项目20个，累计179个；新增基础设施投入2.54亿元，累计46.8亿元。加大农业招商引资力度。6月，组织各县（市、区）到北京、河北、山东等地考察招商，参观中粮集团、汇源集团、烟台张裕葡萄酒股份有限公司等农业龙头企业，在北京举办现代农业合作恳谈会，洽谈农业合作项目15个，协议投资13.4亿元。

盐城现代农业合作恳谈会 6月6日，盐城现代农业合作恳谈会在北京举行。大会以“为进一步加强盐城与北京及周边地区现代农业合作”为主题，邀请百名企业家和嘉宾参加。在恳谈会上，盐城围绕农产品精深加工、林业发展与生态循环农业、美丽乡村和特色小镇建设等方面，阐明盐城发展优势，鼓励和支持各类投资者在盐城进行深度合作，实现优势互补，共同发展。恳谈会期间，洽谈农业合作项目15个，协议投资13.4亿元。（周庆干）

五、农业机械化

2017年，全市农业机械化加快发展，新增粮食烘干机1673台，烘干能力提高到53%，较上年增长21个百分点；新增高效植保机械804台，是上年的2.8倍；新增无人飞机164台、总量225台；新增插秧机1533台，其中乘坐式910台，全年水稻机插面积25.67万公顷。全年全市农业机械化水平82.1%。

农机合作社建设 全年全市新注册农机合作社82个、总数1132个，创成国家级农机合作示范社1个、省级示范社22个，年服务面积超万亩的合作社有45个。

秸秆机械化还田及综合利用 年内，全市争取省级农作物秸秆综合利用和机械化还田补助资金1.7亿元，各县（市、区）用于农作物秸秆综合利用和机械化还田补助资金1.1亿元。全市投入还田作业的大中型拖拉机及配套还田机2.3万台（套），全年完成秸秆机械化还田66.71万公顷，还田率78.6%。

农机安全监管 全面落实农机安全生产责任制，探索建立“诚信公示”制度，开展农机安全大检查和牌证业务拖拉机、联合收割机及驾驶人许可业务达到纸质档案、电子档案、证件记载信息“三个一致”专项清查、报废更新核查、政策性保险等工作。全年累计检验拖拉机、联合收割2.2万台（次），核发牌证3737台（次），驾驶人考核发证1857人（次）；引导报废更新机械284台；农机综合险投保1.23万台。全年全市农机道路外事故人身伤害22起，死亡

4人、伤18人，实现农机事故起数和亡人数“双下降”。

农机扶持政策实施 全年全市实施各类农机强农惠农资金4.1亿元，农机装备总投入超过8亿元。全年全市发放农机跨区作业证6913份，参加跨区作业插秧机、联合收割机1.71万台（次）。

粮食生产全程机械化示范创建 年内，盐城组织开展省、市粮食生产全程机械化示范创建工作。市农委制定市级示范镇考核办法和评分细则，市、县、镇制定扶持政策加以推进。东台、响水参加省级粮食生产全程机械化项目获省农机局立项支持，亭湖粮食生产全程机械化示范创建通过省农机局验收。全年全市新创建粮食生产全程机械化示范镇29个。 （张尊忠）

农机作业。 朱兆平/摄

六、农产品市场流通

2017年，全市农产品进上海销售302亿元，居全省第一位。全年在北京、上海、南京、连云港等地举办各类农业会展7场，累计参展企业420多家（次），现场销售农产品800多万元，签订贸易合作协议20个，贸易总额50亿元。

农产品质量建设。年内，盐城启动建设并建成农产品安全应急快速检测室10个，市级蔬菜、畜禽产品监测合格率分别98.1%和99.1%；新增“三品”（无公害农产品、绿色食品和有机农产品）数706个、总数2640个，“三品”产量占比55.1%。年内，盐城农产品质量安全综合绩效考核连续五年获得省一等奖；东台、大丰获得国家级农产品质量安全县创建资格，盐都、亭湖获得省级农产品质量安全县创建资格。

农产品品牌建设。全面启动策划打造市级农产品区域公用品牌，市财政落实农产品品牌建设奖补资金110万元，用于奖励大市区农产品生产经营企业的品牌创建工作，全年全市有29个品牌获得奖补资金。组织开展2017盐城农产品包装设计大赛，评出盐城市“十佳”农产品包装设计作品，并对获奖的作品每件给予5000元的奖励。年内，“丰收大地”获评中国驰名商标、“滨海大米”获得中国地理标志商标认定、“黄海东沙”获江苏省著名商标、“海丰米业”获江苏名牌产品，“射阳大米”入选全国2017百强农产品区域公用品牌。 （严春华 戚晓春）

供销合作 年内，全市供销社系统实现销售1206.4亿元，实现利润2.2亿元，实施订单种植1.33万公顷，建办现代农业服务中心10个、农民综合性合作社10个、农民专业合作社联合社20个，培训农产品经纪人3084人次，完成农村综合服务社提档升级101个（其中经济薄弱村21个）。年内，市供销社被人社部、全国供销合作总社表彰为全国供销合作社系统先进集体；东台、大丰、射阳、阜宁、滨海5个县级供销社跻身全国“百强县级社”。

拓展农业生产服务。探索开展合作式、订单式、托管式等服务，实现农业社会化服务面积9.33万公顷，涵盖农民20万户，助农增收7亿元。延伸城乡居民生活服务，组织实施优质日用品下乡、优质农产品进城“双优工程”，全系统建办60多家1000平方米以上的镇村超市，为城乡农民放心消费提供保证。推进生态服务，以草业合作社建设和兴办秸秆加工企业为抓手，拓展秸秆综合利用渠道，全系统创办秸秆综合利用组织102家，全年秸秆加工量150万吨。探索农村金融服务，创办涉农金融服务企业7家，年投放互助金3亿元。

完善农村流通网络。加快“新农村现代流通服务网络工程”（简称“新网工程”）建设，发展农业生产资料现代经营服务网络、农副产品市场购销网络、日用消费品现代经营网络和再生资源回收利用网络，农资、日用品、农产品、烟花爆竹、再生资源五大连锁经营网络日臻完善，经营网点基本实现镇村全覆盖。推进市有区域性农产品市场、县（市、区）有骨干农产品市场、乡镇有产地市场、村有收购站点、基地有田头市场的农产品市场新体系等五级农产品市场体系建设，市区农产品批发市场整体搬迁盐城农副产品加工交易园区经营，响水灌江二期、滨海、阜宁农批市场建设加快。至年底，全市供销系统建成农产品批发市场16个，包括全市供销社系统区域性大中型农批市场9个，农资、农机、山羊、棉花等专业性批发市场7个，全年实现交易额246亿元。以“互联网+”供销社为平台，加快发展农村电子商务，市县两级上线运行电商公司18家，70多家企业在天猫、京东、供销e家、地平线等平台展示展销，建成“网上双代店”“电商投递站”服务点235家，全年实现电商销售14.6亿元。

加快供销改革。按照市委市政府《关于深化供销合作社综合改革的实施意见》文件精神，分解全系统综合改革的目标任务，编排重点项目计划表，快步推进落实。全市9个县（市、区）制定县级《关于深化供销合作社综合改革的实施意见》，在全省率先实现地级市全覆盖。年内，大丰区明确对供销社实施农药零差率配供专项补助，其余8个县（市、区）设立供销合作社综合改革专项资金。市供销社被全国供销合作总社、省供销社列为建立健全联合社"三会"（社员代表大会、理事会、监事会）制度专项试点单位。

"时堰模式"在全国供销系统合作发展论坛上作经验介绍　12月12日，由中华合作时报社和海南省供销社联合主办的全国供销合作社系统合作发展论坛在海口举行。在论坛上，盐城市供销社代表江苏在乡村振兴中的实践创新与制度创新案例分享环节作主题为"推进时堰模式，创新组织体系，努力打造服务农民生产生活的生力军和综合平台"的交流发言。盐城供销系统发挥供销社经营服务网络健全优势，建办全省首家新型基层农业社会化服务组织——东台市时堰镇东时为农服务合作联社，通过资本合作、生产合作、项目加盟、组织联结等形式，打造"供销社+涉农部门+村两委+各类专业合作组织"社农利益共同体，形成以政府主导、市场化运作、专业化服务的"时堰模式"，为当地农民提供机耕作业、秸秆还田、技术辅导、统防统治、电子商务、资金互助等全程服务，搭建小农户与现代农业相衔接的桥梁。年内，东台市供销社被全国供销总社表彰为"综合改革试点"先进单位。

（肖太高　荣海勇）

七、农业科技

2017年，全市示范推广稻麦绿色增产攻关模式与配套技术等农业重大技术推广40项，实施农业科技入户、农业"三新"工程（新知识、新技术、新品种）等农业科技项目56项，培植农业科技示范户1.06万户，实现村村农业科技示范户和村级农业科技服务站的全覆盖，全市农业重大技术推广覆盖率90%以上。年内，全市农业系统获得省农业科技推广奖8项，获得市科技进步奖5项。

科技推广服务。常态化推进首席专家指点、农技人员挂点、业务团队建点的农技推广"三点"工作法。市农委设立95名首席专家，牵头负责重大农技推广工作；组织3074名农技人员，直接挂点6757个种养大户、家庭农场、专业合作组织等新型农业经营主体；开展业务团队建点144个，示范引领现代农业发展。12月1—2日，参加中国江苏现代农业科技大会，围绕"绿色科技 强农富民"主题打造盐城农业科技特装展厅，展示盐城现代农业科技成果和发展水平。

农业信息进村入户。全面推进农业信息进村入户整市推进工程，全年累计建成村级"益农信息社"1750个，基本实现全市涉农行政村村村全覆盖。年内，阜宁县吴滩镇吴滩居委会益农信息社、亭湖区便仓镇便仓居委会益农信息社被农业部表彰为全国百佳益农信息社。

职业农民培育。年内，全市创新推广"培育方式多元化、教育培训精准化、培育指导全程化、运行机制规范化、业绩评价系统化"为核心的"五位一体"新型职业农民培育新模式，全年完成新型职业农民培训7.66万人，新型职业农民比例较上年提高5.28个百分点，挂牌新建农民田间学校16所，滨海农干校随耕生态园分校被评为全国新型职业农民培育示范基地。　　（吕文婧　唐义军）

盐城市农科院　至2017年底，市农科院有部级平台4个、省级平台2个。年内，2个国家农业建设平台类项目启动，新增建设资金1057万元。其中，水稻研究室农业部现代种业提升工程"国家水稻育种创新（科研）基地"项目获得资助531万元；经作室农业部棉花学科群"沿海盐碱地农业科学观测实验站建设"项目成功立项，获得资助526万元。全年新上科研项目77项，其中省部级以上项目51项，新增合同经费2331.25万元，到账科研经费1780.03万元。至年底，全院在研项目总数177个，其中省部级以上项目102项，在研项目合同经费4727万元。全年实现年度科技产业总收入737.58万元，其中知识产权到账收益530.79万元，其他收入206.79万元。全年签订成果转化合同金额382万元，水稻新品种盐（荃）优1393独占许可转让合同金额340万元，苏啤系列大麦品种独占许可转让合同金额42万元，年内到账171万元；其他技术性收入258.06万元，一般性收入101.73万元。

全年77个获准立项项目中省级以上项目立项48项。其中，参加中科院战略先导计划1项、国家科技重点研发计划3项、"十三五"转基因重大专项、省自主创新项目等项目31项，增加经费702万元。组织申报2017年度国家自然科学基金9项，其中二审上会3项，成功立项1项；省自然科学基金申报11项，成功立项3项。新上基础研究课题4项，新上经费75万元。其中，大麦研究室博士张英虎的大豆和大麦的基础性研究项目获得国家及省级基金立项。

全年全院有15项成果获奖，其中主持申报11项、参加4项。水稻研究室主持"优质高产抗病广适两系杂交水稻盐两优888选育与推广"获2017年度全国商业科技进步奖一等奖，"国审优质高产抗病广适两系杂交水稻盐两优888选育与应用"获江苏省科学技术三等奖；大麦研究室"高浸出率啤酒大麦新品种—苏啤6号的选育及应用"获省农业科学院科学技术二等奖，"高浸出率啤酒大麦新品种—苏啤6号的选育及产业化开发"获盐城市科学技术一等奖；蔬菜研究室"蔬菜连作障碍技术集成研究与推广应用"获盐城市科学技术一等奖；盐土农业研究室"耐盐特色蔬菜品种选育及利用技术集成创新与应用"获省农业科学院科学技术二等奖，"耐盐特色蔬菜产业链关键技术集成与应用"获盐城市科学技术三等奖。

全年全院有3个农作物新品种通过国家、省级审（鉴）定，有5个农作物新品种获得品种权授权，申请品种权保护6项。有3个大麦品种获品种登记。全年推荐46个新育成的稻、麦、棉、油、蔬菜等新品系参加各级中间试验和联合体试验，其中参加国家级中间试验13个，省级中间试验23个。全年获国家授权专利15件，其中发明专利11件，实用新型专利4件；申请国家专利51件，其中发明专利40件，实用新型专利11件；制定地方标准13项（省标准6项，市地方标准7项），院系统主推技术3项，盐城市主推品种3个，盐城市主推技术3项；在省级以上专业杂志上发表论文87篇，其中油料作物研究室以市农科院为独立完成单位发表SCI论文1篇，与经济作物研究室共同作者发表SCI论文2篇。

农科扶持 年内，市农科院对接服务镇村19个、主推具有自主知识产权的新品种32个、新技术45项、种养新模式15个、新农资21种。在盐都区创建科技示范基地14个，培育农民专业合作社56个、家庭农场27个、对接服务企业6个，辐射带动面积60多万亩次。帮助申报注册商标25个，指导创建电商平台5个，打造农产品绿色品牌10多个。全年累计开展科技培训250多场次，培训人数1.2万人，培育科技示范户6600人次，培育示范带头人300多人次。年内，仰徐园区以项目为依托改造基础设施，改造滴灌设施2.67公顷，新建展示大棚1000平方米，新建水泥路面500米，更新泵站2座，增添微耕机2台套，全年收入120万元。

农业司法鉴定 年内，市农科院司法鉴定所机构司法鉴定许可证和司法鉴定人执业证延续申请获批，同时新增5位司法鉴定人执业。至年底，市农科院司法鉴定所收到司法鉴定咨询、委托案件55起，到账鉴定费用70多万元，司法鉴定意见书采信率100%。 （邓 晔）

八、农业行政执法

2017年，《盐城市畜禽养殖污染防治条例》经江苏省第十二届人民代表大会常务委员会第三十四次会议批准，于2018年5月1日起施行，标志着盐城市畜禽养殖污染防治工作迈入法制化轨道。全年全市农业系统全面开展农业"七五"普法活动，组织开展农资监管人员法制培训18期、1600多人次，举办各类法治宣传集中活动30多次，发放宣传资料5万多份，现场咨询解答5000多人次。推进法律顾问制度，引入法律顾问参与处理重大决策、行政诉讼等108项。强化农业信用体系系统化建设，将信用评价渗透入现代农业发展的各个领域，在农业项目、资金、表彰、授牌等审批过程中，引入对服务对象进行征信的环节。年内，市农委在农产品品牌创建、农产品质量安全诚信企业评选中向市信用办申请出具企业信用报告200余份。

农业行政许可服务 年内，盐城推进农业行政许可服务"一张网"建设，按照建设要求，完成行政许可、行政处罚、行政强制、行政奖励、行政确认、其他权力事项共260项行政权力清单的编制确认工作；梳理核定"应上尽上"政务服务事项清单54项；全面梳理"不见面"和"见一次面"清单，按照"不推一扇门、不见一个人、办成所有事情"要求，编制51项"不见面"和3项"见一次面"事项清单，"不见面"率94.4%。全年市农委办理农业行政许可事项49件，无一件投诉、曝光或通报；市农委公开各类农业法治和农业政策信息1337条，办理市长信箱9件、主任信箱6件，办理"12345"政务热线工单16件，按时办结率、办理满意率100%。

农资打假 全年组织开展春季农资打假、夏季农资打假百日行动暨农药生产企业安全大检查、禁限用农药专项执法检查、打击侵犯品种权和制售假劣种子行为专项行动等各类农资打假活动7次。立案查处农资违法案件175起，移送公安机关2起，处罚金额102万元，其中立案查处处罚金额超过20万元的案件1起。

执法监管 年内，盐城强化产品质量和数字信息等农业执法监管力度，在全省率先运用农业行政执法信息系统，实现数字化监管。全年全市出动农业执法人员4377人次，检查农资生产经营单位5152个次，抽检农药样品469个，检测出不合格样品32个；抽检肥料样品176个，检测出不合格样品5个；农产品例行监测和监督抽查计570个批次，不合格产品全部立案查处。全年开展"双随机"执法检查2530次，录入农资生产经营监管对象5001个，较上年增加378个，新录入纳入农产品质量监管的种植基地214个。强化诚信制度建设，先后制定农资经营规范化门店创建、农资经营"红黄黑"榜制度，全市列入红榜单位33个，黄榜单位65个，黑榜单位11个。年内，盐城在农业部和省农委的农业执法优秀卷宗评比中有1份农业执法案卷获评全国优秀案卷，4份农业执法案卷获评省级优秀案卷。

（周保华 张文进）

第二节 种植业

2017年，全市农作物播种面积136.63万公顷，粮食总产量68.58亿千克。全年调减低效粮油种植面积4.91万公顷，在渠北、沿海南部等主产区引导籽粒玉米改种鲜食玉米或青贮玉米种植面积3133.33公顷。全年组织实施省级耕地质量提升综合示范区项目12个，示范面积4666.67公顷，辐射面积3.33万公顷。全年推广应用测土配方施肥技术1824万亩次，建成水肥一体化技术应用示范基地12个，全市商品有机肥料用量12万吨。全年全市农作物病虫害的发生呈总体中等偏重，其中夏熟总体为中等发生，小麦白粉病、灰飞虱中等发生、局部偏重发生，油菜菌核病、小麦赤霉病中等发生，小麦纹枯病、麦蚜、油菜蚜虫中等偏轻、局部发生较重；秋熟总体中等偏重发生，六（4）代稻纵卷叶螟偏重至大发生；水稻纹枯病中等偏重发生；三代大螟、水稻恶苗病偏轻，局部重发生；蔬菜病虫害发生种类多，虫害重于病害，其中霜霉病、小菜蛾、斜纹夜蛾、菜青虫、潜叶蝇、蚜虫、烟粉虱、黄曲条跳甲中等偏重以上发生。全年农作物病虫害发生面积8375.13万亩次，实施防治面积1.27亿亩次，全市病虫害专业化统防统治覆盖率为63.1%。全年全市挽回粮食损失282.37万吨，蔬菜37.75万吨，油料5.33万吨。

应对灾害性天气 全年全市农业系统加强与气象等部门沟通协调，应对灾害性天气，及时预判预警，保障农业生产。灾害发生以后，市农委组织条线部门迅速行动，第一时间摸清受灾情况；多渠道发布防灾减灾技术意见；组织专家组深入受灾地区，调查了解受灾情况，开展指导服务；及时向省、市汇报受灾情况，最大程度减轻灾害损失。

3月1日下午，盐城市中北部地区遭遇大风灾害，最大风力11级。全市设施大棚受损面积2100公顷，其中倒塌面积1053.33公顷；畜禽圈舍受损面积7.1万平方米，其中倒塌面积1.3万平方米，死亡家畜151头，死亡家禽5.7万羽，直接经济损失1.43亿元，间接损失1.17亿元。受灾区域主要集中在阜宁、响水、射阳等地。

7月2日上午，东台市出现强对流雷雨大风天气，造成4个镇17个村受灾，其中弶港镇6个村、许河镇5个村、富安镇5个村、三仓镇1个村。种植业方面，造成设施大棚受损面积133.33公顷，玉米倒伏面积753.33公顷，甜叶菊、苗木等其他作物倒伏折断面积240公顷；畜牧业方面，造成27个养殖（场）户不同程度受损，其中富安镇22户，许河镇1户，弶港镇2户，新曹农场2户，死伤家禽1.2万羽，损毁畜禽圈舍面积近6000平方米。

7月9日5时至10日5时，全市出现暴雨到大暴雨，局部特大暴雨，最大雨量282.5毫米，主要集中在盐城市中北部地区。受强降水影响，盐城市中北部地区部分田块出现不同程度积水，面积2.65万公顷，其中水稻面积1.59万公顷、玉米面积7200公顷、大豆面积800公顷、蔬菜面积1533.33公顷、其他作物面积1066.67公顷。

7月中下旬至8月上旬，全市持续晴好高温天气，出现较重旱情。全市受旱面积4.86万公顷，其中蔬菜面积9600公顷、旱粮面积3.36万公顷、其他作物面积5400公顷；成灾面积1.05万公顷，其中蔬菜面积3066.67公顷、旱粮面积6800公顷、其他作物面积600公顷；绝收面积600公顷，主要是蔬菜、玉米等作物。（陆　叶）

第三节　林　业

2017年，全市新拓和更新桑园面积463.67公顷，建成连片133.33公顷以上的蚕桑专业村12个。全年发放蚕种52万张，生产蚕茧41.6万担，蚕茧产值11.2亿元，桑园综合利用产值1亿元。全年新拓果园面积733.33公顷，新植果树150万株（含散生果树80万株），改造低产果园面积266.67公顷，新培植出高效林业示范基地9个。年内，大丰林场新增油用牡丹种植面积400公顷；盐都大冈、郭猛新培植银杏种植面积93.33公顷；亭湖便仓金陈村新增桃、梨等果树种植面积26.67公顷；东台三仓农场新栽植大马士革玫瑰面积20公顷，套种薄壳山核桃；废黄河故道经济林果产业带新增和更新经济林果面积533.33公顷，其中阜宁县羊寨镇新增黄桃种植面积73.33公顷、银杏种植面积100公顷，滨海县农业园区同心村新增桃、梨、果桑种植面积106.67公顷，响水县新增果树种植面积120公顷。至年底，全市有林果花卉专业村27个，全市有成片果园面积2.75万公顷，果品总产量49.2万吨，总产值16.1亿元。全年新增花卉苗木生产基地面积733.33公顷，花卉苗木保存面积1.53万公顷， 销售额13.3亿元。打造林业生态旅游。年内，江苏黄海海滨国家森林公园举办“森林休闲节”和“黄海森林音乐节”等活动，大丰荷兰花海举办集体婚礼、大学生音乐节等活动，全年游客量超100万人次。

一、科技兴林

2017年，盐城市加快发展林业科技。植树造林方面，加强与高校、科研院所的合作，大丰沿海林场、射阳金海林场、滨海古黄河林场3个林场开展沿海耐盐树种选育与示范推广工作，建立试验示范林13.33公顷，引进树种60多个，引进竹种40多个；东台三仓农场集成中科院南京土壤研究所盐碱地快速排盐技术、盐碱地改良调理剂与专用肥研制与应用技术等技术，进行土壤改性和地力培育，提高土壤有机质，改善土壤质地，使之达到造林土地标准。蚕桑、蚕种生产方面，滨海蚕种场推进无人机治虫；东台等地进行不同条桑收获方法试验；东台、射阳等重点蚕区及东台蚕种场共建设水帘空调智能化大蚕室11幢，夏秋季农村养蚕和种场制种试验成功。果品生产方面，重点推广避雨葡萄H型限根栽培技术、脱毒草莓设施栽培技术、设施果树标准化栽培技术、现代果园机械化技术、果园智能化省力化栽培技术等，新技术推广覆盖率50%以上。至年底，全市有果品类注册商标50多个，获水果类地理标志产品3个。果品类“三品一标”（无公害农产品、绿色食品、有机农产品和农产品地理标志）认证产品总数60多个。

二、林业防害

2017年，全市林业有害生物发生面积2.08万公顷，其中美国白蛾发生面积1.67万公顷，蛀干害虫发生危害面积240.67公顷，其他食叶害虫发生面积3515.53公顷，病害发生危害面积382公顷。美国白蛾在全市96个乡镇级单位发生，涉及村1213个，受害株数23.38万株，与上年相比，增加受灾乡镇级单位1个、村59个，受灾面积减少4000公顷。全年全市累计剪除网幕14.56万个，投放生物天敌周氏啮小蜂2亿头，投挂杀虫灯4000盏，诱杀成虫4万头，实施药剂防治面积266.81万亩次（其中飞机施药防治面积2.4万公顷），无公害防治率91%，虫株率控制在2%以下。全年全市设立固定监测样地165个、临时样地205个，专兼职监测调查人员171名，发布病虫情报74期4.57万份，应实施调查监测面积1813.49万亩次，实际监测面积1919.17万亩次，林业有害生物监测覆盖率100%。

三、林业执法

2017年，全市查处各类林业行政案件41起，其中滥伐林木案件23起，盗伐林木案件1起，毁坏森林、林木案件2起，违法使用林地4起，违反《中华人民共和国野生动物保护法》案件9起，其他林业行政案件2起，共有37人受到林业行政处罚，罚款25.57万元。年内，市林业局组织林业执法专项行动2次，分别是以打击猎捕、经营利用和运输青蛙违法犯罪为主要内容的“护蛙2017”专项行动和以打击破坏野生动物资源违法犯罪为主要内容的“亮剑2017”专项行动，共出动执法人员324人次，收缴青蛙2万多只、鸟类等野生动物343只。（刘彧辰）

第四节　蔬菜园艺业

2017年，全市蔬菜园艺业新增播种72.2万亩次、累计播种571万亩次，新增产量247.2万吨、总产量1606.8万吨，新增产值21.2亿元、总产值252亿元。全年全市新拓成片果园面积733.33公顷，新植果树150万株（含散生果树80万株），改造低产果园面积266.67公顷，果品总产量49.2万吨，总产值16.1亿元，产销率95%以上。全市有成片果园面积2.75万公顷，散生果树1590万株，果树生产企业61个，果品批发市场12个，从业果农10万多人，果品经纪人500多人。全市梨果产量约占全省总产量的40%，面积、总产量位居全省第二位；柿子面积、产量位居全省第一位，约占全省总产量的80%。全年全市新增花卉苗木生产基地面积733.33公顷，花卉苗木保存面积1.53万公顷，销售额13.3亿元，有花卉生产企业126个，从业花（药）农6.5万人，花卉批发市场47个，花卉经纪人1100多人。

蔬菜标准园创建　年内，全市组织开展蔬菜园艺标准园创建工作，健全蔬菜基地农药管理制度、生产档案记录制度、产品检测与准出制度，执行无公害生产技术规程，推广应用生态栽培技术。盐都区其红家庭农场等12个蔬菜园艺标准园入选省级蔬菜园艺作物标准园。开展蔬菜全产业链示范建设，阜宁春华秋实农业科技发展有限公司入选省级蔬菜全产业链示范园区创建单位，亭湖现代农业产业园区管委会入选省级蔬菜品种展示中心创建单位。

盐城市精品西甜瓜争霸赛　5月28日，市农委举办2017年盐城市金沙湖杯精品西甜瓜争霸赛。全市86个参赛单位选送100个品种参加比赛，最终评选出瓜王3个、金奖6个、银奖18个。（张磊　刘彧辰）

第五节　畜牧业

2017年，全市生猪存栏451万头、出栏778万头；家禽存栏0.93亿只、出栏1.43亿只。肉类总产量83万吨，禽蛋89万吨。年内，盐城组织开展畜牧业绿色发展示范县、农业部畜禽标准化养殖示范场和省畜牧生态健康养殖示范场创建工作，持续推进标准化规模养殖，点面结合示范带动全市畜牧业绿色发展。全年新创建农业部畜禽标准化养殖示范场5个，新创建省级生态健康养殖示范场41个，部、省级示范场创建数量全省“双第一”；大丰区成为全国首批畜牧业绿色发展示范县之一。

一、重大动物疫病防控

2017年，市农委组织实施重大动物疫病防控春、夏、秋季集中行动，全年实际调拨使用高致病性禽流感疫苗9079万毫升，牲畜口蹄疫疫苗2149万毫升，猪瘟疫苗1561万头份，高致病性猪蓝耳病疫苗677万头份，羊小反刍兽疫疫苗210万头份，全市重大动物疫病应免畜禽免疫密度100%，动物疫病稳定控制，没有发生区域性重大动物疫情。

“智慧动监”试点工作　年内，省农委决定建设智慧动监“一体两翼”三大系统（动物卫生监督管理应用系统、“苏动e通”APP系统和远程视频监控系统），并在盐城市本级、盐都区、响水县开展全省智慧动监试点工作，运用智慧动监信息系统开展检疫监督、病死动物无害化处理等工作。市农委组织市、县（区）动物卫生监督所整合资源，加以推进。年内，市本级及试点县区完成数据云平台建设、基础数据的摸底和录入工作，并在电视、报纸、网络等媒体开展全方位的报道宣传。12月，亭湖区启动试点工作。

二、畜产品质量安全

2017年，市农委强化畜产品质量安全监测，加强“瘦肉精”监管，强化兽药行业管理，开展畜禽产品抗生素、禁用化合物及兽药残留超标专项整治行动。全年开展市级以上畜产品质量安全监测37次，抽检畜产品1590批，合格率99.9%；检测“瘦肉精”样品6.3万份，其中屠宰环节样品0.7万份，养殖环节样品5.6万份，合格率100%；抽检兽药产品337批，饲料产品35批，不合格产品查处率100%。

亭湖乾宝牧业有限公司的湖羊养殖。　市农委/供

三、畜禽养殖污染治理

2017年，盐城全面贯彻落实"263"专项行动（"两减六治三提升"专项行事，其中"两减"是减少煤炭消费总量和减少落后化工产能，"六治"重点治理太湖水环境、生活垃圾、黑臭水体、畜禽养殖污染、挥发性有机物污染和环境隐患，"三提升"是提升生态保护水平、环境经济政策调整水平、环境监管执法水平），市政府召开全市动物防疫暨畜禽养殖污染专项整治工作会议，与各县（市、区）政府签订畜禽养殖污染防治工作责任状。市本级及各县（市、区）制定区域布局调整优化方案，划定禁养区、限养区和适养区。至年底，禁养区279家养殖场和通榆河一级水源保护区39家养殖场全部关闭搬迁到位并通过市级考核验收；非禁养区内需治理的3234个规模养殖场，累计通过治理认定2334个，全市治理率72.17%。（葛建东　周魏明）

第六节　渔　业

2017年，盐城市水产养殖面积12.84万公顷，其中淡水养殖面积7.63万公顷、海水养殖面积5.21万公顷，有设施渔业面积4.14万公顷，生态健康养殖面积8.77万公顷，综合生态种养面积2400公顷以上。全年实现水产品总产量120.7万吨、渔业总产值481.5亿元。年内，新增江苏仓东农业发展有限公司、盐城市盐都区界河水产养殖专业合作社、盐城市碧水蓝天生态科技有限公司、江苏盐阜银宝水产养殖有限公司4个农业部健康养殖示范场，累计44个。东台市、盐都区成功创建国家级渔业健康养殖示范县。射阳县被省台办、省海洋与渔业局认定为江苏省海峡两岸渔业合作交流基地。

一、水产养殖

2017年，盐城市新增设施渔业面积3000公顷，累计建成设施渔业面积4.14万公顷。新增微孔增氧面积386.7公顷、钢架大棚养殖面积200公顷。新增生态综合养殖面积7000公顷，累计8.77万公顷。新发展稻蟹、稻虾、稻鱼等综合生态种养面积1200公顷，累计2400公顷以上。全市209家水产苗种繁育场（其中国家级良种场1家、省级良种繁育场15家、省级原良种场2家），繁育鱼苗22.5亿尾、各类虾苗116亿尾、河蟹大眼幼体59.3万千克、紫菜苗种2.8亿贝壳。

沿海百万亩现代渔业产业带建设　年内，盐城继续推进沿海百万亩现代渔业产业带建设，重点建设以养殖园区（基地）、加工集中区、水产物流基地和休闲渔业等为内容的现代渔业产业示范区。2月，市政府与省海洋与渔业局签订共同推进盐城沿海现代渔业产业带建设战略合作协议，在建立协调机制、强化政策扶持、坚持绿色方向、加快转型升级等方面展开战略合作。10月，东台海洋食品加工产业园规划通过省海洋与渔业局评审。12月，市政府与中国水产科学研究院签约科技战略合作协议，围绕生态养殖渔苗种繁育，渔农综合种养、疫病防治，数字渔业及人才引进和培育等方面开展合作。同月，中国工程院麦康森院士工作站在大丰揭牌。至年底，全市沿海百万亩现代渔业产业带完成投资8.28亿元，实施7类29个重点工程项目，推进以江苏省沿海开发集团有限公司、江苏银宝控股集团有限公司、通威股份有限公司盐城分公司3个企业10万亩规模产业基地及东台华大产业园、响水三圩渔业园区、银宝发阳渔业园区等8个现代渔业园区建设；新建和改造标准化池塘面积5200公顷，新增设施渔业面积1400公顷、生态养殖面积3466.67公顷、池塘生态循环养殖水槽面积1.7万平方米。

池塘工业化生态养殖　年内，盐城继续示范推广池塘工业化生态养殖新模式，新建扩建建湖正荣生态渔业有限公司、正源创辉农业科技发展有限公司等池塘生态循环养殖基地13个，水槽面积3.2万平方米。至年底，全市建成池塘工业化养殖基地15家，养殖面积350公顷，水槽数564条，水槽总面积8.3万平方米。

二、水产品加工与流通

2017年，盐城市新建扩建水产品精深加工生产线6条。至年底，全市有水产品加工企业217家，其中规模以上加工企业79家。全年完成水产品加工量67万吨，加工产值94.43亿元。全市有23家水产品加工企业通过IOS 9000系列质量标准认证，17家水产品加工企业施行HACCP（危害分析和关键控制点）管理模式，新创建省级水产品出口示范基地4个、总数11个。建成各类水产品批发市场59个，其中专营水产品批发市场18个；在全国设立水产销售专区、专柜72个，建成水产电子商务销售商家35家，全市渔业经济人1.39万人。

三、标准化和品牌渔业

2017年，盐城市新建和改造标准化池塘面积7000公顷，建设物联网应用基地16个。至年底，全市有标准化鱼池面积9.73万公顷，物联网应用基地36个。创建省级以上标准化示范基地2个、总数6个，创建农业部水产健康养殖示范场4个、总数44个。新注册商标"盐城冲浪鱼""大纵湖大闸蟹"创成盐城市知名商标。至年底，全市渔业有中国地理标志商标产品6个，绿色食品标志产品10个，农业部有机认证产品3个。

四、水产品质量安全

2017年，市海洋与渔业局开展"三鱼两药"（三鱼：鳜鱼、乌鳢和大菱鲆；两药：硝基呋喃类、孔雀石绿）水产苗种专项检查等水产品质量安全专项整治行动，出动执法检查人员904人次，检查生产企业及养殖户523家，发现隐患问题36个，下发整治通知书30份，吊销证照5起，立案查处1起。推进无公害水产品基地建设。全市无公害水产品产地、产品复查换证单位52家、产品71个；新申报无公害基地面积4000公顷、无公害产品9个。开展省级水产品质量安全追溯生产企业认定申报工作，5家生产企业通过认定，累计11家。组织水产品药物残留抽检，实施药残快检样品3612个，产地环境及水产品监督抽检样品353个，抽检合格率99.7%。

五、渔业资源保护

2017年，市海洋与渔业局加强渔业资源保护工作。6—7月，开展内陆渔业资源增殖放流活动，在市区串场河、蟒蛇河、冈沟河、通榆河、新洋港5条河，放流草鱼、鲢鱼、鲫鱼等鱼种鱼苗663万尾，增殖市区河道渔业资源。开展打击电力捕鱼专项行动，开展执法检查1366次，出动执法人员6417人次，出动执法艇394艘次，查获电力捕鱼案件424起，收缴电捕工具868台（套），处罚金额80.65万元。

（陈卫中　吴　丹）

第七节　新农村建设

一、农村改革

至2017年底，全市土地确权登记颁证工作基本完成，累计发证村（居）1933个、发证农户146.6万户，分别占开展确权的村（居）和确权农户的97.5%和96.9%。针对农村产权制度改革起步晚、基础差、矛盾多实际，按照“试点先行、分步实施、全面推开”思路，以农村产权交易市场建设为突破口，加快推进农村集体产权制度改革。全市农村产权交易市场实现市场建设、实质交易和交易品种“三个全覆盖”，实现产权交易项目3654宗，交易金额18.25亿元，溢价7467万元。抓好农村金融服务创新，推行农业保险健康发展。年内，90多万名受灾农户获得理赔2.73亿元，总体赔付率57.2%。推进农村“两权”（农村承包土地的经营权、农村住房财产权）抵押贷款试点工作，全年全市发放“两权”抵押贷款173笔，贷款余额近亿元。

二、富民强村

2017年，全市以农业供给侧结构性改革为主线，以促进农民增收为中心，推进农业结构调整、农业产业化经营、农民创业就业、扶贫开发和农村改革工作，促进农民收入持续增长。全市农村常住居民人均可支配收入18711元，同比增长9%。推进村级集体经济发展。开展南北镇村结对帮扶，从东台、大丰、盐都、亭湖、建湖5个县选择30个经济强镇，对口挂钩帮扶射阳、阜宁、滨海、响水4个县30个经济薄弱村，构建村级集体稳定增长机制。对105个省定经济薄弱村，以村为单位，从户数、人口、耕地面积、水面、集体机动地、上年村级集体经营性收入、人均可支配收入、村级债务、增收潜力等方面分析，制定一村一策方案，促进全市村级集体经济加快发展。全年全市实现集体经营性收入11.32亿元，每村平均50.7万元，比上年增长8%，集体经营性收入18万元以上的村达到总村数的72.7%。

三、脱贫攻坚

2017年，盐城提出精准扶贫、聚力扶贫、创新扶贫、阳光扶贫“四位一体”的盐城扶贫模式。制定《脱贫致富奔小康工程40条意见》，明确各县（市、区）和53个市直部门的扶贫工作职责，形成脱贫攻坚合力。制定《盐城市县级党委和政府扶贫开发工作成效考核办法》，推动各层各级落实工作责任。利用报刊、电视、网络等媒介，强化舆论氛围营造。编印《盐城市扶贫工作典型案例100篇》，印发《扶贫开发简报》31期。利用阳光扶贫监管系统，为每个低收入农户生成二维识别码，精准识别贫困户，推动建档立卡成果部门间共享。采取“划分等级、量化积分”方式，精准识别低收入人口贫困程度，为制定脱贫时序和因户施策提供科学依据。开展南北镇村结对帮扶，从南五县选择30个经济强镇，对口挂钩帮扶北四县30个经济薄弱村，构建村级集体稳定增长机制。对105个省定经济薄弱村全面制定一村一策帮扶方案，理清发展思路，壮大集体经济实力。推行“先诊疗后付费”制度，推广“贫困农户综合保险”政策，切实减少医疗支出，因病致贫得到缓解。全面建成“阳光扶贫”监管系统，将扶贫对象、扶贫项目、扶贫资金、扶贫力量全部纳入系统管理。围绕特色产业精准脱贫建立监督推进机制，推动和促进产业扶贫等各项扶贫攻坚方针政策和富民措施落地见效。全年全市建档立卡低收入人口实现脱贫3.17万户、7.86万人；省定经济薄弱村达标36个。

四、城乡统筹

2017年，全市统筹城乡示范带编排重点项目29个，计划完成投资33亿元，实际完成投资34.2亿元。盐都区双新大道城乡统筹发展示范片区围绕“城乡统筹先导区、现代农业示范区、生态旅游集聚区、农村改革试验区”“四区”定位，招引新项目，将沿线项目串点成面，在项目中植入旅游元素，郭猛新疆薰衣草民俗风情园、台创园皇达兰园、三官市级现代农业产业园等项目成为示范片区重要旅游观光点。亭湖区331省道城乡统筹发展示范片区抓已建项目质量品质，丰富建设内容，提升管理层次，使每个项目都有“精品效应”，在面上可复制可推广，并能够带动周边农村发展。大丰盐丰通港大道城乡统筹发展示范片区突出项目生态特色经济属性，以荷兰花海为依托，打造梵高印象城、福尔劳德湖、梅花湾等精品卫星景点，厚实荷兰花海旅游内涵，丰富大丰旅游内容，提升大丰乡村旅游知名度。

（周庆干）

第17章　建筑和房地产业

责任编辑　高兰会

综　　述

2017年，盐城有建筑企业3681家，其中专业施工企业1471家。其中，特级资质企业3家，一级资质企业90家，二级资质企业469家。全年全市建筑业完成总产值1673亿元、出市施工产值1076亿元。全年全市房地产开发完成投资426.7亿元，其中市区（盐城中心城市高速围合圈内的范围）完成房地产开发投资232.5亿元，商品房新开工面积766.11万平方米，施工面积约750万平方米，竣工面积335.45万平方米，市区人均住房面积上升至39.6平方米。至年底，全市从事房地产开发经营企业481家。全年全市商品房新增供应1041万平方米。其中，商品住房新增供应840.6万平方米；市区商品房新增供应598万平方米。全年全市实现商品房销售974.8万平方米。其中，商品住房实现销售878.8万平方米；市区实现商品房销售604万平方米。

第一节　建 筑 业

2017年，全市有建筑企业3681家，其中专业施工企业1471家。年内，全市新增特级资质企业1家、总数3家，新晋升一级资质企业18家、总数90家，有二级资质企业469家，新获批省首批工程总承包试点企业7家；新增省级建筑产业现代化示范项目1个、部品类示范基地1个，新建设绿色建筑和装配式建筑科技产业园2个。全年全市建筑业完成总产值1673亿元、出市施工产值1076亿元。年内，市政府制定《关于加快推进装配式建筑发展的实施意见》，明确装配式建筑发展重点、推进成品住房建设、发展装配式建筑产业基地及园区、加快推动建设类企业转型升级、打造装配式建筑技术支撑体系、建立健全装配式建筑建设监管服务体系、推动装配式建筑信息化管理、加强装配式建筑人才培训培养8项工作以及推进政策、应用奖励、税费优惠、金融支持4项措施。至年底，全市发展装配式建筑56.2万平方米。

一、绿色建筑

2017年，全市城镇新建建筑严格执行建筑节能65%的标准，新建节能建筑面积500万平方米，实现节能量5万吨标煤；新建民用建筑规划设计建设执行一星级以上绿色建筑标准比例100%，新建二星级绿色建筑标准比例40%以上，新获得二星级及以上绿色建筑设计标识项目25项，建筑面积268.48万平方米。全年全市累计完成太阳能光热、光伏及地源热泵等可再生能源应用建筑面积200万平方米。全市新墙材产量33.25亿块（折标砖），新增省“禁粘”乡镇10个，全年关停砖瓦窑97座。全年推广散装水泥1246.07万吨、预拌砂浆30.14万吨，散装率85.87%，实现预拌砂浆机械化施工零突破。5月，盐城获批首批省级绿色建筑示范城市。

提高建筑能效技术示范研讨会在盐城召开　10月27日，住房建设部科技产业发展中心与德国能源署合作提高建筑能效技术示范研讨会在盐城举行。江苏各设区市建设主管部门相关处室负责人、部分省级绿色建筑示范区管理部门负责人、省级超低能耗被动式绿色建筑示范项目实施单位和相关企业代表等参加会议。会上，中德专家对中国被动式低能耗建筑发展现状及被动式低能耗技术应用等进行交流讨论，并就中国被动式低能耗建筑的相关应用技术和项目案例进行介绍。会后，与会人员参观盐城日月星城幼儿园。自2014年开始，盐城筹划启动被动式低能耗示范项目；2015年9月，盐城日月星城幼儿园被动式低能耗示范项目正式签约；2017年6月，盐城日月星城幼儿园被动式低能耗示范项目通过德国专家组验收，10月，项目取得“被动式低能耗项目质量标识”。该项目是全国首个被动式超低能耗绿色建筑幼儿园，项目使用的岩棉外墙外保温系统、外遮阳系统，具有很好的室内保温特性；同时新风系统采用具有国内知识产权的膜技术和真空除湿技术，使得即使在重度雾霾天气情况下，室内空气仍然保持优质水平。

二、勘察设计

2017年，市城乡建设局制定《盐城市建设工程勘察设计企业信用管理办法》，规范全市建设工程勘察设计市场秩序，提高建设工程勘察设计质量。全年受理勘察设计合同备案765项，总建筑面积2885万平方米。多图联审实现“全市一张网、市县一平台”，实行全流程数字化交付、审查。全年审查工程项目1993项，审结项目建筑面积2206.42万平方米。其中，市重点民生市政工程项目137项；新特工业产业基建项目169项，建筑面积173.36万平方米；安置房、人才公寓项目24个，建筑面积81.42万平方米。审查发现并纠正违反《工程建设强制性条文》问题4155条，强制性标准问题2.26万条，发现并整改工程安全和防火隐患863个。

三、行业监管

2017年，市城乡建设局制定市政企业综合信用评价实施细则，并将信用考核拓展到工程质量检测单位、预拌混凝土企业；制定《盐城市建筑施工从业人员实名制信息化管理办法》，建立信息化考勤管理平台；优化施工合同备案管理，加强对施工现场人员在岗到位的日常抽查；开展电线电缆、建筑用砂、外墙保温材料等质量专项检查，严控建筑质量。年内，盐城体育中心体育场工程获鲁班奖（国家优质工程），日月星城商业综合楼、智能终端（手机）产业园厂房、市美术馆周边基础设施改造等18个项目成功申报省优质工程奖扬子杯工程。全市电子招投标项目实现全过程无纸化，综合评估法项目实行远程评标常态化，大丰区被列为全省房屋建筑和市政基础设施工程招标投标制度改革试点县（市、区）。全年大市区［桩盐都区、亭湖区的全部行政管辖区域（不含大丰区）］桩进场交易项目573个，工程造价142.89亿元，其中国有资金项目564个、非国有资金项目9个。加快简政放权，下放房地产开发企业三级及以下资质审批权限，规范工程质量、农民工工资保证金管理，实行差异化管理，推行银行保函制度，减轻建筑业企业负担。全年完成招标控制价审查项目638个，发布材料价格信息13个类别、1118条。

建设工程管理 年内，市城乡建设局稽查市区建设工程项目212次，发放责令立即改正或限期改正通知书131份；抽查全市在建工程36个、建筑企业18家，约谈企业负责人16次，向属地建设主管部门出具执法建议书7份。全年受理各类建设行政违法案件25件，立案查处17件，发出行政处罚决定书13份，依法申请法院强制执行和处理追缴历史遗留案件各1件，收缴罚没款243.2万元，无一件行政复议和行政诉讼，实现案件处理零投诉。

13家建筑企业获评市“争星创优”活动星级企业 年内，在市委、市政府组织的2017年度“争星创优”活动星级企业评选中，13家建筑业企业被评为星级企业。其中，五星企业2家：江苏金贸建设集团有限公司、中科建工集团有限公司；四星企业5家：江苏海翔电气实业集团有限公司、江苏宏远建设集团有限公司、江苏晟功建设工程有限公司、蓝盾建设有限公司、江苏九建建设工程有限公司；三星企业6家：盐城市大成建筑工程有限公司、江苏建业建设集团有限公司、江苏建兴建工集团有限公司、盐城市苏厦建设集团有限公司、江苏明华建设有限公司、建湖天辰电气实业有限公司。

（王　盛）

第二节　房地产市场

一、房地产开发

2017年，全市实现房地产开发投资426.7亿元。全年全市办理商品房竣工验收面积765.16万平方米，商品住宅竣工交付面积688.64万平方米。其中，市区完成房地产开发投资232.5亿元，商品房新开工面积766.11万平方米，施工面积约750万平方米，竣工面积335.45万平方米，市区人均住房面积上升至39.6平方米。全市成品住房竣工交付面积达到34万平方米以上。

二、房地产开发企业

至2017年底，全市从事房地产开发经营企业481家。盐城房地产行业有万科、新城、碧桂园、万达、中海、恒大、保利等大型房地产开发企业15家，注册资金合计32. 6亿元，年开发能力120万平方米以上。年内，悦达地产集团有限公司、江苏德惠建设集团有限公司、盐城欧堡利亚城市投资股份有限公司3家集团企业连续五年被评为江苏省房地产开发行业综合实力50强。

三、房产销售

2017年，全市商品房新增供应面积1041万平方米。其中，商品住房新增供应面积840.6万平方米；市区商品房新增供应面积598万平方米。全年全市实现商品房销售面积974.8万平方米。其中，商品住房实现销售面积878.8万平方米；市区实现商品房销售面积604万平方米。全市商品住房去化周期处于合理区间。至年底，全市商品房库存面积1383万平方米，其中商品住房库存面积655万平方米；市区商品住房库存面积281万平方米。全市商品住房库存去化周期为7.7个月，同比缩短1.4个月，其中市区商品住房库存去化周期为7.7个月，同比延长1.7个月。

四、市场管理

2017年，市城乡建设局加强房地产开发企业管理，实施房地产企业开发经营行为动态记分、监管，强化开发项目公建配套设施设计审查管理工作，规范房地产开发项目竣工交付行为。对检查发现的113家企业240条违法违规问题责令整改。规范房产交易市场。市房产局下发《关于进一步规范市区商品房预（销）售行为的通知》《关于加强市区商品住房买卖合同解除管理工作的通知》《关于调整市区商品住房退房摇号认购资格的通知》《关于进一步加强房地产中介经营行为管理的通知》《关于开展房地产中介整治活动的通知》《关于进一步加强存量房交易网签和资金监管工作的通知》等文件，规范商品房预（销）售、房地产中介经营等行为，加强存量房交易网签和资金监管工作。加强商品住房合同变更与解除管理，抑制投机炒房行为。加大商品房销预售行为检查和房地产中介整治力度，打击捂盘惜售、炒卖房号、哄抬房价、发布虚假交易信息等扰乱市场秩序行为。强化风险排查处置，指导各县（市、区）跟踪辖区内房地产项目开发、上市、交易情况，及时防范市场风险，稳定房地产市场。

（沈　斌　王　俊　王　盛）

第三节　房产管理

一、商品房销预售管理

2月、11月，市房产局会同物价部门及市、区两级房管部门对市区商品房销售价格行为和开发企业销预售行为进行联合检查，下发《关于进一步规范市区商品房预（销）售行为的通知》，规范开发企业预（销）售、售楼现场信息公示、预售资金监管等行为；4月，对市区商品房预售资金监管开展专项整治，建立承诺机制，市房产开发企业、按揭贷款银行、监管银行书面承诺按照《盐城市区新建商品房预售资金监管暂行办法》和相关规定存入、使用、监管商品房预售款。全年市区办理商品房预售许可253件，批准预售总面积590.52万平方米，其中住宅面积464.06万平方米，办公用房面积10.73万平方米，商业用房面积34.65万平方米，其他用房面积81.09万平方米；办理商品房现售备案4件，现售备案面积2.56万平方米。

二、房屋产籍管理

2017年，市区办理商品房新入网备案697幢，变更备案123幢，新增入网商品房面积534.61万平方米，审核发放购房补贴4539户5683.86万元，分7批次组织60套期房退房房源摇号报名工作。8月28日，不动产登记系统（正式版）上线运行，原房屋登记系统数据全部迁移进入不动产登记系统，同时整合完成市区的房产、土地、不动产过渡数据，整合原房产各权利数据119.42万条，新增“合同备案”“楼盘表”“不动产登记查询”等功能。

三、房屋专项维修资金管理

2017年，市房产局制定房屋专项维修资金增值收益再分配方案，建立统筹维修资金模式，用于物业区域内房屋共用部位和共用设施设备无法正常使用以及受益人为全体业主或无法界定受益人时的维修。全年按规定建立统筹维修资金1.1亿元。加强房屋专项维修资金风险防控，对新开发楼盘，在签订商品房买卖合同中明确维修资金由业主自行交存，开发单位及其他单位和个人不得代收，从源头控制风险。全年归集维修资金3.08亿元，归集户数3.98万户，归集面积335.55万平方米。优化房屋专项维修资金使用服务流程，在建立房屋专项维修资金使用统一应急维修服务平台基础上，配合盐都、亭湖区级部门，开辟应急处置绿色通道，在非法定工作日，落实专人值班。

四、房屋租赁管理

2017年，全市房屋租赁管理工作以出租房屋安全隐患集中整治为抓手，整顿规范房屋租赁市场秩序。对全市房产系统基层业务人员和各房屋中介机构开展培训，组织学习房屋租赁备案系统运用和业务操作规范，印发千余份房租租赁备案须知、操作手册等学习资料，方便各基层工作人员学习掌握。至年底，全市租赁登记备案2.08万户。

五、房产服务

2017年，市房产政务服务中心受理各类办件数54.3万件，按时办结率100%，社会评价满意率99%以上。1—11月，市房产服务热线“81610000”接听电话5870个，接收各类来信656件，其中省长信箱1件、市长信箱121件、局长信箱349件、政府热线172件、其他13件。当年应办615件，实际办结650件（含上年结转和提前办结），按期办结率100%。12月，市房产服务热线整体并线至市“12345”热线平台，由“12345”热线集中受理、交办、督办，共受理54件，全部按期办结，满意率100%

在全省率先完成“3550”改革　年内，市区房产交易中心在全省率先实现“3550”（企业3个工作日内注册开业、5个工作日内获得不动产权证、50个工作日内取得共识生产建设项目建设施工许可证）改革，实现“一窗受理、集成服务”。至年底，全市存量房网上交易平均办结时限由原来1个小时缩短为20分钟左右，是全省最短；市区商品房预售许可办结时限为3个工作日；全市房屋安全鉴定机构规范化建设及司法鉴定、白蚁防治IPM示范项目推广使用走在全省前列；市区房产综合管理信息平台建设工作在苏北领先；市房产中介服务在省质监局组织的服务行业公众满意度调查中列全省第二位。

（沈　斌　王　俊　吕景林）

第四节　物业管理

2017年，全市有物业管理机构647家，从业人数4.79万人，实现营业收入4.95亿元。年内，市房产局开展“物业管理诚信年”活动，组织物业服务企业公开承诺宣誓，引导行业从业人员树立良好的职业道德。组织检查物业服务合同履行、物业收费、服务标准执行等情况，督促物业公司解决业主投诉反馈问题。做好诚信建设示范活动，组织市物业管理行业协会制定诚信经营服务的标准，倡议全行业共同遵行、互相监督。组织开展市级物业管理服务示范项目考评，树立先进典型，推广先进经验，对20个居住物业项目和9个公共物业项目授予“市级示范管理项目”称号。

（沈　斌　王　俊）

第18章　现代服务业

责任编辑　高兰会　许寅生

综　　述

2017年，盐城完成服务业增加值2261.8亿元，同比增长10.1%，增幅连续四年保持全省前三位。服务业增加值占地区生产总值44.5%，比上年提高1.1个百分点。第三产业增加值占比首次超过第二产业，三次产业结构为11.1∶44.4∶44.5，实现产业结构由“二三一”向“三二一”的转变。全年全市新增服务业个体工商户6.93万户，总数38.96万户；新增服务业登记注册企业2.93万户，总数10.45万户。至年底，全市第三产业吸纳从业人员177.4万人，比上年净增1.4万人。全年全市实现服务业税收收入245.9亿元，其中生产性服务业实现税收93.9亿元。全年实现全社会消费品零售总额1806.2亿元，同比增长10.8%。全市服务业总体实现平稳快速增长。从服务业增加值总量看，排前三位的是东台市、大丰区和建湖县，分别实现服务业增加值386.2亿元、311.43亿元和250.05亿元。从服务业增加值增速看，增速排前三的是城南新区、盐都区、阜宁县，同比分别增长10.7%、10.6%和10.4%。从服务业增加值占地区生产总值比重看，排名前三位的是城南新区、亭湖区和大丰区，占比分别达到65.7%、55.5%和48.1%。

一、项目建设

2017年，全市开展各类服务业专题招商推介活动17场次，收集服务业项目信息273条，签约亿元以上服务业项目85个，协议投资额213.6亿元。全年全市新开工亿元以上服务业项目54个，新竣工亿元以上服务业项目53个；新批服务业项目（房地产项目除外）246个，总投资222.3亿元。全年全市完成服务业固定资产投资1787.4亿元，同比增长15.9%。年内，列入省服务业“十百千”重点项目中的12个项目，完成投资134.8亿元；50个年度省、市重大和重点服务业项目，完成投资326.5亿元；31个市级以上服务业集聚区建设，完成投资271亿元，实现营业收入681.3亿元，税收38.2亿元。

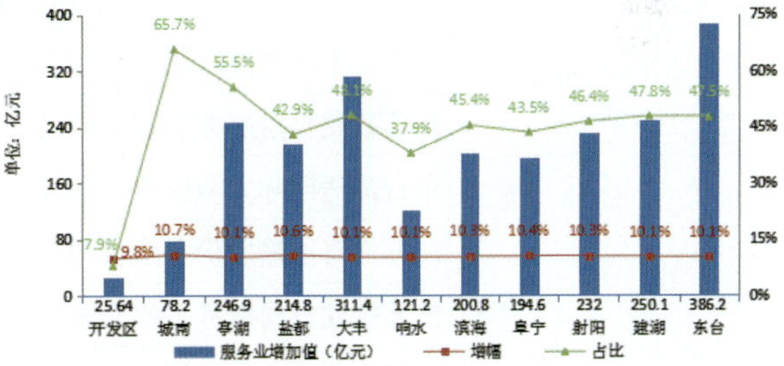

图18-11　2017年全市服务业增加值及其占比、增幅对比

二、企业培育

2017年，全市新增规模以上服务业企业108家、总数1470家，实现营业收入654.5亿元，同比增长14.5%，增速列全省第四位。开展服务业企业“争星创优”活动，认定命名2017年度服务业星级企业36家，其中入库税收超亿元五星企业5家、入库税收5000万元~1亿元四星企业12家、入库税收超2000万元~5000万元（不含）三星企业19家。年内，列入全市服务业龙头企业培育计划的30家企业，10家企业步入星级企业行列。培育生产性服务业企业和互联网平台企业，悦达资本股份有限公司被认定为省生产性服务业领军企业，江苏第六通道科技发展有限公司被认定为省互联网平台重点企业。至年底，全市有省级生产性服务业领军企业和互联网平台企业4家，省级互联网平台入库企业11家。

2017年全市服务业星级企业

表18–43

星　　级	企　　业　　名　　称
五星企业（5家）	大丰农村商业银行、江苏省烟草公司盐城市公司、江苏悦达摩比斯贸易有限公司、国网电力盐城供电分公司、中国银行盐城分行

续表18-43

星级	企业名称
四星企业（12家）	滨海农村商业银行、建湖农村商业银行、射阳农村商业银行、江苏银行盐城分行、东台农村商业银行、盐城金鹰购物中心、建设银行盐城分行、盐城农村商业银行、盐城国泰投资有限公司、农业银行盐城分行、远景影视股份有限公司、工商银行盐城分行
三星企业（19家）	响水农村商业银行、悦达资本股份有限公司、邮政储蓄银行盐城分行、浦发银行盐城分行、南京银行盐城分行、交通银行盐城分行、盐城之星汽车有限公司、阜宁农村商业银行、中信银行盐城分行、江苏悦达汇金实业有限公司、森风集团有限公司、华夏银行盐城分行、江苏权健科技发展有限公司、江苏辉丰石化有限公司、国药控股股份有限公司、盐城市物资集团有限公司、盐城商业大厦股份有限公司、民生银行盐城分行、江苏华晓医药物流有限公司

三、品牌建设

2017年，全市服务业有中国驰名商标2件、江苏省著名商标10件，江苏名牌企业10个，其中“蛟龙”被认定为中国驰名商标，“盐城八大碗”注册为全国首例地方特色系列菜肴集体商标。新增省级服务业标准化试点企业5个。至年底，全市有国家级服务业标准化试点企业8个、省级服务业标准化试点企业13个；有服务业有效注册商标5973件。年内，盐城第一家本土专利代理机构盐城世维知识产权代理事务所完成工商注册进入国家知识产权局备案。

2017年全市服务业中国驰名商标、江苏省著名商标、江苏名牌企业

表18-44

种类	单位名称	商标名称
中国驰名商标（2件）	江苏大丰海港控股集团有限公司	大丰港
	江苏蛟龙打捞航务工程有限公司	蛟龙
江苏省著名商标（10件）	东台磊达国际大酒店有限公司	磊达大酒店
	江苏河海运输股份有限公司	HEHAI
	江苏蛟龙打捞航务工程有限公司	蛟龙
	盐城市北京人家餐厅管理有限公司	图形
	江苏亚龙航务打捞有限公司	亚龙
	江苏托馥餐饮管理有限公司	托馥咖啡
	江苏大丰海港控股集团有限公司	大丰港
	森风集团盐城怀德汽车有限公司	森风
	盐城市德群冷暖设备工程有限公司	德群
	江苏首兴智能家居有限公司	ZHSX首兴

种类	单位名称
江苏名牌企业（10个）	江苏东方创意文化产业有限公司
	江苏康生药业有限公司
	建湖县台北小站餐饮管理有限公司
	建湖县摩登经典餐饮管理有限公司
	大丰海港港口有限责任公司
	东台市西溪旅游文化景区投资发展有限公司
	江苏生久环境科技有限公司
	盐城市北京人家餐厅管理有限公司
	江苏河海运输股份有限公司
	江苏神龙明物流有限公司

发行《服务业商标品牌——盐城首届服务业优秀商标品牌评选活动专刊》 年内，市工商局、市发改委联合发行《服务业商标品牌——盐城首届服务业优秀商标品牌评选活动专刊》。专刊主要展示全市服务业优秀品牌故事，集中展示“盐城服务”优质形象品牌。全年发行2期。

四、行业管理

2017年，盐城加快推进服务业发展。市政府制定《关于推进聚力创新的十条政策意见》，突出对研发设计、创业孵化、技术转移、知识服务等专业科技服务和综合科技服务支持；制定《关于着力富民兴市促进城乡居民增收的十条政策意见》，加大对服务业创业主体扶持。市政府办公室印发《关于调整市服务业发展工作领导小组成员的通知》，成立服务业组织推进机构；印发《2017年全市服务业工作要点》，细化年度目标任务；印发《盐城市“十三五”养老服务业发展规划》《盐城市“十三五”文化发展规划》《盐城市“十三五”旅游业发展规划》等专项规划文件。市服务业发展工作领导小组办公室印发《全市生产性服务业发展三年行动计划（2017—2019）》和《市区生活性服务业发展三年行动计划（2017—2019）》，促进生产服务、流通服务等生产性服务业向专业化和价值链高端延伸，社会服务、居民服务等生活性服务业向精细化和高品质转变。市财政局、市发改委修订完善《盐城市服务业发展专项资金管理办法》，优化资金扶持结构，提高资金使用效率，突出对服务业关键领域、薄弱环节支持。市发改委制定《全市服务业集聚区“等级创建”评价指标体系和指标评分细则》，突出对服务业集聚区经济规模、运行质量、发展后劲、社会贡献指标的考量；制定《盐城市市级生产性服务业集聚示范区认定管理暂行办法》，推动生产性服务业创新发展和集聚发展。年内，数梦小镇、汽车小镇入选第一批江苏省省级特色小镇创建名单；荷兰花海风情小镇成为江苏省首批旅游风情小镇创建单位；盐城汽车服务业集聚区获批第二批省级生产性服务业集聚示范区，全市有省级生产性服务业集聚示范区3家，省级现代服务业集聚区8家；盐城市大数据产业园（大数据服务）被列入第一批江苏省科技服务业特色基地筹建名单；东台市人力资源服务产业园获批省级人力资源服务产业园，成为苏中、苏北第一家在县级市建立的省级人力资源服务产业园。打造服务业发展平台，华东江苏大数据交易中心获批全省首家大数据流通和交易领域工程实验室；南京大学盐城环保技术与工程研究院创成国家中小企业公共服务示范平台，实现盐城国家级中小企业公共服务示范平台零的突破；盐城综合保税区的跨境电商公共服务中心投入运营；大丰港保税物流中心封关运营。

第一节 旅　游

2017年，全市有AAAAA级景区1家，AAAA级景区12家，AAA级景区17家，省级旅游度假区5家，省级旅游度假区数量列苏北第一位；有全国农业旅游示范点5家，省五星级乡村旅游点3家，省四星级乡村旅游点21家，省三星级乡村旅游点12家，省乡村旅游创新发展示范区1家；有旅游星级饭店34家，其中五星级3家、四星级8家；有旅行社146家，其中具有出境组团资质社7家、中国台湾出游组团资质社1家，有省四星级旅行社3家、省三星级旅行社18家。全年全市接待海内外游客2926.8万人次，实现旅游收入311.75亿元。国庆黄金周期间，全市主要景点游客接待量、门票收入较上年增长两成以上，盐城大力发展赏花经济丰富假日需求的做法受到国家旅游局表扬。年内，盐城获评2017最美中国·国际知名旅游度假城市；盐城城市形象宣传片登录央视财经频道《第一时间》、央视国际频道《国家舆论场》等媒体；央视《新闻联播》《新华日报》等媒体报道中华麋鹿园、大洋湾、梅花湾等景区，《味道》栏目组专题在盐城拍摄盐城特色美食；荷兰花海风情小镇入选省首批旅游风情小镇，东台市西溪旅游文化景区获评江苏名牌企业。休闲观光农业发展迅速，新增休闲观光农业景点39个、总数521个，全年接待游客1480万人次，年综合收入71亿元。年内，东台创成全国休闲农业与乡村旅游示范县；大丰、盐都跻身全国休闲农业与乡村旅游综合发展实力50强；大丰恒北村、东台甘港村、盐都三官村创成省五星级乡村旅游区。

2017年全市星级旅行社

表18-45

序号	旅行社名称	许可证号	星　级	备　　注
1	江苏悦达国际旅行社有限公司	L-JS-CJ00055	四星级	具备出境组团资质
2	东台市环球国际旅行社有限公司	L-JS09023	四星级	
3	盐城海外国际旅游有限公司	L-JS-CJ00143	四星级	具备出境组团资质
4	盐城康辉国际旅行社有限公司	L-JS-CJ00063	三星级	具备出境组团资质、具备中国台湾出游组团资质
5	盐城市望海旅行社有限公司	L-JS09006	三星级	
6	盐城中国青年旅行社有限公司	L-JS09019	三星级	具备出境组团资质
7	盐城市神龙旅行社有限公司	L-JS09037	三星级	

续表 18-45

序号	旅行社名称	许可证号	星 级	备 注
8	盐城市航空假日旅行社有限公司	L-JS09043	三星级	
9	盐城市神州旅行社有限公司	L-JS09050	三星级	
10	盐城四季之旅旅行社有限公司	L-JS09057	三星级	
11	盐城市凯越体育旅行社有限公司	L-JS09080	三星级	
12	江苏绿叶国际旅行社有限公司	L-JS-CJ00065	三星级	具备出境组团资质
13	东台四季旅行社有限公司	L-JS09031	三星级	
14	盐城市春晖旅行社有限公司	L-JS09096	三星级	
15	盐城市风光国际旅行社有限公司	L-JS09036	三星级	具备出境组团资质
16	盐城新都旅行社有限公司	L-JS09074	三星级	
17	江苏捷程国际旅行社有限公司	L-JS09108	三星级	具备出境组团资质
18	盐城市中恒国际旅行社有限公司	L-JS09060	三星级	
19	大丰环球旅行社有限公司	L-JS09088	三星级	
20	大丰华夏旅行社有限公司	L-JS09125	三星级	
21	盐城市光大国际旅行社有限公司	L-JS09085	三星级	
22	滨海县康辉旅行社有限公司	L-JS09110	二星级	
23	大丰中国旅行社有限公司	L-JS09016	二星级	
24	大丰丰东旅行社有限公司	L-JS09073	二星级	

2017年全市旅游星级饭店

表 18-46

序号	饭店名称	星级	地 址
1	江苏驿都国际酒店有限公司驿都金陵大酒店	五星	盐城市世纪大道603号
2	盐城大丰半岛温泉酒店有限公司	五星	大丰区沿湖大道9号
3	江苏欧堡利亚实业有限公司滨海大酒店	五星	滨海县欧堡利亚路1号
4	盐城港汇国际酒店有限公司	四星	盐城市新都东路10号
5	江苏悦达国际大酒店有限公司	四星	盐城市开放大道80号
6	盐城市瀛洲宾馆有限公司	四星	盐城市开放大道76号
7	东台市国贸国际大酒店有限公司	四星	东台市金海中路2号
8	大丰新词大酒店有限公司	四星	大丰区健康西路31号
9	江苏永林国际酒店有限公司	四星	建湖县湖中北路66号
10	富建林海国际饭店有限公司	四星	阜宁县阜城大街116号
11	盐城天海元国际大酒店有限公司	四星	滨海县迎宾大道8号
12	江苏大纵湖国际大酒店有限公司	三星	盐都区大纵湖镇振兴路188号
13	盐城市人民政府第一招待所温泉宾馆	三星	盐城市东进中路88号
14	盐城市城南新区棕榈泉假日酒店	三星	盐城市解放南路275号
15	盐城市亭湖区盐海之家酒店	三星	盐城市建军东路33号
16	东台磊达宾馆有限公司	三星	东台市红兰路86号
17	东台众达国际大酒店股份有限公司	三星	东台市望海东路16号

续表 18–46

序号	饭店名称	星级	地　址
18	永丰林会务度假中心	三星	东台市新曹镇
19	东台苏中大厦股份有限公司	三星	东台市望海东路69号
20	东台弶港国际大酒店有限公司	三星	东台市弶港镇工业园区1号
21	江苏川渝大酒店	三星	东台市迎宾大道66号伟嘉装饰城A1幢
22	东台市东台镇美庐商务宾馆	三星	东台市北海东路15号
23	江苏银都集团银都大酒店有限公司	三星	大丰区人民南路21号
24	建湖宾馆有限公司	三星	建湖县向阳西路88号
25	建湖县皇廷国际酒店有限公司	三星	建湖县建宝路88号
26	建湖县登达大酒店	三星	建湖县城汇文路296号
27	射阳嘉丰贸易有限公司	三星	射阳县红旗路55号
28	江苏兴谷集团有限公司	三星	阜宁县阜城大街96号
29	阜宁县阜宁宾馆有限公司	三星	阜宁县阜城大街149号
30	滨海县人民政府招待所（滨海县滨海宾馆）	三星	滨海县新建中路88号
31	滨海县财苑宾馆	三星	滨海县城人民南路129号
32	滨海瑞荣国际大酒店	三星	滨海县八滩镇沿河路西侧阳光金城中心广场
33	响水县帝豪大酒店	三星	响水县204国道西侧
34	射阳金阳大酒店	三星	射阳县交通路18号

一、旅游城市建设

2017年，盐城加强旅游城市建设。市委、市政府推动解决旅游产业发展配套不完善等短板问题，制定《支持旅游业发展的公安十条》，对开放旅游大巴进城、特办旅游出境护照等提出政策支持，营造旅游发展环境。年内，建湖、盐都、阜宁、滨海等地旅游局单独成立并充实管理力量；大丰区设立全国首个“全域旅游诉调中心”，成功创建为国家标准化试点城市。9月17日，由新华社新华网主办的第五届全国旅游业融合与创新论坛发布“2017最美中国榜”，盐城市获评2017最美中国·国际知名旅游度假城市。

举办全省首个旅游商品发展论坛　9月8日，全省首个旅游商品发展论坛——2017中国盐城旅游商品发展论坛在盐城举办。北京、上海、南京等地的8位嘉宾，围绕“打造旅游文创品牌，迎接大众旅游时代”主题各抒己见。盐城市重点旅游景区和旅游商品设计、生产、经营单位主要负责人等100余人参加论坛。

4月9日，“观梨花开”第五届中国大丰恒北梨花节开幕。　　市农委/供

举办盐城市第二届金牌导游员（讲解员）大赛　5月18日，由市旅游局、市总工会、共青团盐城市委员会、市妇女联合会共同举办的盐城市第二届金牌导游员（讲解员）评选活动落幕。20家单位的48名选手参加比赛。大赛选拔出“盐城市第二届金牌导游员（讲解员）”十佳选手，通过以赛带训形式，推动旅游服务质量的提升。

二、景区建设

2017年，盐城加强景区建设。大丰梅花湾创建为国家AAAA级旅游景区，全市A级以上景区总数跃居全省第五位。大丰恒北村、东台甘港村、盐都三官村创建为省五星级乡村旅游区，杨侍农业生态园、丰收大地现代农业示范区列入省五星级乡村旅游区创建单位。大丰区获评长三角十强自驾游热门地区。东台西溪景区获评江苏品牌企业，大纵湖绿露营基地获评江苏省房车旅游标准化示范营地、长三角房车旅游标准化示范营地，江苏黄海海滨国家森林公园风景道创建为2017年省旅游风景道，荷兰花海和千鹤湾被省政府列为全省旅游风情小镇创建培育单位，上海—盐都旅游直通车获评江苏省“十条新线路”。至年底，全市有景区（点）94家。其中，国家级自然保护区2个，国家AAAAA级旅游景区1个，国家AAAA级旅游景区12个，国家AAA级旅游景区17个，国家AA级旅游景区20个，全国农业旅游示范点5个，国家水利风景区2个，全国重点文物保护单位2个，省五星级乡村旅游区3家，省四星级乡村旅游区21个，省三星级乡村旅游区12个，省二星级乡村旅游区8个，省级重点文物保护单位15个，省级风景名胜区1个，省级旅游度假区5个，省级工业旅游示范点5个。

三、旅游推介

2017年，盐城成功举办2017中国盐城丹顶鹤国际湿地生态旅游节暨第十届海盐文化节旅游活动、盐城春季乡村旅游季暨滨海随耕草莓节、大丰麋鹿文化旅游季暨第四届荷兰花海郁金香文化月、第三届“畅游盐都金秋行”活动、东台“瓜儿熟了”旅游季、大洋湾樱花节、城南新区“七彩天空风筝游园节”“观梨花开”第五届中国大丰恒北梨花节等旅游活动。10月21日，在杭州举办“感受大美湿地，畅游水韵盐城”盐城旅游（杭州）推介会，市旅游局与杭州市旅游委员会签署合作框架协议文本。12月18日，盐城市第二届乡村美食大赛决赛在盐都区三官村北京农庄举行，“鱼头佛跳墙”“菊蟹珍珠扒鱼头”等10道菜获金奖，“首乌米汤鱼”“本港佛跳墙”等20道菜获银奖。（王常江）

第二节　通信服务业

一、邮政服务

2017年，中国邮政集团公司盐城市分公司完成业务收入8.86亿元，实现利润7225万元。代理金融收入规模6.36亿元，新增金融总资产100.6亿元。实现快递业务收入6764万元，快递包裹突破1200万件。

加快电商业务发展，确定9月为电商发展主题月，举办“邮乐919”活动，形成代购订单6.7万笔。至年底，累计建设邮乐购加盟店3255个。全面启动批销业务，运作“射阳大米”等农产品项目，实现分销销售额4677万元；苏邮商务会员平台会员数达2万户，车险业务收入突破1000万元。全年全市完成一次性报刊大收订流转额1.26亿元，实现收入570万元。开发集邮项目，其中硒元素项目单笔形成收入117万元，集邮网厅线上销售突破150万元。与各级政府、银行、电信、移动、中石化、国税、交警等行业客户开展战略合作。其中，税邮合作新开通滨海、阜宁合作专厅，全年实现代征额3573万元；持续开展警邮合作，开展“你文明开车”系列活动，惠及车主60余万人。业务品牌影响力彰显，“腾邮赢客”“爱家行动”“书报刊悦读节”“小小家”系列品牌、“光明书香节”、生肖集邮文化节、“自邮一族”等品牌影响力做强做大。年内，中国邮政盐城分公司举办“邮缘在一起，文明在社区”广场舞大赛，累计开赛52场，网络点击率超300万人次，推送的朝阳社区艺术团在全省广场舞大赛上获一等奖。

加强基础设施建设。投入1140万元购置建湖上冈、钟庄、射阳双山北路3处新局房；启动新一轮网点改造工程，投入1772万元完成网点高标准改造23处；投入近550万元完成集邮旗舰店、滨海税邮大厅、响水警邮合作大厅等作业场地建设22处；投入800万元完成报刊分发系统、指调中心设备系统等系统改造升级；投入292万元，采购电脑、热敏打印机等设备近400台；投入近400万元，新增、更新汽车42辆、电动三轮车201辆。推进实物网优化，升级改造皮带流水线，推进邮件处理全流程不落地作业，快递包裹年处理量2024万件；常态化组开盐城—广州、济南直达一干邮路，在“双十一”期间临时增开盐城—杭州、长沙、成都等14条一干邮路；前置分拣投递，成立市公司快递包裹分拨中心，设机动车段道6条；撤销建军投递部，设立开发区投递部，整合投递段道；全年建成1500个自提点，自提占比26%。加快信息化建设，先后完成邮保障APP系统、金融营销物品管理系统等项目的开发工作，中国邮政盐城分公司成为全国邮政首家、全国服务业第二家通过工信部“两化”融合体系认证的地市级公司。至年底，全市邮政服务营业网点227个，其中大市区37个、东台35个、大丰33个、射阳27个、滨海31个、阜宁25个、响水19个、建湖20个。

邮政市场管理　年内，市邮政管理局累计出动检查326人次，检查出各类问题124处，下发书面通报4期，约谈企业6家，下发责令改正通知书11份。办理许可委托核查10项。核发快递企业分支机构名录9家，办理快递分支机构备案9家。全年处理有效申诉761件，其中快递业务693件，处理申诉准时率100%，处理申诉正确率99.5%，消费者对企业处理申诉满意率为98.2 %，对政府处理申诉满意率为99.3%。（成　慧　邓君亭）

二、电信服务

2017年，中国电信股份有限公司盐城分公司天翼以4G引领全面加快移动业务规模突破，实现新增份额超33%；实现营业收入29.2亿元，其中主营收入17.4亿元，年缴税额2.2亿元。至年底，盐城电信服务固定电话用户69万户，宽带用户106万户，网络电视用户83万户，天翼手机用户177万户，政府及企业客户11万户；FTTH（光纤到户）覆盖住户339万户，实现城乡光网全覆盖。1月，公司开通互联网国际通信专用通道40G，国际出口数据质量提升。至年底，FDD-LTE（频分双工，国际上使用最广泛的4G标准）标准4G网络面积覆盖率98.2%，人口覆盖率99%，第三方测试盐城地区4G下载速率盐城电信4G下载速率为49M。服务地方经济发展。承建江苏省政府电子政务异地灾备中心，一期建设机架14个，实现全省电子政务数据异地备份，并通过省电子政务办验收；与阜宁县政府共同建设全市首个横向综合政务云平台，平台建设以资源共享、政务协同为目标，减少重复投资，节约行政成本，提高工作效率，促进信息流通和资源共享，实现资源的合理配置和透明管理；完成全市"12345"热线6条大热线、21条小热线的融合工作，构建成"省市一个平台、便民一个号码、全国一流水平"的政府公共服务热线新格局；承接全市9个县（市、区）电子政务外网项目建设工作，4月，建成1128条电子政务"信息高速公路"，完成相关区域的纵、横向电子政务外网的电路贯通；依托电信大数据、光网资源等优势，为全市近200家政府部门、企事业单位提供舆情监控服务，第一时间发现各类关键信息，为社会治安、维稳管控提供有效监管手段；配合市安监局联合推广智慧安监系统，实现安全生产、移动执法、现场办公等新功能在综合平台、146个智能执法仪加载；牵头发起成立盐城市物联网协会，打造盐城本地物联网生态圈，推进经济产业向互联网化、智能化转型，组织政府部门、相关企业共同开展行业研讨，构建交流平台，推动产业链整合发展。

首个"翼支付小镇"揭牌 1月23日，中国电信盐城分公司首个"翼支付小镇"揭牌暨2017年货节在盐都区冈中街道举行，《盐阜大众报》、盐都区电视台等媒体现场采访报道。"翼支付小镇"，主要是服务小镇用户通过"翼支付"平台交水电费、交话费，以及支付线上电商、线下商户消费，便利居民生活。至年底，中国电信盐城分公司翼支付中心与盐都区电信分局联手打造的"翼支付"覆盖冈中主要商户，所有联盟商户同时转化为电信"简销"代言人。

（邹湘彬）

三、移动服务

2017年，中国移动通信集团江苏有限公司盐城分公司有客户451万户，其中4G客户293万户、手机上网用户356万户、宽带用户89万户、Volte用户233万户、掌厅客户端用户162万户；实现运营收入28.3亿元，企业固定资产总额58.8亿元；有自有营业厅20家，合作营业厅1492家，各级服务网点遍及城区、乡镇、村（社区），覆盖率100%。全年新增4G基站1060个，新建NB基站827个，站点累计1.46万个；新建驻地网小区2692个，覆盖用户57.3万户；新建管道工程105条、86沟千米，累计1.01万沟千米；新建各类光缆7500千米，累计10.7万千米。加快光纤到户改造，完成光纤改造75万户，提高50兆~100兆宽带承载能力。持续改善网络质量，网格综合覆盖率99.82%以上，其中机场、景区等重点场景覆盖率99.85%。开展"友商+本网"网络使用感知对标测试3期，收集有效测试样本2000余个。设立服务专席，强化在线服务能力，对省、市公司开展的满意度调查，收集到的贬损客户，100%进行一对一接触修复，全年修复贬损客户2.28万户。开展"满意客户打10分""最美营业员"等服务宣传活动，树立"移动优服务"口碑，全年参与用户17.39万人次，收集客户问题3024个，用户问题解决率95.6%。投入盐城智慧城市项目建设。完成全市电子政务外网线路覆盖建设，共计签约建设线路649条，助力"智慧政务"开展。建设大丰区全域旅游平台、丹顶鹤保护区珍禽守护平台，助力盐城"智慧旅游"发展；实现国土卫士、蓝天卫士平台全市覆盖，建设秸秆禁烧自动预警系统，助力"生态盐城"发展；组织开展金融、教育等行业信息化推进会，推进金融、教育、卫生行业信息化发展；助力盐都区、滨海县以及射阳县校园安防建设，覆盖340余所中小学。建成NB-IOT商用网络，助力车联网、智能路灯、远程抄表、电梯卫士、环境监测、能源电力、智慧医疗、智慧家庭等业务建设，实现城市智慧互联；打造智慧民生入口，建设无线盐城本地生活门户APP，开展儿童公益平台、交通实时视频等民生业务，客户端注册用户35万余户。

（朱栋才）

四、联通服务

2017年，中国联合网络通信有限公司盐城市分公司完成主营业务收入4.36亿元；有移网用户25.9万户，4G用户10.6万户；新增宽带用户2.1万户，智慧沃家用户1.29万户；主营渠道建点118家，有质主营渠道299家，优质主营渠道143家，分成模式渠道37家；建成近400个线下销售网点，新增2I2C用户12.72万户；校园市场新增用户4万户，其中移动电话网络用户3.8万户、固定电话网络用户1985户。全年完成合同订单321个，合同额4543万元；签约重大项目19个，合同额3157万元；完成批复立项项目64个，批复金额5700万元。年内，联通移动网开通基站70个，完成27栋楼宇室分，完成的室分全部与电信实现共建共享；传送网建设开通基站20个，完成38个室分站点的线路布放，完成14个2I2C基站及室分的线路布放及开通，完成管道建设68.8沟千米，完成主干接入光缆建设约220皮长千米；接入网新增覆盖小区23个、涉及用户2.05万户，完成订单式集团客户686单。推进"网络瘦身"，提升无线资源利用率，通过优化拆除低效3G基站40个，2G、3G减容载波150个，实现载频/载波智能关断1.6万个，室分夜间闲时下电230个，合计节省电费88.5万元。铁塔方面通过推迟140个基站起租期5个月，节约租赁成本149万元；核减铁塔原因退网基站租金59万元；整合退租二中、华茂医药等7处机房，年节约租金16万元、电费25万元。全年释放房租成本计提98万元、能耗成本计提284万元。全年累计完成故障抢修1150次、资源核查758件、一站式服务82件、本地开通、变更任务960条，及时开通率100%。

（杨　芳）

五、广电服务

2017年，江苏省广电有线信息网络股份有限公司盐城分公司实现经营收入1.71亿元、利润3098万元，累计发展数字电视用户16.35万户、高清互动用户10.12万户、宽带用户4.5万户。年内，公司继续推进县级公司重大资产重组工作，完成阜宁、建湖、射阳、大丰、响水、东台6家单位400多名事业人员回原单位工作事宜，在全省率先完成滨海、建湖、盐都、大丰、响水、射阳、阜宁、东台8家县级公司广电网络重大资产重组，调查和股份转让协议的签订工作。推进乡镇重点区域、小区和城郊网络改造和优化工作，完成对射阳、大丰、响水、滨海、阜宁、建湖的三级播控平台建设，配合完成"市县+市内"光缆干线在线监测系统建设、乡镇MSTP二期建设，以及宽带业务扩容改造等工作。实施市县联动，加大智能化业务市场竞争力度，实现集约化、规模化、产业化发展。先后配合东台、大丰、盐都、建湖、射阳、阜宁、滨海、响水8家县级公司参与公安监控"村村通"和智能化项目竞争，全市累计签订项目合同1.21亿元。其中，市公司完成盐城南师大附中3763万元智能化工程建设，中标1192万元城南公安"云眼"等项目；东台分公司中标完成6个乡镇的"村村通"监控等项目建设；射阳分公司完成"智慧射阳"无线Wi-Fi项目建设，中标智慧教育等项目；大丰分公司中标大丰区人民法院高清视频改造设备采购等项目。年内，市公司承建阜宁、滨海、射阳等地政府视频会议系统建设，建湖、阜宁、盐都等地广播"村村响"工程建设，以及东台、射阳、阜宁、滨海益农信息社等项目；在亭湖区启动盐东、便仓、黄尖、南洋、步凤等镇的"智慧乡镇"建设，完成"智慧盐东"地方平台搭建。

（胡中耕）

第三节　商贸流通

2017年，全市实现社会消费品零售总额1806.2亿元，同比增长10.8%。其中，批发业、零售业、住宿业、餐饮业分别实现217.4亿元、1405.1亿元、18.7亿元和165亿元，同比分别增长9.3%、11%、10.1%和11%。

一、市场建设

2017年，盐城持续推进31个市级以上服务业集聚区建设，全年完成投资271亿元，实现营业收入681.3亿元，税收38.2亿元。50个服务业重点项目完成投资330.2亿元。列入省服务业"十百千"重点项目中的12个项目，计划年度投资130.1亿元，实际完成投资134.8亿元。

至年底，全市新建、升级改造农贸市场30个。其中，亭湖区新建1个，盐都区新建1个、升级改造2个，城南新区新建1个，大丰区新建2个、升级改造14个，响水县升级改造1个，阜宁县新建6个，射阳县新建2个，项目总投资4.19亿元，经营面积5.8万平方米，实现当年建成运营，解决57万城乡居民买菜难问题，安排就业1730人。加快鲜活农产品直供社区店建设。建成市级鲜活农产品直供社区店8个，完成投资270万元，实现销售7500万元。建成的市级鲜活农产品直供社区店销售价格比其他零售市场销售价格低10%左右，方便城乡居民日常消费。

2017年全市社会消费品零售总额情况

表18-47　　单位:亿元

指标及分类	实 绩	同比（±%）	指标及分类	实 绩	同比（±%）
全　市	1806.20	10.80	2.城镇的零售额	1708.30	10.60
东台市	279.90	10.40	#城区	896.20	11.70
建湖县	190.40	10.70	乡村的零售额	97.90	14.30
射阳县	185.40	10.40	3.批发业	217.40	9.30
阜宁县	143.80	10.40	#限额以上企业	92.60	5.40
滨海县	122.30	10.70	零售业	1405.10	11
响水县	73.70	10.80	#限额以上企业	649.10	7.50
市　区	810.70	11	住宿业	18.70	10.10
#大丰区	189.40	9.60	#限额以上企业	5.60	7.30
#盐都区	232.40	11.30	餐饮业	165	11
#亭湖区	275.30	9.60	#限额以上企业	67.50	6.60
#开发区	46.50	9.50			
#城南新区	67.10	11.10			

2017年全市市级以上服务业集聚区名单

表18-48

序号	集聚区名称	集聚区类型	区 域	备 注
1	盐城市现代物流园	现代物流	亭湖区	省级生产性服务业集聚示范区
2	盐城城西南现代物流园区	现代物流	盐都区	省级现代服务业集聚区
3	盐城农副产品物流园区	现代物流	亭湖区	
4	大丰港现代物流集聚区	现代物流	大丰区	省级现代服务业集聚区
5	江苏里下河物流园区	现代物流	建湖县	省级现代服务业集聚区
6	阜宁港物流园区	现代物流	阜宁县	
7	建湖建冈现代物流集聚区	现代物流	建湖县	
8	盐城大数据产业园（原名：盐城智慧科技城）	科技服务	城南新区	
9	盐城国际软件园和服务外包基地	科技服务	市开发区	省级现代服务业集聚区
10	盐城高新技术创业服务中心	科技服务	城南新区	
11	东台市科技服务业集聚区（原名：东台新能源产业园服务业集聚区）	科技服务	东台市	省级现代服务业集聚区
12	盐城环保科技城智慧谷	科技服务	亭湖区	
13	国际汽车试验服务中心	科技服务	大丰区	
14	盐城市聚龙湖商务服务业集聚区	商务商贸	城南新区	省级生产性服务业集聚示范区
15	城南金融城	商务商贸	城南新区	
16	东方汽车广场	商品市场	盐都区	
17	大丰商品市场集聚区	商品市场	大丰区	
18	东台钢材市场集聚区	商品市场	东台市	
19	射阳县黄沙港海产品交易中心	商品市场	射阳县	
20	射阳商品市场集聚区	商品市场	射阳县	
21	盐城中小文化企业集聚区	文化产业	盐都区	
22	东方1号创意产业园	文化产业	大丰区	
23	东台西溪文化产业集聚区	文化产业	东台市	
24	聚龙湖文化产业集聚区	文化产业	城南新区	
25	建湖城南文化产业集聚区	文化产业	建湖县	
26	盐城市海盐历史文化风貌区	旅游休闲	市 直	
27	盐城大纵湖湿地旅游度假区	旅游休闲	盐都区	
28	阜宁县金沙湖旅游经济区	旅游休闲	阜宁县	
29	盐城汽车服务业集聚示范区（原名：盐城汽车及零部件生产性服务业集聚区）	综合服务	市开发区	省级生产性服务业集聚示范区
30	响水县沿海产业发展服务业集聚区	综合服务	响水县	
31	滨海泵阀产业配套服务区	综合服务	滨海县	

公益性农贸市场改革试点 年内，市商务局组织开展省级公益性农贸市场改革试点工作。响水县显林农贸市场、阜宁县双桥农贸市场、阜宁县胜利花苑农贸市场、亭湖区龙桥农贸市场、城南新区解放路农贸市场、大丰区刘庄农贸市场、大丰区白驹农贸市场、大丰区龙王庙农贸市场、大丰区森海农贸市场9个农贸市场列入省级公益性农贸市场改革试点项目单位，实现改造面积2.16万平方米，有效投入1116.6万元。9个农贸市场都与政府部门签订稳价、保

解放南路农贸市场。　　李思远/摄

供、安全、环保等协议，明确保供稳价机制，食品检测、卫生环保及市场规范化管理等规章制度，确保如遇重大突发事故或者重大自然灾害等情况，在市场保供，物价稳控方面发挥应有的作用。

2017盐城市名特优产品展销会　5月17—19日，由市政府主办、市商务局承办的2017盐城市名特优产品展销会在市体育馆外广场举办。展销会有参展企业88家，展位100个，展销产品300多种，吸引5万多名市民参与选购，完成营业额100多万元。其中，参展企业中有江苏老字号企业4家，盐城老字号企业9家；电商企业15家。

江苏盐阜人民商场　江苏盐阜人民商场开业于1979年10月1日，是盐城商界的“老字号”，位于盐城老城中心位置。拥有营业面积2.7万平方米，员工2000余人，主要从事日用百货、黄金珠宝、化妆品、鞋帽服装、家用电器、烟酒副食品、五金家电、针纺织品等13个大类4万余种商品的零售批发业务和超市连锁业。盐阜人民商场还有“服饰广场”和“家电广场”2个专营店。全年实现商品销售4.46亿元，创利税1942.25万元。

盐城金鹰购物中心　盐城金鹰购物中心位于建军中路169号，建筑面积6.2万平方米，有营业楼层8个。盐城金鹰引入近500个国内外知名品牌，汇聚购物、国际连锁快餐、主题餐饮、美容美发、影院等业态。全年实现商品销售16亿元，创利税7587万元。

金鹰天地　金鹰天地位于解放路东、府西路西、新都路南、聚亨路北，占地面积7.13公顷，建筑面积32.5万平方米，分为南、北两个区，南区主要建设12万平方米的商务写字楼和公寓楼，北区主体建筑32层，主要建设13万平方米的金鹰聚龙湖购物中心和4.5万平方米五星级酒店，是集购物、休闲、娱乐、酒店、商务、居住于一体的大型城市综合体。2014年9月6日，开业运营。至2017年底，金鹰聚龙湖购物中心入驻金鹰海洋馆、卢米埃影城、星巴克咖啡、萨福来顶级名品汇等品牌400多个，日均客流量近2万人。全年实现营业额8亿元，完成纳税1065万元。

盐城宝龙城市广场　盐城宝龙城市广场位于迎宾路以东、青年路以南、人民路以西、东进路以北区域，项目占地面积21.53公顷，由香港上市公司宝龙地产投资建设，注册资本7500万美元，总投资约25亿元，总建筑面积49.5万平方米，其中购物中心13.5万平方米、商业街5万平方米、SOHO办公6.8万平方米、商务酒店2万平方米、住宅区15万平方米，是集购物、休闲、酒店、商务、居住、餐饮、文化娱乐于一体的大型城市综合体。2011年9月，开业运营。至2017年底，宝龙购物中心入驻永辉超市、五星电器、横店影城、H&M、La Chapelle、现代纯K、纳斯达克、宝莱百货等品牌120多个，集聚各类商家198家，日客流量8万人次。全年实现营业额5.9亿元。

中南世纪城购物中心　盐城中南世纪城购物中心是江苏南通中南集团开发管理的购物中心项目，位于解放路与海洋路交会处，总建筑面积28万平方米，单体面积14万平方米，是集购物、休闲、餐饮、娱乐为一体的一站式大型购物中心，有大型超市、国际影城、时尚KTV、儿童游乐设施、主力餐饮、时尚服饰等业态。2014年10月，开业运营。至2017年底，入驻商户180多家。全年实现商品销售7亿元，创利税6800万元。

金鹰奥莱城　金鹰奥莱城东靠人民南路、南临聚亨路、北依聚龙湖，占地面积约3.2公顷，总建筑面积6.36万平方米，主要功能集商业零售、特色餐饮、休闲娱乐、文化体育等为一体的综合体，其中D、E、F、G、H、M6栋楼主要业态为百货服饰，其余A、B、C、J、K、L6栋楼主要业态为特色餐饮、健康教育、家装用品等。2012年5月8日，开业运营。至2017年底，入驻La Chapelle、麦堂咖啡等品牌项目71个，集聚各类商家近100家。全年实现营业额1.5亿元，完成纳税355万元。

钱江财富广场　钱江财富广场位于解放路以东、迎宾路以西、青年路以南、东进路以北，由上市公司“卡森国际”投资开发、苏嘉房产投资建设，总占地面积2.02公顷，建筑面积6.34万平方米，集居住、商业、休闲文化产业等于一体。全年实现营业额2亿元。

缤纷亚洲 缤纷亚洲位于盐马路以东、解放路以西、东进路以南、鹿鸣路以北，总建筑面积6.8万平方米，其中商业面积4.8万平方米，总投资超过2.5亿元。由江苏汇辰投资发展有限公司投资、盐城市汇隆置业有限公司开发建设，是集餐饮、娱乐、休闲购物与办公于一体的大型综合性项目，业态包括餐饮中心、娱乐城、城市酒店、商务公寓等。全年实现营业额约2亿元。

凤凰汇城市综合体 凤凰汇城市综合体位于聚亨路以南、解放南路以东。项目占地面积2.6万平方米，总建筑面积7.8万平方米，主体商业3万平方米，主要业态包括大型影院、KTV、健身、早教、餐饮等，另有湖景办公楼2栋。2016年9月30日，全面运营。至2017年底，有入驻商家76家。全年实现营业额2亿元。

华润橡树湾欢乐广场 华润橡树湾欢乐广场位于人民南路及海潮路沿街，建筑面积2.8万平方米。其中，临人民南路商业（华润欢乐广场）2万平方米，海潮路沿街商业面积0.8万平方米。欢乐广场以“亲子业态”为主题，荟萃精致餐饮、休闲生活馆、教育培训等业态。全年实现营业额1亿元。

紫薇国际广场 紫薇国际广场位于人民路以东、戴庄路以西、世纪大道以南、新都路以北，占地面积5.47公顷，总建筑面积27万平方米。商业面积12.7万平方米，其中A区2.1万平方米，建设酒店公寓、机关医院和农行；B区4.1万平方米，建设农贸市场、餐饮、酒店等；C区6.5万平方米，建设餐饮、休闲娱乐等。全年实现营业额2亿元。

棕榈泉广场 棕榈泉广场位于解放路与盐渎路交接处，总占地面积2.27公顷，其中商业面积5万平方米，集居住、商业、办公、休闲于一体的城市综合体。全年实现营业额2000万元。

江苏永辉超市有限公司（中南店） 江苏永辉超市有限公司（中南店）位于解放路与海洋路交会处中南世纪城购物中心地下一楼，建筑面积1.83万平方米，员工200余人，从事预包装食品兼散装食品、乳制品的批发与零售，图书、期刊、影像制品零售，日用品、家用电器及电子产品、通信器材、针纺织品、服装、文化体育用品及器材、珠宝首饰、汽车摩托车配件、自行车、电动自行车、五金交电、仪器仪表、家具、室内装修材料花卉玩具等销售，初级农产品的收购和销售，共2万余种商品的零售批发业务和超市连锁业。2014年10月31日，开业运营。全年实现商品销售1.6亿元，实现利税 473万元。

江苏永辉超市有限公司（宝龙店） 江苏永辉超市有限公司（宝龙店）位于迎宾路以东、青年路以南、人民路以西、东进路以北宝龙城市广场综合体内。建筑面积6988.5平方米，员工100余人，从事预包装食品兼散装食品、乳制品的批发与零售，图书、期刊、影像制品零售，日用品、家用电器及电子产品、通信器材、针纺织品、服装、文化体育用品及器材、珠宝首饰、汽车摩托车配件、自行车、电动自行车、五金交电、仪器仪表、家具、室内装修材料花卉玩具等销售，初级农产品的收购和销售，共2万余种商品的零售批发业务和超市连锁业。2011年09月23日，开业运营。全年实现商品销售1.4亿元，实现利税360万元。

（孙庆勇）

二、市场管理

2017年，市商务局开展以专项检查行动为抓手，以群众投诉举报为线索，突出餐饮业、单用途商业预付卡、成品油等执法重点，拓展家政服务业、汽车销售管理等执法领域。全年出动执法车辆430余车次，执法人员1800余人次，立案查处行政处罚案件9起，发放责令整改通知书193份，未发生一起行政诉讼案件和行政复议案件。加强单用途商业预付卡管理。组织开展单用途商业预付卡专项检查行动2次，出动检查人员350余人次，检查车辆110余车次，检查发（售）卡企业136个次，下达责令改正通知书12份。打击侵权假冒。年内，由市商务局、发改委、经信委、法制办、农委、公安局、工商局、质监局、食药监局、环保局、文广新局、科技局、林业局、卫计委、盐城海关、邮政局、检察院、法院等31个部门组成的市“双打”成员单位联合组织开展互联网打击侵权假冒、车用燃油、中国制造海外形象维护“清风”行动等专项整治行动，出动执法人员2.7万余人次，检查生产、销售企业（门店）2.1万余个次，查处侵权假冒案件3000余件，总案值超过1.2亿元，抓获犯罪嫌疑人76人（其中刑事拘留50人，提请逮捕29人）。推进商务领域诚信体系建设。9—10月，市商务局组织开展“诚信兴商宣传月”活动，全市商务条线联合工商、质监等部门组织“诚信兴商”宣传活动35场。加强对成品油行业管理。部署开展成品油企业经营和安全生产情况检查，促进行业规范运行。推动加油站地下油罐防渗改造工作，市政府印发《关于加大力度推进加油站地下油罐防渗更新改造工作的通知》《关于加快推进加油站地下油罐防渗改造工作的通知》、市商务局印发《关于规范加油站更新双层油罐工作流程的通知》《关于完善加油站地下油罐防渗改造中调整罐容相关手续的通知》等文件，对地下油罐改造中涉及的改造手续、罐容调整等问题予以明确和简化，并与市环保、安监等部门联合发文对相关工作细化，推进防渗改造工作。

三、电子商务

2017年，全市完成电子商务交易额1853亿元，同比增长21.5%；网络零售额287亿元，同比增长27.9%。全市21个电子商务集聚园区，入驻企业超过600家，从业人员超过5000人，全年实现电商交易额超过100亿元。推动电子商务发展，市商务局利用电视、网络、报刊等渠道，加强对国家、省电商政策和全市电子商务发展情况进行宣传，推广各地成功案例和创新做法，编辑发布微信公众号97期，突出宣传电商政策、电商动态、优秀电商示范园区和企业，全方面宣传盐城电子商务发展情况，扩大盐城电子商务产业知名度。加快发展农产品电商，京东、苏宁易购、淘宝、邮乐网“盐城特产馆”建成并上线运行，至年底，全市统计在册农村网店8650个，开展网络销售的农产品生产加工企业200多家，涉及农产品销售的电商平台20多个。年内，盐城成功创建国家电子商务示范企业2个、省级电子商务示范镇5个、省级电子商务示范村3个、省级电商示范社区创建试点2个、省级电子商务示范基地（园区）6个、省级电子商务示范企业10个，全市省级示范镇、示范村总数分别达到14个和22个。举办2017中国·盐城农村电商高峰论坛；联合市委组织部，在全市范围内开展“十佳远教电商创富之星”评选活动；推动各县（市、区）举行电商培训，全年全市电子商务培训人数突破1.6万人次。

2017中国·盐城农村电商高峰论坛 5月18日，由市政府主办，市商务局、南京大学盐城电子商务研究院、盐城市电子商务协会承办的2017中国·盐城农村电商高峰论坛在盐城举行，400多位省内外嘉宾受邀参会。会上，市商务局介绍盐城电商发展情况，市电子商务产业园和市电商快递产业园分别作招商推介；商务部国际贸易研究院副院长曲维玺等8位嘉宾围绕农村电商发展、农村淘宝模式等主题进行演讲。

2017年盐城远教电商优秀创富案例暨“十佳远教电商创富之星”评选活动 9月14日，由市委组织部、市商务局联合主办，盐城广播电视总台具体承办，市交通控股集团冠名，江苏银宝控股集团、市城投集团协办2017盐城远教电商优秀创富案例暨“十佳远教电商创富之星”评选活动颁奖典礼在盐都区文化艺术中心举行。此次评选活动面向全市各镇村电商从业人员开展案例征集评选，重点是从创富带富能力较强的基层党组织书记、大学生村官及其他村干部、能人大户、远教站点管理员和学用致富标兵等对象中进行遴选，从中征集一批依托远程教育创新创业、探索发展电子商务、带动地方特色产业发展，带领群众致富增收的典型经验和榜样人物，挖掘总结成功经验。活动分为活动发布、案例征集、专家评审、颁奖仪式4个阶段。自6月正式启动以来，在全市范围内征集到创富案例95个，经网上展示、大众投票、专家评审等环节，评选出优秀创富案例20个，“十佳远教电商创富之星”10个。

四、粮油商业

2017年，全市粮油商业实现销售300亿元，利税8.5亿元。全年全市入库粮食近400万吨，比上年增加48万吨，其中以国家最低收购价收购粮食110万吨，比上年增加33万吨。最低收购价为小麦每500克1.18元，粳稻每500克1.55元，促进农民增收20亿元。在收购期间，全市所有最低价收购库点为种粮大户、军烈属、建档立卡低收入农户开辟“绿色通道”，实行结算一条龙服务。加快粮油基地建设，建成省粮油商品交易盐城分市场，建成“六代”（代供种、代检测、代烘干、代收购、代加工、代销售）为农服务中心16个；射阳县建成的6家为农服务中心通过省粮食局评审，作为首批粮食产后服务体系项目获得省财政1400万元资金支持；市粮食局、响水县购销总公司被省人社厅、省粮食局联合表彰为“粮食安全先进单位”。加强粮油品牌建设。加大“生态大粮仓·盐城好大米”推介力度，先后举办盐城（福建）粮食产销合作推介会、“生态大粮仓·盐城好大米”南京专场推介会，宣传推介盐城有机米、生态米、弱碱米，全年与客商签订购销合同40万吨，签订大米加工及深加工项目6个，投资总额11.2亿元。开通“盐城好大米”网站及微信公众号，成立“盐城好大米”产业联盟，开发“盐城好大米”宣传推介平台。年内，阜宁县获评全国首批“国家好粮油行动示范县”；射阳大米、阜宁大米、建湖大米在长沙举办的中国粮油展上被组委会授予金奖。加快粮食仓储设施建设，全市争取省财政支持的60个粮食仓储、烘干、智能化升级项目全部建成，新增仓容25万吨；盐城市瑞丰谷物有限公司粮食仓储物流项目一期5.3万吨仓房建设做到当年开工、当年竣工验收、当年收粮。开展爱粮节粮宣传活动，承办第三十七届“世界粮食日”江苏主会场活动，开展“爱粮节粮”进社区、进机关、进学校、进农户宣传活动，帮助消费者掌握必要的粮食营养及储存知识，增强爱粮节粮意识。年内，盐城师范学院获评江苏省“爱粮节粮”先进集体、市粮食系统退休人员田怀禹获评江苏省“爱粮节粮”先进个人。

粮油监管 年内，市粮食局在全市范围内开展粮食库

2017年全市省级电商示范镇（村）

表18-49

名　称	单位名称
省级电商示范镇（14个）	东台市新街镇、安丰镇、东台镇，大丰区三龙镇、大中镇，盐都区大纵湖镇、郭猛镇，建湖县高作镇、恒济镇，射阳县合德镇、洋马镇，阜宁县东沟镇，滨海县天场镇、正红镇
省级电商示范村（22个）	东台市新街镇新街村、新街镇东方村、东台镇三灶村，大丰区大中镇恒北村、刘庄镇友谊村、三龙镇龙头村、南阳镇东旺村，建湖县高作镇陈甲村、恒济镇建河村、恒济镇恒庆村、上冈镇南庄村、芦沟镇双庆村，盐都区大纵湖镇鱼范村、中兴街道周伙村，滨海县滨海港经济区首乌村、正红镇贺君村、天场镇秉义村，射阳县洋马镇药材村、盘湾镇南沃村，亭湖区南洋镇头灶村、新兴镇三灶村，阜宁县东沟镇永兴居委会

存检查，检查企业264家，检查粮食262万吨（交叉互查数量113万吨）。对托市粮收购工作，改变过去托市结束验收把关做法，实行每周到库点检测，不合格立即叫停，实现日日查、周周清。在全市夏粮托市收购统仓验收时，370个样本仅有2个细微有误差（托市粮食等级及品质，相差一个等级为每千克0.02元）。

粮食安全责任制考核获优秀等次 年内，市粮食局牵头16个部门代表市政府对县（市、区）粮食安全责任制进行考核，在省政府粮食安全责任制考核4个“一票否决”的基础上，将“中央财政产粮大县、超级产粮大县奖补资金用于粮食仓储设施、烘干设施及信息化建设投入低于50%的”列入市粮食安全责任制考核办法“一票否决”事项。经对2016年度考核统计，9个县（市、区）累计获得中央产粮大县和超级产粮大县奖励资金2.54亿元，其中用于粮食仓储物流、烘干设施建设等粮食流通领域的资金1.64亿元，占中央财政产粮大县、超级产粮大县奖补资金总额的65%。其中，建湖县、大丰区、盐都区、阜宁县考核等级为优秀；东台市、射阳县、亭湖区、响水县考核等级为良好；滨海县因中央财政产粮大县、超级产粮大县奖补资金用于粮食仓储设施、烘干设施及信息化建设投入低于50%，未达到考核要求被“一票否决”。市粮食安全责任制工作在省政府对市级粮食安全责任制落实情况的考核中，通过考核并获优秀等次。

“六代”为农服务中心 年内，市粮食局建设完成“六代”（代供种、代收购、代烘干、代检测、代加工、代销售）为农服务中心16个，旨在服务种田大户、家庭农场、农民合作社及结对帮扶农户，通过开展服务和拓展功能将服务中心培植成为全市粮食产业化重点龙头企业，达到农民增收、企业增效、节粮减损“三个促进”目标。

（姬祖伟　徐华昌）

五、烟草专卖

江苏省盐城市烟草专卖局（江苏省烟草公司盐城市公司）下辖响水、滨海、阜宁、射阳、建湖、大丰、东台7个县（市、区）局（分公司）和31个基层客户服务站，设职能部门13个，依据《中华人民共和国烟草专卖法》《中华人民共和国烟草专卖法实施条例》《烟草专卖行政处罚程序规定》《烟草专卖许可证管理办法》《烟草专卖准运证管理办法》，行使卷烟批发经营和市场管理2项职能，有员工1023人。全年全市实现销售卷烟22.69万箱，销售金额70.72亿元，实现税利19.31亿元，列江苏省烟草系统第五位，其中实现入库税收13.46亿元。至年底，全市有持证卷烟零售客户3.6万户。加强与公安、检察、法院、工商、邮政、商务局、海关等部门沟通协作，加大跨部门联合执法力度。全年查处各类违法违规卷烟经营案件3277起，查获各类涉案卷烟1546万支，总案值1788万元。年内，盐城烟草被省烟草专卖局和省公安厅联合表彰为全省卷烟打假工作特殊贡献单位。

（贯成松）

六、盐业专卖

盐城市盐务管理局与江苏省盐业集团盐城盐业分公司合署办公，为“两块牌子、一套班子”。公司最早组建于1983年7月，2000年11月改制为江苏省盐业集团盐城有限公司；2008年4月江苏省盐业集团成立子公司江苏省苏盐连锁有限公司，盐城市食盐批发企业经合并组建成江苏省苏盐连锁有限公司盐城分公司，为江苏省盐业集团所属的国有企业，重点组织开展各类盐产品批发供应销售和流通贸易。盐城市盐务管理局依法承担盐城市盐业行政执法职能，负责盐城市食盐安全保障工作。全年全公司实现营业总收入1.5亿元，实现经营性利润537万元；全年销售各类盐产品9.8万吨，其中销售小包装食盐2.2万吨，“淮盐”品牌影响力持续提升。

盐政管理 年内，市盐务管理局联合公安等部门部署开展“食盐安全春季联合执法专项行动”“食盐安全联合执法‘百日行动’”，加大对经营食盐资质、经营方式和经营行为等方面检查，对涉嫌非法经营的依法依规进行查处。全年查处盐业违法案件1296件。其中，移送司法机关25件，立案19件；移送涉案人员38人，逮捕2人；涉盐刑事案件累计判决18人、2个单位，其中被亭湖区人民法院判刑8人、刑事判决单位2个，被盐城市中级人民法院判刑2人，被建湖县人民法院判刑1人，被阜宁县人民法院判刑1人，被东台市人民法院判刑6人；端掉非法经营食盐窝点15个；查处违法盐产品1810.04吨，其中查处中央电视台曝光“臭脚盐”近百吨，没收违法盐产品778.39吨。（丁德富）

第四节　物　　流

2017年，全市完成社会物流总额1.4万亿元，实现物流业增加值353.6亿元。沿海主要港口完成货物吞吐量9016.63万吨，其中外贸货物吞吐量2459.33万吨。全年全市完成公路货运量5574万吨、货物周转量160.8亿吨千米，水路货运量1.16亿吨、货物周转量294.2亿吨千米。

推动物流行业发展。优化公路货运主体结构，逐步淘汰能耗高、运能差的小微型老旧货运车辆，发展大中型货车、封闭式货车、集装箱货运等新型货运车辆。根据省运政在线统计数据显示，载重吨位和单车平均载重稳步增长，单车平均净载重达到每辆11.2吨，同比提高6%；集约、降耗型的公路货运发展模式凸显，户均车辆数同比提高6.7%，百车户数达到23户。内河港口吞吐量稳定增长，全年全市内河港口完成货物吞吐量3500万吨，同比增长14%。全市水路货运主要承担外部交换的运输任务，盐城与外部交换量占全市货运量的86%。第三方物流发展迅速，新落户的石化、风电、机械、造纸、钢铁等大中型企业对专业化物流服务的需求发展迅速，成为带动全市物流产业发展的市场基础。

加快物流业集聚化、特色化发展。盐城现代物流园区、大丰港物流园区、里下河物流园区、城西南物流园区等省重点物流园区的基础设施和公共平台建设取得新进展，重点物流园区物流增加值突破180亿元。年内，阜宁港物流园被认定为省级示范物流园区、总数3家，与南通并列全省第一位。年内，江苏劲达物流有限公司被认定为省重点物流企业，全市有国家级AAAA级物流企业5家，省级重点物流企业15家。

加快物流行业战略合作。大丰港区与西班牙TCB、宁波港集团等进行战略合作，建成万吨级以上生产性泊位9个，泊位年综合通过能力3162万吨，开辟国际班轮航线8条，开通至宁波港等国内支线。步凤港区与专业从事内贸集装箱门到门运输的洋浦中良海运有限公司合作，在步凤港设立箱站，解决集装箱来源的问题；与广州骏鹏物流有限公司合作，开通盐城至太仓的航线，实现内河集装箱运输的江海河联运；与上海云港海运有限公司签订协议，开通步凤港—连云港航线，以集装箱运输为主。大丰港、悦达港口物流公司、步凤港联手发展河海联运，大丰港集装箱有限公司打造成2艘内河集散两用船；悦达港口物流在大丰港一期旁征地20公顷建设内河码头，拟开通大丰港与步凤港航线，主要以集装箱运输和悦达起亚的轿车滚装，轿车在悦达起亚厂下线后，直接从步凤港上船，经刘大线到大丰港后从内河船直接开上海轮，运往全国的目的地，降低陆路运输成本。

快递业务 年内，盐城新增快递法人企业5家、总数103家；新增快递分支机构9家、总数162家。全市快递行业服务全市近2000家制造业企业和近万家电商。至年底，全市快递企业末端网点2300个；建筑面积新增3.2万平方米、总面积8.1万平方米；分拣场地面积新增3万平方米、总面积7.9万平方米；干、支线运输线新增10条、总数109条；新增车辆234辆、总数1100辆；从业人员过万人，其中客服人员新增58人、总数360人；新增服务创新、科技化、信息化应用20个。全年新建具有为农综合服务功能的村邮站1827个；新建高校和社区快递服务中心2个；新建智能快件箱230组，包含包裹格口1.8万个；市区新增服务对象20万人。全年全市快递企业推广使用新能源汽车58辆，合计运能60吨。全年全市完成快递业务量1.06亿件，实现业务收入9.37亿元。

（杨林森　邓君亭　季　鹏）

2017年全市物流业基本情况

表18-50

指标名称	计量单位	总额	同比（±%）
一、地区生产总值（GDP）	亿元	5082.69	6.80
二、社会物流总额	亿元	13995.90	6.70
#工业品物流总额	亿元	9255.30	4.50
#进口货物物流总额	亿元	189.70	-11.10
三、社会物流总费用与GDP的比率	%	15.80	-0.50
四、社会物流总费用	亿元	805	8.20
#运输费用	亿元	468.10	8.30
#保管费用	亿元	241	7.10
#管理费用	亿元	95.90	6.10
五、物流业（物流相关行业）增加值	亿元	353.60	9.30

2017年全市省级示范物流园区（基地）、国家（省）重点物流企业

表18-51

名称	单位名称
省级示范物流园区（3家）	盐城城西南物流园、盐城市现代物流园、阜宁港物流园
省重点物流基地（6家）	响水快捷士现代物流园、建湖里下河物流园、大丰港物流基地、阜宁港物流园、盐城城西南现代物流园、盐城市现代物流园
国家AAAA级物流企业（5家）	江苏河海运输股份有限公司、盐城神龙万达物流有限公司、盐城中运物流有限公司、国药控股盐城有限公司、江苏悦达物流有限公司

续表18–51

名　　称	单 位 名 称
省重点物流企业（15家）	国药控股盐城有限公司、江苏苏运国际物流有限公司、江苏中运物流集团、江苏悦达物流有限公司、盐城中远物流有限公司、江苏康生药业有限公司、江苏河海运输股份有限公司、盐城世宇物流有限公司、江苏银海农佳乐仓储有限公司、江苏三航物流集团有限公司、江苏劲达物流有限公司、大丰海港港口有限责任公司、盐城神龙万达物流有限公司、江苏华晓医药物流有限公司、江苏神龙明物流有限公司

第五节　中介服务

一、典当行业

2017年，全市新报批典当企业1家，至年底，有典当企业41家（含典当分支机构1家），有拍卖企业30家。加强典当行业监管。年内，市商务局对全市典当企业（典当分支机构）进行年度审计检查，对拍卖企业进行年度经营情况摸底统计调查工作；及时转发非法集资风险专项排查活动的通知，明确风险排查的重点内容，加强与市金融办、公安局、人民银行盐城分行沟通联系，共同防范金融风险。

（孙小勇）

二、人力资源市场

2017年，全市有各类人力资源机构550家，从业人数6500余人，盐城人才网、新城等本地品牌机构快速发展，全行业实现营业收入100亿元。年内，江苏盐城人力资源服务产业园入驻机构22家，当年服务企业1.5万家次，服务人群近40万人次，产值突破30亿元；东台市获批筹建省级人力资源服务产业园，成为苏中、苏北第一家在县级市建立的省级人力资源服务产业园。

就业服务。年内，市人社局组织开展服务“大项目大企业”招工引匠行动，举办精细化专场招聘、供需对接活动，组团服务大项目大企业用工需求。开展用工需求调查，对接中西部建立市场化劳务协作关系。开展人力资源服务机构品牌化建设，至年底，全市有人力资源服务行业骨干企业4家，上市“新三板”公司1家，领军人才1名，列苏北第一位。开展诚信等级评定和示范机构评比工作，新增市级诚信机构30家，省级诚信机构10家，数量居苏北第一。盐城人才网被认定为国家级诚信机构。加快“M+创客工场”就业创业服务平台运营，孵化入驻项目17个。

人才服务。年内，市人社局打造完善的公共人才服务体系，升级流动人员档案管理系统，实现市、县（区）流动人员人事档案互联互通。做好人事代理、人才派遣工作。全年接收、调出市本级毕业生档案1.15万份；办理单位人事代理828起、个人代理486人，鉴别、归档人事档案材料3.71万份，出具政审材料2863份。年内，全市有10个项目入选江苏省第十四批“六大人才高峰”。

劳动保障事务代理。年内，市人社局建立健全劳动代理工作基础台账，扩大劳动代理范围，为下岗失业人员提供各项劳动保障事务代理服务，免收代理服务费。至年底，累计代保管各类人员档案5.07万份，为694人次的劳动代理人员代缴社会保险金32.06万元，为1260名劳动代理人员代办退休手续。为改制企业搞好服务，做好失业登记建档和录入处理工作，为企业改制分流职工办理失业登记手续，核发失业保险待遇，提供档案代管、社会保险关系续接等服务。

（殷开丰）

三、律师事务所

2017年，全市有律师事务所110家，执业律师893人，其中共产党员393人；在执业律师中，大学以上学历的占93.2%，其中硕士、博士69人。全市律师中有51人担任当届县级以上党代表、人大代表、政协委员，其中全国人大代表1人，市级党代表2人，市级人大代表6人，市级政协委员13人，县级党代表、人大代表、政协委员29人。全年全市律师办理各类案件2.39万件，其中刑事案件2500件、民事案件1.54万件、行政案件744件、非诉讼法律事务1202件，解答法律咨询2.15万人次，担任2099家企事业单位法律顾问，全年实现业务收入1.61亿元。开展“一村居一法律顾问”工作，由893名律师和法律工作者担任全市2300多个村（居）法律顾问，开展村（居）管理事务“法律体检”3400次。推进公职（公司）律师工作，全市60家党政机关建立公职律师制度。

四、会计师事务所

2017年，全市有会计师事务所19家，其中AAAAA级分所1家、AAA级1家；从业人员330人，其中执业注册会计师114人（部分人员有多种执业资格），中国注册会计师协会资深会员6人，高级职称38人，各级人大代表、政协委员和党代表9人；有共产党员66名、设党支部13个。全市有非执业会员近400人。业务范围包括财务报表审计、注册资本验证、高新技术企业认定、绩效考核评价、涉税鉴证、工程预决算审核、经济案件司法鉴定、企业清算（破产管理）、管理咨询、政府和企业投融资服务、会计审计咨询和培训等。全年全市会计师事务所服务单位5812家，实现业务收入5859万元，缴纳税费658万元。

会计管理　年内，全市有3170人报名参加注册会计师专业阶段考试，57人取得专业阶段合格证，另有19人取得全科合格证；有7107人报名参加会计专业技术资格（初级）考试，1461人取得合格证；有4859人报名参加会计专业技术资格（中级）考试，443人取得合格证；有233人报名参加会计专业技术资格（高级）考试，67人取得合格证；有49人申报高级会计师资格评审，35人评审合格取得高级资格证书。年内，市注册会计师协会加强会计管理，批准2人注册会计师执业资格、注销5人会计师执业资格，有114人通过注册会计师年度任职资格检查；有383人通过非执业会员年检，批准14人非执业会员资格、注销1人非执业会员资格；通过网络培训会员478人次、组织面授培训班7期培训266人次；对5家会计师事务所进行综合大检查；对5名注册会计师进行谈话提醒、2名训诫；对3家会计师事务所提出整改意见；对3家代理记账机构进行检查，并提出整改意见。

2017年全市会计师事务所

表18-52

名　　称	主　任 会计师	地　　址	注册会计 师人数	综合评价 等级
江苏苏亚金诚会计师事务所盐城分所	饶景丽	盐城市青年西路8号	22	AAAAA
江苏中信仁华会计师事务所	刘正华	东台市八达城C-405	7	AAA
盐城天翔丰华会计师事务所	李　凯	大丰区人民北路纺织大楼3F	13	AA
盐城信盛会计师事务所	宋兰芬	射阳县朝阳街医药公司3F	6	A
盐城正源会计师事务所	王　庚	建湖县兴建东路22号	5	AA
盐城友信会计师事务所	徐　镇	滨海县新建南路237号	7	A
盐城正信联合会计师事务所	王中林	盐城市康乐路1号	4	AA
盐城正中联合会计师事务所	阚兆贵	盐城市迎宾南路29号5F	2	A
盐城金穗联合会计师事务所	沙中林	盐城市建军东路86-1号景福大厦805室	2	A
盐城中博华联合会计师事务所	滕大勇	盐城市解放南路157号4F	6	A
盐城兴阳会计师事务所	赵其军	射阳县合德镇双拥路163号	6	AA
建湖苏盛联合会计师事务所	张利平	建湖县冠华路盈佳经典花苑1号楼303室	4	AA
盐城天则会计师事务所	樊克俭	阜宁县上海路35号19楼201室	4	AA
盐城天方会计师事务所	陈德祥	盐城市人民中路188号飞驰国际918室	6	A
盐城方天园会计师事务所	李　杰	建湖县东方御花园D6-111室	3	A
盐城山川会计师事务所	卞志山	盐城市人民南路华邦国际东A503室	5	AA
盐城立信如良会计师事务所	殷如良	东台市海陵北路7号唯诚七号公馆7幢12-01室	5	A
盐城安顺会计师事务所	刘　宏	盐城市紫薇曼哈顿A区1幢616-619室	3	A
盐城国和会计师事务所	吴曙光	盐城市毓龙西路21号	2	A

注：上表按执业证书编号排序。

五、房产中介服务

2017年，全市房地产中介机构实现营业收入2.94亿元。加强房产中介服务管理，市房产局制定《关于进一步加强房地产中介经营行为管理的通知》《关于开展房地产中介整治活动的通知》《关于进一步加强存量房交易网签和资金监管工作的通知》等文件，开展房地产中介市场秩序整顿，加强房地产中介机构和人员监管，开展全市房地产中介专项整治活动，对市区144家房地产经纪机构进行日常巡查，推进房地产中介行业信用体系建设，依托全市信用管理平台和市场监管平台，通过联动监管、失信联合惩戒，建立房地产中介企业诚信档案。

（沈　斌　王　俊）

第19章　金融业

责任编辑　高兰会　许寅生

综　　述

2017年，全市新成立南京银行建湖支行、南京银行阜宁支行、南京银行射阳支行，盐城农商行东台支行，华夏银行大丰支行、华夏银行射阳支行，大丰农商行丰汇支行，平安银行盐城分行8家银行机构，全市有银行机构40家；新开业小额贷款公司4家，全市正常运营的小额贷款公司39家，年末贷款余额33.2亿元；全市有保险市场主体69家，其中市级财产险公司21家，人寿险公司36家，保险专业中介一级法人机构12家；全市有证券期货机构20家；全市有担保机构28家（含4家分支机构），其中纯民营担保机构1家、国有全资15家、国有控股9家、国有参股2家、外资1家。

全年全市实现金融业增加值254.22亿元。全市银行机构各项存款余额6214.19亿元，各项贷款余额4287.53亿元。全年发行直接融资项目63个，新增直接融资422.24亿元。全年全市保险行业实现保费收入179.17亿元，承担各类风险责任4.33万亿元，赔款与给付54.4亿元。全市担保机构为1442家企业提供136.7亿元担保服务，期末担保余额114.6亿元。　　（王　慧　唐友伟）

第一节　银　　行

2017年，全市新成立南京银行建湖支行、南京银行阜宁支行、南京银行射阳支行，盐城农商行东台支行，华夏银行大丰支行、华夏银行射阳支行，大丰农商行丰汇支行，平安银行盐城分行8家银行机构。至年底，全市有银行机构40家。

全年全市金融机构本外币各项存款余额6214.19亿元，总量列全省第七位，比年初增加743.16亿元。其中，非金融企业存款新增150.67亿元；住户存款新增208.95亿元。全市金融机构本外币各项贷款余额4287.53亿元，总量列全省第六位，比年初增加569.13亿元。全市表外融资余额1210.69亿元，比年初增加140.68亿元。全市全年发行63个直接融资项目，新增直接融资422.24亿元。

全年全市大小额支付系统处理往来业务2399.82万笔，金额6.21万亿元。其中，大额支付发起217.25万笔，金额2.91万亿元，大额支付接收320.72万笔，金额3.06万亿元；小额支付发起561.99万笔，金额1065.22亿元，小额支付接收1299.86万笔，金额1306.79亿元。同城清算系统办理业务36.07万笔，清算资金5501.1亿元。全国支票影像交换系统提出业务1536笔，金额7201.32万元；提入业务1028笔，金额5398.58万元。全市新设人民币银行结算账户4.33万户，其中基本存款账户3.08万户，专用账户1634户，临时存款账户272户，一般存款账户1.06万户。全年全市个人征信查询23.85万人次。

全年全市跨境收支总额149.13亿美元。其中，跨境资金流入91.8亿美元，跨境资金流出57.33亿美元，跨境资金净流入34.47亿美元。全市银行结售汇总额71.87亿美元。其中，结汇49.03亿美元，售汇22.84亿美元，结售汇顺差26.19亿美元。全市跨境人民币结算总量14.28亿美元。其中，跨境人民币流入8.98亿美元，跨境人民币流出5.3亿美元，实现净流入3.68亿美元。　　（唐友伟）

2017年全市金融机构存贷款年末余额

表19-53　　单位：万元

指　　标	总　额
一、各项存款	62141860
（一）境内存款	62086643
1.住户存款	29021221
2.非金融企业存款	19943902
3.广义政府存款	11441288
#财政性存款	626512
#机关团体存款	10814776
4.非银行业金融机构存款	1680232
（二）境外存款	55217
二、各项贷款	42875345

续表19-53

指　　标	总　额
（一）境内贷款	42874106
1.住户贷款	14616146
#短期贷款	3797018
#中长期贷款	10819128
2.非金融企业及机关团体贷款	28257960
#短期贷款	12054960
#中长期贷款	12125919
#票据融资	4064600
#各项垫款	12481
（二）境外贷款	1239

一、中国人民银行盐城市中心支行

2017年，中国人民银行盐城市中心支行执行稳健中性的货币政策，维护辖区金融稳定，依法履行金融管理职责，提升金融服务水平，发挥金融对经济发展的支撑作用。开展经济金融形势调研分析，定期向地方党委、政府反馈金融运行情况，建议金融发展措施。推进超短融产品发行，及时满足企业不同融资需求，全年债务融资工具发行额同比增长101.91亿元。开展信贷政策导向效果评估，发挥再贷款、再贴现引导功能，联合市人社局、市财政局制定《盐城市创业担保贷款实施细则》。开展常备借贷便利操作，满足法人金融机构合理流动性需求，全年开展常备借贷便利操作74.5亿元。开展信贷资产质押再贷款工作，指导地方法人农商行开展企业信用评估及入库工作，全市227家入库企业被评定为可接受以上企业。把电子商业汇票纳入再贴现办理种类，全年办理电票再贴现8.11亿元。

金融稳定。加强金融风险监测与评估，关注金融机构风险状况，对流动性比率指标偏低的2家金融机构及时发出风险警示，对不良贷款上升较快的1家金融机构进行跟踪调查。落实投保机构监管责任，建立投保机构主监管人制度，组织对4家法人金融机构开展存款保险现场核查。年内，全市9个县（市、区）有6个县在省金融生态环境综合评估中排名上升，平均排名同比上升4.1个位次，建湖县、大丰区、东台市、滨海县获评省金融生态优秀县，总数列苏北第一位。

金融服务。推进农村支付“三新”（新型支付工具、新型支付模式、新型支付产业链）行动，推广“闪付”“扫码”“聚合”等新型支付工具使用，推进“智慧菜场”建设，全面推行粮食、蚕茧收购非现金结算。年内，东台、阜宁、滨海3个县（市）实现村级资金非现金结算。推广电子商业汇票业务，电子商业汇票业务量超过70%。组织盐城农商行开发二维码移动收单程序，在全市1250辆出租车上陆续安装。开展“‘滨阜响’北三县” 国债销量提升活动，县域国债销售实现同比增长18.29%。推进人民币冠字号码“双流”（人民币冠字号码信息流与实物流同步流转业务）同步试点工作，12家试点开户银行全部实现上线试运行。推广应用应收账款融资服务平台，全年累计成交金额272.1亿元；9条产品供应链实现线上融资。推进信用、信息、信贷“三信”融合，与市环保局、市公积金中心、市信用办达成信用信息共享机制，获取企业环评信息、公积金缴存信息及行政奖罚等信息，并导入江苏省企业综合信息管理系统，与市信用办初步达成信息共享协议。

外汇管理。促进贸易投资便利化，推动全口径宏观审慎跨境融资快速发展，指导盐城东方投资开发集团有限公司调回募集资金，指导盐城高新技术产业开发区投资集团成功在香港发行美元债券2笔，金额1.5亿美元。至年底，全市登记全口径外债14.94亿元。实施结售汇逆差管理，做到管理关口前移，合理引导外汇资金流出。修改完善大额监测约谈工作制度，全年对大额购付汇企业开展约谈4家（次），对大额售汇银行开展约谈7家（次）。吸纳4家银行成为外汇银行自律机制会员单位。（唐友伟）

二、中国农业发展银行盐城市分行

2017年，中国农业发展银行盐城分行累计发放各项贷款69.57亿元，其中购销储贷款44.88亿元、中长期项目贷款22.22亿元、短期流动资金贷款2.47亿元，年末各项贷款余额187.88亿元，比年初增加12.98亿元。年末日均存款余额71.55亿元，比上年增加11.67亿元。加快国际业务发展。成功为江苏北大荒油脂有限公司开立一笔966.02万美元信用证。全年完成国际结算量4859万美元。落实应保尽保制度，持续提升保险资源覆盖率，全年实现代理保险手续费收入75.73万元。创新信贷产品。以政府购买服务模式获批土地流转中长期项目贷款7亿元。通过政府授权公司自营模式，获批全国农业发展银行系统首笔林业资源开发与保护流动资金短缺贷款6000万元。创新融资途径，以造林奖补资金、林场砍伐收益、苗圃经营收益等实现射阳30亿元沿海生态储备林项目第一还款来源全覆盖。继续支持粮棉油收储。夏粮和秋粮分别发放贷款28.54亿元和10.45亿元，收购小麦11.62亿千克、稻谷2.93亿千克。支持棚改、整体城镇化等“三农”关键领域和薄弱环节的建设，全年累计获批农业农村基础设施贷款项目4个，金额35亿元。服务脱贫攻坚。通过贷款企业与国家建档立卡贫困人口签订精准扶贫帮扶协议书模式投放1200万元农业科技创新短期扶贫贷款。（咸国庆）

三、中国工商银行盐城分行

2017年，中国工商银行盐城分行累计办理表内外融资业务比上年净增加115.69亿元，表内贷款余额比年初增加36.7亿元，人民币公司贷款余额比年初增加21.72亿元。以项目营运期贷款、固融、产业并购等产品为抓手，营销或续做建成的有还款来源的优质他行或存量项目，至年底，已批未放项目贷款58.71亿元，在手营销项目22.45亿元，制造业贷款余额较年初新增1.71亿元。发展“小微创业贷”“网上小额贷款”等产品，至年底，小微企业监管口径贷款余额比年初增加10.3亿元。加强有贷户和无贷户管理，有贷户存款较年初增加5.1亿元。完成全省首笔政策调整后的产业链客户黄金租赁投放，首笔4亿元并购贷款投放到位。完成首笔2000万元网上票据池质押业务。利用贸易融资产品优势，办理首笔银票质押项下的风险参贷业务，全年国际贸易融资同比增长1.39亿元。实行渠道建设例会制，加快落实网点建设计划，装修改造网点5个，新增投放智能设备60台，全辖区网点智能化全覆盖。加快发展e-ICBC智慧银行，融e行新增客户7.07万户；融e联新增客户11.35万户；工银e支付新增客户7.5万户。全年新发信用卡7.92万张，融e借累计发放贷款1.21亿元。推进服务基础建设，分行在盐城市银行业首届文明服务礼仪实战大赛上获二等奖；辖内13家网点获评中国工商银行总行“服务四星级网点”。（王誉名）

3月1日，中国工商银行盐城分行与市工商局联合举行“政银合作　助力双创”——盐城市全程电子化登记全面启动仪式。　市工商局/供

四、中国农业银行盐城分行

2017年，中国农业银行盐城分行本外币各项存款余额731.06亿元，比年初增加61.6 亿元；各项贷款余额409.5亿元，比上年增加47.87亿元。

支持“三农”。至年底，全行涉农贷款比年初增加37亿元。新型农业经营主体贷款月均增量1.82亿元。推动互联网、大数据、人工智能和服务“三农”的深度融合，做实“惠农e通”平台网络融资、支付结算、电商服务三大功能。至年底，惠农通服务点与益农信息社共建159个，共建率6.91%。年内，全行惠农授信整村项目推进行政村201个，完成惠农授信1.23万户，累计发放农户贷款9.25亿元，农户贷款比年初净增3.23亿元。

支持实体经济。至年底，全行人民币对公贷款余额208.89亿元，比年初增加19.38亿元，涉及全市水利水务、港口、交通等领域的项目建设。年末全行全口径个人贷款余额200.16亿元，比年初增加29.66亿元。推进“网捷贷”业务，服务客户2752户，发放贷款2.36亿元。落实国家助小扶小战略部署，年末全行监管口径小微企业贷款月均余额60.58亿元，比上年增加11.58亿元；小微企业贷款户948户，比上年增加199户。推出苏微贷等特色产品，年末苏微贷余额6.19亿元，苏担通累计发放贷款680万元。

业务发展。年内，分行对120个网点中，总存款在3亿元以下、3年来年均增量低于1000万元的12家低产网点，实施智能化、轻型化改造；对长期发展缓慢、成长空间匮乏的4家农场、盐场网点实施停业；加快离行式自助银行调整撤并，全年撤并10个，年末总量控制在48个。全年新增信用卡有效客户7.63万户，同比增长2.95万户；营销掌上银行活跃客户净增10.17万户；新增“惠农e通”核心商户69户、渠道商户477户、终端商户2174户。加强客户基础建设。全年全行个人有效贵宾客户比年初净增2.07万户；对公账户总量3.37万户，比年初增加4741户。全年新增房贷客户贷记卡渗透率74.5%，新增信用卡客户掌上银行渗透率80.6%。提升银团、债券、对公理财等业务专业化运作水平，全行开放式理财日均余额35.55亿元，比上年净增4亿元，其中自动理财日均余额11.25亿元，比上年净增2.85亿元。新组建银团8个，实现银团收入1.01亿元、比上年增加2455万元；一级市场分销国开债1.18万亿元。年末国际结算量总额29亿美元。全年新拓展收单商户2078户，有效收单商户新增1767户。实现信用卡分期交易额8.91亿元，同比增长3.81亿元。

风险防控。全年退出潜在风险客户贷款6.69亿元。年末，全行不良贷款余额2.91亿元，比年初下降2.22亿元；不良占比0.71%，比年初下降0.49个百分点。全年运营条线堵截各类风险1379起，金额2861.82万元。（肖立春）

五、中国银行盐城分行

2017年，中国银行盐城分行本外币存款余额505.89亿元，比年初新增50.97亿元，本外币各项贷款余额471.09亿元，比年初新增36.77亿元；实现中间业务净收入5.77亿元，营业净收入20.24亿元，同比增长1.64亿元；国际结算量38.39亿美元。全年化解不良资产5.05亿元。

支持实体经济。优先支持全市环保产业、制造业、新能源产业等实体企业的资金需求。为领胜城科技（江苏）有限公司、领镒（江苏）精密电子制造有限公司分别新增发放5000万元短期贷款，为江苏辉丰农化股份有限公司新增发放8000万元短期贷款。为国家电投集团远达环保装备制造有限公司核定授信2亿，完成投放1.33亿元；为滨海海上风力发电有限公司核定授信10亿元，完成投放4.26亿元；为江苏科行环保科技有限公司核定授信2亿元，完成投放1.05亿元；为江动集团及其子公司核定授信3.65亿元，完成投放2.05亿元。加大对直融业务的叙做力度，通过非标债权模式累计投放25.77亿元；通过银行间市场为江苏悦达集团有限公司完成超短期融资20亿元；通过备用信用证质押形式创新内保外贷产品，为江苏南纬悦达科技有限公司新增授信3100万元；通过子公司中银证券为江苏大丰海港控股集团有限公司发行5亿元私募债。

涉外业务。利用海外机构、资金和人才优势，借助"中银跨境撮合服务"平台，先后推荐江苏辉丰农化股份有限公司、盐城捷康三氯蔗糖制造有限公司等盐城市企业参加中美、中德、中法等跨境撮合对接与商务洽谈活动。成功为江苏辉丰农化股份有限公司叙做全省首笔外币订单融资业务354万美元；为江苏南纬悦达纤维科技有限公司办理省辖首笔融资性保函项下订单融资业务3100万元；为领胜集团办理出口商业发票贴现业务1亿元；成功办理首笔国际福费廷即时转卖业务24万美元、首次办理国内福费廷二级市场跨境转卖业务8256万元；为江苏悦达摩比斯贸易有限公司叙做1525万美元大额跨境利润分红业务。年内，分行还为多家出口企业叙做外汇新政下的外汇保理供应链融资业务3000多万美元。

普惠金融。年内，分行联手省国税局、微众税银平台合力开发"中银税贷通"产品，为诚信纳税的中小微企业提供免担保信用贷款，全年累计放款30户，金额4474万元。支持新型农业经营主体发展，全年累计投放"益农贷"6740万元。与江苏省沿海开发集团有限公司业务合作，做好对沿海集团下游涉农客户的金融服务和授信支持，与东台、大丰、射阳等相关公司开展业务合作商谈。与江苏省农业信贷担保有限责任公司签订战略合作协议，以农业现代化、农村改革进程中的新主体、新要素、新业态为主要服务对象，共同推进"三农"重点领域的金融服务。（陈　可）

六、中国建设银行盐城分行

2017年，中国建设银行盐城分行各项存款年末余额432.37亿元、日均余额428.52亿元，日均存款比年初增加34.91亿元；其中，一般性存款日均余额426.91亿元；机构类存款日均突破120亿元。各项贷款余额347.46亿元，比年初新增40.2亿元；其中，对公类贷款余额190.28亿元，当年人民币非贴现贷款新增10.5亿元，当年对公累计投放54亿元；个人类贷款余额157.18亿元，比年初新增43.46亿元。全年实现税前账面利润10.68亿元。累计实现主营业务收入14.48亿元。实现中间业务收入4.71亿元，净收入4.42亿元。全行累计处置不良贷款1.86亿元，现金回收核销呆账158.75万元。至年底，全行对公账户客户2.85万户，新增客户5521户；基本账户总数2.09万户，新增客户5649户。全年折算后个人客户有效客户新增23.5万户，个人有资产客户新增12万户。信用卡客户新增1.62万户，新增卡量3.91万张。国际收支客户304户，新增客户36户。全年新开各类机构活期账户客户58户，争办机构项目35个，其中社保类项目22个，财政类项目6个。

支持实体经济。支持国家和省级重点项目建设的各项贷款需求。全年审批待投放项目28个，授信总额82.15亿元；已上会、待上会项目4个，授信总额4.6亿元；实施平行项目13个，授信总额40.43亿元。服务民生工程和重大基建项目。至年底，在铁路、城市快速路网等交通系统建设项目贷款余额14.25亿元，比年初新增1.77亿元；农村公路提档升级项目贷款余额3亿元，比年初新增2.9亿元；城镇供水安全保障、污水处理设施建设及改造项目贷款余额13.96亿元；医院和学校等教育卫生领域贷款余额15.31亿元，比年初新增2亿元。至年底，全行制造业贷款余额39.62亿元。全年全行个人消费贷款投放11.96亿元，余额6.71亿元，比年初新增3.3亿元。新增入池资产收益权类、股权收益权理财产品2.8亿元，新增债券入池7.6亿元，新增债券承销18亿元，新增在手有效债券储备30亿元。促成50亿元盐城高新技术产业开发区新型城镇化建设产业基金项目，当年投放17亿元。

普惠金融。强化县域农村地区的金融服务供给，全年"裕农通"业务注册用户271户，其中激活271户；至年底，有160家助农服务点投入运营。通过市粮食局平台，服务全市粮油种植、销售等涉农大户，成功投放江苏省建行系统首笔"苏农贷1号"贷款120万元。创新"富电贷"产品用于精准扶贫，滨海县界牌镇专业合作社在分行开设对公账户13个。

风险管理。全年柜面成功堵截电信诈骗7起、金额16.2万元；堵截假存单3起、金额89万元；堵截冒名支取存单1起、金额4万元；堵截冒用他人证件开立对私账户3起和非本人意愿开立对公账户2起。提升反洗钱交易能力，成功识别并上报15份重点可疑报告，涉及金额16.86亿元。

（宋　坤）

七、江苏银行盐城分行

2017年，江苏银行盐城分行各项存款年末余额460.5亿元，较年初增加59.45亿元；各项贷款余额318.6亿元，较年初增加46.06亿元。服务地方经济发展。加大对成熟优质制造企业、行业龙头企业服务力度，重点投向汽车制造、智能装备制造、节能环保装备、新能源装备、重要基础件等先进制造业领域，年末制造业贷款余额49.13亿元，比年初新增0.77亿元，其中先进制造业贷款余额14.29亿元，比年初新增2.57亿元。围绕绿色金融产品体系，推广"能效贷款""光伏贷"等绿色信贷产品，绿色信贷余额新增9.98亿元。发展个人贷款业务，个人住房贷款余额51.61亿元，较年初净增21.5亿元；个人消费信贷余额22.05亿元，较年初净增9.33亿元。服务客户"走出去"，全年完成国际结算金额6亿美元，成功落地分行首笔境外私募债投债业务。支持小微企业发展。对接政府部门、各类园区，开展银企对接县区行，年末小微企业贷款余额165.34亿元，较年初增加27.18亿元。支持科技创新创业，年末科技企业贷款余额28.15亿元，较年初增加6.87亿元，其中"苏科贷"余额5.88亿元。发展小微网贷业务，在"税e融""电e融"等线上业务拓宽小微金融服务渠道。开展"惠企行动”，全年为企业减费让利2483万元。推进业务创新转型。全年各项投行业务累计投放117.62亿元。成功落地特色小镇基金业务，总规模20亿元，支持大丰荷兰花海建设。至年底，公司类基金累计新增投放52.5亿元。

（陈李全）

八、中国邮政储蓄银行盐城市分行

2017年，中国邮政储蓄银行盐城市分行自营存款年末余额159.46亿元，比年初增加20.32亿元；贷款年末余额183.53亿元，比年初增加30.48亿元。资产不良率0.73%，与上年持平。提升服务水平，加强与农业核心企业合作力度，创新担保方式、提升风控能力，6月，“华威农牧农业产业链贷款”签约落地。深化客户合作，巩固扩大和在手企业的合作成果，新增上海悦达新实业集团有限公司贷款2亿元、江苏悦达投资股份有限公司贷款2.5亿元、东风悦达起亚汽车有限公司贷款3亿元、江苏射阳港发电有限责任公司贷款0.5亿元、国家电投集团协鑫滨海发电有限公司贷款6.7亿元。拓宽服务渠道，推出“商易贷”申贷平台、“自媒体”合伙人平台，有近万户客户通过平台申请贷款，超3000客户通过平台初审。改善客户体验，新增补登折机4台，存取款一体机8台，存折取款机5台，ITM（智慧柜员机）9台。

（王　俊）

九、盐城农商银行

2017年，盐城农商银行各项存款余额236.36亿元，较年初增加32.17亿元。其中，对公存款余额83.16亿元，较年初增加26.43亿元；储蓄存款余额139.92亿元，较年初增加2.72亿元；理财业务余额13.28亿元，较年初增加3.02亿元。全行各项贷款余额167.07亿元，较年初增加17.99亿元。其中，公司贷款余额65.78亿元，较年初增加13.18亿元；“三农”及小微贷款余额22.7亿元，较年初增加1.25亿元；消费贷款余额22.79亿元，较年初增加7.76亿元。不良贷款占比为1.95%，比年初下降0.43个百分点；不良贷款余额3.26亿元，比年初下降1453万元。发展网络金融，新版手机银行累计开户数11.42万户，较年初增加7.04万户，实现交易118.25万笔，交易金额316.01亿元，同比增加111.4亿元；全年新增POS收单商户1875户，新增二维码收单商户4900多户。柜面替代率78.96%，比上年增加7.5个百分点。至年底，全行实现各项收入15.41亿元，比上年增加1.88亿元。实现利息收入6.56亿元，比上年增加1700万元。实现账面利润3.57亿元，比上年增加1.29亿元；实现净利润2.46万元，比上年增加1.06亿元。

（曹　溪）

十、华夏银行盐城分行

2017年，华夏银行盐城分行一般性存款余额101.64亿元，比年初增加24.25亿元；各项贷款余额108.01亿元，较年初增加29.75亿元。全年办理债务融资工具、公司债监管、融资租赁、信贷资产证券化、国内证、保函等公司重点产品金额62.93亿元；小微企业贷款余额10.15亿元，比年初增加3.93亿元。主动承担实体企业贷款或其他业务抵押品评估费用近600万元，贷款加权平均利率较上年下降0.38个百分点；实行贷款审批限时管理，原则上具备放款条件的保证类贷款在还款当日办理续贷，抵押类贷款在办妥抵押登记当日完成放款。年内，射阳、大丰2个综合性支行和亭湖新洋实验学校自助银行相继开业。完善全面风险管理构架，各项工作运行平稳，无重大违规违纪行为，未发生责任事故和案件，资产质量保持精良，贷款无不良、无欠息，获评2017年度银行执行外汇管理规定“A类银行”。

（季荣容　陈旭东）

第二节　保　险

2017年，全市有各类保险市场主体74家，其中市级财产险公司21家、人寿险公司36家、保险专业中介一级法人机构12家、保险经纪分支机构3家、保险公估分支机构2家；有分支机构及营销网点650家，服务网点遍布城乡。有从业人员4.64万人，年度为社会新增就业岗位3200余个。全年全市实现保费收入179.17亿元，全省排名第八位。其中，财产险保费收入39.38亿元，人身险保费收入139.79亿元。全市保险深度3.53%，保险密度达到每人2476.48元。全年全市保险行业承担各类风险责任4.33万亿元，赔款与结付54.4亿元。其中，产险公司支付赔款24.9亿元，寿险公司赔偿结付29.5亿元。全年缴纳税费3.61亿元，代收缴车船税费2.07亿元。

至年底，全市大病保险实现城乡居民全覆盖，并从单纯的报销向病前、病中、病后综合性的健康保障管理方向发展，全年承保人数809.6万人，保费收入2.35亿元，累计赔付8.08万人次，支出赔款1.47亿元，惠及参保患者2.57万人。推动税优健康险政策落地，全年全市有6家保险公司的6款税优健康险产品获批在盐城销售。全年全市成功开办农险品种32个，农业险实现保费收入2.47亿元，为农民生产生活提供保障61.17亿元。全年农业险赔款支出1.62亿元，有76万农户获得受灾理赔，占投保农户的61%。援助弱势群体，通过创新公益保险产品为老年人、失独家庭、单亲母亲、智力残障家庭提供保险保障，联合民政部门为全市167家养老服务机构提供责任风险保障255.13亿元。在助学、助残、助困等方面奉献爱心，投入10万元建成2个公益创投项目，为南洋小学和泽夫小学留守儿童分别建立起心理咨询室和爱心图书室。

全年引进各类保险资金50多亿元，支持全市企业和重点工程建设。参与地方PPP项目，市保险行业协会牵头梳理57个项目引导保险机构衔接投资。通过债权投资计划等方式，支持市区高架桥、保障性住房、旧城改造等重点项目建设。其中，平安养老保险总公司与市政府洽谈高架桥资产证券化项目拟投资65亿元。服务“五个一”战略工程和重大项目实施，累计为连盐铁路、徐宿淮盐铁路、宁连高速、348省道、601省道、城市快速路网建设、农村公路危桥改造提档升级、河道整治等150余项重大工程提供超过293亿元的工程险保障。为新能源、环保产业、海洋生物等新型产业提供一条龙保险服务。完善厂商—电商—保险一体化服务模式，为新能源汽车生产基地提供风险保障。推动企业“走出去”。通过出口信用保险、海洋运输险等产品，全年全市保险行业为202家小微企业提供24亿元的短期出口贸易信用险保障；创新航运物流保险业务和模式，全年提供船舶保险和货运保险风险保障806.4亿元，累计支付赔款3941.61万元。

2017年全市保险业务情况

表19–54 单位：万元

指　　标	总　额
一、承保额财产险	432955218
#企业财产	24499936
#家庭财产	126490322
二、保费收入	1791730
财产险	393805
#企业财产	11632
#家庭财产	2873
人身险	1397926
#人身意外伤害险	34743
三、赔偿支出	543595
财产险	248775
#企业财产	5993
#家庭财产	1022
人身险	294820

7月8日，“7·8”全国保险公众宣传日盐城保险业走进阜宁县郭墅镇沙河村。
市保险行业协会/供

一、盐城市保险行业协会

2017年，盐城市保险行业协会有会员单位69家。年内，市保险行业协会加强行业监管，做好行业服务工作。就车船使用税代征过程中出现的问题，与市地税局协调，全年成功退回车船税手续费180多万元。开展“诚信服务先进单位”“诚信服务文明窗口”“诚信服务先进个人”评比表彰活动，树立诚信经营行业风尚。6月，在全市范围内开展2017年度盐城寿险业服务满意度测评工作，通过对全市36家寿险公司、116个县级分支机构、1.06万名保险客户的问卷调查分析，为监管部门决策和会员公司改进服务质量提供参考资料。针对交通事故无钱治疗、缺钱治疗、救治不及时等问题，会同公安、社保、卫生等部门，创设道路交通事故人伤绿色通道医疗救助救治直赔服务中心。至年底，10家医院被纳入直赔服务定点医院，涵盖全市二甲以上所有医院，累计受理直赔申请101件，救助103人次，结算医疗费用462万元，调解赔偿金额775万元。

商业车险 全年实现商业车险保费收入23.92亿元，商业车险占整体车险保费比重78.79%。全年车险有效赔案件数16.9万件，商业车险保单件数同比增长13.2%。提升车险服务水平，车险案件平均结案周期比上年缩短，“高保低赔、无责不赔”等条款问题被逐一清理。

保险业诚信管理系统上线 11月24日，市保险行业协会在全省率先推出共防共治诚信建设新模式——盐城保险业诚信管理系统上线并投入运营。该系统涵盖全市保险机构、行业从业人员的基本信息和诚信评价机制及奖惩体系，以守信激励、失信惩戒为重点，解决行业信用体系与行业发展不匹配、不协调、不适应矛盾，通过对全市各保险机构和从业人员经营过程中产生的信用信息进行记录、完善、整合，形成统一的信用档案资料，为行业从业人员和社会提供查询服务。

民生三项保险 年内，市保险行业协会推动民生三项保险落地。民生三项保险包括自然灾害民生保险，困难群众特别重大疾病专项保险，“五保”及“三无”老人失能、失智护理保险，保费由市、县两级财政分别承担，是全国首创保险类型。全年全市民生三项保险惠及71.8万名因病、因残、因灾祸导致的低保户及低保边缘群体。

救灾理赔 自2016年6月23日，阜宁、射阳发生特大龙卷风冰雹灾害以后，全市保险行业迅速组织“6·23”救灾理赔工作，先后派出各项工作小组106个，从全国抽调查勘理赔专业技术人员1256人次，投入车辆、设备近

497台次。至2017年底，各保险公司处理赔案1687起，支付赔款8.51亿元（含中国人民财政保险股份有限公司盐城市分公司支付盐城阿特斯协鑫阳光电力科技有限公司赔款7.6亿元）。其中，企业财产险赔案26件（不含阿特斯赔案），支付赔款7759.67万元；车辆险赔案291件，支付赔款460.49万元；家庭财产险赔案1114件，支付赔款398.8万元；农业险赔案68件，支付赔款268.12万元；人身险赔案187件，支付赔款124.2万元。3月1日、7月2日，东台、阜宁等地发生特大风灾暴雨，全市保险行业及时启动灾害应急预案，开通绿色通道，简化理赔程序，快速定损，及时赔付，办理赔案1055件，支付赔款2881万元。（蔡中源）

二、中国人民财产保险股份有限公司盐城市分公司

2017年，中国人民财产保险股份有限公司盐城市分公司实现保费收入18.4亿元。全年承保66万件，提供风险保障30万亿元，赔付21万件，全险种立案结案率102.49%，全险种万元以下案件支付周期12.46天。全年车险赔款8.33亿元，非车非农险赔款2.52亿元，农险赔款1.16亿元。其中，“3·1”暴风理赔支付各类农业保险赔款583.44万元、各类非车非农险赔款309.36万元。全年缴纳各项税费7438万元，代收车船税8278.88万元。

做好政策性保险。开展农业保险服务工作，新开大麦保险、水稻大灾保险、玉米大灾保险3个政策性农业保险险种和农作物火灾保险1个商业保险险种，农业保险险种总数28个，惠及农户67万余户（次）。连续三年为231万名城镇职工和城镇居民、238万名农村居民提供大病保险，全年累计给付1.29亿元，其中新农合大病保险给付6347万元。连续两轮首席承保全市养老机构责任险，为151个乡镇、2052个居家养老中心站点、9279名养老机构在册老人提供231亿元的风险保障。成功参与民生三项保险，其中首席承保自然灾害民生保险，全年累计支付赔款671万元。

支持实体经济。年内，为连盐铁路、宁连高速、348省道、601省道、城市快速路网建设、黄沙港特大桥、农村公路危桥改造提档升级、河道整治等144项重大工程提供293亿元工程险保障。为103家“2016年度星级企业”提供保险服务，保障范围涵盖人、财、物在内的35个险种，提供2776亿元的风险保障，累计支付赔款2227万元；为江苏中车电机有限公司生产的风力发电机等产品提供307亿元产品质量保证保险保障；为江苏丰东热技术股份有限公司生产的真空清洗机等32台（套）本土设备提供17亿元的首台（套）保险保障。支持中小企业发展，为202家小微企业提供24亿元的短期出口贸易信用险保障。

提供保险服务。发挥责任保险社会管理职能，45种责任险产品为全市1.23万个企业、团体提供2290亿元风险保障，全年支付赔款3250万元。其中，涵盖593家各类医疗机构的医疗责任保险，979所各等级学校、104万名学生的校（园）方责任险，5000多部电梯的电梯责任险，697件诉讼案件的诉讼保全责任保险等。

重大赔付案件 3月1日，国家电网江苏省电力公司因暴风灾害电力设施受损，公司支付财产一切险赔款83.98万元。3月1日，响水县双港镇李某11.93公顷蔬菜大棚钢架因暴风灾害受损，公司支付蔬菜大棚保险赔款100万元。4月9日，阜宁县澳洋工业园内，张某某工作时被罐子砸到意外身亡，公司支付团体意外伤害保险赔款50万元。4月23日，射阳县某运输公司车辆发生交通事故，导致2名员工身亡，公司支付雇主责任保险赔款100万元。5月3日，滨海县某药业有限公司车间生产过程中发生爆炸，导致2名员工身亡，公司支付安全生产责任保险赔款60万元。

开展“人伤绿色通道医疗救助救治直赔服务” 年内，中国人民财产保险股份有限公司盐城市分公司驻点盐城市第三人民医院（南院）试点开展“人伤绿色通道医疗救助救治直赔服务”。该服务将医疗费用（除需当事人按事故责任分担支付自费和自理的医疗费用外）统一由保险公司、救助基金办公室与人伤绿色通道医疗救助救治直赔服务医院结算，无需双方承担，解决双方当事人的后顾之忧。8月12日、9月7日，公司先后在盐城市中医院、盐城市第三人医院（北院）等三甲医院成立“道路交通事故人伤绿色通道医疗救助救治直赔服务中心”。全年累计为97位轻、重伤住院伤者提供直赔服务，直赔金额289.2万元。

（陈远远）

三、中国人寿保险股份有限公司盐城市分公司

2017年，中国人寿保险股份有限公司盐城市分公司实现总保费35.81亿元，成为全市保险行业首家、也是唯一一家规模跨越35亿元的市级分公司。其中，首年期交保费实现7.94亿元，十年期及以上保费实现5.27亿元，首年标准保费实现4.09亿元，大短险保费实现2.13亿元。年度系统考核排名全省第三位。至年底，公司销售人员持证人数1.7万人。全年理赔案件4.35万件，理赔给付金额1.72亿元。其中，3月1日，阜宁、射阳等地突发雷雨大风天气，造成部分人员伤亡，灾害发生后，公司立即开通理赔绿色通道，特事特办，快速理赔，全面排查各地受灾情况，累计赔付23人次，赔付金额87.2万元；3月4日，被保险人刘某在安徽省淮南市某工地被挖掘机压伤身故，经核实给付身故保险金88.78万元；4月27日，被保险人温某驾驶电动车坠入河中身故，经核实给付身故保险金80万元。（吴少春）

第三节 证 券

2017年，全市有证券期货机构20家，累计交易金额7697.48亿元。年内，全市5只债券通过国家发改委核准，累计规模67.7亿元。其中，首次发行20亿元绿色债券，支持智慧城市建设；灌东经济开发投资有限公司6.6亿元债和射阳城市建设发展集团有限公司11.1亿元债支持创新创业载体建设；射阳县城市投资发展有限责任公司15亿元债和阜宁开源投资发展有限公司投资15亿元债用于灾后重建、新农村建设和棚户区改造等富民惠民工程。

2017年全市证券（期货）机构

表19-55

序号	证券（期货）机构名称
1	华泰证券
2	国联证券
3	海通证券
4	东吴证券
5	东海证券
6	宏源证券（南）
	宏源证券（北）
7	国元证券
8	光大证券
9	南京证券
10	国信证券
11	同信证券
12	东方财富证券
13	银河证券
14	国泰君安
15	国盛证券
16	安信证券
17	东北证券
18	弘业期货
19	国联期货
20	文峰期货

（杨林森　王　慧）

第四节　融资担保

2017年，全市有融资性担保机构28家（含4家分公司），总注册资本达53.6亿元（4家分公司注册资本不列入统计）。全年全市28家担保机构为1442户企业新增担保金融136.7亿元，期末担保余额114.6亿元。在省年度许可证年检评级中，24家担保机构（4家分公司由总公司年检）中，2家获得A级监管评价，8家获得B级监管评价，6家获得C级监管评价，8家获得D级监管评价。年内，全市担保机构与江苏银行、南京银行、华夏银行、兴业银行、各地农商行进行合作，实现总授信额度290亿元，其中江苏银行1家授信近60亿元。年内，有3家担保公司与部分银行签订风险分担协议，银行承担10%~20%的风险。建立“政银保”分担工作机制。“政银保”融资担保风险分担试点工作在东台开展，东台市政府设立1000万元信用担保风险补偿基金，专项用于“政银保”合作推进。年内，大丰金茂信用担保有限公司推进“鼎增信”产品，在乡镇和园区推行“政银担”分担风险的业务；盐都区中小企业信用担保有限公司探索并推广银行承兑汇票质押和股权、债权质押等反担保措施；盐城市中小企业信用担保有限公司主动降费，减轻企业负担，担保费率为每年0.8%，星级企业平均担保费率每年不超过0.5%，不向客户收取保证金。

顺泰农贷获评全国优秀小额贷款公司　2月22日，在中国小额贷款行业协会举办的全国优秀小贷公司及优秀商业模式授牌仪式上，盐城市亭湖区顺泰农村小额贷款股份有限公司被评为全国优秀小贷公司。　（季　鹏）

第五节　企业上市

2017年，全市有上市企业10家，上市企业累计融资172.52亿元。新增“新三板”挂牌企业5家，总数43家，挂牌数位列苏北第一。“新三板”挂牌企业中，13家企业实现融资11.1亿元。

银宝生物登陆“新三板”　2月28日，江苏银宝生物科技股份有限公司股票在全国股转系统挂牌公开转让。证券简称：银宝生物，证券代码：870701。　（王　慧）

2017年全市上市企业上市和再融资情况

表19-56

序号	地区	企业名称	融资总额（亿元）	融资明细	上市时间	代码	行业	上市地
1	市直	江苏悦达投资股份有限公司	11.37	1994.1上市1.12亿元 1994.12配股0.99亿元 1996.9配股1.49亿元 1998.2配股2.49亿元 2000.3增发5.28亿元	1994.1.3	600805	投资	上海
2		悦达矿业控股有限公司	10.34	2010.1增发3.91亿元 2010.4配股4.34亿元 2011.12增发1.14亿元 2016.11配股0.95亿元	2001.11.29	00629	采矿	中国香港

续表19-56

序号	地区	企业名称	融资总额（亿元）	融资明细	上市时间	代码	行业	上市地
3	盐都	江苏雅百特科技股份有限公司	33.30	2009.12上市6.30亿元 2015.8定增27亿元	2009.12.18	002323	制造	深圳
4		中国疏浚环保控股有限公司	13.11	2011.6上市6.38亿元 2014.12配股2.36亿元 2016.11代价发行0.86亿元 2017.10配股3.51亿元	2011.6.20	00871	航道疏浚	中国香港
5	开发区	中大国际控股有限公司	3.58	2001.11上市0.50亿元 2009.11配股0.74亿元 2009.5配股1.55亿元 2010.3配股0.15亿元 2010.11配股0.64亿元	2001.11.1	00909	制造	中国香港
6		江苏农华智慧农业科技股份有限公司	32.86	1997.8上市4.69亿元 2000.4配股2.85亿元 2011.2配股6.75亿元 2014.5增发15.57亿元 2015.8其他债券3亿元	1997.8.18	000816	制造	深圳
7	大丰	江苏辉丰农化股份有限公司	30.52	2010.11上市12.17亿元 2015.3配股9.90亿元 2016.4可转债8.45亿元	2010.11.9	002496	农药	深圳
8		金财互联控股股份有限公司	34.08	2010.12上市4.08亿元 2016.10配股18亿元 2016.11定增12亿元	2010.12.31	002530	制造	深圳
9		大丰港和顺科技股份有限公司	0.96	2016.8配股0.96亿元	2015.6.17	8310	制造	中国香港
10	响水	昇立化工控股有限公司	2.40	2007.2上市2.40亿元	2007.2.5	A7S	化工	新加坡
合计			172.52					

2017年全市“新三板”挂牌企业

表19-57

序号	地区	企业名称	经营范围	挂牌时间
1	响水	江苏康生医疗股份有限公司	轴承设备制造	2015.3
2	滨海	江苏日明消防设备股份有限公司	化学试剂	2015.12
3		江苏托球农化股份有限公司	农药制造	2016.4
4		江苏清泉化学股份有限公司	化学品生产	2016.4
5	阜宁	江苏东方滤袋股份有限公司	无纺布织造	2015.1
6		江苏中成紧固技术发展股份有限公司	紧固件	2015.11
7		江苏蓝天环保集团股份有限公司	环保设备制造	2016.4
8	射阳	江苏易电通智慧能源股份有限公司	能源技术开发	2016.6
9		江苏金戈炜业环保科技股份有限公司	环保家居用品销售	2016.7
10		江苏银宝生物科技股份有限公司	水产饲料生产销售	2017.2
11	建湖	盐城诚赢照明电器股份有限公司	照明电器生产销售	2015.1
12		江苏儿百粒食品股份有限公司	食品制造加工	2016.7
13	东台	江苏维福特科技发展股份有限公司	光电科技生产研发	2014.8
14		东台市凯润精密机械股份有限公司	精密机械生产销售	2015.4

续表 19-57

序号	地区	企业名称	经营范围	挂牌时间
15	东台	江苏金瀚科技股份有限公司	电子新材料研发制造	2015.7
16		盐城宏景机械科技股份有限公司	印刷包装机械制造	2015.8
17		江苏华源医疗科技股份有限公司	一类医疗器械生产	2016.8
18		江苏神农药业股份有限公司	化学药品制剂制造	2017.2
19	大丰	江苏焕鑫新材料股份有限公司	化学品制造	2014.9
20		盐城中德精锻股份有限公司	汽车精锻制造	2016.4
21		江苏科菲特生化技术股份有限公司	化学制品制造业	2016.5
22		江苏凯嘉橡胶科技股份有限公司	橡胶制品生产销售	2016.7
23		江苏金色农业科技发展有限公司	农产品生产种植	2016.8
24	盐都	江苏盛安资源股份有限公司	齿轮配件	2015.1
25		江苏蔚联机械股份有限公司	水工机械、农用机械等制造	2015.3
26		江苏汉印机电科技股份有限公司	数字喷印设备制造	2015.10
27		江苏东九重工股份有限公司	压力容器制造	2016.4
28		江苏苏力机械股份有限公司	机电设备安装销售	2016.8
29		江苏闳业机械股份有限公司	服装机械制造	2016.8
30		江苏剑桥涂装工程股份有限公司	涂装设备制造	2016.8
31		江苏康杰机械股份有限公司	涂装设备制造	2016.8
32		盐城市昶桦户外用品股份有限公司	体育和娱乐用品制造	2016.10
33		江苏华盛电气股份有限公司	变压器、电感器制造	2017.1
34	开发区	江苏星月测绘科技股份有限公司	测绘地理设备生产	2015.5
35		江苏华生基因数据科技股份有限公司	基因测序业务	2015.8
36		双龙集团上海防爆电机盐城股份有限公司	防爆电机	2016.1
37		盐城鹤鸣亭传媒股份有限公司	互联网信息服务	2016.8
38	亭湖	江苏高和智能装备股份有限公司	高端线材装备生产	2015.1
39		盐城市亭湖区顺泰农村小额贷款股份有限公司	发放小额贷款、提供融资性担保等	2015.10
40		盐城市新亚自控设备股份有限公司	配电制造	2015.12
41		盐城市悦诚新材料股份有限公司	针刺无纺布	2017.10
42		山东黑山玻璃集团江苏光电科技股份有限公司	厨用家电、塑料制品	2017.11
43	城南	江苏蔚金模塑股份有限公司	汽车及零配件经销	2015.11

第六节　金融管理

2017年，盐城加强金融行业管理。加大对实体经济支持力度。年内，市政府与4家省级银行签订战略合作协议，达成贷款协议1900亿元。降低实体企业融资成本，市金融办、市物价局、人民银行盐城市中心支行、盐城银监分局联合发文，引导银行机构主动减费让利，为企业节省融资成本2.2亿元。发展科技金融，加大对科技型企业的金融支持力度，促进金融要素、资本要素向科技型企业集聚。江苏银行东台支行被省金融办等8个部门联合评为2017年度江苏省科技金融特色机构。促进风投创投发展。10月28日，在上海举办盐城市第七届沿海发展人才峰会——风投创投资本对接洽谈会，市政府与20家风投创投机构签约20个风投创投资本项目，签约金额53.67亿元。创新保险服务举措，保险行业首次被纳入市委市政府目标任务绩效考核，保险服务保障功能显著增强。在全省率先建立托底救助民生系列制度，惠及71.8万名因病、因残、因灾祸导致的低保户及低保边缘群体。优化金融生态环境。开展互联网金融整治和打击非法集资专项行动，盐城非法集资人数、案件数和金额实现“三降”。推进金融生态县创建，全市金融生态环境评估在全省平均排名同比上升4.1个位次，建湖县、大丰区、东台市、滨海县获评省金融生态优秀县，阜宁县、响水县、滨海县被认定为省金融生态达标县。

金融机构监管。年内，人民银行盐城市中心支行强化金融机构开业管理，批准8家新设金融机构加入人民银行金融服务体系。修订完善《盐城市银行业金融机构执行人民银行政策情况评价办法》，将评价项目划分为基础工作和重点工作，明确重点工作50%的评估权重，重点工作的指向性作用更加突出。对2016年综合评价等级为“C”类的3家金融机构主要负责人实施约见谈话，对邮政储蓄银行盐城市分行、招商银行盐城分行开展综合执法检查。推进“11·9”地下钱庄案件的查处，至2017年底，共计对660名个人非法买卖外汇行为实施行政处罚3516.45万元。全年对3家金融机构履行反洗钱义务、1家金融机构消费者权益保护、2家金融机构人民币管理、2家金融机构金融统计、8家金融机构征信管理、3家金融机构跨境人民币管理情况开展执法检查，对企业和金融机构实施行政处罚55万元。

金融市场监管。年内，人民银行盐城市中心支行组织射阳太商村镇银行、东台稠州村镇银行、大丰江南村镇银行3家村镇银行通过合格审慎评估，成为全国市场利率定价自律机制基础成员。规范市、县两级自律机制例会制度，按季评估全市地方法人金融机构定价行为。就阜宁农商行违反程序发行大额存单事项对其主要负责人实施约见谈话。加大“反洗钱、反逃税、反恐融资”可疑交易线索的甄别筛选力度，及时向公安、税务等部门移交可疑交易线索，其中立案4起，破案2起。

金融消费权益保护。年内，人民银行盐城市中心支行搭建形成银行网点、传统媒体、新媒体立体式宣传平台，深入社区、农村、学校，开展针对性宣传。对中国银行大丰支行、华夏银行盐城分行开展金融消费者权益保护专项检查。以《金融消费者权益保护实施办法》为主要内容开展业务培训，累计培训2期，覆盖全辖人民银行系统消保干部、金融机构消保工作负责人及工作人员等共计170余人。

（王　慧　唐友伟）

一、银行业监管

2017年，盐城银监分局指导辖内银行业支持供给侧结构性改革，加强对银行机构的监管。年内，平安银行盐城分行开业，苏州银行盐城分行、光大银行盐城分行引进工作有序推进。激发农村中小法人机构改革创新的内生动力，推进发展路径转型、业务结构转型、管理模式转型、风控模式转型。支持法人机构借助优质战略投资者的资源优势，增强持续发展能力。引导法人机构加强资本管理，鼓励农商行登陆资本市场，大丰农商行首次公开发行股票并提交上市申请被证监会受理。推动银行业机构自查、监管督查、现场检查，发现问题428个，涉及业务金额254.37亿元。从严整治银行不规范经营行为，联合市金融办、市物价局、人民银行盐城市中心支行开展“不合理增加企业融资负担”专项整治行动，集中整治银行业违规收取服务费用、违背客户意愿开具银行承兑汇票等问题。至年底，辖内银行承兑汇票余额291.11亿元，较年初压降23.02%；清退银行不合理转嫁的抵押登记费、抵押评估费等费用804.35万元。精准帮扶困难企业。改进债委会运作管理机制，通过实施基准利率、减免部分收费、改变还款期限、政府资金过桥、支持企业重组等方式，相继帮扶江苏富星纸业有限公司、江苏中科建工集团有限公司（原盐阜建设集团）、辉山牧业发展（江苏）有限公司等5家企业脱困转型。

引导服务实体经济。年内，市银监局引导全市银行机构服务实体经济，助力地方经济发展。开展“惠企行动”，重点支持制造业、小微企业、企业转型升级等行业信贷。至年底，全市银行业投向工业转型升级项目、战略性新兴产业贷款余额分别为83.52亿元、78.04亿元；小微企业贷款余额1529.63亿元；“银税互动”业务基本实现市区、县域全覆盖，当年累计办理贷款814笔，金额12.77亿元。

加强风险监管。年内，市银监局突出信用风险处置，开展银行业信用风险排查，针对47.36亿元潜在信用风险，研究制定风险缓释预案；建立重点地区金融风险评估机制，指导银行机构在政府支持下，通过落实抵质押担保、变更承债主体、更换担保人、调整业务品种、债务重组或退出、压降等方式，探索“破圈解链”路径。做好重点机构风险化解工作，督促东台农商行推进风险处置方案，争取省联社与地方政府的支持帮助，累计处置隐性及不良贷款5.37亿元。突出案件风险防控，持续构建案防有效机制，继续开展“员工行为合规深化年”活动。组织实施员工征信排查、关键岗位员工异常行为排查、重点业务风险排查以及案防知识穿行测试。突出法人机构监管，对重点机构实施监管组“贴身监管”，筑牢风险防控防线，履职不力的责成其领导班子进行调整。突出违规行为处罚，对6家银行机构和1名银行从业人员实施行政处罚，罚款160.5万元。

实施普惠金融。年内，市银监局组织全市银行机构实施“惠农行动”，增加“三农”信贷投入，加大金融精准扶贫力度。至年底，全市银行业涉农贷款比年初增加213.03亿元；全市农村中小金融机构“阳光信贷”余额79.42亿元。推进精准扶贫，推动实现建档立卡贫困户扶贫小额信贷全覆盖，农村中小金融机构扶贫贷款余额3.68亿元。至年底，全市银行业投放涉农贷款比年初增加213.02亿元；农村中小金融机构“阳光信贷”余额98.34亿元；农村中小金融机构扶贫贷款余额3.73亿元。指导市银行业协会首次向社会公众发布三位一体《2016年度盐城市银行业行业发展、服务改进及社会责任报告》。（戚龙坤）

二、保险行业监管

2017年，市保险行业协会加强保险行业监管。

推进“1+4”系列文件落地。市保险行业协会印发《关于进一步贯彻落实“1+4”系列文件治理市场乱象防范风险促进行业健康发展的通知》，配合江苏保监局开展2017年监管大巡查工作，对全市所有县域保险分支机构实行巡查全覆盖。通过自律公约、自律检查和自律惩戒的配套措施，加大风险排查力度，提升风险预警能力。加强对重点领域、重点公司的风险防控与处置，引导公司合规经营，促进市场整治规范。

制定行规、行约和服务标准。引领会员公司在执行江苏省2017版车险自律公约的基础上，先后签订“盐城保险业贯彻落实保监财险〔2017〕174号文件自律公约”等6个公约。制定《保险营销员流动管理办法》《大型商业保险招、投标自律规定》等行业规定以及《盐城市机动车辆保险理赔服务标准》等。成立自律监督检查小组，开展自律检查，表彰诚信履约会员，警示失信违约会员，对不自律的会员给予通报批评并处以违约金处罚。

开展保险行业专项整治。常态化开展风险大巡查、大整治以及打击非法集资、反保险欺诈等专项行动，推进行业风险管理。全年全市满期结付件数9.88万件，结付金额18.73亿元，至年底，给付完成率92%，未发生群访群诉事件。各保险公司压实主体责任，深化风控体系建设，全面提高风险管理水平，实现一把手负总责、一级抓一级，层层抓落实的工作格局。突出严防关键领域和重点公司，落实周报、日报监测制度，摸清风险底数，加强风险干预与处置，域内保险机构的主要风险监测指标趋好。

保险维权服务管理。做好日常投诉处理工作受理。全年信访投诉188件，结案185件，结案率98.4%，客户满意率95%以上。加强诉调衔接工作。召开诉调衔接工作座谈会，专门会同市中级人民法院组团赴余杭、诸暨学习考察道路交通事故纠纷网上一体化处理“余杭模式”及矛盾纠纷多元化解“枫桥经验”，以“落地调判一致”为主要目标，加快建设盐城矛盾调解直通车。市中级人民法院制定《关于当前审理道路交通事故损害赔偿案件若干问题的解答》（二），厘清交通事故中残疾、死亡赔偿金适用的城镇、农村标准，使调判一致，有利于切实维护投保双方合法权益。与司法部门增进沟通协调，组建市保险行业律师顾问团和市保险纠纷人民调解委员会。引入仲裁调解保险纠纷机制，与市仲裁委协调，成功调解仲裁案件1件，涉及金额9.1万元。引领构建行业内部纠纷化解“绿色通道”，坚持总经理接待日制度实现常态化。开展放心消费创建活动。在全行业持续整治寿险销售误导和车险理赔难问题。打造保险放心消费创建示范集聚区，金融城保险集聚区获评2017年江苏省放心消费创建品牌集聚区，中国人寿、人保、紫金、新华人寿等14家公司获评江苏省放心消费创建先进单位、盐城市放心消费创建先进单位。协同公安经侦部门构建反保险欺诈“新格局”，坚持预防和打击并重，做到“可疑案件及时报送、疑点案件及时排查、疑难案件及时会商”。全行业累计打击假赔案1052件，涉及金额5000余万元，移送公安部门可疑线索3件，介入调查1件，公安机关立案侦查2件（其中1件涉嫌车险欺诈，1人批捕，6人取保候审）。

整治车险市场 年内，市保险行业协会在市内主流媒体、主要街口，登载广告，宣传“五严”（严禁“买保险送礼品”、严控车险费用列支、严控车险销售资质、严守车险条款费率、严格规范车险理赔），推动整治车险市场乱象，向恶性竞争说“不”。建立车险价格公示制度，对各财险公司所有经营职场进行机动车辆保险费用率价格公示，同步公布物价部门的监督电话，引入社会监督。

（蔡中源）

三、融资担保管理

2017年，市经信委加强融资日常监管。召开全市融资担保工作会议，印发《关于进一步加强融资性担保机构监管工作的通知》，与各县（市、区）经信委、担保机构签订监管责任状，明确监管责任。联合人民银行盐城市中心支行对全市融资性担保机构进行信用评级，对全市融资性担保公司进行换证，并对部分担保机构进行现场抽查，定期组织融资担保机构座谈会，对融资担保机构运行情况进行交流分析。在省年度许可证年检评级中，24家担保机构（4家分公司由总公司年检）中，2家获得A级监管评价，8家获得B级监管评价，6家获得C级监管评价，8家获得D级监管评价。深入银担合作，起草《盐城市政银担风险分担合作方案》《盐城市风险分担基金管理办法》，建立“政银保”分担工作机制。年内，东台市“政银保”融资担保风险分担试点工作开展，东台市政府设立1000万元信用担保风险补偿基金，专项用于“政银保”合作推进。全年全市担保机构与江苏银行、南京银行、华夏银行、兴业银行、各地农商行合作，实现总授信额度290亿元。与银行机构风险分担方面，有3家担保公司与部分银行签订风险分担协议，其中银行承担10%~20%的风险，改变以前的担保公司100%承担风险模式。

（季　鹏）

第20章　经济事务管理

责任编辑　高兰会

综　述

2017年，全市经济总量首次突破5000亿元，人均地区生产总值首次突破一万美元。全年全市完成固定资产投资4278.5亿元，其中完成服务业投资1776.6亿元。实现社会消费品零售1806.2亿元，消费对经济增长贡献率52.8%，同比提高2个百分点。完成外贸进出口总额86.5亿美元，其中出口总额58.4亿美元，增幅列全省第一位。三次产业协调发展。全市二三产业增加值占地区生产总值比重达89%，三次产业比重为11.1∶44.4∶44.5，其中第三产业比重首次超过第二产业，实现由"二三一"向"三二一"的标志性转变。全年全市规模以上工业企业利润增长12.1%，3234家规模以上工业企业中有60.5%的企业销售出现增长。全面小康综合得分连续三年位居苏北第一，城乡居民收入分别增长8.3%和8.9%。一般公共预算收入完成360亿元，税收占比75.5%。

加快创新发展。年内，市政府制定《关于推进聚力创新的十条政策意见》，发明专利申请、授权和有效发明专利拥有量增幅均列全省第一位。全年净增高新技术企业81家，列全省第三位。江苏新能源汽车研究院、清华大学智能技术联合研究院等创新平台落地。新兴产业快速增长。全市战略性新兴产业产值、高新技术产业产值均同比增长19%。智能终端整机出货量突破2000万台，盐城高新技术产业开发区智能终端产业园完成开票销售80亿元。新能源装机总量518.8万千瓦，列全省第一位。华为云服务江苏数据中心成功上线，盐城大数据产业园成为国家制造业高新技术产业化基地。服务业发展势头强劲。全年完成服务业增加值2261.8亿元，新增规模以上服务业企业数量列全省第三位，省级服务业集聚区总数保持苏北第一位。全年全市电子商务交易1853亿元，网络零售额287亿元。全年接待游客2926.8万人次，实现旅游总收入311.75亿元，"盐城八大碗"注册成为全国首例地方特色系列菜肴集体商标。现代农业提质增效。全年粮食总产68.6亿千克，调减低产低效粮油作物面积4.91万公顷，新增高效设施农业面积1.05万公顷，总面积14.76万公顷，增量、总量均居全省第一位。大丰、盐都跻身全国休闲农业与乡村旅游综合发展实力50强。农产品网上销售额突破100亿元。

助推产业项目。全年全市新开工亿元以上项目中，新兴产业项目占比39%，在建5亿元以上制造业项目较上年增加14个。总投资超百亿美元的金光盐城循环经济高科技产业园项目、超百亿元的中国电子盐城信息港项目签约落户。开发运营盐城市重大项目在线跟踪服务管理平台和盐城重大项目APP，建立在线审批服务、在线跟踪服务和信息交换服务"三位一体"重大项目服务体系。全年实施市"两重"项目（重大项目和重点工程）投资计划132项，完成投资836亿元，东山精密电子项目、铠胜电子产业园项目等项目实现当年签约、当年开工、当年部分投产。开展园区"等级创建"工作，指导重点开发园区"一园一业"发展，全市重点开发园区规上工业开票销售、进出口总额、注册外资实际到账分别占全市比重的72.5%、82%和92%。年内，阜宁港物流园区、城西南物流园区、盐城市现代物流园区获批省级示范物流园区。

推进改革发展。推进供给侧结构性改革。全年全市关停化工企业32家，关闭燃煤锅炉583台，实现减煤15万吨。淘汰纺纱产能9000吨、染整产能6400吨，化解过剩钢铁产能65万吨。商品住房库存去化周期为7.7个月。全年累计发行企业债券5只，总规模67.7亿元；新增直接融资422.24亿元。累计帮助企业降低成本60亿元。加快投融资体制改革。市政府制定《关于深化投融资体制改革的实施意见》，围绕鼓励扩大民资、规范政府投资项目管理等7个方面提出实施意见。在全国首家推行投资项目"三书合一"[市、县（市、区）两级投资主管部门审批、核准的非高耗能行业项目、非重大涉稳项目，在编制项目可行性研究报告或项目申请报告时，可以一并将节能评估报告、社会稳定风险评估报告相关内容按规范标准和深度要求进行整合，作为两个单独成篇的专章，形成一个咨询报告文本]，在全省率先推出行政审批告知承诺。全年设立市级产业基金6支，总规模超230亿元，累计投放项目37个，投资金额89.3亿元。年内，新水源地及跨区域引水工程列入财政部PPP示范项目，市区综合客运枢纽、建湖通用机场等9个项目列入省基础设施领域PPP推介清单。推进“放管服”改革成显。建成政务服务“一张网”，全面推行数字化联合审图，提前实现“不见面审批”，集中梳理公布不见面事项清单1.08万项，涉批中介服务事项由109项减至54项。

（杨林森）

第一节　财政税务

一、财　政

2017年，全市完成一般公共预算收入360亿元、一般公共预算支出748.28亿元，全市财政收支稳定在合理区间。市财政局连续六年被评为省法治财政标准化管理示范点单位。6月14日，盐城市财政局被确定为全国法治财政建设示范点建设单位。

资金支持。支持推进供给侧结构性改革。以产业结构调整为主攻方向，强化财政政策扶持，全年减轻企业税费负担60亿元以上，安排资金1.74亿元兑现房地产去库存补贴。支持企业转型升级。开展“产业项目推进年”活动，落实市政府《关于促进先进制造业加快发展若干政策意见》，全年拨付各类支持中小企业转型发展奖补资金14.9亿元。支持星级企业做优做强。全年拨付专项资金1.2亿元，支持培大育强星级企业。建立星级企业服务直通车，在财政应急过桥资金、财政担保服务等方面做到优先保障，财政过桥资金实行10天内免费，20天内减半收费，平均担保费率不超过5‰。支持科技人才创新驱动。开展实施科技保险试点工作，培育高新技术企业，全年兑现科技人才奖补资金1.3亿元。全年全市财政部门通过政策引导、资金保障等措施，支持园区载体建设，沿海产业园税收贡献明显提升，重点税源企业培育初见成效。江苏德龙镍业有限公司、江苏超威电源有限公司、江苏博汇集团等重大项目进入税收回报期，当年税收贡献均超亿元。全市新增纳税超千万元企业201家，其中纳税超亿元企业15家。

民生财政。全年全市财政用于民生支出578亿元，占一般公共预算支出比重77%，同比提高1.6个百分点。保障重点工程项目建设。市财政筹措安排各类资金43.7亿元，加大“五个一”战略工程建设投入，其中安排高铁资金、综合交通枢纽建设资金等资金总额26.5亿元，加快“一张网”建设进程；安排新水源地及跨区域引水工程建设资金等资金总额5.7亿元，推进“一桶水”工程实施；安排百万亩生态防护林建设资金等资金近亿元，支持“一片林”建设；安排城乡统筹、新能源汽车补助资金等资金总额10亿元，推进“一座城”“一部车”建设。支持落实《聚焦富民促进城乡居民增收的十条政策意见》。市财政安排7亿多元资金，保障就业创业、医疗养老等各项民生政策足额兑现。全年各级财政累计投入73.3亿元支持精准脱贫，年内建档立卡低收入人口和省定经济薄弱村分别再脱贫30%，全市整体脱贫进度超50%。支持落实市政府20项民生实事，全年完成投入94.6亿元。全年全市投入160亿元支持教育均衡发展，新建改建中小学、幼儿园61所，完成投资34亿元；市财政安排近6000万元用于名师名医合作交流，在全国首创奖励名师名医政策，奖励近千万元。支持生态文明建设，投入12亿元专项资金用于城乡河道整治。市财政设立健康养老产业发展基金，投入6.7亿元支持市妇幼保健院续建、中医院南扩和口腔医院南迁工程建设。

“财政+金融”服务。创新投融资方式，拓宽财政支持路径，支持产业园区和实体经济发展。加快政府性基金投资落地，市政府制定《盐城市政府产业投资引导基金管理办法》，健全政府投资基金管理体系。市财政局设立并运作市政府产业基金6支，累计投放项目37个，总投资89.3亿元，其中撬动社会资本67.9亿元。在已投资项目中，江苏高和智能装备股份有限公司等7家企业在“新三板”挂牌，瑞孚信江苏药业股份有限公司当年进入上市辅导。中韩产业园发展基金年内出资3.75亿元，促成盐城经济技术开发区盐城阿特斯阳光能源科技有限公司3吉瓦电池片项目落地。推进设立新能源、新材料、智能终端、环保节能4支产业投资引导基金，公开遴选基金管理合作机构。年内，市政府在上海等地举办推介会2场、主题沙龙3场，累计推介企业340多家。市政府制定《关于推广政府和社会资本合作模式的实施意见》，从适用范围、实施模式、实施流程等方面，科学规范PPP合作的运用和实施。优选PPP项目申报入库，全年全市入省PPP项目库项目44个，其中入选财政部示范、省试点项目13个，至年底，有16个项目签约落地。做大各类资金池。按照“财政建池、部门建库、银行独立审贷、风险双方共担”的原则，规范推

11月8日，2017中国盐城资本项目投资峰会在盐城举行。　市财政局/供

进各类资金池运作，加大对中小微企业的支持力度，全市各类资金池规模5.2亿元，累计为808户中小微企业发放贷款28.7亿元。加大为中小微企业担保过桥力度，全市政策性担保公司为1065户企业提供担保资金82.1亿元，486户企业提供过桥资金71.7亿元。开展金融投资业务，市财政局所属盐城国泰投资有限公司出资成为大丰农商行、阜宁农商行第一大股东，盐城农商行、射阳农商行第二大股东。年内，成功获得经中国证券投资基金业协会备案的盐城国泰新兴产业投资基金、盐城国发投资管理公司双牌照以及金融不良资产批量处置业务资质。成立盐城国盛融资租赁有限公司，通过融资租赁等方式，累计向盐城经济技术开发区光电产业园、盐城高新技术产业开发区智能装备产业园等重点工业园区投放资金17.04亿元，帮助园区优化融资结构，降低融资成本5000多万元。至年底，市财政所属企业（盐城国泰投资有限公司、盐城创投科技有限公司、盐城市中小企业贷款担保有限公司）全年上缴收益4.17亿元，其中税收0.71亿元，盐城国泰投资有限公司跨入市服务业四星级企业行列。

政府性债务管理。年内，市政府制定《关于进一步加强政府性债务管理的实施意见》等文件，从制度层面明确管理职责、杜绝违规融资、强化督查考核、防控财政风险。争取政府债券，全年全市争取政府新增债券137亿元，规模居全省第二位，支持高速铁路、市区快速路网、保障性安居工程、土地收储开发等项目建设。建立工作日报、约谈督查、定期会办、整改销号4项制度，推动违规融资担保不折不扣整改到位，接受省政府债务专项审计。探索利用直接债务工具、产业投资基金、资产证券化等市场化手段合规融资，保障"五个一"战略工程等工程推进。

财政监督管理。强化税收协同共治。发挥综合治税平台作用，及时掌握重点企业、重点项目和重点行业税收情况，提高涉税信息比对水平，硬化税收征管措施，确保应收尽收。开展重点税源评估，市财政局联合国地税等部门，对市区7个重点房地产项目进行调查，及时将调查结果转化为缴库税收，2017年被调查企业税收同比增长116%。做好预算资金管理，保障重点支出，严控一般性开支，清理整合专项资金，全年一般公共预算安排专项资金数较上年减少117个，规模压降5.1亿元。推进预决算公开，细化预算编制，扩大公开范围和内容，2017年全市政府和部门预决算信息均在法定时间内向社会公开，做到集中化、模板化、标准化。强化财政绩效管理。市级82家预算单位共编制绩效目标229个，涉及年度预算资金28.4亿元，实现预算项目资金绩效目标管理全覆盖。开展54个市级专项资金单位自评价，对14个重点项目资金实施财政再评价，涉及预算资金22.6亿元。开展第三方评价，评价面占单位自评价的30%以上。夯实财务基础管理工作。开展地方财政专户和预算单位银行账户清理工作，撤销市县财政专户49个、市级预算单位银行账户300个。修订市级政府集中采购目录及限额标准，完成市区行政事业单位资产清查工作，市政府采购网上商城、会计人员网上免费教育平台、集中支付和非税收入收缴电子化系统上线运行。加大国库集中支付力度，全年完成集中支付17.51万笔，154亿元。

PPP项目管理 年内，市政府制定《关于推广政府和社会资本合作模式的实施意见》，指导全市PPP（政府和社会资本合作）项目实施，东台市、滨海县相继制定推广PPP模式的实施意见。年内，盐城新入选省PPP项目库项目27个，累计入选省PPP项目库项目44个，投资额653亿元，其中财政部示范、省试点项目13个，投资额214亿元。至年底，全市PPP项目落地16个，落地率36%，央企及地方国

2017年全市财政收入情况

表20-58 单位：万元

指　　标	总　额
一、一般公共预算收入	3600188
增值税	1084956
营业税	9107
企业所得税(40%)	252082
个人所得税(40%)	98238
资源税	1520
城市维护建设税	182577
房产税	184809
印花税	50023
城镇土地使用税	195127
土地增值税	279619
车船税	22458
耕地占用税	79554
契税	279206
专项收入	203273
行政性收费收入	208873
罚没收入	98564
国有资源（资产）有偿使用收入	341168
其他收入	29034
二、政府性基金收入	3012967
三、国有资本经营收入	43739
四、社会保险基金收入	2796975
五、上划中央收入	1852160
国内消费税	206195
国内增值税（50%）	1120481
企业所得税（60%）	378124
个人所得税（60%）	147360

2017年全市财政支出情况

表20-59 单位：万元

指 标	总 额
一、一般公共预算支出	7482814
一般公共服务	804874
外交	—
国防	9017
公共安全	387903
教育	1347881
科学技术	250301
文化体育与传媒	118890
社会保障和就业	895476
医疗卫生	757405
节能环保	137310
城乡社区事务	512493
农林水事务	855541
交通运输	294115
资源勘探电力信息等事务	342567
商业服务业等事务	45735
金融支出	6095
援助其他地区支出	9014
国土资源气象等事务	159595
住房保障支出	298664
粮油物资储备管理事务	33472
债务付息支出	148339
其他支出	68127
二、政府性基金支出	3759106
三、国有资本经营支出	29732
四、社会保险基金支出	2388026

企占62.5%，上市公司占12.5%。其中，滨海县5个，市直3个，东台市、响水县各2个，亭湖区、盐都区、城南新区、阜宁县各1个；2个财政部示范项目均落地，13个省试点项目中7个落地。16个落地项目吸引社会资本197亿元，投资成本平均下浮11%，节约投资28亿元，合作期节省政府支出90亿元。其中，新水源地及跨区域引水工程项目节省财政支出51.5亿元，快速路网三期项目节省财政支出20.7亿元，静脉产业垃圾焚烧项目节省财政支出1.38亿元。

市区快速路网三期工程PPP项目 年内，市财政局牵头制订市区快速路网三期工程PPP项目招标方案，组织招标工作，7家中央企业参与竞争。通过公开招标确定中国交通建设集团有限公司联合体为中标人，工程招标底价下浮12.8%，综合收益率下浮25%，13年运营期政府付费节省约20亿元。

2017中国盐城PPP项目推介会 9月20日，2017中国盐城PPP项目推介会在盐城举行。央企、民企、上市公司、金融机构近300多名客商参加会议。推介会上推出PPP项目50个，总投资超680亿元，涉及交通运输、片区开发、医疗卫生等10个项目，覆盖各县（市、区）。

2017中国盐城资本项目投资峰会 11月8日，市政府主办、市财政局承办，以“合作发展，共赢未来”为主题的2017中国盐城资本项目投资峰会在盐城举行。峰会上，江苏中韩盐城产业园投资有限公司与阿特斯阳光能源电力科技有限公司、上海君和立成投资管理中心与江苏世纪新城投资控股集团有限公司等10个投资项目成功签约，协议金额24.5亿元。峰会期间，在盐城基金大厦举行入驻签约仪式，首批入驻的10家投资机构有：毅达资本、和君资本、维思资本、达泰资本、上海华赐基金、北京晨晖创投、凯璞庭资本、世曼凯创投、中韩盐城产业园投资公司、国泰新兴产业基金。

预算联网监督综合查询系统开通 11月29日，盐城市预算联网监督综合查询系统开通。通过该系统，市级106家一级预算单位每一笔财政资金的支出和使用情况，市人大常委会都能便捷、全面、实时查看，提高人大预算监督的针对性和时效性。 （曹志康）

2017年全市入选省PPP项目库项目名单

表20-60 单位：亿元

地区		项目名称	投资金额	备 注
1	市直	盐城市新水源地及引水工程	52.30	财政部示范项目 江苏省财政厅试点项目
2	市直	盐城市快速路网三期工程项目	66.70	
3	市直	盐城市静脉产业园生活垃圾焚烧发电项目	6.60	
4	市直	盐城市静脉产业园配套工程	2.30	

续表20-60

地区		项目名称	投资金额	备注
5	大丰	盐城内河港大丰港区大丰区专业市场现代服务业集聚区码头和物流广场工程项目	10	
6	大丰	大丰区斗龙港国家一级渔港综合开发项目	14.10	
7	大丰	大丰区荷兰花海生态旅游基础设施及配套工程项目	30	
8	大丰	大丰区白驹古镇“水浒原乡”改扩建项目	32	
9	大丰	大丰区孔雀文化产业园基础设施建设项目	9.80	
10	大丰	大丰区草堰镇古盐运集散地旅游建设项目	6.70	
11	大丰	大丰区刘庄镇紫云山禅意文化康养小镇项目	6.50	
12	亭湖	亭湖区福利中心	1.80	财政部示范项目 江苏省财政厅试点项目
13	亭湖	亭湖区丹顶鹤风情小镇项目	31.70	江苏省财政厅试点项目
14	盐都	盐都区龙冈桃园休闲小镇项目	34.30	
15	盐都	盐城高新技术产业开发区污水管网建设项目	3	江苏省财政厅试点项目
16	盐都	盐都区残疾人康复托养中心和老年福利院项目	1.80	
17	盐城	盐都区郭猛镇杨侍片区旅游项目	9	
18	盐都	盐城市小马沟体育主题公园项目	8.10	江苏省财政厅试点项目
19	盐都	盐都区集镇污水处理工程项目	1.50	
20	开发区	盐城市开发区污水处理厂提标改造工程	0.60	
21	城南新区	盐城市城市近郊公园“四季花海”（城南林木生态园）项目	0.80	
22	响水	响水港中心港区码头工程（小莽牛作业区二期）项目	23.90	
23	响水	响水县城东新城项目	30	
24	响水	响水县云梯关旅游景区项目	10	
25	响水	响水县城东综合三甲医院项目	25.50	江苏省财政厅试点项目
26	滨海	滨海县社会福利中心项目	1.80	江苏省财政厅试点项目
27	滨海	滨海县医疗卫生机构搬迁工程项目	25.10	江苏省财政厅试点项目
28	滨海	滨海县教育（体育）布局调整项目	11.90	
29	滨海	滨海县城市公共服务设施配套建设项目	12.10	
30	滨海	滨海县交通基础设施建设项目	9.30	
31	滨海	滨海县海港大道二期及火车站集疏运体系项目	6.30	
32	滨海	滨海县城市建设项目	7.70	
33	阜宁	阜宁县文化体育中心项目	10	
34	阜宁	阜宁金沙湖基础配套设施建设及环境综合治理项目	17.50	江苏省财政厅试点项目
35	射阳	射阳县全民健身中心	2.50	
36	射阳	射阳县新城区医院	14	江苏省财政厅试点项目
37	射阳	射阳岛生态旅游开发项目	17.90	
38	建湖	建湖县康馨园建设项目	5	
39	建湖	江苏建湖通用机场项目	4.60	

续表20-60

地	区	项目名称	投资金额	备 注
40	建湖	建湖县九龙口生态湿地旅游经济区项目	20	江苏省财政厅试点项目
41	建湖	建湖县高铁综合客运枢纽项目	5.20	
42	东台	东台市智慧城市项目	9.90	江苏省财政厅试点项目
43	东台	东台市梨木街修复工程项目	3.10	江苏省财政厅试点项目
44	东台	东台市沿海生态旅游建设工程项目	50	
合 计			653.1	

二、国家税务

2017年是营改增试点全面扩围以后第一个完整税收年度，全市国税收入总量302.44亿元，实现地方一般公共预算收入123.21亿元。其中，实现增值税218.75亿元，实现企业所得税48.2亿元，实现车辆购置税14.8亿元，实现消费税20.6亿元。年内，市国税局先后被省委省政府表彰为江苏制造突出贡献奖先进单位，被表彰为全省“六五”普法工作先进单位；被江苏省全面推进依法行政工作领导小组表彰为“公众参与行政程序建设示范单位”；被省国税局表彰为江苏省国税系统绩效管理先进单位，被市委市政府表彰为全市目标管理考核综合先进单位。

税收管理改革。加快税收管理改革工作，突出依法行政、纳税服务、征管改革、风险管理、国际税收、数据应用、队伍建设、行政管理8个方面的改革，打造以网络化、数字化、扁平化和协同化为特征的国税新业态，率先完成深化国税地税征管体制改革基本任务，完善“营改增”税制改革。在纳税服务方面，建立起以纳税人自主申报为核心的“一体化”服务体系；运用以云计算为底层技术的江苏国税电子税务局，使纳税人最大限度实现网上办税。在税收执法方面，通过推行税收职责清单，税收执法权依据职责清单规范行使；税收执法的实体和程序都做到于法有据。在风险管理方面，依托数据情报平台，发挥税收大数据的风险指向作用；选用递进式应对策略化解风险，科学的抽查制度基本成型。建立办税实名制、增值税发票新系统、税务稽查和联合惩戒衔接的打虚打骗机制。在协同共治方面，深化国、地税合作，降低纳税人办税负担、提高税收征管效率；建立市政府领导下的全市综合治税协作机制；建设纳税信用体系，建立起诚信纳税激励机制和惩戒机制。

税收征管。加大税收风险管理力度，通过重点企业风险应对，以查促收，挖掘税收潜力，缩小征收缺口。全年全市风险应对总成效13.25亿元，入库7.96亿元，其中房地产行业全年实际查补入库税款超亿元。加强税收政策确定性管理，落实税收优惠政策，服务供给侧结构性改革，支持保障改善民生。全年落实税收优惠74.88亿元。其中，全市办理出口退（免）税51.49亿元；落实小微优惠企业1.41万户，受惠面100%，减免税额1.17亿元；落实高新优惠企业149户，减免税额3.07亿元；落实研发费用加计扣除折合减免税额1.46亿元。

依法治税。推行行政执法公示制度、执法全过程记录制度、重大执法决定法制审核制度试点工作。开展法治基地建设，推选阜宁县国税局为江苏省国家税务局法治基地，获省国税局确认命名。加强公职律师队伍建设。成立公职律师办公室， 市国税局3名公职律师年办理相关事项75件。其中，参与重大税务案件审理63件、行政复议案件8件、行政诉讼案件1件、合同审查1件、提供法律咨询2件。深化简政放权，严格执行税收职责清单，除行政许可事项外一律取消审批，确保清单之外无权利。取消新办纳税人补充登记；取消报送资料418项；取消外出经营税收管理证明，网上报验率90%；电子档案系统上线，对纳税人网上办理的涉税事项，取消纸质资料和表单报送，实行影像资料档案存储管理；全面落实省委省政府“3550”改革，实现在0.5个工作日内完成企业从开业到领取发票的办理；纳税人跨区迁移只需结清申报税费，税务机关不再注销清算。对未开

12月8日，市国税局举行盐城市国税系统税收分析业务竞赛。 市国税局/供

业和无债权债务企业实行简易注销，便利市场主体退出；整合业务事项，推出“新办企业”“发票种类限额变更”“违法违章简易处罚”等套餐服务。“新办企业套餐”将12个业务事项的24张表单减并为1张综合表，减少纳税人往返每户18次，节约办税时长每户9个工作日，降低办税成本4000万元。

综合治税。建立市政府领导下的全市综合治税协作机制，加强税源控管。应用综合治税平台，全年采集情报455万条。市国地税、综治办三方合作，开展大市区个体税收联合征管，形成协税护税合力。上线移动APP，开展建筑业项目信息采集。开展首次购票户实地经营地址信息的采集，及时暂停399户虚假地址、“一址多照”纳税人的领票资格。建设纳税信用体系，建立起诚信纳税激励机制和惩戒机制，多部门联合开发“红黑榜”和“双公示”征信产品，增强全社会依法诚信纳税意识。国地税实行信用积分动态监控，实施差异化管理，2017年联合评定3.36万户纳税人。全市92.83%的纳税人实行实名办税，实名信息国地税双方互认，实现一次采集多次、多处使用。融入社会信用体系，推广“征信互认 税银互动”守信激励，为金融部门提供A级纳税人名单2999户；与江苏银行合作推出“税e融”信贷产品，累计为守信纳税人贷款2.13亿元。大市区成立个体税收联合征管办公室，实行“国地联合、合署办公、混合编组、综合治税”，联合定额核定423户，联合管理商圈684户。

“互联网+”税务服务。提升“互联网+”税务服务。全面融入政务服务“一张网”，推出“不见面”办税清单，推行跨区经营网上报验、“套餐”服务网上办理、就业人员手机缴费、手机办税APP等线上办税产品，全年线上办件量1000万户次，占比83.01%，“最多跑一次”“全程网上办”成为办税服务新常态。依托江苏国税电子税务局，实行线上受理、线上办理、线上反馈的运行模式。强化服务效应，在全省率先推行“发票电子申请+邮递配送”的O2O（Online To Online线上到线下）发票服务新模式。5月，建立全省第一家发票区域集中配送中心，通过区域集中配送，实现发票业务的“线上快捷申请、订单式智能处理、自动发放打印、集中物流配送”。至年底，全市建成8家发票区域集中配送中心。全年全市有7万户次纳税人采用“发票电子申请+邮递配送”方式领用发票，配送量400万份。

国地税合作 年内，市国税局、市地税局共建办税服务厅5个，共驻政务中心13个，互设办税窗口37个，国地税办税窗口合作“一人一窗”数量50个，国地税部署自助办税终端206台，建立24小时自助办税服务区8个，智慧办税体验中心4个；共建纳税人学堂，健全联合培训机制，联合制定培训计划，联合组建培训师资，共同制作培训教材，市县国地税共建实体纳税人学堂9个，组织联合培训417场次3.34万人次；联合开展税法宣传，税收宣传月活动，税法“进企业、进社区、进校园”等系列活动；开展纳税信用评定工作，运用统一的指标体系和指标信息，联合评定纳税人3.36万户，其中A类纳税人2977户，D类纳税人1941户。（杜　彦）

2017年全市国税税收收入情况

表20-61　　单位：亿元

地　区	税　收	其中：一般公共预算收入
合　计	302.45	123.21
市　直	29.61	5.54
亭湖区	26.39	11.51
开发区	14.09	6.58
城南新区	15.01	6.91
盐都区	31.98	10.98
大丰区	40.32	17.58
响水县	20.80	9.29
滨海县	24.86	10.57
阜宁县	19.91	8.90
射阳县	21.05	9.22
建湖县	21.68	9.62
东台市	36.75	16.51

三、地方税务

2017年，全市地税系统入库各项收入352.8亿元，其中组织税收收入179.4亿元，一般公共预算收入148.8亿元，社会保险159.3亿元。年内，市地税局被评为全国文明单位，市地税局一分局被评为全国工人先锋号，阜宁县地税局二分局被评为全国巾帼文明岗。

征管改革。推进国税、地税征管体制改革，税收征管方式发生新转变。优化征管资源配置，调整分局部分职能，全市基础管理局成立执行科，形成清理欠税动态分类清册，负责欠税、欠费的清缴执行以及与法院、金融等部门的业务协调，清理陈年欠税户99户，清理税款入库1678.5万元，滞纳金278.1万元。成立国地税亭湖、开发区、城南个体税收联合征管办公室，集中整治建军路地下商业街商圈、中南世纪城商圈。完成城镇土地使用税税额调整，“以地控税 以税节地”试点有序扩围。盐城车船税自动归集分配系统在全省地税系统推广。推进所得税管理，企业所得税汇缴面100%。首次受理非居民纳税人享受税收协定待遇申请，3名埃塞俄比亚籍人员享受免征个人所得税1.4万元，退税1.16万元。人民网、《中国税务报》等媒体报道盐城做法。全年市地税局上报省地税局反避税案件立案3户，查补入库1587万元。

信息管税。成立数据治理团队，收集整理典型问题290条，满足机关及基层数据查询。加强全市信息化建设统筹管理，对信息化建设实行归口管理，建立应用系统台账，加强全市软件和运维服务资源整合。完成社保费人社、财政、地税三方联网、房屋交易接口等软件日常维护工作。完善网络终端安全管理系统，加强金税三期系统安全防护，信息安全工作居全省前列。健全涉税风险管理联动机制，制定年度风险管理工作计划，确定18项日常管理事项和12项专题管理事项，识别风险疑点14.8万个，涉及企业7.9万户，风险识别覆盖面70%，采集和利用第三方数据识别风险点14.8万个。推送低风险提示8677户，自查自纠入库4.4亿元。开展中宏观风险分析，推送中高等风险3781户，实现应对绩效13.9亿元。加强大企业风险管理，2户企业查补入库税款、滞纳金1860万元。开展中等风险应对质量复审，检查中等风险应对142户、高等风险应对25户。

依法治税。深化涉税行政审批改革，持续推进地税部门简政放权，编制事中事后监管责任清单，布置落实行政审批告知承诺书工作。开展中等风险应对法制审核，规范执法文书、执法程序、处罚标准。依托"互联网+税务"网络空间框架，研发公职律师网络管理平台，实现公职律师为征管改革、税收执法、行政管理提供法律服务职能。持续开展法治税务示范基地建设工作，以创促建、以考促改，加强统筹协调，健全指标体系。依托省地税局督审平台疑点信息，实施集约化、关联化、精准化执法督察。开展国家税务总局、省地税局重点税源检查，将服务贯穿检查始终。探索国地税联合稽查、信息交换，国地税联合稽查企业户52户，联合审理8次，查补税款283.2万元。推行审理提前介入，稽查优秀案例分析库初具规模，有6个稽查案例获评全市优秀稽查案例，其中1个稽查案例被省地税局评为"十大优秀稽查案例"。打击发票违法行为，专项检查查补税款、滞纳金及罚款1.2亿元。

地税服务。推进"放管服"改革，加快政务"一张网"建设，制定《关于落实市政府政务服务网建设工作的实施方案》，细化分解具体工作内容17项。梳理"不见面"及"见一次面"事项，确定"不见面"服务事项22项，"不见面服务"事项居市直机关之首。落实"3550"要求，不动产交易实现地税、国土、房管"取一次号、办三家事"。开展"便民办税春风行动"，扩大"容缺服务"覆盖面，在税务登记、延期申报和税收优惠3类85项涉税业务的受理办理中，对A级纳税人实行容缺服务。推行星级礼仪服务、"7D10H"（7天10小时）延时预约服务、容缺受理、菜单式辅导培训，多点布局自助办税设施，推广网上办税、手机缴费。畅通"12366"咨询热线管理，提供咨询服务6.88万人次，人工接通率93.87%，回复率100%。编制纳税信用宣传手册，完善纳税信用评定流程，实施评定3.49万户纳税人纳税信用等级。加强税银合作，与25家银行签订合作协议，有291户企业取得信用贷款2.75亿元。推进国地税合作，确定重点合作事项。共同制作合作成果专题片，联合举办税收宣传月启动仪式。推进办税厅合作共建，共建办税服务厅2个，共同进驻政府政务大厅12个，7个办税服务厅互设窗口，5个办税服务厅通办业务，大丰地税局在全市率先建成国地税联合办税服务大厅。在全省率先建立研发费用加计扣除争议化解机制，成立"服务企业上市和申报高新"专家团队，全市办理各类减免税3.2亿元，涉及纳税人4.5万户。

（陈洪军　秦爱军　沈　琦）

2017年全市地税收入情况

表20-62　　单位：万元

项目名称	收　入
合　计	3528129
一、税收收入	1793844
1.营业税	18332
2.企业所得税	218535
3.个人所得税	245595
4.资源税	1520
5.城市维护建设税	182578
6.房产税	184807
7.印花税	50023
8.城镇土地使用税	195126
9.土地增值税	279619
10.车船税	22458
11.耕地占用税	79553
12.契税	279206
13.增值税	36492
其中：一般公共预算收入（小税种）	1487893
二、非税收入	1734285
1.社会保险费	1592823
2. 教育费附加	71769
3. 其他基金（费）	69693

第二节　审　计

2017年，全市审计机关完成审计项目328个，查出违规问题金额6.69亿元，损失浪费金额0.39亿元，管理不规范金额1186.17亿元；通过核减政府投资项目决算造价节约财政资金18.51亿元，促进增收节支8.79亿元，挽回损失2.03亿元，促进资金拨付到位19.12亿元，促进通过清收往来、调账处理等方式整改管理不规范资金350亿元；累计向纪检、检察及相关主管部门移送案件线索44件；提交审计报告和审计调查报告380篇，提交审计信息材料343篇；提出审计建议950条，获得市级以上领导批示46件。年内，市审计局通过督促查出问题的整改落实，直接促进财政增收节支、挽回（避免）损失等可用货币计量的审计工作成果101.26亿元，投入产出比为1∶289，即审计每花1元财政资金，为国家带来增收节支等经济效益289元，审计人员人均为财政节约或挽回资金1.26亿元。创新审计发现问题的整改组织方式。健全完善立体式审计整改工作机制，以党委政府为主导、人大为推动、被审计单位为主体、有关部门齐抓共管、审计机关督促落实的立体式整改工作格局，促进各部门单位及时整改审计发现的问题。市审计局制定审计整改督查方案，对重点单位开展“约谈提醒”，定期向市委市政府汇报整改落实情况。市政府召开审计整改工作专题会议，对被审计单位部门落实问题整改，提出明确具体要求，问题整改长效机制得到完善。从督查情况看，相关单位能够切实制定整改措施，审计查出36类91个问题，整改率100%，其中85个问题全面完成整改，审计整改到位率93%。推进数字审计平台建设。年内，市审计局完成财政、地税、公积金、社会保障等数字审计平台应用模块部署测试工作，嵌入审计方法400多个，以大数据集中分析发现的疑点为导向，延伸现场检查内容，实现由“以单位为主体实施全面审计”到“以内容为主线实施全覆盖审计调查”转变。至年底，全市审计机关115人取得审计署计算机审计中级证书，占一线审计人员的50%；2017年CISA（国际信息系统审计师）认证考试一次性通过29人，通过率88%。

3月27日，市审计局工作人员对盐城新水源地及跨区域引水工程项目开展跟踪审计。 市审计局/供

一、政策措施执行跟踪审计

2017年，市审计局开展供给侧结构性改革、简政放权事项推进、扶贫政策落实、政府性债务控制、“三去一降一补”（去产能、去库存、去杠杆、降成本、补短板）任务完成、创新创业政策执行、重大项目推进等专项审计，提交专题报告4份。报告总结各地在贯彻落实上级政策措施中的经验做法，指出部分税收优惠政策执行不够到位、部分专项资金申报审核不够规范、少数创新创业引导资金使用效益不高、个别政府投资项目未达到时序进度等问题和不足。经审计督促，促进取消、合并、下放行政审批事项、资质认定、收费等40多项，每年可为企业节省费用支出数百万元。

二、预算执行审计

2017年，市审计局创新市本级预算执行审计、部门预算执行审计工作（简称“同级审”）模式，关注执行效果，运用“部门预算执行审计系统”，对市本级430多家一、二级预算单位实行“全覆盖”监督，并将“三公经费”［出国（境）费、车辆购置及运行费、公务接待费］列入必审内容。开展重大工程建设管理、重大项目推进、“营改增”对财政收入影响、工业和信息化转型升级专项资金使用绩效等专题专项审计，拓展“同级审”工作广度和深度。首次对全市9个县级审计机关2016年度“同级审”工作报告进行审定。从审定情况看，全市审计机关均结合本地实际制定审计工作方案，预算执行审计内容较全面，突出重大政策和重点专项，专题审计事项各具特色。

三、经济责任审计

2017年，市审计局定期召开市领导干部经济责任审计联席会议，研究经济责任审计思路、通报审计工作开展情况。纪检、监察机关定期与市审计部门对接，将审计发现的问题作为查处案件的信息；组织部门将审计结果列入干部个人档案永久保存。全年全市审计机关对243名党政主要领导实施任期经济责任履行情况审计，涵盖党政机关、企业、学校、医院等各个领域，其中任中审计79名，离任审计75名。首次在全市范围对89个村（居）负责人任期经济责任履行情况开展审计监督，查出违纪违规金额3.4亿元，移送案件线索29条，纪检监察机关立案查处38人。

四、固定资产投资审计

2017年，全市审计机关对政府投资2000万元以上的工程项目实施决算审计，对重大民生工程开展重要节点跟踪审计，累计核减政府投资项目工程造价18.51亿元。其中，全程跟踪监督内环高架路网项目，对项目征地拆迁、工程承发包情况、隐蔽工程建设管理等方面进行审计监督，通过核减招标限价、合同预算价、工程报审结算价等，节约财政资金1.05亿元；对新水源地及跨区域引水工程项目，在前期对拆迁、清障审计的基础上，启动现场实施阶段的跟踪审计工作，累计发出《建设项目跟踪审计意见书》313份，提出审计建议503条，通过审核搬迁及清障工程、项目招标控制价、各类费用计量等工作，核减工程造价4.83亿元。年内，“内环高架路网项目”和“新水源地建设项目”跟踪审计组，被市总工会授予“工人先锋号”称号。

政府投资项目审计管理平台 年内，市审计局自主研发的政府投资项目审计管理平台获评省政府法制创新奖。至年底，在全市审计机关实现推广运用，累计有8000多个政府投资项目通过平台实施。该平台将投资审计的若干方面进行聚合，使现场审计与远程审计融为一体，构建协审机构人员动态监管新模式，实行投资审计过程记录实现全程电子化，解决工程审计中的报审资料不完整、隐蔽工程难跟踪、签证变更不规范、承建单位不配合和中介管理不到位等难题。平台于2013年获得国家版权认证，2014年获得市科学技术进步奖。

五、民生审计

2017年，全市审计机关实施教育、文化、卫生、社保、扶贫等专项审计10多项，促进惠民政策落实和民生资金落到实处。其中，持续对“6·23”阜宁射阳风雹灾害救灾款物，以及灾后重建工程建设管理进行审计，提升款物接收管理、灾后重建工程的规范化和科学化。在扶贫资金审计中，关注扶贫资金使用管理、各类扶贫政策落实情况和效果，督促相关主管单位对有关责任人诫勉谈话18人次。

“6·23”专题审计 2016年6月23日，阜宁、射阳发生特大龙卷风冰雹灾害。灾害发生后，全市审计机关迅速组织开展救灾款物和灾后重建工程跟踪监督。市审计局和阜宁、射阳两地审计局在第一时间组成审计组，提前介入救灾款物接收管理和分发使用情况审计。6月24日，市审计局2个审计小组对市民政局和慈善总会救灾款物接收管理开展现场监督。6月27日，省审计厅发文部署开展灾后审计工作。省、市、县三级审计机关抽调324名审计人员、组成111个审计组，分别对各级财政、民政、慈善总会、红十字会安排用于救灾的专款和募集的捐赠款物进行跟踪审计。市审计局提请市政府就“6·23”龙卷风冰雹特别重大灾害捐赠资金、物资和医疗救助费用监督管理制定相关文件。全市审计机关坚持“救灾款物运用到哪里，审计就要跟踪到哪里”，通过检查流程、查看实物、抽查账册、走访灾民等方式开展监督检查。至2017年底，全市审计机关跟踪审计捐赠资金5.58亿元、财政专项资金5.28亿元（不包括台湾慈济基金会捐建，自主管理的项目）。其中，连夜跟踪监督挂钩村1100多人临时生活补助费的发放工作，跟踪审计救灾物资折价9810.52万元；检查各类单位50多个，延伸调查镇9个、村组27个，发现问题及时提交救灾指挥部会办解决；跟踪审计临时过渡性安置项目10个安置点769户，完成建筑面积2.1万平方米、造价1802.93万元的决算审计；跟踪审计灾后重建集中安置点21个，其中射阳县4个、阜宁县17个。审计中，实行跟踪审计人员与施工单位“同步进场、同时上下班、同时进行工程量审核”工作方法和“一点一专人、一周一汇报、一旬一督查，一事一签证、一月一结算”管理模式，针对发现的部分资金未及时划转拨付、部分承诺捐赠资金未及时到位、部分结存物资未及时充分发挥效益等问题，提出整改意见，有关单位均整改到位。年内，“6·23”专题审计工作3名审计工作人员获得市委、市政府“三等功”；该专题工作被国家审计署作为全国民生审计现场采访的第一站，在审计署微信公众号、《中国审计报》融媒体专版宣传报道。

六、国有企业审计

2017年，市审计局对纳入市国资委监管的12户国有控参股企业经营绩效，以及国有资本经营收益上缴使用情况实行常态化审计监督。经审计，揭示部分企业未能实现国有资产保值增值目标、部分企业未能按照规定上缴国有资本收益、国有资本经营预算支出安排不够科学等问题，促进企业经营管理规范化、薪酬落实科学化。审计结果获得市委、市政府主要领导肯定，相关企业采纳审计建议，改进和强化现代企业管理体系建设。

七、自然资源资产审计

2017年，市审计局按照党中央、国务院2017年颁布的《领导干部自然资源资产离任审计规定（试行）》和市委市政府《关于开展地方党政主要领导干部自然资源资产离任审计工作的实施意见》，优化完善自然资源资产离任审计工作联席会议制度，相关工作进入法制化、规范化轨道。年内，关注部分地区土地资源、水资源、空气质量、林地建设等自然资源资产的开发、利用和保护情况，查找问题和不足，作出科学、客观评价，相关做法在省委省政府信息内刊、市委《改革工作动态》等刊发，在国家审计署组织的“十九大时光”专题活动中以视频方式展现。

八、审计管理体制改革

2017年，市审计局推进省以下审计机关人财物管理改革试点工作。提请市委市政府制定《盐城市审计机关人财物管理改革试点实施方案》。《方案》明确提出改进领导干部管理制度、经费和资产管理制度，完善机构编制管理制度、人员管理制度、审计结果报告和公告制度，建立审计项目计划统筹管理机制，建立健全审计执法责任制，统筹推进审计信息化建设等方面的意见和要求。与组织、人社、编制、财政等部门沟通对接，推进改革举措落实，及时将部分县（市、区）审计局局长和市审计局科级空缺职位配备到位，增设自然资源资产审计处，争取到7个政府购买服务用工指标用于审计辅助工作。至年底，全市审计机关项目管理、审计资源整合取得突破，同一项目、同一时段、不同区域、不同审计小组实现资源共享、整体联动。（郭　红　陶振华）

第三节　工商行政管理

2017年，全市新增各类市场主体12.16万户，注册资本总额2797.28亿元。新申请商标注册2.05万件，注册商标总数3.62万件。全年查办各类经济违法案件1001件，案值8750万元；新公示省级守合同重信用企业122家，市级守合同重信用企业72家；受理消费者各类咨询、投诉、举报2.8万件，为消费者挽回经济损失975.9万元；通过信用担保、动产抵押、股权质押等措施助企融资134.5亿元。年内，市消费者协会被国家工商总局、中国消费者协会表彰为先进集体。

一、工商登记注册和商事制度改革

2017年，市工商局深化商事制度改革，推进“先照后证”（先申领营业执照再办理相关许可证）改革和企业营业执照、组织机构代码证、税务登记证、社会保险登记证、统计登记证等“多证合一”“一照一码”改革，调整前置审批事项170项，保留44项，发放“一照一码”营业执照14.5万份。推进“3550”改革，优化企业开办流程，实现“3个工作日内开办企业”。在全国率先推行未开业、无债权债务企业和个体工商户2项简易注销登记改革，全市各级工商、市场监管登记机关办理各类市场主体简易注销登记1.6万户。在全国率先推行个体工商户简易开业登记改革，在全省率先探索实施农民专业合作社简易注销登记、市场主体登记全程电子化、外商投资企业准入“登记备案一表制”改革，提高市场主体准入退出效率。下放市工商局原有登记职权，将由市工商局登记的合伙企业职权，以及95%以上的有限公司职权下放到各县（市、区）市场主体注册登记机关，取消按照注册资本规模划分登记权限，新设企业实行属地登记管理。至年底，全市新增各类市场主体12.16万户，注册资本总额2797.28万亿元。新增私营企业4.26万户，内资企业2761户，外资企业224户。新增个体工商户7.53万户，农民专业合作社777户。

优化开办企业流程 年内，市工商局牵头落实“3550”改革，会同相关部门优化企业开办流程，按照“3个工作日内开办企业”要求，市工商局办理企业名称预先核准7862户，办理企业设立登记2.11万户，营业执照2个工作日内办结率99%以上，平均每个工作日设立企业188个。

个体工商户简易开业登记试点改革 8月1日，市工商局在全国率先推出个体工商户简易开业登记改革，全面放宽个体工商户经营场所、名称登记和经营范围登记审查，优化登记流程。至年底，市工商局办理个体工商户简易开业登记8345户。指导东台市工商局在全省率先启用“自助式”办照系统，个体工商户直接通过自助办照系统扫描身份证，结合人脸扫描进行身份确认、自主录入登记信息并提交，自动打印营业执照，实行全程不见面登记。

农民专业合作社简易注销试点改革 年内，市工商局在全省率先开展农民专业合作社简易注销试点改革，与市委农办联合下发《关于印发〈盐城市农民专业合作社简易注销登记程序规定（试行）〉的通知》，明确2017年8月1日起在东台市、亭湖区、滨海县、响水县先行开展农民专业合作社简易注销改革试点工作，对不正常经营、不年报的农民专业合作社全面调查摸底，分类适用简易注销程序。

股份有限公司登记管理 全年全市新登记股份有限公司82户，同比增长67.3%，全市股份有限公司总数317户，同比增长33.2%。

二、市场监督管理

2017年，市工商局强化市场主体年报公示工作，2016年度全市企业年报率87.9%，居全省第六位，较上年上升9个位次。在电子政务网上分层搭建并推动运行“市场监管信息平台”，市级和9个县（市、区）及市开发区、城南新区平台全部搭建并有序运行，339个部门实现同级数据共享。推进“双随机、一公开”监管制度和失信联合惩戒机制，建立完善“两库一清单”［依托江苏工商电子政务（二期）管理信息系统建立市场主体库和执法人员库，联合相关部门制定发布县级市场监管部门40项随机抽查事项清单］，及时出具市场主体警示信息、守信信息等各类查询结果700多条次。牵头做好市区58个农贸市场创建全国文明城市工作，开展创建文明城市百日整治大会战，推进实施市场创建氛围营造、经营秩序整治等7个专项行动，打造创建样板市场，扭转农贸市场脏乱差局面。年内，市招商场工商分局通过全国文明单位复审，盐城市鹿鸣路菜市场、大丰区幸福市场创成江苏省文明诚信市场。

盐城招商场非公党建经验做法在全省推广 10月12日，全省专业市场党建工作现场推进会在盐城招商场召开。全省13个市，盐城市各县（市、区）工商局（市场监督管理局）的100多名代表参加会议。与会代表参观盐城招商场的非公党建工作成果，观看盐城招商场非公党建工作情况纪实片。与会代表肯定盐城市招商场非公党建工作以开展党员亮身份、亮职责、亮承诺“三亮”活动为主体，在市场内打造“党员责任岗”“党员示范岗”“党员先锋岗”等非

12月28日，市工商局与市电视台联合举办唱响盐城品牌颁奖典礼。

市工商局/供

盐城八大碗。　卫正新/供

公领域党员示范品牌，引领带动经营户守法诚信经营做法。

三、商标管理

2017年，市工商局提请市政府召开全市实施商标品牌战略工作推进大会，落实创牌激励政策，开展“实施商标战略、唱响盐城品牌”系列活动，举办“2017盐城品牌、故事颁奖典礼”电视晚会，编印《全市商标品牌典型60例》和全市重点企业商标保护名录，举办全市服务业品牌提升现场推进会，评选表彰全市服务业优秀商标品牌企业30家。至年底，盐城新申请商标注册2.05万件，增幅列全省第一位；新创成中国驰名商标10件、总数61件；新申报省著名商标108件、总数230件；新认定市知名商标87件、总数623件；新认定中国地理标志商标2件、总数30件；新申报马德里体系商标国际注册40件。

“盐城八大碗”注册成为全国首例地方菜肴集体商标　9月13日，盐城市城市建设投资集团有限公司商标品牌“盐城八大碗”注册成为全国首例地方特色系列菜肴集体商标，实现盐城餐饮服务业区域公用品牌零的突破。“盐城八大碗”是具有显著的盐城地域文化特征的八个菜肴系列，包括农家烩土膘、红烧糯米圆、萝卜烧淡菜、鸡丝烩粉丝、涨蛋糕、芋头虾米羹、家常红烧肉、红烧双鲫鱼，其菜肴烹制技艺经过世代传承，已成为盐城最具特色的美食品牌。

盐城获得“金风奖”“金帆奖”　9月30日，在省商标

2017年全市新增中国驰名商标

表20-63

序号	商标名称	注册人/所有人	商品/服务
1	生辉	上海生辉实业（东台）有限公司	变压器、整流器
2	国申GUOSHEN及图	江苏亚特电缆有限公司	电线、电缆
3	锐科特	盐城市艾斯特体育器材有限公司	乒乓球拍、乒乓球台、体育活动器械等
4	腾龙TL及图	江苏腾龙生物药业有限公司	杀害虫剂、杀昆虫剂、烟精（杀虫剂）
5	丰收大地Feng Shou Da Di及图	江苏丰收大地投资发展有限公司	鲜食用菌
6	蛟龙	江苏蛟龙打捞航务有限公司	船只打捞、打捞
7	万勤WANQIN	江苏恒康机电有限公司	鼓风机
8	德瑞奇	江苏中联电气股份有限公司	变压器
9	磊达	江苏磊达股份有限公司	钢帘线
10	春竹	盐城市春竹香料有限公司	食用香料

2017年全市新增中国地理标志商标

表20-64

序号	商标名称	注册人/所有人	商品/服务
1	滨海大米	滨海大米协会	米
2	盐城八大碗	盐城八大碗餐饮文化研究中心	承办宴席
3	张庄草莓	盐都区张庄葡萄种植协会	草莓种子

战略实施工作领导小组组织开展的"金凤奖"和"金帆奖"评选活动颁奖会议上，建湖县获得全省商标战略实施示范县"金凤奖"，江苏东强股份有限公司、江苏长虹智能装备集团有限公司、江苏江动集团有限公司、江苏剑桥涂装工程股份有限公司4家企业获得全省商标战略实施示范企业"金帆奖"。

四、广告管理

2017年，市工商局宣传贯彻落实《中华人民共和国广告法》，开展广告法规培训8场（次），培训各类媒体、广告经营单位人员600人（次）。加强广告监测管理，全年监测各类广告63.62万条（次），发现涉嫌违法广告6013条（次），责令改正5182条（次），责令停止发布831条（次）。联合相关部门在全市范围内组织开展涉及民生类广告专项执法行动，立案查处违法广告案件93件。组织395个广告作品参加省第四届"紫金奖"文化创意设计大赛，其中《诚信奶奶单德凤》影视公益广告作品获得大赛银奖。指导城市干线广告、江苏悦达集团有限公司广告成功申报中国广告协会证明商标，指导盐城广告创意产业园争创省级广告产业园。

五、经济合同管理

2017年，市工商局加强经济合同管理，新公示省级守合同重信用企业122家、市级守合同重信用企业72家，取消46家违法失信企业申报资格，信用激励约束机制增强。运用动产抵押登记职能帮助企业融通资金，全年办理动产抵押登记452件，担保主债权134.5亿元。推广合同示范文本，制定印发前期物业服务合同、前期物业服务协议、物业服务合同3个示范文本。开展物业服务行业和网络交易平台等领域不公平格式条款规范整治行动，检查合同1138份，行政约谈企业121家，行政指导经营户152家，规范不公平合同格式条款15条。

六、经济监督检查

2017年，市工商局开展"四整治四规范"（整治仿冒侵权，规范商品市场秩序；整治虚假宣传，规范房地产、金融等市场秩序；整治不正当竞争，规范公用企业竞争秩序；整治网络违法行为，规范网络交易秩序）专项执法行动，查处各类经济违法案件1001件，罚没入库1840.6万元。其中，查处罚没10万元以上案件35件。开展创建无传销县（市、区）活动，联合公安等部门出动执法人员740余人次，清查传销窝点26处，驱散传销人员59人。建立直销企业监管档案，组织直销企业活动现场监管165次，对全市56个直销服务网点和196家非服务网点店铺、经销商实行专项检查。

七、消费维权

2017年，市工商局整合"12315"投诉热线、市消协官网、鹤鸣亭消费维权投诉站、盐阜大众报维权监督站、"盐城掌上消协"微信五大投诉平台，建立统一的"盐城智慧315"平台，打造线上线下一体化维权格局。推进电信、金融、旅游、快递、粮油、网络交易等行业放心消费创建工作，建立盐城电商诚信联盟，开展钢材、成品油等流通领域重点商品质量专项治理和物业服务、网络交易平台等重点民生领域格式条款的规范整治工作，行政约谈企业121家，规范不公平合同格式条款15条，促进行业企业诚信经营。全年受理消费咨询投诉举报2.8万件，消费者回访满意率96%，为消费者挽回经济损失975.9万元。

八、网络商品交易监管

2017年，全市有网络经营主体5.23万个。市工商局加强网络商品交易监管，组织开展全市电子商务领域放心消费创建工作，10家企业获评省电子商务领域放心消费创建示范单位。与市网信办、市发改委等13个部门单位，建立实施市级网络市场监管部门联席会议制度，开展网络市场监管专项行动，加大侵权假冒、虚假宣传、刷单炒信等网络违法行为打击力度，查处网络案件74起。年内，市工商局参与制定《网络市场定向监测工作规范（试行稿）》，并在工商总局重庆专题座谈会上作交流说明。

盐城东方妇产医院互联网虚假广告案入选全省十大典型案例　1月20日，市工商局查办的盐城东方妇产医院互联网虚假广告案在《省工商局关于公布2016网络市场监管专项行动十大典型案例的通知》中被确定为2016网络市场监管专项行动十大典型案例。盐城东方妇产医院在自办网站的有关栏目及专题页面中，在涉及主体信息、资质容易、医疗技术、医疗效果及服务等方面虚假宣传，市工商局依法予以处理。（周鸿铭）

第四节　价格管理

一、价格调控

2017年，盐城居民消费价格总水平（CPI）同比上涨1.7%，比年度价格调控目标低1.3个百分点。年内，市政府办公室制定《盐城市2017年价格调控目标责任制实施意见》，市物价局每月编制发布各县（市、区）居民消费价格指数、每季度召开价格形势分析会研判价格运行状况。市物价局开展价格监测预警，重点开展夏粮、秋粮价格专项监测，建立药品价格监测监控预警机制，提升市场价格异动快速反应能力。

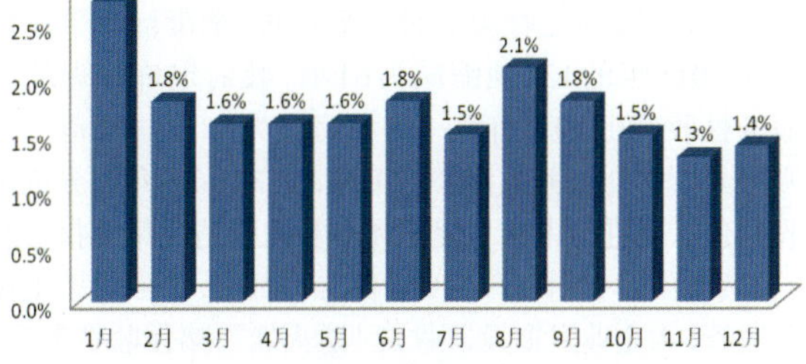

图20－12　2017年全市居民消费价格月度指数（同比）

平价商店 全年全市平价农产品累计销售2584千克，受益人数1188万人次，为农民增加收入305万元，让利惠民1251万元。

二、价格改革

2017年，市物价局统筹推进价格改革工作。

天然气价格调整。1月1日起，市区民用天然气第一阶梯价格由每立方米2.1元调整为每立方米2.4元，低保户、特困户免费用气量由每年72立方米提高到每年84立方米。市区工商业用天然气中准价由每立方米3.71元降为每立方米3.26元，年减轻企业负担3900万元。9月1日起，市区工商业用天然气最高价由每立方米3.5元降为每立方米3.32元，车用天然气价由每立方米3.69元降为每立方米3.59元。

水价改革。年内，市物价局推进阶梯水价及污水处理费政策落地，大丰、阜宁、建湖、响水、射阳、滨海县城实施居民生活用水阶梯水价，提高县城污水处理费标准、开征建制镇污水处理费。市区污水处理费由每吨0.95元调整为省定低限标准每吨1.2元；民用自来水第一阶梯价格由每吨2.8元调整为每吨3.05元。6月，市物价局会同财政、环保等部门下发《关于试行污水处理费差别水价政策的通知》，根据环保信用评价等级，对企业实行差别水价政策。开展农业水价综合改革业务辅导工作，至年底，9个县（市、区）均制定农业用水价格核定管理办法。

医药价格改革。年初，市物价局在亭湖区和建湖县开展基层医疗卫生机构医疗服务项目测算工作，形成模拟测算报告报省物价局。制定《盐城市中药材中药饮片市场价格采集工作方案》，明确各采集点任务，每月10日前将600多个品种的实际价格上报省物价局医药价格管理系统。对全市二、三类医疗机构5600项医疗服务收费项目价格进行梳理，向市医疗机构发布。

行政收费改革。年内，市物价局联合市审改办、政务办等部门，根据行政权力清单及相关法律法规对各单位行政许可中介服务收费、行政许可（审批）收费和政府性基金进行合规性审查，完善《市级政府部门行政许可中介服务事项及收费目录清单》，制定《市级行政许可（审批）收费项目和政府性基金项目清单》，经市政府审查分别向社会发布，接受社会监督。

三、收费管理

2017年，市物价局实行清单化管理各项收费。动态调整行政事业性收费、政府定价管理的经营服务性收费、涉企收费、涉批收费、涉房收费、涉车收费等，形成并公布6项收费目录清单，接受社会监督。至年底，全市行政事业性收费由2015年的134项缩减为61项，政府定价管理的经营服务性收费由2015年的118项缩减为68项。规范市政务服务大厅中介服务收费公示工作，对32家中介服务机构的收费公示表进行审核。健全和落实收费情况年度报告制度、收费单位巡查制度等5项收费监管制度，加强收费工作全程监管，为企业发展设置收费“防火墙”，堵住收费漏洞。对全市35个部门762家单位行政事业性收费情况进行审验，数据上报率、审核通过率100%。

落实清费减负政策 4月、6月、7月，市物价局先后组织3轮清费降本减负政策落实工作，减轻企业负担5.3亿元。其中，8月1日起，取消、暂停商业银行个人异地本行柜台取现手续费等费用；9月1日起，调整市区非民用天然气价格，年减轻企业负担800多万元；取消、降低、放开18项经营服务性收费项目；11月1日起，降低建设工程和水利工程2项交易服务费标准，平均降低30%左右。

四、价格监管

2017年，市物价局加强价格监管力度。组织2017年春运价格监管，春运期间全市交通价格投诉举报量同比下降34%。清理农村客运线路价格，降低车型、线路与票价不一致矛盾。对全市21个景点、230多家经营服务单位进行检查，发放提醒函57份，规范全市旅游景点价格秩序。对东进路美食一条街28家餐饮客房经营者的明码标价行为进行专项检查，对标价不清等16个问题，当场下发警示函责令整改。开展全市医疗服务和药品价格专项检查，发现价格违法问题60多个，违法金额3000多万元。对响水、滨海、阜宁、射阳、建湖、东台、大丰7个县（区）供电公司及其下属三产企业价格政策执行情况，对11个热电企业环保电价政策执行情况进行检查，查出供电、供热涉嫌价格违法金额700多万元。春耕春播期间，组织开展农资价格专项检查行动，向经营者宣讲价格政策，预防捏造散布涨价信息、哄抬农资价格等行为。开展商品房销售价格管理，统一规范全市商品房销售明码标价公示内容，保护购房者合法权益；组织开展商品房销售明码标价规范月活动，对34个在售楼盘进行明码标价督查。规范物业价格，召开物业收费政策解读会，80多家物业企业参会；督查26家前期物业管理小区的物业收费公示行为。规范停车收费，与公安、城管等部门联合核准，明确公布市区实行收费管理的91个停车点、1141个停车泊位，其他停车泊位一律免费停车；组织4个检查组，对大市区20多家重点停车场进行检查，对查出有收费公示内容不全、收费行为不规范等问题的8个停车场，现场进行检查情况登记，并责令整改。办理价格投诉举报工作，全年全市受理各类价格咨询投诉举报2805件，按期办结率、署名回复率100%，消费者回访满意率96%以上。配合市银监局组织开展不合理增加企业融资负担专项整治活动，10家商业银行对2016年以来违规收取的评估、抵押等费用予以清退，并主动向企业让利1.5亿元。组织开展涉企收费专项检查，检查单位105个，查出涉嫌价格违法金额309万元，其中退还170万元。

价格诚信创建 年内，市物价局加快创建价格诚信区域，对万达广场、欧风花街等新开业商业集中区提前介入、上门指导、跟踪服务，向经营者赠送标价签1万多张，发放《价格政策提醒函》100多份，帮助规范价格行为；巩固价格诚信建设成果，做好在盐城市经济技术开发区举办的第六届沿海国际汽车博览会期间价格规范工作、做好卡迪欢乐世界等场所价格规范工作；将价格诚信区域创建工作推进到镇，规范步凤镇农贸市场明码标价工作。至年底，全市创建省级价格诚信区域3个，复核继续保留省级价格诚信区域3个，创建市级价格诚信区域3个。

推进公平竞争审查　年内，市物价局对2016年12月31日以前实施的208个价格收费管理文件和21个规范性文件逐份进行内部审查，同时对市直各部门公平竞争审查制度落实情况进行全面调查；联合市财政局、市经信委、市规划局等22个市级部门启动公平竞争审查工作。至年底，市物价局完成对涉及市场主体的近30份文件开展公平竞争审查。

12月，国家统计局盐城调查队组织开展住户收支与生活状况调查。
国家统计局盐城调查队/供

五、价格服务

2017年，市物价局拓展价格认定领域，开展价格认定和争议调处，完成涉案、涉税等财物价格认定、复核和价格争议调处案件210件，标的额2.3亿元，其中调解价格争议案件11起。发挥成本监审规制作用，规范成本监审程序，以市场为导向，以公平负担为原则，兼顾生产者和消费者利益，创新监审方式，上下联动、联合监审，重点开展公办高中教育收费、供热价格、市区出租汽车运价、景区门票价格4个项目的成本监审，涉及单位20个，年均核减不应计入定价成本费用1.8亿元。开展服务企业工作。全年走进60多家企业开展收费情况调研，掌握企业负担状况。其中，引导燃气企业合理收取燃气开户费，减免工商企业燃气开户费，减轻企业负担1000万元以上；处理盐城新奥燃气有限公司与天津圣金特汽配有限公司（建湖）供气价格矛盾，免收初装费，帮助企业降低每立方米天然气价格0.3元。

价格监测调研　年内，市物价局在响水开展莲藕、西兰花种植和收益情况调研，在阜宁、射阳开展棉花种植锐减形势对全市纺织企业影响情况调研，在射阳洋马、亭湖黄尖开展菊花生产收益情况调研，在大丰、建湖开展秋粮市场价格调研，在东台、盐都开展生猪生产及价格情况调研，在大丰开展港口建设费专项调研。共形成调研分析材料288篇（次）。（惠恒松）

第五节　统　　计

一、统计管理

2017年，全市统计工作加快建设现代化服务型统计体系。开展重点监测工作。年内，市统计局组织开展绿色发展评价、聚力创新统计监测、全面建成小康社会监测等监测工作，形成专题分析报告和课题20多篇。推进统计制度改革。至年底，全市实现市县地区生产总值统一核算，总量和增速全面衔接。“多证合一、一照一码”登记制度全面推行，新增“四上”企业（规模以上工业企业、资质等级建筑业企业、限额以上批零住餐企业、限额以上服务业企业）审核审查资料更加严密。建立完善新服务活动企业调查制度，推进能源资源统计改革，市县主要能源品种消费量实现衔接。推进统计信息化建设。建立并运行“数据盐城”APP服务平台，实现全市正处职以上领导干部、经济部门管理人员全面加载使用。建成市县两级统计视频会议系统并投入使用。提升统计执法能力。建立统计法律顾问制度，对151家企业和9个乡镇园区开展统计执法检查、行政指导及“回头看”，立案查处12起统计违法案件，启动简易程序16起；开展授信企业申报认定工作，19家企业统计通过信用验收授牌，并纳入政府红名单公示平台。

（卞永来）

二、统计调查

2017年，国家统计局盐城调查队累计撰写调查分析132篇，信息571篇。其中，《盐城农业现代化与农地制度改革研究》获市社科应用研究优秀课题一等奖，《当前小麦长势总体偏弱》被评为全市优秀政务信息二等奖，《实施五大战略，促进农民增收》获得全市优秀建言十佳奖。

民意调查。组织开展国家劳动力、党风廉政建设、居民阅读状况等民意调查工作，配合国家统计局江苏调查总队做好全省司法行业服务对象满意度情况电话调查工作，完成省级对盐城考核调查工作任务。开展全市旅游问卷调查、交警支队窗口单位服务情况暗访调查等调查或调研，反映社情民意，为部门决策提供参考。围绕经济和社会重点、热点问题，组织开展返乡农民工就业意向情况调研、乡村旅游发展情况调研、房地产市场发展情况调研、中小企业申请优惠政策审批情况快速调查、高校应届毕业生就业创业情况调研等专题调研活动。

农村调查。开展春季休田及余粮出售情况、夏收夏种形势、秋粮出售及秸秆利用情况、农村大走访活动反响情况、农村留守儿童教育情况等农业调查工作。开展H7N9疫情情况、家禽养殖现状、畜禽市场关闭及恢复和鸡蛋价格等畜牧业调查工作。完成种植业调查、农产品价格、中间消耗调查样本轮换和畜禽样本核查工作。掌握本地区农村经济发展变化情况，进行评估分析，为各级党政领导科学决策提供服务。市县联动开展农村统计调查数据质量检查工作，完成对农作物调查、遥感调查、主要畜禽监测调查、集贸市场价格调查、农产品价格调查、中间消耗调查等专业调查自查工作，促进农村统计调查数据质量提升。

住户调查。开展住户收支与生活状况调查、农民工监测调查、农民工市民化动态调查等国家法定统计调查项目。与市人社局、市委农办等16家部门建立居民收入联席会议制度，多次为联席会议作全市居民收入增长形势汇报。8月，开展全市新一轮住户调查大样本轮换工作，协调各县（市、区）统计局、国家调查队，统筹做好人、财、物等各项保障工作。做好工作指导和督查，确保培训、抽样、摸底、开户等各个环节的工作质量。最终完成全市约2万户家庭的入户摸底调查工作，并抽选1700户新记账户，实现新旧样本的工作衔接。

价格调查。开展市区居民常用药品价格、化工企业生产经营形势、原材料上涨对企业生产经营影响等专题调研。3月，省内外出现H7N9疫情后，即时启动快速反应机制，发挥调查队价格监测、预警作用，开展H7N9疫情对家禽市场影响快速调查，及时编发相关信息。加强与部门合作，召开各季度价格形势分析座谈会，定期向新闻媒体发布价格指数信息。成功开展第七个“价格数据质量检查月”活动，先后对13家样本企业开展统计执法检查，同时对企业进行业务指导。

企业监测。开展劳动密集型企业用工、小微企业创新、小微工业企业生产经营情况、江苏降成本政策实施情况、小微工业企业申请优惠政策遇到的困难、盐城建筑行业发展现状、“互联网+政务服务”现状等调查。对采购经理、规模以下工业、规模以下服务业、限额以下贸易、小微建筑业全部样本开展数据质量大检查，对小微样本企业开展统计执法检查，推动基层企业数据质量提升。编制盐城汽车指数，跟踪反映全市汽车产业发展情况。

第三次全国农业普查遥感测量调查 年内，国家统计局盐城调查队继续开展第三次全国农业普查遥感测量工作。与市统计局联合制定《关于切实做好农作物播种面积遥感测量和农产量调查工作的通知》文件，统一规范各县（市、区）的遥感测量和农产量调查工作。全年开展数据会审会议2次，对会审结果进行总结，及时修正、完善审核过程中发现的问题。选派人员参加无人机驾驶培训学习，并举办全市无人机实飞活动。至年底，累计完成900个遥感测量调查样本，完成第三次全国农业普查遥感测量工作。

（丁祺晋）

第六节 质量技术监督

2017年，盐城加快推进全国质量强市示范城市创建工作。市政府召开创建全国质量强市示范城市动员大会，召开质量强市推进工作领导小组成员单位联席会议，明确各部门职责分工；市政府办公室印发《盐城市创建全国质量强市示范城市工作方案》，对各部门创建任务进行细化分解。加大“绿色盐城，质量致远”宣传语宣传力度，开展以“大力提升质量，建设质量强市”为主题的“质量月”活动。实施质量提升工程。开展“名牌企业家家到”专题活动，市质监局对全市182家省名牌企业、149家市名牌企业进行全覆盖走访服务。至年底，全市新增江苏名牌商品17个、总数206个。打造检验检测服务品牌，国家风电设备质量监督检验中心（江苏）和国家石油机械产品质检中心（江苏）2个国家级质检中心获得国家认监委授权，2个科技项目获省质监局立项批准和经费支持，省移动智能终端和省环保滤料质检中心获省质监局批准筹建。

一、名牌创建

2017年，市质监局组织1家企业申报中国质量奖，3家企业申报江苏省质量奖，最终，江苏正大丰海制药有限公司获得江苏省质量奖提名奖、“悦达家纺”牌家用纺织品获评江苏双百品牌产品、江苏双灯纸业有限公司获评苏浙皖赣沪名牌产品50佳。组织78家企业申报江苏名牌产品，获评17家、总数206家。组织34家企业申报质量信用AA级、AAA级考核，4家企业获得江苏省工业企业质量信用AAA级、总数17家， 8家企业获得江苏省工业企业质量信用AA级、总数35家。提请市政府常务会议讨论通过2016年市长质量奖获奖组织建议名单，有3家企业获得2016年度盐城市市长质量奖，市财政对获得市长质量奖的企业每家给予50万元奖励。

2017年全市新增江苏名牌产品名单

表20-65

序号	企业名称	产品名称	商　标
1	江苏新曹农场	林下草鸡蛋	玉　谷
2	益海（盐城）粮油工业有限公司	大米	香　宴
3	江苏佳丰粮油工业有限公司	菜籽油	恒　喜

续表20-65

序号	企业名称	产品名称	商　标
4	东台磊达钢帘线有限公司	子午线轮胎用钢帘线	磊　达
5	江苏天泰阀门有限公司	井口装置和采油树	旺　铭
6	盐城世邦布业有限公司	防静电覆膜除尘过滤布	世邦滤袋
7	江苏荣威娱乐用品有限公司	家庭泳池	Bestway
8	上海新型建材岩棉大丰有限公司	岩棉制品	图案（樱花）
9	江苏泰隆祥床具制造有限公司	弹簧软床垫	泰隆祥
10	江苏常丰农化有限公司	乙烯利水剂	稳得富
11	江苏剑牌农化股份有限公司	戊唑醇原药	剑　牌
12	江苏雄越石油机械设备制造有限公司	平板闸阀	雄　越
13	正丰阀门集团有限公司	阀门	正　丰
14	江苏吉华化工有限公司	化学试剂硫酸	吉　华
15	江苏吉华化工有限公司	蒽醌	吉　华
16	江苏豪迈实业有限公司	单皮鞋	豪　迈
17	江苏恒康机电有限公司	前向多翼离心通风机	万　勤

二、标准化管理

2017年，市质监局推进标准化技术组织建设，江苏省风电装备技术委员会通过省质监局批准，食用菌装备分技术委员会由国家供销合作总社报国家标准委，经热处理技术委员会投票通过。全年组织行业龙头企业参与或主导制订国家、行业标准183项，有效采标185件。其中，2个国际标准获联合国粮农组织批准发布；新获批国家级农业标准化示范项目1个，省级标准化试点项目7个。至年底，全市有国、省级农业标准化示范区66个，其中国家级19个、省级47个。

三、计量管理

2017年，全市质监系统联动开展“计量进校园”“计量进企业”“计量进基层”等“5·20”世界计量日系列宣传和便民检测活动。开展“两免费”检定，全市189家集贸市场和1867家农村医疗机构计量器具受检，数据建档率100%，初检合格率99.6%，受检率100%，复检合格率100%。组织实施春耕和夏粮收购期间的农用物资计量专项检查；做好诚信计量示范单位和能源计量示范单位培育工作，培育省级诚信计量示范单位49家和省级能源计量示范培育单位2家，至年底，全市有省级诚信计量示范单位223家、省级能源计量示范培育单位5家。

四、质量监管

2017年，市质监局组织开展“地条钢”专项整治行动，对全市涉钢生产企业进行“拉网式”排查，对9家疑似“地条钢”生产企业，按照要求全面整治到位，通过国家督查组的验收。开展电线电缆、化肥农药、机动车安检机构、电动三轮车、医疗卫生强检计量器具等专项执法检查。组织对4家国、省抽查不合格产品生产企业进行后处理，对全市170家生产企业开展监督检查工作。施行许可证产品事前书面承诺制，要求通过简易程序取证的企业，事先向社会作书面产品质量安全承诺。全年办结工业产品生产许可73件，其中发放生产许可证64张，不予许可9件。开展执法检查，市质监局出动执法人员860人次，组织开展5次专项检查活动，检查生产、销售企业125家，立案37起，涉案金额1200余万元。其中，上海纽众机电工程有限公司销售以假充真的密集母线案被省质监局评为2017年江苏质监执法打假典型优秀案件。推进低碳产品认证和能源体系认证工作，有3家耗能企业通过能源体系评价；新建成7个有机产品生产基地，新获认证证书3376张，新获证组织1658家。年内，阜宁有机产品示范县创建工作通过国家质检总局立项。

五、特种设备安全监察

2017年，全市新增特种设备9231台，使用单位385家。市质监局加强特种设备安全管理，落实安全责任告知3646家，出动现场安全监察1.05万人次，下达安全监察指令书740份。组织开展特种设备安全专项整治行动和危化品生产企业隐患整治，全年未发生安全监管责任事故，特种设备万台事故率和万台死亡率控制在省质监局、市政府下达的控制指标内，保持全市特种设备安全运行的平稳态势。完善电梯应急处置平台功能，电梯应急救援响应及时，一二级救援率明显上升，保持在90%以上。加大液化气瓶监管力度，全年为93万只气瓶加装二维码。

（耿　忠　沈　可）

第七节 食品药品管理

2017年,全市有持证食品生产企业886家,食品加工小作坊4329家;食品流通经营主体3.6万户;有持证餐饮服务单位1.55万家(餐馆酒店1.36万家,食堂1850家);保健食品化妆品生产经营单位2433家。全市有药品生产企业39家,药品包装材料企业9家,医疗机构制剂室9家;药品批发企业18家,药品零售连锁企业22家,零售药店2225家;各类医疗机构3233家;医疗器械生产企业62家,医疗器械经营企业1500家。全年检查涉食涉药单位6075家次,立案查处违法案件688件,涉案总值975万元。处理投诉举报1167件,向公安机关移送案件或线索35件。加强食品药品企业信用体系建设,市食药监局印发《盐城市食品药品安全"红黑名单"管理规定(试行)》,对全市食品药品生产经营企业实施"红黑名单"管理,累计上报"一网两库"(诚信盐城网、信用基础数据库、个人信用基础数据库)信用信息1.16万条。组织开展食品药品安全信用等级评定工作。经评定,全市856家食品生产企业中,有守信(A级)企业169家,基本守信(B级)企业640家,失信(C级)企业39家,严重失信(D级)企业1家,长期停产未评企业7家;4家保健食品生产企业中,有守信企业2家,一般失信企业1家,1家为年底新办企业不参加评定;18家药品批发企业中,有诚信企业17家,基本诚信1家;23家药品零售连锁企业中,有诚信企业22家,轻微失信企业1家;2138家零售药店中,有诚信药店799家,基本诚信药店1217家,轻微失信药店96家,严重失信药店26家。市食药监局通报评定结果,督促企业整改。

一、食品安全监管

2017年,市政府办印发《盐城市"十三五"食品药品安全保障规划》《盐城市2017年食品安全整治工作方案》《盐城市2017年食品安全重点工作安排》,将食品安全列入政府年度工作目标,明确各级政府对当地食品安全负总责。市食药监局全面推行"双随机"(在监管过程中随机抽取检查对象,随机选派执法检查人员)抽查、规范食品药品安全事中事后监管。规范行政许可,全年发放食品生产许可证97张;发放餐饮服务许可证3795家。

日常监管。年内,在食品生产环节,推进日常监管与行政许可之间循环、产品检验与风险控制之间循环、市级局与县级局之间循环、行业内部的律式循环、企业内部质量管理PDCA循环监管,强化食品电子追溯系统建设,对全市856家食品生产企业进行分等、分类、分级。开展以"六规范六统一"(规范准入资格、规范经营产品、规范经营区域、规范经营行为、规范人员管理、规范广告宣传, 统一管理制度、统一档案管理、统一台账管理、统一销售标识、统一诚信公示、统一监督电话)为主题的保健食品经营"放心示范店"创建,评选出30家保健食品经营企业"放心示范店"。在食品流通环节,组织"快检惠民生、为民办实事"活动,检测农贸市场31个和商场超市12个,检测食用农产品1.01万批次,发现不合格食品208批次。在食品餐饮环节,实现对全市1095家学校食堂进行全覆盖检查;将全市136家餐饮服务单位纳入2017年考生集体用餐单位信息库;在全市1085家餐饮服务单位中先行"明厨亮灶"试点工作,实现阳光化操作、透明化管理。

检验监测。年内,市食药监局完成省级保健食品抽验任务115批次,合格率100%;开展畜禽水产品、鲜活水产品及养殖用水专项抽检监测130批次,合格率100%;开展小高考、中高考餐饮服务单位抽检205批次,检出不合格样品48批次;对全市4家乳制品生产企业进行三聚氰胺风险监测581批次,合格率100%。

完成"1+7"县级食品检验检测资源整合试点工作 年内,盐城全面完成"1+7"县级食品检验检测资源整合试点工作,建成以1个盐城市食品药品监督检验中心为龙头、7个县级综合检验中心为骨干的检验检测体系,统一整合原属于质监、食药监、农委、卫计、畜牧水产等部门检验检测职能,全市检验检测机构数由36个并为8个。7月,市食品药品监督检验中心新建9096平方米实验楼投入使用,检验参数由原来的130项增加至605项(食品449项、药品和保健食品156项);县级综合检验中心机构数由36家归并为9家,编制数由343名核减至303名,在全省率先实现"一个平台管检测"。

1个案件列入公安部督办案件 1月,亭湖区市场监管局配合公安机关破获生产销售假牛肉案1起。该案被列入公安部督办案件。经查,陆某等人自2014年以来,从江苏昆山、河南、江西等地购入老母猪前腿、后腿部位瘦肉200余吨,在亭湖区民房内雇佣工人,通过腌制、着色、煮熟等程序将猪肉加工成与熟牛肉外形、口感、颜色类似的成品,冒充牛肉进行销售,涉案货值600余万元。

"5·16"特大生产销售假药案例被评为全国稽查优秀案卷 年内,市食药监局查办的"5·16"特大生产销售假药案例被评为全国稽查优秀案卷。5月16日,市食药监局对某个体美容店突击检查,当场查获一批假肉毒素、玻尿酸注射剂等产品,抓获美容院负责人吴某,并将吴某的上线袁某抓获,现场查获外文标识的玻尿酸40盒。6月,市食药监局联合公安部门在武汉等地,对孙某等4名相关售假人员实施抓捕,现场查获假玻尿酸2900盒,假肉毒素26盒。该案捣毁售假窝点4个,抓获犯罪嫌疑人6名,涉案货值1400万元。

二、药品和医疗器械安全监管

2017年,市食药监局完成办理执业药师注册1156件,办理医疗器械出口备案8件、一类医疗器械产品备案56件和生产备案27件;办理医疗器械和药品出口销售证明15件;办理制剂调剂34件。新增化妆品网上注册企业10家、新开办零售药店173家。开展以"六规范六统一"

为主题的化妆品经营"放心示范店"创建，有25家化妆品经营企业获批"放心示范店"。

日常监管。强化药品生产环节监管，完成江苏远大仙乐药业有限公司等5家企业关键岗位人员变更，对江苏亚邦爱普森药业有限公司、江苏东莲药业有限公司等企业GMP（药品生产质量管理规范）认证缺陷整改情况进行跟踪检查，对麻醉药品和第一类精神药品经营批发企业进行全覆盖检查。对241家单体药店进行GSP（《药品经营质量管理规范》）认证，其中认证合格232家、限期整改7家、认证不合格2家；检查药品批发企业38家次、连锁企业总部40家次、零售药店2400家次，其中责令整改91家，移送查处14家次。检查无菌、植入等类别医疗器械生产经营和使用单位63家。开展"4S星级文明药店"创建活动，与市文明办联合通报表彰2016年度4S星级文明药店27家、4S星级文明药店47家、三星级4S星级文明药店92家。

11月21日，盐城市政府举行全市食品药品监管与案件查处工作情况新闻发布会。 市食药监局/供

检测监测。加强抽检频次和力度，完成国家药品抽验计划86批、医疗器械抽验27批、化妆品抽验任务29批，省级化妆品抽验任务27批，市级药品抽检1200批。

承办江苏省2017年全国安全用药月宣传活动 10月12日，由省食药监局、市政府主办的江苏省2017年全国安全用药月宣传活动在盐城启动。宣传活动时间从10月11起至11月10日，重点宣传贯彻《国务院关于改革药品医疗器械审评审批制度的意见》及相关配套文件，突出鼓励药品医疗器械研发创新、提高审评审批质量、解决药品注册申请积压、提高仿制药质量标准等内容，激发产业创新发展活力，增进公众对中国药品安全监管工作的认知和理解；宣传安全用药理念和实用知识，围绕家庭自我药疗不当、过度使用抗生素和注射剂、盲目轻信进口药和高价药、对药品说明书及药品不良反应认知模糊、混淆保健食品和药品概念等常见误区进行梳理解读；宣传儿童、老年人等特殊群体的安全用药科学知识，形成有效的科普干预；宣传贯彻执业药师有关制度条文和政策举措，树立执业药师队伍形象，发挥执业药师药学服务作用。同日，举行盐城市首届食品药品安全文化宣传月启动仪式，并举办"使命与担当"专场文艺汇演。活动月期间，新华网、人民网、凤凰网、荔枝网、《新华日报》等媒体，集中开展新闻推广、舆论引导和科普宣传，构建"空中、地上"立体发声、全维动员的全媒体宣传矩阵，活动日点击量超200万次。

黄河药业苯磺酸氨氯地平片品种通过国家仿制药质量与疗效一致性评价 11月27日，江苏黄河药业股份有限公司苯磺酸氨氯地平片品种过国家仿制药质量与疗效一致性评价。该品种适用于高血压治疗， 可单独应用或与其他抗高血压药物联合应用，可减少因心绞痛住院的风险以及降低冠状动脉重建术的风险。 （崔　伟）

第八节　国有资产管理

一、国企改革

2017年，市国资委修订完善盐城市《国有企业职工家属区"三供一业"分离移交实施方案》，搭建市级国有资本运营平台，新组建盐城市国有资本运营发展有限公司（以下简称市国发公司），推动国有企业改革。对江苏江动集团有限公司、江苏新盐纺集团有限公司等改制企业剥离资产逐户逐笔清理。对原"五办"（轻纺办、物资办、商贸办、化建办、机电办）划入市国资委管理的9户企业资产清收，一批国有资产得到确权、管理。至年底，市国发公司收缴原国有企业剥离土地面积11.43公顷、房产面积2000平方米、债权2533万元、股权2.6亿元，公司净资产规模超3亿元。加强与市中院、人社等部门的协调联系，推进江苏省盐城肉联厂破产清算工作；完成盐城市五交化总公司等企业破产清算任务。支持国有企业转型发展，全年服务企业融资（发债）328亿元。

二、国资监管

2017年，市国资委制定《市属企业负责人经营业绩考核实施办法》《盐城市企业国有产权转让操作规则》《关于全面推进市属企业法治国企建设的意见》等文件，完善监管制度。组织开展市属企业涉法涉诉和资金借出、对外担保、应收款项情况2个专项监督检查，对查出的问题逐一发出警示函、纠正函，制定《关于严肃财经纪律，明确10项规定防范风险防范资金损失风险的通知》。年内，市属企业监事会对企业投资等事项发出书面意见函23份。加强经营业绩考核，兑现市属企业负责人2015年、2016年薪酬，并首次向社会公开披露，该减则减、该增则增。开展企业运行分析监测，建立月度反映运行趋势、季度判断财务风险、年度实施综合评价的递进式分析预警机制。开发建设国资监管信息化系统，依法、科学、动态监管国有资产，提升国资监管效率，防范运营风险。规范产权交易行为，审查资产评估报告19宗。启动外部董事破题工作，面向市内外招聘高素质人员，提升国企决策水平。推进“法治国企”建设，市属企业全部明确分管法律事务负责人，聘请律师事务所和社会律师担任企业法律顾问实现全覆盖。

三、国有企业

2017年，纳入全市企业国有资产统计报表汇编范围的国有企业（第一级次）计176户，其中市直企业20户，县（市、区）企业156户。全市国有及国有控股企业资产总额8216亿元，净资产3069亿元，全年实现营业收入1173亿元。其中，市属监管企业资产总额2600亿元，净资产941亿元，全年实现营业收入1008亿元。

市交通控股集团 至2017年底，盐城市交通控股集团有限公司有注册资金30亿元，总资产近270亿元，下辖全资子公司28个、控股公司5个、参股公司4个、自收自支事业单位3个。集团主要从事政府授权的国有资产和国有股权的投资、经营、管理及资本运作；交通基础设施、房屋建筑业的投资建设和运营管理；对制造业、广告业、餐饮酒店业、旅游业、汽车产业和新能源的投资运营等。全年实现主营收入近12亿元，利税突破5000万元。全年实施工程项目19个，其中“两重一实”工程项目9个。至年底，所有工程均实现序时进度，如期建成立体停车场、二墩停车场和旅游集散中心回车场等场站5个；改造出新西环路、青年路、解放路沿线和盐都区公交站台136个；投入570多万元实施内环高架周边环境综合整治；建成旅游集散中心、出租车服务中心和高架养护中心，并初具服务条件；桃花源生态景区旅游扶贫项目投入运营；航空大厦项目创成省文明工地。围绕加快资源整合、提高土地效益目标，对15个地块200公顷土地进行分类编制，形成完整的土地卷宗，并完成宝才、舟游沟、腾飞路等8宗地块土地一级整理工作，其中4宗地块参与土地挂牌上市。全年完成棚户区改造431户，累计投入改造资金6.5亿元。其中，阜宁黄河故道桃花源景区项目是市交通控股集团与阜宁县联手打造的一个扶贫项目，景区一期工程33.33公顷，总投资6000万元，在原有景点基础上全面改造升级，增设扩建景区入口大门、亲子乐园、市集广场、茶社、桑拿区、果林苗圃等景点设施，同时升级改造329省道道路相关路段与两侧、中山路南与中山路两侧景观，4月5日，阜宁黄河故道桃花源景区开园，至年底，一期工程项目全面竣工；市区首个高架下停车场位于市区范公路高架下方，项目占地3.8万平方米，总投资3000万元，可同时停放60辆公交车辆和384辆社会车辆，并配套安装电动汽车充电桩，4月14日，公共停车场竣工验收。年内，市交通控股集团与市民政局联合发行免费公交“双拥卡”。“双拥卡”除享受国家抚恤补助的优抚对象外，首次将退役军人、烈士遗孀及其子女列入对象。至年底，累计发行超15万张。运行市级机关公车平台，至年底，盐城市市级机关公务用车管理平台实现累计行驶1000万千米安全无事故，累计提供定向化公务出行保障服务3.52万次，其中保障应急机要、接待调研等公务活动2.92万次，保障执法执勤公务活动5966次，先后接待省内外车改单位参观学习36次。（祁瑶震 王恒灿）

国投集团 年内，盐城市国有资产投资集团有限公司总资产326亿元，实现开票收入161亿元、利润2.8亿元、税金4.8亿元。全年融资余额99.5亿元，综合融资成本5.35%，节省资金成本5067万元。全年股权投资按股比获得利润4800万元，其中持有江苏银行5700万股、持有股权现值45亿元，持有江苏新能源公司15%股份计7500万股。

高新科技板块。推动新能源汽车发展。江苏奥新新能源汽车有限公司拥有总资产17亿元，占地面积40公顷，建筑面积11万平方米，具备正向开发、试验检测和规模制造能力，先后有48款纯电动专用车列入国家产品公告目录，其中当年新增车型6款。全年完成商用车生产1045辆，销售985辆，实现销售收入2.1亿元。加快产品研发，完成2T燃料电池物流车、4.5T纯电动物流车、7.5T燃料电池物流车等产品开发。同时，氢燃料电池专用车研发、生产条件通过工信部现场审核，取得生产资质，最终获取商用车整车资质。提升新能源汽车市场化竞争优势，主要零部件合理降低采购成本，其中动力电池同比下降17%，电机同比下降6.2%，控制器同比下降8%，充电机同比下降33%，2T平台电泳驾驶室及车架总成同比下降31%。

地产置业板块。全年实施在建项目13项，总投资103亿元，实现产值9亿元、收入9.8亿元、利税2.7亿元。其中，实施工业地产项目4个，复制国投自贸园“租金保底收益+分红”运作模式，助推区域经济发展；旅游地产项目3个，助力全域旅游示范点建设；健康地产项目1个，策应“健康盐城”建设。至年底，与大丰区政府共同投资的大丰麋鹿风情小镇项目一期项目开工建设；先锋国际广场二期项目实现泰山寺局部封顶，寮房、藏经楼、方丈院封顶，文殊阁施工至5层，先锋国际广场三期项目酒店写字楼完成核心筒33层、钢结构29层，住宅完成铝板幕墙施工；综合保税区工业地产二期项目启动前期工作；国投自贸园二期物流仓储项目完成总平及单体方案报审；大丰区国新深通智能科技产业园项目完成立项等前期手续审批，总包进场施工；滨海电子信息智慧园项目一期开工建设。推动项目品牌建设，全年获得省级以上工程项目奖项11个，其中先锋国际广场三期超高层酒店写字楼项目目标获得中国建设工程鲁班奖，先锋国际广场三期住宅项目目标获得江苏省“扬子杯”优质工程奖。

商贸流通板块。加快发展商贸流通板块，在山西柳林举办盐城国投集团——山西凌志集团煤炭产品推介会，青岛特钢、宝钢资源等国有企业参加会议，达成贸易共识；在盐城迎宾馆举办盐城国投集团贸易金融物流开放合作洽谈会，搭建一个实现300亿元贸易经营目标的一体化经济合作平台。年内，先锋国际广场商业综合体和文化街加快推进商业业态、交通动线调整工作，将广场打造成“业态齐全、宜商宜居的区域性综合体验式购物中心”。盐城市物资集团有限公司、上海润鹤国际贸易有限公司依托国企平台、港口资源优势，强化采购渠道建设，扩大煤炭、钢材、有色金属等业务规模。全年商贸流通板块实现开票收入121亿元，利税4.32亿元。其中，销售煤炭757万吨，实现销售83亿元；销售有色金属5.6万吨，实现销售27亿元；销售钢材49万吨，实现销售11亿元。

金融服务板块。发挥综合融资平台功能，累计助推1288家地方中小微企业发展，风险控制良好。其中，盐城市亭湖区国发农村小额贷款有限公司与江苏金创信用再担保股份有限公司合作为企业发债2030万元，推进金融超市、转贷公司等工作；盐城国投担保有限公司在省经信委融资性担保机构监管评级中获评B级，在市人行年度评级中获评A级；江苏盐城国投典当有限公司开展票据业务，连续两年在省典当行业年度审计中获评A类经营企业；江苏盐城国投商务有限公司“盐城贷” 网络系统更新换代，成为全省7家首批实现资金存管并运营的平台之一，是苏北地区唯一一家合法运营的P2P平台，获评2015—2017年度省互联网金融协会会员工作先进单位。全年集团金融服务板块实现收入1.6亿元。

文旅健康板块。推动文旅资源集聚，拓展大数据和远程医疗等“互联网+”健康服务等领域。策应盐城“一片林”战略工程，投资30亿元启动大丰麋鹿风情小镇旅游项目，打造盐城生态休闲旅游目的地；投资5亿元打造大丰森林公园，引入国际旅游元素，建设世界民俗文化村。与万豪国际集团合作，在先锋国际广场筹建盐城首家国际品牌五星级酒店，在大丰麋鹿风情小镇引入喜来登酒店。做好东郊迎宾馆经营工作，全年接待境内（外）宾客6.7万人次，接待生日喜宴178档、4635桌，用餐总人数34万人次，实现营业收入8425万元。与中国健康云合作，在城南大数据产业园建设和舒堂医院，利用大数据和远程医疗等“互联网+”健康服务手段，让普通百姓不出盐城就能享受北京协和、301医院等医院诊疗服务。

清洁能源板块。盐城市国能投资有限公司围绕打造盐城能源投资开发龙头企业目标，主动加强与中央、省属能源龙头企业合作。风电投资方面，参股风电项目15个，总装机规模186万千瓦，总投资230亿元。其中，参股20%的江苏省国信资产管理集团有限公司的大丰大中10万千瓦风电项目、参股49%的大唐江苏发电有限公司大丰三龙一期5万千瓦风电项目、参股10%的江苏盐阜银宝新能源有限公司10万千瓦射阳风电项目实现并网发电；参股49%的大唐大丰三龙二期5万千瓦风电项目、参股20%的华润新能源亭湖9.6万千瓦风电项目、参股30%的国电投响水县大有镇15万千瓦风电项目、参股30%的国信响水黄海农场三期10万千瓦风电项目、参股30%的国信射阳新洋农场10万千瓦风电项目、参股30%的协鑫阜宁4.5万千瓦风电项目、参股30%的三峡新能源大丰H11号30万千瓦海上风电项目、参股30%的龙源电力射阳海上南区H2号30万千瓦海上风电项目通过核准；参股35%的龙源大丰H4号30万千瓦海上风电项目、参股30%的中电国际响水县大有镇5万千瓦风电项目、参股30%的远景射阳智能风机样机4.9万千瓦试验风电场项目、参股30%的天润大丰华丰农场6.95万千瓦陆上风电项目申报核准之中。光电投资方面，投资4亿元的建湖沿河50兆瓦“渔光互补”光伏电站安全运行，累计发电超1亿千瓦时，实现营收超亿元；投资1500万元的综合保税区国投自贸园2.3兆瓦分布式光伏项目建成，累计发电180万千瓦时；成功申请响水灌东盐场16兆瓦集中式光伏项目，大丰15兆瓦集中式光伏项目办理各项前期手续。火电投资方面，参股30%的总投资11亿元的装机规模23万千瓦的盐城电厂2台6F级天然气燃机热电联产项目通过可研审查；参股10%的总投资2.4亿元的“中俄东线盐都——大丰港支线”天然气高压管道及配套工程项目，初步设计之中。产业投资方面，投资2.73亿元持有盐城天合国能光伏科技有限公司49%股权电池生产线项目；投资2.5亿元的盐城经济技术开发区光伏产业园孵化中心LED项目，完成前期各项工作。

（柏瑜华）

城投集团 盐城市城市建设投资集团有限公司筹建于2006年9月，2007年2月挂牌，是由盐城市人民政府出资设立的国有一档企业，定位为城市综合运营商和服务商。盐城市城市建设投资集团有限公司与盐城市城市资产经营有限公司两块牌子、一套班子，协同运营。集团下属一

3月28日，第三届大洋湾樱花节开幕。 城投集团/供

级子公司16家、二级子公司17家，员工1999人，主营业务分为基础设施、地产置业、文化旅游、城市服务、城市环保和智慧城市6个板块。至2017年底，集团总资产为405亿元，净资产147亿元，资产负债率64%。全年实现主营业务收入15.9亿元，实现利润1.5亿元，实现融资117.5亿元。

基础设施板块。全年先后实施阜宁援建等项目7个。其中，阜宁援建项目完成投资1.2亿元，援建安置房如期竣工交付；中心金库项目完成投资700万元，完成项目选址、土地征用、立项和规划方案审批工作；海盐博物馆完成提升方案草案拟定工作；完成串场河河道清淤6.5千米，蟒蛇河河道清淤3.35千米；串场河景观带项目完成投资1700万元，完成桥梁亮化、驳岸亮化维修工作以及景观带提升方案深化工作，启动重要节点亮化、桥下贯通、滨河路南延工作；美术馆项目确定设计任务书；棚户区改造项目完成投资1亿元。

地产置业板块。全年实施凤凰汇·紫园等地产项目4个。其中，凤凰汇·紫园项目完成投资4.1亿元，实现主体封顶，部分主体通过验收；城投中庚·香城世家项目完成投资2.22亿元，实现一期主体竣工，二期土建施工；高教公寓商业综合体项目完成投资9000万元，实施土建工程；解放南路地块酒店项目因规划调整，暂缓实施。

文化旅游板块。年内，大洋湾生态旅游景区完成投资10亿元，施工建设美食街15栋单体建筑、2.47公顷地下停车场，水上乐园盐山混凝土浇筑、造浪池底板、超级龙卷风、巨蟒滑道、U型滑板、章鱼滑道基础等游乐设施，基本完成登瀛阁砼基础部分施工，完成景观绿化提升、盐渎古镇四栋古宅、金丝楠木四合院等工程类项目招标工作并实现进场施工。举办大洋湾樱花节，央视新闻联播等知名媒体报道樱花节盛况。海盐历史文化风貌区结合中国传统节日，举办中秋水街庙会、元宵节灯会等活动。串场河文化集聚区，因选址调整展缓实施。游客集散中心项目完成投资0.3亿元，完成主体建筑的部分拆除、加固、砌筑、装饰装潢、钢结构建设等。

城市服务板块。强化经营意识，保安公司深化改革，抓好安全，开拓市场，经营收入超额完成；水城酒店加强设施改造，推行精细管理，提升服务质量，经营业绩稳中有升；物管公司强化服务意识，加强团队建设，拓展自主经营，较好完成年度目标；绿化公司坚持达标养护，配合完成大洋湾樱花园扩建提升及静脉产业园绿化移栽工作，成功举办2017年大洋湾樱花高峰论坛，助力大洋湾景区建设；游船公司坚持安全第一原则，完善管理制度，提升导游水平，全年接待游客近2万人次。

城市环保板块。年内，静脉产业园完成投资1.73亿元，实现餐厨垃圾处理项目和生活垃圾焚烧发电项目投资主体落实，桩基工程施工；确定园区杆线强、弱电等多趟杆线迁移方案，部分杆线已经拆除；开工建设园区道路、桥梁及水、电、气、通信等地下管网设施。

智慧城市板块。年内，市区公共停车场项目完成投资4900万元，市区智能停车管理系统基本建成并进入试运行阶段，水街立体停车楼施工单位进场施工。智慧城市一卡通项目完成投资7500万元，完成住房建设部城市和卫计委密钥申请工作；完成主系统的设计开发集成建设，初步形成公共服务功能和智慧旅游、智慧医疗、智慧停车、智慧小区等行业应用功能；完成水电气有线电视及公积金查询等公共资源整合；完成一卡通中心网点改造建设及2处分理网点的购置；对接华为云，并纳入全市框架协议。智能信包箱项目完成投资1000万元，完成对大宇花园、新苑小区、南苑小区、紫薇花园、紫薇东园、八菱华庄、金水湾花园、宏都花园、高教公寓、房博园小区、天澜湾、怡景花园、衡泰冠城、新日月、瑞都新城、桃园居、北城馨园、凌桥小区、五星小区、盛世华城小区信包箱安装工作。 （郁怀峰）

银宝集团 江苏银宝控股集团有限公司前身为江苏省银宝盐业有限公司，成立于1998年9月，2008年7月列为盐城市属国有一档企业，2015年7月组建集团公司，注册资本20亿元。公司下辖农牧金融、水产养殖、生物科技、盐业物流和创业投资5个板块36个全资和控参股公司，拥有土地资源1.37万公顷，总人口1.5万人，其中在职职工2617人、离退休职工4021人，资产总额145.33亿元。公司主要从事土地整理利用及开发、现代农业、盐产业、新能源，房地产开发、资产管理、资本运作、现代服务业等业态，是农业产业化国家重点龙头企业。全年实现营业收入31.36亿元、利税2.79亿元。2月28日，江苏银宝生物科技股份有限公司股票在全国股转系统挂牌公开转让。证券简称：银宝生物，证券代码：87071。

生态养殖。至年底，公司有无公害水产品养殖面积7753.33公顷，实现水产品无公害产地全覆盖，建成大棚式育苗项目并投入使用，建立水产养殖在线智能控制、水质监测可追溯系统，获得农业部健康养殖示范场和生态养殖标准化试验点、获评江苏省水产品质量安全追溯生产企业。全年累计投放海淡水苗种1.8万吨，其中投放南美白对（100克亲本）虾苗5万尾；全年实现水产品总产量6.12万吨，其中海水水产品产量3990吨，淡水水产品产量5.72万吨。新增设施渔业面积1333.33公顷，改造标准化池塘1533.33公顷，新增池塘工业化生态养殖系统示范点1个，新增渔业物联网基地1个；生猪养殖创建高效牧场和绿色循环生态体系，强化饲养繁育、安全把控、疫病监测、销售配送、沼液还田等管理，销售生猪9.43万头，其中肥猪5.13万头、苗猪4.29万头。饲料加工产业新上2条虾蟹、膨化料生产线，从原料采购到产品出厂实行全过程、全方位质量管控，销售覆盖到全省各水产主养区，并销往浙江、上海、安徽、山东等地。全年累计销售“发阳”牌饲料4.2万吨，其中销售虾蟹料4000吨。

农业种植。继续探索推进盐土开发种植，取得重盐土改良速度、产量和效益新纪录，实现水稻总产435.99万千克，最高单产576千克；有机种植面积扩至363.33公顷，实现总产量225.95万千克，最高单产531千克，成为省内第二大有机稻米种植基地。年内，“盐田稻米”获得中国和美国有机农产品双认证证书，成为江苏最好吃的大米，并加入射阳大米协会和盐城好大米联盟，被推荐入选“中国好粮油”，在上海和盐城市区成功开设“盐田稻米”旗舰店。高标准配套建成稻米加工厂，全年加工3个系列12个米产品50万千克，烘干收贮稻谷470万千克。

盐业生产。年内，公司投资7000万元异地重建的13万吨矿卤日晒盐生产基地达产达效，吨盐耗卤4.6立方米，氯化钠含纯96%以上。成立银宝福建、山东盐业分公司，食盐产品销往11个省市，全年销盐90.59万吨，比上年增销66.17万吨；推动礼品盐、澳盐等系列盐产品进入市场，“盐阜海立方”牌盐产品获评中国（国际）调味品及食品配料博览会“盐业之星”、中国调味品食盐产业十强品牌，入选盐城市十大品牌故事“文化之魄”。

项目建设。加快清洁能源项目建设。总投资9.6亿元，总装机规模100兆瓦50台风机，配套建成2兆瓦风力发电机组、110千瓦升压变电站以及道路、线路及桥涵工程的银宝射阳风电场投产，实现上网发电量8612.73万千瓦时、节约标煤2.8万吨、减排二氧化碳7万吨；盐城乾能太阳能发电有限公司20兆瓦光伏项目启动运行。推动现代渔业精品园区建设。投资500万元兴建的21公顷33条水槽的工业化养殖项目投入使用，斑点叉尾鮰、黄颡、加州鲈等水产品长势良好；精品渔业园区、国际垂钓中心、海盐文化旅游基地和光伏池塘与生态养殖结合项目设计之中。

2017年市本级国有企业名单

表20-66

序号	单 位 名 称	地 址
1	盐城联孚石化有限公司	盐城市人民北路239号
2	盐城市城市资产经营有限公司	盐城市世纪大道19号
3	盐城市交通控股集团有限公司	盐城市瑞安路7号
4	盐城市公共交通总公司	盐城市人民中路102号
5	盐城南洋机场有限责任公司	盐城市亭湖区南洋镇民航村
6	盐城市产业投资集团有限公司	盐城市世纪大道5号金融城
7	盐城市灌东经济开发投资有限公司	盐城市世纪大道中远世纪广场D栋9层
8	盐城市新滩经济开发投资有限公司	盐城市世纪大道中远世纪广场
9	盐城市海兴投资有限公司	盐城市世纪大道中远世纪广场
10	盐城市自来水有限公司	盐城市城南新区兴业路33号
11	盐城市市政公用投资有限公司	盐城市解放南路150号1102-1104室
12	盐城市国有资产投资集团有限公司	盐城市世纪大道669号
13	江苏银宝控股集团有限公司	盐城市人民南路1号华邦国际东厦17楼
14	江苏悦达集团有限公司	江苏省盐城市世纪大道东路2号
15	新光集团有限公司	安徽省淮北市相山南路303号帝景大厦16楼A座
16	盐城文化艺术发展有限公司	盐城市城南新区聚亨路8号
17	盐城国泰投资有限公司	盐城市青年中路28号
18	盐城市中小企业贷款担保有限公司	盐城市青年中路28号
19	盐城市创新创业投资有限公司	盐城市青年中路28号
20	盐城市市级机关服务中心	盐城市世纪大道21号1楼

第九节　国土资源管理

2017年，全市国土面积16931平方千米，其中农用地10935平方千米、建设用地2820平方千米、未利用地3177平方千米分别占全市国土面积的64.58%、16.66%、18.76%。全市海岸线长582千米，占全省海岸线总长度的61%；滩涂总面积4553平方千米，占全省滩涂面积的67%。

一、土地征收与供应

2017年，全市上报农地转用批次（项目）199个，申请用地总面积3293.33公顷；获批批次（项目）196个，批准建设用地面积3073.33公顷。全年全市供应各类建设用地4446.67公顷，其中商业和住宅用地1066.67公顷、工业用地1720公顷、交通和水利等基础设施用地1626.67公顷。创新土地供应方式，全年全市采取弹性年限方式出让工业用地13宗18.61公顷，供应高标准厂房建设用地116.61公顷，建设高标准厂房175万平方米。年内，盐城市在全省国土资源节约集约利用状况综合评价考核中多项指标超额完成。其中，全市建设用地地均地区生产总值同比增长8.03%，单位地区生产总值占用建设用地规模同比下降7.43%，分别超省里下达目标的7.3%、6.7%。全年全市盘活存量用地2800公顷，处置批而未供土地1186.67公顷，再开发城镇低效用地913.33公顷，分别占到省里下达任务的136.9%、159.8%、119.1%；存量土地供应比61.4%，列全省第四名。年内，盐都、亭湖被评为全省高标准厂房建设与使用先进地区。

二、地籍管理

2017年，市国土局全面完成全市农村建设用地调查工作，9月，形成《全市农村地籍调查和农村建设用地利用状况调查成果》，11月，通过省国土厅核查验收。加强不动产登记管理。提档升级不动产登记系统，8月28日，不动产登记系统正式版上线运行，原房屋登记系统数据全部迁移进入不动产登记系统，同时整合完成市区房产、土地、不动产过渡数据，整合原房产各权利数据119.42万条，新增“合同备案”“楼盘表”“不动产登记查询”等功能。开展土地、房屋、林地、海域等各类不动产登记存量数据整合工作，汇交数据62.53万条。

开展农房及宅基地统一发证试点工作 年内，市国土局加快推进农房及宅基地统一发证试点工作，确定10个镇、2个行政村实施试点，全面查清试点范围内农村范围内包括宅基地等集体建设用地每一宗土地的权属、位置、界址、面积、用途、地上房屋等建筑物、构筑物的基本情况。3月，组织专家对大丰区2016年度省级试点成果进行审查验收，将大丰区试点经验在全市面上进行推广。至年底，试点镇、村农房及宅基地统一发证工作基本完成。

三、土地储备和出让

2017年，市国土局加强土地储备工作。全年征收房屋202户，新增储备土地108.87公顷；创新土地储备筹资模式，授信总额22亿元的土地储备专项债券在上海证券交易所成功发行。加大土地推介力度，参加中国（上海）城市土地展和中国（深圳）城市土地展。组织土地上市工作，全年全市供应商业和住宅用地1066.67公顷，出让金合同总额281.4亿元；市区挂牌出让成交经营性用地29宗172.73公顷，出让成交总金额147.1亿元，平均每亩567.7万元。

四、国土资源执法

2017年，市国土局制定《盐城市国土资源执法监察动态巡查工作制度》《关于规范土地违法行为行政处罚自由裁量标准适用的规定》《盐城市土地违法行为立案查处工作规范》等文件，推动执法监察工作走向常态化、制度化。组织开展新建、在建违法违规用地排查整改、违法违规用地整治等专项行动，严格按照法定程序及时组织查处整改违法违规用地。全年立案查处违法用地面积419.67公顷，罚款4178万元，没收违法建构筑物142万平方米，拆除违法建（构）筑物1.5万平方米，追究行政责任人员132人次。接受国家土地督察南京局对亭湖、建湖、滨海开展的驻点督察，督察组交办驻点督察地区问题1366个，涉及土地面积1626.67公顷、金额7.84亿元。至年底，整改问题1340个，涉及土地面积1553.33公顷、金额7.84亿元，整改个数到位98.1%，面积到位95.7%，金额到位100%。

（吕景林）

第十节 安全生产监督

2017年，全市发生各类生产安全事故688起，死亡343人，同口径相比分别下降12.36%和10.91%。其中，道路运输发生事故613起、同比减少83起、同口径相比下降11.93%，死亡283人、同比减少37人、同口径相比下降11.56%；工矿商贸发生事故52起、同比减少9起、同口径相比下降14.75%，死亡56人、同比减少4人、同口径相比下降6.67%；农机发生事故23起、同比减少5起、同口径相比下降17.86%，死亡4人、同比减少1人、同口径相比下降20%。至年底，全市有安全生产标准化达标企业5646家，其中一级企业2家、二级企业416家、三级企业3556家。

一、安全生产责任制

2017年，市委、市政府举办安全生产专题学习报告会和宣传贯彻会，定期召开常委会、政府常务会和专题工作会议，研究部署安全生产工作。市委、市政府主要领导带头履行安全责任，研究部署安全生产执法专项行动等工作。年内，市政府制定《关于加强安全生产监管执法的实施意见》《市政府有关部门和单位安全生产工作职责规定》《盐城市安全生产“十三五”规划》等文件，调整充实市安全生产委员会组成人员，首次将安全生产工作纳入全市目标任务综合考核，建立专业委员会7个，建立健全党委机关和司法部门参与的问责追责联动督查机制。年内，市政府主要领导与各位副市长、分管市长代表市政府与9个县（市、区）、盐城经济技术开发区、城南新区管理委员会、35个市直各有关部门（单位）签订2018年度安全生产目标责任书，明确年度工作目标任务。开展企业主体责任落实推进年活动，市安监局制定《关于进一步推进落实企业安全生产主体责任专项行动的实施意见》《关于落实企业安全生产主体责任考核评估细则》，明确具体考核事项30个，评分标准和镇（街道、园区）、县、市三级考评要求，督促全市3220家企业和908家重点企业开展自评审核审计。推进安全生产信用体系建设，市安监局制定《盐城市企业安全生产履责信用等级评定及守信激励失信惩戒实施办法（试行）》，对企业安全生产诚信情况分级评定。推进安全生产责任保险，全市有352企业2.66万名员工投保安全生产责任保险，保费1210万元。严格安全生产“一票否决”制度，市安监局全年对493个单位、1121名个人受表彰、授予荣誉称号资格进行前置审核，无“一票否决”事项。

二、安全培训宣传

2017年，市安监局做好班组长、岗位一线操作人员培训工作，组织安全生产培训36万多人次，其中特种作业人员1.4万人，高危行业负责人、安全管理人员3.76万人，其他从业人员31.01万人。推进考试点实操考场智能化建设，对市考试中心实操考核场地重新规划布置。组织开展生产经营单位“三项岗位”人员（生产经营单位主要负责人、安全生产管理人员、特种作业人员）持证上岗和全员安全培训的专项执法检查。与省安全生产科学研究院、浙江大学、中国矿业大学、上海交通大学合作，举办全市职业健康、工贸行业监管、执法监察业务培训班7期，培训安监工作人员590人。加强安全宣传，邀请国务院安委会专家组专家作《中共中央国务院关于推进安全生产领域改革发展的意见》专题宣讲辅导；通过召开新闻发布会、举办广场集中宣传、在《盐阜大众报》开设《一把手话安全》专版、在盐城电台开设《安全生产之声》专栏等形式，利用网站、微信、户外大显示屏、商业楼宇视频等平台，宣传安全生产法律法规和安全生产知识，安排安全宣传教育活动89场，发放各类宣传资料2.36万件，参与微信普法答题活动人数超过1.5万人。开展企业安全文化（诚信）建设示范企业创建工作，5家企业通过省安监局验收，13家企业通过市安监局验收。健全安全生产隐患举报制度，建立“信息收集—交办—反馈—督查”工作机制和举报奖励制度，全年收到意见建议920条，奖励金额24.8万元。通过每月定期发布、以案释法、事故后继追踪和执法检查现场报道等形式加大违法行为曝光力度，在市主流媒体和“安全盐城”微信公众平台等对44家企业存在的各类安全生产问题隐患曝光，通报案例12个。组织制作全市安全生产暗访暗查实录公开播放，编印《安全生产事故典型案例选编》发放给一线执法人员和企业，和公安部门联合组织交通、住建、工贸行业涉嫌生产安全重大责任事故的警示大会。开展“安全生产月”宣传活动，全市各地、各部门和单位召开动员会议829场，8253个单位、14.38万人参与活动，出动宣传车船4285辆（艘），设立宣传咨询点933个，发放宣传资料51.27万份，悬挂和张贴横幅、标语、宣传画、墙报、板报等7.65万个，开展知识竞赛311次、演讲比赛212场、文艺演出205场、安全展览717场，组织征文3287篇、稿件5021份、电视报道582次。

三、安全隐患防控

2017年，市安监局组织开展安全生产大检查3次，通过开展企业自查、行业检查、交叉互查、部门联合检查、社会排查和重点督查等“六查”工作，检查企业4.3万家次，排查隐患10.92万项，完成整改10.13万项，整改率93%，其中排查重大隐患298项，完成整改259项，整改率87%。启动全市安全生产大检查大整治大落实专项行动。按照“属地管理”和“谁主管谁负责”的要求，督促各行业领域开展道路运输、建筑施工、消防、水上运输、特种设备、农机等安全生产专项整治活动；加强对城市燃气、户外广告、旅游景点游乐设施和公路、电力线路、油气管线沿线等影响公共安全设施的安全监管；开展铁路建设、大洋湾樱花节等联合检查活动，督促整改安全隐患52条。年内，挂牌督办11个重大事故隐患，至年底，全部整改到位；推进省安全生产委员会挂牌督办的盐城市神龙运输有限公司重大安全隐患整改工作，至年底，公司整改完毕，并向省安委会申请销号。各县（市、区）同步落实安全生产大检查大整治大落实专项行动，全年挂牌督办重大隐患258个，完成整改255个。

实行第三方机构检查 年内，市安监局制定《推进安全生产社会化服务体系建设工作方案》，鼓励引导基层监管部门、政府、企业聘请专家、中介机构提供安全检查等服务。各地各部门聘请专家和第三方机构参与检查企业3103家次，检查隐患9124项，完成整改8096项，整改率89%。市安委办先后2次组织省市专家对全市化工、冶金铸造、粉尘涉爆、涉氨制冷和烟花爆竹5个行业的142家企业暗访暗查，发现并整改隐患1009项，整顿关闭企业64家。加强安全评价中介机构日常监管，对35份安全评价中介机构业绩表逐项审核，对全市4家乙级机构进行2轮换证检查及资质检查。

重点行业隐患防控 年内，市安监局推进危化品综合治理，突出重大危险源管控。组织全市化工园区和重点危化企业相关负责人员参加事故现场警示会议，全面开展对涉及硝化、氯化、加氢、过氧化的化工装置和危险化学品储存设施的自动化控制系统等安全设施的专项排查。开展冶金煤气、有限空间、粉尘防爆、涉氨制冷领域专项治理，对

5月，市县两级安监部门联合对重点企业开展安全生产执法检查。

市安监局/供

52家冶金铸造企业开展安全专项检查，开展有限空间识别管控工作，累计辨识有限空间6019处；强化作业场所超过10人的粉尘企业整治工作，选择30家企业开展"一图二单三卡"［绘制安全生产风险分布图，编制危险（有害）因素排查辨识清单、安全风险分级管控清单，制定员工危害特性应知卡、安全职责承诺卡、处置方法应急卡］工作试点，推动企业绘制"一图二单三卡"危险因素初步实现辨识和风险管控。在全省首家制定百分制烟花爆竹经营（批发）企业安全生产主体责任落实自查督查表，明确10个大项33个分项职责要求，对进入盐城烟花爆竹供货生产企业予以公示，并联合公安部门强化源头质量管理。至年底，全市39个一级、二级重大危险源的化工（危险化学品）企业完成安全生产专家会诊检查；全市269家涉及危化品的企业完成"智能化二道门"建设工作。推动"智慧园区"建设，滨海沿海工业园投资近2亿元启动"智慧安监"项目建设，一期投资4000万元；响水生态化工园、阜宁高新技术产业园完成"智慧安监"项目招标工作；响水生态化工园、滨海沿海化工园、阜宁高新技术产业园、大丰港石化新材料产业园4个化工集中区基本建成重大危险源集中监控系统，专门消防站通过省安全委员会组织的验收。年内，市安监局注销列入2016年危险化学品安全专项整治的2家红表企业安全生产许可证，完成列入2016年危险化学品安全专项整治的44家黄表企业整改工作。

四、安监执法

2017年，市安监局开展安全生产执法年活动。制定实施年度安全生产监管执法计划，明确各处室单位执法检查任务，要求市安监局各处室单位开展联系点执法。7—10月，在全市范围内开展夏季安全生产百日执法行动，通过市领导带队执法、异地交叉执法等形式加大对违法行为打击力度，推进乡镇（街道）委托执法，全市简易程序处罚420件，罚款33.95万元。组织执法专项行动2次，立案查处企业381家，事前处罚企业288家，事前处罚率76%。全年市安监局执法检查企业3138家次，立案868件，罚款5020万元，其中事前立案789件，责令停产停业企业58家，暂扣或吊销许可证企业25家，提请关闭企业27家。规范行政执法行为，召开案件听证会4场，组织6次案审会对38件行政处罚案件进行审核，受理行政复议案件4起，未发生行政复议纠错和行政诉讼败诉行为。

职业健康监督管理 年内，市安监局推进重点行业职业病危害专项治理工作，开展监督执法检查企业1662家次、下达执法文书1512份，经济处罚66.54万元。加快职业病防治基础建设，组织110家市级企业和330家县级企业开展职业卫生基础建设创建活动，评审许可丙级职业卫生技术服务机构1家。

基层安监能力建设 年内，市、县、镇三级安监机构逐步建立健全组织机构，全市9个县级安监局、4个执法大队，79个镇（街道）、10个省级及以上开发区安监机构通过省级安监机构达标验收。市安监局专项督查全市基层安监能力建设情况，对67个单位能力建设情况梳理出的4个大类问题函告和通报，对未通过省级达标验收的安监监察执法机构进行"家家到"督查，至年底，有4个县级执法机构建设规范化通过市级考评验收。督促企业推广自动化，开展"自动化减人、机械化换人"行动，江苏联华科技有限公司等6家企业自动化改造工程通过市专家组验收。

五、应急救援与事故处理

2017年，市安监局开展2017年安全生产月应急救援专题行活动，举行全市危险化学品生产企业安全生产应急救援综合演练，推动各地、市有关部门和企业开展灭火疏散、防汛防台风、危化品企业爆炸和海洋渔业等应急演练活动。年内，江苏（响水）沿海危化品应急救援基地建设进入调试阶段。开展企业风险评估和应急资源调查，修定《盐城市安全生产应急预案》，编制《应急工作手册》，配合做好盐城气站天然气泄漏事故的应急救援工作。对全市在安全生产大检查期间发生的第一起事故和"双上升"地区的事故实行提级调查，全年调查事故44起，其中市级提级调查处理16起，结案22起，19人被行政追责，32人被移送司法机关。

举办第四届安全生产综合执法演练竞赛 11月2—3日，市安监局和市总工会联合举办全市第四届安全生产综合执法演练竞赛活动。9个县（市、区）、盐城经济技术开发区、城南新区代表队44名执法人员参加。竞赛分为法律法规知识竞赛和行政处罚案件办理2个科目。比赛评选出综合执法演练竞赛先进集体7个；个人成绩排名前十名选手被市安监局和市总工会分别授予"综合执法演练竞赛标兵"和"五一创新能手"称号，其中个人成绩排名第一名选手被授予"盐城市五一劳动奖章"。

（孙成刚）

政治生态

□中共盐城市委员会
□盐城市人民代表大会
□盐城市人民政府
□政协盐城市委员会
□纪检监察
□民主党派
□人民团体
□法治盐城
□军　事

第21章　中共盐城市委员会

责任编辑　潘其锐

综　述

2017年，盐城市委贯彻落实中共十八大、十九大精神和习近平新时代中国特色社会主义思想，践行新发展理念，推进"两聚一高"（聚力创新，聚焦富民，高水平全面建成小康社会）新实践，全面稳增长、促改革、调结构、惠民生、防风险，为全面建成小康社会奠定坚实基础。

实施"五个一"战略工程。构筑"一张网"，加快构建通往北京、上海、南京、杭州、西安、青岛等方向的"5+1"高速铁路网，时速350千米的盐通高铁开工建设，京沪、京杭、沪陕三条国家高铁新干线将在盐城交会，盐城将融入上海、南京"一小时经济圈"。盐宁等5条高速公路列入省新一轮高速公路网规划，滨海港区成为继南洋机场和大丰港区之后盐城第三个国家一类开放口岸。引进"一桶水"，实施新水源地及跨区域引水工程，建成后覆盖面积达9000平方千米，受益人口达500万人。壮大"一部车"，推动东风悦达起亚做大做强，与省产业技术研究院共建江苏新能源汽车研究院，与阿里巴巴共同开发智能网联车，与华人运通合作，打造民族自主品牌新能源汽车标杆企业。培育"一片林"，新造成片林8267公顷，改造提升1.06万公顷，造林总量继续保持全省第一位，加快建成沿海百万亩生态防护林，加快创建国家森林城市。建设"一座城"，高水平规划建设南海未来城等"城市五大组团"，打造现代化、国际化、生态化、特色化的江苏沿海中心城市。

调结构、促转型，提升发展质效。推进供给侧结构性改革，推动经济运行稳中向好、稳中有进。全年全市经济总量首次突破5000亿元，人均地区生产总值首次突破1万美元，投资、消费、出口"三大需求"保持两位数增长，三次产业结构实现由"二三一"向"三二一"的标志性转变。坚持把工作重心放在实体经济上，深入开展"进万企、解难题、促发展"活动，每两个月组织一次产业园区项目载体建设现场推进活动，营造"比学赶超"项目建设氛围。全市3220家规模以上工业企业增长面63.2%，新开工亿元以上项目中新兴产业占比39%。坚持创新，加快集聚创新资源要素，搭建产业创新高端平台。战略性新兴产业产值增速达19%，新能源产业产值增长30.7%，新一代信息技术产业产值增长47.2%。全市发明专利申请、授权和有效发明专利拥有量增幅列全省第一。全国大气治理前10强企业有7家落户盐城，盐城成为国内规模最大的雾霾治理研发与产业化基地。大数据产业从零起步，建成部省市合作共建的国家级大数据产业基地。智能终端产业一年多时间整机出货量突破2000万台，年开票销售突破200亿元。同时，实施千万元以上技改升级工程522项，传统支柱产业"两化"融合步伐加快。加快发展现代服务业，发展金融、科技、现代物流等生产性服务业，服务业增加值2262亿元，同比增长10.1%，增速居全省第二位，服务业对经济增

9月26日，城南新区通过国家智慧城市试点工程验收。　吴朝斌／摄

长贡献率63.2%。至年底全市金融存贷款比年初分别增长13.6%、15.3%。

重改革、促开放，加快积蓄发展动能。在深化改革方面，先后制定简政放权、国企国资等20多项重点改革方案，推进供给侧结构性改革，落实“三去一降一补”（去产能、去库存、去杠杆、降成本、补短板）五大任务，累计帮助企业降低成本60亿元。推进“放管服”改革，推行投资项目“三书合一”（将立项前需要分别编制的可行性报告、节能评估报告、社会稳定风险评估合并为一份咨询报告），制定市级政府“权力清单”和市场准入“负面清单”，在盐城经济技术开发区、盐城高新技术产业开展开发区实施“2330”（企业2个工作日注册开业、3个工作日内获得不动产权证、30个工作日取得一般工业生产建设项目施工许可证）工作试点，推进“不见面审批”。深化投融资体制改革，推出38个项目。市财政设立并运作产业基金8支，累计投放项目37个。在对外开放方面，中韩（盐城）产业园正式获得国务院批准，上升为国家层面合作园区。依托沪苏产业联动集聚区，打造北上海临港生态智造城，在上海设立科创中心，实现“部分研发在上海，成果转化在盐城”。推进江苏滨海新区建设，总投资超百亿美元的印尼金光集团循环经济高科技产业园和绿色新材料项目成功签约，总投资100多亿元的中海油LNG项目加快推进。至年底，盐城港建成万吨级以上码头泊位21个，港口货物吞吐量连续五年实现千万吨级增长。

补短板、惠民生，增进群众福祉。全市财政用于民生支出578亿元，占一般公共预算支出77%，城乡居民收入分别增长8.6%和9%，全面小康综合得分连续三年位居苏北第一。拓宽富民增收渠道，落实省“富民33条”，新增城镇就业12.1万人，新注册私营企业增加4.25万户。坚持向土地要效益，向“农业+”要增收，推进农业结构调整，提升设施农业规模化水平，打造全省最大的西兰花基地等一批现代农业示范基地，土地产出效益大幅度提升。全市休闲观光农业综合收入71亿元，乡村旅游成为带动农民增收致富的重要渠道。实施民生实事工程，编排20件民生实事，对就业、社保、教育、医疗等领域逐一进行安排。实施名校名师、名院名医工程，成功引进北师大、华师大、南师大等直办型中小学6所，建立医院院士工作站3个、名医工作室33个，奖励高层次教育医疗人才，对近200名一线教育医疗人才，每人每年发放10万元~20万元岗位津贴。推进农村公路提档升级，计划3年提档升级农村公路5700千米、桥梁3550座，至年底分别完成总工程量的80.1%和78.4%。推进精准脱贫，加快片区开发进程，创新绿色扶贫，为15.9万户低收入农户免费栽植181万株“致富树、小康树、子孙树”，完成5.06万户、12万户低收入人口和36个省定经济薄弱村脱贫任务。加强社会治安建设，获评“全国社会治安综合治理优秀市”。“6·23”灾后重建工作完成，总建筑面积近60万平方米的20个集中安置点全部交付使用。推进农村康居工程，拆除各类危旧房5万多户，危房改造开工、竣工5.4万户。

严要求、重整治，营造良好政治生态。组织中共十九大精神和习近平新时代中国特色社会主义思想学习教育，成立市委宣讲团，全市各层各级共开展宣讲8000余场，累计受众120万人次，市委组织市四套班子成员开展学习贯彻中共十九大精神专题调研活动。市委中心组开展集中学习和交流活动23次，引领推动全市2.6万名党组织书记上讲台讲党课。成立全国首家新四军干部学院，开展“弘扬铁军精神”党性主题教育。建成盐城抗击“6·23”特大龙卷风纪念馆，20多万人次受到教育。意识形态工作责任制全面落实，网上舆情同比下降29%；精神文明建设成效明显，淮剧《小镇》巡演143场，《抗击“6·23”特大龙卷风纪实》专题片全网浏览量超1800万人次。坚持正确选人用人导向，实施轮岗交流并形成常态化制度化安排，58个市级机关部门239名干部交流岗位；制定容错纠错实施意见，调整18名不作为、慢作为干部；实施退役士兵“村（社区）干部培养选聘千人计划”，优选近700人补充到基层干部队伍。在全省率先推行市管干部主体责任履责记实手册制度。在全省设区市中率先成立监察委员会，组织市县联动巡察，实现对乡镇巡察全覆盖。制定落实中央八项规定具体实施意见，深入开展“510”警示教育、廉政文化进国民教育、“讲政治、守纪律、树形象”主题公开承诺、“正风肃纪镇村行”专项行动等活动。坚持受贿行贿一起查处，全年立案查处3104件，其中县处级、乡科级干部分别为25件、200件。

第一节　重要会议

一、市委七届三次全会

3月27日，市委七届三次全会在盐城召开。全会由市委常委会主持。全会听取关于盐城市出席中共十九大代表候选人初步人选酝酿推荐情况的报告，表决通过盐城市出席中共十九大代表候选人初步人选推荐名单。

二、市委七届四次全会

7月11日，市委七届四次全会在盐城召开。全会专题研究富民工作，动员全市上下强化富民导向，创新富民举措，打好富民主攻仗，奋力夺取全面建成小康社会决定性胜利。全会由市委常委会主持。市委书记王荣平代表市委常委会就富民工作作专题部署，并就做好各项工作提要求。市委副书记、市长戴源就《盐城市贯彻落实〈省“十三五”时期基层基本公共服务功能配置标准（试行）〉的实施方案》作起草说明。会议指出，要更加突出富民的地位，坚持富民导向不动摇。要不断增进各方面的民生福祉，努力走出一条具有时代特征、回应百姓期盼、富有盐城特色的富民新路，确保实现居民收入水平、公共服务水平“两提升”，创新创业成本、生产生活成本“两降低”，到2019年低收入人口全部脱贫、经济薄弱村全部脱贫目标“两必成”。全会明确提出，聚焦富民要创造更多财富源泉，全力扶持创业就业，提升共建共享水平，确保实现精准脱贫，做强生态支撑。

三、市委七届五次全会

12月28日，市委七届五次全会在盐城召开。全会总结2017年经济社会发展和党的建设工作，研究部署2018年工作。全会由市委常委会主持。市委书记王荣平代表市委常委会讲话。市委副书记、市长戴源就经济工作作具体部署。全会讨论《中共盐城市委常委会2017年度工作情况报告》《中共盐城市委常委会2017年度抓党建工作情况报告》。全会肯定市委常委会的工作，一致认为，市委常委会全力推进"产业强市、生态立市、富民兴市"，大力实施"五个一"战略工程，全市经济社会发展格局取得新突破、发展质效迈上新台阶、动力活力得到新增强、群众福祉获得新改善、管党治党取得新成效，为决胜全面建成小康社会奠定坚实基础。会议指出，2018年工作的总要求是，以供给侧结构性改革为主线，坚决打好防范化解重大风险、精准脱贫、污染防治三大攻坚战，始终坚持"产业强市、生态立市、富民兴市"，推进"五个一"战略工程，切实做好"五篇大文章"，推动质量变革、效率变革、动力变革，统筹推进稳增长、促改革、调结构、惠民生、防风险各项工作。全会强调，要坚持以高质量发展为根本要求，推动经济发展、改革开放、城乡建设、文化建设、生态环境、人民生活"六个高质量"。要以建设现代化经济体系为方向，拓展产业创新空间，集聚高端创新要素，增强创新发展动能，创新现代服务业发展模式，创新产业强市特色路径；以推动城乡融合发展为重点，大力实施富民增收工程，大力实施乡村振兴战略，加快推进中心城市建设，坚决打赢精准脱贫攻坚战，切实保障改善民生，推进文化繁荣发展，强化社会治理创新，探索富民兴市更大空间；以建设美丽盐城为目标，扎实推进"一片林"战略工程，坚决打赢污染防治攻坚战，强化生态文明保护与建设，引领生态立市绿色实践；以改革开放为动力，纵深推进全面深化改革，构建全面开放新格局，加快重大基础设施建设，打造沿海发展战略高地。全会强调，要认真落实新时代党的建设总要求，牢固树立"四个意识"，落实好全面从严治党主体责任。突出"政治建设"抓好学习教育，突出"高素质专业化"选好管好干部队伍，突出"组织力"统筹推进基层党建，突出加强作风建设，突出"全面从严"持续推进反腐倡廉，为新时代各项事业发展提供坚强保障。

四、市委常委会会议

2017年，市委常委会召开会议32次。

1月9日，市委常委会召开第八次会议。会议听取市区内环高架快速路网运行管理情况及三期工程建设方案汇报，研究讨论《盐城市"十三五"农村扶贫开发规划纲要》，听取市关工委关于2016年工作情况和2017年工作打算汇报，研究有关机构编制事项和其他事项。

1月20日，市委常委会召开第九次会议。会议讨论《政府工作报告》《关于盐城市2016年国民经济社会发展计划执行情况和2017年国民经济社会发展计划草案的报告》《关于2017年市财政预算编制情况的汇报》，研究召开市八届人大一次会议、市政协八届一次会议有关事项，研究其他事项。

1月25日，市委常委会召开第十次会议。会议研究讨论《全市"进万企、解难题、促发展"活动实施方案》，听取2016年度目标任务综合考核工作情况、2016年全市企业"争星创优"评定工作情况、2016年产业强市优秀企业排行榜情况、2016年度全市"十佳服务明星"评选情况汇报，研究讨论《全市总结表彰暨机关作风建设大会实施方案》《2017年度各县（市、区）、市级机关部门（单位）目标任务综合考核意见》，研究其他事项。

2月13日，市委常委会召开第十一次会议。会议传达学习省"两会"、全省东西部扶贫协作工作会议精神，研究讨论《关于在全市开展"产业项目推进年"活动的实施意见》，听取关于全省农村工作会议主要精神及盐城市贯彻落实建议的汇报，研究讨论《关于深入推进农业供给侧结构性改革促进农民持续增收的实施意见》，传达省检查考核组《关于对盐城市落实党风廉政建设和意识形态工作责任制情况检查考核的反馈意见》，听取全市2016年度落实党风廉政建设责任制检查考核情况的汇报，研究讨论《中共盐城市委关于贯彻〈中国共产党党组工作条例（试行）〉的实施细则》，研究其他事项。

2月20日，市委常委会召开第十二次会议。会议研究其他事项。

3月17日，市委常委会召开第十三次会议。会议学习全国生态文明建设工作推进会精神，听取沿海百万亩生态防护林建设工程推进情况汇报，听取关于省委党建工作领导小组会议和党建创新项目部署会主要精神及盐城市贯彻落实打算的汇报，听取落实省委书记李强批示精神、提升化工灾害事故防范及处置效能的汇报，听取关于全国、全省统战部部长会议主要精神及盐城市贯彻落实打算的汇报，研究讨论2016年度市直机关工作人员绩效奖励方案，研究其他事项。

3月27日，市委常委会召开第十四次会议。会议分析经济形势，研究部署下一阶段经济工作，传达学习省委常委、纪委书记蒋卓庆在盐城调研和座谈讲话精神，研究讨论《盐城市党员干部容错纠错实施办法（试行）》，听取关于盐城综合客运枢纽设计方案比选和组建市铁路投资建设发展有限公司相关事宜的汇报，研究其他事项。

4月10日，市委常委会召开第十五次会议。会议听取2016年全市脱贫致富工作成效考核情况汇报，研究讨论《关于促进先进制造业加快发展的若干政策意见》，听取关于盐城制造突出贡献奖评选情况汇报，传达学习全省化解过剩产能工作会议主要精神，听取关于江苏发展大会盐城市筹备工作情况的汇报，听取关于全国创建文明城市工作经验交流会主要精神及盐城市贯彻落实打算的汇报，研究其他事项。

4月24日，市委常委会召开第十六次会议。会议研究讨论《关于推进聚力创新的十条政策意见》《关于聚焦富民促进城乡居民增收的十条政策意见》，听取关于贯彻落实全省基础设施建设推进会精神的情况汇报，研究讨论《关于培育创建特色小镇的实施意见》《关于深入推进人民防空改革发展的实施意见》，听取全市禁毒工作情况汇报，听取关于贯彻落实全省对台工作会议精神的情况汇报，传达学习省纪委《关于认真开展违规吃喝问题专项整治“回头看”的通知》精神，研究其他事项。

5月5日，市委常委会召开第十七次会议。会议研究其他事项。

5月11日，市委常委会召开第十八次会议。会议传达学习省苏北发展座谈会精神，听取关于中央和省委推进“两学一做”学习教育常态化制度化工作座谈会主要精神及盐城市贯彻落实建议的汇报，研究讨论《关于加强能源资源开发利用管理的意见》《盐城市全面推行河长制实施方案》，学习省委《关于贯彻〈中国共产党问责条例〉实施办法》，研究其他事项。

5月12日，市委常委会召开第十九次会议。会议研究其他事项。

6月5日，市委常委会召开第二十次会议。会议学习习近平总书记在中央全面深化改革领导小组第三十三次、第三十四次和第三十五次会议上的重要讲话精神，研究全市重大项目和重点工程投资计划补充调整工作，研究有关机构编制事项和其他事项。

6月8日，市委常委会召开第二十一次会议。会议研究讨论“6·23”特大龙卷风冰雹灾害抢险救灾和灾后重建先进集体、先进个人表彰方案。

6月12日，市委常委会召开第二十二次会议。会议研究讨论《关于进一步加强县（市、区）党政正职干部监督的实施办法（试行）》，听取关于推进市级机关中层干部交流工作的情况汇报，研究讨论《盐城市青年干部培养选拔实施办法》《关于健全经济薄弱村党组织书记激励考核机制的建议方案》，听取关于贯彻落实意识形态工作责任制和迎接中共十九大宣传工作有关事项汇报，研究讨论《党委（党组）意识形态工作责任制实施方案》《市委意识形态领域情况分析研判联席会议制度》。

6月23日，市委常委会召开第二十三次会议。会议研究讨论《关于全面落实市纪委向市一级党和国家机关派驻纪检机构的方案》，研究其他事项。

7月3日，市委常委会召开第二十四次会议。会议学习省委十三届二次全会精神，研究盐城市贯彻落实的思路举措，听取市委七届四次全会筹备工作情况汇报，讨论市委全会有关文件，听取关于经济形势的汇报，研究部署下一阶段经济工作。

7月8日，市委常委会召开第二十五次会议。会议研究其他事项。

7月24日，市委常委会召开第二十六次会议。市委书记王荣平主持会议。会议传达学习全省开发区改革创新大会主要精神，听取关于开展社会矛盾和安全隐患大排查大整治行动有关建议的汇报，研究讨论《关于在全市退役士兵中组织开展“村（社区）干部培养选聘千人计划”的实施办法（试行）》，听取关于全省新的社会阶层人士统战工作会议主要精神及盐城市贯彻落实打算的汇报，研究讨论《关于加强和改进新形势下民族宗教工作的实施意见》，研究十三届省委首轮巡视反馈意见整改落实工作，研究其他事项。

7月26日，市委常委会召开第二十七次会议。会议听取各县（市、区）人武部党委第一书记党管武装工作述职，听取盐城军分区国防后备力量建设情况的汇报，观看《行进在强军路上》国防教育图片展，研究讨论进一步加强盐城市党管武装和国防后备力量建设相关工作。

8月2日，市委常委会召开第二十八次会议。会议学习习近平总书记在省部级主要领导干部专题研讨班和庆祝中国人民解放军建军90周年大会上的讲话精神，传达学习全省设区市委组织部部长座谈会精神，研究讨论《关于在深化国有企业改革中坚持党的领导加强党的建设的实施意见》《关于健全人大讨论决定重大事项制度、各级政府重大决策制定前向本级人大报告的实施具体办法》《关于加强党领导立法工作的实施意见》。

8月16日，市委常委会召开第二十九次会议。会议传达学习省领导干部学习会主要精神，审议南海未来城概念规划，听取关于在全市开展严厉打击违法犯罪活动专项斗争工作的汇报，研究讨论《全市严厉打击违法犯罪活动专项斗争方案》，听取关于全省出租房屋安全隐患集中整治动员部署电视电话会议主要精神及盐城市贯彻落实建议的汇报，听取扶贫开发工作情况汇报，研究讨论《关于聚焦富民精准实施脱贫致富奔小康工程的40条意见》，学习新修改的《中国共产党巡视工作条例》，研究其他事项。

8月28日，市委常委会召开第三十次会议。会议听取市区内环高架快速路网三期工程规划设计情况汇报、全市社会矛盾和安全隐患大排查大整治行动开展情况汇报、关于迎接全国文明城市中央测评相关情况汇报。

9月12日，市委常委会召开第三十一次会议。会议研究其他事项。

9月25日，市委常委会召开第三十二次会议。会议听取关于全国社会治安综合治理表彰大会主要精神及贯彻落实建议的汇报、关于全省江淮生态经济区建设现场推进会主要精神及贯彻落实打算的汇报，传达学习全省城市治理与服务工作现场推进会主要精神、省委书记李强在新疆考察讲话主要精神，研究讨论《关于进一步从严落实中央八项规定精神有关纪律的规定》《盐城市人大常委会2017—2021年立法规划》，研究其他事项。

10月11日，市委常委会召开第三十三次会议。会议听取盐城市新水源地及跨区域引水工程建设情况汇报、饮用水源地重点环境问题整改情况汇报、在手重大产业项目跟踪推进情况汇报，研究讨论《中共盐城市委法律顾问工作规则》，研究其他事项。

10月31日，市委常委会召开第三十四次会议。市委书记王荣平主持会议。会议研究部署学习宣传贯彻中共十九大精神有关工作，分析经济形势，研究部署下一阶段经济工作，听取关于盐城市自然保护区重点环境问题整改情况汇报，听取建湖县、阜宁县关于江淮生态经济区规划编制情况汇报。

11月22日，市委常委会召开第三十五次会议。会议研究召开市八届人大二次会议、市政协八届二次会议有关事项，听取关于盐城市贯彻全国全省城市基层党建工作经验交流座谈会精神的情况汇报，研究全市安全生产工作，听取市供销合作社第四次代表大会筹备工作情况汇报，研究其他事项。

12月1日，市委常委会召开第三十六次会议。会议研究其他事项。

12月11日，市委常委会召开第三十七次会议。会议传达学习习近平总书记关于进一步纠正“四风”、加强作风建设重要指示精神以及《中共江苏省委关于贯彻落实〈中共中央政治局贯彻落实中央八项规定实施细则〉的具体办法》，研究部署盐城市大刀阔斧精简整合会议、从严控制各类检查考核活动的具体措施，传达学习省委书记娄勤俭在苏陕对口扶贫协作工作座谈会上的讲话精神，审议《盐城市深化国家监察体制改革试点工作实施方案》，研究《关于深入推进平安盐城建设的意见》《关于创新网格化社会治理机制的实施意见》《盐城市水利基础设施建设三年行动方案》，听取关于盐城经济技术开发区“三定”涉及相关机构编制事项、盐城经济技术开发区党工委下设党组织设置方案的汇报。

12月18日，市委常委会召开第三十八次会议。会议传达学习习近平总书记关于深化中韩务实合作最新指示精神和《国务院关于同意设立中韩产业园的批复》，研究中韩（盐城）产业园建设有关事项，研究讨论市委七届五次全会报告和政府工作报告，听取关于全市2018年经济社会发展主要指标体系及预期目标、“两重一实”项目编排情况的汇报，研究其他事项。

12月22日，市委常委会召开第三十九次会议。会议听取市委七届五次全会筹备工作情况汇报，讨论市委七届五次全会、市“两会”相关文件，研究讨论《关于2017年预算执行情况和2018年预算草案的报告》，听取2018年市财政预算编制情况汇报，研究《中共盐城市委进一步贯彻落实中央八项规定的实施意见》，听取全市南北镇村对口挂钩帮扶方案汇报，研究其他事项。

第二节　重要活动

盐城“6·23”特大龙卷风冰雹灾害抢险救灾和灾后重建工作总结表彰大会　6月23日，市委、市政府举行盐城“6·23”特大龙卷风冰雹灾害抢险救灾和灾后重建工作总结表彰大会。市委书记、市人大常委会主任王荣平出席并讲话。市委副书记、市长戴源主持会议，市政协主席李驰等出席，市委副书记戴元湖宣读表彰决定。市四套班子领导，市法院院长、市检察院检察长，市各有关方面负责人，各县（市、区）、盐城经济技术开发区、城南新区负责人，受灾镇（街道、社区）、村居负责人，受表彰的先进集体和先进个人代表，受灾企业和受灾群众代表，参与抗灾救灾部队官兵和志愿者代表等参加。会议全面总结抢险救灾和灾后重建工作，表彰做出突出贡献的先进集体、先进个人。会前，王荣平等市领导参观纪念盐城市抗击“6·23”特大龙卷风冰雹灾害一周年纪实摄影展。

第三节　重大决策

一、推进中韩（盐城）产业园建设

2015年6月1日，中韩自贸协定正式签署明确盐城为中韩产业园地方合作城市。盐城市委、市政府立即成立中韩（盐城）产业园建设领导小组，加快推动中韩（产业园）建设。2017年，市委、市政府按照国务院要求，充分发挥中韩（盐城）产业园对韩合作综合优势，打造中韩地方经济合作和高端产业合作的新高地；积极落实中韩自贸协定有关规定，加快复制推广上海等自贸试验区改革试点经验，把中韩（盐城）产业园建设成为深化供给侧 结构性改革、加快建设创新型国家、推动形成全面开放新格局的示范区，中韩对接发展战略、共建“一带一路”、深化贸易和投资合作的先行区。12月11日，国务院发文批准同意在江苏省盐城市设立中韩（盐城）产业园，标志着中韩（盐城）产业园正式上升为国家层面合作园区。至年底，全市累计设立韩资企业541个，总投资61.47亿美元，协议注册韩资24.48亿美元，实际使用韩资12.43亿美元。

6月23日，盐城“6·23”特大龙卷风冰雹灾害抢险救灾和灾后重建工作总结表彰大会举行。　王亚洲/摄

二、"五篇大文章"战略格局

12月28日，市委七届五次全会召开。全会提出，在继续深入推进"五个一"战略工程的基础上，精心做好"五篇大文章"，加快把"强富美高"蓝图变为盐城美好现实。做好"大交通"文章，以迎接高铁时代为突破口，推进大路网、大港口、大水运、大物流建设；做好"大生态"文章，大规模开展国土绿化行动，建设绿色长城，构筑生态屏障，申报世界自然遗产，建立生态特区，真正让绿水青山成为金山银山；做好"大海洋"文章，加快江苏滨海新区建设，把海洋资源转化为蓝色增长极；做好"大上海"文章，依托"飞地"和上海科创中心，集聚高端创新资源，加快建设北上海临港生态智造城；做好"大开放"文章，发挥3个国家一类开放口岸优势，合作共建中韩（盐城）产业园，推动淮河生态经济带上升为国家战略，建成海上丝绸之路重要节点城市，推进探索性发展、创新性发展、引领性发展。

（周　峰）

第四节　组织建设

2017年，全市组织系统扎实开展各项工作。市委常委专门制定工作清单，广泛征求意见建议，民主生活会质量较高；专题部署全市各级党组织民主生活会、组织生活会和民主评议党员工作，组织生活严肃认真开展。谋划常态措施，制定《关于推进"两学一做"学习教育常态化制度化的实施意见》和2017年工作计划安排，编印《党旗下的脊梁》《党旗在抗灾一线飘扬》等辅导教材，新建盐城抗击"6·23"特大龙卷风纪念馆等"两学一做"教育基地，1160多批次近10万名党员干部现场接受教育。全面开展党员"六大实践活动"。其中，在村（社区）党员中开展"带头创业、带民致富、带领发展"活动；在国有企业和"两新"组织党员中开展"创红旗班组、创工人先锋，争当岗位能手、争当发展标兵"；在窗口单位和服务行业党员中开展服务态度、服务质量、服务效能"三提升"活动；在机关事业单位党员中开展"走进农村、走进社区、走进企业，服务基层、服务群众、服务发展"活动；在学校教师党员中开展"教学业绩好、师风师德好，让学生满意、家长满意、社会满意"活动；在全体党员中开展"领导干部立家规、共产党员正家风"活动。

一、基层组织建设

党建制度改革　年内，市委组织部根据省委2017年全面深化改革工作要点和盐城市深化党的建设制度改革实施方案，结合盐城工作实际，细化全市深化党的建设制度改革工作要点，排定党的组织制度、干部人事制度、基层组织建设制度、人才发展体制机制4个方面23条具体任务，经市委全面深化改革领导小组第十一次会议审议通过后，纳入市委全面深化改革领导小组2017年工作要点。至年底全市深化党建制度改革工作全部达到时序进度要求，实施的市级机关中层干部轮岗交流、加强和改进优秀年轻干部培养选拔工作、健全村党组织书记激励考核机制、退役士兵村（社区）干部培养选聘"千人计划"等改革举措成效显著，得到省委组织部肯定。在全市目标任务综合考核中，市委组织部连续第二年被表彰为深化改革先进集体。

市政府组成部门换届　年内，市委组织部规范组织实施市政府组成部门换届工作，综合考虑干部的知识结构、任职经历和能力水平等因素，突出专业化要求，选优配强政府部门正职，并提请市委常委会研究通过，市人大常委会依法对新一届政府组成部门正职任命。

高校换届　年内，市委组织部组织实施盐城技师学院换届工作，统筹考虑推荐得票情况、个人专长、班子结构以及干部交流等因素，将政治素质好、工作实绩突出、公认度较高的5人，作为换届拟提拔或新进班子建议人选，经报省委组织部同意后，提请市委常委会进行研究。加强对盐城工学院、盐城技师学院换届党代会筹备工作业务指导，强化换届政策和纪律宣传，营造有利于换届工作开展的良好环境，完成两校换届任务。

换届风气监督　年内，市委组织部在市人大、政府、政协换届期间，印发"九严禁"（严禁拉帮结派，严禁拉票贿选，严禁买官卖官，严禁跑官要官，严禁造假骗官，严禁说情打招呼，严禁违规用人，严禁跑风漏气，严禁干扰换届）宣传卡片2000多张，签订严肃换届纪律承诺书1600多份，组织所有相关人员集中观看警示教育片。通过公众号、电子显示屏等媒介强化正面宣传，严肃会风会纪。建立换届风气监督例会制度，对换届风气情况定期进行研判分析，做好风险排查，关注舆情动态。制定《关于对违反换届纪律问题进行快查快办的方案》，通过电视、党建网站等媒体公布"12380"举报电话，全天候受理违反换届纪律问题的举报，以"零容忍""零懈怠"确保"零差错"。

农村支部"富民七法"　年内，市委组织部围绕实施乡村振兴战略，深化"创业型"党组织建设成果，全面推广农村支部"富民七法"，即通过打造"双强"村干"引领富民"、培植党员大户"示范富民"、创新组织设置"推动富民"、壮大集体经济"增值富民"、发展特色产业"挖潜富民"、兴办文化项目"带动富民"、优化创业服务"助力富民"7项措施，在党员大户培植、集体经济壮大、特色产业发展等方面探索创新实践，把支部建在产业链上、把实用人才集聚在创业点上、把组织活力激发在促发展上，以组织优势推动农村发展，以党建引领聚焦富民合力。省委办公厅《快报》、省委组织部《江苏组工信息》分别作专题报道推介。

党建扶贫"七个一"工作法　年内，市委组织部按照精准扶贫精准脱贫要求，推行党建扶贫"七个一"工作法，突出经济薄弱和软弱涣散"双弱"村，严格落实党建扶贫主体责任，建立责任清单、问题清单、整改清单，把党建扶贫工作各项任务层层分解、责任到人。"七个一"工作法通过配强一支"扶贫工作队"、选派一支"第一书记"骨干力量、育强一批经济薄弱村书记、推进一项行动计划、开展一项观摩竞赛活动、实施一项党员干部"牵手致富"工程、完善一套党建扶贫保障机制7项举措，鼓励和支持党员带头创办领办合作社、致富项目，组织有帮带能力的党员与重点脱贫对象结成对子，实现脱贫致富、共同发展。《中国组织人事报》《组织人事报》分别报道。

产业集群党建模式 年内，市委组织部全面推广产业集群党建工作模式，探索资源集聚、管理集中、服务集约的"三集路径"。通过产业集群党建模式，采取围绕产业基地建、依靠龙头企业建、挂靠专业市场建、依托合作组织建等方法，新组建中国软基材料产业等5个集群党委，至年底，建立石油装备、风电等特色产业集群党委32个，覆盖1300多家企业，推动集群内企业党组织组织共建、资源共享、党员共管、活动共办、事务共商。在集群党组织内探索推行微型化组织设置、积分制考核管理、分类型岗位创评的"微积分"园区党建模式，实现党的组织在片区企业全覆盖、党的工作在企业常态化。

商务楼宇党建"六同步"工作法 年内，市委组织部探索实践楼宇党建"六同步"模式，将党建工作与招商引资同步进行、党员活动与员工活动同步开展、党建服务与政务服务同步推进、组织管理与企业效益同步提升、专项经费与企业支持同步落实、党建品牌与企业文化同步塑造。坚持网格化、信息化、品牌化、常态化"四化联动"，在大市区14栋商务楼宇中建立楼宇党组织75个，发挥党建工作在楼宇经济中的政治引领和服务推动作用。相关做法被《新华日报》宣传推介，并在全省城市党建工作经验交流座谈会上交流。

二、干部队伍建设

市级机关中层干部轮岗交流 年内，市委组织部按照人岗相适、职岗相应、能岗相配的原则，启动市级机关中层干部轮岗交流工作。推行制度性交流，对任现职时间较长的中层干部，分类施策，逐一列出交流清单，明确"在同一岗位10年以上必须交流、8年以上原则上交流、5年以上有计划交流"等6类9种情形，形成常态化制度化工作安排，破解一些机关中层干部"一岗定终身、一职干到底"的现象。实施培养型交流，结合实施青年干部"789"计划，对27名工作经历相对单一、需要多岗位培养锻炼的85后优秀年轻干部，安排到关键岗位或急难险重岗位，通过多个岗位适应、多项工作磨练，将部门的"业务骨干"培养成全市干部队伍的"后备资源"。探索任期制交流，对长期在执纪执法、财务审计、项目审批、资金管理、工程建设、干部人事、物资采购等热点岗位和关键性业务岗位任职的中层干部，推行职务任期制度，每个任期5年，任职期满应当予以交流，防范权力失控、纪律失范等问题。注重人文交流，通盘考虑中层干部的专业知识、理论素养、气质风格等不同特点，尊重中层干部个人意愿，科学交流、合理安排，实现人岗相适、人尽其才。组织开展岗前培训、结对帮带等，帮助新交流的干部尽快进入工作角色，实行跟踪培养、动态管理。全年全市市级机关58个部门单位239名干部交流到新岗位任职，交流数占市级机关中层干部数25.6%。

乡镇党政正职队伍建设 年内，市委组织部组织开展换届后县乡领导班子运行情况、乡镇党政正职专题分析等调研活动，进行全面分析研判，明确优化方向。严格执行乡镇党政正职任期制，任职不满3年的一般不予调整。开设乡镇党政正职专题培训班2期，培训67人次，建立积分考核制度。撰写的《盐城市乡镇党政正职队伍建设专题分析报告》被中央组织部办公厅、国家公务员局综合司评为"2017年党内统计、干部（公务员）统计选题分析报告二等奖"，被省委组织部、省人社厅、省公务员局评为"2017年党内统计、干部（公务员）统计专题分析报告一等奖"。加强乡镇党政正职队伍建设有关经验做法，被省委组织部内刊《江苏组工信息》刊载转发。

青年干部培养选拔 年内，市委组织部做好建库储备，专项推荐优秀青年干部，分层分级建立"80"后、"90"后优秀后备干部库。注重建章立制，制定青年干部培养选拔实施意见和统筹选配、专项预审等文件。强化培养提升，从全市各条线优选49名青年干部到浙江大学开展集中性培训，抽调73名优秀青年干部到巡察巡视、"263"专项治理等工作岗位开展实践锻炼。加大使用力度，市县联动统筹选配一批35岁左右县处级领导干部、30岁左右科级中层干部和乡科级领导干部。省委办公厅《快报》专题宣传有关做法。

干部教育培训 年内，市委组织部运用盐城独特的红色资源优势，发挥新四军干部学院、新四军纪念馆和各类红色文化遗址作用，弘扬铁军精神，开展党性锻炼。推进市县联动，打造现场教学实境课堂，推进党性教育示范点建设，确定阜宁停翅港新四军军部旧址、盐阜区抗日阵亡将士纪念塔、中共华中工委纪念馆等6处红色文化遗址作为首批盐城市党性教育现场教学示范点。组织开展中共十九大精神集中轮训，分3个批次，对全市市管干部和乡镇（街道）党政正职，开展为期五天的集中轮训，12月25—29日，举办第一期集中轮训班，共417名学员参加培训。分类举办党校主体班12期，培训学员449名。强化专题培训，举办各类专题培训班122期，培训各级干部1.7万名。

村党组织书记激励考核机制 年内，市委组织部制定《关于健全村党组织书记激励考核机制的实施办法》，建立自然稳定增长机制，提高基层干部报酬待遇，2017年村书记人均工资5万元；有效拓宽发展空间，对实绩显著、符合条件的村书记，按照有关规定，通过选拔、选举、定向考录等方式，进入乡镇领导班子、公务员队伍或事业单位。同时，坚持厚爱与严管相济、激励与约束并举、动力与压力同在，激发村书记干事创业的热情。

退役士兵村（社区）干部培养选聘千人计划 年内，市委组织部部署实施退役士兵"村（社区）干部培养选聘千人计划"，制定《关于在全市退役士兵中组织开展"村（社区）干部培养选聘千人计划"的实施办法（试行）》，明确退役士兵村（社区）干部的选聘原则、选聘范围、选聘岗位、基本条件、程序步骤、待遇保障和管理考核等。市县镇三级联动，以乡镇（街道）为单位，按属地开展培养选聘，计划用1年左右时间，实现千名退役士兵村（社区）干部培养选聘目标。完成首批退役士兵村（社区）干部选聘工作，选聘退役士兵村（社区）干部675人，为首批选聘计划的135%。

远程教育"五个全覆盖"工程 年内，市委组织部推进党建新媒体运用，实现党员干部日常学用全覆盖；推进站点网络速率提升建设，实现远教站点光纤全覆盖；推进站点拓展延伸，实现窗口机关、重点学校、规模以上"两新"组织的远教站点全覆盖；推进网络党支部建设，实现全市各级基层党组织流动党员教育管理全覆盖；推进站点视频巡视系统建设，实现全市远教站点实时在线督查全覆盖。深化教学资源"精品化"工程，配合"两学一做"学习教育，制作解读党章党规系列动漫课件《党章知识选粹》7集；制作解读《中国共产党廉洁自律准则》动漫系列片。2部动漫系列片被中央组织部在全国推广发行。

党员干部日常监督管理 年内，市委组织部坚持抓早抓小、防微杜渐，在日常的考察考核、信访举报查核、"一报告两评议"、民主生活会等工作中，有针对性地了解党员干部的政治思想、履行职责、工作作风等方面情况，凡发现领导班子和领导干部苗头性、倾向性问题，及时进行提醒函询诫勉。完善"提出、实施、记录、反馈、归档"等工作流程，规范化实施提醒函询诫勉。年内，全市各级组织人事部门开展提醒194人次、函询30人次、诫勉57人次。

三、组工宣传

2017年，全市组织系统在省级以上重点党报党刊发表宣传稿件46篇，在人民网、新浪网等国内主流网站刊发稿件400多篇。年初，上报亮点特色工作，多项工作内容被中央组织部采用。"6·23"风灾一周年前夕，在《中国组织人事报》视觉新闻版整版推介盐城市各级党组织和广大党员干部在灾后重建中发挥"两个作用"、践行"两学一做"的生动实践。做好"砥砺奋进的江苏"大型主题图片展党建篇有关图片、视频、实物等资料的征集工作。牵头做好第七届沿海发展人才峰会宣传组工作，在运用传统媒体开展宣传的同时，策划制作微视频，通过客户端、公众号、移动电视和移动显示屏等立体化推介，人才峰会成果展示手机点击量17.3万次。中共十九大召开后，策划制作《基层党组织书记学习十九大报告、学以致用促工作》微视频，宣传盐城基层党组织和党员干部学习中共十九大精神情况，点击量16万次。配合全市党建扶贫工作现场推进会召开，制作专题页面，通过客户端、公众号第一时间向外推送。邀请新华社、《组织人事报》《新华日报》《中国人才》《党的生活》等媒体记者采访报道退役士兵村（社区）干部培养选聘千人计划等重点工作，撰写《吹响支部集结号》《助力重点工程加速跑》《筑梦路上党旗红》等稿件并在相关媒体发表。

四、组工调研

2017年，市委组织部推进组工调研工作，采取市县联动方式，结合"大走访大落实""大学习大调研大落实"、基层党组织统一活动日督查，深入开展调查研究，先后形成建立容错纠错机制、推进干部能上能下、推动干部担当作为、提高干部考察材料撰写质量、加强组织工作法规制度建设等研究成果。其中，获全省"深入学习党中央治国理政新理念新思想新战略"专题读书调研成果一等奖1篇，全省优秀党建调研成果一等奖、三等奖各1篇，中央组织部2017年党内统计、干部（公务员）统计专题分析报告二等奖1篇，省2017年党内统计、干部（公务员）统计专题分析报告一、二、三等奖各1篇，并在《中国组织人事报》《组织人事报》《新华日报》等省级以上重点党报党刊发表。参加第四届全国基层党建创新案例征集活动，申报的5个案例通过初评在《中国共产党新闻网》公开展示，3个案例进入200个候选案例在人民网公示，"党员'助力微梦'""统一活动日制度"2个案例入选100个优秀案例。深入走访园区企业，案例"构建更加科学的引才聚才机制"获评2017年全国人才工作创新案例。搜集"基层党支部优秀案例"，提炼推送的5个案例获评全省"基层党支部优秀案例"，其中1个案例作为范本在面上推介。做好党建引领富民增收典型案例征集工作，3个案例入选《全市富民增收100项典型案例》汇编，在市委七届四次全会印发推广。

（王　卿）

第五节　宣传工作

2017年，全市宣传思想文化系统强化理论学习研究，加大新闻宣传力度，深化媒体融合发展，有效引导网络舆情。坚持"报""台""网""端"联动，开展学习宣传贯彻中共十九大精神、"砥砺奋进的五年""五个一"战略工程、"纪念建军90周年""新四军成立80年"等主题宣传活动。组织全国、省、市"两会"和省、市委全会宣传报道。先后组织新水源地、生态林、高铁、高架等重要工程以及"6·23"风灾灾后重建一周年等重点事项集中宣传活动。在全国地市级城市中率先邀请河北塞罕坝机械林场到盐城作先进事迹报告，宣传绿色发展理念，推介"一片林"工程建设。对外文化交流宣传，承办"洋眼看江苏——走进美丽东台"活动，让外国友人近距离感受盐城魅力，20家中央、省级和港澳驻苏媒体进行报道。组织承办"同乐江苏——2017国际爵士音乐节""世界外交官一带一路中国行"等主题活动，荷兰花海被授予"'一带一路'公共外交基地"称号。"加强对韩传播能力建设"经验做法,被国务院新闻办《对外宣传通讯》采用推广。推动民间交流,策划举办"丹青会友、翰墨传情——2017中韩(盐城)书画交流展"活动,展出中韩书画艺术家作品100余幅。盐城艺术团携带杂技、民乐、魔术节目亮相苏丹、中国香港等国家和地区;杂技音舞诗《千里共婵娟》在美国印第安纳州、芝加哥等地演出20余场。策划举办2017首届中国盐城沿海湿地国际摄影展、全国十大摄影名家盐城采风行、盐城旅游摄影大赛,收集近千幅反映盐城风貌的摄影作品。《农民画让世界感知中国——射阳县打造农民画外宣传名片》获2017年度省外宣工作创新奖。

一、思想理论建设

2017年,全市思想文化系统制定《盐城市党委(党组)理论学习中心组学习实施细则》,持续推进各级党委(党组)中心组学习"巡听、巡讲、巡查、巡考"工作,中心组学习制度化、规范化,"'四巡'制度助推党委(党组)中心组学习"获2017年度全省宣传思想文化工作创新奖。市委中心组率先垂范,先后开展集中学习23次,引领推动全市2.6万名党组织书记上讲台讲党课。强化学习调研成果运用,7篇文章被评为省优秀调研成果。组织举办市县镇村领导干部集中学习中共十九大精神轮训班,全市在职县处级干部和镇(街道)党政正职干部1200多人参加培训。40多万名基层党员参加冬训冬学,冬训工作连续四年获省组织奖,"盐城打好冬训'1+5'组合拳提升工作实效"获评全省冬训工作创新项目。依托全国首家新四军干部学院,开展"沿着新四军足迹,弘扬铁军精神"党性主题教育。依托新四军纪念馆,市委常委会带头,引导基层党组织开展重温入党誓词等专题党日活动,160万人次受到教育。依托盐城抗击"6·23"特大龙卷风纪念馆,弘扬抗灾救灾精神,20多万人次受到教育。举办盐城市"百姓名嘴"冬训宣讲现场推进会,成立全市冬训宣讲团,发挥百姓名嘴、乡村秀才、企事业单位政工人员、大学生志愿者、大学生村官等群体的宣讲优势,深入田间地头、百姓中间开展理论宣讲,打通党的理论创新成果在基层传播的"最后一百米"。

二、意识形态管理

2017年,盐城全面落实党委(党组)意识形态工作责任制,市委常委会2次专题研究意识形态工作,制定《党委(党组)意识形态工作责任制实施方案》《意识形态领域情况分析研判联席会议制度》等文件。市委宣传部制定《意识形态工作责任清单》,建立健全意识形态领域分析研判、预警监测等机制。加强各类阵地管理,按照"谁主管、谁主办、谁负责"的原则,加大网上论坛、博客播客、即时通信工具、社交网站、微信公众号等阵地管理力度。推行村级专职宣传文化管理员制度,相关做法被中央宣传部《每日要情》采用推广。加强全市范围内研究机构、高校课堂、报告会、研讨会、讲座、论坛的管理,全面推行备案制度。推动党委(党组)书记履行"第一责任人"责任,在全省率先将落实意识形态工作责任制情况纳入属地和重点单位主要负责人述职的基本内容。各地宣传思想文化部门、群团部门以及社会管理各职能部门,按照意识形态责任制分工要求,各司其职,每日上报信息动态,每月通报重点动态。市委宣传部先后3次召开联席会议,研判风险隐患,部署落实工作,保证全市意识形态整体向上向好的工作态势,市委宣传部制定《盐城市意识形态工作责任制落实情况考核评价指标》,将意识形态责任制工作纳入年终绩效考核、全市党建工作责任制考评和宣传思想文化工作考核,纳入领导班子目标任务管理、年终述职、民主生活会、干部教育培训和评价选拔任用等环节,建立意识形态工作党政线、部门线"双线考核"制度;市委将意识形态工作纳入市委巡察内容,开展意识形态专项督查。

三、媒体报道

2017年,盐城市在省级以上主流媒体推出专稿1100余篇(条),其中《人民日报》单发稿件25篇,央视《新闻联播》用稿39条,《新华日报》头版用稿56篇,江苏卫视《江苏新时空》用稿319条。《盐城抗击"6·23"特大龙卷风纪实》专题片全网综合点击量超1800万次。市委宣传部被省委、省政府授予"6·23"特大龙卷风冰雹灾害抢险救灾集体一等功。推进新闻传播创新,深化媒体融合发展,加快建设融媒体平台,优化生产流程。盐阜大众报报业集团打造融媒体"4+1"平台,"报""网""微""端"用户总数突破150万人,《盐阜大众报》获评省"十强报纸",盐阜大众报业集团被中国报业协会授牌"中国报业融媒研究中心";盐城广播电视总台打造采编播融合联动平台,"智慧盐城"客户端下载量达170万人次,列2017年度中国最强地市级广电APP排行榜第三位;政务平台"盐城发布"改版提升,获2017江苏党政新闻新媒体权威发布奖。加强融媒体产品创作生产,《盐城市委全会开到"田间地头"》在新华社客户端首屏推荐,阅读量超50万人次。《阔步新征程》《富民路上》等专题片在市委全会、市"两会"上播出。加强网络舆情监管,市委宣传部制定《关于进一步规范舆情引导处置的实施意见》等文件,制定《全市网信系统纪律和作风专项整顿工作方案》;探索形成网上舆情引导"12345"工作法,突出发挥平台作用,涉盐舆情实现监测前置化、决策快捷化、应对专业化、考核常态化。盐城被推选为全省互联网舆情工作培植推广示范点。全年市委宣传部约谈属地互联网企业负责人8次,依法关闭违法违规网站7个,处理违规发布时政信息的微信公众号4个。开展网络文化内容建设工程,市委宣传部在新华网、凤凰网等重点新闻网站和商业网站首页及客户端推送盐城正能量信息356篇,结合江苏发展大会等宣传主题报送稿件497篇,《盐碱地上"山楂树之恋"》等9篇稿件被中央网信办选为重点稿件全网推送。

四、对外宣传

2017年,市委宣传部加强对外宣传工作。开展媒体合作,与上海主流媒体开展战略合作,组织探访"飞地经济"沪苏联动发展——上海媒体盐城(大丰)行采访采风活动,《解放日报》《文汇报》、上海电视台、澎湃新闻等20多家主流媒体齐聚大丰，多角度、多方位展示盐城。举办中国报业十九大融合传播峰会暨百名社长总编沿海湿地（盐城）采风活动，130多家新闻单位参与，30多家省内外党报整版报道魅力盐城，活动新闻在新华社客户端当天点击量达48万人次。举办中国全媒体新生态高端论坛，策划“百家网媒总编辑盐城行”活动，120家权威网媒汇聚盐城，集中宣传“五个一”战略工程建设亮点。举办“两岸及香港媒体盐阜行”联合采访活动，中央电视台、中新社、《经济日报》，香港凤凰卫视、香港《大公报》等多家媒体聚焦盐城，多角度报道盐城20多篇（次）。聚焦央视平台，《大美湿地　水韵盐城》城市形象宣传片、淮剧《小镇》等登陆央视。盐城群文节目首次以专场演出形式亮相央视综艺频道《群英汇》舞台。举办融媒体现场直播活动，通过航拍镜头向全球直播点的观众展示盐城盛景。

11月23日，中国报业十九大融合传播峰会暨百名社长总编沿海湿地（盐城）采风活动举行。 李泽勤/摄

中国报业十九大融合传播峰会暨百名社长总编沿海湿地（盐城）采风活动　11月23日上午，中国报业十九大融合传播峰会暨百名社长总编沿海湿地采风活动在盐城开幕。中国报业协会、人民日报社、中国新闻社、中国报业杂志社、中华儿女报刊社、求是网、新华日报报业集团、浙江日报报业集团、广州日报报业集团、重庆日报报业集团、宁夏日报报业集团、澎湃新闻、韩国蔚山广域每日报社、欧洲时报，以及复旦大学、南京大学媒介管理研究所等130多家单位260多媒体界人士参会。峰会通过新华社现场云、微信新媒云、盐阜大众报新闻客户端等平台同步全球现场直播。峰会期间，“中国报业融媒研究中心”正式在盐阜大众报业集团落地；盐阜大众报报业集团党委书记、社长朱志介绍了盐阜大众报“4+1”融媒体平台的设计理念和思路。下午，峰会安排主题为“十九大融合传播优秀作品研讨交流会”“报业转型锵锵四人行”和“新时代媒体融合论坛”3场分会。与会媒体报道峰会实况，并对盐城经济社会发展进行采访采风，宣传报道盐城实施“产业强市、生态立市、富民兴市”战略进程。

五、文化建设

2017年，盐城《小镇》《打开天窗说亮话》《烽烟桃花飞》《新四军1941》4部剧作获江苏省第十届精神文明建设“五个一工程”奖，电影和舞剧实现历史性突破；《菜籽花开》《小桥·流水·人家》等8部剧作在第三届省文华奖评选中获奖，其中《菜籽花开》获省“文华大奖”；淮剧《小镇》在北京、上海、山东、山西、陕西、宁夏等地展演143场，受众人次20多万。市委宣传部推动文艺创作，组织开展“圆梦高架·幸福盐城”摄影大赛、“喜迎十九大，情系‘五个一’”盐城书法精品展、“五个一”战略工程文艺节目展演等系列文艺创作展示活动。盐都区被授予“中国曲艺之乡”称号；建湖县被授予“中国淮剧之乡”“中国杂技之乡”称号。深化文化体制机制改革，激发创造活力，盐城当选“省文化改革发展速度先进地区”。实施“文化+”、“互联网+”战略，促进文化与科技、文化与创新创业融合发展，强力推进全市文化产业提质增效。市委宣传部修订完善《盐城市市级文化产业发展专项资金管理办法》，确定盐阜大众报报业集团“全媒体指挥调度中心”、盐城广电总台“融媒体生产平台”等28个扶持项目；推动产业载体平台建设，东台西溪文化产业园获批省重点文化产业园区，江苏东方创意文化产业有限公司、江苏盐商盐雕艺术有限公司获批省重点文化科技企业；持续做好文化产业统计监测工作，新申报“三上”（规模以上文化制造企业、限额以上文化批零贸易业企业、规模以上文化服务业企业）文化企业40家，全市入库文化单位数量超7500家；组织开展市第二届文化创意设计大赛，筛选优秀作品参加省第四届“紫金奖”文化创意设计大赛，11部作品获奖，参赛作品及获奖数量均列苏北第一位，盐城获得大赛组织促进奖。做好文化惠民工程。市委宣传部制定《关于推进现代公共文化服务体系建设的实施意见》《关于推进基层综合性文化中心建设的实施意见》，新建村（社区）综合文化中心567个；组织开展文化、科技、卫生“三下乡”集中服务活动，推行文化预约服务，全年送戏2128场，送电影2.2万场，送书15万册，受益群众超过百万人次。开展“书香盐城”建设，盐城获首批“江苏省书香城市先进市”称号。举办“盐渎风”盐城市第五届读书节，曹文轩等5位地方知名人士担任“书香盐城”形象大使，组织开展近千场阅读活动，沿海城市全民阅读联盟在盐城成立，上海崇明、青岛、南通、连云港等地参加。“‘天天悦读1+X’全民阅读服务模式”获得国家公共文化服务体系示范项目创建资格。（陈　伟）

第六节　精神文明

2017年，盐城市文明办按照《盐城市建设道德风尚高地行动方案（2016—2020年）》部署要求，坚持以培育和践行社会主义核心价值观为根本，加强思想道德建设，深化群众性精神文明创建，道德风尚高地建设取得进展，公民素质和社会文明程度显著提升。全市新获评全国文明单位6个，全国文明村镇5个，省级最美乡村2个；全市“志愿江苏”平台注册志愿者数153万人，注册志愿服务组织数超过5000个，均位居全省前列。盐城市第一小学被评为首届全国文明校园，毓龙路实验学校被评为第四届全国未成年人思想道德建设工作先进单位。

一、核心价值观宣传教育

2017年，市文明办建立公益广告、视频常态化传播机制，制作一批雕塑小品，让核心价值观家喻户晓。进一步完善市县镇村四级推荐评选机制，建立全市各类道德典型信息库，全年有6人（组）当选“中国好人”，4人当选省道德模范，18人（组）当选“江苏好人”；5人被表彰为省“最美人物”，入选数居全省第一位；盐城中学凌当誉等4名学生当选全国“最美中学生”，获奖数列全省第一位。在全国“我推荐我评议身边好人”活动座谈会上，盐城作为全国地市级唯一代表作题为《培育“文明沃土”共建“道德森林”》的经验介绍。开展时代先锋、盐城好人、见义勇为先进人物等宣传活动，命名表彰并宣传市“时代先锋”1名，评选王浩春等“盐城好人”61名，宣传最美巾帼人物、诚信人物等先进典型16名。成功举办第五届盐城市道德模范暨精神文明建设十佳新事、文明创建先进集体评选表彰活动，周仁甫、李余礼等20人当选市道德模范，郭列平、赵锋等10人获市道德模范提名奖，超百万人次收看活动视频，江苏文明网主页推送。实施《盐城市关爱道德典型实施办法》，在全社会造浓崇德向善社会氛围。坚持主题性、群众性、文艺性、体育性相统一，组织开展“喜迎十九大　幸福舞起来”和“邮”缘在一起·文明在社区——“江苏邮政杯”广场舞大赛，全市3万余人参加活动，在全省“邮政杯”广场舞大赛总决赛中，亭湖区朝阳社区艺术团获一等奖。

12月15日，第五届道德模范暨精神文明建设十佳新事、文明创建先进集体颁奖仪式举行。　王亚洲/摄

二、文明城市创建

2017年，盐城组织开展第五届全国文明城市创建，提升民风政风，提升社会文明程度和市民素质，倒逼城市建设和管理水平的提高。实施网格创建，将建成区划分为917个创建网格，每个网格明确一名网格长，配备交警、城管、街道、环卫等具体创建责任人，建立文明劝导员队伍，强化横向到边、纵向到底的创建工作格局。坚持问题导向，对照创建全国文明城市测评体系和中央、省测评反馈问题，明确9个部门牵头，实施12项专项整治行动，解决一大批群众反映强烈的问题。在全市各级各类媒体平台上设立“创建红黑榜”，每日发榜，曝光不文明行为现象。按照文明创建“家喻户晓，人人皆知，消灭死角，不留空白”的要求，开展新闻宣传和社会宣传，发放《市民认知卡》30多万份。加强督查问责，下发整改通知单700多份，通报督查问题3500多条。邀请第三方开展三次模拟测评，对建成区各街道、镇以及市各创建职能部门分别进行排序，测评成绩在市级主要媒体上公示，对排名靠后的地区、部门主要负责人实行约谈、问责。各县（市、区）组织开展文明创建活动，巩固和扩大省级文明城市创建成果，东台市、阜宁县被省文明办推荐为全国文明城市提名城市。

三、德育平台建设

2017年，盐城加强德育平台建设。完成好人馆扩容提升工程，丰富好人馆内容展示和表现形式，提升“好人馆”的教育功效，获评省级党员教育实境课堂。邀请全国知名中青年雕塑家，为盐城的“中国好人”量身创作12组雕塑作品，放大“好人馆”的带动效应。至2017年底，好人馆先后接待省内外参观者超32万人次。网络文明传播阵地不断加强，打造“互联网+”好人平台，通过盐城文明网、盐城文明网微博、文明盐城微信等新媒体平台在网上宣传展示盐城市道德典型先进事迹，线上线下联动彰显道德力量；开展“我推荐、我评议身边好人”活动，3人入选中国文明网“好人365”封面人物。

四、群众性精神文明创建

2017年盐城深化群众性文明创建活动，培树社会文明新风。至2017年年底，全市有国家级文明创建先进集体31个，省级文明创建先进集体389个，市级文明创建先进集体621个。年内，新四军纪念馆等6家单位获“第五届全国文明单位”称号。市第一小学获“首届全国文明校园”称号，市毓龙路实验学校获评第四届全国未成年人思想道德建设工作先进单位。市文明办调研总结滨海县、盐都区、射阳县农村移风易俗工作经验，在全市面上开展“推动移风易俗、树立文明乡风”主题活动，加强家风民风乡风建设。年内，东台市安丰镇、盐都区秦南镇泾口村、滨海县东坎街道新安村、亭湖区五星街道五星村、大丰区新丰镇全心村获“第五届全国文明村镇”称号，9个村镇获“全国文明村镇”称号；滨海县东坎街道新安村、阜宁县金沙湖开发管委会喻口村获评第四届江苏最美乡村。深化家庭文明建设，持续开展“传家训、立家规、扬家风”和“寻找最美家庭”活动，东台市梁垛镇崔卫香家庭获评首届全国文明家庭。

五、未成年人思想道德建设

2017年，市文明办深化“我的中国梦”主题教育实践活动，开展网上祭英烈、“红领巾相约中国梦”“红领巾寻访新四军老战士”等主题活动，全市未成年人参与活动率98%以上。开展“童声里的中国”“童心里的诗篇”“童真里的色彩”等“童”字篇主题活动，深入开展“学习雷锋，争做美德少年”活动，用身边的榜样教育青少年。在全市1000多所学校、100多万名师生中开展以“八礼四仪”为主要内容的文明礼仪养成教育。深化“行知互动剧场”品牌效应，展示身边的文明礼仪典型；放大“童心童行”道德银行效应，评选表彰“文明礼仪之星”；开展“小手牵大手”活动，使文明礼仪渗透到每一个家庭。加强青少年活动载体建设，建成中央级乡村少年宫29所，争取中央公益彩票资金数位居全省前列，大丰区、射阳县乡村少年宫特色做法得到省文明办推广。净化未成年人成长环境，开展取缔“黑网吧”、规范网吧经营行动，坚决杜绝未成年人进网吧现象。响水县编排的心理剧在第七届省中小学“校园心理剧”优秀剧目征集评选中获特等奖、一等奖。

六、志愿服务

2017年，市文明办建立全市优秀志愿服务组织库和项目库，每月在市主要媒体上公布志愿服务重点项目，市民参与志愿服务的人数增加、水平提升。文明交通志愿活动制度化，300多位志愿者在市区41个交通路口常态开展文明劝导活动。党员志愿服务队伍进社区常态化，开展“情系社区、助力创建”市直专业志愿服务队进社区活动。组织全市27个志愿服务项目参展第二届江苏志愿服务展示交流会，获一金一银两铜奖章和优秀组织奖。组织推选的志愿者徐瑶、志愿服务组织东台市义工联、建湖县“情暖夕阳”志愿服务项目等典型入围2017年全国志愿服务“四个100”（100名最美志愿者、100个最佳志愿服务组织、100个最佳志愿服务项目、100个最美志愿服务社区）评选活动。盐都区福才社区获“全国最美志愿服务社区”称号，志愿者葛敬军当选“中国好人”，响水县成立社会组织孵化园以及全国首家县级美德银行。（陈　伟）

第七节　统战工作

2017年，全市统战系统增进多党合作政治共识，加大党外代表人士队伍建设力度，促进非公经济“两个健康”，维护民族宗教领域和谐稳定，加强自身建设。在省委统战部考核中，盐城市获得全省统战工作实践创新成果奖1项，全省统战理论政策研究创新成果一等奖、三等奖各1项，统战信息工作三等奖，被评为统战宣传工作优秀单位。组织市各党派团体在全市各党派社会服务基地开展“送书画进校园”“送科技进企业”“送戏下乡”等社会服务活动10次，为当地贫困家庭和学生捐助款物共2.8万元，召开各类讲座、座谈会3场，组织戏曲演出1次，惠及群众2800余人。组织市工商联、致公党总支、民盟盐中总支分别与步凤镇相关村、企业、学校开展共建活动。各民主党派在全市各地分别开展“进社区送健康”“送春联进社区”“百姓春晚”“亮康行动”和“环境与健康宣传周”等品牌社会服务活动11次，累计捐助款物20多万元，开展各类咨询服务、法律援助、农技培训、文化下乡等活动给群众带去实惠的同时树立民主党派良好的社会形象，惠及群众近5000人次。

一、民主党派工作

2017年，市委统战部发挥盐城市各党派团体人才优势，鼓励其履行参政议政、民主监督职能，开展社会服务活动，为服务大局、服务发展贡献力量。引导各民主党派和无党派人士继续开展“坚持和发展中国特色社会主义学习实践活动”“不忘合作初心，继续携手前进”专题教育等活动，在“盐城统战”微信公众号上刊发各民主党派负责人学习习近平总书记“3·4讲话”和学习中共十九大精神心得体会文章，增强民主党派成员和无党派人士道路自信、理论自信、制度自信、文化自信。组织市各民主党派组织骨干成员到省、市社会主义学院开展学习活动12次，提高多党合作理论水平。提升政党协商效能。协助市委制定《2017年政党协商计划》，统筹提出市委与党外人士政党协商活动安排建议。根据市委领导班子变化情况，及时调整市委常委与市各民主党派、工商联和无党派人士联系交友名单。全年协助市委召开党外人士新春茶话会、情况通报会等协商活动4次，市委主要领导与各党派团体负责人沟通思想，交换意见。协助各民主党派市委举办各类报告会、新成员培训班等培训活动7次，邀请省、市委统战部领导和民主党派省委领导进行授课，进一步提高广大民主党派成员履行政党协商的能力和水平。鼓励建言献策，组织市各党派团体结合专业特长、界别优势，围绕市委市政府重点打造的“五个一”战略工程，就壮大汽车零配件产业、打造红色旅游品牌、推动地方经济发展、加快农业科技创新等9个课题进行专题调研，并组织各党派团体负责人深入“一张网”“一桶水”“一片林”施工现场调研，各党派团体提出建设性意见建议30条，为党委政府科学决策提供有价值的参考。在年初的“两会”上，各民主党派和无党派人士代表、委员围绕经济社会发展的热点难点问题，提交市人大议案24件、市政协大会发言提案6件，提交集体提案16件、个人提案120余件。加强民主监督，加大对各党派团体对口联系工作指导力度，制定2017年度对口联系工作计划，修订完善对口联系相应制度，确保对口联系工作有效开展。全年各对口联系单位开展对口联系活动9次。加强对市审计、教育、检察、监察等部门聘请特约人员情况进行调研，了解党外人士担任各级特约人员工作情况，指导各民主党派将提升特约工作实效、精准实施民主监督列入培训内容，不断提升党外特约人员的政治素质和业务水平。至年底，市各有关部门聘请党外人士担任特约检察员、特约审计员、教育督导员和行风监督员等32人，县有关部门聘请党外人士担任特约人员72人。

二、党外干部和知识分子工作

2017年，市委统战部推进党外代表人士政治安排，拓宽培养锻炼党外后备干部渠道，完善党外高层次人才数据库，打造高素质党外代表人士队伍。推动党外代表人士政治安排，把具有较高政治责任感、较强参政议政能力、较大社会影响力的党外代表人士吸收到人大代表和政协委员队伍中。做好十二届省政协党外委员和八届市政协委员登记，市政协常委情况简介及其推荐考察、征求意见等组织人事工作；协助做好八届市政协委员届中调整工作。探索新的社会阶层人士统战工作。协助市委制定《关于加强新的社会阶层人士统战工作的实施意见》，组织召开首次全市新的社会阶层人士统战工作会议，建立起由20家市直单位参加的联席会议制度。深入开展调查研究，全面掌握新的社会阶层人士的基本情况、分布状况，建立起拥有510人的新的社会阶层人士人物库。指导各县（市、区）、市经济技术开发区、城南新区成立新阶层联谊会11家，在全省率先实现市县两级新阶层联谊会组织全覆盖。建立新的社会阶层人士统战工作实践创新基地43个，新的社会阶层人士“一地一类人员”试点工作全面展开。

践行社会主义核心价值观主题活动 年内，市委统战部印发《全市党外知识分子践行社会主义核心价值观主题活动实施方案》，活动以“爱岗敬业、担当奉献”为主要内容，在全市党外知识分子中开展学习交流、社会实践活动，引导广大党外知识分子进一步增进思想政治共识。召开市知联会二届七次理事会和第三次会员大会，选举产生新一届领导班子，完成组织交替、人事调整、政治交接。开展“五个一”（开展一次理事会、一次集中学习、一次培训班、一次调研活动、一次社会服务）活动，进一步加强知联会建设。

党外后备干部“双百工程” 年内，市委统战部联合市委组织部制定《关于实施党外后备干部“双百工程”的意见》，向市委和市委组织部推荐表现优异、业绩突出、贡献卓著的年轻党外干部，在2017年全市干部选拔任用中，2名经济工作一线的副处职党外干部得到提拔重用，7名副处级党外干部被调整到重要岗位，4名党外正科职干部被提拔到县（市、区）人大、政府、政协党外副职领导岗位。选派党外干部到基层一线和领导岗位锻炼，全市有187名党外科级干部安排挂钩联系131个村组（社区）和56个精准扶贫项目。利用党外干部主体班次培训的契机，对“双百工程”党外后备干部进行专题培训。统一组织协调和安排180名科级以上党外干部，分别到行政服务部门（岗位）等部门协助工作，提高党外干部果断决策和应对复杂局面、处理复杂问题的综合能力。

三、非公有制经济领域工作

2017年，市委统战部坚持突出重点、抓住关键，促进非公有制经济“两个健康”（促进非公有制经济健康发展，促进非公有制经济人士健康成长）。推进理想信念教育实践活动。结合盐城实际，印发《关于开展以争做“四有”新苏商为主要内容的理想信念教育实践活动的通知》，通过市工商联常执委推进会、主席会长交流会、年轻一代报告会、专题培训和典型宣传等形式，引导全市非公有制经济人士“政治上有方向、发展上有本事、责任上有担当、文化上有内涵”。在第六届江苏省非公有制经济人士优秀中国特色社会主义事业建设者表彰大会上，盐城卞绍春、吴成伟2人被表彰为优秀中国特色社会主义事业建设者。全力服务江苏发展大会，在做好63名参会盐城籍嘉宾联络邀请、沟通对接等服务工作的基础上，重点全程服务18名盐城籍返乡知名人士，专程拜访海峡石油化工控股有限公司董事长王建生和江苏旅港同乡会理事乔澎（乔冠华之孙），为盐城在更广范围集聚人才、科技、资本要素开拓新渠道。

“万企大走访大调研”活动 年内，市统战系统联合市工商联，分4个工作组赴109家执委企业和市经信委、税务局等部门走访调研，详细了解企业发展情况，走访车间和项目现场，征询企业经营发展中遇到的困难、诉求；向经济主管部门反映企业发展难题，争取帮助企业发展的个性化政策，构建“亲”“清”政商关系。指导非公有制企业申报“全国光彩事业重点项目”和“光彩事业扶持贷款资金”，帮助江苏永宁实业投资集团有限公司申报“汇都商务中心城市展厅”项目，成功获得光彩事业贴息贷款4000万元。

（沈　平）

第八节　机关党建

一、机关党组织建设

2017年，市级机关转入党员408人，转出党员447人，新发展党员62人，出党7人，死亡42人。至年底，市级机关党员总数9770人，其中在职6980人，离退休2790人；市级机关有直属党组织85个，其中直属机关党委41个、直属机关党总支30个、直属机关党支部14个；有基层党支部504个。年内，市级机关工委研究制定《关于落实全面从严治党要求进一步加强机关党的建设的意见》，与直属机关党组织签订机关党建工作目标责任书，加强机关党组织建设。

二、党建活动

"周一大讲堂" 年内，市级机关工委举办"周一大讲堂"22期，参与听课近1.2万人次，拥有专家库人才550人。先后邀请南京大学戏曲学博士、硕士生导师任孝温，盐城师范学院党委原宣传部部长罗东海，省委党校公共管理教研部主任、博士、教授胡宗仁，中国地震局研究员、国家地震局原副局长何永年，华夏银行盐城分行营销总监乔云猛等22名专家主讲，在思想建设、国际形势、养生保健、防灾减灾、诗词鉴赏等方面主讲。市级机关"周一大讲堂"于2014年11月开办以来累计举办119期。

4月26日，宏山杯中华古诗词大赛决赛在市图书馆举行。 市级机关工委/供

"读书月"活动 年内，市级机关工委印发《关于在市级机关开展第八个"读书月"活动的实施意见》，向市级机关广大党员推荐阅读书目30种，向机关基层党组织及党员代表、机关党员干部免费赠书4.7万余册。4月26日，在市图书馆多功能厅举办市级机关第八个读书月活动启动仪式，活动以"品读诗词之美，书香溢满机关"为主题，贯穿全年，旨在扎实推进学习型机关建设，提升机关党员干部的综合素质和服务效能。

宏山杯中华古诗词大赛 年内，市级机关工委与市文化广电新闻出版局、宏山茶业等单位联合举办宏山杯中华古诗词大赛。赛前，市级机关工委发布盐城市级机关古诗词比赛推荐篇目，通过初赛、复赛，遴选14名选手参加决赛。4月26日下午，决赛在市图书馆多功能厅举行。决赛分为共答题、分答题、"飞花令"3个环节，3名选手分获一、二、三等奖，其他11名选手获优胜奖。

市级机关第八届职工运动会 5月13日，市级机关第八届职工运动会在盐城交通技师学院运动场举行。市级机关各部门、各单位分管领导以及机关党员干部职工代表1300余人参加开幕式。该届运动会设田径、足球、篮球、乒乓球、羽毛球、保龄球、象棋、围棋、游泳、太极拳、自行车慢骑、拔河12个竞赛项目，共有73个市级机关单位组队参赛，1800余人次机关干部参加比赛。

"传承好家风，建功新时代"主题活动 3月9日，市级机关妇工委在大丰区七彩花田开展"传承好家风，建功新时代"主题活动，庆祝第108个国际妇女节。活动引导市级机关妇女干部从自身做起、从家庭做起，激励大家发挥良好家风家训的正能量，从中华优秀传统文化中汲取营养，弘扬社会主义核心价值观。活动分好家风好家训推荐、室外分组拓展活动2个部分，市级机关10多个部门妇女组织负责人及妇女干部代表参加活动，大家畅谈家风家训家教的历史传承和时代意义，传播科学的家教理念，倡导以家风建设助力作风涵养，以家庭和睦促进社会和谐。

"温暖冬日，你我同行"活动 2018年春节前夕，市级机关工委开展"温暖冬日·你我同行"志愿服务活动。活动广泛宣传"学习雷锋、奉献他人、提升自己"的志愿服务理念，以送关爱、美环境、促和谐为主要内容，动员组织机关各直属基层党组织及机关党员志愿者开展各类志愿服务活动。重点在孤寡老人、留守儿童、残疾人、贫困户等居住相对集中的社区，开展结对帮扶、环保公益等特色志愿服务。活动期间，向农村、社区特困家庭赠送对联2.5万余副、书籍1.7万余册、衣物1.5万余件、学习用品1.2万余件、慰问金210万元。

工间操活动 4月17日至8月30日，市级机关工委联合市体育局、市机关事务管理局，按照国家级卫生城市复审要求，全面贯彻落实《盐城市全民健身实施计划》，组织和引导广大干部职工参与全民健身活动。在内容上，工间操活动以国家推广的第九套广播体操为主，同时鼓励各系统、各单位选用或创编不同风格、适合不同人群的工间操。在形式上，主要以统一集中的形式进行，各单位自行选择场地集中人员做工间操。在时间上，安排每个工作日的上午10：15至10：30和下午4：15至4：30进行。市级机关工委、市机关事务管理局和市体育局按照"统一时间、相对集中、因地制宜、人人参加"的原则，组织驻行政中心的单位每天上午集中在行政中心大楼南广场进行工间操活动。市行政中心外的单位根据实际情况采取集中与分散相结合的方式组织实施。

无偿献血活动 6月13日，市级机关工委组织开展第11个“崇德向善、奉献爱心”市级机关党员干部无偿献血活动。市行政中心机关180多人参加无偿献血，献血量近5万毫升。部分驻市行政中心外的单位同步组织无偿献血活动。

第六届市直机关单身青年联谊会 11月11日，市级机关工委、团市委、市妇联在大丰区七彩花田联合举办“美丽青春·让爱成真”市直机关单身青年联谊会。联谊活动内容丰富、互动性强，参与度高，包括热身活动、互动游戏等团队比赛项目，并通过抛绣球来烘托现场气氛。在团队项目中，市直50多家单位的近200名单身青年在主办方安排下，做蹦床互动、迷宫寻宝等游戏，展示活力风采，增加接触了解，拉近彼此距离。在现场配对环节，青年们勇敢敞开心扉，大胆表白真爱。现场有12对青年牵手成功。

三、党建制度

2017年，市级机关工委落实全面从严治党要求，强化从严治党主体责任，推动《中国共产党党和国家机关基层组织工作条例》、省委《关于贯彻〈中国共产党党和国家机关基层组织工作条例〉实施办法》和市委《关于贯彻〈中国共产党党和国家机关基层组织工作条例〉实施意见》的贯彻落实，在全省率先制定《关于落实全面从严治党要求进一步加强机关党的建设的意见》。进一步规范机关党组织设置、落实机关党建工作责任、强化机关党组织政治属性、强化机关党组织服务功能、强化机关党建工作基础保障，提出科学配置机关党组织领导班子、从严选任机关党组织负责人、配足配齐机关党务干部队伍、严格履行“一岗双责”等17个方面的具体措施。市级机关工委采取定点监测、随机抽查、听取汇报、专项调研、列席党的组织生活等方式，对各部门单位机关党建工作开展情况进行常态化督促检查，并加强与部门单位党委（党组）的沟通联系，完善工作机制，形成工作合力，共同推动机关党的建设。

《市级机关基层党支部书记实务手册》 8月，市级机关工委面向机关基层支部，编印《市级机关基层党支部书记实务手册》。内容包括基层党组织统一活动日、三会一课、发展党员、党支部换届选举、召开组织生活会、党支部开展谈心谈话、民主评议党员、党的纪律处分、党费收缴、党员组织关系转接10个部分，给相关工作的要求、流程、方式、程序、标准、样式等作出明确的规范，并提供范例，对机关基层支部开展工作提供实践指导。

市级机关基层党支部书记培训班 年内，市级机关工委加强学习型党组织建设，推进党务干部培训工作。根据《2017年机关党建工作要点》，计划用两年的时间，对市级机关420多名在职基层党支部书记进行轮训。先后举办培训班2期，近200名市级机关基层党支部书记参加培训，学习机关党的建设基本理论、党支部工作实务等内容。并组织基层党组织组织书记赴大别山地区、浙江嘉兴，以专题讲授、现场体验、情景再现、案例解读、互动交流等形式，开展重温入党誓词、参观红色旧址、重走“志仁小道”等党性教育培训。

“不忘初心，牢记使命”机关党务干部专题培训班 12月4—7日，市级机关工委在贵州遵义干部学院举办“不忘初心，牢记使命”机关党务干部专题培训班，全市近百名机关党务干部参加培训。培训采取专题教学、现场教学与体验教学相结合的办法进行。在专题教学中，侧重专家解读安排《遵义会议与遵义会议精神》《毛泽东在遵义会议前后》等内容；在现场教学中，组织参观遵义会议会址陈列馆、凤凰山红军烈士陵园、苟坝会议纪念馆、新农村建设示范点枫香镇花茂村、四渡赤水之三渡渡口、娄山关等；在体验教学中，组织学员重走红军街、重走长征路。

四、市级机关宣传贯彻中共十九大精神

2017年，市级机关工委全面组织市级机关单位贯彻落实中共十九大精神，研究制定《关于落实全面从严治党要求进一步加强机关党的建设的意见》，印发《关于认真学习宣传贯彻党的十九大精神的通知》。市级机关工委通过“周一大讲堂”邀请专家对中共十九大精神进行系统解读，与盐阜报业集团联合开展市级机关学习中共十九大精神知识竞赛，向市级机关党组织赠阅《党的十九大报告辅导读本》《党的十九大报告学习辅导百问》等书籍，同时将《盐城机关党建》“十九大专刊”印发到机关每一位党员，推动市级机关党组织和党员干部全面理解中共十九大精神实质。开展中共十九大精神教育培训。将学习贯彻中共十九大精神，作为推进“两学一做”学习教育常态化制度化的重要内容。先后举办“不忘初心，牢记使命”机关党务干部专题培训班、市级机关入党积极分子培训班，并对机关党支部书记进行轮训。各级机关党组织采取集中轮训、组织研讨班、举办专题报告会和交流分享会等多种形式，推进中共十九大精神学习常态长效。组织宣传报道工作。开展“学习十九大·机关做先锋”主题系列宣传活动，宣传中共十九大的重大意义，宣传习近平新时代中国特色社会主义思想，宣传各级机关党组织学习贯彻中共十九大精神的具体举措和实际行动。盐城机关党建网站开辟《学习十九大精神》专栏，反映机关党员干部学习贯彻的典型事迹和良好风貌。发挥机关党建微博、微信群、QQ群等的传播力，开展“党的十九大精神网上宣讲”等活动，形成网上正面宣传的强大声势。

（王　森）

第九节　侨务工作

2017年，盐城加强侨界沟通、服务、宣传工作。全年发表侨务信息宣传稿件893篇，其中中国侨联和主流媒体采用61篇、省侨联媒体采用438篇。1月17日，盐城籍美国华人、两个人类新基因的发现者、华大基因股份有限公司首席科学家茅矛，盐城籍日本华侨、日本法政大学理工学院院长、博士生导师李磊，被评为第三届盐城杰出人士。1

月27日，盐城籍美国华人、中国侨联海外委员程远一家，被中国中央电视台选为全球华人3户（美国、新加坡和南非）幸运家庭之一，应邀到北京现场观看2017年春节联欢晚会。8月22日，盐城籍美国华裔、9岁少年周历然，被美国国际象棋协会授予“全美国际象棋大师”称号，成为迄今为止美国历史上年龄最小的国际象棋大师。

一、侨界引智引资

2017年，盐城加强与海外侨团、侨界领袖、新侨和侨企的联络联谊、引智引资。5月22日，市侨联邀请市侨专委主任、墨尔本大学高级研究员顾柏俊，在东台市人民医院举办阿尔茨海默症最新疗法的专题讲座，共有30家医院的220余名医务工作者参加讲座。10月4日晚，市侨联举办亲情中华·中秋佳节与美国侨领及大市区侨眷“叙侨情、话发展、赏明月，共进团圆晚餐”活动，助推引智引技引才引资洽谈。年内，组织盐城籍美国波士顿侨胞、哈佛医学院麻省总医院光医学中心助理教授、留美博士后戴天红等一行，市侨联法顾委主任、美国美中律师协会主席、中国侨联法顾委海外委员、著名律师徐建勋等一行，中国在韩侨民协会创会总会长助理、韩华中国和平统一促进联合总会副会长、中国侨联青年委员、社团法人韩中菁英会中方会长崔庆峰等一行，参观考察盐城经济园区和合作单位，开展海外侨胞侨领侨商进行互联网大数据、医疗美容等侨资侨智对接，促成经济科技项目落户城南新区大数据产业园和盐城高新园区等。

参加首届江苏发展大会　5月20日，市侨联邀请一批盐城籍海外侨胞，参加省委省政府举办的“约在江苏，共筑梦想”首届江苏发展大会，省委书记、省人大常委会主任李强发表开幕式主旨演讲。5月21日，参加江苏发展大会的部分盐城籍海外侨胞，出席盐城市举办的“盐城知名人士故乡行”活动，参加叙乡情话发展交流座谈，参观大数据产业园、环保科技城和新四军纪念馆，建言盐城人才教育、科技创新、产业发展等。5月23日，市侨联决定对参加江苏发展大会的盐城籍海外侨胞澳大利亚墨尔本大学高级研究员、青年科学家顾柏俊，美国远程集团董事长、美国华人总商会会长程远，德国朗普技术董事长、德国江苏总会会长王荣虎，日本法政大学理工学院院长、日本江苏总会会长李磊，英国曼彻斯特大学中英先进控制联合实验室主任、博导丁正桃，美国普渡大学旅游研究中心主任蔡利平6人，授予“盐城籍海外侨胞精英贡献奖”，并登门为其颁奖。

参与第四个国家公祭日活动　12月13日是南京大屠杀死难者第四个国家公祭日，市侨联发出倡议，盐城籍海外侨领纷纷行动。著名抗日将军陈中柱烈士之子、澳大利亚西澳洲中国和平统一促进会副会长陈志，参加在珀斯举行的南京大屠杀死难者国家公祭日悼念活动，他佩戴手制的白色缎带，为南京大屠杀死难者默哀；盐城籍海外侨领、德国江苏总会会长王荣虎，参加在法兰克福举行的南京大屠杀80周年公祭仪式；盐城籍海外侨领、美国美南江苏总会理事长徐建勋，参加在休斯顿举行的纪念南京大屠杀死难者80周年公祭暨座谈会。

二、侨界公益

2017年，市侨联实施“侨爱心·健康行”公益捐赠，帮助落实东台市人民医院接收中国华侨公益基金会捐赠价值96万元的医疗设备等。6月30日，市侨联颁发第三届“陈中柱王志芳奖学金”发放仪式。颁发仪式上，宣传推介抗日将军陈中柱及侨胞王志芳爱国爱乡的感人事迹，市侨联、盐城中学领导和侨胞陈志的委托人南京惠泽电子工程有限公司董事长吴硕共同为获奖学生颁发奖学金，全市高考理科第一名顾思晗代表获奖学生发言致谢。

魏基成捐赠棉衣发放活动　12月11日，市侨联举办澳大利亚侨胞魏基成“捐赠暖心新棉衣·同心圆梦奔小康”发放仪式。魏基成是澳大利亚百强企业ABC纸业集团董事长、中国侨联海外顾问、江苏省华侨公益基金会荣誉会长、知名旅澳华人慈善家，创建帮助听障患者的“天籁列车”、帮助白内障患者的“光明列车”和帮助因灾因病贫困者的“慈善列车”，先后捐赠18亿元慈善资金。当日，市侨联把“慈善列车”开到射阳县千秋小学，举办魏基成捐赠棉衣发放仪式，现场发放价值人民币25万元的暖心新棉衣500件。接受捐赠的学生代表袁雨欣发言致谢。

（乔　联）

第十节　台湾事务

2017年，盐城组织赴台团组71批次448余人次，其中经贸团组50批305人次，交流团组21批143人次。全市新批台资项目19个，利用台资9.8亿美元。9月，台湾铠胜盐城产业园项目正式落户亭湖区，总投资6亿美元，注册资本2亿美元。做好台商服务工作，共组织开展各类讲座4场次、协助2名台商子女就学、联系市驾考中心为34名台商换考驾照、连续八年组织台商健康检查。开展“进台企、解难题、促发展”大走访活动，全年走访企业150余家，带回意见和建议49条，协调解决台商投诉案件和求助事宜30起。年内，盐城市被台湾电电公会评为台商大陆投资“值得推荐城市”，市台商服务中心被省台办授予全省台商服务工作示范点。

一、经贸合作

市经贸代表团赴台参访　3月20—24日，盐城市委副书记、市长戴源率市经贸代表团赴台湾开展招商推介活动。在台湾期间，市经贸代表团先后参访一批知名企业，拜会一批重要工商团体，分别在台中、台北举办2场推介会，2次活动累计邀请台湾客商258名，共签约21个重大项目，签约项目总投资7.88亿美元，主要集中在汽车、电子设备制造、医疗、IT大数据、生物科技、环保等产业。

台湾工商界领袖盐城合作发展恳谈会 11月6日，盐城市在南京举办"台湾工商界领袖盐城合作发展恳谈会"专场推介活动，市委书记王荣平出席并致辞，两岸企业家峰会台湾方面理事长萧万长、副理事长江丙坤、以及7个产业小组召集人共40余名重要嘉宾出席，畅叙友情、共商合作、共谋发展，与会的台湾企业家对盐城未来发展表现出深厚兴趣。

铠胜盐城产业园项目落户盐城 9月7日，台资项目铠胜盐城产业园正式签约落户亭湖。市委书记王荣平、台湾铠胜集团董事长程建中等在上海出席签约活动。铠胜集团是世界500强企业台湾和硕集团下属公司，主营业务涵盖电脑、通信及其他消费性电子产品，是世界知名电脑品牌重要的机构外观件制造商。该项目总投资6亿美元，注册资本2亿美元，新建厂房、研发中心及附属设施超100万平方米，全部投产达效后，预计年可实现销售60亿元，是盐城市招引台资项目个体最大、科技含量最高的台资项目。

二、服务交流

2017年，盐城先后邀请台湾新店区、树林区里长联谊会和新北市行业工会在盐城参访交流。4月，举办"神鹿故里·魅力湿地行"——盐城·新北社区治理研讨会；7月，举办"仙游东台·魅力乡村行"——东台·新北乡里长交流研讨会；11月，举办"碧水金沙·两岸情"——盐城·新北行业工会交流会，共享社区管理先进理念，促进盐台两地基层交流。开展形式多样的校际交流活动，全市先后有8批、132名师生赴台学习交流，共同探讨教育教学问题，促进盐台两地青少年学生成长成才。江苏医药职业学院与台湾长庚大学合作创办"长庚班"，双方互派师生进行学习交流，实现教育资源共享。6月，组织策划"纵湖湿地·水乡情"——盐台青少年学生体验营活动，台湾新北市福和中学师生一行33人在盐城参加活动，与市毓龙路中学学生"同上一堂课，同唱一首歌"，课上课下互动交流，拉近距离，增进情谊。

市委考察团赴台参访 7月28日至8月3日，市委副书记戴元湖率市委考察团一行赴台，先后拜访台湾工业总会、电电公会、工商协进会、商业总会、中小企业总会、工商建研会6家工商团体；参访台塑集团、台玻集团、实联集团、光宝集团、华新丽华公司、南纬公司6家企业；参访台湾两岸农渔业交流投资协会、南投农会、台东渔会、屏东渔会4家基层农渔会；参观台湾新北市新店区，与基层16位里长进行友好的交流座谈，与盐城籍知名人士郝柏村、周锡玮会面交谈。考察期间，为感谢台湾慈济慈善事业基金会在"6·23"风灾后无偿援建阜宁县孔荡"大爱村"，专门赴花莲县拜会慈济创始人证严上人，对"大爱村"后期发展进行深入探讨交流。

阜宁孔荡"大爱村"举行落成启用仪式 9月8日，由台湾慈济慈善事业基金会援建的阜宁孔荡"大爱村"举行落成启用仪式。海峡两岸关系协会会长陈德铭，江苏省政协副主席许津荣，盐城市委书记王荣平，中国慈善联合会副会长兼秘书长刘福清，江苏省台办副主任张为，盐城市台办主任尹贵尧，慈济慈善事业基金会副总执行长林碧玉，以及基金会志工、孔荡村村民代表等各界人士参加活动。孔荡"大爱村"位于孔荡村委会西、海芦线北，占地面积10.18公顷，建设农房81幢，安置村民282户。建筑风格为江南园林风格，总建筑面积3.11万平方米，其中住宅建筑面积2.78万平方米，公建配套面积3298平方米。项目于2016年12月开工建设，2017年6月竣工交付。

三、对台宣传

2017年，全市向国、省台办媒体网络和中国台湾网共报送500余篇信息，被采用443篇。根据省台办关于纪念两岸交往30周年开展的"两岸一家亲"主题征文和"生根之路微视频大赛"活动要求，市台办发动全市对台系统积极参与，完成"两村"（盐都郝柏村、阜宁孔荡大爱村）、"四周"（周书府、周锡玮父子和周梦庄、周仲南父子）、"新盐城人"（市台协会会长林瑞岳）、"台湾媳妇"（邹韩燕）相关主题22篇征文和《郝家故事》《大爱村》等9个微视频。

"两岸及香港媒体盐阜行"联合采访 7月18—19日，市台办举办"两岸及香港媒体盐阜行"联合采访活动，《联合报》《旺报》，香港凤凰卫视、香港《大公报》《商报》，中央电视台、中新社、《经济日报》《扬子晚报》《现代快报》、盐城电视台、《盐阜大众报》等13家共19名媒体记者汇聚盐城，对盐城进行为期两天的深度采访。其间，先后采访盐都台创园和阜宁孔荡大爱村，参观台玻悦达汽车玻璃公司、南纬悦达纤维科技公司两家台资企业，深度采写郝家故事。每家媒体都发表不少于2篇宣传报道，其中中央电视台《海峡两岸》栏目以"江苏盐城打造台商优质投资环境"为题报道盐城市台商投资环境，香港《文汇报》以"六越海峡探故里，祭祖寻根拾乡愁"为题整版介绍郝柏村回乡探亲故事。（吴晓雪）

第十一节 老干部工作

至2017年底，全市有离休干部1990人（不包括部、省属单位），平均年龄89.6岁。其中，机关628人、事业单位529人、企业单位833人。按级别和待遇分，副省（部）级医疗待遇3人，地（厅）级1人，副地（厅）级42人，县（处）级787人，其他1157人。按参加革命时间分，一、二次国内革命战争时期1人，抗日战争前期87人，抗日战争后期333人，解放战争时期1569人。全市离休干部党员1615人，占离休人数的81.16%。全市退休干部7.4万人，共有685个离退休干部党支部。年内，市老年大学被评为全国示范老年大学，有11名老年大学工作人员被评为全省老年教育先进工作者，学校教务处获评"盐城市工人先锋号"；盐城市委老干部局等5家单位被省委组织部、省委老干部局、省人社厅联合评为全省老干部工作先进集体，1人被评为全省优秀老干部工作者，4

人被评为全省先进老干部工作者；年内，市委老干部局机关党总支连续八年被评为市级五好机关党组织。

一、学习教育

2017年，市委老干部局举办第九期全市离退休干部党支部书记骨干培训班，在全市离退休干部中开展“畅谈十八大以来变化、展望十九大胜利召开”主题活动和“建言十九大”专题调研，举办“颂党恩、感党情、跟党走、喜迎十九大”主题征文、“喜庆十九大、笑迎重阳节”教学成果展、“走进新时代、点赞新盐城”书画摄影展等活动。通过多种形式组织引导离退休干部学习贯彻中共十九大精神，帮助老干部把握习近平新时代中国特色社会主义思想内涵。扩大离退休干部“正能量之星”评选活动品牌影响力，组织“正能量之星”代表到各县（市、区）进行巡回宣讲，并以视频直播、网络直播的形式向乡镇、社区延伸，全市有3500余名老干部参加评选活动，在老干部队伍中引起较好反响。持续开展“立家规、正家风”主题活动，盐都区的退休老干部杨长春被评为“中国好人”，东台市的退休老干部朱厚宽家庭被省妇联授予“最美家庭”称号。组织省、市、县三级老干部向阜宁县“6·23”灾区捐赠书画作品活动，通过100多幅书画作品向灾区群众表达美好祝福。12月，承办全省老干部活动中心主任会议，组织参训人员参观新四军纪念馆，实地考察大丰区老干部活动中心及盐城的工业和城市建设的新成就，进行交流学习，向全省老干部工作同行展示盐城市老干部学习活动组织的新情况。

市退休干部“正能量之星”颁奖仪式举行 11月30日，市退休干部“正能量之星”颁奖仪式在市青少年活动中心举行。市委副书记戴元湖，省委老干部局副巡视员姜兆华，市委常委、宣传部部长陈红红等出席颁奖仪式。市退休干部“正能量之星”评比活动有192名老干部参选入围，经基层推荐、公众投票、综合评定，郭健生等80名老干部获“正能量之星”提名奖，大丰区委老干部局等3个单位获“正能量之星”评比优秀组织奖。仪式上为8名获得“正能量之星”称号的先进典型颁奖。

二、待遇落实

2017年，市委老干部局开展“面对面、心连心”大走访大落实和离休干部走访慰问“家家到”活动，对盐城市19名易地安置离休干部逐一登门走访慰问，同时把外省市安置在盐城的21名易地安置离休干部全部纳入节日走访慰问和困难补助范围。全年全市走访慰问离休干部3000多人次，发放各类津补贴8000余万元，走访慰问覆盖率100%。市直离休干部医疗费统筹标准从每人每年4.7万元提高到5.1万元。落实全市离休干部的护理费上调，抗战时期参加工作的离休干部的护理费由每月1800元调整至每月2800元，解放战争时期参加工作的离休干部的护理费由每月1700元调整至每月2700元。向全市老干部传达学习市委七届四次全会精神，通报全市经济社会发展情况，组织市四套班子老干部进行健康疗养，并就近参观阜宁、大丰及市城投集团，现场考察重点项目建设和新农村建设情况。

三、服务管理

2017年，全市老干部工作部门推进《关于进一步加强和改进离退休干部工作的意见》和《关于进一步加强和改进离退休干部工作的实施意见》贯彻落实，调整市委老干部工作领导小组及市老年教育工作领导小组。加强离退休干部党工委建设，市级离退休干部党工委、市委老干部党校获批，推进响水、滨海、阜宁等6个县（市、区）成立离退休干部工作委员会。在全市离退休干部党建试点社区开展“夯实基础、创新争先”活动，引导社区离退休干部党员参与社区建设，为他们继续发挥余热、服务社会提供平台。加强学习活动阵地建设，成立市老年大学教学楼扩建工作小组，推进市老年大学和活动中心场地扩建改造。9月，市老年大学在城南老干部活动中心增设城南校区并开班，老干部入学难、活动难问题得到缓解。（万　凯）

第十二节　信访工作

2017年，市、县（市、区）两级信访部门贯彻中央和省关于信访工作责任制文件精神，健全完善工作机制，提升信访工作法治化水平。全年受理群众信访件3万件次，全市未发生有影响的信访事件。全市信访系统开展“大练兵、大比武”活动，在全省首届“大比武”活动中获得第三名，1人获得优胜奖。全市信访系统有3人被国家信访局表彰，1人被省委、省政府表彰。加强信访宣传，联合市法制办等部门组织开展“依法信访、理性维权”主题宣传活动，注重新媒体宣传，组织市、县两级信访部门入驻“新媒通”，用好“政务头条号”，全年推送发文242篇，展现盐城市信访工作动态。

一、健全信访责任机制

2017年，市委、市政府主要领导与各地党委、政府主要负责人签订责任状，点对点明确个性化任务指标，推动各地进一步抓好信访工作。先后组织召开全市来访接待工作会议和全市依法分类处理信访投诉请求工作会议，开展争创“群众满意接访窗口”活动，压实部门责任，加强信访接待窗口建设，推动各部门依法行政。对引发信访问题或造成矛盾激化的会同纪检部门启动“一案双查”，追究相关人员的违法责任，追究干部不作为、乱作为的责任，坚持以责任追究推动责任落实。强化督查通报，通过重点督查、联合督查、巡回督查、驻点督查等形式，组织到各地开展专项督查，日常工作中采用明查暗访、电话督查、视频督查等方式，抽查制度落实情况，推动各地健全工作机制、整改存在问题。

二、信访积案化解

2017年，市信访局常态化解信访积案，对在规定时限内未化解、信访人再次反映的信访事项，实施滚动式排查，

12月25日，全市领导干部学习贯彻中共十九大精神第一期轮训班开班典礼在市委党校报告厅举行。 陈 怡/摄

动态组织化解。引入第三方力量，建立疑难复杂信访问题专家库，聘请专家学者、法律工作者和“两代表一委员”等62人，发挥社会力量的专业优势，共同推进积案化解，全年成功化解信访积案108件。攻坚化解突出问题，借力全市“大走访大落实”“大排查大整治”活动，先后组织开展“三到位一处理百日专项行动”、信访积案化解“百日攻坚”行动、信访突出问题大化解大突破专项行动，深入排查化解突出信访矛盾隐患，所有重点信访事项逐一落实县处级领导“三亲四包”（亲自实地调研、亲自接待信访人、亲自组织会办，包掌握情况、包思想转化、包办理化解、包吸附稳控），通过综合施策、一案一策等推进化解，全市信访积案化解工作超额完成省定目标。组织开展“百县千案”活动，明确领导真包案、包难案，市主要领导每人每半年化解1件，县（市、区）党政主要领导每人每季度包案化解1件，全年化解信访案84件。 （沈亚军 吴汇文）

第十三节 党校工作

一、理论宣讲

2017年，市委党校组织开展中共十九大精神及各类理论宣讲活动。举办全市领导干部学习贯彻中共十九大精神轮训班，承办全市部门、单位学习中共十九大精神培训班，邀请中央党校、国家行政学院、省委党校等专家、教授进行宣讲，2名校领导作为市委宣讲团成员参与全市面上宣讲。至年底，校领导班子成员与专兼职教师赴基层宣讲，累计宣讲106场次。在校内开展《习近平的七年知青岁月》读书演讲比赛，并组织获奖人员赴滨海等地进行宣讲。继续打造全省党校系统唯一的党员干部政德馆“道德讲堂”。以流动讲堂及“周一大讲堂”等为载体，将培训和宣讲的触角延伸到基层，全年党校教师深入机关、社区、企业、乡镇等基层一线开展宣讲近百场次。

二、干部培训

2017年，市委党校加大干部教育培训力度，发挥党员领导干部教育培训的主渠道作用，培训人数在全省同级党校中位居前列。全年主办、承办、联办各级各类培训班次256个，培训2.97万人次。主体班培训方面，举办1期全市领导干部学习贯彻中共十九大精神轮训班、4期县处级干部进修班、4期科级干部进修班、2期乡镇党政正职干部培训班、1期党外干部培训班、1期共青团干部培训班，以及全市基层党员干部冬训、全市正乡科级干部廉洁从政培训班、全市新进组织系统组工干部培训班等42个，培训6171人次；委托培训方面，承办市直各部门单位培训班155个，培训2.07万人次；对外培训方面，举办中央党校、江苏省委党校、延安市委党校等学校的重要班次和安徽、云南、西藏、广东、内蒙古等外省、市在盐城培训班59个，培训2790人次。

三、教学改革

2017年，市委党校加强党的理论教育和党性教育，突出主业主课地位。在课程设计中，安排“党的十九大精神与科学理论武装”“全面从严治党与‘铁军精神’教育”“党的路线方针政策与“‘强富美高’新盐城”等教学单元，党的理论武装与党性教育内容分别达到总课时70%、20%的要求，确保主业主课贯穿党校干部培训全过程。加大教学案例课程开发力度。通过举办案例教学竞赛、专题调研等形式，在全市党校系统征集36个较成熟的案例教学课程，部分案例课程在主体班次中采用。参与市纪委《农村基层干部违纪违法案件警示录》编写工作。加大“铁军精神”现场教学教案开发力度，成果结集成册正式出版。新四军干部学院纳入全省干部教育培训基地建设“836工程”规划。以安徽泾县、淮安刘老庄和市内新四军纪念馆、泰山庙等10个现场教学点为基础，精心策划市内外相结合的现场教学线路，优化教学路线。严格学员管理，制定新的学员管理细则，按照标准进行严格考核。学员被分班编组，形成了组长管理学员、班长管理组长、班长向项目组负责的网格化管理机制。整合市、县两级党校师资力量，凭借“党校流动讲堂”，搭建面向基层一线的宣讲平台，开展基层宣讲。“党校大讲堂”正式开讲，成为党校教师开发课件、打造精品课和党校青年教师成长、互相切磋提高的平台。围绕“铁军精神”开展各类宣讲，全年讲授以“铁军精神”为主题的专题课程71场次，“铁军精神”党性教育影响力得以扩大，全年出版《铁军·纵横》杂志12期。

四、科研资政

2017年，市委党校引导教师注重学术研究，强调学术支撑。盐城市委党校承办全省党校系统行政学院科研协作会议，获得科研工作进步奖；举办盐城市智库咨政协会揭牌仪式；创办《盐城智库咨政建议稿》和校刊《党性教育研究》；挂牌成立盐城市财税理论研究中心；开展市委委托课题“党建理论与抗灾救灾实践创新”研究。全年在省级以上刊物发表论文95篇，部分文章在《毛泽东思想研究》《学习时报》等中文核心刊物上发表。决策咨询取得新成绩，调研报告《推动绿色发展的积极探索——关于盐城市实施“一片林”工程的调查》，被省政府研究室《调查研究报告》刊用，市委书记王荣平作出批示；2篇决策咨询报告被省委党校采用编印并向市领导呈报《党校智库咨政建议稿》16篇，其中4篇被市领导签批；围绕中共十九大精神解读、“五个一”战略工程解读等，在《盐阜大众报》上推出3期《党校智库》理论专版，登载党校教师理论宣传和资政建言文章16篇；围绕科研成果转化，加强与政策研究部门及相关学会协作，扩大党校智库影响力。加强课题建设、强化课题申报，申报并获准立项各类课题32项（不含全市党校系统课题），其中省社科院2017年书记省长圈定课题1项、全省党校系统重点调研课题1项、省市协作课题1项、市社科基金重点项目1项。全年发布并立项全市党校系统科研规划课题30项，青年课题6项，发布服务市委、市政府中心工作的智库资政专项课题10项。完成盐城“深化行政审批制度改革、加强事中事后监管”重大决策的第三方评估报告。

（陈　怡）

第十四节　保密工作

2017年，市保密局强化对县（市、区）保密部门工作指导，及时跟进机关单位保密自查自评工作。做好国家统一考试保密监管及中央、省、市层面的密级文件资料清理回收，落实好保密资质单位检查管理及涉密网络监管工作。强化涉密网络监管，严格按照涉密信息系统建设的相关标准要求强化全过程管理。10月，市保密局印发《关于贯彻落实〈“十三五”时期江苏省保密事业发展规划〉的实施意见》。加强涉密网络监管，组织开展党政机关信息发布审查、门户网站管理专项检查，抽查11个机关单位的门户网站，筛查各类发布信息千余条。

一、保密督查

5月，市保密局组织对9个县（市、区）保密工作进行专项督查。6月，组织对9个县（市、区）和26个市级机关单位保密自查工作开展情况进行督查。12月，对13个市级机关单位和18个县级机关单位保密自查自评工作进行专项督查。12月，组织2016年度保密工作考评，依据中共中央办公厅、国务院办公厅关于《党政干部保密工作责任制规定》，结合盐城实际，做好党政领导干部保密工作责任制考核工作。

二、保密管理

2017年，市保密局加强国家统一考试保密监管，层层签订安全保密工作责任书，组织全市9个试卷保密室检查工作，制定应急预案，部署突发事件的应急行动及处置程序。做好涉密人员分类确定工作，组织召开工作协调会和部署培训会，按照标准要求和时序进度分步组织分类确定及审核报备工作，全面完成涉密人员分类确定。全面完成2015年度中央、省发文件和密级文件资料清理回收工作，回收销毁各类文件资料7000余份，全年回收涉密计算机存储硬盘近百个。做好保密资质单位检查管理工作，对4家军工单位和3家申报涉密资质的企业开展上门服务指导和检查审核工作。

三、宣传教育

2017年，市保密局组织开展《中共中央关于加强和改进保密工作的意见》以及中央、省、市三级保密委会议精神的专题学习宣传活动，召开专题学习会，汇编印发学习提纲，并组织开展“专题保密法制宣传月”活动。正式将保密教育纳入选调生培训、公务员初任培训、干部岗前培训和党校主体班培训教学计划，建立完善系统性、常态化、全过程的公务人员保密教育机制。开展保密法制宣传教育活动，应邀先后为东台、亭湖、盐都等县（市、区）和市农委、市烟草局等单位做保密工作专题讲座，2000余人次参加讲座。12月下旬，制定下发《盐城市“七五”保密法治宣传教育规划》，对全市保密法治宣传教育工作进行总体部署。

四、技术保障

2017年，市保密局强化涉密网络监管，提供业务咨询和技术支持。组织计算机“三员”（涉密信息系统系统管理员、安全保密管理员和安全审计员）培训。11月下旬，举办全市涉密信息系统及涉密计算机“三员”培训班，系统讲授涉密信息系统分级保护框架及“三员”机制相关要求、终端计算机保密管理等方面的内容，市、县两级党政机关及涉密单位、军工资质单位共319人参加培训。10月，组织开展重点骨干网络保密管理专项检查，对全市“金教”“金盾”“金财”“金保”等12个“金字工程”骨干网络进行全面清查。做好市第七次党代会服务保障工作，协同相关部门专题研究部署会议保密工作，并制订具体的工作方案和应急预案，专门对党代会全体工作人员和服务保障人员集中组织专题保密培训，安排技术人员对主会场进行严密的安全检查和技术检测，并采取严格的技术屏蔽措施，为会议提供保密保障。

（黄传标）

第22章　盐城市人民代表大会

责任编辑　潘其锐

综　述

2017年，盐城市第八届人民代表大会召开全体会议1次。市七届人大常委会召开常委会会议2次，主任会议2次；市八届人大常委会召开常委会会议7次，主任会议14次。制定地方性法规2部，听取和审议市“一府两院”专项工作报告17项，作出决议决定6项，对3部法律法规实施情况进行检查，对7件规范性文件进行备案审查，任免国家机关工作人员110人次。

坚持政治自觉，学习贯彻中共十九大精神。市人大常委会召开党组会议、主任会议，传达学习中共十九大精神，下发《关于全市人大系统学习贯彻党的十九大精神的通知》。坚持重大事项报告制度，坚持通过法定程序把市委的意图转变为地方国家权力机关的意志。围绕依法行使立法权、监督权、决定权、任免权，深入调查研究，总结实践经验，为人大工作创新发展奠定基础。

围绕中心，服务全市经济社会发展大局。市人大常委会紧贴市委中心工作，紧扣事关改革发展的重大问题和人民群众的普遍关切，依法履职尽责。市人大常委会印发《关于全力推进“五个一”战略工程实施的决议》，在全市上下营造氛围，汇聚合力。开展高铁综合枢纽、新水源地及跨区域引水工程建设现场、汽车产业发展情况等调研，形成《深入推进“五个一”战略工程，补齐全面建成小康社会短板》等调研报告，为市委市政府提供重要参考。专题审议全市实体经济及其产业发展情况，组织开展智能终端产业发展情况专题调研，专题视察全市高新技术园区、高新技术企业、高新技术产品研发情况，助力经济转型升级。听取和审议市政府《关于上半年经济运行及国民经济计划执行情况的报告》，作出批准市本级预算调整的决议，跟踪监督审计查出问题整改落实工作，专题调研财政资金绩效管理情况，建成预算联网监督综合查询系统，保障经济健康运行。抢抓江淮生态经济区建设战略机遇，开展畜禽养殖污染防治立法工作，专题审议“263”环境整治专项行动及全市生态文明建设情况，提高绿色发展水平。聚焦富民增收工作，专题审议市政府《关于全民创业及其百姓致富工作情况的报告》，开展精准脱贫和富民增收专题调研。组织代表集中视察全市深化重点领域改革情况，专题调研全市农村集体产权制度改革、医药卫生体制改革等情况，加快推进各项改革措施落地。督办《关于进一步加大农村公路提档升级工程建设力度的议案》（第1号）和市政府20个为民办实事项目推进情况，视察调研中小学教育教学质量、养老服务体系建设、对口援疆等工作，推动保障和改善民生。

厉行法治，推进依法治市进程。市人大常委会把全面推进依法治市作为重要任务，统筹推进科学立法、严格执法、公正司法、全民守法，为全市经济社会发展提供坚强法治保障。落实市委《关于加强党领导立法工作的实施意见》，确保立法工作正确政治方向。编制完成2017—2021年立法规划，制定《盐城市城乡规划条例》《盐城市畜禽养殖污染防治条例》，开展革命遗址和纪念设施保护立法调研。对《中华人民共和国海洋环境保护法》《中华人民共和国旅游法》《中华人民共和国道路交通安全法》及相关条例的实施情况进行检查，对《中华人民共和国食品安全法》《江苏省清真食品监督保护条例》《江苏省保护和促进香港澳门同胞投资条例》的实施情况进行视察，督促有关部门加大执法力度，保证法律法规有效实施。听取和审议全市法院执行工作、全市检察机关刑事执行检察工作情况报告，组织代表旁听案件审理，督促规范司法行为，提升司法公信力。

强化服务，充分发挥代表主体作用。在全市开展“万名代表大走访”主题实践活动，市县乡三级人大联动，组织全市1.12万名五级人大代表，围绕“富民”主题，深入走访群众。年内，代表走访群众1.14万户，解决实际问题1300多件，帮扶困难家庭2200多户；市县乡三级人大归类处理意见建议430多条，督促建立脱贫增收机制60多例。完善“领导带头督办、委室重点督办、代表参与督办”的工作机制，主任会议成员、各委室选择21件代表建议跟踪督办。以“旗帜鲜明讲政治、当好代表为人民”为主题，举办代表履职学习班2期，实现市人大代表培训全覆盖。加强代表活动的组织引导，开展视察调研121次，闭会期间的代表活动规范有序开展。召开县（市、区）人大常委会主任座谈会，学习贯彻中共十九大精神，交流工作经验，研究部署工作。通过召开乡级人大工作座谈会、举办乡级人大工作培训班、常态化开展联动监督等多种方式，加强联系指导和工作协同，县乡人大工作水平有所提高。

固本强基，加强自身建设。扎实推进“两学一做”学习教育常态化制度化，以党组中心组学习为引领，以周五学习日为平台，突出政治教育，强化党性锻炼。组织纪念建党96周年专题党课、学习交流、主题演讲系列活动。开展“增强四个意识、提高履职水平”学习教育活动，围绕“学讲话、学法律、学经济”主题和“有担当、有温度、有作为”目标，先后7次邀请领导干部、专家学者作专题辅导。开展“进万企、解难题、促发展”“牵手致富工程”等活动。注重工作创新，加强调查研究，围绕生态文明建设、全民创业等开展调研，形成调研报告20多篇，为市委、市政府决策提供重要参考。加强廉政建设，制定《关于支持配合市纪委派驻纪检组工作的意见》，增强接受监督的思想自觉和行动自觉。加强制度建设，修订关于讨论决定重大事项的规定、市人大常委会联系市人大代表及市人大代表联系人民群众的办法，完善机关内部管理相关制度，提高人大工作科学化、制度化、规范化水平。

第一节　重要会议

一、市第八届人民代表大会第一次会议

2月16—20日，市第八届人民代表大会第一次会议在盐城召开。大会应到代表551人，实到代表545人，符合法定人数。会议听取并审议代市长戴源所作的政府工作报告，市七届人大常委会副主任周德祥所作的市人大常委会工作报告，市中级人民法院院长王世华所作的市中级人民法院工作报告，市人民检察院代检察长孙光永所作的市人民检察院工作报告。审议《盐城市2016年国民经济和社会发展计划执行情况与2017年国民经济和社会发展计划》《盐城市2016年财政预算执行情况和2017年财政预算草案的报告》。会议表决通过盐城市第八届人民代表大会财政经济委员会、法制委员会组成人员人选，通过市八届人大一次会议关于盐城市人民政府工作报告的决议、关于盐城市2016年国民经济和社会发展计划执行情况与2017年国民经济和社会发展计划的决议、关于盐城市2016年财政预算执行情况和2017年财政预算的决议、关于盐城市人大常委会工作报告的决议、关于盐城市中级人民法院工作报告的决议、盐城市人民检察院工作报告的决议。会议选举王荣平为市八届人大常委会主任，倪峰、尹金来、邹毅实、马俊健、周键云为市八届人大常委会副主任，徐国均为市八届人大常委会秘书长；戴源为市人民政府市长，庄兆林、陈红红、蒋巍、崔浩、葛启发、李逸浩、王巧全为副市长；王世华为市中级人民法院院长、孙光永为市人民检察院检察长；大会还选举产生市八届人大常委会委员40名。大会主席团成员，市政府、市政协负责人，市中级人民法院、市人民检察院主要负责人，曾任地市正职和市人大常委会副主任的老领导在主席台就座。列席大会的有：出席市政协八届一次会议的全体委员；不是市八届人大代表的市政府组成人员，市委副秘书长及市委各部门、群众团体主要负责人，市政府副秘书长、市政府有关直属单位主要负责人，各县（市、区）人民政府、盐城经济技术开发区管委会、城南新区管委会主要负责人，市中级人民法院副院长、市人民检察院副检察长，市区大中专院校、省属驻盐单位、市政府驻外联络处主要负责人，各县（市、区）人民法院院长、人民检察院检察长，盐城经济技术开发区人民法院院长、人民检察院检察长，市七届人大常委会组成人员，市区部分重点企业主要负责人。

二、市人大常委会会议

2017年，市人大常委会召开常委会会议9次，听取和审议市“一府两院”专项工作报告17项，作出决议决定6项，依法任免国家机关工作人员110人次。

1月13日，市七届人大常委会召开第三十四次会议。会议审议通过有关人事任免事项。

1月23日，市七届人大常委会召开第三十五次会议。会议审议通过有关人事任免事项、《盐城市人大常委会关于召开盐城市第八届人民代表大会第一次会议的决定》、市八届人大一次会议列席人员范围，听取并通过盐城市人大常委会代表资格审查委员会关于盐城市第八届人民代表大会代表的代表资格的审查报告，审议市八届人大一次会议建议议程（草案）、市八届人大一次会议主席团

2月16日，盐城市第八届人民代表大会第一次会议在盐城召开。

市人大办/供

和秘书长建议名单（草案），听取市八届人大一次会议筹备工作情况报告，审议并原则通过市人大常委会工作报告（提请审议稿）。

3月28日，市八届人大常委会召开第一次会议。会议审议并表决通过《盐城市人大常委会关于全力推进“五个一”战略工程实施的决议》，听取和审议市政府关于全市实体经济及其产业发展情况的报告，市人大常委会环资委关于进一步加大农村公路提档升级工程建设力度的议案（第1号）处理意见的报告，审议通过《盐城市人大常委会关于加强自身建设的意见》《盐城市第八届人大常委会代表资格审查委员会主任委员、副主任委员、委员名单》和其他人事任免事项。被任命人员进行宪法宣誓。

4月19日，市八届人大常委会召开第二次会议。会议决定任命新一届市人民政府秘书长和各工作部门主要负责人，批准任命各县（市、区）人民检察院检察长。被任命人员进行集体宪法宣誓。

5月26日，市八届人大常委会召开第三次会议。会议听取和审议市政府关于“263”环境整治专项行动及全市生态文明建设情况的报告、市检察院关于全市检察机关刑事执行检察工作情况的报告、市政府关于全市企业上市情况的报告、市人大常委会执法检查组关于检查全市贯彻实施《中华人民共和国海洋环境保护法》《江苏省海洋环境保护条例》情况的报告，会议听取并表决通过市八届人大常委会代表资格审查委员会关于个别代表的代表资格的报告，审议并表决通过有关人事免职事项，审议市政府关于提请审议《盐城市城乡规划条例（草案）》的议案，待进一步修改完善后提请市人大常委会会议第二次审议。

7月26日，市八届人大常委会召开第四次会议。会议听取和审议市政府关于全市上半年经济运行及国民经济计划、财政预算执行情况的报告，《盐城市人民政府关于提请审议2017年盐城市本级财政预算调整方案（草案）的议案》，市政府关于市本级2016年财政决算情况的报告，市政府关于2016年市本级预算执行和其他财政收支情况的审计工作报告，《盐城市人民政府关于提请审议盐城市城市总体规划（2013—2030）较大修改成果的议案》，市政府关于全市友好城市工作情况的报告。会议审议并表决通过《盐城市人大常委会关于批准2017年盐城市本级财政预算调整方案的决议》《盐城市人大常委会关于批准2016年市本级财政决算的决议》《盐城市人大常委会关于<盐城市城市总体规划（2013—2030）较大修改成果>的决议》和有关人事任免事项。会议审议市政府关于提请审议《盐城市畜禽养殖污染防治条例（草案）》的议案，待进一步修改完善后提请市人大常委会会议第二次审议。

9月27—28日，市八届人大常委会召开第五次会议。会议审议并表决通过人事任命事项。新任命人员进行宪法宣誓。会议听取和审议市政府关于全市全民创业及其百姓致富情况的报告，关于大力实施“一片林”战略工程、打造绿色盐城的报告，关于“五大组团”规划建设及城市化建设情况的报告，市中级人民法院关于全市法院执行工作情况的报告。会议听取和审议市人大常委会执法检查组关于检查全市贯彻实施《中华人民共和国旅游法》《江苏省旅游条例》情况的报告，审议通过《盐城市人大常委会讨论决定重大事项的规定》。会议审议并表决通过《盐城市城乡规划条例》，待报请省人大常委会批准后公布施行。

11月28—29日，市八届人大常委会召开第六次会议。会议听取和审议市政府关于2017年市政府为民办实事项目推进情况的报告，《盐城市人民政府关于提请审议盐城市本级2017年财政预算调整方案（草案）的议案》，市政府关于2016年市本级预算执行和其他财政收支审计查出问题整改情况的报告，市人大常委会执法检查组关于检查全市贯彻实施《中华人民共和国道路交通安全法》情况的报告，关于市八届人大一次会议代表建议、批评和意见办理情况的报告。会议听取和审议市政府关于进一步加大农村公路提档升级工程建设力度的议案（第1号）办理情况的报告，并进行满意度测评。会议审议并表决通过《盐城市人大常委会关于批准盐城市本级2017年财政预算调整方案的决议》《盐城市人大常委会关于召开盐城市第八届人民代表大会第二次会议的决定》和有关人事任免事项。会议审议并表决通过《盐城市畜禽养殖污染防治条例》，待报请省人大常委会批准后公布施行。

12月26日，市八届人大常委会召开第七次会议。会议审议市八届人大二次会议建议议程（草案）、市八届人大二次会议主席团和秘书长建议名单（草案），听取并表决通过市八届人大常委会代表资格审查委员会关于部分代表的代表资格的审查报告、八届人大二次会议列席人员范围，听取关于市八届人大二次会议筹备工作情况的报告，会议原则通过市人大常委会工作报告（提请审议稿）。

三、市人大常委会主任会议

2017年，市七届人大常委会召开主任会议2次，市八届人大常委会召开主任会议14次，会议讨论研究并具体处理市人大常委会的重要日常工作，听取市政府、市中级法院、市检察院及有关部门工作汇报，市人大常委会各工作机构关于调查工作情况的汇报，讨论有关人事任免事项。

会议听取市人大常委会关于组织代表视察全市深化改革情况的汇报、常委会上半年部分审议意见办理情况的汇报、关于主任会议督办的市八届人大一次会议代表建议办理情况的汇报，市政府关于引水工程建设和水源地保护工作情况的汇报、全市休闲观光农业发展情况的汇报、市直财政专项资金绩效管理情况的汇报、市区内环高架快速路网三期工程规划建设情况的汇报、对口支援新疆工作情况的汇报，市财政局关于市本级财政预决算和市直部门预决算公开情况的汇报、市卫计委关于全市中医药发展情况的汇报、市粮食局关于“放心粮油”工程建设与推进情况的汇报，市中级法院、市检察院关于司法责任制落实情况的汇报。会议讨论研究《关于全市人大系统迅速学习贯彻党的十九大精神的通知》，讨论并原则通过《盐城市人大常委会2017—2021年立法规划》，会议还讨论常委会会议相关事项、人事任免及其他有关事项。

四、出席全国、省人民代表大会

2月6—10日，江苏省第十二届人民代表大会第五次会议在南京召开。盐城代表团71名省人大代表出席会议。全国人大财经委副主任委员李学勇，省人大常委会副主任史和平、赵鹏参加盐城代表团审议。会议期间，盐城代表团向大会提交议案和建议41件。

3月5—15日，第十二届全国人民代表大会第五次会议在北京召开。市政协副主席、阜宁县委书记顾云岭，悦达集团董事局原主席陈云华，市疾病预防控制中心主任沈进进，市耕地质量保护站站长、党支部书记秦光蔚，盐城幼儿高等师范专科学校副校长、中国音乐家协会理事蒋婉求，亭湖区五星街道雅和社区党委书记、居委会主任苏珍，盐都区潘黄街道仰徐村党委书记徐荣春，江苏瑞信律师事务所主任刘玲8名盐城市十二届全国人大代表出席会议。在大会规定时间内，盐城市全国人大代表提交议案8件和建议27条。

7月28—29日，江苏省第十二届人民代表大会第六次会议在南京召开。盐城代表团70名省人大代表出席会议。全国人大财经委副主任委员李学勇，省人大常委会常务副主任、党组副书记史和平，省人大常委会副主任赵鹏等参加盐城代表团审议。

第二节　重要活动

2017年，市人大常委会分别对《中华人民共和国海洋环境保护法》《中华人民共和国道路交通安全法》《江苏省海洋环境保护条例》《中华人民共和国旅游法》《江苏省旅游条例》情况等法律法规的实施情况进行专项检查。

4月，市人大常委会执法检查组赴滨海县、射阳县，就《中华人民共和国海洋环境保护法》《江苏省海洋环境保护条例》贯彻实施情况开展执法检查。市八届人大常委会第三次会议听取和审议执法检查报告。会议要求，加大宣传教育力度，在全社会形成支持和参与海洋环境保护的良好氛围；坚持问题导向，统筹做好陆上和海洋污染防治工作，推进海洋可持续发展；健全完善政府领导、部门配合、全民参与的海洋环境保护管理体制，形成合力推进海洋环境保护工作的良好局面。

9月，市人大常委会常务副主任倪峰率队就《中华人民共和国旅游法》《江苏省旅游条例》（以下简称“一法一条例”）贯彻实施情况进行执法检查。市八届人大常委会第五次会议听取和审议执法检查报告。会议要求，继续加大“一法一条例”的宣传普及力度，加强对旅游经营者及从业人员的普法培训，提高普法实效；发挥规划引领作用，加快重大旅游综合体项目建设；完善旅游公共服务体系建设，加快推进“吃、住、行、游、购、娱”六大旅游产业要素的配套与提升，打造地方特色旅游品牌。

11月，市人大常委会副主任尹金来率队就《中华人民共和国道路交通安全法》实施情况进行执法检查。市八届人大常委会第六次会议听取和审议执法检查报告。会议要求，主动适应人民群众的出行需要和交通科学发展需要，加大道路交通安全法贯彻实施力度，把隐患消除在萌芽状态；切实加强对道路交通安全管理工作的组织领导、总体协调，真正形成齐抓共管的良好局面；强化交通安全宣传，不断提高交通参与者的安全意识和法制观念，培养广大人民群众自觉守法、文明交通的意识。

第三节　议案及建议

2017年，市八届人大一次会议上收到代表建议、批评和意见227件。其中，涉及发展规划、综合经济方面的22件，涉及农业、农村、水利方面的15件，涉及工业、交通方面的25件，涉及财政、税收、金融方面的9件，涉及流通、服务业方面的14件，涉及城乡建设、环境资源方面的27件，涉及科教文卫体方面的31件，涉及社会及公共事务方面的36件，涉及行政法制、廉政建设方面的23件，其他方面的25件。市八届人大一次会议结束后，市人大常委会人代委将代表建议进行梳理归类，并根据建议内容和单位工作职能，分别交由有关机关、组织研究办理。其中，市政府及其部门办理的196件，市人大及其常委会和党群部门办理的31件。除了闭会期间的1件代表建议因未到办理截止期限外，其他代表建议办理情况均全部答复并在盐城市建议提案网上公开。年内，已办理的226件代表建议中，得到解决和基本解决问题的43件（A类），占19%；仍在解决和列入计划逐步解决问题的165件（B类），占73%；因条件限制和因其他原因年内难以解决问题的18件（C类），占8%，代表对结果满意和基本满意率为100%。

第1号议案　市八届人大一次会议上，阜宁代表团王强等12位代表提出关于《进一步加大农村公路提档升级工程建设力度的议案》，被大会主席团确定为“1号议案”。3月，市八届人大常委会第一次会议听取和审议市人大常委会环资委关于议案处理意见的报告，交由市政府研究办理。市政府把“1号议案”办理工作列为2017年市政府为民办实事项目，并纳入年度综合目标任务考核，多次召开会议研究会办，加大工程建设力度，全市农村公路提档升级工程取得阶段性成果。市八届人大常委会第六次会议听取和审议市政府关于市八届人大一次会议第1号议案办理情况的报告。会议要求，要加大推进力度，对照目标要求，细化职责分工，落实政策措施，加大推进力度，加快建设进度。要加强技术指导，按照“四好农村路”（建设好、管理好、养护好、运营好）建设要求，突出技术指导和质量监管，坚持把农村公路提档升级工程与村庄环境整治、美丽乡村建设等工作结合起来，统筹安排，协同实施，提升工程技术等级。要加强政策扶持，切实加大对农村公路提档升级工程财政性资金投入，制定农村公路建设专项资金筹措和管理办法，并加强资金管理，确保工程建设快速推进。

（袁　悦　倪　侃）

第23章　盐城市人民政府

责任编辑　潘其锐

综　述

2017年，盐城市贯彻落实中共十八大和十九大精神，按照省委、省政府的部署要求，扎实推进产业强市、生态立市、富民兴市和“五个一”战略工程，全面做好稳增长、促改革、调结构、惠民生、防风险各项工作，较好完成年度目标任务。

经济运行稳中提质。全市地区生产总值首次突破5000亿元，达到5082.69亿元，比上年增长6.8%。人均国内生产总值达到7.02万元，首次突破1万美元。一般公共预算收入360亿元，完成市人大常委会批准的调整指标。完成固定资产投资4278.49亿元，社会消费品零售总额1806.2亿元。全市第三产业比重首次超过第二产业，实现由“二三一”向“三二一”的重大转变。农业基础持续加强。全市实现农林牧渔业增加值585.97亿元，同比增长3%。全年粮食总产685.82万吨，调减低产低效粮油作物面积4.91万公顷。农业现代化进程加快，全市设施农业增量、总量均居全省第一。全市新增“三品”（无公害农产品、绿色食品、有机农产品）706个，总数2640个。农产品网上销售额突破100亿元。工业生产稳步回升。全市规模以上工业企业实现总产值8518亿元，同比增长6.3%；实现增加值1792.3亿元，同比增长3.6%。规模以上工业企业增长面63.2%。全市工业企业实现全口径开票销售4759.6亿元，同比增长4.4%。全市开票销售超亿元企业691户。服务业发展态势良好，服务业实现增加值2261.78亿元，同比增长10.1%。

转型升级步伐加快。传统行业加快转型。全市实施千万元以上技改项目522项，年内完成投资263.3亿元。高新技术产业加快发展，全市高新技术产业企业870家，实现产值3239.8亿元，同比增长19%，对全市规模以上工业增长贡献率92.8%。新兴产业增势良好，全市实现战略性新兴产业产值1200亿元。新兴业态发展强劲。全市电子商务交易额1853亿元，同比增长21.5%；网络零售额287亿元，同比增长27.8%。旅游业蓬勃发展，全市共接待海内外游客2926.8万人次，同比增长13.7%，实现旅游总收入311.75亿元，同比增长17.9%，其中旅游外汇收入8212.3万美元，同比增长27.9%。创新能力不断增强。全市科技研发投入占地区生产总值的比重为2.06%，科技进步贡献率55.1%。全市新认定国家高新技术企业136家，总数610家，净增78家。全年申请发明专利9137件，同比增长62.5%；授权发明专利1390件，同比增长65.1%；有效发明专利拥有量3992件，同比增长53.4%，3个指标增幅居全省第一位。

改革开放纵深推进。各项改革取得新进展。深化供给侧结构性改革，全面完成去产能年度任务。全市商品住房库存去化周期缩短到7.7个月。新增直接融资422.24亿元，累计帮助企业降低成本60亿元。深化“放管服”改革，建成全市政务服务网络平台，推行“不见面审批”和数字化联合审图，实现“3550”改革目标。开展承担行政职能事业单位改革试点，稳步推进行政执法体制改革。投融资体制改革取得明显成效，设立并运行市政府产业基金6支，总规模超过230亿元，累计投放项目37个，完成投资89.3亿元，其中撬动社会资本67.9亿元。沿海开发实现新突破。滨海港区获批国家一类开放口岸，射阳港区获批国家一类临时开放口岸，大丰港区保税物流中心正式封关运营，响水港区保税物流园开工建设。全年港口货物吞吐量9016.63万吨。临港产业快速发展，响水德龙镍业销售突破300亿元，滨海国电投协鑫2×100万千瓦火电机组并网发电，射阳远景能源等一批沿海重大项目投产达效。海洋新兴产业实现开票销售280亿元，同比增长19.1%。对外开放呈现新局面。中韩（盐城）产业园获得国务院批准设立，北上海临港生态智造城全面开工，南北园区合作共建不断深化。开展园区“等级创建”，各类产业园区加快转型、提质增效。全市完成进出口总额86.5亿美元，同比增长8.8%，总量居苏北第一位。注册外资实际到账7.9亿美元，同比增长11.6%。新批利用外资项目157个，同比增长4.7%，其中5000万美元以上项目27个，同比增长28.6%。

人居环境持续向好。落实中央环保督察整改要求，推动8个环境具体问题立行立改，饮用水源保护区、通榆河保护区、自然保护区、化工园区一批历史遗留问题得到有效解决。举办黄（渤）海湿地可持续发展与世界自然遗产国际研讨会，珍禽和麋鹿2个国家级自然保护区被列入世界自然遗产预备名录。盐城通过国家卫生城市复审，被评为全省首批绿色建筑示范市。滨海、响水通过省级生态县验收，阜宁、大丰、东台经济开发区通过省级生态工业园区考核。关停化工生产企业32家，关闭燃煤锅炉583台，单位国内生产总值能耗降幅全省第二位，主要污染物削减量完成省定目标。开展大气污染专项治理行动，空气质量优良天数289天，全省最高，连续三年被省表彰为大气污染防治优秀城市。城乡面貌不断改善。推行河长制，全面完成城乡河道整治三年任务。在市区部署开展“三治三化”（“三治”即治脏、治乱、治堵，“三化”即绿化、亮化、美化）市区水环境治理、棚户区（危旧房、城中村）治理、违法建设治理和城市绿化、亮化和美化专项行动，加强黑臭水体治理，完成1388幢楼宇亮化升级工程，新开工棚改安置住房4019套，基本建成3805套，整治9个老旧小区。农村环境不断改善，特色镇村培育取得新进展，盐都大纵湖镇入选全国第二批特色小镇，市经济技术开发区汽车小镇、城南新区数梦小镇、大丰荷兰花海风情小镇、亭湖千鹤湾温泉风情小镇列入省级特色小镇创建培育名单，东台三仓镇兰址、联南、官苴3个村庄成为省首批特色田园乡村建设试点。

10月8日，盐城市政府与印尼金光集团在南京签署产业合作项目协议。
王亚洲/摄

民生福祉持续改善。全年全市财政民生支出578亿元，20件民生实事完成年度任务。全年新增城镇就业12.1万人，城镇常住居民人均可支配收入3.31万元，同比增长8.6%，农村常住居民人均可支配收入1.87万元，同比增长9%。完成12万名建档立卡低收入人口和36个省定经济薄弱村脱贫任务。推进健康扶贫工程，民生“三项保险”（自然灾害民生保险、托底救助对象特别重大疾病专项保险、“五保”及“三无”对象失能（失智）护理保险）全面落实，惠及71.8万名因病、因残、因灾祸导致的低保户及低保边缘群体。公共服务水平不断提升。新建、改扩建中小学、幼儿园61所，教育总投入160亿元。引进合作办学项目34个、各类名师36人。推进“健康盐城”建设，城乡居民均享有14类55项免费基本公共卫生服务，完成基层医疗卫生机构基础设施标准化建设三年目标，建立院士工作站3个、名院名医工作室33个。覆盖城乡的公共文化服务体系基本形成，盐城被评为江苏省首批“书香城市建设先进市”。开展全民健身运动，成功承办第31届亚洲城市保龄球锦标赛。社会保障体系更加完善。城乡基本社会保险覆盖率稳定在97%以上，29.5万名低收入困难群体免费纳入城乡居民医保体系，在全国率先实现跨省异地就医直接联网结算。农村康居工程扎实推进，完成C级危房改造5.4万户。“6·23”灾后重建全面完成，总建筑面积近60万平方米的20个集中安置点如期交付，抗灾救灾工作取得决定性胜利。法治盐城、平安盐城建设深入推进，“七五”普法广泛开展，系列“黄海行动”取得成效，刑事案件发案数全省最低，被评为全国社会治安综合治理优秀市。安全生产事故起数和死亡人数保持“双下降”。开展“大走访大落实”活动，一批社会矛盾纠纷和信访积案得到化解，社会大局和谐稳定。

“五个一”战略工程成效明显。“一张网”快速推进。实施交通基础设施6个类39个项目，完成投资161亿元。内环高架快速路网三期工程开工建设，盐徐高铁路基桥梁施工基本完成，盐连快铁盐城段主线基本贯通。宁盐高速等5条高速列入省新一轮高速公路网规划。提档升级农村公路2880千米，改造桥梁1823座。“一桶水”加快引进。新水源地及跨区域引水工程完成投资31亿元，占全部工程量的70%。盐龙湖水厂一期工程建成供水，通榆河取水口原水预处理净化、盐龙湖水库优化提升等工程快速实施。“一部车”难中求进。制定实施一揽子政策措施，促进汽车产业发展企稳向好，汽车产业规模1600亿元。东风悦达起亚汽车有限公司与百度合作打造国内合资品牌首款智能网联车，自主品牌纯电动车华骐300E成功上市。奥新新能源乘用车项目对外合作取得重大进展。与省产业研究院在盐城合作成立江苏新能源汽车研究院。“一片林”有力推进。实施沿海百万亩生态防护林工程，新造成片林8266.67公顷，改造提升1.06万公顷，新增城镇绿化3650公顷，造林总量全省第一，全市林木覆盖率26.7%。建湖、阜宁创成国家园林城市。“一座城”品质提升。中心城市加快建设，实施150项城建重点项目，完成投资260亿元。“五大组团”扎实推进，南海未来城组团核心区启动建设，范公堤高铁综合枢纽组团高铁站房即将开工，大洋湾生态组团400公顷核心区基本成型，先锋岛生态组团启动环境整治及征收拆迁工作，斗龙港生态组团5类17项重点工程全面动工。城市功能进一步完善，市体育中心荣获鲁班奖，国家智慧城市试点通过验收。开展国家新型城镇化综合试点，县城及重点镇规划建设水平提高、承载能力增强，全市常住人口城镇化率62.9%。

自身建设不断加强。全面增强"四个意识"（政治意识、大局意识、核心意识、看齐意识）。严守政治纪律和政治规矩，始终与以习近平同志为核心的党中央保持高度一致。不断提升政府工作组织化程度。开展"学先进、找差距，补短板、促发展"活动，提高工作标准，浓厚争先创优氛围。市财政局成为全国财政系统法治财政建设示范点，市环保局获评全国环境执法大练兵表现突出单位。深入推进法治政府建设。严格依法行政，推进政务公开。全市新增主动公开政府信息18.67万条，其中各县（市、区）公开8.9万条，市直部门公开9.77万条，促进政府施政更加透明高效。自觉接受市人大工作监督、法律监督和市政协民主监督，办理市人大代表建议196件、市政协委员提案285件。持续转变机关作风。严格执行中央"八项规定"和省、市委"十项规定"，落实政府系统党风廉政建设责任制，做好市委巡察反馈问题的整改落实。

第一节　重要会议

一、市政府常务会议

2017年，市政府召开常务会议10次。

1月18日，市政府召开第七届政府第四十次常务会议。学习中纪委、省纪委全会精神及《中国共产党廉洁自律准则》《中国共产党问责条例》《中国共产党党内监督条例》，研究《政府工作报告（讨论稿）》《关于盐城市2016年国民经济社会发展计划执行情况和2017年国民经济社会发展计划草案的报告（征求意见稿）》，听取2017年市财政预算编制情况。

1月25日，市政府召开第四十一次常务会议。研究有关单位人员记功奖励事项。

4月1日，市政府召开第八届政府第一次常务会议。研究《2017年市政府工作报告目标任务分解》《关于加强安全生产监管执法的实施意见》《关于加强社会救助政策衔接统筹使用社会资源建立大救助机制的意见》《盐城市食品小作坊登记管理办法（试行）》《关于深入推进人民防空改革发展的实施意见》《关于深化出租汽车行业改革的实施意见》《盐城市网络预约出租汽车经营服务管理实施细则（暂行）》《关于推进基层综合性文化服务中心建设的实施意见》等文件，对新一届市政府组成部门认真履职提出要求，对重点工作作部署。

4月28日，市政府召开第二次常务会议。听取一季度"两重一实"（重大项目、重点工程、为民办实事工程）项目推进情况，审议《关于加强能源资源开发利用管理的意见》《市政府有关部门和单位安全生产工作职责规定》等文件，研究2016年度市科学技术奖、市长质量奖评审情况。

5月25日，市政府召开第三次常务会议。研究《盐城市深度融入长三角一体化发展行动方案（2017—2020年）》《2017年全市新型城镇化重点工作任务》《盐城市深化投融资体制改革的实施意见》《全市新一轮沿海开放开发行动计划》《盐城市城乡规划条例（草案）》《关于推进现代公共文化服务体系建设的实施意见》等文件。

6月7日，市政府召开第四次常务会议。研究市环高架快速路网三期工程、南海未来城、斗龙港生态组团等规划。

7月21日，市政府召开第五次常务会议。传达学习市委七届四次全会精神，学习《国务院关于在市场体系建设中建立公平竞争审查制度的意见》，研究《盐城市畜禽养殖污染防治条例（草案）》《盐城市土壤污染防治工作方案》《盐城市辐射事故应急预案》《"健康盐城2030"规划纲要》《关于积极利用外资的意见》等文件。

10月13日，市政府召开第六次常务会议。听取2017年"两重一实"项目进展情况、全市安全稳定工作情况，审议《关于加快推进城乡义务教育一体化促进优质均衡发展的实施意见》《盐城市水利基础设施建设三年行动实施方案》《盐城市加快推进残疾人小康进程实施方案》《盐城市深化文化市场综合执法改革实施方案》等文件。

11月14日，市政府召开第七次常务会议。研究《盐城市政府性债务风险应急处置预案》《盐城市市区政府性债务风险预警办法》《盐城市本级债务化解方案》《关于加快推进装配式建筑发展的实施意见》《盐城经济技术开发区"三定"方案》等文件。

12月28日，市政府召开第八次常务会议。研究讨论市八届人大二次会议相关文件和报告。

二、其他会议

2月28日，市委、市政府召开全市农村工作会议。市委书记、市人大常委会主任王荣平出席会议并讲话，市委副书记、市长戴源主持，市委副书记戴元湖出席。会议学习习近平总书记关于推进农业供给侧结构性改革的重要指示，贯彻落实中央和全省农村工作会议精神，围绕"两聚一高"主题和"产业强市、生态立市、富民兴市"战略部署，谋划推进农业供给侧结构性改革、提高农业农村发展水平的重点任务和目标举措。副市长崔浩就具体工作措施作部署，市委常委王荣、市政协副主席顾云岭出席。市委农村工作领导小组成员单位主要负责人，市有关部门单位负责人，市委扶贫工作队队长，各县（市、区）和盐城经济技术开发区、城南新区主要负责人、分管负责人，各镇（街道、中心社区）主要负责人出席会议。省委驻响水县、滨海县帮扶工作队队长参加会议。会上印发《关于深入推进农业供给侧结构性改革促进农民持续增收的实施意见》《关于印发2017年全市农业农村重点工作目标和农业重点项目计划的通知》。

4月28日，市政府召开第一次全体会议。市长戴源出席会议并讲话，市委常委、常务副市长庄兆林主持会议，市委常委、副市长陈红红，副市长蒋巍、崔浩、葛启发、李逸浩、王巧全，市政府秘书长徐龙波出席会议。会议贯彻落实市第七次党代会和市"两会"精神，研究部署新一届政府主要工作任务。会议要求，市政府班子成员和各部门、各单位全面贯彻落实新发展理念，按照省委、省政府和市委部署要求，提高工作标准，提升行政效能，改革创新、务实高效、主动作为，确保全面完成年度各项目标任务，开创政府工作新局面。会上，各位副市长向市长递交党风廉政建设责任书。

5月8日，全市脱贫攻坚现场推进会在滨海召开。市委书记、市人大常委会主任王荣平出席会议并讲话。市长戴源主持会议，市政协主席李驰、市委副书记戴元湖等参加。市领导王荣、倪峰、崔浩、顾云岭参加。会议强调，要贯彻习近平总书记关于扶贫开发重要战略思想，落实省委、省政府工作部署，按照市第七次党代会要求，突出问题导向，全力推动脱贫攻坚再上新台阶，为全面建成小康社会奠定坚实基础。各县（市、区）、盐城经济技术开发区、城南新区和市有关部门负责人，省委驻滨海县、响水县帮扶工作队和市委帮扶工作队队长等参加会议。

9月29—30日，盐城市委、市政府举行“聚焦区域功能新格局 实现沿海发展新跨越”战略研讨会。 王亚洲/摄

7月27日，市安委会召开全体（扩大）会议。市长、市安委会主任戴源出席会议并讲话，副市长葛启发主持会议。会议总结上半年全市安全生产情况，分析形势并安排下半年工作，部署开展全市安全生产大检查大排查大整治工作。会议提出，要贯彻落实全国安全生产电视电话会议、全省安委会全体（扩大）会议精神，按照全市社会矛盾和安全隐患大排查大整治活动部署，动真碰硬做好安全生产各项工作。各县（市、区）、盐城经济技术开发区、城南新区，市安委会全体成员单位、重点企业负责人参加会议。

9月9日，市委、市政府召开庆祝2017年教师节座谈会。市委书记王荣平出席会议并讲话。市委常委、常务副市长陈红红主持会议，市领导吴晓丹、羊维达、尹金来、葛启发、孙长春参加会议。会议向全市广大教育工作者致以节日问候和敬意，并首次对全市高层次教育人才给予奖励。会议向全市广大教育工作者推荐书籍《假如给我三天光明》，勉励大家在海伦·凯勒和陶行知身上寻找价值追求，用大爱在教育的广阔舞台奏响人生最美的旋律。各县（市、区）、市经济技术开发区、城南新区和市有关部门负责人，高层次教育人才、乡村教师、特教老师和新教师代表，市直学校教师代表等参加会议。

9月29—30日，市委、市政府在盐城举行“聚焦区域功能新格局 实现沿海发展新跨越”战略研讨会。市委书记王荣平出席研讨会并致辞，市长戴源主持研讨会。省沿海办主任林一峰、省政府研究室副主任沈和，市领导陈红红、崔浩、李逸浩参加。研讨会邀请著名经济学家、教育部社会科学委员会副主任委员、南京大学原党委书记洪银兴等一批专家齐聚盐城，围绕盐城如何贯彻落实省委、省政府“1+3”重点功能区（“1”即扬子江城市群，“3”包括沿海经济带、以宿迁为主的生态经济区和淮海经济区中心城市徐州）战略，在全省新的功能布局中谋求更高定位、展示更大作为，开展研讨。市各有关部门和单位主要负责人等参加会议。

10月27日，市委、市政府在阜宁召开全市产业园区项目载体建设现场推进会。市委书记王荣平出席会议并讲话。市长戴源主持会议，市政协主席李驰等出席。市领导张礼祥、陈红红、王荣、王小红、吴晓丹、羊维达、倪峰、马俊健、周键云、蒋巍、孙轶、崔浩、吕拔生、顾云岭参加。会议强调，要深入贯彻落实中共十九大精神，按照省苏北发展座谈会、江淮生态经济区建设现场推进会部署要求，在“1+3”重点功能区战略中争取更大作为。各县（市、区）、盐城经济技术开发区、城南新区，以及市各有关部门和单位主要负责人，省级以上产业园区党（工）委书记、各镇（街道、中心社区）党（工）委书记等参加会议。

11月6日，市政府党组召开会议，深入交流学习中共十九大精神心得体会。市长、市政府党组书记戴源主持会议并讲话。市政府党组成员陈红红、孙轶、崔浩、葛启发、李逸浩、王巧全、徐龙波参加。围绕学习贯彻好中共十九大精神，市政府党组成员先后发言，交流心得体会。会议强调，要坚持学用结合，围绕“产业强市、生态立市、富民兴市”和“五个一”战略工程，根据市委确定的重点调研课题，思考谋划2018年工作思路和重点，确保把中共十九大精神贯彻落实到经济社会发展和政府各项工作全过程。

11月23日，市委、市政府召开全市医疗卫生机构省级以上临床重点专科建设座谈会。市委书记王荣平出席并讲话，市长戴源主持会议。市领导邹毅实、葛启发、孙长春参加。会议公布“盐城市省级以上重点专科带头人年度考核奖励结果”，首次对18名省级以上重点专科带头人进行奖励。各县（市、区）、市经济技术开发区、城南新区、市有关部门单位负责人参加会议。

11月26日，盐城市召开市级承担行政职能事业单位改革试点工作动员部署会议。市长戴源出席会议并讲话，市委常委、常务副市长陈红红主持会议。会议贯彻中央和省部署要求，落实市委深改组会议精神。会议强调，要全面理顺职能，进一步厘清政府与事业单位的边界，明晰事业单位功能定位，加快实现政事分开；严控机构编制，严把机构编制总量关，把精简摆在突出位置，在“减”字上做文章，在盘活存量上想办法；妥善安置人员，过细做好工作，切实保障涉改人员合法权益，确保平稳过渡；强化组织领导、细化工作责任、严肃工作纪律、定期督促检查、强化问责问效，确保改革试点工作取得实效。东台市、滨海县和市有关部门负责人参加会议。

11月29日，盐城市召开全市安全生产大检查大整治大落实工作会议。市委书记王荣平作出批示，市长戴源出席会议并讲话。市委常委、常务副市长陈红红，副市长孙轶、李逸浩、王巧全参加会议。副市长葛启发主持会议。会议明确，自2017年12月1日起，在全市开展为期三个月的安全生产大检查大整治大落实专项行动。会议强调，各地各部门要以中共十九大精神为指引，细致靠实抓牢安全生产各项工作；扎实开展专项行动，督促企业开展自查自纠、属地开展安全排查、行业开展专业督查，做到检查“全覆盖”；突出道路交通运输、建筑施工、危化品和烟花爆竹、消防和人员密集场所、特种设备和燃气等重点行业领域，推动隐患问题整改落实，做到整治“零死角”；夯实基层基础工作，增强安全风险管控、监管执法、基础保障能力，做到落实“见成效”。各县（市、区）、市经济技术开发区、城南新区、市有关部门和单位负责人等参加会议。

12月12日，市委、市政府召开市区“三治三化”专项行动动员部署会议。市委书记王荣平出席并讲话，市长戴源作具体部署。市政协主席李驰等出席。市领导陈红红、尹卫东、王小红、羊维达、倪峰、周键云、王巧全等参加，副市长李逸浩主持。会议提出，计划用三年时间，在市区实施水环境治理、棚户区（危旧房、城中村）治理、违法建设治理和城市绿化、亮化、美化专项行动。市委书记王荣平强调，要大力转变城市工作方式，全面提升城市环境品质，加快建设和谐宜居、富有活力、特色鲜明的现代化沿海中心城市，不断增强人民的获得感幸福感。亭湖区和市规划局、城乡建设局、城管局、房产局作表态发言。会议印发《关于严禁党员干部参与违法建设的通知》《关于开展严厉打击违法建设专项行动的通告》。

12月15日，市委、市政府举行生态园林和绿化建设专家咨询会。市委书记王荣平、市长戴源到会听取专家意见。副市长崔浩、李逸浩参加会议。咨询会邀请一批国内知名园林绿化专家齐聚盐城，就盐城市如何贯彻落实中共十九大精神，深入实施“生态立市”战略，加快推进“一片林”工程，尊重自然、顺应自然、保护自然，科学植树造林造景，献计献策。大丰区、盐都区、亭湖区和市经济技术开发区、城南新区，市各有关部门和单位主要负责人等参加咨询会。

第二节 重要活动

2017年，盐城市政府加强对外交流合作，组织多场招才招商活动，涉及政治、经济、文化、民生等方面。

1月3—5日，市委书记王荣平，市委副书记、代市长戴源率领盐城市党政代表团赴南京开展招才引智活动。密集走访10所驻南京高校科研院所，进一步加大科技成果转化和人才引进力度。其间，盐城市签约合作项目125项，其中全面合作项目8项、共建研发服务机构项目14项、人才项目6项、技术和产品研发项目97项。

1月4日，盐城市在南京举行盐城籍知名医疗专家座谈会。中国工程院院士、省人民医院肝脏外科研究所所长王学浩，以及解放军南京总医院、省人民医院、省中医院等知名医院的10多位盐城籍医疗专家，就推动盐城市医疗卫生事业发展进行深入交流。与会专家建议，盐城应加强医学基础教育，与省级医疗机构深化合作交流，鼓励申报国家和省科研项目，打造重点学科，培育骨干人才。与会人员表示，在合作办医、学科建设、人才培养等方面全力支持家乡医疗卫生事业发展。

4月14日，市委、市政府在上海举行2017盐城（上海）跨国公司投资合作说明会。现场集中签约一批重点项目，涉及新能源、汽车零部件、节能环保、智能终端等领域。3M（明尼苏达矿务及制造业公司）、博世、ABB（阿西布朗勃法瑞集团）、陶氏化学、普华永道、世邦威理仕等110多家知名跨国公司和机构代表参会。

9月15日，2017中国东部沿海（盐城）国际汽车博览会在盐城国际会展中心开幕。市委副书记戴元湖出席并参观车展，中国汽车工业国际合作有限公司董事长张福生介绍汽博会有关情况。汽车博览会为期五天，展出面积4万平方米，近70家汽车厂商、400款热门车型参加展销。车展期间同步举办汽车小镇主题区、疯狂卡丁车竞速体验、快乐儿童绘画等主题活动；举办2017中国（盐城）新能源汽车与智能网联发展论坛，中外专家学者围绕“‘绿’动中国、‘智’领未来”主题，就“践行中国制造2025战略，促进汽车电动化、智能化发展”等8个议题进行讨论。市领导陈红红、马俊健、蒋巍、吕拔生，盐城经济技术开发区、市有关部门负责人等出席并参观车展。

9月20日，2017中国盐城政府和社会资本合作（PPP）项目推介会在盐城举行。盐城市重视PPP项目建设，专门成立PPP工作领导小组，建立协调联动机制，研究制定相关实施意见，44个项目入选省项目库，总投资653亿元，16个项目落地。推介会推出50个PPP项目，总投资680亿元，涉及市政、旅游、交通运输等10个行业。

9月21—28日，市长戴源率盐城市经贸代表团赴德国、意大利开展招商推介活动。代表团在欧洲期间，走访知名企业和当地商协会，全方位宣传推介盐城，与各方就更深层次、更宽领域合作开展广泛交流，达成一系列共识，成功签约一批项目。21日下午，市代表团在意大利举办中国盐城（米兰）经贸合作餐叙会，意大利铸造供应商协会、BIS工业设计股份集团、速欧集团、乔万尼·柯莱斯皮股份公司等近20家当地企业、商协会代表应邀参加。25日下午，盐城市在德国举办2017中国盐城（慕尼黑）经贸合作说明会，巴斯夫、亚曼、黛安芬、弗劳恩霍夫协会等近150家来自德国、丹麦、意大利、奥地利的工商团体、企业界、金融界代表齐聚一堂，畅叙合作、共商发展。

9月25日，2017第六届中国盐城·国际环保产业博览会暨新形势下环保产业创新发展大会开幕。环博会由创业大赛、创新发展大会、专业展览交易、战略合作签约、12个环保细分领域论坛等构成，王玉庆、郝吉明、曲久辉、裴有康等8位院士专家就新形势下环保产业的创新发展作专题论坛演讲。全球26个国家的近2000位嘉宾参加大会，分享新理念、新技术，展示新产品、新应用，助力盐城市环保产业健康发展。

9月26日，2017盐城（上海）先进制造业投资说明会在上海举办。市委常委、常务副市长陈红红出席说明会并发表致辞。会议向来自上海的100多位企业代表推介盐城先进制造业产业及园区基本情况、独特优势、主攻方向、合作意向，期待在汽车及新能源汽车、智能终端、新能源、节能环保、大数据、高端装备与新材料、高档纺织服装、绿色农产品加工等产业方面开展深度合作。说明会上还举行项目集中签约活动。

9月29日，第四届西部优秀企业家江苏行暨创新发展特色发展峰会在盐城举行。西部地区13个省（市、区）、15个商会与省内各市县洽谈，达成一批投资合作项目意向，27个产业投资项目集中签约，投资总额120.52亿元，涵盖大数据、跨境电商、新材料、新能源、环保设备、通用航空产业、智能电网、高端装备制造等领域。

10月12日，纪念新四军成立80周年活动在盐城举行。活动对参加抗战的新四军老战士致以崇高敬意，向牺牲的革命先烈表示深切缅怀。活动意在更加努力担负起弘扬新四军精神、研究新四军历史的使命，进行广泛深入的爱国主义教育和革命传统教育，讲好新四军故事，传承红色基因，激励广大干群不忘初心、继续前进，努力以全面小康社会建设的过硬成果，迎接党的十九大胜利召开。

11月8日上午，以“智慧出行、服务民生”为主题的2017中国·盐城首届城市交通治理论坛开幕。会议认为，盐城积极探索城市交通管理的新路径，不断提升城市管理水平，反映出盐城的开放态度和创新意识。随着大数据等新技术的创新应用，智能交通将会更加快速发展，也将为公众提供更加便捷、绿色、安全、智慧的出行环境，创造更加美好的生活。

12月13—14日，黄（渤）海湿地可持续发展与世界自然遗产2017盐城国际研讨会在盐城举行。会议发布盐城倡议，成立盐城海滨湿地研究院。围绕科学保护湿地生态系统、突出遗产申报中的全球突出普遍价值等方面进行研讨。会议倡议，共同将黄（渤）海潮间带湿地提名为世界自然遗产，共同保护野生动物及其赖以生存的湿地潮间带生态系统，共同实现符合世界自然遗产公约标准的可持续发展，推动黄（渤）海湿地可持续发展与世界自然遗产申报进入快车道。世界自然遗产申报与管理、湿地保护保育、鸟类迁徙及保护、可持续发展领域的重要国际组织、学术机构、企业界的100余位专家学者参会。

第三节　实事工程

2017年，市政府20项为民办实事项目完成投资94.61亿元，完成年度计划的101.7%。

1.9万名低收入人口脱贫工程完成投资6458万元，占年度计划投资的106.2%。1.9万名建档立卡低收入人口实现脱贫，3个省定经济薄弱村年集体经营性收入达到18万元以上、实现新“八有”（有稳定住房，有饮用水，有电用，有路通自然村、有义务教育保障，有医疗保障，有电视看，有收入来源或最低生活保障）目标。

创业富民“四送”工程（送政策、送培训、送项目、送服务”）完成投资5351万元，占年度计划投资的107%。全年组织创业培训7630人次、农村电子商务人才培训2200人次，扶持成功创业5565人，带动就业1.96万人；新增创业项目230个，建成创业孵化基地10家；兑现创业培训补贴、创业者社保补贴、创业孵化基地补贴等各类资金5351万元。

民生救助三项保险工程完成投资1963万元，占年度计划投资的100%。自然灾害民生保险，按户籍每人每年2元投保；特别重大疾病专项保险，按户籍人口每人每年2元投保；失能、失智特困老人护理保险，按特困老年人每人每年200元投保。

建设公交停车站场和新增5条公交线路完成投资2.25亿元，完成年度计划投资的100%。完成公交车站台一期青年路沿线15个、二期西环路沿线36个站台亭棚及盐都区82座站台改造；二墩停车场主体结构封顶，场地修复完成；盐都汽车站改造完成，注册成立市旅游巴士公司；新增盐城高新技术产业开发区至亭湖大道、汽车西站至火车站、科教城回车场至环保科技城回车场、公交三分公司至环保科技城回车场公交线路、汽车北站至盐都汽车站公交线路，投放车辆66辆；新开K701、K901、机场巴士专线，B支7线、29路5条线路。

改造升级农村公路完成投资48.1亿元，完成年度计划投资的100.6%。完成提档升级农村公路2880千米，桥梁1823座。

市区后街巷道改造工程完成投资2亿元，完成年度计划投资的100%。完成庆康路、声远路、三元巷、通洋路支巷等60条巷道路面、排水和路灯等改造。

市区城乡河道整治工程完成投资2.87亿元，占年度计划投资的114.8%。完成市区核心区非骨干河道整治，进行河道清淤、护坡、绿化等工程；农村河道疏浚大沟32条，中沟237条，199个村集中连片疏浚小沟1048条，疏浚土方1947万立方米。

新建15所中小学校完成投资8.89亿元，完成年度计划投资的80.2%。南师大盐城实验学校、串场河小学2所学校竣工并交付使用；北师大附属小学、北师大附属中学、亭

4月13日，盐城市政府与华东师范大学全面战略合作签约仪式举行。
王亚洲/摄

威地块小学、开发区实验小学、枫叶国际学校、先锋实验学校、文泽府邸小学、海阔路小学和初中9所学校开工建设；西环路东实验学校、鹿鸣路小学和初中3所学校计划开工建设；新河初级中学拟征收整合盐城技师学院南校区，完成不动产评估，并与盐城技师学院签订借用协议。

34个乡镇卫生院标准化建设工程全部完成，完成投资3.73亿元，完成年度计划投资的105.7%。

建成2个市级医院完成投资3.74亿元，占年度计划投资的98.4%。市妇幼保健院东区新院项目：11月9日取得土地出让性质的建设用地规划许可证和红线图；11月22日取得建设用地批准书；36个项目的招标，完成29个；医疗设备完成总投资75%的招标工作。市城南医院项目：整合城南医院与市一院资源，开放28个病区，床位1111张。

开展名师名医合作交流完成投资5945万元，完成年度计划投资的108.1%。全市引进独立举办或联盟学校34所，全职或柔性引进上海、南京、无锡等地人民教育家培养对象、特级教师、名校长等各类名师36人。建立3个医院院士工作站；大市区新增11个名医名院工作室。

文化惠民"三送"（每季度为每个乡镇免费送戏一场、每月为各行政村免费送一场电影、每年向各乡镇送价值一万元图书）工程完成投资1800万元，占年度计划投资的100%。给群众送戏（含惠民演出）1000场次，送图书15万册，送电影2.2万场；建成图书馆分馆50家。

建成55千米健身步道和提档升级75处体育设施完成投资1220万元，完成年度计划投资的104.3%。完成61.6千米健身步道建设，其中大市区28千米；提档升级50个社区75处体育设施。

建设保障性安居工程和整治9个老旧小区完成投资17.78亿元，完成年度计划投资的115.9%。保障性安居工程：新开工棚改安置房4019套（户）（含货币补偿），基本建成棚改安置房3805套（户）（含货币补偿）；完成棚户区改造3888户。老旧小区整治：亭湖区江动宿舍区及周边、亮月小区、盐南新村3个整治项目基本完成；惠民苑整治项目完成总工程量90%；轧花厂宿舍区整治项目完成总工程量85%；悦达新村整治项目完成总工程量70%；通榆新村五期（为结转项目，计划于2018年6月竣工）完成工程总量30%。盐都区前进西小区及周边老旧小区专项整治项目、城南新区新河新村一区整治项目完成。

开展残疾儿童贫困残疾人精准服务行动，完成投资3240万元，完成年度计划投资的115.3%。1078名0~14岁康复残疾儿童在定点康复机构接受系统康复训练；完成2329例残疾人辅助器具适配和200例残疾人助听器验配；完成109户残疾人家庭无障碍改造；完成610名白内障患者的免费复明手术；向3780名有服药需求的贫困精神病人免费发放第二代抗精神病药物；完成33个社区康复站（室）的建设任务。

7个农贸市场建设完成投资1.58亿元，完成年度计划投资的129.1%。新建改造峰尚、杨坝、新义丰、龙冈龙韵、白驹、刘庄、中南世纪城7个农贸市场，总建筑面积2.8万平方米，年内竣工交付使用。

市民"一卡通"工程完成投资7572万元，完成年度投资计划的101%。完成住房建设部城市密钥申请；完成主系统核心平台和智慧医疗、智慧旅游、智慧小区等行业应用平台开发工作；完成水电气有线电视缴费功能及住房公积金查询等公共资源整合；完成一卡通中心网点改造建设及2处分理网点的购置；对接华为云，纳入全市框架协议。

建成政务服务"一张网"平台，完成投资1500万元，完成年度计划投资的100%。梳理编制市县政务服务事项清单和办事指南，梳理编制市县便民服务事项清单及"服务一站通"栏目的套餐式服务指南和常见问题解答，相关内容进驻政务服务网网站；建立市级数据中心；建设市级政务服务门户旗舰店；基本建成市级统一的政务服务网移动客户端、微信公众号，完成全省统一咨询投诉平台建设，建设智能机器人及网上"店小二"；完成"数字化审图"系统招标、开发、上线运行；完成市政务服务管理平台建设招投标，基本建成、使用全市政务服务平台；将市、县（市、区）政务服务事项办件信息实时推送至省政务服务平台，建立电子证照库，建立全市网上统一受理平台；改版市级政务服务旗舰店，市县"12345"平台上线运行；梳理不见面审批（服务）清单，并上网运行。

20个住宅小区智能信包箱建设完成投资1000万元，完成年度计划投资的100%。完成房博园、公园道一号、大宇花园、钱江方洲、五星小区、宏都花园等20个既有住宅小区普通信报箱的升级改造，安装智能信包箱。

法律援助惠民工程完成投资627万元，完成年度计划投资的104.5%。全市办理法律援助案件7512件，其中大市区2261件，受援群众满意率99.9%，特殊群体法律援助知晓率97.8%，各项指标超额完成。（孙元耀）

第四节　对口援建

2017年，盐城对口支援新疆察布查尔、青海同德、湖北秭归。全年投入援疆资金8016万元，实施7个类19个重点项目，同步推进各类“小援疆”项目，其中7986万元用于基层和民生工程，占比95%以上，全年援疆项目开工率100%，项目推进符合进度计划要求，援疆资金投资完成率94.33%。全年支援青海资金7140万元，援建项目13个，年内开工建设11个，开工率84.6%。对口支援湖北，支援三峡库区移民社会公益项目援助资金110万元，年内全部拨付到位。对口帮扶陕西铜川，年内实施种植、养殖、加工、光伏发电4个类别产业帮扶项目26个，投入帮扶资金971.63万元，受益贫困户3079户，占建档立卡贫困户19.1%；受益贫困人口9492人，占建档立卡贫困人口20.2%。（杨林森）

第五节　政务公开

2017年，盐城市政府坚持以公开为常态、不公开为例外，持续深化行政决策公开、执行公开、管理公开、服务公开和结果公开，加强主动发布、平台支撑、信息服务和自身建设。全年全市新增主动公开政府信息18.67万条，其中各县（市、区）公开8.9万条，市直部门公开9.77万条，促进政府施政更加透明高效。全市统一的“市场监管信息平台”上线运行，339个部门单位实现数据归集并共享登记注册、行政许可、行政处罚、企业失信等信息150万条以上。举办“6·23”灾后重建工作新闻发布会，对社会关注度高的救灾款物募集、使用、管理以及审计等情况作公开通报。实行重大决策预公开制度，对社会高度关注的重大决策事项，在决策前向社会公开征求意见，市本级发布征求意见稿23件。公开地方法规和政府规章6件，以市政府和市政府办公室名义制发公文122件，全市规范性文件4645件。在“江苏省预决算公开统一平台”集中发布101个市直部门、单位的预决算信息。全年全市各地、各部门举办政府新闻发布会145场，其中县（市、区）举办82场，市直部门举办63场。推进“互联网+”公开，让企业群众获取信息更方便快捷。全年全市政务微博、微信公开政府信息3.86万条。（孙元耀）

第六节　依法行政

2017年，盐城严格执行《法治政府建设实施纲要（2015—2020年）》《江苏省贯彻落实〈法治政府建设实施纲要（2015—2020年）〉实施方案》和《2017年全省法治政府建设工作计划》的各项部署。5月12日和8月1日，全市先后召开行政复议与行政审判工作联席会议和法治政府建设工作座谈会。研究制定《盐城市法治政府建设重点目标任务清单（2017—2020年）》，以到2020年基本建成法治政府为总目标，将各项要求细化为7类256项重点工作目标任务，明确全市法治政府建设工作的“路线图”。市政府组成部门都建立法律顾问制度和法律顾问队伍，形成法制工作者、兼职法律顾问、专职法律顾问、法律助理、公职律师相结合的政府法律顾问队伍。全年市政府邀请法律顾问参加各类重大决策会办会40多次，参与各类民商事纠纷、合同协议法律把关等活动50多次。年底，市法制办对102个市级部门单位和9个县（市、区）政府、市开发区管委会、城南新区管委会进行依法行政、依法履职和法治政府建设年度考核。市法制办组织申报、评选、公示、确认53家市级依法行政示范点。年内，市财政局被财政部确认为“全国法治财政示范点建设单位”，市审计局“建设政府投资项目审计管理平台，推行审计执法全过程记录”、东台市“积极探索‘两法衔接’联动协作新机制”被省法制办表彰为“2015—2017年度江苏省政府法制创新奖”。

提升法治观念。市政府常务会议分别于1月20日和7月24日集中学习《中国共产党廉洁自律准则》《国务院关于在市场体系建设中建立公平竞争审查制度的意见》。在中国政法大学举办2017年全市领导干部和法制工作骨干法治专题培训班，近200人参加培训，各县（市、区）政府分管领导首次参训。组织市、县两级310名非人大任命领导干部参加任前法律知识考试。全年全市有3万多名国家工作人员参加网上学法竞赛活动。（周　洋）

第七节　政府法制

2017年，全市组织开展“法治政府建设深化年”活动，进一步健全行政权力法治化运行机制。“盐城市全面推行政府法律顾问制度”被评为盐城市第二届“十大法治事件”之一；市、县两级政府全部通过省行政复议工作规范化建设合格单位检查验收。省法制办专题调研盐城市政府法律顾问工作。市法制办研究制定《盐城市道路交通安全设施建设管理办法》《盐城市市区二次供水管理办法》等5项规范性文件。全年对203件市政府和市政府办文件、协议项目和专题事项等进行合法性审查，其中文件项目111件、协议项目47件、规划项目25件、专题事项16件、地方性法规草案2件、政府规章草案2件。起草《盐城市人民政府关于修改〈盐城市水文管理办法〉等6件市政府规范性文件的决定（草案）》《盐城市人民政府关于废止〈盐城市人口与计划生育工作实施办法〉等10件市政府规范性文件的决定（草案）》。全面评估2015年市政府印发的《盐城市市区地下管线管理办法》等6件规范性文件。年内，市法制办会同市城管局、工商局、食药监局和质监局，抽查各县（市、区）

城管局和市场监管局案卷154份，对发现的突出问题进行通报，并要求限期作出整改。全年审查各县（市、区）和市直部门报备的规范性文件22件，市直部门报备的重大行政处罚决定234件。加强“两法衔接”（行政执法与刑事司法衔接工作）督查工作，对行政处罚案件情况、移送涉嫌犯罪线索情况，公安机关立案、侦查情况等多方面内容，进行专项督查。

行政复议应诉 全年处理各类行政复议申请136件，在已审结的118件行政复议案件中，维持49件、驳回6件、终止6件、撤销3件、责令履行4件、不予受理45件、补正未回复5件，并作出行政复议意见书2份。发挥市政府行政复议委员会专家智囊作用，召开2次专家案审会，邀请多名委员集体研究讨论4件疑难复杂案件。全年处理市政府为被告的行政应诉案件95件，处理市政府为被申请人或者省政府为被申请人但涉及盐城市的行政复议答复案件19件。全年未发生市政府为被告或被申请人的行政诉讼败诉或行政复议纠错案件。

“两法衔接”工作现场会 10月，市法制办会同市检察院，在射阳县召开“两法衔接”工作现场会。会议现场播放专题短片介绍射阳县“两法衔接”工作，射阳县作“两法衔接”信息平台演示；市公安局、市食药监局、射阳县政府、射阳县检察院作“两法衔接”工作经验介绍；市检察院就推进“两法衔接”工作作专题发言，市“两法衔接”联席会议办公室主任戴红春提出下一步工作要求。

法制宣传培训 全年市法制办编发各类政府法制信息1246条，编印《盐城市人民政府公报》6期、《盐城政府法制》简报10期。适应“公众参与式”政府法制工作模式要求，将14件规范性文件草案通过“盐城政府法制”网站专栏征求社会公众意见。完成盐城市经济行政法学研究会换届工作，组织2012—2017年期间经济行政法学研究优秀论文评选活动，编印《盐城市经济行政法学理论研究论文选编》，完成2016—2017年盐城市政府法制研究课题结项评审工作，对13项课题项目准予结项。联合市委党校，启动市级行政执法人员三年轮训计划，开展第一年为期三天的市级行政执法人员集中培训工作，共500余人参训，培训结束后进行现场闭卷考试和封闭阅卷，考试情况作为行政执法证件注册和申领的依据。（丁　璐）

第八节　机构编制

2017年，市编办进一步加强机构编制管理规范化，初步实现中共十八大以后控编减编阶段性目标。年内，全市行政编制总额控制在中央核定限额内，事业编制总量比2012年统计数略有下降，完成控编减编阶段性工作目标。市编办以事业单位分类改革为契机，撤并整合市级职责相近、规模过小以及生产经营类的事业单位11个，收回事业编制155名。从盐阜大众报业集团、盐城中学、市黄海公园、市粮棉原种场、市环境卫生管理处等10多家单位收回事业编制260余名。将江苏黄海海滨国家森林公园管理中心升格为相当副处级规格并获批；成立清华大学盐城环境工程技术研发中心；调整中共盐城市流动人才委员会部分机构编制事项，盐城在宁创业务工人员服务中心、市政府驻上海联络处核增交流服务中心均增挂高层次人才服务中心牌子。

一、机构编制管理

2017年，市编办牵头起草区及街道爱国卫生工作等相关机构加强规范管理的文件，明确县级公安局副科级执法勤务机构设置的内部口径、拟订县级政府工作部门设置的部门限额。加强对涉及机构编制事项各类规范性文件的合规性审查。加强机构编制实名制管理，启用盐城市机构编制信息管理系统，梳理市经济技术开发区和城南新区机构编制台账和实有人员信息。制定《市直机关事业单位用编计划审核细则》，强化编制使用前置审批。开展科级机构和领导职数预审，集中清理一批科级机构和领导职数。组织各县（市、区）各部门开展自查，梳理巡视巡察、机构编制核查等工作中发现的违反机构编制管理规定的问题，分级、分部门建立问题整改台账，全市梳理出机构编制问题7类96个，年内整改消化问题21个。加强对经济园区服务工作，拟定《盐城市市级经济区（园区）机构编制管理暂行办法》，对市级经济区（园区）管理机构、内设机构设置、人员编制、领导职数配置等作出明确规定。盐城高新技

11月2日，市法制办与市仲裁委联合开展法制宣传活动。　市法制办/供

术产业开发区正处级机构获批并核定处级职数7名，规范盐城经济技术开发区机构设置；对城南新区机构编制遗留问题提出解决方案。服务民生事业，核增市直和大市区义务教育学校、市残疾儿童教育康复中心（市仁爱学校）教师编制400多名；调整市第一人民医院、市妇幼保健院、射阳县人民医院和建湖县妇幼保健院部分机构编制事项。

二、事业单位管理

2017年，市编办贯彻落实《盐城市人民政府加强和创新事业单位法人登记与监管服务的意见》，以策应行政体制改革和事业单位分类改革，继续推进事业单位法人登记、事中事后监管、信用等级评价、法人治理结构建设试点等工作。事业单位法人登记的服务水平提高，社会知晓率和认可度提升。事业单位法人治理结构建设取得进展，新增试点单位盐城市高级实验中学，部分试点单位成效趋显。事业单位信用等级评价工作全面推开，根据《盐城市事业单位信用等级评价办法（试行）》，建成相应的子云平台，与“信用盐城”平台实现初步对接。事业单位监管力度进一步加大，创新监管方式方法，事业单位自我管理、自我约束、自我发展能力逐步增强。（刘春琳）

第九节　体制改革

2017年，盐城加大改革力度，推进政治、文化、社会、党建等各项改革工作有序进行。

政治体制改革。创新人大监督方式方法，加强全口径财政预决算审查监督，推进专题询问常态化，有效提升监督效果。推进人民政协协商民主建设，加大协商成果转化力度，提高协商质量和水平。深化村务公开和民主管理，深化基层民主自治，推进城乡社区减负增效，推动“政社互动”（政府行政管理与基层群众自治有效衔接和良性互动）全覆盖，抓好司法体制改革，执法司法公信力不断提升。

文化体制改革。推动建立党委政府有机结合、宣传部门有效主导的管理模式，深入推进“厚德盐城”建设及系列文明创建活动。全市建成4个全国文化先进县（市、区）和20个文化产业示范基地，市县镇村四级公共文化服务网络基本形成，“中国好人”数连续多年位居全省第一，盐城成为全国文化体制改革工作先进地区和全省文化产业发展速度先进地区。

社会体制改革。完善党委领导、政府主导、社会协同、公众参与、法治保障的社会治理体制。健全社会矛盾纠纷排查、调解机制，成立全省首家市级大调解中心，在全国率先实行矛盾调解个案补贴制度的做法被司法部在全国推广。健全公共安全防范体系，在全省率先完成基层国家安全人民防线实体化运行。

党的建设制度改革。主动适应全面从严治党、持续改进作风的新常态，按照“三严三实”要求，推进党的组织制度、干部人事制度、基层组织建设制度等领域改革。在全省率制定县镇村三级党组织落实全面从严治党责任清单，把从严体现在管党治党的每个步骤、每个环节，实现责任具体化、任务项目化、工作规范化。

党的纪检体制改革。制定《盐城市党的纪律检查体制改革实施方案》，健全党风廉政“两个责任”落实机制，加强纪委派驻纪检机构建设，健全完善反腐倡廉制度体系，创新党内监督方式，丰富拓展“一把手”“四个不直接分管”（主要干部领导不直接分管财务、人事、建设工程和物资采购工作）和末位发言制度，试点开展新提任科级干部财产申报公示工作，不断健全权力运行制衡体系。

行政审批体制改革。加大“放管服”改革力度，在全国首家全面推行投资项目“三书合一”，对非高耗能行业、非重大涉稳项目，将立项环节可行性报告、节能评估报告、社会稳定风险评估3份报告，合并为1份咨询报告，编制时间压缩至原先三分之一，支出费用减少近60%。在全省率先推出行政审批告知承诺，提升审批效率，大幅降低企业制度性交易成本，单个行政审批项目平均承诺时限缩短为3.98天，实际平均办件时限为1.96天。

农业农村改革。自主探索实施的土地联耕联种改革被写进中央“1号文件”在全国推广。深化供销社综合改革，创造全国有影响、全省树标杆的“时堰模式”，在全国供销合作总社改革推进会上作经验介绍。

民生领域改革。以改革创新思路破解民生难题，围绕群众最关心、最直接、最现实的医疗、教育、就业、社保等切身利益，推出一批改革举措。组织开展的家庭医生签约服务模式，入选“全国医改十大创新举措”，在全国推广。

文明体制改革。在全国率先制定下发《关于开展地方党政主要领导干部自然资源资产离任审计工作的实施意见》，在全省率先颁布实施《盐城市农作物秸秆综合利用条例》，开展排污权有偿使用和交易，开展区域环境风险评估工作，生态环境质量全面提升。（杨林森　刘春琳）

第十节　外事工作

一、外事接待

2017年，盐城市接待到访团组126批882人次，其中有美国前财政部长保尔森、韩国光州广域市常务副市长朴炳昊、欧洲议会议员尼斯特鲁伊、澳大利亚西澳洲政府发展部农经拓展特使罗伯特·迪兰、英国驻上海总领事吴侨文、芬兰驻上海总领事万伯阳、丹麦驻上海总领事普励志、印度驻上海总领事古光明、韩国驻上海总领事卞永台等。

二、出国出境

2017年，盐城市外办召开全市因公出国（境）管理工作会议1次，举办全市因公出国（境）业务培训班2期，举办APEC商务旅行卡推介活动2期。全年全市审批因公出国（境）团组356批1072人次，其中自组团247批764人次、省内双跨团组101批300人次、国家双跨团组8批8人次。全年全市申办APEC商旅卡66人次。

7月20日，市委书记王荣平会见欧洲议会议员尼斯特鲁伊一行。 王亚洲/摄

三、友好交流

2017年，盐城加强对外友好交流。5月19日，盐城市与韩国光州广域市在盐城签署中华人民共和国盐城市和大韩民国光州市建立友好城市关系意向书。盐城市副市长蒋巍与韩国光州市常务副市长朴炳昊代表双方签字。东台市与澳大利亚加拿大湾市友城结好工作进入报省外办审批程序。9月16日，阜宁县与美国印尼安纳州怀特郡在阜宁正式签署友好城市关系协议书。民间交往有序开展。3月25日，第四届荷兰花海郁金香文化月开幕，全国友协欧亚部副主任张若宁、荷兰中国友好协会主席HenkKool共同为荷兰花海中荷文化交流基地揭牌。4月8日，"一带一路"沿线30个国家60多名外交官走进花海荷兰花海，荷兰花海被授予"'一带一路'公共外交基地"称号。举办"丹青会友·翰墨传情"——2017中韩（盐城）书画交流展，促进中韩两国书画界的交流互鉴。举办"洋笔书盐城"征文大赛，以外国人的视角，讲述盐城经济社会发展取得的成就。组织参加第一届"友城绘"江苏省青少年国际绘画展，盐城友好交流城市瑞典布罗斯市选送的3幅作品分别获一、二、三等奖。 （殷德佩）

第十一节 人才工作

2017年，盐城市全面推进省"人才政策26条"落地生根，制定《关于深化人才发展体制机制改革、充分激发人才创新创业活力的意见》，为经济社会发展提供人才支撑。全市全年新引进领军人才420人、名医名师56人、科研合作项目192个，入选省"双创人才"项目13个。深入实施"515"引才计划，引进本科以上毕业生、客籍人才创新高。海外引智高效精准，落实一批日本技术士会、德国SES、以色列MATAT等专家组织引智项目，"江苏外专百人计划"入选数位居全省前列。培育"盐城工匠"，新增高技能人才1.62万人，蝉联世界技能大赛电气装置项目银牌，盐城市人社局和盐城技师学院被省人社厅授予集体二等功。推动全民创业工作，连续三年面向全国举办大学生创意创业大赛，连续三年开展返乡创业"春晖行动"，盐城助推返乡创业工作经验被《群众》杂志专题介绍。

一、人才引进

2017年，市人社局组织各类引才活动180多场，征集近2000家用人单位，提供就业岗位3.54万个，签订就业协议2.28万份。组织部分企事业单位赴西安、重庆、武汉、北京、新疆、哈尔滨、沈阳、上海等地区举办公益性专场招聘活动。开展"政策宣传月""进企服务月""驻盐高校'515'高校毕业生专场招聘会"等系列活动。盐城市"五个一"战略工程高层次人才复旦大学专场招聘会取得成功。组织交通、教育、医疗等行业系统31个事业单位和悦达、国投、城投等42个重点企业集团进行招聘，提供汽车、房建、水质监测等岗位近千个。年内，印发《关于继续实施"515"人才引进计划的通知》，明确2018年1月1日起盐城市继续实施"515人才引进计划"。

"十百千万"行动首秀盐城 5月13日，江苏省人力资源产业园精准服务高校毕业生就业创业"十百千万"（每年组织十场专场招聘活动，开展百名企业人力资源经理进校园服务、千名高校毕业生进园区对接、数万个招聘岗位网上精准对接）行动首站在盐城开场，近200家大数据、智能装备行业精英企业、3000多人次高校毕业生与近30家知名人力资源公司进行"面对面"交流。活动启用人社部开发的"高校毕业生精准就业招聘服务平台"智能匹配系统。求职者通过平台免费注册登记后，系统可为其职业发展提供智能化、科学、精准的岗位匹配，利用人才测评体系与大数据技术，切实提高就业达成意向率。活动主办方邀请著名公司人力资源经理，举办讲座"职场新人第一课"，就职业规划向高校毕业生提出建议，分享相关实践案例。同时，活动还推出高科技就业体验活动，组织模拟招聘求职演示和职业能力测评。

二、专家和国际合作

2017年，市人社局选拔2016年度盐城市有突出贡献中青年专家44人，推荐第二批省"苏北发展特聘专家"60人。全年引进留学回国人员108人，新注册留学回国人员创办企业15家。盐城市惠众新能源科技有限公司赵恩海、盐城迈迪科技有限公司王策、江苏东智数据技术股

份有限公司姚正、东台奥力芬化纤有限公司张进澄、盐城金堤科技有限公司柳超5名留学回国人员获得省级留学回国人员创新创业项目资助。江苏中车电机有限公司、盐城市兰丰环境工程科技有限公司、江苏谷登工程机械装备有限公司、江苏明源纺织有限公司4家单位设立省博士后创新实践基地。江苏苏力机械股份有限公司彭勇的“高强韧大型复杂构件电弧增材料制造技术”项目、江苏悦达集团有限公司刘吉顺的“基于某三电机构型的PHEV（通过插电进行充电的混合动力汽车技术）动力系统性能仿真平台研究”项目入选博士后科研B类资助项目。

5月14—25日，市委组织部、市人才办在美国旧金山、西雅图举办盐城市新生代企业家高级研修班。
市人才办/供

第五届国际精英人才创业大赛 年内，盐城市委组织部突出人才国际化方向，盐城面向全球举办第五届国际精英人才创业大赛，共吸引德国、法国等20多个国家和地区700多名海内外高层次人才参赛。其中，首次设立海外赛区并在德国慕尼黑组织海外赛区决赛。大赛评选产生一等奖3名、二等奖5名、三等奖8名，其中9名获奖选手已落户盐城创业。

三、海外才智引进

2017年，全市新引进长期外国专家87人，短期外国专家17人。市人社局经办外国人在华工作许可业务419件次。盐城师范学院ReidMitchell、盐城工学院OmidAkbarzadehpivehzhani、江苏森威精锻有限公司JoseCastro3名外国专家成功入选“江苏外专百人计划”，入选人数居全省第四位。全年组织实施国家级、省级引智项目30项。江苏沃特特种材料制造有限公司、江苏国瑞液压机械有限公司、江苏剑桥涂装工程股份有限公司、盐城师范学院、江苏裕丰旅游开发有限公司、江苏中建材环保研究院有限公司6家单位被命名第二批省级外国专家工作室，江苏丰东热技术股份有限公司获批省级引智示范单位。

赴海外招才引智 9月，市委组织部主要领导带领部分县（市、区）相关负责人赴以色列和西班牙开展专题招才引智活动。代表团一行考察拜访以色列理工学院、农业研究中心、集体农场、高级专家组织、特拉维夫大学、中国港湾工程有限公司（泛地中海工程有限公司）以及西班牙的加泰罗尼亚理工大学、马德里大区政府经济财政政策部和Gocotex公司等。其间，在以色列特拉维夫大学和西班牙马德里举行中国盐城人才政策和发展环境说明会，达成一批初步合作协议；与以色列高级专家组织、西班牙人文社科学者学人联合会签署战略合作协议。

四、人才队伍建设

机关事业单位技能人才培养 年内，市工考办培训考核机关事业单位工勤技能岗位初级工55人，中级工156人，高级工197人；133人通过全省机关事业单位技师考评；39人通过省高级技师初评；首次完成市、县、区机关司勤转岗培训考核人员239人；首次完成盐城市检察机关87名新聘用书记员的任职定级工作。

高技能人才培养 全年新增高技能人才1.62万人。有7名高技能人才被省政府授予“江苏工匠”称号。成功申报省级高技能人才专项公共实训基地1个，3个大师工作室被评为省级技能大师工作室，9名高技能人才被评为省级首席技师；新认定5个市级技能大师工作室。年内，市人社局选派6名高技能人才赴美国、德、英国进行研修；组织28名高级技师参加省人社厅组织的技能提升培训班；会同市总工会、广播电视台联合开展第二届盐城“十大工匠”评选活动。

新生代企业家高级研修班 年内，盐城市委组织部首次组织新生代企业家赴境外学习培训。遴选20多名青年企业家赴美国（旧金山、西雅图）进行为期15天的研修活动，重点考察新常态下宏观经济形势分析、投融资战略管理、家族企业传承与经营效益提升、企业员工管理、企业股权激励等内容，帮助青年企业家开拓国际视野、培养战略眼光、提升综合能力。在浙江大学举办青年企业家高级研修班，全市50名青年企业家参加培训，先后组织8场专题讲座、2次现场考察、1次集中研讨、5次小组讨论活动，助力盐城市科技型青年企业家能力素质转型升级。

第七届沿海发展人才峰会 突出接轨大上海、辐射长三角,以“聚力创新·共赢未来”为主题在上海举办第七届沿海发展人才峰会,开展“五个一”战略工程人才招聘、科技创新资源对接、风投创投资本合作交流等“人才·项目·资本”集中对接系列活动。在峰会主题活动上,共向237个领军人才(团队)发放资助资金1.62亿元,签订78个教育、卫生、科技人才合作项目,揭牌成立在沪盐城籍高层次人才联合会和4个名医工作室。

(严土祖　殷开丰)

第十二节　人力资源管理

2017年,全市公务员管理工作规范有序,盐城市公务员平时考核工作在全省公务员管理会上作经验交流,公车改革司勤人员转岗培训做法被纳入全国公务员培训教材。人事管理更加科学合理,完成裁军第二年军转安置任务,服务自主择业军转干部就业创业,做好退役士兵就业和社会保障工作。参加全省事业单位统一招聘岗位数位列全省第一,在全省率先建成机关事业单位工勤人员信息库,人事考试继续保持“零差错”。推进基层调解组织规范化建设,劳动争议调解“三项机制”(快立快处高效调解机制、进区进企一线调解机制、公开公信阳光调解机制)做法被《新华内参》选登,仲裁结案率、仲裁信息系统网上运行率全省第一,运行省调解服务平台的经验做法在全省推广。开展农民工工资治欠保支专项行动,清理整顿人力资源市场秩序专项行动连续五年受到人社部、国家工商总局联合表彰。东台成功获批筹建省级人力资源服务产业园。

一、公务员人事管理

公务员录用和职位管理　年内,2017年公务员考试继续放开公务员考录户籍和生源地限制,2.42万人网上报名,列全省第三位,1.79万人在盐城参加笔试,2390人参加面试,经过体检、考察(政审)和公示等程序,最终录用公务员和参照公务员法管理事业单位工作人员745名(含省以下垂直管理系统46名)。组织市级机关公务员、参照公务员法管理事业单位工作人员公开遴选(公开选调),共遴选(选调)公务员、参照公务员法管理事业单位工作人员21名。以县(市、区)为单位整建制推进参照公务员法管理事业单位人员登记工作。启动实施市级承担行政职能事业单位改革试点人员安置工作。

公务员考核　年内,盐城将公务员平时考核列入市委、市政府对县(市、区)和市直部门综合考核,市人社局组织开展公务员平时考核工作专项督查。公务员考核工作在全省公务员管理工作会上作重点交流发言。至年底,9个县(市、区)、市经济技术开发区、城南新区和市直77个部门制定公务员平时考核实施办法,实现公务员平时考核工作“全覆盖”。响水县全面部署运行县级机关公务员绩效考核信息化系统。市直28个部门正常运用公务员考核信息化系统,19个部门(单位)制定绩效考核信息化实施方案。按期完成市直行政机关、事业单位工作人员2016年度考核结果的审核备案和奖励工作,有3126人年度考核优秀被嘉奖,362人连续三年考核优秀被记三等功。

公务员奖励　全年累计推荐46名省级先进工作者(劳动模范)候选人、21个省级先进集体候选单位,15名国家级先进工作者(劳动模范)候选人、7个国家级先进集体候选单位。关心爱护先进模范人物,组织开展先进模范人物休假疗养活动2期。为盐城“6.23”龙卷风冰雹特别重大灾害抢险救灾和灾后重建做出贡献的单位和个人申报记功奖励。省消防总队等20个集体分别被省委、省政府记集体一等功,陈志昂等19人分别被省委、省政府记个人一等功;省委宣传部新闻出版处等4个集体、吴雷等8人分别被省人社厅、省民政厅记集体二等功和个人二等功,省财政厅社会保障处等6个先进集体、张鸿飞等14名先进个人被省人社厅、省民政厅通报表扬;市城乡建设局等37个集体被市委、市政府记集体二等功,市公安局刑警支队等79个先进集体被市委、市政府通报表扬,滕友仁等40人被市委、市政府记个人二等功,王乃凤等67人被市委、市政府记个人三等功,王爱军等140个人被市委、市政府通报表扬。

公务员培训和监督　年内,市人社局举办新录用公务员初任培训班5期,培训865人;举办市级机关科级公务员任职培训班,培训490人;举办苏南苏北对口培训班7期,调训55人;服务公车改革创新开展司勤人员转岗培训,完成县(市、区)党政群机关124人转岗基础培训考核和全市党政群机关257人行政事务类转岗新技能培训考核;开展全市科级及以下公务员在职网络培训1.5万余人,完成省人社厅、省公务员局年初下达盐城市的公务员在职培训人数3.16万人次指标培训工作,实际完成14.41万人次,培训人数位居全省第一。创新思路办法做好公务员申诉案件办理工作,做到公务员申诉案件有案必受,即时办结;公务员申诉信访案件及时会同有关部门调处。

二、事业单位人事管理

2017年,盐城市贯彻落实《事业单位人事管理条例》,实施岗位管理、人员聘用和公开招聘3项制度,推进事业单位人事管理科学化、规范化、制度化。在全省率先进行事业单位公开招聘诚信体系建设专题调研,分析具体案例,研究制度建设;以实施校园招聘为突破口,精选事业单位赴北京大学、清华大学、复旦大学等高校,现场洽谈、招聘高层次紧缺专业人才,精心组织校园招聘,实现“精准抢才”。全年全市事业单位公开招聘各类人才3500人。探索教育、水利等行业事业单位岗位结构比例调控办法,形成动态管理机制,优化岗位结构。实施乡村教师支持计划和农村订单定向医学生培养工程,签订乡村教师定向培养计划363个、农村订单定向医学生培养计划309个。鼓励事业单位专业技术人员创新创业,加快科技成果转化,推动盐城经济转型升级,进一步激发专业技术人员创新创业活力。

三、军转干部人事管理

2017年，全市接收安置军转干部250名，计划安置225名，其中安置到党政群机关206名，事业单位19名；自主择业军转干部25名；随调家属14名。市直接收安置军转干部116名，其中安置到党政群机关109名（不含安置到市直驻城南分局的军转干部7名），事业单位7名；安置随调家属11名。做好自主择业军转干部管理服务工作。完成自主择业军转干部退役金审核上报、市直自主择业军转干部办理入户和医疗保险工作；指导、推荐、扶持全市自主择业军转干部就业和创业。至年底，全市累计接收自主择业军转干部173名。

四、工资福利和退休管理

2017年，完成市直机关事业单位退休人员调整基本养老金工作。调整市直机关事业单位工作人员上下班交通费补助；调整20世纪50年代部分退职人员生活补助费标准；调整人民警察法定工作日之外加班补贴和人民警察执勤岗位津贴；建立传染病疫情防治人员临时性工作补助；建立政法委机关工作津贴；调整市级机关、事业单位工作人员死亡后遗属生活困难补助标准。年初，为市直机关和省属驻盐机关6000多名工作人员晋升级别工资和调整津贴补贴，为机关人员审批年终一次性奖金，为事业单位1.2万人晋升薪级工资。为军转干部和机关事业单位新进人员审批工资。印发《关于下达2017年度市直行政机关、事业单位新增工作人员计划的通知》，为机关、事业单位新增加的300余名工作人员办理审批手续；布置新一年度增人计划管理工作。完成市级44个部门所属244个事业单位2016年度绩效工资总量审批工作。审批非驻宁省属国土、农科院等在盐城事业单位绩效工资总量。完成市级机关事业单位工作人员应休未休年休假报酬的审批工作。汇总并向省人社厅上报全市机关事业单位2016年度工资收入统计信息数据。审批市直机关事业单位近600名到龄人员退休手续，完成300多名遗属补助年审工作。组织市级机关优秀公务员健康休养活动，为其落实福利待遇。

五、人事考试

2017年，全市组织各类考试30余场次，应试考生6.8万人，累计开考1.35万科次。完成专业技术人员计算机应用能力考试1013个模块、英语计算机化培训考核95人的任务。开展专项行动，打击各类考试中的高科技作弊，全年查处各类违纪考生45人。3月11日，组织全市考录公务员笔试，招考799人，2.42万人报名，1.79万人在盐城考点参加考试，安排8个考点、601个考场。4月15日，组织盐城市部分事业单位统一公开招聘人员笔试，招录481人，1.24万人报名应试，安排5个考点，417个考场。5月6—7日，组织考录公务员面试，完成2390人考录公务员面试任务，确保公务员考录公信度。5月20—21日，组织二级建造师考试，安排3个考点，558个考场，7664人报名参加考试，开考1.66万科人次。6月10日，组织盐城市部分事业单位统一公开招聘人员面试，208人参加面试。8月，组织开展人事考试工作人员警示教育活动，组织考务人员、各考点学校学习《人事考试工作人员警示教育案例选编》。9月，印制《盐城市人事考试工作资料汇编》。9月16—17日，组织一级建造师考试，安排3个考点，669个考场，6867人应考，计开考1.98万科人次。11月18—19日，组织执业药师考试，1882人报考。打造盐城“互联网+人事考试”服务平台，提升信息化服务水平：盐城人事考试网9月开通证书在线查询服务；盐城人事考试微信公众号开通考试文件查询等服务，关注人数近1.6万人，全年发布各类考试信息50余条，累计阅读人数10.6万人，阅读次数15.8万次，分享转发次数6408次，其中盐城市政府办公室公开选调的图文信息一天的阅读人数高达5600人，省考笔试查询服务一天的打开次数高达8062次；利用证书发放管理系统，发放各类人事考试证书5000余本。盐城市人事考试中心被市文明委授予2015—2016年度“盐城市文明单位”称号。

（殷开丰）

第十三节　政务服务管理

2017年，市政务服务中心及分中心累计办理审批服务事项429.99万件，其中市政务服务中心办理218.08万件；市公共资源交易中心完成各类交易项目1426项，成交总额337.61亿元，节约资金55.11亿元，资金节约率14.48%；市“12345”平台接收群众来电来信19.87万件，派发成员单位工单6.16万件，办结率97.89%。回访群众5.28万件，群众满意率95.79%。

一、行政审批服务

6月28日，盐城在全省率先建成全市政务服务网平台，并接入全省统一门户江苏政务服务网，实现“单点登录、全网通办”。打造盐城特色，在江苏政务服务网上成功开设市级旗舰店，提供“不见面”和“见一面”清单、数字化“多图联审”“网上中介超市”、盐城公安、住房公积金查询、便民服务站等特色服务。继南京、徐州后建成全省第三家市级移动版服务旗舰店，成功上线个人养老保险、医疗保险、公积金信息查询、盐都“三资”（农村集体经济中的资金、资产、资源）管理、百动盐城、实时公交、微警务等23个应用。射阳县、东台市、盐都区和大丰区等县级旗舰店也先后成功上线。完成市级电子证照、批文库系统建设工作，并与省级平台数据对接，实现市县证照信息向省证照库集中。做好市县政务服务办件系统与省邮政EMS系统对接，设立EMS快递送窗口，抓好江苏政务服务网宣传推广应用。至年底，全市梳理公布“不见面”清单1.13万项，占比94.17%，其中市本级1263项，占比89.5%，网上办理各类事项1.05万件。全市实现EMS快递物流服务15.08万件，居全省第三位。江苏政务服务网访问量1826万人次，APP下载量30万人次，用户注册量24.5万人次，实名认证量15.9万人次，相关数据居全省前列。推进“3550”改革，抓好工业项目“50”服务流程优化，结合并联审批、“三书合一”

"多评合一"等措施，制定具体流程图及操作办法，并结合案例运行，进一步优化市政务服务中心窗口布局。探索"告知承诺制"。市政务服务管理办公室会同市审改办在市卫生计生委、民政局等部门，开展"告知承诺制"试点。年内，全市通过告知承诺方式发放卫生许可证411份。在全市政务服务网平台开辟"网上中介超市"，加快推进市县涉批中介进驻，强化中介信用评价结果运用，促进中介机构规范高效执业。《江苏政务服务动态》第30期作专版介绍。

数字化"多图联审" 年内，盐城在全国地级市中率先开发并启用全闭环的市县共用数字化"多图联审"平台，在江苏政务服务网建立入口，实行规划设计图、建筑施工图、消防施工图、防雷装置施工图、卫生和通信基础设施图，"一窗受理、网上流转、联合审图、数字交付"。省委副书记、常务副省长黄莉新就盐城"多图联审"平台作出批示："大力推广盐城市数字化多图联审好做法，缩短审图时间，提高服务效能。"省政务办发文转发相关做法，住房建设部在盐城召开建筑业大数据、数字化多图联审及交付技术应用交流会，《新华日报》作报道。至年底，"多图联审"平台受理项目812个，其中联审项目96个。

代办服务机制 年内，市政府办下发《盐城市投资建设项目代办服务工作指导意见》。经市编委会研究同意，成立市项目审批代办服务中心、市评审勘验服务中心，核增全额拨款事业编制3名、政府购买服务用工指标5名。在县镇政务服务大厅设立项目建设代办中心，配备工作人员，对省、市政府确定的重点建设项目以及为民办实事项目，从立项到竣工所涉及审批环节，开展全程免费代办工作。

二、公共资源交易服务监管

2017年，市政务服务管理办公室（市公共资源交易管理办公室）推进市县公共资源交易平台一体化建设。将各县（市、区）和大丰区公共资源交易中心，调整为市公共资源交易中心分中心，盐都、亭湖、开发区和城南新区不设分中心，依法必招项目进入市公共资源交易中心交易。明确各县（市、区）政务服务管理办公室（公共资源交易管理办公室）对公共资源交易监管职责并对其指导和管理。拓展公共资源交易领域。在全省率先落实市公共资源交易中心承担医用耗材和试剂集中采购职能，增设机构和人员编制，正式实施以市为单位医用耗材和试剂集中采购，并督促市卫计委落实药品、医用耗材及试剂和医疗器械集中采购的监管机构和职能。组建市排污权交易分中心，并投放运营。推进电子化招投标，抓好全市公共资源交易电子化平台建设，加快推进交通、水利工程项目实现电子化招投标，扩大市综合评标专家库，整合设立市水利、交通工程项目专家分库。强化公共资源交易监管，会同市城建部门开展房屋和市政工程建设领域专项整治工作，配合省、市纪委调研招投标存在的问题和起草报告，并参与重大疑难投诉查处。全年通报处理4家违规投标单位和5名评委，即时锁定限制投标过程中发现的借用挂靠资质、涉嫌围标串标和弄虚作假的6家企业。

三、"12345"在线平台建设

2017年，市政府办下发《盐城12345在线平台建设实施方案》，落实市县财政专项经费。按照"三同"目标要求（"同平台"，全市共建一套软件系统，市县（市、区）统一使用，全市同步实施；"同号码"，整合各类热线，实行"12345"一个号码受理，一个平台办理，做到一个号码管服务；"同场地"，实现大小热线基本集中在同一场所办公，统一交办督办），在全省率先提前完成省政府提出的"省市县'12345'在线服务一体化"任务。拓宽群众诉求受理渠道，在原有"12345"热线、市长信箱、微博、电子邮箱基础上，新开通"12345"网站、"全民e起管"手机APP客户端、微信公众号，在全省率先启动"12388"服务专区坐席设置、人员配备，指导各县（市、区）同步启用全媒体受理渠道，加强工作人员业务培训，形成各类诉求受理全覆盖，实现"12345"在线服务提供率100%。健全完善市领导签批交办、联席会议、主体责任制度，紧扣在线答复率、限时办结率、群众满意率3项指标，加大督查督办力度，突出联合交办、联合会商、联合执法和跟踪解决，累计召开会办会46次，解决一大批群众反映强烈的诉求问题。11月22日，盐城市政府在全省"12345"在线一体化推进会上作经验介绍。

（孙宏军）

第十四节　机关事务管理

2017年，盐城市机关事务管理局高效保障机关运转，为促进全市党风廉政建设和节约型机关建设做出贡献。年内，市机关事务管理局建立完善《督促检查工作实施办法》，每月对局机关各处室、局属各单位党风廉政建设制度、工作规范等执行情况、重点工作任务完成情况、服务保障质量等至少明察暗访2次，每月通报督查情况。修订绩效考核办法，奖优罚劣的导向更加鲜明。重视干部队伍建设，局机关3名中层正职进行轮岗，局系统10名优秀个人被提拔使用。局团委完成换届改选，机关幼儿园、机关服务中心党组织完成改选、领导班子进行充实调整。机关服务中心优化内设机构及职能，紫薇花园小区物业监管权完成移交，中一公司注销关闭工作抓紧推进，紫薇花园综合楼完成主体封顶。机关幼儿园注重引导教师投身教育创新实践，先后组织100多名教师参加全国各地幼教专业知识学习培训和专题研讨，14篇教育论文在省级评比中获奖。深化党群共建。年内，盐城市被评为全省公共机构节能工作综合考评优秀设区市；市机关事务管理局被省机关事务管理局评为2017年度信息和宣传工作先进单位，市机关事务管理局领导班子被评为2016—2017年度全市依法决策领导班子创建工作先进单位；3人被市级机关工委分别表彰为优秀共产党员、优秀党务工作者，2人分获"市五一劳动奖章""市巾帼标兵"称号，3人分别被评为市优秀团员、新长征突击手、青年岗位能手，2人在市2017"青春·奉献·担当——我为美丽盐城代言"主题演讲比赛中分获

一、二等奖，1人被聘为美丽盐城“青春代言人”，在全省系统青年干部职工“十三五”专题学习调研中2人获一等奖、1人获二等奖，1人获全国无偿献血奉献奖金奖。

11月16日，江苏省公共机构“节能示范单位”创建工作推进会在射阳召开。
市机关事务管理局/供

一、机关服务保障

2017年，市机关事务管理局结合智慧盐城建设，开发运行盐城市机关事务微服务平台，启用智能化停车引导系统，完成门禁管理系统升级。设备、房产维修实现分类分流处理，会务资源、餐饮信息、停车信息实时呈现，文印服务、办公用品做到明白消费。服务质量监管得到加强，市行政中心“一站式服务”效能提升。全年提供标准化会议服务4200余场、维修服务9800余次，服务保障实现“零失误”。服务内容更具特色。机关餐饮中心突出抓好业务培训、内部管理和硬件完善，打造放心菜、健康菜、特色菜，在盐城地方菜烹饪技能大赛中获得“金奖”。机关幼儿园及两所分园不仅为近2000名幼儿提供高品质的学前教育，且常年开展送教下乡等活动，促进教育资源均衡发展。紫薇幼儿园、城西幼儿园开展阅读节等特色教育活动，两所幼儿园均通过江苏省优质园复审。扎实开展“大走访、大落实”“进万企、解难题、促发展”等活动，走访340多户城乡居民以及挂钩企业，搜集梳理51条诉求，会同地方政府逐一研究解决或给予答复；投入16万元，组织党员干部与阜宁县三灶镇67户贫困户结对帮扶，深入城南新丰社区8户特困户帮助解决困难，全面完成年度扶贫帮扶任务。

二、资产经费管理

2017年，市机关事务管理局统筹推进车改工作平台化、标识化、信息化管理，平台化、标识化工作按时完成，“全省一张网”对接工作完成。10个新参改单位全部完成车改任务。筹备企事业单位车改工作，做好政策学习宣传、数据统计，深入了解车改中的重难点问题。强化办公用房统筹管理，实行办公用房统一维修改造管理、统一调配使用。深化办公用房清理整改工作，全市8868名领导干部办公用房符合标准率99.96%，因房屋结构原因未整改的均按规定备案。开展闲置办公用房情况调研及处置利用工作，对清理腾退封存的5.4万平方米办公用房进行整合调剂。开展市级行政事业单位房产情况专项清查登记，对253处房产基本情况进行摸底统计，为后续推进集中统一管理打下基础。组织对全市100多家行业协会商会办公用房情况进行摸底排查，完成第一批脱钩试点12家单位的办公用房清理工作。结合市级机关房源情况，优化办公用房保障工作，促进资源集约使用。开展内部食堂专项整治，落实省机关事务管理局、市纪委要求，组织对56个设立内部食堂的市直机关（驻盐单位）和9个县（市、区）行政中心食堂进行逐一检查，对31个县（市、区）直机关和乡镇（街道）内部食堂进行随机抽查，重点检查管理制度、运行规范、公务接待、财务管理等情况，对存在问题提出整改建议，并组织2轮督查，重点检查整改成效。组织集中核算单位完成银行账户清理撤户工作，对各单位预算执行情况进行详细分析。执行各项财务管理规定，严格把好报账“审核关”和政策“执行关”，及时准确完成机关54家代账单位数亿元资金的集中支付、会计核算，做到“零差错”。

三、公共机构能源资源节约

2017年，市机关事务管理局实施节能服务系统工程。加强公共机构属性研究，针对不同区域、不同层级、不同类型的公共机构，实施不同的指导和管理模式，系统性节能服务工作取得实效。组织对重点用能单位实施能源审计，查找节能工作突破点，全年完成13家公共机构能源审计项目，审计建筑面积18万平方米。实施建筑绿色改造工程。借助能源审计工作成果，推进公共机构实施墙体保温和节能门窗等重点围护结构，空调通风、配电照明、电梯和开水炉、卫生洁具等重点用能用水设备，以及食堂、信息中心、地下车库、设备用房等重点用能区域的节能改造，累计完成建筑节能改造26万平方米。实施节能示范辐射工程。6家用能单位被评为“江苏省公共机构节能示范单位”，5家单位通过第三批“国家节约型公共机构示范单位”创建初评，市行政中心通过省级节水型单位复核验收。全省公共机构“节能示范单位”创建工作现场推进会在盐城召开，盐城市公共机构节能示范创建工作得到省机关事务管理局领导和与会人员肯定。年内，全市4114家公共机构主要能耗指标全部下降，其中单位建筑面积能耗下降2.24%，人均能耗下降6.71%，人均用水下降2.98%。（赵　嘉）

第24章 政协盐城市委员会

责任编辑 潘其锐

综 述

2017年，市政协及其常委会贯彻落实市第七次党代会精神，围绕“产业强市、生态立市、富民兴市”战略部署和“五个一”战略工程，完善协商议政格局、强化民主监督职能、拓展团结联谊工作。

筑牢思想基础，坚定正确政治方向。加强“学习型”政协建设，坚持把思想政治引领贯穿学习宣传到政协组织和委员履职全过程。把学习宣传贯彻中共十九大精神作为全年的重大政治任务。组织委员参加各种学习宣讲活动，学习习近平新时代中国特色社会主义思想，牢固树立政治意识、大局意识、核心意识、看齐意识，引导全市政协委员、参加政协的各党派团体和各族各界人士，自觉提高政治站位、坚定正确方向。认真学习贯彻中共十九大对人民政协的新要求，进一步增强做好新时代人民政协工作的自觉性和责任感。党组核心作用更加凸显。充分发挥政协党组在政协组织中的领导核心作用，自觉在中共盐城市委领导下谋划和推进工作，第一时间传达贯彻市委重要会议精神和各项决策部署，并转化为市政协常委会履职的实际行动。完善《党组工作规则》，坚持民主集中制原则，注意听取民主党派和有关方面意见，营造团结和谐政治氛围。切实履行从严管党治党主体责任，正风肃纪，从严贯彻执行中央“八项规定”精神，召开党组专题民主生活会。推进“两学一做”学习教育常态化制度化，党组会议、主席会议和机关全年集中学习29次。举办市八届政协常委暨新任政协委员培训班，邀请专家讲授政治理论和政协理论。请市委市政府负责人解读市第七次党代会精神、通报经济社会发展情况，请市纪委负责人通报全市党风廉政建设和反腐败情况。举办“构建中国特色社会主义话语体系”“一带一路·南海形势及应对思考”“人际交往与沟通艺术”等专家专题讲座，组织委员、机关干部参加全国政协、省政协的学习培训。开展“书香政协”读书活动，举办“每月一讲”，坚持多读书、读好书。

围绕中心工作，助力“五个一”战略工程。建言“构筑‘一张网’”。调研高铁、高架、高速、机场、港口建设工作，督查农村公路提档升级工作，视察城市道路交通秩序，围绕促进城市交通网络发展、加强交通基础设施建设以及合理设置公交站台、改进候车棚等提出建议，促进城市公共交通水平进一步提升。聚力“引进‘一桶水’”。持续六年跟进解决饮用水安全问题，5次组织委员视察新水源地及跨区域引水工程，办理“加强城乡水环境整治”重点提案，连续四年向省政协全会提交提案。就“清洁水源和河长制实施”开展调研，主席会议专题协商。市政协负责人参与新水源地及跨区域引水工程组织建设工作。助推“壮大‘一部车’”。加快推动发展汽车产业，3次组织省、市政协委员集中视察，督办做大做强汽车产业、发展新能源汽车、加快建设汽车产业科技创新中心等重点提案。组织相关部门和汽车企业负责人、专家学者60多人次，8次召开座谈会，并赴广汽、上汽、东风等汽车集团考察。市政协常委会议开展专题协商，向市委、市政府提出坚定发展盐城汽车产业的信心和决心、努力实现汽车产业三千亿目标、形成壮大“一部车”的强大合力3点建议。推进“培育‘一片林’”。组织委员赴东台、大丰、射阳、滨海、响水实地察看沿海防护林、经济林场等“一片林”工程项目现场。围绕建设森林小镇、森林村庄、森林公园开展调研，从规划设计、加强基础设施建设、发展生态旅游、放大生态品牌效应等，提出建议20多件。献策“建美‘一座城’”。组织委员针对提升城市规划水平、美化亮化绿化、提高市区品位、加强城市管理、治理违章建筑、解决停车难等问题提出建议60多件，先后组织省、市政协委员和老干部500多人次，视察调研南海未来城和大洋湾、斗龙港生态组团建设，督查大洋湾生态湿地公园建设情况，对景观提升、项目推进、功能配套、宣传推介和管理服务提出建议。机关党员干部深入挂钩社区，开展驻点巡查，协调解决问题，推进文明城市建设。

坚持履职为民，促进民生福祉改善。协商富民增收。围绕省市富民政策的落实和“多渠道增加城乡居民收入”专题，深入开展调查研究，市政协八届四次常委会议进行协商议政。各专门委员会就全民创业、卫生资源整合、城乡生活污水收集与处理、社区居家养老等20多个民生课题，开展协商议政，形成一批有参考价值的议政成果。组织开展“访民情、惠民生、促和谐”大走访活动。主席会议成员赴挂钩县（市、区）走访，了解群众生产生活情况，协调民生事项；机关县处级以上干部按照“进万企、解难题、促发展”活动要求，走访挂钩企业，为企业生产经营出主意、想办法；机关人员赴挂钩的村居和社区走访，开展“阳光扶贫”活动。大走访活动累计走访基层群众8900多户，征集一批意见，办成一批实事。举办政协民生论坛。通过集中收集民意，举办2期“盐城政协·民生论坛”，驻盐省政协委员、市政协委员、基层群众代表和相关部门负责人，围绕人民群众关注度比较高的农村畜禽养殖污染防治和推进分级诊疗制度问题，面对面交流，共商对策，委员和群众代表提出各类建议措施59条。强化社情民意信息工作，全年编报《社情民意信息》28期、《委员意见》21期，专题汇报或其他形式反映各类信息100多件，重点聚焦教育、养老、医疗、文化、就业等民生热点问题和水、电、路、桥、灯等群众的身边事。市委市政府负责人批示18件，所提建议在相关部门文件制度和实际工作中得到体现及落实。

立足求真务实，落实经常性工作。开展视察调研。围绕“坚持陆海统筹，做好‘五篇大文章’，打造蓝色增长极”专题，组织视察调研，提出建设性意见，为市委重大决策提供有益参考。根据市委主要负责人意见，就盐城开发园区和滨海新区体制机制创新，开展调查研究，形成专题报告，为市委、市政府落实省市开发园区创新大会精神做好服务。围绕江淮生态经济区建设、农业供给侧结构性改革、大数据产业发展、港澳台招商引资、公安出入境管理、海外高层次人才服务引进、宗教和民族事务工作等20多个课题开展视察调研，推动市委、市政府重大决策有效落实。抓实提案工作。召开全市政协提案办理协商工作座谈会，修订《提案工作规定》，细化提案立案标准，完善全会期间初审、闭会后复审、交办前会审“三审”制度。全年征集提案333件，审查立案320件。立案提案办复率100%，意见和建议采纳落实率95%，委员满意和基本满意率99%。主席会议筛选8个专题27件重点提案，分别由市委、市政府分管领导和市政协领导领衔督办，重点提案得到较好落实。市委、市政府高度重视提案办理，把在市区规划建设大型停车场等提案列入为民办实事工程和市区城建重点工程，规划在市区建设立体公共停车场7个，建设智能化停车管理系统。强化民主监督。组织省、市政协委员40多人次视察督办生态保护项目问题整改工作；围绕《中华人民共和国大气污染防治法》落实、《中华人民共和国仲裁法》实施、食品安全监管、法治盐城建设、人民法庭工作等开展专题民主监督。向20个部门单位委派80多名民主监督员，推荐10名委员进入市委督查室专家库。特约监督员围绕依法行政、效能建设和公务人员行风建设情况，开展多种形式的监督。组织政协委员通过网络、微信等载体，创新开展“微监督”。做好文史联谊宣传工作。制订《2017—2021年市政协文史资料征编选题规划》，编辑出版30余万字的《遗韵风华——盐城非物质文化遗产集萃（盐城文史资料第29辑）》，考察老城区古城墙遗址，举办文史盐城征文活动。调研、挖掘解放战争期间“四平战役”史料，使471位盐城籍英烈得以彰名家乡。接待全国政协、省政协调研组就推进精准扶贫、推动中医药发展、提高城乡居民收入水平等到盐城开展视察调研、督办重点提案，接待兄弟市政协在盐城考察，承办省政协相关工作座谈会，参加全国25城市政协工作联系会。组织代表团赴陕西省铜川市对接盐铜扶贫协作和经济合作战略协议落实工作。加强对县（市、区）政协的指导，组织驻县（市、区）市政协委员异地视察。加大宣传工作力度，国家和省级媒体20多次宣传市政协履职工作，与《盐阜大众报》联办《人民政协》专栏，开办盐城政协微信公众号，提高盐城政协杂志和网站质量。举办“醉美盐城·湖海艺文”“热潮涌动、共筑梦想——政协委员‘五个一’战略工程书画摄影作品展”。

适应形势要求，加强自身建设。发挥团结统战优势，做好宣传政策、解疑释惑、促进和谐的工作，促进各民主党派团体和各族各界人士在政协的合作共事。年内，各民主党派和工商联提交集体提案22件、建言材料26篇，为党委政府及有关部门科学决策发挥作用；落实党的民族宗教政策，进一步促进民族团结、宗教和睦；加强“五侨联动”工作，定期走访驻港澳委员，推动对外经贸、科技、文化的交流合作。加强委员培训，定期开展“委员走访”，提升委员政治把握、调查研究、联系群众和合作共事能力；持续开展本职岗位建功立业创优秀、履职岗位建言尽职当优秀“双岗双优”委员主题创建活动；建设完善“委员之家”，打造委员团结联谊协商学习新平台；完善“智慧政协”和委员履职评价系统，强化履职考核。发挥界别专委会作用。完善主席会议成员、专委会联系界别制度，加强对界别活动的组织、协调和指导，各界别提交提案、反映社情民意信息。坚持每月一次“委员界别活动日”制度，强化专委会与界别委员联系。各专委会组织委员进行各项议政活动。加强机关党组织建设，机关党委和各支部完成换届。修订完善全体会议工作规则、常委会议工作规则等39项制度，机关建设更加规范有序。

第一节　重要会议

一、政协盐城市八届一次会议

2月14—18日，政协盐城市八届一次会议在盐城召开。市八届政协500名委员中，493名出席会议。市委、市人大、市政府在盐城全体领导，盐城军分区和市中级人民法院、市人民检察院主要负责人和曾担任过市政协领导职务的老领导等出席大会开幕式和闭幕式。驻盐的省十一届政协委员，离任的市七届政协常委、市委各部委办、市各委办局、市各直属单位、省属驻盐城部分单位主要负责人参加大会的开幕式和闭幕式。会议听取并讨论市委书记王荣平在会议开幕时所作的讲话。会议期间，委员们列席市八届人大一次会议，听取并讨论代市长戴源所作的政府工作报告。政协委员、各党派团体、县（市、区）政协提交建言材料100多篇，印发42篇，15位委员就深度融入长三角城市群、加快滨海新区开发建设、增强民营企业核心竞争力、建设台资集聚新高地、培育地方工匠、实施生态立市战略、持续提升空气质量、推进水生态文明建设、实施全域旅游战略、打造绿色人居环境、创新金融服务体系、推动青年电商创业、加快特色小城镇建设、推进老旧小区整治、挖掘历史文化资源等课题先后发言，提出许多建设性意见。委员听取并审议市政协主席李驰所作的市七届政协常务委员会工作报告以及市政协副主席王锦胜所作的提案工作报告。市政协主席李驰在闭幕大会上致闭幕词。会议选举产生市八届政协主席、副主席、秘书长和常务委员，表彰50名“双岗双优”委员、30件优秀提案、6个社情民意信息工作先进单位和8名社情民意信息先进个人，通过大会决议。

二、市八届政协常委会议

2017年，市政协召开常委会议5次。

2月18日，市政协召开八届一次常委会议。会议审议通过政协盐城市第八届委员会副秘书长任命名单、《政协盐城市第八届委员会常务委员会关于设置专门委员会的决定》、政协盐城市第八届委员会专门委员会主任和副主任名单以及市政协2017年工作要点。

4月25日，市政协召开八届二次常委会议。驻盐城部分省政协委员、各县（市、区）政协主席、不是常委的市政协机关负责人列席会议。会议审议通过《政协盐城市委员会关于全力推动“五个一”战略工程的意见》、政协盐城市委员会《全体会议工作规则》《常务委员会工作规则》《专门委员会通则》3项制度，部署在全市三级政协委员中开展“访民情、惠民生、促和谐”大走访活动。

6月22日，市政协召开八届三次常委会议。会议围绕“壮大‘一部车’”进行专题协商议政；市委常委、常务副市长陈红红到会听取协商议政建言，并通报上半年全市经济社会发展情况；中国南海研究院院长吴士存应邀作“一带一路·当前南海形势及应对思考”专题讲座。

11月2日，市政协召开八届四次常委会议，传达学习中共十九大精神，研究部署全市政协系统学习宣传贯彻中共十九大精神；围绕“多渠道增加城乡居民收入”进行专题协商议政。

12月21日，市政协召开八届五次常委会议。会议学习贯彻中共十九大精神、习近平关于进一步纠正“四风”、加强作风建设重要批示和市委常委会议精神；审议通过关于召开市政协八届二次会议的决定和会议日程、议程（草案），市八届政协常委会工作报告、提案工作情况报告和报告人名单，市政协八届二次会议秘书长、副秘书长名单，会议分组办法及各组召集人名单等有关事项，审议通过有关人事事项；讨论2017年度“双岗双优”委员表彰事项。

三、市八届政协主席会议

2017年，市政协召开主席会议10次。

2月18日，市政协召开八届一次主席会议。会议审议政协盐城市第八届委员会副秘书长任命名单（草案）；政协盐城市第八届委员会常务委员会关于设置专门委员会的决定（草案）；政协盐城市第八届委员会专门委员会主任、副主任名单（草案）；市政协2017年工作要点。

3月6日，市政协召开八届二次主席会议，学习全国政协十二届五次会议精神，明确市政协主席会议成员工作分工，研究2017年度重点协商工作安排和3月份工作。

4月1日，市政协召开八届三次主席会议。会议决定，由秘书长殷勇牵头，组织力量，研究起草市政协助推“五个一”战略工程的意见，在征求主席会议成员和相关方面意见后，提交市政协八届二次常委会议审议。会议审议通过《市政协八届一次会议提案审查立案情况的报告》和委员培训工作方案，决定4月下旬组织市八届政协常委和新任委员开展专题培训。会议还研究通过壮大“一部车”常委会议协商课题调研方案、“盐城政协·民生论坛”实施办法、市政协《全体会议工作规则》等16项履职制度和4月份主要工作安排。

5月26日，市政协召开八届四次主席会议。会议听取关于壮大“一部车”常委会议专题议政调研情况的汇报，讨论首期“盐城政协·民生论坛”实施方案，审议《2017—2021年盐城市政协文史资料征编选题规划》。

7月25日，市政协召开八届五次主席会议，就“清洁水源与河长制实施”开展主席会专题协商议政，通过有关人事事项，研究相关工作安排。

8月29日，市政协召开八届六次主席会议。会议传达学习全省政协提案办理协商工作座谈会和驻苏全国政协委员“坚持生态优先绿色发展、加快苏北转型升级”议政座谈会精神，研究“多渠道增加城乡居民收入”常委会议协商议政课题调研工作，对市政协月度重点工作作出安排。

9月27日，市政协召开八届七次主席会议暨党组（扩大）会议。会议传达学习市委常委会议精神和市委《关于进一步从严落实中央八项规定精神有关纪律的规定》精神，讨论并原则通过《市政协党组关于支持市纪委派驻纪检组履行监督职责的意见》，研究并布置江淮生态经济区建设调研工作。

10月26日，市政协召开党组扩大会议暨八届八次主席会议。会议传达学习中共十九大精神和盐城市传达学习中共十九大精神大会要求，讨论“多渠道增加城乡居民收入”常委会议议政调研报告。

11月27日，市政协召开八届九次主席会议。会议传达市委常委会议精神，研究部署市政协八届二次会议筹备工作，传达全国25城市政协工作联系会第五十五次会议精神。

12月20日，市政协召开八届十次主席会议。会议学习贯彻中共十九大精神、习近平关于进一步纠正“四风”、加强作风建设重要批示和市委常委会精神。审议市八届政协常务委员会工作报告（草案）和提案工作情况报告（草案），审议市政协八届二次全体会议相关事项和有关人事安排，决定将上述事项提请市政协八届五次常委会议审议。会议还审议通过市政协八届五次常委会议议程，审议通过有关表彰事项。会议决定，12月21日召开市政协八届五次常委会议，审议市政协八届二次全体会议有关事宜。

四、其他会议

2月24日，市政协党组召开（扩大）会议，集中学习《中国共产党党组工作条例》，学习贯彻市“两会”精神，研究加强市政协党组和领导班子自身建设问题。市政协党组书记、主席李驰主持并讲话。党组成员、副主席王锦胜、沈洪清、顾云岭、姜友新，党组成员、秘书长殷勇出席，副主席吕拔生、孙长春、唐伯平、孙大明等列席。

4月21日，市政协党组召开理论学习中心组学习会，集中学习《中国共产党党委（党组）理论学习中心组学习规则》和中共中央《关于加强和改进人民政协民主监督工作的意见》，审议通过《中共政协盐城市委员会党组工作规则》，研究部署在全市政协组织和全体政协委员中开展“大走访”活动。市政协党组书记、主席李驰主持并讲话。党组成员王锦胜、沈洪清、顾云岭、姜友新、殷勇出席。副主席吕拔生、孙长春、唐伯平等列席。会上，王锦胜、戴晓春、徐于斌围绕贯彻落实《关于加强和改进人民政协民主监督工作的意见》，结合个人思想和工作实际，畅谈学习体会。

5月3日，市政协召开机关党委换届选举大会，选举产生新一届市政协机关党委和机关纪委。市政协党组副书记、副主席王锦胜出席会议并讲话。市政协党组成员、秘书长殷勇代表上一届机关党委作工作报告。机关全体党员参加会议。市政协党组副书记、副主席王锦胜代表党组对大会的圆满成功和当选的市政协新一届机关委员会班子表示祝贺，充分肯定上一届机关党委所做的工作，并对新一届机关党委提出希望。会上，厉汝标、朱冬梅、赵勃、洪承志、徐翠华、殷勇、程宁7人当选新一届市政协机关委员会委员，王新颜、朱冬梅、吴亚东3人当选第一届机关纪律检查委员会委员。选举殷勇任机关党委书记，洪承志、赵勃任机关党委副书记，朱冬梅任机关党委专职副书记、机关纪委书记。

5月26日，市政协召开会议，听取市政府关于内环高架快速路网三期工程情况报告，副市长李逸浩通报情况、征求意见。市政协主席李驰，市政协副主席吕拔生、王锦胜、沈洪清、姜友新、唐伯平、孙大明，秘书长殷勇出席。

6月19日，全市政协宣传工作座谈会召开，学习贯彻习近平系列重要讲话精神，贯彻落实市委宣传思想工作会议要求，总结宣传工作经验，就进一步加强政协宣传工作进行部署。市政协副主席王锦胜出席并讲话，市政协秘书长殷勇主持。市政协各委办负责人，市各民主党派、工商联有关负责人，各县（市、区）政协分管负责人等50多人参加会议。会议印发《政协盐城市委员会办公室关于进一步加强政协新闻宣传工作的意见》，从指导思想、主要任务、具体措施等方面对进一步加强政协新闻宣传工作提出要求、作出部署。

7月11—12日，全省政协科技委员会工作座谈会在盐城召开。省政协副主席阎立出席并讲话，市委书记、市人大常委会主任王荣平，市长戴源看望与会代表，市政协主席李驰参加。会上，通报省政协科技委近五年工作情况和2017年重点工作，听取关于人工智能漫谈和苏北分层地下水资源保护利用的专题讲座，省政协和各市政协科技委围绕会议主题，进行交流和讨论。省政协副秘书长邢光龙，省政协科技委、教文委有关负责人出席，盐城副市长蒋巍致辞，市政协副主席吕拔生、秘书长殷勇等参加。与会人员还赴盐城智能终端产业园、大数据产业园和新四军纪念馆进行调研考察。

7月12日，市政协党组召开理论学习中心组学习会，集中学习省委书记李强在省管干部“旗帜鲜明讲政治”专题轮训班上的讲话精神，传达学习省委十三届二次全会和市委七届四次全会精神。市政协党组书记、主席李驰主持并讲话，党组副书记王锦胜，党组成员沈洪清、殷勇出席。副主席孙长春、唐伯平等列席。会上，沈洪清、孙国栋、董小平围绕旗帜鲜明讲政治和学习贯彻省市委全会精神，进行交流发言。

8月7日，市政协党组召开理论学习中心组学习会，传达学习习近平在省部级主要领导干部专题研讨班上和庆祝中国人民解放军建军90周年大会上的重要讲话精神，传达学习市委常委会议精神。市政协党组书记、主席李驰主持会议并讲话，党组副书记、副主席王锦胜，党组成员、副主席沈洪清、姜友新出席。副主席吕拔生、孙长春、唐伯平和全体副秘书长等列席。姜友新、顾慧春、裴磊滨3人交流学习体会。

9月27日，全市政协提案办理协商工作座谈会在盐城召开。会议学习贯彻习近平关于做好政协工作的新思想新要求，贯彻落实中央和省、市委关于开展提案办理协商工作的指示要求和全省政协提案办理协商工作座谈会精神，交流全市政协提案办理协商工作，对做好提案办理协商工作作出部署。市政协主席李驰出席会议并讲话。副市长崔浩通报市政府系统提案办理情况，市政协副主席王锦胜主持会议，市政协副主席吕拔生、秘书长殷勇等出席。

9月29日，盐城举行各界人士国庆中秋座谈会，市委书记王荣平出席并讲话，市政协主席李驰主持会议。座谈会上，7位党派、团体、界别和港澳台人士代表结合自身实际，畅谈全市上下围绕市第七次党代会部署要求，推进“产业强市、生态立市、富民兴市”战略部署和“五个一”战略工程取得新发展新变化，交流履职参政的实践体会。市委常委、秘书长羊维达，市政协副主席吕拔生、孙长春、王锦胜、沈洪清、孙大明，秘书长殷勇，曾担任市政协领导职务的老干部孙锡初、陈少夫、徐民友，驻盐省政协委员、市政协常委，市政协副秘书长、各委办室负责人，市委统战部、市各民主党派、工商联负责人，部分市政协委员，台侨、民族、宗教界人士代表，党外知识分子和新的社会阶层人士代表，市政协离退休人员，各县（市、区）统战部部长等参加座谈会。

第二节　重要活动

许津荣在盐城调研　4月12—14日，省政协副主席许津荣一行到盐城，就“聚焦富民持续提高城乡居民收入水平”开展专题调研。市政协主席李驰陪同，省政协人口资源环境委员会主任孙燕丽、教育文化委员会主任江里程、机关纪检组组长李晓洲参加调研，副市长王巧全、市政协副主席沈洪清、市政协秘书长殷勇参加相关活动。调研组听取盐城市政府和市委农办、市发改委、市民政局、市人社局、市林业局等部门的情况汇报。调研组一行实地察看大丰区大中镇和新丰镇。调研组对两地坚持绿色发展，因地制宜，推进农业供给侧结构性改革，把发展现代农业和现代服务业结合起来，实施“接二连三”工程，重点发展花卉园艺、婚庆摄影、健康养生等产业，壮大镇村集体经济，持续提高群众收入的做法，给予充分肯定。

八届政协常委暨新任委员培训班 4月25—27日，市政协举办八届政协常委暨新任委员培训班。市政协主席李驰作开班动员讲话。市政协副主席吕拔生、王锦胜、姜友新、唐伯平、孙大明，秘书长殷勇参加。27日上午，委员集中考察“五个一”战略工程中“一座城”的重要组成部分——大洋湾生态湿地公园。培训班还邀请中央党校、省政协等方面的专家、领导围绕构建中国特色话语体系、人民政协发展历程、做一名合格的政协委员等作专题辅导讲座。市政协委员肖兆玉、徐飞“现身说法”，从提升学习能力、强化履职意识、争做“双岗双优”委员等方面，结合自身工作实际现场传经验。

“入海河口水域环境保护”专题调研 6月21—23日，省政协副主席许津荣一行到盐城，就“入海河口水域环境保护”开展专题调研。市委书记、市人大常委会主任王荣平，市长戴源分别向调研组介绍有关情况。市政协主席李驰等陪同。调研组通过实地察看、听取汇报，对盐城在入海河口水域环境保护方面所做的工作给予肯定，认为盐城理念到位、思路清晰、措施得力、成效显著，在全省具有重要示范意义。调研组实地察看大丰区新能源淡化海水产业园、海丰淡化海水公司及研发中心、新王港闸内王港排污口、联合环境水务有限公司和东台市条子泥围垦项目现场等。

督查“一片林”战略工程 7月5—10日，市政协组织部分省市政协委员，分3个组对全市“一片林”工程推进情况，重点围绕冬春植树成活率情况进行专题督查。市政协主席李驰，副主席孙长春、王锦胜、沈洪清、姜友新、唐伯平、孙大明，秘书长殷勇等参加。督查组先后赴响水、滨海、射阳、亭湖、东台等地，实地察看沿海防护林、经济林场、森林村庄等工程项目现场，听取相关情况汇报。

“盐城政协·民生论坛” 7月18日，市政协举办首期“盐城政协·民生论坛”，围绕“农村畜禽养殖污染防治”议题进行协商议政。市政协主席李驰出席论坛并讲话。副市长崔浩到会听取建言，通报盐城市政府关于治理畜禽养殖污染的工作和下阶段措施。市政协副主席沈洪清主持，副主席吕拔生、孙长春、王锦胜、顾云岭、唐伯平，秘书长殷勇等出席。部分省市政协委员、市相关民生部门负责人、群众代表等参加。会上，12位委员、界别群众代表围绕健全治理机制、引进生态养殖技术、解决中小规模畜禽养殖污染、建立长效机制、政策导向、规划编制、财政支持等提出建议并进行提问。市农委等5个部门负责人在介绍情况后，详细解答问题。

市代表团赴铜川考察扶贫协作工作 9月18—19日，市政协主席李驰率盐城市代表团赴陕西省铜川市考察，对接盐铜扶贫协作和经济合作战略协议实施等有关工作。铜川市委书记郭大为、市长杨长亚分别与李驰一行座谈交流。铜川市政协主席张惠荣，市委常委、常务副市长严维佳，市委常委、副市长丁德明分别陪同考察。代表团一行考察黄堡耀瓷文化产业园、董家河循环经济产业园区及照金日间照料中心、照金北梁村养殖等扶贫协作项目，就扶贫协作工作进行具体对接，并凭吊陕甘边革命根据地英雄纪念碑。副市长葛启发，市政协副主席王锦胜，市政协秘书长殷勇，江苏悦达集团党委书记、董事局主席王连春，市国投集团，市有关部门、部分县（市、区）政协负责人参加。

全市政协工作座谈会 12月13日，全市政协工作座谈会召开。会议贯彻落实中共十九大精神，传达市委常委会议精神，总结交流全年工作，讨论研究2018年工作。市政协主席李驰出席并讲话，市政协副主席王锦胜主持，市政协副主席吕拔生、孙长春、沈洪清、姜友新、唐伯平、孙大明，秘书长殷勇等出席。会上，市政协主席会议成员、各县（市、区）政协主席、市政协各委办室主要负责人交流学习中共十九大精神的体会和2018年工作打算。

第三节　提案办理

政协盐城市第八届委员会第一次会议期间，政协委员、政协各参加单位和专门委员会积极履职，提交提案333件，审查后立案320件。所立提案中，集体提案37件，占11.6%；委员个人和联名提案283件，占88.4%。在所有立案提案中，围绕贯彻新发展理念、不断增强经济创新力和竞争力等方面的提案117件，占立案数的36.6%；围绕保障和改善民生等方面的提案127件，占立案数的39.7%；围绕促进社会和谐稳定等方面的提案76件，占立案数的23.7%。立案提案分别交由83个市直承办部门和9个县（市、区）人民政府办理。市政府办公室对提案办理工作进行督查和指导，年内立案提案办复率100%；意见和建议采纳落实率95%，其中，解决采纳的占14.4%，列入计划逐步解决的占80.6%；委员满意和基本满意率为99%。

（于　浩）

第25章　纪检监察

责任编辑　潘其锐

综　述

2017年，盐城市各级纪检监察机关落实专责监督责任，推进正风反腐，全市党风廉政建设和反腐败工作取得新成效。对各地各部门责任落实情况开展检查考核、综合评价。协助市委召开县（市、区）委履行全面从严治党主体责任述职会，组织市直部门主要负责人向市纪委全委会述廉述责并接受评议。严格选人用人，对36批568人次党风廉政情况进行回复。建立履责记实工作机制，向市四套班子领导和市管单位班子成员编印发放《履责手册》。对落实主体责任和监督责任不力的20个单位和142名党员干部实施问责追究。强化履职监督，围绕新水源地建设、化解过剩产能等工作开展监督检查20多次，问责处理33人。制定进一步从严落实中央八项规定精神有关纪律的规定，年内查处违反中央八项规定精神问题216个、处理357人，其中党政纪处分178人，通报曝光42批次。在全市开展机关工作表面化、审批服务梗阻化、违规吃喝隐蔽化等系列专项整治，严肃查处公款吃喝、公车私用、公款购买消费高档白酒等问题。坚持“月月有监督检查、月月有通报曝光”，组织实施暖企行动，先后召开作风问题通报会3次，问责追究142人。制定党员干部容错纠错实施办法，先后对324名党员干部问题线索予以了结和澄清。加强反腐败斗争，全年全市立案3104件，其中县处级干部案件25件、乡科级干部案件200件。深入开展领导干部“510”警示教育活动，先后在盐城经济技术开发区、城建系统和市属国有企业召开专题警示教育大会。制定进一步加强对县（市、区）党政正职监督的实施办法，举办乡科级党政正职干部廉洁从政和农村基层干部廉洁履职专题培训班。组织廉政淮剧《小镇》巡演和2017中国（盐城）首届全国廉政农民画作品展，弘扬优秀传统文化，培育不想腐的自觉。在全市开展“正风肃纪镇村行”专项行动，全市立案查处农村基层案件1740件，有效遏制基层违纪问题频发多发势头。在150个镇（街道）2433个村（居）设置1.06万块扶贫涉农领域监督牌，制定《深化扶贫领域监督执纪问责工作责任清单》，全面推广运用“阳光扶贫”监管系统。打造农村产权交易盐城样本，建成运行市县镇三级联动的“农村产权交易+三资管理”综合信息管理服务平台。健全完善监督体制机制，成立市深化监察体制改革试点工作小组，制定实施方案和任务清单，稳步推进机构设置、人员转隶等各项工作，在全省设区市中率先完成市监委挂牌。全面完成派驻和巡察机构“两个全覆盖”改革。全年开展4轮常规巡察，巡察19个市属单位、18个副处级以上企事业单位党组织，前3轮累计发现问题539个。探索省市县联动巡视巡察，实现对乡镇巡察全覆盖。先后举办3次大规模党纪法律知识培训班，建立市纪委、监委法律顾问制度。组织岗位廉政风险点排查、内部巡察、干部家访、“纪检监察开放日”等活动，进一步拓宽自我监督、外部监督渠道。制定纪检监察干部“八小时”以外社会交往规则等制度，开展“好家规好家训”征集和“踏上新征程、承担新任务”征文演讲活动。

第一节　重要会议

市纪委七届二次全会　1月22日，市纪委召开七届二次全会。会议分3个阶段进行。9：00召开第一次大会，市委常委、纪委书记王小红主持会议，市四套班子领导，市中级人民法院院长、市检察院检察长，市直各部门（单位）主要负责人，市纪委委员以及列席市纪委全会的人员在市主会场出席会议，各县（市、区）、盐城经济技术开发区、城南新区在分会场收听收看会议。市委书记、市人大常委会主任王荣平出席会议并讲话，要求全市各级党组织和广大党员干部要以习近平重要讲话精神为指导，把党风廉政建设和反腐败工作推向深入，抓好2017年全市党风廉政建设和反腐败工作任务落实，推动全面从严治党向纵深发展。10：30召开第二次大会，市委常委、市纪委书记王小红主持会议，全会传达中省纪委全会精神，市委常委、纪委书记王小红代表市纪委常委会作题为《坚守职责定位，从严监督执纪，奋力推动盐城全面从严治党向纵深发展》的工作报告。下午召开第三次大会，表决通过市纪委七届二次全会工作报告和全会《决议》(草案)。

"两个全覆盖"改革动员部署暨新任职干部集体谈话会议 8月28日,"两个全覆盖"改革动员部署暨新任职干部集体谈话会议召开。盐城市委书记王荣平出席并讲话。会上,盐城市委巡察组专职组长顾文明、市纪委第十一派驻纪检组组长曹阳分别发言。盐城市委常委、组织部部长尹卫东宣读市委巡察机构、市纪委派驻机构新任市管干部任职决定。盐城市委常委、纪委书记王小红主持会议,并宣读《关于全面落实市纪委向市一级党和国家机关派驻纪检机构的方案》和《盐城市纪委派驻机构工作职责》。盐城市委各部委办、市各委办局、市各直属单位、有关省属驻盐单位党委(党组)主要负责人,市纪委机关中层正职以上干部,市委巡察机构全体成员,市纪委派驻机构纪检干部等出席会议。

全市领导干部"510"警示教育大会 5月9日,全市领导干部"510"警示教育大会召开。市委书记、市人大常委会主任王荣平出席并讲话。与会人员集中观看《党纪岂容违逆》警示教育专题片。会议以电视电话会议形式召开,市委常委、纪委书记王小红主持会议。市委副书记、市长戴源,市政协主席李驰,市委副书记戴元湖,在盐市委常委,市人大、市政府、市政协领导班子其他成员,市中级人民法院院长、市检察院检察长,市各有关方面负责人等在市主会场参加会议。各县(市、区)、盐城经济技术开发区和城南新区在分会场收听收看。

述廉述责评议会 5月27日,部分市直单位主要负责人向市纪委全委会述廉述责和接受评议会议召开。市水利局、质监局、盐阜大众报报业集团3家单位的主要负责人进行述廉述责。市委常委、市纪委书记王小红出席会议并讲话。市纪委副书记、市监察局局长刘正秀主持会议。会上,3家单位主要负责人分别向市纪委全委会汇报履责情况,市纪委3个督查组组长逐一进行点廉点责,并提出整改建议。参会的市纪委委员、部分市党代表、人大代表、政协委员和党风政风监督员进行询廉询责,3家单位主要负责人针对提出的问题进行答询表态。随后,参会的各位委员、代表对3家单位主要负责人履行党风廉政建设"第一责任人"职责和执行廉洁自律规定情况进行现场评议。

"推动全面从严治党向基层延伸"座谈会 7月27日,市委常委、纪委书记王小红主持召开座谈会,围绕"推动全面从严治党向基层延伸"开展座谈。会上,8位村(社区)党组织书记作交流发言。发言代表结合"正风肃纪镇村行"活动,立足自身工作实际,从预防基层微腐败、净化村干部工作作风、筑牢基层党建基础、争做富民惠民当家人等方面各抒己见,并提出很多贴合基层实际的建议和意见。

全市阳光扶贫推进会 7月10日,市委市政府在滨海县召开全市"阳光扶贫"工作推进会。市委副书记戴元湖出席会议并讲话,市委常委、纪委书记王小红主持会议。会上,戴元湖就做好"阳光扶贫"工作提出要求。会议要求各地学习借鉴滨海县有关经验做法,确保9月底前"阳光扶贫"监管系统建成试运行。

执纪监督与执纪审查部门分设试点工作情况通报会 9月29日,市纪委召开机关实施执纪监督与执纪审查部门分设试点工作情况通报会。市纪委副书记、监察局局长刘正秀出席会议并讲话,市纪委常委、宣传部部长张国锋通报有关工作情况。通报会介绍执纪监督室和执纪审查室主要职责和要求,要求有关市直部门、单位和派驻纪检组协助熟悉有关情况,做好问题线索大起底,抓好廉政风险点排查防控,加强日常工作衔接,合力推动试点工作落细落实。

市纪检监察系统表扬大会 10月10日,市纪委召开全市纪检监察系统表扬大会,学习贯彻全国、全省纪检监察系统表彰大会精神,对在全市纪检监察战线上作出突出贡献的25个先进集体和55名先进工作者进行表扬。市委常委、纪委书记王小红出席会议并讲话,市纪委副书记、监察局局长刘正秀主持会议,市纪委副书记刘向阳传达全国、全省纪检监察系统表彰大会精神,市人社局局长王娟宣读表扬决定。

"阳光扶贫"和农村集体"三资"管理平台建设运用工作推进会 10月25日,"阳光扶贫"和农村集体"三资"管理平台建设运用工作推进会在盐城召开。市委常委、纪委书记王小红出席讲话,副市长崔浩主持会议。市纪委副书记、监察局局长刘正秀传达学习全省进一步强化扶贫领域监督执纪问责工作视频会议精神。会议强调,要严格落实责任,强化监督检查,为2个平台建设运用提供坚强保证。各级党委、政府要切实担负起主体责任,农办(扶贫办)要切实履行行业主管部门职责,各有关单位各负其责,密切配合。要加强督促检查,对各地各部门推进2个平台建设运用、扶贫资金使用等情况,开展多种形式的监督检查。要强化问责追究,为2个平台建设运用提供坚强纪律保障。

第二节　重要活动

蒋卓庆在盐城调研 3月23日,省委常委、省纪委书记蒋卓庆到盐城调研并召开座谈会。市委书记、市人大常委会主任王荣平陪同调研并汇报有关情况。蒋卓庆先后察看市党风廉政教育中心、盐龙湖生态保护区、盐都农村产权交易服务中心、郭猛镇杨侍村新农村建设、东风悦达起亚汽车第三工厂等。在随后召开的座谈会上,蒋卓庆听取有关情况汇报,同基层纪委书记进行深入交流。市委常委、纪委书记王小红汇报盐城市纪检监察工作情况,部分县(市、区)纪委在会上作发言。8月30—31日,蒋卓庆到盐城调研党风廉政建设和反腐败工作。市委书记、市人大常委会主任王荣平参加座谈。座谈会上,蒋卓庆听取盐城市党风廉政建设和反腐败工作情况汇报。

纪委机关党委换届选举 2月22日，市纪委、监察局机关召开党员大会，进行机关党委换届选举。会议审议通过上届机关党委工作报告，选举产生新一届机关党委、纪委。市委常委、市纪委书记王小红出席会议并讲话。市纪委副书记、监察局局长刘正秀，市纪委副书记刘向阳、孙红亮，市纪委常委张鹏程、张炜东、方仕德、路竞竞等出席当天会议。市纪委常委、宣传部部长张国锋主持会议并代表上一届机关党委作工作报告。王爱军、孙蒙、沈海城、沈德琪、张国锋、陈昌进、季志良、胡中兵、崔红当选新一届市纪委机关委员会委员，水淼、朱红江、李云腾、徐长友、崔红当选第一届机关纪律检查委员会委员。选举张国锋任机关委员会书记，胡中兵任机关委员会副书记，陈昌进任机关委员会专职副书记，崔红任机关纪律检查委员会书记。当天下午，还选举产生新一届机关工会委员会。

"正风肃纪镇村行"专项行动 3月14日，全市"正风肃纪镇村行"专项行动动员部署会议召开，市委副书记戴元湖出席会议并讲话，市委常委、纪委书记王小红作行动员部署，副市长崔浩主持。会议明确，专项行动从3月开展至年底，分全面排查问题、集中整治问题和巩固提升3个阶段。盐城市建立市县镇三级党委领导挂钩联系制度，要求组织实施镇村干部"党纪党规应知应会"知识考试，市、县纪委随机抽考，镇级干部抽考比例不低于20%，村干部抽考比例不低于30%。根据部署，专项行动建立问题清单制度，运用大数据资源，通过信访举报、网络舆情、巡察审计等渠道，对2013—2017年镇村各类问题线索进行大起底，建立问题线索台账，列出问题清单，通过镇村公示栏、电子屏、门户网站等进行集中公示，接受监督。问题整改阶段，市县两级纪委梳理一批重点问题线索，挂牌督办。对于各地整改的结果，既有职能部门评估，也委托第三方评估机构开展现场调查和群众满意度测评，对部门评估达不到90分、第三方评估结果较差的，责成整改，直至达标。

"打铁还需自身硬"专项行动 3月21日，全市纪检监察系统召开"打铁还需自身硬"专项行动动员会。盐城市委常委、市纪委书记王小红出席会议并讲话。盐城市纪委副书记、监察局局长刘正秀主持会议。盐城市纪委副书记刘向阳解读专项行动工作方案。盐城市纪委副书记孙红亮，市纪委常委张鹏程、张炜东、方仕德、路竞竞、张国锋等参加会议。各县（市、区）纪委书记、监察局局长，分管干部监督工作的领导和室主任；市各委办局、市各直属单位、省属驻盐各单位、市纪委各派驻（出）机构全体纪检监察干部；市委机关全体人员参加会议。

"阳光扶贫"监管系统 6月初，"阳光扶贫"监管系统建设工作动员会在盐城召开，市委常委会专题研究会办阳光扶贫工作，市委书记、市人大常委会主任王荣平专门听取情况汇报。市纪委会同市委农办，以及软件开发公司成立联合工作组，在市纪委集中办公，共同推进系统建设。工作组每天检查软件公司开发进度情况，督查各地各单位数据录入情况。先后举办3期业务培训班，对财政、扶贫、民政、教育、农委等11个条线和各县（市、区）312名工作人员进行培训，确保所有操作人员懂流程、会操作。市纪委会同市委农办成立专门督查组，对各地录入系统的项目和资金数据逐条过堂，确保录入数据准确无误。年内，系统导入15.9万户建档立卡户和222个经济薄弱村信息，录入5763个到村到户帮扶项目和重点片区关键工程，归集10个部门27条资金线的来源使用情况，将10.95万名结对帮扶干部纳入系统管理，做到应进必进。组织开展2次"全覆盖"结对帮扶走访活动，全市党员干部通过手机APP上传帮扶记录30.94万条。强化制度约束。先后制定《"阳光扶贫"监管系统运行管理办法》等10项制度，以制度规范保障系统规范有序运行。

农村集体"产权交易+三资管理"系统建设 年内，盐城市坚持市县镇村四级联动，加快推进农村集体"产权交易+三资管理"系统建设，着力打造"一网四化"盐城样本。"一网"，即将农村集体三资、供求对接、在线交易、阳光村务和手机APP等各类平台载体全部归集于同一系统，建成"产权交易+三资管理"一张网，实现一网全通。9月，该网上线运行。"四化"，即集体家底公开化、市场建设标准化、交易流程规范化、问责追究常态化。在集体家底公开化方面，组织各县（市、区）全面清查农村集体资产的存量、价值和使用情况。截至8月中旬，全市第一阶段资产清查工作全部结束，累计录入集体资产台账卡片近7万份、经济合同1.25万份，其中各类资产总额25.2亿元、集体统一经营资源6.2万公顷。在市场建设标准化方面，印发《盐城市农村产权交易市场平台建设标准》，9月底前全市所有产权交易平台全部建成并投入运行。9个县级交易服务中心、129个镇级交易服务站均达到市确定的建设标准，所有县、镇农村产权交易平台全部开展实质性交易，省农村产权交易平台所列14个种类交易项目全部发生交易。在交易行为规范化方面，专门开发全方位预警监管模块，建立资金管理等7个大项37个子项预警清单，主要对资产资源交易行为应进未进、化整为零、价格异常、合同订立期限过长等问题进行及时有效预警。同时，开发供求对接功能模块，实行项目供求信息智能匹配自动推送，为产权交易供求双方牵线搭桥。

富民兴市八项措施 年内，盐城市纪委制定纪检监察机关服务保障富民兴市工作八项措施。措施包括：组织开展富民政策落实情况监督检查，推进"阳光扶贫"监管系统建设，强化农村"三资"规范化管理，深化"正风肃纪镇村行"专项行动，聚焦突出问题开展专项巡察，加强干部作风建设，开展疑难复杂信访问题集中化解行动，加大案件查处和通报曝光力度。

派驻机构纪检干部培训班 8月30日至9月2日，市纪委举办派驻机构纪检干部培训班，市委常委、市纪委书记王小红主持并聆听有关培训讲座。21个派驻纪检组65名纪检干部参加培训。培训围绕进一步提高市纪委派驻纪检干部监督执纪问责能力，设置包括习近平"7·26"重要讲话精神解读、执纪审查工作业务辅导等9个专题讲座，其中邀请省纪委派驻省发改委纪检组长蒋云峰为学员们作题为"如何做好派驻纪检工作"的专题报告。

全市纪检监察干部法纪知识培训班 11月11—12日，市纪委在市委党校举办为期两天的全市纪检监察干部法纪知识培训班。市委常委、纪委书记王小红作开班动员讲话，市纪委副书记、监察局局长刘正秀主持。培训班邀请到中国人民公安大学教授、博士生导师、二级警监王铼和省纪委案管室主任葛夕芳为培训人员授课。王铼讲授调查取证讲授执纪办案过程中取证的策略、技巧以及相关注意事项。葛夕芳围绕国家监察体制改革全面分析纪检监察工作面临的新形势。盐城市纪委、监察局机关全体人员，市纪委各派驻（出）机构、市委巡察机构全体人员，各县（市、区）纪委、监察局机关全体人员参加培训。

启动疑难复杂信访举报问题集中化解专项活动 年内，市纪委印发《关于开展疑难复杂信访举报问题集中化解专项活动的实施方案》。5—12月，在全市纪检监察系统开展疑难复杂信访举报问题集中化解专项活动。活动与全市"正风肃纪镇村行"专项行动相策应，重点对中共十八大以后反映扶贫资金、惠农补贴、低保以及镇村干部作风等方面信访举报问题进行梳理汇总、集中交办。对活动中排查出的疑难复杂信访问题，坚持一案一策、领导包案，确保案结事了、停诉息访。

审查陪护业务培训 年内，市纪委从全市纪检监察系统遴选90名工作人员，组建执纪审查陪护人员库，并于5月19日在市党风廉政教育中心开展陪护业务培训活动。培训活动主要分为书面培训和现场讲解2个阶段。在书面培训中，传达全省执纪审查安全工作会议精神，阐述做好审查安全工作的重要意义，对陪护工作的流程、要点、职责、纪律等方面提出具体要求。书面培训结束后，安排全体人员到审查室实地观摩，现场模拟进行陪护工作，针对电路接驳、陪护位置、日志记录、饮食服药、应急处置等具体环节进行详细解说。

纪检监察干部家访活动 4月，市纪委专门在全系统组织开展干部家访活动。市纪委主要负责人对市纪委领导班子成员和各县（市、区）纪委负责人开展家访；市纪委领导班子成员家访分管联系的部门单位纪委（纪检组）主要负责人及委局机关中层干部；部门单位纪委（纪检组）主要负责人及委局机关中层干部家访本部门干部。各县（市、区）纪委同步开展家访活动，确保全系统1469名纪检监察干部应访尽访、一个不漏。家访人员利用晚上和休息日时间深入干部家中，送上《致全市纪检监察干部家人的一封信》和《正风反腐谱新篇——盐城市党风廉政建设和反腐败工作纪实》光盘，并与干部及其家属面对面交流。

"好家规好家训"征集活动 年内，市纪委、监察局推进"打铁还需自身硬"专项行动，将运用家训家规资源与自身建设相结合，在全市纪检监察系统开展"好家规好家训"征集活动。全市纪检监察人员积极参与，深度挖掘家规家训资源，征集好家规好家训654条。将征集到的好家规好家训汇编成册，发放到全市每位纪检监察人员手中，在系统内营造良好廉政文化氛围。

《纪检监察干部廉政约谈工作实施办法》 9月，市纪委制定《盐城市纪检监察干部廉政约谈工作实施办法（试行）》，就廉政约谈的原则、组织实施等作出明确规定，有效防范苗头性、倾向性问题发生，坚决杜绝"灯下黑"现象。《办法》明确廉政约谈的依据和原则；明确约谈的问题和承办主体；明确廉政约谈的具体范围；明确采取廉政约谈的程序；明确结果运用和保密纪律。

第三节　党风廉政

全市纪检监察系统警示教育大会 5月16日，市纪委召开全市纪检监察系统警示教育大会，市委常委、市纪委书记王小红出席会议并讲话。会议强调各级纪检监察干部要以打造"清风盐城"政治生态为己任，树立正确的权力观，认真履行好自身职责，确保监督执纪工作始终在健康、规范的轨道上开展。要从违纪违法案件中深刻汲取教训，落实省市委全面从严治党有关规定，严格执行纪检监察干部行为规范、"六条禁令"等规章制度，在全系统形成靠制度管人管事的良好格局。会议采取电视电话会议形式进行，各县（市、区）和盐城经济技术开发区、城南新区设分会场。市纪委、监察局机关全体人员，市各委办局、市各直属单位纪检组（纪委）负责人，市纪委各派驻（出）机构负责人，市委巡察办、巡察组、市优化办全体人员在主会场出席会议。

机关作风建设和优化经济发展环境问题通报会 4月7日，全市机关作风建设和优化经济发展环境问题通报会在盐城召开。市委常委、市纪委书记王小红出席会议并讲话，要求各地各部门贯彻落实市委、市政府关于机关作风建设和优化经济发展环境的决策部署，对照通报内容，深刻反思，引以为戒。会上播放作风建设问题通报专题片《向作风顽症亮剑》，对有关部门和单位服务不到位、监督不得力、增加企业负担以及对群众诉求推诿扯皮等问题进行通报。市纪委副书记、监察局局长刘正秀主持会议，市纪委副书记、市优化办主任刘向阳对全市机关作风建设和优化经济发展环境工作情况进行通报，并对下阶段优化经济发展环境工作作出具体部署。市各有关单位、部分公共服务企业主要负责人、纪委书记（纪检组长），各县（市、区）、盐城经济技术开发区、城南新区纪委（纪工委）书记、优化办、编办、政务服务办主要负责人参加会议。

全市乡科级党政正职领导干部廉洁从政专题培训班 8月30日至9月1日，市纪委举办全市乡科级党政正职领导干部廉洁从政专题培训班，各镇（区）、县（市、区）部门的200多名党政正职领导干部参加培训。培训班结合乡科级党政正职廉洁从政工作实际，安排4场讲座。重庆市委党校教授李志勇解读习近平“7·26”重要讲话精神；省纪委法规研究室处长周欣要求与会人员准确把握党风廉政建设形势任务，切实担负全面从严治党正职责任；省纪委审理室主任杨光对《中国共产党廉洁自律准则》《中国共产党纪律处分条例》主要精神进行解读；省委党校教授张桂珍从认清形势任务、强化责任担当等方面进行授课。

开展“讲政治、守纪律、树形象”主题公开承诺活动 年内，市纪委在全市各级党组织和党员领导干部中开展主题公开承诺活动。该公开承诺以“讲政治、守纪律、树形象”为主题，活动自10月17日持续至年底，各级党组织和主要负责人通过仔细对照中央“八项规定”和省市委“十项规定”精神，结合专题民主生活会，深入查找自身存在问题，从旗帜鲜明讲政治、服务群众重基层、公务接待严纪律、公务用车讲规矩、为官不为要杜绝、政治生活要严肃等角度，向全社会分别作出公开政治承诺。

全市国土、城建、交通系统警示教育大会 7月25日，国土、城建、交通系统警示教育大会在盐城召开。市委常委、纪委书记王小红出席会议并讲话，副市长李逸浩主持。与会人员集中观看警示教育专题片《溃穴》。市国土局、规划局、城乡建设局、城市管理局、住房保障和房产管理局、交通运输局、港口管理局、民防局、住房公积金管理中心等单位中层以上干部及下属单位领导班子全体成员，各县（市、区）纪委书记、政府分管负责人，盐城经济技术开发区、城南新区纪工委书记、管委会分管负责人参加会议。

市属国有企业党员干部警示教育大会 11月15日，盐城市召开市属国有企业党员干部警示教育大会，通报剖析典型案例，推动市属国有企业党组织切实履行管党治党主体责任，警示教育党员干部，营造良好政治生态。市委常委、常务副市长陈红红，市委常委、纪委书记王小红出席会议。会上，与会人员共同观看《被“股”惑的国企老总》警示教育片。银宝集团党委负责人作反思表态发言，市国资委、国投集团和城投集团党组（党委）负责人分别作表态发言。各县（市、区）人民政府、市开发区、城南新区管委会分管负责人，纪（工）委、企业工委、国资委（财政局）主要负责人；市各有关部门分管负责人；市属重点国有企业中层以上干部，市农水集团中层以上干部、下属二级企业负责人参加会议。

第四节 监督检查

2017年，盐城市纪委制定《关于进一步从严落实中央八项规定精神有关纪律的规定》。全年查处违反中央八项规定精神问题216个、处理357人，其中党政纪处分178人，通报曝光42批次。在全市开展机关工作表面化、审批服务梗阻化、违规吃喝隐蔽化等系列专项整治，严肃查处公款吃喝、公车私用、公款购买消费高档白酒等问题。坚持“月月有监督检查、月月有通报曝光”，结合违规吃喝问题专项整治“回头看”，开展公务接待和用公款购买消费高档白酒专项排查整治，对省纪委交办的2357条问题线索逐一编号、严查深究。专项整治“回头看”以来，先后查处违纪问题53个，处理114人，其中党政纪处分71人。组织全市各级党组织召开专题民主生活会，起到较好警示作用。

督查灾后重建工作 3月24日，市委常委、纪委书记王小红到阜宁县、射阳县调研灾后重建情况，督查廉政重建工作。王小红先后到阜宁县陈良安置点、立新安置点，射阳县陈洋安置点，督查灾后重建建设进度，检查慰问金发放、公证摇号选房等台账资料，并走进受灾群众新房里，送上慰问。把正风肃纪贯穿“6·23”灾后恢复重建全过程，年内，调查核实涉灾信访举报21件，督促相关单位解决群众反映问题31个，对9名作风粗暴的党员干部进行诫勉谈话，对救灾资金使用不规范的3家单位主要负责人进行约谈提醒，查处假借灾民名义出售小麦以及挪用、截留救灾物资资金、安置点房屋质量不合格、违规领取租房补贴4起问题。

第五节 案件查处

2017年，盐城市深入践行“四种形态”，反腐败斗争压倒性态势得到巩固发展。全年运用“四种形态”处理5340人次，其中运用第一、第二种形态占91%，第三种形态占4%，第四种形态占5%。全市立案3104件，总量列全省第三，其中涉及县处级干部案件25件、乡科级干部案件200件，自办案件2167件。查办有影响的大要案件取得新突破，采取审查措施43人，市纪委重点查处市城乡建设局原局长吴某某、市体育局原党委书记杨某某、东台市原副市长吴某某、市农业水利发展投资集团有限公司原总经理陈某某等一批县处级干部严重违纪案件，在全市引起较大震动。全市查处农村基层案件1740件、侵害群众利益案件154件，查处镇（街道）班子成员44人、村组干部1000人，有效遏制基层违纪问题频发多发势头。 （张　成）

第26章 民主党派

责任编辑 潘其锐

综 述

2017年，盐城市有民盟、民建、民进、农工党、九三学社5个民主党派市委会，致公党总支1个。年内，各民主党派新发展成员167名。至年底，各民主党派有基层组织102个，成员1696名，遍及科技、教育、文化、卫生、农林、经济等领域。民主党派成员担任全国人大代表3人、省人大代表1人、省政协委员5人、市人大代表16人、市政协委员142人。年内，各民主党派继续开展坚持和发展中国特色社会主义学习实践活动和“不忘合作初心，继续携手前进”主题教育，组织开展专题讲座、会员座谈会、参观学习等活动，深化学习效果。民盟盐城市委组织盟员赴苏州费孝通江村纪念馆、沈钧儒纪念馆和嘉兴南湖革命纪念馆等地进行现场教学。农工党盐城市机关支部组织全体党员赴鲁南革命老区开展“缅怀先烈，不忘初心”主题活动。各民主党派履行参政议政职能，向市人大、市政协等提交各类议案、提案110件；开展调研活动，完成各类调研课题33项。其中，民盟盐城市委《关于盐城市生活垃圾焚烧发电厂建设和运行情况的调研报告》获选江苏省生态文明建设研讨会三等奖；民进盐城市委《关于加强我省学前教育师资队伍建设的建议》被民进江苏省委评为参政议政成果二等奖；农工党盐城市委在党员中开展“加快我市大健康产业发展”的征文活动，部分优秀征文稿件获农工党江苏省委“健康产业”论坛二、三等奖。各民主党派结合自身优势开展各类社会服务活动，全年在盐城经济技术开发区步凤镇的市各党派团体社会服务基地开展送医疗、送科技、送文化、送教育等社会服务活动10次。其中，民建盐城市委在步凤镇开展“思源工程——生育关怀行动”，向10户计生困难家庭发放慰问金，并进行义诊；民进盐城市委组织书画家开展送春联进社区活动，连续六年举办“百姓春晚”，手机直播互动人群超过30万人次；农工党盐城市委开展第29届“国际科学与和平周”健康帮扶活动，组织市一院总支10多名医疗专家，为盐都区第二人民医院医务人员进行培训与现场指导；九三学社盐城市委继续开展“亮康行动”和“百名专家进乡村”行动，创新推出“盐城九三公益课堂”和“盐城九三科普论坛”2个专项活动；致公党盐城总支开展“五侨联动”“引凤工程”等活动，全力服务归侨、侨眷，聚力经济发展。（沈 平）

第一节 民盟盐城市委员会

2017年，民盟盐城市委新发展30名盟员。至年底，全市有盟员419人，平均年龄52岁。其中，高等教育界盟员150人，普通教育界盟员130人，文艺界盟员33人，科技医卫界盟员29人，机关、团体中盟员28人，经济界盟员50人；盟员中有高级职称223人，中级职称156人；有全国人大代表1名，省政协委员2名，市人大代表3名，市政协委员25名，区人大代表2名，区政协委员16名。民盟盐城市委下设基层委员会2个：盐城工学院基层委员会、亭湖区基层委员会；总支3个：盐城师范学院总支、盐都区总支、盐城中学总支；支部9个：机关一支部、机关二支部、盐阜中学支部、田家炳中学支部、农科院支部、文化支部、悦达支部、盐城幼儿师范高等专科学校支部、江苏医药职业学院支部。

一、参政议政

2017年，市政协八届一次会议期间，民盟盐城市委提出集体提案3份，个人提案23份。市人大八届一次会议期间，提交个人建议案7份，其中《加快深度融入长三角城市群 拓展盐城发展新空间》参加大会发言，并和盟员刘婕妤的个人提案《关于聚力创新支持市开发区转型发展的提案》一同被列为主席督办案。“两会”期间1份集体提案、1份个人提案被市政协表彰为优秀提案，庄国策等4人被表彰为“双岗双优”委员。民盟盐城市委主委蒋婉求参加全国人大会议期间，积极履职，提交《关于制定图书馆法的议案》等十多份涉及文化、教育和公共安全等方面的议案和建议，得到有关部门重视和采纳。在《中华人民共和国公共图书馆法》颁布前夕，蒋婉求应邀赴京列席全国人大常委会，就法案进一步完善发表意见。民盟盐城市委报送的调研课题《新时期网络宗教生活研究》《江苏沿海开发进程中的生态红线的研究及对策》被民盟中央和民盟江苏省委采用，并作为集体提案提交全国政协和省政协。年内，民盟盐城市委承接民盟江苏省委委托课题《以智慧城市为杠杆 撬动绿色发展 拉动苏北转型升级》《审美人类学背景下江苏戏曲文化生态现状的调查研究》，完成结题上报工作。民盟盐城市委组织盟员参与民盟江苏省委组织的生态文明建设研讨会、城镇化发展论坛、发挥中医药积极作用调研报告评审会等，其中《关于盐城市生活垃圾焚烧发电厂建设和运行情况的调研报告》获江苏省生态文明建设研讨会三等奖，《推进水生态文明 建设亲水宜居城市》参加民盟苏鲁豫皖部分城市联合调研工作第三十次会议交流，《以贸促产，贸产联动，打造全球知名汽车零部件集散地》《推进城郊妇女微创业的几点建议》《整合资源、优化流程，切实落实分级诊疗》3篇稿件入选市政协常委会的口头发言。年内，民盟盐城市委还分别与民盟江苏省委、民盟南京市委联合调研组，民盟无锡市委就"特色小镇建设""中医药发展"在盐城进行走访调研。

2017年，民盟盐城市委与省方强戒毒所联合开展"黄丝带·三助工程"活动。
民盟盐城市委/供

二、组织建设

2017年，民盟盐城市委开展"不忘合作初心，继续携手前进"专题教育。民盟盐城市委组织市委委员和部分骨干盟员赴苏州、嘉兴等地进行现场教学，先后瞻仰苏州费孝通江村纪念馆、沈钧儒纪念馆、南湖革命纪念馆，回顾中国共产党奋斗历程。创新制度建设，民盟盐城市委将各处委室和基层组织具体联系到人，明确责任，健全工作机制，落实民主集中制；对处委进行调整，将三胞委员会改组为对外联络委员会，将教文卫体委员会拆分为教育委员会、文化与科技委员会。组织处开展新盟员拓展训练与学盟史、读盟章活动；宣传处举办《燃情书》品读分享会；调研处开展"科技助力富民路"主题调研；社会服务处拓展黄丝带帮教新途径；对外联络处牵头联系技师学院学生走进韩资企业工学交替，同时牵线搭桥，初步达成韩国与盐城师范学院联合办学的前期工作；老龄委开展对耄龄老盟员的集中慰问；妇委会开展"庆三·八掼蛋友谊赛"；文化与科技委员会牵头组织商界大讲堂听取中国与全球化智库一带一路研究所所长黄日涵专题报告；教育委员会调研中小学绩效工资制度。年内，广大盟员在各自岗位建功立业，陈澄联合主演的淮剧《小镇》和个人独唱《苏秦六国封相》选段两度在央视戏曲频道《空中剧院》栏目播出；郭列平获第四届丝绸之路国际艺术节参展奖；倪国林获2016江苏省第三届企业优秀CIO（首席信息官）；蔡斌获江苏省教学成果一等奖；薛和平、刘迎侠获江苏省教学成果二等奖；滕锦昊被评为江苏省巾帼文明标兵；薛琴被评为江苏省体育道德风尚奖裁判员；赵军被评为江苏省优秀阅卷员；王炳东获江苏省第七届企业职工美术书法大赛优秀奖，杨翠娟、林汉成分获民盟江苏省委举办的庆祝中共十九大胜利召开诗词楹联暨书画摄影作品展楹联组一、二等奖。

三、社会服务

2017年，民盟盐城市委与民盟淮安市委联合开展"烛光行动"，承办淮安市淮阴区近60名幼儿园园长到盐城交流学习。先后赴省方强戒毒所、市公安局行政三所开展"黄丝带·三助工程"和"黄丝带·暖心"行动。帮助戒毒人员提升创业能力、调适心理状态、改善认知行为模式，开展"学会感恩"专题讲座，鼓励戒毒人员早日战胜毒魔，回归家庭和社会。民盟盐城市委与民进盐城市委携手组织多名书法家，赴建湖县庆丰村董徐村开展"送春联进万家"活动，传承和发扬传统文化。年内，民盟盐城市委组织盟员书画家到盐城市步凤中学开展"送书画进校园活动"。广大盟员参与微公益活动，田中支部赴阜宁陈集中学教学交流，民盟盐城市大丰支部（筹）开展天文科普公益活动，盟员卞保武开设"湿地逐梦"创就业能力提升培训讲座，葛秀琴为田家炳中学高三年级做考前心理辅导，孙曙为盐中师生做题为《文学：无穷远方与无数人们》的专题讲座，朱华随援青医疗队赴青海省同德县人民医院开展对口援青工作。 （孙 波）

第二节 民建盐城市委员会

2017年，民建盐城市委发展新会员24人。至年底，全市有民建会员268名，本科以上学历达85%，中级以上职称达72%。全年民建盐城市委在中央、省、市级各类媒体上共发表新闻宣传稿件80多篇。其中，《人民政协报》《团结报》、人民网等中央级媒体采用稿件9篇。会员王金海理论文章《变单打独斗的独角戏为声势磅礴的大合唱》被民建江苏省委表彰为2017年度理论研究课题优秀成果。开展“不忘合作初心，继续携手前进”主题征文活动，会员崔芳萍、王都娟的文章获得民建江苏省委表彰，会员王琨的《随意挥毫见国魂》一文被民建中央评为优秀征文。全年报送市委统战部、市政协、民建江苏省委和民建中央的社情民意信息170多条，社情民意信息工作获民建江苏省委表彰。

一、参政议政

2017年，民建盐城市委参加市委、市政府召开的座谈会、情况通报会、征求意见会及相关考察活动和界别活动，参与全市重大决策协商，发表意见和建议。在市政协八届一次会议上，民建盐城市委作《加快特色小城镇建设　助推新型城镇化发展》的大会发言，提交集体提案6件，提交个人提案20余件。在政协大会闭幕式上，民建盐城市委1件集体提案被表彰为优秀提案，李红鄂、徐韡等3名会员被评为“双岗双优”委员。开展专题调研，对“壮大一部车”课题进行专项调研和召开研讨会，形成《大力发展汽车零部件产业，配套共建东部沿海汽车城》调研成果；就“我市服务业集聚区发展情况”进行专题调研，形成《提升现代服务业水平　实现集聚区加速发展》调研成果；与民建江苏省委就“苏北先进制造业转型升级”开展联合调研，形成《坚持生态底色，大力推进苏北先进制造业可持续发展》的调研材料。

二、组织建设

2017年，民建盐城市委推进组织建设，制定新一届领导班子分工、明确领导班子成员联系基层组织等制度。强化基层组织建设。制定基层组织考评体系，组织基层组织开展各项工作，学习全国先进基层组织工作经验。民建盐城市委推动财税支部与民建大连市沙河口区基层委员会五支部缔结友好支部；举办骨干会员暨新会员培训班，邀请中共盐城市委统战部副调研员孟宪凯和民建盐城市委原副主委蔡保兵作讲座，赴镇江冷遹纪念馆实地调研学习；加强会员发展和管理工作，及时更新会员数据库，组织管理信息系统工作获民建江苏省委表彰。

三、社会服务

2017年，民建盐城市委在步凤镇开展“思源工程——生育关怀行动”，向10户计生困难家庭发放5000元慰问金，并为其进行义诊。组织部分政协委员开展“大走访”活动，慰问4个困难家庭，送上慰问金2100元。在市经济技术开发区新城街道阳光社区设立法律服务工作站，累计开展3场法律知识讲座，为300户社区居民提供法律咨询，义务为社区居民代理法律援助案件2起。组织一院支部专家就民营医院经营现状开展调研，在民营医院——正大医院建立一院专家社会服务基地。与市经信委合作建立法律服务联盟，为全市中小企业常年提供法律服务。组织企业家会员参加民建中央的风险投资论坛和民建江苏省委举办的民建企业家会员培训班以及有关考察交流活动。（唐修祥）

第三节　民进盐城市委员会

2017年，民进盐城市委新发展会员21名。至年底，全市有会员280人。有省政协委员1人，市人大代表1人；市政协委员23人，其中副秘书长1人，常委2人；亭湖、盐都区政协委员20人，其中常委3人。民进盐城市委下设支部13个：机关支部、经济支部、文化支部、教育支部、盐城中学支部、高级职业学校支部、明达中学支部、一小支部、盐城师范学院支部、盐城工学院支部、盐阜中学支部、田家炳支部、新阶层支部；总支2个：亭湖总支、盐都总支。年内，在“不忘合作初心，继续携手前进”学习实践专题教育评选中，会员朱丽萍被民进中央评为坚持和发展中国特色社会主义学习实践活动先进个人，唐为木被评为民进全省学习实践活动先进个人，民进盐城市委机关、一小支部被评为民进全省学习实践活动先进集体。在江苏省民进机关工作评选活动中，民进盐城市委会机关被评为先进集体，石惠被评为先进个人。重视社情民意，年内上报至民进中央、民进江苏省委及市委统战部各类信息80余条，40余条被省、市各级部门采用。

一、参政议政

2017年，在市政协八届一次会议上，民进盐城市委提交提案24件，集体提案2件，其中集体提案《挖掘历史文化资源，恢复重现盐城八景》参加大会发言。市“两会”期间，民进盐城市委被授予“市政协社情民意信息工作先进单位”称号，集体提案《将盐城沿海滩涂建成现代会的“沿海经济带”》、个人提案《加快我市农村基层文化建设》《挖掘大洋湾历史，建设盐城后花园》等被表彰为优秀提案；吴义青等3人获“双岗双优”委员。民进盐城市委牵头组织开展的《关于加强我省学前教育师资队伍建设的建议》调研报告被民进江苏省委评为参政议政成果二等奖。实行“一支部一课题”，完成《进一步推进我市分级诊疗制度实施的建议》《关于盐城汽车产业现状与发展的调研报告》《加强多水源水质安全保障体系建设，服务”一桶水”战略》等6篇调研报告。参加市政协组织开展的“五个一”调研，完成《发展智能网联汽车，助推“一部车”战略》调研报告。

二、组织建设

2017年，民进盐城市委开展各项学习活动。结合革命历史和民进传统文化，利用好省、市搭建的各类理论研讨平台，组织会员参加省、市理论征文活动。组织各类培训：邀请党校教授为会员做《关于新四军在盐城抗战与铁军精神》的专题讲座，并带领骨干会员赴安徽泾县红色教育基地实地培训；组织骨干成员参加民进全省骨干会员理论研讨培训班，组织机关干部参加市委统战部组织的统战干部学习班培训；重阳节期间，组织老委会、妇委会成员赴阜宁，开展“庆祝党的十九大，喜看盐城新变化”活动，参观新四军军部旧址停翅港，感受盐城红色历史和新四军文化。构建多方位的宣传平台，会刊《盐城民进》定期出刊，发挥民进网站、公用信箱、民进QQ群、民进微信群、民进消息快报等网络媒体的作用，强化宣传工作。激励各基层组织开展支部评优。对民进亭湖总支等12个先进基层组织，52名先进会员进行表彰，其中亭湖总支获“五星级支部”称号，文化支部获“四星级支部”称号。做好新一届领导班子“走访基层组织”大调研活动，完成对民进亭湖总支和亭湖区委统战部的走访，并总支会员座谈交流工作。

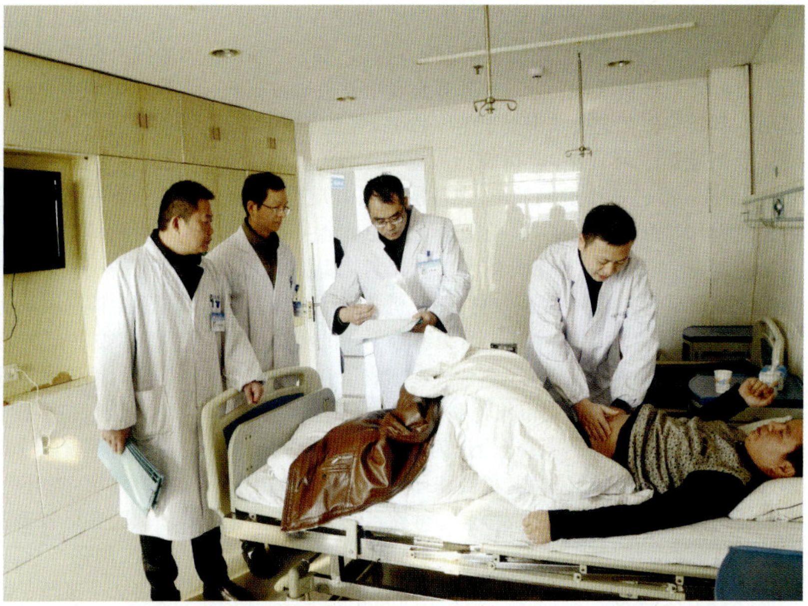

农工党盐城市委市一院总支党员开展医疗诊查。　　农工党盐城市委/供

三、社会服务

2017年，民进盐城市委继续主打教育援助活动。组织名师赴步凤中学开展送教共研活动，邀请盐阜中学副校长朱丽萍做《课堂的时间管理艺术》讲座。民进亭湖总支、田家炳支部、明达支部、一小支部、盐中支部等分别开展送教助学、扶贫捐赠等活动。发挥社会服务品牌作用。组织民进书画家送春联进社区活动；“百姓春晚”连续举办六届，手机直播互动人群超过30万人次；推广校外教育品牌，校外教育研究会秘书长季贵林等赴解放路实验学校、盐城市一小聚亭路校区等多地开展家校共育活动。开展喜迎中共十九大系列庆祝活动，组织书画界会员赴连云港开展“喜迎十九大　翰墨抒丹心”书画家笔会交流；会员夏一栋牵头举办“喜迎十九大暨新四军建军80周年全国军事题材雕塑展”。组织开展各类文化公益活动。新阶层支部组织书画界会员到农村送春联；会员何山主办首届盐城笛箫研究会新年音乐会、承办盐城古八景“范堤烟雨”书画音乐会；文化支部承办筑梦中国——宝龙少年宫杯六一晚会；亭湖总支主委朱义刚以“一桶水”为题材，创作歌曲《幸福水》，在全市宣传“五个一”战略工程专题晚会上演出，并获晚会节目最高奖——金奖。（石　惠）

第四节　农工民主党盐城市委员会

2017年，农工党盐城市委有党员人数342人，其中担任全国人大代表2人，市人大代表1人，各级政协委员35人。市委会下设参政议政、医卫与教育、人资环境与经济、社会服务和妇女5个工作委员会和1个法律援助中心，并建有20个基层组织：市第一人民医院总支、亭湖区总支、盐都区总支、机关支委、盐城生物工程高等职业技术学校支委、盐城卫生职业技术学院支委、市疾控中心支委、市第二人民医院支委、市第四人民医院支委、市卫生监督所支委、市妇幼保健院支委、市中医院支部、盐城工学院支部、盐城高等师范学校支部、阜宁高等师范学校支部、法律支部、农林支部、经济支部、综合支部、环保支部。

一、参政议政

2017年，在市政协八届一次全会上，农工党盐城市委作题为《推进水生态文明建设美丽新盐城》的大会发言，提交集体提案3件，提交个人提案18件。其中，集体提案《关于推进我市水生态文明建设的建议》、个人提案《关于将自杀人群纳入医保报销范围的建议》被市政协列为重点提案，其中《关于推进我市水生态文明建设的建议》被市政协表彰为优秀提案。在市政协常委会专题议政中，先后做《加快突破重点工作，做大做强汽车产业》《关于增加我市农村居民收入的几点建议》的发言。开展调查研究，农工党盐城市委组织党员赴大丰经济技术开发区相关企业、盐城部分全民健身设施和江苏泽瑞健康管理有限公司等健康产业、农业供给侧改革、特色小镇等进行调研，形成调研报告10余篇，社情民意40余篇。全年完成农工党省委重点调研课题《关于加快农业转型升级，推进农村三产融合发展的建议》1项，一般课题2项，市委统战部调研课题1项，统战理论研究课题1项。在全市农工党员中开展“加快我市大健康产业发展”的征文活动，征文优秀稿件参加农工党江苏省委“健康产业”论坛，获二、三等奖。做好社情民意信息工作，全年整理上报各类社情民意、统战信息和宣传报道100余篇，被市政协表彰为全市社情民意先进单位。

二、组织建设

2017年，农工党盐城市委制定《议事决策规则》《中心组学习制度》《领导班子谈心会制度》《主委副主委联系基层组织工作制度》等9项规章制度，使各项工作进一步规

范化、制度化。根据成员结构和工作需要，成立参政议政、医卫与教育、人资环境与经济5个工作委员会，建立《专门工作委员会工作制度》，充分发挥各界别骨干党员参政议政作用。制定《农工党盐城市委2017—2021年组织发展规划》，规范党员发展程序，严格履行入党手续，全年新发展党员28名。推进基层组织工作，在基层组织中开展"基层组织建设年"活动。制定《农工党盐城市委员会关于加强基层组织建设工作的20条具体要求》，修订《基层组织综合工作考核试行办法》。完成农林支部、机关支部换届改选工作。做好2017年度20个基层组织综合工作的考核表彰工作。5月，农工党盐城市委6名代表参加农工党江苏省第十二次代表大会，会上，副市长蒋巍当选为省委副主委，孙长春当选为省委常委，胥江华当选为省委委员，李巧云当选为省监委会委员。11月底，蒋巍和孙长春赴京参加中国农工民主党第十六次全国代表大会，蒋巍当选为农工党中央委员。

三、社会服务

6月5日，农工党盐城市委在盐渎公园开展主题为"空气质量与健康"的环境与健康宣传活动。活动期间，环保支部党员为现场群众提供环境与健康宣传咨询服务，发放宣传周主题宣传册、环保知识手册百余份以及防水环保袋。开展"国际科学与和平周"健康帮扶活动。11月，农工党盐城市委会赴盐都区楼王镇开展第29届"国际科学与和平周"健康帮扶活动。农工党盐城市委组织市一院总支10多名医疗专家，分别就肿瘤病人直线加速器的放射治疗、胸科腔镜治疗技术、手术后病人的护理及休克病人的急救四大主题，为盐都区第二人民医院医务人员进行讲解指导，并现场为50多位住院病人进行查诊。农工党盐城市委到市各党派服务基地开展社会服务，先后在步凤镇友权村开展"送温暖、献爱心"活动，到步凤镇卫生院开展健康帮扶活动。组织党员到市黄海街道耿伙居家养老服务中心为老人提供义诊服务，向阜宁阜城街道红星村捐赠图书2000册，支持新农村文化建设。（戴舒婷）

第五节　致公党盐城市总支部委员会

致公党盐城市总支于2015年成立，2017年，经致公党江苏省委批准，基层支部由2个扩展成7个。至2017年底，致公党盐城总支有主委1人，副主委2人，总支党员53人，其中省政协委员1人，市政协委员5人。

一、参政议政

2017年，致公党盐城市总支围绕"产业强市"，与市人大财经委员会、盐城市高新技术产业开发区、工信部赛迪研究院联合开展全市智能终端产业发展情况调研，形成调研报告《全力打造终端产业　迎接智能时代到来——关于盐城市打造千亿级智能终端产业的调研与建议》，有关内容纳入盐城市"十三五"产业发展规划之中。围绕"生态立市"，与市旅游局开展"对口献策"调研活动，形成调研报告《着力打造特色鲜明的生态休闲旅游城市》，在致公党江苏省委首届汇智论坛上获三等奖。围绕"富民兴市"，与市人大教科文卫委员会联合调研全市深化医改工作，形成调研报告《坚持政府主导　三医联动改革——盐城市深化医药卫生体制改革情况的调研与建议》，被省人大专题询问采用，市委书记王荣平在调研报告上作重要批示，市政府根据调研报告制定进一步深化医改的工作意见。成功申报致公党江苏省委2017年课题5项。其中，江苏省知识产权交易平台建设的建议、关于推进中小企业自主创新和品牌升级的建议、提升养老的智慧化程度高起点开展养老工程3项课题获得省委课题资助；推动普通高中优质多样发展的建议、加强产学研深度融合推进中小企业科技创新与优化升级2项课题立项。

二、组织建设

2017年，加强组织建设，壮大基层党员队伍，为新发展22名党员举行入党仪式，并进行教育培训。基层支部由原来的2个扩展成7个，任命7个支部的主委、副主委。开展各项学习实践活动，于胜博获"致公党中央中国特色社会主义学习实践活动先进个人"称号。组织全体党员集中收看中共十九大开幕式，邀请市委党校教授何峻作中共十九大精神专题讲座，印发中共十九大报告和新党章；开展"不忘合作初心，共建美好家园"实践活动，组织全体党员赴阜宁县参观考察阜宁灾后重建现场、羊寨镇中共中央华中局第一次扩大会议旧址、喻口古镇大糕博物馆和燕子文化馆、盐城抗击"6·23"特大龙卷风纪念馆等；开展"不忘初心跟党走，侨海报国促前行"活动，瞻仰中国共产党诞生地——上海兴业路76号法租界旧址和浙江嘉兴南湖红船、南湖革命纪念馆，了解中国共产党创建的历史背景、过程以及对于实现中华民族伟大复兴中国梦的历史贡献和现实意义。组织党员学习致公党党史和党章，巩固全体党员的政治道路认同、奋斗目标认同和文化价值认同。

三、社会服务

2017年，致公党盐城市委与市人大常委会民宗侨外委员会、市政协港澳台侨委员会、市政府侨务办公室、市归侨侨眷联合会侨办共同制定"五侨联动"工作意见，从更高层次上搭建为"侨"服务平台。共同开展维权督查，深入侨资、台资、港资企业排查问题，交办相关部门处理，确保侨（港、台）资企业的合法权益得到保护。继续组织实施"引凤工程"，邀请盐城工学院、盐城师范学院人事部门参加第八届江苏省"引凤工程"海外高层次留学人员项目对接洽谈会、推介会，与19个国家的71名博士与省内近百家单位开展对接洽谈，与多名海外博士签署就业协议。继续服务在盐城海归留学人员，召开在盐海归人员座谈会，帮助其排忧解难、安心落户、顺利创业。组织科技服务企业活动，组织10多位盐城工学院教授博士赴盐城经济技术开发区步凤镇，与盐城市华凯达智能化装备有限公司等10多家企业负责人座谈交流，深入企业车间现场指导、解决相关技术问题。组织党员赴贵州省印江苗族土家族自治县开展精准扶贫系列活动，向该县捐赠药品、多媒体教室设备，举办农村电商培训讲座，开展职业教育帮扶对接。

（沈　平）

第六节　九三学社盐城市委员会

2017年，九三学社盐城市委有社员336人。其中，市级以上人大代表5人、政协委员31人；高级职称222人，中级职称93人。下设专业委员会8个：提案委员会、科技委员会、教育委员会、环保委员会、农业委员会、医卫委员会、妇女委员会、老龄委员会；基层委员会1个：第一人民医院基层委员会；支社17个：机关支社、环保支社、农林支社、科技支社、经济支社、水文支社、农科院支社、盐城师范学院支社、盐城工学院支社、中医院支社、妇幼保健院支社、盐都支社、亭湖支社、大丰支社、东台支社、药监支社、燕舞支社；直属小组1个：生物工程高等学校直属小组。

一、参政议政

2017年，九三学社盐城市委向市政协提交集体提案4件，其中，《积极发展互联网+农业，加快推进农业转型升级》被评为政协优秀提案，《深入开展大气环境综合治理　全面提升盐城“好空气”城市品牌》《加快污水处理设施建设，切实改善水环境质量》被市政协列为督办提案。农科院支社提交的《基于农业供给侧改革背景下农业科技创新促进农业发展的研究》中标九三学社江苏省委课题，并被转化为省政协提案。在第十届江苏九三论坛上，九三学社盐城市委主委孙大明应邀作《麋鹿回归与保护成就》主题报告，社员严春华的《发挥资源优势发展耐盐农业，走富有盐城特色的农业供给侧结构性改革之路》被收入材料汇编。在市政协首期“盐城政协·民生论坛”中，陈小敏等4位社员的建言材料被收入材料汇编。

二、组织建设

2017年，九三学社盐城市委完成9个支社换届工作，在大丰区成立首家民主党派基层组织，进一步完善组织架构。在以往侧重发展科技、医卫、农林界别社员的基础上，顺应时代发展新形势和新要求，吸收培养民生、金融等领域中青年优秀人才，新发展社员45人，社员结构得到优化。

纪念九三学社盐城市委员会成立30周年　12月18日，九三学社盐城市委举行成立30周年座谈会及捐赠活动，九三学社江苏省委副主委蒯建华，盐城市委统战部常务副部长、市民宗局局长季放，市政协副主席、九三学社盐城市委主委孙大明出席会议。蒯建华代表九三学社江苏省委到会祝贺，肯定九三学社盐城市委30年取得的成绩。季放发表讲话，要求全体社员加强自身建设，充分发挥界别优势、积极履行参政议政职能。孙大明回顾九三学社盐城市委成长历程，鼓励全社实施人才强社战略，紧贴民生需求开展工作，紧扣改革发展建言献策，努力服务全市经济社会发展大局。九三学社盐城市委还在阜宁中学开展“情系革命老区学子”捐赠活动，捐款35万元建设“智慧教室”和“九三纪念林”。

三、社会服务

2017年，九三学社盐城市委开展“亮康行动”，免费检查群众眼疾1206人次。推进“百名专家进乡村”行动，组织种植、园艺、农机、畜牧兽医等方面的专家赴市委统战系统社会服务基地步凤镇现场向农户宣讲农业政策，解答农业技术方面的难题，赠送100多套农业科技书籍。一院基层委、中医院支社、盐都支社分别组织医卫专家开展送医下乡、关爱老年人健康义诊等活动，直接受益群众百余人次。亭湖支社和经济支社联合开展以“喜迎十九大、真情暖先锋”主题的爱心帮扶活动，为先锋街道城西、东河两村的30户低收入农户发放大米、食用油。亭湖支社在“推进残疾预防，健康成就小康”为主题的广场助残服务活动中，向先锋街道残联捐资3000元。年内，九三学社盐城市委还创新推出“盐城九三公益课堂”和“盐城九三科普论坛”2个专项活动。

（王　瑶）

12月18日，九三学社盐城市委在阜宁中学开展“情系革命老区学子”捐赠活动。
九三学社盐城市委/供

第27章　人民团体

责任编辑　潘其锐

第一节　盐城市总工会

2017年，市总工会完善组织体制，落实市委批准的《盐城市总工会改革实施方案》，将改革方案明确的6类25项具体内容落实到分管领导、责任部室，明确完成时限。精简市总工会人员编制16.3%，改善工会领导班子结构。推进县（市、区）总工会“大部制”改革，年内两级部（室）整合到位。改革市总工会直属事业单位，整合编制和人员。全市9个县（市、区）总工会改革实施方案均通过同级党委批准实施。东台、射阳县总工会按照县（市、区）委批准的改革方案召开换届大会，大丰、阜宁县总工会调整班子结构。开展“强基层、补短板、增活力”行动、送教下基层、“进企业、解难题、促发展”活动，工会干部每月到挂钩联系企业，推动工会工作落地生根。健全乡镇（街道）、开发区（园区）工会组织网络。加强网上工作，开通市总工会微信公众号、微信工作群，推广职工e家APP，扩容升级市总工会门户网站，加强对职工的网络宣传、教育、服务，构建“网上职工之家”，网上工作在全省工会“互联网+”工作会议上作经验交流。年内，全市25人以上各类法人单位建会率保持在95%以上，25人以下企业通过联合基层工会实现组织全覆盖，会员入会率保持在95%以上，新增农民工会员2万人。市总工会财务工作、民主管理工作、职工公共安全卫生知识普及及教育工作受到全国总工会表彰。

11月2—3日，市总工会、市安监局联合组织开展全市第四届安全生产综合执法演练竞赛。　市安监局/供

一、宣传教育

2017年内，市总工会利用工会门户网站、微信公众号等新媒体，学习宣传中共十九大精神。开设《学习十九大、永远跟党走》专栏，及时转载中央主流媒体关于中共十九大精神的解读和十八大以后的重大发展成就，推出工会系统学习宣传的信息报道、理论文章65篇。在《盐阜大众报》的《工会视窗》栏目，持续宣传党的路线方针政策。组织16万名职工参加“喜迎党的十九大·不忘初心跟党走”知识竞赛。推进社会主义核心价值观教育。开展“培育好家风，盐城女工在行动”等群众性精神文明创建活动，参与“国家卫生城市”“国家文明城市”创建工作。利用盐城广播电视台、《盐阜大众报》、市总工会微信公众号、门户网站宣传劳模先进、“盐城工匠”“最美女工”100多人次。丰富职工精神文化生活，开展“墨韵贺岁·迎新春、写春联、送吉祥”等12项文体活动，2个职工排舞节目在全省工会排舞广场舞比赛中获特等奖。开展第八届职工读书月活动，女职工读书活动获得省总工会优秀组织奖，创建全国、省工会职工书屋、最美职工书屋、书香企业16家。

二、劳动竞赛

2017年，市总工会主动服务“五个一”战略工程，开展各项劳动竞赛。围绕“一张网”，开展全市铁路重点工程劳动竞赛，并会同中铁四局工会召开“逐梦黄海之滨、建功徐盐高铁”劳动竞赛现场推进会。围绕“一桶水”，开展盐城新水源地及跨区域引水工程建设劳动竞赛。围绕“一片林”，开展沿海百万亩生态防护林建设工程劳动竞赛，并被省劳动竞赛委员会列入2017年全省十大重点工程劳动竞赛。服务产业强市战略，开展公交车辆维修、农业机械技术服务、煤矿技术比武、地方菜烹饪技能大赛等15个行业40多个工种职工技能竞赛，产生240多个先进集体、先进个人。推进职工科技创新，开展小发明、小改造、小革新、小设计、小建议“五小”竞赛活动，推动岗位练兵、岗位成才，征集职工科技创新成果和先进操作法31个。新建劳模创新工作室22个，命名市级示范性劳模创新工作室20个。盐城发电厂职工孙拥军发明的降低汽轮机组EH系统故障发生率操作法入选省十大先进操作法，被省总工会授予“江苏省五一劳动奖章”。

举办第四届安全生产综合执法演练竞赛 （参见第234页同名条目）

三、劳动保护

2017年，市总工会参与组织全市安全生产月活动，督促各类企业落实安全生产主体责任。全市各级工会夏季“安康三送”（送清凉、送安全、送法律）筹资938.5万元，走访慰问企业1200家，督促整改事故隐患939个。开展集体协商春季要约行动。新创建企业民主管理示范基地12个、五星级职代会30个，培训职工代表103人，32个单位被评为全国、省厂务公开先进单位。全市实行厂务公开民主管理企事业单位1.75万家，占建会企事业单位的96%。年内，省总工会在盐城召开全省“适应新常态·民主促发展”主题活动现场观摩推进会，推介盐城企业民主管理工作经验。化解劳动关系矛盾，深化“大排查大整治”“劳动关系矛盾状况季季清”活动，排查劳动关系矛盾隐患145件，受理劳动争议案件423件，处理职工来电、来信、来访等信访件56件。

职工维权 年内，市总工会开展女职工劳动保护情况调研，为《江苏女职工劳动保护特别规定》制定提供立法依据。开展“法律在身边·和谐伴你行”宣传月活动，散发宣传资料8000份。组织职工参加“答题赢话费·邀您一站到底”劳动法宣传、“尊法守法·携手筑梦”服务农民工法治宣传行动。检查133个乡镇、街道工会和711家企业工会劳动保护工作，优良率90%以上。组织57.6万名职工参加全国“安康杯”竞赛、2300名职工参加劳动安全保护知识学习、3.5万名职工参加全国职工公共安全卫生应急避险知识普及竞赛。征集“安全隐患随手拍”作品128幅。

困难帮扶 年内，市县两级工会累计筹资1387.9万元，实施生活救助、助学救助、医疗救助、法律援助等项目，累计帮扶建档困难职工1.44万人；动态管理困难职工档案，解困、脱困建档困难职工4275户，新建档困难职工2164户。协同市县两级组织部门认定城区党员干部结对帮扶城市特困家庭2276户。多渠道推进“女职工关爱行动”，开展团队心理辅导，为1万名困难女职工筛查“两癌”（宫颈癌、乳腺癌）。发放全国、省劳模慰问金、专项补助金266万元，为257名劳模体检，组织765名劳模先进省内外参观休养。助力脱贫攻坚，阶段性完成各级工会对口帮扶贫困村任务，市总工会机关带头开展“大走访、大落实”活动，走访180户贫困农户和困难职工。机关及直属事业单位44名在职党员结对帮扶阜宁县31户贫困农户，累计提供帮扶资金及帮扶工作经费22.6万元。

普惠服务 年内，市总工会探索开发工会组织和会员实名制信息管理系统，与浙江商业银行、南京银行共同发展工会会员服务基地，为会员职工提供购物消费、医药健康等20余项普惠服务。首批2万张工会会员卡正式发放运行。新建“爱心母婴室”80个，总数201个，在全省领先。签订女职工专项集体合同8000份，覆盖女职工44万人。推进工人文化宫回归服务职工属性。为全市438名农民工子女发放助学金21.9万元。

四、劳模先进

2017年，按照市“两办”通知要求，推荐评选出10名“盐城制造业工匠”报市政府表彰；牵头组织第二届“盐城工匠”推荐评选活动，推选网络安全、道路客运节能驾驶等8个工种技能竞赛产生的第一名和两名创新能手为十大“盐城工匠”，并提请市政府同意，享受市级劳模待遇。推荐评选“五一巾帼标兵”193名，五一劳动奖状获得者、“五一巾帼标兵岗”113个，“工人先锋号”126个。协助市委市政府召开全市劳模代表座谈会，做好挂钩扶持东台市甘港村旅游业发展、打造“秀丽月嫂”品牌、协调帮助军曼农业科技有限公司解决发展难题等7项工作。 （罗发富）

第二节 共青团盐城市委员会

2017年，共青团盐城市委下辖县（市、区）团委9个、经济技术开发区团工委1个、城南新区团委1个、市级机关团（工）委1个，市直属机关企事业单位团（工）委45个、直属院校团委8个，各县（市、区）下设基层团委591个，基层团支部（总支）8684个，建立产业团工委6个，非公企业团组织3235家，规模以上企业实现团建全覆盖。至年底，盐城市14至35周岁青年191.85万人（农村户籍45.89万人），14至28周岁青年118.86万人，团员23.71万人，全年发展团员2.38万人。年内，盐城共青团微信公众号获第八届“母亲河奖”绿色传媒奖，“保护地球之肾”项目获评“第九届中国青年丰田环境保护资助行动”资助项目，共青团盐城市委员会获2017年江苏省少先队辅导员风采展示活动综合团体金奖、2017“创青春”江苏青年创新创业大赛优秀组织奖，“青年之声·日周月年服务网民”活动获江苏"青年之声"创新创优案例二等奖。加强自身建设，制定《共青团盐城市委改革实施方案》，各县（市、区）改革方案全部印发。在全省率先完成县、乡两级团组织换届工作，召开第八次团代会、市青联五届全体会议，落实换届政策实现"零折扣"。

一、青年人才培养

2017年，共青团盐城市委开展"青春喜迎十九大，不忘初心跟党走"宣讲交流活动76场次，覆盖全市青年9000余人；开展"喜迎十九大——我向习爷爷说句心里话"主题队日活动318场次，吸引45万余名少先队员参与；组建中共十九大精神青年宣讲团，开展310场中共十九大精神宣讲活动，直接覆盖青年近4万人。推进"学习总书记讲话，做合格共青团员"教育实践全覆盖，开展主题团课4000余场次、召开民主生活会6747场次，举办"不忘初心跟党走"新团员集中入团仪式市县示范12场次。建成盐城共青团全媒体中心，成立400余人的网络宣传员队伍和1万余人的网络文明志愿者队伍，完成各类网宣任务30余次，引导青年形成正确认知，增强网络正能量。年内，组织盐城市第一期共青团干部培训班，全市各县（市、区）40名团干部参加培训。该培训辗转省内外6个现场教学点，邀请19位讲师开展20场讲座。

纪念"五四"运动98周年暨建团95周年系列活动 5月3日，共青团盐城市委举行纪念"五四"运动98周年暨建团95周年系列活动。会上，举行江苏银行杯2017盐城青年互联网创业大赛启动仪式，并为电信杯第九届盐城市"十大杰出青年""十大杰出青年提名奖"人选和2016年度市五四红旗团委、五四红旗团支部（总支）、优秀共青团干部、优秀共青团员、新长征突击手等先进个人及集体代表颁奖。

第六届大中专生职业生涯规划大赛 4—6月，共青团盐城市委、市学生联合会联合市教育局、市人社局等部门共同举办联通沃派杯盐城市第六届大中专生职业生涯规划大赛。从初赛、复赛到决赛历时3个月，近10万名大中专院校学生参与其中。6月15日下午，大赛决赛在盐城幼儿师范高等专科学校鲁艺剧场举办。决赛分为个人职业规划展示、个人才艺展示和现场答辩3个环节。最终，盐城幼儿师范高等专科学校赵子心，盐城机电高等职业技术学校关益，盐城师范学院朱佳瑛、孙霏获得一等奖；辛洋洋等6位选手获二等奖；祁代文等8位选手获三等奖；单思哲等9位选手获优秀奖。

第三届盐城市中职在校生模拟法庭大赛 4—11月，共青团盐城市委联合市综治委预防青少年违法犯罪专项工作组、市法宣办、市法院、市检察院、市教育局、市公安局、市司法局、市人社局、市法学会举办剑桥杯第三届盐城市中职在校生模拟法庭大赛。经过层层选拔和角逐，盐城机电高等职业技术学校等11组队伍参加到市级决赛中。11月8日下午，大赛颁奖暨展演活动在盐城技师学院举办，活动设分会场290个，1.3万余名学生共同收看。

江苏省第二届中学中职"微团课"大赛 12月11—12日，在泰州举办的菁菁杯江苏省第二届中学中职"微团课"大赛上，东台市实验中学徐玮、盐城中学杨悦悦分获教师组特等奖、一等奖，盐城市潘黄实验学校的成芝怡、盐城机电高等职业技术学校的陈珠均获学生组二等奖，共青团盐城市委获团体一等奖。

二、服务青年创业

2017年，共青团盐城市委开展"青年之声·见客探营"活动7场次，建成盐城青年创业体验馆，推选"向上、向善"好青年739名，6名青年成功入选江苏省好青年百人榜。举办2017盐城青年互联网创业大赛、盐城市大中专生职业生涯规划大赛，开展返乡青年创业"归航行动"，举办各类人才招聘会80余场次，引导430余名农村青年加入村淘合伙人队伍，帮助26个青年项目融资1.3亿元。举办"创建文明城，青春安全行"公益骑行、"大手拉小手，共绘盐城美"青少年植树等活动，组建"守护湿地"青年联盟。

2017盐城青年互联网创业大赛 5—11月，共青团盐城市委联合市委组织部、市经信委、市科技局、市人社局、市农委、市商务局等单位举办江苏银行杯2017盐城青年互联网创业大赛。通过青年自荐、组织推荐、社会引荐等方式，全市有320余个项目报名参赛，涵盖"互联网+"传统产业、互联网服务、互联网平台等领域。11月1日，大赛决赛在市青少年活动中心举办。"互联网+"生态土鸡项目获得大赛创业组一等奖；新嘉豪日用玻璃项目、图码项目获得大赛创业组二等奖；运河大葱基地项目、精智农业服务项目、射阳同城网项目获得大赛创业组三等奖。

第三十六届促进青年就业大型招聘会 5月20日，共青团盐城市委联合市人社局、盐城人才网在市宝龙广场一楼举办第三十六届促进青年就业大型招聘会。近300家企业参加招聘会，提供岗位5000余个，近万名青年进场求职咨询。

第六届全国青年创客工作营开营仪式 7月20日上午，第六届全国青年创客工作营开营仪式在大丰区东方1号·创意小镇举行。境内外有关高校专家教授和青年设计师约240人出席开营仪式。开营仪式上，青年文化产业创新创业基地揭牌。全国青年创客工作营由共青团盐城市委和东方1号创意产业园联合组织开展，该品牌活动自2012年起，连续组织五年，从创客工作营走出的青年设计师超过1200名。

三、青少年公益项目

2017年，共青团盐城市委开展盐城市十大杰出青年、盐城市青年岗位能手评比活动。持续推进"青春护航工程”“暖冬行动”，举办全市中职在校生模拟法庭大赛、大中专生法治演讲比赛。深入开展青少年“五防”安全教育“护苗行动”，累计开展培训班150余场次，吸引2万余名青少年参与。打造弱势青少年“希望助力行动”品牌，筹集资金369.7万元，提供助学岗位96个，累计受益逾2000人次。赴铜川市开展对口帮扶活动，捐赠助学金12万元，并就助力脱贫工作达成三年行动方案，共青团盐城市委的服务和影响不断扩大。

情暖印台公益扶贫活动 12月24—26日，共青团盐城市委一行赴陕西省铜川市开展对口帮扶活动。26日上午，“盐城铜川心连心——共青团助力脱贫攻坚·情暖印台”公益扶贫活动在铜川市印台中学举办，共青团盐城市委、市慈善总会向印台区400名建档立卡贫困学生捐赠助学金24万元。活动结束后，出席活动领导、青年志愿者和受助学生代表一起绘画、做手工。在铜川期间，共青团盐城市委一行还先后到照金全国青少年教育基地、印台区青少年综合服务平台“青春驿站”参观学习。（夏泽穷）

第三节 盐城市妇女联合会

2017年，全市有妇女400.72万人，有县（市、区）妇联9个，经济技术开发区妇联1个，城南新区妇联1个，乡镇（街道）妇联126个，村（社区）妇联2366个，市级机关妇工委1个，市直机关单位妇联9个、妇委会33个，省及市属高校妇女组织9个，民办高校妇女组织1个，“两新”妇女组织（新经济组织和新社会组织）和企业女工委、妇女小组473个。年内，全国妇联党组书记、副主席、书记处第一书记宋秀岩在盐城调研，全省农村妇女创业就业增收行动推进会议在盐城召开，市妇联单亲贫困母亲家庭调研工作得到全国妇联领导批示推广；市妇联获2017年度全省儿童慈善创新组织奖，滨海县妇联获江苏省巾帼建功先进集体，阜宁县妇联获江苏省妇联系统先进集体。

一、妇联改革

2017年，市妇联推进改革工作，贯彻落实盐城市委和上级妇联关于群团改革工作的一系列部署和要求，谋划制定《盐城市妇联改革实施方案》，并经市委全面深化改革领导小组第十三次会议审议通过后正式下发。推进妇联组织集中换届，联合市委组织部下发通知，召开工作推进会，将妇联工作向更基层推进。年内，县（市、区）、镇（街道）、村（社区）妇联集中换届全面完成，机关事业单位、“两新”组织新建改建妇联联动推进，培树新妇联组织形式示范，先后建立大丰荷兰花海联合妇联、盐城农商银行系统妇联、市律师行业协会妇联、“鹤鸣亭”网络妇联。提升阵地服务功能，镇（街道）妇女儿童活动中心和村（社区）“妇女儿童之家”纳入基层基本公共服务标准化配置，引导社会组织、专业力量入驻。壮大基层工作力量，推行妇联干部上挂下驻和平行兼职、妇联干部挂钩联系点等制度。全市新产生各级妇联兼职副主席7665名、执委2.77万名，村（社区）妇联主席100%进“两委”；立项镇级以上主席项目300多个、执委项目1400多个；各级妇联干部在“大走访大调研大落实”活动中为基层妇女协调解决问题2600多件。

宋秀岩在盐城调研 6月1日，全国妇联党组书记、副主席、书记处第一书记宋秀岩率全国妇联改革调研督导组在盐城考察调研。宋秀岩一行先后调研亭湖区新兴镇新场村、盐都区物联大厦、城南新区黄海街道钱江社区、盐城总部经济基地创投中心、仁禾中衡会计师事务所、大丰区新丰镇荷兰花海等单位的妇联工作现场，与基层妇联干部进行深入交谈，对盐城市基层妇联区域化工作机制、创新设置荷兰花海联合妇联等做法给予肯定。盐城市委书记王荣平、市长戴源等陪同调研。

全市妇联集中换届工作会议 7月31日，盐城召开全市妇联组织集中换届工作会议，全面推进镇（街道）妇联组织区域化建设、机关事业单位、“两新”组织妇委会改建或新建妇联以及创新妇联组织设置方式等重点工作任务。市妇联主席盛艳出席会议并讲话。会上，市委组织部与市妇联联合下发《关于认真做好全市妇联组织集中换届工作的通知》，市妇联组联部对全市妇联组织集中换届业务进行专题辅导。各县（市、区）妇联、盐城经济技术开发区、城南新区妇联，市各有关单位妇联、“两新”组织负责人及全市各镇（街道）妇联干部200多人参加会议。

关爱留守儿童。 市妇联/供

二、维护妇女儿童权益

2017年，市妇联充分发挥妇儿工委平台作用，推动市妇女儿童发展“十二五”规划顺利收官，启动“十三五”规划，首次编排实施“十件”妇女儿童实事项目。促进男女平等纳入决策主流，法规政策性别平等评估、大众传媒性别平等监测、妇联和人大代表政协委员恳谈等形成制度性安排。实施反家暴“个十百千万”行动项目，将“12338”维权热线与“12345”并线运行，制定反家暴工作十项制度，发布家事审判、妇儿维权典型案例，构建起社会化妇女维权工作机制。全市义务教育阶段女生入学率100%，高等教育女生毛入学率69.8%；80万农村妇女接受“两癌”免费筛查，新生儿死亡率2.72‰，孕产妇死亡率持续控制在较低位；1.1万名困境儿童按月领取生活补助，16万名女童收到女童保护“口袋书”画册，2.1万名困境儿童在社会“爱心妈妈”呵护下成长，7.6万名留守儿童得到社会关爱，2051户单亲贫困母亲家庭建立一户一档帮扶台账。

全市妇女儿童工作会议　5月8日，全市妇女儿童工作会议在盐城召开。会议由市政府副秘书长张步胜主持，市政府副市长、妇儿工委主任葛启发出席会议并讲话、市政府妇儿工委副主任、市妇联主席盛艳就“十二五”规划实施、“十三五”规划编制以及2017年妇女儿童实事项目编排情况进行说明。会上公布全市妇女儿童工作先进集体和先进个人评选结果，下发《盐城市妇女儿童工作委员会2017年工作要点》《关于实施2017年妇女儿童实事项目的通知》《关于确定实施“十三五”妇女儿童发展规划市级示范镇的通知》等文件。滨海县政府、市卫计委、市民政局、建湖县建阳镇等单位作经验交流发言。市政府妇儿工委全体委员、联络员，各县（市、区）政府妇儿工委主任、副主任、妇儿工委办公室专（兼）职人员，全市妇女儿童工作先进集体和先进个人代表，省“十三五”妇女儿童发展规划示范引导项目负责人、市实施“十三五”规划示范镇分管负责人等130余人参加会议。

全市女童保护工作会议　9月21日，市妇联、市教育局在大丰区城东实验小学联合召开全市女童保护工作会议。市妇联主席盛艳主持会议，市教育局党委副书记、副局长、调研员郑英舜出席会议并讲话。市政府妇儿工委办公室主任、市妇联党组成员王艳作工作部署，大丰区政府副区长蒋正治致辞。市妇联、市教育局职能处室负责人，各县（市、区）妇联分管主席、儿童部长，各县（市、区）教育局分管局长、初教科长，各县（市、区）中小学校校长代表、教师代表及社会组织代表共120人参加会议。会上，盐都区妇联、建湖县教育局、大丰区城东实验小学、盐城心灵绿洲心理服务中心等4个单位作交流发言。会前，与会人员观摩《爱护我们的身体》防性侵课程示范课。

三、引领妇女创新创业

2017年，市妇联拓展“双学双比”“巾帼建功”活动内涵，引领妇女创新创业。围绕“五个一”战略工程，下发工作意见，组建巾帼突击队，创建巾帼文明岗，组织现场体验观摩，开展科技攻关、技术比武，引导妇女在高铁、高架、引水、造林等工程一线建功立业。推进巾帼创业工程，发挥市巾帼创业指导服务中心牵动作用，举办女性创客体验行、女性创业项目推介会等活动86场，建立8个“巾帼创业园”“巾帼众创空间”；举办“巾帼巧手齐心创富大赛”，牵手上海盐商集团启动“巧手创富春晖计划”设立专项基金，推动、扶持优质创业项目落地转化、发展壮大；每季度举办女性专场招聘会，组织女性创客训练营20期，发放妇女创业小额担保贷款超1亿元，创建各类“妇”字号示范基地，引领妇女创业创新。全市女性从业人员占全市从业人员总数的48%，女性创办领办的企业占全市企业总数的26.3%；市级科技创新项目带头人、各类专业技术人员中女性比例分别占25.6%、35.5%。突出精准扶贫、精准脱贫，开展“千村妇女争创绿色庭院”活动，定制“巾帼绿色庭院贷”信贷产品，在全市新增“巾帼示范林”面积667公顷，建成庭院绿化巾帼示范村10个，引进推广新型林果树种20个，为建档立卡低收入妇女提供技术指导31.3万人次，赠送15.34万户苗木176.22万株。实施“百项技能助万名妇女增收计划”，为1.2万名妇女提供巾帼电商、家政服务、农业技能等各类精准化培训，帮助其实现转移就业、增收致富。

全省农村妇女创业就业增收行动推进会议　11月19—20日，全省农村妇女创业就业增收行动推进会议在盐城市大丰区召开。省委常委、副省长杨岳出席会议并讲话。省委农村工作领导小组副组长胥爱贵参加会议，省委、省政府副秘书长杨根平主持会议。盐城市委书记王荣平介绍盐城经济社会发展情况。省妇联主席缪志红作工作报告。市委常委、大丰区委书记王荣，副市长崔浩参加相关活动。省妇女“双学双比”竞赛活动领导小组相关成员单位分管领导、13个设区市及涉农重点县（市、区）“双学双比”竞赛活动领导小组负责人、妇联主席等120余人参加会议。会上，省人社厅、大丰区政府、扬州市妇联、丹阳市妇联分别作交流发言，3位妇女创业典型分享创业故事。会前，与会代表参观考察大丰区恒北村、海聆梦纺织品集团和荷兰花海风情小镇3个妇女创业就业工作现场。

巾帼巧手齐心创富大赛总决赛　8月31日，2017年盐城市巾帼巧手齐心创富大赛总决赛在盐城广播电视总台演播大厅举行。市妇联主席盛艳致辞。市委常委、组织部部长尹卫东出席并讲话。大赛由市妇联联合市委组织部、市文广新局以及市广播电视总台等10部门共同举办，大赛启动后，通过妇联组织、智慧盐城以及自我推荐等渠道200多个项目报名成功，经过初选、复赛、半决赛，最终12个参赛项目入围决赛。总决赛通过VCR、现场展示、妇联推荐、大众评审团投票等环节决出名次。总决赛上，市妇联还与上海盐商集团启动实施“巧手创富春晖计划”，包括设立巧手创富专项基金以及搭建产品销售、创业培训支持平台等内容，助力盐城地区妇女创业就业。

四、家庭家风建设

2017年，市妇联加强对妇女和家庭正向引领、素质提升，以家庭文明促进社会文明和谐。开展“巾帼心向党”“铁军精神永放光芒”等主题教育活动，组织“喜迎十九大・我与党的小故事”微视频展播等活动。举行“巾帼美丽靓盐城”风采展示、“砥砺奋进的五年”典型巡礼。组建市县妇联新媒体矩阵，开通微信群1105个、QQ群842个；创塑“知乎女性”品牌，设有她频率、大讲堂、微关注、悦享汇四大板块；与“智慧盐城”联手打造女性新闻“中央厨房”，依托社会媒体创办女性频道，重大会议活动同步网络直播。创新开展第三方调查评估，万名妇女亲测妇联知晓度、参与度、满意度、受益度。立足家庭主阵地，举办“最美家庭”代表座谈会，开展“花开千万家”——“最美家庭”妆点“美好盐城”主题活动。组织妇女参与各类群众性精神文明创建活动，打造“紫薇携手・与爱同行”“邻里守望・温暖社区”等巾帼志愿服务品牌，万余支广场舞团队为城市文明加速度。开展“争做巾帼好网民・集聚网络正能量”系列活动，组织签名、发出倡议，打造清朗网络空间。全市涌现县以上“最美家庭”630户，“三八”红旗手（标兵）509个、“三八”红旗集体183个；5名妇女入选“中国好人”“江苏好人”，6名妇女被评市级以上道德模范。

“最美家庭”代表座谈 3月2日，市委书记、市人大常委会主任王荣平与盐城市“最美家庭”代表座谈。市委常委、宣传部部长吴晓丹主持会议，副市长葛启发出席会议，市委宣传部副部长、市文明办主任周柏青、市妇联班子全体成员参加座谈。市妇联主席盛艳介绍“最美家庭”活动开展情况。座谈结束时，王荣平向7户“最美家庭”代表赠送体现“五个一”战略工程等主题的剪纸作品，并通过她们提前向全市广大妇女同胞致以“三八”节的问候。

花开千万家——“最美家庭”妆点“美好盐城”主题活动 3月6日，市文明办、市妇联在市文化艺术中心联合举办花开千万家——“最美家庭”妆点“美好盐城”主题活动。市委常委、组织部部长尹卫东，市委常委、宣传部部长吴晓丹，市委宣传部副部长、盐城广播电视台台长史学健，市委宣传部副部长、市文明办主任周柏青等出席并为“最美家庭标兵户”颁奖，市妇联领导班子成员参加活动。活动上，尹卫东对全市妇女和家庭提出希望，吴晓丹点亮“最美家庭”妆点“美好盐城”花盏，市妇联主席盛艳在活动中致辞。主题活动分为芬芳岁月、花开有声、花香满城3个篇章，通过对“最美家庭”代表的现场访谈、成员自述、视频展示等形式，展现“最美家庭”的亲情爱情之美、家教家风之美、家国情怀之美。

《知乎女性》开播 5月4日，市妇联在盐塘河公园内的铭阳艺术馆举行《知乎女性》专题广播节目开播仪式。市委常委、组织部部长尹卫东，市委常委、宣传部部长吴晓丹出席活动，并共同启动节目。市、县各级妇女干部、各个领域的女性代表等100余人参加仪式。《知乎女性》设有悦读人生、悦享生活、悦听课堂3个板块，时长30分钟，每天在FM88.2频率11：00—11：30播出，在FM98.0频率21：00—21：30复播。节目主要聚焦女性创业、关爱女性健康、关注女性维权，旨在搭建女性工作、生活、情感、健康平台，是盐城首档女性广播节目。（高旭芹）

第四节 盐城市科学技术协会

2017年，市科协强化科普工作，组织2017年科普宣传周和科普日系列活动，组织VR虚拟现实技术专题展览等100多项重点活动，参与人数80多万人。市科协被省科协表彰为2017年全国科技工作者日、全国科技活动周暨江苏省第二十九届科普宣传周省主场活动优秀组织单位。市科协获2017年“金钥匙”科技竞赛（江苏赛区）青少年科技教育先进单位和“我爱绿色生活”——2017年青少年科学调查体验活动优秀组织单位。市级学会（协会）全年开展学术活动200多场次，交流学术论文380多篇，交流最新研究成果80余项，形成新学术成果110多项。年内，新成立市机器人（智造）学会、心理健康服务协会、卒中学会3个市级学会和市生产力促进中心科协等5个市直企业科协。新增省创新创业服务基地1个，省科技服务站2个，省首席专家服务站2个。至年底，全市有市级学会（协会）47个、市直科协33个，乡镇（街道）科协122个，行政村（社区）科普协会2433个，企事业科协564个、农技协533个，全市注册科普志愿者4.55万人。2017年盐城市公民具备基本科学素质的比例达8.9%。

一、科普工作

2017年，盐城市科技馆举办科普主题活动192场（次），受众30多万人次。全市新命名市级科普教育基地20个、省级科普教育基地8个。加强科普信息化建设，在医院、学校、社区和政务中心等人流密集场所建成科普信息化多媒体显示终端619个。流动科技馆实现市、县全覆盖，开展流动科技馆进校园活动，全年21万名中小学生参观。推动学会、高校科协利用网站、微博、微信等开展科普宣传，举办网上科普讲座6次，受众4500多人次。利用全市电子科普画廊、BRT车载电视、楼宇广告屏，持续滚动播放主题科普动漫宣传片。市科协举办“科普文化惠农家”农村电子商务创业培训会，250多人参加培训。自主研发轮胎创意广场临展项目，开展高端科普报告会、科协大讲堂社区行等科普活动，主办的“科普场馆科学实验、科学表演巡演活动”被评为中国科协2017年全国科普日优秀活动。市科普讲师团、科普志愿者深入农村、学校、社区、军营开展科普志愿服务活动100多场次，免费发放实用科普书籍近10万册。

二、科技人才

2017年，市科协开展市青少年科技创新奖评选，邓凯文等5人获奖。举办第十七届青少年科技创新大赛、首届青少年机器人竞赛、青少年科技模型竞赛、科普剧大赛等活动。组织参加省青少年科技创新大赛，全市20多万名中小学生参加，获得个人及团体一等奖9项、二等奖27项，5个项目进入第三十二届全国青少年科技创新大赛决赛。大丰区实验初级中学初二年级学生施骏涛获2017年江苏省人民政府青少年科技创新培源奖，全省仅3人获该奖项。开展科学教育综合示范学校、防震减灾科普示范学校创建，组织17所学校（幼儿园）参与省STEM（科学、技术、工程和数学4门学科英文首字母的缩写，强调多学科的交叉融合）教育项目。举办2017年市科技辅导员培训班、机器人裁判员培训班，全市300多名辅导员、教练员参加。组织开展第二届盐城市科协青年会员创新创业大赛，历时半年，1000多人、726个项目参赛。成功承办省“双创”大赛工程与制造领域决赛，全市47个项目进入省决赛，获省一等奖1项、二等奖4项，15个项目与孵化器、科技园区签订落户协议，入驻孵化器80多人。

科技标兵、优秀科技工作者评选 3—5月，市科协组织开展盐城市第六届十佳科技标兵、第九届优秀科技工作者推荐评选工作。各县（市、区）、市各有关部门单位以及市级各学会（协会、研究会）、市直各基层科协推荐产生75名候选人。5月初，由市委组织部、市人社局、市科协负责人，以及有关部门、学科、院校等方面专家学者组成的评审委员会，对候选人进行专业初评。经评审委员会办公室筛选汇总后，按表彰名额的120%的人数，向市评审委员会提出建议人选。市评审委员会对建议人选的地区分布、学科结构、实绩考察和社会评价等情况进行综合评审，等额确定盐城市优秀科技工作者、盐城市十佳科技标兵人选。经媒体公示无异议后，市委组织部、市人社局、市科协决定授予成东平等10人“盐城市第六届十佳科技标兵”称号，授予万克林等20人“盐城市第九届优秀科技工作者”称号。

三、科技服务

2017年，市科协举办科技信息专利服务培训班6场次，1100多名工程师参加培训。举办“智能制造驱动企业转型升级百城巡讲”（盐城站）、“工匠精神”报告会和“新时代背景下的企业创新发展”培训等活动。推进市级“海智”工作站建设，新建成市级“海智”工作站3个，接待海外高层次人才200多人，重点推介海外技术项目50项，发布海外需求286项。举办庆祝首届“全国科技工作者日”系列活动，表彰盐城市2015—2016年度自然科学优秀学术成果150项，十佳科技标兵、优秀科技工作者30名，发放奖金50万元。组织实施“青年科技人才托举工程”，3人得到省科协资助。举办盐城市第六届自然科学学术活动月，邀请中科院赵其国等院士、专家，举办学术报告、交流研讨等活动50多场，近5000人次参加。建设市级“科技创新智库”，组织市科协常委、所属学会（协会）相关专家围绕农村供给侧改革、盐城大交通建设等主题开展调研，形成11份调研报告，其中《关于加强农产品品牌建议》获市领导批示。发挥政协建言献策渠道优势，于广华提出的《关于建立盐城市医药科普教育馆的提议》提案得到立项并实施。联合市科技局发布2017年度盐城市科协软课题项目，征集课题53项，立项课题20项。（徐　钊）

第五节　盐城市归侨侨眷联合会

2017年，市侨联完成“扶贫镇”“挂钩村”“挂钩企业”年度扶贫助企硬性任务。年内，组织参加全市统战干部集中培训暨统战学堂开学典礼、全市领导干部“510”警示教育大会、党风廉政建设与侨联职能工作汇报会、河北塞罕坝机械林场先进事迹报告会等，组织参加省侨联第四届侨商杯乒乓球赛，获男女单打2个亚军，举办“亲情中华·侨缘结对”市侨联与鹤岗市侨联缔结友好关系签约仪式。市侨联主席季卫军当选省侨联七届常委、委员，王伟、夏志杰、顾振华3人当选省侨联七届委员，市侨联主席成为市委统战工作领导小组成员之一。全年发表侨务信息宣传稿件893篇，其中中国侨联和主流媒体采用61篇、省侨联媒体采用438篇，获省侨联表彰的2017年度全省侨联系统绩效考核一等奖，获2017年度全市目标任务市级机关党群部门综合考核年中评议排名第四位和年终评议首位。

一、参政议政

5月10—12日，市侨联组织市侨台界政协委员赴上海浦东和苏州昆山学习取经，参观考察上海浦东新区外高桥自贸区综合服务大厅、苏州昆山两岸产业合作试验区展厅和光电产业园、侨资企业上海正丰阀门集团和上海悦达新实业集团等地，学习借鉴上海自贸区和昆山两岸合作的成功经验和招商引资的可行做法。6月6—8日，市侨联深入西南重庆调研考察，学习取经重庆两江新区建设、留学生创业园、红色景点创建红色教育基地的经验做法。7月27日，市侨联参加市“五侨联动”（市人大民宗侨外委、市政协港澳台侨委、市侨联、市侨办、致公党盐城总支）工作会议，加强“五侨”部门联系交流，推进涉侨法律法规贯彻实施，讨论印发《盐城市“五侨联动”联席会议制度》。9月29日，市侨联赴南京参加省侨联改革工作座谈会，围绕侨联改革面临困难、急需解决问题、改革实施方案等建言献策。11月23—24日，市侨联赴常州南京参加全省侨联系统维权工作经验交流会，就侨联维权工作进行座谈发言和交流研讨。调研报告《盐城市侨联涉侨维权工作实践与思考》在中国侨联网及《中国侨联工作》《省侨联维权工作经验汇编》《黄海学坛》等刊物发表。

参加省侨联第七次代表大会 8月15—17日上午，为期两天半的江苏省侨联第七次代表大会在南京举行。盐城市有23名代表出席，其中正式代表21人、特邀代表2人，侨眷代表19人、归侨代表2人、海归新侨代表2人，中共党员代表17人、民主党派代表6人，基层代表19人，女代表7人，侨资企业代表5人，国家千人计划和省“333人才”代

表5人，全国省市三级先进模范代表9人，十二届全国和十二届省人大代表2人，市县党代会和政协委员代表9人。全市有12人1个单位在会上受表彰，其中徐红岩获“江苏省侨界杰出人物”提名奖、潘玮等11人被评为江苏省归侨侨眷先进个人、大丰区侨联1单位被省人社厅、省侨联评为全省侨联系统先进集体。全市代表有1人和3人分别当选省侨联七届常委和委员，盐城籍海外侨胞有3人和2人分别被聘为省侨联七届海外顾问和海外委员。

10月28日，市侨商总会成立。 市侨联/供

市侨联五届十二次全委会 3月10日，市侨联召开五届十三次常委会和五届十二次全委会，市政府分管侨务工作的副市长蒋巍出席全委会。会议学习传达国家省市三级“两会”精神和中国侨联九届四次全委会和省侨联六届六次全委会精神，总结部署全市侨联各项工作任务，表决通过卸免和增补市侨联委员和常委名单，审议通过市侨联五届十二次全委会工作报告的决议，颁奖表彰2016年度全市侨联工作先进单位和先进个人，大丰、射阳、建湖3家侨联和阜宁、盐都、东台3家侨联，分别获2016年度全市侨联工作综合先进单位和海外联谊、参政议政、维护侨益单项工作先进单位，蒋春等9人获2016年度全市侨联系统履职尽责好委员贡献奖，大丰、盐都、阜宁3家侨联获得2016年度全市侨联信息宣传量化工作金银铜奖。

二、服务侨群

走访慰问 1月20日，省侨联副主席兼秘书长宫琳等一行，走访慰问市肉联厂印度尼西亚老归侨刘秀华和市农机厂泰国老归侨许远。春节前夕，市侨联深入农场、企业、社区、医院，开展鸡年春节慰问归侨侨眷大走访大落实，逐户登门送上慰问金近3万元。“五一”前夕，市侨联赴广东深圳走访慰问盐城籍老归侨。7月26日，市侨联深入大市区相关社区侨眷家里，走访慰问侨眷退伍老兵和侨眷高考新生，送上侨联问候和慰问金。

组织书画摄影参展 8月5日，市侨联举办“亲情中华·翰墨侨韵”2017年市侨界书画联谊会，9名市侨书画会成员获得省侨联省华侨书画院“亲情中华·翰墨绘香江”全省侨界庆祝香港回归祖国20周年主题书画展参展证书。同月21日，组织市侨界摄影联谊会成员，参加中国侨联“第三届世界华侨华人摄影展”，其中戚晓云《信仰之光》获社会摄影类铜奖，林钢《托起明天》、杨国美《野溪雄姿》和吉东育《水墨江南》，分获社会摄影类、自然摄影类和创意摄影类佳作奖。年内，市侨界摄影联谊会成员张光明《阳光下角逐》和张友余《凌空相聚正黄昏》、王寿芹《争鸣》，获中国华侨摄影学会上海市侨联“2017年上海国际郎静山摄影大赛”金像奖1个和金牌奖2个；杨国美《野溪雄姿》、严正东《健身球操》，获国际影艺联盟（FIAP）、美国摄影家协会（PSA）、国际摄影家联盟(GPU)“2017阿联酋迪拜摄影艺术国际摄影展”自然组PSA金牌奖和体育与健康组FIAP金牌奖。

市侨青会成立 9月25日，市侨联举办盐城市侨界青年委员会成立和亲情中华·盐城市华侨文化交流基地集中授牌仪式。市侨界青年委员会（简称市侨青会）是市侨联发起，由在盐城（或市外海外）工作和学习的归侨侨眷、华侨华人、海（境）外留学生、留学归国人员、港澳同胞中优秀青年人才所组成的侨界社会组织。程德林当选为市侨青会首届会长，盐蔡苏丰等4人和27人分别当选为市侨青会首届副会长和理事。市侨联为获得“中国华侨国际文化交流基地”的中国海盐博物馆，获得“江苏省华侨文化基地”的东台西溪旅游文化景区、射阳中共华中工委纪念馆、大丰荷兰花海景区和射阳县杂技团，获得“盐城市华侨文化交流基地”的盐城抗击“6·23”特大龙卷风纪念馆等10家单位集中授牌。

市侨商总会成立 10月28日，市侨联举办盐城市侨商总会成立和侨联主席终身成就奖颁发仪式暨第三届中国梦·侨联情——盐城最美侨界之星事迹报告会。市侨商总会（简称市侨商会）是市侨联发起，由在盐城（或市外海外）投资创业的华侨华人、归侨侨眷、海（境）外留学生、留学归国人员、港澳同胞中优秀企业人才所组成的侨界社会组织。徐红岩当选市侨商会首届会长，王晓秋等5人和28人分别当选市侨商会首届常务副会长、副会长和理事。市侨联授予施苹苹、仲华娥、宋德昌、李玉华和王登荣5位市县侨联老主席“爱国爱乡爱侨爱岗”终身成就奖。杨言华、平海清、程德林、姚正、郁莉、赵丙来6人，获市侨联表彰的“第三届中国梦·侨联情——盐城最美侨界之星”称号。（乔 联）

11月28—29日，市青年联合会第五届委员会全体会议召开。 王亚洲/摄

第六节 盐城市台湾同胞联谊会

2017年，在盐城台胞有10个家族23户共72人，其中高山族20人，汉族52人。其中，一代台胞1人，二代台胞22人，三代台胞31人，四代台胞18人，分别居住在盐城市区、盐都区、东台市、大丰区、阜宁县、滨海县。年内，市台联会安排在盐城台胞参加省台联组织的老台胞踏青活动、重阳节活动、小台胞夏令营等活动。年初推选台联界别政协委员，盐城台胞刘爱平当选盐城市八届政协常委。服务台胞。从2017年起，盐城市将定居台胞列入全市中考政策性加分范围，明确申请中考加分的定居台胞身份由台联会审核认定。11月，对盐城台湾省籍台胞情况进行摸底登记，推荐1名省台联理事候选人。春节期间，逐户走访慰问19名在盐城台胞以及2名台胞遗孀，发放困难补助金2.04万元。还为1名重症以及家庭低保台胞申请到全国台联困难补助费3000元。（祝春燕）

第七节 盐城市青年联合会

2017年，市青年联合会有共青团盐城市委员会、盐城市学生联合会、盐城市青年商会、盐城市青年书法美术家协会、盐城市青年志愿者协会及各县（市、区）青年联合会等14个会员团体。设主席1名、副主席8名、常务委员38名、委员238名。年内，市青联充分发挥青联人才优势，组织动员全市青年投身经济建设与社会进步事业，组织开展“高层次人才走进盐城”“青联委员话发展”等活动；动员青联委员投身希望工程、关爱留守儿童等社会公益事业。开展“盐城青年五四奖章”“盐城市十大杰出青年”等评选活动，发掘、选树青年人才楷模。

盐城市青年商会三届四次理事会 1月17日，盐城市青年商会举办2017“情暖盐城”青商慈善捐赠活动暨盐城市青年商会三届四次理事会。会上，市青商会执行会长殷华作《引领新时代风潮·铸就企业家精神·抓住改革强劲势头助推会员企业转型发展》的工作报告，从围绕中心助推企业发展、服务会员提升青商格局、勇担责任促进社会和谐3个方面总结市青商会2016年工作内容，并部署2017年商会工作计划。慈善捐赠活动中，市青商会执行会长李凤祥在致辞中介绍盐城青商围绕扶贫济困、爱心助学投身慈善事业的工作情况，并代表商会向“6·23”特大龙卷风灾区贫困家庭和盐城青少年发展基金捐款100万元。活动中，邀请盐城书协、画协知名的书画家现场创造作品，举办爱心义拍活动，现场筹得善款22万元，全部用于资助贫困青少年健康成长。会议增补10名商会常务理事及会员，并表彰10名2016年度表现优异的青商会员。

第九届“盐城市十大杰出青年”评选 3月17日至4月28日，市委组织部、市委宣传部、团市委、市人社局、市青联在全市范围内联合开展第九届“盐城市十大杰出青年”评选活动。活动前期，评选活动组委会办公室收到来自社会各界的“盐城市十大杰出青年”候选人推荐表64份。经过最终评选，孙傲蕾、汪洋、陈银付、陈辉、武伟、金昊哲、郑小祥、郝建华、耿昌华、葛敬军获评“盐城市十大杰出青年”，卞金宏、朱卓、齐胜利、陈红、陈娟、经海虎、施智涵、洪霞、姜玮、董建获“盐城市十大杰出青年提名奖”。

市青年联合会第五届委员会全体会议 11月28—29日，市青年联合会第五届委员会全体会议召开。市委常委、宣传部部长吴晓丹，团省委副书记、省青联副主席司勇等出席会议。大会回顾总结市青联第四届委员会全体会议的工作，选举产生市青联新一届领导班子，研究部署下一阶段青联工作。全市各界别青联委员、各行各业的优秀青年代表共计280余人出席会议。（夏泽穷）

第八节 盐城市工商业联合会

2017年，市工商联有各类会员1.71万个，其中企业会员1.32万家、团体会员310个、个人会员3509人。全市有各类商会组织271个，其中行业商会103个，乡镇商会96个、街道商会17个、园区商会18个、异地商会13个，其他类商会24个。全市103个行业商会中，省级行业商会1个

（江苏省鞋机商会）、地市级行业商会25个、县级行业商会76个、乡镇级行业商会1个。市工商联直属商会30个，其中异地商会5个、产业商会13个、服务类商会4个、贸易类商会4个、文化类商会2个、科技类商会1个、其他行业类商会1个。

一、参政议政

2017年，市工商联提交《加强科技创新增强民营企业核心竞争力》等4件集体提案，其中《关于加快推进我市产业园区建设》被市政协评为年度优秀提案。工商联界别委员提交个人提案35件。各县（市、区）工商联和政协委员利用"两会"和其他民主渠道，提交个人提案、建议和意见132件，市工商联在2017年全省工商联参政议政工作会议上，作为先进典型在会上交流发言。

二、调查研究

2017年，市工商联与市经信委联合撰写《2016年盐城市民营经济发展报告》。组织部分民营企业参加座谈，对民营企业"走出去"存在的问题进行梳理，形成专题调研报告。完成省工商联布置的调研课题6个，及时报送调研成果。完成2016年民营企业运行状况及2017年企业家预期信息直报问卷填报工作。完成17家上规模民营企业调研工作和降低实体经济企业综合成本调研。完成民营企业"一带一路"建设台账信息网上填报工作。开展全国工商联民营企业调查工作，参调查企业70多家，完成共13次、780份问卷的调查任务。在全省13个市民营企业调查工作考核评比中，盐城排名全省第三位；在全国工商联2017年民营企业调查点工作总结中，建湖县工商联被评为全国优秀基层工商联，全省只有3家获该项荣誉。年内，在全市范围内开展"万企大走访大调研"活动。市工商联会同市委统战部成立领导小组，拟定活动方案。在走访中，市工商联109家执委企业全部走访到位，通过听取企业有关情况介绍，及时反映企业诉求建议，帮助企业加强与政府的沟通协调，在此基础上完成"万企大走访大调研"活动调研报告。

三、组织建设

2017年，市工商联先后成立盐城市工商联酒业商会、盐城市传统服饰文化促进会、盐城市知名品牌代理商会。围绕"四好"商会建设，实现市直商会组织建设工作会议常态化。先后制定印发《盐城市工商联"四好"商会建设工作实施方案》《盐城市工商联直属商会规范化建设考核细则》等文件，部署市直属商会年度考核工作。组织商会、企业及机关人员共计100余名选手参加盐城市第27届迎新年万人长跑活动。举办"向华为学管理"专题培训班，全市近200名民营企业家、企业中高层管理人员参加培训。组织参加省联商会负责人井冈山培训班、《江苏工商》研讨培训班、全省非公有制企业党组织负责人中共十九大精神学习培训会以及中央统战部、全国工商联年轻一代理想信念教育实践活动报告会等培训活动。推选第六届全省非公有制经济人士优秀中国特色社会主义事业建设者人选。推荐仲汉根作为盐城地区工商联代表参加江苏发展大会；推荐江苏省欧美同学会人员、省属企业外部董事人才库人选。推选第三批全省民营企业文化建设示范单位并协同完成考察。配合做好省工商联特产商会成立、省鞋机商会换届的相关工作。配合做好全市非公有制组织"五好"出资人推选工作。协同市委宣传部、市经信委等8个部门在全市工商企业及个体工商户中组织开展盐城市第二届"百名诚信之星""十大诚信标兵"推选活动。协助市委统战部完成新的社会阶层代表人士人物库的推荐与填报工作。年初，江苏省"五好"县（市、区）工商联评估工作会议在东台召开，射阳县、滨海县、东台市3家县级工商联通过考评，提前实现盐城县级工商联全面创建"五好"目标。12月，建湖等5家县级工商联被评为2017年度全国"五好"县级工商联。

四、服务企业

2017年，市工商联先后成立义乌、太仓、杭州等地盐城商会。赴杭州、深圳、徐州等地工商联学习经验做法；赴宁波、广东、苏州、江阴等地盐城商会开展调研。配合市发改委、经信委做好第四届西部优秀企业家江苏行活动安排。推荐会员企业参加省工商联与澳大利亚维多利亚州合作举办的"第三期澳洲驻点交流项目"。组织企业家参加全省军民融合深度发展培训班。筹备北京、成都、武汉等地盐城商会，为全国各地盐商沟通与交流搭建平台。5月，成立市工商联法律服务中心，聘请6名律师，推进民企维权。组织企业家参加全省非公有制企业依法治企高级研修班和外事服务和海外商会建设培训会议。组织企业赴北京参观第三届军民融合发展高技术装备成果展。做好省工商联中小企业委员会换届工作，推荐5名优秀青年企业家加入省工商联中小企业委员会，促进中小企业平稳健康发展。落实省工商联牵头的"百企帮百村"精准扶贫工作。组织响水县4个贫困村参加省工商联在淮安举办的扶贫现场交流会，配合省工商联在滨海县开展"大力推进产业扶贫"专项调研活动，协助常州工商联会员企业江苏华达化工集团有限公司完成在滨海吕滩村捐赠17万元的太阳能路灯项目。做好与陕西铜川、辽宁阜新的对口协作工作。12月，参加省工商联组织赴陕西省深度贫困县扶贫考察活动。与陕西铜川、辽宁阜新缔结友好商会关系，签订对口协作协议，推动两地企业加强合作交流，帮助铜川、阜新做好在盐城项目推介等招商活动。组织参加省、市协调劳动关系三方委员会工资集体协商春季集中要约启动仪式、参加深化行业集体协商邳州成果发布会暨全省推进会、与市协调劳动关系三方委员会联合印发《关于构建和谐劳动关系的实施意见》《关于进一步推进全市各类用人单位建立劳动人事争议调解组织的通知》等文件。

（王　岚）

第28章　法治盐城

责任编辑　潘其锐

综　　述

2017年，盐城市全面推进法治盐城、平安盐城和政法队伍建设。盐城市被评为全国社会治安综合治理优秀市，是苏北唯一获该荣誉的地级市，市中级人民法院在全省综合考评中名列第一，市检察院连续四年被省检察院通报表扬，东台法院、响水检察院、盐都检察院获评全国文明单位，市公安局交通警察支队事故处理大队获评全国优秀公安基层单位。

推进科学立法，地方立法工作走在全国地级市前列。在全省率先制定《关于加强党领导立法工作的实施意见》，制定《盐城市城乡规划条例》《盐城市畜禽养殖污染防治条例》。年内，盐城市代表江苏省在全国地方立法工作座谈会上作经验交流。

推进依法行政，强化示范带头作用。市委书记王荣平、市长戴源带领新当选的市人大常委会副主任、副市长、市中级人民法院院长、市人大常委会秘书长，在市八届人大一次会议上进行宪法宣誓。12月8日，王荣平召开市委法律顾问和法律专家库成员聘任会，正式建立市委法律顾问制度。加大简政放权力度，聚焦行政审批“痛点”“难点”问题，建设覆盖“网上审批”“网上监管”“网上服务”政务服务“一张网，”全省首家探索全闭环数字化“七图联审”，压降图审材料、图审环节、图审时间、图审成本均在四分之三以上。加强行政权力监督，完善行政执法过错责任追究机制，在全省首家推行行政复议案件办理结果季度网上公开制度，健全法院系统向党委、政府报送行政审判工作年报制度，加大违法责任人员追究力度，有力促进依法行政。

推进公正司法，深入推进司法体制改革。探索制定法官检察官办案细则，开展法院检察院内设机构改革试点工作。推进公安机关“放管服”改革，梳理编制行政权力事项清单95项，深化“盐城微警务”建设，在户籍、车管、消防、出入境等方面制定一系列便民举措。加强司法规范化建设，办案质效不断提升，组织开展执行“飓风行动”（针对排查出的执行案件，进行逐一上门拉网式集中执行）。深入推进政治建设述职、重大事项请示报告、政治督察“三项制度”，相关做法被省委政法委授予全省政法工作“优秀创新成果奖”，得到中央政法委肯定推广。

推进全民守法，突出普法重点。针对信权不信法、信访不信法、信闹不信法的现象，组织开展“依法信访、理性维权”主题宣传活动，印发《31种非理性上访行为面临的违法风险》宣传手册15万份。对310名非人大任命领导干部开展任职法律知识考试，对242名县处级干部开展学法抽查考试，实现市县镇三级国家机关、企事业单位学法考试全覆盖。推进项目普法，制定谁执法谁普法、以案释法、媒体公益普法责任清单，新创成全国民主法治示范村2个、省级法治文化建设示范点10个。深化社会信用体系建设，在全省率先进行“法媒银”（法院、媒体、银行金融机构）三方合作，联手打击“金融老赖”。实施法治惠民实事，在完成省定9件法治实事基础上，市县联动实施33件法治惠民实事。（祁　勇）

第一节　立法工作

2017年，市人大常委会把全面推进依法治市作为重要任务，统筹推进科学立法、严格执法、公正司法、全民守法。落实市委《关于加强党领导立法工作的实施意见》，确保立法工作政治方向正确。市人大常委会把握地方立法工作要求，全面分析地方立法的目标任务，全程领导立法规划编制工作，在广泛收集立法项目建议、深入调查研究、认真论证评估、充分统筹协调的基础上，发挥立法引领推动作用，开展立法调研，为深入推进依法治市、建设“强富美高”新盐城提供法制保障。5月26日，市八届人大常委会召开第三次会议，会议听取和审议市人大常委会执法检查组关于检查全市贯彻实施《中华人民共和国海洋环境保护法》《江苏省海洋环境保护条例》情况的报告，审议市政府关于提请审议《盐城市城乡规划条例（草案）》的议案。7月26日，市八届人大常委会召开第四次会议，会议审议市政府关于提请审议《盐城市畜禽养殖污染防治条例（草案）》的议案。9月27日—28日，市八届人大常委会召开第五次会议，会议听取和审议市人大常委会执法检查组关于检查全市贯彻实施《中华人民共和国旅游法》《江苏省旅游条例》情况的报告，审议并表决通过《盐城市城乡规划条例》。11月28—29日，市八届人大常委会召开第六次会议，会议听取和审议市人大常委会执法检查组关于检查全市贯彻实施《中华人民共和国道路交通安全法》情况的报告，审议并表决通过《盐城市畜禽养殖污染防治条例》。全年市七届人大常委会召开2次主任会议，市八届人大常委会召开14次主任会议，会议讨论并原则通过《盐城市人大常委会2017—2021年立法规划》《盐城市人大常委会2018年立法计划》。

12月4日，"学习贯彻中共十九大　弘扬宪法精神　共筑共享法治盐城"主题宣传活动在市迎宾公园举行。　王仰林/摄

《盐城市人大常委会2017—2021年立法规划》 8月24日，市八届人大常委会第八次主任会议讨论并原则通过《盐城市人大常委会2017—2021年立法规划》。10月26日，市委将《立法规划》以市委文件形式转发全市。《立法规划》对盐城市未来五年地方立法工作的指导思想、目标任务、项目部署和工作措施提出明确意见，进行统筹安排。立法规划安排正式项目10件：制定城乡规划条例，提高规划管理水平，引领和推动城乡发展；制定旅游业促进条例，保护和合理利用旅游资源；制定人民调解条例，规范和加强人民调解工作，维护社会和谐稳定；制定公共信用信息管理条例，强化公共信用信息管理，推进社会信用体系建设；制定畜禽养殖污染防治条例，推进畜禽养殖废弃物的综合利用和无害化处理，保护和改善环境；制定饮用水安全保护条例，强化水环境污染防治，保障公众健康权益；制定市容管理条例，加强市容环境卫生管理，提升城市形象；制定生活垃圾分类管理条例，提高生活垃圾处理水平，促进生态文明建设和实现可持续发展；制定革命遗址和纪念设施保护条例，保护和发掘红色资源，培育城市精神；制定非物质文化遗产保护条例，继承和弘扬优秀传统文化，促进社会主义精神文明建设。

《盐城市畜禽养殖污染防治条例》 年内，市人大常委会广泛征求意见并向省人大常委会法工委汇报，经报盐城市委批准，确定将《盐城市畜禽养殖污染防治条例》作为立法项目。2017年11月29日，盐城市八届人大常委会第六次会议审议并表决通过《盐城市畜禽养殖污染防治条例》。条例分为总则、预防、治理和综合利用、激励措施、法律责任、附则，共6章40条，是全省首个对畜禽养殖污染防治工作进行的地方性立法，进一步明确相关职能部门的工作职责，并创设性地将小散畜禽养殖户纳入监管范围。

（袁悦倪倪）

第二节　社会治安

2017年，盐城市社会治安形势平稳向好，群众安全感较上年上升2.56%，实现全省综治平安建设先进市"六连冠"。培育全民法治意识，深入推进"七五"普法工作。兴办法治惠民实事，推进基层服务中心、派出所、警务室、消防站等公共安全服务项目建设。组织实施诉讼服务中心提档升级、法律援助、司法救助、一社区一法律顾问等33件法治惠民实事项目，增强人民群众获得感，盐城市群众法治满意度较上年上升2.37%。加强司法规范化建设，盐城市中院在全省中级法院综合考评中名列第一，东台法院、盐都检察院获评全国文明单位。

推进法治盐城建设。落实司法责任制改革，制定下发办案细则，建立员额法官检察官司法档案，推进法院检察院内设机构改革试点。推进以审判为中心的刑事诉讼制度改革，成立改革领导小组，制定下发实施方案，从完善庭前会议制度、强化证人出庭作证等方面入手，推进庭审实质化，提高司法公信力。推进相关重点领域改革，跨域立案、繁简分流、家事审判、公益诉讼等方面的改革取得成效。按照中央和省关于监察体制改革的统一部署，机构人员转隶、职能划转等改革工作顺利推进。提升执法司法质效，深入推进公安机关"放管服"改革，梳理编制行政权力事项清单95项，深化"盐城微警务"建设，在户籍、车管、消防、出入境等方面制定一系列便民举措。组织全市4万多名国家工作人员、242名县处级干部学法考试，实现市县镇三级国家机关、企事业单位学法全覆盖。加强法治文化建设，新创成3个全国民主法治示范村、10个省级法治文化建设示范点，县镇村三级法治文化阵地覆盖率达

100%。坚持德治与法治相结合，开展"德法相伴"主题活动，组织开展"德法进万家"法治文艺巡回演出32场次，制定《盐城市社会法人和自然人守信激励与失信惩戒实施办法》。

推进大排查大整治。围绕矛盾纠纷化解、治安问题整治等5个方面，通过重点领域拉网排查、特殊群体逐个排查、隐患问题超前排查，建立台账、逐一销号，排查整改各类问题870余个，矛盾纠纷调处成功率保持全省领先水平。全力维护公共安全，深入开展校园安全"红地毯行动"、火灾防控"扫雷行动"、228国道等重点道路集中整治行动，安全事故总数同比下降26.05%。

推进平安盐城建设。完善治安防控体系，推进技防城和"雪亮工程"建设。在城乡社区布建高清视频监控近3万个，全市1281所中小学、幼儿园基本实现技防全覆盖，盐城市在全省升级版技防城建设推进会上作经验交流。推广聚龙湖警务服务站经验做法，在全市布建14个警务服务站。制定《加强全市社会面巡防辅助力量建设的指导意见》，成立"盐城铁骑队""黄海突击队"等专业巡防队伍。

开展专项整治，推进严打斗争。在全市集中开展严厉打击违法犯罪活动专项斗争。重点打击涉黑涉恶、闹访滋事、网络造谣、新型犯罪等四类违法犯罪行为，抓获各类违法犯罪嫌疑人1975名，其中采取刑事强制措施962人，宣判违法犯罪案件95起189人。年内，全市现行命案全破，八类案件、侵财案件同比下降，涉案账户止付及时率全省第一。开展禁毒斗争，持续推进"清源行动""雷霆行动"，守住"盐城本地不发生非法生产、买卖羟亚胺犯罪案件"的底线，盐城籍人员外流涉羟犯罪势头得到遏制。加强特殊人群服务管理，对2400多名易肇事肇祸严重精神障碍患者落实免费救治等政策措施，重点社区服刑人员监控定位率100%，重新犯罪率控制在较低水平。

加快社区网格化试点工作，推动社会治理重心下移。年内，加强市县镇村四级综治中心规范化建设，在全省率先探索融"视频会议、视频接访、视频研判、视频监控"为一体的"四频合一"系统，加快综治信息系统、政法专网建设，新开综治E通账号2167个，账号总数4553个，开通达标率居全省前列。（祁　勇）

第三节　公　　安

2017年，全市公安机关深化改革，加快立体化信息化社会治安防控体系建设，有效维护全市社会大局平安稳定。组织开展严打整治"黄海行动"，依法取缔一批赌博游戏场所、涉娼洗浴场所，有效治理街头路口乱发广告、乱收停车费等治安顽疾，全市现行命案全部告破，八类案件、黑恶案件破案率居全省第一位。全市交通形势持续向好，死亡人数和受伤人数显著下降，人民群众安全感达96.7%，居全省前列。全市公安有责信访投诉显著减少，民意监测回访执法服务对象满意率93.6%，公安行政诉讼案件败诉率远低于全省平均水平，未发生执法安全事故和冤假错案。民警通过高级执法资格等级考试人数位于全省前列，新创省级执法示范单位21个和省级执法示范岗47个。深化公安"放管服"改革，制定《服务民生优化发展二十项措施》《文明交通二十项措施》，户籍、车管、出入境"15分钟便民服务圈"基本形成。全年办理身份证13.76万张、车辆牌证15.4余万件、出入境证件3.2万余人次；"互联网+公安政务服务"全面推开，"微警务"关注人数超过43万人次，累计提供应用服务223万余人次，提供查询服务147万余人次，获评盐城市"精神文明建设十佳新事"。启动建设巡特警实战训练基地、市直监所中心，成立执法救济中心、执法服务中心、公共安全技术研究中心，组建黄海突击队、铁骑队和社区警务服务队。举办全国首届城市交通治理论坛、"致敬英雄"平安盐城见义勇为大型公益活动。市公安局警示教育基地（警鉴馆）正式启用，85批次、近4000名民警接受教育。成立省公安厅"三长"学校（江苏省公安派出所所长、刑警队长、交巡警队长培训学校）盐城分校、中央政法大学硕士教学实践基地，制定《盐城市公安局关爱民警十项措施》，成立市警察协会、公安民警大病特困救助基金会，建立健全立功受奖、荣誉退休等职业仪式。年内，全市有5名民警获立一等功，26个集体、34名民警获立二等功，60个集体、468名民警受到记功嘉奖。

11月8日，2017中国·盐城首届城市交通治理论坛在盐城召开。
市公安局/供

一、案件侦查

2017年，市公安局推进命案侦破攻坚、打黑除恶专项斗争、网络制贩枪支犯罪行动等严打斗争，抓获各类违法犯罪人员1.08万名，摧毁入室盗窃、通信网络诈骗、暴力讨债、制假售假等犯罪团伙507个。破获“1990·5·16”命案积案，摧毁公安部挂牌督办温某某“民族大业”特大诈骗团伙，破获5起公安部目标网络贩枪案件，打掉8个恶势力犯罪集团。开展“净网清源”等系列专项行动，成功破获全国首起“1·19”跨国网络传销案件、“网络水军”有偿删发帖案、“8·29”网上开设赌场案、全国首例非法获取4S店车辆维修数据案等一批案件。严打各类经济犯罪活动，立案456起、破案295起，抓获670人，挽回经济损失2.1亿元。组织开展打击食品药品环境犯罪“利剑行动”，破获全省首例“死螃蟹”案件、“假牛肉”案件、利用废旧电瓶提炼铅锭污染环境案件等一批民生案件。开展“清源二号”“雷霆二号”等专项行动，破获毒品刑事案件269起，缴获毒品折合海洛因3065克，移送起诉毒品犯罪嫌疑人385人，查处吸毒人员2622名。成立市反电信网络诈骗中心，研发“反诈骗综合平台”，整合公安、银行、运营商等资源，实现三轨同步止付、快速拦截封停、打击防范并举，全市通信网络诈骗案件破案数同比上升61.8%，发案和受损数较上年下降12.9%，止付冻结涉案资金9000余万元，涉案账户止付及时率列全省第一位。

破获网络水军有偿删发帖案 6月，市公安局破获公安部挂牌督办的全国首起网络水军有偿删发帖案。查清周某等人利用互联网进行有偿发帖的地下黑色产业链，范围涉及1000多个QQ、微信群，20多万人，抓获犯罪嫌疑人11名。

破获非法获取4S店车辆维修数据案 10月，市公安局破获公安部督办的全国首例非法获取车企计算机信息系统数据案件。该案犯罪嫌疑人通过内外勾结，对4S店的系统植入木马获取用户数据并用来出售、查询牟利，共涉及32类汽车品牌、68个4S店。专案组辗转全国10余省市，出动100多名警力，抓获犯罪嫌疑人46名，捣毁非法获取数据的网络公司1个，扣押服务器100多台，冻结赃款64.75万元。

破获“11·28”特大电信网络诈骗案 12月，市公安局反电信网络诈骗中心破获公安部挂牌督办的“11·28”特大电信网络诈骗案件。市公安局组织180余名警力奔赴湖北省抓获犯罪嫌疑人向某等90人。经审查，向某等人通过注册公司，以虚假办理信用卡、微粒贷和消费卡为由实施诈骗，涉案金额2400余万元。

二、治安管理

2017年，市公安局加强县域社会治安防控体系建设。开展出租房屋和流动人口管控、易制爆和物流寄递业管控，开出10张旅馆业、寄递业“反恐罚单”，消除出租房屋治安、消防、房屋结构等各类隐患2万余处。开展“黄海行动”，严打黄赌娼违法犯罪，摧毁开设赌场的以吴某等人为首的犯罪团伙。制定《社区警务工作规范》，建立派出所、社区民警一日工作清单制度，做好人口管理、治安防范、阵地控制、矛盾化解、服务群众和信息收集工作，做精“接处警”和“社区警务”两大任务；制定《盐城市公安局社区民警优待措施》，建立健全县级公安机关、派出所、社区民警三级考评体系，联合浙江大学轮训派出所所长，选拔优秀民警担任派出所社区警务副所长，抓好基础管控。全面推广聚龙湖警务服务站经验做法，布建14个警务服务站。会同市综治办制定《关于加强全市社会面巡防辅助力量建设的指导意见》，新增巡防力量1506名，成立452人的“黄海突击队”、600人的摩托化“铁骑队”，开展巡逻防范、先期处警、应急处突工作。传承发扬建湖上冈交警中队经验，把“平安走廊”向高速公路、国道、省道、县道全面延伸。推进95个市际出入口、28个高速出入口、机场、火车站、汽车站智能化卡口建设，实现车辆、人像、身份证、电子车牌等多维数据采集。成立公安安全技术研发中心，研发社区警务工作平台、社区民警移动警务工作终端、基于微信企业号的社会化采集平台，开展标准地址信息数据采集。推进公共安全视频联网“雪亮工程”，组织开展建模竞赛，新增联网监控7483路。推动社区警务与社区事务一体化运作，开展“无事镇区（街道、社区）、无事村（居）”创建活动，把派出所打造成社会治理的协调部；通过市场化运作，引导鼓励保险公司、技防企业投资治安防范，开展“技防外包”，建成全省首个“平安体验中心”，推广应用技防产品。

全市县域社会治安防控体系建设现场推进会 7月13日，市公安局在阜宁召开全市县域社会治安防控体系建设现场推进会，通报讲评全市社区警务工作，研究部署推进措施，创新升级全市县域社会治安防控体系，全面提升驾驭治安局势的能力水平。省公安厅党委委员、副厅长吴跃章，副市长、公安局长王巧全出席会议并讲话，市政协副主席、阜宁县委书记顾云岭到会致辞，省公安厅副巡视员、治安总队总队长徐敦虎出席会议，市公安局党委副书记、副局长吴柏林主持会议并作通报讲评，阜宁县县长徐华明参加观摩活动，市公安局有关党委成员出席会议。阜宁、滨海、大丰、亭湖4家公安分局作交流发言。

三、道路交通安全管理

2017年，市公安局推动警务变革，打造民本交通品牌，做好管治安保稳定、压事故保安全、整秩序保畅通交通管理工作。启动开展以228国道为重点的国省道交通安全管控会战。开展“铁桶工程”，组织缉查布控、夜间清查行动，抓获逃犯137名、涉毒人员18名，查获管制刀具370余件，查获假牌套牌300余副，查获运输违禁物品案件19起。持续打击“失驾人员”“黄牛”等交通乱象，全年行政拘留各类违法人员740人，其中“黄牛”67人。组织夜间查禁酒驾毒驾行动，全年查获涉酒驾驶633起，其中酒后驾驶400起，醉酒驾驶233起。组织开展专项行动，综合实施路口严管、杂车严治、路段严控、违法严处等措施，查扣各类机动车辆1407辆，其中非标摩托车1077辆，查扣非法电动三、四轮车383辆。选取市实验小学、第一人民医院、紫薇花园小区、迎宾路、城市宝龙广场等交通单元，实施专项治理，并在全市100多所学校和市中医院、万达广场等单位全面推开。改革实行“路长制”，在市区划分城市主次干道路段209条、后街背巷路段119条，逐一明确“路长”。组建228国道大队、铁骑队、无人机中队、女子执勤中队，创新管理模式。建成集业务办理、宣传推广、用户体验于一体的互联网集中办理中心，网上业务办理率超过30%。开启机动车号牌“50选1”模式，新增机动车检测机构5家，完成科目三考试试点下放。组建直播专业队，组织各交警大队同步直播，先后开展网络直播95场，累计观看人数2000万人。在元旦查酒驾、送苹果直播活动中，受到中央电视台、人民日报、紫光阁等主流媒体转载点赞，盐城交警执法微直播被确定为年度实事项目，参评江苏省优秀法治实事项目以及“法耀盐阜”十佳工程。

中国·盐城首届城市交通治理论坛 11月8日，由中国智能交通协会、市政府联合举办的中国·盐城首届城市交通治理论坛在盐城召开。市委副书记、市长戴源、中国智能交通协会理事长吴忠泽、省公安厅交警总队总队长陈玉峰分别致辞，副市长李逸浩主持，副市长、公安局局长王巧全发表主旨演讲。北京市公安局原副局长、教授级高级工程师于春全，中山大学教授、博士生导师、智能交通研究中心主任余志，北京市交通运行监测调度中心研究员、副主任张可，上海市城乡建设和交通发展研究院交通规划所智能交通中心主任朱昊，交通运输部科学研究院研究员钟朝晖5位国内外知名专家和行业权威作演讲报告。论坛期间，中国智能交通协会与市政府签订合作推动盐城市智能交通创新发展的协议。来自省、市相关职能部门的负责人、全国智能交通领域的专家学者、相关领域的科技工作者出席论坛。市、县（市、区）公安机关主要领导、分管领导和交警部门负责人参加论坛。

四、网络安全管理

2017年，市公安局网安部门净化网上舆论环境，整治和规范互联网秩序，严打涉网犯罪。全年侦办各类涉网案件321起，抓获犯罪嫌疑人510名，其中侦破网络水军、侵犯公民个人信息及黑客类公安部督办案件7起，网络水军案、非法获取4S店系统数据案2起案件入选省公安厅网安十大精品案件。开展“净网”行动，依法处置网上制造散布谣言类违法犯罪人员76人，其中刑事拘留16人、行政拘留32人、教育训诫28人，封堵删除网上有害信息样本3300条。通过“盐城网警巡查执法”账号发布宣传、辟谣贴文1003篇，“拍肩膀”警示轻微违法网民585次，回复网民咨询求助3873条，受理移交网民举报犯罪线索112条。开展“清源”治理行动，24小时巡查执法盐城地方网站、论坛、贴吧、微博客，及时清理涉黄、涉赌、涉暴力血腥等网络有害信息样本5300余条。组织对全市259家政府网站和重要信息系统开展网络安全现场检查，出具隐患告知书89份，处罚单位1家。开展“互联网危险物品信息管控集中攻坚整治”行动，与全市18家网络交易平台、311家危险物品从业单位签订责任书。组织开展网吧集中清查行动，行政处罚违规经营网吧201家，当场责令整改网吧48家。

五、出入境管理

2017年，全市公安机关推进“优精美高”窗口建设活动，优化网格化服务格局，织密“15~20分钟便民服务圈”，提升服务品牌内涵，辐射带动全市出入境窗口规范化建设。3月，在全省公安出入境管理和国际合作工作会议上，盐城出入境管理工作受到省公安厅表彰，并做经验交流发言。升级“盐城出入境微服务”平台，实现出入境证件微信缴费功能。做好全国版出入境管理信息系统上线运行，依托新系统开发升级出入境证件到达短信提醒服务。在全省率先推出免费自助照相服务，实现照片电子化、拍摄自主化、存储传输网络化，降低群众办事成本。经国务院批准、公安部和省公安厅授权，12月19日，南洋国际机场外国人口岸签证业务正式开通。举办外国人永久居留证集中发放仪式，颁发盐城首张“千人计划”外国人永久居留证。推进境外人员住宿登记管理工作，全年组织各类境外人员住宿登记业务培训15场次，培训外国留学生500多人次，发放宣传资料3万余份，走访涉外单位700余家。开展外国人签证专项检查，发现问题严格落实整改。全年，全市登记临时入境境外人员3.7万人次。在省公安厅双边警务合作机制框架下，与韩国全罗北道地方警察部门互派警员研

4月1日，盐城颁发首张“千人计划”外国人永久居留证。 市公安局/供

修，市公安局首个自组警务交流访问团赴印尼、新加坡交流访问。与韩国全罗北道南原市、印度尼西亚雅加达北区、肯达里市、巴基斯坦拉合尔、吉尔吉斯斯坦卡拉科尔、越南老街等地警察部门建立多维国际执法合作机制。投入专项经费350余万元，建成盐城市公安局国际执法培训基地，组建22人的管理团队、20人的教官团队，选聘11名翻译人员，完成印度尼西亚高级执法官员研修班和巴基斯坦中巴经济走廊培训班两期国际执法培训任务。成立国际合作工作领导小组，常态化召开警种部门联络员会议，开展涉外协查案件专项行动、扁平化案件侦办等工作。组建32人的赴外追逃行动队、56人的外语专家人才库，为跨国执法安全合作提供人才支撑。根据公安部、省公安厅选拔维和警察和警务联络官的要求，在全市范围内挑选一批优秀民警，组建涉外人才后备库，形成人才梯队。

外国人口岸签证开通仪式 12月19日，市政府在南洋国际机场举行外国人口岸签证开通仪式。副市长、公安局局长王巧全出席仪式并致辞，省公安厅出入境管理总队一级警长冯翔宣读省公安厅批复，市政府副秘书长仇鼎文主持仪式。市公安局党委委员、副局长张满昌介绍口岸签证申报工作情况。市外事办、市口岸办、市商务局、市旅游局、南洋机场公司负责人参加仪式活动并参观口岸签证服务窗口。南洋机场国际航空公司、盐城涉外企业、外籍人士代表，市公安局机关部门主要负责人、机场公司员工和联检单位代表共120余人参加开通仪式。

市公安局国际执法培训基地揭牌仪式 8月10日，市公安局在市人民警察训练学校举行盐城市公安局国际执法培训基地揭牌仪式。公安部国际合作局副巡视员朱明，省公安厅党委委员、机关党委书记、省委维稳办副主任吴建元，公安部印度尼西亚高级执法官员研修班警察部门团长叶妮·芸达媞和移民部门团长菲迪·帕萨亚，副市长、公安局局长王巧全共同为基地揭牌；省公安厅出入境管理总队总队长、国际合作局局长高超，市外办主任董玲玲出席仪式；市公安局党委副书记、副局长姜学儒主持仪式；市公安局党委委员、副局长张满昌，市公安局党委委员、政治部主任孙玉东出席。印度尼西亚高级执法官员研修班14名学员、市公安局机关国际执法培训工作领导小组成员单位主要负责人和联络员共约70人参加仪式。

六、户籍管理

2017年，市公安局推进标准地址信息数据采集工作，新采集录入建筑物信息208.87万条，审核通过208.2万条，采集录入标准地址信息348.69万条，审核通过346.4万条，关联户籍地址信息135万条。张贴《关于加强出租房屋管理消除安全隐患的通告》40余万份，借助电视、报纸、道路小区数字屏、商场广场电子屏等媒介，引导出租房屋房主、流动人口主动申报居住登记。全年全市新登记录入居住房屋信息16.15万条、流动人口信息32.53万条、人户分离人员信息27.12万条。制定《盐城市常住户口登记管理规定实施细则》，下发《关于认真贯彻落实〈盐城市公安机关进一步服务民生优化发展二十项措施〉的通知》，在户籍窗口全面推行首问负责、警务公开、限时办结、特事特办、社会评价、投诉回访、档案管理、安全保密“八项制度”，推进居民身份证异地受理、挂失申报、丢失招领“三项制度”，优化便民利民举措。全年受理全国异地身份证5073人次，审核签发全国异地身份证1.47万人次，挂失申报1.2万人次。推进公安“微警务”建设，组织开展户口业务办理模块研发工作，实现业务查询、业务预约、业务预审批和在线办理无缝对接，实现“微警务”数据内网流转审核，6大类35小类78项户口业务上线运行，并实现微信、短信提醒服务、全流程监控等个性化功能。全年开展“微警务”在线办理户口业务414次、接受办理户口预约227次、在线受理各类证明160次。（程晓丽）

第四节 检　察

2017年，全市检察机关履行检察职能，推进检察改革，盐城市检察院连续四年被江苏省检察院书面通报表扬。全年依法审查批捕各类刑事犯罪1724件2212人，提起公诉4159件5630人。依法严肃查办和预防职务犯罪，依法立案侦查职务犯罪案件139件169人，其中贪污贿赂犯罪104件122人、渎职侵权犯罪35件47人。加强队伍建设，制定《推进全市检察工作均衡化发展实施意见》，制定《加强人才建设的办法（试行）》，深化“小课堂”实战实训功能，实行员额检察官“课题制”，提升培训练兵的针对性和实效性。全市检察机关有35个集体、43人获得省级以上表彰。配合省检察院、盐城市委开展巡视巡察工作，对反馈意见及时制定措施促进问题整改。严格落实“两个责任”，实行党风廉政建设问题清单、岗位清单、履职台账“三位一体工作法”。研究编制各部门岗位职权目录和权力运行流程图，明确风险等级和具体措施，排查出廉政风险点1381个，制定防控措施2752条。深化正风肃纪，组织巡察6个基层检察院领导班子及成员执行落实中央八项规定、检规检纪、规范司法等情况，全年开展廉政谈话315人次、提醒谈话26人次，滨海县检察院“三查三访三谈”加强内部监督的经验做法被最高人民检察院推广。

一、刑事检察

2017年，全市检察机关加大对破坏市场经济秩序犯罪的打击力度，全年依法办理侵犯知识产权犯罪26人、破坏市场经济秩序犯罪611人。制定《服务“一部车”战略工程的实施意见》，完善案件办理绿色通道，快速办理“一部车”产业链涉企犯罪7件18人。加大对破坏生态环境资源犯罪的打击力度，全年依法办理破坏环境资源犯罪214人。大丰区检察院办理的张某某污染水环境案获评全国检察机关“十大优秀挂牌督办案件”。推进平安盐城建设，突出打击杀人、抢劫、强奸、涉黑涉恶、黄赌毒、电信诈骗等危害群众生命财产安全的犯罪，全年批准逮捕3356人、提起公诉

7013人，查办公安部督办的“网络水军”案，批准逮捕周某某等3名涉嫌勾结境内外网站、恶意炒作诽谤国内党政机关案件。

二、贪污贿赂检察

2017年，全市检察机关保持对腐败犯罪的高压态势，立案查办职务犯罪案件144件173人，重点查办领导机关和重点岗位领导干部职务犯罪，查办科级干部31人、处级干部8人。完成省检察院交办的淮安市人大常委会原副主任王某某受贿案查办工作，依法查处盐城市城乡建设局原局长吴某某受贿案、盐城市体育局原党委书记杨某某受贿案等一批有重大影响的职务犯罪案件。主动聚焦发生在群众身边、损害群众利益的职务犯罪，在支农惠民资金管理领域开展专项行动，查办贪污贿赂案件34件41人，进一步促进国家支农惠农政策落地。从严查处围猎干部、主动行贿、情节恶劣的犯罪分子，依法查处行贿犯罪24件30人。

三、渎职侵权检察

2017年，全市检察机关立案侦查渎职侵权犯罪案件35件47人，查办重特大渎职侵权案件23件，通过办案挽回直接经济损失558.7万元。阜宁县检察院办理的张某某滥用职权、贪污、受贿暨挪用公款案获评“全省反渎十大精品案件”。主动聚焦发生在群众身边、损害群众利益的职务犯罪，在支农惠民资金管理领域开展专项行动，查办渎职侵权案件7件15人，促进国家支农惠农政策的落实。

四、职务犯罪预防

2017年，全市检察机关推进“专业预防工作质效年”活动。全年开展预防调查20次，案例分析71次，警示教育251次，进一步提升预防实效性。联合医疗机构开展“远离回扣、廉洁从医”专项活动，先后召开预防宣讲会36场次，受教育人数近万人，推动医疗卫生单位完善规章制度12项。依托新媒体加强预防宣传，创作廉政短片、微电影4部，响水县检察院制作的廉政动漫《啃粮记》获第二届全国检察机关新媒体创意大赛银奖。

五、民事行政检察

2017年，全市检察机关构建多元化民事行政监督格局。全年对民事行政生效裁判提出抗诉31件，法院审结24件，已审结案件原审裁判改变率100%；发出再审检察建议58件，采纳15件。加强民事执行活动监督。全年对执行不规范、不到位问题发出执行监督检察建议271件，233件被采纳。突出打击民事虚假诉讼。全年办理虚假诉讼案件82件。亭湖区检察院办理的1起虚假诉讼监督案件，被最高人民检察院评为民事行政诉讼监督优秀案件。推进公益诉讼工作，全年办理公益诉讼诉前程序案件58件，向法院提起公益诉讼12件，经验做法在全省检察机关宣传推介。射阳县检察院对1起家禽养殖引发水污染事件，依法启动公益诉讼诉前程序，推动职能部门开展专项整治。

六、控告申诉检察

2017年，全市检察机关加强涉法涉诉信访案件办理。全年接待群众来信来访4677件次，办理刑事申诉案件158件，信访接待群众满意度明显提升。深化特殊群体司法保护工作，向涉罪未成年人提供法律援助288人次，向特困刑事被害人发放救助金69万元。

七、诉讼监督

2017年，全市检察机关监督侦查机关立案44人、监督撤案77人、纠正漏捕漏诉85人。构建刑事抗诉一体化工作格局，提出刑事抗诉25件，市检察院获评全省刑事抗诉工作先进集体。研究制定《加强自行补充侦查工作意见》，充分发挥诉前主导、审前过滤和侦查监督作用，全年公诉环节自行补充侦查案件33件，促进提升公诉案件质量。深入开展集中清理判处实刑罪犯未执行刑罚专项检查活动，依法监督纠正脱漏管22人、建议收监27人，清理判处实刑未执行罪犯12人。深化财产刑执行监督，依法发出监督纠正文书227份，监督执行到位金额930.1万元。大中地区检察院推行财产刑执行与减刑假释关联机制，督促111名服刑人员履行财产刑132.4万元。做好刑事执行环节案件查办工作，1起羁押必要性审查案件获评“全国优秀案件”，2起监管场所职务犯罪案件获评“全省精品案件”。

八、司法改革

2017年，全市检察机关制定《入额院领导直接办理案件操作细则》，全市入额院领导实体性办案1073件，形成良好示范。完善检察官职权清单，将10个条线169项办案职权授予检察官行使，全市分2批次遴选员额检察官373名，设置检察官办案组55个、独任检察官320个。制定《流程监控工作实施办法》，建立“红、绿、黄、蓝”四色预警制度，对2367件案件进行分色预警，形成监控卷宗68份。建立常态化案件质量评查机制，开展案件质量评查154次，累计评查案件5832件，对发现的问题及时通报整改。主动公开案件程序性信息8823条、法律文书4423份、重要案件信息465条，提升司法办案透明度。加强检律互动，全年通过专门平台向律师推送案件诉讼信息2970余条，安排律师会见职务犯罪嫌疑人26次，接待律师阅卷1779次，有力保障律师执业权利。严格落实不规范司法行为约谈制度，对问题突出的单位领导和责任人员专项约谈40余人次。

（韦丽萍）

第五节　法　院

2017年，全市法院受理案件14.31万件，审执结案件12.47万件。全市一线法官人均结案210件。跨域登记立案经验被最高人民法院在全国推广。案件繁简分流和矛盾纠纷多元化解工作成为盐城样板。家事审判改革得到全国人大内司委和国务院妇儿工委肯定。“盐阜飓风”全媒体直播集中执行行动得到最高人民法院院长周强批示。“基本解决执行难”攻坚擂台赛作为“盐城模式”被江苏高级人民法院在全省推行。全年全市法院系统有36个集体、38名个人受到省级以上表彰。盐城中级人民法院被省高级人民法院和省人社厅表彰为全省法院系统2013—2017年度先进集体；盐城中级人民法院纪检组被省纪委和省人社厅表彰为全省纪检监察系统先进集体（2013—2017）；东台人民法院被中央文明委表彰为全国文明单位、被省法院记集体一等功；阜宁人民法院被省高级人民法院记集体二等功；盐都人民法院秦南人民法庭被最高人民法院表彰为全国法院先进集体，射阳人民法院董士玲被最高人民法院表彰为全国法院先进个人。

一、刑事审判

2017年，市中级人民法院发挥刑罚惩防功能，参与平安建设。严惩危害群众生命财产安全犯罪，审结各类刑事案件4832件，判处罪犯6690人。深入开展严厉打击违法犯罪专项斗争，组织3次集中宣判，形成从重从快打击犯罪声势，人民群众安全感得以增强。参与禁毒整治“雷霆二号”行动，惩治毒品犯罪228件305人，有效净化社会环境，建湖人民法院审结的鲁某非法生产制毒物品案被最高人民法院评为“毒品犯罪十大典型案例”。加大腐败犯罪惩处力度，审结职务犯罪案件57件66人，判处行贿犯罪17件18人，巩固反腐败斗争压倒性态势。审结非法集资、电信诈骗犯罪案件93件，为受害群众追回损失27.4亿元，保护人民群众财产安全。审结的胡某某诈骗案入选最高人民法院《中国法院2017年度案例》。

二、民事审判

2017年，市中级人民法院审结教育、就业、医疗、居住等各类民生案件3.63万件，维护人民群众合法权益。审结物权、债权和股权等案件1.36万件，保障各类投资主体财产财富安全。审结商事案件3.75万件，促进形成公平竞争的市场秩序。审结商品房买卖、房屋租赁等案件2120件，促进房地产市场健康发展。审结土地承包经营权流转等案件420件，保障农民权益。审结农民工追讨工资等案件2084件，维护劳动者合法权益。化解劳动争议案件3307件，推动构建和谐劳资关系。审结知识产权案件296件，促进“大众创业、万众创新”。审结私募众筹、产权式商铺、网络交易等新类型案件458件，促进新兴产业健康发展。依法保护金融创新，审结融资租赁、民间借贷案件1.58万件，缓解企业融资难。保障实体经济发展，妥善处置企业金融借款案件4048件，金额54亿元，有效化解金融风险。稳妥处置“僵尸企业”，30家企业破产终结退出市场，12家企业依法进入破产重组或清算程序，服务供给侧结构性改革。

三、环资审判

2017年，市中级人民法院完善环境资源案件集中管辖和专业化审判机制，审结各类环境资源案件638件，维护环境资源安全。实行土地类案件归口审理，依法惩处非法占用基本农田犯罪案件10件13人，审结各类土地纠纷案件758件，维护土地资源安全。审结非法狩猎、非法采伐林木等犯罪案件83件116人，维护生态安全。参与“263”专项行动，重拳打击非法排放有毒废气、倾倒化工废水、处置危险废物等行为，判处污染环境犯罪案件11件42人，保障蓝天碧水绿地行动计划实施。

环境资源审判庭成立一周年新闻发布会　6月2日，市中级人民法院召开新闻发布会，通报环境资源审判庭成立一周年工作情况，并发布环境资源审判十大典型案例。中新社、盐城电视台、盐城广播电台、《现代快报》《盐阜大众报》《盐城晚报》等媒体记者参加新闻发布会。市中级人民法院环境资源审判庭于2016年5月18日挂牌成立，发挥司法审判参与社会治理的公共职能，执行环境资源法律制度，依法保护人民群众环境权益，共受理案件304件，审结242件。其中，受理环境资源刑事案件4件，审结3件；受理环境资源民事案件6件，审结5件；受理环境资源行政案件96件，审结71件；受理涉土地民事案件198件，审结163件。

四、行政审判

2017年，市中级人民法院依法服务“放管服”改革，审结各类行政案件1350件，协调化解行政协议纠纷55件。连续十二年向市委、市政府呈报行政审判工作年报，促进政府依法行政。与市政府联合召开全市行政复议与行政审

9月28日，市中级人民法院召开全市法院案件繁简分流和矛盾纠纷多元化解工作座谈会。
市中级人民法院/供

5月11日，市中级人民法院开展“盐阜飓风”集中执行行动。
市中级人民法院/供

判工作联席会议，推进行政与司法良性互动。配合市纪委对2016年度行政机关败诉案件实施执法过错责任追究，有21人受到不同形式的责任追究。开展法制讲座，先后培训行政执法人员1500余人次。加大协调工作力度，注重衡平小微企业与劳动者之间的利益，成功协调处理20多件工伤认定行政案件。

五、案件执行

2017年，市中级人民法院全力攻克执行难题，执结案件3.81万件，到位金额117.6亿元。常态化开展执行“飓风行动”，执结涉民生案件1.53万件，民生司法保障取得新进展。市中级人民法院与21家单位签署联合惩戒合作备忘录，加强信用惩戒，将1.39万名失信被执行人纳入黑名单，限制高消费8336人次。推行“法媒银”平台、悬赏保险、失信彩铃等执行创新举措，使失信人“一处失信、处处受限”。严厉制裁失信行为，司法拘留1394人，追究刑事责任18人。

六、审判监督

2017年，市中级人民法院强化审级监督，审结二审案件7298件，依法改判或发回重审666件，一审判决被发改率为1.7%，促进一审案件审判质量提升。强化再审监督，全市法院受理申诉、申请再审案件1270件，依法启动再审程序106件，及时纠正生效裁判错误。强化审判管理，审判质效持续提升，全市法院超长期未结案件数全省最低，主要质效指标位居全省前列。强化业务指导，制定八类案件审判指导意见，统一裁判尺度，坚决杜绝“同案不同判”。加强审执流程信息公开，向当事人发送信息12.4万条。加强庭审活动和裁判结果公开，网络直播案件庭审8102件，网上发布裁判文书5.34万份。加强审判事务公开，组织新闻发布会50场，发布司法白皮书3份、典型案例332个、各类司法信息4120条，满足社会公众对司法的知情权和参与权。

七、便民诉讼

2017年，市中级人民法院完善诉讼服务中心分区布局，推动平台服务质量提档升级，基本实现“走进一个厅、事务一站清”。全市法院诉讼服务中心为当事人提供案件查询1.4万次，接转材料8820件，开展诉讼指导7325次，约见法官3985人次。开展“大走访大落实”活动，走访群众1.52万户，化解重点涉诉信访案件87件。推进矛盾纠纷多元化解，建立交通事故、物业管理、劳动争议、医疗纠纷等诉调对接机制，推动“无讼村居”创建，创新基层社会治理。加大司法救助力度，减、缓、免诉讼费530余万元，推动司法救助纳入社会救助制度体系，强化弱势群体司法保护。参与基层社会治理，发送司法建议169份，全市40个人民法庭审结案件2.92万件，调撤率57.5%。推进案件繁简分流，全市基层法院均成立专门速裁机构，组建89个速裁团队，实现简案快审，有效提升审判效率。组建256个专业化审判团队，实现繁案精审，有效提高审判质量。推进执行工作繁简分流，组建速执团队17个，快速执结各类案件1万件，平均执行期限缩短45天。（戴　政）

第六节　司法行政

2017年，全市进一步打造“法润盐城”品牌，围绕供给侧结构性改革、基层社会治理等经济社会发展重点，实施“进万企、解难题、促发展”“大走访、大研判、大落实”“法企同行”“美好生活·德法相伴”等活动。司法行政系统实地走访企业3000多家，免费为300多家企业进行“法律体检”，提出法律风险防范建议500余条，举办法治讲座535场、法治文艺演出132场，发放涉企法律法规3.5万余册，另在50家重点企业设立律师工作室。推进司法行政聚焦富民15项举措，切实为群众解决身边的法律问题，提高群众法治获得感。全市司法行政系统中获国家级表彰的先进集体3个、先进个人3人；获省级表彰的先进集体9个、先进个人23人。盐城市社会矛盾纠纷调处成功率在全省“八项工程”考核中获得第二名。

一、普法宣传

2017年，市司法局完善“谁执法谁普法”、以案释法、媒体公益普法责任机制。组织310名非人大任命领导干部参加任前法律知识考试、3518名国家工作人员参加法律知识闭卷考试、6.1万名国家工作人员和党员参加网上学法竞赛，组织“七五”普法讲师团、“双百”法治报告团、“以案释法”宣讲团等深入学校、企业、单位、农村开展法律知识宣讲500余场，开展首届十佳“德法模范”推评宣传、“德法进万家·法治文艺基层巡演”“国家安全日”“全民禁毒宣传月”“12·4”国家宪法日暨法制宣传日等系列活动。

二、人民调解

2017年，全市各级各类调解组织受理并调解各类矛盾纠纷8.56万件，调解成功率99.86%，防止民间纠纷激化968件，未发生因调处不及时或调解不当而引起自杀事件和“民转刑”案件。全市9个县（市、区）全部建立县级医患纠纷调处中心，全年累计受理调处医患纠纷670件，涉及赔偿金额1120余万元，接收群众咨询5800余人次。

三、社区矫正与安置帮教

2017年，全市新接收社区服刑人员2648人，其中解矫2689人、收监60人、服刑人员在册3467人；新接收刑释和解矫人员新接收5869人；吸毒照管人员在册242人，后续照管率97%，一年保持操守率93%。

四、法律援助

2017年，法律援助工作连续十一年被列为市政府“为民办实事”项目。全年全市办理法律援助案件7559件，为受援人挽回经济损失8692万元，免除诉讼代理费2237万元，法律援助经费投入645万元，受援群众满意率达99.5%。

五、公证管理

2017年，市公证处组织开展“公证便民利民服务年”活动，全年共办理各类公证6.68万余件，新办公证事项无错证、无假证、无有效投诉。年内，盐城、盐都、亭湖公证处完成公证机构改革工作。

六、司法鉴定

2017年，市司法局开展“司法鉴定企业行专项活动”，为企业员工减免司法鉴定费用71万余元。全年出具司法鉴定意见书1.06万份，无错假司法鉴定，无有效投诉。推进人民监督员制度改革，全市有人民监督员116人，参与案件监督87件173人次。（刘　菊）

七、狱政管理

盐城监狱　年内，盐城监狱持续安全稳定，连续19年10个月实现“四无”（无服刑人员脱逃、无重大狱内案件、无重大疫情、无重大安全生产事故）目标。年内，盐城监狱每周不定期开展专项警务督察，有效提升监区运行效能。监狱党委履行主体责任，重视党建工作，盐城监狱被评为省司法厅先进基层党组织，3个党支部通过省司法厅“人民满意先锋岗”“一支部一品牌”活动创建验收。坚持制度管警，健全科监区领导考评机制，制定《科监区领导能上能下实施办法》，调研制定分类量化考评标准。完善民警工作考核机制，实施周记实、月小结、季评议；改进年终集中考核方式，对部分单位、部门开展季度工作考核和述职，进一步强化平时考核和过程性考核。重视警察文化建设，举办民警职工文化节和第三届群众性运动。突出差异化培训，开展分层业务轮训、分类岗位练兵考核活动。年内，盐城监狱被评为全省监狱系统办案工作先进单位。

监狱安全。构建“大安全”格局，加强监区运行，改造升级信息化智能系统，严密安全管理制度，确保安全“零事故”。推行安全风险分级评估机制，落实安全隐患整改责任。强化安全细节标准化管理，进一步强化区域管理和“板块化”管理。发挥智能大平台应用效能开展减负行动，清理取消纸质报表簿册20余种，制定《会议管理办法》，减轻基层工作负担。推行监区民警岗位分类管理，规范监区警队管理，强化警长平台建设；开展每月一主题的罪犯行为专项整顿；推进内务卫生规范化管理，实施三级卫生管理机制，建成符合标准的监区储藏室和室外晒衣场，完善被服回收中心建设，监区运行效能有效提升。

监狱执法。严格执行罪犯减刑假释、暂予监外执行有关规定，依法办案率100%。保障罪犯合法权益，执行罪犯伙食实物量标准，完成罪犯体检工作，改造秩序持续稳定。规范新犯入监教育，强化分流考核工作，新犯入监教育质量得到提升。开展罪犯危险性评估工作，年内入监评估、出监评估率达到100%。围绕“文化·育人·正心”主题，推进四项文化系列活动，按照“一监区一特色”的要求，推进监区文化特色创建活动，监区文化氛围进一步浓厚。构建社会帮教大平台，深化与地方政府、司法机关的联动合作，互帮共建平台作用发挥明显。（赵少杰）

江苏省方强强制隔离戒毒所　年内，江苏省方强强制隔离戒毒所强化思想阵地建设，通过模范事迹宣讲、党建

普法宣传。　王仰林/摄

理论培训、微型党课评比等形式，深入开展“旗帜鲜明讲政治”、学习中共十九大精神等专题教育，相关做法被《江苏法制报》、司法部官网刊登。强化履职能力建设，开展“打铁还需自身硬”大练兵，民警能力素质得到新提升。年内，被省司法厅评为全省司法行政队伍建设示范点。强化党风廉政建设，与检察机关建立联席会议机制，推进廉政教育、驻点检查，对戒毒执法、企业经营、招标采购、工程建设等事项加强监督，确保队伍勤政廉洁。

场所安全。严密防范，强化戒治场所管理。加强对戒治现场直接管理，严防违纪行为发生、违禁品流入和混逃出所。增设三级监控点，完善一级、二级、三级监控点职责分工和联动联防机制，提升技防能力。推进医疗社会化，适期邀请亭湖区人民医院医生到戒毒所会诊，有效处置6起突发危重病例。开展辖区出租房、危化品、电线路、道路交通、邻里矛盾、违章建筑物等隐患排查整治，进一步改善民警职工工作环境。落实安全生产责任制，每月开展安全分析会、应急演练，安装消防喷淋系统，切实消除重大隐患，场所连续21年实现全面安全。

戒毒矫治。加强教育矫治，深化书香戒毒所建设。推进音乐戒治项目实施，购置腰鼓、葫芦丝、竖笛、口琴、快板等音乐器材，组织戒毒人员练习、汇演，提升戒毒人员生活情趣。加强康复训练，推进“一大队一品牌”特色戒治，形成瑜伽、太极拳、手语操、呼吸操、气功舞、广场舞、八段锦等运动康复体系。加强后续照管，注重个案矫治，加大对戒毒回归人员的帮教力度，协助解决回归人员生活就业等困难，回归人员的一年操守率为90%以上。

（戴鼎霖）

第七节 仲 裁

2017年，市仲裁委员会受理各类仲裁案件598件，办结610件（含2016年积存案件124件），案件争议标的额14.85亿元，案件裁决自动履行率92%，调解、撤回仲裁申请率58.7%。市仲裁委员会对快速结案工作予以加强，一个月内结案数178件，占结案总数29%。强化仲裁业务部室与专职办案秘书工作责任职责，坚持在办案实践中提高办案效率。提升案件协调、庭审记录等方面水平。仲裁庭坚持做好庭前阅卷、庭审提纲、庭审评议以及庭后合议等方面程序记录。完善案件调解保障机制和制定撤调结案优惠政策，提高撤调案件仲裁员报酬，对以撤回仲裁申请方式结案的案件，退还部分仲裁受理费，全年撤调案件358件。提高裁决质量，完善案件裁决文书质控机制和专家咨询制度。全年组织召开专家咨询会议10场次，委托专家出具咨询报告13份，分别对案件实体判断、仲裁程序、仲裁管辖权异议等方面进行论证。做好“案件受理多样化、纠纷处理多元化”试点工作。市仲裁委员会注重向生长型和新高技术行业推介仲裁制度，寻求非典型商事案件突破，拓展仲裁服务领域、扩大仲裁服务对象。建立案件多元化调处纷争渠道，达到案结事了。全年受理各类非典型商事案件204件，占全年受理案件数的34%，以调解和解、仲裁确认、友好仲裁、工程评审、争议评估、仲裁斡旋和谈判等方式平息争议未进入仲裁程序其他方式处理的案件161件，争议标的额723万元，进入仲裁程序的案件70件，争议标的额6401万元。

做好仲裁宣传工作，在《盐阜大众报》开设《生活与仲裁》民生栏目，《盐城晚报》法治周刊开设《不忘初心仲裁人》法制栏目，《盐城晚报》分类大众服务版面开设《仲裁服务》栏目。全年刊登各类文章、报道以及图片52篇（张），约20个整版。与中国新闻网、省广播电视总台、市广播电视台、《现代快报》《江苏法制报》《今周刊》等国家、省、市媒体合作，宣传报道仲裁法律制度、市仲裁委员会重大活动与公益仲裁工作成果的文章图片计25篇（张），约4个整版，电视电台广播时间约150分钟。仲裁委员会官方微博粉丝数3.37万人，在政务微博司法行政榜排名第四十三位。在“3·15”消费者权益保护日和“12·4”法制宣传日等街面宣传活动中派出22人次，发放自行编印的材料7000余份。分别组织建设、房地产、金融（保险）、律师等行业或系统仲裁员，通过召开座谈会、推介会等各类会议17场次，宣传仲裁法律制度，参加会议人员300人次。发挥各县（市、区）仲裁员积极性，安排仲裁员70人次走访县（市、区）重点企业35家，召开座谈会18场次。全年受理大市区外仲裁案件131件，争议标的额达4.2亿元。

建立首席仲裁员指定建议名册 年内，市仲裁委员会在全市233名仲裁员中，组建办案核心团队，将文书起草水平较高、庭审驾驭能力较强、案件协调能力较好的35名仲裁员选进指定建议名册。进入指定建议名册的仲裁员担任案件首席（独任）仲裁员全年办案404件，占全年案件数68%，以撤调方式结案的案件数为215件，占全年撤调结案数60%。

《中华人民共和国仲裁法》实施情况民主监督 市政协对盐城市《中华全国总工会仲裁法》实施情况开展专题民主监督活动。市政协副主席沈洪清率领部分市政协委员赴市仲裁委员会实地视察，并召开专题民主监督会，了解盐城仲裁委员会工作情况、《中华人民共和国仲裁法》贯彻实施情况及《中华人民共和国仲裁法》实施过程中存在的问题和不足。

（熊 玮）

第29章 军　事

责任编辑　潘其锐

第一节　人民武装

2017年，盐城军分区贯彻党中央、中央军委和习近平主席决策指示精神，落实江苏省军区党委和盐城市委、市政府部署要求，突出维护核心、备战练兵、转型重塑、纯正生态，讲政治、抓主业、强能力、重实干、正秩序，各项建设取得新进展。年内，开展“维护核心、听从指挥”主题教育，推进“两学一做”学习教育常态化制度化落实。中共十九大召开前，突出抓好习近平“7·26”“8·1”等重要讲话精神学习贯彻，开展“适应新体制、履行新使命、干出新成就”大讨论，举办纪念建军90周年系列活动，组织全区官兵职工参观“6·23”特大龙卷风纪念馆；中共十九大召开后，制定下发军分区学习贯彻意见措施，组织军分区第一批副团职以下干部理论集训。落实市委常委议军会议精神，抓好全民国防教育，持续开展“双百双建”和扶贫帮困活动，协调军人子女入学和退役安置。城南新区开展“增强军人荣誉感”活动，取得较好社会反响。做好宣传报道工作，有2篇宣传报道在《中国国防报》头版头条刊登。

一、备战抓建

2017年，盐城军分区严密组织战备值班业务培训，修订完善各类应急预案，常态抽点、规范秩序。分层级组织新大纲试训，抓好军分区首长机关动员业务训练，参加省军区动员业务考核，组织军分区年度军事训练考核。做好支援地方抢险救灾准备，民兵应急分队在东台市应对强对流天气抢险救灾行动中突击队作用发挥明显。参加战区“联合警戒·2017A/B”海上侦察行动，为战区海军提供重要情报信息。适应转型发展要求，编实建强基干民兵队伍。完成新兵征集任务，在全国率先制定《关于对适龄公民应征失信联合惩戒实施细则》，相关做法被军委国防动员部和东部战区转发。

二、调整改革

2017年，盐城军分区学习贯彻中共军委改革会议精神，组织开展“坚决服从改革大局、忠实履行职能使命”和“正确面对得与失、凝心聚力抓准备”专题教育活动，认真做好谈心交心和一人一事思想工作。推进军分区、人武部组织机构调整，严密组织工作任务转换、党组织设置规范、物资装备器材交接等工作，推动新旧体制平稳过渡，按时完成射阳海防营和传输站转隶移交任务，7月1日，军分区正式按新编制运行。推进老干部服务保障体制改革，干休所老干部、遗孀和工作人员思想稳定。严把经费、物资、房产等关口，严密开展资产清查清理，各项账物相符、责任见底，改革期间未发生违规违纪问题。

三、依法治军

2017年，盐城军分区常态开展警示教育和明察暗访，严格执行中央军委《关于严禁违规宴请喝酒的规定》，贯彻廉洁征兵要求，按照规定权限和标准分类处置反映问题线索，严肃查处违规违纪问题，保持正风肃纪高压态势。高标准迎接全军安全工作大检查，紧盯人车枪弹密等17个要素领域，深入开展安全工作专项清理整治和“百日安全活动”。按照起步正规、运行规范要求，制定印发《盐城军分区机关工作运行办法（试行）》，加强检查督导，部队正规化建设得到加强。

四、后勤装备保障

2017年，盐城军分区坚持党委理财，强化精细管理，严格预算执行，集中财力保障作战准备和重大活动。2017年军分区机关接待费开支3.16万元，同比下降18.28万元。改善官兵职工住房条件，协调地方政府解决中低价商品房20套；推进干部职工经济适用住房建设，推动搬迁拆迁工作，多次调整设计方案，加快审批手续办理，使军队优惠住房政策落到实处。投入369万元完成干休所营院综合整治，有效提升老干部休养环境。成立停偿工作军地协调领导小组，协调地方开辟快立快审快执绿色通道，15次会办解决重难点问题，全区78个有偿服务项目全部达到阶段停偿目标。做好装备退役报废和新式装备请领配发工作，抓好装备基础设施配套建设，完成安防系统及联网监管建设，实现全区民兵武器装备规范化、可视化管理。（季　明）

6月27日，武警盐城支队在新四军纪念馆建立红色教育基地。
武警盐城支队/供

第二节　武警部队

2017年，中国人民武装警察部队盐城支队推动转变改正作风。年内，安排党委机关和部分基层官兵赴阜宁“6·23”特大龙卷风灾后重建纪念馆和安置重建示范村参观见学；常态化开展合作共建共育活动；投身地方扶贫帮困工作，先后为结对帮扶的阜宁三灶镇和15名贫困学子送去6万元和1.5万元慰问金，每个基层单位在驻地与贫困群众结成帮扶对子。全年，武警盐城支队完成盐城东和盐城北高速路口警戒设卡、城市武装巡逻、公务员考录面试、大型演唱会安保等重大临时勤务42起，成功参与处置滨海县设卡堵截及抓捕任务，支队实现连续15年安全无事故，并在江苏武警总队《军队基层建设纲要》集训取得总分第二名，首届“巅峰”比武竞赛获团体第四名的优异成绩。

一、军事管理

2017年，武警盐城支队加大执勤管控力度，严格落实日检查、周讲评、月通报制度，采取过目标、过中队、过哨位的方法，排查治理执勤隐患52处；开展实战化训练，坚持每周网上查训、每月分析研训、每季考评促训，突出单兵专业技能和技战术合成训练，分2批组织特勤排、应急班集训和勤训轮换，广泛开展会操评比竞赛、警官全员额考核和岗位大练兵活动，营造军事训练氛围；落实常态化战备要求，严密组织首长机关研判形势任务，修订完善预案，常态拉动特勤排、应急班，采取不打招呼、不设预案方式组织首长机关实兵实装拉动演练，部队战备水平有效提升。年内，武警盐成支队在江苏武警总队训导员带犬集训和器械骨干集训分获第一、第三名。

二、思想政治工作

2017年，武警盐城支队把学习宣传贯彻中共十九大精神作为首要政治任务和头等大事，编印下发资料汇编、应知应会口袋书，购发学习辅导读本，开展“思想疑点辩论会”“社会热点大家谈”“我眼中的十九大”研讨交流，组织“学习新党章、紧跟新时代、履行新使命”主题活动，举办“十九大精神引领我成长”演讲比赛等系列促学活动。广泛开展“走出房门、放下手机、融入战士”和“官兵大走访”活动；在新四军纪念馆和县（市）区红色文化纪念馆建立“红色教育基地”，借助驻地红色资源丰富的优势，开展以“建立一个红色教育基地、开办一个铁军精神大讲堂、唱响一支红色革命歌曲、设立一个铁军精神书架、编写一本铁军精神读本、开设一个史馆版块、帮扶一个新四军老战士”为主要内容的“传承红色基因、争做铁军传人”系列活动。年内，支队编排的情景剧《军旗下的橄榄绿》获江苏武警总队基层文艺会演一等奖，1人参加江苏武警总队优秀“四会”政治教员评比竞赛，被评为十佳“四会”政治教员。

三、后勤保障

2017年，武警盐城支队积极完善后勤保障体系，从盐城市资源服务中心遴选10家优质招标代理公司建成代理公司储备库，与地方银行、超市、医院、汽修厂、油站、运输公司等单位签订9个应急保障协议，确保应急保障供得上、保到位；严密组织后勤“一组五队”（后勤指挥组、综合物资保障分队、给养保障分队、卫勤保障分队、运输油料保障分队和维修技术保障分队）训练，集中开展武器操作、野战厨房操作使用、训练伤防治和战勤编组等训练，注重改进训练方法，探索炊事、修理技术与地方联训和卫生员实践训等多种训练路子；提升后勤服务保障质量，在实现主副食品集中配送的基础上，进一步优化饮食保障模式，加强生活配套设施建设，定期开展卫生讲座、检测防疫，卫勤服务深入细致。（陈　锋）

第三节　公安边防

2017年，盐城边防支队完成各项公安边防业务工作，部队建设取得新突破。注重宣传工作，打造“融媒体”中心，推出《盐边》移动端多媒体杂志，推行报道员到地方电视台轮训机制。深入一线进行宣传报道，破获白糖走私案被央视《新闻直播间》《东方时空》《中国新闻》等栏目滚动播出，被各类官方主流媒体和门户网站刊载推送。年内，在中央电视台播报17条、省级电视台110余条，各级媒体发稿700余篇，新闻宣传报道数量、质量再次列省公安边防总队第一名。开展向北极边防派出所、十大边防卫士等先进典型学习活动，培树全省优秀人民警察、省三八红旗手和十佳边防女警、盐城最美警察等一批先进典型。年内，2个集体、19人受到各级表彰奖励，盐城边防支队被盐城市委、市政府表彰为抢险救灾先进集体。

一、思想政治教育

2017年，盐城边防支队组织开展专题学习教育活动，通过领导干部带头讲党课、邀请专家学者授课、主题演讲、忠诚宣誓、瞻仰烈士陵园、参观警示教育基地、观看红色电影、联合市摄影家协会举办“铭记建军历程，定格老兵风采”主题摄影图片展等多种形式，丰富教育内涵，引导和培育边防官兵树立当代革命军人核心价值观，坚定官兵理想信念。推进“爱民固边·海韵书香”文化工程建设，投入350余万元用于机关文化长廊、基层警营文化、阅览室和文体活动室建设，与市图书馆开展“书香润警营”共建活动，设立图书分馆，获赠图书5000册，与盐城师范学院音乐学院签订共建协议，培养新增文艺骨干10人，举办书法、摄影、球类比赛等各类文体活动40余场，筑牢思想教育主阵地。

二、治安防控体系建设

2017年，盐城边防支队创新社会治安综合治理。加强顶层设计，市公安局印发《关于进一步加强公安边防派出所工作十项措施》，有效解决制约长远发展的瓶颈问题和难点问题。5月8—9日，全省沿海边防治安防控体系建设推进会在盐城召开，盐城治安防控体系建设工作得到大会肯定。年内，盐城边防支队采取走出去、请进来的方式，组织官兵到优秀公安派出所参观学习，并协调各地做好十项措施的落地落实。通过协调争取，边防辖区已纳入全市社会综合治理和技防城建设统一规划，新增社会面监控340个。盐城边防支队自主研发沿海港口渔船（民）动态预警管控系统，在全省公安实施创新强警战略成果展上进行展示，被评为全省十大创新强警推广项目之一。

全省沿海边防治安防控体系建设推进会 5月8—9日，全省沿海边防治安防控体系建设推进会在盐城召开。会议要求江苏边防系统要以服务沿海经济社会发展、创建“平安沿海”为目标，通过实施“数据强警”“创新强警”战略，进一步密切警政警民关系，全面推进沿海边防治安防控体系建设。江苏省公安厅副厅长夏存喜出席会议并作讲话，沿海市、县（区）公安局分管边防工作负责人参加会议。与会代表在黄沙河边防派出所现场观摩江苏公安边防总队自主研发的边海防综合管控系统、盐城边防支队自主研发的港口“320”渔船民动态预警管控系统应用和执法办案流程演示以及机动中队装备建设展示；在新洋港边防派出所观看执法办案管理平台应用、依托无人机和海防监控系统进行治安防控以及利用警务管理、视频监控、天翼图传系统进行警务监管等演示汇报。

三、执法规范化建设

2017年，盐城边防支队召开执法规范化建设推进会，传达学习江苏省公安厅会议精神，总结执法规范化建设成果，分析查找不足，明确执法规范化建设方向。加强案管中心（室）建设。制定《案件管理中心（室）升级优化方案》，规范软硬件建设标准，建立每日问题通报、每周案件点评、每月执法分析、每季度考评考核等工作机制，全年巡查接处警7817起，核查各类案件2032起，发布通报195期，及时提醒基层整改问题380余处，开展典型案件点评10期，制定下发6项执法热点工作提示和12种案件查处执法工作指引，指导办理走私、偷渡、盗抢骗等各类案件126起，编发新型毒品案、特大跨区域盗窃案等重大刑事案件实战指导，江苏公安边防总队编发简报推广支队案管中心工作做法。开展执法突出问题排查整治。连续三年对边防派出所进行“点对点”检查指导，执法质量位居全市前列，未发生有效涉法投诉。

四、打击违法犯罪

2017年，盐城边防支队开展固边3号4号、百日打防管控、集中打击盗抢骗、治爆缉枪、涉恐隐患排查整治、严厉打击成品油走私、出海船舶边防治安整治、“猎鹰系列”等专项行动，开展社会面集中清查5次，集中整治突出治安问题。年内，盐城边防支队破获刑事案件205起、查处行政案件1134起，打击处理957人，抓获网上逃犯27人。其中，查处成品油案件2起1150余吨；查破“8·31”特大外籍货轮走私白糖案，查获涉案人员17人、白糖1250余吨、案值近1000万元；抓获1名潜逃22年之久涉嫌故意杀人公安部重点网逃人员。

8月31日，盐城边防支队查获走私白糖1250余吨。
张友余/摄

五、警务实战化建设

2017年，盐城边防支队加强应急指挥，建立战时联席研判和联合值守制度，深入开展网上舆情监测、风险隐患排查、情报信息综合研判和评估预警，编发风险研判专报36期，细化完善6类27种突发警情处置预案，常态化开展应急处突和通讯保障拉动演练，对勤务指挥室进行升级改造，规范运行机制，提升各级应急能力。加强实战训练，组建蓝军部队开展红蓝对抗演练，组织各单位开展快反小组训练，成立7支应急分队开展定向增援，开设4期实战轮训班，组织教官团上门送教，安排20名机动中队官兵到特巡警和交警支队开展实战训练，安排50余名官兵到各地公安派出所、法制、治安等部门跟班学习。加强基础体能，制定《军事强化训练方案》，建立层级训练考核机制，官兵体能大幅提升。（吴　昊）

第四节　人民防空

2017年，盐城民防系统围绕第七次全国人民防空会议、全省人民防空会议和全市民防工作会议要求，推进人民防空军事斗争各项准备和军民融合深度发展，城市综合防护能力和服务保障民生水平有效提升。年内，市民防局集中力量组织《盐城市城市防空袭预案》修订，调整充实应急处置办法和保障计划，补充一批指挥器材和应急装备，提升应对突发事件和遂行多样化任务能力。落实“重要经济目标防护救援”试点任务，制定《盐城市重要经济目标防护救援试点方案》，形成“重要经济目标防护救援”理论研究成果。抓好市、县两级民防（人防）机关训练和信息保障分队训练。开展市带县机动指挥通信系统执勤、训练和演练。市民防局组织跨区联训8次，信息保障队伍遂行多样化任务能力得到提升。推进市级预备指挥所、县级基本指挥所及中型机动指挥通信系统建设。大丰区人防办承担全省人防基层信息化试点任务，试点成果通过省民防局专家组评审。全市城市警报音响覆盖率、鸣响率达到双100%的目标。

一、民防法治体系构建

2017年，盐城民防系统强化主体责任和一岗双责落实。完成《中共盐城市委盐城市人民政府盐城军分区关于深入推进人民防空改革发展的实施意见》《盐城市“十三五”民防发展规划》《盐城城市人防工程与地下空间开发利用专项规划》《“十三五”规划》初稿。制定《中共盐城市民防局党组议事规则》《市民防局内设处室和直属单位工作人员定期交流轮岗、选拔任用制度》《市民防局平时考核制度》《战备值班制度》《盐城市民防局行政案件移动操作规程》《依申请公开信息内部工作程序》《盐城市民防局“七五”普法规划纲要》《盐城市民防局系统行政权力清单》《社区民防工作考核标准》《盐城市民防局行政处罚自由裁量权适用规则》《盐城市民防局权力事项办事指南》等制度流程，重新修订《内部审计工作制度》《差旅费管理制度》。严格界定法制、执法工作权限和流程，确保工作依法有序进行。强力推进市县两级民防（人防）组织机构建设，起草并上报《关于加强市级民防组织机构建设的请示》《关于加强县级人防组织机构建设的请示》。新组建法制宣教处，增设执法审查室。对市县两级行政执法人员组织专业培训，落实持证上岗制度。全市民防规划、制度体系进一步健全完善，法治民防建设取得新突破，行政执法案卷评查获得全省第二名。

二、人防管理

2017年，盐城民防系统组织大市区人防工程集中普查。将工程数据管理资料与实物逐一比对，建档存储、分类管理，工程档案管理更加规范。对工程管理处、行政许可处和人防工程质量监督站职能进行明确区分，强化部门间工作衔接，推行人防工程全流程管理、一站式服务、首问负责、不见面审批、质量监管派单、按时办结、问题回馈、跟踪服务、网上答询、样本服务、廉政承诺、节假日工程值班等制度，办事流程更加便捷，办事效率大幅提高，工程质量监管更加严格，工程质量明显提高。年内，在2017年度盐城市目标任务综合考核领导小组通报第三方对建设管理部门（单位）的基层评议结果中，市民防局位列11个部门的第三名。

三、人防建设

2017年，市民防局确定实施大型民防教育体验馆建设、启动大型公共人防工程建设、投放1万套家庭实用应急器材3项民生实事项目，各县（市、区）人防办安排不少于1个民生实事项目。市民防局向学校、社区等单位投放民防知识教材不少于2万本、民防知识宣传手册不少于3万册，解决基层学习宣传教材缺乏的难题；向城南街道社区发放民防工作经费，用于推动社区民防工作开展；在盐都区试点开展法治民防进社区工作；利用组织“5·12”“9·18”活动之际，在盐渎实验学校、迎宾公园等地开展民防知识宣教活动，在盐城市第一中学开展消防技能展示和人口疏散演练。重抓对口援疆工作，组建强有力的对口援疆工作班子，8月中旬，实地考察对口支援单位人防建设状况，帮助查找人防建设存在的问题和差距。（嵇　港）

文化强市

- □ 科学技术
- □ 教育事业
- □ 文化事业
- □ 新闻出版
- □ 档案史志

第30章　科学技术

责任编辑　赵　丽

综　述

2017年，盐城围绕聚力创新，市政府制定《关于推进聚力创新的十条政策意见》，围绕培育高新技术企业、实施知识产权强企行动、提升企业自主创新能力、推进产学研合作、加强创新平台载体建设、强化科技人才支撑、促进科技成果转化、激发大众创新创业活力、加快发展科技服务业、增强农业科技实力十个方面，提出47项具体支持政策。全年获得省以上科技项目立项资金1.5亿多元，其中省重大科技成果转化项目、省产业前瞻与共性关键技术重点研发计划项目、省农业重点研发计划项目、苏北专项项目以及省高新技术企业培育库入库企业数、企业研发投入省级财政奖励企业数、省农业科技型企业数均列苏北第一位。市科技局会同市财政局制定《推进聚力创新十条政策意见实施细则（试行）》，开展2016年度奖励申报和审核工作，经公示后确定单位484家、各类项目1253项，兑现奖励资金7700万元。全年向366家企业发放"苏科贷"10.46亿元。

全年全市新认定高新技术企业136家，高新技术企业总数613家，比上年净增81家，净增数居全省第三位，总数保持苏北第一位。全市发明专利申请9137件，发明专利授权1390件，有效发明专利3992件，分别增长62.5%、65.1%、53.4%，增幅均列全省第一位。盐都区、东台市获批国家知识产权强县工程示范县。盐南高新技术产业开发区获批国家制造业大数据高新技术产业化基地，"数梦众创社区"进入省级众创社区试点行列。盐南高新技术产业开发区、建湖高新技术产业开发区被认定为省知识产权试点园区。盐城国家农业科技园区通过科技部验收，正式获批国家级园区。滨海县获批国家特种高分子材料高新技术产业化基地，响水生态化工园区、盐城高新技术产业开发区智能终端产业园、东台沿海经济区生物科技产业园获批省级科技产业园。东台经济技术开发区、大丰港经济技术开发区被认定为省级知识产权示范园区，17个省级以上经济技术开发区、高新技术产业开发区实现省级知识产权试点或示范全覆盖。7月初市政府与省产业技术研究院签订共建新能源汽车技术研究所协议，11月江苏新能源汽车研究院在盐城挂牌成立。

第一节　自然科学

一、科技计划项目

2017年，盐城市13个项目获省重点研发计划（产业前瞻和共性关键技术）立项，获得省财政资金1270万元，居苏北第一位。16个项目获省自然科学基金立项，青年基金项目9个，每个项目分别获20万元无偿资金；面上项目7个，每个项目分别获10万元无偿资金。市科技局制定《关于推进聚力创新的十条政策意见》，会同市财政局制定《推进聚力创新十条政策意见实施细则（试行）》，兑现2016年度聚力创新项目1253项，奖励资金7700.08万元，政策惠及企事业单位484家。2017年全社会研发投入占地区生产总值比重2.05%。

二、高新技术产业

2017年，盐南高新技术产业开发区获批国家制造业大数据高新技术产业化基地，盐城大数据产业关注度全国第一位。滨海县获批国家特种高分子材料高新技术产业化基地。盐城高新技术产业开发区、盐城环保高新区获得省财政奖励资金1560万元。阜宁高新技术产业开发区获批市级高新技术产业开发区。响水生态化工园区、盐城高新区智能终端产业园和东台沿海经济区生物科技产业园获批省级科技产业园，实现全市各县（市、区）科技产业园全覆盖。年内，组织推荐274家企业进入市级高新技术企业后备库。332家企业申报省级高新技术企业培育库入库，278家企业获批入库，获得省财政高新技术企业培育资金1201万元，获批入库企业数位居苏北第一。申报国家高新技术企业422家，其中新申报企业312家。净增81家，净增数居全省第三位，增幅居全省第一位，全市高新技术企业总数613家。指导532家高新技术企业开展自查自纠。省高新技术产品认定数604只。全年全市高新技术产业实现产值3622.54亿元，同比增长19%。

众创空间 年内，全市新增省级众创空间备案10家，新认定22家市级众创空间。数梦众创社区获批省众创社区试点。年内，在国家考核中1家孵化器获优秀等次，苏北唯一；省考核中4家孵化器获优秀等次，18家获良好等次，并获省奖补资金359万元。新增射阳港科技创业园等2家省级科技企业孵化器。

科技金融 年内，拓展“苏科贷”“创业贷”“苏微贷”和“盐信贷”等科技贷款业务，支持科技型企业创新发展贷款20.6亿元，其中“苏科贷”共向366家企业发放贷款10.46亿元。

三、知识产权

2017年，全市共申请专利3.11万件，其中发明专利申请9137件、占申请总量的29.34%，企业专利申请2.45万件、占申请总量的78.52%；专利授权1万余件，其中发明专利授权1390件、占授权量的13.88%，企业专利授权7932

2017年全市高新技术企业情况

表30-67　　单位：家

地　区	总数	净增数	省培育库入库企业数
市开发区	42	6	11
城南新区	11	4	18
亭湖区	60	7	26
盐都区	125	17	59
响水县	21	2	12
滨海县	55	4	15
阜宁县	45	6	26
射阳县	41	10	27
建湖县	57	−2	19
东台市	87	20	41
大丰区	69	7	24
合　计	613	81	278

2017年全市省级以上科技企业孵化器情况

表30-68

编号	名称	级别	编号	名称	级别
1	盐城中小企业创业投资实业有限公司	国家级	18	滨海县科技创业园	省　级
2	东台市高新技术创业园有限公司	国家级	19	滨海沿海工业园新材料科技创业园	省　级
3	建湖县民营科技创业园有限公司	国家级	20	射阳闽豪科技创业园	省　级
4	江苏省射阳县高新科技创业园有限公司	国家级	21	大丰常丰科技创业中心	省　级
5	大丰科技创业园有限公司	国家级	22	建湖县高新技术创业园	省　级
6	东方兴宇软件产业有限公司	国家级	23	盐城师范学院大学科技园（筹）	省　级
7	盐城高新技术创业园有限公司	国家级	24	盐城大冈科技创业园	省　级
8	滨海县宏智生物医药科技创业园管理有限公司（滨海沿海工业园生物医药科技创业园）	国家级	25	大丰东方1号科技创业园	省　级
9	阜宁县科技创业园有限公司	国家级	26	江苏大丰留学生创业园	省　级
10	大丰高鑫投资有限责任公司（大丰高新技术创业服务中心）	国家级	27	射阳县胜利桥科技企业孵化器	省　级
11	大丰大中科技创业中心	国家级	28	东台市东台镇科技创业园	省　级
12	东台城东科技创业园	国家级	29	东台海滨科技创业园	省　级
13	盐城环保科技产业园五星科技创业服务中心	国家级	30	盐城盐龙科技创业园	省　级
14	盐城大学科技园	省　级	31	盐城盐渎慧谷科技创业园	省　级
15	盐城亭湖高新技术创业园	省　级	32	盐城复旦环保科技创业园	省　级
16	响水灌江科技创业园	省　级	33	射阳港科技创业园	省　级
17	响水县科技创业园	省　级	34	盐城永兴新能源装备创业园	省　级

件、占授权量的79.19%。组织第三届市政府专利奖评选，评选盐城市政府专利金奖10项、专利银奖20项。结合“苏科贷”项目申报抓专利权质押，366家企业完成专利质押贷款10.46亿元。大丰区、盐都区和射阳县知识产权局分别被省科技厅和省知识产权局表彰为省知识产权工作成绩突出集体；罗利民、朱崇喜、吴金标和王中海被省科技厅和省知识产权局评为省知识产权工作成绩突出个人；亭湖区、阜宁县、东台市知识产权局被省知识产权局表彰为省知识产权宣传培训工作成绩突出单位；响水县、建湖县知识产权局表彰为省专利行政执法工作先进单位；薛坚、姜仁俊和陈志永被省知识产权局评为省专利行政执法成绩突出个人，颜旻被省知识产权局评为省知识产权维权援助成绩突出个人。

企业知识产权建设 年内，江苏辉丰农化股份有限公司获批国家知识产权示范企业，盐城市步高汽配制造有限公司、江苏江佳机械有限公司、江苏神龙药业股份有限公司、江苏丰山集团股份有限公司、盐城利民农化有限公司、盐城市昶桦户外用品股份有限公司、盐城市兰丰环境工程科技有限公司、盐城阿特斯协鑫阳光电力科技有限公司、东台市东方船舶装配有限公司、江苏康杰机械股份有限公司、江苏黄河药业股份有限公司、江苏森威精锻有限公司、江苏正大丰海制药有限公司、江苏鼎烨药业有限公司、江苏神鹤科技发展有限公司、江苏中恒宠物用品股份有限公司、江苏中车电机有限公司、江苏明源纺织有限公司获批国家知识产权优势企业。通过《江苏省企业知识产权管理规范》解析、企业实施知识产权管理规范实务辅导、企业知识产权管理标准化示范创建绩效评价体系解读的培训，加深企业对贯标工作意义和重要性的认识和理解，提高企业知识产权管理工作从业人员的业务水平，83家企业通过国家标准认证；208家企业完成江苏省企业知识产权管理标准化管理备案，48家企业通过江苏省企业知识产权管理标准化管理绩效评价。盐城市步高汽配制造有限公司、江苏海鼎电气科技有限公司2家企业被评为2017年度江苏省企业知识产权管理标准化示范创建工作先进单位。推动企业实施知识产权战略，江苏辉丰农化股份有限公司获江苏省高价值专利培育计划项目立项，江苏中车电机有限公司、江苏康杰机械股份有限公司2家企业获省知识产权战略推进计划项目立项。

知识产权培训 年内，市科技局举办全市专利大户培育企业负责人专利布局策略培训班，邀请省有关专家对全市135家专利大户培育企业负责人进行培训。举办知识产权总监、工程师培训班，对全市100多家高新技术企业的71位知识产权总监、112位知识产权工程师、82位内审员分别进行业务培训；举办涉外企业海外知识产权保护业务培训班，对全市参加广交会的企业组织培训，指导企业有效防范涉外知识产权风险。举办全市专利行政执法人员业务培训班，对全市40多名专利行政执法人员进行执法能力提升培训，提高专利行政执法人员的执法能力和水平。

区域知识产权试点示范创建 年内，盐都区、东台市获批国家知识产权强县工程示范县（区）。东台市经济开发区、大丰港经济开发区获批省级知识产权示范园区，亭湖区经济开发区、大丰港经济开发区、阜宁县经济开发区、滨海县经济开发区、建湖县经济开发区通过省级知识产权试点园区验收。

知识产权执法维权 年内，全市开展知识产权执法维权“护航”“闪电”专项行动， 开展9次联合专利行政执法行动，共出动执法人员63人次，检查20家流通企业，共抽检日用品、儿童玩具、小家电等商品3万余件，发现涉嫌假冒专利商品300件。年内，全市假冒专利立案271件，全部结案；电商领域专利侵权立案31件，全部结案。市科技局选择3家电子商务平台申报并获批江苏省知识产权保护（电子商务平台）项目，获省级资金80万元，立项数和资金数均列全省第一位。射阳县探伤机行业协会获批江苏省“正版正货”示范行业。

2017年，东台市被确定为国家知识产权强县工程示范县。 东台市志办/供

四、科技交流与合作

2017年，全市组织企业赴英国、法国、芬兰、荷兰等国家开展项目对接交流活动，参加南京2017江苏—法国空气质量研讨会、上海2017中国国际医疗器械博览会、第八届中国（泰州）国际医药博览会。8月29—30日，在盐城开展2017中国（江苏）—韩国创新创业对接交流活动。组织全市90家企业与20家韩国企业对接交流，达成20项合作意向。盐城市江苏和信石油机械有限公司和德国海瑞克股份公司合

作的“大直径通风斜井反井钻机关键技术的合作研发”项目获省科技厅70万元无偿资金支持。

五、科技活动

2017年，盐城市采取市领导带队、企业自主对接、科技小分队对接、举办活动集中对接等方式，拓展与高校院所的产学研合作。组织赴南京招才引智活动。1月3—5日，市委书记王荣平，市委副书记、市长戴源率领党政代表团赴南京开展招才引智活动，走访南京大学、东南大学等10所驻南京高校科研院所，开展创新合作，共签订125项合作项目。5月18日，举办中国盐城丹顶鹤国际湿地生态旅游节暨第十届海盐文化节——科技创新资源对接会，省第九批在盐城科技镇长团团员后方单位负责人、专家教授等80多名嘉宾和100多名企业负责人参加会议，会上签订48项产学研合作项目。组织参加中国江苏大院大所合作对接会暨第六届产学研合作成果展示洽谈会，征集科技成果178项，发布技术需求166项，组织开展线下对接活动49场次，签约项目105项，达成合作意向88项，盐城获大会优秀组织奖。

产学研对接 年内，市科技局组织企业与高校院所在云平台线上进行技术需求、科技成果发布和对接，征集科技成果178项，发动企业网上发布技术需求166项，征集领导和知名专家学者发展建言视频14条，发展建议卡171张。组织企业与高校院所进行线下对接，开展产学研对接活动49场次，有73所高校院所、298家企业参加，签订105项合作协议和88项意向协议。组织283名企业负责人集中参会，其中180人参加大会专题活动。企业负责人还与现场嘉宾达成26项合作协议。组织100多家企业参加2017盐城工学院科技成果推介会，其中50多家企业与工学院的教授、博士签订一对一服务协议。组织15家企业参加首届吉林大学科技服务地方与合作发展大会，盐都区与吉林大学通信工程学院共同举办智能终端产学研活动。建湖县与吉林大学材料学院进行专门对接。大会期间，市科技局、建湖县科技局专门拜访中国工程院院士夏咸柱，并与军事兽医研究院领导进行对接交流活动。活动期间，共签订产学研合作协议14项。

开展第七届沿海发展人才峰会——科技创新资源对接行 年内，市科技局组织开展第七届沿海发展人才峰会——科技创新资源对接行活动。先后组织200多家重点骨干企业，围绕新能源、节能环保、智能终端、高端装备、新材料、大数据等新兴产业的发展，与上海21所高校院所进行对接洽谈，达成合作协议78项。10月27日下午，在上海交通大学举办集中签约仪式，有32个项目参加签约，选取12个项目参加第七届沿海发展人才峰会进行签约。

六、科技成果转化

2017年，全市成果转化工作成效明显。5个项目获省重大成果转化专项资金项目立项，争取省科技经费3900万元，立项数和资金数均位列苏北第一。盐城获批成为省技术产权交易市场首批建设的4个地方分中心之一。年内，在省以上科学技术奖评奖中有11个项目获奖，其中一等奖1个、二等奖1个、三等奖9个。其中，由盐城工学院参与完成的融合式光纤传感系统及其在重大装备安全监测中的应用项目获一等奖。2017年度市科学技术奖受理申报项目233个，217个项目进入专业评审。经过专业评审和综合评审，共评出奖项95项，其中一等奖15项，二等奖30项，三等奖50项。

七、农村科技

2017年，全市获省农业重点研发计划立项6项700万元、后补助项目2项100万元。获苏北科技专项（富民强县、科技帮扶）项目立项63项2889万元，立项数、争取资金数在苏北5市均列第一位。共有11家超市分店获省农业科技社会化服务奖补资金104万元，资金数、获奖补超市数列苏北第一位。年内，全市新增省农村科技服务超市分店3家、便利店7家；8家分店、1家便利店获评优秀。17家企业被认定为省农业科技型企业，29家企业被认定为市级农业科技型企业。江苏盐城国家农业科技园区通过科技部验收，正式获批国家级园区。获批省级农业产业技术创新联盟2家。

八、科技管理

2017年，全市发挥科技政策引导激励效应，市县乡三级建立203人科技政策辅导员队伍，宣讲《关于推进聚力创新的十条政策意见》《推进聚力创新十条政策意见实施细则（试行）》等文件精神，实现大中型工业企业和高新技术企业、高校和科研院所、国家和省级高新区以及众创空间“四个全覆盖”。

2017年全市重大成果转化专项资金项目

表30-69 单位：万元

序号	项目名称	承担单位	省科技经费
1	工业锅炉烟气多污染物超低排放技术和装备研发及产业化	江苏科行环保科技有限公司	900
2	高温散料热传导余热回收装备研发及产业化	江苏东九重工股份有限公司	900
3	钎接—扩散复合焊柔性生产线和智能装备研发及产业化	江苏康杰机械股份有限公司	600
4	核岛蒸汽发生器关键锻件一体化成型技术研发及产业化	上海新闵（东台）重型锻造有限公司	900
5	高产高抗水稻新品种“南粳0212”研发及产业化	江苏焦点农业科技有限公司	600

科技创业大赛 年内，全市有1010个企业、团队项目报名参加第四届盐城市科技创业大赛，报名数全省第一位。47个项目参加省科技创业大赛，获得二等奖1个，三等奖5个，获奖数全省第三位、苏北第一位。18个项目被省推荐参加国家创新创业大赛，获得三等奖1个，优秀奖9个。获得国家财政奖励资金360万元、省财政奖励资金240万元。

（薛文星）

第二节 社会科学

2017年，盐城市哲学社会科学联合会（简称“盐城市社科联”）开展理论研讨、学术交流、学会管理、社科普及和社科成果评奖，推动全市哲学社会科学事业发展。组织专家学者开展盐城地方文化史研究，组建由盐城师范学院公共关系学院副院长、教授陆玉芹任首席专家的研究团队。上半年《江苏文化史·盐城卷》纲目通过专家论证，9月上旬和10月下旬，先后2次召开编撰工作推进会，省社科联副主席徐之顺、南京大学教授周群到会指导。与徐州、连云港、淮安、宿迁在徐州联合召开省第十一届学术大会苏北片区会议，盐城有33篇论文入选交流，入选论文中有2篇获一等奖，4篇获二等奖，8篇获三等奖。组织43篇论文参加省第十一届学术大会交流，其中有1篇获一等奖，2篇获二等奖。全年编辑出刊《黄海学坛》4期，发表各类研究文稿近百篇，对刊物栏目进行调整，强化服务中心、服务大局的内容，强化社科研究成果的转化和应用，提升会刊影响力。编印简报《社科咨政》34期，促进社科研究成果向实际应用转化，从经济发展、社会管理、文化建设等多方面为市委、市政府领导提供决策参考。加强盐城社科网的管理和维护，科学设置栏目，及时更新内容，增强网站吸引力，突出了社科宣传、研究、转化、交流、监督的功能。

一、社科应用研究

2017年，市社科联组织2017年度课题申报立项工作。选题主要围绕“两聚一高”“产业强市、生态立市、富民兴市”发展战略及“五个一”战略工程展开。至5月底，共收到申报课题291项。经专家评审并报市领导审定，共评出53项市政府社科奖励基金项目，103项市社科应用研究课题项目。5月下旬，组织3个专家组对2016年度市政府社科奖励基金项目和市社科应用研究课题进行评审结项，同时对市社科应用研究课题进行评奖，共评出一等奖12项，二等奖20项，三等奖31项。组织申报省社科应用研究精品工程项目，共有22项课题获省社科立项，其中重点资助立项课题2项，一般资助立项课题8项，立项不资助课题12项，课题立项数位居苏北前列。加强课题中期指导。9月下旬，邀请省社科联副主席徐之顺就如何开展课题研究、提高课题研究质量这一主题对课题负责人进行培训，推动课题研究质量的提升。

二、社科普及

2017年，市社科联在市社科学堂、社科讲坛、黄海讲坛、社科普及基地举办各类社科知识讲座300多场次，内容涉及法律法规、卫生保健、廉政教育、心理咨询、海盐文化、铁军精神、传统文化等方面。组织开展盐城市第十四届社科普及周宣传活动。9月下旬在盐渎公园举办大型广场宣传咨询活动，市法学会、心理学会、钱币学会、农村金融学会等15个学会参加，接受市民咨询500多人次，分发资料5000多份，展出图片展板近百块，吸引近千市民参加活动。宣传周期间，各县（市、区）社科联、市各学会、研究会和社科普及基地共组织开展社科普及活动100多场；同时还组织开展社科知识万人竞答活动，利用网络、微信等新兴载体，开展知识竞答活动，全市共有1.2万人次参加。加强社科普及基地建设。6月下旬对8家已建和6家新申报的省级社科普及示范基地进行走访调研，指导基地建设。经省社科联现场考核，8家省级社科普及示范基地顺利通过复查，另有东台博物馆、顾吾书社和华中局旧址3家获批省级社科普及示范基地，盐城心旅心理咨询所获批省社科普及研究基地。年内还创建8家市级社科普及基地，至年底，全市有11家省级社科普及示范基地，25家市级社科普及基地，社科普及队伍进一步壮大。10月，市社科联举行市社科普及志愿者总队授牌和授旗仪式。市社科普及志愿者总队下设劳模、经济、教育、文化、图书、法学、博物、工商8个大队，总队成立后，开展“社科普及进机关、进学校、进镇村、进企业、进军营”活动，通过社科学堂、劳模工作室、普法直通车、社科普及基地等平台，向广大群众宣传普及社科知识。加强社科普及信息报送，先后向“江苏社会科学普及”微信公众号、“江苏人文讲坛”专题网站报送科普稿件、素材和人文讲坛音像资料20余篇。

三、学会管理

2017年，市经济学会、市行政管理学会、工商学会、税务学会、心理学会、图书馆学会等20多个学会分别召开年度学术研讨会。市行政管理学会结合市政府年度重点工作，确立20个研究课题，指导会员开展研究。市经济学会组织会员单位和广大会员，举办专题研讨会，围绕“产业强市、生态立市、富民兴市”总体部署和“五个一”战略工程，提出许多建设性建议和意见。加强学会、研究会管理，开展社科类学会年检工作。7月20—21日，会同市民政部门对学会（研究会）工作开展年度检查，听取各学会、研究会工作汇报，传达全市意识形态领域联席会议精神，落实意识形态工作责任制，对改进学会工作提出具体要求。推进学会的组织建设。市金融学会、钱币学会、法学会、行政管理学会等学会都按期召开理事会和换届大会，健全完善学会管理的相关制度。

（陈法金）

第31章 教育事业

责任编辑 赵 丽

综 述

2017年，全市教育保持协调发展，学前三年幼儿园入园率98.41%；全市初中毕业生升学率99.46%，在校生年巩固率99.58%；小学毕业生升学率98.34%，在校生年巩固率99.81%；高中阶段毛入学率100%。普通高中招生规模和班额得到有效控制，普通职业高中比继续保持大体相当。全市18周岁高等教育入学率60.57%，终身学习网络覆盖率85.87%，从业人员继续教育年参与率49.12%，城市和农村居民社区教育活动年参与率99.52%，新增劳动力人均受教育年限13.03年。全市2017年教育经费总投入168.25亿元，其中预算内教育经费投入151亿元。

义务教育优质均衡发展 年内，全市各地开展消除大校额、大班额专项行动，至年底，全市县域内大校额学校比例减少至21.62%，大班额比例减少至8.11%。年内，教育部门牵头负责中心城区新建15所中小学校项目，南师大盐城实验学校、串场河小学2所学校竣工并交付使用。

校园建设 年内，各地通过撤并、改扩建、拆除重建、整体新建等方式提升薄弱学校办学条件。至年底，全市校园校舍建设累计完成投资34.01亿元，完成率100.87%；校园校舍开工面积184.45万平方米、竣工面积158.86万平方米，完成率分别为102.43%、88.22%；室外运动场开工面积92.6万平方米，完成率85.93%；购置生活设施4.56万台（件、套），总投入5255万元；图书917.4万册，总投入1.1亿元；课桌凳26.62万套，总投入4534万元；计算机等教学仪器124.96万台（件、套），总投入7.27亿元。同时，开展改薄“20条底线”（全面改善贫困地区义务教育薄弱学校基本办学条件底线要求20条细化标准）专项督导检查，全市685所公办义务教育学校中，663所全部达标，占比96%，完成省定任务。年内，市本级共化解债务7200万元；各县（市、区）共化解各级各类学校债务1.02亿元。

教育交流合作 年内，全市教育系统主动与北京、上海、南京及欧美等国内外知名高校和基础教育机构联系沟通，排出合作项目，多次登门对接，先后引进新东方盐城学校、盐城外国语学校、南师大盐城实验学校、华师大盐城附校、北师大盐城附校、大连枫叶盐城国际学校等优质直办学校7所，以及上海复旦附中、上海晋元高级中学、同济大学二附中等优质联盟学校43所，全市合作办学项目总数达到50个。围绕打造更加开放的盐城教育，支持全市中小学开展对外合作活动，组建农村中小学骨干教师、中小学生创新能力培养、幼儿园课程游戏化、优秀教育人才4个市级

1月20日，盐城经济技术开发区与北京师范大学正式签署合作办学协议，双方联办北京师范大学盐城附属学校。 市教育局/供

出国培训团组赴美国、加拿大、德国、英国开展进修学习活动。组织全市180多名青年英语教师参加省"雏雁行动计划"学员选拔考试，有27名青年教师通过省级选拔考试，参加出国培训活动。2017年暑假期间，全市开设18个省级引智项目培训班，引进20多名外籍专家走进教师培训课堂，对全市550多名中小学教师开展英语专业能力提升培训。组织6名中小学校长赴美国、英国、加拿大、澳大利亚、芬兰等国家参加省中小学校长国际交流与协作会议，组织10多名中小学教师赴泰国、印度尼西亚、柬埔寨等国家开展中文教学和文化交流活动。2017年江苏省盐城中学中美班毕业生全部实现海外升学，有超过50%毕业生进入美国排名前50名高校就读，所有毕业生均进入美国排名前80名高校就读。江苏省盐城中小学、盐城市第一小学在建立友好学校的基础上与美国、澳大利亚等国家开展师生互访、文化交流活动，组织开展海外华裔青年"寻根之旅"夏令营活动。盐城中学与加拿大阳光学校、罗德斯尼特伍德中学结成友好学校。年内，全市有300多名中小学生赴境外开展修学旅行活动。

语言文字工作 年内，市教育局举办第20届全国推广普通话周盐城市系列活动，开展县域国家通用语言文字普及情况监测工作，抽样调查4000人普通话应用情况。全市有1.19万人参加普通话水平测试。4名教师获省中小学教师中华经典诵写讲展示一等奖。

扶贫助学 年内，全市免除高中阶段困难家庭学生、所有中职学生学费9300多万元，对学前教育和义务教育阶段家庭经济困难学生发放生活费补助近8000万元，对在高中阶段就读的家庭贫困学生发放助学金3000多万元，对考取大学、家庭经济困难的应届高中毕业生发放一次性生活补助77.8万元，帮助全市5200多名大学生办理生源地助学贷款，贷款总额4000多万元，对全市义务教育阶段学生免费发放教科书及作业本4000万本，总金额1.1亿元。通过悦达·胡友林慈善基金会对全市各县（市、区）重点高中170名品学兼优的家庭经济困难学生进行资助，共发放扶贫助学资金51万元。

2017年全市各级各类学校基本情况

表31-70

类 别	学校数（所）	毕业生数（人）	招生数（人）	在校生（人）	教职工（人）	专任教师（人）
总 计	1307	270632	281172	1084062	91453	75652
普通高校	6	17312	18973	62357	4461	3605
普通中专	6	9609	9947	26835	2093	1740
成人中专	4	1026	448	1790	157	103
职业高中	10	8265	7451	23811	2437	2170
高 中	52	31175	28785	89419	10319	9023
初 中	226	57367	69409	192401	21025	18137
小 学	336	70579	73373	453559	28507	26999
幼儿园	657	75026	72472	232285	22044	13550
特殊教育学校	10	273	314	1605	410	325

第一节 幼儿教育 特殊教育

一、幼儿教育

2017年，全市新改扩建幼儿园96所，新进编幼儿教师354人。24所幼儿园被确认为市优质幼儿园，85所省优质幼儿园参加省优质幼儿园复审，新创建省优质幼儿园54所，全市644所成型园中省优质幼儿园333所，占成型园总数的51.7 %，比2016年增加8.3个百分点。3个幼儿园的游戏化课程建设项目被确认为省级项目。组织2070篇论文和案例参加省学前教育学会优秀论文及幼儿园班级管理案例评选活动，879篇获奖，其中一等奖55篇。52个课题被省学前教育学会立项为"十三五"规划研究课题。213名园长参加省园长任职资格培训班，提升园长的管理水平。

二、特殊教育

2017年，市和各县（市、区）建立特殊教育联席会议制度和特殊教育指导中心制度，研究制定落实省第二期特殊教育提升计划实施方案。3个项目被省教育厅确认为特教发展工程建设项目。3名教师获省特殊教育青年教师基本功一等奖。

三、学校简介

市幼儿园 年内，盐城市幼儿园一园两区共有幼儿1200名，班级46个，教职工210名。园内有特级教师2人，市名教师2人，学科带头人19人，教学能手3人，教坛新秀

1人。年内有1个省级课题结题，2个市级课题进行中期汇报，7个省市级课题申报成功并开题，"课程群：幼儿科学关键经验的建构"项目获"2017年度江苏省基础教育前瞻性教学改革实验项目"立项；课程设计《1+1+1——幼儿园主题活动课程的开发与实践》获江苏省教学成果二等奖。180余篇论文在省师陶杯论文评比、省、市级教科院、学前教育学会组织的论文评比中获奖。充分发挥"祁晓霞名师工作室"、名教师的引领作用，扩大示范辐射，先后4次接待盐城师范学院国培研修班的学员们参观、交流；接待大专院校见、实习生约800人次；安排新疆察布查尔县和市内滨海县、响水县、阜宁县等地15名老师跟岗见习；派遣15名老师到滨海、阜宁帮扶送教；名教师杨柳远赴宁夏灵武市送教；教师张艳云参与国侨办外派教师出国支教活动，传承中国文化。年内实施幼儿园南教学楼改造工程，增加幼儿户外活动场地面积1190平方米，校园面貌焕然一新。

市聋哑学校 年内，市聋哑学校有12个教学班，在校生118名，教职工40名。教师学历达标率100%，拥有市、区学科带头人、教学能手、教坛新秀15人，30多人受到县区级以上表彰，多人参加省市教学基本功竞赛获一、二等奖，上百篇论文在各类刊物发表或在各级比赛中获奖。年内，学校加大对教职工的培训力度，组织教师参加国培、省培和市、区级培训，提高教师的理论业务水平。学校推行新教育理念，运用"让学引思"教学模式进行教学，围绕省、市级研究课题，实施课堂教学改革，教学成效显著。学校先后开设剪纸等具有地方特色的校本课程，针对学生特点开设电脑、缝纫、烹饪等职业技术项目。2017年学校4名九年级毕业生考取扬州聋人高级中学等学校，2名毕业生被企业择优录用；薛萍被评为盐都区优秀教师，滕春秀被评为盐都区优秀班主任；学校排练的舞蹈节目《茉莉花开》参加市少儿春晚节目选拔赛获一等奖，并入选盐城市2018年少儿春晚；学生参加全国特教学校统计图表大赛获一、二等奖，学校获优秀组织奖。学校制定健全的安全、卫生管理制度和应急机制，层层签订安全责任书，实现安全零事故的年度工作目标。

第二节 义务教育 高中教育

2017年，全市创建省小学特色文化工程建设项目4个。创建市小学内涵建设先进学校10所，引领全市小学内涵水平不断提升。启动"优质初中学校"建设工作，遴选出38所学校为盐城市"新优质初中"创建校。组织全市"新优质初中"创建校及市直初中校长共50人在华东师范大学参加培训、全市星级高中校长50余人赴浙江大学参加普通高中校长特色课程建设能力提升培训班。盐城市亭湖高级中学等4所高中申报创建省级高中课程基地建设，全部获得通过，全市省级普通高中课程基地增加至27个。盐城市大冈中学、时杨中学和射阳县高级中学分别接受省四星和三星高中现场考察验收。全市按时做好市直学校学生中考报名学籍审核、市区定向指标生资格审查、全市享受中招优待政策的考生信息公示等工作，平稳有序做好初高中招生工作。

一、教育内涵发展

2017年，市教育局把贯彻《关于"十三五"期间全市深入推进小学内涵建设的意见》精神作为全年小学教育工作的重点，组建七类教育教学联盟，选择50所学校进行重点打造，召开第五次全市小学内涵建设现场推进会。深化教育教学改革。推进"让学引思"，市一小教育集团教师吴艳在省小学品德青年教师基本功比赛中获一等奖第一名。牵头制定《关于进一步加强中小学阅读工作意见》，推进全科阅读、全员阅读、全程阅读，着力打造盐城阅读特色品牌。打造学校文化特色。创建省小学特色文化工程建设项目4个。创建市小学内涵建设先进学校10所，引领全市小学内涵水平不断提升。召开2017年盐城市初中教育内涵建设现场推进会。全市遴选出东台市唐洋镇中学等5所初中申报创建省初中课程建设项目，全部获得通过，全市省级初中课程建设项目增加至30个。制定《盐城市"让学引思"课堂教学规范》，遴选28所课改试点学校，评选十大优秀教学模式、20个课改先进学校和200个典型课堂案例。在全省中学生数学、物理、化学、生物奥林匹克竞赛中，全市3人进入省集训队，12人获得全国一等奖，208人获得省一等奖，为近年来取得的最好成绩。在省基础教育、职业教育教学成果奖评比中，盐城获特等奖3项，一等奖8项，二等奖28项。在省师陶杯论文评比中，获特等奖3人，一等奖15人，二等奖56人。在省教研十二期课题申报中，获批1项重点资助课题，3项重点课题，25项立项课题。盐城市第一小学"读写社区构建"、盐城市毓龙路实验学校"初中数学实验研究"在省前瞻性项目评审中获得优秀等次，盐城市第二小学"小学数学开放题研究"获评省精品课题。与市科协联合开展全市青少年科普系列活动，组织市科技创新大赛和科技模型竞赛、科技辅导员培训等，盐城学生参加省第28届青少年科技创新大赛取得优秀成绩，其中大丰区实验初级中学施骏涛获2017年江苏省人民政府青少年科技创新培源奖（全省仅三项）。与市环保局联合开展2017年度绿色学校（幼儿园）创建工作，并确认19所学校为市级绿色学校。4月中旬，组织绿色学校创建辅导培训班，推荐110名"青少年环境知识科普课堂——生命之水"项目优秀讲师参与全国百位优秀讲师评选活动。在江苏省内部审计协会组织的2014—2016年全省内部审计先进集体和先进工作者评比中，市教育局被表彰为2014—2016年全省内部审计先进集体。为市直26所中小学幼儿园4068名教职员工进行心肺复苏应急救护知识普及性培训。

二、中小学德育

2017年，市教育局推荐评选盐城市"百名美德少年"和"盐城好少年"并报省参赛，阜宁县实验小学府前街校区学生殷雨轩被评为江苏省第四届十大美德少年标兵。组织开展第二轮德育"三十佳"评选，从各地各学校上报的126

项特色活动中遴选出60项活动，开展现场考评。组织省首届中小学生品格提升工程申报工作，盐城市实验小学“成达e学堂·家校共育平台的建设研究”获评为省首届中小学生品格提升工程项目。盐城市未成年人成长指导中心赴阜宁县陈良小学开展“心手相牵·一路同行”“6·23”风灾一周年未成年人心理关爱活动、赴田家炳小学等学校开展“心灵驿站·助力成长”等一系列心理健康教育活动。举办首次心理健康指导教师培训，159名中小学心理健康指导教师参加培训。评选并公布盐城市2016—2017学年度德育工作先进集体60个、先进个人100名、优秀班主任297名。组织2017年度全市中小学班主任基本功竞赛，竞赛分小学、初中、高中、职教、特教5个组别进行，最终评出一等奖42名、二等奖57名、三等奖43名。成功举办2017年盐城市中小学德育教育能力提升培训班，全市314名中小学班主任参加培训。表彰全市家庭教育示范学校20所、优秀家长学校60所、家庭教育先进工作者67名、优秀家长64名。全面推进素质教育基地课程开发，形成创客中心、国防教育、消防教育、禁毒教育、航空航天教育5个核心课程体系。开展依法治校示范校申报创建工作，确认130所中小学为市级依法治校示范校，并有92所学校申报2017年度市级依法治校示范校，提高全市中小学依法治校示范校比例。组织第三轮全市教育系统法治宣传教育系列活动，全市共评出获奖作品694件，其中法治手抄报272件、法治绘画200件、法治教案132篇、法治讲座25篇、法治校本教材25部、同时还通过法治歌曲合唱比赛的形式，现场评出获奖学校40所。组织学生参加全省学生“学宪法讲宪法”系列活动，获一等奖2人，二等奖1人。

三、学校体育艺术

2017年，盐城成功创建48所国家级校园足球特色学校、9所江苏省足球特色幼儿园；至年底，全市共有国家级足球特色学校94所，江苏省足球特色校13所。创建成功国家级校园篮球特色学校10所、省级校园篮球特色学校9所。创建教育部国防教育示范校3所、国防教育特色校24所。盐城市日月路小学、东台市实验小学、建湖县第二实验小学3所学校被确定为教育部中华优秀文化艺术传承学校。创建省健康促进学校银奖学校44所、铜奖学校27所，盐城市实验小学等14所学校接受省健康促进学校金奖专家组验收。与市体育局联合举办中小学生田径、游泳、乒乓球、武术套路等10项比赛，近3000名中小学生运动员参赛。举办青少年校园篮球联赛市级总决赛，57支代表队、633名运动员参赛。承办江苏省青少年校园足球联赛苏北片区高中男子组比赛，14支代表队、240名运动员参加比赛。举办第六届市长杯青少年校园足球联赛市级总决赛，55支代表队、794名运动员参赛。举办金陵体育2017盐城市青少年校园笼式足球联赛。举办盐城市2017年国际足联Live You Goals（追梦）女孩足球节。盐阜中学女足队在省青少年校园足球联赛苏北片区高中女子组比赛中，获第三名，获得参加全国青少年足球夏令营资格。建湖二实小向阳校区代表队获省校园足球联赛小学男子乙组第二名。盐阜中学获省中小学校园笼式足球苏中片区比赛高中组第三名。建湖县第二实验小学获省长杯比赛团体一等奖。组织2017年全市中小学生艺术展演与竞赛活动。共有493名学生和44支合唱队伍参加中小学生独唱、独奏、独舞比赛和合唱比赛，演出器乐、舞蹈、戏曲、朗诵等艺术表演类节目121个，展出书法、绘画、摄影等艺术作品757件，评选艺术教育科研论文162篇。组织参加“友城绘”江苏省青少年国际绘画展，全市报送作品6416幅，933名学生获奖。报送30个体艺类原创节目，参加教育部《传承的力量》——学校体育艺术教育弘扬中华优秀传统文化系列节目评选。

四、学校简介

市第一小学　9月，串场河校区建成办学，市一小集团形成“5＋4”的办学联合体。至年底，集团实验小学校区、盐渎校区、聚亨路校区、串场河校区和六一幼儿园5个直办成员单位总占地近21.33公顷，建筑面积15万平方米，共有班级305个，学生1.6万人，教职员工800多人。在岗全国“万人计划”教学名师1名、省人民教育家培养工程培养对象3名、正高级教师5名、省特级教师19名、省教学名师2名、市名教师9名、市级学科带头人66名、市级教学能手94名。年内，串场河校区领衔盐城市新河实验小学、盐城市五星小学联盟办学，形成“三校联盟”。盐城市实验小学牵头成立盐城市实验小学教学联合体，与上海市实验学校东校签约合作办学。1名教师获批为第四批江苏人民教育家培养对象，1名教师获全国少先队辅导员风采大赛一等奖，1名教师获评省技艺技能大师，1名教师被评为盐城市有突出贡献中青年专家，1名教师获“盐城工匠”提名，38名教师在市“三名工程”评选中榜上有名，40人次在国家、省市级教学或基本功竞赛中获特等奖、一等奖，数十名教师应邀执教市级以上观摩课。8项成果在江苏省教学成果奖评选中获奖，其中特等奖1项、一等奖4项、二等奖3项，获奖数量与获奖层次在全省领先。1名学生获“省十佳少先队员”提名奖，1名学生当选为省少代会代表，30余名学生被评为省优秀少先队员、江苏好少年；多名学生当选市十佳少先队员、市美德少年标兵、市好少年；学校被中央文明委评为第一届“全国文明校园”。学校还获得全国篮球特色学校、首批江苏省书香校园建设示范点、江苏省足球特色幼儿园、江苏省巾帼文明岗、盐城市教育信息化工作先进集体、盐城市教育新闻宣传工作先进集体等10多项市级以上荣誉表彰。

盐城中学　年内，盐城中学教育集团有教职工1035人，专任教师961人，其中高中教师406人，初中教师555人，江苏省人民教育家培养对象3人，正高级教师18人，省特级教师22人，盐城市名校长、名教师28人，盐城市学科带头人101人，盐城市教学能手231人，中学高级教师324人。学校有初高中在校学生1.5万人。2017年高考，300人考取清华、北大、复旦、浙大、南大等名校，本一达线率95%以上，本科达线率100%。中考各项指标在全市遥遥领先，达江苏省盐城中学分数线374人，占大市区录取人数的94%；达盐城市高级实验中学以上录取分数线1242人。年内，国际交流处安排139名师生赴美国、澳大利亚、新加坡开展修学旅行活动，安排洪波等4名老师赴国外参加名教师和校园文化建设专题培训活动。首届中美班16人全部被美国排名前80名大学录取，高三中美班全部成功申报海外大学并陆续收到录取通知书。校园安全不断加强，实现了集团4个校区安全管理"零事故"的目标。校足球队获得全国青少年校园足球夏令营总冠军赛第三名；校报《盐中》被评为江苏省首届优秀校园报刊一等奖。初级中学被评为江苏省教学管理创新特色学校、江苏诗歌教育联盟学校、全市中小学德育工作先进集体。

第三节　职业教育　社会教育

2017年，盐城机电高职校、射阳中专校2所学校通过评估并被认定为省首批现代化示范性职业学校。盐城机电高职校、盐城生物工程高职校、盐城市高职校等6所学校的5个实训基地、6个专业群被认定为省职业学校现代化实训基地和省中高职现代化专业群。盐城机电高职校、盐城生物工程高职校被认定为江苏省职业学校智慧校园。评选认定市首批职业教育"做学教合一"教学改革实验项目10个。年内，市教育局建立质量年报制度，指导全市14所三星级以上职业学校编制并向社会发布2016年职业教育质量年度报告。3156名中等职业学校毕业生参加全省普通高校面向职业学校单独招生考试，本、专科上线人数3147人，达线率为99.71%，其中本科达线282人，达线率8.94%，比上年增加1.24个百分点。继续推进现代职教体系项目试点，落实中职与普通本科"3+4"分段培养试点项目9个、中职与高职院校"3+3"分段培养试点项目25个，会同高校做好中职与本科"3+4"中高职衔接班质量检测和分析工作，411名"3+4"学生转段进入本科院校学习。加强职教联盟建设和管理，新组建电子商务、新能源、新材料、旅游、商贸、餐饮服务6个产业职教联盟。指导各职教联盟召开年会，开展现代学徒制试点，会同市经信委开展企业定制化培训服务，举办企业冠名班、校企对接会、人才供需见面会等联盟特色系列活动。

一、职业教育

职业技能竞赛　年内，盐城组队参加2017年全国、全省职业学校技能大赛，省赛夺得14金35银69铜，国赛夺得6金1银。盐城机电高职校在苏北地区率先承办全国职业院校中职组智能家居安装与维护赛事项目，盐城机电高职校、盐城生物工程高职校、阜宁中专被评为2017年江苏省职业院校技能大赛先进单位。在全省教学大赛中获奖39个，其中一等奖10个，位列全省第四；在全国职业院校信息化教学大赛中，夺得1金1银。在省第八届文明风采大赛中获得学校优秀组织奖4个，一等奖45个，二等奖55个，三等奖106个。

职业学校教学大赛　年内，市教育局组织教师参加全省职业学校教学大赛获课堂教学大赛获一等奖7个（列全省第二位）、二等奖6个、三等奖8个；信息化教学设计比赛获一等奖2个、二等奖5个、三等奖3个，并斩获国赛1金1银；微课设计与应用比赛获一等奖1个、二等奖3个、三等奖4个。组织2017年全市职业教育活动周，开展感动江苏教育人物——2017最美职教教师推荐评选活动，盐城生物工程高职校束秀玉被评为全省十佳最美职校教师。落实全市职业学校教师参加省级培训600多人，其中面培350多人，网络培训254人。全市申报54项江苏省职业教育教学改革研究课题，获省教科院立项课题12项，其中重点自筹课题2项。创建省职教名师工作室（含培植）4个、市服务地方产业领军人才工作室32个。

二、社会教育

2017年，市教育局指导射阳、滨海成功创建江苏省教育服务"三农"高水平示范基地2个，培育鹿鸣尚学堂、三家春终身学习发展共同体等社区教育特色品牌项目，获得国家级终身学习品牌项目1个、省级社区教育品牌项目2个。成功创建省级社区教育示范区1个，省标准化社区教育中心18个。发展民办教育，支持盐都区人民政府引进优质教育资源，创办南京师范大学盐城实验学校。组织市区民办教育机构年检，评选优秀办学机构8个，合格机构20个、整改3个、注销2个。

第四节　高等教育

一、盐城工学院

2017年，盐城工学院设有65个本科专业，面向全国31个省、市、自治区招生。年内共录取新生6128人，全日制在校本科生约2.2万人。2017届毕业生共有5688人，年底就业率98.01%，770名应届毕业生考取国内外高校硕士研究生。学校有教职工1500多人，专任教师1300多人，其中"千人计划"国家特聘专家4人、长江学者特聘专家3人、特聘教授16人、高级职称700多人、博士500多人（含在读）、聘请兼职教授180多人。学校有国务院和省、市政府特殊津贴获得者、省"333工程""青蓝工程""六大人才高峰"培养人选等170多人，省级教学名师、省市有突出贡献中青年专家等17人。139名教师被中南大学、东南大学、江苏大学等高校聘为博士或硕士研究生导师。学校拥有国家级特色专业建设点3个、教育部"卓越计划"试点专业4个、省级重点专业（类）7个，3个专业入选江苏高校品牌专业建设项目、2个专业通过中国工程教育专业认证、2个专业通过住房建设部专业评估；建有国家级工程实践教育中心1个、国家级大学生校外实践教育基地1个、全国高校学生科技创业实习基地1个，省级实验教学与实践教育中心（含建设点）11个、江苏省大学生创业示范基地1个。年内获批国家级项目20项，其中国家基金19项。年内，学校获江苏省教学成果特等奖，成功获批江苏省按需推荐新增硕士学位授予单位资格，并报送国务院学位委员会评审；“利用秸秆和卤水制备高性能建筑保温材料关键技术与应用研究”项目获教育部2017年度高等学校科学研究优秀成果（科学技术）二等奖；“梦之声”合唱团获第五届大学生艺术展演声乐组特等奖。

科学研究 年内，全校共组织申报各级各类项目627项，其中理工类项目307项（其中国家自然科学基金210项），社科类项目320项（其中国家社科基金项目33项）。获批国家级项目20项，其中国家基金19项（国家自科基金18项、国家社科基金1项），首次获批外国青年学者研究基金1项。全年国内发明专利授权数287件，国内发明专利公开717件。

学科建设 年内，学校组织材料科学与工程、机械工程、化学工程与技术、生物工程、管理科学与工程、环境科学与工程6个省重点建设学科制订项目任务书并通过省教育厅审核。联合培养研究生合作高校53所，入校研究生94人，毕业研究生61人，年底在校研究生191人；研究生在核心期刊发表论文78篇，申请专利64项，获授权专利8项。

专业建设 年内，学校通过品牌专业中期验收，材料科学与工程专业被评定为优秀，机械制造及其自动化专业和土木工程专业被评定为良好。开展专业认证工作，土木工程专业通过住房建设部专业认证复评。做好新专业建设与申报工作，金融工程、能源与动力工程、物联网工程、城市地下空间工程4个专业通过专家实地评审，获得学士学位授权资格。机械工程专业获批教育部新增专业，并列入2017年招生计划。

师资队伍 全年共引聘国家“千人计划”特聘专家1人、长江学者特聘教授1人、长江学者（青年）1人、江苏省第13批“外专百人计划”专家1人，引进教授、博士研究生21人。入选省级以上人才工程13人。2人入选省“333工程”科研资助项目、6人入选省“青蓝工程”培养对象、5人获得省第13批“六大人才高峰”C类资助。有11人晋升正高级专业技术职务，44人晋升副高级专业技术职务。10名教师考取博士研究生，17名教师取得博士学位。

学生管理 年内，学校学生工作获江苏省高等学校学生教育管理“创新奖”二等奖；10个班级获“江苏省先进班集体”称号，24人被评为江苏省三好学生、江苏省优秀学生干部；艺术学院学生蒋雨杰获“2016江苏省大学生年度人物”入围奖；49人获国家奖学金39.2万元、5646人获国家励志奖学金和国家助学金1853.5万元。化学化工学院辅导员赵迎华获第六届辅导员职业能力大赛全省一等奖、全国第六赛区复赛三等奖，并获江苏省2016年度“辅导员年度人物”提名奖。

招生就业 年内，学校招生规模再创新高，2017年面向全国31个省份共录取新生6128人，生源结构进一步合理。其中，专转本757人，对口单招720人，本二批次普通本科4616人，扬州工业职业技术学院全程培养35人。省内普本批次录取理科投档线308分，文科投档线316分，分别超省控线39分、35分。2017届毕业生共有5688人，首次就业率91.32%，年底就业率98.01%。应届毕业生中770人被南京大学、浙江大学、英国诺丁汉大学等国内外高校录取为硕士研究生，考研录取率17.10%。

校际合作 年内，学校新增国（境）外友好高校3所，具有国（境）外友好高校39所；3个专业与格林威治大学、底特律大学等开展合作办学，中外合作办学在籍学生701人；全年，接待国外高校、研究机构到访40人（次）；组团6个共35人（次）出访国（境）外高校。聘请外籍教师、专家11人，招收各类外国留学生45人，申请出国读硕或参加校际交流学生120人。

继续教育 年内，学校成人函授教育招生3539人，其中高起本323人，专升本3216人（含自主招生1843 人）。开放教育招生2307人，其中春季招生1225人，秋季招生1082人。办理各类学历教育毕业证书7984份，办理学士学位证书802份。其中，开放教育毕业证书本科1259份、专科2114份，学士学位证书128份；成人函授教育毕业证书高起专2758份，专升本1371份，学士学位证书319份；自考助学及“二学历”毕业证书482份，学士学位证书355份。组织第48、49次全国计算机等级考试，累计参考学生1.23万人次。完成江苏省人社厅工考办收银审核技师2个班85人和高级技师2个班79人的培训、考核、评审工作。完成盐城市人社局工勤人员小工种等级工68人以及学校工勤人员65人继续教育的培训、考核、评审、发证工作。新增与武汉理工大学联办MPA双证班，录取学员55人。

（张炜炜）

二、盐城师范学院

2017年，盐城师范学院有全日制在校本科生2.1万人，教职工1500多人，设有17个二级学院。学校有76个本科专业，其中师范类专业14个、非师范类专业62个，国家级特色专业建设点3个、国家级综合改革试点专业2个、国家级大学生校外实践教育基地1个、省品牌专业4个、省级特色专业5个、省重点专业（类）7个、省级实验教学示范中心12个，是国家级语言文字规范化示范校、国家级教师培训基地，省级卓越教师和卓越工程师教育培养计划试点校、省级人才培养模式创新实验基地、省级国际服务外包人才培训基地，是省教育厅指定的驻盐城市高校教学联合体牵头单位。学校是全省也是全国首家接受中学教育全科认证的试点高校，5月，省教育厅专家组对学校12个中学教育专业进行全方位认证并给予肯定。学校建有省级重点实验室3个、省级哲社研究基地1个、省级决策咨询研究基地2个、省高校哲学社会科学重点研究基地1个、省级工程实验室1个、省级协同创新中心培育点1个、省级大学科技园1个，学校沿海开发研究院是江苏省首批15家智库之一。学校先后与英国、俄罗斯、澳大利亚等国家和香港、台湾地区的61所高校建立友好合作关系，进行合作办学，开设国际课程实验班，联合培养本科生；与南京师范大学、南京工业大学、河海大学、天津师范大学等高校联合培养研究生。年内，学生在全国、全省各类技能竞赛中获得优异成绩，连续四次获挑战杯全国大学生创业计划大赛金奖，在第十五届挑战杯全国大学生课外学术科技作品竞赛中获一等奖，代表江苏高校参加全国高校体育教育专业学生基本功大赛获一等奖第一名。毕业生就业率97%以上，每年有600多名学生考取中国科学院、南京大学等科研机构和高校的研究生，连续六次被表彰为江苏省高校毕业生就业工作先进集体。

人才培养 年内，学校坚持服务社会、分类建设、特色发展原则，制定专业结构调整方案，精简招生专业数量，2017年招生专业59个，减少招生专业17个，合并大类招生专业4个。对接沿海产业发展需求，新增环境工程、食品科学与工程等新兴和交叉专业，形成财务金融、产业经济、工商管理、信息工程、商务外语等专业集群。加强质量工程建设。4个省品牌专业均以良好成绩通过省高校品牌专业建设工程一期项目中期检查；9部教材入选省级重点教材建设项目。重视教学成果奖培育，获省级教学成果奖8项。开展教改研究，获批省级教学研究课题10项，其中1个重中之重课题、1个重点课题，通过率100%。人才培养质量持续提升。全年获国家级奖项78项、省级奖项278项。其中，在第六届江苏省师范生基本功大赛中获得一等奖9项，列全省第一位；在第十五届挑战杯全国大学生课外学术科技作品竞赛中获得一等奖，实现挑战杯国赛成绩新突破。大学生创业园被省教育厅认定为2017—2020江苏省大学生创新创业示范基地。获批中国保龄球协会·盐城师范学院中国保龄球后备人才教学科研基地。做好新疆实习支教工作。教育部简报2017年第12期以《盐城师范学院深入开展赴新疆实习支教工作》为题专门介绍学校自2009年开展的赴新疆实习支教工作。

科研创新 年内，学校科研立项和成果奖励实现新突破。构建以学科、平台、团队、项目、成果为主要内容的“五位一体”科研创新管理体系，学校科研氛围和争取更高层次项目能力不断增强。全年获得省部级以上科研项目44项，其中国家社会科学基金项目15项，为全国同类高校第一位；国家自然科学基金项目11项，其中面上项目6项。获得2017年江苏省社科应用研究精品工程奖一等奖2项、二等奖3项，江苏优秀理论成果奖1项。大学科技园获省科技厅绩效奖励10万元，联合技术转移中心获盐城市政府创新平台载体建设类奖励资金30万元。

服务社会 全年新增响水、城南新区2个技术转移分中心；组织化工、环保、生物制药、物联网、互联网等16批次专家走进盐城市城南新区、盐城市高新技术产业开发区等地，开展“专家园区行”技术对接活动。大学科技园实现技工贸收入2160万元。有关农村教育调研报告2次获得教育部基础教育司采纳意见，沿海发展2篇决策咨询报告得到省委主要领导批示。平台建设持续推进，学校当选为江苏省沿海发展联合会副会长单位；江苏省盐土生物资源研究重点实验室通过科技厅考核；由市政府授牌的盐城海滨湿地研究院落户学校。

师资队伍 年内，学校引进博士57人，毕业回校工作博士18人，考取博士23人；9人入选江苏高校“青蓝工程”优秀中青年学术带头人、优秀青年骨干教师培养对象和江苏省“六大人才高峰”资助项目，获批江苏高校哲学社会科学优秀创新团队、“青蓝工程”优秀教学团队各1个。4人入选盐城市“515”领军人才（高校创新类）。

开放办学 年内，学校坚持开放办学，开展国际和区域教育交流与合作。新增美国、韩国等国家和地区友好学校3所。全年共派出42名干部教师、180名学生出国（境）进修访问、留学或带薪实习；接受留学生88人。聘用外籍专家17人。成教工作稳步推进，全年承担8个省份的“国培计划”项目，开设市级以上教师培训班50个，参培人员达3200多人，培训规模及人数在全省同类高校中名列前茅。

全国首家通过中学教育全科专业认证 5月16—18日，教育部中学教育专业认证专家组在学校，通过听取汇报、实地考察专业资源、观摩课堂教学、师生个别访谈、查阅文档资料、审核状态数据、技能测试等方式，客观公正地评估学校12个中学教育专业建设和人才培养的状况。经考评，学校作为江苏省也是全国首家试点高校以优异成绩通过中学教育全科专业认证。 （吴碧玉）

三、盐城工业职业技术学院

2017年，盐城工业职业技术学院有在校生8000多人，建有国家及省财政资助的实训基地7个、省级技术研发中心2个、省级技术转移中心1个、省级创业示范基地1个、专业实验实训室200多个，创建国家和省级特色专业、精品课程、精品教材、优秀教学团队30余项重点专业占学校主干专业的61%。学校是江苏省首批高等教育人才培养模式创新实验基地，获省级以上优秀教学成果奖20多项。学校与中专校进行“3+3”分段培养项目8项，与本科院校进行“3+2”分段人才培养项目2项。年内，学校获得省教学成果奖二等奖3项，省高教学会教育研究成果奖三等奖1项，获批省教改课题4项，省重点教材2部，省级优秀毕业设计7项，团队优秀毕业设计3项，省毕业设计（论文）抽检全部合格。学校牵头的纺织职教联盟通过盐城市政府绩效考评，并获批盐城市职教联盟专项资金项目2项，到账项目经费25万元。学校在省信息化教学大赛中获一等奖1项，二等奖2项，三等奖8项，获奖率100%，并首次进入国家信息化教学大赛，获二等奖，学校被评为优秀组织奖。全年学校在全国技能大赛中获得三等奖2项。在省技能大赛中获得一等奖4项、二等奖12项、三等奖3项，获奖率91.4%。年内，学校被省教育厅、省综治办、省公安厅评为江苏省平安校园建设示范高校，同时获得奖励资金30万元。

科研工作 年内，学校获省部级以上项目13项，市厅级以上项目68项，横向科技项目立项97项，全年科研经费到账近600万元。授权发明专利13件、软件著作权12件。"滩涂软土地基生态固化"科研团队成功入选省级科技创新团队。学校获得盐城市政府专利金奖1项、首届中国纺织行业专利金奖1项、中国纺织工业联合会科技进步奖三等奖1项、江苏省轻工业科学技术奖技术发明二等奖1项，盐城市科技进步二、三等奖各1项、盐城市自然科学学术成果二等奖2项、三等奖2项。在盐城市第四届科技创业大赛大学生组中，获得一等奖2项、二等奖4项，学校连续四年获优秀组织奖。在盐城市科协科技创业大赛中获一等奖，学校获优秀组织奖；在江苏省科协青年创业大赛中获三等奖，教授樊理山受聘国家级创新创业导师。

师资队伍 年内，学校实施人才强校战略，支持9名教师攻读博士学位。确认6人为"优秀双师型"教师，26人为"双师型"教师。组织申报高职院校教师高端研修3人、青年教师企业实践培训3人、优秀中青年教师境外研修4人，选派青年骨干教师39人参加省培。新增"青蓝工程"优秀青年骨干教师培养对象3人，入选省产业教授3人，省优秀教学团队1个。

学生管理 年内，学校深化学生思想教育，开展学风建设月系列活动，举办法制教育报告会和学生成才典型事迹报告会。学校在江苏省第四届文科大学生自然科学知识竞赛中连续三次获"优秀学校奖"。连续六次被评为江苏省学生资助工作绩效评价优秀等级，并被评为全省百佳学生资助工作单位。校团委被评为江苏省五四红旗团委。

合作交流 年内，学校组织39名在校生赴乌克兰、新加坡开展学术与文化交流。学校留学生生源国别增加至6个国家，留学生规模升至176人，留学生专业拓展为8个，为全省留学生规模增幅最快的高职院校。与乌克兰马卡洛夫国立造船大学签署双证书在华留学生联合培养项目、教师国外博士提升计划等，开创全省国外本科与国内专科双证书留学生培养新模式。与韩国VISION大学签署中韩（盐城）产业学院建设协议，与天虹工业园区越南有限公司合作建设学校第一个海外培训基地、海外实践基地——盐城工业职业技术学院越南纺织高技能培训基地。

继续教育 年内，学校招收成人大专生1136人，本科生1015人，成人大专毕业生326人、本科毕业生353人，学位获取241人。学校获批江苏省成人教育重点专业2个，省级精品资源共享课程4门。全年开展企业培训2160人，被评为江苏省产业人才培训示范基地。

创新创业 年内，学校深化创新创业教育改革，构建"四层递进式"创新创业基地，提升学生创业能力和就业竞争力。学校成立创新创业学院，开展创新实践项目50项、创业实践项目40项；开设讲座15场，开展创业培训班10期，培训学生340余名。学校大学生个体工商户42个，在孵化法人企业8家，入选江苏省大学生创新创业训练计划项目25项。组织学生参加各级各类创新创业大赛，在江苏省教育厅举办的"互联网+"创新创业大赛中，获一等奖1项、二等奖2项，学校获优秀组织奖。在中国盐城2017年大学生创业创意项目大赛中，分获一、二、三等奖各1项，同时获优秀组织奖，是唯一一所获一等奖的高职院校。学校建设并完善创客空间，吸引学生开展创新创业实践。在省挑战杯创新创业大赛中获得三等奖2个，第十六届全国大学生机器人大赛获二等奖，第二届郑和杯中德青年创新创业大赛获二等奖。学校科技创业园被评为2017—2020江苏省大学生创新创业示范基地。

招生就业 年内，学校扩大生源来源形式，录取新生2721人。2017届毕业生年终就业率98.78%。举办校园大型招聘会1场、苏州盐城企业中型专场招聘会1场和小型专场招聘会100余场，向上级申请毕业生就业创业补贴20.4万元。

（吉　鸿　闫　超）

四、江苏医药职业学院

2017年3月16日，根据省政府《关于同意更名为江苏医药职业学院的批复》及省卫生计生委《关于盐城卫生职业技术学院更名的通知》的精神，盐城卫生职业技术学院更名为江苏医药职业学院。年内，江苏医药职业学院设护理学院等9个二级教学单位，开设临床医学等19个专业（方向）。有普通教育和继续教育学生近万名，专兼职教师763人，教授34人，硕博士学位教师216人。学校发挥全国职教学会卫生教育专业委员会主任单位和全国康复治疗类专业教学指导委员会主任委员单位作用，做好相关会议和全国、省级技能竞赛的组织工作。根据《中国高校创新人才培养暨学科竞赛评估结果》统计，学校列全国高职院校第179名，在全国入选的5家卫生类高职院校中排名第一。中国科学评价研究中心、武汉大学中国教育质量评价中心联合发布的《2017—2018年中国专科（高职高专）院校竞争力排行榜（600强）》统计，学校位列全国高职院校第315名，在江苏卫生类院校中排名第一。

专业建设 年内，学校编制5个重点建设专业和4个校级建设项目的建设任务书并完成任务分解，召开13次"双建"工作专题推进会和3次专项推进会，通过示范校预验收。推进药学、康复治疗技术专业国家教学资源库建设。完成省精品在线开放课程2门，主编人民卫生出版社和中国医药科技出版社"十三五"规划教材30本。药学、护理、康复治疗技术、临床医学、医学影像技术5个专业入选"十三五"省高等职业教育高水平骨干专业建设项目，完成学校重点建设专业布局。

师资队伍 年内，学校继续实施“外引内培”工程，选送教师参加国培、省培39人次，参加国内研修、专业实践40人次；赴美国、日本、韩国等国家和台湾地区进行研修教师28名。新增三级教授2人、教授2人，副教授6人。教师博士在读7名、取得硕士学位7名，引进硕士及以上人才37名。在全国职业院校护理专业教师教学能力大赛中，获团体一等奖1项和个人一等奖2项；在2017年江苏省信息化教学比赛中获一等奖1项、二等奖4项、三等奖3项。

科研立项 年内，学校整合科研资源，成立江苏医药职业学院医药生物技术研究院和基层卫生发展研究中心。获市厅级以上科研立项47项，其中国家自然科学基金青年项目1项、中国博士后科学基金项目1项、江苏省博士后科学基金项目1项；获得省市级科研成果奖14项；发表SCI论文15篇，中文核心以上期刊论文37篇；全年授权实用新型专利109项，申请发明专利13项。

招生就业 年内，学校招生省份扩大至17个省（市、自治区），共招录新生2660人，报到率95.23%；普通类文、理科最低投档线在省内招生中分别列苏中苏北第二名、第一名，在全省90所高职院排名均为第十七名；“3+2”分段培养项目文、理科最低投档分在全省排名均为第二名；省内超过本科分数线的考生为449人，占江苏考生的34.41%，生源质量进一步提高。

合作共建 年内，省教育厅、省卫生计生委、盐城市政府三方共建盐城卫院第三次工作会议在江苏医药职业学院召开。学校组织召开与南京医科大学结对共建第四次工作会议，推进内涵建设项目6个。学校优势与骨干专业全部与境外优质学校或专业达成战略合作伙伴关系，开展教师培训、师生互访、专家讲学、课程共建等活动。新拓展与澳大利亚、韩国高校专业与人才培养合作平台，探索“专本硕”海外“直通车”通道；留学生教育招生规模增幅35%，“聚焦质量，为‘一带一路’沿线国家培养高素质卫生技术人才”入围全国高职高专校长联席会议2017年年会成果展优秀案例评选。

人才培养 年内，学校护士执业考试以总均分693.38分的成绩连续五年位列全国前茅。在全国学生职业技能大赛中获得奖项18个，其中在全国职业院校技能大赛高职组护理技能赛项中获得一等奖2项；在全国职业院校技能大赛高职组中药传统技能赛项中分别获得一等奖、二等奖各1项；在全国首届高等职业院校临床技能大赛中获单项一等奖3项、单项二等奖1项及团体一等奖。建设医学人文协同教育中心，推进医学人文课程改革。学校获省红十字示范学校、省红十字基层组织先进集体、“情暖灾区爱心无限”志愿服务项目获省高校红十字会“博爱青春”支持项目。在挑战杯学术科技作品竞赛中取得历史新突破。学校成为江苏省唯一一所在第十五届大学生课外学术科技作品竞赛暨挑战杯竞赛中获奖的高职院，获全国三等奖1项，在省赛中获特等奖1项、二等奖2项、三等奖1项和优秀组织奖。 （夏燕萍）

五、江苏省盐城技师学院

2017年，江苏省盐城技师学院设有信息工程、机械工程、汽车工程、数控技术、电气工程、环境工程、现代服务、继续教育8个二级学院，拥有技师、高职、高技、中技办学层次，全日制在籍生1.4万多人。学校是国家综合职业培训基地、全国首批中等职业教育改革发展示范学校优秀建设单位、全国全省高技能人才培养示范基地，全国全省技工院校师资培训基地，江苏省人民政府高技能人才培养协调领导小组成员、全省创业培训基地、江苏省联合职业技术学院分院、江苏省退役士兵培训学院。先后被表彰为全国职业教育先进单位、全国教育系统先进集体、全国德育工作先进集体、省级文明单位，获国家高技能人才培育突出贡献奖、省政府高技能人才摇篮奖，2017年获集体二等功。

专业建设 年内，学校完成人社部数控加工、数控机床装配与维修专业的《国家技能人才培养标准》《一体化课程规范》编制工作。新增1个省级示范专业、2个省级重点专业、3个省级精品课程、1个省级技能大师工作室。在扩大一体化教学改革试点的基础上，以学生为中心，建立分层分类的培养制度，实施学分制人才培养方案改革，把

9月6日，江苏医药职业学院举行2017级留学生开学典礼。

江苏医药职业学院/供

创新创业教育融入人才培养全过程，引导学生自主学习，个性发展，培养创新精神和创业意识。在2017年度中国职协优秀科研成果评选中共获得143个奖项，其中一等奖19个，学校获优秀科研单位奖、科研工作组织奖。获第十六届全国技工院校实验实训设备类优秀科研成果一等奖2个、二等奖2个、三等奖1个。10门课程教材参与人社部教材办教学试点全部结题，其中6门教材试点获优秀奖，学校获得教材实验基地一等奖。1项成果获2017中国纺织工业联合会科学技术进步奖。

师资队伍　年内，学校专职教师队伍中，有教授级讲师25人，高级讲师、高级实习指导教师、高级技师190人，专业教师中一体化教师占87%；省级教学名师10人，学科带头人省级63人、市级39人、院级59人；拥有世界技能大赛集训专家8人，全国全省技能大赛的裁判长、裁判员及教练100多人；全国五一劳动奖章获得者3人，国务院特殊津贴3人，全国模范教师1人，省“333人才”培养对象4人，全国技能大师工作室2个。

人才培养　年内，学生董辉蝉联第四十四届世界技能大赛电气装置项目银牌，成为盐城本土选手在世赛领域获得的第一枚奖牌，受到总理李克强接见。在全省首届乡土人才传统技艺技能大赛获缝纫类项目一等奖、二等奖。2017年全国智能制造应用技术技能大赛获2个二等奖。在第十三届振兴杯全国青年职业技能大赛获模具工第七名、汽车装调工团体第六名。

招生就业　年内，学校坚持“高级工+成人大专”“技师+成人本科”的双高技能人才培养模式，高技能人才培养96%以上，成人大专、本科学生85%以上，年招收新生4000人左右。就业率多年保持100%，企业满意率98%以上，40%以上的毕业生就业于地方企业，其中13名技师毕业生领取盐城市四星级人才绿卡。学校培养的大赛获奖选手分别被国有企业聘用560人、科研院所聘用6人、执教职业院校65人。

校企合作　年内，学校组织实施校企合作共同培养高技能人才。与盐城高新技术产业开发区、东台市政府及东台经济开发区签订战略合作协议，在建立双向培训基地、实习见习基地、就业富民基地等方面开展全方位多层次合作。与盐都区合作共建盐城高新技术产业开发区职业技术学院。与山东栋梁集团合作共建世界技能大赛电气装置项目技术推广中心，实施世赛成果普惠制。进一步巩固与东风悦达起亚汽车有限公司等企业合作关系，构建校企双师带徒、工学交替结合、集中与分时授课等协同培养技能人才模式。

服务社会　年内，学校开展各类职业培训鉴定1.25万人次，其中高技能人才3331人。社会化技师、高级技师培训鉴定913人次。与市扶贫办合作，对阜宁、射阳等县16个乡镇3020名低收入劳动者进行精准扶贫。推进人社部首批“家政服务包”、第二批电工专业职业培训包开发工作。完成印钞造币行业246人培训，并组织行业技能竞赛。为青海省海西州职业学校辽宁建平职教中心、秦皇岛卢龙县职教中心、新疆伊犁培训技师学院培训师资与选手108人，承担盐城师范学院大学生580人次技能教学任务。承担江苏省机关事业单位汽车实习指导驾驶员59人技师培训工作、盐城市事业单位工勤人员800多人继续教育培训，多次承接盐城市军转干部、科级干部上岗、工勤转岗人员等“现代办公技能培训” 400余人次。为残联、政法委、人社局等部门服务，帮助选拔训练大赛选手或考试赛选专业人才102人。

校际合作　年内，学校借鉴国际先进职业教育模式，引入国际教学标准与课程，建成中英IMI职业资格认证中心、德国AHK跨企业培训中心，开办3个中德班有学生84人、2个中英班有学生58人。邀请德国专家博士英特耐尔在校指导，开设公开课及讲座。借助世界技能大赛集训基地平台，邀请电气装置项目首席专家佩尔·斯文森、项目经理人迈克在校指导，组织与白俄罗斯选手进行友谊赛与技术交流。美国西弗吉尼亚州立大学、韩国蔚山科学大学在校考察。（唐监怀　季立军）

六、盐城幼儿师范高等专科学校

盐城幼儿师范高等专科学校位于盐城市高职园区，分南、北2个校区，占地总面积61.48万平方米，校舍总建筑面积20万平方米，资产总值3.56亿元。基础设施齐全、教学设备先进。学校设有管理类机构11个，教学、教辅机构13个。有教师588人，其中专任专业教师410人，取得专业技术高级职称211人，具有硕士以上学位197人。有名校长1人，学科带头人39人，市级教学能手35人，市名师工作室、技能大赛领军人才工作室16个，人民教育家培养对象1人，省名教师1人，省特级教师6人，省劳模2人，省“333工程”培养对象5人，省青蓝工程培养对象9人。学校形成以学前教育专业为主体，以音乐、美术、体育教育等专业为特色，以建筑类、艺术类、外语类等专业为优势的办学格局。有学前教育、小学音乐、小学美术、小学体育、建筑工程技术等19个初中起点的五年一贯制专科专业；学前教育、早期教育、音乐教育、美术教育、艺术设计、建筑装饰工程技术、旅游管理等11个高中起点的专科专业；成人教育自考本科项目2个，专科项目2个；成人函授本科项目4个，专科项目5个。学校是省教育厅小学新课改教师培训基地，教育部、住房建设部确定的建筑行业技能型紧缺人才培养培训基地，盐城市国家级非物质文化遗产（淮剧、杂技）人才的培养基地。年内，学校获国家级职业技能大赛、省级师范生基本功、职业技能等大型赛事一等奖20人次，江苏省大学生艺术展演5个一等奖，淮剧班学生获2017年度“中国少儿戏曲小梅花荟萃”地方戏专业组“金花”称号。师范类专转本、高职专升本考试首批达线200人，高于全省平均达线率。

科研立项 年内，学校获江苏省艺术基金1项、江苏省高校自然科学面上一般项目1项、盐城市政府奖励基金项目1项，全省高校哲学社会科学研究思政专项项目8个，入选江苏省高等学校教学改革项目课题2个，江苏省教育现代化研究院中长期课题1项，获盐城市政府文艺奖6项。申报国家、省、市级项目33项，其中江苏高校哲学社会科学重大项目和重点项目21项。省、市“十三五”教育科研规划项目11项。全校校级委托立项、重点立项、一般立项和培育立项65项。年内，教师编著教材20余本，发表论文135篇，其中核心期刊13篇，学术刊物及学报35篇。承办省教育学会教师教育专业委员会学术年会，组织十多场学术报告，邀请教育专家学者作专题学术讲座。

盐城幼儿师范高等专科学校淮剧专业汇报演出现场。

盐城幼儿师范高等专科学校/供

学生管理 年内，学校对团员青年进行思想主题教育活动，每周开展一次团课，弘扬传统文化，增强学生爱国、爱家乡的热情。召开学生表彰大会，为获奖学生颁发国家奖学金、国家励志奖学金、国家助学金、国家中职助学金。年内，学校免除百名贫困新生学费、生活用品费、军训服装费20余万元，向贫困学生推荐勤工俭学岗位200多个，面向贫困生办理助学贷款90余人，共70余万元。91位党员干部与通过助学贷款上学的同学结对开展助长伴学活动，把精准扶贫与学校的发展、学生的全面成长结合起来。

招生就业 年内，学校招生结构和招生政策发生变化，实行注册入学、提前招生和外省招生全方位推进，首次面向外省招生。当年招收2520名新生，其中高中起点专科782人，继续教育学院函授教育录取新生522人。做好毕业生就业指导工作，组织学生网上注册毕业生双向推荐表和毕业生就业协议书。成功举办2次大规模校园招聘会，现场签约200多人。至年底，学校当年毕业生就业率96.8%。

社会服务 年内，学校面向社会开展教育培训工作。完成国培项目2个，共有400人次幼儿园园长、骨干教师参加培训；承担省级培训项目3个和市级小学、幼儿园教师培训项目4个。承担各类建设类培训近200场，培训班级150个，安排考场538个，培训学员8532人。做好成人教育工作，至年底，成人函授在籍生556人。建筑工程管理专业依托省内建筑业市场，与近50家咨询、招投标、设计、建筑、监理和审计公司（事务所）签订校企合作协议，基本实行订单式培养，为社会输送技能型人才。

（高　峥）

第五节　招生考试

2017年，全市共有5.57万名考生参加中考，7330名考生参加普通高校对口单招文化统考，3.57万名考生参加高考。中考全市总分优秀率11.22%，比2016年提升了0.82个百分点。高考全市本科达线1.95万人，本科达线率68.99%，比全省本科平均达线率高3.69个百分点，文化本一达线6144人，占报考人数的22.5%，比全省本一平均达线率高0.2个百分点，本科达线和本一达线均居苏北五市之首，取得历史新突破。全市高等教育自学考试有1.67万人次参考，全国英语等级考试有4530人参考，书法水平等级证书考试有13.62万人参考，单次报考规模再创新高，报考总规模位居全省前列。全国计算机等级考试共有3.72万人参考，大学英语四六级考试有5.68万人参考，成人高考有1.96万人参考，研究生考试有7391人参考，中小学教师资格考试有1.71万人次参考，成人学士学位英语考试有7688人参考。

第六节　教师队伍

2017年，市教育局从县（市、区）调剂教师编制中，为市初级中学教育集团、市第一小学教育集团、市田家炳实验小学增加编制138人，用于招聘新教师。采取面向社会公开招聘和赴校园招聘方式公开招聘教师，2017年市直学校共招聘教师192名，其中研究生90名，本科生102名。组织教师资格认定“国考”笔试和面试工作，2017年市教育局共认定教师资格1115人。年内共有1990人申请教师资格定期注册，最终注册合格人员1968人、暂缓注册3人、不在注册范围19人。年内，全市共有4人被评为中职正高级讲师、17人被评为中小学正高级教师、88人被评为中职高级讲师、927人被评为中小学高级教师。强化省优质课竞赛、青年教师教学基本功大赛等项目的组织工作，加强送省参赛选手的培训和指导。在省优质课评比活动中盐城获一等奖17人，二等奖18人。在省青年教师基本功大赛中，盐城选手获一等奖10人，二等奖17人。继续开展乡村教师定向培养工作，跟踪督促各县（市、区）贯彻落实乡村教师支持计划，年内，普通高校在盐城招收乡村教师师范生354名。

重奖高层次教育人才 年内，盐城制定《盐城市高层次教育人才考核评价细则（试行）》《关于成立全市高层次教育人才考核工作领导小组的通知》《关于做好全市高层次教育人才2016—2017学年度考核工作的通知》，组织对全市高层次教育人才考核。在教师节前后，对考核合格的江苏人民教育家培养对象奖励20万元、省特级教师（省教学名师）奖励10万元。全市共奖励130名高层次教育人才，计发奖金1378.9万元。

义务教育校长教师交流 年内，在全面总结八年义务教育学校校长教师交流经验的基础上，采取集团化办学、捆绑式、顶岗实习、城乡互派校长教师等多种形式开展交流，落实两个交流比例不低于15%的要求，全市共交流校长教师5521人，其中市直学校交流教师274人，推动全市教师资源均衡配置。同时部分县（市、区）成立“县管校聘”联席会议制度，推进“县管校聘”教师管理体制改革。

第七节　教育信息技术装备

2017年，全市完成盐城智慧教育云平台一期工程建设工作，并在市直学校推广使用；在各县（市、区）学校试点使用，并完成全市中小学基础数据的采集工作。全年，云平台二期工程项目、城域网带宽升级项目总投入300万元，进展顺利。举办全市及市直从幼教到高中的8个学科信息化优质课评比活动；举行全市新技术背景下课堂教学研讨观摩活动。探索运用信息技术重构教育教学生态的新路径，“云教学”等数字化学习方式试点工作取得阶段性成果；网络课堂、网络教研等新型教学与研究方式逐步成为新常态。承办2017年全省领航杯教师信息化能手大赛，涵盖从幼教到高中的7个学科。盐城参赛教师获得特等奖1个、一等奖5个、二等奖3个，列全省第一位。年内，制定实施《关于进一步加强全市中小学图书馆（室）建设管理意见》。举办全市小学科学、初中生物、高中生物3个学科实验教学说课比赛，78名教师参加比赛，其中获一等奖14人、获二等奖19人，获三等奖39人。

第八节　教育管理

一、督导与评估

2017年，市教育局完成对县（市、区）政府2016年度教育工作和教育局工作目标任务完成情况的综合考核。组织实施对阜宁县、射阳县接受新一轮省级督导的检查指导，督查指导响水县、市开发区、市城南新区接受省级督政回访。在盐都区召开2017年责任督学挂牌督导创新县（市、区）建设工作推进会，现场督查指导响水、滨海、开发区、城南新区年内通过省级督导评估。8月，指导东台、大丰、射阳、建湖、盐都、亭湖和阜宁7个县（市、区），做好全国中小学责任督学挂牌督导创新县（市、区）材料申报工作，其中盐都区申报材料在省级审核中一次性通过。组织开展改善义务教育薄弱学校工作专项督导，对9个县（市、区）、市经济技术开发区、城南新区和市直80多所学校进行专项督导和市级复查。做好盐城市第五批省标教育技术装备先进校的创建工作，提高中小学教育技术装备水平和使用效能，促进基础教育健康发展，推进全市教育现代化的进程。

二、师资培训

2017年，市教育局组织近百名教师参加“国培计划”专项培训活动，近600名校长教师参加省级集中培训，全市有2.2万名教师参加市级以上培训。其中，市级培训安排60个培训项目，累计集中培训教师近6000人次。支持滨海、阜宁、亭湖3个县区加快创建省示范性县级教师发展中心，在建湖、大丰、东台、盐都4个县（市、区）创建成功的基础上，2017年全市省示范性县级教师发展中心将增至7个。以加强农村中小学骨干教师队伍建设为目标，组建26个市、县两级乡村骨干教师培育站，培养培训近800名乡村中青年骨干教师。稳步推进“精英教师培养”计划，累计开设中小学主要学科教师培训班6个，培训教师近200人。充分发挥名师示范引领作用，开展第二期名师工作室各项活动，加快市内中青年优秀教育人才培训培养步伐，至年底，全市有市内中小学（幼儿园）名师工作室46个，培养培训中青年教师近600人。年内组织安排40名新疆察布查尔县教师在盐城挂职学习，并选派10名市内中青年教育专家组成盐城教育代表团赴新疆察县开展集中授课活动。

（陈富裕）

第32章　文化事业

责任编辑　赵　丽

综　述

2017年，盐城市文化广播新闻系统围绕建设"强富美高"新盐城发展大局，实施"十三五"文化发展规划，各项工作取得新进展、新成效。市文广新局被国家新闻出版广电总局表彰为全国基层广播影视统计工作先进集体，被省文化厅表彰为全省对外文化交流工作先进单位，在2017年全市目标任务综合考核中获综合先进奖。

年内，全市新创作大戏剧本20部、小戏剧本22个，持续保持戏剧创作在全省的领先位次。入选文化部新剧本扶持工程项目、国家艺术基金资助项目、江苏省舞台艺术重点投入剧目各1部；入选文化部2016年度戏曲剧本孵化计划剧目2部；6部剧目入选江苏艺术基金2017年度资助项目；获2016年省戏剧文学剧本奖作品3部；获第十届省精神文明建设"五个一工程奖"4部，其中电影、舞剧实现历史性突破；获第三届省文华奖8个奖项，淮剧《菜籽花开》获省文华大奖；响水县淮海剧团和射阳县淮剧团分别获央视"梦想微剧场"节目第二季团体金、银奖；建湖县被授予"中国淮剧之乡"称号。新创排的淮剧《小城》《送你过江》《十品半村官》《和顺村上那些事》等12部舞台剧目在2017年盐城市艺术展演月集中亮相，受到观众一致好评。《文艺展演唱响"强富美高"新盐城》被评为盐城市宣传思想文化工作十大创新成果。围绕市委实施"五个一"战略工程，唱响时代主旋律，市演艺集团举办文艺节目专场演出、市文化馆组织"十馆联动下基层"、市书画院开展主题书画展览展示等活动；举办2017年中国盐城丹顶鹤国际湿地生态旅游节暨第十届海盐文化节综艺晚会《梦缘盐城》。

年内，"欢乐春节"江苏盐城艺术团首次赴苏丹演出；射阳杂技音乐舞蹈诗《千里共婵娟》在美国巡演；盐城文广新局承办江苏省艺术团2017年度香港中秋彩灯会文艺演出；《小镇》赴北京、银川、太原、合肥、宁波、南京等地进行推广交流巡演35场，并在中央电视台戏曲频道"空中剧院"全剧播出；响水小戏《公鸡做媒》《贴春联》参加全国基层院团戏曲会演；盐都淮剧《送你过江》献礼中共十九大；举办盐城咸阳书画精品交流展、2017中韩（盐城）书法交流展、纪念新四军成立80周年回顾展等各类展览。

年内，全市新建基层综合性文化服务中心567个，建成县级图书馆分馆370余个、文化馆分馆28个，改造提升农家书屋1000多个，大丰图书馆新馆、建湖博物馆、东台王昆大剧院建成开放。全年完成送戏下乡2000多场次（含惠民演出）、送书15万册、送电影2.2万场次，新四军纪念馆、盐城市博物馆、水浒文化博物馆、市图书馆、市文化馆等场馆提供免费服务470万人次。东台的"幸福小广场"、建湖的"杂技周末剧场"、射阳的"周末戏相逢"、阜宁的"欢乐进万家"、滨海的"文化预约"升级版、响水的"文化艺术周"、大丰的"百姓星光大舞台"、盐都的"欢歌笑语走基层"、亭湖的"文化惠民乡村（社区）行"等，深受广大人民群众喜爱。

年内，全市书香城市建设实现新突破。全年共组织各级各类活动1000余场次，参与人数30万人次。盐城获江苏省首批"书香城市建设先进市"称号，系苏北唯一一家。全省全民阅读促进会会长会议在盐城召开，沿海城市全民阅读联盟在盐城成立。"天天悦读1+X"全民阅读服务模式获国家公共文化服务体系示范项目创建资格。组织开展第五届"盐渎风"盐城市读书节，邀请曹文轩等5名知名人士担任"书香盐城"形象大使，造浓"多读书、读好书、爱读书"的良好氛围。

年内，全市开展文物保护单位、文博场馆安全状况大排查行动，整改解决隐患问题12处。粟裕指挥部旧址、刘少奇旧居等6处革命遗址修缮提升工程竣工并对外开放。新征集文物史料512件（套）、编撰历史丛书4部；设立"陈澄戏剧工作室"，举办淮剧国家级非遗传承人裔小萍从艺60周年专场演出、"梅兰飘香淮坛情"淮剧名家陈澄专场演出、淮剧电影《腊月雷》盐城首映式。举办《铭记历史，缅怀先烈，珍爱和平，开创未来》纪念全民族抗战爆发80周年和新四军成立80周年系列活动，全国首个"口述历史展厅"顺利开展。"文话物语——新四军纪念馆馆藏文物故事展"在全国巡展。新四军纪念馆获"全国文明单位"称号。

年内，全市获批国家优秀基层戏曲院团奖励项目1个、省艺术基金扶持项目7个、省新闻出版文化和广电类扶持项目各7个，获国家艺术基金扶持项目1个。至年底，全市有文化产业企业8000余家，文化创意产业企业2000家。新四军纪念馆、市图书馆被列为省级文化创意产品开发试点单位。东方1号创意产业园被江苏省文化厅命名认定为2016年度江苏省重点文化产业示范园区。组织10多家企业1000多件文化产品参加国内知名展会。组织文创企业参加盐城市第二届创意设计大赛暨江苏省第四届文创设计大赛，在省赛中取得1个银奖、5个优秀奖、4个大学生创新创业奖。成立招商引资工作领导小组成员，完成年度招商引资任务。滨海县在全市成立首家文化旅游产业招商局，举办滨海（苏州）文化旅游招商推介会，宣传推介10个重点项目，现场签约7个项目，协议总投资9亿元；投资3000万元的射阳幸福国际影城正式对外开放，引荐江苏聚合创意新兴投资基金（风投公司）与桃园家饰合作洽谈，由风投公司出资，控股合作经营；大数据产业园新招引各类大型文化企业15家，涵盖动漫产品研发、微电影影视作品创作、创意设计、数字文化创意、4K数字电影后期大数据云服务等领域；东方1号创意产业园打造转型升级的新型小镇大丰区东方1号·创意小镇，总投资15亿元、建筑面积21万平方米，被列为全国文化产业重点项目、江苏省现代服务业重点项目，整体项目建设进度完成一半以上；盐都区签约文化产业万达影城，总投资额3290万元，落户运营；深圳市黄江天宇文化产业发展有限公司拟投资的生态文化产业园项目，进入生态文化产业园项目可行性报告及项目实施方案阶段；东台在建市30周年之际，举行2017东台金秋经贸洽谈会，现场签约项目27个，总投资65.1亿元，德得国际健康岛（八仙岛）等投资亿元以上项目纷纷落户东台。

落实“放管服”改革工作，网上全程公开行政审批事项及办理情况，推进“不见面审批”“见一面审批”和“行政权力事项下放”工作，提高服务质量。加大行政许可和重大行政处罚的法制审查力度，开展行政执法人员培训和网上考核，增强执法队伍的法治理念。规范文化市场经营秩序，加强对网吧、歌舞等文化经营场所的常态化监管。开展“扫黄打非”工作，与公安、海关、邮政、工商等部门联合开展专项行动，杜绝低俗、色情、淫秽内容表演发生。推进以文化市场综合执法“同城一支队”为重点的改革，制定《盐城市深化文化市场综合执法改革实施方案》和市级执法机构“三定”方案。全年各级文化执法机构共出动检查2.94万人次，检查文化经营单位1.02万家次，查处文化市场各类违法违规案件299件，责令改正50家，警告230家，罚款93.02万元，打击违法违规经营行为。盐城市文化行政综合执法支队被评为全省扫黄打非工作先进集体。

第一节　文艺创作

2017年，市文联组织采风创作，举办展览展演，开展创作研讨。及时制定创作规划，搭建创作平台，重抓国家级和省级文艺赛事和文艺奖项评比，推动文艺精品创作。邀请教育部特聘长江学者、南京大学博士生导师吴俊，著名编剧、首届《钟山》文学奖获得者薛海翔等专家学者在盐城作文学讲座。举办吴万群长篇小说《潮涌灌江》作品研讨会。与淮安市文艺评论家协会深入交流，在盐城师范学院成功召开盐城淮安文艺评论工作会议。　（郑乾坤）

盐城市4部作品入选省“五个一工程”奖　11月，江苏省第十届精神文明建设“五个一工程”表彰仪式在江苏大剧院国际报告厅举行。盐城市现代淮剧《小镇》、电影《打开天窗说亮话》、舞剧《烽烟桃花飞》、电视纪录片《新四军1941》4部作品获得江苏省第十届精神文明建设“五个一工程”奖。该届“五个一工程”评选在奖项设置数量较上届减少近一半，盐城市获奖数量与艺术类别均超上届，特别是电影、舞剧更是实现历史性突破。

一、戏　曲

2017年，全市组织创作一批反映“推动移风易俗、树立文明乡风”的小戏、小品和曲艺节目。协助盐都区成功创建“中国曲艺之乡”，协办中国文联、中国曲协文艺志愿服务团在盐城演出活动。大型现代淮剧《小镇》参加全国舞台艺术优秀剧目展演，大型现代淮剧《菜籽花开》入选第十五届中国戏剧节，获第三届江苏省文华大奖。盐城作者创作的13部作品入选江苏艺术基金2017年度资助项目，6部作品入选大型舞台剧和作品创作资助项目，7部作品在第三届江苏省文华奖评选中获奖，3部作品在省戏剧文学剧本评选中获奖，现代戏《送你过江》获一等奖。

省政府为淮剧《小镇》剧组记集体一等功　2月，省政府决定，为获第十一届中国艺术节、第十五届文华大奖的淮剧《小镇》剧组记集体一等功，并予以100万元奖励。《小镇》还亮相习近平总书记等七常委出席观看的新年戏曲晚会。省委书记李强、省长石泰峰等省领导分别作专门批示，给予高度肯定。11月16日，“回眸小镇”——淮剧《小镇》艺术档案展在盐城举办。以一部地方戏的艺术档案为主题举办展览，在江苏省尚属首次。

盐城获第三届文华奖8个奖项　10月，由江苏省文化厅主办的“第三届精彩江苏艺术展演月”文华奖评选结果揭晓，盐城市获得8个奖项。淮剧《菜籽花开》获江苏省文化大奖；诗词歌赋杂技剧场《小桥　流水　人家》获文华优秀剧目奖；方言说唱《筑梦月亮山》、杂技《问天鸟—高台倒立》获得文华优秀节目奖。《菜籽花开》编剧陈明、袁福获文华编剧奖，《菜籽花开》主演王雷和《小桥　流水　人家》主演王硕、《问天鸟——高台倒立》主演王梦尘获文华表演奖。

盐城3部作品在“2016年江苏省戏剧文学剧本评选”中获奖　2月，“2016年江苏省戏剧文学剧本评选”结果公布，盐都区陈明创作的现代戏曲《送你过江》获一等奖，盐城市剧目室程旭江创作的现代戏曲《菩提花开》、盐城市文化馆曹中育创作的现代戏曲《戏迷》获提名奖。

盐城2部作品入选文化部“戏曲剧本孵化计划” 3月，盐城大戏《送你过江》和小戏《两兄弟》同时通过文化部2016年度戏曲剧本孵化计划第一次专家评审。江苏省共有1部大戏和2部小戏入选。其中，由国家一级编剧陈明创作的大戏《送你过江》是全省唯一一部入选大戏，位列全国榜首。大型现代戏曲《送你过江》通过淮剧的形式，讲述渡江战役这个重大革命历史事件。由大丰区国家二级编剧吴振林创作的小戏《两兄弟》通过两兄弟之间不同表现的对比，突出反映刁老二夫妻俩的自私自利，衬托出呆老大看似愚钝实则处处顾及兄弟情义的高尚情操。10月，盐城市淮剧团大型现代淮剧《送你过江》成为2017年度江苏省舞台艺术重点投入剧目。

10月，盐城市淮剧团大型现代淮剧《送你过江》成为2017年度江苏省舞台艺术重点投入剧目。 市文广新局／供

盐城戏剧在央视“梦想微剧场”获奖 4月，响水县淮海剧团和射阳县淮剧团同时收到央视一鸣惊人栏目组邀请赴北京参加节目录制。响水县淮海剧团淮海戏《贴春联》获最佳编曲奖。响水县淮海剧团凭淮海小戏《贴春联》和《绝对保密》，以全场最高分95分的佳绩获团体金奖。射阳县淮剧团表演的淮剧《世界名犬》和《秦香莲》获“梦想微剧场”节目第二季团体银奖。

盐城6部剧目入选江苏艺术基金2017年度资助项目 5月23日，江苏艺术基金2017年度资助项目立项名单公布，盐城市大型现代淮剧《送你过江》、大型现代淮剧《小镇》、大型现代淮剧《菜籽花开》、大型现代淮剧《深渊》及小淮剧《理财组长》、杂技《扇舞丹青·头顶技巧》6部剧目入选资助项目名单。

省戏曲现代戏第五届年会暨“中国淮剧之乡”授牌仪式在建湖举行 9月6日，江苏省戏曲现代戏年会暨“中国淮剧之乡”授牌仪式在建湖举行。国家剧协为建湖“中国淮剧之乡”授牌。近年来，建湖县淮剧团编排大型淮剧《冲天鸟》《烽火同心》《北秦庄之恋》等新剧目20多个，编排的现代小戏《寿礼》、折子戏《过关》等分别获“中国腔·中国梦”全国小戏精品展演奖、江浙沪国家级非物质文化遗产传统戏剧类项目优秀展演奖等国家、省级奖项。

二、书　画

2017年，市文联开展千名书法家书写社会主义核心价值观书法作品走进千家万户活动，组织全市国家、省、市三级书法家协会千余名会员走进乡村、社区、学校、军营，创作体现社会主义核心价值观及相关内容的书法作品3000余件。组织40余名会员参加中国书法家协会举办的书法专题培训班。葛金淮书法作品获2017第二届海峡两岸中青年篆刻大赛银奖，张蕾、朱志仁、葛步松作品入展全国第八届楹联书法艺术展，范明旭作品入展全国第四届草书展。举办“传承与超越”——江苏当代书法名家精品大展、“未来力量”——江苏青年名家书法展。将中国书法家协会培训中心临摹创作班引进盐城，邀请中国书协顾问言恭达、中国书协培训中心主任高庆春等当代知名书法家及全国书法兰亭奖的获奖代表在盐城举办讲座。组织美术家赴陕西延安创作基地写生采风，创作美术作品70余幅。杨建生《残雪》、耿金龙《这里黎明之六》获江苏省第二届美术作品展最高奖“江苏美术奖”，谢雪峰《翻越梦笔山》、朱顺传《芭莎男人》、薛勇《海人系列之开工》、戴国禾的《晨光》4件水粉画获提名奖，7部美术作品入展。举办“丹青会友　翰墨传情”——2017中韩（盐城）书画交流展、“心象写意”中国画全国巡回展、“笔随心象”首届当代中国画作品邀请展、《我画文人肖像》——罗雪村作品展、“笔随心象”首届当代中国画作品邀请展。组织民间文艺家创作的42件农民画作品入展中国文联、中国民协在江西万安举办的“2017魅力中国全国农民画展”。

盐城10件书画作品入选“第四届丝绸之路国际美术邀请展” 9月7日至10月7日，第四届丝绸之路国际艺术节今日丝绸之路国际美术邀请展在西安举行。这是由文化部和陕西省政府共同主办的全国书法美术展。展览以“丝路精神·时代丹青”为主题，汇集来自100多个国家和地区的1000余位艺术家的优秀作品。盐城市郭列平、孟怀良、葛金淮等10位书画篆刻家的作品入选。

盐城市书画院·咸阳画院书画精品交流展在咸阳举行 9月8日，盐城市书画院·咸阳画院书画精品交流展在咸阳开幕。此次交流展，是在2016年两地交流展的基础上，盐城和咸阳两地书画界的又一次盛会和书画创作成果的又一次集中性展示。所展出的两地近百幅书画艺术精品，风格各异，手法多样，生活气息浓厚，地域特色鲜明，充分展示盐城、咸阳两地书画创作的最高水平。

“清风扬帆　有爱鹤乡——江苏·射阳农民画精品展”在省文化馆举行　9月12日，“清风扬帆　有爱鹤乡——江苏·射阳农民画精品展”在江苏省文化馆举行。此次画展呈现盐城射阳众多农民画家新创的主题农民画优秀作品近百件，分为风清气正·美好射阳、执政为民·幸福家园、勤政廉政·五一蓝图3个篇章进行展出，全面展示射阳特色文化建设成果，用农民画表达廉洁主题，弘扬廉洁理念，既赋予农民画新的时代气息和文化内涵，又使得廉洁文化有了更生动更接地气的载体表达。

2017中韩（盐城）书画交流展在盐城举行　11月6日，“丹青会友　翰墨传情——2017中韩（盐城）书画交流展”在盐城水街拉开序幕，共展出中韩书画艺术家100余幅作品。每一幅作品都带有浓郁的民族风格，蕴含书画艺术的灵魂，互为映照，相得益彰。书法家们的作品既有刚劲洒脱的草书，也有细腻的韩文楷体；参展画作也是栩栩如生，颇具个性。

“喜庆十九大　翰墨抒丹心”优秀书画作品展举行　11月28日至12月8日，“喜庆十九大　翰墨抒丹心”盐城市优秀书画作品展在市图书馆举行。该书画展从全市300余件作品中选出150件书画精品集中展出，是盐城市近两年来规模最大、标准最高的书画展览，展现盐城人民奋发有为建设美好家园的精神风貌。

三、杂　技

2017年，市文联邀请中国文联副主席、中国杂技家协会主席边发吉等多位专家汇聚建湖，对杂技《小桥 流水 人家》进一步修改打磨。市杂协组织广大会员先后随文化部、省文化厅赴10多个国家参加“欢乐春节·精彩江苏”系列文化交流活动。到基层开展精品杂技惠民演出300余场次，协助建湖县成功创建“中国杂技之乡”。

射阳杂技音乐舞蹈诗《千里共婵娟》亮相美国　9月中旬至10月下旬，射阳县杂技团受邀美国芝加哥、加里市、海梦德市演出杂技音乐舞蹈诗《千里共婵娟》。这是射阳县杂技团继赴古巴、苏里南、西班牙、葡萄牙、瑞士等地文化交流后，再次走出国门。《千里共婵娟》是江苏省艺术基金2016年度资助项目，以杂技表演为主体，配以音乐、舞蹈、戏曲、木偶多种表演形式，结合现代声光电技术，以情感人、以声动人、以舞醉人、以技惊人，充分展现杂技的观赏性、感染力、震撼力。

四、文　学

2017年，市文联开展“深入生活、扎根人民”——盐城“6·23”抗灾救灾一周年采风创作和赴“五个一”战略工程建设一线采风创作活动，创作出长篇报告文学《盐城高铁建设纪实》《为了“一桶水”》。举办盐城高铁建设纪实报告文学作家签约会，与12名作家签约。年内，会员张晓惠《北上海，这片飞地上的爱恨情仇》获江苏省第六届紫金山文学奖；徐于斌的诗词作品《高阳台 春风》入编《中华诗词学会三十年诗词选》。与省散文学会联合召开江苏首届“盐城散文论坛”暨“美丽射阳”散文创作座谈会。举办“盐渎之春”元宵雅集诗歌朗诵会，“花好月圆”·2017第二届中秋诗歌朗诵会。围绕“中秋、国庆以及喜迎十九大”主题，面向全国征集诗词作品1037首。

五、音乐舞蹈

2017年，市文联举办童心向党——2017“童声里的中国·成长的歌谣”（盐城赛区）创作大赛。邀请全国知名词曲家印青等在盐城采风体验，创作《水长情更长》《一颗心》《新盐城 新跨越》《盐城生长》《相约未来》等歌曲，扩大盐城知名度、美誉度。盐城市第一部原创舞剧作品《烽烟桃花飞》获江苏省第十届精神文明建设“五个一工程”优秀作品奖。创排反映“五个一”战略工程主题的大型舞蹈作品《绿之梦》《青丝绣韵》。

六、摄　影

2017年，市文联组织创作一百余幅“笑脸”主题摄影作品，参加中宣部举办的全国性喜庆十九大摄影展览，组织创作反映盐城新面貌的摄影作品参加省委宣传部主办的“砥砺奋进的江苏”大型图片展、“喜迎十九大——新江苏、新辉煌”摄影展。举办2017首届中国盐城沿海湿地国际摄影展，组织全国摄影名家赴盐城采风创作活动。举办众志成城·人间大爱——纪念盐城市抗击“6·23”特大风雹灾害一周年纪实摄影展、“五个一”战略工程之“一片林”“一张网”摄影作品展。

盐城4幅作品在第三届世界华侨华人摄影展获奖　8月21日，由中国侨联举办的第三届世界华侨华人摄影展评选揭晓，盐城4幅作品获奖，分别为戚晓云《信仰之光》获社会摄影类铜奖，林钢《托起明天》获社会摄影类佳作奖，杨国美《野溪雄姿》获自然摄影类佳作奖，吉东育《水墨江南》获创意摄影类佳作奖。

七、其　他

2017年，市文联在雕塑、篆刻、影视等领域开展多项活动。雕塑领域：举办“喜迎十九大，军魂永铸”——新四军建军80周年全国军事题材雕塑展，邀请中国美术馆馆长、中国美协副主席、中国艺术研究院中国雕塑院院长吴为山为雕塑展题字。设立服务“五个一”战略工程雕塑免费设计中心，组织雕塑艺术家到“五个一”战略工程建设一线现场采风，开展主题雕塑文艺创作，免费为相关单位设计主题雕塑、景观雕塑作品10余件。夏一栋的雕塑作品《书坛二圣》被中国美术馆收藏。篆刻领域，举办2017

篆刻书法作品展和以“丁酉大吉”为主题的大型篆刻网络展，共展出社员及盐城籍篆刻家新春吉语篆刻作品近百方。影视领域，电视纪录片《新四军1941》、影视剧《打开天窗说亮话》等获省第十届精神文明建设“五个一工程”奖。创作纪录片《梦乡》、系列短视频《一座有香味的城市》、专题片《盐城抗击“6·23”特大龙卷风纪实》，推出《这两天最新的高铁消息都与你有关》等作品。组织创作的《“6·23”冰雹龙卷风重大灾害、救灾应急调度特别节目》《守望最后的家园》《曹文轩和他的水土乡村》等6件作品获全省广播电视优秀节目评比一等奖，广播《范堤烟雨》被评为省名优栏目。

第二节 社会文化

盐城在省第六届戏曲票友大赛获奖 4月底，江苏省第六届戏曲票友大赛决赛在南通市伶工学社拉开帷幕。盐城市文化馆获得优秀组织奖。全市共有9个作品入围决赛，其中盐都杨念朋（京剧《徐九经升官记》），射阳朱素梅等（原创淮歌《兴国之魂正能量》），盐都张燕（京剧《遇皇后》），盐都季翠玲、葛长进（淮剧《送夫》），阜宁蔡正兵（淮剧《牙痕记》）获得“十优票友”称号；其他几位参赛者分别获得演唱奖。

盐都群口快板《小城大爱》赴京演出 9月，盐都区群口快板《小城大爱》赴北京参加“说唱中国梦·喜迎十九大”全国优秀曲艺节目展演。群口快板《小城大爱》（原名《大爱无疆》），由盐城市剧作家徐志玉创作，盐都区文化馆馆长周维华担纲导演，“苏北快板大王”王红专担任艺术指导，曲艺演员李莺歌、刘旭、傅俊秀、汤琦联袂演出。作品以抗击“6·23”特大龙卷风自然灾害为背景，讲述盐城市广大党员干部在各级党委、政府及社会各界的关心支持下，互帮互助、抗灾自救的感人故事。

苏北首家“中国曲艺之乡”在盐都挂牌 10月，中国曲艺家协会研究决定授予江苏省盐城市盐都区“中国曲艺之乡”称号。盐都创成苏北首家“中国曲艺之乡”。2015年5月，盐都区启动争创“中国曲艺之乡”活动，加强对方言快板、三人花鼓、盐城大唱等地方性曲种传承保护。2017年6月，中国曲艺家协会专家考察组对盐都区“中国曲艺之乡”创建活动进行实地考察和科学评估。通过走访曲艺活动场所，观摩汇报演出，召开座谈会并听取创建中国曲艺之乡工作情况汇报，专家组一致认定盐都区符合“中国曲艺之乡”评定标准和要求。

盐城曲艺、喜剧小品在省邀请赛决赛中获奖 10月13—15日，江苏省第三届曲艺、喜剧小品邀请赛决赛在淮安市文化馆音乐厅举行。盐城市音乐快板《OK打工仔》获一等奖、优秀创作奖，化妆相声《海哥归乡》、小品《原来是这样》分获优秀表演奖，盐城市文化馆获优秀组织奖。《OK打工仔》再现新时期打工仔的崭新面貌，宣传打工仔见义勇为行为，以小见大显和谐。化妆相声《海哥归乡》，紧扣时代主旋律，以一个音乐青年归乡引发的误会巧妙地反映盐城市委、市政府“五个一”战略工程，喜剧艺术特征凸显。小品《原来是这样》情况设计匠心独运，寓教于乐，令人捧腹。

盐城群众文化专场节目亮相央视《群英汇》 11月21日晚，盐城群众文化专场节目在中央电视台CCTV-3频道《群英汇》舞台亮相。这是盐城建市30多年来首次以群文专场演出形式亮相央视频道，向全国人民介绍盐城的地域文化和文化生态。此次亮相央视的盐城7个节目分别为开场舞蹈“生活就是舞台”，广场舞《广场舞style》，“老顽童”组合男声四重唱，中国好哨音金奖获得者唐鸣口哨，建湖杂技《丫丫戏鼓》，90后青年花延伟淮调演唱《时间都去哪儿了》，东台少儿艺术团二胡表演等。“老顽童”表演的男声四重唱获得人气最佳奖，并再次受邀于12月4日与全国各地同行亮相央视舞台。

东台方言说唱《筑梦月亮山》获江苏曲艺“芦花奖” 11月10日，由江苏省文联主办的第七届江苏曲艺“芦花奖”颁奖仪式暨惠民演出在苏州举行。东台方言说唱《筑梦月亮山》获江苏曲艺“芦花奖”节目奖。《筑梦月亮山》以“中国好人”陈晓明山区支教为创作蓝本。江苏曲艺“芦花奖”是由江苏省委宣传部批准设立的全省曲艺界最高奖项，每两年评选一届，自2005年以来，已成功举办六届。

11月21日，盐城群众文化专场节目亮相央视《群英汇》舞台。图为“老顽童”组合男声四重唱。 市文广新局/供

健康人生全国诗词大奖赛在盐城举办 11月10日，宜真通杯小康中国，健康人生全国诗词大奖赛在盐城举办。此次全国诗词大奖赛，由江苏丰华生物科技制药有限公司与金石秀水文学艺术网、新华访谈网、中国巴马文学总社、中国松竹体十三行诗文创中心等媒体联合举办。诗意盐城，吸引全国17个省市区400多位诗人参加。参赛作品体裁丰富，诗词歌赋、散曲新诗，一应齐全。

《盐城邹氏家谱》被上海图书馆收藏 4月6日，继《盐城邹氏家谱》由上海图书馆收藏后，邹凤岭主编的《盐城邹氏家谱·增编》亦由该馆收藏，入编全国家谱数据库。邹凤岭为中国散文学会会员、《海外文摘/文学》签约作家。由他主编的《盐城邹氏家谱》，经5年多时间挖掘与考证，连接兴化、苏州、常州等地多部清代所修《邹氏宗谱》。记载邹氏唐代始祖，居钱塘（今杭州）以来的家族生存、发展、迁徙情况。上海图书馆专家研究认为，邹凤岭主编的《盐城邹氏家谱》上溯先祖久远，史料翔实，填补盐城地区邹姓谱系研究中的空白，对里下河流域人文、农耕文化史等具有保存、研究和传承价值，对长三角地区邹姓人文史研究具有一定价值。这部邹氏家谱行文规范，文谱名谱齐全，符合史谱编纂要求，可为家谱编纂示范文本。谱中考证准确，具有知识性、可读性。族谱承载家风道德文化，承上启下，教育、激励后人的作用。

水浒文化研究 年内，盐城市水浒学会与水浒文化博物馆、大丰区施耐庵研究会、施耐庵纪念馆（“两会两馆”）一起交流全国水浒研究信息和动态，开展水浒学术研究活动。9月20日，学会代表应邀出席中国水浒学会主办的水浒与郓城历史文化名城专家论坛，作演讲《施耐庵：郓城与水浒的诗与史》。9月29日，学会4名代表提交1篇与会论文《罗贯中流徙江苏行踪考》及3篇书评《湖海散人——罗贯中传》，均被编入《罗学论坛暨二十四届中国《三国演义》学术研讨会论文集》《水浒争鸣》等刊物。浦玉生撰写的《水泊梁山的英雄世界》一文被编入人民出版社出版的《天下一轮春秋月》。做大施耐庵故里的水浒文化品牌，1月，江苏省侨办、省文化厅发文公布盐城市水浒文化博物馆为全省首批32家中华文化海外交流基地之一。5月，学会专家两次赴盐城工学院五四讲坛作讲座“施耐庵与《水浒传》”“水浒与盐城”；10月，在“家乡书”国庆回乡见面会上，学会专家作演讲“水浒与大丰”。10月27日，学会专家应邀出席滨海县举办的水浒背景地——沙浦寨景区旅游策划咨询会，通过并支持滨海港区建设水浒背景地的旅游项目。11月，大丰区举办水浒文化旅游节，学会专家对白驹镇馆联动开发提出建议，并被采纳。10月25日，召开学术年会暨五届二次理事会，选举产生新的法人代表，调整理事名单。

（望　海）

第三节　文化设施

一、新四军纪念馆

2017年，新四军纪念馆以新四军成立80周年系列活动为主要内容，全面提升纪念馆对外影响力和观众满意度。年内，新四军纪念馆共征集文物415件，涉及新四军重要将领、地下工作者、普通战士等多个层面。其中有新四军重要将领粟裕、陈丕显的珍贵文物9件和反映新四军地下斗争工作的历史文物。突出中国人民解放军建军90周年主题，与遵义会议纪念馆联合举办“遵义会议永放光辉——行进中的遵义会议主题展览暨纪念建军90周年”展览；与陕甘边革命根据地照金纪念馆联合举办“照金精神”巡展；与北京新四军研究会联合举办“丹青颂军魂”书画展。年内，新四军纪念馆获得多项荣誉，1月被省侨办、省文化厅联合评定为中华文化海外交流基地，3月被省文明委授予“学雷锋志愿者服务示范单位”称号，4月被列入江苏省文化创意产品开发试点单位，11月被教育部命名为全国首批中小学生研学教育基地。11月17日，被中央文明办授予“全国文明单位”称号。全年，纪念馆共接待观众161万人次，提供讲解服务2500多场次。

举办纪念新四军成立80周年系列活动 2017年是新四军成立80周年。新四军纪念馆与北京新四军研究会签订长期全面战略合作协议，联合开展纪念新四军成立80周年系列纪念活动。组织开展铁军精神大讲堂。邀请北京新四军研究会副会长、开国少将刘毓标之子刘华苏在铁军精神大讲堂，为驻盐城官兵、高校大学生和各界群众代表主讲革命爱国主义课堂。建成开放全国首个新四军口述历史展厅，建成临时展厅，举办馆藏书画精品展。10月12日是新四军成立纪念日，北京新四军研究会代表、新四军老战士代表、新四军后代代表等近200人出席纪念会议和开展仪式。在北京举办系列纪念活动。11月3日、4日分别在北京民族文化宫举办“背负着民族希望——纪念新四军成立80周年”回顾展，在北京师范大学举办“永恒的丰碑——2017北京红色文物保护”公益宣传活动和文话物语——新四军纪念馆馆藏文物故事展。参加在北师大举办的红色文物·铁军精神·强军文化研讨交流会并作《筑牢红色根基　放大社会效应》专题发言。

文史研究 年内，纪念馆干部职工参与文史研究工作，《刘老庄战斗》《朱家岗战斗》书稿通过省党史办审核；完成《刘少奇与华中局》《新四军纪念馆巡礼》书稿的编撰；完成中国纪念馆专业委员会牵头的《抗战文物故事》一书中有关新四军纪念馆珍贵馆藏故事的编写任务；编制《新四军纪念馆馆藏文物修复方案》并通过国家文物局审批；组织课题研究，开展国家社科重大项目《抗日老战士口述史资料抢救整理项目中新四军口述史抢救与研究》；组织引展送展，原创展览“文话物语——新四军纪念馆馆藏文物故事展”入选江苏省文物局主办的2017年江苏省馆藏文物巡回展项目。全年发表和参加研讨论文、文章20余篇，其中《南方三年游击战争与党的群众路线》获得中共中央党史研究室、中国人民解放军军事科学院颁发的优秀论文奖，《二战题材类纪念馆翻译人才培养路径研究》获江苏省文博优秀论文。年内，纪念馆在全国第一次可移动文物普查工作中获评先进集体，2人获评先进个人；1人获评全国红色文物保护活动感动人物。

红色文化宣传教育 年内，纪念馆着力打造一批红色文化社教品牌，在原铁军艺术团的基础上成立红色故事宣讲团，定期为团体观众、党员干部、中小学生开展红色故事专题宣讲；开展为观众播放革命爱国主义题材影片和主题日宣教活动，利用节假日和特殊纪念日，开展社会教育活动，提升红色文化感染力。为加强讲解员队伍业务能力建设，邀请中国博物馆协会纪念馆专业委员会原秘书长、中国人民抗日战争纪念馆原副馆长于延俊对讲解员进行一对一专题培训；组织讲解员开展党史军史学习和讲解业务“周周练”活动；结合展陈内容和重点文物，组织讲解员撰写红色故事并演练，参加全国红色故事讲解江苏地区选拔赛。孟一玲被选拔赴北京参加为期4个月“砥砺奋进的五年”大型展览的讲解工作；陈文婕获“全省最美场馆讲解员”称号；宋钰撰写的新四军重建军部旧址泰山庙讲解词入选《江苏省优秀导游词汇编》。

二、中国海盐博物馆

2017年，中国海盐博物馆为观众提供无线团队讲解系统、多媒体导览机等电子设备，完善参观条件和环境。全年累计接待观众55万人次，其中未成年观众近8万人次，讲解400余场次。推出翰墨传情——凌震三、吴洪春、王展鹄、臧步生、戴久林五人书法展、布一样的美丽——祁竞布贴画展、海盐与盐城专题图片展。举办行走的博物馆巡展30多场次，服务群众6万余人，发放展览折页和宣传材料3000余份。“博物馆走进农家书屋”活动成功入选2017年江苏省博物馆青少年教育示范项目。黄兴港、王红花、史为征被江苏省第一次全国可移动文物普查领导小组予以嘉奖，海盐博物馆被授予先进集体。继续开展展陈提升工程，11月10日，《海盐博物馆展陈大纲》在《盐阜大众报》《盐城晚报》公开征集意见，并在盐城市文化广电新闻出版局和中国海盐博物馆网站提供查询。

考古发掘 年内，中国海盐博物馆配合完成川东港水利工程大丰丁溪村遗址的抢救性发掘工作，发掘出元代盐池、灰坑等盐业遗迹，出土可修复文物260件。发掘盐城市城南新区二墩村墓地，发现西汉中期至晚期20座墓的墓葬群，其中有一座大型的、完整的土坑木椁墓和一处商周遗址，出土一件制盐工具盔形器和100多件漆木器、银器、陶器等文物；发掘明清以前的墓31座。主持参与盐城市水文化遗产工程类遗址的调查工作、滨海至盱眙燃气管道盐城段线路调查工作、北港村电厂区的考古调查、勘探工作、阜宁县金沙湖风景区宋井、宋代遗址的调查勘探工作。其中，在大刘村发现1处大型汉代遗址——岔头遗址。在北港村电厂区的考古调查、勘探工作中发1处近万平方米的宋代遗址——金家舍遗址。（黄兴港）

三、盐城市图书馆

2017年，盐城市图书馆以第六次公共图书馆评估定级为契机，不断提高服务质量，开展全民阅读。购买纸质图书10万余册，分编入库图书9万余册，订阅各类报刊1900多种，征集地方文献300余册，接受捐赠图书1600余册；继续购买数字资源，包括电子图书400多万种，电子期刊3200种；新建盐城市中医院、城南新区裕新社区、爱的教育3家图书分馆，兴邦置业、盐城地方税务局等5个送书点；与全省108家公共图书馆签订馆际快借合作协议。根据盐城市文化惠民政策和全民阅读活动安排，全年共举办各类读者活动240场，受众10万余人。其中，黄海讲坛讲座55场，参与读者6000余人；各类展览17场，巡展36场，累计参观读者15万余人。4月，省文化厅发文通报2016年全省公共数字文化工程考核情况和表彰先进单位，盐城市图书馆、大丰区图书馆、射阳县图书馆、阜宁县图书馆和东台市图书馆均榜上有名。年内，盐城市图书馆取得2017年全省公共图书馆业务技能竞赛第一名，被表彰为全省新闻出版广电系统先进集体，被省委宣传部表彰为江苏省公共文化设施学雷锋志愿服务示范单位；“‘盐渎风’盐城市第四届读书节”系列活动被团中央表彰为全国优秀国学教育项目，“天天悦读1+X”全民阅读服务模式获得国家级公共文化服务示范项目创建资格。

市图书馆成为全国地市级图书馆联盟首家轮值馆 5月19日，全国地市级图书馆联盟成立大会在北京召开。盐城市图书馆成为全国地市级图书馆联盟首家轮值馆。该联盟由盐城市全民阅读促进会副秘书长、盐城市图书馆副馆长戈建虎倡议发起。全国各地市级图书馆的56位馆长出席成立大会，一致通过全国地市级图书馆联盟章程，共同签订全国地市级图书馆联盟协议书。该联盟的成立旨在促进全国地市级图书馆公益资源整合，运用图书馆公共平台，为读者提供更多更好的公益服务。

周克玉将军藏书纪念室在市图书馆揭牌 6月13日上午，周克玉将军藏书纪念室揭牌仪式在市图书馆举行。周克玉将军出生在盐阜大地，曾经在这片土地上浴血奋战过，为民族解放和军队建设做出杰出贡献。为完成将军遗愿，2015年11月16日，他的家人将其生前珍藏的近6000册图书及其本人的书法手迹、工作笔记、勋章纪念章、代表证等捐赠给市图书馆。为确保这批珍贵的文献资料得到长期、妥善保存，充分发挥其应有的价值和作用，市图书馆经过精心筹备，建成集收藏、展示、教育于一体的周克玉将军藏书纪念室。

“‘天天悦读1+X’全民阅读服务模式”获国家公共文化服务体系示范项目创建资格 12月7日，在北京召开的第四批国家公共文化服务体系示范项目创建工作评审会议上，盐城市“‘天天悦读1+X’全民阅读服务模式”以评委全票赞同的结果通过评审，获得创建资格。国家公共文化服务体系示范项目创建由文化部、财政部联合组织实施，创建周期为两年，每两年进行一次申报、创建、验收工作，验收合格，命名颁牌，并给予中央财政奖补。通过两年创建，盐城将建成具有阅读活动品牌化、居民参与全员化、网络覆盖纵深化、资源共享常态化、绩效考核数字化的“天天悦读1+X”全民阅读服务模式，实现书香阅读全义务、全覆盖、全方位服务。

四、新华书店

2017年，盐城地区新华书店加强“星级门店”建设，加快发展，全年实现销售4.56亿元，实现利润2386.8万元。新华书店重视政治类读物发行工作，增强宣传征订力度，中共十九大报告单行本和新党章基本实现全市党员全覆盖。全年盐城地区9家新华书店科学管理，注重营销。盐城公司组织“分享阅读，书香满校园”大型校园朗读活动、“迎江苏书展，走进草房子”朗读者曹文轩作品专场活动，阜宁公司开展“6·23”受灾乡村农家书屋重建等活动，通过一系列营销活动的传播影响，延伸服务，提高新华书店的社会美誉度。为丰富和方便广大群众阅读生活，盐城公司与中石化盐城石油分公司合作，在全省开设首家“书香易捷书屋”，进一步繁荣城市文化市场。11月，盐城公司对解放中路门店重新装修、升级改造，升级后营业面积2200平方米。（郑　振）

五、盐城市科技馆

2017年，市科技馆通过改造实现场馆Wi-Fi全覆盖，逐步完善场馆基础设施建设，健全场馆服务体系，实现馆内受众23万余人，馆外受众近5万人，科学传播效能显著提升。年内，市科技馆承办2017年全国科普日暨盐城市第29届科普周以及2017年全国科普日活动，引进《虚拟现实——梦想与创新的故事》VR专题展览，自主研发“奇妙的昆虫之旅”临展，对阵地科普形成促进和补充，同时配套主题科普活动以及“科学碰碰乐”科普实验，丰富科普周、科普日活动内容，寓教于乐。市科技馆承办江苏省第五届科普剧汇演活动盐城地区选拔赛，被省文明办、省教育厅、省文化厅、省科协、省科技厅等评为江苏省第五届科普剧汇演活动优秀组织单位。年内，市科技馆共研发彩色影子、光学转盘、拓扑、六面镜、轮胎创意广场以及“认识国旗”创新展项6件，修复模拟驾驶、小小设计师、正确选择灭火器、水世界水车、虚拟足球、数字实验室等展项30余件，确保展品完好率90%以上；引进科普活动品牌，通过与社会机构的合作科普培训项目，不断提升科技馆的社会影响力。年内，市科技馆原创并注册科普活动品牌“科学碰碰乐”，依托品牌，立足于科技馆常设展区和展品展项、防震减灾专题馆等资源，策划举办馆内主题科普活动70余场，品牌主题活动进校园21次，累计受众近3万人。在第五届全国科技馆辅导员大赛华东地区预赛中，市科技馆2名参赛选手获讲解赛优秀奖，2个科学实验分别获科学表演赛二等奖和优秀奖；在首届全国防震减灾科普讲解大赛中，2名参赛选手分别获得全国决赛二等奖和优秀奖。9月，市科技馆组织参加全省科普场馆联办科学实验、科学表演巡演，选送实验走进盐城、东海、新沂、扬州、宜兴、南京等六地，受众近万人。8月，市科技馆挂牌盐城九三科普论坛，为科技工作者与公众的沟通搭建桥梁和纽带。年内，市科技馆被省科普协会表彰为2017年全国科普日先进集体，5人被表彰为全国科普日先进个人。

（刘晓曼）

第四节　文化产业

2017年，盐城市广播电视、工艺美术、演艺娱乐等传统产业综合实力不断增强，文化创意、数字出版、动漫设计、新兴媒体等新兴产业发展速度加快。全年全市文化产业实现产业增加值183亿元。年内，江苏东方1号创意文化产业有限公司、盐商盐雕艺术有限公司被评为省级重点文化科技企业，东台西溪文化产业园创成省重点文化产业园区。组织开展文化创意交流活动，成功举办市第二届文化创意设计大赛，推选11部作品参加省第四届“紫金奖”文化创意设计大赛；组织盐城10家企业、1000多种文化创意设计产品亮相省第九届文交会、深圳文创会、苏州创博会等知名展会，达成意向协议近200个。

2017江苏省东方1号杯设计大赛暨第六届全国青年创客工作营 7月，2017江苏省东方1号杯设计大赛暨第六届全国青年创客工作营在盐城市大丰区东方1号·创意小镇举行。从4月开始，大赛收到境内外设计机构、设计人员、专业院校师生提交的作品1317件，是上届参赛数量的1.5倍。大赛最终评选出产品类东方金奖1名，东方银奖2名，东方铜奖3名，创意类奖项6名，优秀奖20名，并选出272件能够进行产业化转换的设计作品。这些参赛作品不仅有贴近企业需求的数控机床、电动工具、农用机具等，更有从生活需求出发的种种创意作品和结合地方文化特色的郁金香主题产品、麋鹿主题产品、水浒主题产品。

盐城3家文创企业亮相第七届中国无锡文博会 10月12—16日，第七届中国（无锡）国际文化艺术产业博览交易会在无锡举办。此届文博会以“突出文化驱动、塑造城市灵魂”为主题，吸引海内外855家参展商参展，江苏东方1号创意文化有限公司、江苏盐商盐雕艺术有限公司、江苏碧城紫砂科技有限公司3家企业代表盐城市参加此次文博会。盐城展区面积72平方米，13家参展单位，100多种文创产品来参展，吸引众多市民驻足观展。展会期间，现场销售额8万多元。盐城展区获最佳组织奖。

盐城展区亮相江苏首届版博会 9月17日，为期三天的首届江苏（南京）版权贸易博览会在南京落幕。盐城展区面积260平方米，组织13家参展单位，400多种产品参展，设文化创意产品、非遗产品、舞台艺术及动漫创作三大板块。盐城展区凭借别具一格的展区设置，新颖、别致的文创产品，技艺精湛的非遗作品，丰富多彩的舞台艺术和动漫作品，吸引众多市民驻足观展。展会期间，实现现场销售16.10万元，盐城展区获最佳组织奖。该版博会以“创新·保护·共享”为主题，旨在全面展示全省版权产业创新发展的新成果、新成就，集中开展版权贸易洽谈对接，为集聚版权创新要素、促进版权产业又好又快发展搭建平台。

9月17—20日，大型展览《大美湿地　水韵盐城》亮相江苏（南京）版权贸易博览会。
市文广新局/供

东台重点打造西溪景区文化旅游产业集聚区 2017年，东台市西溪景区围绕争创省级文化旅游产业集聚区，坚持文化产业发展与旅游经济紧密结合，着力推进影视基地提升、犁木街一期2个重点工程，加快引进文化创意等新业态。影视基地建设在年内完成游客服务中心、影视创客中心、影视大棚、VR体验中心、文化民俗等项目。犁木街一期工程建设占地6.67公顷，主要建设犁木街展示馆、发绣展示馆、盐仓监。同时，突出用好董永七仙女等文化资源，加快婚庆、影视、文化创意等产业，打造文化创意产业高地。

第五节　文化遗产保护

2017年，全市开展各种文物保护、文化古迹修缮等文化遗产保护工作。1月10日，江苏省侨办和江苏省文化厅在扬州举办中华文化海外交流基地授牌仪式暨工作会议。会上，对全省32家单位授牌江苏省首批中华文化海外交流基地，其中盐城2家，分别是新四军纪念馆和中国海盐博物馆（水浒文化博物馆）。2月，盐城馆藏文物定级评审工作完成。通过评审，由省文物局组织的专家组最终确定一级文物3件（套），二级文物8件（套），三级文物61件（套）。

大丰瓷刻首次亮相德国 1月，由中国文化中心、德国文化中心联合主办的“2017欢度春节·精彩江苏”（德国）非遗展在德国柏林举行。江苏非物质文化遗产“大丰瓷刻”有两幅作品亮相非遗展，分别是《托梦》《雪域生灵》，共展出7天。这是“大丰瓷刻”第一次亮相德国，让更多西方人了解这门古老东方非遗艺术，感受中国工艺的精湛。

中国海盐博物馆被评为江苏省第一次全国可移动文物普查先进集体 3月，江苏省第一次全国可移动文物普查总结表彰会在南京召开。中国海盐博物馆被评为江苏省第一次全国可移动文物普查工作先进集体，盐城市黄兴港、王红花、史为征3人被评为江苏省第一次全国可移动文物普查先进个人。经过5年的努力，至2016年底，中国海盐博物馆按时完成第一次全国可移动文物普查，登录文物总数1.95万件。此次普查全面掌握馆藏文物的数量、保存状况、类别等数据，摸清馆藏文物“家底”，为下一步文物的保护和利用提供科学依据。

陈澄戏剧工作室揭牌成立 7月12日，陈澄戏剧工作室在江苏淮剧博物馆正式揭牌成立。陈澄出生于淮剧世家，主攻青衣、花旦，凭借在《祥林嫂》中的表演，获得第21届中国戏剧梅花奖。她在淮剧唱腔艺术的探索和创新上，做出大量卓有成效的工作。陈澄戏剧工作室的成立，是盐城市关爱戏剧艺术人才、弘扬淮剧艺术的重要举措，充分发挥其淮剧研究、传承、发展、交流方面的作用，进一步发展丰富淮剧唱腔，弘扬传统、传承艺术、培养新人，推动淮剧艺术更好的保护和发展。（陆　颖）

第33章　新闻出版

责任编辑　赵　丽

第一节　报　刊

一、《盐阜大众报》

2017年，盐阜大众报报业集团履行新闻舆论工作职责使命，为建设“强富美高”新盐城营造舆论氛围。全年，集团新闻宣传、报业经营等各项工作取得新成绩，集团报纸稿件被外网转载2000多篇，其中首页近百篇；从盐城新闻网平台向外推送的外宣稿件4000多条，盐城新闻网有8万多条新闻被国内外重点网站选用。先后获得中国报业首届创新项目奖、第二届省“十强报纸”、市“6·23”灾后重建工作先进集体和宣传思想工作创新奖等十多项集体荣誉，第四次获得江苏新闻奖，涌现出全国报纸自办发行工作先进个人、省“走转改”活动先进个人、首届感动江苏报业十大人物、省报业经营开拓先进个人、省巾帼文明岗、市十大杰出青年和五一劳动奖章获得者等一批先进典型。

宣传报道　年内，报业集团突出重大主题报道，推出中共十九大宣传报道、“五个一”战略工程系列报道、产业强市多轮组合报道、“6·23”灾后重建一周年专题报道等20多个主题策划。创新政务报道，集团媒体平台增加有影响力的新闻客户端和《盐城发布》微信公众号，政务报道及时，传播范围更广。《盐城市委全委开到“田间地头”，用身边人身边事引领富民实践》一稿推送到新华社客户端后，阅读量50万人次。8月起，《盐城发布》微信公众号，通过提升内容品质，创新传播方式，阅读量、点赞数大幅增长。民生实事工程宣传报道贯穿全年，集团各媒体平台推出重大民生工程专题策划8个，报纸专版100多个，“五个一”战略工程稿件1638篇。“走转改”持续开展，全年先后组织“新春走基层”活动、“五个一”战略工程、园区项目观摩回访、农业结构调整、重大项目、科技创新、民生实事、富民增收、文明创建、深化改革等10多个专题策划，采写“走基层”稿件数百篇，对外宣传扩大盐城影响，组织采写的反映盐城乡风文明建设和探索高质量发展的重头稿件在《农民日报》《新华日报》头版头条刊出。

作品获奖　年内，集团修订日报、晚报、东方报和新媒体好稿评选办法，鼓励引导采编人员创作发表一大批有品质的新闻产品，其中《麋鹿回归大丰30年拥三项“世界之最”》作为全省唯一获江苏新闻奖的报刊消息类作品。集团在全省各类报纸优秀作品评选中获得一等奖7个，二等奖16个，三等奖16个，获奖总数39个。在全国报纸副刊优秀作品评选、全国赵超构新闻奖评选、中国地市报新闻奖摄影作品评选、省优秀新闻摄影作品评选中，有30多件作品获奖。盐城新闻网的端午节网络专题摘得“网络中国节·优秀网络文化内容推选展示活动”优秀专题页面奖，新闻客户端和盐城新闻网有14件作品阅读量达10万人次。

媒体融合　年内，报业集团坚持移动优先，推进媒体深度融合，建设3个新的平台。4月，新闻客户端正式上线，至年底下载量74万人次。8月，报社代维护“盐城发布”微信公众号，由原来一天推送1次发展到一天推送2~3次，至年底发稿700多条，累计阅读量170万人次。10月、11月，融媒体指挥中心大厅和演播厅先后建成，为实行采编工作零距离统一指挥调度和访谈直播工作提供保障。集团打造的统一指挥、统一采访、统一编辑、统一运营、分开发布——融媒体“4+1”平台，被《中国新闻广电出版报》、杂志《中国报业》予以重点推介，中国报业协会为报业集团授牌“中国报业融媒研究中心”，集团媒体深度融合工作跻身全国报界先进行列。

报业经济　年内，集团实现报纸广告产业经营和发行收入稳步增长，共印各类报纸1.52亿对开张，销售收入2700万元，其中对外开票销售1100万元，实现利润206万元，全年实现总收入1.76亿元。其中，集团广告及产业经营到账收入1.69亿元。2018年度《盐阜大众报》征订工作取得进展，发行量增长近30%，发行总收入增长60%。《盐城晚报》小记者订阅量上涨，发行数量实现稳中有升。《东方生活报·老爸老妈》征订数与上年基本持平。发行公司坚持“发行与创收”并重，开展多种经营创收。印务公司多措并举筹资购纸，降低新闻纸采购成本，保障党报用纸安全。在做好报纸印刷主业的基础上，投资购买数码打印设备和印后设备，完成销售收入40多万元，实现良好开局。

二、《盐城晚报》

2017年，《盐城晚报》组织实施新一轮改版，精减版面，提高可读性，增强服务性，增加本土新闻，让晚报“最盐城，最贴心”。《盐城晚报》微博、《盐城晚报》微信公众号“双微”常年正常运营，官方微博当年粉丝增加12万人，独立主持15个话题，总阅读量超1亿人次。其中，话题“盐城正能量”阅读量超过1800万人次、“盐城快新闻”5个月阅读量超过925万人次、“刚刚发生”3个月阅读量超过460万人次。在年度揭晓的全国和省级等各类好新闻评选中，《盐城晚报》共有25件作品获奖，获奖等级和数量在同行中名列前茅。

宣传报道 年内，《盐城晚报》坚持以人为本，持续策划组织有“晚报味”的读者欢迎的新闻作品。在服务中心工作方面，以小人物、小故事，“晒晒我的获得感”，报道中共十八大以来盐城经济社会发展成就；以跑现场、抢时效，快速、及时报道“五个一”战略工程的每一步进展；以“军歌嘹亮”为主题，连续12个整版，报道建军90周年和新四军成立80周年纪念活动等。2017年，《盐城晚报》报道盐城正能量最为突出，全年报道发生在盐阜大地的各类好人好事700多篇，每个月的“盐城好人”均在晚报报道过。

作品获奖 年内，《盐城晚报》在揭晓的全国和省级等各类好新闻评选中，有25件作品获奖。其中，消息《400多只濒危野生动物被解救》（作者：徐群群）在赵超构新闻奖评选中获一等奖，副刊《一尊木炮》（作者：征跟东，编辑：龙青云）在江苏省报纸优秀作品评选中获一等奖。

公益活动 年内，《盐城晚报》组织开展社会公益活动，“帮你找”平台为80多位盐城人找到他们想要找的老同学、老恩师、老战友，以及走失的亲人，帮多位婴儿时被抱养的孩子找到自己的亲生父母，帮市民找到丢失的物品。“帮办”“爱心”平台，全年为弱势群体解难事、办实事；《盐城晚报》小记者社会实践活动常年开展，内容丰富多彩，晚报品牌效应和社会美誉度彰显。

三、《东方生活报》

2017年，《东方生活报·老爸老妈》注重报纸的独特风格和文化品位，充分发挥老年报的特长，策划推出一系列贴近民生、有温度的重大主题报道，为父母奉上专属悦读体验。围绕重阳节，集中推出8个整版的专题报道，各版刊头统一设计，品种丰富，有全市“十佳”涉老典型的专访，九旬夫妻的金婚故事，还有与重阳有关的美食和博闻等，受到中老年读者的欢迎。感恩节前夕，推出8个版面的专题报道“感谢有你”。这组报道通过讲述故事、表达心语、话题互动，感恩父母、感恩社会。年内，《东方生活报·老爸老妈》向全媒体行动、立体式传播转变，借助官方微信等新媒体平台，新闻传播的时效性更强。组织策划的重大主题报道，“金婚风采”“特别关注”“开讲”等大型系列报道，经官方微信第一时间推送，阅读量和点赞数均节节攀升。

（费如星）

第二节　广播电视

2017年，市广播电视台加强新时代主流媒体传播规律和发展趋势的研究，推动舆论宣传各领域工作创新。与有关部门联合打造“人人朗读”“知乎女性”等品牌。纪录片《兄弟》在国台办组织的“海峡两岸纪录片节”上获组委会大奖，为全国地市级台唯一获奖者。组织境内外17家主流媒体，联手进行“鹿王争霸”融媒体直播，引发央视、新华网、今日头条等权威媒体的关注报道，彰显盐城生态底色和绿色发展成果。策划“百家网媒总编辑盐城行”活动，集中采访展示全市“五个一”战略工程建设成就，共在268个媒体专栏发布488条宣传文章，手机直播观看总人次超150万人次。坚持移动优先，发展新兴媒体。年内，“智慧盐城”用户下载量快速提升至170万次，实现突破性爆发式增长，用户规模领先本土同类媒体，基本形成“一家独大”的格局，为实现区域垄断赢得主动。始终坚持整合资源，推动媒体协同联动。公益广告宣传片《别说今天是母亲节　你在陪伴才是过节》等一批新媒体内容产品上线后第一时间被交汇点新闻客户端约稿采用。《画里盐城》《内环高架刷新“盐城速度”》《夜空中最美的盐城》《致温暖的你：一封来自盐城的信》等融媒产品内容丰富，手法鲜活，连续创下百万级阅读量。2017年，全台累计实现收入1.5亿元，全面完成年度经营创收目标任务，初步扭转2014年以来全台收入总体下降趋势。

一、广电宣传

2017年，市广播电视台将中共十九大精神宣传和全市中心工作宣传有机结合、统筹推进，策划《砥砺奋进的五年》《十九大时光》《学习宣传贯彻党的十九大精神》等挂牌专栏，实施“坚定信心促发展”“高铁建设周周看”“富民路上”等20多轮新闻行动，推出30多篇系列深度解读，组织“大走访 大落实”“263在行动”“6·23这一年”“创建红黑榜”等主题宣传文章200多篇。多次对《盐城新闻》实施改版，优化主题调整布局，凸显时政特征和盐城元素，有效提升可视性和吸引力。央视索福瑞收视调查数据显示，栏目7天平均收视率较改版前上升10%以上。策划制作《盐城抗击“6·23”特大龙卷风纪实》《富民路上》《阔步新征程》等专题片，全景展示和深度解读全市中心工作，引发社会各界热议关注，省委、市委主要领导予以充分肯定。其中，《盐城抗击“6·23”特大龙卷风纪实》全网点击量突破1700万次，创下本土原创视频点击量的最高纪录。加强与央视、省广播电视总台等主流媒体联动协作，第一时间推送“落实省33条打通富民经络”等重点报道，及时上报盐城亮点工作。与东方卫视、新华网、澎湃新闻等上海主流媒体实施战略协作，为盐城快速融入上海“一小时经济圈”提供有力舆论支持。全年在中央电视台《新闻联播》用稿39条，省广播电视总台《江苏新时空》用稿319条，用稿量位列全省城市台首位。

二、安全播出

2017年，为保证中共十九大安全播出，市广播电视台投资200多万元，实施中心机房建设，将制作、播出、新媒体等系统设备集中布置，新的机房全部采用精密空调，保证机房内部的温度和湿度要求，机房基本实现全封闭，同时全部更新使用新的标准机柜和电源，为设备的稳定安全运行提供基础保障。6月，市广播电视台联络并协助市防雷检测中心对城南电视发射台、张庄中波发射台和广电中心的制作机房、播出机房等基础设施和专业技术设备均进行全面防雷接地检测工作，同步请消防设备公司对各机房消防设施、干粉灭火器等进行检验，消除安全隐患。重新梳理各技术系统和责任节点流程。抽调技术人员40多名，成立7个应急小组，进行实战模拟演练。7月19日凌晨0：05—1：50对电视中心机房进行断电实战演练，8月29日凌晨0：00—1：00对广播机房进行断电和信号故障模拟演练，切实增强了技术一线工作人员应急处置能力。（王建怀　王春明）

第三节　出版管理

2017年，盐城市有出版物发行点数529个，其中市区17个；印刷企业数351家，其中市区6个。全市有公开发行报刊11种，内部出版物45种。年内，市文广新局加强报刊市场监管。联合宣传部等相关部门组织盐阜大众报报业集团等报刊单位负责人开展培训学习。《盐阜大众报》《大麦与谷类》等报刊参加全省报刊评比、政府奖申报等各类活动，《盐阜大众报》被评为省十强报刊、全国城市日报20强。组织开展报刊社、记者站专项整治行动，坚决取缔未经批准设立的报刊出版发行机构，严厉打击非法报刊。对盐城新闻网、鹤鸣亭、123网、盐城手机报等各类重点新闻网站逐一上门督查。会同宣传、网信、公安、通管办等部门，开展网络游戏专项整治行动。组织各地文广新、公安、网信等部门开展公共阅读新空间专项整治行动，对APP、网站进行专项检查。全年发布审读报告15期，引导宣传舆论。开展全市内部资料性出版物核验和专项整治工作，严格审核，把好关口，清退注销连续性内部资料出版物一家。将“12318”举报电话整合进政府热线“12345”，全天接受违规违法举报。响水成功查获非法出版报纸案，收缴非法报刊4万多份。

一、全民阅读

2017年，全市上下围绕“推动全民阅读、共建书香盐城”主题，以“盐渎风”盐城市读书节为统领，打造品牌阅读活动，培育壮大社会阅读组织，推动书香盐城建设。4月，盐城获全省首批、苏北唯一“书香城市建设先进市（设区市）”称号；9月，“盐渎风”盐城市第四届读书节在第二届中华学子青春国学荟活动中，被评为全国优秀国学教育项目；12月，盐城市“‘天天悦读1+X’全民阅读服务模式”获国家公共文化服务体系示范项目创建资格；全市综合阅读率、居民阅读指数继续位居苏北第一。

年内，全民阅读活动被市政府列入为民办实事项目和文化惠民工程。在全省率先实现各县（市、区）全民阅读促进会全覆盖，“邮政会读馆”“醉里挑灯”“浠沧月”朗读等60多个社会阅读组织相继成立并定期开展阅读活动。评选产生全市首届十大优秀阅读组织、优秀阅读领读者，建立1200多人的全民阅读志愿者队伍，盐城市图书馆成为全省首批公共文化设施学雷锋志愿服务示范单位，图书馆公益联盟获得盐城市首届“最佳志愿服务组织”称号。建成“书香盐城”在线网站，开通“书香盐城”微信公众号和阅读工作微信群，开设书香地图、阅读推广、论坛讲座、书香评比、好书推荐、活动公告等宣传栏目，及时发布全民阅读工作安排和活动信息。在国家、省、市各类新闻媒体上播发专题新闻稿件400多篇（条）。“书香盐城”微信公众号关注人数已近5万人，累计发布全民阅读活动信息2000余条。7月，在盐城市全民阅读领读者开班仪式上，聘请朱永新、曹文轩、王尧、徐小健、张晓惠5位文化名家、大师担任盐城首批书香盐城形象大使。东台市2.5万平方米图书馆新馆破土动工，大丰1.7万平方米新馆投入使用。市区首批46个鸟巢漂流书屋建成运行。和南通、连云港共同发起成立沿海城市全民阅读联盟，盐城成为首家轮值市。全市初步形成以县级以上图书馆为主阵地、乡镇（社区）图书馆（分馆、室）为依托，村农家书屋、社区书屋为服务点，便民书吧、流动图书馆等为补充的全民阅读设施建设，为阅读推广、交流、信息服务等提供平台。

年内，盐城以创建书香城市为契机，紧扣全民阅读主题，通过书评、文摘、访谈等专版、专栏，宣传介绍图书、报刊、音像、电子、网络等各类的优秀读物，利用微信公众号、微信群、门户网站等媒体，以满足各类群体的阅读需求。先后举办盐城市“书香盐城”诗文诵读大赛决赛、“七彩的夏日·走进书香盐城”未成年人暑期思想道德实践活动、尚庄农民读书节、珠溪社区首届读书节、盐城市第五届“书香盐城·放飞梦想”少儿绘画大赛、盐城市第二届报刊悦读节、“最美阅读推广人”、书香盐城微信公众号推广等活动，弘扬盐城“崇文重教、读书明礼”的阅读风尚。年内，全市“盐渎风”累计组织活动70大项1000场次以上。其中，“盐渎风”第五届读书节活动被团中央评为全国优秀国学教育项目。妇联、交通、教育、科协等部门开展“职业阅读季”“书香女性”“金钥匙科技竞赛”“国学经典诵读”等阅读活动。继续开设"黄海讲坛""机关周一大讲堂""铁军文化大讲堂""三贤讲堂"等品牌讲座，致力于宣讲新四军文化、海盐文化、国学经典等特色文化。举办"书香盐城建设"学术研讨会，编辑出版《文韵盐城·书香卷》《公共文化服务供给方式创新研究》等一批新书，组织"全市优秀阅读服务成果"评选展示，拍摄制作"文化盐城"电视专题片，承担全省社科全民阅读课题研究等活动，不断满足市民多元化、多样化的阅读需求。

盐城市第三届"亲子阅读"高层论坛举行 6月10日下午，盐城市第三届"亲子阅读"高层论坛在盐城市实验小学希望剧场举行。论坛由南京图书馆、江苏省作家协会、市全民阅读办、市文广新局、市教育局主办，市全民阅读促进会、市图书馆等具体承办。亲子阅读示范单位领导、亲子阅读推广人、学生和家长代表共700余人参加了论坛交流活动。此次论坛是2017年"盐渎风"盐城市第五届读书节推出的重点主题活动之一，旨在推广"亲子阅读"的理念，分享"亲子阅读"的方法与乐趣，探讨"亲子阅读"的发展方向。

沿海城市全民阅读联盟在盐城成立 11月18日，沿海城市全民阅读联盟成立仪式在盐城市图书馆多功能厅举行。活动由沿海城市全民阅读联盟筹备组主办，盐城市、南通市、连云港市全民阅读促进会等共同承办。沿海城市全民阅读联盟的成立，旨在动员社会各界力量参与全民阅读建设，整合沿海城市各地区馆藏、人才、技术、品牌服务等方面的资源，通过品牌联创、活动联办、培训联做、平台联建，搭建多层次、多门类、多方位的交流合作平台，形成资源共享、优势互补、区域联动、服务基层的长效运行机制，提升沿海城市全民阅读活动的辐射力和影响力，推广全民阅读，共建沿海书香城市。

盐都区第四届农民读书节举行 4月14日下午，2017年盐城市盐都区第四届农民读书节暨"华泽书社读书月"启动仪式在盐都区尚庄镇吉村华泽书社举行。盐都区第四届农民读书节为期一个月，以"全民阅读与乡风文明"为主题的，包含"阅读与乡风文明"、国学传读、创业交流等10个系列。启动仪式现场举办尚庄镇志愿者服务活动、华泽书社"全民阅读与乡风文明"主题展、文明城市创建倡议签名和科普灯谜、盐城新华书店有限公司盐都分公司向华泽书社捐赠图书、优秀家风家训征文优胜奖和十佳文明和谐标兵户颁奖及"倡导阅读"专场文艺演出等多项活动。

二、扫黄打非

2017年，盐城制定《盐城市2017年"扫黄打非"行动方案》及各项专项行动方案，细化任务，责任到人，切实强化对"扫黄打非"工作的组织领导，保证各项任务落到实处。1月13日，召开全市"扫黄打非"工作会议，会议对全市2017年"扫黄打非"工作任务及"清源""净网"等专项行动等重点工作进行统一部署，同时制定下发2017年全市"扫黄打非"工作职责分工、重点任务分解、考核细则等相关文件，将"扫黄打非"工作责任分解到位，落实到人。2月26日，全市统一组织开展"两会"期间及春季开学前后出版物市场集中执法行动。对师范学院、工学院、高职园区、盐中、一中、一小、毓龙路实验学校等校园周边，盐城火车站、汽车站、盐都汽车站等交通枢纽，盐城书城等出版物经营门市，盐城图书城等图书集中经营场所，海龙路、迎宾北路等图书经营摊点常见路段，盐都物流园区等物流企业集中区域，以及盐城华光印刷厂等相关市区出版物印刷企业进行检查。滨海、建湖、阜宁等各县（市、区）也同步开展集中整治行动。3月，大丰、响水、射阳等各县（市、区）分别制定行动方案，相继开展"净网""清源""护苗"等5项专项行动。4月27日至5月7日全市组织开展学校图书馆馆藏图书专项检查。7月2日—3日，市"扫黄打非"办组织市有关部门（单位）开展市区中小学及其周边出版物市场、高校内及其周边复印店执法检查。建湖、东台集中开展为期两个月的暑期文化市场专项整治行动。工商部门与全市工商、市场监管部门3项集中执法行动、"春雷"广告专项执法行动、"红盾网剑"专项行动等执法行动有机结合，成立大要案件专案组，项目化、序时化推进执法办案工作，进一步加大对无照制售文化产品、经营黑网吧、制售政治性非法出版物和侵权盗版物品等违法行为的整治力度。

省"扫黄打非"督查组在盐城检查 9月4—5日，省"扫黄打非"第一督查组对盐城市"扫黄打非"专项行动和年度"扫黄打非"工作开展情况进行督查。督查组先后到市区中小学周边出版物市场、出入境旅检现场、印刷复印企业、邮政快递网点、门户网站等15家单位进行实地检查。5日下午，督查组在盐城召开座谈会，通报督查反馈意见。督查组认为，盐城各级党委、政府高度重视"扫黄打非"工作，全市"扫黄打非"工作组织部署有力度、监管效能有提升、深入基层有成效。督查组要求盐城继续开展各项专项行动，加大案件查办力度，推进"扫黄打非"进基层全覆盖，做好"扫黄打非"各项工作。（卢云岭）

第34章 档案史志

责任编辑 赵 丽

第一节 档案管理

2017年，全市档案系统继续为利用者提供优质、便捷、高效的服务。市档案馆充分利用互联网、电子政务网等渠道，打造升级版的“档案服务快捷通”。全年，市档案馆接待查档2691人次，提供档案利用3.21万卷件次，复印档案材料4.66万页。东台市档案馆接待查档5343人次，调阅档案1.45万卷，复印档案2.76万页；大丰区档案馆接待查档4500人次，查阅档案5000多次，复印、摘抄1.5万页；射阳县档案馆接待查档5383人次，提供档案1.01万卷（件），出具凭证5724份；建湖县档案馆查阅档案6000人次，调阅档案近5万卷；阜宁县档案馆接待查档2502人次；滨海县档案馆接待查档1910次，提供档案资料2520卷、3220件，复印档案资料9550页；响水县档案馆接待查档2800多人次，提供档案证明600多份；亭湖区档案馆接待查档2500多人次；盐都区档案馆接待查档5000人次，为经济建设、工作查考、群众维权、编史修志等提供第一手资料。全市档案部门将档案馆舍建设放在档案事业发展的优先位置。市档案局新馆列入2018年城建重点工程，由老城区搬迁至新区行政中心，建筑面积由7800平方米扩容到5万平方米，已立项选址。射阳新馆着手内部装修，响水、滨海新馆破土动工，阜宁新馆进入规划建设阶段。强化对全市档案法治工作的组织领导、业务引领和监督管理，促进全市档案事业走上依法行政的轨道。聘请专业法律顾问，为各项工作提供有力的法制保障；将法宣处独立，从体制机制上把依法行政落到实处。发布《盐城市档案行政执法检查实施意见》，通过联合执法检查、年检考核与专项检查相结合推进《中华人民共和国档案法》的贯彻落实。策划开展全市档案执法首轮大检查，提升档案法制化水平。在全社会开展档案法律法规的学习、宣传和教育活动。结合《中华人民共和国档案法》颁布30周年，在“6·9”国际档案日、“七五”普法日等时间节点，开展高校知名专家宣讲、“万人学法”活动、“文明家庭 档案随行——家庭档案巡回展”、档案宣传社区行、“档案——我们共同的记忆”主题征文等一系列宣传活动。组织全市档案人员上岗资格考试，不断扩大档案普法覆盖面和普及率，提高全社会档案法治意识。各级综合档案馆充分利用网站、微信公众号等平台宣传档案，档案文化不断走进社会、走近群众。

一、馆藏档案

2017年，全市各级各类档案馆馆藏总量106.34万卷、129.34万件。以建设覆盖全市的数字档案馆（室）体系和数字档案资源共享体系为目标，推进数字档案信息资源体系建设。做好存量档案数字化、原生电子文件的收集归档以及电子档案的移交接收等工作。市档案馆完成92个全宗、200万页档案的扫描，馆藏档案数字化率由65%提高到73%；建立全市馆藏环保档案专题目录数据库、全文数据库。大丰区档案馆接收《大丰日报》（2016.6—2017.10）电子版，成为全市有史以来接收的第一批电子档案。至年底，全市各级党委政府直属档案馆累计完成馆藏档案数字化4319万页，数字化完成率49%，其中大丰区档案馆100%，盐都区档案馆91%，滨海县档案馆78%。大丰区档案局通过“国家级数字档案馆”系统测试，系苏北首家；盐都区档案馆获得AAA级数字档案馆授牌；大丰区法院、响水县法院创成AAAAA级数字档案室，盐城市检察院、东台国土所等8家单位创成AAAA级及以下数字档案室。

二、征集编研

2017年，市档案馆共接收12家单位文书档案，永久1597卷、8174件，长期94卷、7803件；举行“6·23”特大龙卷风冰雹灾后重建档案移交进馆仪式，接收858件灾后重建档案。接收破产企业燕舞集团档案，包括会计档案1万余卷，公章、获奖证书、原产品等各类实物档案。为配合省局“两聚一高”成果展，提供图片资料280幅。为配合省局筹办江苏省乡镇企业档案馆的相关工作，与建湖县、大丰区、东台市档案馆联系开展森达集团、丰山集团、富安茧丝绸公司的口述档案采录和档案资料的征集工作。各县（市、区）档案局在正常开展接收工作的同时，盐都区、亭湖区加强婚姻、计生档案的接收。东台市、大丰区档案局开展名人、字画及地方特色档案征集工作。利用馆藏档案资源，编著有社会主义特色的档案文化精品，市档案局先后在《中国档案报》《江苏经济报》《档案与建设》上刊发文章，组织编排原创情景剧《档案日记》。东台市档案馆的《东台年度纪事》出版发行，《馆藏东台革命斗争史资料汇编》《馆藏东台老红军资料汇编》进入排版印刷阶段。

三、指导服务

2017年，市档案局通过上门、电话、互联网通讯平台等形式对50多家机关企业事业单位进行档案业务监督指导。规范项目档案监督指导和验收程序，服务“五个一”战略工程，指导盐城市新水源地及跨区域引水工程项目建档工作，指导全市农村等级公路和全市路网建设档案工作，对9个县（市、区）交通局及10个市局直属单位的档案工作进行专项督查，对盐城机场T2航站楼等重大建设项目档案进行验收检查。推进河长制、百湖百川、国有林场改革等档案工作；做好全市100多个镇、170万农户的承包地确权档案工作，东台、大丰、响水、阜宁等县（市、区）土地确权档案通过省级验收；加强对金融保险档案工作的检查力度，指导推动精准扶贫档案的建档工作；全程参与全市创文台账资料的指导、收集、分类、整理和审核工作，牵头组织好全市创文台账资料的数字化扫描、制作和上传工作；推进各类企业的档案管理制度和标准规范建设，加强对新经济组织、新兴行业、新兴产业以及非国有企业和国有破产歇业企业档案工作的指导。年内东台市档案局完成首批家庭档案验收，并为6家示范户授牌；盐都区档案局与郭猛镇、楼王镇分别签订共建星级档案室协议。（王冬梅　王　静）

第二节　史志工作

2017年，市委党史办结合盐城实际，聚焦史志主业，主动谋划新时代史志工作新思路新任务，在相继制定下发《盐城市贯彻全国地方志事业发展规划纲要（2015—2020）实施意见》《盐城市贯彻〈江苏省2016—2020年党史工作规划〉的实施意见》之后，年底又提请市委印发《关于加强党史工作的实施意见》。3个《实施意见》体现市委、市政府对全市史志事业持续健康发展的总定位，确立新时代全市史志工作的总目标。在年内开展的全省党史系统“双先”评比中，市委党史办被评为全省党史系统先进集体。

一、地方党史

2017年，市委党史办加强全市改革开放和社会主义现代化建设新时期党史资料的收集整理和研究工作。编纂出版《中国共产党盐城执政实录》（2017卷），以执政实录、重要文件、重要报告、媒体聚集、统计公报五大部分近50万字，全面记录2016年度市委围绕“两聚一高”和“产业强市、生态立市、富民兴市”，重点实施“五个一”战略工程，领导全市经济建设、政治建设、文化建设、社会建设及生态文明建设和党的建设的生动实践和重大成就，展示执政成果，探索执政规律，为党委、政府提供资政服务，为研究盐城改革开放史积累保存资料，为党员干部群众提供学习读本。加强新四军历史和铁军精神研究。完成《新四军在盐城》丛书续编《激浊扬清——廉政建设卷》《中流砥柱——党的建设卷》两卷书稿的编纂和出版。启动《铁军精神研究》系列丛书，确立第一辑选题书目《新四军领导人论铁军精神》并形成书稿。同时，对各县（市、区）《老区发展史》丛书的编纂工作实施跟踪指导。陆续完成《强富美高新江苏——十八大以来党在江苏的新实践》中的《盐城：腾云而起的数据新城》《精准扶贫盐城新模式》《盐城产业绿色发展》三大专题约3万字；为《大江南北军旗红——人民军队革命年代在江苏的足迹》撰稿2万字、提供图片百余幅；为《江苏党史专题文集》组织3个专题约3.5万字；为《中共江苏党史人物传》第一卷组织撰写顾正红、李增援两篇传记约5万字。初步调查全市健在抗战老兵820人，其中接受过口述史采访43人，为2018年全面展开《中共抗日战争口述史料征集、整理与研究工程》这一全国性重大工程奠定基础。

二、地方志书

2017年，围绕省政府年度十大主要任务百项重点工程目标，市志办将2017年定为“二轮修志决胜年”，统筹布局，倒逼工期，强力推进。《盐城市志》送审稿形成后，提请“两办”印发《关于组织对〈盐城市志〉复审的通知》，广泛征求各地、各部门单位意见；发函征求“四套班子”领导、地市级老领导及市内外地情专家和方志系统专家学者意见建议，发送志稿近200套；发送短信150余条，与各地、各部门主要负责人对接落实市志复审工作。6月初，组织召开市志评审会，邀请省内方志系统的领导专家对志稿进行评审。6月底，省志办在盐城召开《盐城市志》终审会，最后以全省二轮修志以来获分最高的总体质量通过终审。会后，市志办着手梳理评审、复审、终审意见，形成问题清单，制定修改方案；召开专项会议，组织修改完善和打磨。至年底，主体志稿的修改完善基本完成。10月底，完成市志印务招标，签订出版合同。督查指导县志编纂出版。加大对县级志书的跟踪指导，分别组织召开《射阳县志》《阜宁县志》终审会议。推动名镇名村志编纂。江苏名镇名村志（第一辑）候选名单确定后，市志办加大服务指导力度，组织专题培训，提高编纂人员业务水平。4月，组织16名市县业务指导员和镇村志人员参加省志办举行的名镇名村志培训。邀请省方志办专家在东台进行培训和指导。至11月底，6部镇村志志稿均完成超半，其中《合德镇志》《安丰镇志》《富安镇志》完成初稿。12月上旬，组织市县业务指导员和镇村志人员参加省志办在常熟举办的江苏名镇名村志编修业务会议，其间与滨海、东台、射阳参会人员座谈，明确入选首辑《江苏名镇名村志》的任务目标。完成《江苏省志·政府志》《江苏年鉴事业发展报告》中有关盐城稿件的编纂工作，补充核实《江苏省志·人物志》中164名盐城人物传略稿件和名录名单。

三、综合年鉴

2017年，围绕《全国年鉴事业发展规划（2016—2020）实施意见》和全国年鉴精品建设工程，《盐城年鉴》着力在整体质量、特色品位和品牌影响力上全面提升。梳理地域历史文化元素，以系列呈现为主旨，创新年鉴品牌设计方案。封面以水绿盐城水墨画写意盐城新貌和地域象征，封底以古八景的“杨楼翠霭”衬托海盐名城，使盐城的文脉古韵与现代风姿、城市发展与湿地生态交相辉映。地图首次采用4K设计，地理标识扩至行政村，可灵活拆卸单独运用。夯实资料基础。围绕市委、市政府中心工作，以“6·23”特大龙卷风冰雹盐城抢险救灾纪实、党代会、开放交流、产业强市、生态立市、富民兴市为主题，精选大事要事，突出重点工程，图版专题直观展示城市风貌与城市特色；与图版相呼应，特载既突出“6·23”抢险救灾及灾后重建的时代精神，又展现盐城内环高架等重大建设成果。提升编纂质量。从框架设计、图版布局、内容编纂、附表配图，到印刷装帧等各个环节，严格质量标准，认真组织编校，全面提升质效。发展数字年鉴。2017年起，开始采用更方便保存的U盘年鉴配套发行，同时以信息化手段重新编排盐城年鉴资料链接方式，通过扫描二维码链接近十年年鉴全文及最新对外宣传片《大美湿地　水韵盐城》。与此同时，继续编出《市情手册》“口袋书”，赠送“两会”全体与会人员。在7月公布的第四届江苏省年鉴奖评选结果中，《盐城年鉴（2016）》《射阳年鉴（2015）》分获市县两级综合年鉴综合优秀一等奖，《响水年鉴（2016）》《滨海年鉴（2016）》《东台年鉴（2016）》获二等奖，《大丰年鉴（2014）》《盐都年鉴（2015）》获三等奖，《阜宁年鉴（2014）》《建湖年鉴（2016）》获单项优秀奖，实现全市上报年鉴获奖全覆盖。年底，市政府还召开专门会议，总结盐城年鉴创办以来特别是近五年来的成就，部署全市年鉴工作。会上，市政府还对全市20个优秀编纂单位和30名优秀编纂个人进行表彰。

《“6·23”风灾志》编纂工作启动会议召开　6月20日，《“6·23”特大龙卷风冰雹盐城抢险救灾暨灾后重建志》（以下简称“《“6·23”风灾志》”）编纂工作启动会议在盐城召开。会议研究部署、全面启动《“6·23”盐城抢险救灾暨灾后重建志》编纂工作。盐城市副市长葛启发致辞，省政府办公厅主任谢润盛讲话，省志办主任漆冠山主持会议并就启动编纂工作作说明，盐城市地方志办主任茆贵鸣、阜宁县政府副县长吴正年、射阳县志办主任邱明哲等3家承编单位负责人发言。省政府办公厅、省发展改革委、省民政厅、省教育厅等编委会部分成员单位和编辑办公室成员单位领导和工作人员近130人参加会议。《“6·23”盐城抢险救灾暨灾后重建志》是全省第一部灾异志。志书拟设11章，约50万字，重点记述重大灾情突发情况；中央、省领导重要指示、批示；省委、省政府部署要求；各级党委和政府及各有关部门组织抗灾救援情况；灾情发生造成的人员伤亡和财产损失、灾后人员安置情况；各地组织开展救援捐助情况；灾后重建系列情况等内容。

《江苏援藏援疆建设志·盐城篇》编纂工作会议召开

12月29日，盐城市政府召开《江苏援藏援疆建设志·盐城篇》编纂工作会议，启动《江苏援藏援疆建设志·盐城篇》编纂工作。各县（市、区）政府分管地方志工作负责人，市各有关部门和单位负责人，市对口支援新疆伊犁州察布查尔县工作组负责人等120人参加会议。编纂出版《江苏援藏援疆建设志》是省委、省政府部署的一项重要政治任务，盐城市政府成立以市长为组长的编纂委员会。会议要求编委会各成员单位充分认识援藏援疆建设志的编纂意义，加强组织协调，全面完成编纂工作。市地方志办公室主任茆贵鸣就《江苏援藏援疆建设志·盐城篇》编纂工作的启动情况作汇报。

四、宣传研究

2017年，市委党史办除重点完成省、市委布置的纪念建军90周年大型图片展和党史大讲堂这两项重点工作外，还围绕重要党史人物、重要纪念日、重大党史事件，组织开展多形式的宣传纪念活动。为迎接中共十九大胜利召开，组织参加全省党史系统迎接中共十九大理论研讨会征文活动，收到论文10篇。为纪念抗战爆发80周年暨新四军成立80周年，主办“新四军在江苏——盐城大型图片展”，展示新四军在江苏的光辉战斗历程和英雄业绩。组织参加省党史学会和省新四军研究会联合举办的纪念建军90周年暨新四军成立80周年研讨会。撰文参加省瞿秋白研究会纪念建军90周年暨八七会议召开90周年学术研讨会并作交流发言，论文入选《瞿秋白研究》文丛第10辑。《杨芷江请愿筑堤》入选省委宣传部、省干部理论教育讲师团《理论微故事》《铁军精神颂》《新编地方志如何在讲好中国故事中发挥作用》《新四军廉政建设的时代背景和主要做法》等一批专题文章相继在《铁军·纵横》等期刊发表。为纪念江苏省委成立90周年，组织2篇论文参加江苏党组织的创建及其历史贡献学术研讨会并在会上交流发言。参加省委和求是杂志社联合主办的习近平新时代中国特色社会主义思想理论研讨会，《深刻领会习近平中国特色社会主义思想是必须长期坚持并不断发展的科学理论体系》入选论文集。做好信息工作，全年上报市委办信息20条，位次有较大提升，被省委党史工办、省志办网站、《江苏党史工作信息》等采用信息25条，《提升党的十九大精神宣传宣讲有效性的几点建议》被省委信息中心采用。加强信息平台建设，制作盐城史志手机版，12月，微信公众号“盐城史志”正式上线。另外还组织撰写《伊犁执政纪实》盐城稿件；做好《关于筹办“中国共产党在盐城”主题展览的建议》提案的办理等。

（严志鉴）

社会民生

- 医疗卫生
- 体育事业
- 社会保障
- 社会事务
- 人民生活

第35章　医疗卫生

责任编辑　赵　丽

综　述

2017年，全市有医疗卫生机构3214个，其中医院163个，乡镇(中心)卫生院161个，门诊部（所）445个，卫生防疫监督机构20个，妇幼保健机构11个，村卫生室（社区卫生服务站）2310个，其他机构104个。全市有病床4万张左右，每千人口床位数为5.52张；卫生行业在职职工5.23万人，其中卫生技术人员4.09万人，占职工总数的78.19%，每千人口执业（助理）医师数为2.51人，每千人口注册护士数2.18人。年内，盐城市通过国家卫生城市复审，继续保持“国家卫生城市”称号；连续五届被表彰为全国无偿献血先进城市。盐城市家庭医生签约服务入选全国深化医改35个重大典型经验和省家庭医生签约服务十大创新举措，其经验在全国家庭医生签约服务现场推进会上作交流。加强市直医疗机构建设，将市中医院南扩工程列入2017年度重点工程，市一院一体化建设、市妇保院东区项目列入为民办实事项目，满足市区医疗服务需求；加快县域医疗卫生体系建设，实施射阳县人民医院、滨海县人民医院、大丰区人民医院、东台市妇保院、射阳县妇保院等一批重点工程，优化医疗卫生资源。强化基层医疗卫生体系建设，实施基层医疗卫生机构基础设施标准化建设3年行动计划（2015—2017），全年投入3.73亿元，全面完成34个乡镇卫生院标准化建设项目。

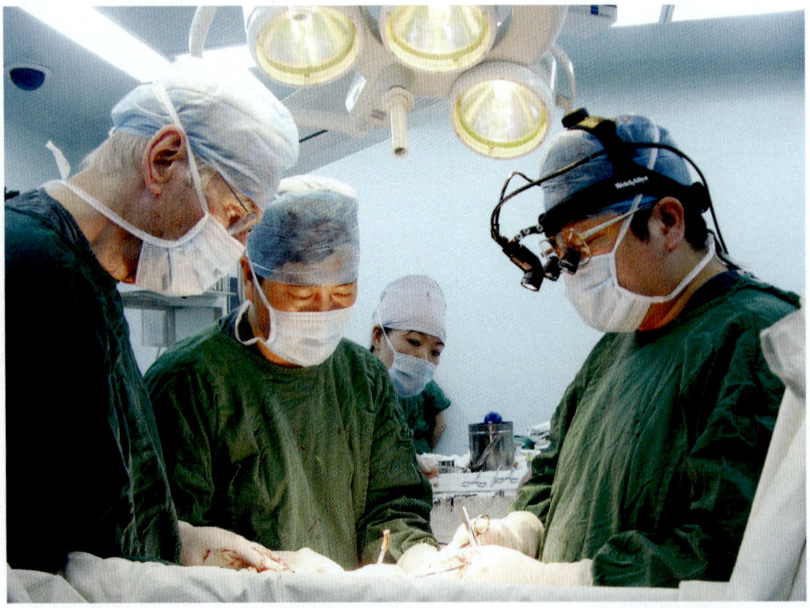

市一院邀请德国专家开展联合心脏手术。　　陶　林/摄

市第一人民医院　至年底，医院共设3个院区，实际开放床位3100张，职工3058人。其中，高级职称474人，中级职称628人；博士47名，硕士491名。医院有博士培养点1个，硕士培养点18个，博士生导师1名，硕士生导师34名，被确定为省“333工程”人才12名、省“科教强卫”工程人才8名。医院建成一批特色鲜明的重点专科，神经内科、产科被评为江苏省临床重点专科；业务科室全部列为市级临床重点专科；肾脏内科等18个科室被评为市级临床重点学科。医院建立国家住院医师规范化培训基地，组建国家药物临床试验基地。医院拥有万元以上医疗设备3949台件，设备固定资产7.80亿元，医疗设备达到国内先进水平；有集成度较高的覆盖全院的信息系统。全年诊治门诊、急诊病人115.5万人次，收治住院病人10.8万人次；获省新技术引进奖1项，在研省级以上课题达11项，获市科技进步奖4项，市新技术引进奖16项。

市中医院　至年底，医院编制床位1450张，实际开放床位800张，开设病区21个。有职工821人，其中中高级职称357人；省名中医6人、市名中医19人；硕士113人，博士8人。拥有4个国家级、2个省级名老中医药专家传承工作室和2个国家规培基地。开设临床及医技科室41个，其中国家临床重点专科建设项目1个（中医儿科），

表35-71

2017年全市卫生计生基本情况

	数量	与上年比增长数	与上年比增长率（%）		数量	与上年比增长数	与上年比增长率（%）
卫生机构（个）	3214	–19	–0.59	卫生人员（人）	52253	2598	5.23
医院（卫生院、社区卫生服务中心）（个）	324	13	4.18	卫生技术人员（人）	40857	1385	3.51
床位（张）	39985	1322	3.42	乡村医生（人）	3676	317	9.44
医院（卫生院、社区卫生服务中心）床位（张）	39220	1238	3.26	个体诊所开业人员（人）	564	215	61.6
平均每千人口医院（卫生院、社区卫生服务中心）床位（张）	5.42	0.17	3.24	平均每千人口卫生技术人员（人）	5.64	0.18	3.3
常住人口	总数（万人）		724.22	卫生费用（政府公办）	医疗卫生经费（万元）		291957
	出生率（‰）		9.5				
	死亡率（‰）		7.7				
	自然增长率（‰）		1.8		卫生系统固定资产（万元）		113861
医疗服务	诊疗总人次（万）		4394.91		卫生系统基建投资（万元）		67660
	门诊人次（万）		4086.69		平均每一门诊人次医疗费用（元）		142.99
	急诊人次（万）		214.89				
	住院总人次（万）		119.21		平均每一出院病人医疗费用（元）		7130.73

国家中医重点专科2个（儿科、肿瘤科）、省级中医重点专科4个（骨伤科、脾胃科、心内科、针灸脑病科）、市重点专科13个。全国中医临床优秀人才3人，省中医优秀临床人才5人，省“333工程”第二层次培养对象1人，第三层次培养对象8人。年内，医院业务收入3.72亿元，总收入3.93亿元，门急诊62.91万人次，出院病人2.24万人次，西成药占比32.01%、中药饮片、制剂占业务收入14.45%、住院中药饮片使用率100%。

市第二人民医院　至年底，医院实际开放床位390张，有职工457人，其中卫技人员401人，具有高级职称85人，中级职称127人。肿瘤内科、感染科和结核病科为市级临床重点专科，感染科同时为市级医学重点学科。8月18日，组织发起成立盐城市肿瘤防治联盟，10月28日揭牌成立上海肺科医院结核科肖和平工作室。全年医院诊疗7.33万人次、出院9033人次，床位使用率103%、平均住院日16.8天，实现业务收入1.44亿元。开展“情系村医善在二院”关爱村医健康防癌体检活动，投入80万元为全市19个乡镇近2000名基层医生进行防癌体检；开展“为爱奔跑跑出希望”关爱肿瘤患者慈善公益长跑活动，邀请奥运冠军骆晓娟担任形象大使；开展第二届“爱心相伴温暖生命”关爱肿瘤病人慈善公益捐赠活动，共有12批132人领取近20万元慈善救助款。

市第四人民医院　至年底，医院共设有1个门诊、9个病区，核定床位500张，实际开放床位350张，在岗职工315人，其中卫技人员274人，具有高级职称62人，是二级甲等精神病防治医院。医院挂牌成立盐城市精神卫生技术指导中心、盐城市红十字老年康复医院、盐城市心理咨询中心、盐城市四院法医司法鉴定所、盐城市惠民医院、盐城市民政救助优抚医院，成立睡眠医学中心，首次成为“国家精神心理疾病临床医学研究中心”联盟成员单位。年内，医院门诊诊疗8.32万人次、住院2839人次，门诊人均费用476.26元、实现业务收入7498.18万元、总收入8688.09万元。

市妇幼保健院 市妇幼保健院是三级甲等妇幼保健院，是江苏省人民医院战略协作医院，江苏省新生儿危急重症救治中心，江苏省乳腺疾病诊疗中心盐城分中心，江苏省首批"爱婴医院"，扬州大学医学院、江苏医药职业学院附属医院，苏州大学医学部、安徽医科大学教学医院。至年底，医院有职工777人，其中卫技人员661人，高级职称133名，博士、硕士69名。全年总收入2.1亿元，门诊38万人次、出院1.6万人次。儿科是省临床重点专科，新生儿科是省妇幼保健重点学科，有市级重点学科、专科8个。医院有名医工作室2个，为江苏省人民医院王水工作室、南京市儿童医院赵德育教授工作室。

市口腔医院 市口腔医院是市区唯一的三级口腔专科医院，分设南北两院，设职能科室12个，业务科室13个，临床医技科室8个，其中口腔种植科、口腔正畸科为市口腔临床重点专科，口腔内科为市级临床重点专科建设单位。医院有在职职工160余人，其中卫技人员138人，中高级职称46人，硕士研究生13人，入选省"333工程"培养对象3人，省优秀科技工作者1人，盐城市名医生1人，盐城市医学重点人才1名。年内，医院门诊11.2万人次、住院372人次，业务收入3249.13万元。

第一节 卫生保健

2017年，市卫生计生委完成市直机关事业单位1.66万人年度健康体检工作。做好重大活动医疗卫生保障工作，派出医护人员478人次、卫生监督员146人次，出动医疗急救车101辆次，完成36次重大活动期间医疗卫生保障任务。做好妇幼保健工作。年内，全市孕产妇死亡率和婴儿死亡率得到有效控制，全市婚检率81.51%，出生缺陷发生率为3.48‰，产前筛查率92.39%，新生儿疾病筛查率99.77%。推进县级妇幼保健院和基层医疗卫生机构妇幼健康门诊规范化建设，全市有81家通过市级规范化门诊验收，合格率55%。响水县小尖镇中心卫生院、南河镇中心卫生院、射阳县特庸镇卫生院通过省级评估，获得"省级示范基层医疗卫生机构妇幼健康规范化门诊"称号。推进妇幼健康优质服务示范工程建设，大丰区被评为省妇幼健康优质服务示范县（市、区），推进联合体运行和分级服务。加强高危孕产妇和新生儿救治体系建设，市、县两级孕产妇和新生儿危急重症救治中心建成率100%，市一院和市妇幼保健院分别建成省级孕产妇和新生儿危急重症救治中心。年内，全市成功救治348例危重孕产妇、2229例危重新生儿。规范妇幼重大公共卫生服务项目实施，年内，全市农村孕产妇住院分娩补助、农村妇女叶酸补服和"两癌"筛查项目完成率分别为126.11%、124.76%、105.47%，艾滋病、梅毒和乙肝母婴传播阻断项目检测率为100%，筛查出239例梅毒感染孕产妇，HIV孕产妇7例及4例所生儿童、1972例乙肝表面抗原阳性产妇所生1995例新生儿，全部实施干预，乙肝免疫球蛋白免费接种率99.15%。明确免费孕前优生健康检查项目任务分配，规范项目室间质控，全年项目完成7.10万人，任务完成率102.40%。组织全市病残儿医学鉴定和计划生育手术并发症鉴定，鉴定病残儿15例，计划生育手术并发症2例。

第二节 疾病控制

2017年，全市加强传染病防治，落实预防接种规范管理，推进慢性病综合防控，全年甲、乙类传染病报告发病率为99.12/10万，适龄儿童免疫规划疫苗接种率保持在95%以上，重性精神病人在册管理率为96.72%，规范管理率为96.23%。

一、重点传染病防治

2017年，市卫生计生委执行传染病疫情报告制度，加强霍乱、手足口病、流感等传染病检测，及时分析和研判传染病疫情信息；开展各类传染病培训会议，不断提高传染病防控能力；落实联防联控工作机制，强化学校、幼托机构易发传染病的防控；规范处置突发公共卫生事件，落实隔离治疗、全面消毒、加强监测、健康教育和疫苗接种等各项综合防控措施。推进结核病分级诊疗和综合防治服务模式，规范患者转诊诊治，开展重点人群主动筛查，推广应用新诊断技术，创新患者管理模式，不断提高结核病防治管理水平。全年共登记报告肺结核2305例，病原学阳性病人833例，确诊耐多药肺结核病人38例，疾控追踪医疗机构网报病人的总体到位率97.4%。艾滋病防治监测网络不断完善，全年开展HIV抗体筛查89.6万人次，占全人群的12.38%，新发现HIV感染者和艾滋病病人267例；继续推进艾滋病抗病毒治疗工作，全年共对1154例艾滋病病毒感染者和病人实施免费抗病毒治疗，治疗覆盖率94.75%；强化艾滋病宣传教育，举办盐城市大学生防艾同伴教育主持人大赛活动，在全省比赛中获二等奖，有效提升青年学生防护意识。完成全市历史麻风病人信息复核工作和7所麻风村《建国后江苏省麻风院村志》的编纂任务。

二、计划免疫实施

2017年，全市二级以上一般预防接种门诊设置比例为77.51%（131/169），三级以上一般预防接种门诊比例为10.06%（17/169），适龄儿童免疫规划疫苗接种率全部达到95%以上，家长满意度98%以上。开展成年人重点人群含麻疹成分疫苗查漏补种，完成脊髓灰质炎相关病毒封存销毁和Ⅱ型脊髓灰质炎疫苗相关病毒登记清册，推进一类疫苗预防接种异常反应商业补充保险，规范开展二类疫苗采购，做好疑似预防接种异常反应的监测和报告。组织预防接种工作规范、免疫程序的学习培训，开展免疫规划专项检查，有效提高全市预防接种服务水平和工作质量。

三、慢性病防治

2017年，全市推进慢性病防控综合门诊建设，建成慢性病综合门诊50个、在建21个。加强慢性病综合防控示范区创建，大丰区通过国家级慢病综合防控示范区的评审，盐都区通过国家级慢性病综合防控示范区的复审。开发覆盖全市一级及以上医疗机构的慢性病监测信息系统，举办试点工作培训、现场推进等会议，全面推广东台市、亭湖区和市二院试点工作经验。联合市体育局举办盐城市全民健康健步走暨全民健康生活方式第二阶段行动启动仪式，不断扩散健康理念，引领健康生活方式。开展市区主要医疗机构死因和肿瘤漏报调查，进一步规范慢性病防治工作。在全国肿瘤登记工作会议上，全市5个单位获国家癌症登记中心表彰。射阳县疾控中心、建湖县疾控中心受省卫生计生委通报表扬。全市8个县（市、区）肿瘤登记资料被国家肿瘤登记中心的年度报告收录。

四、严重精神障碍患者管理

2017年，市卫生计生委制定印发《关于进一步加强严重精神障碍管理治疗工作的通知》，指导全市规范开展严重精神障碍管理治疗工作。召开全市严重精神障碍患者管理治疗工作会议、培训班，加强管理、技术指导。开展全市严重精神障碍管理治疗工作专题督导检查，下发督查通报及问题清单。开展以三级以上易肇事肇祸精神障碍患者为重点关注对象的大排查活动，与综治、公安、民政等部门配合，共享严重精神障碍患者摸排信息，落实管理服务措施，营造安全稳定的社会环境。加强免费医疗救治服务，对综治等部门、家庭成员、强制医疗等途径送治的精神障碍患者做到应收尽收、应治尽治。落实严重精神障碍患者随访管理，基层医疗卫生机构对辖区内在家居住的严重精神障碍患者进行定期规范随访，对患者及其家属开展精神卫生健康教育，指导患者服药和开展康复训练。督促各地争取财政投入力度，落实免费医疗救治、以奖代补等政策，保障所需经费，并列入本级财政预算。年内，全市在册患者3.21万人，报告患病率为4.43‰，在管患者3.10万人，在册管理率96.72%，规范管理率为96.23%，患者服药率为63.65%，规律服药率为41.76%，各项指标均达省级要求。

五、血吸虫病、地方病防治

2017年，市卫生计生委组织春季查螺工作，查螺面积6793.9万平方米，未发现新的有螺环境，在东台市和大丰区实施灭螺和巩固性灭螺166万平方米。东台市通过省考核验收，实现消除血吸虫病目标，全省血吸虫病消除评估暨现场观摩会在东台市召开。实施晚期血吸虫病人救助项目，对符合救助条件的111例晚期血吸虫病人实施定点医院住院治疗救助，救助金额14.30万元。全年共上报外出回归的输入性恶性疟疾病人11例，继续保持无本地感染疟疾病人。盐城市和亭湖区通过省有效控肠道线虫病考核验收，实现有效控制肠道线虫病目标。规范开展碘缺乏病监测，全市居民碘盐覆盖率98.52%，碘盐合格率98.65%，合格碘盐食用率97.19%。全市生产和销售层次碘盐监测合格率100%。开展地氟病区村饮用水监测，水氟含量达标率90.5%。

第三节　中医中药

2017年，全市持续改进中医医院建设管理，全力推进中医药服务能力提升，市卫生计生委、发改委、人社局、食药监局、财政局5部门联合制定《盐城市基层中医药服务能力提升工程“十三五”行动计划推进实施方案》，调整成立工作组织，签订目标责任书，全面实施提升工程行动计划项目建设。市中医院入选国家中医院传承创新工程项目，与俄罗斯圣彼得堡CMT现代医疗技术医院达成友好合作一致意向，签订中医药针灸医疗养生保健技术友好合作意向书。大丰区、亭湖区通过评审，建成全国基层中医药工作先进单位，实现县(市、区)基层中医药工作先进单位全覆盖。东台市中医院肿瘤科、滨海县中医院肛肠科等30个专病专科发展科室列为省中医临床专科服务能力建设项目，遴选确定62个盐城市中医重点专科和13个重点专科建设培育科室。盐城市中医院、东台市中医院通过三级中医医院复核评审。

基层中医机构建设　年内，市卫生计生委策应现代基层医疗卫生服务体系建设任务，全面推进乡镇（社区）中医馆、村卫生室中医阁建设，完成59个中央转移支付的基层中医馆建设项目任务，并通过项目绩效考核验收；推进落实市政府部署的65个基层单位中医馆建设项目，全市140个基层中医馆建设项目基本达到国家和省标准。东台市、射阳县、开发区实现全面建成目标，东台市和大丰区、盐都区等地还结合实际，全面启动村卫生室中医阁建设。盐都区郭猛镇卫生院、亭湖区大洋社区卫生服务中心创成省级乡镇卫生院示范中医科、中医药特色社区卫生服务中心。

市县综合医院中西医临床协作　年内，市卫生计生委开展综合医院中医药工作专项推进行动，专题督导盐城市妇幼保健院及县（市、区）人民医院中医药工作，发展综合医院中医药服务，市一院和响水县人民医院建成全国综合医院中医药工作示范单位，东台市人民医院、建湖县人民医院接受并通过国家和省专家组现场评估（复评）。

中医药传承　年内，市卫生计生委组织老中医药传承工作室建设现场观摩活动，市（县）中医医院30余人进行传承工作现场交流学习。推荐4位名老中医传承工作室争取国家和省支持建设，响水、阜宁、建湖3地各有1个传承工作项目入列全国基层名老中医传承工作室，2位老中医专家传承团队列为全国名老中医药专家学术经验继承工作项目、4位青年中医师列为全国和省级中医临床优秀人才研修培养对象。

中医药健康宣传　年内，市卫生计生委将中医药健康知识宣教、义诊巡诊惠民服务与宣传普及《中华人民共和国中医药法》同步推动。在《盐阜大众报》刊发“杏林春暖专栏”，通过新闻媒体、机构宣传栏以及微信、微博、网站广泛开展中医药健康文化社会宣传。组织第七届“中医药就在你身边”进乡镇社区健康巡讲44场次、进敬老院中医药科普宣传20余场次、进机关院校健康大讲堂16场次，提供中医药健康文化惠民服务1.4万余人次。大丰区作为全省14个国家测评样本点，接受全国公民中医药健康文化素养调查。

第四节　院前急救

2017年，市急救医疗中心参照国家院前网络急救分站建设标准，结合全省实情，牵头制定《江苏省院前急救站点设置指南（试行）》，对急救分站点的概念、规划设置、基建要求、基本装备、人员配备、管理要求等方面作明确要求，为进一步加强和规范各级急救站点建设、提高应对突发公共卫生事件的院前急救能力提供保障。5月26—27日，市急救中心牵头承办苏北五市第三届急救危重症高峰论坛暨江苏省医院协会第三届院前急救青年医师论坛，邀请省内外知名院前、院内急诊急救专家作专题报告，展示苏北五市急诊医学工作者在医疗、教学、科研、管理、院前急救和护理等方面的最新学术水平。8月29日下午，盐城市三院胸痛、卒中、创伤中心与市急救医疗中心区域协同救治签约仪式在市急救中心举行，为急性胸痛、卒中患者和急性创伤患者得到更加快捷的救治打开新的通道。

一、急救培训

9月15日，市急救中心承办第二届院前急救岗位培训班，各县（市、区）各级医疗站及网络分站新进人员共计140余人参加培训。此次培训为切实提高全市院前急救医疗质量、增强急救队伍能力、推动院前急救事业发展发挥作用。年内，继续实施全民自救互救素养提升工程，普及急救技能，提升自救互救能力，针对不同社会人群，全年共开展急救技能培训32期、受训人员3000余人。其中，医疗卫生机构8期，受训人员近2000人，为医疗卫生机构人员总数的30%；企业培训5期，受训人员221人；社区培训6期，受训人员284人；学校培训2期，受训人员430人；机关培训1期，受训人员60人。

二、急救演练

11月9日晚，市急救中心开展夜间应急演练活动，此次演练以盐淮高速秦南出口西发生两辆大客车追尾致数十人受伤，需集结中心所有急救力量及时赶到现场开展救援活动为主要背景，现场对颈椎伤的固定与搬运、下肢骨折固定、除颤、包扎止血等操作进行考核。此次演练做到人员搭配科学，实战效果明显，达到预期效果和目的。12月26日下午，市急救医疗中心联合公安、消防、盐城南洋机场等多部门组织开展反恐应急处置演练。此次演练场景模拟机场候机楼发生暴恐份子砍杀旅客，造成10余名旅客受伤，要求派3辆急救车赶往现场进行紧急医学救援现场处置。现场处置主要开展颈椎损伤固定与搬运、下肢骨折固定等院前急救技能操作，提升急救人员应对突发公共事件的现场处置能力。

第五节　农村卫生

2017年，全市继续实施政府基层医疗卫生机构基础设施标准化建设三年行动计划，在2015、2016年完成1728个项目（其中乡镇卫生院和社区卫生服务中心123个、村卫生室和社区卫生服务站1605个）的基础上，2017年，完成剩余的34个标准化建设项目。新创建成国家群众满意的乡镇卫生院21个、全国百强乡镇卫生院1个、全国优质服务示范社区卫生服务中心3个、省示范乡镇卫生院13个、省示范村卫生室205个，省示范乡镇卫生院、示范村卫生室建成数列全省第一位。东台市、射阳县创建成基层卫生十强县（市、区），盐城被确认地区数量在各地级市中名列前茅。

基层能力建设　年内，全市新增省特色科室4个、市特色科室24个，并与公立医院重点专科建立紧密合作关系，实施精准帮扶；推进城乡医疗卫生机构纵向联合，各县区共建立医联体10个，公立医院医师到基层机构开设工作室28个；培养省、县级优秀基层骨干328人，完成骨干人才考核工作，落实省、县级专项补助601万元，全科医学专业高级职称实行超岗聘用；完成238名农村订单定向医学生免费培养工作；东台市在三仓中心卫生院等6个基层区域医疗卫生中心建立实训基地，盐都、建湖等地也在建设之中；组织149名乡镇卫生院临床医技人员、516名乡村医生到上级医院务实进修,1545人参加乡村医生知识培训。

第六节　社区卫生服务

2017年，全市继续实施社区卫生服务提升工程，按照市卫生计生委《社区卫生服务提升工程实施意见》，全面组织推进，加强培训宣传，调动社区卫生服务机构参与服务提升工程的积极性。大丰区大中社区卫生服务中心、盐都区潘黄街道社区卫生服务中心、东台市金海社区卫生服务中心被确认为全国优质服务示范社区卫生服务中心。盐都区盐渎街道社区卫生服务中心、东台市四灶社区卫生服务中心，亭湖区大洋街道社区卫生服务中心、新洋街道社区卫生服务中心被省确定为家庭医生签约服务模式创新建设单位。

家庭医生签约服务　年内，全市各地医生签约服务工作不断创新，大丰区卫生计生委获2017年度江苏省家庭医生签约服务十大创新举措（全省10个），亭湖区永丰卫生院获2017年度江苏省家庭医生签约服务创新举措优秀奖（全省10个），大丰区小品《外面有人》获“中国基层好声音・家庭医生签约季”全国比赛第四名。全市一般人群签约率36.72%，重点人群签约率68.74%。

第七节 医教科研

2017年，市卫生计生委落实省卫生计生委“科教强卫”工程任务。组织申报省科教强卫项目，有18人入选青年医学重点人才、1人入选省市共建重点人才项目。举办1期市医学重点人才、青年人才高级研修班，邀请3名省内外知名专家就医学学科人才建设进行专题授课。对市医学创新团队进行期满考核，考核结果进行通报，组织新一轮医学创新团队的申报遴选，新选出100个市医学创新团队；同时组织盐城市医学重点学科、重点人才、青年人才中期考核及补充遴选市医学重点学科建设单位、重点人才、青年人才工作。

住院医师规范化培训 年内，全市落实以全科医生为重点的住院医师规范化培训制度，加大全科、儿科、精神科等紧缺专业住院医师培训力度。组织3个国家级住院医师规范化培训基地的管理人员对市中医院新建成投入使用的临床实训中心进行观摩交流。举办1期住院医师规范化培训学员技能竞赛，市一院、市三院分别获心肺复苏专场、影像心电专场团体优胜奖。组织住院（全科）医师规范化培训学员237人参加4门公共课考试，507人参加省住院（全科）医师规范化培训理论统考，492人参加临床技能考核。462名住院（全科）医师规培学员通过省统一考试考核获结业证书，284名临床类别新招录医学生全部进入国家级基地接受为期3年的医师规范化培训。

医学科研项目管理 年内，全市有2项医学科研课题获省卫生计生委医学科研课题立项，有5项医学新技术获省卫生计生委医学新技术引进奖二等奖。评选出市医学新技术引进奖82项，评审立项市级医学科研课题122项。全市共发表SCI文章124篇，核心期刊、中华系列期刊发表143篇。举办1期全市卫生科教管理人员培训班，邀请省人民医院专家作医学科教管理专题培训。与江苏医药职业学院博士后创新实践基地进行人才项目合作，提升医学科研项目的质量与管理。

基层卫技人员培训 年内，市卫生计生委组织各县（市、区）申报2017年农村订单定向医学生需求计划，共招录238人，其中本科76人、专科162人，招录人数为全省最多。52人参加省城乡基层医疗卫生机构管理人员培训，35人参加全科医师转岗培训，1545人参加乡村医生合理用药知识、初级急诊急救知识培训及省统一组织的考核。

病原微生物实验室生物安全管理 年内，市卫生计生委组织各地做好病原微生物实验室安全备案注册工作，开展病原微生物实验室生物安全备案申请现场评审，全市有53个二级实验室、79个一级实验室完成备案工作；举办2期病原微生物实验室安全培训班，邀请省疾控中心专家就病原微生物实验室安全管理等知识进行培训，全市120多人参加培训。接受省实验室生物安全专项督查，抽查市二院、大丰区人民医院、盐都区疾控中心的实验室，检查组对盐城实验室生物安全工作给予肯定。

第八节 爱国卫生

2017年，盐城市、东台市通过国家卫生城市复审，大纵湖镇等10个镇被命名为国家卫生镇，新坍镇等18个镇被命名为省卫生镇，响水县双民村等157个村被命名为省卫生村。通过省消除鼠、蚊、蝇、蟑螂达标考核，继续保持“除四害工作先进城市”称号。创成健康村（社区）25个、健康单位21个、健康主题公园33个、健康小屋20个、健康一条街16条、健康步道36条、健康长廊1个、健康广场1个、健康促进医院7家。完成省下达5万户改厕任务。

第九节 卫生监督

2017年，全市各级卫生监督机构共监督检查各类单位3.54万户次，立案599件，其中医疗卫生342件、公共场所卫生126件、消毒产品49件、放射卫生13件、生活饮用水5件、传染病63件，其他1件，案值合计149.78万元。开展医疗机构综合执法检查，全市共检查医疗机构53家，查出问题524个，下达卫生监督意见书147份，立案查处5件。1起非法医疗美容案件被市法治宣传领导小组办公室表彰为“以案释法”优秀典型案例，1件微课作品被评为全国卫生计生执法监督优秀微课作品一等奖。继续开展“卫生监督稽查工作示范单位”创建，建湖县、东台市、盐都区被确认为2017年度全市“卫生监督稽查工作示范单位”。

一、打击非法行医

2017年，市卫生计生委制定《2017年打击非法行医实施方案》，全市立案查处无证行医案件73件，没收违法所得5.87万元，罚款17.24万元。落实行政执法与刑事司法衔接机制，移送公安机关7件，未发现应移送而未移送的非法行医案件。开展查处违法违规应用人类辅助生殖技术专项行动，未发现有应用人类辅助生殖技术情况。开展打击非法医疗美容专项行动，进一步维护消费者合法权益和健康安全。

二、学校卫生监督

2017年，市卫生计生委开展学校卫生监督行动，对560所学校实施传染病与常见病防控监督检查，大多数学校按要求设立保健室或卫生室，配备卫生专业技术人员或专兼职保健教师。对146所学校开展教学环境卫生监督，合格学校100所。对560所学校开展饮用水卫生安全专项监督，对饮水进行抽样检测，共采集水样97份，合格87份。对151所学校开展学校卫生综合评价工作，其中优秀93所，合格58所。

三、饮用水监管

2017年，市卫生计生委加大饮用水监管力度，制定《关于进一步加强全市生活饮用水卫生监督监测工作的意见》，全面规范饮用卫生监督监测工作。开展集中式供水单位、二次供水单位的监督检查，每季监督覆盖率、建档率100%。开展净水器标签标识专项监督检查和现制现售饮用水专项监督检查，对1起通过网络销售无卫生许可批件的净水器生产企业依法进行立案查处，罚款3万元。

四、传染病防治监督

2017年，市卫生计生委做好传染病防治监督工作，开展传染病防治分类监督综合评价试点，全市共有391家医疗卫生机构参与传染病防治分类监督综合评价试点。组织对消毒产品生产企业进行现场监督检查，对全市儿童、老年人卫生用品经营、使用单位和生产企业进行监督抽检，共对180份公共用品的消毒效果和2家公共场所集中空调通风系统进行监督抽检。

五、食品安全

2017年，市卫生计生委执行《2017年盐城市食品安全风险监测方案》，化学污染物和微生物致病因子的监测样品采自全市城乡，人口覆盖率为100%。完成214份样品的化学污染物和有毒因素、283份样品的微生物及其致病因子的常规监测和专项监测，完成率114.57%。检出致病菌38株，检出率为13.24%；鲜活海鱼检出异尖线虫40份，检出率71.42%。完成食品中放射性污染监测常规样品38份，未检出放射性污染物超标。全市二级以上的综合性医院30家全部开展食源性疾病监测，共完成4377份病例信息登记和381份样本的采集检测工作，检出诺如病毒6份。开展食源性突发事件的调查处置和报告工作，全市共调查处置并上报12起食源性疾病暴发事件。做好食品安全标准跟踪评价，牵头承担2017年食品安全国家标准食品添加剂二氧化硅跟踪评价工作，共调查食品添加剂二氧化硅生产和使用企业15家，获得57份有效调查问卷。组织召开食品安全标准管理人员培训班，提高管理人员的理论水平和工作能力。制定食品安全标准咨询服务平台建设方案，开通盐城市食品安全标准咨询服务平台。

第十节　卫生管理

一、医政管理

2017年，全市强化依法行政、规范执业，不断提升医疗服务能力。新建成7个省级临床重点专科，专科拥有量提升了38%。市卫生计生委联合相关部门制定盐城市儿童、传染病、院前急救、采供血、护理等“十三五”规划，有助于进一步合理配置各级医疗资源，完善服务体系，满足群众健康需求。全市二级以上综合医院全面开展临床路径管理和双向转诊服务，上转病例4.74万人，下转病例6542人，开展日间手术320例。综合医院药品比呈逐月下降趋势。

医疗质量管理　年内，市卫生计生委印发《盐城市医疗安全专项整顿活动工作方案》，建立健全医疗安全监管机制，共排查问题438个，立行立改334个，后期整改99个，限期整改54例，培训动员8112人次。全市28所医院，共有485例二、三类医疗技术备案。加强临床路径使用管理，二、三级公立医院开展临床路径的临床路径专业数38个，病种数236个，入组率78.2%，完成率81.5%。严格基层医疗机构抗生素使用管理。按照《抗菌药物临床应用管理办法》，重点加强基层医疗机构抗菌药使用管理，暂停卫生室、社区卫生服务站等基层医疗机构抗菌药使用，完成市区基层医疗机构抗菌药物使用核定。协调市卫生行业协会组织对市区厂矿医务所室抗生素专项检查，专题培训300名医护人员。加强血液安全与院感管理，全年共无偿献血10.94万单位，自9月1日起，在全市相关医疗机构中开展临床用血费用直报工作，成为全省首个利用医院直报云平台实现无偿献血者血费直报的地区。盐城市连续五届获“全国无偿献血先进城市”称号。

医院基础管理　年内，市卫生计生委组织全国医师资格考试实践技能考试，共有1905人报名参加考试。完成办理医师首次注册、变更、备案等2922人，护士首次注册、变更、延续4460人。完成市区近万名高考学生的体检和公务员招考体检工作。加强医护人员执业监管，按照省卫生计生委要求全面开展医师、护士电子化注册工作，规范行业的准入管理，实现盐城和省以及国家电子化注册系统互通，提高审批服务效率的同时加强事中事后的动态监管。启动护士能力提升工程和老年护理服务发展工程，举办全市第十期基层护士长岗位培训班暨第四届专科护士培训班，护士长岗位培训班共培训学员90人，专科护士培训班共培训学员155人。联合市总工会举办全市护理知识及技能竞赛活动，全市35支代表队、140名选手参加竞赛，最终有6支代表队获得集体奖，1人获“盐城工匠”称号和“盐城市五一劳动奖章”，9人获“盐城市五一创新能手”称号。新建设民营医疗机构42家，2017年全市非公立医疗机构床位数占医疗机构总床位数的19.4%。对市区54家医务所室进行年度检查，对存在问题的8家机构进行约谈，对3家问题比较严重的暂缓执业。

临床重点专科建设　年内，全市新增7个省级临床重点专科。建立市级重点专科评选机制，对全市20所二级以上医院共159个专科进行复评、复审，全年共建成117个重点专科，其中新确认36个，复核通过63个，给予18个科室黄牌警告，4个科室存在二级以上医疗事故直接一票否决。在全国率先重奖省级以上临床重点专科带头人，市卫生计生委联合市人才办、财政局、人社局组成专家组对全市省级以上重点专科及带头人进行现场考核，印发《关于公布盐城市省级以上重点专科带头人2016年度考核奖励结果的通知》；11月，市委、市政府召开专题座谈会，重奖省级以上重点学科带头人。

平安医院建设 年内，市卫生计生委组织开展平安示范医院创建活动，盐城市中医院获评国家级平安医院。开展严厉打击涉医违法犯罪专项行动，保障医务人员人身安全。健全医患沟通调处机制，发挥市区医疗纠纷人民调解委员会的作用，共接待医疗纠纷调解申请134例，调处成功率85%，有效缓解医患纠纷。推进医疗责任保险制度，全市共有301个医疗机构参加医疗责任保险，签单保费总额约1800万元，其中一级以上公立医院全部参加医疗责任保险，覆盖率100%。

2月，中华医学会重症医学分会主委、中大医院副院长邱海波教授工作室在盐城市第一人民医院挂牌成立。 市一院/供

二、卫生改革

公立医院改革 年内，市卫生计生委开展公立医院管理体制改革试点，在建湖县人民医院、市口腔医院开展编制备案制管理，实行“标准核定、备案管理、岗位设置、分类聘用”，建湖县院招聘备案制人员88名。建立医疗服务价格动态调整机制，会同市物价、人社部门重新核定79项医疗服务项目价格。推进人事薪酬制度改革，按照《盐城市省级以上重点专科考核奖励暂行办法》，对全市18名省级以上重点专科带头人给予重奖，充分调动临床一线业务骨干积极性。

分级诊疗制度 年内，市卫生计生委推进医疗联合体建设，在城市推进市、区一体化，在县（市）推进县乡村一体化，全市建成疼痛专科医联体、市中医医联体、市妇幼健康服务联合体、市精神卫生医疗联合体及各县（市、区）医联体共22个，覆盖312家医疗机构。创新基层服务模式，全面开展家庭医生签约服务，一般人群、重点人群签约率分别达36.72%、68.74%。建立覆盖市、县、乡对口支援关系，全市7家三级医院与34家县级医院建立对口支援关系。

基本药物制度 年内，全市160家政府公办基层医疗卫生机构、6家非政府办基层医疗卫生机构和2259家村卫生室全部实施基本药物制度，在省平台统一采购并零差率销售基本药物，全年采购基本药物6.15亿元，二级以上医疗机构采购基本药物5.01亿元，有效减轻群众就医负担。规范基本药物目录外药品配备，满足基层常见病、慢性病防治和疾病康复治疗的需要，全市基层医疗机构采购目录外药品4595.57万元。市卫生计生委制定《2017年盐城市医疗卫生机构医用耗材和检验检测试剂集中采购实施方案》，有序推进全市医用耗材和检验检测试剂集中采购工作，印发《盐城市短缺药品供应保障实施方案》《盐城市公立医疗机构药品采购推行“两票制”（指药品以药丁卖到一级经销商开一次发票，经销商卖到医院再开一次发票）实施方案（试行）》，有效保障短缺药品临床供应和“两票制”政策落实。

协作办医 至年底，全市建成院士工作站3个，名院名医工作室77个，平均每家二级以上公立医院拥有3个以上工作室。与北京、上海、南京等7个城市的26家知名医院签订合作协议，涵盖肝胆外科、心内科、消化内科、肿瘤科等58个学科，全年名医团队预约门诊患者1.82万人次，共收治病人3498人次，为经济困难的病人免费提供义诊698次，免除医药手术费158万元。加快社会办医步伐，民营医院门诊人次和住院人次分别占全市门诊人次和住院人次的6%、22%。

三、行风建设

2017年，全市组织2次行风检查，对23所二级以上公立医院门诊、急诊及住院服务进行暗访明察，现场查看医院就诊环境、医疗废物处理、处方病历书写等情况，并对问题进行通报。开展“远离回扣，廉洁从医”专项主题活动，联合市检察院对全市二、三级公立医院进行集中谈话，共有2587人次上缴回扣数百万元。组织开展第三届省、市“医德之星”评选表彰活动，设立“医德之星”示范窗口，宣传身边医德高尚、廉洁行医的人和事，发挥正面典型的激励作用。 （刘海峰　陈昌帅）

第36章　体育事业

责任编辑　赵　丽

综　述

2017年，盐城围绕“广泛开展全民健身活动，加快推进体育强国建设”要求，深化体育改革，更新体育理念，推动群众体育、竞技体育、体育产业协调发展。加快推进基层体育设施建设，提前完成市政府年度为民办实事工程中“规划建成55千米健身步道和提档升级75处体育设施”任务，全市各县（市、区）全部建成省级国民体质测定和运动健身指导站，完成38个乡镇多功能运动场地建设，在中心城区建成4个笼式足球灯光球场。推动健全体育健身组织，在全省率先启动体育协会治理能力改革工作，促进协会的“规范化、实体化、社会化”。新成立自行车、铁人三项、击剑等5个市级单项体育协会。按照《盐城市市属社会组织服务全民健身实施办法》，向市羽毛球、足球等协会和组织购买公共服务100多万元，对获得AAA及以上等级评定的市保龄球、羽毛球等社团组织实施奖励性补助24万元。业余训练再创新佳绩，盐城运动员潘高琴获第13届全运会女子接力4×400米金牌、混合接力4×400米银牌。盐城市保龄球队夺得第31届亚洲城市保龄球锦标赛23个奖项中的17枚金牌、5枚银牌、10枚铜牌。组队参加2017年江苏省青少年田径单项赛，获得女子15~16岁组铅球、男子16岁组100米等4个项目的冠军。体育产业规模不断壮大，成功举办第31届亚洲城市保龄球锦标赛。发挥体育产业引导资金和场馆运营资金补助的杠杆作用，带动社会资本共同促进体育产业发展，年内，全市社会资本投资体育产业规模超10亿元，大市区民营企业投资建设的健身房、游泳馆、羽毛球馆总面积13万平方米，总投资3亿元。体育彩票销售继续保持良好态势，全年体彩销售10.15亿元，总量居苏中、苏北前列，全省第七位。年内，盐城体育运动学校被国家体育总局命名为国家高水平体育后备人才基地（2017—2020），全市有10所学校被教育部命名为全国青少年校园篮球特色学校，48所学校被教育部命名为2017年全国青少年校园足球特色学校。

第一节　群众体育

2017年，市体育局组织开展全民健身日、老年人体育节、绿色骑行等大型活动和系列假日全民健身赛事，在全市常态化开展保龄球、羽毛球、乒乓球、太极拳、广场舞、健身气功等群体活动。年内，全市新增一级社会体育指导员92人、二级社会体育指导员1359人、三级社会体育指导员1778人，选拔推荐62人参加国家级社会体育指导员培训。至年底，全市拥有社会体育指导员2.68万人，社会体育指导员的常住人口万人比为37，列全省第四位。年内，市体育局协助市委农办组队参加江苏省农民体育节，获农民特色体育项目1分钟跳绳、踢毽等3个项目的第一名。指导亭湖区总工会和国网盐城供电公司工会参加江苏省职工排舞广场舞比赛，获得2个特等奖、5个二等奖。8月，在第13届全国运动会上，阜宁县人民政府、亭湖区人民政府、盐都区人民政府、大丰区人民政府、盐城市体育局等10家单位被国家体育总局评为2013—2016年度全国群众体育先进单位。杨君明、王国宝等8人被国家体育总局评为2013—2016年度全国群众体育先进个人。

全民健身　8月8日上午，第九个“全民健身日”庆祝活动在市体育馆举行，2300多名社会各界群众进行健身气功、健身腰鼓、瑜伽、太极拳、少儿足球等全民健身活动项目展演。盐城代表队在2017年江苏省《国家体育锻炼标准》达标赛上获得团体总分第一名；在全省年度健身气功站点联赛决赛中，获得六字诀、八段锦普及功法二等奖；在舞动江苏广场舞总决赛中获二等奖；在7月16—18日举行的江苏省第二届江苏省广场舞精英赛、11月12—13日举行的第五届江苏省广场舞（健身操）交流比赛和11月20—22日举行的2017年江苏省一线社会体育指导员技能交流展示大赛中均获得一等奖、优秀组织奖和全民健身项目创新奖。11月27—30日，全国社会体育指导员技能大赛在广州举行，盐城社会体育指导员代表江苏省参赛，获团体总分二等奖、优秀组织奖、体育道德风尚奖和全民健身项目创新奖。年内，盐城省级体质测定与运动健身指导站在全市各县（市、区）实现全覆盖。

第二节　竞技竞赛

一、体育竞赛

8月27日至9月8日，第13届全国运动会在天津举行，盐城20名运动员参加田径、艺术体操、跳水等12个竞技体育项目的比赛，获得金牌1枚、银牌1枚、铜牌4枚。其中，潘高琴获得女子接力4×400米金牌，男女混合接力4×400米银牌；郝婷获得艺术体操集体全能铜牌；屈琳获得女子跳水双人3米板铜牌；彭诗梦获得女子足球（成年组）铜牌；张德洋获得男子棒球铜牌。全年，全市承办2017中澳篮球超级对抗赛、第31届亚洲城市保龄球锦标赛、2017恒大杯中国（盐城）国际象棋大师巅峰赛3项国际赛事，爱玛会杯2017全国沿海城市羽毛球精英赛、2017年全国国际象棋青少年锦标赛（团体）竞赛、2017江苏东台西溪半程马拉松赛、2017年中国·射阳国际高尔夫球业余公开赛、中国龙舟公开赛（江苏金沙湖站）、燕京啤酒2017中国足协杯盐城大丰赛区、中国足球乙级联赛大丰赛区等7项全国赛事，江苏省省长杯青少年校园足球联赛（高中男子组苏北片）、江苏省青少年击剑冠军赛（第一站）、江苏省青少年田径锦标赛（县组第二赛区）、江苏省少年儿童网球排名赛（第二站）、江苏省少年儿童乒乓球传统校和俱乐部比赛、江苏省青少年篮球锦标赛（U16）、江苏省少年儿童乒乓球训练营等7项省青少年赛事和训练营。举办市中小学生阳光体育运动联赛，设田径、羽毛球、篮球、游泳等18项次比赛，全市近3800名中小学生分别参加各项比赛。组织田径、游泳等22个项目参加各类省级比赛。

二、体育训练

2017年，盐城市聚亨路小学、滨海县实验小学、东台市唐洋镇小学等10所学校被教育部命名为全国青少年校园篮球特色学校。盐城市南苑小学、盐城亭湖新区实验学校等48所学校被教育部命名为2017年全国青少年校园足球特色学校。阜宁浩澜幼儿园、盐城市大丰区城东实验幼儿园等9所幼儿园被江苏省青少年校园足球工作领导小组命名为江苏省第二批足球特色幼儿园。射阳县少年体育学校青少年奥林匹克俱乐部、盐都区未来之星体育俱乐部被江苏省体育局命名为江苏省示范性青少年奥林匹克体育俱乐部。盐城市第一中学（篮球）、盐城市第二小学（乒乓球、田径）、盐城市实验小学（足球）等24所学校被江苏省体育局命名为（2017—2020）江苏省体育传统项目学校。盐城市神州路小学、滨海县实验小学等9所学校被江苏省体育局命名为江苏省青少年校园篮球特色学校。响水县第一小学、东台市第一小学等4所学校成功创建江苏省第二批青少年校园笼式足球场地。全年，盐城向省体校输送10名优秀体育苗子。具体人员为：韩军、甄超清、甄越清、马苏阳（田径），胡亚卉（网球），高睿（艺术体操），徒煜萱、董振星、左之昊（羽毛球），蒯曼（乒乓球）。

14人被授予“国家一级运动员”称号　年内，全市有14人被授予“国家一级运动员”称号。具体人员为：高呈祥（田径），曹君雅、何萍（自行车），刘心远、刘延宇、顾莹莹、戴文玉（射击），杨健、程新鹏、周昊、吴俣昊、刘清源（乒乓球），雷明（击剑），陈鹏州（柔道）。

30人晋升为国家一级裁判员　年内，全市有30人晋升为国家一级裁判员。具体人员为：路亚林（武术散打），康金峰（体操），陆顺、王葛林、王亚娟（举重），卞洪刚、胡安平、陈强、曹祥东（钓鱼），张丛伏、潘元生、袁寿南（门球），邵建东（足球），徐新华、王平、庞然、王宇、李岩（篮球），王友军、顾春梅、凌国军（风筝），王立军、刘淑芸（健身气功），王国祥、刘谢添（拳击），丁学、秦阳、凌志云、孟相君、严律（体育舞蹈）。

第三节　体育设施

2017年，全市有滨海县体育中心体育馆、阜宁县体育馆、响水县体育馆、射阳县体育馆、建湖县体育中心体育馆、大丰区奥体中心体育馆、盐城市体育馆7个场馆被国家体育总局认定为丙类场馆，共获得国家、省公共体育场馆免费低收费开放补助资金350万元，有盐城市全民健身中心游泳馆、盐城市温泉游泳馆、大丰区体育场、大丰区游泳馆、盐都区体育馆、盐都区游泳馆、建湖县体育中心体育场、射阳县全民健身中心游泳馆8个场馆被省体育局认定为丁类场馆，共获得江苏省公共体育场馆免费低收费开放补助资金390万元。

第四节　体育产业

举办第31届亚洲城市保龄球锦标赛　11月6—12日，第31届亚洲城市保龄球锦标赛在盐城举行，系该赛事创办30年来首次在中国举行，也是盐城承办的规格最高的保龄球比赛，吸引北京、上海、吉隆坡等16个亚洲城市的130余名运动员报名参加。经过9天的角逐，盐城队发挥主场优势，取得17金4银6铜的优异成绩，也是盐城队在国际赛事中取得的最好成绩。《中国体育报》以《保龄球成为盐城品牌》为题，对该赛事和保龄球项目在盐城的普及开展进行专门报道。

职业技能培训鉴定　年内，市体育局先后开展游泳救生员、游泳指导员、跆拳道指导员、健身教练、体育舞蹈5个项目职业技能培训，753人参加，416人通过考核鉴定，获得全国通用的体育行业国家职业资格证书。（潘允和）

第37章　社会保障

责任编辑　赵　丽

综　述

2017年，市人社局牵头起草“富民增收十条新政”，把创业作为富民增收的最大潜力，狠抓全市全民创业工作，超额完成市政府为民办实事创业富民工程，连续三年面向全国举办大学生创意创业大赛，连续3年开展返乡创业“春晖行动”，实名登记返乡创业年均超万人。年内，全市新增城镇就业12.1万人，城镇登记失业率始终处于1.83%较低水平。落实稳岗政策，为全市964家企业发放援企稳岗资金5344万元。与此同时，主动服务电子信息等重点产业发展，实施“招工引匠”六大服务行动，精准保障大项目大企业用工需求。推进“全民参保推进年”行动，充分利用“五证合一”契机和参保登记成果，精准推进未保、断保人员参保缴费。全面实施机关事业养老保险制度改革，在全省首家整体上线市级机保管理信息系统。如期完成城乡居民医保制度整合，医保管理制度改革工作获国务院领导批示。推进工伤生育保险基金市区统筹，在全省率先建立工伤事故早期介入备案机制。承办全国城乡社保社会化管理服务座谈会暨“互联网+城乡居保”工作现场会，在全国率先实现跨省异地就医直接联网结算，人社“微服务”影响力不断彰显，大丰率先推出全国第一辆社保卡流动服务车，阜宁创新推出人社服务“智慧小站”，先行先试的社保服务经验被《中国劳动保障报》等媒体刊发介绍。

10月12日，全国城乡社保社会化管理服务座谈会暨“互联网+城乡居保”工作现场会在盐城召开。　市人社局/供

第一节　劳动就业

一、就业和再就业

2017年，全市以高校毕业生、城镇登记失业人员、农村劳动力转移为重点，把服务企业引才用工和促进就业有机结合，实施创业带动就业，促进返乡创业就业。组织2.45万人参加创业培训，扶持2.59万人实现自主创业，通过扶持创业带动8.51万人就业。推进创业担保贷款发放工作，扩大发放范围，提高发放额度。全年，全市向2814名城乡创业人员发放创业担保贷款2.72亿元。推动创业型城市建设向城乡基层和园区延伸，形成覆盖城乡的公共创业服务体系，全市4个园区、13个街道（乡镇）、182个村（居）被江苏省人社厅认定为首批省级创业型街道（乡镇）、社区（村）和园区。充分利用各类创业园区、各类市场等平台，结合城乡创业者的需求，建设一批市场型、门面型、楼宇型等多元化的创业载体，为城乡创业人员提供场地和资金支持，进行孵化培养，提高创业成功率。面向全市征集切合当前实际和需求的创业项目，充实和完善创业项目库，举办盐城市创业项目推介暨创业成

果展示会。组织优秀大学生创业项目和创业标兵参加“创响江苏”大学生创业大赛省级赛，盐城创业项目“连铸铜包钢的开发与应用”获全省第十一名，创业标兵万俊波获全省第二名的好成绩。组织选手参加首届全国创业就业服务展示交流活动，“组合式多功能护理床”项目的负责人何杭被评为第二届“中国创翼”青年创业创新大赛创翼明星。在全市组织开展以促进双失业人员、零就业家庭人员就业为重点，以社区为依托，以街道保障平台为载体，以落实再就业优惠政策为内容的“充分就业示范社区”创建工作，实施组织交流、现场观摩、评估验收等创建活动。年内，亭湖区五星街道印汽社区申报创建国家级充分就业示范社区。全面推进“零就业家庭”就业援助工作，围绕确保“零就业家庭”至少1人实现稳定就业、动态消除“零就业家庭”的目标，动态消除“零就业家庭”5户。全年举办各种类型的下岗失业人员招聘洽谈会524场次，为下岗失业人员提供有效岗位信息26.57万个，开展职业指导15.8万人次，职业介绍成功9.21万人次，帮助1.01万名就业困难的再就业援助对象实现再就业。

高校毕业生就业　年内，全市组织各类高校毕业生招聘会150多场，提供就业岗位3.22万个，签订就业协议2.47万份。先后开展高校毕业生招聘月、高校毕业生就业促进月、就业指导进校园等服务活动；主动对接高校、教育部门，安排583名未就业高校毕业生见习、实习，并严格督查见习基本生活补助标准提高至不低于当地最低工资标准60%的执行情况。拓宽就业渠道，公开招录近千名高校毕业生进入公务员队伍和事业岗位。按照“一人一策，专项帮扶”原则，充分发挥基层平台作用，制定涵盖校内外各阶段，求职就业各环节，就业创业全过程的个性化帮扶措施，做好离校未就业高校毕业生就业援助工作，确保困难家庭高校毕业生100%就业。

专场招聘　2月2日，大市区举办新春返乡创业暨引才用工大型招聘会，提供8000多个就业岗位、60个优秀创业项目。春节期间，全市人社部门市、县联动，同步举办鼓励返乡创业暨服务企业引才用工招聘活动30多场次，进场单位数1868个，提供岗位数6.33万个，进场求职10.2万人，初步达成就业意向数3.3万人。4月20—26日，举办民营企业招聘周活动。全市共组织各类招聘洽谈会20多场，有1万多名人员进场求职，4156人与用人单位签订就业意向，其中高校毕业生2611人，进城务工农民847人，就业困难群体125人，签订职业技能培训意向人数2760人。4月22日，举办市区民营企业招聘周走进校园专场招聘洽谈会，共组织85家企业单位，现场约有1500名求职人员进场咨询，约有320人达成求职意向。

职业介绍　年内，拓展公共就业服务功能和创新公共就业服务模式，开展服务企业引才用工专项行动，开设常态化的劳务集市，促进就业和服务企业用工。年内，全市共举办各类招聘会524场（次），进场招聘企业1.12万家，提供招聘岗位26.57万个，进场求职人次数27.56万人，达成就业意向9.21万人。其中，服务工业企业累计用工6.52万人。全年组织到陕西、贵州、河南等劳务协作基地开展跨省招聘活动47场次，参加企业182家，提供招聘岗位1.07万个，协议录用人数3000多人，协议培训人数812人。

中国盐城2017年大学生创业创意项目大赛　年内，市人社局面向全国举办中国盐城2017年大学生创业创意项目大赛。自9月赛事启动后，有20多个省市近百所高校的527个项目参与角逐。11个赛区产生了涵盖消费升级、电子商务、节能环保、儿童教育、企业服务、健康医疗、科技制造、VR应用、智能交通等相关产业的80个大学生创业创意项目入围决赛。大赛全程邀请投资机构、投资人、企业高管、行业专家担任评审工作，给选手及参赛项目搭建展示交流平台的同时加大了对项目的指导力度，更加注重项目和社会资本的有效对接，提高参赛项目的创业成功率。“蛋生鸡礼品”、江苏山海文化传播有限公司、盐城趣洗有限公司等一批通过大学生创业大赛遴选出的优秀创业项目成功在盐城落地，带动近万人实现就业再就业。

二、职业技能培训与鉴定

2017年，市人社局以就业前培训、岗位技能提升培训和创业培训为重点，加快政策落实，密切校企合作，着力提升城乡劳动者就业创业能力。全市共组织城乡劳动者技能培训6.46万人，企业职工岗位技能提升培训3.85万人，创业培训2.45万人。年内，完成职业技能鉴定6.9万人，5.55万人获得相应职业资格证书。组织全国、全省职业资格统考5938人。结合企业生产经营和职工岗位实际、开展企业技能人才评价30家，参评职工7140人，取得相应职业资格证书6144人，其中取得高级工及以上职业资格证书3285人。年内，全市有技工院校6所，招生9674人，应届毕业生5763人，就业率99.1%；成功申报3个技工院校校企联合实训中心、1个历史经典产业特色班和1个职业训练院；新增省级精品课程2个、教学名师3名、重点专业2个、专业带头人6名；组织开展全市技工院校开学第一课观摩活动，将“工匠精神”教育引进课堂；开展盐城—常州挂钩合作交流活动，选派20名技工院校优秀教师参加常州市人社局举办的一体化教师培训班和班主任培训班。至年底，全市共有民办职业培训机构97个，全年培训3.71万人，结业3.32万人，结业率89.5%。

技能竞赛　年内，市人社局组织选手参加江苏省首届乡土人才传统技艺技能大赛，获一等奖2个，二等奖2个，三等奖6个；参加首届全国智能制造应用技术技能大赛，在智能制造“安装与调试”与“生产与管控”两个赛项中分别获得二等奖；1名选手代表中国参加第44届世界技能大赛，再次蝉联电气装置项目银牌，国务院总理李克强接见获奖选手及技术团队，省人社厅给予董辉及2名项目专家记个人二等功，给予技术翻译、组织保障等3人记个人三等功，给予国家集训队前3名选手及3名工作人员记嘉奖，给予盐城市人社局、江苏省盐城技师学院记集体二等功。

三、基层平台建设

2017年，市人社局按照《关于启动实施<江苏省人社基层平台建设标准和服务规范>的通知》文件要求，持续推进基层人社平台标准化建设和服务前移、职能下移工作，完成全市65%的镇（街道、园区）、55%的村（社区）人社基层平台达到标准化建设要求的目标任务。至年底，大市区共建立镇（街道、园区）人力资源社会保障服务中心46个，其中亭湖11个、盐都19个、开发区2个、大丰区14个；共建立村（社区）人力资源社会保障服务站780个，其中亭湖229个、盐都260个、开发区29个、大丰区262个；共为镇（街道、园区）人力资源社会保障服务中心配备工作人员286名，为村（社区）人力资源社会保障服务站聘用专（兼）职工作人员815名。

四、劳动工资水平

2017年，为进一步提高城乡居民收入水平，实现居民收入与经济增长同步、劳动报酬与劳动生产率提高同步，市人社局发布企业工资增长指导线为9.5%。根据省政府统一部署，及时调整最低工资标准，二类地区为1720元，三类地区为1520元。同时及时发布市区部分职位工资指导价位、企业人工成本价位。

第二节 社会保险

一、职工养老保险

2017年，全市参加企业职工养老保险人数116.76万人，实际缴费人数113.27万人，比上年末净增2.26万人；企业职工养老保险基金总收入121.34亿元，比上年末增加26.84亿元；全市企业离退休人数46.01万人，全市全年支付企业离退休人员养老金99.06亿元，社会化发放率100%。其中，市区参加企业职工养老保险人数29.59万人，实际缴费人数28.77万人，比上年末净增0.67万人；企业职工养老保险基金总收入29.13亿元，比上年末增加5.42亿元；市区企业离退休人员8.52万人，市区全年支付企业离退休人员养老金22.25亿元。年内，根据江苏省2017年退休人员基本养老金调整方案，盐城对企业退休人员养老金进行第十三次连调。调整的具体办法是由固定额、与缴费年限挂钩和与本人基本养老金挂钩三部分组成。其中，固定额部分企业退休人员每人每月增加38元；与缴费年限挂钩部分不再采取以往按全部缴费年限统一标准的办法，改为按退休人员本人缴费年限分段进行挂钩；与本人基本养老金挂钩部分按本人调整前月基本养老金的2%挂钩。此外，继续对高龄人员适当增发养老金，年满70周岁、75周岁和80周岁的企业退休人员在参加普调基础上每人每月再分别增发25元、35元和45元。调整后，全市企业退休人员人均养老金水平每月较上年增加136.4元。8月，市人社局启动经办风险管理专项行动，围绕组织机构控制、业务运行控制、基金财务控制、信息系统控制、内部控制管理5个方面30项指标，全面排查风险点，健全经办风险管理各项制度，规范各业务经办环节，使基金安全得到有效保障。

市社会保险新服务大厅启用 年内，按照社会保障服务中心设施设备要求和社会保险视觉识别系统等国家标准建设的市社会保险新服务大厅启用。服务大厅位于市区人民南路和世纪大道交汇处，建筑面积5000余平方米，设有58个服务窗口，实现养老、医疗、失业、工伤和生育保险业务集中办理，在各项保险参保、申报、缴费方面实行“柜员制”，在各项待遇审核、支付方面实行“一窗式”，在信息查询、清单打印方面采用“自助式”，有效解决群众多头跑、排长队、耗时长的现象。

二、机关事业养老保险

至2017年底，全市征收养老保险费33.87亿元，市直征收养老保险费10.14亿元，其中基本养老保险费清算已补缴费单位421家7.37亿元，市直职业年金已补缴418家1.63亿元，清算率分别达到97%和62%，清算征缴进度位居全省前列。通过组织各种形式的业务培训，采取分组包干、梯次推进、落实责任的工作模式，完成单位参保登记和人员核定工作。落实本地化确认方案，召开全市业务系统上线现场会，全面开展参保单位经办人员业务培训，开展退休待遇与社保卡信息比对工作。国庆假日期间，经过与省、市人社信息中心和相关金融机构的突击会战，盐城市市级机关事业单位养老保险管理信息系统成功上线运行。市本级449家单位、1.76万名在编人员、7780名退休人员参保信息一次性转入全省机关事业单位养老保险信息系统结算，成为全省首家整体上线成功的市级经办机构。多次会同财政局、房产局、老干局等部门研究妥善解决退休人员住房补贴和参保离休人员待遇发放的办法，共为财政代发改制单位住房补贴26家596人259万元。代发参保离休人员待遇74人777万元。拟定市直机关事业单位退休人员基本养老金调整工作方案，明确相关口径和工作要求，及时导入调待数据，核对数据的准确性，落实调待资金，确保增加养老金及时补发到位。

三、城乡居民养老保险

2017年，全市城乡居民基本养老保险累计参保188.26万人，参保率99.9%，续保率95.9%，征收保费10.39亿元，60周岁以上城乡居民领取基础养老金135.74万人，领取率100%，被征地农民社会保障覆盖率100%，累计发放基础养老金20.38亿元；全市“四个不出村”（参保登记不出村、个人缴费不出村、权益查询不出村、待遇领取不出村）标准化建设覆盖率44.68%。进一步调增城乡居保基础养老金最低标准，由2016年每人每月115元调增为125元，其中大丰区在此基础上，提高到每人每月135元；盐都区调整财政补贴资金，按照个人账户养老金10%的标准增发奖励性养老金。顺应“互联网+”发展趋势，开发网上服务大厅、微信公众号和智慧城乡居保APP，构建虚拟业务经办平台，向群众提供政策宣传、在线缴费、在线查询、在线认证及状态提醒等服务功能。10月12日，人社部社保中心在盐城召开"互联网+城乡居保"全国现场会，推介盐城工作经验。巩固城乡居保参保、发放两个全覆盖成果，重点引导50周岁~60周岁未参保城乡居民参保，借力全民参保登记成果资料，比对到龄领取、续保对象、未保对象和未办社保卡等四类群体数据，将人员名单整理成册，实施精准扩面征缴，着力提升中青年群体参保率。

四、医疗保险

2017年，全市职工医保参保人数132.2万人，比上年净增2.51万人；基金征收47.99亿元，征收基金40亿元，比上年净增7.99亿元。全市城乡居民基本医疗保险参保人数651.2万人。实施医保精准扶贫，完善困难群众保障援助制度，将符合条件的建档立卡低收入人员个人参保应缴费部分由医疗救助基金全额补助，全市30.4万人低保、特困、重残等困难人员、36.57万建档立卡低收入人口全部纳入城乡居民基本医疗保障体系；统一城乡居民大病保险实施办法，对省定七类重点医疗救助对象、建档立卡低收入人口及各地拓展的医疗救助对象，大病保险的起付线按普通参保患者50%执行，且各段报销比例提升5个百分点，进一步减少困难人员的医疗负担。年内，盐城作为国家跨省异地就医试点地区，第一批接入国家跨省异地就医直接结算系统平台，全市21家二级以上医疗机构成为全国异地就医联网结算定点机构；在异地就医住院直接结算的基础上，进一步发展为省内异地就医门诊、住院待遇全覆盖，实现医疗保险省内异地就医门诊普通病、慢性病、特殊病待遇一体化结算；作为人社部中心试点推进异地就医"不见面"办理，参保人员通过盐城人社网站和盐城人社手机APP即可完成"无障碍"备案申请，异地就医人员在参保地、就医地所有联网医疗机构都可直接刷卡就医。至年底，全市跨省异地就医备案人数2943人，跨省住院直接结算619人次，发生总费用1515.99万元。全面建立基金预算和总额控制下的按项目、按病种、按人头、按服务单元、按床日付费的多元复合式结算模式，按病种付费病种数150种，在全市范围内向不同等级的所有医院推广；加强医疗保险特殊药品管理和协商谈判机制，包括20种新特药在内的36种国家谈判药品纳入药品目录乙类范围，进一步减轻大重病患者负担；支持分级诊疗和家庭医生签约服务制度，进一步运用医保支付政策杠杆，拉开在不同等级医院就医的待遇差距，政策向基层倾斜。加快医保智能监管体系建设，升级医保监控和数据挖掘系统，不断优化监控规则，新增涉及用药过量、用药配伍禁忌等6条临床规则，增加重点人群监控，细化医疗机构基金分析，提升数据筛查精准度，提高稽查命中率；开展医保专项稽查行动，成立数据分析、视频监控和现场稽查三大工作小组，落实专人负责，采用驻点巡查、重点抽查、跟踪核查等方式对"双定"单位实施支付稽核，全市共查实违规费用369.1万元，暂停医保联网结算39家，取消医保定点资格8家；创新监管方式，实行视频监控与举报稽查、进销存数据管理相结合，完善服务监督通报约谈机制，促使定点医药机构自觉规范服务行为，有效遏制违规行为发生。2017年，定点零售药店刷卡结算人次较上年同比下降26%，定点医疗机构医疗费用上升幅度下降到9%。

统一城乡居民医保制度　年内，盐城按照省政府决策部署，市、县两级同步推进城乡居民医保整合工作，将卫计部门主管的新型农村合作医疗整体划入人社部门，涉及130万城镇居民和560万农村居民，整合地区数居全省第一位，整合人数居全省第二位。制定《城乡居民基本医疗保险办法》，实现城乡医保"覆盖范围、筹资政策、保障待遇、医保目录、定点管理、基金管理"六个统一；把握"整合后个人医疗费用负担水平总体不增加"的原则，适度提高待遇水平，突出向住院医疗和大病门诊医疗倾斜、向困难群体和大病患者倾斜、向基层医疗倾斜；采取"一制两档、差别待遇"和"三年过渡"的方法，确保医保基金安全和制度运行平稳。2018年1月1日起，实施统一的城乡居民医保制度，就此终结医保领域的城乡居民二元化待遇格局。

五、生育保险

2017年，全市参加生育保险人数73.24万人，比上年末净增2.15万人，其中市区参加生育保险人数18.06万人；全市生育保险基金总收入1.85亿元，其中市区生育保险基金总收入0.58亿元；全市生育保险待遇支付2.45亿元，其中市区生育保险待遇支付0.8亿元。

六、失业保险

2017年，全市失业保险参保人数76.17万人，比上年净增加1.80万人，失业保险参保率98.10%，征收基金3.17亿元，由于2017年失业保险费率政策性下调0.5%，基金征收额实际比上年下降22.46%。全市共为2.11万名（新增1.14万人）失业人员发放失业金1.41亿元。清收改制破产企业陈欠的失业保险费，加强失业保险的审核和稽核工作，规范参保单位的缴费行为，全年追收陈欠失业保险基金1775.72万元。年内，全市共为964家企业发放失业保险稳岗补贴5343.88万元，受惠职工16.62万人。

七、工伤保险

2017年，全市参加工伤保险人数86.6万人，比上年末净增1.25万人，其中市区参加工伤保险人数18.06万人，比上年末净增0.12万人；全市工伤保险基金总收入3.44亿元，其中市区工伤保险基金总收入0.73亿元；全市工伤保险待遇支付2.21亿元，其中市区工伤保险待遇支付0.48亿元。对2017年6月30日前领取伤残津贴的工伤人员、领取生活护理费的工伤人员以及领取供养亲属抚恤金的人员的待遇进行调整。调整办法为：一至四级的工伤人员在原享受伤残津贴标准的基础上每人每月分别增加154.8元、146.7元、138.6元、130.5元；与原用人单位保留劳动关系的五至六级工伤人员，在原伤残津贴基础上每人每月增加6.3%；生活完全不能自理、大部分不能自理和部分不能自理的工伤人员护理费月标准，分别调整为2390.6元、1912.5元、1434.4

元；因工死亡人员供养亲属抚恤金在原标准基础上每人每月增加6.3%。制定《盐城市工伤生育保险市区统筹实施办法》，将市本级、亭湖区、市经济开发区和城南新区纳入市区统筹范围，实现工伤、生育保险基金在市区范围内统一征收和支付，统一由市级社保基金财政专户管理。制定《盐城市工伤预防费使用管理办法》，明确工伤预防费用使用比例、使用范围、使用流程、资金拨付等具体政策；建立由人社、安监、卫计、工会等部门组成的工伤预防联席会议制度，实现信息共享、检查联动、隐患协排。

八、规划财务和基金监督

2017年，按照"服务上台阶、打造新人社"的总体定位。科学编制基金、经费预、决算，严格执行季度分析制度，对基金、经费预算执行情况进行全程监督。全年"三公"经费、会议费、培训费保持较低水平。科学组织内部审计，分组交叉对10家直属单位开展年度内部审计工作。开展规划统计，推动市级、县（市、区）、乡镇（街道）、社区（村、居）的四级人力资源和社会保障统计工作平台建设，完善数据联网直报采集系统；逐月上报下发统计资料，组织统计分析，全年向省人社厅推荐统计调查分析材料19篇。以省人社厅"基金监督制度年"建设活动为主线，以实现医疗保险基金监督"制度化"、推行城乡居民养老保险基金监督"流程化"、推动养老保险重点指标专项核查"信息化"为抓手，以维护社会保险基金的安全与完整为落脚点，贯彻落实机关事业单位养老保险制度，继续组织射阳县开展社会保险基金安全评估试点工作，确保保险基金安全运行。

第三节　住房保障

一、保障性住房

2017年，全市新开工棚改安置房1.85万套，基本建成1.64万套，完成棚改1.85万户。其中市区新开工棚改安置房4019套，基本建成3805套，完成棚户区改造3888户。2017年，市区争取中央、省财政补助资金9257万元。

公共租赁住房　至年底，全市政府投资公共租赁住房2.54万套，有2.4万套分配入住，入住率94.47%。其中，市区7994套，有7082套分配入住，入住率88.59%。

保障房管理　年内，市区进一步强化住房保障动态管理，审查取消49户住房保障轮候资格，退出廉租房转公租房25户，清退家庭条件改善廉租房住户64户。市房产局制定《盐城市市区经济适用住房退出保障实施细则（试行）》。完成360户公（廉）租房轮候对象选房安置工作，122户经济适用房轮候家庭的公示、放号、选（购）房、签约等组织工作。建立公租房管理系统与二手房交易信息系统网签系统联网，实现市本级公租房保障对象及其家庭成员购房全方位动态监管。完成352户城市中等偏下收入住房困难家庭、新就业及外来务工人员的公租房收件、审核、摇号工作。按照省、市住房保障"五公开"制度，及时公开保障政策、房源信息、对象信息、审批流程、分配结果等信息，主动接受社会监督。

棚户区改造　至年底，市区累计争取棚改政策性贷款88亿元，商业银行贷款31.6亿元。其中，国开行融资授信额度76亿元，农发行融资授信额度12亿元（亭湖区大洋街道和盐东镇城中村改造项目）。省农行融资授信额度31.6亿元（盐都区盐渎、盐龙、张庄3个街道城中村改造项目）；市政府制定市区棚户区（危旧房、城中村）改造整治三年行动方案，2018—2020年基本完成市区高速公路围合圈范围内集中成片棚户区（危旧房、城中村）改造任务，计划改造住宅总户数约5万户，住宅总面积约570万平方米。

（沈　斌　王　俊）

二、公积金管理

2017年，全市共新增住房公积金开户单位1400个、8万人，归集63.7亿元。全市提取住房公积金53.42亿元，发放个人住房公积金贷款48.84亿元，存贷比为141.86%，逾期率为0.03‰。

归集拓面　年内，市住房公积金管理中心开展住房公积金扩面"新三年行动计划"，把推进民营企业建立住房公积金制度作为一项民心工程来抓，通过宣传引导、政府推动、部门联动、依法行政等措施，推进全市住房公积金归集扩面工作。全年，在各类媒体开展宣传200多次，对906个

保障性住房。　市房产局/供

单位寄发开户通知书，对673个单位寄发催建通知书，全市共立案36件；发放责令限期开户缴存通知书36份，发行政处罚事先告知书19份，发处罚决定书17份，建立公积金制度后，终止执法流程6件。发行政处罚听证通知书3份，组织听证会2场次，报送行政复议案件材料1份，发行政强制催告书4份，申请法院执行处罚款到账4件。对2个经过处罚以后仍然不建制的单位纳入黑名单，上传至征信系统，并在媒体公布。强化受托银行业务考核，完善《存量资金管理办法》，激发受托银行扩面积极性。扩大住房公积金覆盖人群，维护和保障职工权益。

使用管理 年内，市住房公积金个人贷款比、放贷户数、归集增长率等主要业务指标位居全省前列。使用银行信用贷款13.5亿元，发放公积金转商业贷款5776笔17.45亿元。针对银行信贷规模收紧，不能按时发放公转商贷款的问题，及时调整已受理审批的公转商贷款1422笔4.15亿元，避免“断贷”“轮候”情况的发生，保证职工合理的住房需求。中心还从防范住房公积金流动性风险、推进困难企业建立住房公积金制度、限制炒房行为入手，推进住房公积金管委会调整住房公积金贷款、提取、缴存等有关政策。

（杨惠媛）

三、老旧小区、城市危旧房整治

2017年，市房产局加强老旧小区、城市危旧房整治改造工作。年内，市区有9个老旧小区纳入整治范围。其中，亭湖区政府负责整治江动宿舍区及周边、亮月小区、盐南新村、惠民苑、轧花厂宿舍区、悦达新村、通榆新村五期（往年结转项目）；盐都区政府负责整治前进西小区及周边；城南新区管委会负责整治新河新村一区。至年底，基本完成9个老旧小区整治任务，整治面积77万平方米，受益人口2.8万人，投入资金3000万元。排查整治城市危旧房，督促指导各县（市、区）履行危旧房排查治理的督查指导职责。研究起草《关于进一步做好市区城市危房解危工作的意见》，在政府层面明确工作原则、工作流程和工作要求，保障城市危旧房屋排查整治工作。

（沈 斌 王 俊）

第四节 社会救助

2017年，全市共有城乡低保对象10.5万户18.4万人，其中城市低保对象1.6万户2.9万人，农村低保对象8.9万户15.5万人；城乡低保标准分别达到每人每月560元和480元。全市共有农村特困供养对象2.9万人，其中集中供养对象近7000人，分散供养对象2.2万人，集中供养率24.14%；城市特困供养对象468人。年内，全市农村特困人员集中供养标准为每年9800元，分散供养平均标准为每年8400元，列苏北第一位；城市特困人员供养标准为每人每月1500元，列全省第三位，全年累计发放特困人员救助供养金1.8亿元。年内，全市对临时救助制度的对象范围、标准制定、申请审批程序、资金渠道等进行进一步细化落实。全年全市各地累计实施临时救助5万余次，支出临时生活救助金2700多万元，充分发挥临时救助制度在保障急难型贫困家庭、支出型贫困家庭基本生活中的重要作用。

第五节 社会福利

2017年，根据市政府办《关于加强孤儿保障工作的意见》《关于推进适度普惠型儿童福利制度建设的实施意见》要求，盐城全面建立困境儿童养育标准自然增长机制，机构养育孤儿每月2100元，社会散居孤儿每月1320元，监护人监护缺失儿童每月1060元，其他困境儿童每月660元。贯彻落实市政府办《关于完善困难残疾人生活补贴和重度残疾人护理补贴制度的实施意见》，共有7.43万名困难残疾人享受2.99亿元生活补贴、5.27万名重度残疾人享受6022万元护理补贴，残疾人两项补贴实现全覆盖，切实保障和改善残疾人基本生活。

农村留守儿童关爱保护专项行动 年内，根据全省农村留守儿童“合力监护、相伴成长”关爱保护专项行动要求，全市各地出台专项行动实施方案和联席会议制度，召开会议进行专题部署。6月初，市联席会议组织民政、教育、公安、妇联、团委等16个成员单位成立5个督查组，对各地农村留守儿童关爱保护工作开展情况进行专项督查。至年底，全市农村留守儿童总数为6.58万人，与上年相比减少1.08万人，动员108名留守儿童返校复学，为2171名留守儿童办理户口登记，为3500多名无人监护、父母一方外出另一方无监护能力留守儿童签订委托监护责任书。

第六节 执法维权

一、监察执法

2017年，市人社局全面运行全省联动举报投诉平台，所有举报投诉信息全部通过平台予以反映和运行，实现“一点举报投诉，全市联动受理”。开辟网络、电话、窗口、政风热线、各级领导批示等多种“绿色通道”；提高监察效能，快速受理拖欠工资案件，做到“有报必查，有案必究，有欠必追、追必有果”，有关举报投诉事项可及时告知当事人，举报投诉人也可以通过一定方式查询案件的受理、调查、办理等情况；加强行政监督，上级劳动监察机构依托平台信息，全流程跟踪案件办理过程，实现劳动监察行政执法“阳光”工程。年内，全市联动举报投诉平台共受理咨询、投诉、举报等2.38万条，同时社会监督，平面媒体报道等力量的加大，举报投诉方式同以往相比更加多样。继续全面优化网格设置，全市共设置一级网格137个、二级网格477个，兼职监察员192人，网络联通率100%。提升网格运行效能，网上办理案件1317条，录入书面审查用人单位信息

2.01万条，采集入库用人单位2.41万户，录入日常巡查用人单位信息4932条，录入专项检查信息2033条，网格预警监测单位837户，指导服务单位7356户，网格调处矛盾纠纷4133户。响应省人社厅开展的2017年度全省农民工工资支付监控和保障机制示范地区建设活动，大丰区被评为省级示范地区。全年接待来访咨询人员4.13万人，受理举投诉报案件1247件，办理省长信箱、市长信箱、市信访办、局长信箱交办的案件75件。书面审查用人单位1.96万户，巡查用人单位9230户；开展农民工工资支付情况、清理整顿人力资源市场秩序、用人单位遵守劳动用工和社会保险法律法规情况、夏季高温津贴发放情况等一系列专项行动；开展“青少年维权岗”活动，通过为青少年提供全方位用工指导服务等方式全面做好青少年维权工作，盐城青少年维权岗被人社部、团中央命名为2016—2017年度全国青少年维权岗；启动劳动保障监察应急预案，加强休息日、法定假日应急待警工作，处理群体性突发事件30余起。

农民工工资支付专项检查 年内，市人社局召开联席会议成员单位情况交流会，完成对全市所有在建工程农民工工资发放情况的摸底调查；升级更新劳动监察网上举报投诉联动平台，出台农民工工资欠薪案件快查快处程序，建立劳动监察节假日待勤、备勤快速反应机制，会同公安部门下发《关于进一步加强涉嫌拒不支付劳动报酬犯罪案件查处衔接工作的通知》。会同市发改委、公安局、司法局、财政局、建设局、交通局等部门，在全市范围内全面启动农民工工资支付专项检查工作。全市共检查各类用人单位1619户，涉及农民工11.6万人；查实156户用人单位拖欠7970人工资5761万元，责令支付7920人工资5728万元；接受工资类投诉举报案件863件，涉及劳动者5178人，涉及工资2589万元，责令支付工资1782万元。因涉嫌拒不支付劳动报酬罪移送各级公安机关32起，涉及劳动者466人，涉及工资628万元。

二、劳动人事争议调解仲裁

2017年，全市各级劳动人事争议仲裁机构和基层调解组织共接处案件8442件，达成调解协议及和解6780件，调解成功率81.9%。各级仲裁机构立案受理案件1758件，涉及职工2073人，涉案金额7649万元，累计结案率100%，其中仲裁裁决案件510件（含一裁终局案件196件）。年内，全市13个调解专家团队共处理省劳动人事争议调解服务平台推送案件4638件，调解成功率97.84%，满意度100%。会同市综治办、总工会、企业家协会、工商联制定《关于进一步推进全市各类用人单位建立劳动人事争议调解组织的通知》，推动基层调解组织建设工作常态化，县（市、区）当年公示基层调解组织480多家，公示调解员名单580多人。组织开展盐城市劳动人事争议优秀基层调解组织评估活动，评选市级优秀基层调解组织21家。盐都区潘黄街道劳动人事争议调解中心和建湖县经济开发区劳动人事争议调解中心被省人社厅评估为省级优秀基层调解组织。盐城市专业性调解组织建设经验做法文章在《中国劳动保障报》调解仲裁专版刊登。全面运行仲裁信息管理系统，信息系统网上运行率100%，仲裁结案率、信息系统网上运行率、省级调解服务平台运行案件占比三项指标列全省第一位。推进“阳光仲裁”，5月开展“仲裁开放月”活动，向社会公开仲裁办案场所、仲裁人员名单、仲裁法规制度、仲裁庭审现场、仲裁法律文书，市、县（市、区）两级仲裁机构发布庭审公告16场，邀请人大代表、政协委员、新闻记者、用人单位及劳动者代表等社会各界人士旁听，受到社会的广泛关注。加强仲裁案件质效管理，推行仲裁类案要素式庭审，组织开展庭审观摩活动10场，开展仲裁文书评查工作。承办江苏省“两大体系”示范试点项目调解仲裁建设任务，东台市时堰镇、响水生态化工园区创建省级乡镇街道巡回仲裁庭，顺利通过省级检查验收。

三、为农民工服务

2017年，市人社局组织开展农民工省级示范综合服务中心创建工作，滨海县沿海工业园区通过省级示范服务中心创建。夯实拓宽服务基础。开展家庭服务职业培训市、省级示范基地建设工作，年内，全市共推荐评定通过6家家庭服务职业培训示范基地，盐城市养老服务培训中心被省人社厅评为省级家庭服务职业培训示范基地。有效强化服务载体建设，不断提升家庭服务业技能培训质量工作。组织参加2017年全省家庭服务业职业技能大赛。盐城获团体第二名及家政服务员、养老护理员两个单项第二名的成绩。协同市农民工工作领导小组成员单位联合开展相关政策宣传，面对面法律法规解读，正向引导对接，现场发放农民工维权手册，提供劳动权益服务和法律援助。1—3月，制定春风行动实施方案，开展以“求职就业有门路，岗位信息送到家”为主题的春风送岗位活动周，通过开展摸底调查、集中发放“春风卡”、送岗下乡、多渠道发布就业信息、开展劳务对接、结合基础设施建设项目吸纳就业、鼓励职业中介开展诚信服务、组织技能培训等，为进城务工的农村劳动者提供有针对性的就业服务。活动期间发放“春风卡”5万份、招聘会和岗位信息2.1万份，农民工维权手册16.2万本，提供免费服务16.5万人，提供劳动维权服务和法律援助6989人。深化外省劳务协作，全市在巩固原有的劳务协作基地的基础上，新建劳务招聘联盟，共享各地劳务协作基地和资源，组织到陕西、贵州、河南等劳务协作基地，开展跨省招聘活动47场次，参加企业182家，提供招聘岗位1.07万多个，协议录用人数3000多人，协议培训人数812人。

农村劳动力转移 年内，按照市委、市政府的部署要求，把加快农村劳动力转移作为现阶段促进农民持续增收、农村持续发展的重要举措，全力服务于农村劳动力创业就业工作，不断推进农村劳动力转移就业持续增长。全市累计转移农村劳动力209.14万人，其中劳务输出128.26万人。全年新增转移就业3.91万人，完成年度目标的139.64%。

（殷开丰）

第38章　社会事务

责任编辑　赵　丽

第一节　双拥优抚

一、双　　拥

2017年，盐城制定下发《关于落实2017年度军地互办实事项目的通知》，印发《2017年度军地互办实事计划》，继续在全市开展"军地互动、互办实事，我为双拥争贡献"活动。全市地方与驻盐部队结对子439个，办实事415个，重点实事23个，重点实事投入资金2932万元，合计总投入资金3567.85万元。同时，部队主动与地方基层单位及个人结对子182个，办实事121个，投入资金99.09万元。投入10万元为盐城舰制作麋鹿雕塑，在盐城舰赴亚丁湾护航前，市委、市政府组织慰问团赴青岛为盐城舰官兵送行。时任市委书记王荣平等受邀参加中央庆祝建军90周年系列活动，展示盐城老区的"铁军精神"。此次受邀参加中央庆祝建军90周年系列活动的仅有盐城市、遵义市、延安市、哈尔滨市、临沂市5个地级市及其他双拥模范单位和个人。5月初，市民政局会同有关部门，形成《盐城市贯彻落实〈省政府办公厅关于切实做好优抚安置有关工作的通知〉责任分解方案》和《政策解读》，并陆续制定《关于实行现役军人和优抚对象免费游园的通知》和《关于优抚对象免费乘坐市内公交的通知》，全市所有军队退役人员免费乘坐市内公共交通工具，享受国家抚恤补助的优抚对象免费参观游览市内公办的旅游景点。按全省统一制式，以县（市、区）党委、政府名义向优抚安置对象家庭发放"光荣人家"牌，基本发放到位。对当年荣立三等功（含）以上或者被评为优秀士兵（官）的军人，各地乡（镇）人民政府、街道办事处组织"登门送喜"活动。军人和优抚对象的荣誉感和获得感明显提升。由盐城军分区牵头、驻盐大市区各部队上报，年内符合学前教育及义务教育条件的军人子女总共65名（幼儿园27名，小学28名，初中10名）。经市双拥办和军分区与市教育局进行协调，当年入学入托的军人子女全部进入到具有优质资源的学校就读。年内，市民政局制定《盐城市双拥优抚安置工作"平台建设年"实施意见》，利用社区（村）现有公共服务资源和公益服务网络，建立完善覆盖城乡的社区（村）退役军人服务中心（站）、优抚（老兵）之家等基层拥军优属服务平台，动员社会力量为优抚安置对象提供服务。5月底前，全市范围内建成市、县（市、区）、镇（街）、村（社区）四级退役士兵服务组织，统一悬挂"退役士兵服务办公室（中心、服务站）"标牌，并抽调相关部门人员组成专班负责日常工作。该四级平台承担政策梳理、建立档案、走访慰问、政策落实、拥军优属、应急处置等责任。全市共成立县级双拥优抚安置服务办11个，镇（街道）双拥优抚安置服务中心122个，村（社区）双拥优抚安置服务站2433个，基本实现双拥优抚安置工作全覆盖。

二、优抚安置

2017年，盐城成立由市委书记为第一组长、市长为组长的市退役士兵有关工作领导小组及专门办公室，专门处理涉军群体政策落实和权益保障的协调督导、政策法规研究、应急处置等工作。全市范围内建立市、县（市、区）、镇（街）、村（社区）四级退役士兵服务组织，统一悬挂标牌，抽调相关部门人员组成专班负责日常工作。制定优抚安置对象党员教育管理、免费游园、免费乘坐公交、水电气补贴、免费体检、家庭生活困难的下岗、失业转业志愿兵（士官）发放生活困难补助、养老补贴，以及选聘退役士兵到基层任职"千人计划"等19个文件。共办理优抚对象免费公交卡7.9万张，发放免费体检表4.96万张，为优抚对象家庭悬挂光荣牌9.3万块，激发军队退役人员的荣誉感、自豪感和责任感，有效保障退役士兵合法权益。

退役士兵村干部培养工程　年内，市委办、市政府办下发《关于在全市退役士兵中组织开展"村（社区）干部培养选聘千人计划"的实施办法》，决定用2年左右的时间，有计划地选聘1000名以上的退役士兵到社区、村担任副书记、副主任职务。年内，全市有666名表现突出、群众公认的退役士兵后备干部被选聘为村干部。

退役士兵安置就业　年内，市政府制定年度安置工作文件，进一步完善退役士兵安置工作办法，扩大指令性安置对象范围，提高地方一次性经济补助金标准，强化安置事业指标的落实，规范双向选择安置方式，提升安置对象的满意度。全市符合政府安置工作条件退役士兵74人，安排事业编制15人、省属指标35人、本地国企8人、其他岗位10人、自主就业4人、双向选择2人。7月，盐城在射阳召开退役士兵再就业推进现场会。各县（市、区）全力开发退役士兵专用公益性岗位1450个。年内，退役士兵首次参加2017年全市富民创业大赛，大丰区東勇方、滨海县吕岩松2名退役士兵获奖。

第二节 慈善事业

一、盐城市红十字会

2017年，全市红十字会系统开展多项人道救助工作，发挥党和政府人道领域联系群众的桥梁和纽带作用。年内，全市红十字会系统开展第21个"红十字博爱送万家"活动，累计发放431.89万元救助款物，救助慰问社区困难群众、失能老人、麻风休养员、贫困中小学生、结对帮扶、牵手致富困难家庭等。参加全市2017年文化科技卫生"三下乡"活动，市红十字会筹集价值15.5万元的棉被、羽绒服、皮鞋等物资，慰问滨淮镇困难群众。年内，市红十字会医院1万平方米业务楼建设项目完工，将于2018年上半年投入使用；市红十字会备灾救灾中心二期3000平方米仓储楼开工建设。市红十字会被中国红十字会总会评为报刊宣传工作先进集体特等奖、《中华人民共和国红十字会法》暨全国红十字应急救护知识竞赛最佳组织奖；被省文明办、省红十字会等6部门表扬为"博爱青春"暑期志愿服务项目优秀奖；被省红十字会表扬为养老照护服务工作先进集体；全市有1所高校、4所中小学被省红十字会、省教育厅评为江苏省红十字示范学校。

备灾救灾 年内，市红十字会印发《关于做好2017年自然灾害救助工作的通知》，及早部署自然灾害备灾救助准备工作。市红十字会应急救援队定期开展索降攀岩、帐篷搭建、救援装备调试使用等应急救援演练，做好2017江苏·盐城自行车联赛应急保障。6月底，苏沪应急救援队跨省联合演练在阜宁县金沙湖举行，市红十字会应急救援队参与水上救援演练。

博爱助学 年内，市红十字会开展博爱助学、博爱助孤活动。市红十字会、市教育局联合实施"红十字助学圆梦"项目，向市直450名家庭困难学生发放助学款9万元；向江苏医药职业学院50名家庭困难大学生每人发放助学款1000元。市红十字会实施"圆梦起航——博爱助学"项目，向市直25名家庭困难的大学新生每人发放助学款4000元。开展"博爱助孤"捐赠活动，捐赠慰问款物2.5万元，慰问市儿童福利院孤残儿童。各地红十字会纷纷开展博爱助学校园、助学圆梦大行动、关爱留守儿等救助活动。全年，全市红十字会系统共救助孤儿和困难学生2803人次，发放救助款物177.41万元。

博爱助医 年内，市红十字会实施"红十字博爱助医"项目，帮助家庭困难患者缓解看病困难。市红十字会继续与市卫生计生委联合开展关爱生命红十字助医惠民活动，市、县红十字会联合冠名红十字医院救助大病困难患者。全年，全市红十字会系统博爱助医救助困难患者3015人次，发放助医款225.32万元。

博爱家园 年内，市红十字会依托社区（村居）建设"博爱家园"阵地。围绕社区群众所需在"博爱家园"建设应急救护培训基地、博爱超市、博爱广场、博爱讲堂、红十字书屋等，并组建红十字志愿服务队，开展与群众"零距离"红十字特色志愿服务。举行红十字"博爱家园"授牌活动，向社区部分70岁以上的老人发放防走失手环和家庭急救包，推进红十字志愿服务、救护培训、人道救助、养老照护、博爱文化"五进"社区活动。

献血和捐献 年内，市红十字会开展捐献造血干细胞志愿者动员、招募等工作，保持捐献工作稳定发展态势。全市共采集志愿者血样833人份，初配再动员184人，高分辨检测28人，体检14人，成功捐献4例，在苏北领先。市、县红十字会组织无偿献血志愿服务队开展宣传服务活动。市级机关红十字会连续11年开展"崇德向善、奉献爱心"党员干部无偿献血活动；盐都区红十字会依托教育系统红十字会连续17年开展教职员工集中无偿献血活动，为保障和满足临床用血发挥作用。推进器官（遗体）捐献工作，规范捐献协调员工作程序。全年，全市共有5人捐献15个器官，1人捐献遗体。

志愿服务 年内，市红十字组织高校红十字会开展暑期"博爱青春"志愿服务项目，盐城工学院红十字会"十一年，温情不变，手牵手，爱撒高墙"志愿服务项目获省十佳优秀项目奖，并作为特色项目在总结会上汇报展示。市红十字会6支专业性志愿服务队常态化开展关爱孤残儿童、孤寡老人、应急救援、无偿献血、捐献造血干细胞等特色红十字志愿服务活动。年内，全市红十字会系统志愿者中1人被评为"中国好人"，1人被中国红十字会总会表扬为优秀红十字志愿者，1人被表扬为江苏省百名好青年；3人被评为江苏省优秀志愿者。

"6·23"灾后援建 5月，市红十字会系统使用"6·23"非定向社会捐款援建的阜宁县板湖镇戚桥村、邵湛村和射阳县陈洋经济开发区晨阳佳苑灾民安置点竣工并交付使用。共援建灾民安置房485户、幼儿园和学校3所、卫生室3个。阜宁县板湖镇戚桥村、邵湛村灾后重建项目以红十字"博爱家园"命名，援建项目资金1622.91万元。"博爱家园"中由红十字会全额援建的板湖镇红十字博爱幼儿园、板湖镇邵湛村红十字博爱卫生室、博爱文化长廊和博爱文化广场解决灾区及附近群众幼儿上学、看病困难和文化休闲等问题。红十字会援建射阳县陈洋经济开发区晨阳佳苑灾后重建项目资金907.98万元,其中红十字博爱卫生室、幼儿园由市红十字会全额援建。

红十字养老服务试点 年内,市红十字会被中国红十字总会选定为首批参与养老服务的市级试点红十字会,在全国率先开展红十字养老服务试点工作。全市红十字会系统围绕社区困难老人所需,探索实践红十字会参与养老服务的模式和途径。市编委批准成立盐城市红十字会失能老人康复中心,在全省率先完成9支红十字养老照护志愿服务队的组建工作,开展65岁以上老人的调查走访、养老照护知识培训和养老照护志愿服务工作。全年,全市共完成养老照护知识培训4913人,入户开展养老照护志愿服务514户,慰问救助失能和困难老人1569人次,发放救助款物79.47万元。盐城市红十字会被江苏省红十字会表扬为养老照护工作先进集体。

群众性应急救护培训 年内,全市红十字会系统推进公益性应急救护培训。市红十字会、市教育局联合开展市直学校应急救护知识家家到培训活动,市直26所中小学、幼儿园的4068名教职员工全部参加应急救护知识普及性培训。开展"应急救护培训大篷车"进社区、进企业、进乡村、进校园活动,举办应急救护亲子讲座,普及应急救护知识,提升普通百姓应对突发事件的自救互救能力。建立应急救护培训回访制度,聘请红十字志愿者,逐月对全市各县(市、区)的救护员参训对象进行电话回访,发现问题,立即反馈,及时纠正,确保培训质量。全年,在全市红十字会系统共完成公益性救护员培训1.06万人、普及性培训9.43万人,分别完成省下达任务的105.6%和104.8%。市红十字会实施中国红十字会总会"红十字生健康安全教育项目",建成400平方米应急救护培训基地。 (王 蕙)

二、盐城市慈善总会

2017年,全市慈善系统募集资金(款物)1.12亿元,支出资金(款物)1.36亿元,救助困难群众7.56万人次,其中市慈善总会募集资金(物资)2733.2万元,支出资金(款物)5889.43万元,救助各类困难群众3万人次。北京现代汽车集团等3家企业冠名基金700多万元,启动"起亚家园"建设。争取德国拜耳公司、瑞士诺华、美国百深等海外大企业捐赠药品等救助项目,总金额9440.72万元。6月,市委、市政府对"6·23"特大龙卷风冰雹灾害捐赠救助中做出突出贡献的5家企业和1位个人授予"慈善大爱之星"称号,对21家单位授予"慈善爱心单位"称号、13人授予"慈善爱心人士"称号、对5家志愿者团队授予"慈善爱心志愿者服务队伍"称号。市慈善总会在市委市政府召开的"6·23"特大龙卷风冰雹灾害表彰大会上获集体二等功,在2017年中国慈善联合会年会上被表彰为先进集体。

助学 9月,市慈善总会对21名特别困难的大学生进行资助,每人3000元;联合市教育局、市第一小学教育集团、盐城书城举行"让爱流动起来——万册图书大漂流"图书捐赠活动,市一小教育集团1.3万余名学生向"6·23"灾区赠送爱心图书,盐城书城拿出1万多册新书,赠送给参与的每位学生,流动阅读,实现了爱心的传递;实施省慈善总会、省儿基会"江苏省慈善总会职教春蕾班"项目,为大丰职教中心和滨海中等专业学校的2016级"省慈善总会春蕾班"50名困难学生每人资助1000元,使家庭困难的学生得到有效救助。

助医 开展儿童大病救助,年内,盐城向省慈善总会申报儿童大病救助患者136名,儿童大病救助结算296人次,省救助147.42万元,市配套救助资金30.5万元;2017年春节前,市慈善总会在省慈善总会支持盐城60万元成人大病救助资金基础上,配套部分资金,对全市患有白血病、尿毒症、肝重症、肿瘤、各类癌症等患者实施1000元~3000元标准的临时救助,成人大病及其他申请救助339人次,救助资金84.4万元,大市区尿毒症患者救助全面覆盖;利用协和助医资金为低保、残疾人、大病患者等828名困难对象减免医药费、挂号费、手术费、住院费等共76万元;"慈善特药发放点"为全市格列卫、达希纳、易瑞沙、特罗凯特药患者提供赠药发放服务,发放4434人次,发放价值9440.72万元的援助药品;组织血友病医患交流会,全年为全市50名血友病患者发放项目救助资金10万多元;争取省总会"医疗济困行动"向盐城捐赠8台中频治疗仪,增强对全市贫困患者的医疗救助。

助困 年内,市慈善总会用于资助大市区爱心超市资金61.4万元;开展春节慰问活动,采购60多万元大米和食用油,为全市3000多户困难家庭送去关爱。盐都区在55个村(居)建立"爱心超市",扶援额280万元;建湖县慈善总会为全县7名白血病、尿毒症患者送上慈善救助资金12万元,并向其他特困群众发放慈善救助资金20多万元。

助老 年内,做好省慈善总会"心悦晚霞"慈善助老项目,为全市部分助老、托老机构争取省资助资金10万元,市慈善总会配套资金2.5万元。亭湖区慈善总会与广东容声电器股份有限公司针对全区各乡镇敬老院、福利院开展健康饮水公益慈善活动,免费安装净水机,总价值4万元。2017年重阳节期间,市开发区慈善会牵头组织系列活动,为全区90周岁以上老人和分散供养特困人员每人发放300元慰问金、为全区优抚对象中的"三属"每人送上一份价值200元的慰问品、为新城敬老院内98位老人每人送上一张价值380元的毛毯和价值500元的慰问品和500元慰问金。

助残 开展“情系困境儿童”资助行动。在2017年助残日期间，市慈善总会拿出9万元对市儿童福利院、残疾儿童康复中心的孤残儿童进行慰问。盐都区慈善总会拿出3万元，帮助麻风村改善居住条件，提高特残人员生活质量。

（市慈善总会）

第三节 民政管理

一、基层政权

2017年，盐城下发《关于贯彻落实中共中央办公厅国务院办公厅关于加强乡镇政府服务能力建设意见的通知》，将加强乡镇政府服务能力建设工作列入民政工作综合评估和现代民政示范镇（街道）评估内容，明确试点县、镇，开展乡镇民政服务清单调查，梳理乡镇政府民政工作职责清单。年内，以换届选举为契机，依法指导基层健全村（居）委会组织机构，明确新一届班子成员的岗位、职责、分工和目标。指导基层完善村民自治章程、村规民约或居民公约等民主自治制度，按程序推选产生新一届村（居）务监督委员会和村（居）民代表。下发《关于规范村规民约加强农村红白喜事移风易俗工作的通知》，倡导文明新风。至年底，有2425个村居（村1815、居民委员会610）完成赋码任务，全市村（居）民委员会特别法人统一社会信用代码赋码工作基本完成。

二、社区建设

2017年，市财政安排500万元社区建设引导资金用于市区30个社区新增服务设施建设项目，调动区、街道、社区三级加强社区服务设施建设的积极性。市财政安排社区党组织为民服务专项资金1160万元，同比增加120万元，同时盐都、亭湖、开发区、城南新区财政按照1∶1的比例落实配套资金，专项用于为民服务工作。2017年初，市民政局组织对社区上年度资金使用情况进行督查，并由第三方独立机构进行绩效评价。

三、区划地名

2017年，盐城市下辖东台1个县级市和建湖、射阳、阜宁、滨海、响水5个县，以及盐都、亭湖、大丰3个区。26个街道、96个镇，2432个村（居、社区）。年内，对全市338个地名进行命名更名，其中对市区46个居民住宅区、大型建筑物群及部分道路进行命名更名。

四、社会组织

至2017年底，全市登记社会组织9025个，其中社团4361个，民办非企业单位4655个，基金会9个，全市万人拥有社会组织12.47个，信用等级评估3564个。做好社会组织党建工作研究，结合社会组织日常监管工作，督促推动社会组织及时成立党组织和开展党的工作，推动发挥社会组织党组织的政治核心作用。至年底，全市建立党组织的社会组织数为147个。全面实施社会组织统一信用代码和信用信息管理制度。完成社会组织统一社会信用代码存量转换，开展社会组织信用信息的记录、发布工作，加大社会监督力度。推进社会组织信息公开。进一步加强各级、各类社会组织孵化培育基地建设，为社会组织提供有效服务和支撑载体，引导和支持社会组织规范发展、创新发展；进一步落实政府向社会组织购买服务的各项政策，各级民政部门带头做好购买服务工作，组织开展公益创投。2017年市级共投入公益创投资金270万元，促进社会组织发挥积极作用。

五、婚姻登记

2017年，全市民政系统开展1980年之后婚姻登记历史数据的补录工作，拓展婚姻登记网上预约业务，探索开展婚姻登记颁证和婚姻家庭辅导服务。各地加快推进部门间信息共享工作，与房产、公积金、公证处、残联等部门实行信息共享。共办理结婚登记6.45万对，离婚登记2.06万对，登记合格率100%。

六、收养登记

2017年，根据《盐城市收养子女家庭收养能力评估实施办法》，盐城全面实施收养评估工作，规范收养行为。全年共评估126例，切实保障被收养儿童的生存、发展权。

七、殡葬管理

2017年，全市各地按照“属地管理、包干负责”的原则，抓住大寒期间和外出务工人员返乡欢度春节的有利时机，成立专门班子，着实解决新增散坟、坟头平而复垒、骨灰装棺再葬及其他遗留问题，全市共迁移散坟1.3万余座，新建公益性公墓30处。

八、救助管理

2017年，全市共救助生活无着落人员近4500人。市民政局开展救助管理机构和站外托养机构安全督查工作，坚决防止安全事故发生，切实保障流浪乞讨人员合法权益。年内，全市共有5家托养机构被解除托养关系，响水县站外托养工作受到民政部、省民政厅督查组的充分肯定。联合市公安局开展托养人员人像识别资料采集工作，使更多的滞留对象回归家庭。

第四节 人口与计划生育

2017年，盐城市全面两孩政策平稳实施，计生奖励优惠政策全面兑现，流动人口卫生计生管理服务得到加强。全市出生政策符合率99%，流动人口管理服务率、妇幼保健计划生育服务达标率、人口文化建设达标率95%以上，较好地完成了各项目标任务。推进幸福家庭创建活动，命名2个幸福家庭建设示范县（市、区）、20个幸福家庭建设示范镇（街道）、200个幸福家庭建设示范村（居）、500个幸福家庭建设示范户。东台市被省卫生计生委命名为全省第四批幸福家庭项目县。

实施全面两孩政策 健全生育登记服务制度，优化再生育审批管理，简化和规范计划生育证件管理，全年共受理一孩、二孩生育登记5.65万对，再生育审批1473对。加强出生监测预警，组织生育状况调查，组织27镇54个村居开展国家生育状况抽样调查，为完善公共服务配套和相关经济社会政策提供服务。

计划生育管理 强化计划生育基层基础，落实镇村两级服务管理规范，完善宣传倡导、依法管理、群众自治、优质服务、政策推动、综合治理的计划生育长效工作机制。落实计划生育目标管理责任制，坚持计划生育一票否决，全年共审核把关各类表彰表扬28批次1327人次。年内，全面落实计划生育奖励扶助和特别扶助政策，全市奖扶对象累计19万人；特扶对象9581人，计划生育手术并发症对象1.15万人。全年共发放奖扶资金1.86亿元，特扶资金0.8亿元，合计2.66亿元。全市兑现持证退休企业职工一次性奖励2307人，发放奖励金553.68万元。

流动人口计生服务 年内，市卫生计生委实施流动人口卫生计生关怀关爱专项行动，开展流动人口健康促进示范企业、学校和健康家庭创建活动，加强流动人口动态监测调查，流动人口协查信息反馈率98%以上。全面推行流动人口基本公共卫生计生服务均等化工作，全市流动人口健康档案建档率达81.73%，0~6岁儿童预防接种率99.38%，全市流动孕产妇和儿童保健管理率均90%以上，流动人口计划生育技术指导咨询服务覆盖率98%，计划生育免费技术服务率100%。 （刘海峰 陈昌帅）

第五节 关心下一代工作

2017年，全市161个镇（街道）关工委和2429个社区（村）关工委，先后调整加强38个镇（街道）关工委驻会主任，为137个社区（村）关工委充实新退下来的老同志。至年底，全市“五有五好”（有组织、有队伍、有制度、有活动、有效果；领导班子建设好、“五好”作用发挥好、制度健全执行好、活动经常效果好、探索创新成果好）达标的关工委有2005个，占镇关工委总数的77.4%。年内，全市各级关工委组织4940名有宣讲能力的“五老”（老干部、老党员、老劳模、老工人、老教师）进村入校宣讲党领导革命和建设96年的光辉历程，受教育青少年158.2万人；市关工委和市教育局联合举办“喜迎十九大，童心永向党”征文演讲竞赛，吸引35.1万名青少年参加。东台市关工委《“学史立志，崇德向善”主题教育的做法与体会》，被评为全省关工委党史国史教育课题研究一等奖。市关工委与亭湖区关工委在五星村建立盐城市党史国史教育图片展览馆，接待青少年观众万余人。11月，市关工委在市委组织部支持下，在市委党校举办镇（街道）以上基层关工委驻会主任学习中共十九大精神培训班。培训班结束后，各县（市、区）和镇（街道）关工委举办培训班664次，听宣讲“五老”和青少年25.2万人次。

一、结对帮教青少年

2017年，全市各级关工委组织普法宣讲团、队688个，参加“五老”3222人，进村入校宣讲2856场次，受教育青少年135.9万人次。中、小学兼职法治副校长经过调整充实后为644人，每人每学期进校园宣讲与青少年有关法律不少于2次，受教育中小学生127.8万人次。各级关工委建立关爱团、队1666个，吸引“五老”1.56万人参与，其中5220人重点关爱“五失”（失学、失业、失亲、失足、失能）青少年1653人，转好1518人，转好率91%。

校外教育辅导站建设 至年底，全市共建县（市、区）级校外教育辅导总站3家，镇（街道）级辅导站157家，社区（村）级辅导分站1554家，村（居）民小组的辅导点1543家，其中与学校联办的辅导站和分站共1192家。在各级辅导站（点）正常从事文体辅导活动的“五老”有1.03万人，社会志愿者还有在职教师1.17万人，大学生村官1099人，其他成员5120人。市教育系统关工委在中小学建立万年青志愿者工作站，吸引大批老教师和有专长的在职教师参加，推动校外辅导和家庭教育活动的开展。年内，各级辅导站（点）共举办多种文体活动2658次，参与学生109万人次（参与电子阅览室活动的38.2万人次）。父母双方在外地务工的留守儿童和外地在盐城务工的流动儿童，在周末和节假日，基本都就近就地进入辅导站（点）活动。盐城经济技术开发区关工委以辅导站（点）为平台，在暑假期间开展“七彩夏日”文体活动，内容丰富，形式多样，深受青少年和家长欢迎。各辅导站组织广大青少年参加省阳光少年网主题教育各项活动，共有206名学生分获征文比赛、演讲比赛、电脑绘画比赛、电子小报比赛的奖项；市关工委、亭湖区、建湖县、滨海县关工委获优秀组织奖，陈丽丽等8人获优秀辅导员奖。9月，省文明办、省关工委在南京联合召开全省校外教育辅导站工作经验交流会，会上市关工委和射阳县、亭湖区关工委被表彰为全省校外辅导站工作先进集体，盐城15人被评为全省校外辅导站工作先进个人，13个校外辅导站被评为全省优秀辅导站，东台富安、建湖沿河、盐都秦南3家辅导站被评为全省示范辅导站。

二、扶困助学

2017年，市关工委继续在大市区资助贫困学生59人，各县（市、区）关工委向南京爱德基金会推荐农村孤儿61人，向《关心下一代周报》“冰凌花奖学金”推荐贫困中小学生228名，向《扬子晚报》“利群阳光助学行动”申报贫困大学生125名，加上各县（市、区）关工委与有关部门、企业协作资助的，年内，全市资助贫困学生总数1.61万人，总金额296万余元。森风集团、市直属市场和滨海县关工委，每年助学都在30万元左右。盐都区关工委春节前对各镇留守儿童进行大走访，帮助解决学习、生活上遇到的实际困难。

三、帮助青年就业创业

2017年，全市各级关工委创办的1373所农村青年政治科技学校组织“老科技”3432人，重点帮扶在外务工下岗返乡和走出校门一时找不到工作的弱势青少年。通过举办实用致富科技讲座，引导选择就业项目，帮助克服创业遇到的难题。先后建立起新经济组织708个，其中617个被培育为青年创业示范基地，评选青年创业之星577人。射阳县关工委在全省“讲、学、达、奔”活动推进暨培训会上作介绍。亭湖区便仓镇关工委主任张奇芬组织发动“五老”654人，与全镇417名贫困青年结对，帮助232名青年甩掉贫困帽子，其中由张奇芬本人结对帮扶脱贫的有43人。（陆　舰）

第六节　老龄事业

2017年，全市有公办养老机构135家（城镇福利院6家、镇敬老院129家）、民办养老机构62家，城市社区居家养老服务中心（站）覆盖率100%，农村社区居家养老服务中心（站）覆盖率90%，标准化社区居家养老服务中心建成率分别为40%、20%。全年新建10个街道老年人日间照料中心、156个老年人助餐点。共有各类养老床位5.49万张，每千名老人拥有养老床位数34.7张（按常住人口算）。年内，盐城制定“十三五”养老服务业发展规划，勾画养老服务业发展的新蓝图。集中开展加强老年人防范电信网络诈骗宣传教育活动，有效提高老年人自我防范意识和辨识能力。提高老年人抗风险能力，继续推进“安康关爱行动”，老年人参保率56.23%。加快推进养老服务“放管服”改革，进一步规范养老机构设立许可、养老服务评估和政府购买养老服务工作。在敬老月期间，全市投入323.84万元，慰问老人10.07万人。

2017年全市百岁老人分布情况

表38-72　　单位：人

县（市、区）	人数
合　计	417
响水县	26
滨海县	55
阜宁县	39
射阳县	60
建湖县	21
东台市	114
大丰区	68
亭湖区	20
盐都区	14

第七节　助残事业

2017年，市残联制定全市残联系统大走访工作方案，集中利用9个月的时间，市、县、镇残疾人工作者三级联动，围绕“进村入户访残情、扶贫解困强服务”的目标，开展走访调研工作，8月20日前全部完成采集任务。全市共登记15.3万人，完成率100%。其中，入户登记12.2万人，见面登记1.91万人，电话登记3009人，另查无此人450人，搬迁565人，空挂户403人，外出1636人，死亡5855人，入户登记率97.91%。登记社区2553个，完成率100%。全面掌握当前困难残疾人扶贫工作情况、省政府民生实事实施项目、助残惠残政策落实情况。

一、残疾人康复

2017年，“为大市区残疾人提供精准康复服务”是市政府为民办实事项目，市残联牵头制定《盐城市区残疾人精准康复行动实施方案》，成立由市政府分管秘书长任组长的领导小组和专家指导组，统筹协调项目实施。在卫计、财政等部门的支持配合下，提前超比例完成政府为民办实事项目任务，项目共投资3240.9万元，为年度任务的115.2%。全市有2511名0~14岁残疾儿童，在各定点康复机构接受免费治疗训练；为2910名白内障患者免费实施复明手术；向1.02万名贫困精神病人免费发放第二代抗精神病药物；为9529名残疾人适配各类辅具1.18万件；完成助听器验配666台、家庭无障碍改造331户。推进社区康复站（室）和辅助器具租借维修站建设，省残联在盐城召开辅具适配补贴工作现场会，推广盐城的做法。

二、残疾人就业扶贫

“残疾人之家”建设和辅助性就业　“残疾人之家”建设和新增残疾人辅助性就业是2017年省政府民生实事项目，省残联下达盐城“残疾人之家”建设任务35个，新增残疾人辅助性就业任务650人。市残联调剂整合资源，采取重点工作推进会、“残疾人之家”建设现场会、“家家到”督查等方式，推进“残疾人之家”建设。全年实际建成“残疾人之家”39个，实际新增残疾人辅助性就业1285人。为保障“残疾人之家”建成后持续运行，市残联和市财政局，在全省率先制定文件，全面明确对辅助性就业机构（“残疾人之家”）的一次性建设、租金、机构运营，对残疾人的社会保险、生产劳动和培训等项目的补贴标准。

残疾人就业培训　年内，按照就业优先的原则，各级残联实施残疾人就业增收工程，全市共完成新增实名制就业1104人，完成年度任务数的116%。各地还面向市场和根据企业需求推进残疾人培训，共完成新增实名制培训935名。市及各县（市、区）先后举办多期残疾人就业专场招聘会，为残疾人开辟就业绿色通道。市残联创办1家盲人创业示范中心，经过公开招募运营方，建成市区首家公司化运行的盲人按摩机构。加大残疾人培训的力度，市残疾人就业服务中心举办插花、蛋糕装饰等培训班，组织计算机编程、剪纸、手工编织技能选拔赛，选送两名聋人到南京参加茶艺培训。东台、滨海、大丰等县（市、区）举办缝纫，初、中级盲人保健按摩、电商等职业技能培训班，提升了残疾人就业、创业能力。

残疾人按比例就业 年内，市残联完成首次定向招录残疾人公务员工作，肢体残疾人徐文涛被射阳县人社局劳动监察大队录用。配合地税部门，做好按比例就业年审和保障金征缴工作，全市审核按比例安排残疾人就业单位1969个，确认实际就业残疾人4670人，地税征收保障金8260万元（市本级2947万元）、财政代扣1430万元（市本级500万元），就业人数较上年增加600人，入库金额较上年增加近1000万元。经过审核、公示后，共向13家超比例单位和154家达比例单位发放奖励和补贴98.56万元；向33个自主创业残疾人发放自主创业补贴10.7万元。

三、残疾人生活保障

2017年，全市完成对11.4万名农村残疾人核查，共有3.28万名低收入残疾人农户被列入建档立卡对象。结合每户的致贫原因，将贫困残疾人户纳入省、市扶贫工作队的重点帮扶对象，优先给予精准帮扶、精准脱贫。年内，经过市残联的争取，将三、四级智力、精神残疾人纳入“两项补贴”范围写入市委、市政府制定的《关于着力富民兴市促进城乡居民增收的十条政策意见》。三、四级智力、精神残疾人因社会适应能力弱，多数难以进入竞争性劳动力市场实现就业，不但经济上主要依靠家庭成员供养，还需要家庭付出巨大的精力给予照护，成为家庭沉重的负担。各县（市、区）残联，采用倒逼机制、一事一议和特事特办等举措，主动向政府作专题汇报，待政府领导批示后，立即会同民政、财政等部门落实。至年底，全市有1.36万名三、四级精神和智力残疾人纳入“两项补贴”，困难残疾人生活补贴按低保标准的40%执行，护理补贴城镇和农村分别为每月80元、每月50元，年发放金额3000万元。

四、残疾人教育

2017年，根据部分残疾儿童家长的诉求和市政府主要领导的批示精神，市残联承担创办中重度残疾儿童少年初中的任务，在市仁爱小学的基础上创办市仁爱学校。2017年秋学期，该校共扩招3个班，招收新生45名，其中小学26名，初中19名。市编委同意新增9个教育专项编制、3个政府购买服务用工指标；市财政局解决校舍改造、添置设施设备的经费290万元。市特殊教育中等专业学校是全省残联系统唯一的一所特殊教育中职学校，至年底有在校残疾学生500多名，十年累计培养残疾中专毕业生1731名。年内，全市加快推进市残疾人托康教就一体化综合服务基地建设，争取中央资金3000万元，市财政配套8000万元（主要是历年结余的残疾人就业保障金），改善学校办学条件。

五、残疾人服务管理

至2017年底，全市有持证残疾人16.3万人，新发证1.32万人，死亡注销5855人。结合动态更新工作，对重度残疾人进行入户普查，及时对查无此人、已搬迁、空挂户、外出等存在疑问人群进行核对并作出相应处理。及时转发《江苏省残疾人证管理实施办法》《江苏省残疾人残疾类别等级评定工作规程（试行）》，起草《盐城市残疾人证管理实施细则征求意见稿》，设计《盐城市残疾复评受理通知书》规范市级评残委员会复评受理工作流程。围绕“推进残疾预防、健康成就小康”主题，组织开展全国助残日活动，《盐阜大众报》刊发《小康路上决不让残疾人掉队》评论员文章。市残联在市区宝龙广场和市特教中专两个现场分别举办助残捐赠咨询活动、残疾人就业专场招聘会和技能展示等活动。各县（市、区）也结合本地实际，开展助残日活动。射阳县承办全省特奥运动会和残疾人田径锦标赛，受到省残联及各市代表队的好评，盐城代表队获团体第三名。响水县开展残疾人康复体育扶贫工作试点，争取50万元经费，为600户贫困残疾人家庭配发康复体育器材。

（夏景涛）

第八节 民族宗教事务

2017年，盐城市民宗系统以国务院新修订的《宗教事务条例》为引领，持续开展民族团结进步创建活动，引导全市少数民族群众和宗教界人士为建设强富美高新盐城作贡献。全年完成对全市749处已登记的宗教活动场所统一社会信用代码赋码和新版登记证换发工作。为少数民族群众办理民族成分更改、中高考加分等各类少数民族证明近300件。各县（市、区）共向上争取少数民族发展项目资金240万元，并带动1000多万元社会资金投入，主要用于少数民族特色村镇，民族村道路、桥梁和水利等方面建设。启动盐城市清真寺维修改造项目工程。在第二届全省少数民族舞蹈比赛中，盐城选送的节目获得优胜奖。在江苏省红石榴杯少数民族传统体育项目运动会中，盐城获一等奖2项、二等奖8项和三等奖9项，为历史最好成绩。组织苏北、苏中八市“珍珠球”邀请赛，盐城代表队取得第一名。年内，市民宗局指导市佛教协会承办全省巡回讲经活动。推进星级宗教活动场所认定工作，新认定11家三星级以上宗教活动场所，不断提升宗教活动场所规范化管理水平。推进宗教教职人员认定备案工作常态化，全年认定备案宗教教职人员48名。做好省佛教协会第六次代表会议代表推举工作。加强宗教团体建设和宗教后备人才的培养，成立盐城市道教协会，盐城首座佛学院江苏佛学院启慧学院正式开学。

（周立菲）

第九节 公共安全

一、气象测报

2017年，市气象局统筹优化气象观测网络建设。完成全省首座海洋气象浮标观测站建设，完成全市首座风廓线雷达建设，开展X波段雷达布设选址、电磁环境测试等建设前期工作，新一代天气雷达升高大修工程、滨海梯度风观测系统建设按计划推进。完成海上能见度仪、降水现象仪、称重降水仪等新设备的安装，完成射阳自动放球系统的安装和测试，气象观测自动化水平持续提升。推进基层台站建设。江苏黄海区域海洋气象预警中心完成开工前各项手续，主体工程建设在进行之中；阜宁气象灾害预警中心获批立项，核定土地面积1.8公顷，规划设计、可研报告编制等在进行之中；大丰气象局业务用房改造、东台气象科普园二期建设项目、射阳气象业务科普中心、建湖台站综合改造等一批重点项目有力推进。依法保护气象探测环境。宣传贯彻《江苏省气象设施和气象探测环境保护办法》，盐都、滨海、响水开展气象探测环境整治，对可能影响气象探测环境的树木进行清理，射阳、盐都制定《气象探测环境保护专项规划》，从源头上缓解气象探测环境保护压力。

气象服务 年内，市气象局组织开展县气象局业务骨干到市气象局交流挂职和跟班实训，联合市总工会开展岗位练兵、业务比武，加强精细化预报业务研究，完善临近预警业务流程和规范，气象预报预测水平稳中有升。气象服务手段不断创新，启动盐城气象手机APP开发、影视节目升级改版，与运营商合作开展气象信息的智能化、精准化推送。推动公众气象服务全媒体融合发展，响水气象小剧场《高老湿说天气》获高点击率。全面做好气象服务保障。加强灾害性天气的监测预报预警，完成重要节日、重大活动的气象保障服务。为射阳沿海搜救、滨海升压站平台重建提供气象应急保障。1—11月发布预警信号531条，发送预警短信898条，覆盖约1375.3万人次。做好农业气象服务，与市农委联合会商调查，开展农业气象灾害预警、评估，为规模种养户、新型农业经营主体等提供直通式气象服务。强化部门间信息共享，为环境、海洋渔业、电力、保险等行业提供针对性较强的专业气象服务产品，加强对中央企业的气象预警服务，与国投集团商讨搭建江苏海上风电专业气象服务系统。

气象应急 年内，市气象局加快推进国家突发事件预警信息发布系统在盐城落地。实现市应急办、公安、国土、交通等14家部门预警信息接入，起草突发事件预警信息发布管理办法。争取多方支持，启动全国龙卷、雷暴大风等致灾性天气群策群防试点建设。完成专项应急预案、政府应急管理机制、气象部门工作流程、平台及辐射渠道等材料的起草。阜宁县政府办印发龙卷雷暴大风等致灾性天气防御管理办法，修订气象灾害应急预案。市政府与省气象局联合开展龙卷风、雷雨大风等重大灾害性天气群策群防预警服务应急演练，进一步检验“政府主导、部门联动、社会参与”的气象防灾减灾运行机制。完善气象灾害应急管理机制，对全市突发气象灾害（突发事件）防御流程进行修订。开展人工影响天气作业，阜宁、响水成功实施人工增雨作业，有效缓解当地旱情。

气象依法行政 年内，市气象局整合大市区服务窗口，优化办事流程；对市区公建配套设施防雷设计审查及验收认定进行规范；推进政务服务“一张网”“并联审批”“不见面审批”等工作。加大气球施放审批巡查力度，在市政府的支持下，实现全面禁氢；停止对机场净空保护区放球审批，加强执法巡查，为航空安全创造干净空域。强化防雷安全监管。健全与安监、文广、旅游等部门的协同监管机制，通过加强联合专项检查、双随机抽查和综合督查，强化防雷安全事中事后监管；加强对防雷中介机构的信用监管和评价，纳入地方企业信用评价体系。与市安监局开展“家家到”防雷专项检查和双随机抽查，全市共检查871家易燃易爆危化品企业，提出整改170项，检查率100%，双随机抽查95家。

重大天气、灾害 3月1日，受入海气旋后部冷空气影响，江苏省沿江和沿海9市出现8级以上大风，盐城的盐都、滨海、建湖和阜宁的阵风达到9~11级。这次突发强风天气的基本站极大风速出现在阜宁县，每秒26.9米，为该站历史观测极值，阜宁三灶镇和射阳兴桥镇的加密自动观测站测到11级阵风。

2017年，全市入梅偏晚、出梅正常，梅雨期降水常伴有短时强降水和雷雨大风等强对流天气，在19天的梅期当中，有12天出现雷暴，其中7月上旬的强对流天气尤为明显。7月2日，东台蹲门农场出现每秒34.6米（12级）雷暴大风，7月5日，建湖冈西镇再次出现每秒33米（12级）的雷暴大风。

7月11日出梅以后盐城进入盛夏高温时段。7月14—28日，市区连续15天出现35度以上的高温，高温持续日数刷新历史记录。7月23日，在副高压控制下，全市普遍出现37度以上的高温，盐都39度，创1961年以来的高温极值。

9月1日至10月18日，全市出现22个雨日，累计降水量为283.4毫米，为1971年以来历史同期第二多，仅次于1984年（321.5毫米），其中阜宁刷新当地历史极值；全市平均日照时数仅为199.5小时，只有常年的六成多，为1971年以来历史最小值。历史少见的秋季连阴雨对正处在成熟期的杂交籼稻产生了严重影响。 （陈 鑫 郭人杰）

二、防震减灾

2017年，全市发生2.0级以上地震36次，范围北纬32.5°~34.5°，东经119.5°~121°，其中3级以上地震4次。年内，盐城实施惠民防震减灾重点项目3个。盐城市防震减灾专题馆全年接待参观考察的地震工作者10多批次，受益中小学生和社会公众近2万人次。年内，该馆获江苏省防震减灾优秀成果二等奖。市防震减灾中心宣传教育体验馆面积2955平方米，综合功能强；盐城市地震活断层探测和地震小区划项目，总投资1800万元，完成招投标工作和项目实施方案论证，首批550万元资金落实，项目实施之中。开通具有震情服务、地震科普和信息定制3个板块的“盐城地震公众服务”微信公众号，关注用户过万。同年市地震局再获全省防震减灾工作综合考核先进单位第一名，实现三连冠，并代表江苏参加全国防震减灾工作综合考核。工作 人员陈勇获2017年度全国防震减灾工作先进个人。

监测预报 年内，全市各种监测台网运行正常，资料连续可靠，市级测震台网和纳入省级前兆台网所有测项，全年资料连续率95%以上。市地震局在盐都区新增痕量氢观测手段；与盐纺厂沟通，在田家炳小学新建盐纺水化台并投入运行。年内，盐城地震系统信息节点获全国市县综合评比第三名，市地震监测预报工作获全省效能考核优秀。

震害防御 年内，市地震局做好抗震设防管理工作，及时提供地震动参数技术服务。盐都区福才社区神州河畔小区、盐城开发区新城街道阳光社区阳光世纪园小区、东台市二女桥社区时代豪庭小区获批国家级地震安全示范社区；东台市东台镇公园社区、大丰区大刘社区（银杏湖小区）、建湖县近湖街道建北社区、射阳县合德镇虹亚社区、滨海县东坎镇新安社区、盐城经济开发区新城街道合心社区、盐都区大冈镇卧龙花苑小区7个社区获批省级地震安全示范社区。开展“5·12”防灾减灾日、科普宣传周和“7·28”唐山大地震纪念日等防震减灾宣传活动。开展防震减灾知识进农村、进校园、进社区、进企业、进机关、进家庭“六进活动”。邀请中国地震局原副局长何永年在“周一大讲堂”向机关干部作“防震减灾·为民惠民”的科普讲座。参加由中国灾害防御协会主办，中国地震局震害防御司指导的首届全国防震减灾科普讲解大赛，盐城选手侯晶晶获全国二等奖，卞菁菁获得南方赛区优胜奖。

应急准备 年内，市地震局做好地震应急灾情获取与预评估项目的前期调研、立项争取、方案编制等工作，项目推进取得初步成效。借助市消防支队救援力量，成立盐城市综合应急救援支队，有队员400多人，下设11个大队、13个中队。市地震应急无线电通信救援队参加省第六届民防杯业务无线电应急通信演练比赛获团体三等奖。调整全市灾情速报员队伍，全市有灾情速报人员165人。新购并装备地震应急特种技术车，安装车载海事卫星通信系统、便携式多用途地震应急指挥通信系统。完善地震应急指挥中心日常管理制度，日常运行正常，强化地震应急基础数据库维护和更新，及时购置提供抗震救灾公共服务产品。

（皋古平）

三、应急救援

2017年，全市共发生火灾832起，死1人，伤6人，受灾132户，烧毁建筑1.4万平方米，直接财产损失1216.58万元。年内没有发生较大以上火灾事故。全市消防部队共接

2017年全市火灾情况

表38-73

地　区	起数	死人	伤人	直接经济损失（万元）	直接财产损失（万元）
合　计	832	1	6	1217.58	1216.56
亭湖区	97	—	—	67.26	67.26
盐都区	62	—	—	138.87	138.59
城南新区	51	—	—	44.42	44.41
响水县	55	—	—	6	6
滨海县	104	—	—	320.28	320.28
阜宁县	43	1	—	172.53	172.52
射阳县	136	—	—	171.22	171.22
建湖县	144	—	3	155.74	155.74
开发区	8	—	3	49.54	49.52
东台市	68	—	—	61.42	60.72
大丰区	64	—	—	30.30	30.30

警出动7667次，出动人员6.75万人次，出动各种消防车辆1.27万车次，抢救613人，疏散133人，抢救财产价值3574万元。从发生火灾的原因上看，电气火灾和用火不慎引发火灾较多。全年因违规用电引发的火灾407起，占火灾总起数48.92%；生活用火不慎引发火灾143起，占火灾总数17.19%。从起火场所上看，住宅、宿舍类火灾起数居高不下。全年共发生住宅、宿舍类火灾358起，占火灾总起数43.03%；交通工具火灾134起，占火灾总起数16.11%；厂房火灾20起，占火灾总起数2.4%；物资仓储场所火灾30起，占火灾总起数3.61%。另外，厂房、物资仓储场所类火灾起数较少，但造成的经济损失较大。2017年全市发生厂房、物资仓储场所火灾，造成直接经济损失达269.74万元，占总经济损失的22.17%。从行业类别上看，第一产业引起火灾25起，占总数的3.0%；第二产业引起火灾40起，占总数的4.81%；第三产业引起火灾88起，占总数的10.58%。从火灾发生的时间看，16∶00~18∶00时和18∶00~20∶00时为全天火灾高发时段，共发生火灾215起，占火灾总数25.84%。凌晨4∶00~8∶00时亡人火灾相对集中，该时段火灾共造成1人死亡，4人受伤。年内，市消防支队被省消防总队评为先进支队和支队级党委好班子，被省政府记集体二等功，3个团支部分别被团中央、团省委评为五四红旗团支部，2个中队立集体三等功，1人立二等功，33人立三等功，1人被授予江苏青年五四奖章，1人被评为江苏省优秀人民警察。

消防设施建设 年内，全市新建市政消火栓1620只，安装电气火灾监控系统312套、简易喷淋316套、独立报警装置1.5万只，新建电动车集中停放点409处，推广建设电动车集中停放点（充电桩）409个。提请市政府发布《盐城市城市消防规划2017年度实施计划》，推进县（市、区）政府制定消防规划年度实施计划，13个全国重点镇和81个一般建制镇全部完成消防专项规划编制工作。持续推进消防设施联网监测系统建设，接入532家重点单位、490家高层建筑单位，在全省率先完成高层建筑建筑消防设施联网监测系统全覆盖。

处置"5·29"城南富莱德公司火灾 5月29日1时22分，开放大道城南富莱德公司发生火灾。支队指挥中心迅速调集戴庄路中队、特勤中队、开发区中队、盐都中队、毓龙路中队共计18辆消防车、72名官兵前往处置，并通知公安、医疗、环保等联动单位到场协同处置。支队全勤指挥部第一时间赶赴现场组织指挥。各中队到场后立即展开战斗，戴庄路中队、特勤中队在富莱德公司东侧内攻灭火，开发区中队在厂房西侧利用高喷炮打击火势，盐都中队在西南侧出一门炮打击火势，毓龙路在北侧堵截火势。7时14分，处置结束，毓龙路中队、盐都中队、特勤中队、开发区中队相继归队，戴庄路中队留守看护。

处置"9·24"盐东天然气泄漏事故 9月24日10时25分，位于盐城市盐东镇生建村中石油江苏油田分公司盐城天然气处理站气井发生天然气泄漏。支队指挥中心迅速调集毓龙路中队、特勤中队、盐东专职队共计8辆消防车、65名官兵前往处置，并通知公安、医疗、环保等联动单位到场协同处置。毓龙路中队到场后，经侦查发现，气井因管道发生破损产生泄漏，泄漏量每小时3000升，中队立即设置警戒线并疏散泄漏点周围居民。特勤中队立即在下风方向架设两门移动炮。支队全勤指挥部到场后适当调整力量部署。毓龙路中队成立两个侦查小组携带可燃气体探测仪在泄漏点西北、东北两侧进行警戒和侦检，并在西侧设置水炮阵地。特勤中队成立两个侦检小组负责西南侧和东南侧的侦检，并在泄漏点下风方向设置水炮阵地。14时21分，从扬州紧急调派的专业处置团队到达现场，15时52分泄漏得到有效控制；16时39分泄漏口完全封堵，毓龙路中队、盐东专职队、特勤中队相继归队。

消防监督执法 年内，全市消防系统开展冬春火灾防控、夏季消防检查、电气火灾综合治理、高层建筑消防安全综合治理、"群租房"消防安全整治等系列专项行动。依托消管通APP软件，全面开展消防安全重点单位达标创建活动。深化重大火灾隐患集中攻坚和专项火灾风险评估工作，市、县两级分两次挂牌督办55家重大火灾隐患单位和8处区域性火灾隐患，摸排出279家不放心场所和74处不放心区域，逐一制定针对性整改措施，逐一督促落实整改。分类、分批、分重点开展11次火灾防控工作"扫雷"系列行动和14次集中夜查行动，全力查纠火灾隐患和违法行为。年内，全市消防部队共检查单位3.1万家，督促隐患5.3万处，行政处罚1780起，临时查封674家，责令"三停"（停产停业、停止使用、停止施工）411家，拘留81人，保持消防执法高压态势。先后提请各级政府召开专题会议36次，向部门、镇街、重点单位等发放消防安保职责告知书、督办通知书4500余份；累计关停277家、查封310家、死看硬守650家、约谈1958家、曝光187家隐患单位。

（徐开伟）

第39章　人民生活

责任编辑　赵　丽

综　述

2017年，盐城全体居民人均可支配收入26740元，同比增长9.3%。总量位居苏北第一，全省第九，增幅与南京市并列全省第八名。其中，城镇常住居民人均可支配收入33115元，增长8.6%，增幅与镇江市并列全省第八名；农村常住居民人均可支配收入18711元，同比增长9.0%，增幅与淮安市并列全省第八名。在居民收入保持较快增长的有力支撑下，盐城居民消费水平持续提高，消费结构进一步优化，生活质量明显提升。2017年盐城居民人均生活消费支出16539元，比上年增加1036元，同比增长6.7%。分城乡看，城镇常住居民人均生活消费支出18434元，同比增长5.1%；农村常住居民人均生活消费支出14153元，同比增长7.7%。

第一节　城镇居民生活

一、城镇居民收入

2017年，盐城城镇常住居民人均可支配收入33115元，增长8.6%，扣除居民消费价格上涨的影响，实际同比增长6.8%。从总量看，盐城位居苏北第一，全省第九，比第八位的扬州低5713元；从增幅看，盐城在全省十三个市中排名第八，增速与全省持平。盐城市区常住居民人均可支配收入36927元，同比增长8.6%。各县（市、区）城镇居民人均可支配收入水平依次为，亭湖39130元，盐都35663元，东台35380元，大丰33717元，建湖32171元，滨海28867元，射阳28816元，响水27832元，阜宁27754元。各县（市、区）城镇居民人均可支配收入增幅依次为：响水8.9%、滨海8.8%、盐都、阜宁和射阳8.7%、亭湖和建湖8.6%、大丰8.4%、东台8.2%。

城镇居民可支配收入增长情况：

1.工资性收入是增收的主渠道。2017年，盐城城镇常住居民人均工资性收入18366元，同比增长8.5%。占可支配收入的55.5%，是可支配收入增长的最大动力，拉动2017年城镇居民可支配收入增长4.7个百分点。工资性收入增长的主要因素为多项增资政策的支撑：最低工资标准提高。2017年7月1日起，盐城大市区和东台市最低工资标准提高到每月1720元，增加120元，同比增长7.5%；建湖等县提高到每月1520元，增加120元，同比增长8.6%；机关事业单位人员上调住房补贴和交通补贴，目标考核奖、事业单位奖励性绩效工资发放到位；全市经济发展平稳、企业用工较为旺盛，全年新增城镇就业12.1万人。

2.经营净收入是增收的重要构成。2017年，盐城城镇常住居民人均经营净收入6397元，同比增长7.8%。占可支配收入的19.3%，拉动可支配收入增长1.5个百分点。年内，盐城新注册私营企业数3.88万户，同比增长12.5%；新登记市场主体12.16万户，新增创业贷款33.1亿元，2.2万人次获得创业补贴3亿元，4.5万户获税减免3.15亿元。

3.财产净收入增长最快。2017年，盐城城镇常住居民人均财产净收入2736元，同比增长11.6%，增速在四大项收入中最快。2017年盐城房价攀升较快，进一步带动着房屋租赁市场，租金的提高拉动财产净收入的增长。同时，货币政策保持稳健中性，理财投资环境较好，带动利息收入快速增长。

4.转移净收入较快增长。2017年，盐城城镇常住居民人均转移净收入5616元，同比增长8.2%。养老金是拉动转移净收入增长的重要动力。根据江苏省人社厅、财政厅关于2017年调整退休人员基本养老金的通知精神，盐城市于7月底前完成企业退休人员养老金的调整发放工作，调整覆盖企业退休、退职及领取定期生活费人员共计44万人，人均每月增加137.3元。同时，自2017年1月1日起，盐城市城乡居民基本养老保险基础养老金最低标准由每人每月115元提高到125元；城市低保标准从每人每月530元上调到560元。

二、城镇居民消费

2017年，随着居民收入水平稳步提高，生活条件不断改善，盐城城镇居民的消费能力和消费需求逐步升级，在满足基础消费的同时也不乏精神消费。全年城镇居民人均消费支出18434元，比上年增加888元，同比增长5.1%。

城镇居民消费特点：

1.饮食结构优化。2017年，食品烟酒消费依然是城镇居民生活消费支出的大头，盐城城镇居民人均食品烟酒支出5801元，同比增长4.9%。食品支出占消费支出的比重，即恩格尔系数为31.5%，与上年持平。居民在吃饱的基础上，更加注重饮食健康，更加注重食品的营养性、科学性、均衡性及多样化，绿色食品、黑色食品、益智食品成了居民追求的时尚。

2.衣着消费平稳增长。随着城镇居民对生活品质要求的提高，衣着消费更加追求舒适、个性和时尚。全年盐城城镇居民人均衣着消费1585元，同比增长3.9%，占消费支出的比重为8.6%。

3.住房条件持续改善，居住支出增长最快。城镇居民住房条件进一步改善，人均住房面积44平方米，比上年增加0.9平方米，居住空间更为宽敞。全年盐城城镇居民人均居住支出3244元，同比增长7.4%，增速居八大类消费支出首位。居住支出增幅领跑，主要是由于2017年盐城房价大幅上涨，带动盐城居民人均自有住房折算租金2214元，同比增长17.2%。

4.生活用品及服务平稳增长，家庭耐用品升级换代。2017年盐城城镇居民人均生活用品及服务支出1054元，同比增长2.5%。常用家电普及程度高。至2017年底，盐城城镇常住居民每百户电冰箱、洗衣机、热水器、空调和彩电拥有量分别为105.6、99.9、100.6、158.9和164.6台。家庭信息化程度较高。盐城城镇常住居民家庭每百户拥有计算机82.6台，其中接入互联网的72.8台；每百户居民家庭拥有移动电话240.2部，其中接入互联网的144.2部。

5.汽车拥有量增加，交通和通信支出火热。2017年，盐城每百户城镇居民家庭家用汽车拥有量25.3辆，比上年增加1.1辆，同比增长4.4%。家用汽车的普及，扩大居民日常生活的半径，也增加了居民假期出行的舒适度和便利性。与此同时，随着信息化设备的逐户普及以及智能手机、电脑的高频率更新换代，居民家庭信息化消费发展迅速，共同推动城乡居民交通和通信消费支出快速增长。2017年，盐城城镇居民人均交通通信支出2415元，同比增长5.3%。

6.教育文化娱乐消费热度不减。随着消费观念的转变，消费由过去的温饱消费转变为享受型消费，由过去的物质需求转向精神需求，盐城居民家庭在教育投入方面加大支出，同时各种旅游休闲娱乐消费也持续升温。2017年，盐城城镇居民人均教育文化娱乐消费2937元，同比增长5.8%，占生活消费的比重为15.9%。

7.医疗保健支出小幅增长。随着生活条件改善，城镇居民对养生保健的认识进一步提高，更注重追求身体健康、延年益寿，各种保健品和医疗器具成为家庭日常消费品。全年盐城城镇居民用于医疗保健的人均支出为849元，同比增长2.5%。

8.其他用品和服务小幅增长。城镇居民用于首饰珠宝、美容美发等人均其他用品和服务消费支出549元，同比增长1.5%。

2017年全市城镇居民人均消费支出构成情况
表39–74

项　　目	总量（元）	增幅（%）
消费总支出	18434	5.10
食品烟酒消费支出	5801	4.90
衣着消费支出	1585	3.90
居住消费支出	3244	7.40
生活用品及服务消费支出	1054	2.50
交通通信消费支出	2415	5.30
教育文化娱乐消费支出	2937	5.80
医疗保健消费支出	849	2.50
其他用品和服务消费支出	549	1.50

第二节　农村居民生活

一、农村居民收入

2017年，盐城农村常住居民实现人均可支配收入18711元，同比增长9%，扣除价格因素实际增长7.2%。从总量看，盐城位居苏北第一，全省第九，比第八位的泰州低783元；从增幅看，盐城位居全省第八，比全省平均水平高0.2个百分点。各县（市、区）农民人均可支配收入水平依次为：东台21431元，大丰21202元，亭湖21160元，盐都20548元，建湖18576元，射阳18064元，阜宁16850元，滨海16280元，响水15586元。各县（市、区）农民纯收入增幅依次为，射阳9.2%、盐都和阜宁9.1%、亭湖、响水和滨海9%、大丰8.8%、建湖8.7%、东台8.6%。

农民人均可支配收入增长情况：

1.工资性收入增速较上年持平。2017年，盐城农村常住居民人均工资性收入8447元，同比增长9.7%，增速与2016年持平。工资性收入对可支配收入贡献率48.5%，拉动农村居民人均可支配收入增长4.3%，占可支配收入比重为45.1%。工资性收入成为农民收入中最重要的收入来源，最低工资标准的提高为工资性收入的稳步增长提供保障，2017年7月1日起，盐城市上调最低工资标准。盐城市区、东台市执行二类地区标准，由原来的每月1600元调整为1720元，上调120元，增长7.5%；其他县执行三类地区标准，由原来的每月1400元调整为1520元，上调120元，同比增长8.6%。外出农民工收入水平总体较好，2017年，26.9%的农民工平均月收入在5000元以上，30.0%的农民工平均月收入在4000元~5000元，20.8%的农民工平均月收入在3000元~4000元。

2.家庭经营净收入增幅最低。2017年，盐城农村常住居民人均经营净收入6533元，比上年增加398元，增长6.5%。对人均可支配收入的贡献率25.9%，拉动农村居民人均可支配收入增长2.3%，占可支配收入比重为34.9%。经营净收入是盐城农民收入结构中增长最慢的分项，年内，市场粮食价格保持平稳态势，盐城农民粮食种植收益没有明显改善。养殖方面，年内市场生猪价格大幅度波动，鸡蛋价格持续走低，农村肉禽蛋类养殖户收益受到明显影响。

3.财产净收入增长最快。2017年，盐城农村常住居民人均财产净收入670元，同比增长15.1%，在四项收入中增长最快，比2016年低0.7个百分点。对人均可支配收入的贡献率5.7%，拉动农村居民人均可支配收入增长0.5%，占可支配收入比重为3.6%。农村居民家庭财富的不断积累，理财观念的逐步提升以及风险防范意识的不断增强带动了财产净收入的增长，尤其土地流转规范程度不断提高，大多数土地转出户都签订正式的转让合同，获得稳定的转让承包土地经营权租金收入。

4.转移净收入持续增长。2017年，盐城农村常住居民人均转移净收入3061元，同比增长11.1%。对人均可支配收入的贡献率20%，拉动农村居民人均可支配收入增长1.8%，占可支配收入比重16.4%。转移净收入快速增长的因素：低保标准提高，农村低保标准从每人每月430元提高到每人每月480元，增长11.6%；2017年1月起，城乡居民基本养老金标准由每月115元提高到125元；政府各项支农惠农政策的大力度实施，各项农业支持补贴及时兑现，农村社会保障体系逐步完善，医疗报销收入递增，都对转移净收入增速贡献较大。

二、农村居民消费

2017年，随着收入持续增长，盐城农村居民消费意愿较强，消费水平和观念发生较大变化，从传统的满足吃、穿等基本实物消费向居住环境、医疗保健等现代消费转变。住户调查资料显示，2017年盐城农村常住居民人均消费支出14153元，比上年增加1008元，同比增长7.7%。

农民生活消费支出的主要特点：

1.饮食选择讲求营养，饮食消费观念城镇化。随着生活水平的不断提高，农村居民的消费观念趋向城镇化，绿色、健康、安全成为食品消费的主要观念。2017年，盐城农村居民食品烟酒支出4515元，同比增长8.6%，恩格尔系数为31.9%，较上年上升0.3个百分点。

2.衣着消费注重时尚个性品牌化。生活水平的不断提高和消费环境的改变，促使农村居民对于衣着的选择逐步向时尚化、个性化、品牌化过渡。随着农村市场的日益繁荣，农村居民在衣着的款式、规格、面料等方面有了更大的选择空间，衣着消费支出不断增加。全年农民人均衣着支出1447元，同比增长7.5%。

3.住房焕然一新，环境今非昔比。农民更加注重居住环境的优美舒适，住房面积更加宽敞，档次进一步提高。全年农民人均居住类支出2551元，比上年增加209元，同比增长8.9%。农村居民家庭人均住房面积51平方米，比上年增加0.1平方米。

4.用品更新换代，家电二次升级。随着农村居民居住条件的改善，农村居民用于购买家庭设备用品的支出快速增长，全年农民人均生活用品及服务支出599元，同比增长6.2%。彩电、冰箱、洗衣机等成为农村家庭生活中的必需品。至2017年底，每百户农村居民家庭分别拥有电冰箱100.3台、洗衣机91.5台、热水器79.1台、空调92.7台、彩电138.5台、计算机57.2台、移动电话198.7部。

5.交通和通信成为消费热点。随着消费理念的转变和收入水平的不断提高，农村居民的日常交通工具逐步由传统型向便捷型转变，交通工具消费支出快速增长，电动车和私家车成为消费新热点。信息产业的快速发展，使现代通信方式更加快捷多样，通信工具、信息产品更新换代日趋频繁，通信设备消费支出增长快速。全年农民人均交通通信消费支出1822元，同比增长8.3%。

6.文教蓬勃发展。社会的进步必然带来知识的更新，加大教育投资成为当今社会普遍接受的一种观念，物质生活水平的稳步提高也使得农村居民更加注重发展精神文化生活，带动农民教育文化娱乐消费的持续增长。2017年，农村居民人均文教娱乐消费支出2255元，同比增长5.7%。

7.医疗保健支出平稳增长。农村居民保健意识不断增强、越加重视身体健康，既是生活水准不断提高的标志，也带动了相关医疗保健支出的增长。2017年，农村居民人均医疗保健类消费支出701元，同比增长4.3%。

8.其他用品和服务小幅增长。2017年，盐城农村居民用于首饰珠宝、美容美发等的人均其他用品和服务支出263元，同比增长6.8%。

2017年全市农村居民人均消费支出构成情况

表39-75

项　目	总量（元）	增幅（%）
生活消费总支出	14153	7.70
食品消费支出	4515	8.60
衣着消费支出	1447	7.50
居住消费支出	2551	8.90
生活用品及服务消费支出	599	6.20
交通通信消费支出	1822	8.30
教育文化娱乐消费支出	2255	5.70
医疗保健消费支出	701	4.30
其他商品和服务消费支出	263	6.80

（陈光亚　赵同庆　李　鑫）

第三节　居民消费水平

2017年，盐城居民消费价格指数同比上涨1.7%，比全年调控目标低1.3个百分点，完成全年价格调控任务。其中，消费品价格同比上涨1.7%，服务项目价格同比上涨1.8%。

2017年盐城居民消费价格指数运行特点:

1.涨幅面明显扩大。2017年,计算居民消费价格指数的八大类商品和服务消费价格“全部上涨”,涨价面扩大一倍。其中,食品烟酒类同比上涨0.3%,衣着类同比上涨2%,居住类同比上涨2.2%,生活用品及服务同比上涨3.8%,交通和通信同比上涨2.2%,教育文化和娱乐类同比上涨1.5%,医疗保健类同比上涨2.9%,其他用品和服务类同比上涨2.8%。

2.食品价格负增长是居民消费价格指数温和上涨的主要影响因素。2017年食品类价格同比下降0.8%。影响总指数下行0.15个百分点。其中,猪肉价格同比下降6.7%,影响总指数下行0.16个百分点;禽肉价格同比下降2.9%,影响总指数下行0.03个百分点;鸡蛋价格同比下降6.7%,影响总指数下行0.01个百分点;鲜菜价格同比下降12.6%,影响总指数下行0.3个百分点;水产品价格同比上涨4.4%,影响总指数上升0.11个百分点。

3.居民消费价格持续走高。2017年上半年盐城市场消费价格水平处于高位运行,以2010年1月为基期,2017年各月消费价格水平均在121以上,即在盐城地区消费:2017年12月的122.8元只相当于2010年1月的100元使用。

4.生活用品及服务类涨幅较大,是影响居民消费价格指数上涨的首要因素。2017年生活用品及服务类价格同比上涨3.8%,拉动居民消费价格总水平上升0.34个百分点,达到居民消费价格指数涨幅的20%。2017年月盐城家政服务、家庭维修服务分别累计上涨13.4%和4%,明显高于上年。

5.居民消费价格指数涨幅与全省持平、高于全国。2017年盐城居民消费价格指数涨幅为1.7%,与全省持平,比全国高0.1个百分点。

2017年全市居民消费和商品零售价格指数

表39–76

项目名称	上年同期=100
居民消费价格总指数	101.70
一、食品烟酒	100.30
1.食品	99.20
(1)粮食	100.90
(2)薯类	90.30
(3)豆类	102.70
(4)食用油	101.10
(5)菜	89
(6)畜肉类	97.20
(7)禽肉类	97.10

续表39–76

项目名称	上年同期=100
(8)水产品	104.40
(9)蛋类	95.00
(10)奶类	102.90
(11)干鲜瓜果类	104.70
(12)糖果糕点类	106.90
(13)调味品	112.50
(14)其他食品类	99
2.茶及饮料	100.50
3.烟酒	102.40
4.在外餐饮	102.90
二、衣着	102
三、居住	102.20
四、生活用品及服务	103.80
五、交通和通信	102.20
六、教育文化和娱乐	101.50
七、医疗保健	102.90
八、其他用品和服务	102.80
商品零售价格指数	101.90
一、食品	99.90
二、饮料、烟酒	102
三、服装、鞋帽	101.80
四、纺织品	101.30
五、家用电器及音像器材	101.30
六、文化办公用品	99.10
七、日用品	103.70
八、体育娱乐用品	101.50
九、交通、通信用品	98.40
十、家具	103.60
十一、化妆品	101.90
十二、金银饰品	104.20
十三、中西药品及医疗保健用品	110
十四、书报杂志及电子出版物	100.60
十五、燃料	108.30
十六、建筑材料及五金电料	102

(程　鑫　许　欣)

区域发展

□东台市
□建湖县
□射阳县
□阜宁县
□滨海县
□响水县
□大丰区
□盐都区
□亭湖区

第40章　东台市

责任编辑　高兰会

综　　述

东台地处长江三角洲北翼、江苏沿海中部，位于盐城、南通、泰州三市交会处，新长铁路、沈海高速公路、204国道、344国道、228国道、通榆河贯穿境内。市域总面积3176平方千米，辖镇14个及经济开发区、沿海经济区、城东新区、西溪景区，年末总人口110.56万人。2017年，实现地区生产总值813亿元，一般公共预算收入54亿元，完成固定资产投资647.05亿元，外贸进出口总额8.7亿美元，城乡居民人均可支配收入分别35380元、21431元，居民人均储蓄超7万元。连续17年入选全国县域经济基本竞争力百强，列第28位。

2017年东台市各镇（区）基本情况

表40-77

镇（区）	土地面积（平方千米）	耕地面积（公顷）	年末人口（万人）	行政村（居）（个）	地区生产总值（亿元）				财政收入（万元）	固定资产投资（亿元）	规模以上工业收入（亿元）	粮食总产量（万吨）	人均可支配收入（元）
					合计	一产	二产	三产					
开发区	73.83	—	4.64	11	77.35	1.90	57.25	18.20	12.60	84.70	71.30	2.57	—
沿海区（弶港镇）	1236.44	15297.90	4.50	29	38.35	9.31	12.34	16.70	5.54	81.60	57.70	5.92	27650
城东新区	38.46	—	2.39	8	22.37	1.23	6.39	14.75	6.69	79.50	47.60	1.31	—
西溪景区	4.75	—	1.53	5	6.02	0.56	1.63	3.83	1.68	23.80	—	1	—
东台镇	179.68	10441.50	22.01	41	152.65	6.76	39.79	106.1	10.90	48.90	27	8.52	26640
溱东镇	75.74	4421.50	4.13	14	50.99	2.61	28.84	19.54	2.64	28.40	20.40	4.18	31600
时堰镇	102.26	6012.60	6.71	33	49.46	3.87	27.80	17.79	2.13	33.60	23	5.47	26890
五烈镇	134.28	8128.70	8.53	33	45.78	6.43	19.47	19.88	2.04	33.40	21	7.36	23130
梁垛镇	132.17	7904	7.90	34	58.70	4.86	33.82	20.02	4.20	44.90	28	6.75	25940
安丰镇	71.28	4030.10	4.84	21	44.42	4.86	16.44	23.12	1.98	36	24.90	4.10	25480
南沈灶镇	103.22	6548.80	5.01	18	23.22	5.74	6.57	10.91	9.39	17.80	10.50	4.63	23000
富安镇	170.01	10035.30	9.09	37	57.80	9.31	25.53	22.96	2.22	39.20	23.80	8.36	25780
唐洋镇	107.44	6410.60	4.68	21	26.40	4.91	9.22	12.27	0.75	21.30	13.20	2.92	23970
新街镇	102.89	5825.40	3.97	18	23.98	7.76	5.46	10.76	0.68	14.30	7.60	1.49	23440
许河镇	106.91	6851.40	4.58	20	25.53	6.51	8.14	10.88	0.71	13.20	6.50	4.06	25910
三仓镇	157.26	10029.20	6.69	33	44.29	9.20	9.41	25.68	0.84	20.70	13.20	3.73	25540
头灶镇	206.75	14015.40	7.19	29	47.69	8.23	21.95	17.51	1.55	33.20	22.70	10.71	25170

第一节　经济发展

一、工业经济

2017年，东台市实现规模以上工业增加值248亿元，全口径工业开票销售764亿元，规模以上企业总数495家。电子信息产业产值保持两年翻番速度发展，全年开票销售71.4亿元、同比增长45%，CNC（数控机床）智能加工设备突破1万台；新能源装机容量1300兆瓦，清洁能源发电量占工业用电量比重提高到70%，新特产业开票销售占全口径工业比重提高到65%。全年新开工亿元以上项目65个，其中10亿元以上项目6个；新竣工亿元以上项目42个，其中10亿元以上项目2个；新签约亿元以上项目108个；实施技改转型、智能化改造项目160个，完成企业合作重组35家。全市有开票销售超亿元工业企业101家，纳税超千万元工业企业32家；新增国家高新技术企业29家、总数96家，新认定省级高新技术产品73个、总数467个，新创省互联网与工业融合创新示范试点企业2家、总数22家。年内，东台磊达钢帘线有限公司"磊达及图"获批中国驰名商标，江苏神龙药业股份有限公司在"新三板"挂牌，江苏生辉光电科技有限公司获省智能制造突出贡献奖，江苏美之好机器人有限公司机器人参展世界智能制造大会；领胜城科技（江苏）有限公司、上海电气风电设备东台有限公司创成盐城市五星企业，至年底，有盐城市三星以上企业21家。加快园区建设，江苏东台经济开发区创成省高端装备制造业特色产业基地，东台沿海湿地旅游度假经济区创成省级生物科技产业园，安丰镇电子信息产业园、东台市南郊中小企业园入选省小微企业创业创新示范基地。12月14日，工信部中国信息通信研究院发布2017年中国工业百强县（市）榜单，东台连续三年入选，列第61位，排名比上年前移31位。

通过国家知识产权试点城市验收　3月7日，省知识产权局组织对东台国家知识产权试点城市工作进行验收，认为东台完成了试点各项目标任务，同意通过验收。自2013年12月东台市开展国家知识产权试点城市工作以来，东台市专利申请年增长率持续保持在20%以上，专利产品销售收入占全市工业销售收入的比重超过30%，企业专利技术转化实施率80%。至2017年底，东台市拥有有效发明专利309个。

举办"建设新东台"发展大会　11月17—18日，东台市举行"建设新东台"发展大会。海内外700多名客商、杰出乡友、部分东台企业家、优秀市民代表等参加大会。大会展示东台撤县建市30年来发生的变化，提出加快构建互联互通、外联内畅的新交通，加快发展彰显智慧特质和创新动能的新经济，加快营造人与自然和谐共生的新生态，加快培育品质高端、业态多元的新旅游，加快创造更有温度、更有质感的新生活，5个"新实践"描绘东台发展愿景。17日晚，举行"如歌东台"乡情主题文艺晚会；18日，举行2017中国东台金秋经贸洽谈会，集中签约项目27个，总投资65.1亿元，其中10亿元以上项目2个，5亿元项目3个，分别涉及智能成套机械、精品线材、生物蛋白和智能环保成套设备项目。大会期间，16个产业项目集中开工，涵盖智能制造、电子信息、生物科技等新兴产业。与会代表集中参观东台沿海开发、城市建设、新特产业、美丽乡村等经济社会发展现场。

二、农业经济

2017年，东台市实现农业总产值210.9亿元、实现农业增加值103.1亿元。加快农业结构调整，首轮调减低产粮油面积7066.67公顷，并启动实施第二轮调减低产粮油面积7200公顷，高效、设施农业面积分别发展到10万公顷、4.47万公顷，三仓现代农业产业园获评省首批现代农业示范园，新创盐城市级农业园区4家。成立沿海新林场，新增成片林面积2000公顷，其中千亩示范片4个、300亩以上基地14个，"三化"（珍贵化、彩色化、效益化）树种比例超60%，林木覆盖率提高到27.5%。农业"接二连三"工程加快推进，新引进农产品产业化项目16个，东台纳盛特生物科技有限公司、中粮肉食（江苏）有限公司等深加工项目竣工投产。至年底，全市规模以上农业龙头企业308家，农产品加工产值超500亿元，西瓜、蔬菜、茧丝绸、苗木等特色产业年产值超100亿元；拥有"三品"品牌368个，东台西瓜获评江苏十大人气地理标志。加快农村改革，率先完成农村土地确权登记颁证工作，确权土地约9.67万公顷、颁证24.9万户，家庭农场发展到415家，农村集体产权交易金额突破2亿元，推进农业供给侧结构性改革的特色做法在央视《新闻联播》和《人民日报》头版报道。年内，东台市被列入全国农产品质量安全市创建试点单位，获评国家渔业健康养殖示范县（市）。

现代农业示范区建设全国第一　11月22日，农业部发布《2016国家现代农业示范区建设水平监测评价报告》，东台市国家现代农业示范区监测评价综合得分87.01分，在国家现代农业示范区中位列第一。东台市国家现代农业示范区是江苏最大的瓜果蔬菜园区，瓜果蔬菜年产量20万吨，年综合经济效益超10亿元，拥有新型合作组织300多家，亩平效益超8000元，年收入10万元以上农户占40%以上，为产业富民示范区。示范区先后建成集教育培训、检测检验、电子商务、物联网于一体的综合性服务中心，与南京农业大学等10多家学校科研机构合作，建立吴明珠院士工作站，创成"三品"品牌20多个；成功实现农校、农超、农企对接，是复旦大学等上海高校集团蔬菜供应商，在100多个大中城市设立农产品销售窗口120多处，为上海蔬菜集团外延基地。

三、第三产业

2017年，东台市完成服务业增加值386.2亿元，社会消费品零售总额279.9亿元，服务业增加值增速高出地区生产总值增速2.5个百分点。新开工亿元以上服务业项目2个、新竣工亿元以上服务业项目4个，颐高电子商务产业园项目入选省服务业重点项目。新增盐城市服务业四星企业2家、服务业规模以上企业39家、限上批零住餐企业16家，新培植销售超10亿元企业2家、总数24家。全年电子商务交易总额突破300亿元，被评为省农村电子商务十强县（市），东台镇电商产业园获评省电子商务示范园区，新街镇海洋工程特种装备产业园获评省电子商务特色产业园。全年接待游客454.1万人次，实现旅游业总收入56.8亿元，被评为全国休闲农业和乡村旅游示范县（市），江苏黄海海滨国家森林公园入选全国森林康养基地建设试点，安丰古街获评江苏十大新景区，甘港老家创成省五星级乡村旅游区。金融行业加快发展，新增存款余额54亿元，新增贷款余额70亿元，新增实体经济贷款54.4亿元，再次获评省金融生态优秀县（市）。年内，东台市城东新区获批建立省级人力资源服务产业园，西溪景区建成全省首家影视创客中心并获批省重点文化产业园区，两大集聚区新增投入29亿元，新发展各类经营主体80家，实现营业收入82亿元。

打造“全域旅游·全景东台” 年内，东台市加紧打造“全域旅游·全景东台”。围绕“国家全域旅游示范区”创建要求，组织编制《东台市全域旅游发展总体规划》及沿海区、西溪景区、安丰古镇相关旅游工作规划。加快景区建设，新开工旅游项目13个，总投资25.8亿元，黄海森林公园温泉度假酒店、西溪景区影视创客中心等基本建成；成立东台市全域旅游发展有限公司，整合东台市西溪旅游文化景区、江苏黄海海滨国家森林公园2个国家AAAA级景区以及东台永丰林农业生态园、东台甘港旅游景区、东台安丰古街3个国家AAA级景区旅游资源，组织“瓜儿熟了”“黄海森林音乐节”“半程马拉松”等系列旅游活动，全面提升东台旅游知名度。9月19日，《东台市全域旅游发展总体规划》通过省级评审。规划明确东台全域旅游的发展格局，基本形成确立西溪景区、江苏黄海海滨国家森林公园、甘港老家、安丰古街四大核心景区，以及沿海生态旅游度假区、历史文化旅游区、特色田园乡村旅游区三大旅游板块的“四核三板块”空间布局。

第二节 社会事业

一、城乡建设

2017年，东台市加快推进城乡基础设施建设。盐通高铁开工，高铁东台站综合客运枢纽方案设计形成初步成果；东兴高速公路纳入全省新一轮交通路网规划，启动前期准备工作；344国道、610省道二期等5条国省干线建设进展加快，建设总里程100千米；新建改建弶张线、东灶线等市域骨干道路114千米；完成农村公路提档升级300千米，改扩建农村四级公路260千米，改造新建桥梁106座，镇村公交实现全覆盖。发展智慧交通，建成综合交通运行指挥中心，公交智能站台、手机APP投入使用。设计城东新区核心区控制性详规、高铁组团概念性规划，人民公园南拓工程、新区人民广场等建成开放。启动城镇生活垃圾分类试点，开展环境秩序综合整治“百日行动”，加快实施老旧小区改造、污水管网提升等民生工程，通过国家卫生城市、省文明城市复审，江苏人居环境奖创建通过省住建厅验收。加快镇村建设，新创省美丽乡村、康居乡村、水美乡村5家、总数35家。年内，安丰镇创成全国文明镇，临塔村获评全国改善人居环境示范村，富安茧丝绸小镇、五烈美丽田园小镇入选省农业特色重点名录，西溪影视文化小镇、黄海森林康养小镇入选盐城市首批特色小镇。

3个村入选省首批特色田园乡村试点 8月24日，全省特色田园乡村建设试点工作推进会召开。大会公布首批45个试点村庄名单，东台市三仓镇兰址、联南、官苴3个村入选省首批特色田园乡村试点村庄。年内，东台市统筹部署试点建设工作，与省城市规划设计研究院对接，完善试点村庄规划，组织编排产业发展、生态环境、公共服务、基础设施、文化传承5类71个建设项目，总投资1.41亿元。全年启动建设项目68个，完成投资2000万元。

二、社会民生

2017年，东台市实施20件为民办实事工程。全年改造C级危房1155户、B级危房255户。实施老旧小区改造提升工程，东亭新村、新桥小区等15个小区居住环境显著改善。推进天然气通达工程，新增用户近1万户。实施敬老关爱工程，建成盐城首家“医养融合”养老机构，新建改造养老综合服务站、社区居家养老服务中心25个，现代民政建设全省领先。建立食品安全智慧监管中心，创成省食品安全城市。启动基层基本公共服务功能配置标准化建设，编排公共教育、医疗卫生、文化体育、社会服务等11个类别83个具体项目，74个试点村建设成效初显。推进东台市第一小学本部搬迁、东台市实验小学惠阳路分校等7个校园建设工程，建成省基础教育装备示范市、省平安校园建设示范市。远程会诊、影像诊断、心电诊断、集中消毒供应、临床检验（病理）智慧健康“五大信息中心”加快向下延伸，基层诊疗服务占比达80%，市域内就诊率保持90%以上。新创国家级卫生镇4个，省级卫生镇实现全覆盖，创成省基层卫生“十强”县（市）。王昆大剧院揭牌成立，建成幸福小广场、乡村文化礼堂179个。强化创业就业帮扶，新发展私营企业5100多家、新发展工业一般纳税人企业330家，全年发放各类小额贷款超2亿元，开展就业技能培训近5000人次，扶持创业2700人，新增就业再就业3.4万人。持续推进社保扩面，新增参保1.95万人，城乡基本养老、医疗和失业保险综合覆盖率稳定在98%以上。

（黄 骏）

第41章　建湖县

责任编辑　高兰会

综　　述

建湖县地处盐城市中西部，土地总面积1155平方千米，下辖镇11个、街道3个和建湖经济开发区、县高新技术经济区和九龙口旅游度假区，总人口78.77万人。2017年，全县实现地区生产总值523亿元，一般公共预算收入26.32亿元，固定资产投资400.35亿元，注册外资实际到账0.41亿美元，外贸进出口总额3.3亿美元，社会消费品零售总额190.38亿元，城乡居民人均可支配收入分别为32171元、18576元，连续八年跻身全国县域经济基本竞争力百强县，列第72位。年内，建湖县获评国家园林县城。

表41–78　2017年建湖县各镇（区、街道）基本情况

镇（区、街道）	土地面积（平方千米）	耕地面积（公顷）	年末人口（万人）	行政村（居）（个）	地区生产总值（亿元）				财政收入（万元）	固定资产投资（亿元）	规模以上工业收入（亿元）	粮食总产量（万吨）	人均可支配收入（元）
					合计	一产	二产	三产					
近湖街道	45.48	2440	17.80	24	132.28	2.73	65.31	64.24	77136	46.41	27.80	2.59	20812
上冈镇	231	11620	14.81	44	64.06	10.30	21.52	32.24	18428	39.20	31	16.80	16583
建阳镇	93.60	5580	5.30	22	36.30	3.70	22	10.60	20482	31	24.70	6.20	17880
颜单镇	49.60	1700	2.46	8	19.25	2.54	10.15	6.56	6016	8.90	2.90	1.60	16839
恒济镇	80.08	3692	3.17	12	21.53	3.32	10.76	7.45	9157	16.38	17.28	4.10	16705
庆丰镇	94	9639	5.80	21	33.32	3.28	20.04	10	13940	20.47	20.47	6.50	18023
九龙口镇	50.40	4416	3.21	11	21.54	3.90	8.57	9.07	4171	21	4.14	4.06	17005
高作镇	70.10	4729	3.60	16	17.08	2.65	7.08	7.35	11793	6	10.14	5.12	16722
芦沟镇	85.86	6340.90	4.28	16	17.88	4.04	6.08	7.76	10339	13	1.52	5.60	16386
沿河镇	81.81	3873	3.80	15	16.06	3.17	6.30	6.59	6035	12.27	2.65	4.57	16230
冈西镇	68.11	4103	3.30	15	12.53	2.74	3.54	6.25	4824	10.16	1.23	5.15	15710
宝塔镇	50.80	2953.70	2.72	12	8.83	2.22	3.01	3.60	3684	9.27	2.41	3.64	14450
开发区（钟庄街道）	104	4546	6.34	21	51.06	2.70	39.26	9.10	47400	53.60	85.37	5.77	20386
高新区（塘河街道）	33.60	1490	2.51	8	36.53	0.59	31.18	4.76	98700	40.23	32.32	1.17	17090

第一节 经济发展

一、工业经济

2017年，建湖县实现工业投资261.6亿元，全口径开票销售332.9亿元。新培育开票销售超亿元企业57家、税收超千万元企业25家，同比分别增加7家、9家；新申报规模以上工业企业30家，完成规模以上工业企业入库税金11.1亿元。全年新开工亿元以上项目50个，其中5亿元以上项目11个、20亿元以上项目2个；新竣工亿元以上项目35个，其中以江苏般若电子工业有限公司LED封装生产线、江苏东西发动机配件有限公司发动机配件、江苏应龙光学科技有限公司汽车防眩显示屏为代表的重点项目，以建湖5D智造谷、先云云计算中心、通用机场为代表的产业平台项目建成投产。新增省级以上高新技术企业25家，石油装备产业、节能电光源产业被认定为省级产业集群品牌培育基地。加快产学研合作，与上海大学合作共建智慧照明产业研究院，与西安石油大学合作共建创新创业实践基地，与盐城工业职业技术学院合作成立智能制造学院，新签订产学研合作项目120项，入选省“双创”计划、“333工程”等省级以上人才项目21个，引进专门人才1026人、领军人才62人，新建省级企业工程（技术、研究）中心2家，石油机械质检中心通过国家质量监督检验检疫总局资质能力认定并对外营运。加快园区发展，着力推进项目集中、企业集聚、资源集约，建湖经济开发区被认定为省级“两化”融合示范区，建湖高新技术经济区被认定为省级科技企业孵化器，通用机场被列为全省10个国家（区域）级通用机场和8个产业支撑型通用机场之一；建湖县科技创业园建成国家小型微型企业创业创新示范基地，各镇科创园服务中心、政务平台、商务平台“一中心两平台”建成运行。推进建湖制造向建湖智造转型，以智慧的手段、互联网化思维推进工业转型升级。实施工业振兴行动计划，引进国内外战略资本，加大企业技改投入，加快装备制造升级，75家企业新增智能机床、工业机器人等高端装备2200多台（套），规模以上企业智能化装备、互联网化改造覆盖率60%，节约用工3000多人，生产效率提升26%。其中，建湖县鸿达阀门管件有限公司引进战略投资、先进技术，新上智能制造项目，实施无人车间、无人工厂等智慧化改造。实施大企业（集团）培育计划，新增股份有限公司12家，江苏韩森自动车股份有限公司3种车型列入工信部汽车目录。开展“争星创优”活动，举办企业家大讲堂33期，全年创建市五星级企业1家、四星级企业2家、三星级企业3家。支持企业创新服务模式，发展服务型制造，4家企业入选省服务型制造示范（培育）企业。培育互联网平台经济，先云云计算中心首期584台机柜投入运营，江苏军曼农业科技有限公司等2家企业入选省互联网平台经济“百千万”工程首批培育企业。推进节能减排，造纸、纺织等高耗能行业产值占工业总产值比重下降5.2个百分点，万元地区生产总值能耗全市最低，建湖经济开发区通过省级生态工业园区验收。

先云云计算中心首期运营 6月9日，先云云计算中心首期运营。先云云计算中心项目是亚洲唯一一座按照全球最权威的数据中心Uptime Tier等级认证中最高标准设计、建造和运营的数据中心，于2015年1月开工建设，规划用地3.33公顷，建筑面积2万平方米，计划总投资5亿元，建设机柜2120台，拥有2路1.2万千瓦电力供应保障，配备14台大功率柴油发电机。至年底，584台机柜全部安装到位并投入运营，二期1536台机柜建设项目启动建设。

二、农业经济

2017年，建湖县新增稻田综合种养面积4800公顷、总面积6200公顷，新增“三品”45个、总数293个，新增设施农（渔）业面积2986.67公顷、总面积12073公顷，建湖县被农业部认定为首批国家农产品质量安全县。培育新型农业经营主体，新发展农民专业合作社25家、总数1083户，专业大户560户、总数5070户，家庭农场102家、总数772家，创成省级示范农场12家、市级示范农场29家。推进农业园区建设，上冈现代农业园区获批省级现代农业产业示范园区，县农产品加工集中区、科技孵化园、克胜集团中农网购（江苏）电子商务公司蜻蜓农服创业基地被认定为全国农村创业创新示范基地。“智慧农业”加速发展，在农产品网上销售、大数据市场分析、生产智能控制、质量可追溯等方面广泛应用，全县新增农业物联网应用面积2.53万公顷，智能农业应用比16%，提高经济效益15%以上，节约成本20%以上，颜单福泉有机稻米专业合作社被农业部认定为生产全程可追溯体系电子化构建优胜单位。

恒济镇池塘循环水生态养殖基地 建湖县恒济镇池塘循环水生态养殖项目通过采取在池塘中建设养殖水槽，进行高密度养殖，并对污物进行有效处理，实现生态循环、高产高效的养殖目标，是省水产重大科技推广项目，是全国最大的池塘循环水生态养殖基地。项目于2014年启动建设，分为2期，一期建成面积46.67公顷，建设养殖水槽80个，每个养殖水槽深2米，面积110平方米，密度是普通鱼塘的50倍；二期项目规划400公顷，总投资3亿元，主要建设5万吨级饲料加工厂1座，2000吨冷库1座，水产品网上电子交易中心1个，同时建设休闲、娱乐、垂钓、餐饮、展示、院士工作站及智能化管理设施，形成完整的园区产业形态。年内，基地内盐城正荣生态渔业有限公司循环水生态养殖46.67公顷面积实现总产值1140万元，其中利润480万元，亩均利润6000多元。

成立江苏蜻蜓农服产业研究院 12月27日，克胜集团中农网购（江苏）电子商务公司与江苏省农科院合作成立江苏蜻蜓农服产业研究院，成为全省首家由企业发起成立的专业研究院。蜻蜓农业研究院（江苏）有限公司，由克胜集团与江苏省农科院共建，位于南京市建邺区国际研发总部园，面向智慧农业、生态农业科技前沿，开展“互联网+”

农业、农业物联网、作物从种到收解决方案等方面的应用技术研究和推广服务，致力于建成国内一流农业服务类科研、咨询和推广机构。

三、第三产业

2017年，建湖县实现服务业增加值250.1亿元。年内，里下河钢材大市场等一批专业市场实现线上线下融合交易，江苏劲达物流有限公司被认定为省重点物流企业。加快发展金融行业，县内银行机构表内外贷款余额408亿元，比年初净增64亿元；民生银行主承的建湖县城市建设投资有限公司10亿元非公开定向债务融资债券发行，是全市首家县级城建类债券；建湖县新农村建设投资有限公司通过AA信用评级；南京银行在建湖设立支行并正式运营，中信银行建湖支行加快筹建；举办政银企对接活动，对接企业450家、项目132个，推动融资15.4亿元；上市重组取得进展，江苏诚赢照明电器有限公司在“新三板”挂牌上市，与北京疆亘资本合作，定增融资1亿元，转型为国内“新三板”上市市值第一的林业开采公司；47家企业先后在上海股权托管交易中心、天津股权交易所、江苏股权交易中心、深圳前海股权交易中心等挂牌。设立产业基金，按照“一产业一方案一授权”思路，与农业银行盐城分行签订20亿元战略合作协议，支持特色产业集群发展和乡村振兴战略实施。年内，建湖县被评为省金融生态优秀县。加快发展电子商务，全年完成电子商务交易额125亿元，全县规模以上工业企业电子商务应用率80%。年内，中农网购（江苏）电子商务有限公司被认定为全国农业农村信息化示范基地，建湖县高新区智慧产业园被评为省级电子商务示范基地，恒济镇被认定为省级电子商务示范镇，恒济镇建河村被评为省级农村电子商务十强村，芦沟镇双庆村被评为省级电子商务示范村，江苏几百粒食品股份有限公司等2家企业建成省级电子商务示范企业。

5月14日，建湖县汇文实验初中“十四岁青春礼”暨第二届“文武先锋训练营”汇报演出。 建湖县志办/供

第二节　社会事业

一、城乡建设

2017年，建湖县推进沿海新兴中等城市建设，创成国家园林县城。完成高铁综合客运枢纽规划及周边区域城市设计，推进上冈镇总体规划、建阳镇和庆丰镇控制性规划修编完善工作。恒隆广场等一批综合性商务区相继建成，苏北县城首家永辉超市建成开业，红星美凯龙国际广场正式签约。完成西塘河风光带、神台河风光带绿化工程，新增县城公共停车泊位850个。整合组建县城市管理综合行政执法局和综合行政执法大队，在全市率先实现城市管理领域一支队伍管执法，“数字城管”建设通过省级验收。加强城市道路建设，县城人均道路面积16.8平方米。完善污水处理设施，铺设管网39千米，县城、集镇集中污水处理率分别达89%、75%。完善交通体系，连盐铁路建湖段基本完成，徐宿淮盐高铁建湖段实施之中，明星路下穿、231省道拓宽改造、233省道西段等工程建成通车。实施农村公路提档升级工程，新建改建农村道路168千米，实施桥梁204座。优化调整公交线路，新投放公交车6辆，新开辟镇村公交线路2条。推进水利工程建设，疏浚农村河道600条750万立方米，新建改建泵闸站312座，建成高标准农田1.05万公顷。推进电网建设，完成220千伏榆河变电站、110千伏冈西变电站、35千伏芦沟变电站增容改造，实施农网线路改造1730千米。加快天然气进城入镇步伐，新增各类燃气管道63千米。人居环境持续改善。突出水环境整治，建立县镇村三级河长体系，整治城乡黑臭河道46条，全县饮用水源水质达标率100%。推进国土绿化行动，完成成片造林面积800公顷，林木覆盖率23.5%，县城绿化覆盖率40.9%。加快实施农村康居工程建设，完成拆除改造农村危旧房6833户。年内，九龙口镇梅苏村获评江苏最美乡村，宝塔镇宝塔村、高作镇长北村建成省级美丽乡村，建阳镇赵墩村、芦沟镇田曹村建成省级康居村庄。

获评国家园林县城　10月27日，建湖县入选住房建设部2017年国家生态园林城市、国家园林城市、国家园林县城、国家园林城镇命名名单，创成国家园林县城。至2017年底，建湖县林木覆盖率23.5%，县城绿化覆盖率40.9%。

二、社会民生

2017年，建湖县完善公共就业服务体系，新增城镇就业1.04万人、农村劳动力转移就业8457人，支持自主创业2131人。实施全民创业工程，新增私营企业5389家、个体工商户1.27万户，新建国家级星创天地1家、省级众创空间1家。实施全民参保计划，企业职工养老保险参保11.1万人，全年征收社会保险费16.2亿元；城镇职工医疗保险参保13.8万人，新农合参合人数56万人。推进“智慧社保”，社会保障卡“城乡一卡通”正式开通。强化住房保障工作，全年发放城市住房保障家庭租赁补贴100户，配租公共租赁房1万平方米。持续推进住房公积金扩面工作，全年新增扩面1万人以上，发放住房公积金贷款1亿元以上。推进精准扶贫、精准脱贫，加大社会救助力度，建立产业扶贫基地17个，城乡低保标准分别提高到每月560元、480元。推进智慧养老、虚拟养老、娱乐养老、健康养老，每千名老人拥有养老床位数36张，虚拟养老院覆盖县城16个社区，受益老人3.6万人。推进教育事业，新建森达小学教学楼、冈东小学综合楼，上冈小学西校区建成使用；高考中考成绩均居全市前列，全国义务教育学校质量监测各项指标均列全市前三名；加快“智慧教育”平台建设，开设网上课堂、网络学习、名校名师资源共享等互动交流栏目，惠及全县6万多名师生。发展卫生计生事业，新增名医工作室7个，完成县妇幼保健院组建工作，冈西、芦沟、九龙口3所卫生院被评为全国群众满意的乡镇卫生院，恒济镇通过国家卫生镇验收；“智慧医疗”加速普及，推行专家远程诊疗、诊间结算、移动查房、移动护理、网上预约挂号、掌上医院等创新服务，县人民医院与上海、南京等医院建立远程网络会诊中心，与全县所有镇级卫生院实现互联互通、数据共享，电子病历系统通过国家卫计委五级电子病历评审验收。发展文化事业，现代小戏《扶贫趣事》获全国曲艺展演创作金奖，杂技《小桥　流水　人家》《问天鸟》获省文华优秀剧（节）目奖；建湖县被中国戏剧家协会评为“中国淮剧之乡”、被中国杂技家协会评为“中国杂技之乡”，江苏省杂技团获评省艺术创作和对外文化交流工作先进集体；建湖书画院建成投用，全县村级图书流动服务点实现全覆盖，农村应急广播“村村响”一期工程通过省级验收。

《扶贫趣事》获全国曲艺展演创作金奖　11月28日，建湖县淮剧团现代小戏《扶贫趣事》参加“中华颂”第八届全国小戏小品曲艺大展演出获得集体创作金奖以及优秀编剧、导演、表演、作曲、音效等8个单项奖。该剧是反映当前地方党委、政府落实精准扶贫精神，开展扶贫帮困的现实题材的淮剧小戏。讲述的是扶贫干部刘玉乔下乡扶贫，她的帮扶对象是老同学李百德，而李百德却是镇上有名的“理不得”“扶不直”。为了帮助李百德脱贫，刘玉乔制定了脱贫计划，李百德却认为扶贫只不过是“走走形式”，拒绝签字。刘玉乔紧追不舍，通过“逃”“追”“躲”“寻”等一系列富有喜剧色彩的舞台动作，表现刘玉乔的努力，最终李百德打开心结，改变思想观念，树立脱贫的信心。

（吕　霏）

建湖县城。　　建湖县志办/供

第42章　射阳县

责任编辑　高兰会

综　　述

射阳县位于中国大陆南北地理分界线的东部起点，地处中国和江苏沿海中心位置。全县海域面积5130.67平方千米，海岸线总长100.4千米，土地总面积2605.72平方千米，其中陆地面积1948.23平方千米、水域面积482.09平方千米。辖镇13个、经济区3个（江苏射阳经济开发区、江苏射阳港经济开发区和盐城市现代高端纺织产业区），有省属农场3家、市属盐场1家。年末户籍人口95.61万人。2017年，实现地区生产总值500.02亿元，一般公共预算收入24.18亿元，固定资产投资335.62亿元，城镇和农村常住居民人均可支配收入28816元、18064元，省定36项全面小康社会建设指标中有30项达到目标值。成功创成国家卫生县城，入选全国县域经济百强县。

2017年射阳县各镇基本情况

表42-79

镇	土地面积（平方千米）	耕地面积（公顷）	年末人口（万人）	行政村（居）（个）	地区生产总值（亿元）				财政收入（万元）	固定资产投资（亿元）	规模以上工业收入（亿元）	粮食总产量（万吨）	人均可支配收入（元）
					合计	一产	二产	三产					
合德镇	207	8212	19.22	34	75.51	3.32	20.49	51.70	28586	45.43	18.04	6.60	21973
临海镇	186	7493	7.87	20	36.07	6.15	12.02	17.90	15079	34.68	20.37	9.27	22213
千秋镇	157.54	10355	6.12	18	26.11	6.63	8.78	10.70	3001	6.79	8.87	8.79	18475
四明镇	173.40	9120	8.14	23	27.22	7.49	9.13	10.60	3015	5.93	2.57	10.25	15385
海河镇	242	12103	10.46	28	31.81	7.10	12.01	12.70	4901	13.68	6.79	15.59	19575
海通镇	88.59	4150	3.41	10	31.88	4.92	14.16	12.80	5927	20.71	13.56	3.10	24048
兴桥镇	129.14	5291	5.42	15	24.92	4.97	8.65	11.30	4003	9.59	6.92	7.08	21566
新坍镇	97.97	4779	5.01	14	20.53	4.50	5.83	10.20	3063	4.78	3.48	5.72	18888
长荡镇	95.91	4347	4.46	14	23.11	3.50	9.61	10	3018	5.86	1.41	4.88	20049
盘湾镇	95.04	4421	3.96	12	34.75	4.95	18.40	11.40	6663	22.26	11.27	4.06	24977
特庸镇	102.48	4250	4.08	9	22.52	4.08	7.74	10.70	3005	8.75	3.74	1.97	21475
洋马镇	96	4100	3.13	8	23.06	4.09	7.57	11.40	3046	8.77	8.09	4.05	22724
黄沙港镇	61.08	1450	1.90	8	35.07	10.57	8.50	16	7600	21.70	15.23	0.91	23256

第一节 经济发展

一、工业经济

2017年，射阳县完成全口径开票销售410亿元，规上开票销售215亿元，规上企业增长面60%，工业用电量12亿千瓦时。有亿元以上销售企业46家，千万元以上税收企业15家。实施"四新"（新技术、新工艺、新设备、新材料）技改项目169个，实施挂大靠强、嫁接重组项目20个；新竣工新特产业项目31个。开展"进千企、解难题、促发展"活动，组织政府、银行、企业集中对接活动8场次，累计解决企业资金需求138亿元，新增销售超亿元企业8家、税收超千万元企业6家。新增国家高新技术企业15家，培植"小升规"企业（规模以下小微企业升级为规模以上企业）35家，"新三板"挂牌企业增至3家，创建市星级企业7家，获评省食品工业十强县。新认定省级首台（套）重大装备及关键部件2个，新增省级智能制造示范车间2个，重点企业智能化装备率70%。落户远景大数据中心、南京大学高新技术研究院等创新载体，达成产学研合作项目60个，纳米黑金海水淡化、吸波导磁、海普润膜等重大科技成果成功转化。

第十一届丹顶鹤文化艺术节暨经贸洽谈会举行 11月28日，中国·射阳第十一届丹顶鹤文化艺术节暨经贸洽谈会开幕活动在射阳县全民健身中心举行。丹麦驻上海总领事普励志，中国工程院院士、中国针灸学会副会长石学敏，国家旅游局综合文书处处长杨彬，国家千人计划专家、南京理工大学教授刘学锋，县四套班子及海内外各界客商、高层次人才代表、射阳企业家代表和媒体记者出席开幕活动。活动现场集中签约亿元以上项目36个，其中10亿元以上项目5个，5亿元~10亿元（不含）项目8个。

二、农业经济

2017年，全县粮食种植面积8万公顷，调减低产低效粮食作物种植面积5733.33公顷，调减油料种植面积1666.67公顷。新增高效经济作物种植面积1.24万公顷，其中设施农业新增种植面积1706.67公顷。其中，设施蔬菜种植总产量174万吨，总效益28.69亿元；大蒜面积种植面积1.14万公顷，亩均产值3790元，总产值6.5亿元。新发展稻田综合种养、稻鳅复合经营面积333.33公顷。围绕建设10个万亩示范匡、10个5000亩示范片、60个整体推进村，通过扩面提质，循序推进，全年推广面积8万公顷，其中联管联营面积2.33万公顷。全县猪饲养量130万头左右，生猪规模养殖比重为91.3%，其中大中型生猪规模比重72.5%；家禽年饲养量3000万羽左右，家禽规模养殖比例95%以上；全县新增省级畜牧生态健康养殖示范场5家，畜禽养殖场备案数量占规模养殖场比重58.3%，连续七年获评全国生猪调出大县。新建"菜篮子"基地3个、蔬菜园艺作物标准园1个。建成国家绿色食品标准化生产基地3.67万公顷，创成全国现代农业创新创业园区2个，省级以上龙头企业增至14家。农产品线上销售超20亿元，"射阳大米"获评全国百强农产品区域公用品牌、第十五届中国粮油展金奖；射阳县获批省海峡两岸渔业交流合作基地。

举行益农信息社县级运营中心启动仪式 12月11日，益农信息社县级运营中心启动仪式在射阳县苏农·汇丰广场举行，标志着以信息进村入户和农产品网上销售为主的电商平台在射阳县开通运营。射阳县益农信息社县级运营中心依托于运营商苏农连锁射阳分公司建立，同时在各镇、村建成益农信息社服务站点。至年底，建成益农信息社150家，实现全县覆盖率100%。

举办首届特色农副产品推介展销会 11月29日，首届特色农副产品推介展销会在射阳县全民健身中心举办。射阳县农业拥有得天独厚的资源优势，形成优质稻米、大蒜、中药材等农业特色产业，吸引上海、浙江、广州等地的客商参加展销会。开幕活动现场集中签约20个项目，签约总额5.97亿元。

举行"邮滋味"射阳大米产品发布活动 12月12日，射阳县政府、中国邮政集团公司盐城分公司共建农村电商公共服务平台战略合作签约暨"邮滋味"射阳大米产品发布活动在射阳县人才公寓二楼会议室举行。"射阳大米"是中国名牌产品、中国驰名商标，先后获得十五届国际农产品交易会金奖、中国大米十大区域公共品牌等奖项，获评中国地理标志保护产品。活动现场，县政府与盐城邮政签署农村电商公共服务平台建设战略合作协议；盐城邮政、射阳县圣阳米业有限公司和江苏新洋商业物资有限公司签署产品供销协议；盐城邮政、中石化盐城石油公司、市交通投资集团等公司现场认购共500万元的射阳大米产品。活动还设置射阳大米产品推介、产品品鉴、"邮乐网"线上抢购等环节。

三、第三产业

2017年，射阳县实现服务业增加值232亿元。远景风电运维中心建成运行；"虫洞π""星火创业公社"建成省级众创空间。加快金融行业发展，南京银行、华夏银行入驻射阳，全年全县新增信贷融资76亿元、直接融资近30亿元。年内，射阳城市建设发展集团有限公司、射阳国有资产投资有限公司、江苏三维交通集团有限公司、射阳县水利建设投资有限公司、射阳建设投资集团有限公司、射阳县旅游投资发展有限公司六大国有实业资产总额315亿元，主营收入近100亿元。加快旅游产业发展，阳河湾玫瑰园等景区建成；日月岛生态旅游区被列为全国优选旅游项目、省级重点旅游项目；开工建设17千米内环绿廊，栽植苗木41.3万株；"十里菊香"获评省四星级乡村旅游示范点，被列入省级特色小镇培育计划。全年游客突破190万人次，射阳县获评中国最美乡村旅游示范县。

“水韵江苏、大美射阳”亮相中国国际旅游交易会 11月17日，射阳作为江苏组团成员参加由国家旅游局、中国民用航空局、云南省政府共同主办的2017中国国际旅游交易会。射阳旅游按照江苏展团的“水韵江苏”主题，结合鹤乡风韵，布置展馆，展现射阳特色。在旅交会上，县旅游局工作人员集中展示射阳大米、“妙语”蜂蜜、洋马十里菊香茶等特色旅游商品，发放旅游地图、旅游线路等宣传册展示射阳旅游的美誉度和旅游发展优势。

第二节　社会事业

一、城乡建设

2017年，射阳县在全省率先推动国土、规划“两规合一”（城市总体规划与土地利用规划合并）“两图合一”（城市总体规划图与土地利用规划图合并）“两局合一”（规划局、国土局机构合并）工作。千鹤湖公园、人才公寓等项目建成投入使用，完成改造棚户区2575户，新建和改造市政道路15条，新增城市绿地面积300公顷，完成朝阳街时光隧道和城市主干道楼宇亮化工程，安徒生童话乐园、爱琴海购物公园等项目相继落户。加快实施农村康居工程，改造2.18万户B、C级危旧房，375个集中居住点开工建设。全面完成“6·23” 灾后重建工作，4个安置区均为全框架结构，根据安置户需求情况，设计70、100、120平方米3种户型，执行防震减灾和绿色节能建筑标准，全部配备功能用房以及党群服务中心、幼儿园、社区卫生服务站以及绿化亮化美化等公共配套设施。其中，陈洋、伍份安置区结合城镇规划要求，以多层建筑为主；新宏、旭日安置区结合农业生产需求，以低层联拼住宅为主。至年底，218户受灾户全部迁入新居。

射阳河闸入选全省最美水工程 11月28日，射阳河闸在“江苏最美水地标”颁奖授牌仪式上入选全省最美水工程。“江苏最美水地标”推选活动由省水利厅、文化厅、旅游局联合开展，经网络投票、专家评议、部门评议3个环节，最终产生水工程、水景观、水聚落3种类型水地标上榜名单。射阳河闸由苏联专家设计，建造于1953年，1956年建成并投入使用，为建国初期的江苏省第一座挡潮闸，共35孔，总长500米。河闸上游是射阳河，下游是黄海水，河海一闸之隔。建闸50多年来，累计开闸1.5万余潮次，排水2000余亿立方米，年排水量约40亿立方米，先后抗御多次台风和旱灾袭击。2005年9月，射阳河闸实施加固改造工程，工程总投资2798万元；2007年，加固改造工程通过工程技术验收。射阳河闸作为盐城市近代大型建筑群，被市政府评为“市级文物保护单位”，这也是盐城市首个列入市级文物保护单位的水利工程。

二、社会民生

2017年，射阳县实施20项为民办实事项目。推进小洋河综合整治，截污清淤、管网修复、污水处理厂提标改造等工程基本竣工。建成县养老服务中心，开工建设新港城人民医院、妇幼保健院。建成国家一级标准公共卫生间105座。新增公共自行车1200辆、站点60个，新增油电混合动力公交车80辆，建成兴阳广场、大自然小区西侧等停车场并投入使用。农村河道疏浚整治等水利工程完工。新开通兴桥、长荡镇村公交。启动建设新水源地及跨区域引水工程射阳支线。实施义务教育学校提升工程，新建18所公办幼儿园，射阳县第三中学建成投用。加快人才引进，引进“两院”院士、“千人计划”等高层次人才39人，挂牌成立院士工作站2个、名医工作室10个。盘湾中心卫生院获评全国百佳乡镇卫生院，射阳县获评省基层卫生十强县。在全市率先成立文化分馆联盟，获评省农家书屋提升工程示范县。镇区全部建立社区康复站，残疾人康复工作实现30分钟服务圈全覆盖。加强社会救助，累计托底帮扶9.8万人次；发放各类优抚救助对象补助资金3亿元。实施创业就业“百千万”工程，新发展私营企业5831家，新增就业9100人。开展安全隐患大排查大整治，在全市率先实行安全生产监管责任“二级表”制度。评选10大类100名“最美射阳人”，全年有1人入选“中国好人”，2人入选“江苏好人”。

承办省第七届特殊奥林匹克运动会暨残疾人田径锦标赛 8月20日，由省残疾人联合会、省体育局举办，省残疾人体育训练中心、市残疾人联合会、射阳县政府承办的江苏省第七届特殊奥林匹克运动会暨残疾人田径锦标赛在射阳县全民健身中心开幕。全省13支代表队299名运动员参加田径、篮球、羽毛球、乒乓球4项比赛的角逐。开幕式上，运动员和裁判员代表分别进行宣誓，与会人员一同观看歌舞《射阳河畔好风光》、杂技《扇舞丹青·头顶技巧》、射阳特校学生舞蹈《我的中国梦》、淮歌《谱写射阳新篇章》等文艺节目。比赛为期3天，经过角逐，盐城市代表队获得19金15银4铜，其中射阳县4名运动员获得2金5银。

举办首届全国廉政农民画作品展 9月27日，由盐城市纪委、射阳县委主办，中国农民书画研究会指导，射阳县纪委、射阳县文广新局承办，以“手绘廉政农民画，喜迎党的十九大”为主题2017中国（盐城·射阳）首届全国廉政农民画作品展在射阳县全民健身中心开幕。全国各地的60余位获奖作者代表、组织奖代表、画乡代表、农民画创作者代表，中国农民书画研究会、江苏省农民书画研究会和省、市、县有关领导出席开幕式。活动征集到26个省（自治区、直辖市）的近600幅作品。作品展展出金奖作品5幅、银奖作品10幅、铜奖作品15幅、优秀奖作品50幅、入选奖作品190幅，共计270幅。　　（朱　政）

第43章　阜宁县

责任编辑　高兰会

综　述

阜宁县南与建湖县接壤、北与滨海县接壤，东与射阳县毗邻，西与淮安市涟水县隔废黄河相望。县域南北长52.5千米，东西宽48千米，面积1439平方千米。辖建制镇13个、街道办事处4个、社区2个、省级经济开发区1个、现代服务业园区1个。年末总人口112.72万人。2017年，实现地区生产总值447亿元，一般公共预算收入26.14亿元。全县三次产业结构更加优化，一、二、三产业之比为13.2∶42.4∶44.4，服务业对经济增长贡献率达58.6%。完成社会固定资产投资358.09亿元，实现注册外资到账2404万美元，外贸进出口总额3.14亿美元，社会消费品零售总额143.84亿元。城镇居民、农村居民人均可支配收入分别为27754元、16850元。单位地区生产总值能耗下降4%。全面建成小康社会综合得分95.2分。

表43-80　　2017年阜宁县各镇（区、街道）基本情况

镇（区、街道）	土地面积（平方千米）	耕地面积（公顷）	年末人口（万人）	行政村（居）（个）	国内生产总值（亿元）				财政收入（万元）	固定资产投资（亿元）	规模工业产值（亿元）	农村居民人均可支配收入（元）
					合计	一产	二产	三产				
阜城街道	64.67	2070	19.32	26	71.49	1.61	44.61	25.27	58583	47.06	167.72	24100
吴滩街道	87.96	6126	5.45	21	11.69	4.26	1.29	6.14	2524	5.07	1.01	16536
花园街道（江苏阜宁经济开发区）	36.50	1552	4.22	17	37.27	2.07	30.18	5.02	58783	80.79	198.25	18910
金沙湖街道（金沙湖旅游度假区）	22.63	1168	2.25	7	4.08	1.24	0.26	2.58	2438	11.30	—	17632
沟墩镇	112.09	7255	6.45	22	32.74	7.33	14.01	11.40	8059	17.92	16.51	21269
陈良镇	67.55	4441	4.37	16	15.21	3.29	6.09	5.83	4109	4.25	15.80	17423
三灶镇	88.70	6105	5.78	18	9.36	2.37	2.77	4.22	3874	3.83	0.40	14668
新沟镇	77.39	5212	5.22	15	18.95	4.04	9.47	5.44	8072	10.30	47.60	20001
陈集镇	85.82	5541	5.27	19	10.79	3.07	1.85	5.87	7094	4.20	10.48	15180
羊寨镇	94.25	5948	5.86	19	9.88	2.53	2.48	4.87	5197	4.07	0.68	14212
芦蒲镇	86.65	5013	5.11	19	9.37	2.47	2.39	4.51	4161	3.68	4.70	14155
板湖镇	69.27	4694	4.88	18	11.36	2.28	3.48	5.60	5327	4.73	6.29	16258
东沟镇	66.28	4106	5.14	19	33.82	2.61	20.26	10.95	8436	23.91	27.50	18073
益林镇	108.74	6695	9.44	24	53.91	4.44	33.97	15.50	38673	38.52	96.76	19318
古河镇	87.14	5925	5.83	20	10.39	2.96	2.85	4.58	3299	3.90	19.46	15407
罗桥镇	88.71	6072	5.95	20	13.67	4.04	3.82	5.81	3709	4.66	4.96	16009

续表43-80

镇（区、街道）	土地面积（平方千米）	耕地面积（公顷）	年末人口（万人）	行政村（居）（个）	国内生产总值（亿元）				财政收入（万元）	固定资产投资（亿元）	规模工业产值（亿元）	农村居民人均可支配收入（元）
					合计	一产	二产	三产				
郭墅镇（江苏阜宁高新技术产业开发区）	76.05	5054	5.03	17	30.91	1.87	25.17	3.87	30879	46.52	142.01	16316
现代服务业园区	13.24	235	0.76	3	2.02	0.07	0.32	1.63	11071	12.66	—	—
硕集社区	47.32	3128	3.17	8	5.75	2.24	1.06	2.45	1023	2.31	3.15	17246
公兴社区	57.72	3605	3.20	13	6.12	2.57	1.61	1.94	1149	2.63	1.31	17083

第一节　经济发展

一、工业经济

2017年，阜宁县实现工业总产值764.6亿元，实现全口径开票销售364亿元，其中光电光伏、环保滤料产业开票销售分别增长350%、35%，新材料、风电装备、食品加工、泵阀产业加快发展。有规模以上企业301家，其中开票销售超亿元企业44家。全年新开工千万元以上项目150个，其中亿元以上项目15个；新竣工千万元以上项目133个，其中亿元以上项目14个。年内，阜宁澳洋科技有限责任公司三期设备开始安装，盐城德安德新材料科技有限公司芳纶主体厂房基本建成，阜宁协鑫光伏科技有限公司新能源500兆瓦组件生产线、1吉瓦电池片项目加快建设；上纬（江苏）新材料有限公司树脂项目、雷纳德流体智能科技江苏股份有限公司铜阀项目等项目竣工投产；阜宁协鑫光伏科技有限公司集成项目、江苏万聿云计算科技有限公司云计算机项目等项目开工建设。全年盘活闲置项目42个、土地65.07公顷、厂房13.5万平方米。年内，江苏阜宁经济开发区创成省级生态工业园，阜宁高新技术产业开发区建成市级高新区；"新材料工坊"获批省级众创空间。

二、农业经济

2017年，阜宁县新增流转土地面积5200公顷、高效设施农业面积1686.67公顷，推广稻虾综合种养面积1546.67公顷。创成省级生态健康养殖基地5个，设施渔业和生猪规模养殖比重分别达30%、77%。打造沿348省道、329省道高效农业示范带，建成市级园区13个、特色示范村15个，新沟镇春华秋实农业园被列为省蔬菜全产业链示范园区。累计发展家庭农场628个，其中省级示范家庭农场10个；发展市级以上农民合作示范社40个。年内，阜宁县获评2017年度"中国好粮油"行动示范县，"阜宁大米"再获国际粮油产品展示会金奖，阜宁大糕跻身"江苏十大人气地理标志"品牌产品。推广生态农产品种植，建成万亩连片有机稻米基地173.33公顷核心区和3个33.33公顷示范区，被确认为2017年度全省唯一国家有机产品示范创建县、全市唯一省级现代生态循环农业试点县。推进农业产业化发展，建成3个永久性"菜篮子"生产基地，新办投资超千万元农产品加工项目6个。全县粮食生产机械化综合水平88.5%。

获评国家有机产品示范创建县　10月18日，阜宁县获评国家有机产品示范创建县。年内，阜宁加快打造有机产品示范基地4个，建成有机稻米生产转换基地333.33公顷，实现品种优质、标准化生产、质量全程控制，通过有机认证。9月，阜宁县作为江苏省唯一代表参加2017年度全国有机认证产品展览会并推介有机稻米；11月，在罗桥万亩有机稻米基地举办阜宁县首届有机稻米开镰节活动。至年底，阜宁形成以有机稻米、有机猪肉、有机大豆、有机瓜菜、有机红糖等产业为主的有机农产品发展模式，拥有有机认证产品、有机转换认证产品近20个。

三、第三产业

2017年，阜宁县实现社会消费品零售总额144亿元、服务业增加值194.61亿元。阜宁港物流园获评省级示范物流园区。28家企业入驻电商产业园，建成阿里巴巴农村淘宝服务站点56家，获批省级电子商务示范社区创建试点1家、市级电子商务示范村1家。南京银行对外营业，华夏银行正式签约。"七彩阜宁"农业公园获批全国休闲农业与乡村旅游五星级园区、省四星级乡村旅游区，喻口村获评江苏最美乡村，桃花源生态经济区、马家荡核心景区对外开放，盘龙古寺获批国家AAA级旅游景区。

"七彩阜宁"农业公园获批全国休闲农业与乡村旅游五星级园区　12月6—7日，"七彩阜宁"农业公园通过由省农科院副院长、研究员、中国休闲农业与乡村旅游产业联盟副主席孙洪武，北京大学战略研究所副所长、中国休闲农业与乡村旅游产业联盟常务副理事窦文章，农业部农村社会事业发展中心副研究员、中国休闲农业与乡村旅游产业联盟副秘书长张慧媛4人组成的考评专家组现场考评验收，获批全国休闲农业与乡村旅游五星级园区。"七彩阜宁"农业公园位于阜宁县县城南郊，东濒国家

AAAA级景区金沙湖，西临苏北地区最大的自然河流射阳河，北连喻口古镇，占地面积303公顷，以“农旅结合、以农促旅、以旅强农”为导向，以水绿生态、精致农业为主题，开发生态休闲旅游、精品休闲农业旅游和乡村休闲旅游等旅游产品。至年底，公园建成水晶花宫、十里荷塘、开心农场、芝樱花海、农耕聚落、童趣牧场和七彩田园等旅游项目。

第二节　社会事业

一、城乡建设

2017年，阜宁县完成新一轮县城总规修编工作，编制全县江淮生态经济区建设三年行动方案，获评国家卫生县城、国家园林县城，全国文明城市资格县创建通过省级验收。实施康居工程，累计拆除B、C级危旧房2.4万户，新建集中居住点98个，竣工交付53个。县城8个老旧小区、7条背街小巷得到改造提升，胜利路、城河路等沿街建筑物外立面焕然一新，创成省级示范路2条、省级示范社区2个。启动省优秀管理城市创建工作，城市管理委员会正式运作，数字化城管通过省级验收。继续实施镇区环境整治三年提升行动，实施重点项目65个，新建示范街道36条，益林镇跻身省级卫生镇。农村环境明显改观，建成省美丽乡村2个。加快完善基础设施。连盐铁路阜宁段完成铺轨，徐宿淮盐高铁阜宁段加快建设，迎宾大道实现通车，小中河10座大桥全部建成。推进县镇污水管网全覆盖，新建污水管网114.7千米。强化燃气管网配套服务，铺设主管网6.5千米。提升农村电网供电能力，建成110千伏黄浦输变电工程。推进“绿色阜宁”建设，新建成片林873.33公顷，栽植乔木235万株，建成森林村庄15个，全县森林覆盖率25.8%，县城绿化覆盖率41.43%。全面推行“河长制”，落实县镇村三级河长1539人，整改河道问题1.68万处，拆除饮用水源地养殖场24家，疏浚县乡河道36条，整治村庄河塘309个。开展“263”（“两减”以减少煤炭消费总量和减少落后化工产能为重点，“六治”重点治理太湖水环境、生活垃圾、黑臭水体、畜禽养殖污染、挥发性有机物污染和环境隐患，“三提升”提升生态保护水平、提升环境经济政策调控水平、提升环境监管执法水平）专项行动，关停化工企业4家、整治验收合格20家，整治燃煤锅炉58台，规模以上亿元企业工业增加值能耗同比减少19.9个百分点。

获评国家卫生县城　6月23日，阜宁县被全国爱国卫生运动委员会批准成为国家卫生县城。年内，阜宁县加快国家卫生县城创建工作，实施农贸市场改造提升、市政道路建设维护、水体治理、环卫基础设施建设、健康惠民等创卫6项建设工程，完善提升城市功能。新建室内农贸市场综合楼4座，提升改造县城农贸市场内部环境，取缔县城马路市场，投入1.35亿元，改造县城9条道路；投入8680万元，实施10项绿化工程；建设专门的石材加工市场，规范石材加工市场的管理。加大对县城15条市河整治和保洁力度，落实市河长效管理机制；投入6000万元，建设17千米污水管网及附属泵站，提高县城生活污水处理率。投入500多万元，新建改造二类公厕7座，改造县城垃圾中转站，购置环卫设施；投入150多万元，改造县城区内所有旱厕；投入700万元，改造提升县城老旧小区、破产改制企业宿舍区、背街小巷。实施健康惠民工程，投入1000万元，对全县320个村卫生室进行标准化建设。加强城市管理，以整治“脏乱”为重点，开展农贸市场秩序、交通秩序、市容环境卫生秩序、马路市场和流动摊点、小区环境、公共场所卫生与食品安全以及城中村等10项专项整治，全面整治市容市貌。开展“灭点行动”，累计拆除违章搭建面积6486平方米；对建筑工地日常检查163次，发出整改通知书115份，消除安全隐患800条；新装空调机外罩3198个，粉刷56幢楼栋外立面2.52万平方米，改造店招店牌966块；投资700万元，对新盛街立面改造，更换所有店招店牌，拆除大型户外广告牌32块。实施农村改厕改水项目，累计改造卫生户厕20.2万座，其中无害化卫生户厕14.78万座。加强病媒生物防制工作，控制“四害”密度和易传疾病的滋生蔓延。年内，创成省级爱国卫生先进单位11个，省级卫生村7个，市级卫生镇（村）29个，市级爱国卫生先进单位56个，县级卫生镇（村）、爱国卫生先进单位160个。

获评国家园林县城　10月27日，阜宁县被住房建设部批准成为国家园林城市。年内，阜宁县加快推进“绿色阜宁”，新建成片林873.33公顷，栽植乔木235万株，建成森林村庄15个，全县森林覆盖率25.8%，县城绿化覆盖率41.43%。加快公园绿地建设，有各类开放式公园17个，其中综合公园有白天鹅公园，专类公园有烈士陵园、金沙湖公园，带状公园有射阳河风光带、滨河运动公园等14个，有街旁绿地18个。加强道路绿化景观建设，坚持绿化与道路建设同步，注重植物品种造型、色彩搭配，做到一街一景致、一路一特色，道路绿化普及率99.01%，基本达到“有路就有树、有树就有荫”的效果。

二、社会民生

2017年，阜宁县推进为民办实事工程。阜宁大桥拓宽改造工程竣工通车；农村公路提档升级工程三年任务提前一年完成；新增纯电动城市公交车60辆，新建公共自行车站点27个；县人民医院南院二期工程启动，镇级卫生院全部达到省示范建设标准，200个村卫生室实现装备提升，成立名医工作室16个，家庭医生签约服务25.78万人；启动建设长春路初中、新兴路小学，建成长春路小学，完成育才路初中扩建和“6·23”灾后学校建设工作，为全县75所农村学校新建教学楼、宿舍楼、食堂14.1万平方米，东沟中学获评省四星级高中，县特殊教育学校被列为省“社区融合教育”“送教上门”工作试点校，公办幼儿园实现省优质园镇区全覆盖。推进精准扶贫，加强阳光扶贫监管系统建设，制定健康扶贫、教育扶贫、就业扶贫等政策意见，完成2.5万户低收入人口、12个省定经济薄弱村脱贫任务，新增村级集体经济项目108个，经营性收入超900万元。38个渠北片区帮扶项目有效实施，黄河故道堆地节水灌溉工程带来富民倍增效应。健全保障体系，引导返乡创业就业1.08万人，促进陪读家长就业1.21万人，组织各类技能培训1.22万人，城镇登记失业率1.7%；完成城乡居民医疗保险整合工作，"五位一体"（提标拓面救助托底、民生保险救助托底、阶梯式救助托底、社会互助帮扶托底、康居工程改造托底）救急难和民生三项保险（自然灾害民生保险、特别重大疾病保险、失能失智老人护理保险）全面覆盖；新建养老机构6个。推进棚户区改造，新建回购各类保障性住房4504套。实施文化惠民工程，完成85个村（社区）综合文化服务中心达标建设，农村公共应急广播实现全覆盖；建成爱国主义教育基地2处，县图书馆、中共中央华中局第一次扩大会议旧址被评为省社科普及示范基地。推进社会治理创新升级工程，建成县法治宣传教育中心，受理法律援助案件886件，罗桥镇张赵村获评全国民主法治示范村。强化食品安全监管，建成县级综合检验检测中心。完成"6·23"灾后重建工作，16个集中安置点、4946套民房和28个单体公共建筑全部如期交付。

盐城抗击"6·23"特大龙卷风纪念馆建成开放

6月23日，盐城抗击"6·23"特大龙卷风纪念馆建成开馆。纪念馆建筑面积7000平方米，实际布展面积3143平方米。展馆由8个部分组成，分别是：纪念广场、展馆序厅、四个展厅、尾厅和科普馆。展馆集中展示自2016年6月23日，阜宁、射阳发生特大龙卷风冰雹灾后以后，阜宁、射阳的受灾情况，以及灾害发生后的抢险救灾及一年的灾后重建，客观反映了在党中央、国务院亲切关怀和省委省政府、市委市政府坚强领导下，各级党委政府组织抢险救灾和灾后重建的重要史实，收录实物87件、照片497张、视频总长862分钟。至年底，累计接待国内外团体和个人参观22万人次。（曹征雷）

盐城"6·23"灾后重建集中安置点——阜宁县板湖镇孔荡村安置点。　盐城市志办/供

第44章　滨海县

责任编辑　高兰会

综　述

滨海县位于盐城市东北部，在北纬33° 43′ ~34° 23′与东经119° 37′ ~120° 20′ 之间。东临黄海，南依射阳河、苏北灌溉总渠与射阳县交界，西与涟水县毗邻，西南与阜宁县相连，北隔废黄河、中山河与响水县相望。东西最大直线距离55千米，南北最大直线距离47千米。县域面积1949.6平方千米，其中耕地面积9.99万公顷，滩涂面积1.07万公顷，海岸线44.6千米，辖镇（区、街道）16个，省级经济开发区1个，村（居、社区）296个。境内驻有省属国营滨淮农场、淮海农场（部分）以及市属新滩盐场。年末总人口122.52万人。2017年，全县实现地区生产总值442.53亿元，一般公共预算收入27.3亿元，固定资产投资423.07亿元，城乡居民人均可支配收入分别达28867元、16280元。年内，滨海县创成省级生态县，省社会治安综合治理先进县。

2017年滨海县各镇（区、街道）基本情况

表44-81

镇（区、街道）	土地面积（平方千米）	耕地面积（公顷）	年末人口（万人）	行政村（居）（个）	地区生产总值（亿元）				财政收入（万元）	固定资产投资（亿元）	规模以上工业收入（亿元）	粮食总产量（万吨）	人均可支配收入（元）
					合计	一产	二产	三产					
东坎街道	99.15	2825.57	19.75	28	63.46	3.39	31.82	28.25	71700	60.68	22.97	3.65	28867
坎北街道	104.72	2025	5.67	13	7.13	2.67	1.50	2.96	200	—	0.32	1.39	19811
通榆镇	56	2943	4.05	11	12.23	1.72	6.29	4.22	6358	13.44	1.38	3.37	18779
陈涛镇	110.89	6718	7.11	19	17.16	3.48	6.79	6.89	7631	12.64	4.33	5.67	14651
滨海港镇	140	4958.89	6	15	22.02	4.87	11.07	6.08	7318	19.55	3.48	7.40	19089
八滩镇	111.14	6196	9.07	22	31.60	3.95	16.12	11.53	8229	39.70	3.61	6.65	19424
界牌镇	122.69	7573	7.71	21	24.36	4.75	11.28	8.33	13663	14.48	9.77	6.31	15200
滨淮镇	198.76	12179.56	10.87	27	32.45	4.83	20.73	6.89	18714	46.48	1.14	10.86	18580
蔡桥镇	96	4454	6.15	17	16.25	2.61	7.07	6.57	6948	20.45	1.45	6.73	18655
天场镇	81.93	3879.78	5.13	14	14.43	1.39	10.04	3	10971	16.89	0.39	3.90	14006
五汛镇	158	9549	8.77	31	36.31	6.59	16.17	13.55	14361	33.84	11	10.74	22721
农业园区	63.17	2900	4.68	13	11.09	1.89	4.48	4.72	5504	13.96	6.65	3.16	15065
八巨镇	69.02	4220.65	5.29	12	17.62	2.54	8.62	6.46	10900	17.04	1.31	3.66	15201
正红镇	145.29	7457.27	10.65	31	38.32	7.70	14.50	16.12	7800	8.31	0.89	10.20	20646
滨海港经济区	195.06	8325.88	9.30	21	23.45	4.93	9.81	8.71	5041	95	6.16	7.44	16016

注：滨海县坎南街道数据列入东坎街道统计。

第一节　经济发展

一、工业经济

2017年，滨海县实现全口径工业开票销售367亿元，其中规模以上工业开票销售284.8亿元；工业用电量18.6亿千瓦时，列全市第一位；实现入库税收16.05亿元，入库税收增长面61.9%。全年在深圳、上海等地组织各类专题招商活动33次，共签约项目145个，协议总投资120多亿元。全年新开工亿元以上项目68个，新竣工亿元以上项目48个，实施千万元以上技改项目63个，实现税收超千万元工业企业40家，新申报高新技术企业19家，创成星级企业26家。加快新兴产业培植，总投资10亿元的上海吕巷汽车零部件有限公司后视镜项目等16个汽车零部件项目成功入驻江苏滨海经济开发区，签约项目总投资25亿元、规划建设50万平方米的电子信息智慧园项目，盐城凯龙药业有限公司、江苏吉泰肽业科技有限公司等12家成品药生产企业落户医药产业园。年内，江苏滨海经济开发区沿海工业园创成国家特种高分子材料高新技术产业化基地、省优质产品生产示范区、省"两化"融合示范区；电商产业园获评省电子商务示范园，汽车及零部件产业园、国投电子信息智慧园开工建设；14个镇区全民创业园新建标准厂房32.5万平方米，新增入园开工项目75个。加快沿海开放开发，滨海港获批国家一类开放口岸，并作为出海门户纳入淮河生态经济带建设规划，10万吨级煤码头和通用码头正式运营，疏港铁路、疏港高速、通用机场等重大基础设施项目列入省交通规划；国家电投协鑫滨海发电有限公司储配煤中心项目建成运营；月亮湾海滨风情小镇初具规模，月堤海景公园等10个旅游项目基本建成，六合庄整治改造等12个配套项目加快推进。

获批国家特种高分子材料高新技术产业化基地　1月19日，江苏滨海经济开发区沿海工业园被科技部认定为国家特种高分子材料高新技术产业化基地。江苏滨海经济开发区沿海工业园成立于2002年5月，位于滨淮镇境内，规划总面积25.77平方千米。2017年，滨海沿海工业园完成规模以上工业开票销售179.2亿元，规模以上工业入库税收12.1亿元，进出口总额4亿美元。其中，销售超亿元企业55家、税收超千万元企业36家。年内，新签约项目5个，协议总投资30亿元；新开工项目10个、新竣工项目7个；累计完成固定资产投入18.03亿元；新增国家高新技术企业1家、总数37家；申报专利百余项，其中授权专利50余项。

国家电投一期项目实现"双投"　11月15日，国家电投协鑫滨海发电有限公司2×1000兆瓦火电工程2号机组通过168小时试运，正式投入运营，国家电投一期工程两台机组全部并网发电，实现一年"双投"。国家电投一期项目于2015年启动，总投资80亿元，是国家电投首个"两台百万超临界火电机组+10万吨级港口航道+陆域项目"的新建工程，是国家鼓励建设的高参数、大容量、低能耗、环保型机组。

二、农业经济

2017年，滨海县调减低效粮食作物面积8666.67公顷，新增蔬菜园艺等特色经济作物面积9333.33公顷，累计播种面积4万公顷；正红镇优质稻米等8个万亩基地加快建设，新增高效农业面积9733.33公顷。开展无公害、绿色、有机"三品"认证，全县"三品"总数427个，"奕帆"大米等4个品牌成功申报江苏省著名商标，"滨海大米"成功申报盐城市知名商标；白首乌获评"江苏十大人气地理标志"品牌。全年新引进2000万元以上农产品加工项目8个；新造成片林1020公顷；成立古黄河林场，打造327省道、海港大道等景观通道，为低收农户发放果树苗36.5万株，全县林木覆盖率达31%以上。

滨海县古黄河林场　（参见第139页同名条目）

三、第三产业

2017年，滨海县加快农业园区梨花雨生态旅游度假区、界牌镇水云涧等11个生态旅游项目建设，月亮湾海滨旅游度假区入选省"十三五"旅游重点项目，投入3000万元的薰衣草庄园实现对外营业。制定《全民创业扶持政策30条》，举办"筑梦桑梓"返乡创业系列活动，14个全民创业园创建星级服务平台，大学生创业园被评为省创业示范基地，2家获评市双创示范基地。至年底，全县新增私营企业2831家、个体工商户9585户，创业带动就业9475人。全年电商交易额突破160亿元，电商产业园获评省电子商务示范园，天场镇秉义村、正红镇贺君村、八滩镇界山村入选省农村电子商务示范村，正红镇被评为省农业电子商务示范镇。全县各项贷款年末余额294.97亿元，比年初增加45.24亿元。

月亮湾海滨旅游度假区入选省"十三五"旅游重点项目　2月7日，《江苏省"十三五"旅游业发展规划》公布，滨海县月亮湾海滨旅游度假区入选省"十三五"旅游重点项目。月亮湾海滨旅游度假区位于江苏省滨海县，北接翻身河，南临古黄河，东濒黄海，总规划面积20平方千米，以"打造古黄河休闲旅游区、国家级海滨旅游度假区"为发展定位。年内，月亮湾旅游度假区投入资金约4亿元，开展海堤景观提升、观海大道景观等4个景观绿化项目建设，完成观海大道、宋公大道南延等4.4千米道路施工，完成占地面积2.67公顷、可停400辆车的停车场项目建设，启动占地1.5万平方米游客服务中心、20公顷的温泉浴场等项目建设。

第二节 社会事业

一、城乡建设

2017年，滨海县七大类80项城建重点项目完成投入83亿元。完成迎宾大道改造等7个重点项目建设，推进市民服务中心等15个公共服务项目建设。加快建设盐连铁路沿线火车站枢纽，基本建成跨沈海高速大桥。全年完成房屋征收36万平方米，完成商品房开发97.7万平方米，实现销售73.1万平方米，商品房去化周期始终保持全市最低水平。新增城市绿化面积100万平方米，新增停车泊位500多个。提档升级农村公路317千米，改造危桥102座，镇村公交线路覆盖96个村（居）。加快八滩民俗酒香小镇等5个特色小镇建设，东坎街道新安村获评全国文明村、江苏最美乡村，蔡桥镇创成省级卫生镇。加强生态保护，全县PM2.5平均浓度比上年同期下降8.9%；全县Ⅲ类以上地表水水质占比64.3%，饮用水源水质达标率为100%；实现污水处理厂和垃圾中转站镇区全覆盖。全年疏浚大中小沟538条、621.8千米，完成土方412.3万立方米。加强生态镇村创建，创成国家级生态镇7个，省级生态镇11个。

新安村获评全国文明村 11月，滨海县东坎街道新安村获评全国文明村。东坎街道新安村位于滨海县城以北，村域面积10平方千米，耕地面积201.87公顷，有村民小组5个，村民865户、人口3086人，先后被评为江苏省文明村、江苏省生态村、盐城市文明村。

二、社会民生

2017年，滨海县完成8个教育现代化建设校舍提升工程项目，完成滨海县幼儿园城域网、远程校园监控系统建设，新创省标教育技术装备先进校8所、省平安校园8所、省优质园3所、市优质园1所，6所学校获批教育部校园足球特色学校。全年改造升级县镇村公共体育设施200多套，完成农村改厕6500多座，完成全民免费体检82.4万人，修改完善健康档案79.12万份，签约65.89万人。调整完善新农合补偿政策，整体住院费用补偿比提高到66.67%，超出全市平均水平9.48个百分点，重大疾病补偿比70%；建成全省首家国家级胸痛中心；创建市临床重点专科、中医重点专科15个；建成名医工作站2个，名医工作室16个，累计诊疗2200多人次；改造提升界牌、陈涛2家卫生院，新建村卫生室17个，建成中医骨科医院、耳鼻喉医院2个专科医院，县镇村三级远程会诊系统覆盖113个远程会诊点。开展扶贫脱困，1万个产业到户项目、17个片区开发项目、72个集体增收项目加快实施，全年脱贫1万户、2.3万人，五汛镇四汛村等17个经济薄弱村达到“新八有”标准。全年培育职业农民1万人以上；完成文化预约送戏下乡196场，送电影3600场；农村安全饮用水、殡葬服务体系实现全覆盖。推进“暖企惠民　百村千企万户”大走访大落实，开展社会矛盾和安全隐患大排查大整治行动，社会治安群众安全感98%，获评省社会治安综合治理先进县。（王　敏）

滨海县城。　　陈其龙/摄

第45章　响水县

责任编辑　高兰会

综　述

响水县地处江苏省东北部，是盐城的“北大门”，位于盐城、连云港、淮安三市交会处，沈海高速、临海高等级公路、204国道、326省道、通榆运河贯穿境内，拥有43千米的黄海岸线和46.5千米的灌河岸线。县域面积1461平方千米，辖镇8个、中心社区4个、省级经济开发区1个和市级工业经济区1个，年末总人口62.4万人。2017年，实现地区生产总值319.91亿元，公共财政预算收入23.9亿元，固定资产投资320.73亿元，城乡居民人均可支配收入分别达27832元、15586元。年内，响水县获评全国平安渔业示范县。

2017年响水县各镇（区）基本情况

表45-82

乡、镇(区)	土地面积(平方千米)	耕地面积(公顷)	年末人口(万人)	行政村（居）（个）	国内生产总值（亿元）				财政收入(万元)	一般预算性收入(万元)	农民人均纯收入（元）	定报工业增加值(亿元)
					合计	一产	二产	三产				
响水镇	68.60	2790	8.68	11	18.02	1.74	3.44	12.84	9159	7035	21013	1.11
陈家港镇	83.90	3629	6.97	19	16.53	5.07	1.05	10.41	10793	9101	19841	1.10
小尖镇	188.30	12618	10.34	30	24.20	7.83	3.22	13.15	7333	5151	17417	5.85
黄圩镇	68.80	4385	3.55	10	8.22	2.14	1.72	4.36	1533	1021	15911	3.72
大有镇	112.50	7491	6.13	14	15.40	4.55	3.30	7.55	3129	2042	14544	3.69
双港镇	126.10	8210	6.33	17	17	4.77	4.16	8.07	2738	1924	14892	3.23
南河镇	116.70	8259	6.24	19	11.47	4.56	1.54	5.37	2118	1186	15375	0.44
运河镇	131.30	8632	7.58	22	15.70	3.83	4.33	7.54	3530	2254	13623	1.87
经济开发区	50	—	3.63	10	38.61	0.92	30.64	7.05	25613	18761	19509	55.47
工业经济区	58	—	—	—	22.36	—	17.32	5.04	64471	40230	—	25.12
生态化工园区	10.80	1220	1.42	—	93.21	0.46	85.33	7.42	63151	32570	20788	95.08

第一节　经济发展

一、工业经济

2017年，响水县实现全口径工业开票销售收入531.2亿元，规模以上工业增加值196.92亿元；新增规模以上工业企业25家、总数170家，其中开票销售超5亿元企业12家、超10亿元企业5家，纳税超亿元企业5家，江苏德龙镍业有限公司实现开票销售301.6亿元，纳税4.4亿元；培育市三星级以上企业14家、总数14家。全年引进实施亿元以上项目42个、新竣工亿元以上项目31个；引进总投资超3000万美元外资项目3个，新增出口实绩企业15家，其中响水县沪响供应链管理有限公司完成出口1.12亿美元，江苏德龙镍业有限公司印尼项目协议总投资29.5亿美元。加快镇区经济发展，新建镇区中小企业园标准厂房72万平方米，有入园企业98家。推动港区建设，响水港区2个5万吨级公共码头建成运行，重件码头、现代物流园开工建设，全年为企业节约运输成本近10亿元。年内，响水港区一类开放口岸上报国家层面审批，灌河5万吨级航道整治工程获得交通运输部批准。加快园区发展，工业经济区临港产业发展迅速，全年引进实施超10亿元重大项目6个，实现规模以上工业开票销售344亿元；电子信息产业加快发展，在省级开发区综合考核中进位9个位次，跃居全省第86位；生态化工园区有规模以上工业企业33家，增长面97%，成为全省首家化工类科技产业园。

陈家港国家一类临时开放口岸。　　响水县志办/供

二、农业经济

2017年，响水县实现农林牧渔业总产值77.05亿元，粮食播种面积7.72万公顷，粮食总产量53.51万吨。加强与省农科院、山东省农学院、中科院武汉水生植物研究所等科研院所合作，成立产业研究院，组建研发中心，建成新品种试种示范基地或产学研基地，推进西兰花、大葱、浅水藕等高效特色农业发展。至年底，建成高效特色农业面积1.33万公顷以上，镇区全部实现连片种植，千亩以上的基地26个。新发展蔬菜园艺作物面积5466.67公顷、总面积1.11万公顷，其中亩均收益超5000元的经济作物面积突破4666.67公顷。新招引大地九丰现代农业园、中粮有机循环现代农业示范园等农业项目落户，南河、张集、运河、双港、老舍、六套6个镇区建成万亩农业园区，南河现代农业示范园一期28个标准化生猪养殖场项目加快建设；新增农业龙头企业7家、总数89家。推动农村改革步伐，谋划美丽乡村建设，筹建土地综合开发公司，推进涉土资金封闭运行，在全省首家通过交易增减挂钩节余指标获得资金6.25亿元。

响水西兰花种植基地　年内，响水县加快发展西兰花产业，与省农科院合作，共建博士服务工作，成立西兰花产业研究院，从品种选择、发展规划到生产指导全程提供指导帮助，先后推出西兰花新品种60多个；5月，与美国博德克公司合作建设高品质出口蔬菜基地，产品专供美国和以色列市场；9月，与国内最大西兰花出口企业浙江银河集团达成保护价、订单式收购合作协议；12月，“响水西兰花”被农业部评为全国名特优新农产品。至年底，全县有西兰花种植总面积2666.67公顷，涉及南河、双港、陈家港、老舍等乡镇，有西兰花种植户2860多户，全年创造产值1.8亿元。其中，南河镇有种植面积2000公顷，是全省面积最大的西兰花种植基地；南河现代农业示范园区，建有万亩设施农业生产区、万亩露天蔬菜生产区和蔬菜加工区三大功能区，蔬菜加工区可覆盖加工1000公顷蔬菜，育苗中心可一次性提供种苗6000万株。响水县西兰花建成具有国内自主产权的西兰花出口全产业链项目，全年全县实现西兰花出口64.6万千克，实现出口额107万美元。

三、第三产业

2017年，响水县实现服务业增加值121亿元，对经济增长贡献率38.1%；社会消费品零售总额73.7亿元；三产占地区生产总值比重提升1个百分点以上，新增规模以上服务业企业和限上批零住餐企业16个；服务业固定资产投资完成47亿元，同比增长15%。新创省级电子商务示范村1个、市级电子商务示范村4个。农村淘宝、乡村旅游等新服务业加快推进，建成县镇村电商平台21个，南河镇获评省农业电子商务示范镇。举办响水（宁波）现代服务业招商推介会，现场签约项目25个，总投资20.5亿元。加快金融业发展，调整县属三大国有企业经营范围，推动政府投融资平台全部转向实体化运行，并在港口物流、工业地产、光伏发电、城市建设等领域形成优质资产，在大宗商品贸易、供应链金融、长期股权投资等高收益领域进行探索，县属国有企业总资产突破350亿元。推进国有企业市场化改革，响水县灌江控股集团有限公司、响水城市资产投资有限公司、响水县灌江新城建设发展有限公司3家公司取得AA级信用等级，直接融资规模28亿元。全县年末存贷款余额分别达到214.8亿元、166.5亿元。

第二节　社会事业

一、城乡建设

2017年，响水县33项城建重点项目完成投资18亿元，县城市民服务中心封顶，东鸣湖公园基本建成，文化艺术中心、全民健身中心、金融大厦、清源路、北海路改造等项目加快推进，迎宾大道绿化、银海路改造提升、双园路改造、城市供水管网改造等工程建设完成，数字化城管平台运行并通过省级验收。加快推进农村公路提档升级，全年投入3.94亿元，其中县财政投入2.3亿元，完成农村公路提档升级225千米，新建改造桥梁156座；扩大县城公交线路覆盖面，开通运营大有、响水、黄圩镇村公交。推进棚户区改造，新建各类保障性住房3300套。陈家港港城城市设计和"港城、港口、港产"三港联动战略规划编制完成，港城医院、港城迎宾馆主体竣工，陈家港国家二级渔港等项目启动建设。完成镇区总体规划和镇村布局规划编制工作。开展生态文明建设，完成生态化工园区卫生防护距离内1100多户居民搬迁任务，关停重组化工企业9家，完成46家企业挥发性有机物治理，整治燃煤锅炉241台；全面推行河长制，疏浚黑臭河道22条；治理畜禽养殖场73家，现代化生猪屠宰场基本建成，响水县通过省级生态县验收。全年新栽植树木100多万株，新增成片造林面积866.67公顷、城镇绿化面积236公顷。

二、社会民生

2017年，响水县用于民生支出37.28亿元。改善教育硬件条件，竣工各类校舍工程2.4万平方米；深化教育改革，高考文化类本科达线数首次突破1000人，其中响水中学达线884人、达线率96.2%。提升县镇村三级医疗卫生服务能力，与省人民医院建立战略合作关系，分级诊疗体系逐步形成，镇区卫生院、村卫生室全部达省标，3个卫生院创成国家级群众满意卫生院。实施文化惠民活动，举办第十四届文化艺术周、首届百姓文化艺术节等文化活动。实施富民增收行动，新增个体工商户3576户、私营企业2247户，培育新型职业农民4860人，开展就业技能培训1.15万人次，5000多人在家门口实现就业。城乡基本社会保险覆盖率稳定在98%以上，城乡居民医疗保险补助标准每人每年提高到470元，企业退休人员基本养老金月均提高到2100元，城乡低保标准提高到每人每月560元、480元，"五保"集中和分散供养标准提高到每人每年9800元、8400元，公办养老机构全部达到省定星级标准，城乡居家养老服务中心基本实现全覆盖。推进精准扶贫、精准脱贫，产业引领、务工就业、光伏增收、健康教育、党建扶贫"五大工程"，全县4793户1.49万名低收入人口实现脱贫，累计脱贫率52.1%。扶贫开发系列创新做法被新华社江苏分社、《新华日报》、江苏卫视、《盐阜大众报》等主流新闻媒体专题报道。

深化"放管服"改革 年内，响水县建成全县政务服务网络平台，集中梳理公布"不见面"事项清单862项，创成全省首批不动产登记便民示范窗口，全力推动"网上办、集中批、联合审、区域评、代办制、不见面"审批模式，实现"3550"改革目标（企业3个工作日内注册开业、5个工作日内获得不动产权证、50个工作日内取得工业生产建设项目施工许可证），企业办证与部门"零接触"、协调矛盾与群众"零见面"、所有工业企业项目审批环节"零收费"。

（潘建良）

响水县城。　　响水县志办/供

第46章　大丰区

责任编辑　高兰会

综　述

大丰区位于江苏沿海中部，是苏北唯一入选长三角城市群的海滨新城区，也是江苏省面积最大的城市区。区域总面积3059平方千米，下辖镇12个、省级开发区2个，境内有江苏省属农场3家、上海市属农场1家，年末总人口71.45万人。2017年，全区实现地区生产总值647.48亿元，一般公共预算收入52.5亿元，固定资产投资494.64亿元，工业开票销售846.12亿元，城镇、农村常住居民人均可支配收入分别为33717元、21202元。

2017年大丰区各镇基本情况

表46-83

镇	土地面积（平方千米）	耕地面积（公顷）	年末人口（万人）	行政村（居）（个）	地区生产总值（亿元）				财政收入（万元）	固定资产投资（亿元）	规模以上工业收入（亿元）	粮食总产量（万吨）	人均可支配收入（元）
					合计	一产	二产	三产					
草堰镇	95.86	6071.27	3.78	13	21.44	4.04	6.96	10.44	10494	10.02	21.93	4.84	21085
白驹镇	113.27	6986.51	3.85	17	30.07	4.46	9.39	16.22	13690	13	19.60	6.96	21831
刘庄镇	96.39	5506.37	4.17	15	28.67	4.44	11.11	13.12	12281	8.71	28.32	5.24	21734
西团镇	86.69	5495.11	2.87	13	32.54	3.15	18.99	10.40	22271	16.82	60.56	3.99	21774
小海镇	123.81	8156.17	3.85	15	19.38	4.72	5.04	9.62	7237	10.52	14.85	5.26	21073
大桥镇	101.47	6427.96	3.17	13	13.49	4.12	3.22	6.15	9833	4.79	8.73	6.41	21227
草庙镇	123.84	8449.41	2.71	16	17.74	4.03	7.01	6.70	11073	13.97	18.65	6.58	21655
万盈镇	142.04	9402.00	4.66	18	24.67	5.20	6.92	12.55	11936	17.10	16.80	6.64	21299
南阳镇	94.30	5164.15	3.54	13	23.47	4.31	8.40	10.76	15052	17.76	21.54	2.58	23154
三龙镇	153.17	10098.09	5.37	22	23.83	8.93	3.87	11.03	7717	9.97	5.19	6.57	21475
新丰镇	277.54	16224.64	10.33	38	53.70	11.74	17.34	24.62	22722	26.84	55.51	7.53	23149
大中镇	272.01	13292.83	18.71	69	156.22	9.70	27.31	119.21	151127	96.88	70.83	4.78	24667

第一节　经济发展

一、工业经济

2017年，大丰区累计签约亿元以上产业项目260个，其中5亿元以上产业项目55个，协议引资1093.5亿元，协议利用外资16.8亿美元。组织项目集中开竣工活动7次、抢工会战观摩活动5次。投资32.2亿元的江苏博汇纸业有限公司造纸二期项目、20亿元的江苏丰盈科技有限公司锂电池项目、10亿元的江苏冉鑫木业有限公司木业项目、10亿元的江苏晶利达电子科技有限公司智能手机项目等项目开工建设；投资20亿元的启航未来智能终端产业园项目，6.86亿元年产5000吨的江苏辉丰生物农业股份有限公司草铵膦原药项目，5.2亿元的江苏明月海洋生物科技有限公司海藻二期项目等项目竣工投产。实施千万元以上技改项目63个，其中亿元以上项目11个。实施大企业大集团培育战略，有开票销售超亿元企业90家，比上年新增10家，其中17家列入盐城市重点工业大企业（集团）共实现开票销售487亿元；有入库税收超千万元工业企业33家，其中入库税收超亿元企业11家。加快新能源、海洋生物、智慧三大战略性新兴产业发展，全年实现开票销售250亿元。年内，江苏丰东热技术股份有限公司建成国家创新示范企业，江苏辉丰生物农业股份有限公司、江苏大洋精锻有限公司2家企业获批国家"两化"融合管理体系评定企业。

2017江苏大丰（上海）先进制造业投资说明会　11月28日，2017江苏大丰（上海）先进制造业投资说明会在上海举行。上海临港经济发展集团有限公司、山东晨鸣纸业集团股份有限公司等300多家企业和机构代表参会。活动现场签约项目21个，协议总投资103亿元，项目涉及新能源专用车，新型乳品、食品技术及装备的研发和成果转化，铝制新型装饰材料等领域。

二、农业经济

2017年，大丰区实现农林牧渔业总产值173.23亿元、增加值83.85亿元。抓好农业供给侧结构性改革，推进农业园区提档升级，调减低效粮油面积6866.67公顷，新增蔬菜特色经济种植面积8333.33公顷、设施农（渔）业面积2733.33公顷，粮食作物与经济作物比6.1∶3.9。实施农业标准化生产，新增无公害农产品49个、绿色食品4个，"丰收大地"获评中国驰名商标。新增农业适度规模经营6666.67公顷，新办家庭农场86家，大中镇海防村被认定为第七批全国"一村一品"示范村镇。开展"三权分置"（所有权、承包权、经营权三权分置、经营权流转）试点工作，农村土地承包经营权确权登记颁证通过省级验收，区级农村产权交易服务中心和集体"三资"（农村集体所有的资金、资产和资源）管控中心建立。年内，大丰区跻身全国休闲农业与乡村旅游综合发展实力50强，创成国家首批畜牧业绿色发展示范县，实现市级农业园区镇镇全覆盖。

三、第三产业

2017年，大丰区实现服务业增加值311.43亿元。加快推进服务业项目建设，荷兰花海度假区圣劳伦斯中心、风情街、小镇客厅等项目建成开放。现代物流快速发展，B型保税物流中心封关运营，大丰港完成货物吞吐量5040.71万吨、集装箱20.5万标箱，大丰港现代物流集聚区完成营业收入105亿元、税收2亿元，江苏辉丰石化有限公司固化仓储、江苏辉丰石化有限公司油品仓储二期竣工运营，敦煌网丝绸之路江苏省运营中心装修完成。发展健康养老产业，人民医院新院区进入内部装修阶段，同仁医院主体竣工。全年接待游客1216.3万人次，实现旅游综合收入90.8亿元，大丰区列全国休闲农业与乡村旅游综合发展实力50强。年内，荷兰花海风情小镇入选江苏省首批风情小镇创建单位;麋鹿风情小镇开工建设；梅花湾创成国家AAAA级景区，恒北村创成首批江苏省五星级乡村旅游区，中华水浒园、梦幻迷宫通过AAAA级景区景观质量评审。电子商务发展迅速，江苏辉丰生物农业股份有限公司被商务部评为国家级电子商务示范企业，大中镇被评为江苏省农村电子商务示范镇，全心村被评为省级电子商务示范村，丰收大地现代农业示范区、三龙镇电子商务产业园被评为首批省级乡镇电子商务特色产业园（街）区。

大丰港保税物流中心封关运营　12月20日，苏北地区首家县级保税物流中心——大丰港保税物流中心封关运

丰收大地现代农业示范区。　　　市农委/供

营。大丰港保税物流中心由江苏大丰海港控股集团有限公司投资建设，规划面积0.43平方千米，总投资6亿元，首期投资2.8亿元。建有月台式仓库4栋、平面式仓库1栋、监管仓库、验货平台、卡口及卡口控制室、办公用房等，有建筑面积6万平方米、集装箱堆场和散杂货堆场5.1万平方米，规划可年处理货物200万吨、10万标箱。

承办2019世界杯花艺大赛中国区选拔赛 12月2日，由国际花商联和中国花卉报社主办，上海优尼鲜花有限公司和大丰荷兰花海承办的2019世界杯花艺大赛中国区选拔赛暨第三届优尼杯花艺大赛（江苏赛区）在荷兰花海艺术中心举行。此次比赛是中国区选拔赛的第一站，有参赛选手40位。比赛由神秘箱和人体花饰2个赛项组成。经过角逐，10位选手获得参加中国区选拔赛总决赛资格。

第二节 社会事业

一、城乡建设

2017年，大丰区完成《大丰区控制性详细规划》《海绵城市规划》编制工作，完成斗龙港生态组团概念性规划、总体规划、控制性详细规划及城市设计，完成草庙、万盈等镇总体规划修编和74个村庄建设规划编制。组织实施5类38项城建重点工程，完成投资97.5亿元。新增和改造城市道路面积53.6万平方米，完成金丰北路、工农西路等5条城市干道截污控源工程，综合整治新德中心河、红星河等10条城市河道，丰华大厦、图书馆新馆投入使用，人民防空教育体验馆、美庐天地城市综合体对外开放。提升道路景观亮化、4条鲜花大道建成，新增城市绿化面积100万平方米。斗龙港生态组团累计完成投资11.1亿元，小镇客厅、梵高印象城、花海社区、梅文化展示馆竣工，温泉大道拓宽西延、淮海路西延、郁金香大道通车，巧克力坊一期主体封顶，常新路北延一期、城市森林公园快速推进，梅花湾创成国家AAAA级景区。全面落实河长制工作，1782条河道728名河长全部上岗，区、镇、村三级河长体系全面建立，新水源地大丰支线工程加快推进。新增成片造林面积1366.67公顷，在盐城率先建成沿海万亩新林场。实施集镇建设重点工程69项，完成投资24.6亿元，全面消除农村C级危房。各镇新增绿地面积450万平方米，荷兰花海风情小镇入选省首批旅游风情小镇创建单位。加快美丽乡村建设，7个美丽村庄重点村在编制提升村庄规划的基础上，实施项目42个，完成投资6.3亿元。

三级河长体系全面建立 9月11日，盐城市河长制工作现场推进会在大丰区召开。大丰区围绕水环境整治“1188”（饮用水源地达标率100%、国考断面水质达标率100%、重点水功能水质达标率80%、小康断面水质达标率80%）的总目标，全面推行河长制，构建人与自然和谐发展的河道生态新格局。区委、区政府主要领导多次调研河长制工作，其他各级河长按照河长制工作要求主动认河、巡河、管河、治河，河长巡查率100%。至年底，全区1782条区、镇、村三级河道的728名河长全部上岗，区、镇、村三级河长体系全面建立。

二、社会民生

2017年，大丰区城镇新增就业2.1万人，登记失业率1.85%。新注册私营企业3809户，新登记个体工商户1.14万户，建成省级创业型镇、村24个。“四星级”普通高中实现全覆盖，图书馆新馆正式启用，大丰区获评全国群众体育工作先进单位。城乡居民养老保险基础养老金由原来的每月125元调至每月135元，对严重精神障碍患者实施免费住院治疗，对无固定收入三四级智力、精神残疾人发放“两项补贴”（困难残疾人生活补贴、重度残疾人护理补贴）。完成城乡居民医疗保险制度整合工作，实现跨省异地就医住院医疗费用直接结算，家庭医生签约服务做法入选全国深化医改重大典型经验。全年新建保障性住房440套，完成C级危房改造3199户。有百岁老人64人，大丰区在北京举办的健康中国养生养老产业投资发展论坛上被授予“中国长寿之乡”称号。推进脱贫致富奔小康工程，1886户4107人实现脱贫，3个省定经济薄弱村全部达标，小海镇实现村村无债务。

家庭医生签约服务做法入选全国深化医改重大典型经验 6月4日，国务院医改办、国家卫计委发布35个深化医改重大典型经验，江苏3个典型案例入选，大丰家庭医生签约服务做法名列其中。2013年，大丰区启动实施乡村医生签约服务工作，率先探索将基本医疗卫生服务与个性化延伸服务相结合、个人付费与医保（新农合）付费相结合、群众健康需求与基层卫生服务供给能力相结合的新型签约模式，形成以服务包为载体、个性化签约为举措，有偿收费为纽带的签约服务新路径。至2017年底，全区以户为单位，签约率30%，高血压、糖尿病、严重精神障碍等重点人群签约率60%，续约率保持在91%左右，基层门诊诊疗总量接近80%。 （杨金辉）

第47章　盐都区

责任编辑　高兰会

综　　述

盐都区位于江苏省沿海中部，地处江淮之间，为盐城市主城区之一，盐淮高速、宁靖盐高速、204国道贯通全境。区域总面积1015平方千米，辖镇8个、街道4个，国家级高新区1个、国家级台创园1个和省级旅游度假区1个，行政村（居委会）250个，年末总人口71.15万人。2017年，实现地区生产总值500.23亿元，一般公共预算收入32.77亿元，固定资产投资395.71亿元，注册外资实际到账8202万美元，进出口总额7.71亿美元，城镇居民人均可支配收入35663元、农村居民人均可支配收入20548元。年内，盐都区创成农业部渔业健康养殖示范县、中国曲艺之乡。

2017年盐都区各镇（街道）基本情况

表47-84

镇（街道）	土地面积（平方千米）	耕地面积（公顷）	年末人口（万人）	行政村（居）（个）	地区生产总值（亿元）				财政收入（万元）	固定资产投资（亿元）	规模以上工业收入（亿元）	粮食总产量（万吨）	城镇居民人均可支配收入（元）	农村居民人均可支配收入（元）
					合计	一产	二产	三产						
盐渎街道	32.47	1244.80	3.70	9	41.41	0.25	12.86	28.30	87873	57.28	23.87	0.57	39951	21890
张庄街道	22.85	1129.93	3.01	9	25.13	0.33	17.58	7.22	8079	20.61	15.17	1.16	38143	22065
盐龙街道	52.63	2653.13	4.98	15	79.09	0.47	68.29	10.33	59087	88.51	73.84	1.36	38904	22507
潘黄街道	25.54	1074.87	4.72	13	59.59	0.36	25.40	33.83	34834	52.61	16.95	0.67	41141	23793
大纵湖镇	131.42	5942.40	6.69	26	35.74	4.02	10	21.72	6884	32.60	6.83	3.01	38464	22311
楼王镇	153.21	6727.20	6.94	28	40.35	4.99	17.62	17.74	4219	22.86	7.38	5.20	34415	19943
学富镇	83.48	5265.87	5.01	20	20.02	2.62	6.69	10.71	4661	13.78	3.81	3.80	35516	20520
尚庄镇	103.37	6376.40	6.20	26	26.44	2.20	8.39	15.85	2716	13.78	3.96	6.03	34967	20170
秦南镇	127.51	7896.67	8.47	32	54.27	3.72	27.42	23.13	6637	22.42	12.16	9.63	37382	21577
龙冈镇	93.95	5637.07	7.55	31	57.05	2.85	28.38	25.82	10254	43.32	22.93	5.01	41264	23857
郭猛镇	62.16	3998.87	4.95	14	31.10	1.62	16.33	13.15	6466	19.25	7.57	2.28	38888	22439
大冈镇	130.82	7985.33	8.45	27	35.04	1.89	16.65	16.50	7000	18.71	13.66	5.21	36765	21272

第一节 经济发展

一、工业经济

2017年，盐都区实现全口径工业开票销售323亿元、规模以上工业开票销售211亿元、规模以上工业增加值208亿元，完成工业投资224亿元，固定资产抵扣2.14亿元。新开工亿元以上工业项目42个、新竣工亿元以上工业项目31个。实施千万元以上重点技改项目79个，完成投资42亿元，江苏剑桥涂装工程股份有限公司获批省互联网与工业融合创新试点企业。新增规模以上工业企业43家，新增开票销售超亿元工业企业14家、总数51家。盐城宝鼎电动工具有限公司获评省科技小巨人企业，江苏盐芯微电子有限公司建成省智能制造示范车间，江苏悦达纺织集团有限公司获评市四星工业企业，江苏华盛电气股份有限公司在"新三板"挂牌、挂牌企业总数10家。新认定国家高新技术企业24家、省高新技术产品141个、省企业技术中心11家、省首台（套）重大装备10台（套）。新签约产业研究院7家，南京理工大学技术转移分中心、省技术产权交易市场盐城分中心建成投运，智能终端产业研究院创成省级质检中心。新获批中国驰名商标3件、总数14件，万人发明专利拥有量13.93件，盐都获评国家知识产权强县工程示范区。江苏康杰机械股份有限公司、江苏东九重工股份有限公司获得省重大科技成果转化项目。新引进院士团队1个、"千人计划"专家9人、领军人才65人。加快园区建设，盐城高新技术产业开发区全国综合排名提升15位，被评为"十三五"首批省级先进制造业基地；智能终端产业园累计集聚项目66个，投产达效企业45家，新增规模以上工业企业15家，江苏赛博宇华科技有限公司成为全市新增长点20强工业企业，园区共实现开票销售80亿元，创成省级科技产业园；全民双创园新建标准厂房35万平方米，累计入园项目250个，实现开票销售30亿元。

举办首届资本项目投资路演会　3月3日，盐都区举办2017盐城市盐都区首届资本项目投资路演会。活动汇集56家投资机构和盐都区60多家企业，其中江苏剑桥涂装工程股份有限公司、江苏苏力机械股份有限公司、江苏华盛电气股份有限公司等22家企业，带着项目参加路演，涵盖涂装设备、机械制造、食品加工、新能源、环保等领域。活动现场签约协议3个，其中江苏剑桥涂装工程股份有限公司与南京证券股份有限公司达成股权合作协议6000万元，江苏金麦穗新能源科技有限公司与江苏悦达金泰基金管理有限公司达成意向投资协议2000万元，江苏苏力机械股份有限公司与上海银笑股权投资管理有限公司达成意向投资协议1000万元。

东山精密电子项目开工　（参见164页同名条目）

获批国家知识产权强县工程示范区　12月26日，国家知识产权局下发《关于确定新一批国家知识产权强县工程、传统知识产权保护示范、试点县（区）的通知》，盐都区被确定为国家知识产权强县工程示范区，在30个国家知识产权强县工程示范县（区）中综合排名第七位。盐都区实施知识产权战略，全区累计申请专利1.48万件。其中，发明专利申请3685件、PCT（专利合作条约）专利申请131件，发明专利申请量年增长率在40%以上；有获授权专利4003件（发明专利授权465件），发明专利授权量年增长率在100%以上，万人发明专利拥有量13.93件，专利申请量、授权量以及发明专利授权量三项指标均位居全市首位。

二、农业经济

2017年，盐都区实现农林牧渔业总产值94.59亿元，农作物总播种面积10.11万公顷，其中粮食播种面积8.12万公顷，粮食总产量61.54万吨，油料产量1.49万吨，蔬菜产量54.44万吨。调减大麦、油菜等低产低效作物面积3000公顷，新增设施农业面积666.67公顷，新发展稻渔、藕虾综合种养面积1333.33公顷，台湾农民创业园被农业部列入全国农村创业创新园区目录。农机总动力52.63万千瓦，机耕、机播、机收面积分别为83%、67.3%和80.4%。新增家庭农场105家、总数567家，规模农业龙头企业发展到150家，培养职业农民的做法全省推广，新型农业经营主体适度规模经营比重达47.6%。新获批农业"三品"35个、总数201个，"盐都草莓""北龙港"青虾通过中国地理标志商标审核，创成全国渔业健康养殖示范县。农村改革落地见效，在苏北首家实现区镇村三级公务卡结算制度改革全覆盖，率先推行村财镇管改革试点。农村宅基地有偿退出全面启动，全市首批通过省土地确权验收，农村"三资"管理"盐都模式"全省推广。

"三资"管理信息网开通　8月1日，盐都区创建的农村"三资"管理信息网开通运行，是全省首家区镇村三级联网的信息网络。盐都区作为全省13个农村综合改革试验区之一，以深化农村集体产权制度改革为出发点，创新农村"三资"监管方式，在全省首创农村"三资"管理信息一张网，呈现出数据关联共享、统一流程管控、产权在线交易、全程痕迹保留、智能预警提醒、多维统计分析六大功能特点，有效实现"三资"家底公开化、产权交易市场化、村级议事民主化、精准管理信息化，探索出一条农村集体资金、资产、资源实现保值增值、还权赋能的现实路径。

创成农业部渔业健康养殖示范县　10月19日，农业部选派的11名专家对盐都渔业健康养殖示范县创建工作进行考核验收。经过听取汇报、实地考察、全面审核，专家一致认为，盐都区达到创建标准，通过农业部考核验收。盐都区以创建农业部渔业健康养殖示范县为抓手，开展标准化基地建设，普及健康养殖技术，强化生态环境修复，渔业健康养殖水平得到显著提升。至2017年底，全区水产养殖面积1.08万公顷，水产品总产量10.3万吨，实现总产值

37.8亿元；建成部级水产健康养殖示范场12个、省级现代渔业产业园1个、省级高效渔业特色镇3个、特色村10个、市级现代渔业产业园4个；通过认定无公害水产品生产基地39个，占养殖总面积的99.5%。

三、第三产业

2017年，盐都区实现第三产业增加值214.8亿元，社会消费品零售总额232.39亿元，其中商品零售额175亿元，餐饮收入额12.7亿元。30家重点服务业企业实现销售105亿元、完成税收4.3亿元，新增规模以上服务业企业39家、总数183家。全年完成服务业投资170亿元，顺丰盐城智慧电商物流园、海外海盐城汽车城等项目主体竣工，万达广场建成开业，城西南现代物流园开票销售超60亿元，东方汽车广场乘用车销售量突破4万辆。乡村旅游发展迅速，成功举办首届“花开盐都·春游水乡”和第三届“畅游盐都金秋行”活动，全年接待游客520万人次，实现旅游总收入62亿元。休闲农业与乡村旅游综合发展实力跻身全国50强，获评“最美中国·全域旅游创建典范城市”，三官农庄创成省五星级乡村旅游区。

盐都龙冈梨园。　　刘　阳/摄

休闲农业与乡村旅游综合发展实力跻身全国50强　4月11—12日，在首届全国休闲农业和乡村旅游大会上发布的《2016年度全国休闲农业和乡村旅游发展研究报告》表明，盐都在休闲农业与乡村旅游县域综合发展实力、投资实力、增长实力、就业水平和贡献实力方面跻身全国前50强。盐都区依托良好的区位优势和农业资源优势，立足“一湖两带一圈”（以大纵湖旅游度假区为龙头，以双新大道乡村旅游产业带、蟒蛇河水上游览风光带为主线，大市区都市休闲度假圈为支撑）大旅游格局，发展休闲观光农业，创成全国休闲农业与乡村旅游示范县，获评江苏省乡村旅游创新发展示范区。杨侍村创成中国最美休闲乡村和五星级休闲农业与乡村旅游示范点，并与仰徐村、三湾村一起被评为江苏省最具魅力休闲乡村。

创成省级“金融生态优秀县”　9月26日，江苏省金融稳定工作协调小组下发《关于授予2014—2016年度省金融生态达标县、金融生态优秀县和金融生态县创建工作先进单位称号的通报》，盐都区被授予省“2014—2016年度金融生态优秀县”称号。盐都区自2013年创成省“金融生态达标县”以来，围绕创建“金融生态优秀县”目标，开展信用环境建设，倡导诚信社会风尚，创新银企合作机制，“苏科贷”立项数和贷款额连续三年位列苏北第一。至2017年底，全区有中国工商银行盐都支行、中国农业银行盐都支行等11家驻盐都银行机构，存款余额340.69亿元，贷款余额285.02亿元，贷存比83.66%，其中工业贷款余额114.63亿元，中长期贷款余额115.35亿元，企业贷款余额188.12亿元；有保险机构4家，保险业保费收入5.43亿元；有小额贷款公司6家。

万达广场开业　6月29日，盐城万达广场开业仪式举行。盐城万达广场位于盐城市区西环路以东、腾飞路以南，距市中心2.5千米，总建筑面积14.5万平方米，采用的是城市综合体商业模式，集购物、餐饮、娱乐、休闲等多功能于一体，配套地下停车场。盐城万达广场定位为城市全客层时尚生活中心，拥有连锁超市、大型数码、电玩中心、万达影城、购物中心、餐饮服务、健身等业态，携手品牌273个，其中110个品牌首进盐城。

第二节　社会事业

一、城乡建设

2017年，盐都区实施城建交通重点工程8类112项，完成投资98.6亿元，盐渎路跨宁靖盐高速大桥、南环路接线工程建成通车，地下综合管廊、科技广场等项目快速推进，新建提升绿地496公顷，城镇绿化覆盖率43.4%。实施双新北路跨盐宝河大桥工程，125省道四期、康庄大道等骨干道路建成通车，完成农村公路提档升级290千米，新改建农桥135座。开展重点路段、环境卫生和城市“牛皮癣”三大专项整治，建立市容秩序、老旧小区、农贸市场长效管理机制，内环高架沿线美化亮化加快推进，整治老旧小区12个，改造棚户区1193户，通过国家卫生城市复审。大纵湖镇入选第二批全国特色小镇，楼王镇通过省人居环境范例奖验收，潘黄街道新民村被评为省休闲观光农业示范村。

完成农村康居工程，改造一般农户C级、B级危房2227户，新建龙冈晓庄、秦南东方红等农村康居工程示范点。城乡生活垃圾分类试点在城市板块和郭猛镇有序推进，农村生活垃圾信息化管理被住房建设部列为推广案例。全年关停小铸造企业10家，改造燃煤锅炉36台，整治畜禽养殖场1329家，畜禽粪便无害化处理率92%，秸秆禁烧连续四年实现卫星监测“零火点”、省市巡查“零通报”。全面推行“河长制”，整治城市非骨干河道26条，秦南、龙冈污水处理厂建成运行，蟒蛇河整治水下工程通过省级验收，饮用水源保护区规划调整获省批准。新增成片林666.67公顷，建成朱沥沟生态防护林57千米，林木覆盖率23.5%，龙冈森林公园入选国家生态公园试点，大冈、学富通过省级生态文明示范镇验收。

北京大学盐城产城融合项目签约 5月22日，盐城市政府与北大方正集团签订盐城北大资源产城融合项目战略合作框架协议，盐都区政府与北大资源集团、北大方正教育集团、北大科技园公司分别签订具体项目合作协议，围绕教育、科技产业发展及城市建设运营等展开全面合作。北京大学盐城产城融合项目位于盐都区东进路地块，由北大方正集团下属的北大资源集团有限公司投资开发。项目主要建设盐城北大科技园、江苏北大方正软件技术学院、星级酒店、科技生态住宅小区、幼儿园及其他相关配套。

大纵湖镇入选第二批全国特色小镇 8月22日，住房建设部公布第二批全国特色小镇名单，大纵湖镇入选。大纵湖镇位于盐城市西南，2010年由原义丰镇和大纵湖镇合并成立，面积131.42平方千米，其中集镇建成区面积3.05平方千米，下辖村（居）民委员会26个，总人口6.69万人、常住人口2.25万人。大纵湖镇因湖得名，湖区总面积30平方千米，是江苏省级旅游度假区，先后被评为全国文明镇、全国重点镇、国家卫生镇、国家生态镇。2016年，大纵湖镇启动全国特色小镇规划编制工作，近期规划3.65平方千米、集聚人口2.5万人，远期规划5.36平方千米，集聚人口4万人，围绕“涂装智造新样板、文旅休闲新名片、宜居宜业新典范”发展定位，加快涂装产业转型升级，提高旅游产业带动作用，丰富特色小镇内涵。2017年，大纵湖镇涂装产业实现产值12亿元，占全镇工作总产值的60%；年吸引游客150万人次，实现旅游产值1.1亿元。

二、社会民生

2017年，盐都区实施10类35项为民办实事项目，完成投资23.79亿元。新增城镇就业1.2万人，扶持自主创业2995人，新增各类参保人员3.7万人，城乡居民基本医疗保险制度整合到位。3个省定经济薄弱村和6484户1.39万人实现脱贫。完善困难群体关爱机制，支出各类救助资金1.15亿元。盐城枫叶国际学校幼小部、南师大盐城实验学校开学招生，崇礼路幼儿园、义丰小学建成使用，时杨中学、大冈中学通过省四星级高中创建验收，创成省社区教育示范区。全民健身广场实现乡镇全覆盖，被表彰为全国群众体育先进单位。通过国家慢性病综合防治示范区复审，新改建村卫生室130个，共建名院名医工作室6个，家庭医生重点人群签约率65.9%，乡镇卫生院中医馆实现全覆盖。开展文化惠民巡演活动500多场次，现代淮剧《送你过江》、群口快板《小城大爱》献礼十九大，现代淮剧《菜籽花开》获省文华大奖。入选省级居家和社区养老服务试点地区，区社会福利院一期试运行。开展社会矛盾和安全隐患大排查大整治，安全生产事故起数、死亡人数实现“双下降”。秦南镇泾口村获评全国文明村，杨长春当选“中国好人”，董兆付当选“江苏好人”，区公安出入境管理大队被授予全国“五一”巾帼标兵岗，毓龙路实验学校被表彰为全国未成年人思想道德建设工作先进单位。“七五”普法全面开展，创成省级民主法治示范村（居）10个。

文化惠民走进盐都区尚庄镇。　盐都区志办/供

获“中国曲艺之乡”称号 6月5日，盐都区被中国曲艺家协会授予“中国曲艺之乡”称号，成为苏北第一个“中国曲艺之乡”。曲艺是盐都文化百花园中的一株珍品，以方言快板、三人花鼓等为代表的盐都曲艺形式，特色鲜明，底蕴深厚，喜闻乐见。年内，现代淮剧《送你过江》、群口快板《小城大爱》献礼十九大，现代淮剧《菜籽花开》获省文华大奖。（张弛）

第48章　亭湖区

责任编辑　高兰会

综　述

亭湖区地处中国江苏东北部、黄海之滨，是盐城市的中心城区，南与大丰区接壤，西与盐都区毗邻，北与建湖县、射阳县交界，区域面积800平方千米，下辖镇5个、街道5个、经济区3个，年末户籍总人口70.01万人。2017年，全区实现地区生产总值444.5亿元。工业经济稳中向好，新增开票销售超亿元企业9家，有规模以上工业企业、资质等级建筑业企业、限额以上批零住餐企业、限额以上服务业企业70家。实现服务业增加值247亿元。实现一般公共预算收入32亿元，新增纳税超百万元企业146家、纳税超千万元企业30家。建筑业总产值176亿元。新增各类市场主体1.1万户，一般纳税人超2500户。城镇居民人均可支配收入39130元、农村居民人均可支配收入21160元。全面小康综合实现度为96.39%。

2017年亭湖区各镇（区、街道）基本情况

表48–85

镇（街道）	土地面积（平方千米）	耕地面积（公顷）	年末户籍人口（万人）	行政村（居）（个）	地区生产总值（亿元）				财政收入（万元）	固定资产投资（亿元）	规模以上工业总产值（亿元）	粮食总产量（万吨）	城镇居民人均可支配收入（元）	农村居民人均可支配收入（元）
					合计	一产	二产	三产						
环保科技城	48.17	2263.41	2.29	6	27.24	0.93	23.89	2.42	44380	57.77	177.23	0.86	31498	22469
亭湖经济开发区（新城街道）	18.29	354.73	3.82	9	56.04	0.33	37.71	18	103742	45.72	101.57	0.38	32390	—
新洋经济区（新洋街道）	29.59	852.30	6.10	12	45.27	0.51	23.15	21.61	61381	50.61	63.84	0.57	31690	—
南洋镇	129.56	7226.07	7.52	25	39.36	7.64	21.29	10.43	19064	37.46	80.40	4.18	—	23825
盐东镇	122.18	7508.63	5.13	14	29.08	5.96	16.20	6.92	8675	29.20	40.20	3.26	—	23998
黄尖镇	262.99	9046.73	3.89	10	14.08	5.64	2.82	5.62	6018	22.43	5.76	3.44	—	21159
新兴镇	90.62	4872.97	6.26	24	33.32	7.57	16.36	9.39	13824	36.48	20.85	3.98	—	24254
便仓镇	71.97	4490.43	3.69	13	12.75	6.40	1.88	4.47	6002	21.66	23.94	4.38	—	21050
大洋街道	7.78	95.54	4.58	8	32.72	0.01	4.02	28.69	28744	27.93	1.37	0.07	40071	—
五星街道	5.50	7.42	4.78	11	34.26	—	2.88	31.38	27623	25.53	14.45	—	40241	—
文峰街道	5.53	6.89	8.83	15	48.47	—	5.95	42.52	39293	28.23	0.78	—	40082	—
先锋街道	6.08	40.83	5.12	14	28.34	—	2.73	25.60	19973	25.44	11.06	—	40154	—
毓龙街道	5.44	3.46	8.01	14	43.57	—	3.73	39.84	41261	27.42	16.24	—	39996	—

第一节 经济发展

一、工业经济

2017年，亭湖区实现规模以上工业企业开票销售145.4亿元，新增规模以上工业企业28家；完成工业投资183亿元，新开工亿元以上工业项目55个。全区乡镇工业园区加快建设，新竣工标准厂房32.35万平方米，新入园企业22家，实现工业开票销售收入23亿元。盐城环保科技城、亭湖经济开发区、新洋经济区3个经济园区形成企业集聚、产业集群态势。全区高新技术产业产值206.5亿元，63家高新技术产业所属企业实现开票销售52.7亿元。亭湖经济开发区获批"省实施知识产权战略示范区"。新增省级企业技术中心1家；清华大学第一个校外国家级工程实验室落户亭湖并投入使用；中建材环保研究院实现开票销售1.1亿元。至2017年底，累计申请专利5186件，其中当年申请1718件。全年有12个项目被列入省重点技术创新导向计划，3个新产品被列入省新技术新产品目录，1个新产品被列入省级专精特新产品，江苏科行环保科技有限公司获批省技术创新示范企业，江苏高和智能装备股份有限公司获批省管理创新优秀企业。盐城市圣泰阀门有限公司通过国家"两化"融合管理体系认证，科行集团获评省"两化"深度融合创新示范试点企业，江苏高精机电装备有限公司、江苏科行环保科技有限公司2家企业获评省"两化"融合管理体系贯标试点企业。推进供给侧结构性改革去产能工作，淘汰落后纺织布机72台，拆除燃煤冲天炉4台，压降过剩商品混凝土100万立方米，关停新界电镀厂。

第六届中国盐城·国际环保产业博览会 9月25—27日，第六届中国盐城·国际环保产业博览会在盐城环保科技城举办。全球26个国家近2000位嘉宾参加，9家世界500强企业以及51家国际知名环保企业参展。博览会期间举行创新发展大会、环保创业大赛、环保技术与产品展览、合作协议签署、环保细分领域论坛等系列活动，签订项目20个，协议总投资近40亿元，涵盖烟气治理、固废综合利用、水处理、新型材料等主导产业。

新洋经济区创成省级"两化"融合示范区 12月11日，省经信委公布2017年度江苏省"两化"融合示范（试验）区名单，亭湖区新洋经济区入选省级"两化"融合示范区。盐城新洋经济区地处盐城市区北部，东临通榆运河，南至新洋港，西傍串场河，北接宁靖盐高速公路，成立于2005年7月，同时挂有盐城市现代物流园的牌子，一套管理机构，规划面积30平方千米，下辖行政村7个、社区居委会5个，年末人口6万人。至2017年底，园区内入驻规模以上工业企业40家，其中国家高新技术企业10家，省级"两化"融合示范试点企业5家；建有省级各类技术中心、工程中心、实验室等4家；拥有65个具有自主知识产权的省级高新技术产品；拥有各类专利234个，其中发明专利65个；形成以机械装备制造、汽车零部件、新材料、通信电子、装配式建筑、物联网智能制造为特色的主导产业集群。

南大国家"双创"示范基地盐城基地设立 3月6日，南京大学国家"双创"示范基地盐城基地在亭湖设立。南京大学是国内首批入选国家级"双创"示范基地的高校，为更好发挥学校在创新创业人才培养、科技成果转化等方面的优势，南京大学决定依托南大盐城环保技术与工程研究院，在盐城环保科技城建立南京大学国家"双创"示范基地盐城基地，进一步深化校地合作，助力盐城创新发展。

二、农业经济

2017年，亭湖区加快调整农业结构，新增蔬菜等经济作物种植面积2800公顷、设施农业面积700公顷。新增省级农业龙头企业2家，成立全省首家国字号湖羊产业研究院，黄尖牡丹园、第一瞿庄园通过全国休闲农业与乡村旅游四星级企业专家组现场评审，荷塘月色生态园获评省主题创意农业园。至年底，亭湖区高标准农田占比突破60%，农业机械化水平达85%。农村电子商务持续推进，新兴镇三灶村创成省级农村电商示范村，新兴镇同心村、南洋镇月青村、便仓镇新桥村创成市级农村电子商务示范村。培育新型农业经营主体。新发展农民专业合作社15家、家庭农场58家，家庭农场规模经营比重达46%。推进农村综合改革，亭湖区列入全国百家农村产权制度改革试点区，全区农村产权交易综合考核位列全市县（市、区）首位。年内，亭湖区获评全国耕地提升与化肥减量增效示范区、省农产品质量安全区；盐城农副产品加工交易园区、亭湖现代农业产业园列入全国农村创业创新园区名录。

入选全国百家农村产权制度改革试点区 年内，亭湖区入选全国百家农村产权制度改革试点区。试点工作按照《中共中央国务院关于稳步推进农村集体产权制度改革的意见》，结合亭湖实际，全面实施农村集体产权制度改革，实现全区农村社区股份合作社运行全覆盖，健全完善赋予农民对集体资产股份的占有权、收益权，探索赋予农民对集体资产股份的有偿退出权、继承权，选择有条件的村（居）开展政经分离等试点；实现"归属清晰、权责明确、流转顺畅、保护严格"的现代产权制度基本建立，各类集体经济组织发展渠道全面拓宽，集体资产经营收益合理分配，农民的财产性收入持续提高。

三、第三产业

2017年，亭湖区实现服务业增加值247亿元。新引进新特产业项目，新招引佳运商用车物流、爱琴海商业综合体、双元商务中心、凤凰城商务中心、梦幻谷、美年健康体检中心等环保、光电、物流、旅游产业项目78个。各街道依托城市中心商圈和服务业集聚区，加大文化创意、电子商务、金融等现代服务业项目招商力度，发展注册经济、楼宇经济、总部经济。批零住餐、房地产业和商务服务等行业支撑服务业快速增长。全年全区社会消费品零售总额突破275.25亿元，实现服务业入库税收21.5亿元。发展商务服务业，开工建设总部经济楼宇、城市综合体24个，其中澄达商务中心、东亭财富广场、豪德广场精品城等主体封顶。加快发展现代物流业，全年物流业增加值21亿元，税收突破1.4亿元。推进文化旅游业发展，亭湖生态经济区、331省道观光旅游带、盐城野生动物园、海上花田等旅游项目加快建设；形成以区文化艺术中心为依托，逐步建起动漫、游戏、影视数字制作基地。至年底，亭湖区有国家A级以上景区3家；省级工业旅游示范点1家；三、四星级乡村旅游点4家。全年游客接待量突破260万人次，旅游总收入22亿元。

央视《新闻联播》专题报道大洋湾樱花节 4月16日，中央电视台《新闻联播》在头条的“发力供给侧”系列报道中，从时下正热的春季赏花开始说起，点赞亭湖区大洋湾举办樱花节紧贴当地和周边城市百姓的旅游需求，拉长增粗“赏花经济”产业链，全面发力服务业供给侧结构性改革的做法。4月1日至5月1日，举办大洋湾第三届樱花节，活动期间组织旗袍秀、马车花车巡游、瑜伽秀、樱花舞快闪、汉唐集体婚礼、铜仁静态巡游、大型儿童剧演出、卡通人偶游园互动等活动，接待游客70万人次。

第二节 社会事业

一、城乡建设

2017年，亭湖区实施城建重点项目10类145项，完成投资310亿元。大洋湾生态组团设立景区建设管理办公室，加快推进景观提升项目建设；先锋岛生态组团环境整治成效显著，房屋征迁速度加快；范公堤高铁综合枢纽组团站场开工建设。启动实施42个棚户区改造项目，征收房屋超3000户，改造面积45万平方米。新开工各类保障性住房（含棚改货币化补贴）1826套，基本建成各类保障性住房（含棚改货币化补贴）1862套，装修公租（廉租）房448套，核发2批次公租房租赁补贴共51.35万元，城镇住房保障体系健全率92.5%。实施惠民苑、通榆新村五期等7个老旧小区综合整治工程，全方位改善整治小区人居环境。城市无物业管理小区托底管理范围扩大到55个，受益家庭2.3万户。推进农村康居工程“三年行动计划”，改造完成农村危房901户。新水源地建设埋设管道7600米，新改建供水管网50千米，建成城镇污水管网36千米，封存镇村地下水井15座，埋设配水支管156.6千米。完成160幢楼宇的亮化，打造天山路、亭湖大道、希望大道、东亭湖公园、大洋湾恒隆花园亮化品牌。启动内环高架三期建设，实施人民路、世纪大道、黄海路主干道快速化改造工程，331省道亭湖段建成通车，提档升级农村公路270千米，改造桥梁340座，出新改造70座公交站台、106个候车亭，完成5个镇40座“为民办实事”公交候车亭建设，开通省内首条超级电容公交示范线。拆除集镇违法建设6.8万平方米，其中存量4万平方米。推进可回收垃圾处置及再生资源分类回收再利用试点，生活垃圾分类收集设施覆盖率25%。开展一镇一示范社区创建，南洋镇曙光社区等3个社区创成市级新型农村社区。千鹤湾温泉风情小镇创成国家AAA级景区，跻身省级旅游特色小镇创建名单。加快环境整治，整治各类燃煤锅炉193台，空气质量优良率80.8%；实施公园沟和盐南第一沟、盐马路东侧沟黑臭水体综合整治工程；194家省级畜禽规模养殖场畜禽粪污治理通过达标验收。“河长制”覆盖1177条各类河道，疏浚农村大中小沟220条、385.9万立方米，区域水质达标率80%。完成70项城镇园林绿化建设任务，新增绿地面积750.07公顷；新增成片造林786.67公顷，新建生态防护林533.8公顷；创成市级森林小镇2个、森林村庄10个，黄尖镇获批省级生态文明示范镇。

开通省内首条超级电容公交示范线 12月22日，亭湖区境内75路公交线路开通。该线路为循环线路，由盐城环保科技城公交回车场至亭湖区行政中心，线路全长30.5千米，沿途停靠站点40个，日发班次77个，运营时间为6:30~18:30，候车时间15~20分钟，票价1元，为全省首条超级电容公交线路，运营主体为盐城市公交总公司。该车型电动车运用有轨电车核心储能器件的超级电容技术，以第三代储能器件超级电容器作为辅动力源，具有零污染、零排放、制动能量回收率高、功率大、噪声小、快速充放电、功率密度高、循环寿命长、极端环境适应能力强、安全性高、环保节能和运营成本低等特点。该车型全面突破传统电车需连接电网的技术瓶颈制约，实现无电网运行。在满载荷开空调的情况下，一次充满电可连续行驶里程达70千米。该车型还采用远程监控技术，结合城市智能公交系统和车辆全寿命周期服务系统，是城市生态、绿色、智能发展的公共交通最优车辆。

二、社会民生

2017年，亭湖区持续提高城乡居民低保标准，分别达到每月560元和480元。困难群众托底救助制度惠及5.3万人。落实应保尽保，新增被征地农民参保3100人，城乡社会保险覆盖率稳定在97%以上。落实大市区城乡居民医疗保险办法，完成城乡居民医保整合，39万人受益。新增就业、再就业2.5万人，新增转移农村劳动力6100人，帮助企业引才用工8183人。668户1270名低收入人口实现精准脱贫、稳定脱贫，集体年收入超18万元的村（居）有106个。配强村（居）干部，选聘89名退役士兵到村（居）任职。将900多名三、四级智力和精神残疾人纳入残疾人“两项补贴”（困难残疾人生活补贴、重度残疾人护理补贴）发放范围。启动亭湖区先锋实验学校、文泽府邸小学建设，完成一批教育基础设施提升和智慧校园建设工程。年内，亭湖区创成省平安校园建设示范区，建成省级示范性教师发展中心；12所学校被评为省标教育技术装备先进校，亭湖新区实验学校创成省红十字示范学校。新建健身步道5000米、多功能运动场地3个，亭湖区被评为全国群众体育先进单位。建成新兴镇、文峰街道、毓龙街道卫生服务中心，基层医疗机构标准化实现全覆盖。亭湖区获评全国中医药工作先进单位、健康中国行活动广场健康促进奖和省级流动人口基本公共卫计服务均等化区；盐东镇、黄尖镇创成省级卫生镇，青墩卫生院获评全国群众满意乡镇卫生院。举办省第二届老年旅游文化节，区图书馆创成国家二级馆。五星街道五星村获评全国文明村，梁泽泉当选“中国好人”，王浩春、陈明矿入选“江苏好人”。

制定《关于聚焦富民促进城乡居民增收的十条政策意见》 8月7日，亭湖区政府办下发《关于聚焦富民促进城乡居民增收的十条政策意见》（以下简称《意见》）。《意见》涵盖推动更高质量就业、加大创业扶持力度、强化职业技能培训、促进农民增收、鼓励投资理财、提高工资收入水平、调增各类社保待遇、关爱特殊群体、减轻群众负担、推进精准扶贫10项内容，通过系列创新举措，开创富民增收新局面，让发展成果实实在在惠及百姓，让群众的获得感和幸福感更有“温度”。

丹顶鹤风情小镇入选省PPP试点项目 3月8日，省财政厅发布2017年第一批政府和社会资本合作（PPP）项目入库和试点，丹顶鹤风情小镇PPP项目入选省试点。丹顶鹤风情小镇建设项目，以绿色生态为理念，丹顶鹤文化为主题，民俗特色为中心，利用国家AAAA级丹顶鹤湿地旅游区的区位优势，围绕旅游功能化、体验多样化、消费全时化目标，全力打造集游玩、餐饮、民宿、休闲为一体的绿色生态旅游小镇，计划总投资31.74亿元。

黄尖居委会被评为“中国美丽乡村百佳范例” 4月9日，在中国美丽乡村百佳范例揭晓仪式暨农村改革与发展座谈会上，亭湖区黄尖居委会被农业部评为2016年度中国美丽乡村百佳范例。黄尖镇位于亭湖区东部，濒临黄海，南与盐东镇和大丰区三龙镇接壤，西北两面和射阳县特庸、洋马、黄沙港3个镇隔河相望，行政区域面积257平方千米，拥有亚洲东部太平洋西海岸面积最大、生态保持最完好的海洋型滩涂湿地，是丹顶鹤的故乡。

举行国际象棋大师巅峰赛 12月31日，由国家体育总局棋牌运动管理中心、中国国际象棋协会、盐城市体育局、亭湖区政府主办，江苏省棋牌运动管理中心、亭湖区体育局、盐城市棋类运动协会承办的2017恒大杯中国·盐城·亭湖国际象棋大师巅峰赛在亭湖开赛。中国棋手韦奕和捷克棋手大卫·纳瓦拉进行为期4天的对抗，最终韦奕凭借快棋加赛胜出。比赛期间，两位棋手还与亭湖区近40名国际象棋棋迷进行车轮赛。（张　骢）

东亭湖公园。　　亭湖区志办/供

人物

□人物简介

□人物名录

第49章　人物简介

责任编辑　许寅生

第一节　市级领导

一、新任市领导

羊维达　男，汉族，江苏阜宁人，1970年2月出生，1991年8月参加工作，1991年7月入党，省委党校研究生学历。1991年8月，阜宁县古河乡张刘中学教师；1992年6月，阜宁县古河乡干事；1993年4月，阜宁县古河乡团委副书记、书记；1995年1月，阜宁团县委副书记、书记；1997年12月，阜宁县三灶乡党委副书记、乡长；1998年12月，阜宁县三灶乡党委书记；2001年8月，阜宁县三灶乡党委书记兼任三灶乡人大主席；2001年12月，阜宁县吴滩镇党委书记；2002年12月，建湖县政府副县长；2005年9月，建湖县委常委、常务副县长；2007年12月，建湖县委副书记、常务副县长；2009年4月，建湖县委副书记；2010年2月，市经信委主任、党组书记；2011年10月，盐都区委副书记、代区长、区长；2013年11月，盐都区委书记、区人大常委会主任；2014年12月，盐都区委书记；2017年7月，市委常委、市委秘书长，盐都区委书记。1989年9月至1991年7月在盐城教育学院政史专业学习；1995年8月至1997年12月中央党校函授学院党政专业本科学习并毕业；2002年2月至2003年6月江苏省委党校经济管理专业研究生学习并毕业。

孙　轶　男，汉族，江苏宜兴人，1974年10月出生，1996年8月参加工作，1994年12月入党，大学学历，学士学位。1996年8月，省外事翻译中心助理翻译、业务一组组长；2002年6月，省政府外事办公室美大处科员；2003年7月，省政府外事办公室美大处主任科员；2005年7月，省政府外事办公室翻译中心副主任（副处级）；2007年1月，省政府外事办公室亚洲处副处长；2007年10月，省政府外事办公室美大处副处长；2008年4月，省政府外事办公室欧非处处长；2013年2月，省政府外事办公室礼宾处处长；2013年5月，省政府外事办公室副主任、党组成员；2017年9月，盐城市副市长。1992年9月至1996年7月南开大学旅游学家旅游英语专业学习并毕业。

马俊健　男，汉族，江苏东台人，1964年1月出生，1984年7月参加工作，1984年7月入党，省委党校研究生学历。1984年7月，东台县农业局团总支书记；1985年12月，共青团东台县委青农部副部长、部长（1990年3月至1991年5月挂任东台市东台乡乡长助理）；1991年5月，东台市五烈乡政府副乡长；1992年11月，东台市广山乡党委副书记；1994年11月，东台市范公镇党委副书记、镇长；1995年12月，东台市六灶乡党委书记；1997年1月，东台市六灶乡党委书记；1998年11月，东台市许河镇党委书记；2001年1月，东台市三仓镇党委书记；2001年7月，东台市三仓镇党委书记（区划调整）（2002年4月明确副处级）；2003年1月，东台市政府副市长；2003年3月，盐城市城管局局长、党组书记；2006年6月，响水县委副书记、代县长、县长；2012年9月，响水县委书记、县长；2013年5月，响水县委书记；2013年6月，响水县委书记、人大常委会主任；2014年12月，盐城经济技术开发区党工委书记；2017年2月，盐城市人大常委会副主任、党组成员。1980年9月盐城农校学习；1989年9月至1992年7月盐城电大大专班行政管理专业学习；1996年8月至1998年12月中央党校党政专业函授本科学习；2005年7月至2008年12月江苏省委党校党史党建专业研究生学习；2006年10月至12月参加江苏省第八期城市规划专题研讨班。

周键云　女，汉族，江苏建湖人，1963年4月出生，1981年7月参加工作，1985年3月入党，中央党校研究生学历。1981年7月，建湖县幼儿园、冈西中学教师；1985年10月，建湖县教育局、盐城市教育局教研室教研员；1992年9月，建湖县教育局工作人员；1993年9月，建湖县委宣传部副科级指导员；1994年5月，建湖县建湖镇政府副镇长；1996年4月，建湖县高作镇党委副书记、镇长（1997年11月主持建湖县高作镇党委工作）；1998年8月，建湖县高作镇党委书记、人大主席；2001年1月，射阳县政府副县长；2004年4月，盐都区委常委、常务副区长；2006年9月，盐城市政府副秘书长、盐都区委常委、市城南新区开发建设指挥部常务副指挥长（正处级）；2007年11月，盐城市政府副秘书长、盐都区委副书记、市城南新区开发建设指挥部常务副指挥长（正处级）；2010年2月，盐城市政府副秘书长、盐都区委副书记、市城南新区开发建设指挥部常务副指挥长、市城南新区开发建设投资有限公司董事长；2011年4月，盐都区委副书记、市城南新区开发建设指挥部常务副指挥长、市城南新区开发建设投资有限公司董事长；2011年6月，盐城市城南新区管委会主任、党工委副书记，市城南新区开发建设投资有限公司董事长；2014年3月，盐城市城南新区党工委书记，市城南科教城党委书记；2017年2月，盐城市人大常委会副主任、党组成员，市城南新区党工委书记，市城南科教城党委书记。1979年9月盐城师范学校学习；1991年9月至1994年7月盐城电大汉语言文学专业大专学习；1993年8月至1995年12月中央党校经济管理专业函授本科学习；1995年5月至1997年4月苏州大学管理学院政治学理论专业研究生课程进修班学习；1997年2月至7月参加江苏省委党校第三期青干班；2000年9月至2003年7月中央党校经济管理专业研究生学习。

顾云岭　男，汉族，江苏建湖人，1964年10月出生，1982年9月参加工作，1988年10月入党，省委党校研究生学历。1982年9月，盐城地区卫生防疫站医师；1984年10月，盐阜大众报社编辑、记者；1989年11月，盐城市委办公室秘书、副科级秘书、正科级秘书、科长；1998年3月，盐城市委办公室副主任；2001年5月，盐城市委办公室副主任、市委研究室副主任；2003年1月，盐城市政府副秘书长、市政府办公室党组成员、市信访局局长；2007年2月，盐城市政府副秘书长、市政府办公室党组成员（正处级）；2010年1月，阜宁县委副书记、县长；2013年11月，阜宁县委书记、人大常委会主任；2015年12月，阜宁县委书记；2017年2月，盐城市政协副主席、阜宁县委书记。1979年10月南通医学院盐城大专班学习；1987年12月自学考试法律专业专科毕业；1997年12月自学考试法律专业本科毕业；1997年9月至1999年6月南京大学领导干部研究生课程进修班工商管理专业学习；2002年9月至2004年1月江苏省委党校政治经济学专业研究生学习；2011年7月至9月参加江苏省委组织部第十四期高级人才研究班，赴美国加州大学长滩分校学习；2013年5月至7月参加江苏省委组织部第九期省管干部进修班；2015年11月至2016年1月参加中组部第五期县委书记研修班。

姜友新　女，汉族，江苏启东人，1963年1月出生，1981年7月参加工作，1987年6月入党，省委党校研究生学历。1981年7月，射阳县陈洋镇政府技术员；1984年7月，射阳县兴桥镇政府技术员；1985年6月，射阳县多管局团委副书记；1987年1月，射阳县多管局人秘股副股长、团委书记；1987年7月，射阳县多管局人秘股股长、团委书记；1989年3月，射阳县多管局副局长；1993年6月，射阳县计生委主任；1995年2月，射阳县政府县长助理；1996年3月，射阳县委常委、宣传部部长；2002年12月，盐城市城区（亭湖）区委副书记；2006年6月，盐城市委宣传部副部长（正处级）；2007年7月，盐城市委宣传部副部长、市委对外宣传办公室主任；2013年6月，盐城市委宣传部副部长、市委对外宣传办公室主任、市精神文明建设指导委员会办公室主任；2014年9月，盐城市委宣传部副部长、市精神文明建设指导委员会办公室主任；2015年12月，盐城市委组织部常务副部长（正处级）；2017年2月，盐城市政协副主席。1978年9月苏州蚕桑专科学校蚕桑专业学习；1995年9月至1997年7月南京大学研究生课程进修班行政管理专业学习；1997年9月至1999年6月南京师范大学领导干部研究生课程进修班法律专业学习；2002年9月至2004年1月江苏省委党校科学社会主义专业研究生学习。

唐伯平　男，汉族，江苏阜宁人，1964年3月出生，1987年8月参加工作，民盟成员，博士研究生，教授。1987年8月，盐城师范专科学校生物系教师（1988年11月助教，1990年6月讲师）；1991年2月，盐城师范专科学校生物系教师，实验室主任（1995年7月副教授）；1999年7月，盐城师范学院生地系教师（2001年8月教授）；2003年7月，盐城师范学院生物系教师（2004年12月民盟盐城市委副主委）；2005年5月，盐城师范学院江苏省滩涂生物资源与环境保护重点建设实验室副主任；2006年10月，盐城师范学院江苏省滩涂生物资源与环境保护重点建设实验室主任（2008年1月至2017年1月，盐城市政协副秘书长，兼职，不驻会；2010年1月，民盟盐城师范学院总支部主委；2010年5月二级教授）；2012年7月，盐城师范学院江苏省滩涂生物资源与环境保护重点建设实验室主任、江苏省盐土生物资源研究重点实验室主任；2014年8月，盐城师范学院江苏省滩涂生物资源与环境保护重点建设实验室、江苏省盐土生物资源研究重点实验室主任兼生命科学与技术学院副院长；2015年8月，盐城师范学院江苏省滩涂生物资源与环境保护重点建设实验室、江苏省盐土生物资源研究重点实验室主任兼海洋与生物工程学院副院长（2016年江苏省教学名师）；2016年12月，盐城师范学院江苏省滩涂生物资源与环境保护重点建设实验室、江苏省盐土生物资源研究重点实验室主任兼海洋与生物工程学院副院长，民盟盐城市委主委；2017年2月，盐城市政协副主席，盐城师范学院江苏省滩涂生物资源与环境保护重点建设实验室、江苏省盐土生物资源研究重点实验室主任兼海洋与生物工程学院副院长，民盟盐城市委主委。1981年9月南京师范大学生物系学习；1985年8月至1987年7月南京师范大学生物系动物学专业硕士研究生学习；1994年7月至1997年10月华东师范大学进修；1997年9月至2000年7月南京师范大学动物学专业在职博士研究生学习；2006年9月至11月参加第十期江苏省党外县处级领导干部培训班；2014年3月至5月参加江苏省委党校第七期县处级中青年干部培训班；2015年5月至6月参加江苏省社会主义学院第五期多党合作理论进修班。

孙大明 男，汉族，江苏阜宁人，1963年5月出生，1984年7月参加工作，九三学社成员，大学学历。1984年7月，盐城市畜牧兽医站助理兽医师、兽医师；1996年2月，盐城市畜牧兽医服务站副站长；1998年1月，盐城市畜牧兽医服务站站长；2005年6月，盐城市农林局副局长；2009年1月，盐城市农林局副局长兼盐城市畜牧兽医管理局局长；2010年2月，盐城市农委副主任；2012年5月，江苏省大丰麋鹿国家级自然保护区管理处主任；2016年12月，江苏省大丰麋鹿国家级自然保护区管理处主任，九三学社盐城市委主委；2017年2月，盐城市政协副主席，江苏省大丰麋鹿国家级自然保护区管理处主任，九三学社盐城市委主委。1980年9月江苏农学院兽医专业学习；1985年9月至1986年7月参加省农林厅在苏州举办的第三期英语培训班；1986年8月至1987年10月借用在大丰麋鹿保护区参加林业部与世界自然野生动物基金会的麋鹿合作研究并担任英国专家翻译；1992年5月至8月赴荷兰国际交流中心进修畜牧经济；1996年4月至5月在北京接受联合国志愿人员培训。

二、市领导变动

王荣平 男，汉族，江苏高邮人，1961年5月出生，1982年7月参加工作，1984年3月入党，研究生学历，硕士学位。1982年7月，江苏农学院毕业留校，政治辅导员、党委办公室秘书；1987年4月，江苏农学院团委副书记；1988年6月，江苏农学院团委书记；1989年6月，共青团扬州市委副书记；1990年3月，共青团扬州市委书记；1995年8月，姜堰市委副书记（正县级）；1997年4月，仪征市委副书记、常务副市长（正县级）；2001年1月，仪征市委副书记、市长；2001年8月，扬州市委常委、市委秘书长；2003年1月，扬州市委常委、副市长；2005年12月，扬州市委常委、常务副市长；2007年12月任扬州市委副书记；2011年5月，省委台湾工作办公室、省政府台湾事务办公室主任；2014年7月，盐城市委副书记、代市长、市政府党组书记；2015年1月，盐城市委副书记，盐城市市长；2016年9月，盐城市委书记。2017年2月，兼任人大常委会主任、党组书记。1996年9月至1999年6月复旦大学经济系政治经济学专业在职硕士研究生学习；2000年9月至2000年12月参加江苏省高级管理人才经济研究班赴美国伊利诺伊大学学习；2003年6月至2003年9月参加中组部公共管理高级人才培训班赴美国哈佛大学学习。

戴元湖 男，汉族，江苏射阳人，1962年2月出生，1984年7月参加工作，1984年3月入党，省委党校研究生学历。1984年7月，盐城师范专科学校中文系教师；1985年3月，盐城市委组织部干部科工作人员、干事、副科级组织员；1989年1月，下派任盐城市郊区便仓乡党委副书记；1991年1月，建湖县钟庄镇党委书记；1994年11月，建湖县委常委、组织部部长；1996年3月，建湖县委常委、常务副县长；1997年11月，盐都县委副书记、代县长、县长；2000年12月，盐都县委书记；2001年1月，盐都县委书记、县人大主任；2002年1月，盐城市政府副市长、盐都县委书记、县人大主任；8月参加市政府分工，不再主持盐都县委工作；2002年12月，盐城市政府副市长；2003年3月，盐城市政府副市长，兼盐城经济开发区管委会主任、工委书记；2004年8月，盐城市政府副市长，兼盐城经济开发区工委书记；2006年8月，盐城市委常委、秘书长；2012年6月，任盐城市委常委、常务副市长；2015年3月，任市委副书记。2017年9月，调离。1980年9月，扬州师范学院中文系学习；1988年9月至1991年7月，省委党校对外经济专业函授本科学习并毕业；1994年9月至1995年1月，省委党校青年干部培训班学习；1995年9月至1997年7月，南京大学领导干部研究生课程进修班工商管理专业学习；2000年9月至12月，参加省委组织部举办的第四期高级管理人才经济研究班在南京大学、美国伊利诺伊大学学习；2002年9月至2004年1月，省委党校政治经济学专业研究生学习并毕业。

庄兆林 男，汉族，江苏江都人，1969年2月出生，1987年8月参加工作，1990年8月入党，党校研究生学历。1987年8月，镇江师范附小教师、少先队大队辅导员、教工团支部书记；1990年11月，镇江市润州区委组织部干部科工作；1992年11月，镇江市润州区委组织部干部科副科长；1993年3月，共青团镇江市润州区委副书记（主持工作）；1994年4月，共青团镇江市润州区委书记；1995年5月，镇江市润州区官塘桥乡党委书记；1998年4月，共青团镇江市委副书记，镇江市青联主席；2001年3月，共青团镇江市委书记、党组书记；2004年12月，镇江市润州区委副书记、代区长；2005年1月，镇江市润州区委副书记、区长；2008年2月，镇江市润州区委书记；2011年5月，盐城市委常委、组织部部长；2015年9月，任盐城市委常委、常务副市长。2017年5月，调离。1984年9月，丹阳师范学校普师专业读书；1988年9月至1991年7月镇江师专夜大美术专业大专学习并毕业；1995年9月至1997年12月中央党校涉外经济管理专业函授本科学习并毕业；1998年9月至2000年6月南京大学国际商学院国际贸易专业研究生课程进修班学习并毕业；2001年9月至2002年12月江苏省委党校科学社会主义与国际共产主义运动专业研究生学习并毕业。

吴晓丹 女，汉族，江苏淮安市人，1969年4月出生，1989年8月参加工作，1992年6月入党，省委党校研究生学历。1989年8月，淮阴市工商银行信托投资公司工作；1990年11月，共青团淮阴市委组织部办事员；

1994年8月，共青团淮阴市委组织部副部长；1995年11月，共青团淮阴市委学少部部长；1996年12月，共青团淮阴市委组织部部长、办公室主任；1997年9月，共青团淮阴市委组织部部长；1998年9月，共青团淮阴市委副书记、党组成员；2000年11月，淮阴县委常委、宣传部部长；2001年2月，淮安市淮阴区委常委、宣传部部长；2003年12月，淮安市委宣传部副部长；2005年3月，共青团淮安市委书记、党组书记；2007年4月，淮安市委组织部副部长、组织员办公室主任；2012年5月，盐城市政府副市长。2017年1月，盐城市委常委、不再担任副市长职务。1987年7月，淮阴师范专科学校英语系读书；1999年9月至2002年6月省委党校政治经济学专业研究生学习并毕业。

羊维达 2017年7月，任盐城市委常委、市委秘书长。（简历详见《盐城年鉴（2018）》）

孙　轶 2017年9月，任盐城市副市长。（简历详见《盐城年鉴（2018）》）

肖紫英 女，汉族，江苏姜堰人，1957年2月出生，1982年2月参加工作，大学学历，高级审计师、高级会计师。1982年2月，盐城市委农工部办事员；1986年5月，盐城市审计局办事员、科员；1989年4月，盐城市审计局基建农水科副科长；1991年2月，盐城市审计局农水外资审计科副科长；1992年12月，盐城市审计局工业交通审计科科长；1995年3月，盐城市审计局副局长；2000年9月，待分配；2001年3月，盐城市国资委副主任（正处级）；2001年5月，盐城市财政局副局长、市国资委副主任（正处级）；2002年3月，兼江苏江动集团有限公司监事会主席；2003年1月，兼盐城市城市资产经营公司监事会主席；2004年3月，盐城市财政局副局长、市国资委副主任（正处级）、市城市资产经营公司监事会主席；2006年12月，盐城市财政局副局长、市国资委副主任（正处级）、市城市资产经营公司监事会主席、市城市建设投资（集团）有限公司监事会主席；2007年2月，民建盐城市委主委、市财政局副局长、市国资委副主任（正处级）、市城市资产经营公司监事会主席、市城市建设投资（集团）有限公司监事会主席；2008年1月，市政协副主席；2012年6月，市人大常委会副主任。2017年2月，不再提名为市人大常委会副主任。1978年3月，在南京农学院农业经济专业读书。

尹金来 男，汉族，江苏淮安人，1959年10月出生，1985年8月参加工作，1989年5月入党，研究生学历，博士学位。1982年9月南京农业大学植物营养与施肥专业硕士研究生学习；1985年8月江苏沿海地区农科所工作人员；1987年7月，江苏沿海地区农科所土肥室副主任；1988年4月兼任盐城市配方肥料实验厂厂长；1990年2月，江苏沿海地区农科所土肥室主任；1992年3月下派任盐城市郊区步凤镇党委副书记；1993年1月下派任大丰县新团乡党委副书记、乡长；1995年3月，盐城市农科所副所长、党委委员；2000年9月，盐城市农科所所长、党委书记；2002年12月，盐都县委副书记（正处职级）；2003年3月，阜宁县委副书记、代县长；2004年1月，阜宁县委副书记、县长；2006年12月，盐城市委组织部常务副部长（正处职级）；2007年2月，盐城市委组织部常务副部长，市人事局局长、党组书记，市编办主任兼任苏北农村人才市场管委会办公室主任；2010年2月，盐城市委组织部常务副部长、市编办主任、市人力资源和社会保障局党委书记；2014年11月，盐城市委组织部常务副部长、市人力资源和社会保障局党委书记；2014年12月，盐城市委统战部部长、市政协党组成员，提名为盐城市政协副主席候选人；2016年5月，盐城市政协副主席、党组成员。2017年2月，盐城市人大常委会副主任，不再提名为市政协副主席。1978年10月南京农学院土壤农业化学专业读书；1987年2月至1987年6月在国际干旱地区农业研究中心进修；1998年9月至2001年12月南京农业大学植物营养专业博士研究生学习，获农学博士学位；2004年9月至2004年12月参加江苏省委组织部举办的第八期高级管理人才经济研究班在南京大学、美国马里兰大学学习；2007年5月至2013年1月兼任高炮四团第一副政委；2010年8月至2011年6月参加中瑞合作管理培训项目江苏子项目——转变经济发展方式与人才支撑专题学习，2013年1月兼任预备役二师政治部副主任。

邹毅实 男，汉族，江苏东台人，1960年7月出生，1981年2月参加工作，致公党党员，研究生学历、博士学位。1981年2月，东台县卫生防疫站医师；1985年3月，东台县卫生防疫站结防科副主任；1988年5月，东台县卫生防疫站结防科主任；1992年7月，东台市卫生防疫站副站长；1995年6月，东台市卫生局局长助理；1995年11月，东台市政府办公室副主任；1996年4月，东台市政府副市长；2007年11月，盐城市科技局副局长；2010年2月，盐城市科技局局长、知识产权局局长；2015年12月，提名为盐城市副市长人选；2016年1月，盐城市副市长。2017年2月，市人大常委会副主任，不再提名为副市长。1978年2月，扬州医学专科学校医学专业读书；1998年8月至2000年12月在中央党校函授学院行政专业本科学习毕业；2003年9月至2006年6月在南京林业大学化学工程学院林产化学加工工程专业博士研究生学习毕业。

马俊健 2017年2月，市人大常委会副主任。（简历详见《盐城年鉴（2018）》）

周键云 2017年2月，市人大常委会副主任。（简历详见《盐城年鉴（2018）》）

顾云岭 2017年2月，市政协副主席。（简历详见《盐城年鉴（2018）》）

姜友新 2017年2月，市政协副主席。（简历详见《盐城年鉴（2018）》）

唐伯平 2017年2月，市政协副主席。（简历详见《盐城年鉴（2018）》）

孙大明 2017年2月，市政协副主席。（简历详见《盐城年鉴（2018）》

周德祥 男，汉族，江苏盐都人，1954年2月出生，1976年9月参加工作，1974年4月入党，党校函授本科学历。1976年9月，盐城县北蒋屯村、沙周、江尧小学教师、负责人；1981年8月，盐城县文教局人秘股办事员；1982年10月，盐城县委（郊区区委）组织部办事员、干事；1984年4月，盐城市郊区区委组织部秘书科副科长；1985年8月，盐城市郊区区委组织部组织员、干部科科长；1987年9月，盐城市郊区区委组织部副部长；1990年4月，盐城市郊区区委组织部副部长、兼老干局局长；1991年3月，盐城市郊区任盐城市郊区伍佑镇党委书记；1993年1月，响水县委常委、组织部部长；1996年3月，响水县委副书记；2001年1月，响水县委书记；2005年12月，盐城市委常委、响水县委书记；2006年6月，盐城市委常委、宣传部部长；2011年9月，市人大常委会党组成员、副书记；2013年6月，市人大常委会副主任、党组副书记（正市级）；2016年11月，市人大常委会副主任、党组书记（正市级）；2017年2月，不再提名为市人大常委会副主任；2017年3月，退休。1974年10月，盐城师范学校学习；1985年5月至1987年12月，北京人文函授大学法律系大专班学习；1986年9月至1987年12月，中央党校函授学院法律专业大专班学习并毕业；1998年9月至2001年12月，中央党校法律专业函授本科学习并毕业。

谷家栋 男，汉族，江苏建湖人，1956年10月出生，1976年7月入党，省委党校研究生学历。1975年8月，建湖县庆丰公社永安大队团支部书记、党支部书记；1980年1月，建湖县中学教师；1982年7月，建湖县委党校教师；1984年3月，建湖县委党校干事；1985年5月，建湖县法院沿河法庭副庭长；1986年10月，建湖县法院沿河法庭庭长；1989年3月，下派任建湖县钟庄乡党委副书记；1992年1月，建湖县钟庄乡党委副书记、乡长；1993年6月，建湖县近湖乡党委副书记、乡长；1994年12月，建湖县颜单镇党委书记；1996年3月，建湖县政府副县长；2000年4月，射阳县委副书记；2001年1月，射阳县委副书记、代县长、县长；2003年3月，射阳县委书记；2007年11月，盐城市政府副市长；2012年6月，任市人大常委会副主任。2017年2月，不再提名为市人大常委会副主任；2017年9月，退休。1977年3月，江苏师范学院物理专业学习；1997年9月至1999年6月南京大学领导干部研究生课程进修班工商管理专业学习2002年9月至2004年1月，省委党校政治经济学专业研究生学习并毕业；2005年7月至8月，省第五期城市规划专题研讨班学习；2006年12月，参加全国县委书记、县长“建设社会主义新农村”专题培训班学习。

丁　宇 男，汉族，江苏东台人，1956年12月出生，1979年9月参加工作，1978年4月入党，省委党校研究生学历。1975年4月，东台县梁垛公社三洋大队团支书、革命领导小组副组长；1979年9月，东台县梁垛中心小学少先队辅导员；1981年8月，东台县教育局纪检组纪检员；1982年1月，东台县梁垛公社团委协助工作；1982年10月，共青团东台县委青农部部长；1982年11月，共青团东台县委副书记、书记；1985年9月，省广播电视大学学习；1987年8月，东台县头灶镇副镇长、副书记、镇长、党委书记（1994年5月明确副处级）；1994年11月，东台市委常委、头灶镇党委书记；1995年3月，东台市委常委、三仓镇党委书记；1996年11月，东台市委常委、东台镇党委书记；1997年4月，东台市委副书记、东台镇党委书记；1997年10月，东台市委副书记；2000年12月，大丰市委副书记、代市长、市长；2001年9月，兼大丰麋鹿国家级自然保护区管理处主任；2002年12月，大丰市委书记；2003年1月，大丰市委书记、人大主任；2006年8月，盐城市委常委，大丰市委书记、人大主任；2009年11月，盐城市委常委、政法委书记；2010年1月，盐城市委常委、政法委书记、盐城经济技术开发区党工委书记；2015年12月，盐城市人大常委会副主任、党组副书记；2017年2月，不再提名为市人大常委会副主任；2017年12月，退休。1978年4月，盐城师范学校普师专业中专学习；1995年9月至1997年11月，南京大学应用社会学专业研究生课程进修班学习并毕业；2001年8月至2003年10月，省委党校法律专业函授本科学习并毕业；2004年9月至2005年1月，中央党校县委书记进修班学习。

第二节　模范先进

一、全国先进工作者

刘秀丽 女，1977年10月出生，江苏滨海人，大专学历，滨海桥缘家政服务有限公司家政服务员。刘秀丽自2009年起从事家政服务业，先后为滨海及周边城市86户家庭提供专业优质的月嫂服务。刘秀丽从未停止过学习，参加各项培训，不断提升技能水平，在家庭居家保洁、家庭营养餐、老人护理等方面都有独到的经验。先后12次在各种月嫂培训班上分享经历、传授技能，共带出120余名徒弟。2015年10月，在2015年度江苏省家庭服务业职业技能大赛家政服务员比赛中获第一名。2016年1月，在盐城市第四届家庭服务业职业技能大赛家政服务员比赛中获第二名。2016年11月，获评全省优秀农民工。2017年4月，被中华全国总工会授予“全国五一劳动奖章”。

徐菊芬 女，1974年9月出生，江苏射阳人，大专学历，中国移动通信集团江苏有限公司射阳分公司县区域主管。徐菊芬心系农村留守妇女、儿童和空巢老人，先后跑遍辖区的上百个村庄，手把手辅导信息使用技能8000多人次；热心指导乡镇企业利用"互联网+"技术，帮助21家企业建立移动互联网平台；重视团队建设，善于打造共同成长的群体；热心公益事业，经常向"五保"老人、留守儿童开展送温暖、献爱心活动，先后帮助2个困难家庭脱贫。2015年10月，在参加全国4G服务组长视频大赛中的视频内容被中国移动作为基层服务典型在全系统推广。2017年4月，被中华全国总工会授予"全国五一劳动奖章"。

陆立海 男，1979年7月出生，江苏盐城人，大学学历，盐城市公安局网络安全保卫支队特侦队队长。陆立海自2000年8月参加公安工作后，牢记人民警察责任与担当，敬业奉献、争先创优。2012年5月，陆立海被任命为建湖县局网安大队长，其后相继侦破多起公安部督办的互联网案件。2016年，陆立海被调入市局网安支队，组建盐城网安特侦队伍，成立全省首家网上作战"猎影队"，承担重要人头、重大线索、重大案件的研判核查、侦控经营、电子取证任务。曾被江苏省公安厅授予个人一等功。2017年5月，被公安部表彰为全国优秀人民警察。

时宽义 男，1973年6月出生，江苏灌南人，大学学历，响水县公安局党委委员、刑警大队大队长。时宽义参加工作后共侦破命案53起，其中有公安部、省公安厅挂牌的大案、要案，先后抓捕持刀歹徒10余次，保护人民群众生命安全，为人民群众挽回经济损失2000余万元。先后获个人二等功1次、三等功3次，被评为盐城市第七届劳动模范。2016年8月，在抓捕公安部督办的某案件持枪逃犯过程中英勇负伤。2017年5月，被公安部表彰为全国优秀人民警察。

张珍巧 女，1982年2月出生，江苏宿豫人，大学学历，滨海县公安局城北派出所社区警务队副队长兼辖区内广垛村社区民警。广垛村是滨海县境内唯一的回民集中居住点，张珍巧在警务管理中创造"四借"民族情警务工作法，获得当地群众肯定，广垛村被省政府评为"全省民族团结进步模范集体"，其创新民族警务的相关做法被《中国民族报》《江苏法制报》光明网、《盐阜大众报》等媒体宣传报道。在做好本职工作的同时，她积极参加社会公益事业，看望慰问敬老院、社区孤寡老人千余人次，为5000余名学生讲授安全防范知识；帮助募集捐赠款物50余万元，个人直接帮扶资助贫困学生20余名，经手和牵线助学的寒门学子多达300人；悉心照顾社区13名服刑人员子女、孤儿（单亲儿童），被孩子称呼为"警察妈妈"。先后获个人二等功1次、个人三等功1次，被评为江苏最美警察（提名）、盐城市劳动模范，盐城最美警察、盐城市优秀政法干警、盐城市十佳女警、全市公安青年岗位能手、全市优秀社区民警、厚德滨海最美志愿者等。2017年5月，被公安部表彰为全国优秀人民警察。

罗海峰 男，1979年11月出生，江苏建湖人，本科学历，建湖县人民法院高作法庭庭长。2017年1月，被最高人民法院表彰为全国法院办案标兵。

何同华 男，1965年8月出生，江苏盐都人，大专学历，盐都区司法局尚庄司法所所长。何同华2004年起任尚庄司法所所长，先后主持和指导调解各类矛盾纠纷3000余起，做到矛盾纠纷调解后无有效投诉、无被法院撤销、无因调处不当而激化的佳绩，得到省、市、区司法行政部门肯定。尚庄司法所先后被江苏省司法厅表彰为社区矫正工作先进集体、江苏省人民调解委员会规范化建设示范点，被市委、市政府表彰为"平安盐城"创建先进集体。他先后获省人民调解防激化先进个人、"法润江苏"2015年度先进个人、盐城市优秀政法干警等荣誉。2017年5月，被司法部表彰为全国模范人民调解员。

胡迎春 女，1974年1月出生，江苏建湖人，本科学历，建湖县司法局上冈司法所所长。胡迎春于1996年起在冈西镇法律服务所开始从事基层法律服务工作，2005年转任上冈镇司法所，直接和参与调解矛盾纠纷220多件。她带领全体工作人员按照"组织机构正规化、队伍建设专业化、业务工作法制化、所务管理制度化、基础设施标准化"的"五化"标准，致力于法治宣传、社区矫正、安置帮教和司法行政服务社会组织建设等各项基层基础工作，全面加强规范化建设。在其带领下，上冈司法所矛盾纠纷调解率达100%，调解成功率达98.3%。2015年，上冈司法所被评为全国模范司法所。2014年12月，被江苏省综治委评为安置帮教工作先进个人。2016年8月，被江苏省司法厅评为"最美司法所长"。2017年，被评为盐城市2017年度最美法治人物。2017年5月，被司法部表彰为全国模范人民调解员。

周兆喜 男，1962年12月出生，江苏东台人，大专学历，东台市安丰镇司法所所长。周兆喜在基层司法行政工作岗位上，热心人民调解事业，倾力为人民群众排忧解难，创造性地兼用"法、理、情"调解方式，归纳出"乡规民俗调解法""左邻右舍劝解法""红白两面和唱法"等调解技巧，巧妙妥善地将民间纠纷第一时间化解在当地。周兆喜每年主持和组织调解的民间纠纷案件超过50件，调解成功率98%以上，当事人履行率100%，被当地群众誉为"金牌调解员"。2013年11月，被江苏省高级人民法院、江苏省司法厅表彰为优秀人民调解员。2015年7月，被吸纳为江苏省人民调解协会会员。2017年5月，被司法部表彰为全国模范人民调解员。

唐　鸣 男，1972年6月出生，江苏建湖人，大专学历，盐城市文化广电新闻出版局行政人员。唐鸣热心社会公益事业，发起并组建盐城市文广新局爱心艺术团，组织市（县、区）文化馆、市歌舞剧院、省淮剧团的专业演员，多次赴基层敬老院、康复中心、学校等单位开展慰问演出，把欢歌笑语送到千家万户，送到最基层一线，受到群众欢迎；主办文化志愿者工作站，定期组织开展文化志愿活动，在其影响下，2017年全市文化志愿者达2600多名，组织参与活动1100多场次，教育观众16万多人次。他个人参与志愿者服务超过10年，连续6年参加江苏省文化厅“精彩江苏”下基层演出，连续12年参加“盐渎大舞台”全市“十馆联动”先进文化下基层和文化“三下乡”活动。2016年6月23日，阜宁、射阳等地发生特大龙卷风灾难后，他与10多名志愿者深入灾区一线为群众演出。2017年10月，他将口哨艺术带进中央电视台《群英汇》大舞台，向全国人民展现盐城文化的丰富魅力。2017年，被文化部表彰为全国文化志愿服务工作者典型个人。

陈　勇　男，1970年1月出生，江苏射阳人，本科学历，盐城市地震局震情监测处处长。陈勇自2017年任职震情监测处长，新上2个地下流体观测手段，全面提升盐城地震监测水平。2017年，盐城市地震局获评“全国防震减灾工作先进单位”，获得2017年全省防震减灾综合考核第一名，盐城地震监测预报工作在2017年度全省考核中位列全省优秀格次第一名。其带队参加中国地震局举办的全国防震减灾科普讲解大赛，获得全国二等奖；参与制作的全国防震减灾公益设计大赛参赛作品进入全国前30名，获得入围奖；个人申报的“盐城市防震减灾专题馆建设项目”获得江苏省地震局防震减灾优秀成果二等奖。2017年，被中国地震局表彰为2017年度全国防震减灾工作先进个人。

孙君荣　女，1972年12月出生，江苏阜宁人，本科学历，江苏省烟草公司盐城市公司卷烟物流配送中心经理。孙君荣一直在烟草商业企业营销配送一线工作，组织研发的“异形卷烟打码系统”技术攻关课题，在全省率先实现异形烟打码到条、分拣到户，并获得国家实用新型专利；推进的以“资源统一管理、业务独立运作、费用自主管控、人事适度授权”为核心内容的物流中心实体化建设，降低烟草物流中心的成本、全面提升烟草物流中心的运营能力和服务水平。2017年，盐城烟草物流配送中心在全省烟草系统物流绩效评价工作中获得第一名。孙君荣先后获评市级优秀共产党员、优秀党务工作者、“三八红旗手”“五一巾帼标兵”等。2017年4月，被中华全国妇女联合会表彰为全国巾帼建功标兵。

万　强　男，1986年11月出生，江苏射阳人，本科学历，大丰区团区委书记。万强自任大丰区团区委书记后，带领团区委机关工作人员先后走访近200户困难青少年家庭，帮助解决一批学生上学难问题；服务青年创业，主导运营“卯酉·创客邦”平台，定期发布活动，提供各类青年创客交流机会，并帮助青年创客对接创业贷款；将个人联系走访的典型青年事迹整理汇编成13期《大丰青年故事汇》，并在微信公众号和今日头条开设专栏，专门宣传报道大丰青年的成长故事，平均每期点击量达3000次，收集网友留言230多条。2017年1月，经共青团中央基层组织建设部评选，万强入选“全国最美青春故事”。

唐　尧　男，1966年10月出生，江苏阜宁人，本科学历，市发改委区域经济处副处长（主任科员）。唐尧自2010年12月至2016年12月，连续六年在新疆察布查尔县开展对口支援工作，是全省唯一连续参加第七批、第八批2批次援疆的基层援疆干部。援疆期间，先后编制完成盐城市“十二五”“十三五”援疆专项规划，推进切吉村改造、“双创产业园”等援疆示范工程建设，开展“箭乡文化盐城行”、招商推介等活动，提升盐察两地人民对援疆工作的关注率、知晓率和参与率；推动盐察两地109个部门（单位）、近万人的“点对点”亲情对接；与受援地5户贫困家庭结对，认领9名贫困学生，帮助当地脑瘫儿童马永强到阜宁免费康复治疗。其先后被新疆维吾尔自治区党委、政府表彰为优秀援疆干部人才并记二等功，被伊犁州表彰为优秀援疆干部人才，被察布查尔县表彰为民族团结先进个人、最美援疆干部等。2017年6月，被中组部、统战部、国家发改委、人社部联合表彰为全国对口支援新疆先进个人。

二、省部级荣誉获得者

姚雪松　男，1970年11月出生，江苏盐城人，本科学历，江苏摩比斯汽车零部件有限公司生产模块部部长、工会主席。姚雪松自2004年进入江苏摩比斯汽车零部件有限公司工作起，踏实肯干，专研技术，在平凡的岗位上做出不平凡的业绩。2012年4月，被评为“盐城十佳文明职工”。2012年5月，被授予盐城市“五一劳动奖章”。2017年12月，被江苏省总工会授予“江苏省五一劳动奖章”。

薛红军　男，1965年3月出生，江苏泰州人，大学学历，盐城市公安局刑警支队副支队长。薛红军先后参与指挥60多起重大命案和涉黑涉恶犯罪案件侦破工作，主导铲除涉黑涉恶犯罪团伙50余个，建立“线索排摸、重点整治、经营侦控，积累打击”打黑除恶工作新机制，先后获个人三等功4次。2013年6月，被省公安厅记个人二等功。2015年2月，被省委省政府表彰为全省人民满意的政法干警，获个人一等功。2017年2月，被省委省政府表彰为江苏省模范公务员。

陈扣连　男，1974年5月出生，江苏建湖人，大专学历，建湖县人民检察院刑事执行局副局长。2015年9月，陈扣连被派到省定经济薄弱村大志村担任第一书记。任职期间，他用法治思维和方式做好群众工作，被群众称为“法治先锋”；带领大志村党员干部兴办实体经济20多个，年增收入100多万元；先后帮助30多户困难家庭解决生产生活和学习上的困难，以其名字命名的“陈扣连下访工作室”

成为全市下访工作的一面旗帜。2017年1月，被省委政法委表彰为最美基层干部。

胡建国 男，1969年12月出生，江苏建湖人，本科学历，建湖县委老干部活动中心主任。胡建国1992年起从事老干部工作，甘当老干部的勤务员，大到组织活动、筹备会议、起草文稿，小到送签文件、接发通知、后勤事务，有求必应、随叫随到；坚持做到“三心三勤”，即热心、细心、耐心，腿勤、手勤、眼勤，面对老干部，总是笑脸相迎，凡老干部参加活动，总是认真过细，做到通知到位、接送到位、安排到位。2017年12月，被省委组织部、省委老干部局、省人力资源和社会保障厅联合表彰为全省优秀老干部工作者。

朱永华 男，1966年7月出生，江苏响水人，大专学历，响水县委老干部局副局长。朱永华在响水县委老干部局一直分管老干部的政治待遇、生活待遇等工作，以解决老干部的热点、难点问题作为工作的出发点、立足点，真正做到想老干部所想，急老干部所急，足迹深入每位老干部家中。2017年12月，被省委组织部、省委老干部局、省人力资源和社会保障厅联合表彰为全省先进老干部工作者。

薛　雪 女，1982年4月出生，江苏射阳人，本科学历，射阳县委老干部局服务科科长。薛雪从对老干部工作不了解成长为熟练掌握业务的行家里手，是同事眼中“活文件库”；身兼数职，服务科科长、老年大学教师、档案管理员、信息统计员。是领导心目中的“全能多面手”。2016年，获评全省老年大学百佳优秀教师。2017年12月，被省委组织部、省委老干部局、省人力资源和社会保障厅联合表彰为全省先进老干部工作者。

卞兆森 男，1982年3月出生，江苏大丰人，本科学历，大丰区委老干部局活动中心主任。卞兆森2003年起参加工作以来，谨记自身职责，用情感温暖老干部，用行动感动老干部，为老干部办好事、办实事；先后组织各类文体活动比赛200多场次，覆盖5000余人次；定期组织老干部支部书记学习培训，向老干部宣传中国共产党的方针政策；经常开展老干部形势报告会，重大节日慰问会、听取意见，帮助解决好困难，把党和政府的关怀送到老干部心坎上。2017年12月，被省委组织部、省委老干部局、省人力资源和社会保障厅联合表彰为全省先进老干部工作者。

董　辉 男，1996年8月出生，江苏盐城人，本科在读，江苏省盐城技师学院学生。2016年，参加第三届无锡状元赛及江苏省选拔赛获得电气装置学生组第一名。同年，在上海举办的第44届世界技能大赛选拔赛中获得第一名。2017年12月，被省人力资源和社会保障厅表彰为江苏工匠。

肖兆玉 2017年，肖兆玉被世界文艺家企业家交流中心评为“当代文艺大师”，获得国家网络金鸡奖评选“金鸡奖·终身成就奖”，被世界华人文艺家联合会、中国杰出文艺家研究会、北京墨韵华艺国际书画院授予“世界华人文艺领袖人物”称号和世界华人文艺领袖奖，被人民文艺家网、中国国学出版社授予“中国艺坛大家”称号，被中国传统文艺学会、中国艺术名片编委会授予“一带一路文化交流大使”称号，先后获评“国家文化功勋人物”“中华传统文化交流大使”“2017年度中国传奇人物”等称号。其撰写的系列民间文艺作品入编中国当代艺术名家协会出版的《盛世典藏》；民俗作品入编华夏文艺出版社《中华传奇》新版；撰写的“民间文艺与民俗习俗”系列作品入选《国际杰出华人艺术家》系列丛书；系列中国传统文化作品入编《一带一路·中国名家》；传统文艺系列作品入编《中国艺术名片》。（简历详见《盐城年鉴（2017）》）

第三节　逝世人物

卜以庸 男，1935年8月出生，江苏建湖人，1949年3月参加工作，1955年1月加入中国共产党。历任盐阜干校学员，建湖县税务局湖垛工作组填票员，建湖县上冈沟圩税务所内勤，建湖县湖垛税务所内勤组长，建湖县税务局税改股副股长，建湖团县委组织部副部长，建湖县监察委员会监察员、秘书，建湖县建阳公社委员会副书记，建湖县建阳公社革委会主任、党委书记，盐城地区农业局副局长，阜宁县委常委、革委会副主任，阜宁县委副书记，盐城市郊区区委副书记，盐城市城区区委书记，盐城市城区区委书记兼区政协主席，盐城市人大常委会副主任、党组成员，1998年9月离休。卜以庸解放前就参加革命工作，中华人民共和国成立后，他在各个不同的岗位，投身社会主义革命和建设事业，为振兴地方经济，改善人民生活，做出重要贡献。卜以庸担任市人大常委会领导后，自觉贯彻执行党的路线方针政策，密切联系人大代表和人民群众，紧紧围绕市委、市政府的中心工作，行使宪法和法律赋予的职权，依法开展法律监督和工作监督，推进社会主义民主法治建设，为推动全市经济社会发展做出重要贡献。

2017年9月19日22时50分，卜以庸因病医治无效在盐城逝世，享年82周岁。

第50章　人物名录

责任编辑　潘其锐

第一节　新闻人物

2017年，盐城市大力培育和践行社会主义核心价值观，注重实践养成，汇聚精神力量，全市上下持续涌现出一大批身边好人和先进典型。至年底，全市有7名好人代表入选“中国好人榜”，21名好人代表入选“江苏好人榜”，66名好人代表入选“盐城好人榜”。好人事迹诠释丰富了新四军“铁军精神”、老区精神的时代内涵，“厚德盐城”品牌持续彰显。

资料链接：《厚德盐城》专栏
http://special.ycnews.cn/yc_special/hdyc/

一、中国好人

助人为乐　杨长春　葛敬军
见义勇为　殷继伟　袁　洲　刘卫丰
诚实守信　梁泽泉
孝老爱亲　王　花

二、江苏好人

敬业奉献　季发农　唐　毅　张春山　时宽义
助人为乐　葛敬军
诚实守信　董兆付　梁泽泉　徐　军
见义勇为　殷子辉　殷继伟　袁　洲　陈明矿
　　　　　姜宝亮　姜锦伟　唐子伍　陈相华
　　　　　王浩春　刘卫丰
孝老爱亲　王　花　周为华　张珍巧

三、盐城好人

敬业奉献　顾　平　武俊红　张春山　陶大中
　　　　　黄义章　掌洪源　嵇小霞　罗一红
　　　　　吕立亚　徐洪涛　刘宝柱　王睿文
　　　　　王学勇　毕　侃
助人为乐　王迎中　郑爱波　“和事佬”协会
　　　　　樊绿萍　崔雪梅　乐洪粉　邓　兵
　　　　　刘祝华　张珍巧　吴美德　孙振荣
　　　　　赵一鸣
　　　　　中国银行盐城城中支行爱心服务队
　　　　　丁　钰
诚实守信　卢崇华　徐　军　范华晨　周圣正
　　　　　潘德江　孟金开　葛成奇
　　　　　城南新区城管局环卫工团体
　　　　　王开高
见义勇为　陈明矿　周　祥　殷继伟　袁　洲
　　　　　苏响渔“02332”渔船工作人员（苏新福、陈其来等10人组成）
　　　　　陈　翔　邹道顺　吴继新　罗玉煌
　　　　　卞啸林　冯　兵　阮　俊　谷远松
　　　　　王洋先　王浩春　吕其俊　唐　智
　　　　　唐宁杰　何春红
孝老爱亲　杨兰俊　王　花　孙永兰　华传宝
　　　　　高兆艳　杨学云　陈必秀　季红翠
　　　　　耿汉顺　孙元勤

注：加□为逝世人物。

第二节　年度先进

2017年，全市上下深入贯彻落实中共十八大、十九大会议精神，围绕“五位一体”总体布局和“四个全面”战略布局，在省委、省政府的正确领导下，坚持稳中求进工作总基调，坚定不移贯彻新发展理念，扎实推进产业强市、生态立市、富民兴市和“五个一”战略工程，全面展开建设“强富美高”新盐城生动实践，奋力推进全面小康社会建设取得新成效。全市多个部门、单位和个人被评为年度先进。（详见附录第442页考评内容）

附录

- □文献选编
- □文件目录
- □综合考评
- □荣誉榜
- □出版书目
- □媒体报道

附　录

责任编辑　许寅生

文献选编

在市委七届五次全会上的讲话

（2017年12月28日）

王荣平

市委七届五次全会的主要任务是：以习近平新时代中国特色社会主义思想为指导，贯彻落实党的十九大、中央经济工作会议和省委十三届三次全会精神，总结2017年经济社会发展和党的建设工作，研究部署2018年工作，动员全市各级党组织和广大党员干部，不忘初心、牢记使命，为建设"强富美高"新盐城而努力奋斗。

2017年，在中央和省委的正确领导下，盐城市委坚持以习近平总书记系列重要讲话精神和治国理政新理念新思想新战略统揽经济社会发展全局，团结带领全市广大党员干部群众，勠力同心、砥砺奋进，脚踏实地、开拓进取，一件件事关战略全局和长远发展的大事要事开局破题，一件件过去想做而没有做成的事情梦想成真，为决胜全面建成小康社会奠定了坚实基础。

我们谋长远、抓重点，发展格局取得新突破。顺应群众关切，突出抓重点、补短板、强弱项，全力推进"五个一"战略工程，重大基础设施建设取得历史性突破，时速350千米的盐通沪高铁即将开工建设，京沪高铁、京杭高铁、沪陕高铁三条国家高速铁路新干线将在盐城交汇，融入上海"一小时经济圈"、北京"一日商务圈"的梦想即将成为现实。盐徐高铁、盐宁高铁、盐连铁路快速推进，盐宁高速等五条高速公路列入省新一轮高速路网规划，空港海港能级提升。重抓园区载体产业项目，持续造浓项目建设氛围；重抓生态文明建设，沿海百万亩生态防护林工程扎实推进，成功举办黄（渤）海湿地可持续发展与世界自然遗产2017盐城国际研讨会，"产业强市、生态立市、富民兴市"成效显著。

我们调结构、促转型，发展质效迈上新台阶。经济总量首次突破5000亿元，人均GDP首次突破一万美元，第三产业比重首次超过第二产业，服务业增加值、出口总额等四项主要经济指标增幅位居全省前列，工业开票销售、全体居民人均可支配收入等六项指标总量均居苏北第一。东山精密等一批投资超百亿元重大产业项目成功落户，非车产业开票销售突破4000亿元，同比增长19%。东风悦达起亚公司克难求进，实现可持续发展，累计销售汽车突破490万台，新能源汽车研发量产步伐加快。全市发明专利申请、授权和有效发明专利拥有量增幅均列全省第一，高新技术企业数量苏北第一，单位GDP能耗降幅全省第二，绿色发展成效明显。

我们重改革、促开放，动力活力得到新增强。供给侧结构性改革扎实推进，"放管服"改革取得明显成效，国企改革、农村改革等稳步实施。与上海、苏南、深圳等地的合作不断深化，与"一带一路"国家的合作取得重大突破，中韩（盐城）产业园正式获得国务院批准，上升为国家层面合作园区。江苏滨海新区与印尼金光集团签订总投资超百亿美元的循环经济高科技产业园和绿色新材料项目，为现代化大工业发展探索新路。

我们补短板、惠民生，群众福祉获得新改善。全市一般公共预算收入民生支出占比达75%以上。重点民生工程进展顺利，新水源地及跨区域引水工程明年下半年将投入使用，农村公路提档升级和农村康居工程"三年行动计划"扎实推进。脱贫攻坚力度加大，完成年度脱贫目标任务。灾后重建取得决定性胜利，20个集中安置点全部按时交付，6000多户受灾群众得到妥善安置。名校名师、名院名医工程加快实施，社会保障和公共服务水平不断提升。一批文艺精品力作获得省精神文明建设"五个一工程"奖和文华奖。开展严打专项整治行动，刑事案件发案数全省最低，社会治理能力持续加强，社会大局保持和谐稳定，在江北八市中唯一荣获全国社会治安综合治理优秀市。

我们严要求、严整治，管党治党取得新成效。"两学一做"学习教育深入开展，思想政治建设持续加强。意识形态工作责任制全面落实，精神文明建设成效明显，累计61人（组）当选"中国好人"。坚持正确选人用人导向，实施

"789" 青年干部培养计划，干部队伍结构优化、活力增强。压紧压实"两个责任"，保持惩治腐败高压态势，启动市县巡察，开展"正风肃纪镇村行"专项行动，党风政风为之一新。人大、政府、政协和法院、检察院党组工作得到加强，统战、民族宗教、老干部、双拥、国防后备力量建设等工作取得新成绩，各民主党派、工商联、群团组织作用进一步发挥，民主政治建设富有成效。

良好的势头巩固了多年来盐城发展成果、提振了进一步加快发展信心，为新一轮科学发展奠定了坚实基础。成绩来之不易，工作充满艰辛。发展道路上的每一点进步，都离不开上级党委的正确领导，离不开社会各界的关心支持，凝结着全市广大干部群众拼搏奋斗的汗水。

在总结成绩的同时，要清醒地认识到，发展不平衡不充分仍是当前最大的实际，创新驱动发展还需要加大力度，社会事业发展仍然存在短板，脱贫攻坚任务还很艰巨，群众持续增收压力较大，党风廉政建设和反腐败斗争形势依然严峻等等。对这些问题，我们要立足社会主要矛盾的变化，在今后工作中认真研究，着力解决。

党的十九大报告以马克思主义的宽广视野，深刻洞察世界发展大势和中国进步大局，回答了新时代坚持和发展中国特色社会主义一系列重大理论和实践问题。全市上下要把学习贯彻党的十九大精神和习近平总书记系列重要讲话作为首要政治任务，深入学习领会中国特色社会主义进入新时代的重大论断，深入学习领会习近平新时代中国特色社会主义思想的核心要义，深入学习领会我国社会主要矛盾发生历史性变化的重大意义，深入学习领会新时代党的建设总要求。以习近平新时代中国特色社会主义思想这个十九大的灵魂、全党奋斗的精神旗帜，武装头脑、统一思想、指导实践，认真落实中央、省委的决定要求和系统部署，确保党的十九大精神在盐城全面落地生根、开花结果。

一、坚持以党的十九大精神为引领，谱写新时代盐城发展新篇章

党的十九大指出，中国特色社会主义进入新时代。新时代赋予新使命，新时代开辟新征程，我们一定要勇于解放思想、善于抢抓机遇、强化创新引领、注重系统提升、坚持底线思维，奋力在新时代展现新气象新作为。

一要在深刻领会十九大精神中把握盐城发展新方位。2014年习近平总书记视察江苏时，提出了建设"强富美高"新江苏、推动"五个迈上新台阶"等殷切期望。时隔三年，总书记再次视察江苏，系统地对江苏发展提出明确要求，这是习近平新时代中国特色社会主义思想在江苏的具体化，是新时代深化"强富美高"新实践的方向标，也为盐城发展标注了新方位。"强富美高"是目标定位，经济强、百姓富、环境美、社会文明程度高，既是高标准、高水平的要求，也是动态性、渐进性的要求。"五个迈上新台阶"是实现路径，对应着"五位一体"和"四个全面"，是对盐城工作全面、系统、具体的要求，明确了强优势的着力点，提出了补短板的着重点，点明了强保障的关键点，各方面相互支撑、统筹推进，才能推动盐城发展水平整体性提升。我们正处在全面建成小康社会的决胜期、转型升级的关口期、重大战略的机遇期，必须围绕"强富美高""五个迈上新台阶"和"两聚一高"要求，重新审视、考量、调整、完善发展思路和政策举措，作出前瞻性的研究部署，奋力开创改革发展的新局面。

二要在深入贯彻十九大精神中展现盐城发展新特色。把学习贯彻新思想与正在推进的"产业强市、生态立市、富民兴市"战略部署、"五个一"战略工程和"五篇大文章"紧密结合起来，找准最佳结合点，发挥自身特色优势，做好"大交通"文章，在构建立体交通网络上展现作为；做好"大生态"文章，在提升绿色发展品质上打造特色；做好"大海洋"文章，在实现蓝色崛起上持续发力；做好"大上海"文章，在推进盐沪融合发展上加速突破；做好"大开放"文章，在形成对外开放新格局上创塑优势。加快构建现代特色产业体系，打造改革开放亮点，探索精准脱贫举措，开辟绿色发展路径，努力走出一条符合客观规律、具有区域特色、体现盐城特点的发展之路。

三要在全面落实十九大精神中作出盐城发展新担当。一切壮丽篇章的谱写，都要靠实干苦干来实现。精神状态好，一好带百好。中央明确2018年要坚决打好"三大攻坚战"，全面落实好供给侧结构性改革等8项重点任务。中央有部署，盐城要有行动。盐城农业比重大，低收入人口多，发展与富民任务异常繁重，比以往任何时候都更加需要全市广大党员干部勇于担当新的任务、新的实践、新的发展。我们要把握"有守"和"有为"的统一，坚守稳定底线、安全底线、廉政底线、生态底线，始终保持锐意创新的勇气、敢为人先的锐气、蓬勃向上的朝气，积极适应时代的"千变万化"，主动经受创新的"千锤万炼"，在发展的前沿展现"千姿万态"，在新的征程上奔腾"千军万马"，集众智、汇众力，低调务实不张扬，撸起袖子加油干，高水准高质量完成各项目标任务，把党的十九大精神全面落实在盐阜大地上。

二、坚持以高质量发展为根本要求，加快建设"强富美高"新盐城

2018年是贯彻落实党的十九大精神开局之年，是决胜全面小康社会，实施"十三五"规划承上启下的关键一年。全市上下要以更加积极主动的姿态，在牢牢把握新时代主旋律中明确方向，在科学研判经济社会发展大势中努力作为，在不断巩固良好发展势头中坚定信心，全力以赴推动实现经济发展、改革开放、城乡建设、文化建设、生态环境、人民生活"六个高质量"。

明年工作总的要求是，全面贯彻党的十九大精神，以习近平新时代中国特色社会主义思想为指导，按照总书记视察江苏重要讲话要求和中央经济工作会议、省委十三届三次全会部署安排，牢牢把握稳中求进工作总基调，坚持新发展理念，紧扣社会主要矛盾变化，按照高质量发展要求，统筹推进"五位一体"总体布局、协调推进"四个全面"战略布局，深入推进"两聚一高"新实践，以供给侧结构性改革为主线，坚决打好防范化解重大风险、精准脱贫、污染防治三大攻坚战，始终坚持"产业强市、生态立市、富民兴市"，扎实推进"五个一"战略工程，切实做好"五篇大文章"，推动质量变革、效率变革、动力变革，统筹推进稳增

长、促改革、调结构、惠民生、防风险各项工作，把“强富美高”新盐城建设不断推向前进。明年的主要目标是，地区生产总值增长7%以上，一般公共预算收入增长6%左右，全社会研发投入占GDP比重达2.13%，居民消费价格涨幅控制在3%左右，城镇登记失业率控制在3%以内，城乡居民收入分别增长8.2%和8.8%，节能减排完成省定目标，供给侧结构性改革取得实质性进展。

重点要抓好以下几方面工作。

*一要以建设现代化经济体系为方向，创新产业强市特色路径。*盐城能不能在新一轮竞争中占据先机、赢得优势，根本上取决于发展动力转换的速度，取决于创新能不能成为第一动力，取决于产业能否顺利实现转型出关、凤凰涅槃。必须深入学习贯彻习近平新时代中国特色社会主义经济思想，把发展经济的着力点放在实体经济上，按照加快建设现代化经济体系的要求，持续推进供给侧结构性改革，走一条质量更高、效益更好、结构更优、创新引领的发展路径，不断增强产业发展的创新力和竞争力。

拓展产业创新空间，着力构建结构优化、优势突出、绿色高效的现代产业体系。启动实施汽车、新能源、电子信息等主导产业三年行动计划，全力把基础较好、优势明显的新能源产业打造成全市域地方标志性支柱产业，将发展势头较好、未来潜力较大的智能终端、大数据、节能环保、高端装备与新材料产业培育成为区域性特色产业。坚持实施“一部车”战略工程不动摇，围绕新能源汽车、智能网联汽车、汽车后市场、自主品牌等领域加快汽车产业转型升级，支持东风悦达起亚提升市场竞争力，支持华人运通世界一流创新团队加快新能源汽车领域研发制造，力争到2020年汽车年销售突破100万台。主攻智能终端全产业链，重点突破产业链龙头企业、创新链关键项目和供应链平台公司，实现开票销售300亿元。大力实施“新能源+”，重点发展海上风电机组及新材料、高效太阳能电池组件等，积极申办全球智慧能源大会，紧扣全产业链招引上下游企业，创建国家级新能源产业基地和新能源创新发展城市。

集聚高端创新要素，促进各类创新资源向先进制造业加速流动。积极利用新技术新业态改造提升传统产业，推动机械装备、纺织、化工等传统产业开展生产方式“智造”、生产形态再造、商业模式改造，引导更多传统企业实施智能化升级，提升产业发展质态。强化企业创新主体地位和主导作用，扎实推进千家高新技术企业培育计划，鼓励支持企业增加研发投入，重点培育有基础、有潜力、有条件的科技型企业，优先培育新增长点企业，力争高新技术企业总数突破740家。深入推进知识产权强企行动“十百千万”工程，促进专利增量提质，争创国家知识产权示范城市。搭建产业研发创新平台，积极推进清华大学校外国家工程实验室和智能技术联合研究院、江苏新能源汽车研究院等一批重点研发平台建设，集聚更多高端创新要素。推动在节能环保、新能源、高端装备等领域布局发展省级制造业创新中心，支持骨干企业创建国家级企业研发机构、争创创新型领军企业。加快在上海设立盐城科创中心，探索“不求所在、但求所用”的“飞地”研发转化模式，实现部分研发在上海、生产制造在盐城，打响“盐城智造”品牌。

增强创新发展动能，推动实体经济发展向质量和效益提升转变。紧紧牵住重大项目建设“牛鼻子”，扎实推进产业园区项目载体建设，统筹开展项目推进活动和招商引资、招才引智活动，瞄准大产业、大投资领域，围绕战略性新兴产业发展路线图，建立重点区域、重点产业、重点企业库，实现精准招商，力争明年新签约超10亿元产业项目20个以上，以重大产业项目的突破带动创新提升、结构优化。聚焦“两重”项目，实施一批引领转型升级、提升产业优势、补强薄弱环节的产业项目，重点抓好东山精密、般若电子等100项新增长点项目建设。全力实施新一轮大企业（集团）培育计划，引导企业通过智能化改造、战略重组等方式实现转型发展，努力打造一批“小巨人”企业，组织实施星级企业培育工程，力争新增工业星级企业30家。大力培育税源企业，壮大税源经济，做大做实财政“蛋糕”。

创新现代服务业发展模式，推动服务业提质增效。加快发展金融服务、现代物流、科技研发等生产性服务业，提升发展现代商贸、文化旅游、家庭服务等生活性服务业，培育电子商务、共享经济等新兴业态，努力构建以生产性服务业为支撑、高端服务业为重点、消费性和公共服务业为基础的现代服务业体系。进一步提升金融服务实体经济能力，引导和鼓励更多的信贷规模投向实体经济，加快推进企业上市和新三板挂牌，促进金融与产业深度融合。认真贯彻落实中央和省房地产调控政策，完善促进房地产市场平稳健康发展的长效机制，合理引导房地产消费需求，稳健发展房地产业。以生态旅游为重点、全域旅游为方向，不断加强生态旅游产品供给和旅游市场开拓，致力发展“旅游+”休闲度假、健康养生、运动休闲等新业态、新模式。实施服务业龙头企业培育行动，滚动培育30家重点企业，开展市级生产性服务业集聚示范区认定，推动全市生产性服务业向专业化和价值链高端延伸。

*二要以推动城乡融合发展为重点，探索富民兴市更大空间。*富民的最终衡量标准是百姓的获得感和满意度。必须更加自觉地践行以人民为中心的发展思想，坚持把人民对美好生活的向往作为工作追求，千方百计加快富民增收步伐，着力解决结构性的民生问题、实施普惠性的民生工程、办好扶助性的民生实事、满足多样性的民生需求，确保在全面小康路上一个不少、一户不落。

大力实施富民增收工程。继续贯彻落实好省“富民33条”和市“富民10条”政策，紧紧抓住大众创业这个富民增收主渠道，调动社会重点群体创新创业的积极性，积极引导大学生、在外有成人士、农民工等群体返乡下乡创业。把产业升级和提升就业质量结合起来，强化技能培训，培养适应新技术、新产业、新业态需要的高素质人才，在技能水平和劳动生产率提高的基础上增加工资性收入，确保明年新增城镇就业9万人以上。实施休闲农业与乡村旅游提升工程，开展创意休闲农业百点创建活动，把乡村旅游打造成为拉动经济增长、带动群众致富的富民产业。

大力实施乡村振兴战略。党的十九大报告首次提出并用专门章节部署实施乡村振兴战略，这是我市农业结构调整和转型发展的重要遵循和重大机遇。要加快研究制定《乡村振兴战略行动方案》，推动资本、技术、人才等各类要素向乡村流动，开创盐城"新乡土时代"。要在农业特色化、绿色化、品牌化、高效化上持续发力，扎实推进农业供给侧结构性改革，在确保粮食安全的前提下，再调减低效粮食70万亩，打造一批县域主导特色产业，创建一批"一村一品"专业村，建设一批集群化农业生产基地，确保新增设施农业10万亩。持续推进农业"接二连三"工程，发展主导特色产业加工集群，加强与中粮集团、光明集团等大型龙头企业合作，培大育强一批有影响的领军型、旗舰型农业龙头企业。进一步提升农产品加工集中区发展水平，积极培育新型农业经营主体，发展农业产业化联合体，健全农业社会化服务体系，促进农村一二三产融合发展。力争每年新增农产品加工企业60家以上，到2020年，力争打造2个销售超100亿元和5个销售超50亿元的农产品加工集中区。积极促进城乡深度融合，推动基础设施、公共服务向乡村延伸，教育、文化、卫生等优质资源向农村覆盖，优化村镇布局规划，引导更多乡村开展特色田园村庄建设，加快建设"美丽乡村"。大力开展农村精神文明建设，通过加强教育引导、创新实践活动、完善服务体系，丰富农民文化生活，推动农村乡风文明。

加快推进中心城市建设。按照长三角城市群Ⅱ型大城市定位，高起点规划、高水平推进"五大组团"建设，彰显城市个性，提升城市品质，加快打造现代化、国际化、生态化、特色化的江苏沿海中心城市。持续改善老城区人居环境，挖掘历史文化资源，强化城市乡愁记忆，促进新城老城融合发展。大力实施"三治三化"专项行动，突出水环境治理，加快清水廊道建设，集中精力抓好水功能区达标建设，到2020年消除城市黑臭等劣五类水体。加大棚户区和城市违建治理力度，提升城市绿化、亮化、美化水平，着力化解各种"城市病"，进一步彰显"百河之城、湿地之都"特色，营造绿树婆娑、碧波荡漾、鸟语花香、令人向往的生态空间。深入持久开展文明城市创建工作，深入实施市民文明素质提升工程。切实提高城市治理与服务水平，推进海绵城市、智慧城市建设，共建共享更加美好的城市生活。

坚决打赢精准脱贫攻坚战。把脱贫攻坚作为第一民生工程来抓，加快制定《脱贫致富奔小康工程40条意见》考核细则，层层落实责任、传导压力，确保4000元以下低收入人口脱贫经得起检验，6000元以下低收入人口脱贫按计划完成任务。要继续强化精准脱贫，落实帮扶责任，因户施策开展各种形式扶贫。要大力推进产业扶贫，积极发展蔬菜、家禽等一批立竿见影的"短平快"项目，对省定经济薄弱村实行一村一策，通过项目落实促进扶贫政策落地见效。要积极推进健康扶贫，针对因病致贫返贫难题，构建更加完善的医疗保险和医疗救助体系，实行更有力度的倾斜政策，确保到2020年，城乡低收入人口大病得到及时有效救治和保障，个人就医费用负担大幅减轻，因病致贫返贫问题得到有效解决。要创新结对帮扶方式，在全市南部地区确定30个经济发达的镇与北部地区的30个经济薄弱村，实施南北镇村对口挂钩帮扶，确保所有村如期实现脱贫，形成稳定增收机制。充分发挥"阳光扶贫"监管系统平台作用，利用大数据全程跟踪，让扶贫全过程公开透明，确保真扶贫、扶真贫。

切实保障改善民生。聚焦就业服务、社会保障、富民增收、教育卫生、生态环境等群众最关心最直接最现实的利益问题，组织实施20件民生实事项目，一件事情接着一件事情办，一年接着一年干，使人民获得感、幸福感更加充实、更有保障、更可持续。继续加大南水北调、西水东引的"一桶水"战略工程组织推进力度，建成国优工程、精品工程。坚持不懈推进"厕所革命"，补齐影响群众生活品质短板。加快落实《基层基本公共服务功能配置标准的实施方案》，鼓励有条件的地区和领域在做好省"规定动作"的基础上，量力而行开展"自选动作"，切实让资源跟着需求走、服务跟着居民走，不断增加群众的"隐性财富"。统筹推进教育、医疗、养老等各项社会事业，加大教育投入力度，推动城乡义务教育均衡发展，引进更多的名校名师，增加更多优质教育资源供给。加快完善社会保障体系，推进健康盐城建设，提升多层次、广覆盖社会保障水平。

推进文化繁荣发展。坚定文化自信、打造文化标识、讲好盐城故事、建好精神家园，高质量推动文化建设。牢牢掌握意识形态工作领导权，大力传承弘扬铁军精神，着力培育和践行社会主义核心价值观。加强对网络意识形态的监测预警和研判处置，不断凝聚网上正能量。加快媒体融合发展，切实提高新闻舆论传播力、引导力、影响力和公信力。发展文化事业和文化产业，促进"文化+旅游""文化+制造""文化+科技"等融合发展，培育更多市场主体，创作更多文艺精品，不断增强文化软实力。实施文化惠民工程，巩固"书香盐城"建设成果，组织举办文化下基层等系列活动，不断丰富基层群众精神文化生活。深化文化体制改革，完善公共文化服务体系，推进村（社区）综合文化中心达标建设，打通公共文化服务"最后一千米"。

强化社会治理创新。高水平的社会治理既是全面建成小康社会的重要体现，更是重要保证。要以荣获全国社会治安综合治理优秀市为新起点，以夺取全国"长安杯"为新目标，谋划部署新一轮平安盐城建设，全面提高社会治理社会化、法治化、智能化、专业化水平。坚持标本兼治、综合治理，健全完善社会矛盾多元化解机制，深入推进信访积案攻坚，依法解决合理诉求，不断提高信访矛盾化解率。完善基层社会治理体系，推进市县镇村综治中心建设规范化，创新网格化社会治理机制，以每个网格的精细治理保障全市的和谐稳定。依法严厉打击各类违法犯罪活动，创新升级社会治安防控体系，深入推进技防城和"雪亮工程"建设，着力打造"全域覆盖、全网共享、全时可用、全程可控"的升级版技防盐城。坚决打赢防范化解重大风险攻坚战，高度重视政府性债务、城乡非法集资、互联网金融、安全生产等领域的重大风险，深入开展大排查大整治活动，常态化开展安全生产大检查，不断提高各类矛盾风险的发现、防范、化解、管控能力，坚决防止恶性群体性事件和重大公共安全事故发生，努力实现社会稳定、长治久安。

三要以建设美丽盐城为目标，引领生态立市绿色实践。

党的十九大报告将坚持人与自然和谐共生，作为新时代坚持和发展中国特色社会主义的十四条基本方略之一。绿水青山就是金山银山，良好的生态是盐城未来发展的最大优势。我们要坚定不移地实施“生态立市”战略，扎实做好“大生态”文章，真正让生态成为盐城更加鲜明的特征、绿色成为盐城发展的永久底色。

扎实推进“一片林”战略工程。瞄准尽快建成生态特区目标，坚持造林与造景相结合、生态效益与经济效益相统一，以推进沿海百万亩生态防护林工程建设为主攻方向，以沿海滩涂改良造林为主战场，大力弘扬塞罕坝精神，大规模植树造林，确保实现新增造林15万亩、改造提升15万亩的“双15”目标，加快建成千里海疆绿色屏障、黄海之滨生态绿洲。推进林产融合，大力发展经济林果、林下经济、木材精加工、林业生态旅游。加快森林公园、森林小镇、森林村庄建设步伐，高标准创建国家森林城市，建设长三角地区绿色发展示范区。

坚决打赢污染防治攻坚战。深入推进中央环保督察反馈问题整改，积极配合新一轮中央、省环保督察工作，抓好自然保护区执法检查与问题整改，全面落实大气、水、土壤污染防治行动计划，切实解决突出环境问题。围绕省生态河湖行动计划，扎实开展水生态文明建设，继续推进区域供水一体化，完成县级水源地问题隐患整治清理，重塑百河之城新形象。积极建设生态工业园区，努力走在全省化工整治和园区建设前列，确保到2020年实现减煤48万吨，化工企业缩减到200家左右，始终保持空气质量江苏最好、全国前列。深入开展畜禽养殖污染专项整治和农业面源污染治理，实施化肥农药减量增效行动，推广生态循环农业新技术新模式，做到既要百姓富，也要生态美。从紧从实抓好“两减六治三提升”各项措施的落实，推动生态环境质量显著提升，交出让老百姓满意的环保答卷。

强化生态文明保护与建设。巩固生态红线在经济社会发展中的战略性、基础性、约束性地位，规范空间开发活动，提高环境准入门槛，继续严把“产业导向、项目准入、节能减排”三个关口，凡排放不达标一律不引、环评未通过一律不建、影响和破坏生态一律不要。严格落实地方党委和政府主体责任，探索生态环境损害责任终身追究制度和生态环境损害赔偿制度，加强生态环境执法监管、严格问责，以绿色考核检验绿色发展的成效。积极实施湿地生态恢复工程，逐步提升湿地生态质量。立足两个国家级自然保护区和海岸森林资源，探索建立国家公园体制试点，扎实做好世界自然遗产申报工作。

*四要以改革开放为动力，打造沿海发展战略高地。*盐城过去的发展得益于改革开放，未来发展必须更大力度推进改革开放。必须始终坚持改革开放不停步，充分释放体制机制活力，增创对外开放新优势，全力打造“江苏沿海开放新高地”“长三角北翼先进制造业基地”和“国家可持续发展实验区”。

纵深推进全面深化改革。充分发挥“放管服”改革先手棋作用，巩固深化“3550”改革成果，大力推进“不见面审批”，探索推进“一窗通办、一网通行”利企便民改革，从“门槛管理”走向“信用管理”，全力打造务实高效的政务环境、优质便利的营商环境、公平有序的市场环境。深化科技体制改革，围绕科技成果转化链的关键环节，完善产权保护、利益分配、创新激励等制度，更大力度集聚创新创业资源。加快推进投融资体制改革，推动地方金融改革创新，发挥产业投资基金杠杆和引导作用。分类有序推进国有企业改革，鼓励、支持、引导非公有制经济发展，鼓励民营企业依法进入更多领域。巩固和完善农村基本经营制度，深化农村土地制度改革，完善承包地“三权”分置制度。深化社会体制改革，深入推进医药卫生体制改革，加大教育改革力度，完善保障改善民生、促进社会公平正义的制度安排。深化生态文明体制改革，开展生态环境保护制度综合改革，引进市场机制，全面推开排污权有偿使用和交易，探索推行污染第三方治理。改革进行到攻坚阶段，要强化责任担当和正向激励，着力解决好改革动力向下层层递减的“倒三角”问题。要抓好具有标志性、引领性、支撑性作用的重大改革试点，创出具有地方特色的改革经验，发挥对面上改革的示范带动效应。

构建全面开放新格局。加快融入“一带一路”，拓展盐城的“朋友圈”，更好地利用两个市场、两种资源，高水平引进来，大踏步走出去，依托大丰港、滨海港和南洋空港三个国家一类开放口岸，全方位推进对外开放合作。与沿线城市共同争取淮河生态经济带上升为国家战略，建设淮河生态经济带出海门户。抓住中韩（盐城）产业园正式获批重大机遇，建立高位协调机制，加大重特大项目招引力度，全力打造中韩地方经济合作和高端产业合作的新高地。深化与欧美、港澳台经济合作，探索开放合作新模式、新路径、新体制，发展更高层次的开放型经济。认真做好“大上海”文章，加大与上海、苏南、深圳等发达地区合作力度，加快打造长三角区域产业合作示范区。抓住高铁机遇，依托上海飞地，推进沪苏产业联动集聚区建设，打造北上海临港生态智造城，创建国家飞地经济示范区。同时，利用好沿海这个最大的潜力和空间，全方位推进沿海开放发展，做好“大海洋”文章，重点发展海洋生物、海洋可再生能源、海水淡化与综合利用等产业，建设国家海洋经济示范区。加快推进江苏滨海新区建设，全力推动金光循环经济高科技产业园和绿色新材料项目开工建设，打造河海联动开发示范区，建成东部沿海先进制造业集聚区。推进海洋产业与数字化融合发展，以大数据、人工智能为支撑，建设“智慧海洋”工程，把盐城建成海上丝绸之路重要节点。按照中央要求和省里部署，切实做好对口支援新疆、青海，对口帮扶陕西铜川，对口合作辽宁阜新等各项工作。

加快重大基础设施建设。启动实施基础设施建设三年行动计划，扎实推进各项重点工程。全面加快实施综合交通“一张网”战略工程，实现高铁、高速、高架同步规划、同步建设，互联互通、互动并进。加快盐通、盐宁、盐徐等高铁建设，实现盐连铁路明年全线建成通车，积极推进大丰港铁路支线等项目前期工作，全面融入长三角城市群和上海“一小时经济圈”。积极争取盐宁、东台至兴化等高速公路项目尽早开工建设。按照“鲁班奖”要求，加快建设市区内环高架快速路网三期工程，狠抓工程创优，确保施工质量，建成市民满意的精品示范工程、廉洁工程。要按照建好、管好、护好、运营好的“四好农村路”建设要求，全面完成农村公路提档升级三年行动计划，实施改造新建农村公路1140千米、桥梁660座，同步加强农村道路安全设施建设。实施盐城港扩容提质工程，加快推进深水航道、码头工程等项目建设，新建一批水利、防洪、电力和信息化重大基础设施项目。扎实推进农村康居工程三年行动计划，建成一批康居乡村。

切实加强社会主义民主政治建设。支持市人大及其常委会围绕全市改革发展大局依法行使职能，继续提升地方立法的能力水平，加强工作监督和法律监督，推进“万名代表大走访”主题实践活动，发挥代表主体作用。支持市政协聚焦全市中心工作，围绕团结民主两大主题，切实履行政治协商、民主监督、参政议政职能，深化“五型”“五新”组织建设，加强委员队伍建设，焕发政协事业蓬勃生机。

发挥各民主党派、工商联、无党派人士服务发展的独特优势，不断壮大爱国统一战线，扎实推进民族、宗教、对台、外事、侨务等各项工作，充分发挥工会、共青团、妇联、科协等群团组织的桥梁和纽带作用，形成生动活泼、安定团结的政治局面。始终把法治作为价值导向和实践标准，积极推进科学立法、严格执法、公正司法、全民守法。牢牢坚持党管武装，积极推进军民融合发展，巩固全国双拥模范城“五连冠”成果。

三、坚持党要管党从严治党，全面推进党的建设新的伟大工程

党政军民学，东西南北中，党是领导一切的。全市各级党委要突出把方向、管大局、作决策、保落实，认真落实新时代党的建设总要求，牢固树立“四个意识”，以永远在路上的决心落实好全面从严治党主体责任，不断提高党的建设质量，为新时代事业发展提供坚强保障。

*突出“政治建设”抓好学习教育，激发推进改革发展的动力源泉。*党的政治建设是根本性建设，核心是用中央精神统一思想，关键是用中央标准规范言行。要把深入学习贯彻习近平新时代中国特色社会主义思想放在政治建设首位，在学懂、弄通、做实上狠下功夫，坚决维护习近平总书记在党中央和全党的核心地位，坚决维护以习近平同志为核心的党中央权威和集中统一领导。要推进“两学一做”学习教育常态化制度化，高起点谋划、高标准开展“不忘初心、牢记使命”主题教育，注重把铁军红色资源转化为教育资源，把改革发展现场开辟为实践课堂。要完善和落实民主集中制各项制度，严格执行新形势下党内政治生活若干准则。要认真组织学习新党章活动，推动形成全体党员自觉学习党章、模范贯彻党章、严格遵守党章、坚决维护党章的良好局面。

*突出“高素质专业化”选好管好干部队伍，打造引领改革发展的骨干团队。*全面贯彻党的十九大对干部队伍建设提出的新要求，坚持党管干部原则，认真落实“好干部”标准。要把政治过硬作为第一位要求，注重从政治忠诚、政治定力、政治担当、政治能力、政治自律等方面考察了解干部，注重从小事看德、从难事看能、从实事看勤、从大事看绩。要围绕增强八个方面的本领，把可塑性强、成长性好的干部，放到重点工程、重要岗位和急难险重任务中经受历练，提升专业能力、弘扬专业精神。要树立选干部不求全、配班子务求全的理念，把“一时”与“一贯”结合起来，抓实领导班子定期研判、年轻干部专项研判、问题干部重点研判，建立健全青年干部培养选拔常态化机制，统筹使用各方面各年龄段干部，打造又博又专、推陈出新的素养结构。坚持激励与约束并重，建立健全鼓励激励、容错纠错、能上能下三项机制，让敢于担当、奋发作为蔚然成风。要常态化推进“双招双引”，持续实施“515”引才计划，做好党委联系服务专家工作，强化全方位、全过程、精细化的服务保障，构建更具区域竞争力的人才制度优势。

*突出“组织力”统筹推进基层党建，建强保障改革发展的战斗堡垒。*党的基层组织是确保党的路线方针政策和决策部署贯彻落实的基础。要以提升组织力为重点，突出政治功能，以脱贫攻坚为统揽推动农村党建，以网格化管理为载体推动城市基层党建，以“两个核心作用”发挥为关键推动国有企业党建，以“两个覆盖”为目标推动“两新”组织党建，以作风效能建设为抓手推动机关党建，实现分类别具体指导、分领域统筹推进、全方位整体提升。要健全基层党组织书记培养选拔、教育培训、管理监督、激励保障机制，深入实施“双培育双提升”五年行动计划，扎实抓好退役士兵“村干部培养选聘千人计划”，把“双强”能人留在基层、把优秀人才导向基层，打造一支“不走的富民工作队”。要完善市县镇党委书记抓基层党建工作述职评议考核办法，抓实“三会一课”制度，抓深基层党组织统一活动日制度，全面履行主体责任，切实推动基层党组织全面进步全面过硬。

*突出“一刻不停歇”加强作风建设，擦亮“清风盐城”的品牌形象。*党的作风关乎人心向背和事业兴衰，纠正“四风”不能止步。最近，中央和省委先后下发了贯彻落实八项规定的实施细则和具体办法，市委制定了具体实施意见，各地各部门要结合实际认真抓好贯彻执行，坚持把从严要求贯穿作风建设全过程和各方面。要坚持从具体事项抓起，创新监督检查方式，严肃整治党员干部参与违法建设、党员干部兼职以及退休手续不规范等突出问题。加大整治群众身边不正之风和腐败问题力度，深入推进“正风肃纪镇村行”专项行动2.0版，充分发挥农村集体“三资”管理平台作用，不断增强群众的获得感。要持续深化“暖企行动”，让各类市场主体放心创业。坚持把日常教育提醒、常态监督检查、严肃查处问责衔接起来，不间断点名道姓通报曝光，坚决打好作风建设持久战。

突出“全面从严”持续推进反腐倡廉，打造山清水秀的政治生态。坚持无禁区、全覆盖、零容忍，力度不减、节奏不变，受贿行贿一起查，减少腐败存量，重点遏制增量。全面落实国家监察体制改革要求，整合反腐败工作力量，实现对全市行使公权力人员的监督全覆盖。深入践行监督执纪“四种形态”，制定实施办法，规范操作程序，做到抓早抓小、防微杜渐。扎实抓好省委两轮巡视和市委三轮巡察反

馈意见的整改落实，对共性问题实行未巡先改，深入开展市县巡察工作，打通全面从严治党“最后一千米”。坚持标本兼治，加大办案成果转化力度，强化纪律教育和警示教育，全力铲除腐败问题滋生的土壤。扎实开展全面从严治党主体责任落实年活动，健全党政正职干部监督工作机制，适时向市直单位“一把手”和乡科级党政正职延伸。全市各级干部特别是领导干部要习惯在受监督和约束的环境中工作生活，管好家人和亲友，不干涉、不掺合、不插手工程建设，把紧家门、守好后院，构筑家庭廉洁防线，以党风廉政建设和反腐败斗争实际成效取信于民。要树立鲜明的考核导向，建立科学的考评体系，更加充分地调动全市上下干事创业的积极性主动性创造性。

同志们，新时代的蓝图，在砥砺前行中展开；新思想的光芒，在接续奋斗中闪耀。站在“两个一百年”奋斗目标的历史交汇期，只要我们思想上一条心，行动上一盘棋，就一定能走好新时代的长征路。让我们高举习近平新时代中国特色社会主义思想伟大旗帜，更加紧密地团结在以习近平同志为核心的党中央周围，在省委的坚强领导下，坚持“产业强市、生态立市、富民兴市”不动摇，不忘初心、牢记使命，埋头苦干、锐意进取，为决胜全面建成小康社会、加快建设“强富美高”新盐城而努力奋斗。

政 府 工 作 报 告

（2018年1月4日）

戴 源

2017年工作回顾

过去的一年，我们在省委、省政府和市委的正确领导下，认真贯彻落实党的十八大和十九大精神，坚持稳中求进工作总基调，坚定不移贯彻新发展理念，扎实推进产业强市、生态立市、富民兴市和“五个一”战略工程，全面做好稳增长、促改革、调结构、惠民生、防风险各项工作，较好地完成了市八届人大一次会议确定的主要目标任务。

一、经济发展稳中提质。全市经济稳定增长。经济总量首次突破5000亿元，人均地区生产总值首次突破1万美元。一般公共预算收入360亿元，完成市人大常委会批准的调整指标。规模以上工业增加值2100亿元，企业增长面创近三年新高。固定资产投资4300亿元，增长11%；社会消费品零售总额1810亿元，增长11%。转型升级取得突破。三次产业比重为11∶44.4∶44.6，产业结构实现了从“二三一”到“三二一”的重大转变。新能源、节能环保、智能终端、大数据等产业发展势头强劲，战略性新兴产业产值增长19%，占工业产值比重提升1.5个百分点。新能源装机容量、发电量均列全省第一。实施千万元以上技改项目522项，机械、纺织、化工等传统支柱产业加快转型。扎实推进农业“接二连三”工程，龙头企业实现销售2500亿元，设施农（渔）业新增面积、“三品一标”农（渔）产品总数全省第一。加快建设31个市级服务业集聚区，旅游产业快速发展，服务业增加值、投资增幅、新增规模以上企业数均居全省前三。项目推进成效明显。举办一系列境内外重大招商活动，总投资超百亿元的中国电子盐城信息港项目、总投资超百亿美元的金光循环经济高科技产业园项目签约落户，盐都东山精密电子、东台远海科技等重大项目进展顺利。坚持每两个月举行一次现场观摩活动，持续推进“两重一实”项目建设，完成投资930.6亿元。鼓励企业“争星创优”，评定并表彰星级企业120家。科技金融支撑有力。全社会研发投入占GDP比重2.05%，净增高新技术企业81家，高新技术产业产值增长19%，发明专利申请、授权及有效发明专利拥有量增幅均列全省第一。金融业增加值占GDP比重首次超过5%，贷款总量苏北第一、增幅全省第三。

二、改革开放深入推进。各项改革取得新进展。不断深化供给侧结构性改革，全面完成去产能年度任务，全市商品住房库存去化周期缩短到7.6个月，新增直接融资435亿元，累计帮助企业降低成本60亿元。深化“放管服”改革，建成全市政务服务网络平台，推行“不见面审批”和数字化联合审图，实现“3550”改革目标。开展承担行政职能事业单位改革试点，稳步推进行政执法体制改革。投融资体制改革取得明显成效，设立并运行8支市政府产业基金，总规模超过230亿元，累计投放项目37个，完成投资88.1亿元，其中撬动社会资本67.8亿元。新水源地及跨区域引水工程项目成为财政部PPP示范项目。沿海开发实现新突破。港口能级进一步提升，滨海港区获批国家一类开放口岸，射阳港区获批临时开放口岸，大丰港区保税物流中心正式封关运营，响水港区保税物流园开工建设。全年港口货物吞吐量9500万吨，增长13%。临港产业快速发展，响水德龙镍业销售突破300亿元，滨海国电投协鑫2×100万千瓦火电机组并网发电，射阳远景能源等一批沿海重大项目投产达效。对外开放呈现新局面。中韩（盐城）产业园正式获得国务院批准，极大增强我市对外开放的差别化竞争力。北上海临港生态智造城全面开工，南北园区合作共建不断深化。开展园区“等级创建”，各类产业园区加快转型、提质增效。引进总投资5000万美元以上项目27个，实际利用外资增长10%。新批境外投资项目17个，外贸出口额增长24.7%，增幅全省第一。

三、生态环境更加宜居。生态保护力度持续加大。坚决落实中央环保督察整改要求，推动8个环境具体问题立行立改，饮用水源保护区、通榆河保护区、自然保护区、化工园区一批历史遗留问题得到有效解决。举办黄（渤）海湿地可持续发展与世界自然遗产国际研讨会，珍禽和麋鹿两个国家级自然保护区被列入世界自然遗产预备名录。通过国家卫生城市复审，荣获全省首批绿色建筑示范市。滨海、响水通过省级生态县验收，阜宁、大丰、东台经济开发区通过省级生态工业园区考核。“263”专项行动深入开展。关停化工生产企业32家，关闭燃煤锅炉583台，单位GDP能耗降幅全省第二，主要污染物削减量完成省定目标。开展大气污染专项治理行动，空气质量优良天数289

天，全省最高，连续三年被省表彰为大气污染防治优秀城市。城乡环境综合整治成效明显。推行河长制，全面完成城乡河道整治三年任务。在市区部署开展“三治三化”专项行动，加强黑臭水体治理，完成1388幢楼宇亮化升级工程，新开工棚改安置住房4019套，基本建成3805套，整治9个老旧小区。农村环境不断改善，特色镇村培育取得新的进展，盐都大纵湖镇入选全国第二批特色小镇，市开发区汽车小镇、城南新区数梦小镇、大丰荷兰花海风情小镇、亭湖千鹤湾温泉风情小镇列入省级特色小镇创建培育名单，东台三仓镇兰址村等3个村庄成为省首批特色田园乡村建设试点。

四、群众生活持续改善。民生投入不断加大，全市财政民生支出590亿元，20件民生实事完成年度任务。城乡居民收入稳步增长。落实省富民33条和市富民10条，新增城镇就业12.1万人，城乡居民人均可支配收入分别增长8.3%和8.9%。完成12万建档立卡低收入人口和36个省定经济薄弱村脱贫任务。扎实推进健康扶贫工程，民生“三项保险”全面落实，惠及71.8万因病、因残、因灾祸导致的低保户及低保边缘群体。公共服务水平不断提升。新建、改扩建中小学、幼儿园61所，教育总投入达160亿元。引进合作办学项目34个、各类名师36人。扎实推进“健康盐城”建设，城乡居民均享有14类55项免费基本公共卫生服务，完成基层医疗卫生机构基础设施标准化建设三年目标，建立院士工作站3个、名院名医工作室33个，大丰家庭医生签约服务入选全国深化医改重大典型经验。覆盖城乡的公共文化服务体系基本形成，一批文艺精品力作获得省精神文明建设“五个一工程”奖和文华奖，荣获省首批“书香城市建设先进市”。广泛开展全民健身运动，成功承办第31届亚洲城市保龄球锦标赛。社会主义核心价值观深入人心，累计有61人（组）当选“中国好人”。社会保障体系更加完善。城乡基本社会保险覆盖率稳定在97%以上，29.5万低收入困难群体免费纳入城乡居民医保体系，在全国率先实现跨省异地就医直接联网结算。农村康居工程扎实推进，完成C级危房改造5.4万户。“6・23”灾后重建全面完成，总建筑面积近60万平方米的20个集中安置点如期交付，抗灾救灾工作取得决定性胜利。社会治理能力明显增强。法治盐城、平安盐城建设深入推进，“七五”普法广泛开展，系列“黄海行动”取得成效，刑事案件发案数全省最低，荣获全国社会治安综合治理优秀市。强化安全生产、应急管理、消防安全、食品药品监管、民族宗教事务等工作，安全生产事故起数和死亡人数保持“双下降”。开展“大走访大落实”活动，一批社会矛盾纠纷和信访积案得到化解，社会大局和谐稳定。支持服务国防和军队改革，促进军民融合发展，双拥创建成果更加巩固。

五、自身建设得到加强。全面增强“四个意识”。严守政治纪律和政治规矩，始终与以习近平同志为核心的党中央保持高度一致。不断提升政府工作组织化程度。开展“学先进、找差距，补短板、促发展”活动，提高工作标准，浓厚争先创优氛围。市财政局成为全国财政系统法治财政建设示范点，市环保局入围全国环境执法大练兵表现突出单位。深入推进法治政府建设。严格依法行政，推进政务公开。自觉接受市人大工作监督、法律监督和市政协民主监督，认真办理市人大代表建议197件、市政协委员提案285件。持续转变机关作风。严格执行中央“八项规定”和省、市委“十项规定”，落实政府系统党风廉政建设责任制，扎实抓好市委巡察反馈问题的整改落实。监察、审计、统计、物价和公积金管理等工作得到加强，档案、地方志工作取得新进展，妇女、儿童、青少年、老龄、残疾人、红十字、慈善事业、外事、台侨工作取得新进步。

各位代表，2017年我们深入贯彻落实党的十九大和省、市党代会精神，全力推进事关发展全局、事关重大民生的“五个一”战略工程。“一张网”快速推进。实施交通基础设施六大类39个项目，完成投资161亿元。内环高架快速路网三期工程开工建设，盐通高铁开工在即，盐徐高铁路基桥梁施工基本完成，盐连快铁盐城段主线基本贯通。宁盐等5条高速列入省新一轮高速公路网规划。提档升级农村公路2880千米，改造桥梁1823座。“一桶水”加快引进。新水源地及跨区域引水工程完成投资31亿元，占全部工程量的70%。盐龙湖水厂一期工程建成供水，通榆河取水口原水预处理净化、盐龙湖水库优化提升等工程快速实施。“一部车”难中求进。制定实施一揽子政策措施，促进汽车产业发展企稳向好，汽车产业规模达1600亿元。东风悦达起亚与百度合作打造国内合资品牌首款智能网联车，自主品牌纯电动车华骐300E成功上市。奥新新能源乘用车项目对外合作取得重大进展，与省产业研究院在盐城共同成立江苏新能源汽车研究院。“一片林”有力推进。大力实施沿海百万亩生态防护林工程，新造成片林8266.67公顷，改造提升1.06万公顷，新增城镇绿化3650公顷，造林总量全省第一，全市林木覆盖率达26.6%。建湖、阜宁创成国家园林城市。“一座城”品质提升。中心城市加快建设，实施150项城建重点项目，完成投资260亿元。“五大组团”扎实推进，南海未来城组团核心区启动建设，范公堤高铁综合枢纽组团高铁站房即将开工，大洋湾生态组团400公顷核心区基本成型，先锋岛生态组团启动环境整治及征收拆迁工作，斗龙港生态组团五大类17项重点工程全面动工。城市功能进一步完善，市体育中心荣获鲁班奖，国家智慧城市试点通过验收。扎实开展国家新型城镇化综合试点，县城及重点镇规划建设水平提高、承载能力增强，全市常住人口城镇化率达62.6%。

各位代表，过去一年的成绩来之不易，这是省委、省政府和市委正确领导的结果，是全市人民攻坚克难、团结奋斗的结果。在此，我谨代表市人民政府，向广大干部群众，向全体人大代表、政协委员，向离退休老同志，向各民主党派、工商联、人民团体和各界人士，向驻盐人民解放军、武警官兵、公安干警、省属驻盐各单位，向所有关心和支持盐城发展的海内外朋友，致以崇高的敬意和衷心的感谢！

在肯定成绩的同时，我们也清醒地看到，我市经济社会发展还存在一些突出问题：发展还不充分，实体经济水平有待提高，保持经济平稳增长的压力依然较大；转型升级步伐还不够快，创新驱动能力不强，经济发展的质量和效益还不够高；民生领域还有不少短板，城乡居民收入水平总体不高，脱贫攻坚任务繁重，基本公共服务保障能力还不强，环境保护压力较大；政府职能转变还不到位，机关作风和效能建设需要进一步加强，营商环境仍需优化，等等。对这些问题，我们一定会高度重视，采取有力措施切实加以解决。

2018年工作安排

2018年是贯彻党的十九大精神的开局之年，是决胜全面建成小康社会、实施“十三五”规划承上启下的关键一年。今年政府工作的总体要求是：全面贯彻党的十九大精神，以习近平新时代中国特色社会主义思想为指导，认真落实省委省政府和市委决策部署，坚持以人民为中心的发展思想，坚持稳中求进工作总基调，坚持新发展理念，以系统性思维推动高质量发展，深入推进“产业强市、生态立市、富民兴市”，持续实施“五个一”战略工程，着力构建大交通、大生态、大上海、大海洋、大开放的发展新格局，统筹做好稳增长、促改革、调结构、惠民生、防风险各项工作，加快建设“强富美高”新盐城，为如期全面建成小康社会打下坚实基础。

今年全市经济社会发展主要预期目标是：地区生产总值增长7%以上，一般公共预算收入增长6%左右，固定资产投资增长8%，居民消费价格涨幅控制在3%左右，城镇登记失业率控制在3%以内，全社会研发投入占地区生产总值比重2.13%，城乡居民收入分别增长8.2%和8.8%，节能减排完成省定目标。

重点抓好以下八个方面工作：

一、构建现代产业体系，推动实体经济更高质量发展

提档升级传统支柱产业。毫不动摇壮大“一部车”，聚焦新能源汽车、智能网联汽车、汽车后市场、自主品牌等领域，支持汽车产业做大做强。推动东风悦达起亚加大新车型投放和市场开拓力度，为其实现全年整车产销50万辆提供外部要素保障。支持华人运通创新团队加快产品研发制造，打造具有国际竞争力的自主品牌新能源汽车标杆企业。推进机械装备产业高端化发展，实施沈阳机床智造谷等一批重大项目。积极培育新医药产业，推动化工产业转型升级。开展纺织、食品等消费品行业增品种、提品质、创品牌专项行动，促进产业链重心向终端产品及高附加值环节攀升。扎实开展“产业项目载体提升年”活动，集中要素推动95个重大项目建设，实施500项投资超千万元技改项目，培育更多新的经济增长点。

培育壮大战略性新兴产业。大力实施“新能源+”，重点发展海上风电机组、高效太阳能电池组件，支持金风科技、上海电气、远景能源、阿特斯、天合国能、协鑫光伏等龙头企业发展，申办全球智慧能源大会，努力把新能源产业打造成为全市域地方标志性支柱产业。大力发展智能终端、大数据、节能环保、高端装备与新材料等新兴产业，推动东山精密电子、领胜科技、启航未来、阿里“数梦小镇”、华为大数据存储中心等重点项目建设，着力打造区域性特色产业。大力发展先进制造业，实施智能制造推进行动，重点培育5项示范引领项目和30项试点推广项目。启动“千企上云”计划，推动300家规模以上企业“上云”。

加快发展现代服务业。深入实施服务业发展三年行动计划，服务业增加值年增长8%以上。启动市级生产性服务业集聚示范区认定工作，实施服务业龙头企业培育行动，滚动培育30家重点企业。推进盐城金融智慧谷、中韩（盐城）产业园东方之洲、盐城高新区智创谷等服务业重点项目建设，带动金融、研发、电子商务等现代服务业加快发展。实施大洋湾生态旅游景区、丹顶鹤风情小镇、麋鹿风情小镇、黄海森林康养小镇等生态旅游重点项目，加快形成全域旅游发展新格局。

二、强化创新驱动，培育发展新动能

完善区域创新体系。创建国家创新型城市，构建以企业为主体、市场为导向、产学研相结合的科技创新体系。围绕产业链部署创新链，实施汽车、新能源、电子信息等主导产业发展三年行动计划，培育和引进一批掌握核心技术的龙头型创新企业，推动盐城俱罗OLED照明组件等一批重大储备项目尽快开工。围绕创新链完善资金链，加大财政扶持和金融支持力度，撬动社会资本共同建立新能源产业基金和智能制造产业基金。进一步深化产学研合作，支持企业对接高校科研院所，引进研发机构和先进实用技术，签约和实施产学研合作项目1000项以上。

增强企业创新能力。扎实推进千家高企培育计划，重点培育300家科技型企业，力争新增高新技术企业130家以上。创建国家知识产权示范城市，实施知识产权强企行动，推动100家以上企业建立知识产权管理标准化体系，发明专利申请突破7000件，实现高新技术企业发明专利申请全覆盖。实施企业创新能力提升计划，新创30家省级以上研发机构，争创省高新技术产品500只以上。打造一批重大成套新产品新技术示范应用工程，争创国家智能终端产业集群区域品牌建设试点。继续开展企业“争星创优”活动，营造企业家健康成长环境，弘扬优秀企业家精神，更好发挥企业家作用。

打造创新创业平台。鼓励重点园区建设特色产业创新平台，推进清华大学烟气多污染物控制技术与装备国家工程实验室等平台建设。探索离岸研发新模式，在上海设立盐城科创中心，实现科技研发在上海、成果转化在盐城。加强与国内外知名企业和科研院所合作，推动组建盐城智能制造创新中心，培育5家智能制造服务企业。落实聚力创新十条政策，加快发展科技金融和科技服务业，更大力度支持大众创业、万众创新。

加快集聚创新人才。持续推进“515”人才引进计划，更大规模招引紧缺人才和创新团队。实施新时代企业家英才培育工程和现代企业家能力提升工程，重点培养100名新生代企业家。建立人才柔性引进机制，更大力度从北京、上海、深圳等一线城市引进高精尖人才和海外高端人才。实施“盐城工匠”培育计划，组织“招工引匠”服务行动。支持在盐高校提升办学层次，推进对外合作办学，培养更多各类急需专业人才和高技能人才。

三、发展现代海洋经济，提升沿海开发水平

大力发展海洋产业。坚持陆海统筹、综合开发，做好“大海洋”文章。深入实施新一轮沿海开放开发行动计划，组织编制现代海洋经济功能区规划，建设沿海绿色产业带、城镇带、风光带和港口群，打造黄金海岸经济带，争创国家海洋经济示范区。推进总装机容量240万千瓦的8个海上风电场和一批新能源装备制造项目，打造国家级新能源产业基地。加快实施中海油LNG接收站等重大项目，提升临港能源储运能力。支持东台海洋工程特种装备产业园、大丰海洋生物产业园建设，引进海工装备、海洋生物制品、海洋生物材料、海洋创新药物研发及产业化项目，提升海水淡化成套装备产业化水平，建设江苏新型沿海先进制造业基地。充分利用沿海港口和盐田资源，推动金光循环经济高科技产业园等项目尽快开工，把滨海新区建设成为淮河生态经济带出海门户、国家河海联动开发示范区。放大两个国家级自然保护区品牌效应，按照世界自然遗产保护组织提出的“生态旅游”国际标准，打造湿地生态旅游目的地和国家滨海湿地特色旅游基地。扎实推进沿海百万亩现代渔业产业带建设，加快海洋渔业转型升级。

打造“飞地经济”示范样板。抢抓国家支持“飞地经济”发展政策机遇，探索建立“政府引导、企业参与、优势互补、园区共建、利益共享”的合作模式。依托307平方千米“上海飞地”做好“大上海”文章，推动沪苏大丰产业联动集聚区建设，加强与上海临港集团、光明集团战略合作，加快打造北上海临港生态智造城。依托17个南北共建园区，完善合作机制，创新合作方式，形成“飞地经济”发展新优势。

推进重大基础设施建设。启动实施基础设施建设三年行动计划，做好“大交通”文章。围绕构筑现代化综合交通“一张网”，推动高铁、高架、高速同步建设，实现互联互通。加快盐通高铁建设，建成盐徐高铁盐城段主体工程，盐连快铁全线通车，尽快融入上海“一小时经济圈”、北京“一日商务圈”，成为未来京沪高铁、京杭高铁、沪陕高铁三条国家高速铁路新干线的交汇点。积极做好大丰港区支线铁路前期工作。全面实施内环高架快速路网三期工程，年内完成主体工程50%以上。积极对接宁盐、东台至兴化、阜兴泰高速建湖至兴化段等高速公路项目，争取早日开工。推进一批国省道干线公路建设，建成一级公路100千米。实施盐城港扩容提升工程，推进四个港区深水航道、码头建设。新建一批水利、防洪、电力和信息化重大基础设施项目，更好地满足沿海经济发展需要。

四、推进农业农村现代化，促进乡村振兴

推动农村产业兴旺。围绕促进农村一二三产业融合发展，进一步调优农业结构，调减低效粮田70万亩，新增设施农业10万亩。继续实施“接二连三”工程，新培育60家以上农产品加工龙头企业。实施休闲农业与乡村旅游提升工程，开展创意休闲农业“百点创建”活动。大力发展“互联网+”农业，农业信息进村入户实现全覆盖，力争培育年交易额千万元以上的农业电商企业50家。坚持质量兴农、绿色兴农，培育一批农产品区域公共品牌，新增无公害、绿色、有机食品品牌200个。实施开放型农业发展三年行动计划，建设省级农产品出口示范基地，为扩大农产品出口创造更好条件。

促进城乡深度融合。进一步完善城乡统一的规划体系，优化镇村布局，深入实施国家新型城镇化综合试点，构建以6个县城、30个重点中心镇、200个新型农村社区为基本框架的新型城镇体系。引导人口有序流动，常住人口城镇化率提高到63.5%。因地制宜编制特色田园乡村规划，加快2个国家级、4个省级、14个市级特色小镇建设，建成20个省级美丽乡村。提升城乡一体化水平，完成农村公路提档升级三年行动计划，新改建农村公路1100千米、桥梁660座，新增10个镇开通镇村公交，推动基础设施、公共服务加快向乡村延伸。增强村级基层组织治理能力，加强乡风文明建设，促进乡村社会全面进步。

激发农村发展活力。巩固和完善农村基本经营制度，推进农村土地制度、产权制度改革，积极开展“三权”分置试点，稳妥开展农民承包地经营权抵押担保融资试点，因地制宜推进农村宅基地退宅还耕和有偿退出。在保持土地承包关系稳定长久不变的基础上，大力培育新型农业经营主体，发展多种形式土地适度规模经营，强化农业社会化服务，构建现代农业产业体系、生产体系、经营体系。

五、全面深化改革开放，增强发展动力

着力深化重点领域改革。以供给侧结构性改革为主线，重点在“破”“立”“降”上下功夫，大力破除无效供给，积极培育新动能，降低实体经济成本，推动经济发展质量变革、效率变革、动力变革。坚决去除违规产能、淘汰落后产能、取缔违法产能。加强住房制度改革和长效机制建设，加快建立多主体供应、多渠道保障、租购并举的住房制度，促进房地产市场平稳健康发展。推动融资平台市场化转型，加强政府性债务管理，强化金融监管，有效防范化解各类风险。进一步减少企业税费负担、制度性交易成本、用能成本、物流成本，确保为企业降低成本30亿元以上。推进企业上市，大力发展股权融资，扩大债券融资规模，提高直接融资比重。

进一步深化“放管服”改革，巩固“3550”改革成果，深化“不见面”审批，加快中介服务“网上超市”建设，推动全市政务信息系统整合共享。实施开发区大部门制机构改革，落实国家级开发区全链审批赋权。深化行政管理体制改革，推进综合行政执法体制改革和事业单位分类改革，用行政权力的减法换取市场活力的加法。统筹推进财税、金融、投融资、科技、文化、教育、卫生等领域改革，激发经济社会发展活力。

构建全面开放新格局。做好“大开放”文章，主动融入“一带一路”，在更大范围、更宽领域、更高层次上推进新一轮对外开放。加快中韩（盐城）产业园建设，全面落实中韩自贸协定，积极争取国家和省级层面政策支持，学习借鉴上海自贸区改革试点经验，努力把中韩（盐城）产业园建设成为深化供给侧结构性改革、加快建设创新型国家、推动形成全面开放新格局的示范区，中韩对接发展战略、共建“一带一路”、深化贸易和投资合作的先行区。积极推进我市与新万金等地的产业园区合作，重点发展新能源汽车、智能网联汽车和新一代信息技术产业，培育智能制造、光电、健康美容、文化创意、大数据、跨境电商等先导产业，打造中韩地方经济合作和高端产业合作新高地。

强化对外招商，在巩固对韩合作基础上，深化与欧美、港澳台经济合作，确保注册外资实际到账增长10%。创建省级出口产品质量安全示范区，提升汽车、机电、智能终端等高新技术产品的出口比重。依托盐城综保区和大丰港区、滨海港区、南洋机场三个国家一类开放口岸，推进跨境电商产业园、外贸综合服务中心等载体建设，培育对外贸易新业态。加强各类园区建设，探索完善园区"等级创建"，引导"一园一业"，推进园区特色化、差异化发展。

六、加大中心城市建设力度，着力提升功能品质

不断丰富城市内涵。围绕建美"一座城"，按照"框定总量、限定容量、盘活存量、做优增量、提高质量"的要求，统筹规划布局城市空间、规模、产业，推动城市发展从外延扩张向内涵提升转变。挖掘利用城市资源，加强城市风貌、公共空间、建筑形态、景观廊带等布局设计，体现盐城印记，让人们看得见历史、看得到文化、记得住乡愁。坚持老城改造与新城建设同步推进，实施一批城建重点项目，组织市区城市建设"家家到"观摩。创新城市治理方式，提升精细化管理水平。

大力推进"五大组团"建设。加快建设南海未来城核心区，实施一批配套工程，积极打造现代化、国际化、特色化新城区。高标准设计、高质量建设市区综合客运枢纽，推进站房建设，实现高铁、航空、高速、高架等多种交通方式无缝对接。加快建设大洋湾生态组团新一轮景观提升项目，实施水上乐园、盐渎古镇等一批重点工程。加大先锋岛组团建设力度，强化道路、绿化、管网等基础设施配套，持续提升老城区人居环境。全面拉开斗龙港生态组团框架，实施生态提升、旅游度假、文化教育、健康养生等工程建设，彰显郊野生态休闲旅游特色。

扎实开展"三治三化"专项行动。用三年时间，在市区开展水环境治理、棚户区治理、违法建设治理和城市绿化、亮化、美化"三治三化"专项行动，营造更加宜居宜业、共建共享的城市环境。全面治理水环境，年内整治黑臭水体河道15条，拆建新建防洪闸7座。全面治理棚户区，基本建成棚改安置住房1500套，完成棚户区改造征收1.68万户。全面治理违法建设，基本完成大市区违法建设专项治理任务，形成长效管控机制。全面实施城市绿化、亮化、美化工程，改善市容市貌、提升环境品质。新增城市绿地1400公顷，完成40个公园及街头绿地项目。实施文明素质提升工程，推动文明城市建设。

七、加强生态文明建设，致力打造美丽盐城

推进资源节约循环利用。坚持绿色发展，严把产业导向、项目准入、节能减排关口，设置能源消耗、水资源利用、土地开发利用上限，规范各类开发活动。建立工业企业资源集约利用综合评价机制，以单位用地税收、单位能耗税收、单位排放税收等为主要评价内容，引导企业科学合理利用要素资源，促进产业转型升级。推进工业废弃物综合利用示范试点，建设一批绿色制造重点项目，创建绿色制造体系。

坚决打好污染防治攻坚战。积极做好中央、省环保督察整改工作，扎实推进"263"专项行动。加强大气污染防治，确保空气质量优良天数比例78.5%以上。加强水污染防治，全面落实河长制，加快通榆河、蟒蛇河、射阳河、中山河等清水廊道建设，实施农村河道生态治理，完成县级水源地隐患整治任务。加强农业面源污染防治，实施农药化肥减量行动，持续开展畜禽养殖污染专项整治，全市规模畜禽养殖场治理率达70%。加强固体废弃物和垃圾处置，加快推进市静脉产业园、生活垃圾焚烧发电、建筑垃圾资源化利用及填埋、餐厨垃圾资源化利用等项目，确保城乡生活垃圾无害化处理率达92%。

强化生态保护建设。做好"大生态"文章，全面落实主体功能区规划，严守生态保护、永久基本农田、城镇开发边界"三条红线"。弘扬塞罕坝精神，大力实施"一片林"工程，高标准创建国家森林城市，新增成片造林15万亩、改造提升15万亩，建成森林小镇10个、森林村庄100个。实施湿地生态修复工程，建立盐城滨海湿地研究院，建设系统化的科学监测平台，提高湿地保护水平。加快创建生态保护特区，积极做好黄（渤）海湿地世界自然遗产申报工作。创新生态文明体制机制，探索建立国家公园，争创国家生态文明建设示范市。

八、切实保障改善民生，不断增进群众福祉

千方百计促进富民增收。加大省富民33条和市富民10条政策落实力度，坚持产业升级和扩大就业规模、调整就业结构联动推进，强化职业技能培训，突出抓好高校毕业生、退役军人等重点群体就业，全年新增城镇就业9万人。实施"创业盐城"行动计划，推进以大学生、在外成功人士等群体为重点的全民创业，支持小微创业者在"双创"中实现创业致富。落实最低工资标准调整政策，引导企业形成以一线职工为重点的工资正常增长机制。发展民宿旅游、农村电商等新产业、新业态，促进农民增收致富。

坚决打好脱贫攻坚战。持续精准发力，因村因户施策，开展产业扶贫、就业扶贫、健康扶贫、教育扶贫、兜底扶贫和南北镇村挂钩帮扶，确保12万低收入人口、35个省定经济薄弱村实现脱贫目标。推进产业扶贫，加快培育一批能带动低收入农户和经济薄弱村长期稳定增收的优势特色产业。推进就业扶贫，加强就业岗位配送，实施家门口就业工程。推进健康扶贫，实行建档立卡低收入人口基本医疗保险个人缴费部分全额补贴，着力解决因病因残致贫返贫问题。推进教育扶贫，加大建档立卡家庭子女教育资助和生活补助力度。推进兜底扶贫，将农村低保标准逐步提高到省定扶贫标准以上，加大临时救助力度，帮助低收入农户解决特殊困难。充分发挥"阳光扶贫"监管系统作用，压实扶贫工作责任，让扶贫全过程公开透明。扎实做好援疆、援青以及与陕西铜川、辽宁阜新对口合作工作，推动优势互补、互惠互利、共同发展。

提高公共服务保障水平。落实省“十三五”基层基本公共服务功能配置标准，着力构建功能齐全、资源共享、持续完善、全面覆盖的基本公共服务体系。坚持教育优先发展，统筹城乡教育资源配置，继续引进名校名师，推进义务教育优质均衡发展，着力解决中小学生课外负担重、“择校热”“大班额”等突出问题。全市新建、改扩建中小学、幼儿园51所，其中主城区新建8所。推进“健康盐城”建设，实施基层卫生服务能力提升三年行动计划，积极构建覆盖城乡居民的“15分钟健康服务圈”，加快市中医院南扩等工程建设，继续实施名院名医“双引”工程，提升医疗卫生服务水平。广泛开展全民健身运动，市区新建25千米健身步道，升级50个老旧小区体育设施。大力推进文化惠民，开展送文化到基层系列活动，创作更多文艺精品，丰富群众文化生活。实施统一的城乡居民医疗保险制度，推进各项社会保险扩面征缴提质增效。实施托底救助工程，推进残疾人之家建设，加快养老服务业发展，年内实现以农村敬老院为基础的乡镇养老服务中心全覆盖。

坚持尽力而为、量力而行，聚焦社会事业、社会保障、公共安全、生态环境等公共服务领域，继续实施20件民生实事，完成年度投资160亿元。加快新水源地及跨区域引水工程建设，确保6月底主线建成通水，让惠及500万人民的“一桶水”流向千家万户。推进农村康居工程，年内完成农村B级危旧房改造10.3万户。实施市区无主管老旧小区物业托底管理、路灯改造、公共安全技防等实事工程，不断增强群众获得感、幸福感、安全感。

打造共建共治共享的社会治理格局。深入推进平安盐城、法治盐城建设，构建立体化、信息化社会治安防控体系。进一步健全基层社会治理体系，增强社区服务能力，推进网格化管理全覆盖。严格落实安全生产责任制，扎实开展安全生产大检查大整治大落实专项行动，坚决防范重特大事故发生。完善食品药品安全监管机制，切实保障人民群众饮食、用药安全。健全社会矛盾多元化解机制，推进信访积案攻坚，促进社会大局和谐稳定。加强国防动员、人民防空、双拥共建和民兵预备役工作，积极推进军民融合深度发展，推动民族宗教、气象、防震减灾、地方志、红十字和关心下一代等事业再上新台阶。

全面深化政府自身建设

面对新时代社会主要矛盾的深刻变化，面对繁重艰巨的改革发展稳定任务，我们将始终坚持以人民为中心，不忘初心、牢记使命，勇于担当、砥砺前行，切实做到为人民服务、对人民负责、受人民监督、让人民满意。

一、旗帜鲜明讲政治。以政治建设为统领，切实增强“四个意识”。坚决维护以习近平同志为核心的党中央权威，严格遵守政治纪律和政治规矩。坚决服从党对一切工作的领导，按照中央和省、市委决策部署抓工作、办事情、谋发展。坚持用习近平新时代中国特色社会主义思想指导实践，扎实开展“不忘初心、牢记使命”主题教育，全面加强政府系统自身建设，打造一支讲政治、守规矩、素质高、本领强的公务员队伍。

二、忠诚履职善执行。弘扬专业精神，培养专业能力，提高工作执行力。在转变职能中提高执行力，加大简政放权力度，切实把政府该放的权放到位、该管的事管到位。在依法行政中提高执行力，推进重大行政决策合法性审查和公平竞争审查，规范行政行为。在调查研究中提高执行力，向基层学习、向群众学习、向专家学习，在实践中汲取基层经验，提升专业水平。在学习先进中提高执行力，继续开展“学先进、找差距，补短板、促发展”活动，推动政府工作部门攻坚克难、进位争先。在细化落实中提高执行力，对既定的工作部署制订时间表路线图，分解任务、落实责任，确保各项工作落地生效。

三、驰而不息转作风。突出问题导向，持续正风肃纪。坚决贯彻落实中央“八项规定”实施细则精神，严肃整治“四风”问题新表现。加大对群众身边不正之风的整治力度，坚决纠正不作为、乱作为、表态多调门高、行动少落实差等突出问题。大兴求真务实之风，沉下身子察民情解民忧、顺民意办实事，不搞形式主义，不做表面文章，走好新时代群众路线。以更实举措优化营商环境，持续深化“暖企行动”，构建“亲”“清”新型政商关系，让各类市场主体放心创业、安心发展，建设人民满意的服务型政府。

四、反腐倡廉树形象。严格“一岗双责”，落实党风廉政建设责任制。切实抓好市委巡察反馈意见整改落实，推动主体责任落到实处。自觉接受市人大法律监督、工作监督和市政协民主监督，高度重视审计监督、司法监督、社会监督和舆论监督，让权力在阳光下运行。坚持用制度管事，强化行政审批、公共资源交易、工程项目、政府采购等重点领域和关键环节风险管控，着力构建廉政风险防控长效机制。规范财政收支管理，严控“三公”经费，把有限的资金和资源更多用在促发展、保民生、补短板上，树立为民务实清廉的良好形象。

各位代表，新时代新征程已经开启，我们肩负的责任更加重大，使命更加光荣。让我们更加紧密地团结在以习近平同志为核心的党中央周围，在省委省政府和市委的坚强领导下，凝心聚力、真抓实干，锐意进取、攻坚克难，全面完成今年各项目标任务，为决胜全面建成小康社会、建设“强富美高”新盐城不懈奋斗！

文件目录

一、盐发文件

关于深入推进农业供给侧结构性改革促进农民持续增收的实施意见 盐发〔2017〕1号 （2017年2月24日）

关于实施全面两孩政策改革改善计划生育服务管理的意见 盐发〔2017〕2号 （2017年1月16日）

关于认真组织开展2016—2017年度全市基层党员干部冬训工作的意见 盐发〔2017〕3号 （2017年1月15日）

关于2017年度盐城市各县（市、区）目标任务综合考

核意见 盐发〔2017〕4号 （2017年3月3日）

关于2017年度盐城市级机关部门（单位）目标任务综合考核意见 盐发〔2017〕5号 （2017年3月3日）

关于深化行政审批制度改革加快简政放权激发市场活力的实施意见 盐发〔2017〕6号 （2017年4月28日）

关于深化人才发展体制机制改革充分激发人才创新创业活力的意见 盐发〔2017〕7号 （2017年4月26日）

关于聚焦富民深化促进城乡居民增收的十条政策意见 盐发〔2017〕8号 （2017年5月12日）

关于做好市级机关中层干部交流工作的通知 盐发〔2017〕11号 （2017年6月14日）

关于印发《关于进一步加强县（市、区）党政正职干部监督的实施办法（试行）》的通知 盐发〔2017〕12号 （2017年6月24日）

关于转发《中共盐城市委宣传部、盐城市民政局、盐城军分区政治工作处关于开展纪念中国人民解放军建军90周年系列活动的方案》的通知 盐发〔2017〕13号 （2017年7月14日）

关于加强党领导立法工作的实施意见 盐发〔2017〕14号 （2017年8月2日）

关于印发《关于健全人大讨论决定重大事项制度各级政府重大决策出台前向本级人大报告的实施具体办法》的通知 盐发〔2017〕15号 （2017年8月5日）

关于印发《全市新一轮沿海开放开发行动计划》的通知 盐发〔2017〕16号 （2017年8月5日）

关于深化投融资体制改革的实施意见 盐发〔2017〕17号 （2017年8月5日）

关于印发《健康盐城2030规划纲要》的通知 盐发〔2017〕18号 （2017年8月16日）

关于建立“阳光扶贫”系统推进精准扶贫精准脱贫的意见 盐发〔2017〕19号 （2017年9月1日）

关于印发《关于聚焦富民精准实施脱贫致富奔小康工程的40条意见》的通知 盐发〔2017〕20号 （2017年9月1日）

关于印发《关于进一步从严落实中央八项规定精神中有关纪律的规定》的通知 盐发〔2017〕21号 （2017年9月30日）

关于中共盐城市委转发《中共盐城市人大常委会党组织关于〈盐城市人大常委会2017—2021年立法规划〉的请示》的通知 盐发〔2017〕22号 （2017年10月26日）

关于认真学习宣传贯彻党的十九大精神的通知 盐发〔2017〕23号 （2017年11月7日）

关于印发《盐城市贯彻落实〈省“十三五”时期基层基本公共服务功能配置标准（试行）〉的实施方案》的通知 盐发〔2017〕24号 （2017年11月10日）

关于印发《盐城市水利基础设施建设三年行动方案》的通知 盐发〔2017〕26号 （2017年12月20日）

二、盐委文件

关于补选戴源同志为省人大代表的请示 盐委发〔2017〕1号 （2017年1月6日）

关于表扬2016年度全市“十佳服务明星”的决定 盐委发〔2017〕2号 （2017年1月26日）

关于印发2016年度全市综合考核结果的通知 盐委发〔2017〕3号 （2017年1月26日）

关于给予管亚光等9名同志记二等功的决定 盐委发〔2017〕4号 （2017年1月26日）

关于表扬2015—2016年度全市保密工作先进单位和先进个人的决定 盐委发〔2017〕5号 （2017年2月22日）

关于成立市退役士兵有关工作领导小组的通知 盐委发〔2017〕8号 （2017年3月20日）

关于表扬2016年度扶贫开发工作先进单位和先进个人的决定 盐委发〔2017〕9号 （2017年3月29日）

关于确定盐城市出席中国共产党第十九次全国代表大会代表候选人初步人选推荐名单的情况报告 盐委发〔2017〕10号 （2017年4月1日）

关于报批盐城市高新区相对集中行政许可权改革省级试点方案的请示 盐委发〔2017〕11号 （2017年4月6日）

关于调整市委全面深化改革领导小组成员的通知 盐委发〔2017〕12号 （2017年4月26日）

关于调整市退役士兵有关工作领导小组组成人员的通知 盐委发〔2017〕13号 （2017年5月9日）

关于调整市委巡察工作领导小组的通知 盐委发〔2017〕14号 （2017年5月5日）

关于表扬全市关心下一代工作先进集体、先进个人的决定 盐委发〔2017〕15号 （2017年5月12日）

关于盐城“6·23”特大龙卷风冰雹灾害抢险救灾有突出贡献集体和个人记功的表扬 盐委发〔2017〕16号 （2017年6月5日）

关于表扬“盐城市忠诚警队”和“盐城市人民卫士”的决定 盐委发〔2017〕18号 （2017年7月5日）

关于调整市委外来工作领导小组的通知 盐委发〔2017〕19号 （2017年6月7日）

关于成立盐城市社会矛盾和安全隐患大排查大整治记功领导小组的通知 盐委发〔2017〕21号 （2017年7月24日）

关于2016年人口和计划生育工作情况的报告 盐委发〔2017〕22号 （2017年8月5日）

关于同意召开中国共产党盐城工学院第三次代表大会的批复 盐委发〔2017〕23号 （2017年8月16日）

关于同意召开中国共产党江苏省盐城技师学院第二次代表大会的批复 盐委发〔2017〕24号（2017年8月16日）

关于恳请省委主要领导会见我市重要客商的请示 盐委发〔2017〕25号 （2017年9月30日）

关于批转共青团盐城市委《关于筹备召开共青团盐城市委第八次代表大会的请示》的通知 盐委发〔2017〕26号 （2017年10月13日）

关于资助2017年度“515”领军人才的决定 盐委发〔2017〕27号 （2017年10月20日）

关于调整市属国有企业党组织隶属关系的通知 盐委

发〔2017〕29号 （2017年11月27日）

关于盐城市十三届全国人大代表人选酝酿推荐情况的报告 盐委发〔2017〕30号 （2017年12月8日）

关于推荐省双拥模范城（县、区）的报告 盐委发〔2017〕31号 （2017年12月12日）

关于表扬全市社会治安综合治理先进集体、先进个人的决定 盐委发〔2017〕32号 （2017年12月20日）

关于盐城市省十三届人大代表人选酝酿推荐情况的报告 盐委发〔2017〕33号 （2017年12月21日）

关于盐城市省十二届政协委员（党内）人选推荐情况的报告 盐委发〔2017〕34号 （2017年12月21日）

关于盐城市省十二届政协委员（党外）人选推荐情况的报告 盐委发〔2017〕35号 （2017年12月26日）

关于同意召开中国共产党射阳县第十五届代表大会第三次会议的批复 盐委发〔2017〕36号 （2017年12月26日）

三、盐政发文件

盐城市人民政府关于下达2017年市政府为民办实事项目任务的通知 盐政发〔2017〕1号 （2017年3月14日）

盐城市人民政府关于高一山等同志任职的通知 盐政发〔2017〕2号 （2017年2月16日）

盐城市人民政府关于公布市级行政执法主体的通知 盐政发〔2017〕5号 （2017年1月3日）

盐城市人民政府加强和创新事业单位法人登记与监管服务的意见 盐政发〔2017〕9号 （2017年1月24日）

盐城市人民政府关于市长副市长工作分工的通知 盐政发〔2017〕12号 （2017年2月26日）

盐城市人民政府关于印发全力推进“五个一”战略工程实施意见的通知 盐政发〔2017〕17号 （2017年3月27日）

盐城市人民政府关于公布盐城制造突出贡献奖优秀企业和先进个人名单的通知 盐政发〔2017〕25号 （2017年4月18日）

盐城市人民政府关于印发整合城乡居民基本医疗保险制度实施方案的通知 盐政发〔2017〕26号 （2017年4月19日）

盐城市人民政府关于成立盐城市铁路投资发展有限公司的通知 盐政发〔2017〕27号 （2017年4月18日）

盐城市人民政府关于唐宏等同志职务任免的通知 盐政发〔2017〕32号 （2017年4月26日）

盐城市人民政府关于印发盐城市行政审批告知承诺试行办法的通知 盐政发〔2017〕33号 （2017年4月26日）

盐城市人民政府关于加强社会救助政策衔接统筹使用社会资源建立大救助机制的意见 盐政发〔2017〕35号 （2017年5月3日）

盐城市人民政府关于加强安全生产监管执法的实施意见 盐政发〔2017〕40号 （2017年5月15日）

盐城市人民政府关于陈斌等同志职务任免的通知 盐政发〔2017〕42号 （2017年5月16日）

盐城市人民政府关于公布2015—2016年度自然科学优秀学术成果的通知 盐政发〔2017〕44号 （2017年6月1日）

盐城市人民政府关于公布2016年度盐城市科学技术奖获奖项目名单的通知 盐政发〔2017〕45号 （2017年6月1日）

盐城市人民政府关于授予盐城“6·23”特大龙卷风冰雹灾害捐赠救助“慈善大爱之星”等荣誉称号的决定 盐政发〔2017〕46号 （2017年6月20日）

盐城市人民政府关于公布2016年度盐城市有突出贡献中青年专家名单的通知 盐政发〔2017〕47号 （2017年6月23日）

盐城市人民政府关于推广政府和社会资本合作模式的实施意见 盐政发〔2017〕49号 （2017年7月17日）

盐城市人民政府关于表扬见义勇为先进分子的通知 盐政发〔2017〕50号 （2017年7月20日）

盐城市人民政府关于丁才林等同志正式任职的通知 盐政发〔2017〕52号 （2017年7月27日）

盐城市人民政府关于孙秀春等同志试用任职的通知 盐政发〔2017〕53号 （2017年7月27日）

盐城市人民政府关于吴刚等同志职务任免的通知 盐政发〔2017〕54号 （2017年7月27日）

盐城市人民政府关于陈宝龙等同志职务任免的通知 盐政发〔2017〕73号 （2017年10月12日）

盐城市人民政府关于印发盐城市主体功能区实施规划的通知 盐政发〔2017〕74号 （2017年9月28日）

盐城市人民政府关于曹靖来等同志免职的通知 盐政发〔2017〕78号 （2017年10月31日）

盐城市人民政府关于市长副市长工作分工的通知 盐政发〔2017〕79号 （2017年10月26日）

盐城市人民政府关于加快推进城乡义务教育一体化促进优质均衡发展的实施意见 盐政发〔2017〕80号 （2017年11月6日）

盐城市人民政府关于组建市林业与园林局的通知 盐政发〔2017〕86号 （2017年11月30日）

盐城市人民政府关于撤销市地震局的通知 盐政发〔2017〕88号 （2017年11月30日）

盐城市人民政府转发省政府关于公布国家级开发区全链审批赋权清单决定的通知 盐政发〔2017〕89号 （2017年11月29日）

盐城市人民政府关于印发盐城市市级政府集中采购目录及限额标准的通知 盐政发〔2017〕91号 （2017年12月5日）

盐城市人民政府关于加快推进装配式建筑发展的实施意见 盐政发〔2017〕92号 （2017年12月12日）

盐城市人民政府关于印发盐城市城乡居民基本医疗保险办法的通知 盐政发〔2017〕95号 （2017年12月22日）

盐城市人民政府关于扩大市区高污染燃料禁燃区的通告 盐政发〔2017〕98号 （2017年12月22日）

盐城市人民政府关于夏威等同志职务任免的通知 盐

政发〔2017〕99号 （2017年12月30日）

四、盐办发文件

关于细化分解市委七届二次全会重点工作任务的通知 盐办发〔2017〕1号 （2017年1月6日）

关于细化分解全市经济工作会议重点工作任务的通知 盐办发〔2017〕2号 （2017年1月11日）

关于下达2017年全市重大项目和重点工程投资计划的通知 盐办发〔2017〕3号 （2017年1月13日）

关于印发盐城市“十三五”农村扶贫开发规划纲要的通知 盐办发〔2017〕5号 （2017年1月23日）

关于在全市开展“进万企、解难题、促发展”活动的通知 盐办发〔2017〕6号 （2017年1月26日）

印发《关于进一步优化经济发展阶段的十项制度》的通知 盐办发〔2017〕7号 （2017年2月9日）

关于在全市开展“暖企行动”五大工程的实施意见 盐办发〔2017〕8号 （2017年2月9日）

关于印发《深入推进法治盐城建设工作任务分解表》的通知 盐办发〔2017〕9号 （2017年2月16日）

关于印发《政协盐城市委员会2017年度协商计划》的通知 盐办发〔2017〕10号 （2017年2月17日）

关于印发2017年市委重点工作督查计划安排的通知 盐办发〔2017〕11号 （2017年2月20日）

关于印发《盐城市行政执法与刑事司法衔接工作实施办法》的通知 盐办发〔2017〕12号 （2017年2月21日）

印发《关于在全市开展“产业项目推进年”活动的实施意见》的通知 盐办发〔2017〕13号（2017年2月22日）

关于印发《2017年全市农业农村重点工作目标和农业重点项目计划》的通知 盐办发〔2017〕14号 （2017年2月24日）

印发《中共盐城市委关于贯彻〈中国共产党党组工作条例（试行）〉的实施细则》的通知 盐办发〔2017〕15号 （2017年2月24日）

关于印发《开展“正风肃纪镇村行”专项行动的实施方案》的通知 盐办发〔2017〕16号 （2017年3月13日）

关于印发盐城市贯彻落实中央第三环境保护督查组督查反馈意见整改方案的通知 盐办发〔2017〕17号 （2017年3月14日）

关于实行市领导联系街道、市各有关部门（单位）挂钩社区（村）迎接国家卫生城市复审工作的通知 盐办发〔2017〕21号 （2017年3月20日）

关于《做好迎接国家卫生城市复审工作的意见》的通知 盐办发〔2017〕22号 （2017年3月20日）

关于印发《2017年全市扶贫开发工作重点》的通知 盐办发〔2017〕23号 （2017年3月28日）

关于印发《盐城市党员干部容错纠错实施办法（试行）》的通知 盐办发〔2017〕24号 （2017年4月5日）

关于下达2017年全市国民经济和社会发展预期目标的通知 盐办发〔2017〕25号 （2017年4月5日）

关于调整市政府联系街道、市各有关部门（单位）挂钩社区（村）开展创建全国文明城市工作的通知 盐办发〔2017〕26号 （2017年4月6日）

关于进一步加强市委、市政府有关部门与市政协专门委员会对口联系的通知 盐办发〔2017〕27号 （2017年4月7日）

关于印发《盐城市贯彻〈江苏省2016—2020年党史工作规划〉的实施意见》的通知 盐办发〔2017〕29号 （2017年4月11日）

转发市委市级机关工委《关于落实全面从严治党要求进一步加强机关党的建设的意见》的通知 盐办发〔2017〕30号 （2017年4月11日）

关于印发《中共盐城市委党的建设工作领导小组2017年工作要点》的通知 盐办发〔2017〕31号 （2017年4月11日）

关于印发《中国盐城丹顶鹤国际湿地生态旅游节暨第十届海盐文化节总体工作方案》的通知 盐办发〔2017〕32号 （2017年4月19日）

关于督办市政协委员提案的通知 盐办发〔2017〕33号 （2017年4月15日）

关于印发《中共盐城市委全面深化改革领导小组2017年工作重点》的通知 盐办发〔2017〕34号 （2017年4月26日）

关于印发《关于推进“两学一做”学习教育常态化制度化的实施意见》的通知 盐办发〔2017〕36号 （2017年5月11日）

关于印发《2017年度招商引资和项目推进工作考核办法》的通知 盐办发〔2017〕37号 （2017年5月18日）

关于印发《盐城市全面推行河长制实施方案》的通知 盐办发〔2017〕38号 （2017年5月24日）

印发《关于贯彻〈江苏省规范性文件和重大决策合法性审查秩序规定〉实施办法》的通知 盐办发〔2017〕39号 （2017年5月6日）

印发《关于开展党内规范性文件备案工作实施细则》的通知 盐办发〔2017〕40号 （2017年6月5日）

关于印发《中共盐城市委巡察工作办公室及巡察组主要职责内设机构和人员编制规定》的通知 盐办发〔2017〕43号 （2017年6月20日）

关于加快推进农村产权流转交易市场建设促进强村富民的实施意见 盐办发〔2017〕45号 （2017年6月26日）

印发《关于全面落实纪委向市一级党和国家机关派驻纪检机构的方案》的通知 盐办发〔2017〕46号 （2017年7月14日）

印发《关于建立市领导牵头推进重点改革任务制度的实施办法》的通知 盐办发〔2017〕47号 （2017年7月11日）

关于印发《盐城市审计机关人财物管理改革试点实施方案》的通知 盐办发〔2017〕48号 （2017年7月17日）

关于细化分解市委七届四次全会重点工作任务的通知 盐办发〔2017〕49号 （2017年7月11日）

印发《关于在全市退役士兵中组织开展“村（社区）干

部培养选聘千人计划”的实施办法（试点）》的通知 盐办发〔2017〕51号 （2017年7月26日）

关于印发《盐城市科协系统深化改革实施方案》的通知 盐办发〔2017〕55号 （2017年7月26日）

印发《关于推进现代公共文化服务体系建设的实施意见》的通知 盐办发〔2017〕56号 （2017年8月2日）

关于全市2017年秋播农业结构调整工作的意见 盐办发〔2017〕58号 （2017年8月28日）

关于印发《盐城市2018年“一片林”战略工程实施意见》的通知 盐办发〔2017〕59号 （2017年8月28日）

关于切实做好2017年度市领导挂钩帮扶经济薄弱村发展集体经济项目实施工作的通知 盐办发〔2017〕60号 （2017年9月1日）

关于印发《盐城市党委（党组）理论学习中心组学习实施细则》的通知 盐办发〔2017〕61号 （2017年9月1日）

关于发展特色产业推进精准脱贫工作的意见 盐办发〔2017〕62号 （2017年9月12日）

关于印发2017年度全市各县（市、区）目标任务综合考核实施细则的通知 盐办发〔2017〕63号 （2017年9月15日）

印发《关于健全全村党组织书记激励考核机制的实施办法》的通知 盐办发〔2017〕66号 （2017年9月28日）

关于印发《中共盐城市委法律顾问工作规则（试行）》的通知 盐办发〔2017〕67号 （2017年10月12日）

关于转发《市军队转业干部安置工作领导小组、市委组织部、市人社局关于进一步完善军队转业干部安置工作的通知》的通知 盐办发〔2017〕68号 （2017年10月13日）

关于印发《盐城市“阳光扶贫”系统运行总体暂行办法》等制度的通知 盐办发〔2017〕69号 （2017年11月13日）

关于印发《盐城市市级承担行政职能事业单位改革试点方案》的通知 盐办发〔2017〕70号 （2017年11月24日）

关于印发《盐城市深化文化市场综合执法改革实施方案》的通知 盐办发〔2017〕71号 （2017年11月29日）

关于印发《盐城市区“三治三化”专项行动方案》的通知 盐办发〔2017〕72号 （2017年12月10日）

关于公布2017年度“一片林”战略工程暨国家森林城市创建工作考核结果的通知 盐办发〔2017〕73号 （2017年12月11日）

关于印发盐城市总工会机关主要职责内设机构和人员编制规定的通知 盐办发〔2017〕74号（2017年12月8日）

关于印发共青团盐城市委员会机关主要职责内设机构和人员编制规定的通知 盐办发〔2017〕75号 （2017年12月8日）

关于印发盐城市妇联全会机关主要职责内设机构和人员编制规定的通知 盐办发〔2017〕76号 （2017年12月8日）

关于印发盐城市科学技术协会机关主要职责内设机构和人员编制规定的通知 盐办发〔2017〕77号 （2017年12月8日）

印发《关于加强党史工作的实施意见》的通知 盐办发〔2017〕78号 （2017年12月12日）

关于印发《盐城市农村河道生态治理三年行动方案（2018—2020年）》的通知 盐办发〔2017〕79号 （2017年12月13日）

印发《关于开展2017年全市开发园区“等级创建”的意见》的通知 盐办发〔2017〕80号 （2017年12月12日）

关于印发盐城经济技术开发区党工委管委会主要职责内设机构和人员编制规定的通知 盐办发〔2017〕81号 （2017年12月15日）

印发《关于创新网格化社会治理机制的实施意见》的通知 盐办发〔2017〕83号 （2017年12月20日）

关于印发《盐城市突发事件信息报告工作规定》的通知 盐办发〔2017〕84号 （2017年12月22日）

关于印发《盐城市国家机关“谁执法谁普法”普法责任制实施办法》的通知 盐办发〔2017〕86号 （2017年12月26日）

五、盐办文件

关于调整市优化经济发展环境工作领导小组组成人员的通知 盐办发〔2017〕1号 （2017年1月10日）

关于印发《盐城市关心下一代工作委员会2016年主要工作情况和2017年工作要点》的通知 盐办发〔2017〕2号 （2017年1月13日）

关于调整市干部保健委员会组成人员的通知 盐办发〔2017〕3号 （2017年1月6日）

关于印发《2016年度全市党委信息工作考核结果》的通知 盐办发〔2017〕5号 （2017年2月4日）

关于建立全市解决执行难问题联席会议制度的通知 盐办发〔2017〕7号 （2017年3月9日）

关于调整盐城市反腐败协调小组成员的通知 盐办发〔2017〕8号 （2017年3月15日）

关于成立盐城市迎接国家卫生城市复审工作领导小组的通知 盐办发〔2017〕9号 （2017年3月20日）

关于成立市文化市场管理工作领导小组的通知 盐办发〔2017〕10号 （2017年4月27日）

关于成立盐城市“大走访大落实”活动领导小组的通知 盐办发〔2017〕11号 （2017年5月5日）

关于成立盐城市“大走访大落实”活动领导小组办公室的通知 盐办发〔2017〕12号 （2017年5月5日）

关于成立盐城市全面推行河长制领导小组的通知 盐办发〔2017〕14号 （2017年5月24日）

关于成立盐城市对口铜川市扶贫协作工作组的通知 盐办发〔2017〕15号 （2017年6月5日）

关于调整市分类推进事业单位改革工作领导小组组成人员的通知 盐办发〔2017〕16号 （2017年6月20日）

关于成立盐城市“阳光扶贫”工作领导小组的通知 盐

办发〔2017〕17号 （2017年7月27日）

关于市委副秘书长、办公室（研究室、改革办）主任，副主任工作分工的通知 盐办发〔2017〕18号 （2017年8月5日）

关于调整市委全面深化改革领导小组办公室主任和专项小组成员的通知 盐办发〔2017〕19号 （2017年8月15日）

关于调整盐城市扶贫工作领导小组组成人员的通知 盐办发〔2017〕20号 （2017年8月13日）

关于做好盐城高新技术产业开发区相对集中行政许可权改革试点工作的通知 盐办发〔2017〕21号 （2017年9月11日）

关于成立全市循环经济高科技产业园项目推进领导小组的通知 盐办发〔2017〕22号 （2017年9月30日）

关于市对口支援新疆察布查尔自治县工作领导协调小组更名为市对口支援工作领导协调小组及调整组成人员的通知 盐办发〔2017〕23号 （2017年10月13日）

转发《中共盐城市红十字会党组关于筹备召开盐城市红十字会第六次代表大会的请示》的通知 盐办发〔2017〕24号 （2017年11月3日）

批转盐城市妇女联合会《关于筹备召开盐城市妇女第七次代表大会的请示》的通知 盐办发〔2017〕25号（2017年11月22日）

关于成立盐城市深化监察体制改革试点工作小组的通知 盐办发〔2017〕26号 （2017年11月23日）

关于聘任市委法律顾问和法律专家库成员的通知 盐办发〔2017〕27号 （2017年12月7日）

关于印发《盐城经济技术开发区党工委行政党组织设置方案》的通知 盐办发〔2017〕28号 （2017年12月16日）

六、盐政办发文件

盐城市人民政府办公室关于印发2017年全市新型城镇化重点工作任务的通知 盐政办发〔2017〕62号 （2017年6月30日）

七、盐政规发文件

盐城市人民政府关于印发盐城市道路交通安全设施建设管理办法的通知 盐政规发〔2017〕1号 （2017年2月5日）

盐城市人民政府关于印发盐城市社会法人和自然人守信激励与失信惩戒实施办法的通知 盐政规发〔2017〕2号 （2017年3月14日）

盐城市人民政府关于印发盐城市网络预约出租汽车经营服务管理实施细则（暂行）的通知 盐政规发〔2017〕3号 （2017年4月20日）

盐城市人民政府关于印发盐城市食品小作坊登记管理办法（试行）的通知 盐政规发〔2017〕4号 （2017年4月23日）

盐城市人民政府关于印发盐城市市区二次供水管理办法的通知 盐政规发〔2017〕5号 （2017年11月20日）

综合考评

一、综合先进

（一）县（市、区）

一等奖：大丰区 盐都区 射阳县

二等奖：滨海县 东台市 响水县

三等奖：阜宁县 建湖县 城南新区

（二）市级机关部门(单位)

市财政局 市发改委 市统计局 市经信委

市商务局（贸促会） 市国资委 市农委

市交通运输局（铁路办） 市环保局 市水利局

市城管局 市林业局

市公安局（边防支队、消防支队）

市工商局 市中级人民法院 市司法局 市信访局

市检察院 市人社局 市文广新局 市教育局

市外办 市编办 市委农办（扶贫办）

市委市级机关工委 盐城广播电视总台 市妇联

市总工会 市国土局 市审计局 盐城银监局

盐城地税局 盐城供电公司 盐城国税局

国家统计局盐城调查队 盐城海关

人民银行盐城市中心支行 盐城移动公司

江苏银行盐城分行 农业银行盐城分行

建设银行盐城分行 民生银行盐城分行

邮政储蓄银行盐城市分行 工商银行盐城分行

农发行盐城市分行 中国人寿盐城市分公司

平安人寿盐城中支 平安产险盐城中支

国寿财险盐城中支 太保产险盐城中支

太保寿险盐城中支 国投集团（国能公司）

城投集团 南洋机场公司 悦达集团

二、特殊贡献奖

1. 国务院批复同意设立中韩（盐城）产业园

盐城经济技术开发区 市商务局

2. 国务院批复同意滨海港区为国家一类开放口岸

滨海县

3. 灾后重建和农村康居工程建设

阜宁县

4. 设计时速350千米盐通高铁获批并开工建设

市铁路办 市发改委 市政府驻京联络处

5. 金光循环经济高科技产业园及绿色新材料项目签约

滨海新区管委会

6. 在环保科技城建成清华大学唯一校外国家工程实验室

亭湖区

三、综合先进个人

1. 县（市、区）

游　弋 吴从兵 于广书 张　华 孙国跃 曹海军

王立新 吕海军 吴　限 顾春雷 丁红军 张大飞

邵　锋　滕秀芹　倪　斌　苗鸿程　王泽民　陈远明
刘建军　徐卫军　谢超云　徐　峰　王群刚　桑大军
唐为龙　刘　晔　崔晓华　韩思东　赵　越　徐金根
沈　刚　朱庆祝　奚晓平　朱洪兵　陈　尧　吴　军
刘加飞　邵爱红　陈连红　姚立正　王　勇　宋卫荣
蔡振明　江丽丽　葛书兰　树士国　蔡汉美　朱　花
祁建春　盛思亮　周文武

2. 市级机关部门（单位）
张小剑　张海荣　薛钦元　何昊宇　黄　辉　赵海华
郑智勇　瞿保富　马志虎　陈　锋　郑荣东　孙永德
陈科文　王丽萍　宋孝锋　王海涛　姚士界　杨　毅
顾　吟　宋长松　陈　勇　易良军　孙　琦　沈巍昆
刘怀琪　惠恒松　倪国华　王春林　崔益成　孙德林
张竹君　王　淼　房小明　马明柱　王宽存　戴红军
李　茜　汪冬梅　夏景涛　郭　红　王　磊　秦爱军
孙海红　尹金章　施前宏　李银锁　蔡云霞　贾海云
陈敬伟

荣誉榜

2017年，市委、市政府围绕"五位一体"总体布局和"四个全面"战略布局，践行新发展理念，紧扣"两聚一高"主题，落实市第七次党代会目标任务，紧紧围绕"产业强市、生态立市、富民兴市"战略部署，推进"五个一"战略工程，切实做好"五篇大文章"，全面展开建设"强富美高"新盐城生动实践，经济发展、城乡面貌、改革创新、民生建设、党的建设等各项事业取得长足进步，全市经济社会发展呈现蓬勃向上的良好态势。全市多个单位集体获得国家、省级多项荣誉。

2017年全市部分集体荣誉名单

表附-86

序号	单位名称	荣誉名称	授奖单位	授奖时间
1	东台市文化行政综合执法大队	全国服务农民、服务基层文化建设先进集体	中共中央宣传部 文化部 国家新闻出版广电总局	2017.1
2	中国银行盐城分行建湖开发区支行	2016年度江苏省银行业普惠金融文明规范服务"优秀示范单位"	中华全国总工会	2017.1
3	中国银行盐城分行大丰支行	全国巾帼建功先进集体	全国妇联	2017.3
4	江苏射阳港发电有限责任公司	全国五一劳动奖状	中华全国总工会	2017.4
5	江苏正大丰海制药有限公司财务部	全国工人先锋号	中华全国总工会	2017.4
6	江苏省盐城地方税务局第一税务分局办税一科	全国工人先锋号	中华全国总工会	2017.4
7	江苏省大中合金耐磨铸件厂铸造四班	全国工人先锋号	中华全国总工会	2017.5
8	江苏省盐城市第一中学团委	2016年度"全国五四红旗团委（团支部）"	共青团中央	2017.5
9	盐城市交通事故损害赔偿人民调解委员会	全国模范人民调解委员会	司法部	2017.5
10	东台市人民检察院	全国检察机关文明接待室	最高人民检察院	2017.10
11	大丰区人民检察院	全国检察机关文明接待室	最高人民检察院	2017.10
12	射阳县人民检察院	全国检察机关文明接待室	最高人民检察院	2017.10
13	滨海县人民检察院	全国检察机关文明接待室	最高人民检察院	2017.10
14	响水县人民检察院	全国检察机关文明接待室	最高人民检察院	2017.10
15	江苏省盐城市烟草专卖局（江苏省烟草公司盐城市公司）	全国职工公共安全卫生应急避险知识普及及竞赛活动优秀组织单位	全国安康杯竞赛组委会	2017.11
16	东台市人民法院	全国文明单位	中央精神文明建设指导委员会	2017.11

续表附-86

序号	单位名称	荣誉名称	授奖单位	授奖时间
17	盐都区人民检察院	全国文明单位	中央精神文明建设指导委员会	2017.11
18	响水县人民检察院	全国文明单位	中央精神文明建设指导委员会	2017.11
19	江苏省烟草公司盐城市公司卷烟物流配送中心	2017年全国现场管理星级评价三星级	中国质量协会	2017.12
20	盐城市消费者协会	全国消协组织消费维权先进集体	中国消费者协会	2017.12
21	盐都区人民法院秦南人民法庭	全省优秀人民法庭	江苏省高级人民法院	2017.1
22	滨海县人民法院开发区人民法庭	全省优秀人民法庭	江苏省高级人民法院	2017.1
23	东台市人民法院	全省法院档案工作先进集体	江苏省高级人民法院	2017.1
24	射阳县人民法院	全省法院档案工作先进集体	江苏省高级人民法院	2017.1
25	滨海县人民法院	全省法院档案工作先进集体	江苏省高级人民法院	2017.1
26	射阳县人民法院兴桥人民法庭	全省优秀人民法庭	江苏省高级人民法院	2017.1
27	盐城市中级人民法院审判管理办公室	指导司法体制改革试点工作先进集体	江苏省高级人民法院	2017.1
28	盐城市中级人民法院组织人事处	指导司法体制改革试点工作先进集体	江苏省高级人民法院	2017.1
29	中国银行江苏省盐城分行	江苏省放心消费先进单位	江苏省放心消费办	2017.3
30	中国银行盐城分行亭湖支行	江苏省巾帼文明岗	江苏省妇女联合会	2017.3
31	盐城市保险行业协会	2016年度“江苏省五四红旗团委”	共青团江苏省委	2017.3
32	江苏省盐城市烟草专卖局（江苏省烟草公司盐城市公司）	全省卷烟打假工作特殊贡献单位	江苏省公安厅 江苏省烟草专卖局	2017.3
33	盐城市烟草公司射阳分公司	2015—2016年度诚信单位	江苏省消费者协会	2017.3
34	盐城市国税局	江苏制造突出贡献奖先进单位 全省“六五”普法工作先进单位	中共江苏省委、江苏省人民政府	2017.3
35	江苏省烟草公司盐城市公司市直城区第一基层客户服务站	江苏省青年文明号	共青团江苏省委	2017.4
36	江苏省烟草公司盐城市公司滨海分公司客户服务科	江苏省巾帼文明岗	江苏省妇女联合会	2017.4
37	射阳县人民法院	集体三等功	江苏省高级人民法院	2017.4
38	共青团盐城市公共交通总公司委员会	2016年度江苏省五四红旗团委	共青团江苏省委	2017.5
39	森风集团有限公司团委	2016年度江苏省五四红旗团委	共青团江苏省委	2017.5
40	共青团盐城市射阳县长荡镇委员会	2016年度江苏省五四红旗团委	共青团江苏省委	2017.5
41	阜宁县明达初级中学团委	2016年度江苏省五四红旗团委	共青团江苏省委	2017.5
42	共青团盐城工业职业技术学院委员会	2016年度江苏省五四红旗团委	共青团江苏省委	2017.5
43	共青团盐城市第三人民医院委员会	2016年度江苏省五四红旗团委	共青团江苏省委	2017.5
44	共青团盐城市亭湖区先锋街道工作委员会	2016年度江苏省五四红旗团委	共青团江苏省委	2017.5
45	共青团盐城市滨海县界牌镇委员会	2016年度江苏省五四红旗团委	共青团江苏省委	2017.5
46	共青团江苏省东台中等专业学校委员会	2016年度江苏省五四红旗团委	共青团江苏省委	2017.5

续表附-86

序号	单位名称	荣誉名称	授奖单位	授奖时间
47	江苏省盐城市大丰区新丰镇团委	2016年度江苏省五四红旗团委	共青团江苏省委	2017.5
48	共青团盐城市城南新区新都街道工作委员会	2016年度江苏省五四红旗团委	共青团江苏省委	2017.5
49	共青团江苏省建湖县芦沟中学委员会	2016年度江苏省五四红旗团委	共青团江苏省委	2017.5
50	共青团江苏省响水中学委员会	2016年度江苏省五四红旗团委	共青团江苏省委	2017.5
51	盐城海事局团总支	2016年度江苏省五四红旗团委	共青团江苏省委	2017.5
52	共青团江苏省盐城技师学院环境工程系总支委员会	2016年度江苏省五四红旗团委	共青团江苏省委	2017.5
53	中国人民武装警察部队江苏省消防总队盐城市支队亭湖区大队北闸中队团支部	2016年度江苏省五四红旗团委	共青团江苏省委	2017.5
54	江苏射阳农村商业银行小微银行部团支部	2016年度江苏省五四红旗团委	共青团江苏省委	2017.5
55	共青团东台市公安局城东派出所支部委员会	2016年度江苏省五四红旗团委	共青团江苏省委	2017.5
56	亭湖区人民检察院团支部	2016年度江苏省五四红旗团委	共青团江苏省委	2017.5
57	悦达国际大酒店团总支	2016年度江苏省五四红旗团委	共青团江苏省委	2017.5
58	滨海县乡镇交通运输综合管理所团支部	2016年度江苏省五四红旗团委	共青团江苏省委	2017.5
59	盐城市盐都区大冈镇佳富村共青团支部	2016年度江苏省五四红旗团委	共青团江苏省委	2017.5
60	盐城市大丰区三龙镇电子商务中心团支部	2016年度江苏省五四红旗团委	共青团江苏省委	2017.5
61	盐城市城南新区黄海街道东闸村团总支	2016年度江苏省五四红旗团委	共青团江苏省委	2017.5
62	建湖县财政局团总支	2016年度江苏省五四红旗团委	共青团江苏省委	2017.5
63	响水县人民检察院团总支	2016年度江苏省五四红旗团委	共青团江苏省委	2017.5
64	共青团盐城市第三小学团支部（总支）	2016年度江苏省五四红旗团委	共青团江苏省委	2017.5
65	滨海县人民法院	全省繁简分流和多元化解工作示范法院	江苏省高级人民法院	2017.6
66	盐城市民政局	盐城“6·23”特大龙卷风冰雹灾害抢险救灾集体一等功	中共江苏省委 江苏省人民政府	2017.6
67	东台市人民法院	全省法院第十一届金法槌杯案例工作组织奖	江苏省高级人民法院	2017.7
68	盐城市中级人民法院新闻处	集体三等功	江苏省高级人民法院	2017.9
69	盐城市中级人民法院纪检组	全省纪检监察系统先进集体	中共江苏省纪律检查委员会 江苏省监察厅 江苏省人力资源厅	2017.9
70	盐城市大丰区人民法院司法警察大队	全省法院系统先进集体	江苏省高级人民法院 江苏省人力资源和社会保障厅	2017.10
71	盐城市中级人民法院	“基本解决执行难工作”先进集体	江苏省高级人民法院	2017.11

续表附-86

序号	单位名称	荣誉名称	授奖单位	授奖时间
72	盐城市盐都区人民法院	集体三等功	江苏省高级人民法院	2017.11
73	东台市人民法院执行局	全省法院执行系统先进集体	江苏省高级人民法院	2017.11
74	射阳县人民法院执行局	全省法院执行系统先进集体	江苏省高级人民法院	2017.11
75	盐城市国土资源局机关党委	全省机关党建先进集体	中共江苏省委省级机关工委 江苏省人力资源和社会保障厅	2017.12
76	盐城市委老干部局	全省老干部工作先进集体	中共江苏省委组织部 中共江苏省委老干部局 江苏省人力资源和社会保障局	2017.12
77	盐城市经济和信息化委员会离退休干部处	全省老干部工作先进集体	中共江苏省委组织部 中共江苏省委老干部局 江苏省人力资源和社会保障局	2017.12
78	滨海县委老干部局	全省老干部工作先进集体	中共江苏省委组织部 中共江苏省委老干部局 江苏省人力资源和社会保障局	2017.12
79	阜宁县委老干部局	全省老干部工作先进集体	中共江苏省委组织部 中共江苏省委老干部局 江苏省人力资源和社会保障局	2017.12
80	东台市委老干部局	全省老干部工作先进集体	中共江苏省委组织部 中共江苏省委老干部局 江苏省人力资源和社会保障局	2017.12
81	盐城市中级人民法院行政装备管理处	全省法院系统财务统计工作先进集体	江苏省高级人民法院	2017.12
82	东台市人民法院监察室	全省法院监察系统先进集体	江苏省高级人民法院	2017.12

出版书目

2017全市部分出版书目

表附-87

序号	书　　名	编著者	出版单位	出版时间
1	《世界的光》	杨铁平	《钟山》编辑部	2017年B卷
2	《桃花红　梨花白》	卢　群	江西高校出版社	2017.1
3	《一树花开四月天：林徽因传》	丁立梅	作家出版社	2017.1
4	《错恨》	陆体才 李志勇	中国诗词楹联出版社	2017.2
5	《射水弯弯》	韩立坚	南京大学出版社	2017.4
6	《射水观澜》	韩立坚	作家出版社	2017.4
7	《痛蝶》	韦江荷	中国言实出版社	2017.5
8	《相见何如不见时》	吴俣阳	长江出版社	2017.5

续表附-87

序号	书　　名	编著者	出版单位	出版时间
9	《中国佛教雕塑》	夏一栋	南京大学出版社	2017.5
10	《紫糖河》	曹文芳	北京少年儿童出版社	2017.6
11	《建湖年鉴（2017）》	建湖县地方志编纂委员会办公室	中国文史出版社	2017.6
12	《等待下一粒麦子》	宗　昊	河南人民出版社	2017.7
13	《春天的第七扇门》	徐向林	知识产权出版社	2017.7
14	《高个子也自卑》	邓　迪	江苏凤凰文艺出版社	2017.7
15	《品读阜宁——现代散文家书写阜宁作品选》	阜宁县散文家协会 阜宁县图书馆	古吴轩出版社	2017.7
16	《路过》	沈华山	江苏凤凰文艺出版社	2017.7
17	《燃情书》	孙　曙	上海三联书店	2017.8
18	《争渡　争渡》	嵇绍波	十月少年文学杂志社	2017.8
19	《盐城统计年鉴（2017）》	盐城市统计局 国家统计局盐城调查队	中国统计出版社	2017.8
20	《少年幸之旅　牧野大战》	陶　林	江苏凤凰文艺出版社	2017.9
21	《滨海年鉴（2017）》	滨海县地方志编纂委员会办公室	方志出版社	2017.9
22	《驰飞的高铁》	张德友	中国大地出版社	2017.10
23	《小孤舍》	李有干	二十一世纪出版社集团	2017.10
24	《风从故乡来》	卢春桃	江苏人民出版社	2017.10
25	《盐城年鉴（2017）》	盐城市地方志编纂委员会办公室	方志出版社	2017.10
26	《盐都年鉴（2017）》	盐都年鉴编纂委员会	方志出版社	2017.10
27	《最美响水诗词》	李运连主编	江苏凤凰文艺出版社	2017.11
28	《飞跃一道彩虹》	韦江荷	文汇出版社	2017.11
29	《最美响水散文》	李运连主编	江苏凤凰文艺出版社	2017.11
30	《书法之美》	嵇绍玉	上海古籍出版社	2017.11
31	《射阳年鉴（2017）》	射阳县地方志编纂委员会办公室	江苏人民出版社	2017.11
32	《大丰年鉴（2017）》	大丰年鉴编纂委员会	方志出版社	2017.11
33	《东台年鉴（2017）》	东台市地方志编纂委员会办公室	江苏人民出版社	2017.11
34	《北洋葬礼》	宗　昊	四川民族出版社	2017.12
35	《小机关》	徐社文	江苏人民出版社	2017.12
36	《串场水韵》	江朝阳主编	江苏人民出版社	2017.12
37	《文韵盐城》（书香卷）	盐城市图书馆	江苏人民出版社	2017.12
38	《响水年鉴（2017）》	响水县地方志编纂委员会办公室	线装书局	2017.12
39	《阜宁年鉴（2017）》	阜宁县地方志编纂委员会办公室	江苏人民出版社	2017.12

媒体报道

2017年，盐城在《人民日报》单发稿件25篇，在央视《新闻联播》用稿39条，在《新华日报》头版用稿56篇，其中头版头条7篇、头版导读15篇，在江苏卫视《江苏新时空》用稿319条；《阔步新征程》《富民路上》等专题片在盐城市委全会、市"两会"上播出，反响热烈；《盐城抗击"6·23"特大龙卷风纪实》专题片在全网推送，点击量超1700万人次；新闻报道《盐城市委全会开到"田间地头" 用身边人身边事引领"富民实践"》在新华社客户端首屏推荐，阅读量超50万人次。

2017年主流媒体报道盐城·报纸宣传

表附-88

媒体名称	新闻标题
《人民日报》	孔荡村里分新房
《人民日报》	灾后一年，住进幸福家园
《人民日报》	打造"蓝色"增长极
《人民日报》	为灾后重建划定廉洁红线
《人民日报》	响水特色农业畅销海外
《人民日报》	盐城打造"教育特色小镇"
《人民日报》	寓教于乐
《人民日报》	全媒体直播"攻坚执行难"行动
《人民日报》	炕孵自动化 环保效益佳
《人民日报》	建言议政结硕果
《人民日报》	坚持生态富民 锚定美好生活
《人民日报》	根治支出型贫困
《人民日报》	村帮办解民忧
《人民日报》	创业带动近万人就业
《人民日报》	江苏大丰盛开荷兰花海
《人民日报》	盐城湿地观"黑面天使"
《人民日报》	东台海上风机全部并网发电
《人民日报》	老党员是盏灯
《人民日报》	甘港日子节节甜
《人民日报》	盐都谈盐
《人民日报》	应充分发挥农村红白理事会的作用
《新华每日电讯》	重建家园 重新就业 重拾信心
《新华每日电讯》	五个"万万没想到"
《新华每日电讯》	中国足球小子有了巴西教练
《新华每日电讯》	找到了高成奎
《新华每日电讯》	江苏响水："健康网格长"成村医好助手
《新华每日电讯》	花气袭人靓双节 花香馥郁添喜庆
《新华每日电讯》	江苏盐城基层检察院突出文明属性显成效
《光明日报》	信心满满 收获满满
《光明日报》	鹤声鸣鸣忆故人

续表附-88

媒体名称	新闻标题
《光明日报》	地方高校“新工科”建设如何革旧出新
《光明日报》	“上他的课,想走神都难”
《光明日报》	办人民满意的师范教育
《光明日报》	家园有梦翻新篇
《经济日报》	江苏盐城:让环境最好区域成为不开发区
《经济日报》	以“绿房子”逼出绿城市
《经济日报》	环科城里三博士
《经济日报》	燕子说,这里的垃圾站很宜居
《经济日报》	重新屹立的乡村
《经济日报》	绘就新农村美丽画卷
《经济日报》	“建设美丽乡村,我们有信心”
《经济日报》	生态优势为旅游经济赋能
《经济日报》	江苏滨海打造世界最大海上风电场
《经济日报》	走绿色之路　建最美乡村
《经济日报》	“荷兰花海”经营有道
《经济日报》	江苏盐城:成功网拍房产追缴税款
《经济日报》	车船税代扣代缴乱象有望根治
《经济日报》	有“品位”的垃圾站
《经济日报》	难说再见范公堤
《新华日报》	补民生短板,让小康之路更宽广
《新华日报》	打基础利长远补短板惠民生　大力实施“五个一”重点工程
《新华日报》	做五篇“大文章”,走特色发展路
《新华日报》	千条万条,不去落实就是“白条”
《新华日报》	生态立市,提升发展的“含绿量”
《新华日报》	湿地绿都,唱响创新富民曲
《新华日报》	招才引智:盐城抢占聚力创新制高点
《新华日报》	盐城:干部辛苦换来群众幸福
《新华日报》	盐城:千里海疆“一片林”
《新华日报》	盐城推进富民政策顺畅落地
《新华日报》	美丽新盐城　你我共描绘
《新华日报》	盐城:陆海联动绿色发展闯新路
《新华日报》	盐城清洁能源迎来发展“好风光”
《新华日报》	大美盐城,探路高质量发展
《新华日报》	盐城亮剑,扫去“四风”清气来
《新华日报》	省驻响工作队锁定“精准”再发力
《新华日报》	进了合作社　致富不掉队
《新华日报》	滨海首用“机器”识别贫困户

续表附-88

媒体名称	新闻标题
《新华日报》	滨海实施农民免费体检
《新华日报》	阜宁打造灾后新农村建设样本
《新华日报》	“大灾之年我们脱了贫”
《新华日报》	射阳：农业品牌数量领先全国
《新华日报》	射阳：绿色兴业　生态富民
《新华日报》	建湖：创新型经济特质日益显著
《新华日报》	建湖：绿色发展倒逼经济转型
《新华日报》	130港币！东台西瓜按个卖
《新华日报》	东台“四个一”，年卖100亿
《新华日报》	全域旅游带动绿色发展
《新华日报》	大丰大走访“走”出群众获得感
《新华日报》	盐都经济转型又添新动能
《新华日报》	“连心桥”修在“最后一千米”
《新华日报》	亭湖集聚两千多家环保企业
《新华日报》	亭湖坚持效果导向走深访实
《新华日报》	国务院正式批准　设立中韩（盐城）产业园
《新华日报》	东风悦达起亚：“一部车”竞驰新时代
《新华日报》	“云端”发力打造国家级大数据产业基地
《新华日报》	优质教育香满园　亮点纷呈润桃李
《新华日报》	盐城：探索新阶层人士统战工作新路径
《新华日报》	河海安澜展活力　水韵盐阜续新篇
《中国纪检监察报》	为脱贫攻坚提供坚强纪律保障
《中国纪检监察报》	江苏盐城构建巡视巡察立体监督格局打出联动“组合拳”
《中国组织人事报》	灾后一年，党旗下重生
《中国组织人事报》	江苏盐城：产才融合释放葡萄串效应
《法制日报》	平安使人民幸福更有“质感”
《法制日报》	盐城开展扫雷行动防控火患
《解放军报》	逃避兵役者将受到10个部门联合惩戒
《中国国防报》	新形势下，支部这样建在民兵连
《人民公安报》	“亲友团”是盐城安保一线的亮丽风景
《人民公安报》	向科技要警力，用“绣花功夫”打造不堵之城
《人民法院报》	家事审判　盐城样本的精准解析
《人民法院报》	盐城“四高”作为勇闯执行难关
《检察日报》	包工头虚构86件虚假诉讼31人被公诉
《检察日报》	从“填空题”“选择题”到“判断题”
《解放日报》	沪盐合作，打造国家“飞地经济”示范区
《解放日报》	大丰：对接上海做好“大文章”

续表附-88

媒体名称	新闻标题
《农民日报》	江苏盐城植根厚德沃土推进乡风文明
《农民日报》	盐城夏粮收购呈“三高”
《农民日报》	江苏东台发展县域新经济纪实
《农民日报》	“上海飞地”与“大丰飞歌”的融合交响
《农民日报》	盐都：生态为本发力农业供给侧
《科技日报》	一克碳材料平铺展开达3000平米
《科技日报》	渔光一体：水上发电，水下养鱼
《中国县域经济报》	“千亿产业”助推动能切换
《中国县域经济报》	畅通服务基层最后一千米
《中国县域经济报》	民生优先有主张
《中国教育报》	华东师大“联姻”江苏盐城　校地牵手打造教育特色小镇
《中国教育报》	回归大学教育本原使命
《中国教育报》	坚守初心　盐“师”有“范”
《中国教育报》	“技能菜单”让工匠精神在高职院落地生根
《中国教育报》	青山九仞大观来
《中国财经报》	江苏盐城：着眼大民生　持续稳健推进PPP
《中国财经报》	“前置TOT”引领盐城开启PPP模式创新
《中国劳动保障报》	江苏人力资源“十百千万”行动首秀盐城
《中国劳动保障报》	心贴心做服务　实打实解难题
《中国国土资源报》	“整”出美丽新家园
《中国国土资源报》	百舸争流　奋楫者先
《中国环境报》	构筑水源地到水龙头的安全屏障
《中国环境报》	“环保局执法办事，我们信得过”
《人民铁道》	徐盐铁路施工忙
《中国艺术报》	建惠民台账，列“幸福菜单”
《健康报》	盐城大丰：个性服务包种类丰富
《健康报》	信息化助推县域医疗资源共享
《中国旅游报》	盐城荷兰花海风情小镇的建设之路
《中国体育报》	保龄球成为盐城新名片
《中国信息报》	厚积薄发向阳生长
《中国信息报》	生态立市助推盐城绿色发展
《中国食品报》	把握监管着力点　奏响安全最强音
《粮油市场报》	盐城有条拥军售粮“绿色通道”
《中国绿色时报》	黄海海滨森林公园致力打造别致景点
《中国国门时报》	“你们来得太及时了”
《中国税务报》	新现象：抵税财物上网拍卖
《金融时报》	强化守信意识　健全激励机制

续表附-88

媒体名称	新闻标题
《中国档案报》	咬定目标　奋发图强　推动全市档案信息化快速发展
《中国妇女报》	以花为媒助推妇女创业就业
《文汇报》	大丰：打造名副其实的“北上海”
《新民晚报》	打造“北上海”临港生态智造城
《现代快报》	做好五篇大文章　打造“蓝色”增长极
《现代快报》	盐城到南通高铁可研获批，时速350千米
《现代快报》	30年前，那个护鹤的女孩曾来过……
《现代快报》	被砍6刀仍揪着小偷不松手
《现代快报》	老师退休前最后一课，丈夫来课堂送花
《扬子晚报》	打造民生工程，让小康之路更宽广
《扬子晚报》	盐城加快迈入“高铁时代”
《扬子晚报》	连盐铁路盐城段全线贯通
《扬子晚报》	盐城阔步迈向“强富美高”
《扬子晚报》	盐通铁路南延至张家港年内全线开工
《江苏法制报》	激活“平安细胞”　固筑铜墙铁壁
《江苏法制报》	盐城法院在改革中砥砺前行
《江苏法制报》	盐城检察强规范促办案
《江南时报》	盐城工行和盐城工商局全面启动全程电子化登记改革
《繁荣》	喜迎十九大　情系“五个一”盐城书法精品展开幕
《中国人大》	盐城人大：科学立法推动绿色发展
《中国人大》	激越奋进谱新篇
《江苏政协》	聚焦富民增收　助推民生改善
《江苏政协》	唱响脱贫攻坚“协奏曲”
《当代农村财经》	盐城市农民创业的实践及启示
《中国火炬》	爱心化春雨　新绿满江淮
《中国共青团》	组团服务促进基层活力提升
《中国共青团》	青春聚力新媒体　打造“可以触摸的共青团”
《两纲通讯》	强化协调服务　促进规划实施
《中国房地产》	推动以“放管服”为中心的改革
《城投信息》	盐城大洋湾生态旅游景区获住建部“国家城市湿地公园”称号
《国有资产管理》	服务项目建设　助力转型发展
《中国绿色画报》	打造千里绿色海疆　构筑城乡绿色长城
《包头日报》	大美盐城群贤毕至　共话融媒发展明天
《菏泽日报》	神鹿徜徉 仙鹤起舞　大美湿地 魅力盐城
《济源日报》	鹤舞鹿鸣　生态盐城
《靖江日报》	大美湿地　水韵盐城
《开封日报》	大咖云集魅力盐城　共话融媒转型发展

续表附-88

媒体名称	新闻标题
《凉山日报》	灵鹿踏浪鹤冲天　淮音唱和新盐城
《平凉日报》	生态盐城　开放之都
《泸州日报》	汇聚美丽新盐城　书写报业新时代
《三峡都市报》	鹿鸣鹤舞水韵含香　东方湿地论道融媒
《榆林日报》	大美水韵盐城　仙鹤神鹿天地

2017年主流媒体报道盐城·广电宣传

表附-89

媒体名称	新闻标题
中央电视台《新闻联播》	江苏盐城：花开春满园
中央电视台《新闻联播》	江苏盐城高效开展灾后重建
中央电视台《新闻联播》	江苏盐城人工孵化丹顶鹤破壳出生
中央电视台《焦点访谈》	这五年：守好这片山和水
中央电视台《晚间新闻》	全国首届“绿巢”环保创业大赛：绿色创新　破解环境难题
中央电视台《第一时间》	江苏射阳“渔光一体”新模式绿色养殖收益高
中央电视台《第一时间》	江苏盐城：警方破获全国首例非法获取4S店数据案
中央电视台《中国财经报道》	中药创新　变废为宝
中央电视台《中国新闻》	江苏盐城：查获走私白糖1300吨　案值近千万
中央电视台《海峡两岸》	江苏盐城打造台商优质投资环境
中央电视台《朝闻天下》	我国沿海防护林年生态效益超8100亿
中央电视台《朝闻天下》	丹顶鹤等大批候鸟飞抵湿地越冬
中央电视台《朝闻天下》	江苏盐城：保护湿地生态系统　促可持续发展
中央电视台《新闻直播间》	纪念“守鹤女孩”徐秀娟去世三十年
中央电视台《新闻直播间》	江苏盐城：可再生能源产业带动沿海绿色开发
中央人民广播电台	江苏盐城“6·23”龙卷风冰雹特别重大灾害发生一年灾区生产生活全面恢复
中央人民广播电台	黄（渤）海湿地可持续发展和世界自然遗产2017盐城国际研讨会在盐召开
中央人民广播电台	记者新春走基层：消防官兵们的别样春节
中央人民广播电台	盐城南洋机场新开兰州乌鲁木齐航线
江苏卫视《新时代　新使命》	建设美丽中国　实现永续发展
江苏卫视《江苏新时空》	盐城：实施“五个一”战略工程　打造江苏沿海中心城市
江苏卫视《江苏新时空》	盐城：用生态“底色”筑发展“绿色”
江苏卫视《江苏新时空》	盐城：着力打造沿海新能源产业基地 做大做强海洋经济
江苏卫视《江苏新时空》	盐城：下基层访贫问苦　入企业探计寻策
江苏卫视《江苏新时空》	盐城：将“致富经”送到田间地头
江苏卫视《江苏新时空》	盐城：南北互动“娘家人”　异地送学十九大精神
江苏卫视《江苏新时空》	国务院正式批准设立中韩（盐城）产业园
江苏新闻广播《新鲜农村》	富民故事：小小草莓带领乡民致富路
江苏新闻广播《新闻早高峰》	“盐城制造”大显神威，南海首台智能海淡设备投入使用
江苏新闻广播《新闻早高峰》	盐城海盐博物馆新增国家一级文物　讲述海盐文化

表附-90

2017年主流媒体报道盐城·网络宣传

媒体名称	新闻标题
人民网	沪苏携手打造北上海临港生态智造城
人民网	泥土里长金子　盐城富民答卷用活“三十六计”
人民网	盐城大丰医疗签约服务：农民也有了“家庭医生”
人民网	盐城东台发出江苏省首张“自助”营业执照
人民网	盐城滨海：十九大宣讲全县直播　家门口同步学
新华网	江苏盐城：种下“一片林”“荫庇”一座城
新华网	江苏盐土农业登上联合国峰会　20万亩盐碱变绿洲
新华网	盐城：滨海滩涂成了新能源的“聚宝盆”
新华网	盐城跨区域引水工程：500万人将喝上长江水
新华网	盐城清洁能源正迎来发展“好风光”
中国新闻网	盐城启动“正风肃纪镇村行”　深查“微腐败”营造好生态
中国新闻网	盐城沿海盐土改良取得突破：重度盐碱地种出吨粮田
中国新闻网	盐碱洼地“长出”中国最大的郁金香花海
中国新闻网	江苏盐城异地医保跨省“漫游”　民众享异地就医便利
澎湃新闻	对话江苏盐城市委书记：五方面打造“蓝色”增长极
澎湃新闻	提前布局融入上海“1小时都市圈”，盐城签约沪媒宣传先行
澎湃新闻	沪盐“飞地经济”发展进入新阶段：打造北上海临港生态智造城
澎湃新闻	江苏盐城花甲老人因勇斗歹徒负伤，市委书记专门作出批示
东方网	盐城至南通铁路可行性研究报告获批，设计时速350千米
东方网	大丰打造“北上海”临港生态智造城
上观新闻	10个上海先进制造业项目将去往盐城大丰，其实那里是上海的“飞地”
上观新闻	真正的“北上海”是江苏省的哪里？
上观新闻	人鹤情未了：“丹顶鹤女孩”牺牲27年后，弟弟也为鹤献身，侄女弃保研护鹤……
界面新闻	上海“一小时都市圈”将增实力城市　盐城携手沪上媒体展开战略合作
界面新闻	盐城—南通铁路计划年内开建　上海未来有望高铁通盐城
中共江苏省委新闻网	王荣平和灾区群众共度除夕
中共江苏省委新闻网	以塞罕坝精神建设“一片林”工程让盐阜人民尽享生态之福
中共江苏省委新闻网	我国沿海最大滚装船大丰首航
中共江苏省委新闻网	招才引智：盐城抢占聚力创新制高点
中国江苏网	国务院正式批准设立中韩（盐城）产业园
中国江苏网	盐城国地税、工商联举办民营企业家代表座谈会
中国江苏网	明年起盐城近700万城乡居民医保待遇将统一
中国江苏网	盐城：千里海疆“一片林”
凤凰网	专家齐聚盐城，为发展寻良计献良策谋良方
凤凰网	盐城：新兴产业引领经济换挡提速
凤凰网	盐城植根厚德沃土推进乡风文明

续表附-90

媒体名称	新闻标题
新浪网	盐城未来重点实施“五个一”工程
新浪网	盐城：干部辛苦换来群众幸福
新浪网	盐城：探索新阶层人士统战工作新路径
腾讯网	盐城以特色小镇培育产业新生态　解决播种难题
腾讯网	盐城对“一带一路”沿线国家进出口大幅增长
腾讯网	盐宁高铁开工　盐城到南京以后只要一个半小时
网易	江苏新建盐城至南通铁路可行性报告获批，设计时速350千米
网易	江苏盐城新水源地及跨区域引水工程正式开工建设
网易	江苏盐城风雹灾害后重建 村民迁新居
搜狐网	盐城市政协会议召开　王荣平提出“五个一”战略
搜狐网	江苏首个发票区域配送中心在盐城盐都启用
搜狐网	盐城重奖临床重点专科带头人

表附-91

2017年主流媒体报道盐城•对外宣传

媒体名称	新闻标题
《中国日报》	Villagers come together to rebuild lives
《中国日报》	Employers and residents fight adversity to build a stronger future
《中国日报》	Storm leaves lasting impact
《欧洲时报》	大美盐城
《欧洲时报》	鹿鸣鹤舞水杉俏　欧时记者看盐城
《欧洲时报》	践行绿色发展　建设美丽盐城
《欧洲时报》	东台：江苏沿海一座神奇的城市
《俄罗斯龙报》	盐城湿地　麋鹿回家鹤长鸣
《韩国蔚山日报》	中国盐城　探索自然
《韩国蔚山日报》	中国报业十九大融合传播峰会在盐城开幕
《香港商报》	生态优先，盐城壮大绿色经济
香港《大公报》	江苏滨海　黄河故道焕发活力新姿
香港《文汇报》	六越海峡探故里　祭祖寻根拾乡愁

索　　引

责任编辑　许寅生

编辑说明

1. 本索引采用主题分析法编制，按标引词第一字汉语拼音字母顺序排列，同音字按声调排列，音调相同按下一字的音序排列。

2. 章、节标题用小5号黑体字标示，正文所作款目，全部用小5号宋体字标示，示意图均注明“（图）”字样，表格均注明“（表）”字样。

3. 标引词后的数字，表示内容所在页码，数字后的字母a、b分别表示左、右两栏。

4. 本索引编有附见系统和参见系统。附见款目放在主款目下行缩一字排；部分款目在索引中重复出现。

5. 本索引标引词，采用中心词和简称。

A

B

C

D

E

F

G

H

J

K

L

M

N

R

S

T

W

Y

Z